啓蒙の地下文書 I

野 沢　協 監訳

三井吉俊／石川光一／寺田元一
逸見龍生／大津真作　訳

法政大学出版局

凡 例

一、『啓蒙の地下文書』と題して以下二巻に分けて訳出するのは、十八世紀のフランスに手書き写本の形でひそかに流布した夥しい数の反宗教的・反キリスト教的(稀には、キリスト教教理の刷新をもっぱら唱えたものもある)「危険文書」の内、最も代表的な計十六篇の論考である。この第一巻には、その内、以下の八篇を収める。

『三詐欺師論』Traité des trois imposteurs
『トラシュブロスからレウキッペへの手紙』Lettre de Trasybule à Leucippe
『生死一如』Parité de la vie et de la mort
『物質的霊魂』L'Ame matérielle
『宗教の検討』Examen de la religion
『キリスト教分析』La Religion chrétienne analysée
『キリスト教弁証論者の批判的検討』Examen critique des apologistes de la religion chrétienne
『ジャン・メリエの遺言書』(ヴォルテールによって出版された要約版)Testament de Jean Meslier

参考までに、いずれ刊行される第二巻に収める予定の文書の標題も掲げておく。
『マールブランシュ神父に呈する宗教についての異議』Difficultés sur la religion proposées au père Malebranche
『軍人哲学者』(右のものの要約版)Le Militaire philosophe
『新しき思想の自由』Nouvelles libertés de penser

『蘇ったジョルダーノ・ブルーノ』Jordanus Brunus redivivus
『世界形成論』Dissertation sur la formation du monde
『万人に開かれた天国』Le Ciel ouvert à tous les hommes
『ヒポクラテスからダマゲトスへの手紙』Lettre d'Hypocrate à Damagette
『被造無限論』Traité de l'infini créé

一、これらの文書は十八世紀前半から手書き写本で流布したあと、代表的なものはあらかた、主に一七六〇年代以後の世紀後半に印刷本の形で非合法に出版された（ただし、第一巻所収のものでは『物質的霊魂』、第二巻所収のものでは『マールブランシュ神父に呈する宗教についての異議』には、十八世紀に刊行された印刷本はない。たしかに、後者の『……宗教についての異議』は『軍人哲学者』の題で一七六八年に活字化されたが、これは手書き写本のごく不完全で傾向的な要約版にすぎず、写本が完全な形で活字に起こされたのは一九七〇年が最初だった。ジャン・メリエの『遺言書』がヴォルテールが出版した同じく傾向的な要約版で主に流布して、手書き写本の完全な活字化は一八六四年まで待たねばならなかったのと同じである）。さらに二十世紀の後半、一九七〇年前後から、十八世紀の印刷本がない『物質的霊魂』や、ごく不完全な要約版しかなかった『マールブランシュ神父に呈する宗教についての異議』を皮切りに、残された手書き写本の校合に基づくこの種の文書の校訂・批評版がフランス、イタリアなどで次々と出版されており、特に最近数年は「批評版ラッシュ」とも言えるほどそういう出版が活況を呈している。

フランスのみならずヨーロッパ各地の図書館に所蔵されるこれら地下文書の手書き写本を博捜し照合することは、遠く離れた東洋の島国に住む訳者たちには到底手に余る作業なので、今回の翻訳に当たっても、手書き写本を直接に用いるのではなく、主に十八世紀後半に出版された印刷本を主たる素材とせざるをえなかった。また、収録する文書の大半については二十世紀後半以後に校訂・批評版が刊行されている（それは、収録作品の選定に当たって、校訂版のあるものを訳者たちが何より優先させたからで、当時の代表的な地下文書でも校訂版がないために収録するのをやむなく断念したものもあった。ジャン＝バティスト・ド・ミラボーの作とされる『世界に関する古代人の意見』や『魂の本性に関する古代人の意見』がそうである）ので、それらについては当然ながらその校訂・批評版を翻訳の底本として用いるか、用いぬまでも座右に置いてたえず参照した。個々の文書の訳出に際して用いた底本、参照した版などの詳細については、それぞれの翻訳に付せられた「訳者まえがき」や「解題」をごらんいただきたい。

総じて、十八世紀に出版されたこれら地下文書の印刷本には誤記・誤植が夥しく、まま判読不能の文章すらある。もともと、手書き写本そのものも、筆写を重ねる過程で写字生による誤写が回を追うごとに累積して、質的に劣化していったのは当然で、とりわけ、文法的な縛りの弱い人名の表記などの場合、こうした意図せぬ改竄がたえず頻発した結果、遂には原型を留めぬほどに改変されることも珍しくなかったはずだし、主に十八世紀後半にそれを活字化した人も、概して、かような改竄を蒙った手書き写本の一つをそのまま印刷に付すだけで、十分な校訂作業をしていなかったと思われるから、活字化の際に生じたはずの誤植などをかりに考えに入れぬとしても、印刷本のテクストに信頼性を著しく欠くものが多かったのはいたしかたなかった。その点、一九七〇年前後から次々と行なわれた地下文書の校訂・批評版の刊行は非常に喜ばしいことで、それによりテクストの信頼性はかなりの程度高まったし、地下文書の一応信用できるテクストをわれわれもこれで初めて手にすることができたと言ってよい。ただ残念ながら、とりわけ近年続々と出版される地下文書の「批評版」なるものの批評レヴェルは概して低く、それらの版にも明らかな誤記・誤植が少なからず残存している。翻訳に当たっては、訳註でその旨ことわった上で、これらの個所を可能なかぎり修正せざるをえなかった。

一、巻頭に「まえがき」として、三井、寺田の両訳者が執筆した、反宗教的地下文書の全体に関する（収録した各個別作品についての解説は巻末にまとめて置かれている）それぞれの角度からの解説文二篇を置いた。この両名と、同じく訳者の石川とは、二〇〇六年十月に開催された日本フランス語フランス文学会秋季大会の場に設定された地下文書に関する「ワークショップ」で、今回の翻訳刊行を予告するとともに、「啓蒙の地下文書」の内容をめぐる簡単な紹介を口頭で行なって、少なからぬ聴衆の興味を惹いたかに見えた。ここに掲げる二篇の

「まえがき」は、その際の口頭発表をベースとして、その原稿に手を入れたものである。

一、原典の本文および原註における斜字体は、この翻訳ではゴシック体とする。ただし、原文の斜字体が引用を示すものは「　」で括り、書名を示すものは『　』で括るだけで、字体上の区別はしなかった。

一、原文でラテン語その他、フランス語以外で書かれている部分は片仮名で表記する。ただし、書名についてはは他言語のものも表記上の区別をしなかった。

一、この翻訳の本文および原註の中に〔　〕で挿入したものは、訳者による補足・修正、あるいは簡単な註記である。

一、行間の（一）、（二）……などは、原註が付せられている個所を示す。原註は原則として、各論文の各章の末尾に二段組みで置いた。

一、行間の〔一〕、〔二〕……などは、訳註が付せられている個所を示す。訳註は原則として、各論文の末尾に二段組みで置いた。

一、第一論文『三詐欺師論』で文末に⑴、⑵……などとあるのは、異文のある個所を示す。異文はこの論文の翻訳の後、訳註の前に、二段組みで置いた。異文にのみ付せられている原註は（原註ａ）、（原註ｂ）……などでその個所を示し、註は当該の異文の末尾に置いた。

一、第三論文『生死一如』には、いずれもごく短い原註、編者註、訳註が混在しているが、それらは表記上の区別をせず、その個所をすべて（一）、（二）……などで示して、註はその章の末尾に置き、原註か編者註か訳註かはその註の最後に（　）内で示した。

一、同じ第三論文『生死一如』の翻訳の後に、「付属資料」として、この地下文書の種本である医師アブラーム・ゴーチエの『回答』の抜萃を、本文と同じ一段組みで置いた。それに付された註はみな訳註なので、その個所を〔一〕、〔二〕……などで示し、註はその章の末尾に二段組みで置いた。

一、第六論文『キリスト教分析』には、明らかに異なる二種類の原註が付せられている。一つは、全部で四十八にのぼる、まま非常に長い註であり、それを受ける個所は（１）、（２）……などで示されているが、もう一つはごく短いもので、それを受ける個所は（a）、（b）……などで示されている。本訳書でもこの二種類の原註を区別するため、むしろ「補論」と言うべき第一の長い原註は（一）、（二）……などでその個所を示し、註は本文の後の約五十ページにわたる「註記」にまとめて、本文と同じ一段組みで置く一方、第二の短い註は（a）、（b）……などでその個所を示し、註は各段落の後に二段組みで置いた。長い原註に付せられた短い原註についても同じである。

啓蒙の地下文書 I／目次

まえがき

二〇〇六年秋、「哲学的地下文書」研究を精力的に推進している一人、パリ第十二大学教授ジュヌヴィエーヴ・アルティガス＝ムナン氏が来日した。この機会に、日本フランス語フランス文学会とフランス十八世紀研究会のご好意で、当学会二〇〇六年度秋季大会（会場岡山大学）において、ワークショップ「哲学的地下文書と現代」（パネリスト：ジュヌヴィエーヴ・アルティガス＝ムナン、三井吉俊、石川光一、寺田元一、司会：逸見龍生）が開かれた。三井はアルティガス＝ムナン氏の業績を中心として、哲学的地下文書研究史の簡単な概観を行ったが、ここで報告するのはそれを若干敷衍したものである。

それに先立つ二〇〇一年秋、「十七・十八世紀哲学的地下文書目録」作成を主導してきたパリ第一大学名誉教授オリヴィエ・ブロック氏が来日した折、拙論「地下の水脈へ――ヨーロッパ意識の危機と地下文書」[一]でも論文のはじめで研究史の記述を行っている。併せて参照していただければ幸いである。

まず用語の説明を行う必要があろう。「哲学的地下文書」とは、manuscrits philosophiques clandestins（文字どおりには「哲学的地下写本」とすべきであろう）を日本語で表現したものである。本書に収録されている作品は、啓蒙の時代における思想統制のせいで写本として流布し、またある時に秘密出版されて流布することもあった文書からなっている。このような事情を示すためにここでは写本という言葉を用いず「地下文書」と表記したのである。このような形態における文書としては、ロバート・ダーントンも言うごとく、大量のポルノグラフィや政治的攻撃文もあった[二]。そのような文書が「哲学的」でないと考えるわけではないが、「哲学的地下文書」という場合には、狭義の政治的文書・ポルノグラフィを対象としていないことを示す。この意味で「哲学的地下文書」は「哲学的地下文学」とも称されうる。実際、この分野に関する専門誌 *La Lettre Clandestine* は、「古典主義期の哲学的地下文学に関する研究情報誌」と副題を付けている〔三〕。

「啓蒙の」としたことには注意を要する。現在、古典主義期における思想史の問い直しが行われ、ルイ十四世の治世盛期にさえ、本書に収録されたような作品に連なる諸思索が脈々と受け継がれてきたのではないか、という質問が出されているからである。事実、オリヴィエ・ブロックはその目録を「十七・十八世紀哲学的地下文書目録」と称しているし、先の研究誌は「古典主義期の」（この場合の「古典主義期」とは、十七・十八世紀を一貫したものと捉えているのであろう）と副題で表明している。この問題については、これから種々の論議が行われるであろうが、本書でいう「啓蒙の」とは主として次のことを意味している。すなわち、各作品の解題で細かく触れられることであるが、ここに収録されたものは、およそ一六八〇年代頃から十八世紀前半頃に作成され変形され、写本として流布し、その多くが一七六〇年代以降に秘密出版されたことである。また、このような形で地下文書が啓蒙の時代に影響を与え続けたと考えられる。「啓蒙の地下文書」という場合このような事実を意味しているのであって、種々の立場がありうる、現在検討中の思想史的課題に関して、あらかじめ何らかの主張をしているわけではない。

本書に収録されたような「地下文書」が、さまざまなレヴェルにおける公認の観念を攻撃するものであり、作品としての哲学的・文学的洗練は望むべくもないが、その偶像破壊的表現は激しく、啓蒙の時代の主要著作とは一線を画する一集合体を形成していること、またそれゆえにこれら文書が写本あるいは秘密出版書という形態でしか存在し得なかったこと、これは地下文書研究者の間でも一致できる点であろう。

一部の例外を除いて匿名でしか存在できなかった、また次々とその姿を変えていったこのような資料体が、啓蒙の時代に確かに存在していたことをはじめて指摘したのは、一九一二年におけるギュスターヴ・ランソンの雑誌論文であった〔四〕。欧米各地の図書館や古文書館に残されている地下文書の所在調査は、一九三八年におけるアイラ・オウィン・ウェイドの調査から始まったが〔五〕、一九六〇年におけるジョン・スティーヴンスン・スピンクの研究を経て〔六〕、先に触れたようにオリヴィエ・ブロックによって集団的研究体制が組織された。現在はジュヌヴィエーヴ・アルティガス＝ムナンが責任者となった、「十七・十八世紀フランス語フランス文学研究センター」傘下の「哲学的地下文書目録」チームがこれを引き継いでいる。簡便にその所在調査の成果を参照するには、ミゲル・ベニテスによるリストがよいかもしれない〔七〕。代表的作品の校訂本や分析そのものは、すでに一九七〇年代から八〇年代にかけて次々とイタリアやフランスで出版され、その結果、地下文書研究は質・量ともに飛躍的拡大を見た。一九八〇年にソルボンヌで開かれたオリヴィエ・ブロック主宰によるコロックが「十八世紀唯物論と地下文学〔八〕」と題されたことは、地下文学研究なるものが認知され始めたことを示すだろう。

年刊研究誌 *La Lettre Clandestine* が一九九二年に創刊されたことは註で述べた。しかし、この雑誌がパリ・ソルボンヌ大学出版局から立派な冊子体で出版されたのは「第五号―一九九六年」（一九九七年四月刊行）からで〔九〕、当初は手作業で作られたパンフレットのようなものであった。厚紙の表紙で包まれたコピー紙の束のような「第二号」を私は記念に手もとに残しているが、これらはサン・テチエンヌ大学、パリ第一大学、パリ第四大学、パリ第十二大学の研究者たちが、フランス国立科学研究センターの研究費補助金を得て細々と刊行していたのである。

一九九三年からはサン・テチエンヌ大学教授アントニ・マッケンナ監修の叢書「自由思想と地下文学〔一〇〕」が刊行を開始した。このシリーズは、ヴォルテール財団から九巻、二〇〇〇年にオノレ・シャンピオン書店に出版社を変えてから今までにすでに三十巻を出している。その編集方針は、「地下文学」研究、および地下文学と何らかの関係が明示される「自由思想」研究ならば、広く取り上げるというものらしい。また、かつて校訂版が出されたり、復刻版が出されたりしたことがあっても、入手が困難となっている作品は、新たな校訂により読者に提供するという啓蒙活動的な意図も見受けられる。たとえば、ヴォルテール財団から出された第一巻目は、本書にも収められている地下文書作品『生死一如』（オリヴィエ・ブロックによる校訂版）であるが、第二巻目は十八世紀初頭のユートピア作品、シモン・ティソ・ド・パト『ジャック・マッセの旅と冒険』（オーブリ・ローゼンバーグによる校訂版〔一一〕）である。この啓蒙期の秀作ユートピア小説の一つは、けっして哲学的地下写本でも秘密出版本でもないが、小説中の登場人物らが語るキリスト教教義批判がつとに有名である。それらが「自由思想」史の研究に属するのは当然だろうが、この作品が叢書に収められた理由はそれだけではあるまい。次のような事情も関係したに違いない。アルティガス゠ムナンがヴィール市立図書館で発掘した、無名の元官吏トマ・ピション（一七〇〇―一七八一年）が残した蔵書・文書中に以下のような発見があった。哲学的地下文書の収集家、読書家、写本作成者だったピションは、一七三一年、パリにいた頃に、『ジャック・マッセの旅と冒険』の刊行本から、先の痛烈なキリスト教教義批判だけを自ら抜き出し、そのまま流通しうる写本にしていた。(一二) これを哲学的地下文書の一つと考え、ティソ・ド・パトの小説を出典としての「地下文学」関係文献と扱ったのだろう。範疇的区別を設定せずに一叢書の対象をこのように広げる方針は、研究の拡散を招く危険性もあるが、この叢書が地下文書研究に重要な礎石を提供し続けていることは間違いない。

アルティガス－ムナンが発見した上記のトマ・ピション文書とその研究には触れておかなければならない。(一三) 一九七〇年代以降の研究進展にもかかわらず、地下文書研究には以前から一つの疑惑が付きまとっていた。ランソン、ウェイドによって提案された「哲学的地下文書」なるものは、本当に同定しうる一資料体をなすのか。ジャン・メリエの無神論、ロベール・シャールの理神論などいくつかの作品は別格だが、不特定で雑多な地下文書が存在するからといって、それは十八世紀前半にある哲学的運動が生まれていたとする証拠にはならない。いわゆる「哲学的地下文書」は、読書メモや書評のような単なる二次的文書にすぎず、好事家が売り買いしていたとしても、真に文学史的興味を引くような対象ではない。このような反論が暗々裏に対置されていた。アルティガス－ムナンが発見し調査した、トマ・ピションの蔵書目録・文書集成はこのような異論への実証的な反証の一つとなった。

トマ・ピションは著名人でも、一級の知識人でもない。ノルマンディーの町ヴィールの商人の子として生まれ、パリで教育を受け始めたらしいが資力が続かず、秘書官、家庭教師で生計を立てた（一七一四―一七四一年）。オーストリア継承戦争（一七四〇―一七四八年）時にはボヘミア、バイエルン地方の陸軍病院監査官に任命される。和平後パリにもどったピションは、一七五一年、カナダのロワイヤル島へ総督秘書官として赴く。五四年頃からイギリスのスパイとして活動し、五六年にはカナダを脱出しロンドンに到着、トマス・ティレルと称する。イギリスのための諜報活動を続行し、年金千ポンドを獲得する。一七六九年頃、ジャージー島に引退する。一七七七年、ピションは遺言を作成し、自分の動産と蔵書をヴィールの町へ遺贈することを決める。ただし、公的図書館を作り、遺贈した書籍・文書を散逸させないことを条件とした。

現在では、その書籍の多くが失われたが、彼により遺贈されたコレクションは二二〇五タイトル、写本・原稿を収めた書類箱は八箱であった。ピションの蔵書・文書集成は注目に値する特徴を備えていた。第一に、彼は幼少時から故郷を離れたために、そのコレクションはまったく十八世紀人たる彼の個人収集である。第二に、彼がさまざまな友人、文人と文通し、種々の書評誌・新聞を購読して書籍を集めたことからも分かるとおり、コレクションは彼の実際の読書対象であった。第三に、その蔵書目録から知られるとおり、彼は丹念に当時の論争、哲学的・神学的・自然学的論争を追い、関係する書籍を集めていた。第四に、その募集の範囲は、出版許可を受けた書籍のみならず、広く秘密出版、写本にまで及んでいた。第五に、秘密出版本と写本の間に同一作品の可能性があるときには、それらを比較対照しながら読書していた。第六に、彼は「地下文学」に関わる書籍・写本について、自ら要約を残し、写本を作成し、あるときにはテクストに手直しをしていた。彼が遺贈した写本・原稿集成とそのリストから見ると、ピションはアンリ・ド・ブーランヴィリエ、ジョン・トーランド、ブノワ・ド・マイエなどに強い興味を持っていたことが分かる。しかし、残されていた地下文書集成はそのような個人的興味によって狭く限定されたものではなく、その全体はまさしく、ウェイド、スピンクらが作成した哲学的地下文書のタイトルの主だったものをそのままに備えていたのである。ランソンが想定した「地下文書の世界」は、十八世紀中葉の読書世界で確かなリアリティを持っていた。

私たちが啓蒙期哲学的地下文書の「読書会」を始めたのも、一九七〇年代後半からである。メンバーに出入りはあったものの、メンバーにはどのような資格も要求されず、ただ月一回ひたすら野沢協先生を中心に少人数で主要な地下文書を、さらに、あらたに発見されたテクストを読むという会であった。「ヨーロッパ意識の危機」と言われた時代から啓蒙前期にかけて、思想の世界の中でどのようなことが起こっていたのかを、できる限りこの目で確かめてみたいという、それだけの目的で延々と会が続けられ三十年ほどが経った。当初のテクストは、野沢先生の慧眼によりその蔵書に集められていた、十八世紀に刊本とされた主要な地下文書が用いられたが、それに次々と出される校訂版が加わり、さらにアラン・モチュ、ジャンルカ・モリら若手の研究者が次々と発掘してくるあらたなテクストが加わった。基本的に研究の場を、いや勉強の場を日本においている私たちにとっては、いや私にとっては、地下文書の研究を行ってきたという自覚はないが、それでもあらたな資料の発掘がひと段落してきた現在、地下文書の主要作品をできるだけ信頼に足るテクストに基づいて一般読者の方たちに提供する義務があろう、と考えるようになった。〔一四〕主要作品とは言ったが、いまだ校訂版が出ていないために、テクストの確定、出典の調査などで私たちに自信がないためカットせざるを得なかったものもある。したがって、この翻訳集成も、現在の私たちにできる限りでの努力の結果をお見せしているにすぎないと了解していただきたい。このような不安定な（種々の意味で）思想現象になんとか日の光を当てたい、という試みに快く応じてくださった法政大学出版局の編集者の皆さんに厚くお礼を申し上げます。

〔一〕『思想』平成十四年七月号（岩波書店）、二〇〇二年、二七—五〇ページ。

〔二〕ロバート・ダーントン、『禁じられたベストセラー』、新曜社、近藤朱蔵訳、Darnton, Robert, *The forbidden best-sellers of pre-revolutionary France*, New York, W.W. Norton, 1995.

〔三〕*La Lettre Clandestine*, Presses de l'Université Paris-Sorbonne. 一九九二年十月に創刊され、年一回発行されている。当初の編集主幹はオリヴィエ・ブロックとアントニ・マッケンナ、現在の編集主幹はアントニ・マッケンナ、編集副主幹はジュヌヴィエーヴ・アルティガス－ムナンとジャン・サレムである。

〔四〕Lanson, Gustave, ‹Questions diverses sur l'histoire de l'esprit philosophique en France avant 1750›, *Revue d'histoire littéraire de la France*, XIX（1912）, p. 1–29, 293–317.

〔五〕Wade, I.O., *The Clandestine organization and diffusion of philosophic ideas in France from 1700 to 1750*, Princeton, 1938.

〔六〕Spink, J.S., *French free-thought from Gassendi to Voltaire*, London, 1960.

〔七〕Benítez, Miguel, *La face cachée des Lumières: recherches sur les manuscrits philosophiques clandestins de l'âge classique*, Oxford, Voltaire Foundation, 1996.

〔八〕 *Le Matérialisme du XVIIIe siècle et la littérature clandestine*, actes de la table ronde des 6 et 7 juin 1980, sous la direction d'Olivier Bloch, Paris, 1982.

〔九〕 第一号から第四号までも、後に同出版局から合冊体で復刻された。

〔一〇〕 *Libre pensée et littérature clandestine*, Collection dirigée par Antony McKenna, Paris-Oxford, Voltaire Foundation. この叢書の出版地・出版社は本文でも言うように、Paris, Honoré Champion に変わっている。

〔一一〕 このユートピア小説は、わが国でも二つの翻訳が上梓されている。全訳、『啓蒙のユートピア』第一巻、法政大学出版局、野沢協訳。部分訳、『ユートピア旅行記叢書』第五巻、岩波書店、小西嘉幸訳。

〔一二〕 Artigas-Menant, Geneviève, *Lumières clandestines, Les papiers de Thomas Pichon*, Paris, Honoré Champion, 2001, p. 308–309.

〔一三〕 Artigas-Menant, Geneviève, *op. cit.*; id., *Du secret des clandestins à la propagande voltairienne*, Paris, Honoré Champion, 2001.

〔一四〕 私たちが提供しようとする当翻訳集成とは別に、地下文書に関する日本語文献として、赤木昭三『フランス近代の反宗教的思想』、岩波書店、一九九三年を挙げておこう。年刊研究誌 *La Lettre Clandestine* のことを私がはじめて教えていただいたのは、赤木昭三先生からだったと思う。

（三井吉俊）

「啓蒙の地下文書」が拓く新たな「啓蒙」研究の地平（一）

フランスを中心とする国外の地下文書の研究動向については、既に三井吉俊が「まえがき」で述べているので、屋上屋を重ねるような議論をここで筆者はしようとは思わない。筆者がここで述べたいのは、日本のこれまでのフランス「啓蒙」や西洋思想史研究に対して、哲学的ならびに科学的地下文書研究がどんな新たな地平を拓くか、である。

これまでの日本のフランス「啓蒙」研究の動向

そこでまず、従来の日本のフランス「啓蒙」研究の傾向について、批判的に検討を加えることにしよう。かなりよく知られている話だが、一九七八年のルソーとヴォルテールの没後二百年を記念する岩波書店の『思想』の特集に、著名なルソー研究者の小林善彦が「ルソーの人気　ヴォルテールの不人気」というエッセーを寄せている。（二）その状況は今でも変わっていない。事実、その後日本のルソー研究者を結集して白水社から『ルソー全集』（一九七八―一九八四年）が全十四巻＋別巻二巻で翻訳出版されるなど、ルソーについては相変わらず研究も翻訳も盛んだが、ヴォルテールについては、法政大学出版局から『哲学辞典』高橋安光訳（一九八八年）、『歴史哲学』安斎和雄訳（一九八九年）、『ヴォルテール書簡集』高橋安光訳（二〇〇八年）が、大修館書店から『ヴォルテール回想録』福鎌忠恕訳（一九八九年）が、岩波文庫で『カンディード他五篇』植田祐次訳（二〇〇五年）が刊行されたのが目立つ程度である。研究書についてもそうした偏りは否むべきもない。

もちろん近年では、日本のフランス「啓蒙」研究が文学中心に展開されているのは変わらないとしても、その対象がルソーだけでなく、旅行記、ユートピア旅行記、ユートピア、美食、回想録、サドやエロチズムなどに拡がっており、研究の裾野の広がりが確かに実感できる。主だったものだけを挙げても、『17・18世紀大旅行記叢書』第一期全十巻、第二期全十一巻（岩波書店、一九九〇―二〇〇四年）、『ユートピア旅行記叢書』全十五冊（岩波書店、一九九六―二〇〇二年）、『啓蒙のユートピア』叢書全三巻、既刊二巻（法政大学出版局、一九九六―）〔三〕、『十八世紀叢書』全十冊、既刊三冊（国書刊行会、一九九七―）が挙がる。しかも、こうした叢書にはほんの一部だが、地下文書と関連のある著作も含まれている。三井も「まえがき」で触れているシモン・ティソ・ド・パト『ジャック・マッセの旅と冒険』（『啓蒙のユートピア』叢書では野沢協訳、『ユートピア旅行記叢書』では小西嘉幸訳）やフォントネル（？）『哲人共和国、またはアジャオ人物語』（『啓蒙のユートピア』叢書では白石嘉治訳、『ユートピア旅行記叢書』では赤木昭三訳）である。

いずれにせよ、こうしたマイナーとされてきたユートピアや旅行記の翻訳が近年相次いで登場したことで、日本で従来考えられてきたような十八世紀フランスの文学シーンが、大幅に塗り替えられたことは確かである。ルサージュ、マリヴォー、プレヴォー、モンテスキュー、ヴォルテール、ルソー、ディドロ、ボーマルシェ、レチフ・ド・ラ・ブルトンヌ、メルシエ、サドだけではないのだ。

このような広がりを見せるフランス「啓蒙」研究だが、依然として自然科学や社会科学方面の研究、哲学思想畑の研究は全般に少ない。それには、哲学的地下文書やヴォルテール流の宗教批判や社会実践などの研究も含まれる〔四〕。フランス革命期と比べて歴史研究が弱いのも残念ながらあまり変わっていない。こうした特徴は、スコットランド「啓蒙」研究と好対照をなしている。後者では、文学よりも哲学、社会科学（とりわけ経済学）、自然科学、歴史方面の研究が充実している〔五〕。そのような研究上の偏りがフランス「啓蒙」研究にある中で、本叢書の監訳者である野沢協によるP・ベールとドン・デシャンの『著作集』がともに法政大学出版局より出版され、さらには『メリエ遺言書』三井吉俊・石川光一訳（二〇〇六年）、ドルバック『自然の体系』高橋安光・鶴野陵訳、全二巻（一九九九、二〇〇一年）まで刊行されたのは特筆ものである。また、哲学思想方面の研究書として、上記『著作集』の各巻に所収の野沢協の解説を初めとして、安藤隆穂『フランス啓蒙思想の展開』名古屋大学出版会、一九八九年、赤木昭三『フランス近代の反宗教思想――リベルタンと地下写本』岩波書店、一九九三年、中川久定『啓蒙の世紀の光のもとで――ディドロと『百科全書』』岩波書店、一九九四年、山口裕之『コンディヤックの思想――哲学と科学のはざまで』勁草書房、二〇〇二年などが出版されている。その中に註〔一〕で挙げた拙著も含められよう。社会科学方面の注目すべき近著として、川出良枝『貴族の法、商業の精神――モンテスキューと専制批判の系譜』東京大学出版会、一九九六年、米田昇平『欲求と秩序――18世紀フランス経済学の展開』昭和堂、二〇〇五年、渡辺恭彦『批判と変革の試み――18世紀フランスにおけるアンシアン・レジーム』八朔社、二〇〇六年などがある。科学史方面では、数少ない成果として川島慶子『エミリー・デュ・シャトレとマリー・ラヴワジエ――18世紀フランスのジェンダーと科学』東京大学出版会、二〇〇五年を挙げておこう。

このように、従来研究が手薄だった方面でも日本のフランス「啓蒙」研究は着実に裾野を広げ、成果を挙げてはいる。しかし、せっかくベール、メリエ、ドン・デシャンなどが知られるようになっても、彼らの思想をヴォルテール、ルソー、ディドロなどとつなげてフランス「啓蒙」を骨太に論じるような研究はなかなか出そうにない。実際、弘文堂から一九九九年に刊行された『フランス哲学・思想事典』は、近年日本のフランス「啓蒙」研究の現状も反映したものだが、完全にドン・デシャンは無視され、メリエにもたった半ページしか説明が割かれず、ベールも小さい扱いで、ともに他の項目にクロス・レファレンスはほとんど張られていない。哲学思想史研究でも彼らはまだ孤立した存在でしかないのである。

「啓蒙の地下文書」のインパクト

そんな研究状況の中に叢書「啓蒙の地下文書」は登場することになった。この時代の地下文書・写本の全体像やその意義については、既に前掲の赤木昭三の研究がある。だが、現状では地下文書『メリエ遺言書』が他の思想・哲学と十分に関連づけられず、思想史研究や「啓蒙」思想研究に十分採り入れられていないように、「啓蒙の地下文書」全般が孤立した状態になっている。残念ながら、赤木の研究もまた、思想史研究や「啓蒙」思想研究と結合されずにいるのだ。そこにはもちろん、地下文書研究をそうした研究と連携させにくい要因が介在していた。地下文書の多くは読みやすいフランス語で書かれてはおらず、専門研究者にとっても解釈に困るような曖昧な文章が多数あり、これらを読みやすい日本語で提供することが、学生や若手研究者の関心を引くために必要だったが、それが欠けていたのである。『メリエ遺言書』などとともに、この叢書によってその欠を大幅に補うことができた。赤木の研究で紹介された著作のうちの重要なものの多くがこの叢書で訳出されるからである。

筆者は『メリエ遺言書』の書評をある学会誌に載せたときに、次のように書いた、「これまでメリエ抜きで論じられてきた日本の多くのフランス思想史・西洋思想史研究は全面的見直しを余儀なくされ、また、その唯物論の秀逸性・体系性ならびにマールブランシュ・デカルト批判の鋭さによって、哲学・哲学史研究も再編を迫られよう」〔六〕。同じことが、本叢書の登場によって、フランス「啓蒙」研究、哲学思想史研究について期待される。

自然科学的地下文書の意義

以上のように、哲学的地下文書一般が研究に与えるインパクトも大きいと思われるが、同時に「啓蒙の地下文書」で忘れてはならないのは、いわば自然科学的地下文書とでも呼ぶべき地下文書群である〔七〕。ブノワ・ド・マイエ『テリアメド』、アンリ・ゴーチエ『地球についての新仮説』（『哲学者文庫』（一七二三年）所収）〔八〕、『生死一如』（アブラーム・ゴーチエ『回答』）、著者不詳『世界形成論』、著者不詳『物質的霊魂』など。それらを、ビュフォン、ラマルク、ダランベール、コンドルセといった科学者の著作のみならず、哲学者の科学的著作（ラ・メトリ『人間機械論』、『霊魂の自然誌』、ディドロ『自然の解釈』、『ダランベールの夢』、『生理学の基礎』、ドルバック『自然の体系』、モーペルチュイ、ロビネ、ボネの著作など）と関連づけることで、「啓蒙」思想、のみならず「啓蒙」文学も、従来よりも広い視野で位置づけることができると思われる。その研究には、以下の二つの発展の方向性があると思われる。

SF文学史的視点からの「啓蒙」文学・思想研究

この方面の研究は管見するところ、日本ではまだほとんどなされていないように思われる。それは、いわばSF文学に関する著名なM・H・ニコルソン『月世界への旅』高山宏訳、国書刊行会、一九八六年（原著は一九四八年）の研究を十八世紀フランス中心に展開するような研究である。それは、科学の道と文学的想像力の道が全面的には二極化していない時代において、両者の豊饒な交錯を扱うような研究となろう。例えば、アンリ・ゴーチエ『地球についての新仮説』がルードヴィック・ホルベリ『ニコラス・クリミウスの地下世界への旅』に、『テリアメド』がヴォルテールの哲学的コントに与えた文学的想像力、インスピレーションを問うような研究が、ただちに思い浮かぶ。ただ、こうしたSF文学史研究については筆者は門外漢なので、これ以上は触れない。しかし、本叢書がこのような方向へと研究を拓く可能性を有することは、再度強調しておきたい。

発生学、進化論、宇宙生成論といった分野での科学史科学思想史的研究

例えば、進化論とマイエのように、科学的地下文書を科学史的に位置づける研究が考えられる。そうした研究として既に、例えば、ピーター・J・ボウラー『進化思想の歴史』上下二巻、鈴木善次ほか訳、朝日新聞社、一九八七年（原著は一九八四年）の研究などが日本に紹介されている。そこでは、『テリアメド』から、モーペルチュイ、ビュフォンあるいはラ・メトリ、ディドロ、ドルバックへと到る二つの系譜が検討されている。宇宙生成論の分野でも、アンリ・ゴーチエやマイエからビュフォン、さらにはカントやラプラスの太陽系の起源説へと到る展開は十分研究に値しよう。残念ながら、本叢書には『テリアメド』を載せることができなかったが、その抄訳は『ユートピア旅行記叢書』第十二巻に多賀茂・中川久定訳で訳出されている。そうした研究が実を結ぶのを早く見てみたいものである。

カントも含めてマイエ、モーペルチュイ、ビュフォンらの著作にはSFロマン的性格がまだ根強く残っている。とりわけマイエがそうだ。しかし、それだけに終わってはいない。実験観察的事実が少ないゆえに現代の宇宙論や古生物学でもそうせざるを得ないように、彼らは多くの仮説に訴えながら、将来的には科学的に検証や反証が可能な方向で新たな自然観を提示しようともしている。少なくとも、想像力に訴えはするが、超自然的空想、奇跡や神の業に訴えてはいない。実証主義の強まりとともに、こうした構想力への否定的評価が生じたが、現代以上に十八世紀にはこの構想力が科学で重要な役割を演じた。十八世紀科学をそうした哲学的文学的広がりにおいて正当に捉え返すためにも、こうした研究は欠かせない。

実際こうした著作群を検討すれば、科学のもたらす実験観察的事実が文学的想像力、哲学的構想力を刺戟して科学的地下文書が生まれ、それが提供する新たな自然観が自然科学・哲学に反作用して、従来の自然観（往々にしてキリスト教的見方に制約された自然観）を打破し、研究やその視角に新たなブレークスルーを生み出したことが見出されよう。すなわち、旧い自然観を脱宗教的な新しい自然観へと変え、創造説に代わる進化論もどきの自然観、自立的宇宙生成論や、生命についての機械論〔九〕あるいはそれを批判する生気論、有機体論（生理学的生命観）を準備した。とりわけ生命観については、アブラーム・ゴーチエ『回答』に現れたような創発論的生命観の十七、十八世紀における展開を追うことに、新たな研究上の意義がある。その点については、『生死一如』の解題で触れているので、詳しくはそちらを参照していただきたい。

有名なフォントネルの『世界の複数性についての対話』もそうした新たな自然観を提示する科学的ロマンである。大きな科学思想史的動向の中で、こうした著作と並んで科学的地下文書は、いったいいかなる役割を果たしたのだろうか。こうして、フォントネル思想と科学的地下文書とを関連づける思想史的研究の必要性が浮かび上がる。そして、その点については既に述べたように、赤木の優れた研究が存在する。ただ、そこには重大な陥穽があった。それは、フォントネル思想と科学的地下文書を統一的に論じる視角を赤木がもちながら、フォントネルをその研究書の第一部で、地下文書を第二部で扱ったために、両者の統一性が見失われるという陥穽である。いずれにせよ、フォントネルだけでなく、ボイルやニュートン、さらにはガッサンディ、スピノザ、ライプニッツ、トーランドらと科学的地下文書を統一的に論じる研究が求められていることは、確実である。

科学的地下文書と総合的「啓蒙」研究

このように、科学的地下文書に関する研究は、便宜上①文学史的研究と②科学史的研究に分けられるが、実際はその区別は相対的であり、十八世紀においては、科学的ロマン、哲学者の科学的著作、科学者の科学的著作は、いわば連続したスペクトルをなしていた。実際、ゴーチエ『回答』や『世界形成論』をそのスペクトルのどこに位置づけるかは、簡単に決められるものではない。その意味で、①と②が交差するところで成立する次の問題系も、われわれに課された重要な研究課題となろう。すなわち、科学的地下文書に見出される科学的知識と文学的想像力、哲学的構想力のつながりを、フランス「啓蒙」という歴史的文脈においていかに位置づけるべきか。この課題はまた、ディドロのような哲学、科学、文学などの総合的知のプロデューサーが、有名無名の文士、思想家、医師、科学アカデミー会員などの論攷を、科学的であると同時に哲学的かつ文学的な項目連関へと加工した『百科全書』（編集知）の時代における知の交錯の解明にもつながる。こうして、科学的地下文書研究は、著名なディドロ研究者、鷲見洋一の周りで日本から巻き起こりつつある基礎的総合的『百科全書』研究とも結びついてゆく。〔一〇〕『百科全書』における既存の知の自由な編集・加工・連関付けの仕方が地下文書のそれと類似するだけに、こうした研究には大きな成果が期待できよう。〔一一〕

本叢書がそうした多方面への研究へと日本のフランス「啓蒙」研究を誘うことを期待して、この序文を擱筆することにしたい。

〔一〕　筆者が「啓蒙」にカッコを付けるのは、その原語であるフランス語の Lumières（理性や知の複数形）に、無知な民衆に知識人が上から知を教え込む（啓蒙する）というニュアンスが弱く、むしろ対等な人間の間での知の伝達というニュアンスが強いと思われるからである。そこで、「啓蒙」に代わる訳語に「編集知」という耳慣れない語を、拙著『「編集知」の世紀――一八世紀フランスにおける「市民的公共圏」と『百科全書』』日本評論社、二〇〇三年では用いた。しかし、一般的には「啓蒙」が依然としてこの時代の思想運動を表すのに用いられており、本叢書もそれにしたがって、「啓蒙の地下文書」と名付けられている。ただ、筆者としては「啓蒙」をカッコなしに用いるのに、今述べた理由から問題を感じている。それが「啓蒙」とする理由である。なお、詳しくは上記拙著の序論と第三章を参照のこと。

〔二〕　『思想』六四八号（一九七八年六月）、二二四―二三二ページ参照。

〔三〕　ほぼ同時期に刊行が始まったこの二つの叢書はともに「ユートピア」を前面に出しているように、ほぼ同じ著作を日本に翻訳紹介しようとした企画であり、二つの異なる日本のフランス「啓蒙」研究集団が、マイナーとも言えるユートピア著作群にまでそれぞれ独自に関心を拡大したこと、かくして日本の「啓蒙」研究全体の裾野が拡がったことがよくわかる。

〔四〕　ヴォルテールについては、有名な標語「破廉恥漢をやっつけろ」やライプニッツ流の最善観を批判し現世主義を志向する論理などを参照。ただ、この方面では石井三記『18世紀フランスの法と正義』名古屋大学出版会、一九九九年が、アンシアン・レジーム期の法制度との関連で、カラス事件その他でのヴォルテールの活動を検討しており、社会科学と思想をつなげる歴史研究として異彩を放っている。

〔五〕　さすがに最近は、マルクス主義や市民社会論からのイギリス古典経済学研究は廃れたが、商業社会の成立を哲学、政治、経済、法、自然科学などと連関させながら総合的に論究する研究が多いのが（一々名前は挙げないが）、スコットランド「啓蒙」研究の特徴である。もちろん二つの「啓蒙」の違いは両国の社会のあり方、とりわけ公共圏の違いを反映している。絶対王政期のフランスではサロン、カフェ、劇場などが公共圏の中心であり、そこではあまり政治経済的な話はできず、文学思想的会話が展開されたが、スコットランドでは公共圏の中心は経済産業協会などであり、そこでは文学よりはむしろ政治経済的議論が展開された。

〔六〕　筆者による『ジャン・メリエ遺言書』の書評（『日本18世紀学会年報』第二二号、二〇〇七年六月）の一一二ページ。

〔七〕　社会科学的内容を持つ地下文書はほとんどないので、それらについてはここでは触れない。ただいずれにせよ、なぜそうしたものがフランス地下文書に少ないのかは、スコットランド「啓蒙」との関係で検討する余地があろう。ところで、自然科学がまだ自然哲学的性格を残存させていた十八世紀に「科学」という言葉を安易に使ってよいのだろうか。もちろん否である。だが、十七世紀と比べれば、実験観察に基づいて仮説を提示するという手続きがはるかに守られるようになり、科学アカデミーが専門研究者集団化していく点で、自然哲学と相対的に区別された科学が十八世紀には登場していた。しかも、それを十八世紀の思想家たちも認識していた。そのような観点に立って、筆者は哲学的地下文書と区別された科学的地下文書なるカテゴリーを導入すべきだと考えた。

〔八〕　アンリ・ゴーチエのこの著作は公刊されているので、厳密な意味では地下文書ではないが、地下文書の『テリアメド』の中でその特異な地球説が批判的に紹介されていること、公刊されたその地球説が地下文書的性格を有する『ニコラス・クリミウスの地下世界への旅』に影響を与えたことなどから、地下文書に分類するのもあながち誤りではあるまい。なお、この著作について詳しくは、François Ellenberger, "A l'aube de la géologie moderne: Henri Gautier（1660–1737）", In: *Histoire et Nature*, VII（1975）, p. 3–58 et IX–X（1976–1977）, p. 3–145 を参照。

〔九〕 機械論は従来の目的論的生命観、その代表とも言えるスコラの実体形相的生命観と比べれば、明らかにより科学的な生命観を提供している。他方で、それが解剖学に基礎を置き要素主義的に生命を捉えて全体論的視座を失ってゆく点では、生理学的生命観である生気論や有機体論よりも還元主義的であり、科学的生命観として劣っていると言える。

〔一〇〕 この共同研究の現状と課題については、とりあえず小関武史「メタデータをめぐる現状と今後の課題」（http://www.rc.kyushu-u.ac.jp/~ao/18seiki/document/07haru/07koseki1.pdf）（二〇〇八年八月四日取得）などを参照。『百科全書』には有名な項目「哲学者（philosophe）」のように、いわゆる地下文書を編集・加工した項目が少なからず存在する。しかし、それらの全貌はまだ明らかではない。それに迫るためには、各項目の典拠の解明などにつながるいわゆるメタデータを、項目の記述をヒントに丁寧に摘抉する作業が欠かせない。この『百科全書』研究プロジェクトの目玉はその摘抉にこそある。それを通じて始めて、十八世紀の地下と地上の知の交錯ぶりが明らかになろう。

〔一一〕 公共圏や公論の成立との関連で、フランス自由主義の発展を思想と文学を総合する方向で展開した見せた、安藤隆穂『フランス自由主義の成立――公共圏の思想史』名古屋大学出版会、二〇〇七年は、そうした総合的「啓蒙」研究の方向性を暗示している。

（寺田元一）

三詐欺師論

訳者まえがき

一、本翻訳は一七六八年刊行本『三詐欺師論』の全訳である。底本には、*TRAITÉ DES TROIS IMPOSTEURS. A YVERDON*. De l'imprimerie du Professeur DE FELICE. *M. DCC. LXVIII* を用いた。この本には、『三詐欺師論』が本物であることを示すという証拠文書が付されているが、それは翻訳の対象とされていない。

二、翻訳に当たっては、以下のリプリント版、諸校訂版、各国語訳を参照した。

・*Traité des Trois Imposteurs, 1777*, Avec une préface par Pierre Rétat, Saint-Etienne, Editions de l'Université de Saint-Etienne, 1973.

・Anonymus, *Traktat über die drei Betrüger, Traité des trois imposteurs*（*L'esprit de Mr. Benoit de Spinoza*）, Französisch-deutsch, Kritisch herausgegeben, übersetzt, kommentiert und mit einer Einleitung versehen von Winfried Schröder, Hamburg, Felix Meiner, 1992.

・*Trattato dei tre impostori, La vita e lo spirito del Signor Benedetto de Spinoza*, A cura di Silvia Berti, Prefazione di Richard H. Popkin, Torino, Guilio Einaudi, 1994.

・Abraham Anderson, *The Treatise of the Three Impostors and the Problem of Enlightenment*. A New Translation of the *Traité des trois Imposteurs*（1777 Edition）with three Essays in Commentary, Lonham, Rowman & Littlefield, 1997.

・*Le «Traité des trois imposteurs» et «L'Esprit de Spinoza», Philosophie clandestine entre 1678 et 1768*, Textes présentés et édités par Françoise Charles-Daubert, Oxford, Voltaire Foundation, 1999.

三、『三詐欺師論』「異文」として、一七一九年刊行本『ブノワ・ド・スピノザ氏の生涯と精神』から当翻訳に対応する箇所を示す。その際に用いた底本には、LA VIE ET L'ESPRIT DE MR. BENOIT DE SPINOZA.〔sans lieu〕, CIↃDCCXIX（Bibliothèque Royale Albert 1er〔Bruxelles〕所蔵本、Réserve, II 86730）を用いた。この本に

は「ブノワ・ド・スピノザ氏の生涯」なる論文などが付されているが、対応箇所となるのは「ブノワ・ド・スピノザ氏の精神」なる部分である。この部分を「異文」などでは（『三詐欺師論』の）一七一九年版と略記する。本文の文末に(1)、(2)……とあるのは、異文がある個所を示す。

四、異文として掲げるものは翻訳文として異なる場合に限る。すなわち、原文の単語が変わっていても、必ずしも翻訳に現れないような場合は無視されている。また、一七一九年版では名詞に斜字体となっているもの、大文字だけで綴られたものがあるが、そのような表記区別を異文中では明示しなかった。したがって、そのような表記区別に関して、翻訳本文との異同も示していない。異文においても〔 〕で挿入したのは、訳者による註記あるいは補足である。異文中にのみ付けられている原註は、(原註a)、(原註b)……などの記号を付け、当該の異文の末尾に置いた。

第一章　神について

1

真理を知ることはすべての人に重要であるとはいえ、この特典を享受する(1)者はきわめて少ない。ある者は独力では真理を探求できず、ある者はそんな苦労をしようとも思わない(2)。だから、虚妄で滑稽な見解が世に満ち満ちていても驚くには及ばない。そのような見解を流布させるのに無知ほど役立つものはない。それこそが(3)、人々が持っている神性や魂や霊体についての、また宗教を構成するその他ほとんどすべての事物についての(4)、誤ったさまざまな観念を生み出す唯一の源なのである。習慣に押されて人々は生まれたときからの偏見に安住し、どんなに本質的な事柄についても欲得ずくの連中に頼ってしまう。頼られたその連中の方も、世に受けいれられた見解を頑固に主張することを義務と心得、身の破滅を恐れてそれを打ち壊す勇気はないのである〔一〕(5)。

2

この不幸を手のつけようがないものにしているのは、神について誤った(6)さまざまな観念が一旦打ち立てられると、それらを民衆が信じ込むようにあらゆる手立てが講じられ、民衆がそれらを検討するのも許されない、ということだ。逆に、民衆には哲学者や本物の学者に対する嫌悪が植え付けられているが、それは彼らが説く道理によって民衆が自分たちの陥っている誤謬に気づくのを恐れるからだ(7)。こういう馬鹿げたことに与する一味は大成功を収めている(8)ので、連中と戦うのは危険である。こういうペテン師たち(9)には民衆が無知であることが大切だから、民衆の目を覚まさせることは許しがたい。こうして、真理を偽るか、偽学者や低劣で(10)欲得ずくな連中の怒りの犠牲となるか、どちらかを人は強いられるのである。

無知ゆえにどんな深淵に突き落とされているかをもし民衆が理解できたら、卑劣な導き手のくびきを(11)彼らもすぐに振り払うだろう。なぜなら、理性の働きを自由にしてやれば、理性が真理を発見しないことはありえないからだ(12)。

3

こういうペテン師たちはそれが大変よく分かっていたので(13)、理性が必ずや生み出すはずの好結果を妨げようとして、まともな考えを何ひとつ吹き込めない怪物のように理性を描くことを思いついた。彼らは一般的には理性的でない人々を非難するとはいえ、人が真理に耳を傾けたら怒るであろう。こうして、良識を不倶戴天の敵とするあの連中は絶えず矛盾に陥っているのが見られるし、また彼らの主張をとらえるのは難しいのである(14)。正しき理性こそ人間が付き従うべき唯一の光だというのが本当なら、民衆も人々が信じ込まそうとするほど推論する力がなくはないのなら、民衆を教え導こうとする人々は、彼らの誤った推論を正し、その偏見を打破するように努めるべきである。そうすれば、彼らの目も少しずつ開かれ、神はけっして普通想像するようなものではないという真理を、彼らの精神が獲得するさまが見られるだろう(15)。

4

それをなしとげるためには、高邁な思弁も必要なければ自然の秘密に深く通じる必要もない。神は怒ったり妬んだりしない、義や慈悲は神に与えられた誤った称号で、預言者や使徒たちが神について語ったことも神の本性や本質を私たちに教えはしない――このように判断するには、わずかな良識がありさえすればよい(16)。

実際、包み隠さず(17)ありのままを言えば、そういう博士たちも(18)余人より有能でも知識があったわけでもなく(19)、それどころか、神について彼らが言うことは、まったくの愚民でもなければ信じないほどお粗末だと認めるべきではないか(20)。これはおのずと十分明らかなことだが、もっとはっきり分かるようにするために、預言者や使徒たちが余人と出来が違っていたと思えるかどうかという問題を検討してみよう(21)。

5

生まれや生活上の通常のいとなみについては、彼らにも他の人間と区別されるところはなかったとみな意見が一致している。彼らも男によって種をまかれて女から生まれ、私たちと同様な仕方で生命を維持していた(22)。精神については、他の人々よりはるかに強く預言者の精神に神は働きかけ、まったく特別な仕方で彼らに自分の意志を伝えたのだとされており、まるで証明ずみであるかのようにそのことをみな心から信じ込んでいる(23)。人間はみな似かよっており、みな同じ起源を持つということを考えもせず、ああいう人々は異常な質《たち》で、神託を告げ知らせるために神性によって選ばれたのだと主張されている(24)。しかし、彼らは俗衆より才気があったわけでも、知性がいっそう完全だったわけでもないし、そもそも連中の書き物の内に、あのように彼らを高く買わせるどんなものが見られるというのか(25)。彼らが語ったことの大部分は読んでもまったく分からないほど曖昧であるし、また全然整序されていないので、彼らは自分でも何を言っているのか分かっておらず、無知なペテン師にすぎなかったと気づくのはたやすい(26)。彼らが人々からあのような評判を得た理由は、民衆に告げることはみな直接神から聞いたのだと厚かましくも自慢したからである(27)。そんなことを信じるとは馬鹿げているし滑稽である、神は夢の中でしか語りかけなかったと彼ら自身が告白しているのだから。夢ほど人間にとって自然なものはないから、よほど厚かましいか、よほど自惚れているか、よほど無分別な人間でなければ、神がそんな手段で自分に話しかけるなどと言いはしない。また、そんな言葉を信用して夢を神託だと思う者は、よほど信じやすいか、よほど愚かであるにちがいない(28)。仮に神が夢や幻や、その他、人が好きに思い描く何かの手段で、自分の意志を誰かに伝えたとしばし仮定しても、当人の言うことを鵜呑みにする義務は誰にもない、人は誤りを犯しやすく、嘘をついたり、だましたりすることさえよくあるのだ〔二〕から(29)。そのため、古い律法では、預言者たちに今日ほどの高い評価がおよそ与えられていなかったのが見られる(30)。往々にして反乱の種をまき、主権者たちに当然すべき服従から民衆をそらすことにしかならぬ彼らのおしゃべりにうんざりした場合、人々はさまざまな刑罰を加えて預言者たちを黙らせたのである(31)。イエス・キリスト自身、受けてしかるべき正当な懲罰を免れなかった(32)。自分の意見を守護してくれる、付き従う軍隊をモーセのようには持たなかったのである(一)〔三〕(33)。さらに、預言者たちは互いに異を唱えるのが習い性となっており、四百人の中(二)に(35)本物が一人も見つからなかったほどだということを付け加えよう〔四〕。そのうえ、彼らの預言はもっとも著名な立法者たちの法と同じで、その目的は自分が神と(36)語り合っていると民衆に信じ込ませて、自分の記憶を永久化することだったのはまちがいない。人一倍悪賢い政治家はいつでもこの手を使ったのである。もっとも、こういう悪巧みはモーセをまねて身の安全を図るという方策を採らないと、必ずしも(37)成功しなかったのだが。

6

そのうえで、預言者たちが神について抱いた観念を少し検討してみよう(38)。彼らの言葉を信じるべきなら、神は純粋に物体的な存在である(39)。ミカヤは神が座っている(40)のを、ダニエルは神を白い衣を着た老人の姿で(41)、エゼキエルは火のようなものとして(42)見ている。以上が旧約聖書に関してである。新約聖書では、イエス・キリストの弟子たちが神を鳩の形で、使徒たちが火の舌の形で、さらに聖パウロが目をくらませ盲目にする光として見たと思い込んでいる〔五〕(43)。彼らの見解の矛盾について言えば、神は自ら決めたことをけっして後悔しないとサムエルは思っているが、(三)エレミヤは逆に、神は一度決めたことを思い返すと私たちに語っている〔四〕。人々に与えた災いだけは神も悔(五)いるとヨエルは教えているが、それについても神はけっして悔いないとエレミヤは言っている(六)(44)。創世記では、人間は罪を犯すも犯さぬも自由で、善を行うのももっぱら人間次第であると説かれているが、一方で聖パウロは、まったく特別な神の恩寵がなければ人は情欲を抑えられないとも(七)請け合っている(45)。こうしたものが、霊感を受けたと称するあの連中が神について提出する虚偽で矛盾した観念である。同じ観念を私たちにも持たそうとするのだが、そこでは神性が感覚的、物質的なものとして、あらゆる人間的情念に委ねられる存在として描き出されていることを考えもしない。なのに、その舌の根も乾かぬうちに、神には物質と共通なものは何もない、神は私たちに理解しがたい存在である、と言われるのである。こうしたことがどうして一致しうるのか、これほど明々白々で、これほど不条理な矛盾を信じることが正しいのか、さらに、モーセの説教にもかかわらず子牛が自分らの神だと想像するほど粗野な連中の証言をはたして信頼すべきなのか、教えてもらいたいものである(46)。しかし、隷属と不合理の内で育てられた一民族の夢想などに足を止めずに、無知こそがありとあらゆるペテンへの信仰と、私たちのあいだに今風靡する誤謬とを生み出したのだと言うことにしよう(47)。

(一) モーセは自分の法に反対した二万四千人を一挙に殺させた〔六〕(34)。

(二) 列王紀上、第二十二章、第六節には、イスラエルの王アハブは四百人の預言者に意見を求めたが、その預言がはずれ全員偽者であることが分かったと書かれている〔七〕。

(三) 第十五章、第二節、第九節〔サムエル記上、第十五章、第二十九節〕。

(四) 〔エレミヤ書〕第十八章、第十節。

(五) 〔ヨエル書〕第二章、第十三節。

(六) 〔創世記〕第四章、第七節。

(七) ローマ人への手紙、第十五章〔対応箇所なし〕、第九章、第十〔十―十六〕節。

第二章　一般に神と名づけられる目に見えない存在を、人々が思い描くに至ったさまざまな理由(1)

1

物理的な諸原因に無知な人々は、自分たちを害したり守ってくれたりすることのできる存在あるいは力があるかどうか、という不安や疑念を持ち(2)、それに発する自然な恐れを抱く（一）(3)ものである。そこから、目に見えないさまざまな原因をでっち上げる傾向が生じる。そんなものは想像力による幻にすぎないのに(4)、逆境ではそれらに加護を求め、順境ではそれらをほめたたえる。ついにはそれらを自分たちの神とする(5)。そして、目に見えない諸力に対するこの妄想的な恐れの念こそ、各人がそれぞれ自己流に作りだす宗教の源(6)である。かような夢想に民衆が抑止されることを重視する者たちが、この宗教の種を養い育て、それを法とし、ついには、未来への恐怖によって諸々の民が盲目的に服従するようにしむけたのである〔二〕(7)。

2

一旦神々の源が見つかると、人々は、神々が自分たちに似ており、自分たちと同じように万事をある目的のために行うと思い込んだ。こうして、神は何事も人間のためにしか行わなかった、逆に人間も神のためだけに作られている、と口をそろえて言い且つ信じている(8)。この偏見は普遍的なもので、それが人々の習俗や見解に必ずや及ぼしたはずの影響を考えると、まさしくこれを契機にして人々が善悪、功罪、称賛と恥辱、秩序と混乱、美と醜、その他これに類する偽りの観念を作り出したことがはっきりと分かる〔三〕(9)。

3

すべての人間は生まれつきまったく無知な状態にあり、彼らにとって自然な唯一のことは、自分たちの役に立つ有益なものを求めることだ、という点には誰でも同意するはずである(10)。そこから次のようなことが出てくる。第一、自分が自由であるためには、意志や望みを持てると内心感じさえすれば十分で、意志や望みを持つようにさせるさまざまな原因は知らないから少しも気にかけないでよい、と人々が信じ込むこと(11)。第二、人間は何をするにも、ほかのどんなものより好ましいと思うある目的のために行動するから、自分の行動の目的因を知ることしか目指さない。それが分かったら、自分たちにはもう疑う理由などないと思い込む(12)。また、目論むことをやり遂げる手段は自分たちの内にも外にも複数見つかるから、たとえば、見るためには目があり、聞くためには耳があり、照らしてもらうためには太陽がある、等々だから、自然の内には自分たちのために作られていないもの、自分たちが享有・使用できないものはひとつもない、と人々は結論したのである(13)。しかし、こういうすべてのものを作ったのは自分たちではないと知っているので、万物の作り手である至高なる存在を想像するのは十分に根拠のあることだと人々は信じた。要するに、存在するすべては一体ないし幾体かの神々による製作物だと考えた(14)。一方、神々を認めてもその本性は知られていなかったから、人々は自分自身によってそれを判断し、神々も自分たちと同じ情念を持つものと思い込んだ。そして、人間の気性はさまざまであるから、各人は自分の気質に応じて自分の神に礼拝を捧げ、神の祝福を自分に引き寄せよう、そうやって全自然を自分自身の欲望に奉仕させようと目論んだ〔三〕(15)。

4

このような仕方で、偏見は迷信へと変化した。それが根を下ろしたので(16)、どんなに粗野な人々でも、目的因について完全な知識を持つかのように、自分でそれを究めることができると思い込むまでになった。だから彼らは、自然は何ひとつ無駄なことをしないと示す代わりに、神と自然も人間のように考えると信じ込んだ(17)。嵐や地震や病気や飢えや渇きなどのような無数の災いが生活の安らぎを乱すことを経験上知ると、こういう災いはみな天の怒りのせいだとし、人々が罪を犯したために神が腹を立てたと信じた(18)。こういう妄想を頭から振り払えず、良いこと悪いことが善人にも悪人にも、いつでも等しく起こったことを証明する、日常の例によってこういう偏見から目覚めることもできなかった(19)。こういう誤謬は、何世紀も前から受け入れられてきた偏見を廃棄し、何か真実らしいものを打ち立てるより、生まれながらの無知の内に留まるほうが彼らに楽だったということから出てきたのである〔四〕(20)。

5

この偏見が、彼らをまた別の偏見へと導いた。それは、神の裁きは理解しがたいと思い、この理由から、真理を認識することは人間精神の力を超えると信じることだった。数学、自然学その他の学問がそれを打破しなかったら、人々がいまでも落ち込んでいるはずの誤謬である〔五〕(21)。

6

自然はどんな目的も目指さず、目的因はみな人間の虚構にすぎないことを示すのに長い議論は必要ない。そのような教説は神に帰されるさまざまな完全性を奪い去ると証明するだけで十分である。それをこれから示そう(22)。

神が神自身のためにせよ、何か他のもののためにせよ(23)、ある目的を目指して行動するとしたら、神は自分に欠けているものを欲求することになる。そして、神がそのために行動するという対象をまだ持っておらず、その対象を持とうと望んだある時が存在することにも同意しなければならなくなろう(24)。だがこれは、神なるものを貧困な存在にすることである(25)。逆の説を取る人の推論に支えとなりうる事を何ひとつ言い落とさないように、次のような想定をしてみよう(26)。たとえば、建物から剥がれた石がある人の頭の上に落ちてきて、その人を殺したとする。すると無知な人々は、石はその人間を殺すためわざと落ちたにきまっているが、そういうことが起こりえたのは神がそれを望んだからにすぎない、と言う。そこで、この哀れな不幸者が通りかかったちょうどそのときに、その落下を引き起こしたのは風であると反論すれば、彼らはまず次のように尋ねるだろう。では、その人はどうして、風が石を揺るがしたちょうどそのときに通りかかったのか、と。これに対して、その人は友人の家に食事に来るように誘われていて、そこに向かっていたのだと応答すれば、では、その友人はどうして他のときではなく、ちょうどそのときに誘ったのかを知りたいと彼らは言うだろう。こうして彼らは、原因から原因へ遡るための奇妙な質問を際限なく繰り返し、無知な者の避難所である神の意志だけがその石の落下の第一原因であると認めさせようとするだろう(27)。同じく、彼らは人体の造りを見ると感心してしまい、これほど驚異的と見える結果の原因を知らないことから、これは超自然的な結果で(28)、私たちに既知の原因などいささかも関与しえないと結論づける。またここから、創造の業《わざ》を徹底的に調べようとし、無知が形成した偏見に隷属せずに、真の学者としてそれらの自然的な原因を探ろうとする人は、不敬の徒と見なされたり、自然と神々の通訳と俗衆が認める者たちの悪意によってたちまち中傷されたりする(29)。その通訳とされる欲得ずくの連中は、民衆を驚愕の内に押し止めている無知こそ、自分らの生活を成り立たせ、自分らの信用を保ってくれるものだということをよく知っているのである〔六〕(30)。

7

こうして、目にするすべては自分たちのために作られたという滑稽な臆見が染み込んだ人々は、すべてを自分自身に当てはめ、事物から引き出せる利益に応じてその価値を判断することを宗教的な一箇条とした(31)。そこから彼らは、さまざまな事物の本性を説明するのに役立ち、善や悪、秩序や無秩序、熱さや冷たさ、美や醜などを判断するのに用いられるさまざまな概念を作り上げた(32)。そういうものは、実際にはけっして、彼らが思い込むようなものではないのだが。こうして、観念を思いどおりに作れるので、彼らは自由であると思い上がり、称賛と非難、善と悪を決定する権利が自分にあると信じ込んだ(33)。自分たちの利益になることや神崇拝に関わることを**善**と呼び、逆に、そのどちらにも合致しないことを**悪**と呼んだのである(34)。無知な人々は何事についても判断する力がなく、判断力と見誤る想像力の助けを借りずには事物についてどんな観念も持てないから、自然の内にあるものは何も認識できないと言うくせに、世界の内にある特殊な秩序を仮想する(35)。要するに、感覚器官が事物を表象するときに、自分たちがその事物を想像しやすいか、想像しにくいかに応じて、事物が秩序だっているとか、秩序だっていないとか思うのである(36)。頭を疲れさせないものに人は好んで足を止めるから(37)、混乱より秩序を好むことには十分根拠があると人は信じ込む。まるで秩序が、人々の想像力の単なる結果とは別物であるかのように。だから、神は秩序をもってすべてを作ったと言明することは、神が人間の想像力に肩入れして、想像力がもっとも思い描きやすいように世界を創造したと主張すること、あるいは結局同じことだが、存在する万物のさまざまな関係と目的とを人は確実に知っていると主張することだ。こんな断言は馬鹿馬鹿しすぎて、まじめに反駁する価値もない〔七〕(38)。

8

その他の概念についても、それらは同じ想像力の単なる結果にすぎず、なんら実在しないものであり、この能力が受け取るさまざまな変様あるいは様態(39)にすぎない。たとえば、事物が目を通して神経に刻印する運動が感覚器官に心地よいならば、その事物は美しいと言われる。匂いや味や音が感覚器官を打ったりそれに沁みこんだりするのに応じて、匂いが良いとか悪いとか、味が甘いとか苦いとか、触れるものが固いとか柔らかいとか、音が耳障りだとか心地よいとか、となる(40)。こうした観念によるからこそ、神が音の調べを楽しむと信じる人がいるかと思うと、天体の運動はハーモニーを奏でていると信じた人もいたのである(41)。こうしたことは、各人が事物を自分が思い描くとおりのものだと信じ込むということを、あるいは、世界とはまったく想像上のものにすぎないということをはっきりと示している(42)。それゆえ、同じ見解を取る人が二人といないこと、またすべてを疑うのを誇りとする人さえいることは不思議でも何でもない。人間は同じ肉体を持ち、みんな多くの点で似ているが、それでも他の多くの点では異なっているからだ(43)。そこから、ある人には良いと思えることが別の人には悪くなり、ある人が喜ぶことが別の人には嫌われることになる。以上のことから、見解がさまざまに相違するのはもっぱら体質と共存物の多様性とに比例するだけで、推論はそこにほとんどそこに関与しておらず、さらに世界の諸事物についてのさまざまな概念は想像力だけの単なる結果にすぎない、と結論するのはたやすい〔八〕(44)。

9

だから、自然の説明に手を出すときに一般の人(45)が習慣的に用いるあらゆる理由は、彼らが意図するところをまったく証明しない、さまざまな想像の仕方にすぎない。それらの観念に人々は、まるでそれらが、先入見を持つ頭の中とは別のところに現に存在するかのような名前を与える。そんなものは存在ではなく、単なる空想と呼ぶべきだろう(46)。それらの概念に基づいて立てられた議論について言えば、それを反駁するほど簡単なことはない、たとえば以下のごとくである(47)。

宇宙が神の本性からの流出で、その必然的な結果だというのが真実ならば、そこに見られるさまざまな不完全さや欠陥はどこから来るのか、と言われるが、このような異議は苦もなく反駁できる(48)。ある存在の完全性や不完全性を判断できるのは、その存在の本質と本性を知っている限りでにすぎない。事物が人間の本性に快であるか不快であるか、有益であるか有害であるかに応じて、その事物がより完全であったり不完全であったりすると信じるのは非常な思い違いである(49)。どうして神はすべての人間を善良で幸福なものに創造しなかったのか、と問う人を黙らせるには、すべては必然的に現にあるようなものだ、またすべては事物の必然から流れ出るから、自然の内には不完全なものなど何もない、と言ってやればよい〔九〕(50)。

10 (51)

その上で、では**神**とは何かと問われるならば、その言葉が私たちに表しているのは普遍的存在であって、聖パウロのように語るなら、その存在のうちに「私たちは命と運動と存在を持っているのである」と答えよう。この概念には神にふさわしくない点など少しもない。というのも、もしすべてが神であるならば、すべては神の本質から必然的に流れ出ており、どうしても神は神が含むものと同じでなければならないからだ。いずれも物質的な諸存在が、物質的でない一存在のうちに保たれたり含まれたりするというのは理解できないからである〔一〇〕(52)。こういう意見はけっして新奇なものではない。キリスト教徒の中にいたもっとも博識な(53)人の一人だったテルトゥリアヌス〔一一〕は、アペレス〔一二〕を反駁して、物体でないものは無であるとはっきり言ったし[一三]、プラクセアス[一四]を反駁して、すべての実体は物体であるとも言った[二](54)。それでもこの説は、最初の四つの世界公会議でも断罪されなかったのである[三][一五]。

11 (55)

これらの観念は明晰で簡明であり、まともな精神が神について抱きうる唯一の観念でさえある(56)。ところが、このような簡明さで満足する人はほとんどいない。粗野な民衆はさまざまな感覚をくすぐられることに慣れていて、地上の王侯と似たような神を求める。王侯を取り巻くあのような壮麗さや輝きに民衆は眩惑されているので、そういう王侯とほとんど変わらない神という観念を彼らから取り上げるのは、死後に天上の廷臣の仲間に加わりに行き、王侯の宮廷で味わう享楽と同じ快楽を廷臣と一緒に楽しめる、という希望を取り上げることなのである。生の悲惨の中で絶望するのを防ぐ唯一の慰めを人間から奪い取ることなのである(57)。賞罰を与える、義で報復する神が必要だと人は言い、あらゆる人間的な情念を持つ神を望む(58)。神に手足や目や耳を与えるが、それでも、こういう造りの神に物質的なところがあるのは望まない。人間こそ神の傑作であり、その似姿であるとさえ言うが、写しが原型に似ていることは望まない。さらに、今日の民衆が信じる神は異教徒のユピテルよりはるかに多くの形態を受け入れている。とりわけ不思議なのは(59)、こういう概念(60)が互いに矛盾し良識に抵触すればするほど、俗衆がそれをますますありがたがることだ。預言者たちが語ったことを頑なに信じるからだが、ああいう妄想家はヘブライ人の間でも異教徒の鳥占いや卜占官となんら変わらなかったのである(61)。人々は聖書を、まるで神と自然が(62)特別な仕方で説明されているかのように参照する。しかしこの書はさまざまな時期に一つに縫い合わされた断片の寄せ集めにすぎず、さまざまな人の手で集められ、公表されたのだとラビ〔ユダヤ教の教師〕たちも認めている。彼らが思いつきで、これはモーセの法に合っているとかあれは反しているとか判断し、それにしたがって、これは取るべきだとかあれは捨てるべきだとか決めたのである[四][一六](63)。人々の悪意や馬鹿さかげんは次のようにひどい。屁理屈をこねて一生を送り、マホメットのコーランに見られる以上の秩序もありはしない一冊の書物、あまりに曖昧で不出来なため誰も理解できず、分裂を引き起こすことにしか役立たない一冊の書物を崇めると言い張るのである(64)。ユダヤ教徒とキリスト教徒は、そんなわけの分からぬ本を参照するほうが、神すなわち自然が万物の原理として人々の心の中に書き込んだ自然法に耳を傾けるよりいいと思っている(65)。その他の法はみな人間の虚構にすぎず、観念の中にしか存在しない悪魔や悪霊によってではなく、王侯と司祭の政略によって生み出された(66)まったくの幻にすぎない。王侯はそうやって自らの権威にいっそうの重みを加えようとし、司祭は無数の幻想を売りさばき、無知な人々に高く売りつけて金持ちになろうとしたのである。

モーセの法に続いた他のあらゆる法、すなわちキリスト教徒の法は、どこにも原本が見つからぬあの聖書にしか基づかない。この本は超自然的な、ありえない事柄を含んでおり、そこで語られる善行や悪業への賞罰も来世でのことにすぎない。ペテンがばれないようにしたのである。来世から戻った人はいまだかつていないのだから(67)。このようにして、民衆はいつでも希望と恐れのあいだをゆれうごき、神が人間を作ったのはただ永遠に幸福あるいは不幸にするためだったという自らの臆見に縛られて義務の内につなぎ止められている。この臆見こそが(68)無数の宗教を生まれさせたのである〔一七〕。

〔一〕「地上および天上において人々が起こるのを見るその他のものがしばしば恐れを抱く心の上に臨むとき、神々への恐怖で人の心を低く垂れさせ地面におしつけてしまう。なぜなら、その原因への無知が、万事を神々の支配にゆだねその統治を認めさすのだから。」ルクレティウス『事物の本性について』、第六巻、四九行以下〔第六巻、四九—五六行、邦訳、筑摩書房刊『世界古典全集』、第二十一巻、四〇八—四〇九ページ、藤沢令夫・岩田義一訳〕。

〔二〕「トイウノモ〈神ハ霊デアル〉トシテモ、神ガ体デアルコトヲ誰ガ否定スルデアロウ。トイウノモ、霊モ独自ノ形ニオイテ、独自ノ種類ノ体ナノダカラ。」テルトゥリアヌス『プラクセアス反論』、第七章〔邦訳、教文館刊『キリスト教教父全集』、第十三巻、三〇ページ、土岐正策訳〕。

〔三〕この最初の四つの公会議とは、一、コンスタンティヌス〔大〕帝が招集し、法王シルヴェステル〔一世〕が主宰した、三二五年の〔第一回〕ニカイア公会議、二、グラティアヌス帝とウァレンティニアヌス〔二世〕帝とテオドシウス帝が招集し、法王ダマスス〔一世〕が主宰した、三八一年の〔第一回〕コンスタンチノープル公会議、三、小テオドシウス〔二世〕帝とウァレンティニアヌス〔三世〕帝が招集し、法王ケレスティヌス〔一世〕が主宰した、四三一年のエフェソス公会議、四、ウァレンティニアヌス〔三世〕帝とマルキアヌス帝が招集し、法王レオ一世が主宰した、四五一年のカルケドン公会議、である。
（四）ラビたちは箴言と伝道の書を正典から除くべきかどうか思案した、とタルムードに書かれている。彼らがそれを残したのは、その中でモーセとその法がほめたたえられていたからだ。

エゼキエルの預言も、ハナニヤなる者がそれとモーセの法を一致させる試みをしなかったなら、正典目録から削られていたことだろう。

第三章(1) 「宗教」という言葉は何を意味するか。いかにして、また何故に、あれほど多数の宗教が世界に持ち込まれたのか

1

宗教という言葉が世界に導入される前には、誰もが自然の法に従うだけでよかった、つまり正しい理性に合わせるだけでよかった。この本能だけが人々を結び付ける絆で、この絆は単純なものとはいえ、分裂など稀なほど人々を一つにまとめていた。しかし、恐れの念から神々や目に見えない力が存在するのではないかと疑うようになると、彼らはすぐにそういう架空の存在のため祭壇を建て、自然と理性のくびきをはずして、虚しい儀式と、想像が生んだ虚しい幻への迷信的な崇拝で縛られるようになった(2)。まさしくそこから(3)、世界をあれほど騒がせる**宗教**という言葉が生まれた。自分に対して(4)全権を揮う目に見えない力を認めると、人々はそれを懐柔しようとして崇め、さらに、自然はこういう力に従属した存在だと思い込んだ。そのときから彼らは、自然を活動力のない塊(5)のように、それらの力の命令でしか行動しない奴隷のように思い描いた。この誤った観念が精神に強い印象を与えると、もはや彼らは自然には軽蔑しか示さず、神々と名づけたあの「存在」――なるもの――にだけ尊敬を捧げるようになった(6)。そこから、あれほど多くの民が落ち込んだ無知が生まれた。その無知の淵が(7)いかに深くても、真の学者ならば、民をそこから引き出せるはずである。その盲人たちを率い、もっぱらペテンにたよって暮らしを立てる連中が(8)学者たちの熱意を邪魔しないならば。

この企てが成功するとはなかなか思えないとはいえ、それでも真理の側に立つのを諦めてはならない(9)。この病

の(10)徴候を免れている人のためだけだとしても、高邁な魂の持ち主が事実をありのままに語らねばならない。真理は(11)どんな性質のものでも、けっして害を与えることはありえない。反対に誤謬は、どんなに無害に見えようと、有益にさえ見えようと、いつかはかならずきわめて忌まわしい結果をもたらすのである。

2

神々を作った恐れの念が宗教をも作った。自分たちの運不運を左右する目に見えない動因(12)が存在すると思い込んだときから、人々は良識と理性を捨て、思い描いた絵空事をいずれも神格とみなし、それが自分たちを導いてくれるのだとした。こうして(13)、神々をでっち上げた上で、人々はそれらの本性は何か知ろうとした。そして、神々は魂と同じ実体にちがいないと想像したため、またその魂は鏡の中や睡眠中に現れる幻影と似ていると思ったため、神々も実在はするがごくごく希薄で微細な実体だと考えたので、それを物体と区別するために**霊体**と呼んだ。とはいえ、この物体と霊体というのは実は同じものにすぎず、程度の差しかないのである。というのも、**霊体**であるとか**非物体的**であるとかいうことは不可解なことなのだから。どんな霊体でも固有の形態をそなえ〔一〕(14)、ある場所に収められること、つまり限界を有すること、したがって、いかに微細だと想定しても、それは一個の物体であること〔二〕(15)、これがその理由である〔三〕。

3

無知な者、言い換えれば大部分の人は、このようにして神々の実体の本性を画定した上で、そういう目に見えない動因がどんな方法で結果を生み出すかということにまで立ち入ろうと努めた(16)。しかし、無知のためそれに成功しなかったので、盲目的に過去から未来を判断し、自らの臆測を信じ込んだ。さながら、ある事柄がかつてこれこれの仕方で起こったということから、出来事や人間の行動に必然的な影響を及ぼし、それらの性質や実現性を決定する付帯状況やあらゆる原因が異なっていても、同じ事柄は常に同じ仕方で起こるであろう、起るべきだ、と合理的に結論できるかのようだった(17)。そこで彼らは過去に目をやり、同じ企てがかつて成功したかどうかで未来の吉兆を占った(18)。たとえば、フォルミオン〔二〕がナウパクトスの戦いでラケダイモン軍を打ち破ったので、その死後にもアテナイ人は同じ名前の将軍〔三〕(19)を選んだ。スキピオ・アフリカヌスの武威にハンニバルが屈したため〔四〕、この成功を理由に、ローマ人はカエサルと戦わせるため別のスキピオ〔五〕を同じ属州へ派遣した。これらはアテナイ人にもローマ人にも勝利をもたらさなかったのだが。このように、二、三の経験の末に自分たちの運不運を場所や事物や名前に結び付けた民族もあれば、呪文と呼んで霊験あらたかと思うある種の言葉を用い(20)、それを使えば(21)木々に語らせたり、パンの切れ端を人間や神に(22)変えたり、眼前に現れるどんなものでも変身させたりできると思い込んだ民族もあった(三)〔六〕(23)。

4

目に見えないさまざまな力の支配が(24)こうして打ち立てられると、人々ははじめ、もっぱら主権者に対するように、つまり贈り物や祈願などという服従と尊敬のしるしによってそれを崇めた。「はじめ」と言ったのは、こういう際には血を流すいけにえを用いることなど自然はけっして教えないからである。その種のいけにえは、ああいう架空の神々に(25)仕える者と定められた供犠者や聖職者の生計のために設けられたものにすぎない〔七〕。

5

この宗教の芽（希望と恐れのこと）は、人々のさまざまな情念や臆見によって養分を与えられ、国家に生じるあれほど多くの災いや変転の原因である、ああいう多数の奇妙な信仰を生み出した〔八〕(26)。

聖職あるいは神々の代行と結び付く名誉と莫大な収入は、民衆の愚かさに付け入るすべを心得た狡猾な連中の野心と貪欲をくすぐった。民衆のほうはその罠にまんまとはまり、知らず知らずのうちに、嘘を崇め真実を憎む習慣ができてしまった(27)。

6

嘘が打ち立てられ、仲間の人間たちより上に置かれる甘美さに野心家が心を奪われると、連中は俗衆の恐れる目に見えない神々の友であるふりをして名声を得ようとした。成功を狙って、それぞれが自己流に神々を描き出したり(28)、好き勝手にその数を増やしたりしたため、一足ごとに神々が見つかるまでになった。

7

形をなさない世界の質料は神カオスと呼ばれた。同じように空も、大地も、海も、火も、風も、惑星も神とされた(29)。男たちにも女たちにも同じ名誉が与えられた。鳥、爬虫類、ワニ、子牛、犬、子羊、蛇、豚、一言で言えばありとあらゆる動植物が崇められた(30)。川も泉もそれぞれ神の名を冠し、家もそれぞれ神を持ち、人もそれぞれ守護神を持った。要するに、大地の上にも下にもいたるところに、神々や(31)霊体や幽霊や精霊《ダイモン》が満ち満ちていた。思い付くかぎりの場所に神々を仮想するだけではまだ足りなかった。時間、昼、夜、和合、愛、平和、勝利、争い、錆つき、名誉、美徳、発熱、健康などという神々も、神殿と祭壇を建ててやらないと傷つけられて、人々の頭上にいつ襲いかかってくるやもしれないとみな思った(32)。ついで人々は自分の**守護神**を崇めようと思いつき(33)、それを**ムーサ**〔九〕と呼んで祈願する者もいれば、**フォルトゥーナ**〔一〇〕と呼んで自らの無知を崇める者もいた。**クピド**〔一一〕と呼んで自らの好色を、**フリアイ**〔一二〕と呼んで自らの怒りを、**プリアポス**〔一三〕と呼んで自らの性器を神聖化した者もいた(34)。要するに、神あるいは精霊《ダイモン》の名を冠されないものはなかったのである〔四〕〔一四〕(35)。

8

宗教の創立者たちは、自らのペテンの基盤が民衆の無知にあることを十分に感じていたので、神々が宿っているとして図像を崇めさせ、それで民衆を無知の内にとどめようと思いついた〔一五〕(36)。この崇拝のおかげで、神々に仕える祭司の上には黄金の雨と、聖職者の使用に供されるため神聖なものとみなされた聖職禄が降り注いだが、それを要求するどころか、それに手をつけるだけの軽率さ、大胆さを持つ者はどこにもいなかった〔一六〕(37)。祭司たちは民衆をもっとうまくだますために、自分らは預言者、占い師、未来のことが分かる霊感者であるとし、神々と交流があると自慢した(38)。自らの運命を知りたいと思うのは自然なことなので、このペテン師どもは、おのが企みにしかく有利な状況をすかさず利用した(39)。あるものはデロスに、あるものはデルフォイ〔一七〕その他に居を定め、訊かれたことに曖昧な神託で答えたのである。女たちさえそれに手を出した。ローマ人は大きな災厄に見舞われるとシビュラの書〔一八〕に助けを求めた(40)。狂人も霊感者とみなされた。死者と親しく交流するふりをした者は降霊術師と呼ばれたし、鳥の飛びかたや獣のはらわたで未来が分かると称する者もいた。さらに、目や手や顔や何か異常な事物など、どんなものでも彼らには吉兆や凶兆に思えた。それほどまでに無知というものは、それを利用する秘訣を誰かがみつけると、どんな刻印でも受け入れてしまうのである〔五〕〔一九〕(41)。

9 (42)

たぶらかしの術にかけてはいつも達人だった野心家たちは、法を与えたときもこの道を行き、民衆に自発的な服従を義務づけようとして(43)、その法はある神ないし女神から受け取ったのだと信じ込ませた。

こうした多数の神々はともかくとして、それを崇めていた**異教徒**と呼ばれる人々には、一般的な宗教体系などひとつもなかった。各国、各国家、各都市、各人が独自の祭式を持っていて、神についてはそれぞれ好きなように考えていた。だがやがて、はじめの者たちよりもさらに悪賢い立法者が現れ、いっそう練られた、いっそう確実な手段を用いて、打ち立てようとする狂信を培うのに適した法や祭祀や儀式を与えた。

そういう者は大勢いたが、中でもアジアが輩出した三人は、制定した法と祭祀によっても、持ち出した神の観念によっても、その観念を受け入れさせ自らの法を神聖ならしめる仕方によっても衆にぬきんでていた。三人の内ではモーセがいちばん古かった。つぎにやってきたイエス・キリストは、モーセの構想を受けついで、その法の根底だけは残し、あとは廃止した。最後に登場したマホメットは、両宗教から取ったもので自分の宗教を作り、ついで両者の敵だと宣言した。これら三人の立法者の性格を見、彼らの振る舞いを検討してみよう。その上で、彼らを神的な人間として崇める者と、詐欺師、ペテン師扱いする者と、どちらにより根拠があるか判断するためである(44)。

10 (45)

モーセについて

殉教者ユスティノスが伝えるところによれば[二〇]、著名なモーセは大魔術師[六]の孫で、のちにあのような人物になるのにふさわしいあらゆる資質を備えていた。皆の知るところだが、モーセがその頭となったヘブライ人は牧畜の民で、ファラオ〔エジプト王〕のオシリス一世[二一]が、大飢饉のときに彼らの一人から世話になったため、この民族を自分の国に受け入れて、牧草が豊かなので家畜を飼うのに適した場所として、エジプト東方のいくらかの土地を与えたのである[二二]。二百年近くのあいだに彼らはおびただしい数に増えたが、それは外国人と見なされたため兵役の義務を課されなかったせいかも知れず、オシリスが与えた特権のおかげで土地の者が多くこの民に加わったせいかも知れず、またアラブ人の一団が、同じ人種のよしみで、兄弟として次々に合流したせいかも知れない。ともあれ、彼らは驚くほどの数に達したので、もはやゴセン[二三]の地に収まりきらずエジプト全土に広がり、しつこい敵のエチオピア人に（当時かなり頻繁にあったように）エジプトが攻撃された際、それに乗じてこの民がなにか危険な企みをするのではないかというもっともな不安をファラオに抱かせるようになった。こうして、この王はやむなく国家理由から、この民から特権を奪い、彼らを弱体化し隷属させる方法を探した[二四]。

残酷さゆえにブシリス[二五]と呼ばれたファラオのオルスがメムノンの跡を継ぎ[二六]、対ヘブライ人政策を継続した。彼はピラミッドの建設によって自分の名を不朽のものにしようとし、テーベの町を建てる際に[二七]、ヘブライ人に強制して煉瓦を作らせた。彼らの居住地の土が煉瓦作りにきわめて適していたからである[二八]。著名なモーセが生まれたのはこの隷属状態の中でだった。彼が生まれたちょうどその年に、国王は、ヘブライ人の男の子を全員ナイル川に流せという命令を下した。この異邦人部族を絶滅させるには、これ以上確実な方法はないと思ったからである。こうしてモーセは、タールを塗った籠の中で溺死させられるところだった。母親がその籠を川辺の藺草《いぐさ》の茂みに置いたのである。たまたまファラオのオルスの娘、テルムティス[二九]がそのあたりを散歩で通りかかり、子供の泣き声を聞いて、女性特有の同情心から助けてやりたいと思った。オルスが死に、テルムティスがその後を継いだ。彼女のところに〔乳母に育てられていた〕モーセが連れてこられると、テルムティスはその子に、当時世界一の学問と文化を持つ国の女王の息子にふさわしい教育を受けさせた。つまり、「彼はエジプト人の持つあらゆる学問の中で育てられた[三〇]」と言えば尽くされる。それはモーセを当時最大の政治家、最高の自然学者、もっとも著名な魔術師として示しているのである。それのみならず、ガリアにおけるドルイド僧団に相当するエジプトの祭司団の中に彼が加えられた可能性も高い。当時のエジプトの統治がどんなものだったか知らない人には、あの有名な諸王朝は終わりを告げており、国全体が一人の主権者に属していたものの、エジプトは当時、おのおのはさして広くないいくつもの州に分かれていたことを知っていただいてもよかろう。そういう州の統治者は君主[三一]と呼ばれ、通常、エジプトの三分の一近くを領有する有力な祭司団に属していた。国王がそのような君主の職[三二]に任命していたのである。モーセについて書いた著者たちが言っていることを、モーセ自身が書いたことと比較した上で信じるとすれば、モーセはゴセン州の君主[三三]で、命を救ってくれたテルムティスのおかげでその地位も得たのだと結論できよう。エジプトでのモーセは以上のとおりだった。この国で彼はゆっくりと時間をかけ資力を用いてエジプト人の習俗と自民族の習俗を学び、彼らの支配的な情念や気質を学んだ。その知識をのちに用いて、彼こそが首謀者であったあの革命を引き起こしたのである。

テルムティスが死に、後継者はヘブライ人への迫害を再開した。失脚したモーセは、かつて自分が犯したいくつかの殺人をもう弁明できなくなると恐れたため、逃亡を決意した。そして、エジプトに接する中央アラビアへ逃げ込んだ。その地に住むある部族長の家を偶然訪れた際はいろんな働きをして、才能を見込んだ主人から好意を持たれ、その娘の一人と結婚することになった[三四]。ここで次のことを指摘しておくのがよかろう。モーセはユダヤ人としてはまったく出来が悪く、のちに自分が思い描いた恐るべき神など当時ほとんど知らなかったため、偶像崇拝の女を娶り、自分の子供たちに割礼を施すことさえ考えなかったのである[三五]。

まさにこのアラビアの荒地で、義理の父や義理の兄弟の羊の群れの番をしながら、エジプト王からこうむった不正に復讐しよう、エジプトの心臓部に混乱と暴動を持ち込んでやろうと彼は計画を練った。自分には才能があるし、こうむった虐待のため政府に怒りを募らせている自民族の気持も分かっていたので、成功はたやすいと踏んでいた。

モーセが残した、あるいは少なくとも、彼に帰される諸書〔三六〕の著者が残したこの革命の歴史によれば、義理の父エテロ〔三七〕もこの陰謀に加わっていたらしく、兄のアロン、ならびに、エジプトに残ってモーセと連絡を取っていたにちがいない姉のミリアムもそうだったらしい。

ともあれ、実行の仕方から分かるのは、彼が優れた政治家として壮大な計画を立てていたこと、エジプトで学んだ学問のすべてを、つまりいわゆる魔術なるものを、エジプトに対して逆用できたことである。その点では、ファラオの宮廷にいた同じ芸当を職とするどんな連中よりも巧みで有能だった〔三八〕。

こういう驚異なるもので彼は自民族の人々から信用を得、彼らを蜂起させた。それにエジプト人やエチオピア人やアラブ人の叛徒や不満分子が加わった。さらに、自分が奉じる神の力を吹聴し、神と頻繁に話をすると自慢して、反乱指導者たちとの対応にも毎度神を介入させたため、彼らはすっかり納得してしまい、女子供を除いても六十万人という数の戦士がモーセに従ってアラビアの荒野を横切ることになった。荒野の道を彼はくまなく知っていたのである〔三九〕。辛い退却の行軍を六日続けたあげく、彼はつき従う者たちに、全員休息をとって自らの神に七日目を捧げるように命じた。神が自分に好意を持ち、自分の支配を是認していると信じさせるため、自分に異を唱える勇気が誰にもなくなるようにするためだった〔四〇〕。

ヘブライ人より無知な、したがって軽信的な民族はかつていなかった。その深い無知を納得するには、モーセが反乱を起こさせたとき、この民がエジプトでどんな状態にあったかを思い出すだけでよい。羊飼いという職ゆえにエジプト人から嫌われ、主権者からは迫害され、もっとも卑しい仕事に駆りだされていたのである。こんな下層民の中であれば、モーセが才能を際立たせるのはさほど難しいことではなかった。彼はこう信じ込ませたのである。自分の神（時々ただ「神の使〔四一〕」と呼んだが）、お前たちの父祖の神が自分に現れた、その神の命令で自分はお前たちを導く労をとっている、お前たちを治めるために神が自分を選んだのだ、神の代理として自分が言うことを信じさえすれば、お前たちはその神のお気に入りの民となるだろう、と。かような勧告を、彼は妖術と自然に関する知識を巧みに用いて補強した。馬鹿な下層民にはいつも多大の影響を与えられる驚異と呼ばれるもので、自分が言ったことを裏づけたのである。

とりわけ指摘してよいのは、神自身が夜は火の柱の姿で、昼は雲の形でヘブライ人をじきじきに導いていると〔四二〕信じ込ませて、これこそ彼らを自分の命令に服従させる確実な方法だと彼が思ったことである。だが、証明もできることだが、あれはあのペテン師のもっとも粗雑な騙りだった。彼はアラビアに滞在していた折に、この地方は広大な無人の地だから、隊列を組んで旅をする者は案内人を選び、燃える物で先導してもらって夜はその炎についてゆき、昼はそれの煙をキャラバンの全員が見分けられ、おかげで道に迷わないようにするのが習慣なのを学んでいたのである。この習慣はメディア人やアッシリア人のあいだではまだ使われていた。モーセはそれを使い、これは奇蹟だ、自分の神が庇護してくれるしるしだと思わせた。それがペテンだと言うのを信じなくてもよいが、モーセ自身の言うことは信じてほしい。彼は民数記の第十章、第十九節から第三十三節〔四三〕で、義理の兄弟のホバブに対して、この地方を知っているのだからイスラエル人の道案内をするため一緒に来てくれと頼んでいる。この箇所は論証的である〔四四〕。イスラエルの民の前を昼夜兼行で、雲または火の柱となって歩むのが神だったなら、これ以上の案内人がありえただろうか。なのにモーセは、ごらんのとおり、いとも差し迫った動機から、自分の案内人になるよう義理の兄弟に勧めているのである。だから、雲や火の柱が神だったのはもっぱら民衆にとってで、モーセにとってではなかったのだ。

哀れな不幸者たちは、残酷な隷属から脱して神々の主人から養子として選ばれたのに狂喜して、モーセに喝采し、彼に盲目的に従うことを誓った(45 bis)。自分の(46)権威が確認されると、彼はそれを永遠のものにしようと思い、自分こそその代理人であるとするこの神への崇拝を確立するというもっともらしい口実をつけて、まずは自分の兄とその子供たちを王宮の長に、すなわち、神に神託を下してもらうにふさわしいと思う場所の長にした〔四五〕。民衆はその場所の中を見られず、入ることもできなかった。次に彼が行ったのは、新制度を立てる際の常套手段だった。つまり驚異や奇蹟である。単純な者は幻惑され、中には茫然自失する者もいるが、洞察力があってそんなペテンを見抜ける人には哀れを催させる代物だった。

モーセがいかに悪賢くても、武力を持っていなければ人を服従させるのに大変苦労したはずである。軍事力のないペテンはめったに成功しないからだ。

大多数の人がこの巧みな立法者にだまされて、その意志に盲目的に服従していたが、大胆にも彼の不誠実を責め、公正や公平と見せかけて貴方はすべてのものを独占した、最高権力は貴方の家族に帰属して、もはや誰にもそれを主張する権利はない、要するに貴方は民衆の父というより暴君だ、と面と向かって言うような者も出現した。しかし、そういう際には、モーセは秘策に通じた政治家としてこういう自由思想家を殺し、自分の統治を非難する者を一人として許さなかった〔四六〕。

かように警戒を怠らず、処刑をすれば必ずそれを神の報復だと粉飾して、彼は絶対的な専制君主として君臨した。そして、始めたとおりのやり方で、つまり詐欺師・ペテン師として仕事を終えるため、人気のない場所にあらかじめ掘らせておいた深い穴にとびこんだ。臣下の尊敬と服従をそれで克ち得ようとして、神と秘密会談をしに行くという名目で、前からときどきそのあたりへ引きこもっていたのである。それに、久しい前から準備しておいたその深い穴に身を投げたのは、自分の遺体が見つからないようにするため、神が自分に似たものにしようとして彼をさらっていったと信じさせるためだった。自分に先立つ族長たちは墓所がみつかってもその記憶が非常な崇敬に包まれているのを彼も知らないではなかったが、彼の野心はそんなものでは満足できなかった。死さえも歯が立たぬ神のごときものとして崇められねばならなかったのだ。まちがいなくそれが、統治を始めるに当たって言った、「私はファラオの神になるようにと、神によって立てられた」という言葉で彼が目指したものである〔四七〕。彼にならったエリヤ〔四八〕、ロムルス〔四九〕、ザモルクシス〔五〇〕や、自分の名を不朽にしたいという愚かな虚栄心に取りつかれた者はみな、不死だと信じてもらいたいばかりに自分の死の時を隠したのである(46 bis)。

11 (47)

だが、立法者たちに話を戻せば、自分の法が何らかの神から発した〔七〕と言わなかった者も、自分自身が単なる死すべき人間以上のものだと信じさせようとしなかった者もいたためしがなかった〔五一〕。独居の楽しみを味わっていたヌマ・ポンピリウス〔五二〕は、ロムルスの王位を継ぐためだとしても、そういう生活から離れるのに難色を示したが、しかし、皆の喝采によっていやでも受けざるをえなくなると、一転して、ローマ人たちの信心深さを利用し、自分は神々と話をしているとほのめかし、だからどうしても自分を王にと望むなら、自分に盲目的に従う決心をすべきだ、ニンフのエゲリアから口述された神々の法と指示を敬虔に守るべきだと言った。

アレクサンドロス大王もそれに劣らぬ虚栄心の持ち主だったので、世界の支配者と見られるだけでは満足せず、ユピテルの息子と思われたがった〔五三〕。ペルセウスも同じ神と処女ダナエから生を享けたと称していた〔五四〕。プラトンはアポロンを父と見なし、この神が処女に自分を生ませたとした。同じような馬鹿げた考えを持つ者は、まだまだほかにもいた。神の霊が女と関係を持ち、それをはらませられるというのがエジプト人の臆見だったが、ああいう偉人たちはこの説がその手の夢物語の根拠になると思っていたに相違ない〔五五〕。

12

イエス・キリストについて(48)

エジプト人の格率や知識を知らぬわけではなかったイエス・キリストは、この臆見を広め、それが自分の企みに合うと思った。無知な民衆しか率いていなかったのにモーセがどれほど有名になったかを見て(49)、彼は同じ土台の上に家を建てようとし、数人の馬鹿者を引き連れて、聖霊が自分の父で母は処女だと彼らに信じ込ませた〔五六〕(50)。空想や妄想で満足するのが常だったこのお人よしたちは、彼の考えを採用し、そういう生まれも彼らにはまんざら不思議すぎることでもなかった〔八〕だけに、言われることをなんでも信じた(51)。

だから、聖霊の働きで処女から生まれたということは、ジンギスカンの母も処女だったとタタール人が語っていることや、神ブッダ〔五七〕は日の光で懐妊した処女から生まれたと中国人が言っていること以上に、異常なことでも奇蹟的なことでもない(52)。

この驚異が起ったのは、ユダヤ人がかつて自らの士師に飽きたとき〔九〕のように(53)自らの神に飽きて、よその民族のように目に見える神を望んだときだった。愚か者の数は限りがないので、イエス・キリストはどこでも家来を見つけた。しかし、極貧だったことが出世の決定的な障害になっていた〔一〇〕ので、パリサイ人たちはあるときは彼を讃美し、あるときは彼の大胆さをねたみ、下層民にありがちな不安定な気分のままに彼をおとしめたり持ち上げたりした(54)。あれは神だという噂が流れたが、彼には武力がなかったので、計画が成功するのは不可能だった(55)。幾人か病人を治し、幾人か自称死人を生き返らせたため人気は出たけれども、金も軍隊も持たなったので、どのみち滅びざるをえなかったのである。この二つの手段をもし持っていたら、彼もモーセやマホメットに劣らず、人の上に立ちたいという野心を持った誰にも劣らず成功しただろう(56)。ほかの者より不運でも、ほかの者より下手だったわけではなく、その一代記のいくつかの箇所が証明するように、その政略の最大の欠点は身の安全を十分はからなかったことだった。さらに言えば、彼の取った策が他の二人よりまずかったとも思えない。少なくとも彼の法は、世界でもっとも賢明と自負する諸民族の信仰上の規則になったからである(57)。

13

イエス・キリストの政略について(58)

たとえば、姦淫の現場をおさえられた女をめぐるイエスの返答ほど巧みなものがあるだろうか。この女に(59)石を投げて殺すべきかとユダヤ人たちに訊ねられた時、質問にはっきり答える(60)と敵が仕掛けた罠にはまるので、つまり、否定すれば律法に直接反するし、肯定すれば苛酷で残酷な男だと証明されて人心を離反させるので、並の人間(61)のように即答はせず、彼はこう言った。「あなたがたの中で罪のない者が、まずこの女に石を投げつけるがよい〔五八〕。」(62)巧みな答で、機転が利くことをよく示している。別の折にも、カエサルへ租税を納めてよいか訊ねられると、見せられた貨幣に皇帝の肖像があるのを見て、「カエサルのものはカエサルに返しなさい〔五九〕」と答えて彼は窮地を脱した。窮地というのは、納税が許されるのを否定すれば大逆罪を犯すことになるし、納税すべしと言えばモーセの法を覆すことになったからである。モーセの法を覆すつもりなどないと彼は明言したが、罰せられずにそうするにはまだ力が弱すぎるとたぶん思っていた時のことである。もっと有名になると、その法をほぼ全面的に覆したからだ。権力がまだ十分確立していないうちは臣民の特権を保証するといつも約束しながら、後には約束を守ることなど気にもかけないあの君主たちの真似をしたのである(63)。

いったい何の権威によって説教をしたり民衆を教えたりすることに手を出すのか、とパリサイ人に訊ねられたとき(64)、人間の権威によってだと答えれば、民衆の教育をもっぱら委ねられている祭司団に自分は属していないから(65)嘘を証明されてしまうし、神の明白な命令によって説教をしていると自慢すれば、自分の説はモーセの法と対立するからやはり嘘を証明される、それだけがパリサイ人の狙いだとイエス・キリストは見抜いた。そこで、逆に彼らを困らせ、ヨハネは誰の名において洗礼をしたのかと訊ねることで難局を切り抜けたのである(66)。

政略上ヨハネの洗礼に反対していたパリサイ人たちは、洗礼は神の名においてだと認めれば自らを断罪することになったろう。またそれを認めなければ、逆のことを信じる(67)下層民の怒りを買ったろう。この難関を脱するために、分からんと彼らは答えた。それに対してイエス・キリストも、何ゆえに、また(68)誰の名において説教をするのか君らに言う義務はない、と答えた〔六〇〕。

14(69)

古い律法の破壊者が、新宗教の父が使った逃げ口上はこのようなものだった。新しい宗教が古い宗教の廃墟の上に建てられたのだが、公平無私な者の目から見れば、そこには先行した諸宗教以上に神的なものなど何も見られない。その創立者はまったく無知なわけではなかったので、ユダヤ人の国家の極端な腐朽ぶりを見て終わりが近いと判断し、別の国家がその灰の中から再生するはずだと思った。

自分より巧みな者[70]に先を越されるのを恐れて、彼はモーセとは反対の手段を用い、急いで体制を打ち立てた。モーセは他民族にとって恐ろしい存在、こわい存在になることから始めたが、イエス・キリストは反対に、来世での利益で釣り、自分を信じればそれが得られると言って他民族を引き寄せた。モーセは自分の法を守る者に現世の幸福しか約束しなかったが、イエス・キリストはけっして終わることのない幸福という希望を与えた。一方の法は外面にしか関わらなかったが、もう一方の法は内面にまで及び、思考にも影響を与え[71]、あらゆる点でモーセの法の逆を行った。イエス・キリストもアリストテレスと同じく、宗教も国家も生まれては滅びるすべての個人[72]と変わらないと信じていたことになる。何であれ滅んだものからしか生まれないから、どんな法もきまって正反対の法に負けるのである[73]。しかし、一つの法から別の法へ移る決心はなかなかつかないもので、たいていの人は宗教上の信念に動揺など来しにくいから[74]、イエス・キリストは他の改変者たちを真似て、いつでも無知な者にはつまずきの元、巧みな[75]野心家には避難所だった奇蹟に訴えた。〔六一〕

15 [76]

こうしてキリスト教が創立されると、巧みにもイエス・キリストはモーセの政略の過ちを有効に利用して、自分の新しい法を永遠のものにすることを考えた。この企てはおそらく期待した以上に成功した。ヘブライ人の預言者たちは、モーセに名誉あらしめようとして、それに似た後継者、すなわち徳高く、莫大な資力を持ち、敵には恐ろしいメシアの出現を預言していた。ところが、彼らの預言はまったく逆の結果をもたらした。多くの野心家たちがそれに乗じて、自分こそ予告されたメシアだと思わせようとし[77]、そこからいくつもの反乱が起り、ヘブライ人の古い国家[78]が完全に滅びるまで続いたのである。モーセの預言者たちより巧みなイエス・キリストは、自分に反対して立ち上がる者の信用をあらかじめ失墜させようとして[79]、そんな奴[80]は神の大敵、悪魔のお気に入り、あらゆる悪徳の寄せ集め[81]、世界の嘆きの種だと予言した。〔六二〕

これほど素敵な賛辞を呈されては(82)、誰も「反キリスト」と称する気にはなれなかったはずと思われる。法を永久化するのにこれ以上の秘訣を見つけられるとは思えない。もっとも、その反キリストと称するものの話(83)ほど架空なものはないのである。聖パウロは生前からすでに(84)、反キリストはすでに生まれている、だから今はイエス・キリスト再臨の前夜だと言っていた。〔六三〕しかし、この恐るべき人物が誕生したと宣べ伝えられて(85)からもう千六百年以上もたっているのに、誰もそんな話を聞いたことがない。イエス・キリストの大敵でその神性なるものに反対していた(86)エビオンとケリントスの二人にその言葉を当てはめた者がいたのは認めよう。しかし、こんな解釈が使徒の言う意味に合致する――そんなことはまったく信じがたいが――なら、この言葉はいつの時代にもいる無数の反キリストを指しているとも言えるのである。イエス・キリストの一代記は軽蔑すべき(87)作り話〔一一〕だ、その法は無知が流行らせ欲得が維持し暴君が保護する(88)夢物語を織りなしたにすぎないと語ると(89)、真理を傷つけることになると思う真の学者などいないからである。〔六四〕

16 (90)

それでも、こんなに脆弱な基盤の上に立てられた宗教が神的で超自然的なものだと主張されている。まるで、とびきり馬鹿げた見解を広めるのに、女や間抜けほど適した者はいないのを知らないかのようだ。だから、イエス・キリストのお供の中に学者がいなかったのは(91)不思議でも何でもない。自分の法が良識と一致しえないのを彼はよく知っていた(92)。だからこそ、あんなにしょっちゅう(93)賢者を激しく攻撃して、自分の王国からそれを排除し、そこには精神の貧しい者、単純な者、馬鹿な者しか入れなかったに相違ない。〔六五〕理性的な精神の持ち主は、愚かな連中と争ってもしかたがないと自ら慰めるべきである(94)。

17 (95)

イエス・キリストの道徳に関して言えば、古代人の著作より好ましいと思わせるべき神的なものなど、そこには何ひとつ見られない。むしろ、そこに見られるのはみな、古代人の著作から取ったもの、あるいは真似たものである(96)。彼らの著作のあるものの内には聖ヨハネによる福音書の冒頭部分が全部みつかった、と聖アウグスティヌスも告白している[一一][六六]。あの使徒は他人から剽窃するのに慣れていて、黙示録を作るため平気で預言者たち〔の書〕から謎や幻視を取ってきたと指摘されていることも付け加えてほしい(97)。たとえば、旧約聖書や新約聖書の教理とプラトンの著作のあいだに見られる一致などというのは、ラビ〔ユダヤ教の律法教師〕や聖書の執筆者たちがあの偉人から剽窃したのでなければ、いったいどこから来るのであろう(98)。世界の誕生のさまは、創世記にあるものよりプラトンの『ティマイオス』にあるもののほうが本当らしい(99)。もっとも、これはプラトンがエジプト旅行の際にユダヤ人の著作を読んだからだとは言えない。聖アウグスティヌスが報じるように[一三]、あの哲学者がエジプトを旅したとき、プトレマイオス王はまだそれらを翻訳させてはいなかったからである[六七](100)。

〔プラトン〕『パイドン』[一四]の中でソクラテスがシミアスに語る国の記述の方が、地上の楽園よりはるかに魅力的だし[六八]、両性具有人のおとぎ話の方が、女を作るためアダムの肋骨を一本引き抜くというような創世記の話より比較にならないほどよく出来ている(101)。さらに、ファエトンが引き起こした炎上[六九]以上に、ソドムとゴモラの二つの炎上に似たものがあるだろうか(102)。サタンの失墜と、ウルカヌスの失墜や、ユピテルの雷霆で沈められた巨人族の失墜ほど[七〇]一致するものがあるだろうか。サムソンとヘラクレス、エリヤとファエトン(103)、ヨセフとヒッポリュトス、ナブコドノゾルとリュカオン、タンタロスと悪しき金持ち[一五]、イスラエル人のマナと神々のアンブロシア[七一]、これら以上に似たものがあるだろうか。聖アウグスティヌス(104)、聖キュリロス、テオフュラクトスは、ヨナのことを、三日三晩鯨の腹の中にいたために「三夜の」とあだ名されたヘラクレスに比較した[七二]。

ダニエルの預言書の第七章に描かれているあの川は、魂の不死についての対話で語られるピュリフレゲトンの明らかな模倣である[七三](105)。原罪はパンドラの箱からもってきたものだし、イサクやエフタの生贄は、牝鹿を身代わりとしたイフィゲネイアの生贄からもってきたものだ[七四]。ロトとその妻について述べられることは、〔ギリシア〕神話がバウキスとフィレモンについて教えることとまったく一致する[七五]。ベレロフォンの話は聖ミカエルと彼が退治した悪魔の話の元である〔七六〕。要するに、聖書の著者たちがヘシオドス〔七七〕やホメロスをほとんど一字一句書き写したことは確かなのである〔七八〕(106)。

18

イエス・キリストはどうかといえば(107)、オリゲネスが伝えるところでは〔一六〕、イエス・キリストのもっとも見事な金言はプラトンから取ってきたものだとケルソスは示したという。たとえば、「富んでいる者が神の国にはいるよりは、らくだが針の穴を通るほうが、もっとやさしい〔七九〕」というものである〔一七〕〔八〇〕。イエス・キリストはパリサイ派に属していたが(108)、彼を信じる人々は魂の不滅や復活や地獄に関する信仰をも、また道徳の大部分をもこの派に負っていた。イエス・キリストの道徳の内に、私はエピクテトスやエピクロスその他大勢の道徳にないものは何も見つけられない(109)。聖ヒエロニムスは〔一八〕エピクロスを、その徳が最良のキリスト教徒をも恥じ入らせるような人物として、また少しのチーズとパンと水さえあれば最上の食事とするほどの節制家として引き合いに出していた〔八一〕(110)。これほど質素な生活を送るだけでなく、あの哲学者は異教徒でありながら、理性を(111)持たずに金や資産があるより、不運であっても理性的なほうがよいと言い、さらに、同じ人のうちに富と英知が合わさるのはまれで、しっかりした真の快楽の元(112)である深慮と公正と誠実さが幸福に伴う限りでしか人は幸せでありえず、満足して(113)生きることもできないとも付け加えた〔八二〕。

エピクテトスについて言えば、イエス・キリストも含めてどんな人も、彼以上に意志が強く、謹厳で、平静だったためしはなく、彼以上に崇高な実践道徳の持ち主もいなかったと思う(114)。ここがそれをする場所ならばたやすく証明できるし、証明できないことを私は何も言っていないが(115)、自ら定めた限界を超えたくはないので、その生涯の麗わしい行為の中から一つだけ例を(116)挙げておこう。エピクテトスはネロの近衛隊長である解放奴隷エパフロディトゥスなる者の奴隷だったが、この粗暴な男が彼の足をひねってやろうという気まぐれを起した。そうするのを楽しんでいるのに気付いたエピクテトスは、足を折ってしまうまでやめないのはよく分かっています、と笑いながら言った。そして予言したとおりになると(117)、「ほら、だからあなたは私の足を折ってしまうと言ったではないですか」と笑みをたたえ平然と続けたのである。かってこれほどの堅忍不抜があったろうか〔八三〕。イエス・キリストはそこまで行ったと言えるだろうか。少しでも不安になると恐怖で泣いたり冷や汗を流したりし、死に際には配下の殉教者にも見られないまったく見下げ果てた臆病さを示したではないか〔八四〕(118)。

この哲学者の生涯と死を述べたアリアノスの〔八五〕本が時の流れに失われてしまわなかったら、この人の忍耐力についてはほかにも多くの例が見られるに相違ない。ああいう行為については、司祭たちが(119)哲学者の徳について言うようなことが必ずや言われるであろう。あれは虚栄心に基づく(120)徳で、実態は見かけと違うのだ、と。しかし、そんな口を叩く者が、説教壇で出まかせを言い、正しい理性と真の徳とは何かを唯一知っている人々を弾劾すれば民衆教育のため与えられる金をまともに稼いだと思うような連中なのは分かりきったことだ(121)。まことに、真の賢者の品行と、彼らをこきおろすあの迷信家らの振る舞い(122)ほど似ても似つかぬものはない。そういう連中が勉強したのは飯の種になる地位に就くためにすぎないようで、それを手に入れるとふんぞり返り自画自賛し、まるで完徳の状態に達したかのようである(123)。当人にとっては、それが怠惰・傲慢・放縦・享楽の(124)状態にすぎず、たいていは自分が告白する宗教の格率になどまったく従わないというのに。しかし、本当の徳の観念などまったく持ち合わせない連中は放っておいて、彼らの師匠の神性について検討しよう(125)。

19 (126)

キリストの政略を検討し、また古代哲学者の著作に見られるほどの有益さも崇高さもないその道徳を検討した上で、次に、彼が死後に獲得した評判がその神性の証拠となるかどうかを見ることにしよう。民衆には狂愚が付きものなのだから、民衆の振る舞いから何らかの帰結を引き出そうとするとは驚きである。民衆がいつでも幻を追い求め、良識の刻印があるようなことは何ひとつ行いも言いもしないのは、経験が教えるところだ。にもかかわらず、学者たちがいつも反対してきたのにその努力にさからって常に流行したこういう幻影の上に、民衆の信仰は立てられるのである。

支配的な愚論を根絶しようと学者がどんなに心を砕いても、民衆がそれを手放したのは、それに満腹してからにすぎなかった。

モーセがいくら神の通訳だと自慢し、自分の使命や権利を異常なしるしで証明しても、彼が少しでも留守にすると（神と協議するためと称して、彼は度々留守にした、ヌマ・ポンピリウスその他多くの立法者も同様であった）、帰った時には、かつてヘブライ人がエジプトで目にしていた神々への崇拝の痕跡しかもう見られなくなっていた。捨てた神々の観念をなくさせようと、ヘブライ人を四十年間荒野に留めた甲斐もなく、彼らはいまだにその神々を忘れておらず、先に立って歩む目に見える神々を相変わらずほしがり、どんなに残酷な仕打ちを受けても頑なにそれを崇めていたのである。

どんな馬鹿でも持つ思い上がりを利用して他民族への憎しみを吹き込んでやっと、彼らは徐々にエジプトの神々の思い出を忘れ、モーセの神に帰依するようになった。律法に記されたあらゆる条件を守ってその神をしばらくは崇めたが、やがてその神を捨て、新奇なものを追い求めるあの移り気のせいで、イエス・キリストの法に従った。

20（127）

モーセの律法を採用したのは、ヘブライ人の中でもとりわけ無知な人々だった。イエスを追っかけたのもやはりそういう連中だった(128)。そういう者は数限りなく、また互いに愛し合っていたから、イエスの唱えた新たな誤謬が簡単に広まった(129)のも驚くには当たらない。新説がそれを奉じる人々にとって危険でなくはなかったが、それのかき立てる熱狂が恐れの念を消し去った。こうしてイエス・キリストの弟子たちは、お供をしてもみな一文なしで、全員飢え死にしそうではあったが（日によっては、この教導者ともども、飢えを満たすため畑で麦の穂を摘まざるを得なかった〔八六〕ことからも分かるように）、それでも彼らが意気阻喪しかけたのは、師が死刑執行人の手に渡され、もらえると希望していた富や権力や栄誉を与えられなくなったのを見たときにすぎなかった(130)。

彼の死後、弟子たちは希望が裏切られたのに絶望したが、必要に迫られてやるべきことをやった。どこからも追い立てられ、師と同じ目にあわそうとするユダヤ人に追及されつつ、彼らは近隣の地方へ散っていったが、そこで幾人かの女の話を基に〔八七〕、彼が復活したとか、神の子であるとか、その他、福音書にあれほど満載されるおとぎ話を触れ回ったのである(131)。

ユダヤ人のあいだで成功するのは大変だったので、異邦人のところで運試しをしよう、外国人のあいだならもっとうまくいかないかどうか試してみようと(132)彼らは心を決めた。しかし、異邦人は哲学者で、馬鹿話に承服するにはあまりに理性の友だったから、それには自分らにある以上の学問がどうしても必要だった。そこでイエスの信者たちは、情熱的で積極的な、無学な漁師よりもう少し教育のある、あるいは自分のおしゃべりを傾聴させる能力がもう少しある若者〔一九〕を引き入れた(133)。この男は天からの一撃で彼らの仲間になると〔八八〕(不可思議なことが必要だったから)、古代の詩人たちのおとぎ話をまねた地獄の刑罰なるものへの恐怖や、自分もそこへ運ばれたことがあると不埒にも吹聴した〔八九〕、天国の喜びへの期待によって、生まれたばかりのこの宗派へ何人かの信奉者を獲得した(134)。

これらの弟子は幻惑と嘘を駆使して、神として通るという名誉を師にもたらした。生前のイエスはそこまで到達できなかったのだ。彼の運命はホメロスの運命よりましなものでも名誉あるものでもなかった。ホメロスのほうは、生前彼を追い払い馬鹿にした町のうち六つが、彼を生んだ栄誉がどこに属するのかで戦争をしたからである(135)。

21(136)

これまで述べたすべてから、キリスト教も他のすべての宗教と同じく、出来の悪いペテンにすぎないと判断できる。そんなものが成功し伸長したのに、考案者たちもこの世に戻ってきたら驚くだろう(137)。しかし、すでに十分語った誤謬と明白な矛盾の迷路にこれ以上深入りせずに、マホメットについていささか述べることにしよう。この男はイエス・キリストとは正反対の格率に基づいて法を打ち立てたのである(138)。

22

マホメットについて(139)

キリストの弟子たちがモーセの律法を消し去ってキリストの法を導入したかと思うと、すぐにまた、人々は武力といつもながらの移り気に引きずられるかのように、モーセと同じ手段で頭角を現した新たな立法者に従うようになった(140)。その男はモーセのように預言者、神の使いという称号を得、モーセのように奇蹟を行い、民衆の情念をうまく利用するすべを心得ていた(141)。天からの新たなお告げを説明された無知な下層民が、まず彼に付き従った。そういう貧民が新たなペテン師の約束とおとぎ話に誘惑されてその名声を広め高めて、ついにはそれが先行者たちの名声を圧倒するまでになった(142)。

マホメットは帝国の創立者にふさわしいと思える人間ではなかった。政略の面でも哲学の面でも特に優秀なわけではなく〔二〇〕、読み書きもできなかった。意志の力さえ乏しくて、信者のある者が腕を揮ったおかげでいやでも頑張りとおすことにならなかったら、何度も計画を放棄するところだった(143)。彼が頭角を現わし有名になりはじめると、コライスという有力なアラブ人〔九〇〕が(144)、生まれの卑しい者が不遜にも民衆をたぶらかすのを妬んで、敵対宣言をし、計画の邪魔をした。しかし、マホメットがいつも神や天使と協議をしていると民衆は信じ込んでいたため、おかげで彼はこの敵を打ち破った。コライス家は敗北を喫し〔九一〕、マホメットは自分を神的な人間と信じる愚かな群衆に付き従われて、もう自分に仲間は必要ないと思った。だが、その仲間が自分のペテンをばらすのを恐れて、それに先手を打とうと思った。そして確実に成功するため、この男に山ほど約束をし、自分が偉くなろうと思ったのはこれほど貢献してくれた君と権力を分け合わんがためだった、と誓って見せた(145)。「私たちが高い地位に昇る時が近づいた。味方につけた大勢の民衆を私たちは当てにしている。君があれほど巧みに考えついた策略を用いて、彼らを確保しておくことが肝要だ」とマホメットは言って、それと同時に、神託の穴に身を潜めるようにとこの男を説得した。

それは井戸で、その中から彼が語って、信者たちのまんなかにいるマホメットを神の声が支持している、と民衆に信じさせていたのである。この協力者は、不実なマホメットの甘い言葉にだまされて、いつものように神託を真似るため穴の中に入った。それから、のぼせ上がった群集の先頭に立ってマホメットが通りかかると、このような声が聞こえた(146)。「おまえたちの神である私は、あらゆる民族の預言者としてマホメットを立てたと宣言する。ユダヤ教徒やキリスト教徒がゆがめてしまった私のまことの法をおまえたちはまさしく彼から知ることとなろう(147)。」前々からこの男はそういう役割を演じてきたが、最後には、この上なくひどい、この上なく悪辣な忘恩で報いられた(148)。実際、自分を神的な人間と宣する声を聞くと、マホメットは民衆のほうを振り向き、自分を預言者と認めたその神の名において民衆にこう命じたのである(149)。自分に神が現れた場所のしるしとしてヤコブが石を立てた〔九二〕のを記念するため(150)、かくも真正な証言が自分のために出てきたこの穴を石で埋めてしまえ、と。こうして、マホメットが成り上がるのに貢献したこの哀れな男は死んでしまった。まさしくこの石の山の上に、もっとも著名なペテン師たちの最後の者はその法を打ち立てたのである。この礎石〔九三〕は実に堅固でしっかりと固定されているため、千年以上支配が続いても、いまだに揺るぎそうな気配も見られない(151)。

23

このようにしてマホメットは成り上がり、生前に自分の法が広がるのを見た点でイエスより幸福だった。マリアの息子は貧しいためそれができなかったのである。マホメットはモーセより幸福でさえあった。モーセはあまりの野心のために、自らの手で生を終えようと身を投げたからである〔九四〕。マホメットは穏やかに、願いを満たされて死んだ。そればかりか、死後にも自分の教理が存続するだろうという何がしかの確信すら持っていた。無知の中に生まれ育った信者たちの気質に教理を合わせていたからである。もっと有能な人間でも、そんなことはおそらくできなかったろう(152)。

読者よ、以上が、世界の大部分を征服した諸宗教の著名な三人の立法者について述べられるもっとも注目すべき事柄である。彼らは私が描いたとおりの人間だった。彼らが尊敬に値するかどうか、また、野心のみで成り上がり、無知によって絵空事を永続化させる導き手に引き回されることに弁解の余地があるかどうかを、今度はあなたが検討する番である(153)。あなたを盲目にした彼らの誤謬から癒されるために、自由且つ公平無私な精神で以下の記述を読んでほしい。そうすることが真理を見いだす道であろう(154)。

(一) 二四〔本書一七〕ページに引用されたテルトゥリアヌスの一節を見よ。

(二) ホッブズ『リヴァイアサン』、「人間について」、第十二章、五六、五七、五八ページ。

(三) 〔対応する原注はない。〕

(四) ホッブズ、同書、「人間について」、第十二章、五八ページ。

(五) ホッブズ、同書、「人間について」、第十二章、五八、五九ページ。

(六) この言葉を俗見どおりに理解してはならない。理性的な人々にあっては、**魔術師**とは巧妙な人間、練達のいかさま師、熟練した手品師を意味し、そのあらゆる技は、俗衆が信じるように悪魔との契約によって行われるのではなく、技倆や巧みさからなりたっているのだから。

(七) ホッブズ『リヴァイアサン』、「人間について」、第十二章、五九、六〇ページを見よ。

(八) 「一羽の美しい鳩がやってきて一人の乙女をその羽ばたきで覆う、ここにはなんら驚くべきことはない。リディアでも同じことが見られたし〔九五〕、レダの美しい白鳥はマリアの鳩と変わりはない〔九六〕。」

(九) サムエル記四〔上〕、第八章。イスラエル人たちはサムエルの子らに満足せず、王を要求する〔九七〕。

(一〇) イエス・キリストはパリサイ派に、すなわち貧民派に属していた。この連中はみな、金持ちの派を作っていたサドカイ派と対立していた。タルムードを見よ〔九八〕。

(一一) 実に有名で、哲学的精神がまだほとんど発展していなかった時代としては実に大胆な以下の言葉からも分かるように、これは法王レオ十世が下した判断である。「イエス・キリストのあのおとぎ話がいかにわしらの得になったかは昔から分かっていることさ。イエス・キリストノアノオトギ話ガイカニワシラノ得ニナッタカハ昔カラ分カッテイルコトサ」と彼はベンブス枢機卿に言った〔九九〕。

(一二) 〔アウグスティヌス〕『告白』、第七巻、第九章、第二十章。

(一三) 同上、同書。

(一四) プラトン『饗宴』におけるアリストファネスの話を見よ〔一〇〇〕。

(一五) 〔アウグスティヌス〕『神の国』、第一巻、第十四章〔一〇一〕。

(一六) 〔オリゲネス〕『ケルソス駁論』、第六巻。

(一七) 〔オリゲネス『ケルソス駁論』〕第八巻〔一〇二〕、第四章。

(一八) 〔ヒエロニムス〕『ヨウィニアヌス駁論』、第二巻、第八章。

(一九) 聖パウロ。

(二〇) ブーランヴィリエ伯爵〔一〇三〕は次のように言っている。「マホメットが世俗的な教養に疎かったと信じるのにやぶさかではないが、生まれつきの才気にあふれた大旅行家なら、その才気を有効に活用して獲得できるあらゆる知識に関して疎くなかったことは間違いない。母国語については無学でなく、読書ではなく実際の使用によって、微妙な言い回しや美しい表現を全部学んでいた。真に断罪すべきものを忌まわしく見せる術、見間違えないように簡素な生き生きとした色で真理を描く術にも無知ではなかった。実際、彼が語ったことは、宗教の本質的な教義に関してみな真である。ただ、真なることを全部語ったわけではない。ただこの点においてのみ、私たちの宗教と彼の宗教とは異なるのである。〔一〇四〕」後段では次のように付け加えている。「マホメットは粗野でも野蛮でもなかった。アレクサンドロスやカエサルが自分と同じ立場にいたら持てたはずの技倆のすべて、繊細さのすべて、堅忍のすべて、果敢さのすべて、壮大な計画のすべてを以って企図を遂行したのである。〔一〇五〕」（ブーランヴィリエ伯爵『マホメット伝』、第二巻、二六六、二六七、二六八ページ、アムステルダム版、一七三一年）

第四章(一)　はっきり感じ取れる明白な真理

1

モーセ、イエス、マホメットが私の描いたとおりの人間であったら、神性の真の観念を捜し求めるべき場所が彼らの書物でないことは明白である。モーセやマホメットがいう〔神の〕出現や〔神との〕協議は、イエスの神的出自と同じく、人が生み出しえた最大のペテンであるが、真理を愛するならこんなものは避けねばならない(2)。

2

見てきたように神とは自然でしかないから、あるいはこう言ったほうがよければ、あらゆる存在、あらゆる特性、あらゆる力の集合体でしかないから、必然的に、結果と区別されない内在的な原因である。それは善とも悪とも義とも慈悲深いとも妬み深いとも呼べない。そういうものは人間にしか適合しない性質である。したがって、神は罰することも褒美をやることもできないだろう(3)。賞罰という観念は、**神**と名づけられるこの単純な存在を、それにまったくふさわしからぬ姿でしか概念しない無知な者しか惑わせられない(4)。自分の判断力を用い(5)、その働きと想像力の働きとを混同せず、幼時からの(6)偏見を振り捨てる力のある人々だけは、その存在について明晰判明な観念を抱くのである(7)。こうした人はその存在をあらゆる存在物の源として考える。あらゆる存在物をなんの区別もなく生み出し、それにとってはどれかがより好ましいわけではなく(8)、人間も最小の蛆虫、最小の植物より(9)生み出すのに手間がかかるわけではないものとして、だ(一)。

3

それゆえ、一般に**神**と呼ばれる普遍的存在(10)が、蟻より人間を重んじたり、石よりライオンを重んじたりする(11)と思うべきではない。その存在にとっては、美しいとか醜いとか、良いとか悪いとか、完全とか不完全とかいうものはない。称えられようが、祈られようが、求められようが、ちやほやされようが、そんなことには煩わされず、人が何をし何を言おうと動かされない。愛も憎しみも抱けない(二)。要するに、その存在は人間に、どんなものであれ他の被造物に対する以上の配慮はしない(12)。そんな区別はみな狭量な精神のでっち上げにすぎず、無知が考え出し、欲得がそれを育んだのである(13)。

4

だから分別のある人間なら、神々も地獄も霊も悪魔も、普通語られるような仕方で信じるわけにはいかない。こういう大げさな言葉はみな、俗衆を幻惑するか脅すためだけにでっち上げられたものだ。この真理をもっとよく納得したいと思う人には、以下のことに真剣な注意を払い、よくよく考えた上でしか判断を下さない習慣を身につけてもらいたい(14)。

5

私たちは頭上に無数の星を見ているので、星が動く所には同じ数だけの硬い物体があり、天の宮廷に充てられた物体もあって、そこに神が廷臣に取り巻かれた王のごとくに座している、と想定するようになった。その場所こそ、善良な魂が肉体を離れたときに赴くとされる福者の住まいである(15)。しかし、こんなくだらぬ、良識のある人なら認めようのない意見には足を止めまい。確かなのは、**天**と呼ばれるものが私たちを取り巻く大気の続き以外のものではなく、その流体の中をさまざまな惑星が私たちの住む地球と同じく、なんの固体にも支えられずに動いていることである(16)。

6

天国が考え出され、神と福者の、異教徒によれば男神たちや女神たちの、住まいとされたように、異教徒がしたごとくその後**地獄**あるいは地下の場所が想像され、悪人の魂はそこへ落ちて苦しめられると断言された(17)。しかし、**地獄**という言葉は本来の意味では低いくぼんだ場所をいうにすぎず、これは詩人たちが上の高みにあると想定した(18)天上人の住まいと対比するためにでっち上げたものである。ラテン語の「インフェルヌス」または「インフェリ」も、ギリシア語の「ハデス」〔二〕も正確な意味はそれであって、墓場のように暗い場所や、その他深くて暗くて恐ろしいあらゆる場所をいうのである。それについて言われるどんなことも、詩人たちの想像と祭司たちのペテンの結果にすぎない。詩人の話はみな比喩的で、頭の弱い、臆病で、陰鬱な者には強い印象を与えがちである。それを信仰箇条に変えたのは、そういう臆見を主張して大いに得をする連中だった(19)。

（一）「実際神々ハソノ特権的ナ本性カラシテコノ上ナイ平安ノウチデ不死ノ時ヲ享受シテイルハズダ。我々カラモ我々ニ関スル事柄カラモ遠ク離レ、アラユル苦シミトアラユル危険ヲマヌガレ、マタ自ラノ力ニヨッテ強力デ、ナンラ我々ヲ必要トセズ、我々ノ奉仕ヲ感ジ取ルコトモナケレバ、怒リニ身ヲマカスコトモアリエナイ。」（ルクレティウス『事物の本性について』、第一巻、五七行以下〔五七—六二行〕）(20)

第五章　魂について

1

天国や地獄より魂は扱いに慎重を要する事柄である(1)。したがって、読者の好奇心を満足させるには、より多くの紙幅をとって語るのがふさわしい。だが、魂の定義をする前に、もっとも著名な哲学者たちがどのように考えたかを紹介せねばならない(2)。記憶に留めやすいように、わずかな言葉でそれをしておこう。

2(3)

魂は霊または非物質的な実体だと称した者もいれば、それは神性の一部だと主張した者もいる。ごく微細な空気とする者もいれば、肉体のあらゆる部分の調和だと言う者もおり、さらには、それは脳の中で血液から分離し、神経を伝って分配される、血液のもっとも微細な部分だと言う者もいる(4)。だとすれば(5)、魂の源とはそれが生み出される心臓で、魂がもっとも高貴な働きをする場所は脳だということになる。脳の中で、魂は血液の粗大な部分と分かれて、いっそう純化されるのだから。魂について立てられたさまざまな見解は以上のとおりである。しかし、それらの説をもっとよく展開するため、それを二つに分類しておこう。魂を物体的なものと思った哲学者たちが一方におり、非物体的なものと見なした哲学者たちがもう一方にいることになる〔一〕(6)。

3(7)

ピュタゴラスとプラトンは、魂は非物体的だ、つまり肉体の助けがなくても存続でき、自ら動くことのできる存在だと述べた。動物の個々の魂はみな宇宙の普遍的霊魂の一部で、これらの部分は非物体的、非物質的である、あるいは普遍的霊魂と同じ性質であると主張した。百の小さな火も、それが取ってこられた一つの大きな火と同じ性質だ、と容易に思い描けるからだという〔二〕(8)。

4 (9)

この哲学者たちは、宇宙は非物質的で不死で不可視の一実体によって活力を与えられており、この実体はすべてを知り、つねに活動し、あらゆる運動の原因で、そこから流出したあらゆる魂の源であると信じた(10)。さて、これらの魂はきわめて純粋で、物体よりはるかに優れた本性を持っているので、それらが合体するのは直接にではなく、炎のような、または俗衆が天と見なすあの細かで広がりを持つ大気のような、ある微細な物体を媒介にするのだと言う。ついでこれらの魂はそれほど微細でない物体をとらえ、それからもう少し粗大な〔三〕別の物体をとらえるというように段階を追って行き、ついには動物の感覚的な体と合体できるようになり(11)、地下牢や墓場にはいるようにそこまで降りる。彼らによれば、肉体の死は魂の生であり、魂は肉体に埋葬されているかのようで、自己のもっとも高貴な機能をそこでは弱々しくしか発揮できない。だから、肉体の死によって魂は牢獄から脱出し、物質から解き放たれて、自らが流出した世界霊魂と再合体するのだという(12)。

こうして、この見解によれば、動物の魂はみな同じ本性のもので、その機能や働きの多様性は(13)もっぱらそれが入り込む肉体の差異に由来するという。

アリストテレスはすべての存在に共通する普遍的知性を認め〔一〕、光が目に対してするのと同じ働きを、この普遍的知性が個々の知性に対して行うのだという。光がさまざまな対象を目に見えるようにするのと同じく(14)、普遍的悟性がさまざまな対象を理解可能なものにするという。

この哲学者は魂を定義して、私たちが生き、感じ、概念し、動くようにさせるものとしたが、そのように高貴な機能の源であり原理であるこの存在が何であるかは言わなかった。したがって、魂の本性に関する疑問の解明はこの人に求めるべきではない〔四〕(15)。

5 (16)

ディカイアルコス〔五〕やアスクレピアデス〔六〕やガレノス〔七〕も、ある意味では魂を非物体的なものと信じたが、別の仕方でだった。というのも(17)、魂は肉体のすべての部分の調和にほかならぬ、すなわち、諸元素の正確な混合と、諸部分・諸体液・諸精気のありようから結果するものにほかならぬと言ったからである。こうして、健康は健康な人のうちにあるとはいえ、けっしてその人の一部分ではないように、魂も動物のうちにあるとはいえ、けっして動物の諸部分の一つではなく、動物を構成するあらゆる部分の一致なのだ、と彼らは言う(18)。

この点で注目すべきは、これらの著作家は非物体的な魂を信じているが、自分の意図とは正反対の原理に基づくことである。というのも、魂はけっして物体ではなく、物体に分かちがたく結びつく何ものかにすぎない、と言うことは、魂は物体的なものだと言うことだからである。物体であるものだけでなく、形相や偶有性であるもの、物質と切り離せないものもみな物体的と呼ばれるからだ(19)。

以上が、魂は非物体的あるいは非物質的だと主張する哲学者たちである。彼らが自分自身とも一致しないこと、したがって信じる価値もないことが分かるだろう。

魂は物体的あるいは物質的だと認めた哲学者たちに移ろう〔八〕(20)。

6 (21)

ディオゲネス〔九〕は魂が空気からなると思い、そこから呼吸の必要性を導きだした。口から肺をとおって心臓に達し、そこで暖められて、次に全身へ分配される空気が魂だと定義するのである〔一〇〕。

レウキッポス〔一一〕とデモクリトスは(22)魂が火からなると言った。魂は火と同じように、肉体のあらゆる部分にやすやすと入り込みその肉体を動かす原子からできているしたのである。

ヒポクラテス〔一二〕は魂は水と火からできていると言った。エンペドクレス〔一三〕は四元素からできていると言った。エピクロス〔一四〕は(23)、デモクリトスと同じく、魂は火からできていると言ったが、その構成の中には、空気と、蒸気と、名前はないが感覚の原理であるもう一つの実体が入っていると付け加え、これら四つの異なった実体からきわめて微細な精気が作られ、それが全身に広がっていて、これを魂と呼ぶべきだと言った〔一五〕(24)。

デカルトも魂はけっして物質的なものではないと主張しているが、論法はお粗末である(25)。**お粗末**というのは、この問題についてあの偉人ほどひどい推論をした哲学者はいなかったからだ。こんな具合なのである(26)。まず自分の体の実在を疑って、体など存在しないと思い、それから次のように推論すべきだと言う(27)。「物体は存在しない。それでも私は存在する。ゆえに私は物体ではない。したがって、私は思考する実体でしかありえない。」こんなお見事な推論は放っておいても崩れ去ってしまうが、私の見解がどういうものか簡単に述べておこう〔一六〕(28)。

一、デカルト氏が提唱するこの懐疑はまったく不可能なものである。物体が存在すると考えないと人が考えることも時にはあるが〔一七〕、人が物体のことを考えるときに、物体が存在することはやはり真実だからだ(29)。

二、物体は存在しないと信じるものはだれでも、自分は物体の一つではないと確信しているはずである、だれも自分の存在を疑うことはできないのだから。あるいは〔一八〕、そう確信しているなら、懐疑は結局無駄である(30)。

三、魂は思考する実体だと言うとき、この人は何も新しいことを教えてくれない(31)。だれでもそれに同意するが、難しいのはこの思考する実体がなにかを決めることで、他の者以上に彼もそれをしていないわけではない〔一九〕。

7 (32)

デカルトがしたように言を左右にするのではなく、人間も含めたあらゆる動物の魂について——人間も動物と同じ本性をもち、もっぱら器官と体液の差異によって異なる働きをするにすぎないからだが——人が形成しうるもっとも健全な観念をもつためには、次の点に注意を払わなければならない(33)。

確かに、宇宙にはきわめて微細な流体が、あるいは、非常に細かで常に運動している物質が存在している(34)。その源は太陽にあるが、あとは他の諸物体の中に、それらの本性や強固さに応じて多かれ少なかればらまかれている。これが世界霊魂というものである(35)。これが世界を統《す》べ、世界を生かし、その一部が世界を構成するあらゆる部分に分配されている。

この魂は宇宙の中にあるもっとも純粋な火である(36)。自ら燃えることはないが、それが入り込む他の物体の微粒子にさまざまな運動を与えて燃え、熱を感じさせる。目に見える火は空気より(37)、空気は水よりこの物質(38)を多く含み、それに比べると土はごくわずかしか含まない。植物は(39)鉱物より多く含み、動物はさらにいっそう多く含む。さらに、体の中に含まれたこの火のおかげで体は感覚できるようになり(40)、これが**魂**と呼ばれるもの、あるいは体の諸部分に広がっている**動物精気**と名づけられるものである。さて確かに、この魂はあらゆる動物で同じ本性をもっているから(41)、人間が死ぬときにも獣が死ぬときと同じく消え去るのである〔二〇〕。そこから、詩人や神学者があの世について私たちに語るのは絵空事で、簡単に推測のつく理由から彼らが生み出し言いふらしたのだということになる(42)。

（一）〔ピエール・〕ベールの『〔歴史批評〕辞典』、「アヴェロエス」の項を見よ(43)〔一一〕。

第六章　精霊《ダイモン》と呼ばれる霊体について

1

霊体という概念がいかにして人々のあいだに持ち込まれたかはすでに別のところで〔一〕語ったし、霊体は自己の想像力の中にしか存在しない幻影にすぎないことも示した(1)。

人類の最初の博士たちは、この幻影がなにかを民衆に説明できるほどの知識がなかったが(2)、それでもとにかく、それについての考えを民衆に語った。幻影は消え去り、どんな堅牢さも備えていないのを見て、それを**非物質的**、**非物体的なもの**、質料のない形相、色や形だが色や形のある物体ではないものと呼び、それらは人間の目に見えるようになりたいときは衣服のように空気をまとえる、と付け加える者もいた。また、それらは命のある物体だが、空気あるいはもっと微細な他の物質からなっていて、現れたいときには意のままに濃密化するのだ、と言った者もいた〔二〕。

2

この二種類の哲学者たちは、幻影についての見解では対立していたが、それに与える名称では一致していた(3)。どちらも**精霊**《ダイモン》と呼んだからである。この点で彼らは、睡眠中に死者の魂を見ると思ったり、鏡の中の自分を見ると自分の魂を見ていると思ったり、水面に映る星は星の魂だと思ったりする者に負けないほど無分別だった(4)。こういう滑稽な臆見に基づいて、彼らはそれに劣らずばかげた誤謬に陥り(5)、こういう幻影には無際限の力があると信じた。根拠のない考えだが、知らない存在には不可思議な力があると想像する無知な連中にはよく見られるものである〔三〕(6)。

3

この滑稽な臆見が広まると、たちまち立法者たちが(7)自分の権威の支えとしてそれを用いるようになった。彼らは霊体への信仰を打ち立て、それを**宗教**と呼び、そういう目に見えない力に対して民衆の抱く恐れの念が彼らを義務の内に引き留めるのを期待した(8)。そして、この教義にいっそうの重みを与えようとして、**霊体**あるいは**精霊**《ダイモン》を良いものと悪いものに区別し(9)、前者は人々が法を守るよう鼓舞するもの、後者は人々を抑止して法を破らないようにさせるものとした。

精霊《ダイモン》とは何かを知るには、ギリシアの詩人や歴史家たち(10)を読みさえすればよい。とりわけ、ヘシオドスが〔四〕『神統記』で言うことを見ればよい。神々の系図や出自がそこでたっぷり語られている〔五〕。

4

それらを最初に考え出したのはギリシア人である。そこから彼らの植民地を介して(11)、この説はアジアやエジプトやイタリアへ伝わった。アレクサンドリア〔六〕その他に散らばっていたユダヤ人が(12)それを知ったのもそこでだった。彼らもほかの民族と同じようにそれをうまく使ったが、ただ違うのは、ギリシア人のように良い霊体も悪い霊体も無差別に**精霊**《ダイモン》とは呼ばず、悪いものだけそう呼んで、**霊体**や**神**という名は良い精霊《ダイモン》だけに取っておき、良い霊体によって霊感を与えられた者を**預言者**と呼んだことである。さらに、自分たちが大きな福と見なすものはみな神的な霊体が行ったことで、大きな災いと思うものはみな**カコ・ダイモン**または悪霊が行ったことと見なした〔七〕(13)。

5

善と悪のこの区別から(14)、彼らは私たちが**憑かれ者**、**きちがい**、**狂人**、**癲癇もち**と呼ぶ者や、同じくわけの分からぬ言葉をしゃべる者を**悪魔憑き**と呼んだ。彼らによると、不細工で不潔な人間は不浄な霊体にとりつかれ、唖は唖の霊体にとりつかれていた。とどのつまり、**霊体**や**悪魔**という言葉はすっかり身近になり、どんな場合にも彼らはそれを口にするようになった。そこから明らかなのは、ユダヤ人もギリシア人と同じように、霊体または幻影は単なる妄想や幻視ではなく、想像力とは無関係な実在物だと信じていたことである〔八〕(15)。

6

霊体や悪魔や悪魔憑きの話が聖書の全篇に溢れているのもそのためである(16)。しかし、それらがどのようにして、いつ創造されたかは、どこにも書いていない。おこがましくも天地創造を語ったと言われるモーセとしては、ほとんど弁解の余地がない(17)。天使や良い霊体、悪い霊体についてかなり頻繁に語るイエスも、やはり、それらが物質的なのか非物質的なのかについては語っていない(18)。これは二人とも、自分らの先祖にギリシア人が教えたことしか知らなかったことを示している。そうでなければイエス・キリストのこの沈黙は、恩寵と信仰と敬神を万人に与えられると請け合いながらすべての人間には与えないその悪意に劣らず、非難さるべきものであろう〔九〕(19)。

だが霊体に話を戻せば、**デモン**、**サタン**、**悪魔**という言葉はなんらかの個物を指す固有名詞ではなく、その言葉を発明したギリシア人のあいだであれ、採用したユダヤ人のあいだであれ、そんなものを信じたのは無知な連中のほかいなかったことは確かである(20)。ユダヤ人がこれらの観念に汚染されて以来、彼らは**敵**や**告発者**や**殺戮者**を意味するこれらの名称を(21)、あるときは目に見えない力に、あるときは目に見える力に(22)、すなわち異邦人に当てはめた。異邦人はサタンの王国に住むと言ったのである。彼らの説では、神の王国に住むのは自分たちしかいなかったのだから〔一〇〕。

7

イエス・キリストもユダヤ人で、したがってこういう臆見にすっかり染まっていたから、彼の福音書や弟子の書き物に**悪魔**や**サタン**や**地獄**という言葉が頻繁に見られ、あたかもそれが実在的、実効的なものであるかのように言われても驚く必要はない。それでも、すでに指摘したように、これほど架空のものはないことはきわめてはっきりしているし、これまで述べたことでは証明として不十分なら、あと二言三言言うだけで頑固な人も納得しよう(23)。

キリスト教徒ならだれしも、神が万物の源(24)で、万物を創造し、維持し、神の助けがなければ万物が無に帰してしまうのは認める。この原理にしたがえば、**悪魔**や**サタン**と呼ばれるものも(25)神が創造したことは確かである。さて、神が善なるものとして創造したにせよ、悪なるものとして創造したにせよ（ここではそれは問題ではない）、それが第一原理の作物であるのに異論の余地はない(26)。言われるようにいかに邪悪なものとして存続しようと、それは神の意志によって(27)でしかありえない。さて、神を死ぬほど憎み、絶えず呪うだけでなく、神に恥をかかせて喜ぶために神の友らをたらしこもうとするような被造物を(28)、神が維持するなどということがどうして考えられようか。つまり、神がこんな悪魔を存続させて、自分自身に可能な限りの苦しみを与えさせ、できれば自分を廃位させ、お気に入りや選ばれた者が離反するようにさせるなどということがありうるだろうか(29)。

神がそんなことをする目的はなんなのか、というより、悪魔や地獄を語る時、人はなにを言わんとするのか。神にはなんでもでき、神なくしてはなにもできないなら、悪魔が神を憎み、呪い、神からその友を奪うということがどこから出てくるのか。神はそれに同意するか、同意しないか、どちらかである。同意するなら、悪魔は神を呪っても、すべきことをしているにすぎない。神が望むことしかできないのだから。したがって、悪魔が神を呪うのではなく、神が神自身を呪っているのだ(30)。こんなばかげた話はどこにもない(31)。また、神が同意しないなら、神が全能だというのは真実ではなく、したがって善悪二つの原理があり、一方はあることを望み、他方はその逆を望んでいることになる(32)。この推論は私たちをどこへ導くだろう。反駁の余地もなく、次のことを認めざるをえなくするのである。神も悪魔も天国も地獄も魂もけっして宗教が描くようなものではないこと、また神学者たち、つまり作り話を真理として触れ回る連中は不誠実な手合で、民衆の信じやすさにつけこんで好き勝手なことを信じ込ませていること、まるで俗衆は真理に全然ふさわしくないか、理性的な人なら空虚と無と狂気しか見ない絵空事だけで養われねばならないとでも言わんばかりであること、だ(33)。

前々から世界はこういうばかげた臆見に汚染されてきたが、それでも迫害をものともせず、この小論でもしたように時代の不合理に抗議の声を上げる、しっかりした精神の持ち主や誠実な人士はいつの時代にもいた(34)。真理を愛する人々は、この小論の内に、きっといささかの慰めを見いだすだろう。私が気に入ってもらいたいのはそういう人たちであって、偏見を無謬の神託の代わりにする連中がどう思おうと、私は気にもしていない(35)。

事物ノ第一原因ヲ知ルコトガデキル者ハ幸イダ。
人間ノアリトアラユル恐レト、冷酷ナ運命ト、
貪欲ナアケロンノ川音トヲ、モノトモシナカッタ者ハ幸イダ。
（ウェルギリウス『農事詩』、第二巻、四九〇〔―四九二〕行）(36)

完

異文

第一章

(1)「この特典を享受する」が、一七一九年版では「真理を知る」となっている。

(2)この一文は、一七一九年版では「おおかたの人が、独力で真理を捜し求めることはできないと思い込んでいるか、そんな苦労はしたくないと思っているからだ」となっている。

(3)「……役立つものはない。それこそが」という部分が、一七一九年版では「……役立つものはないからだ。実際それこそが」となっている。

(4)「また宗教を構成するその他ほとんどすべての事物についての」は、一七一九年版では「またそれらに付随するあらゆる錯誤についての」となっている。

(5)この一文は、一七一九年版では「生まれたときからの偏見に安住し、どんなことについても欲得ずくの連中に頼るというのが、押しとおっている習慣なのだ。頼られたその連中は、世に受けいれられた見解を主張して金をもらうので、その見解が真実であれ嘘であれ、それを民衆に信じ込ませると得になるのである」となっている。

(6)「誤った」は、一七一九年版では「精彩のない」となっている。

(7)「それらを民衆が信じ込むようにあらゆる手立てが講じられ……民衆が自分たちの陥っている誤謬に気づくのを恐れるからだ」は、一七一九年版では「それらを検討もせず信じるよう民衆は教え込まれ、また自分たちが陥っている誤謬に気づかせてくれるかもしれない本物の学者に対して、嫌悪を植え付けられていることである」となっている。

(8)「大成功を収めている」は、一七一九年版では「この点で大成功を収めている」となっている。

(9)「こういうペテン師たち」は、一七一九年版では「連中」となっている。

(10)一七一九年版には「低劣で」はない。

(11)「卑劣な導き手のくびきを」は、一七一九年版では「個人的な利益のために民衆をそんな中に押し止めている、金銭ずくの連中のくびきを」となっている。

(12)この一文は、一七一九年版では「そのためには自分の理性を用いさえすればよいだろうし、理性の働きを自由にしてやれば、民衆が真理を発見しないことはありえない」となっている。

(13)一七一九年版では、「こういうペテン師たちは……」からの改行はない。

(14)改行された冒頭「こういうペテン師たちは……」からここまでは、一七一九年版では「確かに、民衆が理性を用いないようにするために、その導きに身を委ねれば道を誤らせる案内人のように、また人をだます明かりで深い淵に誘い込む鬼火のように、理性というものは描き出されている。だが、理性に反対を唱えることを職業にしている連中も、さんざん理性に噛みつき、理性などまったく腐敗堕落していると言い立てたあとでは、今度は全力をあげて理性を自分の側につけようとし、自分たちの意見を叩く人々は理性的でないと信じさせようとする。こうして、絶えず矛盾を犯すから、彼らの主張をとらえるのはたやすくないのである」となっている。
（15）「正しき理性こそ人間が付き従うべき唯一の光だというのが本当なら、民衆も人々が信じ込まそうとするほど推論する力がなくはないのなら、民衆を教え導こうとする人々は、彼らの誤った推論を正し、その偏見を打破するように努めるべきである。そうすれば、彼らの目も少しずつ開かれ、神はけっして普通想像するようなものではないという真理を、彼らの精神が獲得するさまが見られるだろう」は、一七一九年版では「確かなことは、正しき理性こそ人間が付き従うべき唯一の光であり、民衆も人々がそう信じ込まそうとするほど、理性を用いることができなくはないということだ。古い偏見の中に民衆を押し止め、誤った推論を追認してやるために払う努力を、彼らの推論を正し、その偏見から目覚めさせるために振り向けるなら、民衆も少しずつ目を開き真理を受け入れるようになり、神はまったく想像するようなものではないと分かることだろう」となっている。
（16）段落冒頭からここまでは、一七一九年版では「神は怒ったり妬んだりしない、義や慈悲は神に与えられた誤った称号で、さらに預言者や使徒たちが神について語ったどんなことも神の本性や本質をなすわけではない――このように分かるには、実際、高邁な思弁も必要なければ自然の秘密に深く通じる必要もない。わずかな良識しか必要でない」となっている。
（17）「実際、包み隠さず」は、一七一九年版では改行はなく「包み隠さず」となっている。
（18）「そういう博士たちも」は、一七一九年版では「そういう連中もこの問題で」となっている。
（19）「……あったわけでもなく」は、一七一九年版では「……あったわけでもないのはまちがいない」となっている。
（20）「それどころか、神について……」以下ここまでは、一七一九年版では「それどころか、こういう点で彼らが言うことは、愚民でもなければ信じないほどお粗末なのである」となっている。
（21）この一文は、一七一九年版では「これはおのずと明らかなことだが、もっとはっきり分かるようにするために、彼らが余人と違う人間であると思えるかどうかを見てみよう」となっている。
（22）段落冒頭からここまでは、一七一九年版では「生まれや生活上の通常のいとなみについては、彼らにも人間を超えるところはないし、男と女から生まれ、私たちと同様な仕方で生命を支えていた、ということで人々の意見は一致している」となっている。
（23）「精神については、他の人々より……」以下ここまでは、一七一九年版では「だがその精神については、神がじかに霊感を授けて指導していたし、その知性は私たちの知性よりはるかに啓発されていた、とされている。民衆は迷妄に陥りがちだということは認めなければならない。神は他の人々より預言者を愛し、特別に自分の意志を彼らに伝えたのだと言われると、それだけでこれをまるで証明ずみであるかのように固く信じ込んでいる」となっている。
（24）「人間はみな似かよっており……」以下ここまでは、一七一九年版では「人間はみな似かよっており、みな同じ根源を持ち、その根源との関係ではどんな存在も同等だということを考えもせず、ああいう連中は異常な質《たち》で、神の託宣を述べて回るための特別な人々だと民衆は信じている」となっている。
（25）この一文は、一七一九年版では「しかし、彼らは一般大衆より才気があったわけでも、他の人々より知性がいっそう完全だったわけでもないし、そもそも連中の書き物の内に、彼らについてそのような見解を抱かせるどんなものが見られるというのか」となっている。
(26) この一文末尾は、一七一九年版では「……分かっておらず、まったくの無知だったとはっきり見て取ることができる」となっている。
(27) この一文は、一七一九年版ではこの文の冒頭と末尾が「彼らが人々から信頼を得た理由は、……神から聞いたのだと自慢したからである」となっている。
(28)「夢ほど人間にとって自然なものはないから……」以下ここまでは、一七一九年版では「というのも、夢は自然的なもので、しかも精神がまどろんでいる状態なのだから、よほど自惚れているか、よほど無分別な人間でなければ、神がそんな状態のときに自分に話しかけるなどと自慢したりはしないからだ。また、とてもそうとは思えないのに、そんな自慢を信用して夢が託宣だと信ずる者は、同じくよほど信じやすいにちがいない」となっている。
(29)「仮に神が夢や幻や……」以下ここまでは、一七一九年版では「仮に神が夢や幻その他の手段で自分の意志を誰かに伝えたと仮定しても、だからと言って当人の言うことを信ずる義務は誰にもないだろう。その人間が誰かペテン師にだまされていたのではないか、自分で幻想を作り上げたのではないか、さらに他人をあざむくつもりだったのではないか、と疑う理由がいつでもあるはずだからだ」となっている。
(30) この一文において、一七一九年版では「およそ」はない。
(31) この一文において、一七一九年版では「反乱の種をまき」はなく、「主権者たち」は「正当な国王たち」となっている。
(32) この一文は、一七一九年版では「ついにはイエス・キリストもそうした刑罰に屈したのである」となっている。
(33) この一文の末尾は、一七一九年版では「……持たなかったからである」となっている。
(34) この原註末尾に、一七一九年版では以下のような出典指示がある。「民数記、第二十五章、第一―九節」
(35)「四百人の中に」は、一七一九年版では「時には四百人の中に」となっている。
(36)「神と」は、一七一九年版では「個人的に神と」となっている。
(37) 一七一九年版には「必ずしも」はない。
(38) この一文は、一七一九年版では「そのうえで、霊感を受けた者や預言者たちが神について抱いたさまざまな観念を検討してみよう」となっている。
(39) この一文の代わりに、一七一九年版では以下のような文章が続き、次の「ミカヤは神が……」という文に接続している。「そうすれば、それらの観念がいかに粗雑で矛盾に満ちているかが分かるだろう。彼らの言葉を信じれば、神は自分に似せて人間を作ったそうだが、その人間に神は似ているわけで、人間のように目や耳や鼻や口や腕や手や足や心臓や内臓を持っている。愛や妬みや憎しみや喜びや悲しみや快や苦や希望や恐れや嫌悪や怒りや激情や復讐心などといった、人間と同じ情念にもさらされている。彼らの観念の粗雑さは以上のとおりである。以下がその矛盾である。神はどんな物体的なものにも似ていない純粋な精神であると彼らは言っている。しかしながら、ミカヤは神が……」
(40) この箇所に、一七一九年版では以下のような原註が付いている。「列王紀上、第二十二章、第十九節」
(41) この箇所に、一七一九年版では以下のような原註が付いている。「[ダニエル書] 第七章、第九節」
(42) この箇所に、一七一九年版では以下のような原註が付いている。「[エゼキエル書] 第一章、第二十七節」

(43)「新約聖書では、イエス・キリストの弟子たちが……」以下ここまでは、一七一九年版では次のようになっている。「聖霊までも物体的な姿で見られたのである。バプテスマのヨハネがそれを鳩の形で（原註a）、使徒たちが火の舌の形で（原註b）見ている。

（原註a）マタイによる福音書、第三章、第十六節。

（原註b）使徒行伝、第二章、第三節。」

(44)「彼らの見解の矛盾について言えば……」以下、「……とエレミヤは言っている」までは、一七一九年版では以下のような文章となっている。「さらに彼らは神に人間の手足を与えて、前に指摘したように、神は自分の姿に似せて人間を作った（原註a）と言う。また彼らは、神は目に見えないし（原註b）、神を見た者はまだ一人もいないし（原註c）、神を見て生きていられる者はいない（原註d）、と説いておきながら、ヤコブも（原註e）、ヨブも（原註f）、モーセとアロンとナダブとアビウとイスラエルの七十人の長老も（原註g）、マノアとその妻も（原註h）、また預言者の大部分やその他数えきれない人々も、生きているあいだに神を見たし、心の清い人たちはあの世で神を見る（原註i）らしいのである。また私たちもあの世では神と顔と顔を合わせ（原註j）、神と似た者となり、ありのままに神を見る（原註k）と言うのである。彼らは私たちに、神は善良であり、穏やかで、慈悲深く、優しく、情け深く、寛大で、慈愛にあふれ、忍耐強く、悪人の死ではなく改心をこそ好む（原註l）と言う一方で、神は厳しく、恐ろしく、恐怖を与えるものであり、焼き尽くす火であり、悪人どもを滅ぼすのを喜び（原註m）、悪人どもが恐慌にあうのを笑い、あざけり、彼らが神を呼び求めても答えない（原註n）、と言うのである。

（原註a）創世記、第一章、第二十六節。

（原註b）ヘブル人への手紙、第十一章、第二十七節、テモテへの第一の手紙、第一章、第十七節。

（原註c）ヨハネによる福音書、第一章、第十八節。

（原註d）出エジプト記、第三十三章、第二十節。

（原註e）創世記、第三十二章、第三十節。

（原註f）〔ヨブ記〕第四十二章、第五節。

（原註g）出エジプト記、第二十四章、第九、十、十一節。

（原註h）士師記、第十三章、第二十二節。

（原註i）マタイによる福音書、第五章、第八節。

（原註j）コリント人への第一の手紙、第十三章、第十二節。

（原註k）ヨハネの第一の手紙、第三章、第二節。

（原註l）エゼキエル書、第十八章、第二十三、三十節。

（原註m）申命記、第二十八章、第六十三節。

（原註n）箴言、第一章、第二十六、二十七、二十八節。」

(45)「創世記では、人間は……」以下ここまでの箇所は、一七一九年版では次のような文章となっている。「創世記では、人間は善を行い、罪を犯さないのも自分次第である（原註a）ものとして描かれているが、聖パウロはそれと反対に、まったく特別な恩寵がなければ人間は情欲を抑えられない（原註b）と説いている。出エジプト記では、神は父の不義を子に報いて四代に及ぼす（原註c）と言われているのに、エゼキエル書では、父の不義は子に負わせない（原註d）と言われている。サムエルは民数記（原註e）にならって、神は悔いることはない（原註f）と言うのに、これと反対にエレミヤは、神はある民または国に与えると言った幸いや災いを思い返す（原註g）と言い、ヨエルも神は苦しませたことを悔いる（原註h）と言う。さらに、神は人間を作ったことを悔いたし（原註i）、サウルを王に立てたことを悔いたし（原註j）、ニネベ人に下すと言った災いを思い返した（原

第二章

(1) 一七一九年版では第二章の表題は以下のようになっている。「目に見えない存在、あるいは一般に神と名づけられるものを、人々が思い描くに至ったさまざまな理由」。

(2)「自分たちを害したり守ってくれたりすることのできる存在あるいは力があるかどうか、という不安や疑念を持ち」の部分は、一七一九年版では以下のようになっている。「自分たちを害したり助けたりできる力が存在するかどうか、という疑念を持ち」。

(3) 一七一九年版ではここに原註は付けられていない。

(4)「そこから、目に見えないさまざまな原因をでっち上げる傾向が出じる。そんなものは想像力による幻にすぎないのに」は、一七一九年版では以下のようになっている。「そこから、目に見えないさまざまな存在、すなわち勝手な幻をでっち上げる傾向が出じるが」。

(5) 一七一九年版では、この文のあとに以下のような文章が入っている。「だが人々の幻想は果てしがないから、彼らは無数の神々を自らでっち上げ、自分たちが善い行いをするか悪い行いをするかに応じて、それらが自分たちに対して好意的であったり敵対的であったりする、と思い込んだ。たとえば、自然が嵐や不作やペストその他の天変地異によって彼らを苦しめるとき、そのような災いが彼らに起こったのは、こうした神々にたいして罪を犯したためそれらが怒ったからにすぎない、と人々は思い込んだ。」

(6) 一七一九年版では、この文において改行され、冒頭の「そして」はない。また、「源」は「種」となっている。

(7) この一文は一七一九年版では以下のようになっている。「かような恐怖に民衆がとらえられていることを重視する政治家たちが、神の法や人の法を破ると神々が報復するというこうした軽信が嘘を生み出し、そこから今風靡するあらゆる誤謬が出てきたのだと結論しよう。」

註k)のである。

(原註a)〔創世記〕第四章、第七節。

(原註b)ローマ人への手紙、第七章、第十八節、および第九章、第十─十六節。

(原註c)〔出エジプト記〕第二十章、第五節。

(原註d)〔エゼキエル書〕第十八章、第二十節。

(原註e)〔民数記〕第二十三章、第十九節。

(原註f)〔サムエル記〕一〔上〕、第十五章、第二十九節。

(原註g)〔エレミヤ書〕第十八章、第七、八、九、十節。

(原註h)〔ヨエル書〕第二章、第十三節。

(原註i)創世記、第六章、第六、七節。

(原註j)サムエル記一〔上〕、第十五章、第十一節。

(原註k)ヨナ書、第三章、第十節。」

(46)「こうしたものが、霊感を受けたと称するあの連中がている。……」以下ここまでは、一七一九年版では次のような文章になっている。また、この部分の冒頭で改行されている。「こういう連中が夢や霊感や法悦や幻視や啓示の状態で、神について抱いた見解は以上のとおりである。彼らが私たちに信じさせたいと思っている事柄は以上のとおりである。だが、こんな矛盾に満ちた事柄を信じるには、モーセのさまざまな策略にもかかわらず、子牛が自分らをエジプトから引き出してくれた神だと信じた人々ほど粗野で、愚かでなければならないだろう。」

(47)「しかし、隷属と不合理の内で……」以下ここまでは、一七一九年版では次のような文章になっている。「しかし、隷属の内でまた迷信家のあいだで育てられた一民族の夢想などに足を止めずにこの章を終え、今述べたことから、無知が軽信を生み出し、軽信が嘘を生み出し、そこから今風靡するあらゆる誤謬が出てきたのだと結論しよう。」

信仰を、国家の基本法とし、恐るべき未来への恐怖心によって、臣下が自分たちに盲目的に従うようにさせたのである。」

(8)「こうして、神は……と口をそろえて言い且つ信じている」というこの文の冒頭と末尾は、一七一九年版では以下のようになっている。「というのも、神は……と口をそろえて言っているからだ。」

(9)「この偏見は普遍的なもので……」以下の一文は、一七一九年版では次のようになっている。「この偏見は普遍的なものだから、どうして人々がこれほどまでにこのような偏見を抱きがちなのかを見て、そのあとで、まさしくこれを契機にして人々が善悪、功罪、称賛と恥辱、秩序と混乱、美醜などの観念を作り出したことを示そう。」

(10)この一文は一七一九年版では次のようになっている。「ここは人間精神の本性からこれらの観念を導き出してみせる箇所ではない。私たちの構想には、誰からも否定されえない一原理を基礎として立てるだけで十分だろう。すべての人間は事物のさまざまな原因に関してはまったく無知な状態で生まれてくる、そして彼らが知っているのは、自分たちは役に立つ便利なものを求め、害になるものは避けるという自然な傾向を持つということだけだ。これがその原理である。」

(11)「そこから次のようなことが……」からここまでは、一七一九年版では冒頭で改行され、以下のような文章となっている。「そこから第一に次のような帰結が出てくる。すなわち、人々は意志や望みを持てると内心感じているため、自分が自由であるためにはこれで十分だと、誤って思い込むのである。誤謬であるが、意志や望みを持つように決定づけるさまざまな原因は、考えることも夢の中で思いつくことさえもできないため、人々は少しも気にかけないから、いっそう簡単にこの誤謬に陥ってしまう。」

(12)「第二、人間は……」からここまで、一七一九年版では冒頭で改行され、文章の冒頭と末尾は以下のようになっている。「第二には次のような帰結が出てくる。すなわち、人間は……目指さない。それを知ってしまうと満足し、それ以上は何も探究せず、自分たちにはもう疑う理由など残っていないと思い込む。」

(13)「また、目論むことを……」からここまで、一七一九年版では冒頭で改行され、以下のような文章となっている。「ついで、望むことをやり遂げる手段は自分たちの内にも外にもたくさん見つかるから、たとえば、見るためには目があり、聞くためには耳があり、話すためには舌があり、噛むためには歯があり、触るためには手があり、歩くためには足がある等々、また、食べ物とするためには果物や野菜や動物があるし、照らしてもらうためには太陽がある、というわけで、自然の内には、自分たちのために作られていないもの、自分たちが使用できないものはひとつもない、という推論を人々は立てたのである。」

(14)「しかし、こういうすべてのものを……」からここまで、一七一九年版では冒頭で改行され、以下のような文章となっている。「さらに、自分たちが世界を作ったのではないことを考えて、自分たちのために世界をこのように作ってくれた至高なる存在を想像するのは、十分に根拠のあることだと人々は信じた。というのも、この世界がひとりでに形成されることはありえないと確信したあとで、世界とは一体ないし幾体かの神々による製作物で、神々がもっぱら人間の喜びと使用のために世界を準備してくれたと結論したからである。」

(15)「一方、神々を認めても……」からここまで、一七一九年版では冒頭で改行され、以下のような文章となっている。「一方、神々を認めてもその本性は知られていなかったから、人々は自分の本性によってそれを判断した。神々も自分たちと同じ情念と同じ弱点を持つものと信じ込み、これを元にして、神々は人間のためだけに世界を作ったし、人間は神々にとってきわめて大切なものだと想像した。気性というものはみな異なるから、各人は自分の気質にあった神を祀ろうとし、そうやって神の祝福を自分に引き寄せよう、全自然を自分の欲望に奉仕させようとした。」

(16) 冒頭からここまでは、一七一九年版では以下のようになっている。「こういう方法でこの偏見は迷信となり深く根を下ろしたので」。

(17)「神と自然も人間のように考えると信じ込んだ」の部分は、一七一九年版では以下のようになっている。「それとは逆に、神と自然も人間同様熱に浮かされるのだと教えた。私たちが事態を誇張していると非難されないために、彼らがこの問題でその誤った推論をどこまで押し進めたかをどうか見ていただきたい。」

(18)「嵐や地震や病気や飢えや渇きなど……」からここまでは、一七一九年版では以下のようになっている。「自然が彼らに享受させてくれるたくさんの便宜に取り巻かれていても、嵐や地震や病気や飢えや渇きなどというような無数の不都合が、自分たちの生活の安らぎを乱しにやってくることを経験したあとで、彼らはそこから、自然は自分たちだけのために作られたのではないと結論する代わりに、これらの災いはすべて神々が怒ったせいだとし、自分たちが罪を犯したために自分たちに腹を立てている神々を、勝手に思い描いたのである。」

(19) この一文は一七一九年版では以下のようになっている。「日々の経験はこれと反対のことを彼らに教え、良いこと悪いことが善人にも悪人にも等しく起こると無数の例が彼らに証明するにもかかわらず、それでも彼らはこれほど古いこれほど根強い偏見を捨てることができなかった。」

(20) この一文は一七一九年版では以下のようになっている。「その理由はといえば、目的因という昔からの説を捨て去り、いっそう真実らしい新しい説を発明するより、生まれながらの無知の内に留まるほうが彼らには楽だったからである。」

(21) この節においては、一七一九年版も用語の相異程度しか違いはないが、以下のようになっている。「この偏見が、彼らをまた別の偏見の中へと陥れた。それは、神の裁きは自分たちには理解しがたいと思い、この理由から、真理を認識することは人間精神を超えると信じることだった。数学やその他の学問がそれを打破しなかったら、人々がいまでも落ち込んでいるはずの誤謬である。」

(22) この段落においては、一七一九年版も用語の相異程度しか違いはないが、以下のようになっている。「自然はどんな目的も目指さず、目的因はみな人間の虚構にすぎないことを示すのに長い議論は必要ないだろう。そのためには、そのような教説は神に帰されるさまざまな完全性を奪い去るとごく簡単に示すだけでよいだろう。私たちは以下のようにそれを証明する。」

(23)「神が神自身のためにせよ、何か他のもののためにせよ」は、一七一九年版では「神が自分自身のためにせよ、他のもののためにせよ」となっている。

(24)「そして、神がそのために行動するという対象をまだ持っておらず、その対象を持とうと望んだある時が存在することにも同意しなければならなくなろう」は、一七一九年版では「そして、神が行動したというその理由をまだ持っておらず、それを持とうと望んだある時が存在したと認めなければならない」となっている。

(25) 一七一九年版では、次の文から改行される。

(26) この一文は一七一九年版では以下のようになっている。「この論拠の支えとなりうる事を何ひとつ言い落とさないように、この論拠と、逆の説を取る人の推論とを対決させてみよう。そうすれば、その推論がもっぱら無知に基づいていることが分かるだろう。」

(27)「たとえば、建物から剥がれた石が……」からここまでは、一七一九年版では以下のようになっている。「たとえば、石が誰かの頭の上に落ちてきて、その人を殺したとする。すると彼らは、石はその人間を殺すためわざと落ちたにきまっているが、そういうことが起こりえたのは神がそれを望んだからにすぎない、と言う。そこで、その人が通りかかったちょうどそのときに、石が落ちるようにしたのは風であると反論すれば、彼らは次のように尋ねるだろう。では、その人はどうして、石が落ちてくるちょうどそのときに通りかかったのか、と。これに対して、大気に特に乱れが見られたわけではないが、二、三日前から海が荒れていたためにそのとき突風が吹いたのだし、その人は友人の家に食事に来るように誘われていて、そのとき約束のところに向かっていたのだ、と応答すれば、彼らはさらに尋ねるだろう。彼らは絶対に降参しないからだ。すなわち、ではその人はどうして、他のときではなくちょうどそのときに友人の家に招かれていたのか、と彼らは尋ねるだろう。このように限りなく彼らは質問をして、無知な者の避難所である神の意志だけがその石の落下の原因であると認めさせようとするだろう。」

(28)「これほど驚異的と見える結果の原因を知らないことから、これは超自然的な結果で」という、この文中にみられる二箇所の「結果」という語は、一七一九年版では最初が「事物」、後の箇所が「作物」となっている。

(29)この一文は、一七一九年版では以下のようになっている。「またここから、奇蹟の原因を徹底的に知ろうとし、無知な者として奇蹟に感嘆して喜ぶのではなく、真の学者としてその自然的な原因を探ろうとすれば、どんな人であろうと、自然と神の通訳と俗衆が認める者たちの悪意によって、不敬の徒や異端者と見なされることになる。」

(30)「……よく知っているのである」は、一七一九年版では「知りすぎるほどに知っているのである」となっている。

(31)「……滑稽な臆見が染み込んだ」からここまでは、一七一九年版では「……滑稽な臆見に夢中になった人々は、世界のすべての事物を自分の利害に関係づけ、それらから引き出せる利益に応じてその価値を判断することを宗教的な一箇条とした」となっている。

(32)この一文は一七一九年版では以下のようになっている。「そこから彼らは、さまざまな事物の本性を説明するのに役立つ次のような概念、すなわち善、悪、秩序、無秩序、熱さ、冷たさ、美、醜という概念を作り上げる機会を得たのである。」

(33)この一文は一七一九年版では以下のようになっている。「またもう一方で、自分には自由意志があると自惚れていたので、称賛と恥辱、罪と功績をおこがましくも決定した。」

(34)「自分たちの利益になることや神崇拝に関わることを善と呼び……」は、一七一九年版では「自分たちの利益になるすべてのことや神崇拝に関わることを善と呼び……」となっている。

(35)この一文は、一七一九年版では改行され、以下のようになっている。「事物の本性に無知な人々は、その本性については、知性と見誤る想像力の助けを借りて作りだした観念しか持てないから、世界の内に彼らが信じる秩序なるものを仮想する。」

(36)「要するに、感覚器官が……秩序だっていないとか思うのである」は、一七一九年版では「というのも人間は、感覚器官が……秩序だっていないとか信じ込むようにできているからである」となっている。

(37) この部分は、一七一九年版では「実際、想像力を疲れさせないものを人はいっそう喜ぶから」となっている。

(38)「だから、神は秩序をもってすべてを作ったと言明することは、神が人間の想像力に肩入れして、想像力がもっとも思い描きやすいように世界を創造したと主張すること、あるいは結局同じことだが、存在する万物のさまざまな関係と目的とを人は確実に知っていると主張することだ。こんな断言は馬鹿馬鹿しすぎて、まじめに反駁する価値もない」は、一七一九年版では以下のようになっている。「だから、神は秩序をもってすべてを作ったと言うけれども、それは想像力という働きを、人間にと同じように神にも与えることである。人間の想像力に肩入れして、想像力の力を超える事物は百もあり、無力なため想像力が混乱に陥いるような事物もその他無数にあるが、神はもっとも想像しやすいように世界を創造した、と人が主張するつもりでないならばだが。」

(39)「変様あるいは様態」は、一七一九年版では「様態」となっている。

(40) この一文は、一七一九年版では以下のようになっている。「匂いや味などが感覚器官を心地よく打ったりそれに沁みこんだりするのか、不快な仕方でそうするのかに応じて、匂いが良いとか悪いとか、味が甘いとか苦いとか、触れるものが固いとか柔らかいとか、音が耳障りだとかハーモニーがあるとか言われる。」

(41) この一文は、一七一九年版では以下のようになっている。「ついには、神は音の調べを楽しめるとか、天体の運動はハーモニーを奏でているとか信じた人さえ出てきたのである。」

(42) この一文の末尾は、一七一九年版では以下のようになっている。「……信じ込むということの、あるいはむしろ、世界とはまったく想像上のものにすぎないということの明白な証拠である。」また、この一文の後で一七一九年版は改行されている。

(43) この一文は、一七一九年版では以下のようになっている。「人間は多くの点で似ている肉体を持ってはいるが、その肉体も他の点では大いに異なっているからだ。」

(44) この一文は、一七一九年版では以下のようになっている。「以上のことから、見解がさまざまに相違するのはもっぱら空想内のことにすぎず、知性はそこにほとんど関与しておらず、さらに世界の諸事物は想像力だけの単なる結果にすぎない、と結論するのはたやすい。」またこの後に、一七一九年版では以下のような文章が置かれている。「だが、人々が自分の想像力に頼る代わりに知性の光と数学とに諮るならば、そして自然的な光の助けによって概念できること以上に踏み出さないならば、世界のすべては真理に合致し、さまざまな判断も今よりずっと一様でずっと理性的になるだろう。」

(45)「一般の人」が、一七一九年版では「俗衆」となっている。

(46)「それらの観念に人々は、まるでそれらが、先入見を持つ頭の中とは別のところに現に存在するかのような名前を与える。そんなものは存在ではなく、単なる空想と呼ぶべきだろう」は、一七一九年版では以下のような一文になっている。「それらの理由に人々は、まるでそれらが想像力とは別のところに現に存在するかのような実在的な名前を与えるので、私はそれらを理性存在〔必要のみから想定された存在〕ではなく単なる想像と呼ぶ。」

(47) この一文は、一七一九年版では以下のようになっている。「そして、それらの概念に基づいて人々が立てる、以下のような私たちへの反論に答えるほど簡単なことはないと思う。」

(48) この一文において「……欠陥はどこから来るのか」以下が、一七一九年版では次のようになっている。「……欠陥はどこから来るのか、たとえば、悪臭で一面を満たす腐敗はどこから来るのか、あのように不快なあれほど多くの事物や、あれほど多くの無秩序や、あれほど多くの災いや、あれほど多くの罪や、その他同様のあれほど多くのものは、いったいどこから来るのか、と言われる。このような異議に反駁することほど簡単なことはない。」

（49）「ある存在の完全性や不完全性を……」からここまでは、一七一九年版では以下のような文章になっており、冒頭で改行されている。「というのも、事物に対しては、その本性と本質にふさわしいもの以上の完全性を割り当てるべきではないし、感覚器官に快であるか不快であるか、あるいは人間の本性に有益であるか無益であるか、ということだけで事物がより完全であったり不完全であったりするわけではないからだ。そのうえ、人がなんらかの存在の完全性を判断できるのは、その存在の本質と本性を知っている限りでにすぎない。」

（50）この一文は、一七一九年版では以下のようになっている。「だが、どうして神は人間を一人の例外もなく、理性の光のみに導かれるような存在として創造しなかったのか、と問う人を黙らせるには、各々の存在にもっともふさわしい度合いの完全性を付与するための素材が、神には欠けていなかったからだ、あるいはより適切に言うなら、自然の諸法則は、無限の知性が考えうるありとあらゆる事物の産出に役立ちうるほど、幅があり広がりがあるものだったからだ、と言ってやればよい。」

（51）一七一九年版では、「第三章　神とは何か。1」となっている。

（52）この節冒頭からここまでは、一七一九年版では以下のような文章になっている。「これまで私たちは神性に関する民衆のさまざまな偏見を反駁してきたが、神とは何かについてはまだ語らなかった。もしもそれを問われるならば、それは絶対的に無限な存在であり、その諸属性の一つは永遠で無限なる実体であるということだ、と答えよう。延長あるいは量が有限であったり分割可能であったりするのは、それをそのようなものとして想像する限りのことでしかない。というのも、物質はどこにおいても同一である以上、知性がそこに部分を弁別することはないからだ。たとえば、水は水である限りにおいて、分割可能であると想像され、その諸部分は相互に区別される。ところが、物体的実体である限りにおいては、それは区別されうることも分割されうることもない。要するに、水は水である限りにおいて、生成や解体にさらされるけれども、実体である限りにおいては、そのどちらにさらされることもない。だから、物質や量には神にふさわしくない点など少しもない。というのも、もしすべてが神のうちにあるならば、またすべてが神の本質から必然的に流出するのであるならば、どうしても神は神が含むものと同じでなければならないからだ。いずれも物質的な諸存在が、物質的でない一存在のうちに含まれるというのは矛盾であるからだ。」

（53）「もっとも博識な」が、一七一九年版では「第一級の」になっている。

（54）一七一九年版ではここに原註は付けられていない。

（55）一七一九年版では、第三章の「2」となっている。

（56）この一文は、一七一九年版では以下のようになっている。「これらの見解は簡明であり、まともで健全な知性が神について抱きうる唯一の見解でさえある。」

（57）「王侯を取り巻くあのような壮麗さや輝きに民衆は眩惑されているので、そういう王侯とほとんど変わらない神という観念を彼らから取り上げるのは、死後に天上の廷臣の仲間に加わりに行き、王侯の宮廷で味わう享楽と同じ快楽を廷臣と一緒に楽しめる、という希望を取り上げることなのである。生の悲惨の中で絶望するのを防ぐ唯一の慰めを人間から奪い取ることなのである」

は、一七一九年版では以下のような一文となっている。「王侯を取り巻くあのような壮麗さや輝きに民衆は眩惑されているので、死後に天上の廷臣の仲間に加わりに行き、この世の王侯の宮廷で味わう享楽と同じ快楽を楽しめる、という希望をきっぱりと取り上げるのは、慰めを奪い、生の悲惨の中で絶望するのを防ぐ唯一のものを奪い取ることなのである。」

(58)「賞罰を与える、義で報復する神が必要だと人は言い、あらゆる人間的な情念を持つ神を望む」は、一七一九年版では以下のようになっており、その冒頭で改行されている。「人は王侯のように賞罰を与える、義で報復する神、したがって、あらゆる情念やあらゆる人間的な欠点を持つ神を望む。すでに私たちが述べたように、」。

(59)「とりわけ不思議なのは」から、一七一九年版では改行されている。

(60)「概念」が、一七一九年版では「駄弁」となっている。

(61)「……変わらなかったのである」が、一七一九年版では「……変わらなかったし、私たちの占星術師や狂信者とも変わらないのである」となっている。

(62)「人々は聖書を、まるで神と自然が」は、一七一九年版では「人々は聖書を、まるで神が」となっており、この冒頭で改行されている。

(63)「しかしこの書はさまざまな時期に一つに縫い合わされた断片の寄せ集めにすぎず……」からここまでの文章は、一七一九年版では次のような長い文章になっている。「ところがこれは不適切で滑稽な寓話に満ちている。そこで語られている、話をする蛇(原註a)や牝ロバ(原註b)がその証拠である。塩の像に変えられた女(原註c)や、野の獣に変身させられた王(原註d)がその証拠である。ライオンを引き裂き、千人もの人をロバのあごの骨で殺し、町の門の柱とかんぬきを引き抜き、もっとも頑丈な綱で縛られてもそれを断ち切り、身を寄せ掛けた柱を抱き取って大きな建物をひっくり返す、こうしたことを自分の髪の毛に宿っている不可思議な力でやってのけるナジル人(原註e)〔ナジル人とはイスラエル人の中で特に神に献身した誓願者を意味する。ここではナジル人であったサムソンの挿話を想起している〕がその証拠である。一日に二度カラスが食べ物を運んできてくれ、またたった一度の食事で四十日四十夜歩き続け、川の水をマントで打って分け、濡れもせずにその真中を渡り、さらに火の馬に引かれた火の車に乗って竜巻の中を天に昇った預言者(原註f)がその証拠である。さらに、魚の腹の中に三日三晩とどまり、何不自由なく息をして聖歌まで歌った別の預言者(原註g)がその証拠である。この書物にいっぱい詰まっているこのように子供じみたあらゆる作り話や、その他無数の似たような話にもかかわらず、人々はこれを頑として聖典であると言い張り、次のことに注意を払おうとはしない。すなわち、この書はさまざまな時期に一つに縫い合わされた断片の寄せ集めにすぎず、それらの断片はラビたちが思いつくままに公衆に与えた(原註h)ものなのである。ラビたちはそれらの断片をモーセの律法に合うか合わないかで取捨選択したのちに、ようやく持ち出してきたのである。

(原註a)創世記、第三章、第一―五節。

(原註b)民数記、第二十二章、第二十九、三十〔二十八―三十〕節。

(原註c)創世記、第十九章、第二十六節。

(原註d)ダニエル書、第四章、第三十二―三十六節。

(原註e)士師記、第十四、十五、十六章。

(原註f)列王記一〔上〕、第十七、十九章、列王記二〔下〕、第二章。

（原註g）ヨナ書、第二章。

（原註h）ラビたちは箴言と伝道の書を聖書から除くべきかどうか思案した、とタルムードに書かれている。彼らがそうしなかったのは、それらの中にモーセの法をほめたたえている箇所が見つかったからだ。エゼキエルの預言についても、シャナニア〔ハナニヤ〕なる者がそれとモーセの法を巧みに一致させなかったなら、ラビたちは同じような態度を取ったことだろう〔この（原註h）が、一七六八年版では原註（四）に相当する〕。」

(64)「人々の悪意や馬鹿さかげんは……」からここまでの文章は、一七一九年版では以下のようになっている。「そうなのである、キリスト教徒の愚かしさや馬鹿さかげんはひどいもので、無知な民から受け継いだ一冊の書物、秩序も整然たる配列も見られず、あまりに雑然とし不出来なため誰も理解できず、彼らの中に分裂を引き起こすことにしか役立たない一冊の書物を崇めて一生を送るほうがよいと思うほどなのである。」

(65)この一文は、一七一九年版では「つまり、彼らの愚かさはひどいもので、そんな幻影を崇めるほうが、神すなわち自然が運動の原理として人々の心の中に書き込んだ自然法に耳を傾けるよりいいと思うほどである」となっている。また、これに続く次の文から一七一九年版では改行されている。

(66)「王侯と司祭の政略によって生み出された」は、一七一九年版では「王侯と聖職者の悪巧みによってでっちあげられた」となっている。

(67)この一文は、一七一九年版では「キリスト教徒の法について言えば、それらはどこにも原本が見つからぬ、存在する写本は実際それぞれ千もの箇所で互いに異なっている一冊の書物（原註a）にしか基づかない。さらに、この本は超自然的な、すなわちありえない事柄しか含まず、そこで示される善行や悪業への賞罰も来世でのことにすぎない。ペテンがこの世でばれないようにしたのである。実際のところを知らせに、来世から戻った人はいまだかつていないのだから。

（原註a）聖書。」となっている。また、これに続く次の文から一七一九年版では改行されている。

(68)「この臆見こそが」は、一七一九年版では「希望と恐れがこの臆見を生み出し、これこそが私たちが述べようとしている」となっている。

第三章

(1)一七一九年版では、「第四章」となっている。

(2)この一文において、「自然と理性のくびきをはずして」は、一七一九年版では「まことの生の源である自然と理性の光を捨て」となっている。「虚しい幻」は、一七一九年版では「幻」となっている。

(3)「まさしくそこから」は、一七一九年版では「まさしく恐怖によって作られたこのような聖なる絆から」となっている。

(4)「自分に対して」は、一七一九年版では「だからこうして自分に対して」となっている。

(5)「そのときから彼らは、自然を活動力のない塊」は、一七一九年版では「そのため彼らは、自然を大きな塊」となっている。

(6)「神々と名づけたあの「存在」――なるもの――にだけ尊敬を捧げるようになった」は、一七一九年版では「あらゆる尊敬の念は、神々と名づけたあの「存在」――なるもの――にとっておいた」となっている。

(7)「その無知の淵が」は、一七一九年版では「その無知が」となっている。

(8)「もっぱらペテンにたよって暮らしを立てる連中が」は、

一七一九年版では「もっぱらペテンによって暮らしを立てる連中が」となっている。
（9）一七一九年版では、この文冒頭における改行はない。
（10）「この病の」は、一七一九年版では「これほど重い病の」となっている。
（11）「真理は」以下この節末までの文章は、一七一九年版にはない。
（12）「動因」は、一七一九年版では「天使たち」となっている。
（13）「こうして」以下この節末までは、一七一九年版では以下のような文章になっている。当該文章中の原註も一七一九年版にはない。「神々をでっち上げた上で、人々はそれらの本性は何か知ろうとし、さらに神々は魂と同じ実体に属するにちがいないと想像した。ついで、魂は鏡の中や睡眠中に現れる幻影と似ていると思い込んでいたため、神々も実在はするがごくごく薄く微細な実体だと考えたので、それを物体と区別するために霊体と呼んだ。とはいえ、物体と霊体というのは実は同じものにすぎず、二つのもののあいだには程度の差しかないのである。というのも、霊体であり非物体的であるということは不可解なことなのだから。どんな霊体でも固有の形態をそなえ、ある場所に内包されること、つまり限界を有すること、したがって、いかに薄く細かく微細でありうるにしても、それは一個の物体であること、これがその理由である。」
（14）（13）でも述べたが、一七一九年版には原註はない。
（15）（13）でも述べたが、一七一九年版には原註はない。
（16）この一文において、「神々の実体の本性を」が一七一九年版では「神々の実体を」に、また「目に見えない動因が」が一七一九年版では「目に見えない存在が」となっている。
（17）「さながら、ある事柄がかつてこれこれの仕方で起こったということから、出来事や人間の行動に必然的な影響を及ぼし、それらの性質や実現性を決定する付帯状況やあらゆる原因が異なっていても、同じ事柄は常に同じ仕方で起こるであろう、起るべきだ、と合理的に結論できるかのようだった」は、一七一九年版では「過去と未来のあいだに連関や依存関係を見て取っているわけではないのに」となっている。
（18）この一文は、一七一九年版では「どんなことを企てるときにも、過去に目をやり、同じ企てがかつて成功したかどうかでその企ての吉兆を占った」となっている。
（19）「将軍」は、一七一九年版では「大将」となっている。
（20）「このように、二、三の経験の末に自分たちの運不運を場所や事物や名前に結び付けた民族もあれば、呪文と呼んで霊験あらたかと思うある種の言葉を用い」は、一七一九年版では「このように、二、三の経験の末に自分たちの運不運を場所や名前に結び付けた人々もあれば、呪文と呼んで霊験あらたかと思うある種の不思議な言葉を用い」となっている。
（21）「それを使えば」は、一七一九年版では「その効力で」となっている。
（22）「人間や神に」は、一七一九年版では「人間に」となっている。
（23）「……思い込んだ民族もあった」は、一七一九年版では「……思い込んだ人々もあった」となっている。また、一七一九年版に原註の指示はない。
（24）「目に見えないさまざまな力の支配が」は、一七一九年版では「目に見えないさまざまな力が」となっている。
（25）「ああいう架空の神々に」は、一七一九年版では「ああいうすばらしい神々に」となっている。
（26）この一文は、一七一九年版では「諸宗教のこの種、すなわち希望と恐れは、人々の情念や判断や多様な決定を通過してついには、国家に生じるあれほど多くの災いや野蛮な残酷さや変転の原因である、ああいう多数の奇妙な信仰を生み出した」となっている。

(27) この一文は、一七一九年版では「聖職と結び付く、また以後そうなったように神の代行や教会役職と結び付く、名誉と莫大な収入は、民衆の愚かさに付け入った狡猾な連中の野心と貪欲をくすぐった。彼らは民衆の弱点を見事に利用し、人々は知らず知らずのうちに、嘘を崇め真実を憎むという甘美な習慣を作り上げてしまった」となっており、文冒頭で改行されてはいない。

(28) 「神々を描き出したり」が、一七一九年版では「神々をでっちあげたり」となっている。

(29) この一文は、一七一九年版では「空も、大地も、海も、火も、風も、惑星も同じ名誉が与えられた」となっている。

(30) この一文は、一七一九年版では「しかし、子牛、犬、豚、ワニ、蛇、玉ねぎ、鳥、爬虫類、一言で言えばありとあらゆる動植物がもっともその恩恵に浴した」となっている。

(31) 一七一九年版には「神々や」はない。

(32) 「……などという神々も、神殿と祭壇を建ててやらないと傷つけられて、人々の頭上にいつ襲いかかってくるやもしれないとみな思った」は、一七一九年版では「……などというこのすばらしい神々も、神殿と祭壇を建ててやらないと、傷つけることになるとみな思った」となっている。

(33) 「自分の**守護神**を崇めようと思いつき」は、一七一九年版では「自分たち自身の守護神を崇め始め」となっている。

(34) この一文は、一七一九年版では「自らの好色をクピドと名づけたり、自らの怒りをフリアイと名づけたりする者もいた」となっている。

(35) 一七一九年版に原註はない。

(36) この一文は、一七一九年版では「宗教の創立者たちは、自らペテンの基盤が民衆の無知にあることに気づき、その無知をはぐくむためには何ひとつ忘れなかった。神々が宿っているとして図像を崇めさせることが、そのためにはきわめてふさわしいと彼らには思えた」となっている。

(37) この一文は、一七一九年版では「そして、それを永続的な基盤の上にすえるために配慮を尽くした。そのために、姿をかたどった像において自らを人間に現してくれる神々のために祭壇を設け、神々に壮麗な神殿を建て、神々をたたえる犠牲や祭りや儀式を定め、神々に仕えるための犠牲をささげる者や祭司や聖職者を制定し、こういう聖職者たちに、十分の一税のほかにも、犠牲獣のもっとも良い肉や、祭壇にささげられた果物や野菜や穀物のもっとも良い部分を割り当て、こういう手段で下劣で欲得ずくのこうした連中を誘い、彼らにはこれほど役に立つ祭礼を、立派なものに仕立て上げさせたのである。神々は香りを嗅ぐだけでしかないこういう犠牲、十分の一税、捧げものは、ついで、それを要求する大胆さやそれに手をつける軽率さを持つ者がないようにと、神聖な秘儀に使われる神聖なものとみなされた」となっている。

(38) この一文は、一七一九年版では「この祭司たちは民衆をさらに引き寄せるために、自分らは預言者だと言い、自慢にしている神々との交流によって未来のことも分かると信じさせた」となっており、この文の冒頭と末尾で改行している。すなわち、この一文で一段落をなしている。

(39) この一文は、一七一九年版では「自らの運命を知りたいという願いほど人間にとって自然なものはなく、このペテン師どもは狡知にきわめて長けているので、こういう傾向を利用し、おのが目的にしかく有利な状況をけっして見逃さなかった」となっており、またこの文の冒頭で改行されている。

（40）「ローマ人は大きな災厄に……」は、一七一九年版では「実際、ローマ人は大きな災厄に……」となっている。

（41）「狂人も霊感者と見なされた。死者と親しく交流するふりをした者は……」は、一七一九年版では「狂人や気違いも見神者とみなされた。死者と親しく交流するふりをした者は……」となっており、この冒頭で改行されている。また、一七一九年版には、末尾に付けられた原註はない。

（42）一七一九年版ではここで章が変わり、以下のようになっている。「第五章　モーセについて1、」

（43）「法を与えたときもこの道を行き、民衆に自発的な服従を義務づけようとして」は、一七一九年版では、「立法に当たってもみなこの同じ道を行き、民衆が自ら服従するようにと、民衆生来の無知を利用して」となっている。

（44）「こうした多数の神々はともかくとして……」からここまでの二段落は、一七一九年版では以下のような一段落となっている。「まさしく立法者たちはこのように振る舞い、みな自らの法は何らかの神から下されたとし、自分たち自身も人間以上の存在だと信じさせようと努めた。彼らの中でももっとも著名な四人について、すなわちモーセ、ヌマ・ポンピリウス、イエス・キリスト、マホメットについて、これから語ることを偏見にとらわれずに読んでいただければ、以上に語ったことを確信していただけよう。」

（45）ここから（45 bis）までは、一七一九年版では大幅に異なり以下のようになっている。「2、殉教者ユスティノスが伝えるところによれば、著名なモーセは大魔術師の孫で、疥癬とライ病にかかりそれをエジプト全土に広めたため勅令でその国から追われたヘブライ人たちの首長となったが、彼はもっとも巧みにこのような政略を用いた者の一人であった。辛い退却の行軍を六日続けたあげく、彼はこの哀れな追放者たちに、全員休息をとって神に七日目を捧げるように命じた。この神が自分に好意を持ち、自分の支配を是認していると信じさせるため、自分と支配を争う勇気が誰にもなくなるようにするためだった。この連中より無知な、したがって軽信的な人々はかつていなかった。自分の類稀な才能を目立たせるのにきわめて好都合なある機会に、彼はこう信じさせた。神が自分には現れた、その神の命令で自分はお前たちを導いている、お前たちを治めるために神が自分を選んだのだ、神の代理として自分が言うことを信じそのとおりにしさえすれば、お前たち自身が他のどんな民族とも違う、神の特権を受けた特別の民となるだろう、と。自分の神聖な使命について確信を持たせる仕上げとして、彼らの目の前で彼は何か巧みな手品を行ったが、これを彼らは奇蹟だと思ったのである。こうしてこの哀れな不幸者たちは、彼の目くらましに幻惑されて、過酷な隷属から脱して神々の主人から養子として選ばれたのに狂喜して、モーセに喝采し、彼に従うことを誓った。」

なお、この異文のはじめから「七日目の祝日制定」までの箇所の出典は、次のような著作の当該箇所であると思われる。異文への注釈として以下に掲げておく。

・ヨセフス『アピオーンへの反論』、邦訳、山本書店、一二〇―一二六ページ、秦剛平訳。

・ユニアヌス・ユスティヌス『ポンペイウス・トログス著フィリッポス史抄録』、第三十六巻、第二章。「彼〔ヨセフ〕の息子がモイセス〔モーセ〕で、父の知識〔エジプトで習得した魔術〕を引き継いだことのほかに、姿の美しさがこの男を魅力ある者にした。しかしエジプト人は、彼ら〔ユダヤ人〕が疥癬と白斑とに罹った時、ある神託の返答に指示されて、その病がそれ以上に広がらないように、彼を病人たちと一緒にエジプトの国境から追放した。かくして、彼は亡命者たちの指導者にされ、エジプト人の聖具を盗み出して持ち去り、それをエジプト人が武力で取り返そうとしたが、彼らは嵐のために国へ引き返さざるを得なかった。そのようにしてモイセスは、昔の故国ダマスケナに帰り着き、シナ山に落ち着いた——彼は七日間、飲まず食わずでアラビア砂漠を彼の民と共に彷徨い、憔悴して最後にそこへ到達したのであった——。彼は民族の習慣に従って七日目をサッバタと名づけ、毎年毎年、その日を断食の行に捧げるようにした。その日が彼らの飢餓と放浪を終わらせたからである。」（同書、邦訳、京都大学学術出版会、三八八—三八九ページ。合阪學訳）

・タキトゥス『同時代史』、第五巻、第一章「ユダエア」。「一番多い著者の一致した見解によると、エジプト全土に体を膿汁で汚す疫病が流行ったとき、ボッコリス王はハンモンの神託に伺いを立て救済を乞うたところ、〈王国を祓い清めよ。この種の人間は神々に疎まれているが故に他の土地へ連れて行け〉と命じられたという。こうして大勢が国中より探し出され集められ荒野に捨てられた。その後、皆が涙に暮れ呆然としていると、追放された仲間の一人モイセス〔モーセ〕がこう忠告した。〈神々や人間の誰からも援助を期待するな。……汝ら自身を信じ、天から遣わされた指導者を頼るがいい。〉……その後続けて六日旅をし、七日目に耕作者を追放し、土地を手に入れ、そこに町を建て神殿を捧げた。……七日目ごとに休日をとることにしたのは、七日目に彼らの試練が終わったからだといわれている。」（同書、邦訳、筑摩書房、二六八—二六九ページ、國原吉之助訳）

・訳注〔四〇〕にも掲げるジュリオ・チェーザレ・ヴァニーニの対話篇『自然の驚くべき秘密について』（パリ、一六一六年）からの箇所も出典の一つであろうが、同書をその少し前の部分も含め引用しておく。「疥癬とライ病をひろめたために勅令によって追放され、ユダヤ人がエジプトから出てゆくとき、モーセはその先頭に立ちました。彼の忠告で、彼らは人の目を欺きたくさんの金や銀を持ち去ったのです。ユダヤ人たちは多くの危険を乗り越えて、七日間の行軍ののち安全な場所にたどり着きました。そのためにモーセは、神が彼の権力をよしとしていることを示すために、この七日目を神に捧げました。民衆はこのように教え込まれて、唯々諾々とモーセの支配に服したのです。」（ルイジ・コルヴァリア校訂『ジュリオ・チェーザレ・ヴァニーニの著作とその典拠』、第二巻『自然の驚くべき秘密について』、ガラティナ、一九九〇年、二七二ページ）

(46) ここから (46 bis) までは、一七一九年版では「第五章 モーセについて」の「3節」を構成し、以下のような二段落からなっている。「3、自分の権威が確認されると、彼はそれを永遠化しようと夢み、自分こそその代理人であるとする、神への奉仕のためにこの上ない崇拝を確立するという口実をつけて、自分の兄アロンとその子供たちを王宮の長に、すなわち、民衆はその中を見ることもそこに入ることもできない、神託が下されるという場所の長にした。次に彼が行ったのは、新制度を立てる際の常套手段だった。つまり驚異や奇蹟である。単純な者は幻惑され、中には茫然自失する者もいるが、洞察力があって彼のペテンを見抜ける人には哀れを催させる代物だった。私的に神と会見しに行くと称してときどき彼は人気のない場所に引きこもった。神とのこういう直接的交流なるもののおかげで、彼は尊敬と無際限の服従とを克ち得ていた。しかし、この立法者がいかに巧みでも、武力を持っていなければ人を服従させるのに苦労したはずである。軍事力のないペテンはめったに成功したことがないのだから。実際、

(原註c) 有名な哲学者エンペドクレスは、ロムルスのように自分も天にさらわれたと信じてもらうために、エトナ山の火口に飛び込んだ。」

(47) この「11節」全体は、一七一九年版では「第六章」として以下のようになっている。

「 第六章

ヌマ・ポンピリウスについて

1、

法に通じた人、ヌマ・ポンピリウスは、サビニ人だったのにロムルスの後継者として選ばれた。ローマの民衆が全員一致で彼を選び、元老院議員全員がその選出を批准したけれども、彼はさらにこの選択を神々に諮ることを望み、神々がこれを是認していると天からの兆で知らせると、やっと王位を受け入れた。彼は四十年以上にわたる治世のあいだに、ローマ人の精神を宗教のほうに振り向けてその猛々しい習俗を柔和にしようと努めた。ローマの初期の住民のように無知で粗野で迷信的な人々を絶対的に統治するもっとも確実な方法は、神々に対するできるだけ大きな恐れを吹き込むことだと彼は考えた。また、それに成功するには何らかの奇蹟という虚構が要ると判断した。神託による返答や鳥占い師や腸占い師の預言をすでに神的信仰の箇条と認めている民衆が相手だったから、この民をだますのに苦労はなかった。自分が与える法や制度はニンフのエゲリアが口述したものだと、彼は簡単に民に信じ込ませた。こういうペテンによって、彼はさまざまな絆で民をその義務に縛りつけることができたが、そういう絆は神聖で神からのものと考えられただけに、いっそう強力で尊重すべきものとなったのである。

2、

しかし、この粗野な時代におけるローマ人の軽信はひどいもの

彼が技巧みに隷属させていたあれほど多数の臣下の中にも、彼のたくらみに気づくほど明敏な、また、〈公正や公平と見せかけて貴方はすべてのものを独占した、最高権力は貴方の血族に帰属して、もはや誰にもそれを主張する権利はない、要するに貴方は私たちの父というより暴君だ〉と面と向かって言うほど勇気のある者も出現した。そういう際には、モーセは巧みな政治家としてこういう自由思想家を容赦なく殺し、自分の統治を非難する者を一人として許さなかった。こういう警戒を怠らず、処刑をすればそれを神の報復という名目で粉飾して、彼は常に絶対者として生きた。そして、始めたとおりに、つまり詐欺師・ペテン師として仕事を終えるため、一人で引きこもることにしていたあの人気のない場所に自分のための深い穴を掘り、その中に彼はとびこんだ。自分の遺体が見つからないようにするため、神が自分をさらっていったと信じさせるためだった。

しかし、自分に先立つ族長たちは墓所が見つかってもその記憶が非常な崇敬に包まれているのを彼も知らないではなかったが、彼の野心はそんなものでは満足できなかった。死さえも歯が立たなかった、神のごときものとして崇められねばならなかったのだ。実際それが、統治を始めるに当たって言っていた、〈私はファラオの神になるようにと、神によって立てられた〉という言葉で彼が目指したものである。彼のあとに、ロムルス(原註a)、エリヤ(原註b)、エンペドクレス(原註c)や、自分の名を不朽にしたいという愚かな虚栄心に取りつかれたこのような人々は同じく、不死だと信じてもらいたいばかりに自分の死の時を隠したのである。

(原註a) ロムルスは自分の遺体が見つからず、天に上げられ神とされたと信じてもらうために、山羊の沼に身を投げた。

(原註b) 列王記二〔下〕、第二章を見よ。

ではあったが、それでも、文明化された時代の同じローマ人の軽信と比べればまだ何ものでもなかった。実際、後世のローマ人たちは征服したあらゆる国の神々や信仰や迷信を自分のものにしてしまった。とりわけ彼らはギリシア人の神学を採用したが、ギリシア人たちが信じていたことといえば、ミネルウァ〔アテナ〕はユピテル〔ゼウス〕の頭から、バックス〔バッコス〕はその腿から生まれたとか、エリクトニウス〔エリクトニオス、アテナイの伝説上の王で、火神ヘファイストスが地面にもらした精液から生まれたとされる〕やミュラ〔未詳。キュプロス王である父との近親相姦ののち、ミルラの木に変えられて、アドニスを生んだミュラのことか〕はこの神々の父から母なしで生まれたとか、また逆にウルカヌス〔ヘファイストス、ユピテルとユノの息子で火と鍛冶の神〕やマルス〔アレス、ユピテルとユノの息子で軍神〕は父なしにユノの息子となったとか、イナクス〔イナコス、アルゴリスの河神でオケアヌスとテテュスとの子、またアルゴスの最初の王とされる〕やアエアクス〔アイアコス、ユピテルとアエギナとの息子で、アエギナ島の王〕やヘルクレス〔ヘラクレス〕やアレクサンドロスほか無数の人々がユピテルの息子だとか、ペルセウスがこの神と処女ダナエから生まれたとかいうことであった。処女が子を生むことは、それより馬鹿げた矛盾した無数の事柄を神の啓示による真理だと認めていた連中にとっては、少しも信じがたいことではなかったのだ。それに彼らはこの臆見を、神の霊、神ノ息〔原文はギリシア語〕は女をはらませられると信じていたエジプト人からおそらく受け継いでいたのである。」

なお、上記異文の第1節の出典としては、プルタルコス『対比列伝』、「ヌマ」の七節、とりわけ以下の二箇所を参照せよ。「ヌマはやっと決心して……ローマへ向かった。元老院の民衆もこれを迎えてその人柄に驚くべき愛を感じ、……すべての人々が、ローマの町が王を迎えているのではなく王国を迎えているような有様であった。人々が市場に集まった上で、……スプリウス　ウェッティウスは市民たちに投票用の板を配り、皆がヌマに投票した。王のしるしを持って来られた時にヌマは暫く待てと命じて、神が王位を自分に与えるように祈ろうと言った。そこで預言者と祭司を連れてカピトリウムに登って行った。ここで預言者の長が……あらゆる方角に眼をやって鳥にしろ他の兆にしろ神々から現わされるものを窺った。……到頭吉兆の鳥が現れて右の方に向かった。そこでヌマは王衣を纏って丘の頂から民衆のいるところへ降りて行った。」（同書、邦訳「岩波文庫」、第一巻一五五―一五六ページ、河野与一訳）「こういう不安定で荒くなっている民衆を懐柔し教化して平和に導くということは些細で容易な事業ではないと考え、神々の助けを得ることにして、それには大体自分自身で犠牲の式や祭の行列や合唱を伴う踊を催して奉納し、行事の荘厳に面白い娯楽や人の好む快楽を交えて民衆の機嫌を取り、激しい戦争好きな心持を和らげようとした。しかし時には、神から発する様々な恐れや様子の変わった神意の現れや気味の悪い声を告げ知らせ、民衆を威圧して神に対する恐れから人々の心をおとなしくさせた。……ヌマの場合は、前に述べたように或る女神もしくは山姫の愛や秘密な会合や詩の女神たちとの交わりなどという芝居であった。自分の預言の大部分はムサエの女神たちに帰して、特にその一人をローマ人が崇拝するように命じた。」（同上、一五七―一五八ページ）またガブリエル・ノーデ『誤って魔術の嫌疑をかけられたすべての偉人のための弁明』の以下の箇所も出典の一つであろう。「それゆえこの王国の支配と統治を引き受けたあと彼〔ヌマ・ポンピリウス〕が最初にしたことは、まさに鉄のようなおのれの町を和らげ磨き上げ、かつての粗野な荒々しい好戦的な状態をより温和な御しやすいものに変える……ことであった。

そして時折彼は人々の目の前で神々への恐れや畏怖を示し、彼らの心をいつも神々への恐れで挫きへり下らせるために、自分はさまざまな不可思議な見神を経験した、大災厄について聞いたと人々に信じ込ませた、とプルタルコスは述べている。……ここから、ニンフのエゲリアについて語られてきたすべても、その作り話によっておのれの法と生け贄と政治制度の権威を確立しようとしたこの巧みな政治家の単なる虚構と策略にすぎなかった、というまったく確実な真の証拠を引き出すことができる。」(同書、パリ、一六二五年、二五四―二五六ページ)

上記異文の第2節の出典については、当該翻訳本文(一七六八年版)対応箇所に付けた訳注〔五三〕、〔五五〕を参照せよ。

(48) この「12節」全体は、一七一九年版では一節立ての一章として置かれている。すなわち、「第七章　イエス・キリストについて　1、」として記述が始まる。

(49)「無知な民衆しか率いていなかったのにモーセがどれほど有名になったかを見て」は、一七一九年版では「無知な人々を率いていたゆえにモーセがどれほど有名になったかを見て」となっている。

(50) 一七一九年版ではこの箇所に、一七六八年版にはない以下のような原註が付いている。「(原註)　ケルソスはオリゲネス『ケルソス駁論』の中で次のように言っている。すなわち、イエス・キリストはユダヤの寒村の出身で、働いて何とか暮らす貧しい村娘が母であった。この女は、パンテーラという名の兵士と姦通したのを立証されて、大工を職としていた婚約者から追い出された。こういう侮辱を受けた末、金もなくあちこち放浪しているあいだに、彼女は密かにイエスを生んだ。イエスも生活に困り、雇ってもらうためやむなくエジプトに行ったが、ここでエジプト人があれほど誇りにしている秘密の技をいくつか学び、故郷へ帰ってきた。そこで自分が行える奇蹟を大いに誇り、自分自身を神と宣言した、と。」なお、この原註の典拠については、翻訳本文への訳注〔五六〕を参照せよ。

(51)「……このお人よしたちは、彼の考えを採用し、(八)そういう生まれも彼らにはまんざら不思議すぎることでもなかっただけに、言われることをなんでも信じた」は、一七一九年版では、「……このお人よしたちは、その作り話にひっかかり、自然の秩序を超えた生まれ方など聞いたことがなかっただけに、なおのこと簡単に言われることをなんでも信じた」となっている。なお、一七六八年版翻訳本文中の原註(八)は、一七一九年版にはない。

(52) 一七六八年版のこの段落は、一七一九年版では段落をなさず、すなわち前後に改行はなく、以下のようになっている。「実際、彼らにとって、聖霊の働きによって処女から生まれたということは、タタール人がジンギスカンについて、またシャム〔タイの古名〕人がソンモナ・コドン〔ソンモナ・コドンあるいはサマナコドンは、シャムおよびインドシナ地方の大部分における聖人あるいは神の名と考えられていた。実際にはブッダのこと〕について言っていることを何か上回る事柄だった。両者ともイエス・キリストと同じく母は処女だったが、日の光の力で懐妊したのである。」

(53) この文冒頭における「この驚異が」は、一七一九年版では「これが」となっている。また、翻訳本文で(九)と示されている原註は、一七一九年版では以下のようになっている。「(原註)サムエル記一〔上〕、第七〔八〕章には、イスラエル人たちは裁きを行うサムエルの息子らに満足せず、他民族の例にならいたいと言って、王を要求したと語られている。」

(54)「しかし、極貧だったことが……」からここまでは、一七一九年版では以下のようになっている。「しかし、極貧だったことが出世の決定的な障害になっていた。パリサイ人たちは、あるときは自らの派の男（原註）の勇敢さに魅せられ、あるときは彼の大胆さをねたみ、下層民にありがちな不安定な気分のままに彼をおとしめたり持ち上げたりした。」また、翻訳本文中では（一〇）で示した原註は、異文中では（原註）と示した位置に置かれ、以下の文章となっている。「（原註）イエス・キリストはパリサイ派に、すなわち貧民派に属していた。一方、サドカイ派は金持ちの派であった。」

(55) この一文は、一七一九年版では以下のようになっている。「こうしてあれは神だとかいう噂が流れたが、彼は無一文だったので、計画が成功する可能性はまったくなかった。」

(56)「幾人か病人を治し……」以下ここまでは、一七一九年版では以下のようになっている。「彼に帰される奇蹟を実際行ったとしても、金も軍隊も持たなかったので、どのみち滅びざるをえなかったのである。しかし、資金と部隊をもし持っていたら、彼もモーセやマホメットに劣らず、人の上に立ちたいという野心を持った誰にも劣らず成功したと思われる。」

(57)「さらに言えば、彼の取った策が……」以下ここまでは、一七一九年版では以下のようになっている。「さらに言えば、彼の取った策が他の二人の立法者より、その記憶があれほど多くの民族の信仰を支配しているあの二人よりまずかったとも思えない。」

(58) 一七六八年版では「13、**イエス・キリストの政略について**」という節となっているが、一七一九年版では章立てが行われ、ここはその第一節である。すなわち、「第八章、イエス・キリストの政略について、1、」となっている。

(59)「この女に」が、一七一九年版では「この哀れな者に」となっている。

(60)「質問にはっきり答える」が、一七一九年版では「イエスかノーかはっきり答える」となっている。

(61)「並の人間」が、一七一九年版では「並の頭の者」となっている。

(62) この引用が、一七一九年版では「罪のない者が、まずこの女に石を投げつけるがよい」という文言になり、さらに「ヨハネによる福音書、第八章、第七節」という原註が付けられている。

(63)「別の折にも、カエサルへ租税を納めてよいか訊ねられると……」からこの段落終わりまで、一七一九年版では改行され節立てが行われ、以下のようになっている。「2、別の折に、カエサルへ租税を納めてよいかどうか問いただされた（原註）が、このもう一つの質問は意表をついてひっかけようとしたものだ。なぜなら、もし否定で答えれば大逆罪を犯すことになるし、もし肯定で答えればおのれの民族の自由を傷つけることになったからだ。彼はイエスともノーとも答えず、質問した人々に、〈税に納める貨幣を見せなさい〉と言った。それから今度は彼のほうから質問し、この硬貨に見られる肖像や記号は誰のものかと訊ねた。〈カエサルのものだ〉と彼らが答えると、〈それでは、カエサルのものはカエサルに、神のものは神に返しなさい〉と彼は言い返した。こう言ってよければ、こんなどっちつかずの返答によって、彼は投げかけられた難問をかわし、彼でなければ誰でも引っかかってしまうような罠から逃れた。

（原註）マタイによる福音書、第二十二章、第十七―二十二節。」

(64)「いったい何の権威によって説教をしたり民衆を教えたりすることに手を出すのか、とパリサイ人に訊ねられたとき」は、一七一九年版では冒頭から別の節（3節）となっており、以下のようになっている。「3、さらに彼は、パリサイ人が仕掛けた別の罠からきわめて巧みに脱け出した。いったい何の権威によって民衆に教えたり教理を説いたりすることに手を出すのか、と彼らは訊ねた。」

(65)「民衆の教育をもっぱら委ねられている祭司団に自分は属していないから」は、一七一九年版では、「古い律法による祭司の聖なる団体にも、民衆の教育を委ねられている人々にも自分は属していないから」となっている。

(66)「……それだけがパリサイ人の狙いだとイエス・キリストは見抜いた。そこで、逆に彼らを困らせ、ヨハネは誰の名において洗礼をしたのかと訊ねることで難局を切り抜けたのである」は、一七一九年版では「……それだけがパリサイ人の狙いだとまず見て取った。彼は難局を切り抜けるため、ヨハネは誰の名において洗礼をしていると思うかと逆に訊ねて(原註)、彼らを困らせることを思いついた。[(原註)は記号のみで、対応する注記はない]」となっている。また、一七一九年版では、次の文における改行はなく文章が続く。

(67)「またそれを認めなければ、逆のことを信じる」は、一七一九年版では「他方、それを認めなければ、逆のことを思い込む」となっている。

(68)「何ゆえに、また」は、一七一九年版では「どんな権限で、また」となっている。

(69)一七一九年版では、この節は(第八章の)「4節」となっており、冒頭の「古い律法の破壊者が、新宗教の父が使った逃げ口上はこのようなものだった。新しい宗教が古い宗教の廃墟の上に建てられたのだが、公平無私な者の目から見れば、そこには先行した諸宗教以上に神的なものなど何も見られない」は、「古い律法の破壊者が、新たな法の父が使った策略や逃げ口上はこのようなものだった。新しい宗教の種はこのようなものだった。この宗教は古い宗教の廃墟の上に建てられたのだが、公平無私な精神で語るならば、そこには先行した他宗派以上に神的なものなど何もありはしない」となっている。

(70)一七一九年版では文冒頭の改行はない。また「自分より巧みな者」は、一七一九年版では「自分より野心家の者」となっている。

(71)「思考にも影響を与え」が、一七一九年版では「思考に対してまで賞賛や非難を加え」となっている。

(72)「すべての個人」が、一七一九年版では「他の個物」となっている。

(73)「何であれ滅んだものからしか生まれないから、どんな法もきまって正反対の法に負けるのである」は、一七一九年版では「何であれ滅んだものからしか生まれないから、それと同じくどんな法もきまって正反対の法に続くと信じていたことになる」となっている。

(74)「しかし、一つの法から別の法へ移る決心はなかなかつかないもので、たいていの人は宗教上の信念に動揺など来しにくいから」は、一七一九年版では「だが、一つの法から別の法へ移る決心をさせるのはきわめて困難で、たいていの人は宗教に関して大変頑固であるから」となっている。

(75)一七一九年版では「巧みな」はない。

(76)一七一九年版では、この節は(第八章の)「5節」となっており、冒頭の「こうしてキリスト教が創立されると、巧みにもイエス・キリストはモーセの政略の過ちを有効に利用して、自分の新しい法を永遠のものにすることを考えた。この企てはおそらく期待した以上に成功した」は、「こうしてキリスト教が創立されると、イエス・キリストは、モーセの政略の過ちを有効に利用して、自分の新しい法を永遠のものにするために諸方策を取ったが、これらほど首尾よく成功したものはなかった」となっている。

(77)「自分こそ予告されたメシアだと思わせようとし」が、一七一九年版では「自分こそ約束されたメシアだと称し」となっている。

(78)「ヘブライ人の古い国家」が、一七一九年版では「この古い国家」となっている。

(79)「立ち上がる者の信用をあらかじめ失墜させようとして」は、一七一九年版では「立ち上がる者を根こぎにしようとして」となっている。

(80) 一七一九年版ではここに原註を引き出す記号が置かれ、以下のような原註が註記されている。「(原註) マタイによる福音書、第二十四章、第四―五節、二十四―二十六節、テサロニケ人への第二の手紙、第二章、第三―十節、ヨハネの第一の手紙、第二章、第十八節を見よ。」

(81)「悪魔のお気に入り、あらゆる悪徳の寄せ集め」は、一七一九年版では「悪魔の喜び、あらゆる悪徳の掃き溜め」となっている。

(82) 一七一九年版では、「これほど素敵な賛辞を呈されては……」からの改行はない。

(83)「その反キリストと称するものの話」は、一七一九年版では「その反キリストと称するものの噂」となっている。

(84) 一七一九年版では、「聖パウロは生前からすでに」で改行。また、ここに原註を引き出す記号が置かれ、以下のような原註が注記されている。「(原註) テサロニケ人への第二の手紙、第二章、第七節。」

(85)「この恐るべき人物が誕生したと宣べ伝えられて」が、一七一九年版では「この先触れの誕生が預言されて」となっている。

(86) 一七一九年版では、「イエス・キリストの大敵で……」から改行。

(87) 一七一九年版では「軽蔑すべき」はない。

(88) 一七一九年版では「……し暴君が保護」はない。

(89)「……夢物語を織りなしたにすぎないと語ると」は、一七一九年版では「……夢物語を織りなしたにすぎないとボニファキウス八世(原註a)やレオ十世(原註b)とともに語ると」となっており、以下のような原註が註記されている。「(原註a) ボニファキウス八世はこのように語っていた。人間は獣と同じ魂を持っており、人間の魂と獣の魂のどちらかがより長く生きることなどない、福音はその他のあらゆる法と同じく、いくつもの真理といくつもの嘘を教えている、たとえば、三位一体は虚偽だし、処女出産は不可能だし、受肉と実体変化は滑稽だ、と。また、わしはマリアとその息子など牝ロバとその若駒ほどにも信じていない、とも言っていた。(原註b) レオ十世は、ある日彼の財宝が並べてある陳列室に入ると、〈イエス・キリストのあのおとぎ話はわしらを実に金持ちにしてくれる〉と叫んだ。」

(90) 一七一九年版では、この節は(第八章の)「6節」となっており、冒頭の「それでも、こんなに脆弱な基盤の上に立てられた宗教が神的で超自然的なものだと主張されている」は、「それでも、こんなにもろい基盤の上にあり、愚鈍と言ってもよいほど無知な者が説教師だった宗教が、まったく神的で超自然的なものだと主張されている」となっている。

(91)「イエス・キリストのお供の中に学者がいなかったのは」は、一七一九年版では「イエス・キリストが使徒として学者や哲学者を選ばなかったのは」となっている。

(92)「自分の法が良識と一致しえないのを彼はよく知っていた」は、一七一九年版では「自分の法と良識がまったく相反すると彼は知っていた(原註)」となっており、以下のような原註が付けられている。

「（原註）キリスト教の信仰と教理は奇妙で、人間の理性や判断力では御しがたい。それは、あらゆる哲学や、理性が語ることに反しており、そのことはあらゆる信仰箇条に見られる。それらは人間の知性が理解も了解もできないからだ。それどころか、人間の知性には不可能でまったく奇妙なものに見える。人間がそれらを信じ受け入れるには、自分の知性を信仰の下に服従させて、理性を虜《とりこ》にし従わせねばならない、と聖パウロは言う。人間が哲学に諮りそれに耳を傾け、理性の尺度で物事を測ろうとすれば、先のすべてを捨て、狂気としてそれを馬鹿にするであろう、とも。

これが、シャロンが『三つの真理』と題する本のボルドー版、一五九三年、一八〇ページでしている告白である。」

(93)「だからこそ、あんなにしょっちゅう」は、一七一九年版では「だからこそ、あれほど多くの箇所で」となっている。

(94)「理性的な精神の持ち主は、愚かな連中と争ってもしかたがないと自ら慰めるべきである」は、一七一九年版では「だから、理性的な精神の持ち主は、愚かな連中と争うべきものがなくて不幸だなどと思いはしない」となっている。

また、このあとに一七一九年版では次のような一節、（第八章の）「7節」が挿入されている。「7、彼の政略のその他あらゆる特徴をここで伝えようとしたら、本書で自ら設定した限界を超えてしまうだろう。さらに知りたいと思われる方は、新約聖書を読んでいただくだけでよい。そうすれば、彼が信じない者や知識のある者の前では奇蹟を行わないようにどれほど気をつけていたか、モーセの法に自分の法をどれほど巧みに接木したかが分かるだろう。はじめは、モーセの法を廃止するつもりどころか、逆にそれを成就するためにこそやってきたのだ、と彼は明言した。しかし、自分に従う一団が数を増すにつれて、彼はモーセの法を守らずにすませるようになり、弟子たちにもそれを免除し、彼らがその法を犯すと弁護してやるようになった。権力がまだ十分確立していないうちは臣民の特権を保証すると約束しながら、そうしても罰を受けないほど自分が強力になったと感じるや約束を破るあの新参の君主たちの真似をしたのである。というよりも、前任者たちの古い法令を再確認し解釈するという名目でそれを完全に廃棄し、知らずしらずのうちに自分が代わりに立てた新しい法律を施行する、あの巧みな君主らのように振舞ったのである。」

(95)一七一九年版では「第九章」と章が変わりその「1節」となっている、すなわち「第九章　イエス・キリストの道徳について。1、」となっている。

(96)この一文は、一七一九年版では以下のような長い文章となっており、途中で（第九章の）「2節」と節も変えられる。「イエス・キリストの道徳について、彼固有のものと、哲学者たちとも共通のものとに分けるなら、彼固有の道徳には二つの甚だしい欠陥が見られるだろう。一つは、人間に、絶対不可能な、その本性に反した事柄を要求していることである。〈自らを憎み、自分の敵を愛せ〉とか〈悪人には抵抗するな〉とかいう義務がその証拠である。もう一つの欠陥は、この道徳が彼の使徒や弟子たちのような乞食や物乞いの群れを生きのびさせるために思いつかれたらしいことである。実際、この道徳は金持ちたちの酷薄さに対する絶え間ない呪詛でいっぱいではないか、他人の金で生きるためのさまざまな教訓がそこに見られるではないか。そういう群れを快く迎える都市、町、村、家、人に対する祝福の文句や、受け入れようとしない土地に対する呪いの言葉が見られるではないか。

2、

その道徳の別の部分について言えば、古代人の著作にあるよりも神的なものがそこに見られるだろうか、というよりもその抜粋、少なくともその真似でないものがそこに見られるだろうか。」

(97)「……他人から剽窃するのに慣れていて、……と指摘されている」は、一七一九年版では「……著作家たちから盗む習慣があって、……と思われている」となっている。

(98) この一文は一七一九年版では一段落をなしており、「旧約聖書の教理とプラトンの教理のあいだに見られる一致などというのは、ラビたちや、聖書を断片の寄せ集めから作った者たちが、あの大哲学者から剽窃したのでなければ、いったいどこから来るのであろう」となっている。

(99) この一文の冒頭で、一七一九年版は改行。また、「……ほうが本当らしい」は、一七一九年版では「……ほうが確かに本当らしい」となっている。

(100) 一七一九年版では、ここで改行されておらず、そのまま次の段落に続いている。また、「あの哲学者がエジプトを旅したとき、プトレマイオス王はまだそれらを翻訳させてはいなかったからである」は、一七一九年版では「プラトンがエジプトへ行ったとき、プトレマイオスはまだそれらを翻訳させてはいなかったからである」となっている。

(101) この一文は、一七一九年版では「『パイドン』の中でソクラテスがシミアスに語る記述の方が、地上の楽園よりはるかに魅力的だし、両性具有人の方が、アダムの肋骨を一本引き抜いてエバにするという創世記の話より比較にならないほどよく出来た発想である」となっている。また、一七一九年版ではこの一文に原註は付けられていない。

(102) この一文は、一七一九年版では「ソドムとゴモラの炎上とファエトンが引き起こした炎上と、この二つの炎上以上に似たものがあるだろうか」となっている。

(103) 一七一九年版では、「サタンの失墜と……エリヤとファエトン」までの例はない。

(104) 一七一九年版でもここに原註が付けられているが、「『神の国』、第六巻、第十四章」となっている。これは「第一巻」の誤りで、一七六八年版の原註が正しいが、これについては訳注〔七二〕を見よ。

(105) 一七一九年版では、この一文の冒頭では改行されず、この一文末尾で改行。

(106)「原罪はパンドラの箱から……」以下ここまでは、一七一九年版では「原罪とパンドラの箱は大変似ているし、イサクやエフタの生贄は、牝鹿を身代わりとしたイフィゲネイアの生贄に似ている。ロトとその妻について言われることは、バウキスとフィレモンについて物語られることとまったく一致する。要するに、聖書の著者たちとヘシオドスやホメロスとのあいだにきわめて深い関係があることは確かなのである」となっている。

(107) 一七一九年版では、この節は(第九章の)「3節」となっており、次のように始まっている。「3、イエス・キリストに戻ろう。」

(108) 一七一九年版では、「イエス・キリストはパリサイ派に属していたが」の箇所で改行されている。

(109)「イエス・キリストの道徳の内に、私はエピクテトスやエピクロスその他大勢の道徳にないものは何も見つけられない」は、一七一九年版では「イエス・キリストの道徳の内には、エピクテトスやエピクロスその他大勢の道徳よりすばらしいものなど何も見られない」となっている。

(110) 一七一九年版ではこの一文は、「聖ヒエロニムスはエピクロスを、そのどんな作品も一様に野菜と果物と節制でいっぱいだと指摘し、その徳が最良のキリスト教徒をも恥じ入らせるような人物として、また少しのチーズとパンと水さえあれば最上の食事とするほど快楽を慎む人物として、言及していた」となっており、またヒエロニムスからの出典指示に関する原註はない。

（111）「理性を」が一七一九年版では「正しい理性を」となっている。

（112）「しっかりした真の快楽の元」が一七一九年版では「しっかりした真の快楽の特性」となっている。

（113）「満足して」が一七一九年版では「喜びとともに」となっている。

（114）この一文は、一七一九年版では「エピクテトスについて言えば、イエス・キリストも含めてどんな人も、彼以上に謹厳で、意志が強く、平静で、これほど情念から解放されたためしはないと思う」となっている。

（115）「ここがそれをする場所ならばたやすく証明できるし、証明できないことを私は何も言っていないが」の箇所は、一七一九年版では「たやすく証明できないことを私は何も言っていないが」となっている。

（116）「一つだけ例を」は、一七一九年版では「彼の堅忍不抜さの一例だけを」となっている。

（117）「足を折ってしまうまでやめないのはよく分かっています、と笑いながら言った。そして予言したとおりになると」の箇所は、一七一九年版では「足を折ってしまうまで遊びをやめないのはよく分かっています、と笑いながら言った。実際、予言したとおりになると」となっている。

（118）「死に際には配下の殉教者にも見られないまったく見下げ果てた臆病さを示したではないか」の箇所は、一七一九年版では「死の時には配下の大部分の殉教者にも見られない魂の卑しさを示したではないか」となっている。

（119）「司祭たちが」が一七一九年版では「無知な者たちが」となっている。

（120）「に基づく」が一七一九年版では「を母とする」となっている。

（121）「しかし、そんな口を叩く者が、説教壇で出まかせを言い、正しい理性と真の徳とは何かを唯一知っている人々を弾劾すれば民衆教育のため与えられる金をまともに稼いだと思うような連中なのは分かりきったことだ」という一文は、一七一九年版では「しかし、そんな口を叩く者が、〈あそこでなら、良いことであれ悪いことであれ、なんでも言う権利がある〉と分かっていて、説教壇用にそんな言葉を取っておくことを私は知らぬわけではない［ここで改行］。

また、こういう講壇の先生方、空気と風と煙の売人たちが、踏みにじられた正しい理性と徳の仇を討とうとする人々を力の限り弾劾すれば、民衆教育のため国から与えられる金をまともに稼いだと思うことも知っている」となっている。

（122）「まことに、真の賢者の品行と、彼らをこきおろすあの迷信家らの振る舞い」は、一七一九年版では、「まことに、真の学者の品行と、彼らをこきおろすあの無知な連中の振る舞い」となっている。

（123）「それを手に入れるとふんぞり返り自画自賛し、まるで完徳の状態に達したかのようである」は、一七一九年版では「それを手に入れるとその地位を崇め奉り賛美して、それで完徳の状態に達したと思い込む」となっている。

（124）「怠惰・傲慢・放縦・悦楽の」が、一七一九年版では「うぬぼれ・安楽・傲慢・悦楽の」となっている。

（125）この一文は、一七一九年版では「しかし、徳とは何かを知らないこういう連中など放っておいて、彼らの師匠の神性に関する教義を検討しよう」となっている。

（126）この「19節」全体が、一七一九年版では欠けている。

（127）この「20節」は、一七一九年版では章が変わり、「第十章　イエス・キリストの神性について、1」となっている。

（128）「モーセの律法を採用したのは、ヘブライ人の中でもとりわけ無知な人々だった。イエスを追っかけたのもやはりそういう連中だった」は、一七一九年版では「モーセの法を大流行させた、ヘブライ人の中でもとりわけ無知な人々が、イエス・キリストを最初に追っかけた連中だった」となっている。

（129）「イエスの唱えた新たな誤謬が簡単に広まった」は、一七一九年版では「イエスの唱えた誤謬がこれほど簡単に広まった」となっている。

（130）「新説がそれを奉じる人々にとって……」以降、この段落末まで、一七一九年版では「とりわけ改変者が貧しく無力な場合、それと一緒にいると多くの苦しみをなめさせられないわけではないが、そこから期待する栄光が難儀を和らげるのである。こうしてイエス・キリストの弟子たちは、お供をしてもみな一文なしで、穂から振り落とした麦粒で飢えを満たしたり（原註a）、疲れを休めるため入ろうとした場所から辱めを受けて追い出されたり（原註b）する羽目に陥ることも多かったが、彼らがしり込みし始めたのは、師が死刑執行人の手に渡され、約束していた富や輝かしい評判や地位を与えられなくなったのを見たときにすぎなかった。

（原註a）ルカ〔による福音書〕、第六章、第一節。

（原註b）同書、第九章、第五十二、五十三節」となっている。

（131）この一段落は、一七一九年版では以下のようになっている。「彼の死後、弟子たちは希望が裏切られたのに絶望し、師と同じ目にあわそうとするユダヤ人に追求されつつ、必要に迫られてやるべきことをやり、近隣の地方へ散っていった。そこである女の話（原註）を基に、彼が復活したとか、それから彼が神の子であるとか、また、皇帝ユリアヌス〔フラウィウス・クラウディウス・ユリアヌス、三三二―三六三年、ローマ皇帝在位は三六一―三六三年、キリスト教から異教に改宗しその復興を企てたために、背教者ユリアヌスとも呼ばれる〕にナザレ人の宗派、すなわちキリスト教を捨てさせた、あのような諸々のおとぎ話を触れ回ったのである。ユリアヌスには、キリスト教は〈単なる神異の物語に基づくものとしか見えなかったから、それを人間精神による粗雑な虚構〉と見なしたのである。

（原註）ヨハネ〔による福音書〕、第二十章、第十八節」

（132）「異邦人のところで運試しをしよう、外国人のあいだならもっとうまくいかないかどうか試してみようと」は、一七一九年版では「異邦人を探し求めて、自民族のあいだでより彼らのあいだで、もっとうまくいかないかどうか試してみようと」となっている。

（133）「しかし、異邦人は哲学者で、馬鹿話に承服するにはあまりに理性の友だったから、それには自分らにある以上の学問がどうしても必要だった。そこでイエスの信者たちは、情熱的で積極的な、無学な漁師よりもう少し教育のある（一九）、あるいは自分のおしゃべりを傾聴させる能力がもう少しある若者を引き入れた」は、一七一九年版では以下のようになっている。「しかし、異邦人のあいだには哲学者がおり、そういう人は馬鹿話に承服するにはあまりに真理の友だったから、彼らの企てには自分らにある以上の学問がどうしても必要だった。そこで彼らは、情熱的で積極的な、漁師よりもう少し教育のある、というよりもう少しおしゃべりな若者を引き入れた。」また、一七一九年版に原註は付けられていない。

（134）この段落の最後の一文は、一七一九年版では、「この若い男は、自分を盲目にした天からの一撃で彼らの仲間になった。そういうことがなければ、ペテンは成功しなかったろうから。一旦仲間になると、こういう見神の話や、自分が天へ引き上げられたとかいう話や、また古代の詩人たちのおとぎ話から引き出した地獄の刑罰への恐怖や、栄光ある復活への希望や、支持しがたいのはマホメットのものと変わらない天国なるものへの期待によって、イエス・キリストの側へ何人かの単純な人々を獲得した」となっている。

（135）この一段落は、一七一九年版では改行なしで前から続き、以下のようになっている。「こうしてキリスト教徒も古代の詩人たちも、神として通るという名誉を師にもたらした。生前のイエスはそれを手にすることができなかったのだ。その点で、イエス・キリストの運命はホメロスの運命よりましなわけではなかった（原註）。この詩人を生前には追い払い馬鹿にした町のうち六つが、死後には彼の揺籃の地という栄誉を互いに争ったのだから。

（原註）七つの町が、死後に、彼を生んだ名誉を自らに帰した。」

（136）この「21節」は、一七一九年版では（第十章　イエス・キリストの神性についての）「2節」となっている。

（137）この段落冒頭からここまでの部分は、一七一九年版では以下のようになっている。「このことから、キリスト教も他のすべてのものと同じく、人々の気まぐれに支配されているのが分かる。人の臆見の内では、どんなものでも気分しだいで良くも悪くもなるのである。」

また、一七一九年版では、この後が改行され、以下のような長い一段落が付加されている。「しかし、さらに言えば、もしもイエス・キリストが神であるなら、聖ヨハネが言うように（原註）、神は〈肉となって〉、人間の本性をまとったことになるのだろうが、これは円が四角の本性をまとったとか、全体が部分になったとか言うのに劣らぬひどい矛盾を含んでいる。実際、キリスト教徒が言うように、〈いと高き〉神であり〈限りなく完全なる唯一の存在〉が、その栄光の頂点から降りて、世界で最大の君主と一番卑しい虫との差よりはるかに大きな開きがある諸存在と共住しに来るなどとキリスト教徒のように想像するほど馬鹿げたことがあるだろうか。こういう諸存在のか弱い、軽蔑すべき、哀れな本性をまとった唯一の目的は、神自らが鎖につないでいる逆臣の一人が敷く隷属と圧制からそれらの存在を買い戻すことで、あたかも、神なしには何もできぬこの人類の敵の手から人々を奪い取るには、こんな奇妙なやり方で自ら品位を落とす以外の手段は持たないかのようだった、しかもその結果といえば、こういう哀れな者たちの内で百万人は滅ぶにまかせ、たった一人しか救わないのだ、などと想像するほど馬鹿げたことがあるだろうか。また、そこまで身を落としたのは、もっぱら、そのような蟻や蛆虫どもから受けた侮辱に復讐するためだった、まるでそんなものに傷つけられることがありうるかのように、それを償わせるためだった、などと想像するほど馬鹿げたことがあるだろうか。さらに、彼らがした侮辱なるものへの許しを自らの怒れる神性から獲得し、彼らの死を求める自らの無限の義を満足させるために、神が彼らの代わりに自らをもっとも残酷でもっとも屈辱的な刑罰に委ねた、あたかも、神が実際侮辱されたとして、自分の権利を放棄することも、別の仕方でこの罪人たちと自分の神性を和解させることも、罪人に無償の許しを与えることも神の自由にはならないかのようだった、などと想像するほど馬鹿げたことがあるだろうか。

（原註）ヨハネによる福音書、第一章、第一―一四節」

（138）「しかし、すでに十分語った誤謬と明白な矛盾の迷路にこれ以上深入りせずに、マホメットについていささか述べることにしよう。この男はイエス・キリストとは正反対の格率に基づいて法を打ち立てたのである」の部分は、一七一九年版では改行されて、「しかし、こんなに歴然たるさまざまな矛盾にこれ以上長く足を止めるのは恥ずかしい。だからマホメットへ移ることにしよう。これについても語る価値は十分ある。キリスト教徒の立法者と正反対の格率に基づいてこの男は法を打ち立てたからである」という一段落となっている。

(139)「22、マホメットについて」は、一七一九年版では章が変わり、「第十一章、マホメットについて、1」となっている。

(140)「人々は武力といつもながらの移り気に引きずられるかのように、モーセと同じ手段で頭角を現した新たな立法者に従うようになった」は、一七一九年版では「人々はいつもながらの気まぐれにより、モーセがしたように軍事力で頭角を現した新たな立法者の法に服することになった」となっている。

(141)「その男はモーセのように預言者、神の使いという称号を得、モーセのように奇蹟を行い、民衆の情念をうまく利用するすべを心得ていた」の箇所は、一七一九年版では長い原註が付けられ、以下のようになっている。「彼にも二人と同じく預言者、神の使いというもっともらしい称号が欠けておらず(原註)、同じように奇蹟を行い、摩訶不思議なことを好む民衆の欠点にそうやって合わせるという腕前も同じようにあった。

(原註) 著名なゴリウス〔ヤコプ・ホール(ゴリウス)、一五九六―一六六七年、オランダの東洋学者、一六二四年にライデン大学のアラビア語の教授になり、『アラビア語゠ラテン語辞典』(一六五三年)などを残す〕にある友人が、マホメット教徒は自分らの預言者をどう言っているかと尋ねると、この博学なアラビア語の教授は以下のような抜粋を送ってやった。トルコ語の手書き写本から取ったあのペテン師の略伝を盛ったものだった。

〈最大の預言者たる、誉れ高きマホメット・ムスタファ殿は、義人王アニュシルヴァンの治世第四十年に生まれた。その聖なる生誕が起ったのは、ラビア〔ラビー・ウル・アッワル〕の月の第二週、十二日〔イスラム暦三月十二日、西暦五七〇年頃〕である。さて、齢四十年〔西暦六一〇年〕を過ぎたとき彼は霊感を受け、預言者の冠と代理人の衣を授かったが、これらは神から、イスラム教へ人々を呼び集めよという命令とともに、忠実なる使者〔大天使〕ガブリエルを介して賜ったものである。神から霊感を受けたあと、彼はメッカに十三年間留まった。五十三歳になったとき、ラビアの月の八日、金曜日にそこから脱出し、メディナへと逃れた〔西暦六二二年九月にこのヒジュラ(移住)が起こり、この年の一月一日(西暦六二二年七月十六日)を年初とし、一年が三百五十四日からなる太陰暦がイスラム暦(ヒジュラ暦)として用いられることになった〕。

さて、その地において、隠棲後十年経った十一月の二十日、祝福された生涯の六十三年目に、彼は神の御前に出る喜びを得ることとなった〔西暦六三二年六月八日、マホメット死亡と言われる〕。彼は父アブダラ〔アブド・アッラーフ〕から生まれたが、それは父の生前であったとも、父の死後であったとも言われる。母アーミナ様はワヒブの娘で、ベニ・サアド支族のハリマ様を彼の乳母とした。祖父アブド・インムタリブ〔アブド・アルムッタリブ〕がマホメットという祝福された名前を彼に与えた。彼は四男四女〔三男四女で男子はすべて早世と言われる〕をもうけた。息子はカシム、イブラヒム、タジブ、タヒルといい、娘はファティマ、オンモ・ケルトゥム、ラキア、ゼイネブといった。神からの尊き御使いの側近たちは、アブベケル〔アブー・バクル〕、オマール、オツマン、アリ〔アリー〕であったが、みな聖なる誉れを受けている。〉」

(142)「天からの新たなお告げを説明された無知な下層民が、まず彼に付き従った。そういう貧民が新たなペテン師の約束とおとぎ話に誘惑されてその名声を広め高めて、ついにはそれが先行者たちの名声を圧倒するまでになった」の箇所は、一七一九年版では以下のようになっている。「彼が天から受け取った新たなお告げを聞かされた無知な下層民が、あの二人のときのようにまず彼に付き従った。この官能的で野卑な連中が、ペテン師の約束する、天国における彼ら好みの快楽に釣られ、法を守った者の天国での幸福の一半は五感をもっとも楽しませる悦楽だと言われて、彼の名声を縦横に広め高め、先行者たちの名声も徐々に減少するまでになった。」

(143) この段落始めからここまで、すなわち「マホメットは帝国の創立者にふさわしいと思える人間(二〇)ではなかった。政略の面でも哲学の面でも特に優秀なわけではなく、読み書きもできなかった。意志の力さえ乏しくて、信者のある者が腕を揮ったおかげでいやでも頑張りとおすことにならなかったら、何度も計画を放棄するところだった」の部分は、本文中に付けられた原註も含めて、一七一九年版には見られない。

(144)「彼が頭角を現わし有名になりはじめると、コライスという有力なアラブ人が」は、一七一九年版では、ここから段落が変わり(第十一章の)「2節」が始まり、「2、彼が頭角を現わしアラビアで有名になりはじめると、コレイスという有力なアラブ人が」となっている。

(145)「しかし、マホメットがいつも神や天使と協議をしていると民衆は信じ込んでいたため、おかげで彼はこの敵を打ち破った。コライス家は敗北を喫し、マホメットは自分を神的な人間と信じる愚かな群衆に付き従われて、もう自分に仲間は必要ないと思った。だが、その仲間が自分のペテンをばらすのを恐れて、それに先手を打とうと思った。そして確実に成功するため、この男に山ほど約束をし、自分は偉くなろうと思ったのはこれほど貢献してくれた君と権力を分け合わんがためだった、と誓って見せた」の部分は、一七一九年版では以下のようになっており、原註が付けられている。「しかし、コレイス家が結局敗北を喫してしまうと、マホメットは自分を神的な人間と信じ、その新しい法を盲目的に信奉する大勢の民衆に彼は付き従われるようになった。あれほど恐るべき敵を厄介払いしたのだから、彼が恐れたのはもう自分の仲間だけだった。その仲間が自分のペテンをばらすのを恐れて、マホメットはそれに先手を打つことを考えた。そして確実に成功するため、この男を素敵な約束でだまし、自分が偉くなろうと思ったのはこれほど貢献してくれた君と富を分け合わんがためだった、と誓って見せた(原註)。

(原註) ノーデ(ガブリエル・ノーデ、一六〇〇―一六五三年。フランス十七世紀の代表的な学者的自由思想家の一人。枢機卿の秘書として長くイタリアに滞在し、帰国後、リシュリュー、マザランの蔵書係となった。『誤って魔術の嫌疑をかけられたすべての偉人のための弁明』(一六二五年)、『非常手段に関する政治的考察』(一六三九年)などの著作がある」はこの事実を少し違ったように伝えている。

彼によれば、マホメットはいちばん忠実な召使に、大通りに近いとある井戸の底へもぐって、いつもどおり大勢の伴をつれて自分がそこを通る時、〈マホメットは神にめでられた者だ、マホメットは神にめでられた者だ〉と叫ぶように説得した。マホメットの提案どおりに事は運んだが、すると彼は間髪をいれず、こんな驚くべき証言をしてくれた神の慈愛に感謝して、即刻この井戸を埋め、この奇蹟を記念するため上に小さな寺院《モスク》を建ててほしいと付き従う民衆に言った。その思いつきで哀れな召使はたちどころに殺され、小石の雨の下に埋まってしまい、あの奇蹟のインチキを暴露する手段を永久に奪われてしまった。
〈されどその声を土くれと口数多き輩が受け取ったのみ。〉
〈サレドソノ声ヲ土クレト口数多キ輩ガ受ケ取ッタノミ。〉（ペトロニウス『短詩』）
〔ガブリエル・ノーデ〕『非常手段に関する政治的考察』〔一六六七年版、一四五―一四六ページ〕」

(146)「〈私たちが高い地位に昇る時が近づいた。味方につけた大勢の民衆を私たちは当てにしている。君があれほど巧みに考えついた策略を用いて、彼らを確保しておくことが肝要だ〉とマホメットは言って……」からここまでの部分は、一七一九年版では途中に改行はなく、以下のようになっている。「〈私たちが高い地位に昇る幸福な時が近づいた。味方につけた大勢の民衆に私たちは付き従われている。しかし、君があれほど巧みに考えついた策略を用いて、彼らに確信を与えておくことが肝要だ〉とマホメットは言って、それと同時に、この男がいつも神の声をその底で真似ていた神託の穴に身を潜めるように説得した。ペテン師の甘い言葉にだまされたこの哀れな男は、いつものように神託を真似た。マホメットの声が聞こえ、付き従う群集のどよめきが聞こえると、彼と示し合わせたとおりに、こう叫び始めたのである。」

(147)「ユダヤ教徒やキリスト教徒がゆがめてしまった私のまことの法をおまえたちはまさしく彼から知ることとなろう」は、一七一九年版では「私のまことの法をおまえたちはまさしく彼から知ることとなろう。ユダヤ教徒やキリスト教徒は私が与えた法をゆがめてしまったからだ」となっている。また、一七一九年版では次の文章から改行されている。

(148)「この上なくひどい、この上なく悪辣な忘恩で報いられた」は、一七一九年版では「きわめて恩知らずな仕打ちを受けた」となっている。

(149)「実際、自分を神的な人間と宣する声を聞くと、マホメットは民衆のほうを振り向き、自分を預言者と認めたその神の名において民衆にこう命じたのである」は、一七一九年版では「というのも、自分を神的な人間と宣する声を聞くと、マホメットはありもせぬ彼の価値にのぼせあがった民衆のほうを振り向き、自分を預言者と認めた神の名において民衆にこう命じたからだ」となっている。

(150)「自分に神が現れた場所のしるしとしてヤコブが石を立てたのを記念するため」は、一七一九年版では「自分に神が現れたしるしとしてこのような際にかつてヤコブが石を立てたのを記念するため」となっている。

(151)「こうして、マホメットが成り上がるのに貢献したこの哀れな男は死んでしまった。まさしくこの石の山の上に、もっとも著名なペテン師たちの最後の者はその法を打ち立てたのである。この礎石は実に堅固でしっかりと固定されているため、千年以上支配が続いても、いまだに揺るぎそうな気配も見られない」は、一七一九年版では冒頭で改行されて、以下のような二つの段落となっている。「これがマホメットの宣揚に貢献したこの哀れな男の痛ましい最期だった。まさしくこの石の山の上に、もっとも著名なペテン師たちの最後の者はその法を打ち立てたのである。
この礎石は実に堅固なので、千年以上支配が続いても、いまだに揺るぎそうだとは見えないほどだ。」

(152)この一節は、一七一九年版では（第十一章の）「3節」となり、冒頭からここまでの一段落は以下のようになっている。「3、このようにしてマホメットは成り上がった。イエス・キリストよりも幸福なことに、彼は生前に自分の法が広がってゆくのを見た。あまりの野心のため生涯の終わりに身を投げたモーセと比べてさえ幸福なことに、彼は穏やかに、栄光に満たされ、死後にも自分の教理が存続するだろうと確信して死んだのである。無知と官能の中に生まれ育った信者たちの気質に教理を合わせていたからである。」

（153）段落はじめからここまでの文章は、一七一九年版では「読者よ、以上が、これら著名な四人の立法者について述べられるもっとも注目すべき事柄である。彼らは私が描いたとおりの人間である。彼らは範とするに値するかどうか、また、野心で成り上がり、無知のおかげで永続化している導き手に引き回されることに弁解の余地があるかどうかを、今度はあなたがたが考える番である」となっている。

（154）「あなたを盲目にした彼らの誤謬から癒されるために、自由且つ公平無私な精神で以下の記述を読んでほしい。そうすることが真理を見いだす道であろう」という部分は、一七一九年版では冒頭で改行され、原註も付けられ、以下のようになっている。「宗教や立法者や政治家や迷信家や民衆の愚かな軽信についてこれまで述べてきたことに一層の重みを加えるために、無数の証言を引いて、それに関する私たちの見解はこれらの問題について書いた古今の最良の著作家たちの見解とまったく一致することを示すのはたやすいだろう。しかし、そういう証言はあまりに紙数を取りすぎるから、二人の近代人（原註a）がこの件について書いたことを報告するにとどめよう。両者とも聖職者で、したがって迷信に配慮せざるをえなかったとはいえ、彼らの手心やカトリック風の文体を透かして、それでも彼らが私たちに劣らず自由で力強いことを述べているのが見て取れよう。以下に続く、彼らの著作（原註b）から忠実に引用した文章を読んで、御自分で判断していただきたい。

（原註a）ピエール・シャロン〔一五四一―一六〇三年、フランスの哲学者、カトリック聖職者。モンテーニュの思想を系統的にまとめた『知恵について』（一六〇一年）、キリスト教弁証論『三つの真理』（一五九三年）などがある〕とガブリエル・ノーデ。

（原註b）第十二章から第十七章までの以下の諸章は、シャロンの『三つの真理』、同『知恵について』とノーデの『非常手段に関する政治的考察』からの逐語的な引用である。これらの章にはアステリスク記号を付ける。」

上記の異文およびその原註に書かれているとおり、一七一九年版の第十二章から第十七章までは、章題にアステリスク記号が付けられ、本文にはすべて引用符が付されている。これらのシャロンとノーデの著作からの抜粋は、底本とした一七六八年版に対応する章がないため、ここには採録しない。

ただし、一七一九年版の第十七章末尾には、シャロンとノーデの著作からの引用ではない、引用符が付けられていない二つの段落が付加されているので、以下に掲げる。「あまりにも言い過ぎだと非難するかもしれない人たちに弁明をするには、もうこれで十分だと思う。これから話を元の筋へ戻すが、こんな中断をしたことにも感謝してもらえるだろう。実際、掲げたシャロンとノーデの抜粋は、それ自体として優れているだけでなく、迷信を叩くという私たちが本書で企てた目的にぴったり合っているからだ。

この病から癒されるために、自由な精神で以下の記述を読んでほしい。だが、注意深く読んでほしい。そうすれば、必ずやそれが紛れもない真理だと感じ取れるであろう。」

第四章

（1）前章の異文（154）からも推測がつくように、この「第四章」は一七一九年版では「第十八章」となっている。

（2）この一節は一七一九年版では以下のようになっている。

「モーセ、ヌマ・ポンピリウス、イエス・キリスト、マホメットが私の描いたとおりの人間であったら、神の真の観念を捜し求めるべき場所が彼らの法や書物でないことは確実である。一番目や二番目や最後の者がいう神の出現や神との協議、また三番目の者がいう神との親子関係、そういうものはあなたがたが真理を愛するなら避けねばならないペテンである。」

(3) この段落冒頭からここまでは、一七一九年版では以下のようになっている。「神とは単純な存在、あるいは無限の延長であって、自らが含むものに似る、すなわち物質的である。しかし、義でもなく、慈悲深くもなく、妬み深くもなく、人が想像するようなものではまったくない。したがって、賞罰を与えるものでもない。」また、一七一九年版では、次の文から改行されている。

(4) 「無知な者しか惑わせられない」は、一七一九年版では「無知な者の精神にしか影響を与えられない」となっている。

(5) 「自分の判断力を用い」は、一七一九年版では「しかし知性を用い」となっている。

(6) 「幼時からの」は、一七一九年版では「悪しき教育に由来する」となっている。

(7) 「明晰判明な観念を抱くのである」は、一七一九年版では「健全で明晰判明な観念を持っているのである」となっている。

(8) 「どれかがより好ましいわけではなく」は、一七一九年版では「それらに上下などなく」となっている。

(9) 「人間も最小の蛆虫、最小の植物より」は、一七一九年版では「一人の人間も一匹の蛆虫や一本の花より」となっている。

(10) 「普遍的存在」は、一七一九年版では「この単純な延長的存在」となっている。

(11) 「蟻より人間を重んじたり、石よりライオンを重んじたりする」は、一七一九年版では「蟻より人間を重んじたり、石よりライオンを重んじたり、藁より他のあらゆる存在物を重んじたりする」となっている。

(12) 「その存在にとっては、……他の被造物に対する以上の配慮はしない」は、一七一九年版では「その存在にとって美しいとか醜いとか、良いとか悪いとか、完全とか不完全とかいうものがあるとか、その存在が称えられ、祈られ、求められ、ちやほやされたがるとか、人々がすることや言うことで動かされるとか、愛や憎しみを抱けるとかと思うべきではない、要するに、その存在は人間のことを、どんな本性のものであれ他の被造物以上に考えているなどと思うべきではない」となっており、原註は付けられていない。

(13) 「そんな区別はみな狭量な精神のでっち上げにすぎず、無知が考え出し、欲得がそれを育んだのである」が、一七一九年版では「そんな区別はみな狭量な精神の単なるでっち上げにすぎない。無知がでっち上げ、欲得がそれを育んだのである」となっている。

(14) この節は、一七一九年版では以下のようになっている。「だから自分の理性をしっかり用いる人間なら、天国も地獄も魂も神々も悪魔も、普通語られるような仕方で信じはしないだろう。こういう大げさな言葉はみな、民衆を盲目にするか脅すためだけにでっち上げられたものだ。こういう言葉に結びつけられた誤った観念を生み出した、誤謬の源まで一緒にさかのぼる労をとってもらえたら、そしてそれらを真の観念と取り替えてもらえたら、あなたがたも今言ったことに納得されよう。」

(15) 「その場所こそ、善良な魂が肉体を離れたときに赴くとされる福者の住まいである」は、一七一九年版では「その場所に人々は福者の住まいを定めて、そここそ善良な魂が肉体やこの世を去るとき上げられる場所だと欺いている」となっている。

(16)「私たちを取り巻く大気の続き以外のものではなく、その流体の中をさまざまな惑星が私たちの住む地球と同じく、なんの固体にも支えられずに動いていることである」は、一七一九年版では「もっと細かくもっと純化された私たちの大気の続き以外のものではなく、その中をこの星々が、大気中に実際に浮いて動き回らされている地球と同じく、なんの固体にも支えられずに動いていることとである」となっている。

(17)「悪人の魂はそこへ落ちて苦しめられると断言された」は、一七一九年版では「悪人の魂は死後そこへ落ちて苦しめられると言われている」となっている。

(18)「本来の意味では低いくぼんだ場所をいうにすぎず、これは詩人たちが上の高みにあると想定した」は、一七一九年版では「固有の意味、本来の意味に取れば、低い場所をいうにすぎず、これは詩人たちがはるか上の高みにあると偽った」となっている。

(19)「ラテン語の〈インフェルヌス〉または〈インフェリ〉……」からここまでは、一七一九年版では以下のようになっている。「ラテン語の〈インフェルス〉または〈インフェリ〉、ギリシア語の〈ハデス〉も意味はそれであって、墓場のように暗い場所や、その他低くて薄暗いあらゆる場所をいうのである。」

(20)一七一九年版には、この原註はない。

第五章

(1)一七一九年版では「第十九章」となり、以下のように始まっている。「第十九章　魂について　1、天国や地獄より魂は扱いに慎重を要するし扱いにくい事柄である。」

(2)「だが、魂の定義をする前に、もっとも著名な哲学者たちがどのように考えたかを紹介せねばならない」が、一七一九年版では「だから、それが何かを語る前に、最古の哲学者たちがどのように考えたかを伝えることにしよう」となっている。

(3)一七一九年版では、ここで「2」という新しい節とはなっておらず、改行のみである。

(4)段落冒頭からここまでは、一七一九年版では「魂は霊または非物質的な実体だと言った者もいれば、神性の一小部分だと言った者もいる。ごく微細な空気とした者もいれば、熱い風だとした者もいるし、火とした者も、水と火の混合物とした者もいる。原子の偶然的な集合体とした者も、人間が死んだときに蒸発し揮発した微細な諸部分の混合物とした者もいる。肉体のあらゆる部分の調和にあるとした者もいたし、脳の中で分離し、神経において分配される、血液のもっとも微細な部分にあるとした者もいる。」

(5)「だとすれば」は、一七一九年版では「したがって、この最後の者たちによれば」となっている。

(6)「魂について立てられたさまざまな見解は以上のとおりである。しかし、それらの説をもっとよく展開するため、それを二つに分類しておこう。魂を物体的なものと思った哲学者たちがもう一方におり、非物体的なものと見なした哲学者たちがもう一方にいることになる」の部分は、一七一九年版では、途中で改行が入り、以下のようになっている。「さらに、魂が存在することを否定した者もいた。

古代の哲学者たちが魂について持った主要な見解は以上のとおりである。それらをさらに分かりやすくするために、物体的な見解と非物体的な見解に分け、それを唱えた者が誰であるかを語ろう」となっている。

(7)一七一九年版では、（第十九章の）「2節」となっている。

(8)「これらの部分は非物体的、非物質的である、あるいは普遍的霊魂と同じ性質であると主張した。百の小さな火も、それが取ってこられた一つの大きな火と同じ性質だ、と容易に思い描けるからだという」の部分は、一七一九年版では「これらの部分は非物体的、非物質的であり、それらが小部分をなしているあの宇宙の普遍的霊魂と同じ性質である、百の小さな火もそれが取ってこられた一つの大きな火と同じ性質であるのと同様だ、と主張した」となっている。

(9) 一七一九年版では、(第十九章の)「3節」となっている。

(10) この一文は、一七一九年版では「この哲学者たちは、宇宙は非物質的で不可視で、すべてを知り、つねに自ら動いている一実体によって活力を与えられていると信じた。彼らの説では、これが世界に存在するあらゆる運動の、またこの実体の小部分だというあらゆる魂の源なのである」となっている。

(11) 「さて、これらの魂はきわめて純粋で、物体よりはるかに優れた本性を持っているので、それらが合体するのは直接にではなく、炎のような、または俗衆が天と見なすあの細かで広がりを持つ大気のような、ある微細な物体を媒介にするのだと言う。ついでこれらの魂はそれほど微細でない物体をとらえ、それからもう少し粗大な別の物体をとらえるというように段階を追って行き、ついには動物の感覚的な体と合体できるようになり」の部分は、一七一九年版では「さて、これらの魂はきわめて純粋で、物体をはるかに超えるものなので、それらが物体に合体するのは直接にではなく、ある微細な物体を媒介にするのだと言う。それからもう少し粗大な別の物体を媒介にしてというように段階を追って行き、ついには動物の感覚的な体と合体できるようになり」となっている。

(12) 「彼らによれば、肉体の死は魂の生であり、魂は肉体に埋葬されているかのようで……」からここまでの部分は、一七一九年版では「彼らが付け加えるには、魂の死は肉体の生であり、魂は肉体に埋葬されているかのようで、自己のもっとも高貴な機能をそこでは弱々しくしか発揮できない。彼らによれば、逆に肉体の死は魂の生である。魂は牢獄から脱出し、物質から解き放たれて、自らが出てきた世界霊魂と再合体するからだ、という」となっている。

(13) 「こうして、この見解によれば、動物の魂はみな同じ本性のもので、その機能や働きの多様性は」は、一七一九年版では、冒頭では改行せずに、「こうして、この考えによれば、動物の魂はみな同じ本性のもので、その機能の多様性は」となっている。

(14) 「アリストテレスはすべての存在に共通する普遍的知性を認め、光が目に対してするのと同じ働きを、この普遍的知性が個々の知性に対して行うのだという。光がさまざまな対象を目に見えるようにするのと同じく」は、一七一九年版では「アリストテレスは世界霊魂のほかに、すべての人間に共通する普遍的悟性を認め、光が目に対してするのと同じ働きを、この普遍的悟性が個々の悟性に対して行うのだという。したがって、光がさまざまな対象を目に見えるようにするのと同じ仕方で」となっており、原註は付けられていない。

(15) この一段落は、一七一九年版では、冒頭で改行されずに、以下のようになっている。「万物の原理として四元素を立てたこの哲学者は、そのどの元素にも魂の働きを帰せられなかったので、第五の原理があって、魂はそれから発すると考えた。彼はこの第五原理に名を与えなかったが、魂には永遠の運動あるいは永遠に自ら運動する力を意味する新しい名を与え、魂を私たちが生き、感じ、概念し、動くようにさせるものと定義した。しかし、そのように高貴な機能の源であり原理であるこの存在が何であるかは言わなかったのだから、魂の本性に関する疑問の解明はこの人に求めるべきではない。」

(16) 一七一九年版では、（第十九章の）「４節」となっている。

(17) 「というのも」は、一七一九年版では「実際」となっている。

(18) 「けっして動物の諸部分の一つではなく、動物を構成するあらゆる部分の一致なのだ、と彼らは言う」は、一七一九年版では「だからといって、けっして動物の諸部分の一つではなく、動物を構成するあらゆる部分の相互的一致なのである、と彼らは言う」となっており、このあと改行せずに次の文が続く。

(19) 「というのも、魂はけっして物体ではなく、物体に分かちがたく結びつく何ものかにすぎない、と言うことは、魂は物体的なものだと言うことだからである。物体であるものだけでなく、形相や偶有性であるもの、物質と切り離せないものもみな物体的と呼ばれるからだ」は、一七一九年版では、「というのも、魂はけっして物体ではなく、物体に分かちがたく結びつく何ものかにすぎない、と言うことは、正しい学校〔スコラ学〕用語では、魂はまったく物体的だということを意味するからだ。物体であるものだけでなく、物質と切り離せない形相や偶有性であるものもみな物体的と呼ばれるからだ」となっている。

(20) 「以上が、魂は非物体的あるいは非物質的だと主張する哲学者たちである……」以下ここまでは、一七一九年版では「以上が、非物体的あるいは非物質的な魂を信じた、ごらんのように自分自身とも一致しない、したがって信じる価値もないような人々の名前である。魂は物体だと説いた人々に移ろう」となっており、途中に改行はない。

(21) 一七一九年版では、（第十九章の）「５節」となっている。

(22) 「レウキッポスとデモクリトスは……」の部分は、一七一九年版では以下のようになっている。「ストア派の創始者であるゼノン〔キュプロスのゼノン。前三三五―前二六三年、ギリシアの哲学者、ストア派の祖〕は、魂あるいは精神は火だと信じた。彼のあと、レウキッポスとデモクリトスも……」

(23) 一七一九年版では、「エピクロスは……」から改行されている。

(24) 一七一九年版では、この文章のあとに、以下のような三つの段落が付け加えられている。すなわち、（第十九章の）「５節」の続きとして二段落が加えられ、次に（第十九章の）「６節」が始められ、その一段落が加えられている。二つ原註も付けられているので、各々、段落末尾に訳出しておく。「哲学者で音楽家のアリストクセモス〔正しくはアリストクセノス。前三七五―三六〇年にイタリアのタレントに生まれた哲学者、音楽理論家〕は、〈魂は肉体のあらゆる部分の一致ないし調和であって、それはさまざまな声と、声に伴うさまざまな楽器から生じる調和と似ている〉と言った。

　こういう哲学者はみな、魂が肉体とともに成長し衰退し、幼年期には弱々しく、壮年期には力強く、老年期には耄碌し、睡眠時には夢を見、酩酊時には愚かしくなり、病気のときは衰弱すること、さらに、魂が物体的であることに気づいたので、フェレキュデス〔前五八四―前四九九年、ギリシアの神話叙述者〕（原註）以前の人々とともに、魂は死ぬものだと信じた。

（原註）キケロの伝えるところによると（『トゥスクルム論議』、第一巻〔第十六章、第三十八節〕）、第六代ローマ王セルウィウス・トゥリウス〔前六世紀のローマ王〕時代の、シュロス島生まれのフェレキュデスが、魂は不死だと主張した哲学者の最初である。弟子のピュタゴラスがそれを継承し、タルクイニウス・スペルブス〔伝承によるローマ最後の王、在位前五三四―五一〇年〕時代にイタリアへやってきた。百年以上もあと、プラトンはイタリア旅行の際にピュタゴラス派の哲学者たち、とりわけフィロラ

オス〔前五世紀のギリシア哲学者、クロトンの人〕、エウリュトス、アルキュタス〔前四世紀前半のタレントゥムの政治家、哲学者〕、ティマイオス〔ロクリスのティマイオス、前五―四世紀頃のギリシアの哲学者〕に会い、魂の不死に関するピュタゴラスの考えに賛同しただけでなく、この見解を支持する新しい理由さえ思いついた。

6、

キケロの伝えるところによると〔原註〕、クセノクラテス〔前三九六―前三一四年、ギリシアの哲学者、カルケドンの人〕は魂が存在するのを否定し、ディカイアルコス〔前三〇〇年頃のギリシアの哲学者、歴史家、地理学者。魂は不死でないとする対話篇を残した〕はフェレクラテスという名の老人に、〈魂はなにものでもない〉と言わせている。すなわち、それはなにも意味しない空虚な名称にすぎず、人間の内にも獣の内にも魂や精神は存在しない、私たちに動いたり感じたりさせるこの力は、命のあるどんなものにも等しくあって、肉体と分離できず、自然が与えた均衡によって存続するように変様している肉体そのものにほかならない、と。

〔原註〕『トゥスクルム論議』、第一巻〔第十章、第二十節〕」

(25) 一七一九年版では、この一文の冒頭から〔第十九章の〕「7節」が始まり、「7、デカルト氏は、魂はけっして物質的なものではないと主張しているが、論法はお粗末である」となっている。

(26) この一文は、一七一九年版では「魂の非物質性を打ち立てようと、こんな具合にするのである」となっている。

(27)「まず自分の体の実在を疑って、体など存在しないと思い、それから次のように推論すべきだと言う」は、一七一九年版では、冒頭で改行されて「彼によれば、〈まずあらゆる物体の実在を疑い、それらは存在しないと思い、それから次のように推論すべきだ。〉」となっている。

(28) 一七一九年版には、この一文はない。

(29)「物体が存在すると考えないと人が考えることも時にはあるが、人が物体のことを考えるときに、物体が存在することはやはり真実だからだ」は、一七一九年版では「物体が存在すると人が考えないことも時にはありうるが、人が物体のことを考えるときに、物体が存在することを疑うことはできない」となっている。

(30)「あるいは、そう確信しているなら、懐疑は結局無駄である」は、一七一九年版では「さて、自分はそう確信しているなら、懐疑は無駄である」となっている。

(31)「魂は思考する実体だと言うとき、この人は何も新しいことを教えてくれない」は、一七一九年版では「魂は思考する実体、あるいは思考するものだと言うとき、この人は何も新しいことを言っていない」となっている。

(32) 一七一九年版では、〔第十九章の〕「8節」となっている。

(33) この一段落は、一七一九年版では以下のようになっている。「デカルトがしたように言を左右にするのではなく、魂について人が抱きうるもっとも健全な観念を提出するため、魂は動物においても人間においても本性は同じで、その働きの違いはもっぱら器官と体液の差異に由来することをまず指摘しよう。その上で、私たちによると魂とは何かは以下のとおりである。」

(34)「確かに、宇宙にはきわめて微細な流体が、あるいは、非常に細かで常に運動している物質が存在している」の部分から、一七一九年版では章が変わる。「第二十章　魂とはなにか。1、確かに、世界にはきわめて微細な精気が、あるいは、非常に細かで常に運動している物質が存在している。」

(35)「これが世界霊魂というものである」の冒頭において、一七一九年版では改行されている。

(36)「この魂は宇宙の中にあるもっとも純粋な火である」の冒頭において、一七一九年版では、（第二十章の）「2節」が始まっている。すなわち、「2、この魂は宇宙の中にあるもっとも純粋な火である」となっている。

(37)「目に見える火は空気より」の冒頭で、一七一九年版では改行されている。

(38)「この物質」が、一七一九年版では「この精気」となっている。

(39)「植物は」は、一七一九年版では「複合体の中では、植物が」となっている。

(40)「さらに、体の中に含まれたこの火のおかげで体は感覚できるようになり」の冒頭で、一七一九年版では改行されている。

(41)「さて確かに、この魂はあらゆる動物で同じ本性をもっているから」の冒頭において、一七一九年版では、（第二十章の）「3節」が始まり、「3、したがって確かに、この魂はあらゆる動物で同じ本性をもっているから」となっている。

(42)この一文は、一七一九年版では「そこから、詩人や神学者があの世について私たちに歌いあげるのは絵空事にすぎず、簡単に推測のつく理由から彼らがでっちあげ、言いふらしたのだということになる」となっている。

(43)一七一九年版にこの原註はない。

第六章

(1)一七一九年版ではこの章は「第二十一章」となっており、この一段落はより長く、以下のようになっている。「第二十一章　精霊《ダイモン》と呼ばれる霊体について　1、霊体への信仰がいかにして人々のあいだに持ち込まれたかはすでに十分語ったし、霊体は想像力の中にしか存在しない幻影にすぎないことも示したが、その信仰を人々は自己の宗教の基本項目としたから、この問題を前より深くここで扱うのが適切だと判断した。そのために、異教の哲学者や詩人が霊体について信じたことを検討し、まさしく彼らからユダヤ人がその信仰を取ってきたこと、そのユダヤ人からキリスト教徒が霊体に関する臆見を受け継いだことを示そう。さらに、キリスト教徒には彼ら自身の原理によって、悪魔は存在しないことを証明してやろう。」

(2)「人類の最初の博士たちは、この幻影がなにかを民衆に説明できるほどの知識がなかったが」の冒頭から、一七一九年版では（第二十一章の）「2節」が始まり、「2、古代の哲学者たちは、この幻影がなにかを下層民に説明できるほどの知識がなかったが」となっている。

(3)この「2節」は、一七一九年版では（第二十一章の）「3節」となり、以下のように始まっている。「3、この二種類の哲学者たちは、幻影についての見解では対立していたが、それに付ける名称では一致していた。」

(4)「無分別だった」が、一七一九年版では「ひどい誤りを犯していた」になっている。

(5)「こういう滑稽な臆見に基づいて、彼らはそれに劣らずばかげた誤謬に陥り」の冒頭から、一七一九年版では（第二十一章の）「4節」となり、「4、こういう愚かな想像の末に、これとほぼ同じように容認しがたい誤謬に陥り」となっている。

(6)この一文は、一七一九年版では「ばかげた信仰だが、知らないものはなにか無限の力だと想像する無知な連中にはよく見られるものである」となっている。

(7)「この滑稽な臆見が広まると、たちまち立法者たちが」の冒頭から、一七一九年版では（第二十一章の）「5節」となり、「5、この滑稽な臆見が広まると、たちまち主権者たちが」となっている。

(8)「そういう目に見えない力に対して民衆の抱く恐れの念が彼らを義務の内に引き留めるのを期待した」は、一七一九年版では以下のようになっており、原註が付けられている。「それは、古代のある著名な歴史家（原註）にならって私たちがすでに示唆したように、目に見えない力に対して民衆の抱く恐怖の念が、彼らを義務の内に引き留めるためだった。

（原註）ポリュビオス〔ギリシアの歴史家、紀元前二〇〇頃―紀元前一二〇年頃、主著は『歴史』四十巻〕である。彼は以下のように言っている。賢明な人だけからなる国家をもし作ることができたら、神々や冥府に関するあらゆる空想的な説はまったく余計なものだと認めねばならない。しかし、民衆が私たちの見るようにあらゆる無軌道や犯罪行為に走りがちでない国など存在しないのだから、〈彼らを押さえつけておくために、宗教が心に植えつける根も葉もない恐れや、古代人がこのためにかくも賢明に導入した、あの世への激しい恐怖を利用しなければならない〉、と。」

(9)「そして、この教義にいっそうの重みを与えようとして、**霊体**あるいは**精霊**《ダイモン》を良いものと悪いものに区別し」は、一七一九年版では「そして、そうすることにさらなる重みを与えようとして、精霊《ダイモン》を良いものと悪いものに区別し」となっている。

(10)「ギリシアの詩人や歴史家たち」は、一七一九年版では「ギリシアの詩人たち」となっている。

(11)「それらを最初に考え出したのはギリシア人である。そこから彼らの植民地を介して」の冒頭から、一七一九年版では（第二十一章の）「6節」となり、「6、それらを最初に考え出したのはギリシア人である。そこから彼らの植民地や征服を介して」となっている。

(12)「アレクサンドリアその他に散らばっていたユダヤ人が」の冒頭で、一七一九年版は改行されている。

(13)「ただ違うのは、ギリシア人のように良い霊体も悪い霊体も無差別に**精霊**《ダイモン》とは呼ばず、悪いものだけそう呼んで、**霊体**や**神**という名は良い精霊《ダイモン》だけに取っておき、良い霊体によって霊感を与えられた者を**預言者**と呼んだことである。さらに、自分たちが大きな福と見なすものはみな神的な霊体が行ったことで、大きな災いと思うものはみな**カコ・ダイモン**または悪霊が行ったことと見なした」の部分は、一七一九年版では「ギリシア人のように良い霊体も悪い霊体も無差別に精霊《ダイモン》とは呼ばず、悪いものだけそう呼んで、神の霊という名を良い精霊《ダイモン》だけに取っておき、この良い霊をもつ者を預言者と呼んだ。さらに、自分たちが大きな福と見なすものを神の霊と名づけ、逆に大きな災いと見なすものはみなカコ・ダイモン、邪悪な霊と名づけた」となっている。

(14)「善と悪のこの区別から」の冒頭から、一七一九年版では（第二十一章の）「7節」となり、「7、良い霊体と悪い霊体のこの区別から」となっている。

(15)「霊体または幻影は単なる妄想や幻視ではなく、想像力とは無関係な実在物だと信じていたことである」は、一七一九年版では「幻影は単なる妄想や幻視ではなく、想像力とは無関係に存在する実在物だと信じていたことである」となっている。

(16)「霊体や悪魔や悪魔憑きの話が聖書の全篇に溢れているのもそのためである」の冒頭から、一七一九年版では（第二十一章の）「8節」となり、「8、霊体や悪魔や悪魔憑きという言葉が聖書の全篇に散在するのもそのためである」となっている。

(17)「おこがましくも天地創造を語ったと言われるモーセとし

ては、ほとんど弁解の余地がない」は、一七一九年版では「おこがましくも天地、人間、動物などの創造を語ったと言われるモーセとしては、この省略はほとんど弁解の余地がない」となっている。

(18) この一文は、一七一九年版では「この点では、イエス・キリストも彼以上に許せるわけではない。天使や良い霊体、悪い霊体について頻繁に語ったにもかかわらず、それらが物質的なのか非物質的なのかについて一度も語らなかったのだから」となっている。

(19)「これは二人とも、自分らの先祖にギリシア人が教えたことしか知らなかったことを示している。そうでなければイエス・キリストのこの沈黙は、恩寵と信仰と敬神を万人に与えられると請け合いながらすべての人間には与えないその悪意に劣らず、非難さるべきものであろう」は、一七一九年版では「これはイエス・キリストがそれらについて、自分の先祖にギリシア人が教えたことしか知らなかったことをはっきり示している。もしそれ以上の多くのことを知っていたなら、それを人々に教えなかったのは、徳と信仰と敬神を万人に与えられると請け合いながらすべての人間には与えないことに劣らず非難さるべきことである」となっている。

(20) この一文は、一七一九年版ではその冒頭で改行されておらず、「だが霊体に話を戻せば、デモン、サタン、悪魔という言葉はなんらかの個物を指す固有名詞ではなく、その言葉を発明したギリシア人や採用したユダヤ人の言うことを鵜呑みにしてそんなことを信じられるのは、無知な連中のほかにいなかったことは確かである」となっている。

(21)「ユダヤ人がこれらの観念に汚染されて以来、彼らは**敵**や**告発者**や**殺戮者**を意味するこれらの名称を」の冒頭で、一七一九年版は改行されており、「ユダヤ人がこれらの観念に汚染されて以来、彼らは悪人、ペテン師、狡賢い奴、敵対者、敵、告発者、中傷者、破壊者、殺戮者などを意味するこれらの名称を」となっている。

(22)「目に見える力に」は、一七一九年版では「自分自身の敵に」となっている。

(23) この一段落は、一七一九年版では冒頭から(第二十一章の)「9節」となり、「9、イエス・キリストもユダヤ人で、したがって自民族がギリシア人から取ってきたこんな味気もない臆見にすっかり染まっていたから、福音書や弟子の書き物のいたるところに悪魔やサタンや地獄という言葉が見られ、あたかもそれが実在的、実効的なものであるかのように言われるのである。それでも、すでに示したように、これほど空想的なものはないことはまちがいなく、これまで述べたことでは証明として不十分なら、あと二言三言言うだけで、どんなに頑固な人も納得しよう」となっている。

(24)「万物の源」は、一七一九年版では「万物の第一原理で源」となっている。

(25)「**悪魔**や**サタン**と呼ばれるものも」が、一七一九年版では「悪魔やサタンと呼ばれるものも、他のあらゆる被造物も」となっている。

(26)「さて、神が善なるものとして創造したにせよ、悪なるものとして創造したにせよ(ここではそれは問題ではない)、それが第一原理の作物であるのに異論の余地はない」は、一七一九年版では「そして、神が善なるものとして創造したにせよ、悪なるものとして創造したにせよ――ここではそれは問題ではない――この原理から次の結果が生じる。すなわち」となっている。

(27)「神の意志によって」は、一七一九年版では「それでもいいとする神の仲立ちと許可によって」となっている。

（28）「さて、神を死ぬほど憎み、絶えず呪うだけでなく、神に恥をかかせて喜ぶために神の友らをたらしこもうとするような被造物を」が、一七一九年版では「さて、神を絶えず呪い、死ぬほど憎むだけでなく、さらに無数の人の口で神を呪わせて喜ぶために神の友らをたらしこもうとするような被造物を」となっている。

（29）この一文は、一七一九年版では「つまり、神が悪魔を養い、保ち、存続させて、自分に対してできるかぎり最悪のことをさせ、できれば自分を廃位させ、選ばれた者やお気に入りが離反するようにさせるなどということが、どうして理解できようか」となっている。また、一七一九年版では、次の文からの改行はなく、このまま段落が続く。

（30）「同意するなら、悪魔は神を呪っても、すべきことをしているにすぎない。神が望むことしかできないのだから。したがって、悪魔が神を呪うのではなく、神が神自身を呪っているのだ」は、一七一九年版では「同意するなら、悪魔は神を呪っても、すべきことをしているにすぎないのは確かだ。神が望むことしかできないのだから。したがって、悪魔ではなく、悪魔の口を通して神自身が自らを呪っているのだ」となっている。

（31）「こんなばかげた話はどこにもない」は、一七一九年版では「私に言わせれば、実にばかげたことだ」となっている。

（32）この一文は、一七一九年版では「神が同意しないなら、それでは神が全能だというのは真実ではなくなる。全能でないなら、万物の唯一の原理の代わりに、善悪二つの原理を認めなければならず、一方はあることを望み、他方は正反対のことを望み行うことになる」となっている。

（33）この一文は、一七一九年版では「神も悪魔も魂も天国も地獄も描かれるような仕方では存在しないこと、また神学者たち、つまり作り話を神から啓示された真理として触れ回る連中は、幾人かの無知な者を除いて、みんな不誠実な手合で、民衆の信じやすさに悪賢くつけこんで好き勝手なことを信じ込ませていること、まるで俗衆は絵空事しか受け入れる力がないか、真理と知恵の塩が一粒も見つからぬ、空虚と無と狂気しか見られない、こういう味気ない肉だけで養われねばならないとでも言わんばかりであること、だ」となっている。

（34）この一文は、一七一九年版では「前々から人は、真理は民衆のためのものではなく、民衆にはそれを知る能力はない、というばかげた格率に心酔してきたが、同時に、この小論でもしたように、こういう不正に抗議の声を上げる誠実な精神の持ち主はいつの時代にもいた」となっている。また、一七一九年版ではこの一文の後で改行されている。

（35）この一文は、一七一九年版では冒頭で改行され、「真理を愛する人々は、この小論の内に、きっと大きな慰めを見いだすだろう。私が気に入ってもらいたいのはそういう人たちだけである。偏見を無謬の神託の代わりにする連中など、私はいささかも気にしていない」となっている。

（36）一七一九年版にこの引用はない。

訳註

第一章

〔一〕この「1節」の直接的な出典と断定することまではできないが、参考として、スピノザ『神学・政治論』、「緒言」の前半（同書、邦訳「岩波文庫」、上巻三九―五〇ページ、畠中尚志訳）およびホッブズ『リヴァイアサン』、「第一部　人間について」、「第十一章　さまざまな態度について」の後半（同書、邦訳「岩波文庫」、第一巻一七四―一七九ページ、水田洋訳）を参照せよ。

〔二〕「5節」冒頭からここまでの箇所について、出典の可能性があるものとして以下の二箇所を掲げておく。一つはスピノザ『神学・政治論』、「第一章　預言について」からで、「聖書をひもとく時我々は、神が預言者たちに啓示した一切は言葉によってあるいは形象によってあるいはその両者すなわち言葉と形象によって啓示されたことを知るであろう。だがこの言葉なり形象は、真実なもの、換言すれば、これを聞きあるいは見る預言者の表象力の外にも存するものであったか、あるいは単に表象的なものであったかである。預言者の表象力は、覚醒時においてさえ、〔実際には存在しない〕言葉あるいはものを聴きまたは見たとはっきり思えるような状態になりえたのであるから。」（同書、邦訳「岩波文庫」、上巻六二―六三ページ、畠中尚志訳）もう一つはホッブズ『リヴァイアサン』、「第三部　キリスト教のコモン―ウェルスについて」、「第三十二章　キリスト教の政治学の諸原理について」からで、「かれ〔神〕が人に夢のなかでかたったということは、その人が、神が自分にかたるのを夢みたということにすぎず、それはつぎのことを知っているどんな人からも、信仰をかちとる力をもたないのである。そのこととは、夢の大部分が自然的なもので、以前の諸思考からでてきうること、……自分の信心深さやその他の徳について有する自己欺瞞やおろかな尊大さや虚偽の意見から、でてきうることである。……したがって、全能の神は、夢、幻影、声、霊感によって人にかたりうるとはいえ、神が自分にそうしたと主張する人のいうとおりに神がしたのだということを、信じるようには何人をも義務づけはしない。その人は、（人間なのだから）まちがえるかもしれないし、（そのうえ）うそをつくかもしれないのである。」（同書、邦訳「岩波文庫」、第三巻二八―二九ページ、水田洋訳）

〔三〕イエスとモーセの相違を述べた本文および原註（一）については、以下のものが出典の一つであろう。ジュリオ・チェーザレ・ヴァニーニ『自然の驚くべき秘密について』（パリ、一六一六年）、「対話五十」からの以下の箇所である。ジュリオ・チェーザレ・ヴァニーニ（一五八五―一六一九年）はイタリアの哲学者。ヨーロッパ各地を放浪し、フランスで『永遠なる摂理の円形闘技場』（リヨン、一六一五年）、『自然の驚くべき秘密について』（パリ、一六一六年）を発表したが、トゥールーズで良家の子弟に無神論を説いたと告発され、死刑に処せられた。彼自身はルネサンス後期の自然哲学を奉じていたようだが、その処刑以来とくにフランスでは彼の名は無神論者の代名詞とされていた。「モーセとキリストには相違があるのです。キリストはいつも軍隊を持っていませんでした。さて、マキャベリが言うように、自らのための力を持たずに真理を主張しようとした人々は悲惨な死に方をしたのです。反対にモーセは常に軍隊を持っていました。彼の法に反対した二万四千人の偶像崇拝者を一挙に殺させたのです。」（ルイジ・コルヴァリア校訂『ジュリオ・チェーザレ・ヴァニーニの著作とその典拠』、第二巻『自然の驚くべき秘密について』、ガラティナ、一九九〇年、二七一―二七二ページ）

〔四〕偽預言者の多さを述べる本文および原註（二）については、以下のものなどが出典の一つであろう。ホッブズ『リヴァイアサン』、「第三部　キリスト教のコモン―ウェルスについて」、「第三十二章　キリスト教の政治学の諸原理について」からの以下の箇所、「（列王上・二二）イスラエルの王がラモテ・ギレアデにたいしてかれがした戦争について、忠告を求めた四百人の預言者のうちで、ミカイアだけがほんとうの預言者であった。」（同書、邦訳「岩波文庫」、第三巻二九ページ、水田洋訳）また、同書「第三部」、「第三十六章」からの以下の箇所、「だいいち、ほんとうの預言者よりもいつわりのそれのほうがずっとおおかったということは、アハブ（列王上・二二）が、四百人の預言者に相談したとき、ミカイアだけをのぞいて、かれらはすべていつわりの詐欺師であったことによって、あきらかである。そして、捕囚のときよりすこしまえに、預言者たちは、ふつうは、うそつきであった。」（同書、邦訳「岩波文庫」、第三巻一一五ページ、水田洋訳）

〔五〕「6節」のはじめからここまでの箇所に関して、出典の一つとしてスピノザ『神学・政治論』、「第一章　預言について」の末尾の部分を掲げておく。「またミカヤは神を座っているものとして、ダニエルはこれを白い着物を着た老人として、エゼキエルはこれを火のようなものとして見たこと、またキリストの側にいた者たちは聖霊を天から降る鳩として、使徒たちはこれを火のごとき舌として、最後にパウロは回心に際してこれを大きな光として見たことを我々は不思議に思わないであろう。何故なら、これらの幻影は神並びに諸霊に関する通俗の表象像と全く調和するからである。」（同書、邦訳「岩波文庫」、上巻八六ページ、畠中尚志訳）

〔六〕民数記、第二十五章、第一―九節では、確かにイスラエル人二万四千人が死んだとされている。ただし、それはペオルのバアル神を拝んだ人々に神が送った疫病のためとされている。

〔七〕列王紀上、第二十二章、第六―十二節には、確かにイスラエル王アハブに誤った預言をする四百人の預言者の話があるが、これらと異なって真の預言をする主の預言者イムラの子ミカヤも登場している。

第二章

〔一〕この「1節」の出典の一つは、ホッブズ『リヴァイアサン』、「第一部　人間について」、「第十一章　さまざまな態度について」の以下の箇所であろう。「そして、ものごとの自然的諸原因についての探求を、わずかしか、あるいはまったく、やらない人々は、それでも、自分たちにおおくの利益や害悪を与える力をもっているのは何であるかということについての、無知そのものから出てくる恐怖によって、さまざまな種類の見えない力を想定し、そうおもいこみ、かれら自身の造影を畏怖し、こまったときにはそれらに援助をもとめ、また期待どおりに成功したときには、それらに感謝するというように、なるのであって、かれら自身の想像力の被造物を、かれらの神々とするのである。こういう手段によって、想像のかぞえきれない多様性から、人々がこの世に、かぞえきれない種類の神々をつくりだすということが生じたのであった。……そしてこの宗教の種子は、おおくの人によって観察され、それを観察した人々のうちのある人々は、それに栄養と衣装と形態を与えて、法にしようという気持になり、また、自分たちが他の人々をもっとよく統治し、彼らの力を自分たちにとってもっとも有効なものとすることが、できるようになるのに役だつとおもいさえすれば、未来の事象の諸原因についての、どんな意見であろうとも自分たちのおもいつきを、それにつけくわえようとおもった。」（同書、邦訳「岩波文庫」、第一巻一七八―一七九ページ、水田洋訳）また、スピノザ『エチカ』、第一部「神について」末尾の「付録」から、「ここでは次のことを基礎にして論を進めるならば、十分であろう。すなわち、すべての人が認めなければならないこと、言いかえれば、すべての人は、ものの原因に関して生まれつき無知であること、また自分の利益をもとめようとする衝動をもち、しかもそれを意識していることである」（同書、邦訳「世界の名著、スピノザ・ライプニッツ」、中央公論社、一一八ページ、工藤喜作・斉藤博訳）という箇所をも、出典の一つとして参照せよ。

〔二〕この「2節」の出典の一つは、スピノザ『エチカ』、第一部「神について」末尾の「付録」からの以下の箇所であろう。「人間は、生じてきたすべてのものが自分のために生じてきたのだと一度でも思いこむと、あらゆるものについて、自分にもっとも都合のよいものを重要なものと判断し、彼らがもっともこころよく刺激をうけたすべてのものをもっとも価値があると評価しなければならなかった。このことから彼らはものの本性を説明するための手段として、善、悪、秩序、混乱、暖かさ、寒さ、美、醜などの概念をつくらねばならなかった。そして、彼らが自分たちを自由であると思うことによって、賞賛と非難、罪業と功労というような概念が生じてきたのである。」（同書、邦訳「世界の名著、スピノザ・ライプニッツ」、中央公論社、一二二ページ、工藤喜作・斉藤博訳）

〔三〕この「3節」の出典の一つは、スピノザ『エチカ』、第一部「神について」末尾の「付録」からの以下の箇所であろう。「ここでは次のことを基礎にして論を進めるならば、十分であろう。すなわち、すべての人が認めなければならないこと、言いかえれば、すべての人は、ものの原因に関して生まれつき無知であること、また自分の利益をもとめようとする衝動をもち、しかもそれを意識していることである。なぜなら、これらのことから次のことが帰結されてくるからである。

まず第一に、人間は自分を自由であると思っているということである。というのは、彼らは自分の意欲と衝動とを意識しているが、自分を衝動や意欲に駆りたてる原因については知らないから、夢にもその原因については考えつかないのである。

第二に、人間はいっさいをある目的のため、すなわち自分の欲する利益のために行うということである。このことから、彼らは常に完成したものについての目的因だけを知ろうとつとめ、それを聞けば安心してしまう。もちろん彼らにはそれ以上疑うべき理由はないからである。……さらに彼らは、自分の利益をもとめるために、すくなからず有用な手段を数多く自分の内外に発見する。すなわち、ものを見るための目、……ものを照らすための太陽、……などを発見する。……これらのことから、彼らはすべての自然物をいわば自分の利益のための手段と考えるようになったのである。

そしてこれらの手段は、なるほど彼らによって発見されたものであるが、自分たちの調達したものでないことを知っているため、他のだれかがそれらの手段を自分たちの使用に供するようにとりはからってくれたと信じるようになった。……人間的な自由に恵まれた一人あるいは幾人かの自然の支配者が存在し、これらの支配者が彼らのためにすべてを配慮し、そしてそれらを彼らが使用するように創造したと結論しなければならなかった。そして彼らはこれらの支配者の性格については何も聞くことがなかったので、これを自分の性格からおして判断しなければならなかったのである。……この結果、各人は、神が自分をほかのだれよりも愛し、全自然を自分の盲目的な欲望と飽くことを知らない貪欲にむけてくれるように、神崇拝のさまざまの様式を自分の性格からおしはかりながら考え出したのである。」（同書、邦訳「世界の名著、スピノザ・ライプニッツ」、中央公論社、一一八—一一九ページ、工藤喜作・斉藤博訳）

〔四〕この「4節」の出典の一つは、スピノザ『エチカ』、第一部「神について」末尾の「付録」からの以下の箇所であろう。「こうしてこの偏見は迷信におちいり、人間の心に深い根をおろしてしまった。これがもとで各人は、すべてのものについて目的因を認識し、その説明に最大の努力をはらうようになったのである。

だが彼らは、自然がむだなこと〔すなわち人間にとって無用なこと〕を何一つしていないということを示そうとしても、自然と神々が人間と同じように発狂しているということを示しただけにすぎなかったように見える。……彼らは自然の中にあるこのように多くの有用物の中にもすくなからぬ有害物、すなわち暴風雨、地震、病気などを発見しなければならなかった。そしてこのような有害物は、神々〈〔彼らが自分たちと同類のものと考えているところの神々〕〉に加えた人間の侮辱のために、……神々が怒ったから生じてきたのだと、彼らは主張した。

だが日常の経験はこれと反対であり、有用物と有害物とが、敬虔な人にもまたそうでない人にも同じように無差別に生ずることを無数の例をもって示すけれども、彼らはそうかといって、おいそれとこの古い偏見からぬけだそうとはしなかった。なぜなら、……彼らが生まれながらにもっている無知の状態を維持するほうが、あの古い組織全体を破壊して、新しい組織を考え出すことよりも、彼らには容易だったからである。」（同書、邦訳「世界の名著、スピノザ・ライプニッツ」、中央公論社、一一九ページ、工藤喜作・斉藤博訳）

〔五〕この「5節」の出典の一つは、スピノザ『エチカ』、第一部「神について」末尾の「付録」からの以下の箇所であろう。「このために彼らは、神々の判断が人間の理解力をはるかに超えていると確信するにいたった。目的に関係せず、ただ図形の本質と特質だけを問題にする数学が、人間に真理についての他の規範を示さなかったなら、まさにこの一つの理由だけから、真理は人類にとって永遠にかくされたままになっていたことであろう。」（同書、邦訳「世界の名著、スピノザ・ライプニッツ」、中央公論社、一一九ページ、工藤喜作・斉藤博訳）

〔六〕この「6節」の出典の一つは、スピノザ『エチカ』、第一部「神について」末尾の「付録」からの以下の箇所であろう。「自然が自分のためにいかなる目的もたてず、またすべての目的因が人間の想像物にすぎないことを示すために、われわれは多くのことを論ずる必要はない。……この説は神の完全性をそこなう。なぜなら、神が目的のためにはたらくならば、彼は自分に欠けたものを必然的に欲求していることになるからである。そして神学者と形而上学者とは、……神が被造物のためではなく、自分のためにいっさいをなすということを認めているのである。というのは、彼らは、神のほかには、神がそのためにはたらかなければならないものを、創造以前に何一つ示すことができないからである。したがって彼らは、そのための手段を用意しながら、その当のものをもっていなかったために、それを欲求したのだと、心ならずも告白しなければならなかったのである。……ここで見逃すことができないことは、ものの目的を示すことで自分たちの才能を誇示しようとしたこの説の信奉者たちが、この自説を証明するために、新しい証明の方法を考え出したことである。……なぜなら、たとえば、もしある家の屋根から石が落ちて、ある人の頭にあたり、殺したとすれば、彼らは石がその人を殺すために落ちたのだと主張し、これを次のように証明するからである。もし石が、神の意志に従ってこの目的のために落ちたのでなかったとしたら、どうしてこのように多くの事情が……偶然起こりえたのかと。

これにたいしてあなたは、風が吹いていたとか、ちょうどその人がそこを通りかかったからこういうことが起こったのだと答えるであろう。これにたいして彼らはまた、なぜ風が吹いたのか、なぜその人がそこをちょうど通りかかったのかと詰問するであろう。……その人は、たまたま友人から招待されていたのだと答えるならば、……なぜその人はその時刻に招待されたのかと詰問するであろう。このように原因から原因をたずねて、神の意志、すなわち無知の避難所にのがれるまでは、その詰問をやめないであろう。

同じようにまた彼らは、人間の身体組織を見て驚き、目を見はってしまう。そしてこのような技術の原因を知らないから、彼らは機械的な技術ではなく、神的なあるいは超自然的な技術によって造られ……ていると結論する。そしてこのことから驚異の真の原因を探求するもの、また無知な人として自然物をぼうぜんと見つめるのではなく、学者としてそれを理解しようとする人は、無造作に、異端者、不信心者と見なされ、民衆がいわば自然や神々の解釈者として尊敬している人々からも、そのような非難を受けるのである。

なぜなら彼らは、無知〔あるいは愚鈍〕がなくなれば、驚きもまたなくなること、すなわち、彼らが自分の権威を証明し維持するためにもっていた唯一の手段もまたなくなることを知っているからである。」（同書、邦訳「世界の名著、スピノザ・ライプニッツ」、中央公論社、一一〇―一一一ページ、工藤喜作・斉藤博訳）

〔七〕この「7節」の出典の一つは、スピノザ『エチカ』、第一部「神について」末尾の「付録」からの以下の箇所であろう。

「人間は、生じてきたすべてのものが自分のために生じてきたのだと一度でも思いこむと、あらゆるものについて、自分にもっとも都合のよいものを重要なものと判断し、彼らがもっともこころよく刺激をうけたすべてのものをもっとも価値があると評価しなければならなかった。このことから彼らはものの本性を説明するための手段として、善、悪、秩序、混乱、暖かさ、寒さ、美、醜などの概念をつくらねばならなかった。そして、彼らが自分たちを自由であると思うことによって、賞賛と非難、罪業と功労というような概念が生じてきたのである。……彼らは健康と敬虔に役だついっさいのものを善、その反対を悪と呼んだ。そしてものの本性についてただ想像するばかりで認識しない人々は、そのものについて何も主張しえないし、また想像力を知性ととりちがえているから、ものと自分の本性について無知なままに、秩序がものの中に内在していると確信している。

なぜなら、われわれがものを感覚によってとらえるさい、そのものを容易に想像し、したがって容易に思い出すことができれば、われわれはそのものを〈善い秩序にある、あるいは〉善く秩序づけられていると呼び、もしその反対であれば無秩序にある、あるいは混乱していると言う。そして、われわれにとって想像しやすいもののほうがそうでないものより好ましいから、人間は混乱より秩序を選ぶのである。さながら秩序が、われわれの想像力とは無関係に自然の中に存在しているかのように。

彼らはまた、神がいっさいを秩序に従って創造したと言い、このようにして、知らず知らずのうちに、神に想像力を帰せしめている。もしそうでなければ、神は人間の想像力にたいする深いおもいやりからいっさいのものを、人間が想像しやすいように秩序づけたと言うであろう。彼らは、われわれの想像力をはるかに超えるものが無限に多く存在すること、またわれわれの想像力が無力であるため、想像力を混乱させるきわめて多くのものが存在するということには何もふれることができないのであろう。」(同書、邦訳「世界の名著、スピノザ・ライプニッツ」、中央公論社、一二二―一二三ページ、工藤喜作・斉藤博訳)

〔八〕この「8節」の出典の一つは、スピノザ『エチカ』、第一部「神について」末尾の「付録」からの以下の箇所であろう。「その他の概念について言えば、それらも想像力に種々な仕方で影響を与える想像力の様式にほかならない。……たとえば、目にうつる対象から神経がうけとる運動が健康に役だつならば、その運動をひきおこす対象は美しいと言われ、……鼻をとおして感覚が刺激されるものは、よい香りあるいは悪臭と言われ、舌によるものは甘いあるいは苦い、……また触覚によるものは硬いとか軟らかい……耳を刺激するものは騒音、響き、あるいは諧音を発するといわれる。これらの中で諧音は、神もまたそれをよろこぶと信じたほど、人々の心を狂わせた。天体の運動が諧音をかなでると信じた哲学者もいたのである。

これらすべては、各人が自分の頭脳の程度に応じてものを判断するか、それともむしろ想像力の変様をものそのものと見なしていることを十分に示している。それゆえ、……人々のあいだにわれわれが経験するようなあれほど多くの論争が生じ、ついにそれらから懐疑論が生じたことは少しも驚くにたらない。なぜなら、人間の身体は多くの点で一致するが、それよりももっと多くの点で不一致である。したがって、ある人間に善いと思えるものも他人には悪いと思えるし、……ある人に快適なものが他人には不快なものになるからである。……「十人十色」……というようなことわざは、人間が頭脳の程度に応じてものを判断し、ものを知性によって認識するよりはむしろ想像しがちであることを十分に示している。」(同書、邦訳「世界の名著、スピノザ・ライプニッツ」、中央公論社、一二三―一二四ページ、工藤喜作・斉藤博訳)

〔九〕この「9節」の出典の一つは、スピノザ『エチカ』、第一部「神について」末尾の「付録」からの以下の箇所であろう。「このようにしてわれわれは、民衆が常に自然を説明するために用いてきたすべての概念が、たんに想像力の様式であり、想像力の状態を示すだけで、ものの本性を何一つ示していないことを知るのである。そしてこれらの概念は、想像力の外に存在するかのような名称をもっているから、理性の存在というより想像力の存在と私は呼ぶ。したがって、これに似た概念をもとにして、われわれに反論しようとするすべての議論は容易にしりぞけられる。なぜなら、多くの人たちは平素、次のように議論しているからである。

もしいっさいのものが神の最高完全な本性から生じたとするならば、どこからこのように多くの不完全性が自然の中に生じてきたのかと。……しかしいまも言ったように、彼らに反駁を加えることはたやすいことである。というのは、ものの完全性は、その本性と能力のみから評価されなければならないからである。したがって、ものが人間の感覚を喜ばせたり、苦しめたり、また人間の本性に適合したり、反対するからといって、その完全性は増えもしないし減りもしないのである。

またただれかが、神はすべての人間がたんに理性の指図のみによって導かれるようにどうして創造しなかったのかとたずねるならば、私はその人に次のように答えるしかない。神は最高の完全性から最低の段階にいたるいっさいのものを創造するために、何一つその素材を欠くことがなかったからである、と。」（同書、邦訳「世界の名著、スピノザ・ライプニッツ」、中央公論社、一二四―一二五ページ、工藤喜作・斉藤博訳）

〔一〇〕この「10節」冒頭からここまでについては、スピノザの著作から以下の二箇所を参照せよ。一つは「スピノザからオルデンブルクへの書簡七三」から、「私は神および自然については近代のキリスト教徒たちが通常説いている見解とはまるで異なった見解を抱いております。すなわち私は、神がいわゆる万物の内在的原因であって超越的原因ではないと見ています。私はあえて、いっさいが神の中に生き神の中に動いていると主張しています。これはパウロもそう言っておりますし、またおそらくすべての古代の哲学者たちも、異なった表現でではありますが、そう言っているのです」（邦訳「岩波文庫」『スピノザ往復書簡集』、三二五ページ、畠中尚志訳）という箇所である。もう一つは、スピノザ『エチカ』、「第一部、定理一五、註解」から、「神以外に神の本性にはたらきかける実体が何一つ存在しえない以上……物質がなぜ神の本性に値しないかを、私は理解できないのである。私は言う。いっさいは神の中に存在し、生じてくるいっさいのものは神の無限の本性の諸法則によってのみ生じ、そして神の本質の必然性から帰結される、と」（同書、邦訳「世界の名著、スピノザ・ライプニッツ」、中央公論社、九六ページ、工藤喜作・斉藤博訳）という箇所である。

なお、異文（52）に示したように、一七一九年版ではこの部分は「これまで私たちは神性に関する民衆のさまざまな偏見を反駁してきたが、神とは何かについてはまだ語らなかった。もしもそれを問われるならば、それは絶対的に無限な存在であり、その諸属性の一つは永遠で無限なる実体であるということだ、と答えよう。延長あるいは量が有限であったり分割可能であったりするのは、それをそのようなものとして想像する限りのことでしかない。というのも、物質はどこにおいても同一である以上、知性がそこに部分を弁別することはないからだ。たとえば、水は水である限りにおいて、分割可能であると想像され、その諸部分は相互に区別される。ところが、物体的実体である限りにおいては、それは区別されうることも分割されうることもない。要するに、水は水である限りにおいて、生成や解体にさらされるけれども、実体である限りにおいては、そのどちらにさらされることもない。だから、物質や量には神にふさわしくない点など少しもない。というのも、もしすべてが神のうちにあるならば、またすべてが神の本質から必然的に流出するのであるならば、どうしても神は神が含むものと同じでなければならないからだ。いずれも物質的な諸存在が、物質的でない一存在のうちに含まれるというのは矛盾であるからだ」となっている。この一七一九年版で言えば、以下の二つのものが出典として加えられるべきであろう。スピノザ『エチカ』、「第一部、定義六」から、「神とは、絶対無限の存在者、言いかえれば、そのおのおのが永遠・無限の本質を表現する無限に多くの属性から成りたつ実体のことである」（同書、邦訳「世界の名著、スピノザ・ライプニッツ」、中央公論社、七八ページ、工藤喜作・斉藤博訳）、および、同「第一部　定理一五　注解」から、「しかしもしいまだれかが、なぜわれわれは生まれつき量を分割しがちなのかとたずねるならば、私はその人に次のように答える。すなわちわれわれは量を二つの仕方で考える。一つは抽象的な、あるいは表面的な考え方である。……他は量を実体として考えるものであり、これはたんに知性によってのみ〈想像力の助けをかりずに〉なされる。かくて、量をわれわれの想像力のままに……とらえるならば、量は有限、可分的そして部分から成り立つものと見なされるであろう。だが、……量を知性によってあるがままにとらえ、それを実体としての量と考えるならば、量は……無限、唯一、不可分のものと見なされるであろう。……とくに物質はいたるところ同一であり、またそこに諸部分の区別が生じるのは、物質がいろいろな仕方で変様すると考えられるかぎりのことであること、したがってその諸部分は様態的にのみ区別されて実在的には区別されないことを考慮に入れるならば、さきに述べたことはいっそう明らかなこととなろう。たとえば、水は水であるかぎりにおいて分割され、その諸部分はたがいに分離されると考えられる。だが物体的実体と見なされるかぎりの水は分離も分割もされえない。さらに水は水であるかぎり、生成し消滅する。だが実体であるかぎりの水は生成も消滅もしない」（同書、邦訳「世界の名著、スピノザ・ライプニッツ」、中央公論社、九五—九六ページ、工藤喜作・斉藤博訳）。

〔一一〕テルトゥリアヌス。一五〇頃—二二〇年以降。アフリカ出身のキリスト教の教父で、三世紀最大の神学的著作家。

〔一二〕アペレス。二世紀にアレクサンドリアとローマで教えた半グノーシス主義者。マルキオンの弟子。

〔一三〕テルトゥリアヌスは確かにアペレス反駁を書いたらしいがそれは現存しない。テルトゥリアヌス『異端者法廷準備書面評定』の中の言葉を想起しているのだろう。

〔一四〕プラクセアス。二—三世紀の小アジア出身のキリスト教神学者で、神は単一であるとする単性論者。

〔一五〕「こういう意見はけっして新奇なものではない……」からこの節末までの箇所については、ホッブズ『リヴァイアサン』から以下の箇所を参照せよ。ホッブズ『リヴァイアサン』、「リヴァイアサン〔ラテン語版〕への付録」、「第三章　リヴァイアサンに対するいくつかの反論について」から、「A　もっとあとの第四章で、冒頭よりややあとで、かれは無形の実体が存在することを否定する。これは、神の存在の否定あるいは神が物体であることの主張でなければ、なにか。B　かれは、たしかに、神が物体であることを主張する。しかしかれよりもまえに、テルトゥリアヌスもまたそれを主張していた。たしかにかれは、アペレスやその時代のほかの異端者が、われわれの救世主イエス・キリストは物体のあるものではなく、幻影であると教えていたのに反対して、かれはつぎの普遍命題をのべた。〈物体のないすべてのものは、存在ではない。〉同じく、プラクセアスに反対して、かれはつぎのようにのべた。〈あらゆる実体は、独自の、物体である。〉そして、この教義は、最初の四つの宗教総会議のどれによっても、非難されていなかった。」（同書、邦訳「岩波文庫」、第四巻三一六—三一七ページ、水田洋訳）

〔一六〕「しかしこの書はさまざまな時期に一つに縫い合わされた断片の寄せ集めにすぎず、さまざまな人の手で集められ、公表されたのだとラビたちも認めている。彼らが思いつきで、これはモーセの法に合っているとかあれは反しているとか判断し、それにしたがって、これは取るべきだとかあれは捨てるべきだとか決めたのである」という本文、および原註（四）（また、一七一九年版の異文をも異文（63）で見よ）については、スピノザ『神学・政治論』の以下の箇所を参照せよ。スピノザ『神学・政治論』、「第十章」から、「パリサイ人だけが旧約聖書の諸巻を選んでこれを正典目録の中に入れたと余をして推定せしめる理由は、……パリサイ人たち自らがタルムードの中でこれを明瞭に言っているからである。……いわく、〈ラビと呼ばれたR・エフダの言によれば、賢者たちは伝道の書を隠そうと努めた。伝道の書は律法の言葉（すなわちモーセの律法の書）と矛盾するからである。彼らはしかしなぜそれを隠さなかったか。それは伝道の書が律法に従って始まり、かつ律法に従って終わっているからである〉と。

また少し後にいわく、〈彼らは箴言の書をも隠そうと努めた云々〉と。……以上からして、律法に明るい人たちが、どの書が聖なるものとして採られどの書が排除さるべきかについて協議したのだということが極めて明らかに帰結される。」（同書、邦訳「岩波文庫」、下巻七八―七九ページ、畠中尚志訳）また、スピノザ『神学・政治論』、「第二章」から、「我々に預言者たちの諸書（現存している限りの）を残してくれた律法学者たちは……エゼキエルの思想がモーセの思想とあまりに矛盾しているのを見いだしたので、エゼキエルの書を正典の中に加えることを躊躇した。もしハナニヤなる者がエゼキエルの書を解説することを引き受けることをしなかったなら律法学者たちは同書をまったく隠匿してしまったであろう。」（同書、邦訳「岩波文庫」、上巻一一四ページ、畠中尚志訳）

〔一七〕「ユダヤ教徒とキリスト教徒は、そんなわけの分からぬ本を参照するほうが、神すなわち自然が万物の原理として人々の心の中に書き込んだ自然法に耳を傾けるよりいいと思って……」からこの節末尾までに関しては、ジュリオ・チェーザレ・ヴァニーニ『自然の驚くべき秘密について』（パリ、一六一六年）、「対話五十」からの以下の箇所を参照せよ。「〔古代の哲学者たちはどのような法にしたがって神を崇めていたか、と問われて――引用者注記〕 ただ自然の法にしたがってです。なぜなら、神である自然（自然は運動の原理ですから）はこの法をすべての人間心の中に刻み付けたからです。その他の法については彼らは、何らかの悪霊によってでっち上げられたのではなく（哲学者たちはそんなものを架空の存在としか見ていませんでしたから）、臣下の教育のために王侯がでっち上げたり名誉や富のために祭司たちがでっち上げたりした、虚構や策略と思っていました。そういう連中がそれらの法を確証するのは奇蹟によってではなく、聖なる書によってなのです。どこにもそのオリジナルは見られず、その書の中で奇蹟が引用されたり、善人には約束が悪人には脅しがなされてはいますが、それはただ来世のことで、それはペテンがばれないためでしょう。というのも、いったん死ねば誰も戻ってこないと言っているのですから。こうして、無知な民衆は、すべてを見ていて、どんなことも永遠の苦悩や刑罰で埋め合わせをする至高の神を恐れて、隷属状態の中に押し込められます。だからこそ、エピクロス派のルクレティウスはその詩で、恐怖がまず世界に神々を生み出したと言ったのです。」（ルイジ・コルヴァリア校訂『ジュリオ・チェーザレ・ヴァニーニの著作とその典拠』、第二巻『自然の驚くべき秘密について』、ガラティナ、一九九〇年、二七六ページ）

第三章

〔一〕この「2節」の出典の一つは、原註〔一〕にもあるように、ホッブズ『リヴァイアサン』、第一部「人間について」、第十二章「宗教について」からの以下の箇所であろう。「《それはかれらに、見えないものごとの力を恐怖させる》この永続的な恐怖が、くらやみのなかにあるかのように、原因についての無知のなかにある人類に、つねにつきまとうのであって、それは対象としてなにかをもたないわけにはいかない。したがって、見えるものがなにもないときは、かれらの運命の善悪いずれについても、責を帰すべきものは、ある見えない力または動因しかないのである。おそらくこの意味で、昔の詩人たちのうちのあるものが、神々は、はじめ、人間の恐怖によって創造されたと、いったのであろう……。《そして、それらを無形のものと想定させる》そして、このように想像された、その見えない諸動因の、物質すなわち実体については、かれらは、自然の思索によっては、つぎのようなこと以外のどんな概念にも到達しなかった。すなわち、それは人間の魂とおなじものであるということ、そして、人間の魂は、ねむっている人間に夢のなかで、あるいは目ざめている人間に鏡のなかであらわれるのと、同じ実体のものであるということであって、人びとは、そのような現出が想像の被造物にほかならないことを知らないので、それらを現実の外部の実体と考え、したがってそれらを幽霊とよぶのである。そのことはちょうど、ラテン人が、それらを影像および影とよび、それらを霊すなわち希薄な気体と考えて、かれらがおそれた見えない動因は、それらに類似していて、それらがおもいどおりにあらわれたりきえたりすることだけがちがうのだと、考えたようなものである。しかしながら、そのような霊が、無形あるいは非物質的だという意見は、どんな人の心にも、けっして自然には、はいりえなかったのであり、なぜなら、人びとは、霊と無形的というような、矛盾する意味の語をいっしょにすることがありうるとはいえ、それらに対応するなにものかの影像を、けっしてもつことができないのだからである。」(同書、邦訳「岩波文庫」、第一巻一八三―一八四ページ、水田洋訳)

〔二〕フォルミオン。アテナイの将軍(――前四二八年頃)、ペロポネソス戦争(前四三一―前四〇四年)におけるナウパクトス(レパントス)の海戦でペロポネソス同盟軍を破る(前四二九年)。

〔三〕「同じ名前の将軍」とは、以下の事柄を指している。フォルミオンの死後まもなく、アカルナニアがコリントスに対抗するために、フォルミオンの血統の者を派遣することをアテナイに求め、息子のアソピオスが隊長として派遣された。

〔四〕スキピオ・アフリカヌスは、いわゆる大スキピオ(プブリウス・コルネリウス・スキピオ・アフリカヌス、前二三五頃―前一八三年)のこと。ローマ共和政中期の政治家、将軍で、第二ポエニ戦争をローマの勝利に導いた。アフリカに兵を進め、前二〇二年、ザマの戦いでハンニバルを破り、第二ポエニ戦争を終結させ、アフリカヌスの尊称を得た。ハンニバル(前二四七頃―前一八三か一八二年)は、カルタゴの将軍、政治家で、第二ポエニ戦争を戦い抜いた名将。

〔五〕別のスキピオ。メテルス・スキピオ(クイントゥス・カエキリウス・メテルス・スキピオ、――前四六年)、ローマの執政官、のこと。ポンペイウスに味方してカエサルと戦ったが、アフリカのタプソス(チュニジアのテブールバ)で破れ、自殺した。

〔六〕この「3節」は、ホッブズ『リヴァイアサン』、第一部「人間について」、第十二章「宗教について」の以下の部分を要約したものであろう。「《しかし、それらがどのようにして、なにかをもたらすのかを知らない》そこで、これらの見えない諸原因がその効果をつくりだす道すじだと、人びとが考えていること、すなわち、それらがものごとを生じさせるのに使用した直接の諸原因は何かということについては、われわれがひきおこすとよぶことが何であるかを知らない人びと(それはほとんどすべての人である)は、過去のある別のときまたはときどきに、類似の効果に先行したのを見たことのあるものごとを、観察し想起するよりほかに、推測のための規則をなにももたないのであって、かれらは、先行事象と後続事象とのあいだに、なんの依存も結合も、まったく見ないのである。そして、したがって、過去の類似のものごとから、かれらは、類似のものごとがやってくることを期待し、それを引き起こすのにまったくかかわっていないものごとから、迷信的に、幸運や不運を予期するのである。たとえば、アテナイ人が、レパントスでのかれらの戦いのために、もうひとりのフォルミオンをもとめ、ポンペイウスの党派が、アフリカでのかれらの戦いのために、もうひとりのスキピオをもとめ、そして他の人びとが、それ以来、他のさまざまな機会に、してきたようなことである。同様にして、かれらは自分たちの運命を、そこにいあわせた人、場所のよしあし、かたられた語のせいにし、とくに祈願や呪文（魔女たちの祈り）のように、神の名がそれらの語のなかにあれば、それらが石をパンにかえ、パンを人にかえ、どんなものをどんなものにもかえる力をもっていると、信じるほどなのである。」（同書、邦訳「岩波文庫」、第一巻一八五―一八六ページ、水田洋訳）

〔七〕この「4節」については、ホッブズ『リヴァイアサン』、第一部「人間について」、第十二章「宗教について」の以下の部分を参照せよ。「人々が自然に、見えない力に対して示す崇拝についていえば、それは、彼らが人々に対してよくつかうような、尊敬の表現以外のものではありえない。贈物、嘆願、感謝、身体をひくくすること、……彼らに呼びかけることによる誓い（すなわち約束をたがいにたしかめること）がそうである。それ以上は、理性はなにも示唆しないで、彼らがそこでとどまるか、それ以上の儀式について、彼らが自分たちより賢明だと信じている人々にたよるかを、彼らにまかせている。」（同書、邦訳「岩波文庫」、第一巻一八六ページ、水田洋訳）

〔八〕この「5節」冒頭については、ホッブズ『リヴァイアサン』、第一部「人間について」、第十二章「宗教について」の以下の部分を参照せよ。「幽霊についての意見、二次原因についての無知、人々が恐怖するものへの帰依、および偶然のものごとを前兆だとおもうことの、これらの四つのことのなかに、宗教の自然の種子があり、それは、個々の人のさまざまな想像、判断、情念のために、ひとりの人が使用する諸儀式の大部分が、他の人にはこっけいであるほどに、さまざまな儀式へと発展してきたのである。」（同書、邦訳「岩波文庫」、第一巻一八六―一八七ページ、水田洋訳）

〔九〕ムーサ。ギリシア・ローマ神話における文芸、音楽、舞踊、哲学、天文など、人間のあらゆる知的活動の女神。

〔一〇〕フォルトゥーナ。ローマ神話においては、本来は豊穣多産の女神だが、のちにギリシア神話における運命の女神テュケーと同一視された。

〔一一〕クピド。ギリシア神話のエロスのローマ神話における名前。ウェヌスの子で、恋の神。

〔一二〕フリアイ。ギリシア神話のエリニュスのローマ神話における名前。主として肉親間の、しかしまた一般に、殺人その他の自然の法に反する行為に対する復讐あるいは罪の追及の女神。

〔一三〕プリアポス。ヘレスポントスのランプサコスの豊穣の神。生産力を示す男根で表され、それに醜い男の胴が付加されている。彼の崇拝はアレクサンドロス大王以後急速にギリシア世界に、さらにイタリアに広がった。

〔一四〕この「7節」の出典の一つは、原註（四）にもあるように、ホッブズ『リヴァイアサン』、第一部「人間について」、第十二章「宗教について」からの以下の箇所であろう。「《異邦人流の背理的な意見》そして、宗教のうちで、見えない力の本性にかんする意見である部分についていえば、名称をもつほとんどすべてが、異邦人たちのあいだで、あれこれの場所で神または悪鬼として尊敬されたり、あるいは、かれらの詩人たちによって、あれこれの霊に活気づけられ、住みこまれたと、称せられたものなのである。

世界の形づくられない素材は、混沌とよばれる神であった。

天、大洋、諸遊星、火、大地、風は、それだけの数の神がみであった。

男性、女性、鳥、鰐、子牛、犬、蛇、玉ねぎ、韮が、神化された。それとともにかれらは、ほとんどあらゆる場所を魔物とよばれる霊たちで、すなわち平野を男女のパンすなわち野の精で、森を牧神や妖精で、海を人魚やその他の妖精で、すべての川と泉を、それぞれの名前をもった幽霊や、妖精たちで、すべての家をその家神すなわち使い魔で、すべての人をかれらの守護神で、地獄を幽霊たちと渡守、番犬、復讐神のような霊的な役人たちで、そして、夜にはすべての場所を、ラルヴァエ、レムレース、死者たちの幽霊、および妖女と妖怪の全王国で、みたしたのである。かれらはまた、時、夜、昼、平和、和合、愛、争い、徳性、名誉、健康、遅鈍、熱などのような、たんなる偶有性と性質に、神性を帰属させ、それらのために神殿をきずいた。人びとは、それらをもとめるときもさけようとするときも、まるでそれらの名称の幽霊たちが頭上におおいかぶさって、かれらがもとめあるいはさけようと祈る善悪を、落ちかからせたり、抑止したりしているかのように、それらに対して祈ったのである。かれらはまた、自分たちの知力をムサエという名称で呼び、自分たちの無知をフォルトゥナという名称で、自分たちの情欲をクピドーという名称で、自分たちの憤怒をフリアエという名称で、自分たちの陰部を生殖神という名称でよび、それの堕落を男女の夢媾魔のせいにした。こうして、詩人が人格としてかれの詩のなかにいれることができたもので、かれらが神か悪魔かどちらかにしなかったものは、なにもなかったほどであった。」（同書、邦訳「岩波文庫」、第一巻一八七―一八九ページ、水田洋訳）

〔一五〕この「8節」冒頭は、ホッブズ『リヴァイアサン』、第一部「人間について」、第十二章「宗教について」の以下の部分から採られているのだろう。「異邦人の宗教の、おなじ創始者たちはまた、諸原因についての人びとの無知という、宗教の第二の根拠を見てとり、そして、そのさいにかれらが自分たちの運命を、なんの依存関係もまったく明らかでない諸原因のせいにしたがるのを見てとって、かれらの無知につけこんで、二次的原因のかわりに一種の二次的で代行者的な神がみをおしつけたのである。……そして、自分たちの神がみに対してもちいられるのが適当だと、人びとが自然に考えた崇拝、すなわち奉納、祈願、感謝およびその他まえにのべたことに、同じ異邦人立法者たちがつけくわえたのは、その神がみの画像と彫像の両方であって、それは、もっと無知な種類（すなわち大部分または一般の民衆）が、それらの影像で代表される神がみが、じっさいにそれらにふくまれ、いわばそれらのなかに住んでいると考えて、それだけますます、その神がみをおそれるようにするためであった。」（同書、邦訳「岩波文庫」、第一巻一八九ページ、水田洋訳）

〔一六〕異文（37）で示したように、この一文は一七一九年版では「そして、それを永続的な基盤の上にすえるために配慮を尽くした。そのために、姿をかたどった像において自らを人間に現してくれる神々のために祭壇を設け、神々に壮麗な神殿を建て、神々をたたえる犠牲や祭りや儀式を定め、神々に仕えるための犠牲をささげる者や祭司や聖職者を制定し、こういう聖職者たちに、十分の一税のほかにも、犠牲獣のもっとも良い肉や、祭壇にささげられた果物や野菜や穀物のもっとも良い部分を割り当て、こういう手段で下劣で欲得ずくのこうした連中を誘い、彼らにはこれほど役に立つ祭礼を、立派なものに仕立て上げさせたのである。神々は香りを嗅ぐだけでしかないこういう犠牲、十分の一税、捧げものは、ついで、それを要求する大胆さやそれに手をつける軽率さを持つ者がないようにと、神聖な秘儀に使われる神聖なものとみなされた」となっている。翻訳本文では分かりにくいが、一七一九年版から見る限り、この部分はホッブズ『リヴァイアサン』、第一部「人間について」、第十二章「宗教について」の以下の部分から発想されたのだろう。「そのうえ、かれらはその神がみに、土地、家屋、役人、収入を、他のすべての人間の使用からきりはなして供与したのであって、すなわち、洞穴、木立、森、山、島全体をその神がみの偶像であるものに奉納し聖化したのである。」（同書、邦訳「岩波文庫」、第一巻一八九―一九〇ページ、水田洋訳）

〔一七〕デロス、デルフォイ。デロス島も、パルナッソス山南傾斜面にあるデルフォイも、ともにアポロンの聖地で、その神託所が置かれていた。

〔一八〕シビュラの書。シビュラはアポロン（ときには他の神）の神託を告げる巫女。シビュラの予言集はギリシアの古くから編纂されていたが、ローマ時代には高額で買い取られたという本がカピトリヌスのユピテル神殿地下に石の箱に収められ、保管者が付けられていた。彼らは、地震や疫病に際してこの本により神の怒りを解く方法を見いだしたという。

〔一九〕「祭司たちは民衆をもっとうまくだますために、自分らは預言者、占い師、未来のことが分かる霊感者であるとし、神々と交流があると自慢した……」から、この「8節」末までは、原註（五）にもあるように、ホッブズ『リヴァイアサン』、第一部「人間について」、第十二章「宗教について」の以下の部分を参考にしていると思われる。「さいごに、未来の予言は、自然的には過去の経験にもとずく推測にほかならず、超自然的には、神の啓示にほかならないが、異邦人の宗教の、おなじ創始者たちは、そういう予言に対して、一部はみせかけの経験にもとづき、一部はみせかけの啓示にもとづいて、かぞえきれないほどおおくの、他の迷信的なやりかたの占いをつけくわえ、人びとに、自分たちの運命をそのなかに見いだすのだと、信じさせた。それはあるときには、デルフォイ、デロス、アンモンおよびその他の有名な託宣所の神官たちの、あいまいな、あるいは意味のないこたえのなかに見いだされるというのであり、あるときには巫女たちの幣帛のなかに見いだされるという……。あるときには、かれらの予言については……、ローマ共和国の時代に、評判のたかいいくつかの本があった。あるときは、聖霊につかれたと想定された狂人の、意味のないことばのなかに、見いだされるという……。あるときは、死者と会談すると称する魔女たちの予報のなかに見いだされるといい、それは降霊術、妖術、魔術とよばれる……。あるときは、鳥が偶然にとんだり、餌をたべたりするなかに見いだされるといい、……あるときは犠牲獣の内臓のなかに見いだされるといって、それは、観相術とよばれた。あるいは、手相術によって手の筋のなかに、見いだされるといい……あるときは日月蝕、彗星、稀な流星、地震、洪水、異常出産、およびこれに類した、怪異や異常事件のなかに、見いだされるといい、かれらはそれらを、前兆および予示とよんだ。……人びとはこのように容易に、かれらの信用をえた人びと、そして、上品さと巧妙さによってかれらの恐怖と無知をとらえることができる人びとによって、なんでも信じるようにひきずりこまれるのである。」（同書、邦訳「岩波文庫」、第一巻一八九―一九二ページ、水田洋訳）

〔二〇〕殉教者ユスティノスは、古代キリスト教弁証論者（一〇〇頃―一六五年頃）のこと。このユスティノスはパレスチナのシケムに生まれ、哲学各派を遍歴しプラトン主義を奉じていたが、一六〇年頃キリスト教に改宗し、ローマで殉教した聖人で、『ユダヤ人トリュフォンとの対話』、『第一弁証論』、『第二弁証論』という著作が現存している。しかし、以下のモーセが魔術師の技を知っていたという記述は、実際には「殉教者ユスティノス」の著作からではなく、三世紀のローマの歴史家ユスティヌス（ユニアヌス・ユスティヌス）の『ポンペイウス・トログス著フィリッポス史抄録』から取られている。おそらくは、この『三詐欺師論』より早い時期の地下文書『蘇ったテオフラストス』などから借用してきた記述であろう。同地下文書では、ユスティヌスの歴史書要約からの出典指示をして、モーセに関して同内容を語っている（グイド・カンツィアーニ、ジャンニ・パガニーニ校訂『蘇ったテオフラストス』、フィレンツェ、一九八一―一九八二年、第二巻四三六ページ）。ユニアヌス・ユスティヌス『ポンペイウス・トログス著フィリッポス史抄録』の原文については、異文（45）とその異文に対する訳者の補足註記を参照せよ。

〔一一〕オシリス一世。未詳。この説話を述べる旧約聖書の創世記にはファラオの名前は述べられていない。エジプト神話ではオシリス神は冥界で死霊を裁き、死者を復活させる神である。

〔一二〕「彼らの一人」とは、創世記第三十七章以下で語られるヤコブの息子ヨセフを指す。彼がファラオの夢解きをして大飢饉を予見し、飢饉のために穀物を備蓄させたという（創世記、第四十一章を参照）。また、ヨセフの一族がエジプトに居留地を与えられたことについては創世記、第四十七章の以下の節を見よ。「パロ〔ファラオ〕はヨセフに言った。〈あなたの父と兄弟たちとがあなたのところにきた。エジプトの地はあなたの前にある。地の最も良い所にあなたの父と兄弟たちとを住ませなさい。ゴセンの地に彼らを住ませなさい。〉」（創世記、第四十七章、第五―六節、日本聖書協会、一九五五年改訳版）

〔一三〕ゴセンの地。訳註〔一二〕を参照。ナイル川のデルタ東部の地域。ヤコブのエジプト移住から「出エジプト」までイスラエル人が居住した牧畜に好適の地であった（創世記、第四十五章、第十節など）。ゴセンというエジプト名は発見されないので、セム起源の名であるらしい。

〔一四〕出エジプト記の次の箇所を参照。「ここに、ヨセフのことを知らない新しい王が、エジプトに起った。彼はその民に言った、〈見よ、イスラエルびとなるこの民は、われわれにとって、あまりにも多く、また強すぎる。さあ、われわれは、抜かりなく彼らを取り扱おう。彼らが多くなり、戦いの起るとき、敵に味方して、われわれと戦い、ついにこの国から逃げ去ることのないようにしよう。〉」（出エジプト記、第一章、第八―十節、日本聖書協会、一九五五年改訳版）なお現在では、エジプト第十九王朝ラメセス二世の下でイスラエル民族の一部がエジプトに滞留し、メルネプタハのときにエジプトから脱出したと考えられている。

〔一五〕ブシリス。未詳。ギリシア神話では、ポセイドンの子でエジプト王とされているブシリスなるものが知られているが、これと混同したものか。

〔一六〕ファラオのオルス。未詳。エジプト神話のホルス神と混同したものか。（ファラオの）メムノン。未詳。ギリシア神話では、暁の女神エオスの子でエチオピア王なるメムノンが著名だが、エジプトが彼の故郷であり、エジプトのテーバイにメムノネイオンなる彼の神殿があったという説話もある。このためにいずれかのファラオの名と神話上の存在との混同が起ったものか。

〔一七〕（エジプトの）テーべとは、古代の上エジプトの首都。第十一王朝初期にエジプトの首都になったが、新王国の第十八、十九王朝の諸王によって拡張され美化された。本文ではヘブライ人がテーべ建設に使役されたとあるが、出エジプト記では「倉庫の町ピトムとラメセス」を建設させたことになっている。「そこでエジプトびとは彼ら〔ヘブライ人〕の上に監督をおき、重い労役をもって彼らを苦しめた。彼らはパロ〔ファラオ〕のために倉庫の町ピトムとラメセスを建てた。」（出エジプト記、第一章、第十一節、日本聖書協会、一九五五年改訳版）一方、フラウィウス・ヨセフス『ユダヤ古代誌』では、ピラミッドをもヘブライ人に建設させたことになっている。「彼ら〔エジプト人〕はイスラエル人に命じて、多くの運河を掘って川を分割したり、町々に城壁をつくって堤防からの溢水で沼地のできるのを防いだり、またピラミッドを次つぎに建設した。」（邦訳、山本書店、旧約時代篇第一巻二五二ページ、秦剛平訳）

〔二八〕出エジプト記の次の箇所を参照。「エジプトびとはイスラエルの人々をきびしく使い、つらい務をもってその生活を苦しめた。すなわち、しっくいこね、れんが作り、および田畑のあらゆる務に当たらせたが、そのすべての労役はきびしかった。」（出エジプト記、第一章、第十三―十四節、日本聖書協会、一九五五年改訳版）

〔二九〕出エジプト記では、「ファラオの娘」としか言われていない。「ときにパロ〔ファラオ〕の娘が身を洗おうと、川におりてきた。」（出エジプト記、第二章、第五節、日本聖書協会、一九五五年改訳版）しかし、フラウィウス・ヨセフス『ユダヤ古代誌』ではテルムティスとなっている（邦訳、山本書店、旧約時代篇第一巻二五九ページ、秦剛平訳を参照）。

〔三〇〕使徒行伝の次の一節を引用したものであろう。「モーセはエジプト人のあらゆる学問を教え込まれ、言葉にもわざにも、力があった。」（使徒行伝、第七章、第二十二節、日本聖書協会、一九五五年改訳版）

〔三一〕底本にした一七六八年版ではこのとおり（「君主 Monarques」）だが、写本のあるものでは「（古代エジプトの）州王 Nomarques」となっている。このほうが正しいであろう。フランソワーズ・シャルル＝ドベール校訂『〈三詐欺師論〉と〈スピノザの精神〉』、オクスフォード、一九九九年、五七五ページを参照。

〔三二〕底本にした一七六八年版ではこのとおり（「君主の職 Monarchies」）だが、写本のあるものでは「（古代エジプトの）州王の職 Nomarchies」となっている。このほうが正しいであろう。前掲書、同ページを参照。

〔三三〕注〔三二〕と同様のことが言える。

〔三四〕出エジプト記、第二章、第十五―二十二節では、モーセは「ミデヤンの地」に逃れて、そこの祭司の娘チッポラと結婚し、ゲルショムという息子を得たことになっている（日本聖書協会、一九五五年改訳版による）。

〔三五〕出エジプト記、第四章、第二十四―二十六節には、モーセがチッポラとゲルショムを伴ってエジプトへ帰るときのこととして、以下の挿話が述べられている。「さてモーセが途中で宿っている時、主は彼に会って彼を殺そうとされた。その時チッポラは火打ち石の小刀を取って、その男の子の前の皮を切り、それをモーセの足につけて言った。〈あなたはまことに、わたしにとって血の花婿です〉。そこで、主はモーセをゆるされた。この時〈血の花婿です〉とチッポラが言ったのは割礼のゆえである。」（日本聖書協会、一九五五年改訳版による）本文はこの箇所を想起しての記述であろう。

〔三六〕旧約聖書のはじめの五書、創世記、出エジプト記、レビ記、民数記、申命記は「モーセ五書」といわれる。

〔三七〕エテロとは、旧約聖書によれば、注〔三四〕に述べたチッポラの父親である。

〔三八〕モーセがファラオの宮廷の魔術師と技を競いながら、エジプトに引き起こした「十の災害」（出エジプト記、第七章、第十四節―第十二章、第三十四節）のことを想起しているのだろう。またそれを批判的に記述している点については、ガブリエル・ノーデ『誤って魔術の嫌疑をかけられたすべての偉人のための弁明』（パリ、一六二五年）の以下の箇所が出典の一つであろう。「不信仰者やルキアノス派の連中が、この見解〔エジプトでは魔術がさかんであったという見解〕に力を得て、伝道の書やヨセフスやフィロンの証言をもとに、モーセはエジプトのあらゆる知恵を教え込まれ、他の誰よりもそれに通じ、よく知っていたこの魔術を彼は奇蹟を行う際にも用いた、と示そうとするのが見られる。」（前掲書、三八ページ）

〔三九〕この段落のはじめからここまでの、他民族の同伴者・人数・荒野の道などに関する記述は、以下の出エジプト記の箇所が念頭に置かれているのであろう。「さて、イスラエルの人々はラメセスを出立してスコテに向かった。女と子供を除いて徒歩の男子は約六十万人であった。また多くの入り混じった群集および羊、牛など非常に多くの家畜も彼らと共に上った。」（出エジプト記、第十二章、第三十七―三十八節、日本聖書協会、一九五五年改訳版による）「さて、パロ〔ファラオ〕が民を去らせた時、ペリシテびとの国の道は近かったが、神は彼らをそれに導かれなかった。……神は紅海に沿う荒野の道に、民を回らされた。」（出エジプト記、第十三章、第十七―十八節、日本聖書協会、一九五五年改訳版による）

〔四〇〕七日目が神に捧げる休息の日とされたことについては、ジュリオ・チェーザレ・ヴァニーニの対話篇『自然の驚くべき秘密について』（パリ、一六一六年）からの以下の箇所が出典の一つであろう。「ユダヤ人たちは多くの危険を乗り越えて、七日間の行軍ののち安全な場所にたどり着きました。そのためにモーセは、神が彼の権力をよしとしていることを示すために、この七日目を神に捧げました。民衆はこのように教え込まれて、唯々諾々とモーセの支配に服したのです。」（ルイジ・コルヴァリア校訂『ジュリオ・チェーザレ・ヴァニーニの著作とその典拠』、第二巻『自然の驚くべき秘密について』、ガラティィナ、一九九〇年、二七二ページ）

〔四一〕「神の使」について語られている出エジプト記の以下の箇所を想起しているのであろう。「このとき、イスラエルの部隊の前に行く神の使は移って彼らのうしろに行った。」（出エジプト記、第十四章、第十九節、日本聖書協会、一九五五年改訳版による）「見よ、わたしは使をあなたの前につかわし、あなたを道で守らせ、わたしが備えた所に導かせるであろう。あなたはその前に慎み、その言葉に聞き従い、彼にそむいてはならない。……しかし、もしあなたが彼の声によく聞き従い、すべてわたしが語ることを行うならば、わたしはあなたの敵を敵とし、あなたのあだをあだとするであろう。」（同書、第二十三章、第二十―二十二節、同版による）

〔四二〕ヘブライ人を導く雲あるいは火の柱については、出エジプト記、民数記の以下の箇所などを想起しているのであろう。「雲が幕屋の上からのぼる時、イスラエルの人々は道に進んだ。彼らはその旅路において常にそうした。……すなわちイスラエルの家のすべての者の前に、昼は幕屋の上に主の雲があり、夜は雲の中に火があった。」（出エジプト記、第四十章、第三十五―三十八節、日本聖書協会、一九五五年改訳版による）「幕屋を建てた日に、雲は幕屋をおおった。それはすなわち、あかしの幕屋であって、夕には、幕屋の上に、雲は火のように見えて、朝にまで及んだ。……雲が幕屋を離れてのぼる時は、イスラエルの人々は、ただちに道に進んだ。」（民数記、第九章、第十五―十七節、同版による）

〔四三〕底本にした一七六八年版では「民数記の第十章、第十九節から三十三節」だが、写本のあるものでは「民数記の第十章、第二十九節から三十三節」となっている（フランソワーズ・シャルル＝ドベール校訂『〈三詐欺師論〉と〈スピノザの精神〉』、オクスフォード、一九九九年、五七五ページを参照)。この異文のほうが正しいだろう。当該箇所は以下のようになっている。「さて、モーセは、妻の父、ミデヤンびとリウエルの子ホバブに言った、〈わたしたちは、かつて主がおまえたちに与えると約束された所に向かって進んでいます。あなたも一緒においでください。あなたが幸福になられるようにいたしましょう。主がイスラエルに幸福を約束されたのですから〉。彼はモーセに言った。〈私は行きません。わたしは国に帰って、親族のもとに行きます〉。モーセはまた言った、〈どうかわたしたちを見捨てないでください。あなたは、わたしたちの荒野のどこに宿営すべきかをご存知ですから、わたしたちの目となってください。もしあなたが一緒においでくださるなら、主がわたしたちに賜わる幸福をあなたにも及ぼしましょう〉。こうして彼らは主の山を去って、三日の行程を進んだ。」(民数記、第十章、第二十九―三十三節、日本聖書協会、一九五五年改訳版による)

〔四四〕以上の「荒野で導く雲と火の柱」という奇蹟の自然学的解釈は、以下に述べるように、シモン・ティソ・ド・パトあるいはジョン・トーランドに由来するものであろう。シモン・ティソ・ド・パト『ジャック・マッセの旅と冒険』(一七一〇年〔ハーグ、出版年は実際には一七一四―一七一七年のあいだらしい〕)には以下のような記述がある。「聞くところによると、学識のある某イギリス人が先頃ひとつの論考をものして、砂漠でイスラエル人を先導したあの火の柱には奇蹟的なものも、いや異常なものすら何もないのを証明し、ああいう砂漠では昔から軍隊や群集の歩みを導くために火を使うのが習慣で、昼は煙、夜は炎が全軍に見えるように、先頭を行く案内人が火を捧げ持っていたことを古今の最良の著作家の引用で示そうとしたという。火で導いてイスラエル人を案内したのはほかならぬモーゼの義父のホバブだったというのがこの人の主張で、それを民数記第十章二十九、三十節や、その他聖書のいくたのくだりから証明しようとしている。」(シモン・ティソ・ド・パト『ジャック・マッセの旅と冒険』、邦訳『啓蒙のユートピアI』、法政大学出版局、六九七ページ、野沢協訳)。「学識のある某イギリス人」とは、野沢協氏の訳註にもあるとおり、ジョン・トーランドのことで、その論考とは『テトラダイマス』(ロンドン、一七二〇年)の第一論文「ホウデガス、または、荒野でイスラエル人を導いた雲と火の柱は奇蹟的ならざること」であろう。『テトラダイマス』は一七二〇年刊行だが、トーランドはその序文で、一七〇八年にハーグでティソ・ド・パトに第一論文の原稿を見せたと語っている。実際トーランドは一七〇八―一七一〇年頃にこの第一論文の草稿を作っていたらしい。

〔四五〕この「王宮」やアロンの祭司取り立てについては、出エジプト記で神がモーセに語ったとされる、以下のような箇所などを念頭に置いているのであろう。「これはあなたがたが代々会見の幕屋の入口で、主の前に絶やすことなく、ささぐべき燔祭である。わたしはその所であなたに会い、あなたと語るであろう。……わたしは会見の幕屋と祭壇とを聖別するであろう。またアロンとその子たちを聖別し、祭司として私に仕えさせるであろう。」(出エジプト記、第二十九章、第四十二―四十四節、日本聖書協会、一九五五年改訳版による)

〔四六〕モーセに対する異議申し立てと反乱者への処罰については、民数記、第十六章、フラウィウス・ヨセフス『ユダヤ古代誌』第四巻第二―三章などが想起されているのであろう。

〔四七〕モーセが自分の遺体が見つからぬように深い穴に身を投げたという話は、おそらくヴァニーニ『自然の驚くべき秘密について』の以下の箇所から取られたのであろう。「彼〔ある無神論者〕は、モーセが生きているあいだに深い淵に身を投げて、もはやモーセを見なくなった民衆に天に昇ったと信じさせたことをほめたたえ、もしも遺体が見られれば神々の列に加えられることはなかっただろうから、と言いました。私は反論して、他の族長たちは遺骸は民のもとにあったけれども、負けず劣らず聖なる人々と扱われた、と言いました。彼は言い返してこう言ったのです。モーセは族長たちのものよりずっと上の名誉を願っていた、だから〈私はおまえをファラオの神に定める〉と神が自分に言ったと主張したのだし、神のごときものと見なされるために、死を蒙らなかったと証言されることを望んだのだ、と。」（ルイジ・コルヴァリア校訂『ジュリオ・チェーザレ・ヴァニーニの著作とその典拠』、第二巻『自然の驚くべき秘密について』、ガラティナ、一九九〇年、二七二ページ）なお、本文および上記ヴァニーニの原文に共通に見られる引用句（「私はファラオの神になるようにと、神によって立てられた」、「私はおまえをファラオの神に定める」）の出典は、「主はモーセに言われた、〈見よ、わたしはあなたをパロ〔ファラオ〕に対して神のごときものとする〉」（出エジプト記、第七章、第一節、日本聖書協会、一九五五年改訳版による）であろう。

　ところで、以下に見るように聖書ではモーセは天に上げられたとはされていないが、フラウィウス・ヨセフス『ユダヤ古代誌』ではモーセの最期がいささか神秘的に語られている。二書における対応箇所を以下に掲げる。本文およびヴァニーニの記述はヨセフスの記述に触発されたものであろうか。「こうして主のしもべモーセは主の言葉とおりにモアブの地で死んだ。主は彼をベテペオルに対するモアブの地の谷に葬られたが、今日までその墓を知る人はない。」（申命記、第三十四章、第五―六節、日本聖書協会、一九五五年改訳版による）「そして彼〔モーセ〕は、エレアザルとヨシュアに別れの挨拶をして、しばらく言葉をかわしていたが、突然、一団の雲が彼の上におりて来たかと思うと、そのまま峡谷の中に姿を消した。もっとも、モーセ自身は、聖なる文書において、自分が〔そこで〕死んだと書いている。彼のあまりにも高い徳のために、彼は神のもとへ帰ったなどと人びとが口にするのを危惧したからである。」（フラウィウス・ヨセフス『ユダヤ古代誌』、邦訳、山本書店、旧約時代篇第二巻二三六ページ、秦剛平訳）

　〔四八〕預言者エリヤの死は聖書で以下のように語られている。「彼ら〔エリヤとエリシャ〕が進みながら語っていた時、火の車と火の馬があらわれて、ふたりを隔てた。そしてエリヤはつむじ風に乗って天にのぼった。」（列王紀下、第二章、第十一節、日本聖書協会、一九五五年改訳版による）

　また、モーセとエリヤを並べて、ともに自らの死を神秘化したという記述は、ヴァニーニ『自然の驚くべき秘密について』にも見られる。注〔四七〕で引用した箇所にすぐ続く部分である。「そこで私はオランダのこのようなあらゆる無神論者たちに抗議の声を挙げました。ところが彼は次のように反論しました。あなたたちのカルダーノ〔ジェロラモ・カルダーノ〕はエリヤに関して同じことを言いましたよ、なぜなら、〈プリニウスは自らすすんでエトナ山に身を投げたが、それは預言者エリヤについて報じられているように、天に昇った神のごときものとして崇められたかったからにせよ、遺体が見つかってもその勇気に関しては少なくとも大いに称賛されるからであるにせよ、とにかく大きな名声を得たかったからにほかならない〉と書いたわけですから、と反論したのです。」（ルイジ・コルヴァリア校訂『ジュリオ・チェーザレ・ヴァニーニの著作とその典拠』、第二巻『自然の驚くべき秘密について』、ガラティナ、一九九〇年、二七二ページ）

〔四九〕ロムルスはローマの伝説的な建国者であるが、プルタルコス『対比列伝』、「ロムルス」二七節に以下のような記述がある。「スキピオはもとより屍となって横たわり、明白に万人に見ることができて、皆の見たその身体が、どんなことが彼の身におこったのかについての疑惑や推測を生み出したのである。ところがロムルスは突然に消え去って、体の一部も衣服の残りも見られなかった。ある人は、ウルカヌスの神殿で元老院議員たちが彼に反乱をおこして殺し、その体を刻んで各片を衣服のひだに隠して運び出したのではないかと推測し、別の人はロムルスが消え失せたのはウルカヌスの神殿の中でもなく、元老院議員だけがいたところでもなく、たまたま城外のいわゆる山羊の沼のそばでロムルスが民会を開いていた時に、突然驚くべき、言語に絶した出来事と、とても信じられない変化が空中におこったといっている。すなわち、太陽の光が消えて夜があたりにひろがり、しかもそれが穏やかでも静かでもなく、恐ろしい雷鳴と、到るところから豪雨を叩きつける風の息とを伴っていたという。その間に多数の民衆は散り散りになって逃げたが、有力者たちは、互いに寄り集まったという。嵐がやんで光が輝き出し、多くのものが再びもとの同じ場所に集まってきて王を探し求めはじめたところ、有力者たちは、ことを吟味したり詮索したりすることを許さず、ロムルスは神々のところにさらっていかれて、役に立つ立派な王から、自分たちに恵み深い神になるのだから、これを尊敬し畏れ崇めるようにと皆に命じたという。」（同書、邦訳「ちくま文庫」、中巻二四一―二四二ページ、太田秀通訳）また、プルタルコス『対比列伝』、「ヌマ」二節（同書、邦訳「岩波文庫」、第一巻一四八ページ、河野与一訳）をも参照せよ。

〔五〇〕ザモルクシスあるいはサルモクシスは、トラキア人の神ないし宗教指導者。ヘロドトス『歴史』、第四巻九五節に以下のような記述がある。「トラキア人は生活も貧しく知能もどちらかといえば低い方であるのに、サルモクシスは多年ギリシア人の間に在り、ギリシアでも有力な知識人であるピュタゴラスにも親しんだので、イオニアの生活に通じ、トラキアでは見られぬ洗練された風俗を身につけていた。その彼が接待用の部屋を造り、ここに町の有力者を招いて饗応しながら、自分をはじめ客たちやその代々の子孫たちも死滅することはなく、将来は永遠の生を享けてあらゆる善福に浴することのできる場所へゆくのである、という教えを説いたという。彼は右に述べたようなことをし、そのような教えを説いている一方、地下に一室を造らせた。その部屋が完成すると、彼はトラキア人の間から姿を消し、地下の部屋に降りて籠り、ここで三年間暮らした。トラキア人たちは彼が死んだものと思い、その死を惜しみ悲しんでいた。四年目になって彼はトラキア人たちに姿を現わし、こうしてトラキア人はサルモクシスの説いていた教えを信ずるようになった。」（同書、邦訳「岩波文庫」、中巻五七ページ、松平千秋訳）

〔五一〕原註（七）にあるように、ホッブズ『リヴァイアサン』、第一部「人間について」、第十二章「宗教について」の以下の部分を参照せよ。「そして、それであるから、民衆を従順と平和にしておくことだけを目標とした、異邦人のなかのコモン―ウェルスの最初の建設者たち立法者たちは、あらゆる場所でつぎのことに注意をはらった。第一に、宗教にかんしてかれらが与えた戒律が、かれら自身の案出からでてきたものと考えられることなく、ある神または他の霊の命令からでてきたのだと考えられるための信仰を、あるいはまた、かれらの諸法がいっそう容易にうけいれられるように、かれら自身が、たんなる人間よりも高い本性をもつものだという信仰を、民衆の心に刻印することである。そこでヌマ・ポンピリウスは、かれがローマ人のあいだに樹立した諸儀式を、エゲリアの妖精からうけとったと称した。」（同書、邦訳

「岩波文庫」、第一巻一八九―一九二ページ、水田洋訳）

また、ガブリエル・ノーデ『非常手段に関する政治的考察』第三章の以下の箇所を参照せよ。「さて、ロムルスのこうした非常手段に加えて、彼の後継者であるヌマ・ポンピリウスがそのニンフのエゲリアや、治世のあいだに打ち立てたさまざまな迷信を使って実行した非常手段を見るならば、その結果、〈コノ有名ナルローマガドノヨウナ幸運ニヨッテ全地を制圧シ、オリンピアホドニ高イ野心ヲ抱イタノカ〉（ウェルギリウス）を判断するのは容易であろう。」（同書、一六六七年、一四〇ページ）

〔五二〕ヌマ・ポンピリウスについては、プルタルコス『対比列伝』、「ヌマ」（同書、邦訳「岩波文庫」、第一巻一四七―一七九ページ、河野与一訳）を参照。本文との関係で、とくに以下の箇所を参考までに掲げておく。「ヌマは都市の生活を捨て、できるだけ田舎に住み一人で歩き回って神々の森や神聖な草原や人気のない場所で時間を過ごした。そこからあの女神に関する伝説が始まったのも不思議ではない。……畏れ多くも神と親しい間柄になって結婚生活を味わうところまで行き、エゲリアという女神と一緒に住んで愛し合い幸福で神の如き智恵を持つ人となったというのである。」（同上、一五一ページ）「リュクルゴスやヌマやそういったような人々について言われているもう一つの説明も捨ててしまうわけには行かない。それは制御することも満足させることも難しい大衆を手なづけて国政に大きな革新を齎らすために、神からお告げがあったという振りをして自分たちが納得する相手のために救いとなることを図ったのである。」（同上、一五三ページ）「ヌマの場合は、前に述べたように或る女神もしくは山姫の愛や秘密な会合や詩の女神たちとの交わりなどという芝居であった。自分の預言の大部分はムサエの女神たちに帰して、特にその一人をローマ人が崇拝するように命じた。」（同上、一五八ページ）

また、ガブリエル・ノーデ『誤って魔術の嫌疑をかけられたすべての偉人のための弁明』（パリ、一六二五年）「第十一章、ヌマ・ポンピリウスについて」でも、プルタルコスの上記二、三番目の箇所が引用されている（上掲書、二五七―二五八ページ）。

〔五三〕プルタルコス『対比列伝』、「アレクサンドロス」二七節には以下のような箇所がある。「又或る人は、その預言者が好意を以って話掛けるつもりで〈おお　パイディオン（おお我が子よ）〉とギリシャ語で言おうとしたが、nの代わりにsを使い〈おお　パイディオス〉と言ったところが、アレクサンドロスはこの発音の誤を喜び、神がアレクサンドロスに〈パイ　ディオス（ゼウスの子よ）〉と呼掛けたという話が広まったと言っている。」（同書、邦訳「岩波文庫」、第九巻四三―四四ページ、河野与一訳）

〔五四〕ペルセウス。ギリシア神話の英雄。アルゴス王アクリシオスの娘ダナエは、父により青銅の地下牢に閉じ込められていたが、ダナエを愛したユピテルは黄金の雨となって屋根から忍び込み、ダナエと交わった。こうして生まれたのがペルセウスであるとされる。

〔五五〕ラ・モット・ル・ヴァイエ『異教徒の美徳について』（パリ、一六四二年）に以下のような箇所がある。「人々の見解では、あらゆる偉人の誕生には必ず何か不可思議なことがあったので、プラトンはアポロンとある処女との息子だと見なされていたと聖ヒエロニムスは指摘している。」（『十七世紀のリベルタンⅡ』、パリ、ガリマール・プレイヤード叢書、二〇〇四年、四八ページ）また、プルタルコス『対比列伝』、「ヌマ」四節には以下のような記述がある。「それでもエジプト人はそこに一応尤もな区別をして、女のところへ神の息が近づいて行って出生の或るきつかけを与えるということは不可能ではないが、男が女神と同棲するということも肉体の交渉を持つということもあり得ないと考えている。」（同書、邦訳「岩波文庫」、第一巻一五二ページ、河野与一訳）

〔五六〕オリゲネス『ケルソス駁論』、第一巻二八、三二節を参照せよ。「その後、ケルソスはユダヤ人を登場させ、イエスと対話せしめ、多くの点でイエスを反駁せしめているが、（その論点とは）、彼の考えによれば、第一に〈イエスが自らの処女起源説をこしらえ上げた〉ことで、〈彼はユダヤの村の出身で、田舎の貧しい糸紡ぎ女から生まれた〉と言ってイエスを非難している。そして、〈彼女（イエスの母）は大工を職業とする夫により、姦淫の咎めを受けて追い出された〉と主張する。そしてさらに、〈彼女は、夫に放逐されて恥辱に満ちた放浪を続けているときに、こっそりイエスを産んだが、イエスは貧困のためにエジプトに稼ぎに行き、かの地でエジプト人が誇りにしているある種の奇跡力を実証したので、帰還したときにはその奇跡力を大いに誇り、これらの力ゆえに神と自称したのだ〉と言っているのである。」（同書第一巻二八節、邦訳『キリスト教教父著作集八』、教文館、三五ページ、出村みや子訳）「ここでわれわれは、再びかのユダヤ人の代弁の言葉に戻ろう。そこには、〈イエスの母は、彼女の婚約者の大工から姦淫の咎めを受けて放逐され、パンテーラという名のひとりの兵士によって懐妊した〉と記されている。そこで、この処女とパンテーラの姦淫、および大工が彼女を放逐したという神話をこしらえた人々は、これらのすべてを無分別にも、聖霊による奇跡的な受胎を打ち破るために捏造したのではないか見てみよう。」（同書第一巻三二節、邦訳『キリスト教教父著作集八』、教文館、三九ページ、出村みや子訳）

〔五七〕ラ・モット・ル・ヴァイエ『異教徒の美徳について』の以下の箇所が出典の一つであろう。「こういうおとぎ話〔プラトンはアポロンと処女のあいだに生まれたという話〕は、真理の最大の敵である者〔悪魔〕が、作り話によって真理を覆い隠し、できるものならわれらの主の生誕の栄光を減じようとした悪巧みだと取らねばならない。この同じ虚偽の父なる者が、こうしてジンギスカンは別のある処女が日の光で懐妊し生まれた子であるとタタール人に書かせたり、彼に関するあれほど多くの摩訶不思議なことを吹聴したのである。」（『十七世紀のリベルタンII』、パリ、ガリマール・プレイヤード叢書、二〇〇四年、四八―四九ページ）

〔五八〕異文(62)で示した一七一九年版の原註にあるとおり、これはヨハネによる福音書の第八章、第七節からの引用である。

〔五九〕この引用文は、異文(63)で示した一七一九年版の原註にあるとおり、以下に掲げるマタイによる福音書の第二十二章、第二十一節あるいはマルコによる福音書の第十二章、第十七節の一部を引いたのであろう。「カイザル〔カエサル〕のものはカイザルに、神のものは神に返しなさい。」（日本聖書協会、一九五五年改訳版による）

なお、この引用を含む当該文の冒頭に、一七六八年版ではQueという語が置かれているが、意味不明である。一七一九年版にはこの語はなく、一七六八年版における誤植であろうか。

〔六〇〕以上二つの段落における、洗礼者ヨハネを引き合いに出した論戦については、マタイによる福音書の第二十一章、第二十三―二十七節を参照せよ。ただし、聖書では論争相手は「パリサイ人たち」ではなく「祭司長たちや民の長老たち」（日本聖書協会、一九五五年改訳版による）となっている。

さて、この「13、**イエス・キリストの政略について**」全体の典拠の一つは、以下に掲げるヴァニーニ『自然の驚くべき秘密について』の一節であろう。「彼〔ある無神論者〕はしばらく黙っていましたが、それから叫びました。〈おお、キリストのすばらしい知恵よ。〉彼が改心したのだと思って私は大変な喜びを覚えました。しかし誤りでした、彼は低い声で呟いたのです。〈姦通を犯した女を石で打たねばならないかどうかと訊ねられたとき、キリストは否定はしなかった。律法には明言されているからだ。だが肯定もしなかった。それでは残酷さの手本を示すことになるし、多くの人を彼の説から遠ざけてしまう可能性があるからだ。そこで《あなたがたの中で罪のない者が、まずこの女に石を投げつけるがよい》と答えた。それで、誰も姦通を犯した女を断罪する勇気がなくなった。別の機会に、カエサルへ租税を納めねばならないかどうかと律法学者に訊ねられると、彼は大逆罪で告発されるのを恐れて、あえて否定はしなかった。また、モーセの律法を覆すことになるから、肯定もしようとはしなかった。そこで、権威がまだ安定しない新参の君主が古くからの特権は尊重すると約束するものの、いったんゆるぎない立場にたつと約束を履行することなど拒否するように、イエスも《私は廃するためではなく、成就するためにきたのである》〔マタイによる福音書、第五章、第十七節〕と言った。もっと後になって、いったん強力になると、彼は律法を完全に覆すのである。それゆえ、彼は《これは誰の肖像か》と訊ね、《カエサルのだ》と人が答える、《カエサルのものはカエサルに、神のものは神に返しなさい》、これがキリストの結論だった。いったいどのような権威の名において民衆を教えているのかとパリサイ人たちが彼に訊ねたとき、彼は二重の困難に直面しているのが分かった。もしも人間の権威の名においてだと答えれば、嘘だと咎められる。彼はヘブライ人たちの秘義を授けられていなかったからだ。また彼らを恐れて、自分の権威は天に由来すると断言する勇気もなかった。そこできわめて巧みに彼のほうから、ヨハネはどのような権威の名において洗礼をしているのかと訊ねた。こうして彼はパリサイ人たちを同じ困惑の中に追い込んだ。政治的な理由からヨハネの宣教を神の力に帰するわけにはいかなかった。彼らはヨハネを排斥していたのだから、そんなことをすれば自らを断罪してしまうことになるからだ。ヨハネの洗礼は人間によるでっち上げだと思い切って言うこともできなかった。下層民の怒りを買ってしまうことになるからだ。だから、キリストの行動はきわめて賢明なのである。〉」（ルイジ・コルヴァリア校訂『ジュリオ・チェーザレ・ヴァニーニの著作とその典拠』、第二巻『自然の驚くべき秘密について』、ガラティナ、一九九〇年、二六九―二七〇ページ）

〔六二〕「イエス・キリストもアリストテレスと同じく……」以下、節の終わりまでの部分は、以下に掲げるヴァニーニ『自然の驚くべき秘密について』の一節を敷衍したものであろう。「この原則〔すべての存在するものは始まり成長し壊廃するという原則〕は、アリストテレスも同意したと思われるし、高くなるどんなものも倒れ成長するどんなものも老いる、という一般の推論も示しているように、個々人にだけでなく町や国や宗教にも適用できるのです。……ですから、異教徒たちの宗教が衰微し滅ぶときには、まずその体制に必ずや崩壊が起こるはずでした。崩壊し始めた体制というのが神託で、その時以来消滅したのです。それらは新しい、またかつてのものと正反対の宗教による体制に取って代わられました。しかし、人々は一つの宗教からもう一つの宗教に簡単に移るものではありませんから、新宗教を確立するには奇蹟が必要でした。誕生の際に自らの奇蹟を持たなかった宗教などありませんから。」（ルイジ・コルヴァリア校訂『ジュリオ・チェーザレ・ヴァニーニの著作とその典拠』、第二巻『自然の驚くべき秘密について』、ガラティナ、一九九〇年、二八九―二九〇ペ

ージ）

〔六二〕異文（80）で示した一七一九年版の原註にあるように、マタイによる福音書の第二十四章、第四―五節、二十四―二十六節、テサロニケ人への第二の手紙の第二章、第三―十節、ヨハネの第一の手紙の第二章、第十八節から、これらの文言が引かれている。

〔六三〕異文（84）で示した一七一九年版の原註にあるように、前注でも指示した以下のパウロの言葉を指しているのであろう。「不法の秘密の力が、すでに働いているのである。ただそれは、いま阻止している者が取り除かれる時までのことである。その時になると、不法の者が現れる。この者を、主イエスは口の息をもって殺し、来臨の輝きによって滅ぼすであろう。」（テサロニケ人への第二の手紙、第二章、第七―八節、日本聖書協会、一九五五年改訳版による）

〔六四〕この段落の「反キリスト」説への批判は、以下に掲げるヴァニーニ『自然の驚くべき秘密について』の一節から取られたものであろう。「彼〔ある無神論者〕は笑い出しました。何故笑うのですか、と私は尋ねました。〈人々が反キリストについてする話はみんな作り話にすぎないからです。パウロは彼が現れようとしているとすでに断言しなかったでしょうか、ところが彼を待って千六百年がたちました。〉本当の反キリストと見なすことができる、エビオンやケリントスをパウロは指そうとしたのかも知れませんよ、彼らはイエスから神性をはぎ取ろうとしたのですから、と私は答えました。…〔この省略部分中で、以前の訳註に引用した、石打ちの刑、カエサルへの租税、教えを説く権威の出所に関する問いへの、イエスによる巧みな返答を賞賛する無神論者の発言が行われる〕…〈すべての預言者の中でもっとも賢いキリストはまた、自分の法を覆しに新たな立法者が来るだろう、彼は神に憎まれたもの、悪魔の同盟者、あらゆる悪徳の掃溜、そして世界の嘆きの種となるだろうと預言したのです。ですから、誰もこれほどの恥辱や不名誉を身にまとおうとは思いませんから、自ら反キリストと名乗りはしないでしょう。さて、反キリストは現れませんから、キリストの法は安泰だったのです。〉」（ルイジ・コルヴァリア校訂『ジュリオ・チェーザレ・ヴァニーニの著作とその典拠』、第二巻『自然の驚くべき秘密について』、ガラティナ、一九九〇年、二六九―二七〇ページ）なお、エビオンとは、キリストの神性を否定した初代ユダヤ人キリスト教の一派、エビオン派のことであろう。ケリントスは、一―二世紀頃に活躍した小アジアのグノーシス主義者で、霊的キリストとヨセフの子イエスを区別したという。

〔六五〕直接の典拠とまでは言えないが、以下の聖書の表現と、オリゲネス『ケルソス駁論』からの引用箇所を参照せよ。「こころの貧しい人たちはさいわいである、天国は彼らのものである。」（マタイによる福音書、第五章、第三節、日本聖書協会、一九五五年改訳版による）「続いてケルソスは、人々が理性（ロゴス）や理性的指導者に従って教義を受け入れるように勧め、〈このような仕方で誰かに同意しなければ欺瞞が生じるのは確実だ〉と述べている。……そして、〈それは、邪悪な者たちが、これらの人々のもとで彼らの欺かれ易い無知に乗じてしばしば彼らを自分たちの思い通りに導くように、キリスト教徒においても同様のことが生じているからだ〉と述べている。さらに続けて彼は〈キリスト教徒の〉ある者たちは、自分が信じている事柄について、その論拠（ロゴス）を与えることも得ることも望まず、《吟味するな、信じよ》とか、《汝の信仰が汝を救うであろう》といった表現を用いることを望んでいる〉と主張する。そして、〈彼らは《この世の智恵は悪であり、愚かさが善である》と言っている〉

と主張する。」（オリゲネス『ケルソス駁論』第一巻九節、邦訳『キリスト教教父著作集八』、教文館、一一五ページ、出村みや子訳）

〔六六〕原註（一二）にも示されているが、アウグスティヌス『告白』の第七巻、第九章、第十三節と聖ヨハネによる福音書の第一章、第一―五節とを参照せよ。参考にその一部を以下に掲げる。「そしてわたしはそれらの書物〔ギリシア語からラテン語に翻訳されたプラトン派のある書物〕のうちに、つぎのようなことが、これと同じ言葉ではなかったが、これとまったく同じ意味で、多くのさまざまな理由をあげて説かれているのを読んだ。〈はじめに御言があった。御言は神のもとにあった。御言は神であった。……光は闇のうちに輝き、闇は光をとらえることができなかった〉と読んだ。」（アウグスティヌス『告白』、邦訳「岩波文庫」、上巻二一九―二二〇ページ、服部英次郎訳）「初めに言があった。言は神と共にあった。言は神であった。……光はやみの中に輝いている。そして、やみはこれに勝たなかった。」（聖ヨハネによる福音書、第一章、第一―五節、日本聖書協会、一九五五年改訳版による）また、原註（一二）にも示されているアウグスティヌス『告白』、第七巻、第二十章、第二十六節には以下のようにある。「もしもわたしがまずあなたの聖書によって感銘をうけ、それに親しむことによってあなたの甘美を味わい、それからはじめてかのプラトン派の書物をひもといたなら、おそらくこれらの書物はわたしを信仰の基礎からひきはなしたであろう。またわたしが吸いこんでいた健全な気分を失わなかったとしても、これらの書物さえ読めばそれらによっても同じ気分が得られると考えたであろう。」（アウグスティヌス『告白』、邦訳「岩波文庫」、上巻二三八ページ、服部英次郎訳）

しかし実際には、この箇所は以下に掲げるラ・モット・ル・ヴァイエ『異教徒の美徳について』の文言を典拠としているのであろう。「それどころではない、プラトン派の主要な公理はそれ〔キリスト教の信仰〕ととてもよく一致するので、聖アウグスティヌスは彼らの著作のあるものの中に、われらの信仰の最高の奥義を含む聖ヨハネによる福音書の冒頭ほとんどすべてを見いだしたと言明したあとで、多くの普遍的な真理の理解を自らに容易にするために、彼らの著作を大変都合よく用いることができたと認めたほどである。」（『十七世紀のリベルタンⅡ』、パリ、ガリマール・プレイヤード叢書、二〇〇四年、五〇ページ）

〔六七〕原註（一三）はアウグスティヌス『告白』への参照指示のように見えるが、実際にはこの箇所は、以下に掲げるアウグスティヌス『神の国』、第八巻、第十一章を典拠の一つにしている。「ある人びとは、プラトンがエジプトにまで赴いたときに、預言者エレミアの説を聞き、あるいは、エジプトに滞在中、預言者の書を読んだと考えたのであって、それらの人びとの説を、わたしはわたしのある本で採用した。しかしながら、歴年史に収められている時代の順序を注意深くしらべてみると、プラトンが生まれたのはエレミアが預言したよりも約百年後のことであったことがわかり、またプラトンは八十一歳まで生きたのであるから、プラトンの死から、エジプト王プトレマイオスがヘブライ民族の預言者の書をユダヤからとりよせて、ギリシア語をも知っていた七十人のヘブライ人に翻訳させて自分でつかおうと考えたときまで約七十年のへだたりがあるのがわかる。したがって、プラトンはそのエジプト滞在中に、とっくに亡くなっていたエレミアにあうことはできなかったのであり、また、プラトンが堪能であったギリシア語にまで翻訳されていなかった預言者の書を読むこともできなかったわけである。もっとも、プラトンはじつに研究熱心であったから、エジプトの文書と同じように、ヘブライの文書をも、通訳を介して学んだ――、……語り合って、その書の内容を、かれに理解できるかぎり学びとろうとしたのかもしれない。このように考えることは、『創世記』がつぎのような句ではじまるという証拠によってたしかめられるように思われる。すなわち、『創世記』は、〈はじめに神は天と地を創造された……〉という句ではじまっているが、プラトンは、世界の創造について論じた書『ティマイオス』で、神は創造のさい、はじめに、地と火を結びつけたといっている。ところで、プラトンにおいて火が天に場所を占めていることはあきらかである。」（アウグスティヌス『神の国』、邦訳「岩波文庫」、二巻一七七―一七八ページ、服部英次郎訳）

しかし実際には、この箇所は以下に掲げるラ・モット・ル・ヴァイエ『異教徒の美徳について』の文言も典拠としているのかも知れない。「さらに、アカデメイア〔プラトン派〕の教理と旧約聖書の教理のあいだには多くの点においてあれほどの一致が見られるので、教会の初期博士たちの誰一人として、プラトンがエジプト旅行の際にユダヤ人の著作に関する知識を得たと信じて疑わなかった。……聖アウグスティヌスは、プラトンが生まれたとき、エレミヤがなくなってから百年は経っているのを知って、『神の国』第八巻でこの説〔プラトンがエレミヤの弟子であるという説〕に関する前言を取り消している。同じ箇所で、次のようなことさえ示している。すなわち、この哲学者が好奇心からエジプトでヘブライ人の学問について何か学ぶようなことがあったなら、それはプトレマイオス王がまだ翻訳させていなかった彼らの書物を読んだからではありえず、もっぱら人からそれについて聞いたか、こうしたことのためやエジプト人の難解な智恵を理解するために彼が必要とした、何らかの通訳を通してでしかありえない、と。」（『十七世紀のリベルタンⅡ』、パリ、ガリマール・プレイヤード叢書、二〇〇四年、五〇―五一ページ）

〔六八〕『パイドン』の中でソクラテスはシミアスに次のように語る。「だから、もしここで物語を語ってよければ、シミアス、大地の上、天の下なる世界がどのようなものであるかということは、たしかに聞くにあたいすることだろう。……そこには、ほかの多くの動物たちも、人間たちも住んでいる。……気候がよいから、彼らは病気にもかかわらず、われわれの世界の人たちよりもはるかに長生きをする。……そしてまた、彼らのところには神々の杜や社があり、そこにはじっさい神々が住んでおられ、神託も予言も、神々のお姿を拝むことも、すべてそのような神々との交わりは直接に神々とのあいだでおこなわれる。」（邦訳『世界の名著　プラトンⅠ』、中央公論社、五七四―五七六ページ、池田美恵訳）

〔六九〕ギリシア神話において、ファエトンは太陽神ヘリオスとクリュメネの子。父に太陽神の戦車を御することを願ったが、荒馬を御することができず、天の道をはずれた太陽の火は地を焼き払いそうになり、ゼウスは雷でファエトンを打ち落とした。

〔七〇〕「サタンの失墜」については、ルカによる福音書、第十章、第十八節を見よ。ウルカヌスはローマの火の神であるが、ギリシア神話のヘファイストスと同一視されている。ヘファイストスはゼウスとヘラの子、あるいはヘラが男なしで生んだ子。母のヘラが醜いのを怒ってオリュンポスからヘファイストスを投げ落としたとも、ゼウスとヘラの諍いを仲裁してゼウスによって投げ落とされたともいう。「巨人族の失墜」とは、ギリシア神話において、ゼウスらオリュンポス神族がティタン神族と戦い、ティタン神族をタルタロスに幽閉したことを指す。

〔七一〕「サムソンとヘラクレス」について。ヘラクレスはギリシア神話中最大の英雄で超人的な力を持つが、サムソンも旧約聖書中の英雄で超人的な力を持つ（士師記、第十三―十六章参照）。

「エリヤとファエトン」について。ファエトンについては訳註〔六九〕を見よ。また、エリヤは旧約聖書中の預言者であるが、その最期は火の車と火の馬に乗り竜巻によって天に昇ったのだという（列王記下、第二章、第十一節を参照）。「ヨセフとヒッポリュトス」について。ヒッポリュトスはギリシア神話中の人物で、テセウスの息子だが、テセウスの妻となったファイドラに不倫の恋を仕掛けられ拒絶し、讒訴され父から恨みを買う。ヨセフは旧約聖書中のヤコブの子ヨセフのことであろう。ヨセフはエジプトでファラオの役人に仕えるが、その妻に言い寄られ拒絶し、讒訴され牢獄に入れられる（創世記、第三十九章を参照）。「ナブコドノゾルとリュカオン」について。リュカオンはギリシア神話におけるアルカディアの王だが、一説では彼とその息子たちはあらゆる人間よりも高慢不敬であった。ナブコドノゾル（ネブカドネザル二世）は旧約聖書中に出てくる人名だが、ユダヤ人の「バビロン捕囚」を引き起こしたバビロニア王である。「タンタロスと悪しき金持ち」について。タンタロスは、ギリシア神話においてゼウスとプルトの子で、巨富を有し神々に愛されていたが、地獄に落ちて永劫の罰を受けている。その罰は池に首まで漬かっているが、喉が渇いて水を飲もうとすると水がなくなり常に乾きにさらされるというものである。「悪しき金持ち」とは、ルカによる福音書、第十六章、第十九―三十一節の乞食ラザロと金持ちの話の中にでてくる金持ちのことであろう。両者とも死んで、金持ちは炎の中で苦しむが、ラザロは何の助けも与えなかった。「イスラエル人のマナと神々のアンブロシア」について。マナは旧約聖書に出てくる、神が荒野でイスラエル人たちに与えた食物（出エジプト記、第十六章、第三十一節など）、アンブロシアはギリシア神話における神々の食物。

〔七二〕聖アウグスティヌスは、原註（一五）でも指示されているとおり、『神の国』、第一巻、第十四章でヨナをギリシア神話中の人物に比較しているが、それはヘラクレスではなくアリオンである。「このようなこと〔ヨナの物語〕を、わたしたちがいま相手としている人びとは、信ぜずに、むしろ嘲笑しようとするけれども、しかし、かれらは自分らの書にみえる――もっとも有名な七弦琴ひきでもあったメテュムナのアリオンが船から投げ出されたとき、いるかの背中に乗せてもらって、陸にまで運ばれたという――話を信じている。」（同書、邦訳「岩波文庫」、一巻五二ページ、服部英次郎訳）

聖キュリロスは、ギリシア教父のアレクサンドリアのキュリロス（三八〇？―四四四年）のこと。このような言及は『十二小預言書註解』にあるのだろうか。テオフュラクトスは、オフリドのテオフュラクトス（オフリドの大主教、一〇五〇―一一〇七～八年）のこと。キュリロスとテオフュラクトスは、ヨナのことをヘラクレスと比較したらしい。訳註〔七八〕を参照せよ。

〔七三〕ダニエル書、第七章、第十節には以下のようにある。「彼の前から、ひと筋の火の流れが出てきた。彼に仕える者は千々、彼の前にはべる者は万々、審判を行う者はその席に着き、かずかずの書き物が開かれた。」（日本聖書協会、一九五五年改訳版による）

「魂の不死についての対話」はプラトン『パイドン』のことであるが、それには以下のようにある。「第三の河は……さらに何度も地中を経めぐって、もっと下方でタルタロスへ流れこむ。この河が〈ピュリプレゲトン（火の河）〉と呼ばれるものであり、その溶岩流が地表のそこここに断片を噴出している。……矯正可能だが重大である過ちをおかしたと判断された者たち……もタルタロスに落ちなければならない……ふつうの殺人者はコキュトスの流れへ、父殺しや母殺しはピュリプレゲトンの流れへと。」（邦訳『世界の名著　プラトンI』、中央公論社、五七八―五七九ページ、池田美恵訳）なお、ピュリプレゲトン〔ピュリフレゲトン〕はギリシア神話で、「火の河」の意味で冥界の河のこと。

また、テルトゥリアヌス『護教論』第四七章には以下のようにある。「かくてわれわれは神の裁きを預言するというので嘲笑をうけている。だが同様に、詩人や哲学者も下界の裁判所を設定している。だが、ひとたびわれわれが地獄の恐るべきことを説き、それは刑罰のためにかくされた業火の庫だといえば、嘲笑されるのである。というのは、死者の世界にはピュリプレゲトンという川（火の川）があるからである。……おたずねするが、一体、哲学者や詩人達はどこからこうも似た考えを得たのであろう。われわれの教義からとったのではなかろうか。」（邦訳『キリスト教教父著作集一四』、教文館、一〇八―一〇九ページ、鈴木一郎訳）

〔七四〕エフタが自分の娘を生贄としたことについては、士師記、第十一章、第三十―三十九節を見よ。イフィゲネイアは、ギリシア神話において、アガメムノンとクリュタイムネストラの娘で、アガメムノンは娘を女神アルテミスに捧げる約束をした。アルテミスは彼女を憐れんで牝鹿を身代わりとした。

〔七五〕ギリシア神話で、フィレモンはフリュギアの貧しい百姓で、バウキスはその妻。ゼウスが人間を試すために人間の姿で旅をしたとき、二人だけが親切に迎えた。人間に対して怒ったゼウスは、二人だけを生かし大洪水を起した。しかし、二人は死を願ったので、その住居は神殿となり、二人はその前に立つ木に変えられた。

〔七六〕ギリシア神話において、ベレロフォンはコリントス王グラウコスの息子で、怪獣キマイラを倒した。天使ミカエルと龍あるいは悪魔との戦いの話については、ヨハネの黙示録、第十二章、第七―九節を見よ。

〔七七〕ヘシオドスは古代ギリシアの詩人で、ホメロスよりやや後の人らしい。神々の系譜を語っている『神統記』のことを言っているのだろう。

〔七八〕この節の第一段落末から第三段落末までは、以下に掲げるラ・モット・ル・ヴァイエ『異教徒の美徳について』の文言を典拠にしていると思われる。「プラトンとその著作に対してこのような慎みのない情熱を抱いた人々は、世界の誕生は創世記におけるより『ティマイオス』における方がずっとよく書けていると思った。『パイドン』の中でソクラテスがシミアスに描くあの美しい国の方が、地上の楽園よりはるかに魅力的だった。また両性具有人のおとぎ話の方が、アダムの肋骨の一本からエバを引き出したというような、モーセが語ったどんなことよりも、比べようもなくうまく作られていた。このようにしてこの時代から、自分たちの祭壇が打ち壊されるのを見た異教徒たちは、彼らの側では聖書の神聖さを汚そうとしたのである。そして、世俗の他のどんな著作家より何世紀も古い、モーセによる書物を通してエジプトにおいて学んだ事柄を、ホメロスやプラトンがその架空のおとぎ話の中で仮装を施して語ったと認める代わりに、まことに無礼にも彼らは正反対のことを主張し、モーセはヘシオドスやホメロスの作り上げたものを書き写したと言おうとした。こうして、オリゲネス〔『ケルソス駁論』〕の別の箇所では、同じケルソスがソドムとゴモラの炎上を、詩人たちがファエトンの思い上がりのせいで世界に引き起こされたとする炎上に比較し、さらに別の箇所ではサタンの失墜をウルカヌスの失墜やユピテルの雷に撃たれた巨人族によるあの他の失墜に比べた。殉教者ユスティノスがしたようにホメロスに見られるアゼウス〔未詳〕の転落には比べていないが。確かに異教徒の無知は甚だしく、悪魔の邪悪さは異常で、神聖な歴史を可能なら価値を低めようとして、歴史上の神に関わる真実の代わりに面白い作り話を仮定しようとしたのである。というのも、かなり多くの人々が、サムソンとヘラクレス、エリヤとファエトン、ヨセフとヒッポリュトス、ナブコドノゾルとリュカオン、イスラエル人のマナと神々のアンブロシアの間の関係を指摘したからである。この点で聖アウグスティヌスはヨナとアリオンを対にし、アレクサンドリアの総主教聖キュリロスや、彼以後のテオフュラクトスは同じヨナのことを、三日三晩鯨の腹の中にいて、はがれた皮とともに出てきたために、リュコフロン〔前三二〇年頃生まれのギリシア詩人、唯一の現存作品は『アレクサンドラ』〕が「三夜」とあだ名を付けたヘラクレスに比較した。聖テオドレトス〔キュロスのテオドレトス、三九三頃—四五八年頃、シリアのキュロスの主教〕は、ダニエルがその預言書第七章で描く火の川のことをプラトンが聞き知っていたと疑いなく思っている。魂の不死に関する対話〔プラトン『パイドン』〕における冥界のピュリフレゲトンはほとんどそれを写したものであるから。また、私たちがエバから受け継いだ原罪を、ラファエル・ヴォラテラヌス〔ラファエロ・マッフェイ、一四五二—一五二二年、イタリアの文学者で十五世紀末の一種の百科事典『都市諸事覚書』を出版〕はパンドラの箱の中に見いだしているということを私は思い出す。」（『十七世紀のリベルタンⅡ』、パリ、ガリマール・プレイヤード叢書、二〇〇四年、五六—五七ページ）

〔七九〕マタイによる福音書、第十九章、第二十四節、およびルカによる福音書、第十八章、第二十五節を参照せよ。

〔八〇〕この節における以上の箇所は、以下に掲げるラ・モット・ル・ヴァイエ『異教徒の美徳について』の文言を典拠にしていると思われる。訳註〔七八〕に引用した箇所の直前の部分である。「オリゲネス〔の書〕で私たちは読むのだが、ケルソスは不敬にも、イエス・キリストは彼が語ったもっともすばらしい金言をプラトンから引き出したと主張した。とりわけ、富んでいる者が天の王国にはいるよりはらくだが針の穴を通るほうがもっとやさしい、という内容のものはそうである、きわめて善良であることときわめて富んでいることが同時に成り立つことはまるで不可能事だとあの哲学者は書いているからだ、と主張した。」（『十七世紀のリベルタンⅡ』、パリ、ガリマール・プレイヤード叢書、二〇〇四年、五六ページ）

〔八一〕「聖ヒエロニムスはエピクロスを……」以下ここまでの箇所は、以下に掲げるラ・モット・ル・ヴァイエ『異教徒の美徳について』の文言を典拠にしていると思われる。「聖ヒエロニムスについて言えば、『ヨウィニアヌス駁論』の第二巻でこの哲学者〔エピクロス〕を推奨して驚くべきことを言っている。キリスト教徒に向かってエピクロスのことを持ち出して彼らの放埒さを恥じ入らせようとし、彼のどんな作品も一様に野菜と果物と節制でいっぱいだと指摘している。さて、では何がこの二人の偉人〔セネカとヒエロニムス〕のどちらにもこれほど彼に有利な判断を下さざるをえなくしたのかを考察してみよう。エピクロスの快楽にはありとあらゆる節度が伴っているのはまちがいのないことで、親友たちに書き送ったものから見ると、彼の最上の食事とは通常、パンと水にわずかのチーズを添えたものからなっていたと分かる。」（『十七世紀のリベルタンⅡ』、パリ、ガリマール・プレイヤード叢書、二〇〇四年、一一三ページ）

〔八二〕「あの哲学者は異教徒でありながら……」以下ここまでの箇所は、以下に掲げるラ・モット・ル・ヴァイエ『異教徒の美徳について』の文言を典拠にしていると思われる。「その道徳には、……幸運に恵まれて理性を十分に使えないよりは、不運でかつ理性的であるほうがよいと書かれている。……このような幸運がまったくまれにしか英知と結ばれないのは、人生に関する間違いのない格率のひとつだとも彼は付け加えた。さらに、しっかりした真の快楽と分かちがたい資質である深慮と誠実さと公正が幸福に伴う限りでしか、人は幸せにも、喜びとともにも生きられないことを倫理学全体の基礎としている。」（『十七世紀のリベルタンII』、パリ、ガリマール・プレイヤード叢書、二〇〇四年、一一四ページ）

〔八三〕エピクテトスに関するこのエピソードについては、以下のラ・モット・ル・ヴァイエ『自由と隷属について』（一六四二年）の文言が典拠の一つだと思われる。「実際、彼は隷属し、ネロの近衛隊長エパフロディトゥスの奴隷の一人という辛い状態に置かれていたが、常に主人より比較を絶して自由だったようだ。ある日、エパフロディトゥスが彼の足をひどく殴りつけると、私の足を折らないように気をつけてください、とエピクテトスは平然と言った。この残酷な男が即座に倍も殴り、彼の足の骨を折ってしまうと、エピクテトスはどんな時代からも賞賛されてよいような笑みを浮かべて、だからあなたは私の足を折って遊ぶと言ったではないですか、と付け加えた。このことで、イエス・キリストよりエピクテトスの方が好ましいと不遜にも語ったケルソスの不敬をオリゲネスが指摘したことは私もよく知っている。」（『ラ・モット・ル・ヴァイエ著作集』、ドレスデン、一七五六―一七五九年、第三巻一部、二一五―二一六ページ）

〔八四〕マタイによる福音書、第二十七章、第四十六節、およびマルコによる福音書、第十五章、第三十四節を参照せよ。「そして三時ごろに、イエスは大声で叫んで、〈エリ、エリ、レマ、サバクタニ〉と言われた。それは〈わが神、わが神、どうしてわたしをお見捨てになったのですか〉という意味である。」（マタイによる福音書、第二十七章、第四十六節、日本聖書協会、一九五五年改訳版による）

〔八五〕アリアノス（九五頃―一七五年）はギリシアの歴史家で為政者。ストア主義哲学者エピクテトスに師事し、その語録を編んだ。エピクテトスの教えは、彼が編んだ『語録』（全八巻中四巻が現存）とその簡約版『提要』によって残った。

〔八六〕ルカによる福音書の以下の箇所を想起しているのだろう。「ある安息日にイエスが麦畑の中をとおって行かれたとき、弟子たちが穂をつみ、手でもみながら食べていた。すると、あるパリサイ人たちが言った、〈あなたがたはなぜ、安息日にしてはならぬことをするのか〉。そこでイエスが答えて言われた、〈あなたがたはダビデとその共の者たちとが飢えていたとき、ダビデのしたことを読んだことがないのか。〉」（ルカによる福音書、第六章、第一―三節、日本聖書協会、一九五五年改訳版による）

〔八七〕イエスの墓でイエスの復活を天使から女たちが告げられたという、聖書の次の箇所を想起しているのだろう。「〈あなたがたは、なぜ生きた方を死人の中にたずねているのか……〉。そこで女たちは……これらいっさいのことを、十一弟子や、その他みんなの人に報告した。この女たちというのは、マグダラのマリヤ、ヨハンナ、およびヤコブの母マリヤであった。」（ルカによる福音書、第二十四章、第五―十節、日本聖書協会、一九五五年改訳版による）しかし、ヨハネによる福音書、第二十章、第十八節では、マグダラのマリアだけが墓で復活したイエスに会い、一人でそのことを弟子たちに知らせている。異文（131）で見られるように、一七一九年版では本文は「ある女の話を基に」となっており、本文に付された原註では、まさしくヨハネによる福音書、第二十章、第十八節を指示している。

〔八八〕使徒行伝の以下の箇所を想起しているのであろう。「ところが、道を急いでダマスコの近くにきたとき、突然、天から光がさして、彼をめぐり照らした。彼は地に倒れたが、その時〈サウロ、サウロ、なぜわたしを迫害するのか〉と呼びかける声を聞いた。……サウロの同行者たちは物も言えずに立っていて、声だけは聞こえたが、だれも見えなかった。サウロは地から起き上がって目を開いてみたが、何も見えなかった。」（使徒行伝、第九章、第三―八節、日本聖書協会、一九五五年改訳版による）その他、同書、第二十二章、第六―十一節、第二十六章、第十二―十八節をも参照せよ。

〔八九〕コリント人への第二の手紙の以下の箇所を想起しているのであろう。「わたしはキリストにあるひとりの人を知っている。この人は十四年前に第三の天にまで引き上げられた。……この人が――それが、からだのままであったか、からだを離れてであったか、わたしは知らない。神がご存知である――パラダイスに引き上げられ、そして口に言い表せない、人間が語ってはならない言葉を聞いたのを、わたしは知っている。」（コリント人への第二の手紙、第十二章、第二―四節、日本聖書協会、一九五五年改訳版による）

〔九〇〕メッカのクライシュ部族、とりわけこの部族の中の大商人階級のことを言っているのであろう。次註をも参照せよ。

〔九一〕マホメットも、メッカの町に住むクライシュ部族のハーシム家に生まれた。しかし、六一四年のマホメットによるイスラム教大衆伝道以後、クライシュ部族指導層である大商人階級はマホメットを迫害し、彼は六二二年九月二十四日にメッカを脱出しヤスリブ（後のメディナ）に移った。これがマホメットのヒジュラ（移住）である。六二四年三月、クライシュ部族の大隊商を襲うマホメット指揮のイスラム教徒と、クライシュ部族の軍勢がメディナの西南バドルで戦い、イスラム教徒が勝利する。このバドルの勝利以後、両者の戦いは激化し、六三〇年一月、ついにマホメットは一万の軍勢を率いてメッカを包囲し、クライシュ部族は降伏してメッカは完全にマホメットに服従することになった。この間の事情を語っているのであろう。

〔九二〕創世記の以下の箇所を参照せよ。「さてヤコブはベエルシバを立って、ハランへ向かったが、一つの所に着いた時、日が暮れたので、そこに一夜を過ごし、その所の石を取ってまくらとし、そこに伏して寝た。時に彼は夢を見た。一つのはしごが地の上に立っていて、その頂は天に達し、神の使たちがそれを上り下りしているのを見た。そして主は彼のそばに立って言われた、……。ヤコブは朝はやく起きて、まくらとしていた石を取り、それを立てて柱とし、その頂に油を注いで、その所をベテルと名づけた。」（創世記、第二十八章、第十―十九節、日本聖書協会、一九五五年改訳版による）

〔九三〕マホメットの甘言により、空井戸の底で圧死させられたマホメットの腹心の話については、異文（145）で示したように、一七一九年版では原註が付けられ、出典の一つとしてガブリエル・ノーデ『非常手段に関する政治的考察』（一六三九年）の一節が掲げられている。以下に原典からその一節を再録しておく。「マホメットはいちばん忠実な召使に、大通りに近いとある井戸の底へもぐって、いつもどおり大勢の伴をつれて自分がそこを通る時、〈マホメットは神にめでられた者だ、マホメットは神にめでられた者だ〉と叫ぶように説得した。マホメットの提案どおりに事は運んだが、すると彼は間髪をいれず、こんな驚くべき証言をしてくれた神の慈愛に感謝して、即刻この井戸を埋め、この奇蹟を記念するため上に小さな寺院《モスク》を建ててほしいと付き従う民衆に言った。その思いつきで哀れな召使はたちどころに殺され、小石の雨の下に埋まってしまい、あの奇蹟のインチキを暴露する手段を永久に奪われてしまった。

サレドソノ声ヲ土クレト口数多キ葦ガ受ケ取ッタノミ（ペトロ

ニウス『短詩』）」（ノーデ『非常手段に関する政治的考察』、一六六七年版、一四五―一四六ページ）

ノーデはこの挿話について、『誤って魔術の嫌疑をかけられたすべての偉人のための弁明』（一六二五年）では少し異なった書き方をしている。「マホメットは仲間の一人を地面の下に隠れさせて、自分が大勢の民衆を引き連れて通りかかるのを聞いたら、〈マホメットは神から遣わされた、生ける者の中で最大の預言者だ〉と、管を通して叫ぶようにと命じ、この男はきわめて巧みにこれを実行したが、忘恩の仕打ちを受けることになった。というのも、この奇蹟のまやかしがけっしてばれないようにしようと思ったマホメットは、その場にいたすべての人々に、これほどすばらしい啓示を受けた場所を記念するために、そこに大きな石寄せを作り、石を積み上げてくれるよう頼んだからだ。彼らはただちに大変敬虔な気持でこれを行ったので、地下にいたこの哀れな天使はたちどころに埋められ、その大きな石の山の重みでつぶされてしまった。」（ノーデ『誤って魔術の嫌疑をかけられたすべての偉人のための弁明』、一六二五年版、二三二―二三三ページ）

また、ヴァニーニ『自然の驚くべき秘密について』（一六一六年）の一節にも同様の挿話が見られる。「同じように、不敬なマホメットも手下の一人を説得して穴の中に隠れさせました。その後で、そこに赴くと、〈私は神である。お前たち全員に宣告する、私はマホメットをあらゆる民のために私の最大の預言者として指名した〉という声が聞こえてきました。このことは真実と見なされましたが、マホメットはペテンが知られるのを恐れ、すでに魅惑されている民衆のほうに向かい、主の名において彼らにこう命じたのです。かつてのヤコブのように、神が声を聞かせてくださったここに祭壇を建てるように、と。すぐに皆は穴の中に石を投げ込み、哀れな男は押しつぶされました。この石の山こそがイスラム教の礎と見なされましたが、千年たったあともこの宗教は依然として勢力を増し、いささかも瓦解するようには見えません。」（ルイジ・コルヴァリア校訂『ジュリオ・チェーザレ・ヴァニーニの著作とその典拠』、第二巻『自然の驚くべき秘密について』、ガラティィナ、一九九〇年、三二九ページ）

なお、はじめに引いたガブリエル・ノーデ『非常手段に関する政治的考察』からの一節は、ピエール・ベール『歴史批評辞典』、「マホメット」の項、注Uの中に引用された（邦訳『ピエール・ベール著作集』、法政大学出版局、第四巻六八一ページ、野沢協訳を参照）。マホメットのペテンに関するこの挿話は、この辞典などを通じて十八世紀はじめには広く知られていたと思われる。

〔九四〕本章10節末尾で言及された「モーセの最期」を想起しているのだろう。

〔九五〕ギリシア神話において、レダはアエトリア王テスティウスの娘で、白鳥の姿に身を変えたユピテルと交わり、二個の卵を産み、それからヘレネ、ポルクス、カストル、クリュタエムネストラが生まれたとされる。

〔九六〕十七世紀中頃のリベルタン詩人、ブロ男爵クロード・ド・シュヴィニィの詩句と言われる。アントワーヌ・アダンが写本から収集したものは以下のようになっている。「一羽の鳩が一人の乙女をその羽ばたきで覆った、私はそんなことは一切信じない。フリュギアでも同じことが言われているし、レダの美しい白鳥はマリアの鳩と変わりはない。」（アントワーヌ・アダン『十七世紀のリベルタン』、パリ、一九六四年、七七ページ。）

〔九七〕以下のサムエル記上、第八章、第一―五節を想起しているのであろう。「サムエルは年老いて、その子らをイスラエルのさばきつかさとした。……しかしその子らは父の道を歩まないで、利にむかい、まいないを取って、さばきを曲げた。このとき、イスラエルの長老たちはみな集まってラマにおるサムエルのもとにきて、言った。〈あなたは年老い、あなたの子たちはあなたの道を歩まない。今ほかの国々のように、われわれをさばく王を、われわれのために立ててください。〉」（日本聖書協会、一九五五年改訳版による）

〔九八〕ピエール・ベール『歴史批評辞典』、「サドカイ派」の項の本文中における以下の文章などが典拠の一つであろうか。「また別の箇所では、〔ヨセフスは〕パリサイ派とサドカイ派は犬猿の仲で、金持はサドカイ派に肩入れしたが、パリサイ派は細民を味方につけたと言っている。」（邦訳『ピエール・ベール著作集』、法政大学出版局、第五巻四六二ページ、野沢協訳）あるいは、ベールの典拠の一つでもある、フラウィウス・ヨセフス『ユダヤ古代誌』の以下の文章などを直接想起しているのかもしれない。「そして、これらのこと〔口伝律法の正統性〕に関して、両派の間に激しい論争がおこったが、サドカイ派を支持したのは富裕な人たちだけで、大衆の中には追随者は全くなく、これに反しパリサイ派は、大衆の圧倒的支持をうけていた。」（邦訳、ヨセフス『ユダヤ古代誌』XII—XIII、山本書店、三三二ページ、秦剛平訳）なお、タルムードへの出典指示については未詳。

〔九九〕ピエール・ベール『歴史批評辞典』、「レオ十世」の項、注Ｉにおける以下の文章などが典拠の一つであろうか。「言い伝えによると、秘書のベンブスが福音書の何かを引き合いに出すのを聞いて、この人はこう答えたという。イエス・キリストのあのおとぎ話がわしらの得になったのは昔からわかっていることさ、と。」（邦訳『ピエール・ベール著作集』、法政大学出版局、第四巻四六一ページ、野沢協訳）

〔一〇〇〕プラトン『饗宴』の以下の箇所を想起しているのであろう。「さて、アリストパネスは、つぎのような話をした、〈……さて、諸君は、はじめに、人間の本性と、かつて人間にかかわりのあった事件とを学ばなければならない。そのむかし人間の本然の姿は、こんにち見られるものとは同じからぬ、それとは異なったものなのであった。第一に、人間は三種類あった。すなわち、こんにちの男女二種類のみでなくて、第三の者がその上に存在していたのだ。それは男女両性を合わせもつ者で、名前だけは現在も残っているが、その者自体はすでに消滅してしまっている。つまり《アンドロギュノス（男女）》というのが一種をなしていて、容姿、名前とも男女を合わせもっていた。〉」（邦訳『世界の名著　プラトンＩ』、中央公論社、一三〇ページ、鈴木照雄訳）この寓話によれば、神々に戦いを挑む人間たちを懲らしめようと、ゼウスらは人間を二つに切り分け、しかし人間の絶滅は望まなかったので、男と女がかつての姿を求めてからみあう場合には生殖できるようにしたという。

〔一〇一〕訳註〔七二〕を見よ。

〔一〇二〕ヨウィニアヌス（?—四〇六年以前）は、教会の禁欲主義に反対したローマの修道士で、ヒエロニムスは三九二年にこの著『ヨウィニアヌス駁論』を書いた。

〔一〇三〕アンリ・ド・ブーランヴィリエ、一六五八—一七二二年。ノルマンディの貴族、軍人で後に研究に没頭。歴史家として名高く、『フランスの古き統治の歴史』（一七二七年）など、中世封建制下の貴族を理想化し絶対王制を批判した歴史書は著名。反面、非正統的なあらゆる思想に関心を示し、スピノザの『エチカ』を仏訳し（刊行は二十世紀になってからである）、その反駁を装った解説文や、以下に引かれるマホメットの伝記などを著したが、それらはみな死後刊行だった。

〔一〇四〕私たちが参照した、ブーランヴィリエ伯爵『マホメット伝』、ロンドン、一七三〇年版では、二四六—二四七ページ。

ただし、この版によれば、引用後半の「実際、彼が語ったことは、宗教の本質的な教義に関してはみな真である。ただ、真なることを全部語ったわけではない」の部分に、原典では以下のような強調が見られる。「実際、彼が語ったことは、宗教の本質的な教義に関してはみな**真**である。ただ、**真**なることを**全部**語ったわけではない。」

〔一〇五〕私たちが参照した、ブーランヴィリエ伯爵『マホメット伝』、ロンドン、一七三〇年版では、二四八ページ。ただし、この版によれば、引用冒頭の「マホメットは……」は、原典では「ペテン師マホメットは……」となっている。

第四章

〔一〕この節に関しては、典拠である可能性があるものとして、スピノザ『エチカ』、第一部「神について」、「定理一八、神は、あらゆるものの内在的原因であって超越的な原因ではない」（邦訳『世界の名著、スピノザ・ライプニッツ』、中央公論社、一〇〇ページ、工藤喜作・斉藤博訳）、「定理二九、自然の中には何一つ偶然的なものは存在しないし、いっさいは神の本性の必然性から一定の仕方で存在や作用へと決定されている」（同書、一〇八ページ、工藤喜作・斉藤博訳）、および、「スピノザからオルデンブルクへの書簡七三」（邦訳「岩波文庫」『スピノザ往復書簡集』、三三五ページ、畠中尚志訳）を参照せよ。また、スピノザ『神学・政治論』、第四章「神の法について」における以下の箇所、「これをもって我々はこう結論する。神は民衆の把握力に応じてのみ、また民衆の認識力の不足によってのみ、立法者あるいは君侯として叙述され、また正義者・慈悲者などと呼ばれるのである、また神は実際においては自己の本性と完全性との必然性によってのみ行動しかつそれによってのみ一切を指導するのである、最後にまた神の決定と意欲とは永遠の真理であり、常に必然性を含んでいるのである、と」（邦訳「岩波文庫」、上巻一六五ページ、畠中尚志訳）も典拠の一つであろう。

〔二〕インフェルヌス、インフェリ、ハデス。「インフェルヌス」はラテン語で「地下の、地獄の」を意味する形容詞。「インフェリ」はラテン語で「地獄」を意味する名詞複数形。なお、異文(19)で示されているように、一七一九年版では、「インフェルヌス」は「インフェルス」となっている。「インフェルス」はラテン語で「下の、下位の」を意味する形容詞である。「ハデス」はギリシア語で「死者の国、死者の国の支配者」を意味する。

第五章

〔一〕この第2節の出典の一つは、ギヨーム・ラミ『解剖学談話』（一六七五年初版）、「談話六」の以下の各箇所であろう。「それ〔魂〕は霊であると考える者もいれば、肉体のあらゆる部分の調和だと考える者もおり、神的な働きや神性の小部分だという者もいれば、ごく微細な空気とする者もいるし、非物質的な力とする者もいる。この問題についてはさまざまな見解が迷宮のようになっているから、それは血液あるいは熱だと言う者さえいる。ここで迷わないように、また少し秩序立てて主要な見解をお伝えするために、私は哲学者たちを二つの派に分けよう。一方は魂は非物体的だと信じ、他方は物体的だと信じたのである。

非物体的な魂を信じた人々の中には、それは一つの実体、すなわち肉体とは分離され自らで存続できる存在だと言った者もいる。それは形相、性質、偶有性、あるいは肉体と分かちがたく結びついたなにものかだと考えた者もいる。」（ギヨーム・ラミ『解剖学談話』、アナ・ミネルビ・ベルグラード校訂版、パリ、ユニヴェルシタス、一九九六年、九九ページ）「そう仮定して、みなさん、私はこれから脳において血液の運動がどのようになされるか、どのように動物精気がそこから蒸留され、粗大な血液や粘液から分離されるか、さらにどのように動物精気が神経を伝って体全体に分配されるかを説明してみよう。」（同版、九七ページ）なお、ギヨーム・ラミ（一六四四―一六八二年）は、フランスの医師、哲学者。パリ大学で医学博士となり、パリで開業した。哲学者としてはガッサンディ派であった。著作としては『解剖学談話』（一六七五年）、『感覚的霊魂の機能の力学的・物理的説明』（一六七八年）などがあるが、その霊魂論はいくつかの十八世紀哲学的地下文書で利用された。

〔二〕この第3節の出典の一つは、ギヨーム・ラミ『解剖学談話』、「談話六」の以下の箇所であろう。「ピュタゴラスとプラトンは、その一派の人々とともに、はじめの見解〔魂は非物体的である〕を支持し、魂は自ら動く本性を持つもので、動物の個々の魂はみな宇宙の普遍的霊魂の一部であり、非物体的で不死である、と考えた。要するに、千の小さな火もそれが取ってこられた一つの大きな火と同じ性質であると思い描けるように、個々の魂も宇宙の普遍的霊魂と同じ性質である、と考えた。」（同上、九七ページ）なお、ピュタゴラスは、前六世紀頃のギリシアの宗教家、数学者、哲学者。輪廻、転生から解脱を得るために、特別の戒律を守る新宗教の一派を主宰した。

〔三〕「もう少し粗大な」は一七六八年版の原文では「もう少し粗大でない」となっているが、これでは意味不明なので訳文のように修正した。異文〔二〕で示したように一七一九年版では対応箇所は「もう少し粗大な」となっている。

〔四〕この第4節の出典の一つは、ギヨーム・ラミ『解剖学談話』、「談話六」における以下の二つの箇所であろう。「だから、きわめて純粋で、非物質的で、不可視で、不死で、すべてを知り、つねに動いている一実体によって、世界は活力を与えられており、この実体はあらゆる運動の源であり、その小部分たるもろもろの魂の源でもある、とこれらの哲学者が考えたことを知らねばならない。さて、このもろもろの魂は、きわめて純粋で高貴な神的本性を備えているので、これらの哲学者が言うには、私たちが目にしている粗大な物体と直接合体することはできず、まずもっとも細かく微細で繊細な部分、いわば物質の精髄と合体する。したがって、これらの魂は最初の衣として、きわめて純粋な炎ないしきわめて微細な物体を、私たちが大気の上にあると思い描くものと同じ本性のものをまとう。ついでさらにもう少し粗大な物体を身に付け、それからもっと粗大な別の物体を身に付けるというように、段階を追って行き、ついには動物の感覚的な体と合体できるようになり、薄暗い地下牢や墓場にはいるようにそこまで降りる。というのも、これらの哲学者によれば、肉体の生は魂の死なのである、魂は肉体に埋葬されているかのようで、自己のもっとも高貴な機能をそこでは弱々しくしか発揮できない。逆に、肉体の死は魂の生なのである、魂は牢獄から脱出し、物質から解き放たれて、自らが出てきた世界霊魂と再合体するからだ。

こうして、これらの哲学者の考えによれば、動物の魂はみな同じ本性のもので、その機能の多様性はもっぱらそれが入り込む肉体の差異に由来するという。」（同上、九九―一〇〇ページ）「しかしこの哲学者〔アリストテレス〕の考えをもっとよく理解するためには、彼がすべての人間に共通する普遍的悟性を認め、これが各人の個別的悟性に対して、光が目に対してするのと同じ働きをするとしたことを知らねばならない。こうして、光がさまざまな対象を目に見えるようにするのと同じく、普遍的悟性がさまざまな対象を理解可能なものにする。この哲学者によれば、この悟性は非物質的で壊敗しえないが、各人の個別的悟性は物質と分かちがたく結びつけられた形相で、他のものと同じく壊敗する。

彼は魂について二つの定義をした。一つは形而上学的な、きわめてあいまいなもので、もう一つはもっと明確だが、誰でも知っていることしか言っていない。彼は魂を私たちが生き、感じ、概念し、動くようにさせるものとした。誰でもそれには同意するだろうが、そのように高貴な機能の源であり原理であるこの存在は何であるか、と人は問うのである。それは彼が答えていない難問だ。魂の本性にかんする疑問の解明はアリストテレスに求めるべきでないのは確かである。」（同上、一〇一ページ）

〔五〕ディカイアルコス。前四世紀後半のギリシアの哲学者、歴史家、地理学者。多くのことは知られていないが、アリストテレスやテオフラストスの弟子だったと言われている。後期ギリシア・ローマの著作家たちがよく用いる多くの著作を著わしたが、断片のみしか現存していない。霊魂、神託、予言の本性について述べた著作も残した。

〔六〕アスクレピアデス。前一世紀前半のギリシアの医者、ビテュニアのアスクレピアデスのこと。故郷ビテュニアから勉学のためにアテナイへ出、ローマで著名な医者となった。デモクリトスの原子論的理論まで借りた、折衷的で実践的な医療理論を持っていたらしい。

〔七〕ガレノス。ギリシアの医者、著作家、一二九―一九九年。ペルガモンの生まれで、ローマで医者として盛名をはせた。医学の面では解剖と病理に詳しく、その解剖学は中世にいたるまで標準となった。

〔八〕この第5節の出典の一つは、ギヨーム・ラミ『解剖学談話』、「談話六」の以下の箇所であろう。「魂を非物体的なものと信じた別の哲学者たちは、魂は肉体のすべての部分の調和にほかならぬ、すなわち、諸元素とその諸特性の正確な混合と、諸部分・諸体液・諸精気のありようから結果するものにほかならぬ、と言った人々である。こうして、この意見によれば、健康は健康な人のうちにあるとはいえ、けっしてその人の一部分ではないように、魂も動物のうちにあるとはいえ、けっして動物の諸部分の一つではなく、動物を構成するあらゆる部分の相互的一致なのである。ディカイアルコスやアスクレピアデスはこういう見解を取り、しっかりと決定したわけではないが、ガレノスさえもその見解に従っているように思える。
アリストテレスやこの最後の著作家たちは、私がお伝えする意味で非物体的な魂を信じていたことに、どうか注意していただきたい。すなわち、魂はけっして物体ではなく、物体に分かちがたく結びつくあるものでしかない、というのである。哲学教育の慣習にならうなら別の言い方になるだろうし、これらの哲学者の見解によれば魂は物体的だと言うことになるだろう。単に物体であるものだけでなく、物質と切り離せない形相や偶有性というものすべてを、学校では**物体的**〔ラミによる強調〕と呼ぶからである。」（同上、一〇一ページ）

〔九〕ディオゲネス（アポロニアの）。前五世紀のギリシアの哲学者。空気が万物の素材だというアナクシメネスの説を継ぎ、生理学に関する著作も残したらしい。

〔一〇〕この段落の出典の一つは、ギヨーム・ラミ『解剖学談話』、「談話六」の以下の段落であろう。「魂を物体と考えた哲学者たちには、それは単体だと言う者も、複合体だと言う者もいた。はじめの者の中では、魂が土からなると言った者はおらず、水からなると思った者もごく少数で、多くは空気から作られていると考え、そこから呼吸の必要性を引き出した。ディオゲネスはストア派のある者たちとともにこの見解に与したが、彼らは魂を口から肺をとおって心臓に達し、そこで暖められて全身へ分配される

空気であると定義した。」（同上、一〇二ページ）
〔一一〕レウキッポス。前四四〇年頃に活動したギリシアの哲学者。ミレトスに生まれ、デモクリトスの師として原子論を創始した。デモクリトス。前四六〇頃—前三七〇年頃。ギリシアの哲学者。トラキアのアブデラの人。レウキッポスを師として原子論を確立した。
〔一二〕ヒポクラテス。前四六〇頃—前三七五年頃。ギリシアの医学者。コス島の人。
〔一三〕エンペドクレス。前四九三頃—前四三三年頃。ギリシアの哲学者。シチリア島のアクラガスの人。パルメニデスに反対して多元論を唱え、万物は火、風、水、土の四元素の混合であるとした。
〔一四〕エピクロス。前三四一—前二七〇年。ギリシアの哲学者。サモス島で生まれたらしい。アテナイで学校を開き、デモクリトスの原子論を引き継いだ。
〔一五〕「レウキッポスとデモクリトスは……」からここまでの二段落における出典の一つは、ギヨーム・ラミ『解剖学談話』、「談話六」における以下の二段落であろう。「レウキッポスとデモクリトスは魂が火からなると信じた。魂は火と同じように、あらゆる部分にやすやすと入り込めその肉体を動かせる原子からできていると信じた。ヒポクラテスは魂を水と火から、エンペドクレスは四元素から構成したように思われる。
エピクロスは、デモクリトスの見解からそれほど離れることはありえなかったが、それでも、魂は火と、空気と、蒸気と、名前はないが感覚の原理であるもう一つの実体とからできていると信じた。これら四つの異なった実体からきわめて微細な精気が作られ、それが全身に広がっていて、この哲学者の見解によれば、これを**魂**〔ラミによる強調〕と呼ぶべきなのである。」（同上、一〇二ページ）
〔一六〕この段落は、ギヨーム・ラミ『解剖学談話』、「談話六」における以下の三段落を要約したもののように思われる。「魂は非物体的な実体だと信じた人々の中にデカルトも含めておくべきだったろう。しかし、彼は特殊な仕方でその意見を提出しているので、私は最後までとっておいた。彼は他の哲学者たちと正反対のことを考えた、少なくとも正反対のことを言った。
彼以外はみんな、魂より体のほうがずっと分かりやすいと信じたし、大部分の者は魂とはなにか決められないと認めた。彼は反対に、魂は体より簡単に知られると断言した。しかし、彼はそれほど分かりやすくない方法を提案する。各人がすべての物体の実在を、自分自身の体も例外とせずに疑うように、と言うのである。まるで、すべてを疑うことはたいしたことでもないかのように、物体は存在しないと確信した上で、各人が次のように推論するように、と言うのである。すなわち、物体は存在しない、それでも私は存在する、ゆえに私は物体ではない、では私はなんなのか、と。こうしてそれが見つかったのである、私は思考する実体である、というわけだ。

実際、デカルトほどのすばらしい精神の持ち主がここでまじめに語ったとは私には信じられない。〔中略〕しかしながら、人が思いついたものの中でも、この凝った議論がもっとも奇妙だと私に思える理由を、ついでながら簡単に述べておきたい。」（同上、一〇二—一〇三ページ）
〔一七〕「考えないと人が考えることも時にはある」と訳した原文は、翻訳の底本とした一七六八年版では、on pense quelquefois ne point penser となっているが、以後の版が訂正しているように、これはおそらく on puisse quelquefois ne point penser の誤植で、「人が考えないことも時にはありうる」と訳すべきなのであろう。

異文（29）で示すように一七一九年版でも同じく、on puisse quelquefois ne point penser「人が考えないことも時にはありうる」となっている。

〔一八〕翻訳の底本とした一七六八年版にある原語はouであり、ここで示したように「あるいは」としか訳せない。以後の版もouとなっている。しかし、これでは論旨が明確でない。異文（30）で示すように、一七一九年版では「さてor」となっており、この方が分かりやすい。また、次注で示す出典と思われるギヨーム・ラミ『解剖学談話』の文でも、「さてor」となっている。一七六八年版のouはorの誤植であろうか。

〔一九〕ここに提出されている一から三までの論拠は、ギヨーム・ラミ『解剖学談話』、「談話六」における以下の段落を典拠にしているように思われる。「一、提唱される懐疑は不可能なものである。たしかに、人はさまざまな物体が存在すると考えることから精神をそらせることはありうるが、そのことを考えているときに、さまざまな物体が存在することを疑うことはありえない。

二、さまざまな物体が存在するとはとても思えないと言えるにはまず、そのように言うこの存在が、自分は物体の一つではないと確信していなければならない。なぜなら、デカルトが認めているように、その存在は自らについて疑うことはできないのだから。さて、彼がそのことを確信しているなら、その懐疑は無駄なものである。

三、デカルトはこのような道によって私たちにどんな新しい発見をさせてくれるのか。魂は思考する実体だと彼は教えてくれる。いまだかつてそれを知らなかった者がいるだろうか。そんなことが問題だろうか。魂の本性についてどんな見解を持つとしても、魂は思考する実体である、少なくとも思考するなにかであるといつでも認められてきたではないか。だが、思考するこの実体がなんであるかを決めることが難問なのである。これについて、他のだれよりはるかにわずかしか彼は考えを表明していない。」（同上、一〇三ページ）

〔二〇〕「7節」の冒頭からここまでの典拠は、ギヨーム・ラミ『解剖学談話』、「談話六」における以下の箇所のように思われる。「動物の魂はすべての動物において本性は同じで、もっぱら器官と体液の差異によって異なる機能をもつにすぎないが、それについて人が抱きうるもっとも本当らしい説は、私がこれから述べるものである。確かに、世界にはきわめて微細な精気が、あるいは、非常に細かで、常に運動している物質が存在している。その大部分は、いわばその源は太陽にあるが、あとは他の諸物体の中に、それらの本性や強固さに応じ多かれ少なかればらまかれている。まさしくこれが世界霊魂で、世界を統《す》べ、世界を生かし、それの一部をあらゆる諸部分がもっている。これは宇宙の中のもっとも純粋な火であり、自ら燃えることはないが、それが入り込む他の物体の微粒子にさまざまな運動を与えて燃え、熱を感じさせる。

目に見える火はこの精気を多く有し、空気も同様で、水にははるかに少なく、土にはごくわずかしかない。複合体の中では、鉱物がそれを含むことはもっとも少なく、植物にはより多く、動物にはさらにいっそう多く含まれる。これこそがそれらの魂を作り、それらの体の中に閉じ込められて、感覚を可能にするのである。

〔一段落省略〕

したがって、動物の魂とは、私たちが**動物精気**と呼んでいる、体の諸部分に配分されているものである。〔この段落の以下を省略〕

人間の中には、獣の魂のように死ぬと消え去るこの魂のほかに、神の手から直接に出てきて、前述の精気を介して体と結びつけられる、非物質的で不死の魂が存在する、と信仰は私たちに教えて

いる。」（同上、一〇四―一〇六ページ）

〔二二〕ピエール・ベール『歴史批評辞典』、「アヴェロエス」の項の本文における以下の箇所、「〔アヴェロエスは〕アリストテレスにきわめて強い愛着を抱き、その著作を非常に巧みに註解した……。彼〔アヴェロエス〕が発案したといわれる説は非常に不合理で、キリスト教の正統にも非常に反している（E）……。それは、人類の各個体が理性的霊魂の機能を発揮するかぎりにおいて、一なるままですべての個体に宿るひとつの知性があるというものだった。」（邦訳『ピエール・ベール著作集』、法政大学出版局、第三巻四五七ページ、野沢協訳）、および同箇所への注（E）（同上、四五九―四六四ページ）を指示しているのであろう。ただし、本文の典拠としては、この原註とは異なり、本章の訳註〔四〕で示したように、ギヨーム・ラミ『解剖学談話』、「談話六」をあげるべきだろう。

第六章

〔一〕本書の「第三章1―3節」を指すのであろう。

〔二〕この「1節」の典拠の一つは、ホッブズ『リヴァイアサン』、第四部「暗黒の王国」、第四五章「魔物学およびその他の異邦人の宗教の遺物について」の以下の箇所であろう。「視覚のこの性質は、古代の、自然の知識をもつと称する人々によって、けっして発見されなかったし、まして自分たちにとっての現在の有用性からこれほど（その知識がそうであるほど）とおいものごとを、考察しない人々によっても、そうであったから、人々が空想や感覚のなかのこれらの像を、じっさいにわれわれのそとにあるものごとではないのだと、考えないのは困難であった。ある人々はそれらを、（それらは消えさり、どこへかも、どうしてかも、人々は知らないので）、絶対的に無形なもの、いいかえれば非物質的なもの、質料のない形相、色あるいは形のある物体を何ももたない色と形だと、したがるであろうし、それらは、われわれの肉体の目に見えるようになりたいときにそうするためには（衣服のように）希薄な物体を着ることができるのだと、いうであろう。そして、他の人々がいうところでは、それらは物体であり、生きた被造物なのだが、空気あるいは他のもっと微妙で希薄な物質からなっていて、それらがみられるようになるときは、その物質が凝縮されるのである。」（邦訳「岩波文庫」、第四巻六五―六六ページ、水田洋訳）

〔三〕この「2節」の典拠の一つは、ホッブズ『リヴァイアサン』、第四部「暗黒の王国」、第四五章「魔物学およびその他の異邦人の宗教の遺物について」の以下の箇所であろう。前訳註に引用した箇所に続く箇所である。「しかし、かれらはいずれも、それらに対するひとつの一般的名称すなわち**魔物**については一致する。これはちょうど、かれらが夢みる死者たちが、かれら自身の頭脳の住人ではなく、空中あるいは天あるいは地獄の住人であり、幻影ではなく幽霊であるかのようであって、これにはつぎのこととまさにおなじく、理由がない。すなわちこれは、人が鏡のなかにかれ自身の幽霊をみたとか、川のなかに星の幽霊をみたとかいい、一フットぐらいの量の、太陽の通常の出現を、目に見える全世界をあかるくするあの偉大な太陽の、魔物または幽霊とよぶのと、同じく理由がないのである。そうすることによって、かれらはそれらを、自分たちに対して利益または損害をあたえる未知のすなわち無限の力をもつものごととして、おそれてきたのであり……」（邦訳「岩波文庫」、第四巻六六―六七ページ、水田洋訳）

〔四〕ヘシオドス。古代ギリシアの詩人。ホメロスよりやや後の人らしい。『仕事と日々』、『神統記』が主作品。「第三章」の訳註〔七七〕でもヘシオドスについては簡単に註記した。訳註〔七七〕に対応する本文（第三章の「17節」末尾）をも参照せよ。

〔五〕この「3節」の典拠の一つは、ホッブズ『リヴァイアサン』、第四部「暗黒の王国」、第四五章「魔物学およびその他の異邦人の宗教の遺物について」の以下の箇所であろう。訳註〔三〕に引用した箇所に続く箇所である。「帰結として、そのために、異教徒のコモン―ウェルスの統治者たちは、あの**魔物学**（そのなかでは詩人たちが、異邦人の宗教の主祭司として、とくに重用され、あるいは尊敬された）を樹立することによって、このかれらの恐怖を、公共の平和と、そのために必要な臣民たちの従順にむけて、統御するようになり、それらのうちのあるものを諸法の遵守への拍車、他のものをかれらが諸法をじゅうりんするのをおさえる手綱として、一方を善良な魔物たち、他方を邪悪な魔物とするようになったのである。

《古代人たちの魔物たちとはなにか》かれらが魔物たちという名称を帰属させたのが、どんな種類のものごとであったかは、ギリシャ人の最古の詩人のひとりであるヘシオドスによって書かれた、かれらの神がみの系譜に、部分的にあらわれているし、また部分的には、他の諸物語にあらわれている。」（邦訳「岩波文庫」、第四巻六七ページ、水田洋訳）

〔六〕アレクサンドリア。エジプト北部、ナイル川のデルタの北西端に、地中海に面してある都市。古代にはエジプトの首都。

〔七〕この「4節」の典拠の一つは、ホッブズ『リヴァイアサン』、第四部「暗黒の王国」、第四五章「魔物学およびその他の異邦人の宗教の遺物について」の以下の箇所であろう。訳註〔五〕に引用した箇所に続く箇所である。「《どのようにしてその教義がひろがったか》ギリシャ人たちは、かれらの諸植民地と諸征服によって、かれらの言語と著作をアジア、エジプト、イタリアに伝達し、そのさい必然的結果として、かれらの魔物学あるいは（聖パウロがよんだように）悪鬼たちについてのかれらの諸教義を伝達した。そしてそれをつうじて、ユダヤとアレクサンドリアとの双方のユダヤ人たちに、またかれらがちらばっていたその他の地方にも、汚染が波及した。《ユダヤ人たちによってどこまで受容されたか》しかし、魔物という名称をかれらは善悪双方の霊たちに（ギリシャ人たちのように）ではなく、邪悪なものだけに帰属させた。そして善良な魔物たちには、かれらは神の霊という名称をあたえ、それらが肉体にはいりこんだ人びとを、預言者とみなした。ようするに、善良でさえあればすべての特異性を、かれらは神の霊に帰属させ、そして、もし邪悪であれば、ある魔物に、だがカコダイモーン、邪悪な魔物すなわち悪鬼に、帰属させたのである。」（邦訳「岩波文庫」、第四巻六七―六八ページ、水田洋訳）

〔八〕この「5節」の典拠の一つは、ホッブズ『リヴァイアサン』、第四部「暗黒の王国」、第四五章「魔物学およびその他の異邦人の宗教の遺物について」の以下の箇所であろう。訳註〔七〕に引用した箇所に続く箇所である。「したがって、かれらは、われわれが狂乱者とか狂人とかよぶ人びと、あるいはてんかんもちのような人びと、あるいは、かれらが理解力の欠如のために背理とおもう、なにごとかを語る人びとを、魔物つきすなわち悪鬼にとらえられた人びとと、よんだのである。また、悪評たかいまでに不潔な人物についても、かれらは、かれが不潔な霊をもっているといい、唖の人については、かれは唖の悪鬼をもっているといい、洗礼のヨハネについては（マタイ・一一・一八）その断食の特異性のために、かれは悪鬼をもっているとつねにいったのも、そうである。……こういうことによってあきらかなのは、ユダヤ人たちが、諸幻影について同様な意見をもっていたということであり、その意見によれば、それらは幻影すなわち頭脳の諸偶像で

はなく、現実の事物であり、空想からは独立しているのである。」（邦訳「岩波文庫」、第四巻六八―六九ページ、水田洋訳）

〔九〕「6節」におけるこの段落の典拠の一つは、ホッブズ『リヴァイアサン』、第四部「暗黒の王国」、第四五章「魔物学およびその他の異邦人の宗教の遺物について」の以下の箇所であろう。「しかし、もし、非物質的な霊もなく、人びとの身体がなにかの有形の霊によって占有されることもないとすれば、ふたたび、なぜわれわれの救世主とかれの使徒たちは民衆にそのようにおしえなかったのか、それについてかれらがそれ以上にうたがいをもたないように、明白な語でおしえなかったのかと、たずねられるかもしれない。だが、このような質問は、キリスト教徒たる人間の救済に必要である以上に、好奇心によるところがおおきい。おなじようにすれば、人びとはつぎのようにたずねることもできる。すべての人に信仰、経験、あらゆる種類の徳性をあたえることもできたキリストが、なぜ、すべてにではなく、ある人びとだけにそれをあたえたのか。……もしわれわれが聖書から、神の諸命令の遂行にあたってわれわれをこまらせるために提起されうる、すべての質問について説明をもとめるならば、同様にしてわれわれは、大地と海と人間と獣の創造のときと同様に、そのような霊たちの創造のときを、モーシュ〔モーセ〕が書きとめておかなかったことに、不平をいってもいいであろう。」（邦訳「岩波文庫」、第四巻七二―七三ページ、水田洋訳）

〔一〇〕「6節」におけるこの段落の典拠の一つは、ホッブズ『リヴァイアサン』、第三部「キリスト教のコモン―ウェルスについて」、第三八章「聖書における、永遠の生命、地獄、救済、来世、および贖罪の意味について」の以下の箇所であろう。「《サタン、悪鬼は、固有名詞ではなくて総称である》そしてまず拷問者たちについては、われわれはかれらの本性と諸固有性が、敵すなわちサタン、告発者すなわちディアブルス、破壊者すなわちアバドンという名称によって、正確かつ適切に叙述されているのをもっている。サタン、悪鬼、アバドンという意味ありげな名称は、われわれにたいして、固有名詞がつねにそうであるようになにか個別的な人物を、しめすものではなく、たんに職務あるいは資格をしめすのであって、したがって総称である。……さらに敵、告発者、破壊者によって意味されるのは、神の王国にあるであろうものたちの、敵なのであるから、したがって、もし（前章でわたくしが聖書によって、そうであるらしいことをしめしたように）復活ののちの神の王国が地上にあるならば、敵とかれの王国もまた、地上にあるにちがいない。すなわち、ユダヤ人たちが神を廃してしまうまえの時代には、それはやはりそうであった。なぜなら、神の王国はパレスティナにあったのだし、それをとりかこむ諸国民は、敵の諸王国だったのであり、したがって、サタンによって意味されるのは、教会の地上におけるあらゆる敵なのである。」（邦訳「岩波文庫」、第三巻一四九―一五〇ページ、水田洋訳）なお、悪魔が「告発者」と呼ばれることについてはホッブズの説明で十分であるが、「告発者」は主として旧約聖書に用いられる悪魔の呼称の一つである。法的意味を持つ普通名詞として、裁判において「訴える者」、「告訴人」を意味し、神の裁きにおいて人間を誹謗する者を意味する。

トラシュブロスからレウキッペへの手紙

訳者まえがき

一、本翻訳は、ニコラ・フレレ（Nicolas Fréret）の作とされる、*Lettre de Thrasybule à Leucippe* の一七六八年版刊本の全訳である。訳出にあたっては、ランドゥッチの校訂本（Nicolas Fréret, *Lettre de Thrasybule à Leucippe*, édi. par Sergio Landucci, Firenze, Leo S. Olschki Editore, 1986）を参照し、誤記、誤植、また明らかに誤りと判断される箇所については同書に従って訂正した。

二、原本は章分けされていないが、読者の便宜のためランドゥッチの校訂本に従い、十四章に分けた。

出版者からのお知らせ

この作品は書斎のほこりに埋もれていた訳ではなく、長い間多くの文人には知られずにいましたが、本書の著者[一]の友人たちによって丁寧に保存されていたものです。死がわが祖国から著者を奪い去った今日、その著作に対して払うべき賞賛の言葉を著者に捧げるのは理にかなったことでありましょう。本書を繙かれるならば、人は時代の偏見を前にして著者がやむを得ず自らの考えを粉飾しなければならなかったことがお分かりになるでしょう。氏がこの作品を書かれたのは、哲学精神がこの数年来遂げた進歩がまだ果たされていない時期（一七二二年）であったからです。なんと大きな隔たりを哲学精神は踏み越えてきたことでしょうか。わたしたちはそのことを喜び、また理性の勝利を喝采すべきではないでしょうか。

（一）　フレレ氏、王立碑文アカデミーの終身書記（一七四九年死去）、今世紀の最も賢明なる一人士。

フランス語版訳者から寄せられた手紙の一部

わたしはこの作品を英語の翻訳からしか知りません。その手書きの写しを一部お持ちだったW卿が数年前フランスに滞在された折り、卿はわたしの友人のひとりにそれをお貸しになりました。卿の許しを得てこの友人が一部を筆写して持つことになり、それをかれがW卿からということでわたしに見せてくれました。W卿が、これは確かなことだがと前置きしておっしゃられたところによると、この写本は稀覯本であり、この本のことを噂に聞いた有名なトーランドが長い間探したのですが、見つけられなかったものでした。多くの人がこの本は古代の作品の翻訳だと信じているとも、卿は言われました。それにしても実際、仮にこの作品が近代に属するとしても、その著者が古代人を装うのに見事に成功していることは認めなければなりません。著者は、今日ではまったく取るに足らない事柄や、ギリシア、エジプト、カルデアのさまざまな宗派について縷々語っておりますが、ユダヤ人についてはごくわずかしか、さらには著者がユダヤ教とエジプトの宗教の混交と見ているキリスト教の宗派については一言しか述べておりません。

どうやら近代人が、今日の最新の転生論者の発見をいくつか利用して自分の考えをいっそうはっきりと展開し、それによって自分の推論にいっそうの力強さをあたえている箇所がいくつかあるとさえ、わたしには思えました。

文体については、わたしにはそれほど文学的とも思われない翻訳からは判断がつきかねます。英国人である著者は、ためらうことなくわがスコラ哲学やラテン語のいくつかの用語に代えてギリシア哲学の用語を使っているように見えますので、わたしとしてもこれらの用語をそのまま使わなくても構わないだろうと思いました。そうした用語にわたしは註釈を加え、また別のもっとはっきりした用語に変えてわたしの主張を分かりやすくしました。

貴兄は完璧に英語を理解されますので、わたしの翻訳に添えて原文をお送りいたします。それをご検討いただき、わたしが原文の持つ意味をはっきり表現したかどうか、お伝えくださいますようお願いいたします。と申しますのも、わたしが原文に忠実である一方で、文章や文体に関してはかなり自由に振る舞ったことがお気づきになられるからです。

長くてもって回った文章は、フランスでは許されません。そうした文章がそれ自体として非難されるべきものかどうか、わたしには分かりません。英国人たちもこうした文体の欠陥に気づき始めていますし、少なくとも最近の作品を古いものと比較してわたしが判断しうる限りでは、新しい作家たちがそうした欠陥に陥ることはずいぶんと少なくなってきているようです。

英国人翻訳者による序文

本書は実際にギリシア語から翻訳されたものです。そう書くのも、本書が古代の作品であることについて不安に思われる読者にあらかじめお知らせするために、このことをはっきり述べておくことがわたしの務めだと思われるからです。十五年前、イタリアとフランスへの旅行の帰途スミルナ[一]からの船団に加わるために当地に寄られた、あるギリシア人の医師がこの写本をわたしに託そうとされました。この本は、それ以外にもポルフュリオス[二]やヤンブリコス[三]の著作やプルタルコス[四]のいくつかの小品とともに、すべてシリア人の手によって筆写された一巻の書物に収められていたものです。

この医師はわたしには有能な人物に思えるのですが、この写本が少なくとも十世紀のものであると、彼は断言しました。この『手紙』の著者は、すべての宗教を政治的な法とみなす哲学者の一人で、人は自分が暮らす社会の宗教と衝突しないようにすればこと足りるのであって、その宗教を几帳面に実践することなど実際にはまったく無用だと考えていました。著者がキリスト教徒やユダヤ人について語っていることからすると、キリスト暦二世紀頃の人であったことが分かります。キリスト教について、著者は控えめに語っています。誰もがこの人のようであったら、キリスト教徒はあれほどの迫害を受ける羽目にはならなかったでしょう。それはそれとしてわたしたちはこの著者も、そしてまた著者が手紙を書き送った相手の女性もこの『手紙』によってしか知ることができませんから、これ以上そのことについては何も申せません。文体について言うと、この時代の他の作家たち同様、この著者もアテナイ風の言葉遣いを装っていますが、かなり頻繁に新約聖書の作家たちに見られるものに似た表現や言い回しがつい筆先から漏れ出てしまっていますので、著者はシリアの出身だと信じざるを得ません。シリアでは、サルマシウス[五]（ソーメーズ）が明らかにしたように、乱れたギリシア語、それもマケドニア語が混ざったギリシア語が話されていました。『手紙』

には、著者が書き送った相手の女性もこの土地の人だと信じられるいくつかの兆候があります。著者がユダヤ人やキリスト教徒についてあれほどこと細かに語っているのは多分そのせいでしょう。大多数の古代人は自分たちの宗教についてあまり知識を持ち合わせていませんでしたが、シリアでは宗教について人々はそれなりの知識を持っていたはずです。この国にはユダヤ人もキリスト教徒もどちらもかなりの数がいて、あらゆる町に広がり、そこでかなりの教団を形作っていたからです。ギリシア語のテキストの写しを一部手元に取っておけば良かったかも知れません。けれどもわたしは、原文を正確にたどった写しをわたしが作れるようになるまでは、それを翻訳して友人たちのうちの誰彼に見せるだけで満足していましたし、また家庭の雑事のために旅行に出かけねばならなくなったのですが、帰ってみるとくだんの医師はもう船出していて、絶対に人に売るつもりなどなかった写本を持ち帰ってしまったことを知ったのでした。

トラシュブロスからレウキッペへの手紙

1

わが愛しきレウキッペよ、信心は衷心からのもので持続的であるなら、あらゆる情念の内でたしかにもっとも甘美でもっとも望ましいものでしょう。わたしたちを幸せにするためには、信心が開明されることも理性的なものになることも無用でさえあります。わたしたちの尊敬、わたしたちの愛の対象として馬鹿げた物しかわたしたちに提示しない迷信でも、至高存在の本性をわたしたちに明かすと称するあの哲学のもっとも高貴、もっとも崇高な観念に基礎を置く敬神の情に勝るとも劣らない喜びをあたえてくれます。ですから、対象の価値を作るのは対象それ自体の性質ではなく、わたしたちがそれについて抱く観念や見解ですし、それらがわたしたちに吹き込む感情の強烈さなのです。自分が住む小さな村の不愛想な百姓娘にいたく心を惹かれた羊飼いは、もっとも美しい女神の寵愛に浸るアドニス〔六〕に劣らぬほどの強い喜びをその腕のなかで味わい、それに負けないほど完全に幸せでしょう。わたしたちの愛という物差しがわたしたちの喜び、わたしたちの幸福の物差しとなるのです。

ですからわたしは、愛情のこもった誠実で持続的な信心をする人の意見を叩くことは、どんな場合でもしないつもりでおります。そうした人の確信を弱めるのは、その人の至福を打ち壊すことでしょう。けれども、間歇的な信心の一時的な発作を起こすだけの人、信心が陰気な情念で、そのため神を、人間たちにいつでも腹を立てている存在とみなしているような人の場合、そういう人の思いこみに攻撃をかけるのは、あらゆる喜びを毒し、あらゆる苦痛を激化させ、人生を絶えざる責め苦に変える病から当人を癒そうと企てることです。

どうか間違えないでください、わが愛しきレウキッペよ、この最後の種類の信心家より不幸な人はこの世にいないのです。相手に嫌われ、蔑まれる恋する男にも似て、彼らが神を自分に幸福をもたらす唯一の対象とみなすのも、その幸福を神から手に入れることに絶望するためにすぎません。わたしが最初に話した信心家たちは、これとまったく反対の立場にあります。この人たちは優しく丁重で情熱的な恋人で、彼らが心配するのは、ただ、自分の愛の対象が抱いてくれる愛情に自分が十分完全に応えていないのではということだけです。神とは彼らにとって、愛がわたしたちの心に及ぼす甘美で力強いあの支配力に、感嘆と尊敬と友愛がわたしたちの精神に対して得るかぎりの権威を合わせた優しく愛しい女主人なのです。こうした人々の愛には、恐れもなければ、嫉妬から来るひどい苦悩もありません。その人生の一刻一刻は、何ものによってもその感情を弱められることも分割されることもない喜悦の瞬間なのです。この種の信心家は、至高存在からだとして告げられるすべてのことを固く信じ、至高存在のどんな些細な命令にも大喜びで従い、自分の情念、欲求、意見、さらには理性すらもこの存在のため犠牲にすることに、もっとも純粋でもっとも心地よい喜びを味わうのです。犠牲に供するのが大事なものであればあるほど、それだけ満足感も完全なものとなります。こうした犠牲のうちには、それによって手に入れる、愛の対象に対する権利しか見ないからです。

持続的な信心のこうした描写は、白状しますがかなり魅力的なものです。愛しいレウキッペよ、あなたがいつかこういう幸せな状態に至れると思ったら、わたしは真っ先にあなたをせかせて、その小道を辿らせるでしょう。強烈で誠実で持続的な確信に導かれてそこを行く人の足下にただ花だけを咲かせるその小道です。しかし、そこへは導かれなければなりません。信心という感情は正真正銘の情念で、あなたご自身がおっしゃっておられたように、人は感情や情念を自由に抱けるものではないのです。わたしたちの魂は、感情や情念を形作るこの種の運動を自分から手に入れることはできません。運動が魂の内に引き起こされるのは、ただ外部から魂にもたらされる印象〔七〕によります。その点で魂には、受け取った印象が展開され始める際に自分自身の内側で起こることを感じる力しかないのです。

あなたが置かれている状況では、孤独と切り離せない退屈をまぎらわすために、信心が限りなく好都合なことはわたしにも分かります。しかし、その情念は呼べばいつでもわたしたちを捕えに来るものではありません。囚われの身の辛さを慰めるには、ただあなたご自身を、あなたの生来の心遣いだけを頼りになさってください。あなたは生まれつきお優しい方です。ご自分では抗いがたい束縛に進んで順応される術をお持ちです。それに自然は、運命があなたを隷属させる当の人々から、他の誰にもまして容易に平安と安息を手に入れられるようにあなたを作ったのです。

わたしの言うことをお信じください。こうした気立ては、わたしたちが住むこの世に生まれる際に、人が身に帯びられるいちばん幸いなものです。と申しますのも、この世界は無数の存在の集合に他ならず、それらが相異なる欲求と力によって互いに作用し反作用しているからです。仮にこれらの欲求が互いに対立していなかったとすれば、この世界は現にあるようにはなりえなかったことでしょう。そしてこの欲求は、あるものが他のものの障害になるというように互いに争い合いますから、全部が同時に満足することはありえません。そして勝利は常に、力が最も強いものの側にあることになるのです。悦びはこうした欲求が満たされることに、苦しみは障害に出会うことに結びついています。またこの苦しみは、欲求の激しさや強さが大きければ大きいほどそれだけ余計に強くなります。気質の自然なあり方のおかげで、何にも勝るほど強く平安と静謐を求める者に幸いあれ。そうした人はほんの少しの心遣いで、まわりの人々からそれを手に入れられるのですから。あの第一存在（それの本性については、わが国の哲学者たちの間でもほとんど意見の一致は見られませんが）の持つ至高の善と英知が、おそらくは、こうした欲求の多様性と対立が作り出すあらゆる組み合わせから悦びが産み出されるように求めたのでしょう。とは言え、この世界の外のどこかに、世界がその集合である個々の存在とは離れて、そのような至高の善と英知が存在すると誰が言ったのでしょうか。もっとはっきり言えば、わが国の詩人たちが描く運命のような神が、わたしたちの外に存在すると誰が言ったのでしょうか。神々と人間たちの主権者で、知性と意志を備え、善、正義、賢慮その他、わたしたちに似た存在においては完全性とされるあらゆる性質を最高度に所有する神のことですが。

こうした存在についてわたしたちが作り上げる観念には、今もわたしたちがその支配下に暮らしているローマ人の先祖たちが自分たちの国家について抱いていた観念以上の現実性がないことに気をつけましょう。その人たちは国家を構成する個々の市民全員とは何やら区別されたものとして国家を考えていました。そんな具合に国家を語っていましたし、こうした考えの結果として、この国家の平安と幸福は個々の市民の平安と幸福であるにもかかわらず、各市民がその利益、幸福、生命を国家に犠牲として捧げることを求めたのです。人々がふだん用いる言語のなかにも似たような言葉遣いがずいぶんとありますが、そういう用語は口にする人の精神のうちにある種の幻を作り出すにすぎないにもかかわらず、そうした言葉に伴う混乱したイメージには決してなかった実在性を人はこの幻に与えるのです。「神性」、「運命」、「摂理」などという言葉はすべてこの類いです。だからこそ、こうしたことを語る人々もお互いの間で、さらには自分自身とさえ意見が一致しないのです。自分たちが持つと称する観念を解明しようとする段になると、いや、ただそれを説明しようとするだけでも、彼らは絶えず意見を変え、何についても意見が合わず、互いにそれは誤りだと責め合い、不条理に不条理を重ねることしかしないのです。神という幻の名前だけでおびえることに子供の頃から慣れていなかったら、わたしたちはそうした人を文字どおりの精神錯乱に落ち込んだ者と思わざるを得ないでしょう。自分自身の妄想を、わたしたちの外部に存在する実在物と取り違えるのは精神錯乱だからです。この種の精神錯乱に襲われた人はもっと先まで行きます。この見かけだけの妄想に基づいて自分の行動のすべてを律するだけでなく、さらには、ありもしないこの対象を他の人にも無理やり見させようとし、自分たちのやり方に倣うように、自分たちが示す模範に従うようにと強制するのです。彼らの精神錯乱は人に感染しますから、狂信者の数はかなりのものとなり、賢明な人々も、この怒り狂った多数の者に抵抗する術がないと感じて、自分の平安を確保するにはそれしか道がない時には、彼らの狂気を尊重し、往々にして同じ病に冒されたふりをしたのです。

お話ししている狂信がさらにいっそう危険なものになるのは、それが頑なで、傲慢で、横柄で、社交性に欠け、自分のことや自分自身の満足しか目に映らないために、所属する社会を幸福にすることで気立てのいい人の魂が感じる快楽の感情を一度も味わったことがない人をとらえる時です。この狂信は穏やかで自然な一切の情念をかき消し、自然と人間性に反した一切の情念を強めます。これこそ、人類を苦しめる災いのいちばん豊かな源だと言えますし、断言できます。こんな手合いと親交を結ぶ人は災いなるかな。そこから逃れることが禁じられていたら、とるべき道はひとつしかありません。それに調子を合わせるということで、そのためにあなたが払う犠牲は幸い他の人よりも少なくて済むでしょう。

わが愛しきレウキッペよ、調子を合わせるといっても、その病気に感染して自分が毒されるところまで行ってはなりません。あなたの感情を胸のうちに深く隠し、閉ざしてください。平安を手に入れるためにそうしなければならないのであれば、自分の気持ちを偽りなさい。けれども幻に関しては、ぐらつかされないように心がけてください。一生にわたる安息と幸福がかかっているのです。ほんのわずかでも弱みを見せれば、あなたは最悪の立場に追い込まれてしまいます。

わたしの言うことを信じてください。信心から生じる精神錯乱に取り返しがつかないほど身を委ねてしまうには、あなたは生まれつき性格的にあまりにも公正であまりにも洞察力があり、あまりにも広い精神を備えられています。あなたならそんな想いにとらわれて精神の十全な確信を抱くようなことは決してないでしょう。どのような宗教であれ、あらゆる宗教的体系に満ち満ちている不条理は、それに理性を従わせようとどれほどあなたが努力されても、どんな場合でもあなたの理性を反撥させるでしょう。しかし、この宗教的幻たちに心の扉を開けるや否や、繊細さや、心の安らぎの敵である生来の不安と結びついたメランコリックな気質のせいで、あなたは絶えずいくつもの新しい恐怖の種を抱くことになるでしょう。ありとあらゆる千もの不安があなたの心をとらえ、そのためにあなたの心はいつも引き裂かれてしまうでしょう。そしてわたしが心配するのは、魂の状態に支配されるあなたの身体が最後にはそれに屈してしまうのではないかということです。

先にわたしが一幅の絵図として示した、あの幸せな錯乱状態をあなたがご自分のうちで引き起こそうとさまざまに努力され、それがどれほど上手くいっても、あなたがたどり着けるのは、ただ弱々しい間歇的な信心であるにすぎません。かすかで短く、それも理性が割って入ることでしばしば中断される発作的なものに過ぎません。これはおそらく、人間精神が置かれうるもっとも苦痛に満ちた状況でしょう。こうした状態の一方から他方への不断の移行は、苦しい感情の連続を形作るでしょう。例えて言えば、裏切られ軽蔑される恋人のようなものです。熱狂の瞬間にあっても、愛するに値しない恋人に自分が感じた愛情を恥じ、そんな女を憎まなければと思うがゆえにもう愛していないと考えるのに、次の瞬間には、この最初の感情が疎ましくなって、血を流してでもそれを記憶から消し去ろうとし、打ち壊すことも満足させることもできない情念にさいなまれるのです。こうした状態は人が想像できるいちばん残酷でいちばん辛い状態ですが、それでもまだ、これは間歇的な信心に身を任せたメランコリックな気質が置かれる状態の軽いスケッチにすぎません。

こうした人の確信はそれほど強いものではありませんから、その信心の不条理さに心打たれずにはおれません。その愛は弱く、至高存在から発したとみなす法に反する情念に少しでも動かされると、いくらその情念と闘おうとしても、その抵抗にはとても辛い感覚が伴います。というのも、自分の情念を犠牲として捧げるその対象の善や実在性から、その人はかすかな影響しか受けないからです。それはまるで、愛することもできず、さりとて憎む勇気も持てない移り気な暴君の不興を被るのがこわさに服従する奴隷です。自分を引きずる情念に負けてしまう場合、この人の確信は前には自分を引き止めるには弱すぎたのですが、今では自分を苦しめるだけの強さを持つようになります。自分が屈した弱さのために、その心は絶えず責め苛まれ、引き裂かれるのです。その人が繊細で注意深く臆病なら、ほんの些細な過失もその人にはとてつもない犯罪に思え、あらゆる裁き手のなかでもいちばん恐ろしい裁き手の前に出頭しようとする罪人のように、絶えず死ぬほど恐れおののくことになるでしょう。

精神錯乱が終わり、良識と理性へ立ち戻るため数歩進みだす時にこのような人物が置かれる状態を検討してみると、この人が足を踏み出すのはほとんど常に、自分を突き動かして他所からの力を与える何か激しい情念の助けによるにすぎません。そして、この力は霊魂のある種の発熱に由来しますから、やがてなくなって、この人は先に描いたような絶望と後悔の状態に再び陥ってしまいます。信心という精神錯乱から自由になった瞬間、自分の過去の振舞いに目を向ける勇気もなくまります。そんなものは非常識、狂気だと思い、そのせいで自分が信心の奇怪な対象に捧げさせられた犠牲を悔むのです。その際とりうる最良の道は、軽蔑され嘲られるにふさわしい存在だと自分をみなすことです。しかし、そうした状態に留れるほど幸せではありませんから、じきに最初の精神錯乱にまた落ち込み、その一生は恥から悔悟へ、悔悟から恥への絶えざる変転でしかなくなるのです。かわるがわる突き動かす相対立した二つの苦しい感情に絶えず引き裂かれ、時には自分を煩わす確信を消したいと思い、時にはこの確信を増大させて、これと対立する動きや欲求を心の中で圧殺したいと思うでしょう。でも、そんな努力はみな無駄なのです。この人の確信は、それに即した行動を喜んでしうるほど強固であることは一度もなく、かといって、この確信が断罪する欲求に身を任せて後悔せずにいられるほど弱められることも、完全に破壊されることも一度としてないのですから。こうして、この人の全生涯はこの上なく苦しい葛藤のうちに過ごされます。楽しむことなしに人生を終え、それも往々にして普通より早く最期を迎えます。それは内部の葛藤で器官が影響され破壊されたせいですが、精神の方もほとんど常に、自分に用意されている運命の不確かさが吹き込む恐怖心によって混濁し引き裂かれています。

わが愛しきレウキッペよ、これこそ、不幸にしてそんな病にかかったら、信心によってあなたが追い込まれる状況です。あなたが考えておられる以上に、わたしはあなたのことを理解しています。あなたの気質を観察しましたし、わたしが別の言い方をしていたら、あなたを欺くことになったでしょう。あなたのような気質の人が、子供のころに受け入れた臆見の束縛をひとたび払いのけようとし始めたら、そのまままっすぐ前に進み、そうした臆見から完全に解放されて、すべての宗教は人々の精神を支配するために発明された専制的な臆見だとみなすようにならねばなりません。この臆見には賢者たちにしても、平和のためには表向き合わせる必要があります。とくに、その奴隷になるのを拒めば敵扱いされるような人の誰彼と密接な関係にある時には。しかし心情と精神については、同じ賢者も、純粋な理性や快感という無敵の法が従うよう強いることのないあらゆる臆見から自由で独立しているようにそれを保たなければなりません。もしもあなたが今とは異なる境遇に身を置かれていたなら、わが愛しきレウキッペよ、わたしはこうした一般的な考察と、それをきっかけにしてあなたがなさる考察だけにとどめたでしょう。しかしながら、わたしにはあなたの利害があまりにも大切なものなので、あなたが感染するのを恐れる病気の予防薬を差し上げるべく努めざるをえません。人間精神はもともと迷信深いものですし、あなたのように心に染まない孤独から起こる退屈と悲嘆にさらされると、こうした性向はさらに新たな力を手に入れます。ローマの真ん中で育ちながら、あなたは帝国の辺境へ流されて、世界の都が提供していたどんな娯楽も人付き合いも得られない場所においでです。さらに不運の極みですが、あなたに近づくものは何であれあなたの倦怠をさらに増すばかりです。こういう立場に置かれて、あなたは伝染病にかかりやすくなっておいでですから、この病に型どおりの攻撃をかけなければなりません。

ですから、まず始めに、迷信の源とは何か、宗教とは一般に何かを探りましょう。その点で人間たちがどういう異なる体系に分かれたか、またそれぞれが依拠した信憑性の根拠は何かを紹介しましょう。その上で、わたしたちの知識とは何か、真実で確かな知識と、虚偽であったり証明されていなかったりする他の知識をどのように区別するかを検討しましょう。そして最後に、神の本性とわたしたちの魂の本性について、宗教一般について確かな知識が何を教えてくれるかを調べることにしましょう。

2

わたしたちの精神の視野や知識は限りなく狭い限界から出られませんが、精神は生まれながらに、何物を以てしても充たされない好奇心を、知りたいという情熱を持っています。新しい対象を見るのに決して飽きず、一度手に入れてしまえばどんなに広い知識でも心に残す不安と空白を充たす手段を探すのに全生涯を費やします。どんなものでも、わたしたちは完全には認識できず、自分自身の実体でさえそうですが、にもかかわらずわたしたちはすべてを説明したがります。自分の無力を認めるのはわたしたちの自尊心には苦しすぎたので、それを避けるため、漠然とした推論や不分明で絵空事の想定で済ませることにしてしまいました。たとえば、世界の配置と運行を説明することが問題になると、人は神々を考え出しました。つまり、知性的できわめて強力で、わたしたちより上にあるような存在で、原因の分からない出来事はみなそのせいにしたのです。しばらくすると、こうした存在はわたしたちに起こる良いこと悪いことすべての創出者とみなされるようになりました。こうした意見を真実として受け取る習慣や、そうすれば自分の怠け心と好奇心をいっぺんに満足させられるという都合の良さのために、そこに沢山ある不合理にもかかわらず、この意見は証明済みとみなされました。そして、いくつかの国民ではこの思いこみが非常に強くなったため、どんなに道理にかなった推論も、どんなに激しい迫害も、常軌を逸した作り話に寄せる信仰を国民から奪い去ることはできませんでした。エジプト人は今日でもなお、動物や果物や植物など、往々にして自然によって人間の食用となるよう定められているものの体が神の実体そのものに変化すると信じています。ところが彼らは神について、他国民より高級で崇高な観念を持つと称しているのです。

これらの神々が存在し最高権力を持つという意見がひとたび確立されると、幸せになりたい、つまり、その神々が分配するとされた福利と快感を味わって、災いと苦痛を避けたいという人間にごく自然な欲求から、人々は神々を味方にする手段を探すようになりました。人間の間でいちばん権勢のある者と同じような観念が神々についても作り上げられ、神々は王や主権者のようにみなされ、またそのように遇されました。人々は礼を尽くし、崇拝し、恭順を誓って神々に服従の意を表明し始め、善を施してくれるようにするため神々に約束をし、祈願をし、捧げものをしました。神々に捧げるどんな種類の犠牲もそれにほかならないからです。誰もが褒めちぎり、へつらっては神々を味方につけようとしました。こうした義務を入念に果たすことが神々に好まれる確かな手だてで、そうしないと必ず、自分を犯罪人にしてしまう怠慢に対して神々の怒りを招くと思ったのです。いくつかの民族は、それだけにとどまりませんでした。自分の目にする王たちは残酷でどう猛な暴君だったものですから、それらの民族は神々も王たちに劣らず無情で意地悪だと思いました。人類に対して神々が抱く怒りと憎悪を予防するためには、怒りと悪意から神々が好んで人間に振りまく災いの一部を進んで自らに及ぼすべきだ、そうすることだけが神々をなだめ、この憎悪の有害な結果からわたしたちを守ってくれると考えたのです。断食、苦行、鞭打ち、割礼など、そうすることで多くの民族が神に名誉あらしめるとするああいう野蛮な勤行はみな、この考えを源にしています。インドのブラフマン[八]、オシリス[九]の僧侶、ミトラス[一〇]、アドニス、アッティス[一一]の祭司、そして地方をまわってシリアの女神やコマーネ[一二]で崇拝される女神の像を諸州に連れ歩く放浪者などが、こうした考え方の結果を例示してくれます。

神について作り上げた不正で野蛮な観念をこれだけにとどめなかった頑迷な民族さえいます。死すべき者の血に飢えたこの残酷な神々をなだめるには、通常の生け贄の血では十分でないとそれらの民族は思ったのです。彼らによると、人間を生け贄として神々に捧げなくてはならず、他の人間の手によって祭壇に撒かれるその血が全民族の血を救うはずで、この忌まわしい犠牲によって神々をなだめようとしなければ、神々が民族の血を滝のように流させるはずでした。その実例をみつけるために、イフィゲネイアとオレステスの物語[一三]を引き合いに出すまでもないでしょう。人類にとっては恥ずかしいことですが、こうした不敬な礼拝で祭壇を汚さなかった民族はほとんどいません。今日世界を照らす理性の光にもかかわらず、こうした狂躁は現代にもなお生き残っています。ケルト人、テュロス人、ローマ人すらこの病から治っていません。ローマ人が神々の祭典に伴う見世物で自死するように強いるあの哀れな奴隷たちは、彼らが神々に捧げる生け贄だからです。

しかし、物事はその犠牲を捧げた人の願いにいつも応えはしなかったものですから、神々はいつでも犠牲を喜ぶものではないのだと人々は思いました。こうして、神々の心を動かすような生け贄を選ぶことが、祭祀の主たる関心事のひとつとなりました。この犠牲に伴う些細な状況から犠牲の成功・不成功を推測することがひとつの技とされ、やがてこの技は未来を発見する確かな方法として通るようになりました。そこから多種多様な吉凶占いが生まれ、その誤りが日々経験されているのに、とくに重大な折にはこの占いが全民族を導くのです。たまたま目にされる偶然の出来事と運命の決定との間に必然的な関係があると想像したため、睡眠中にわたしたちに現れる夢や偽りの絵像は、わたしたちに関わる未来の像を神々が見せてくれる絵のようなものだという思いこみも生じました。

禍福を分配する神々の存在と力というこの見解が、地上に氾濫するありとあらゆる宗教を生み出したのです。

大多数の人が主張するところによると、現世での幸不幸ばかりか、わたしたちが死後に置かれる状態の幸不幸もそれにかかっているそうなので、宗教という問題はわたしには昔から限りなく重要なものに思われ、わたしはそれを注意深く検討してきました。この問題を解明し、それについて教えてくれそうなものを、わたしはひとつもなおざりにしませんでした。宗派もひとつひとつ研究し、聖典がある宗派についてはその聖典を読み、そういう書物がない宗派についてはその僧侶や学者に注意深く質問しました。

この検討から分かったことは、人間たちは神の本性について、正確に言うと二種類の体系にだけ従っていることです。この二つは根本ではそれほど対立するものですらなく、神に捧げるべきだと信じる崇拝の形式と、それによって神の好意を得ようと思う勤行の性質について互いに異なるにすぎません。わが愛しいレウキッペよ、数年をかけた研究の成果にしてはかなり短いものですが、それでも非常に正確な以下の説明からご判断ください。

第一の体系は、エジプト人、インド人、ギリシア人、そして西洋の大部分の民族の体系です。第二は、カルデア人〔一四〕、ユダヤ人、ペルシア人、そして東洋の他のいくつかの民族の体系です。

第一の体系に従う人々は、世界は複数の神々に統治されると信じています。それぞれの神は固有の力を持ちますから、上下の関係があるとはいえ、いくつかの点やいくつかの事柄では互いに独立しています。そのため、互いの意志を実行する段になると対立するおそれもあれば、分裂したり、さらには互いに喧嘩をしたりするおそれもあります。彼らの先頭には一人の神がいて、それがわたしたちの為政者や国王と同様、神々の間に良き秩序を保ち、一定の法に従って神々を統治します。神々の首領は個々に見れば下位の神々の各々より力が強いのですが、その神々が全員同盟を結んで、対抗するため力を合わせたら、首領といえどもそれに抵抗できず、権力を彼らに譲るでしょう。これらの神々全部の上には、運命とも必然とも自然とも呼ばれる、盲目であっても万事を律する力が存在しますから、神々さえもそれの法を執行することしかせず、あたかも、道理と法が万事を統べる統治が行き届いた国家の為政者のような形で世界のなかにいるにすぎません。もっとも、この運命は必然的に、選択もせず、知ることすらなしに作用しますから、それにどんな崇拝を捧げようと無駄です。

こうした体系は、ギリシア人のあらゆる宗教的伝承と、その初期の詩人たちの作品に由来するもので、ギリシア人は自分の神学を全部そこから汲み出しているのです。もっとも、その神学はこれほど明晰に説明されてはいませんし、そこから出てくる帰結も展開はされていません。自分の宗教的観念を秩序立て明瞭にしようとするのは、人間たちがそうそう普通にすることではありません。けれども、注意深く検討する人にはそれが分かります。

エジプト人やインド人は、この第一の仮定に加えて、次のように言います。上級下級を問わず神々はしばしば人間たちと言葉を交わしにやって来る、その際には人間たちに分かるように、人間や動物の体に似た粗雑な体をまとい、そういう状態では身にまとった本性から来るあらゆる廃疾をこうむり、命を落としさえする、死ねば身を包んでいた体を脱ぎ捨て、栄光と浄福という本来の状態へ戻るのだ、と。雄牛のアピス（一五）についてエジプト人が今日でもまだどう考えているかはご存じでしょう。彼らの考えではアピスはオシリス神にほかならず、奇蹟的に孕まれて、神官たちが知っている外見上のいくつかの印でそれと分かる子牛の姿をして、オシリスは時々人間界にやって来るというのです。変身したエジプトの神はオシリスだけではありません。ほかのすべての神々も昔はそうしました。ですから、神殿でも神々はそうした姿で祀られますし、雄羊がオシリスの父アモン（一六）に、犬がアヌビス（一七）にといった具合に、特定の種の動物がそれに捧げられるのです。もっとも、アピスが現れるときにはオシリスもやって来るので、人間の間に住み続けたわけですが、それほど人間が好きだったのはほとんどオシリスだけでした。こうした公現ないし顕現（彼らはこう名付けるからです）は、全エジプトにとって喜びの種です。しかし、アピスが死んでオシリスが退去することは苦痛の種で、国中が公喪に服します。オシリスの神官たちの場合、この喪は新たなアピスが出現するまで続きますが、それまでには時として一世紀以上もかかります。彼らによれば、オシリスはエジプト最古の王の一人で、人間になった神に他ならず、王位にあったのはエジプト最後の王アマシス（アアフ・メス）[一八]に先立つ一万五千年前だといいます。エジプト人はこんな風にオシリスの誕生と冒険と死を語ります。時代が下ると、民衆の感謝の念と詩人たちのへつらいのおかげで、オシリスや他の神々と何かの類似点のある君主たちがこれらの神々の新たな化身とみなされて、神の名が与えられ、その神の行動が帰せられました。エジプトの聖史にみなぎる混乱もそこから来たのです。聖史は民間伝承だけに基づいて作られていたため、何人ものメルクリウス[一九]またはトト[二〇]が登場し、また事蹟がオシリスの一代記にも見られる君主が幾人もいることになったのです。わが国のバッカス信心家の間でも、苦労に苦労を重ねなければ到達できないもっとも隠れた秘儀にまで参入した求道者たちは、オルフェウスに帰せられる何か分からない啓示の権威に基づいて、セメレ[二一]が嵐の最中に産んだ子ども〔バッカス〕はオシリスの新たな化身に他ならず、オシリスはカドモス[二二]の娘〔セメレ〕の胎内で人間の体をまとったのだと主張しました[二三]。ギリシア〔神話〕のバッカスの冒険がオシリスのそれと酷似するのはそのためだそうです。

　バッカスのインド遠征、巨人族との戦いでの武勲、巨人たちの手にかかって殺され、また蘇ったことなどは、それで説明しなくてはなりません。確かに、わたしたちがその歴史を知っているカドモスの時代には、ギリシアの英雄でデニス[二四]という名を持つ人物も、東方を征服した人物も一人としていなかったのですが。

　それにエジプトの宗教は、ペルシア人によって王国が滅ぼされて以降大きな変化をこうむりました。昔は検討せずに信じること、理性の使用を自らに一切禁じることが肝要とされ、当時は理性にとって躓きの石になるものがみな、計り知れない深遠なものとか、尊敬すべき秘儀とか呼ばれたものでしたが、ギリシア人がエジプト人とまざるようになってからは、エジプトの神官たちも哲学者になりたがり、推理に手を出す者はすべてを寓意——祭礼で行う儀式によってそうし寓意がくつがえされるということを考えもせずに——にしてしまいました。

　インド人の見解もわたしたちにはもはや未知ではなくなりました。タプロバーネ〔スリランカの古称〕の国王使節たちに随行していたブラフマンたち（あなたもローマでごらんになったでしょう）との交流から、わたしたちはそのことを知る機会を得ました。それによると神々は、わけてもブラフマンという名の元となった神は、人間に教えを授け、理性の光明を消し去ってしまえば陥る誤りから引き出すために、これまでもすでに人間の間にやって来たし、また将来もやって来るだろうというのが、彼らの間で変わることなく受け入れられてきた意見です。霊魂転生の教義は彼らの間に非常に古くからあり、彼らの慣習のいくつかはこの教義だけが根拠になっています。それにしても、彼らがこの説を受け取ったのはピュタゴラス〔二五〕からではありません。あの哲学者はかの地に行ったことはなく、彼らの宗教はピュタゴラスより古いからです。

さらに、インド人はエジプト人同様、身体をまとった神はわたしたちのあらゆる悲惨、必要、病気、さらには死さえも免れないと信じています。彼らの体系では、神々は目に見える形をとった際、神に付き物のあの全能の力を捨て去ってしまい、窮地に陥った場合にも人間の才知と手だてにしか訴えなかったのですが、それでも往々にしてそこから脱することができなかったといいます。

ギリシア人は、野蛮だった時代からすでにいろいろな伝承ときまった祭式を備えていました。しかし、この祭式はもう残っていません。エジプトの宗教と混ざり合ったため、完全に変質してしまったからです。この宗教は、アルゴス〔二六〕とアテナイという二つの植民地が作られたことによって、ギリシアに導入されました。けれども、セソストリス〔二七〕の征服ほどこの宗教を広げたものはありませんでした。セソストリスはトロイア戦争より数世紀前に、その大部分を支配下に収めた小アジアやトラキア〔二八〕にエジプトの神々の崇拝をもたらしました。

トラキアから来たオルフェウスがそれをギリシアへ弘めに行き、宗教的な動機からギリシア中を経巡りました。オルフェウスはこの時に、自分が創建者とされているテバイを始めいくたの場所にバッカスの秘儀を設けたのです。

ギリシア人はまだ粗野でしたから、エジプト人の教義の一部しか採り入れず、それもごく不完全にしか分かっていませんでした。新たに征服した国々にセソストリスが残した人々は、どう見ても教義の根本を知っているとは思えませんでした。表面的な儀式しか知らなかったのです。ですから、その儀式に関わる歴史が大幅に変えられてしまったのも驚くには及びません。それはフリュギア〔二九〕やリュディア〔三〇〕のようなエジプトにもっと近い国々でも起こりました。これらの国では、アッティスやアドニスの秘儀もオシリスのそれと不完全な類似性しか、この三つの神が同一物だというのは確かなことなのに、保ちませんでした。

　つまりギリシア人は、エジプトの伝承を昔から自分たちが持っていた伝承に合わせ、自分たちの神々にエジプトの神々のさまざまな属性を与えたのです。エジプト人の体系では、その神々は人間と言葉を交わそうと思う時、人間にも感覚可能なものとなるためにだけ一時的に身体をまとったということが、ギリシア人は理解できなかったのです。それどころか、ギリシア人はこれらの神々にもっぱら人間の姿だけを与えたのですが、それが神々にとって自然なもので、そうした身体を神々は脱ぎ捨てられないのだと思ったのです。実のところ、ギリシア人は神々の身体を肌が透き通り、光り輝き、わたしたちの身体に比べたらずっと軽く、ずっと逞しいものにしましたが、それでも苦しみ、疲れ、睡眠や食事の必要を感じる点では人間と同じでした。神々は不死ではありましたが、不死身ではありませんでした。ホメロス〔『イーリアス』〕〔三一〕でご覧になったとおりです。そこでは、ディオメデス〔三二〕に傷を負わされたヴィーナスが、神々の医者のマカオン〔三四〕から手当を受けています。人間並の傷病を部分的には負う身体を神々に与えたのですから、自然がわたしたちのもっとも強い快感の源とした欲求を神々から奪ったら筋が通らなかったでしょう。ですから神々も愛の疼きに曝されることになりました。男神は女神と結婚し、子をなしてオリュンポス山の住人を増やしたばかりか、ただの人間の女に心を燃やすことも厭いませんでした。女神の方もオリュンポスの栄光をかなぐり捨て、下界に降りては人間の男の気を引こうとしました。そうした関係を持っても自分を卑しくするとは思いませんでした。どんな荒くれ者もこの弱さには負けました。アルカディア〔三四〕の人々によれば、ラトモス山〔三五〕はディアナ〔三六〕がエンデュミオン〔三七〕とした夜の逢い引きで何があったか説明できるのだそうです。こうした考え方は、複数の神々に仕える僧侶たちの放蕩を助長するためオリエントに導入された実践によって権威づけられました。つまり、誰か死すべき美女の色香に敏感になった男神が、その寵愛によって美女に名誉を与えようとするかのように装われたのです。そこに宗教が絡んで、いかに貞淑ぶった女性でもすげなくしたら瀆神だということになりました。巫女しか仕える者がいない女神も何人かいましたが、この巫女たちはあえて色恋などせず、貞淑であれと命じられていたため、やはり同じような策を弄して、自分の名誉と快楽の折り合いをつけたのでした。時には、こうした交わりから生まれた子供の何人かが有名になることもあり、それが英雄に、普通より高級な種類の人間にされました。やがて偉人たちも、自分が人並みの生まれでしかないことを恥じるようになり、神々の出であろうとしました。単純で粗野な時代には、その種の摩訶不思議に人々が抱く愛好心から、彼らもペテンを弄するだけで良かったのですが、後になると事はそう簡単に行かなくなりました。アレクサンドロス〔三八〕はユピテル〔三九〕〔ギリシア神話のゼウス〕の息子になろうとしましたが無駄でしたし、母親のオリュンピアスを女神ユノ〔四〇〕〔ギリシア神話のヘラ〕の恋敵に仕立てて、この二人を仲違いさせようとしましたが不成功に終わりました。アレクサンドロスはフィリッポス〔四一〕〔二世〕の息子としかみなされませんし、これからも永久にそうでしょう。わたしたちがその宗教を知っている西洋の蛮族も、ギリシア人と違う体系に従ったようには思えません。もっともそれは、粗雑な迷信と矛盾した伝承のごたごたした積み重ねを体系と呼べるならの話ですが。

　非常に文明的で、推論という学問ではギリシア人に肩を並べ、征服のめざましさと拡がりではギリシア人をしのいだローマ人も、きちんとした体系は持ち合わせていません。それというのも彼らにあっては、宗教は政治的統治の一部だからです。為政者は厳密に言えば共和国の神官で、下層民を導くのに適当な手段としてしか宗教というものを考えていませんでした。ですから、公の秩序が狂わされ乱される恐れさえなければ、宗教がどんなにひどい迷信に身を委ねようとお構いなしに、服属させるすべての民族の祭祀を取り入れたのです。そして、このようなありとあらゆるさまざまな教義が混ざり合うことで、この国の古代宗教はあたかも窒息したかのようになってしまいました。もっとも、どう見てもこの宗教はギリシアのいちばん古い宗教と大きな関係があったようです。ローマ人の起源はギリシア人にあり、両者が分離したのはセソストリスの時代より前でした。〔四二〕それはそれとして、神々の崇拝を政治的な制度としてしかローマ人が考えてはいなかった証拠に、最高の為政者の職にある高位高官たちは、自分の名で公刊した著作でこの祭祀を攻撃する自由を手に入れ、自分たちが受けていた尊敬や評価はそうしても少しも損なわれなかったのです。

第二の体系、カルデア人やユダヤ人やペルシア人、そしてアラブ人のような近隣のいくつかの民族が持っていた体系は、厳密に言えば、普遍的な第一原因、その命令がただそれの手先や執行者であるにすぎない個々の存在によって実行される原因以外の神は認めていません。

ユダヤ人はそれでもまだ足りませんでした。ダイモン、知性体、精霊と名付ける下位の神々に時として言及することもありますが、これらはいわば至高存在の、すぐれて在るものの代官で、ユダヤ人は世界に起こるあらゆることをただこの至高存在にだけ結びつけ、この第一存在の機嫌を損ねずには、精霊に頼み事をしたり、それを拝んだりはできないと思っているのです。彼らの聖典の中でも——ユダヤ人がそれをわたしたちの言葉に訳したので、わたしはそれを丹念に読んだのですが——唯一この存在にだけあらゆる出来事が関係づけられ、感覚的な近因にも、その存在が使った物的な手段にもなんら注意が払われません。この存在の本性は、聖典では説明されていません。それに名前を付けるだけで満足し、わたしが話をしたユダヤ人の僧侶のうちでもっとも有能な人たちの解釈によると、その名はただ「存在するもの」を意味します。まるでそう名付けることで、その神だけが自力で存在し、世界にある神以外のものはすべてその存在を神からだけ受け取っていることを示したかったかのようです。今日のユダヤ人は、昔に比べれば哲学に興味を持っているようですが、神についての考え方はギリシア人やカルデア人から受け継いでもいるようです。このことについてこれからお話ししましょう。

ギリシア人やカルデア人は、最高神についてユダヤ人とほぼ同じような考え方をしていました。けれども、彼らが明言しているように、この神はわたしたちのような粗大で不完全な存在には近づきがたい純粋な光のなかに住んでいるので、神がわたしたちを統べるのも直接にではなく、いろいろな知性体や精霊を介してで、そういうものが通常目に見えず感覚にもとらえられない仕方でわたしたちを導くのです。精霊の中でもいちばん力のある者、いわば首領に当たる者は太陽や月やその他の天体に住み、下層民に当たる下位の精霊たちは、石や金属や植物といった自然のうちにある他の無生物と結びついています。これら上位の精霊が、光や天体の影響力を手段として、また個々の諸存在と結びつく下位の精霊の助けも得て、わたしたちにも自然の全体にも働きかけるのです。

こうした考えに基づいているのが、彼らの占星術、すなわち、くだんの天体の相や合が生み出すはずの未来の出来事を予言する術です。それは、これらの天体の配置と人間の間に起こった出来事との関係について何万年も前からなされてきた観察から得られた規則の結果なのです。

けれども、この教理は未来の出来事を必然的なものと前提していました（というのも、計算をすればわたしたちはこうした天体の出会いを確実に予言できるので、天体の運行と運動は勝手気ままなものではないからですが）し、天体と結びつく知性体の意志もそれを変えることはできなかったので、迷信はこの教理と引き合いませんでした。人間というものは善を期待し悪を予見するだけでは満足せず、前者を手に入れ後者を避けたがるものです。出来事が必然的だと想定されたのでは、そうはいきませんでした。そこで、別の想定が必要になったのです。神々は出来事の支配者で、自分に課した規則を変えることができるように、また神々を自分たちに対して好意的にし、敵対する精霊がより強力な精霊の介入によって屈服せざるを得なくさせればいい、と人は信じ込みました。上位の精霊の獲得をあきらめなければならないときは、植物や石と結びつく精霊を確保し、それをたくさん集めようとしました。これらの精霊を人間のようにみなして、それに基づいた対し方をし、この知性的な族《うから》と自分に有利な同盟や条約を結ぶことに力を注ぎました。これが、カルデア人の魔術です。ご覧のように、それはギリシア人の間で知られている魔術とは異なります。ギリシア人の魔術は、プルトン〔四三〕〔ハデス〕の陰鬱な王国に住まう死者の霊や亡霊を降霊させることだけを目的としているからです。もっとも、このギリシア人の魔術をカルデア人のそれと関係づけるのもおそらく難しいことではありません。カルデア人もこの下位の精霊の内に悪意を持った残酷な霊体も認めていて、その意にかなうには犯罪や殺人を犯すことしかないと信じていたからです。

そのためにどんな手段が使われたか、細部に立ち入ることはしません。どんなにばかげた方法も斥けられませんでした。こんな見解には現実的な根拠は何もありませんでしたから、ありとあらゆる非常識と不合理がそこに入り込み、現にそういうものが溢れているのをあなたがご覧になるのも驚くにはあたりません。もっとも始めのうちは、医学や植物、動物、鉱物から採られた特異な薬効がこうしたやり方の大方の動機だったとわたしは考えていますが、それをまねてほかにも、何の益もないものが作り出されたのです。

カルデア教内の相対立する二派が、今日わたしたちが占星術や魔術と呼ぶものを作ったのです。後者はエジプトに移入されましたが、この国は自然の産物もずっと豊富でずっと多様だったものですから、この種の知識に興味を持つ人には多くの特異な発見をする機会となりました。こうした知識のおかげで彼らも異常なことがいろいろできるようになりましたが、彼らは魔術とその操作のおかげで精霊と交わっていると称したので、下層民はそれをこうした精霊の作用によるのだと考えました。占星術と魔術が一緒くたにされ、特定の星の相を観察することで、知性体を呼び出すと想像される犠牲の力を増せると信じられたのです。これこそ今日、カルデア教徒とかピュタゴラス教徒とかいった名前で諸州に溢れているあの迷信家どもがやっていることです。

メディア〔四四〕やペルシアの「マギ」たちもカルデア人と違いません。もっともそれは、一方は善をなし他方は残酷で悪をなす（前者の名前はオロマゼスで、後者の名前はアフリマネスです）二種類の下位の知性体をはっきりと認めている点を除けばですが。というのも、この二種類の精霊を力において相等しい二体の最高神とする考えを彼らに帰すべきだとは思われないからです。その考えとは、この神たちが互いに絶えず対立し、その相互の争いから個々の存在すべてが形作られ、これらの存在はこの二つの第一原理の実体が混ざり合ったもので、そのためすべてのものは光と闇、物質と精神、徳と悪徳、快感と苦痛からなる、というものです〔四五〕〔四六〕。わたしが話をしたマギのうちでももっとも有能な人たちは、この考えを誤りとしており、ゾロアスターの説とは明確に対立すると保証してくれました。この人たちはゾロアスターの著作を保存しているのですが、そのなかでもゾロアスターは、上に立つ原理を一つしか認めておらず、それをミトラ〔四七〕と名付けています。マギたちはそれを「愛」、「結合」、「正義」と訳しますが、こういう用語はゾロアスターが、この原理を善をなす性質の存在として、あらゆる産出の原因として、世界の秩序と配列の原因として、世界のすべての部分を結びつけ、その解体を防ぐ紐帯として理解していたことを意味します。太陽こそがミトラの生きた姿でした。太陽の次にミトラが用いた、いちばん効果的な道具は火でした。太陽と火の二つがミトラの本来の象徴だったのですが、自分たちがミトラに示す崇敬の念から、ミトラ以外に神を認めてはならないという原理から全くかけ離れた崇拝を自分たちが太陽と火という二つのものに捧げているとギリシア人は想定したのだ、とマギたちは称していました。それに、このマギたちはわたしたちの意見をよく知っているものですから、わたしにこう言いました。対等な二つの原理という教義を自分たちに帰することに根拠がないのは、わたしたちの間に受け入れられている哲学諸派のどれかひとつの見解をわたしたちの全員に帰することに根拠がないのと同様だ、と。

　愛しいレウキッペよ、以上が、人々の間にあるのをわたしたちが知っている本質的に違う宗教的宗派の全部です。その他の宗派はどれもこれらの変形で、大概は対立する種々の体系から取ってきたさまざまな意見の寄せ集めです。たとえば、ユダヤ教のうちに作られ、世界中に広がり始めている新しい宗派などもそうです。「キリスト教徒」と呼ばれる人々がそれで、この連中はみな一般に、ユダヤ人と同様、世界を統べる唯一の至高存在がいて、その意にかなうためには何を信じるべきか、何を遵守すべきかを教えるために、この存在から格別な人がこの世に送られたと信じています。また、その人は最高神がユダヤ人に与えていた特別の法を変えに来たのだとも、この連中は信じています。とは言っても、教義の他の点については内部でもまったく一致していません。ある者は（これが最大多数派であるように見えますが）エジプト人やインド人の教義を取り入れ、自分たちの宗派の開祖はただの人間ではなく、肉をまとった神自身だったと言っており、その人は責め苦の中で落命したのに、それで困惑しないのはエジプト人がオシリス〔四八〕の無惨な死に困惑しないのと同じです。死後に起こったと言うなにかの不思議のおかげでその人の神性の名誉は守られたと主張しており、信者たちがその不思議を目撃したと称しています。そんなことを語るのは信者たちだけなのに、です。また一方、キリスト教徒のうちでも少なからぬ者は、この至高存在の本性と諸特性についても、多種多様な知性体についても、当代のカルデア人から取ってきた多くの夢物語を採用しました。彼らは、他のキリスト教徒から断罪される崇拝を精霊たちに捧げています。もっとも、善を行なうダイモンや悪を行なうダイモンが存在することは他のキリスト教徒も認めていて、これは宗派の開祖がしたとする神異によって証示されるとしているのですが。

4

これまで述べてきたさまざまな宗教的見解のうちで、万人を等しく照らし、時や所の隔たりによっても、言語、習慣、見解の違いによっても人々の間にどんな相違も起こらぬようにし、道徳の根本原理や幾何学の真理を人々に発見させてくれるような、純粋で普遍的なあの理性の光の上に教義と祭事が立てられているものはひとつとしてありません。これらの見解は馬鹿げたもので、少なくとも根拠も基礎もない想定です。そこから導き出される帰結は、仔細に見れば互いにまったく対立しています。

ある者は、ユダヤ人やキリスト教徒のように、第一存在は自ら個別的な意志によってすべてを統治し、個々の対象それぞれに別々の注意を払うと信じています。またある者は、カルデア人やエジプト人やギリシア人のように、第一存在は個別の精霊や知性体に万事を任せると信じていますが、その中には、第一存在を認識も知性も欠いた盲目的な原因とみなす人もいます。エジプト人やギリシア人がそうですが、この人たちはいまだかつて運命の神に祈願したことはなく、そのために神殿を建てたこともなく、この神を称える祭事を定めたこともありませんでした。彼らが「運命の女神」と名付けるのは一種独特な神で、何が生み出したのか想像できないため偶然が原因とされるいろいろな出来事をこの神に司らせるのです。このように運命の神や女神が祭祀で忘れられていることは、人々が絶えずその名を口の端に上らせ、この神にだけ加護を求め、物事がうまくいけばこの神のおかげとし、悪いことが起これぱこの神のせいにし、逆上の果てにこの神をやっつける時には、移り気だ、無節操だ、盲目だ、気まぐれだなどと侮蔑的な姿で描き、まさにこのことで運命の神や女神の存在も力も信じていることを示すだけに、それだけいっそう驚くべき事です。カルデア人について言えば、神々の主人にして王であるベロス〔四九〕を彼らは崇拝しているとはいえ、君主とは民には近づきがたい者で、王宮の奥深くに閉じこもったまま、そこから太守たちを使って帝国を治めるのだと見る習慣から、至高存在が自分と人間たちの間に置いた精霊たちよりむしろ至高存在自身に訴えるべきだと信じることが彼らにはできないのです。ある者は、カルデア人のように、下位の神々は純粋な霊体、つまりわたしたちのような体を持たず、わたしたちにあるような情念も傷病も一切こうむらず、不幸になることもありえない者と信じています。またある者は、エジプト人やギリシア人のように、いちばん力の強い神々さえも物質的な身体をまとっていると信じています。中にはギリシア人のように、これらの神々はいつもわたしたちの情念や弱さや欲求の虜になり、傷つくこともあれば不幸になることもあり、あまりの不幸に死を求めたりすると信じている者もいます。わたしたちの詩人たちの寓話〔ローマ神話〕も、この点では最古の伝承と同じで、わたしが言うことの実例に満ち満ちています。ウラノス〔五〇〕はサトゥルヌス〔五一〕に不具にされたうえ王位を剥奪され、そのサトゥルヌスも息子のユピテル〔ギリシア神話のゼウス〕によって玉座から追い落とされ、鎖をかけられました。ユピテルの色恋、愛人をものにするためにした恥ずべき変装——その愛人のなかには自分の母や娘たちまで入れて恥じないのですが——また神々の諍いや争い、巨人族に攻め立てられ、さまざまな動物に姿を変えることを余儀なくされて、這々の体でその追撃を逃れた際の窮地、その他これに類する無数のことについて長々と述べる時間はありませんが、こうしたことはわたしたちの祖先が神々をどう考えていたかを示しています。エジプト人、インド人、それに続くキリスト教徒たちは、少なくとも、神々ばかりでなく至高存在も、世界の第一原因も、人間の間にやって来て言葉を交わすため人や動物の身体をまとったが、この神は姿をまとった元の種がこうむるあらゆる出来事に見舞われたと考えました。ですから、オシリスやアドニスやアッティス〔五二〕が無惨な死に見舞われたのと同じく、キリスト教徒の神が最下等の奴隷用の恥ずべき仕置きで非業の死をとげたのと同じく、カンビュセス[五三]〔二世〕の時代に起こったように牛神アピス[五四]が肉屋の包丁にかかったり、牛神アピスを料理に出し、神の実体を犠牲にして宮廷で酒食を饗応したオクウス[五五]〔ダレイオス二世〕の時代に起こったように、神が人間たちの食料に供されることもありえたのです。

いろいろな宗派で神々の意にかなうために守らねばならないとされる祭事や勤行にも、それに劣らぬ対立があります。大方の宗派は獣を殺して神の恩顧を得ようとします。ユダヤ人もカルデア人もエジプト人もインド人もみな、流された血の蒸気や祭壇上で焼く肉の煙と香りが神々の幸福に寄与し、神々から得たいと望む恵みをお札として与える気にさせると信じています。わたしには、キリスト教徒がすべての宗派のうちでいちばん賢明であるように見受けられます。というのも、彼らは犠牲を捧げませんし、集会では至高存在への愛と感謝を、賛美歌と祈りと謝恩、それに日常生活の質素さにかなった簡素な食事を添えて表すことで満足しているからです。この集会で何が起こっているか問い合わせてみましたが、その結果、彼らになすりつけられるけがらわしいことは彼らの性格や品行からほど遠いものだとわたしには断言できます。仮にこの夜間の集会がなんらかの無秩序を引き起こすとしても、それはわたしたちのあらゆる秘儀に、エレウシス[五六]の秘儀にさえ伴う無秩序より限りなく僅かなものです。というのも、アドニス、シリアの女神、アテュス、バッカスなどの秘儀はわたしたちの間でもひどく評判が悪く、謹厳な人々はそれに参入したことを恥じるほどだからです。

ああした犠牲は、生け贄の選択も、それを捧げるやり方も、行われる場所も、執り行なうべき日も、いずれ劣らずふさわしくありません。世の生き物を減らさず、祭壇の上で人間を殺さないと、神々は、少なくとも一部の神々は満足しないと思う人もいます。神々の歓心を買うには人殺し、時には親殺しであらねばならないのです。テュロス人やカルタゴ[五七]人の間で神々は、きちんとした社会では法が罰するような連中にだけ恩恵を与えるとされています。リュディア[五八]〔王国〕やバビロンでは、ヴィーナスの神殿に偶然やってきた異邦人の快楽に娘たちが自分の身を供さずにいると、至高存在が娘たちに腹を立てるものと信じられています。ですから、他所では不品行だ、売春だと呼ばれる行為が、かの地では神に名誉あらしめる敬神行為とされるのです。

その他の神々については、それぞれ好みも異なって、それに従わなくてはなりません。こちらの神はしかじかの大きさとしかじかの色の雄牛を望み、あちらの神は羊を望み、別の神は雌豚あるいは山羊を望みます。奇妙な嗜好のため、文明諸国民があえて食用にしない動物の煙をかぎたがる神さえいます。

神々が求める品行について言えば、道徳上の法を守るか破るか気にする神はごくわずかしかいません。それに、たとえばギリシア人の間で、神々がどうしてそんなことを気にするでしょう。ギリシア人の神々、とりわけ最強の神々の間には、なんらかの犯罪、なんらかの忌まわしい悪習で手を汚さなかった者は一人もなく、少なくともなんらかの恥ずべき行為、不名誉な行為をしなかった者はないからです。殺人、窃盗、放蕩、売春、怒り、復讐などが神々の物語の一部始終を形作っていて、彼らのような市民を持ちたいと思う国家はひとつもありません。

エジプト人やユダヤ人やキリスト教徒は、それに比べればもう少し品行に気を配っているように見えます。彼らの宗派の創始者たちもその点に主眼をおいていたことは認めなければなりません。けれども、徳を実践せずには神々の意にかなうことはありえないとはいえ、一定の思弁的教義を信じ、一定の儀式を遵守しなければ、そんな徳は至高存在にとっては無用で偽りだとどの宗派も思っています。またその教義というのは往々にしてきわめて不合理で、常に真実性と明証性を欠くものですし、儀式というのも空疎で子供じみており、大体は割礼のように苦痛を伴うか、少なくとも人を疲れさせるもので、理性にも自然にも社会の必要にも反しています。ですから、彼らが価値をおく徳とは、自然すなわち至高存在がそれへの抗い難い性向をわたしたちにあたえた快感を断つこと、社会にどんな利益ももたらさないのにそうすることにあるという結果になります。この人たちによれば、人を有徳にするには節制や節度では足りず、ほとんどすべての食料を控え、断食し、飢えと渇きの苦しみを進んで味わい、死なずにいるのに絶対必要な量だけ飲み食いするようにしなければならないのです。これがエジプトの神官たちやキリスト教徒の教えです。ユダヤ人はそこまでは行きません。けれどもその代わりに、至高存在の意にかなうには一定の動物は控えなければならないとされます。彼らの原理では、豚を食べる者は人肉を食べる者と同じくらい神の不興を買うからです。性的な快感は人類の保存がそれにかかっている、あらゆる行為の内でいちばん必要なものと結びついているため、至高存在があらゆる快感の中でもっとも強烈ならしめたものですが、キリスト教徒によると、かくも自然なこの快感がそれ自体犯罪なのです。彼らはこの快感の濫用や、それを手に入れる手段のうちで社会の全体的な福利に反するものを断罪するだけでなく、人がしうるそのもっとも正規で正当な行使をも断罪します。彼らの多くがするように結婚を絶対的に断罪することを全員がしてはいないとはいえ、少なくとも、処女や独身であることが賛美されるところから、それ以外の状態はみな人間の弱さに免じて大目に見られているにすぎないことが容易に分かります。もっとも差し迫った欲求を控えることから生まれる苦しみだけでは満足せず、現実的で積極的な苦痛をそれに加える者も少なくありません。そうすれば神の意にかなうのだという希望に燃えて、体を引き裂き、おのれを笞打ち、切り刻むのです。こんな神については、彼らが意地が悪くて残忍で、人間が苦しむのを見て喜ぶ存在という観念しか抱いていないとは思われます。

5

こうした意見はご覧のとおり、自然な理性、本当の理性の光に基づくにしてはあまりにも馬鹿げていて、あまりにも互いに対立していますから、そうした考えが何に基づいているのか、それが本当だということをどのように知り得るかを検討する必要があります。

まず最初に気づくのは、そうした考えを支持する人がみなわたしに、真理は自分たちの側にあり、自分たちの確信は等しく強いと個々に断言することです。そして実際、こうした考えを擁護するためには、どんなに大切な利害もわたしたちが持ついちばん貴重なものを維持するためにしないようなことを、彼らはしたりされたりしてきたのが目にされます。

彼らの考えはことごとく互いに対立していますが、真理はひとつなのですから、真理がこれら相異なる宗派のすべてに同時に見いだされることはありません。起こりうるのはただ、真理がいずれの側にもないということだけでしょう。と言いますのも、その人が信ずるに足るとする理由よりもその人の抱く確信の方が強固である、そんな人々を目にするのはそれほど稀なことではないからです。ですから、いちばん証拠があると思われる宗派を選ぶより先に、まずわたしが自分で検討しなければなりません。どの宗派も至高存在を喜ばす自分たちのやり方の確かさについては甲乙ない理由をあげて主張しているのですから、そうした確信を抱いた最初の人々にあっては、その人たちが信じた事柄の真実性を示す明証的な証拠によって、こうした確信が必然的にもたらされると想定することはできません。なぜなら、誤謬や虚偽も真理と同程度の確信を引き起こしたことは彼ら自身も認めているからです。ですから、彼らの証拠を目で見た上で検討させてほしいと求める権利がわたしにはあります。これらの証拠は神々あるいは至高存在の権威にあります。彼らの言によれば、この神々あるいは至高存在がそうした考えは真理であると啓示したのだそうです。しかし、この神でも二つの対立する事柄を同時に真であるようにはできませんから、この利点を享受するのはこれらの考えのうちのひとつでしかない筈です。わたしたちがこの利点をどれに与えられるかを見てみましょう。

ギリシア人は、自分たちの宗教を証拠立てるためにどのような啓示も用いていません。自分たちの間では今も存続すると主張して、神々がそれにより自分たちの知らないことを教えてくれるというかの神託は、宗教を前提してはいても、宗教に根拠を与えるものではありません。ギリシア人は個々の事例しか話題にしませんし、哲学的に深めたいとも教義化したいとも思っておらず、病気の運命はどうなるのか、計画は成功するのかどうかを知るために出される問いに、神託はどうにか答えるわけですが、すべてこれはなにかの生け贄を命じるだけに留まります。それに神託は、宗教ほど古くありません。神託が始まった時にはすでに宗教は打ち立てられていました。神託のうちのいくつかは消えてなくなり、他のものがその席を占めましたが、それもその次にはさらに新しい神託が成功したために信用を無くしました。それにこうした神託すべてに伴う不明瞭さや曖昧さ、また神託がもたらす答の大部分が明らかに誤りだったりすることから、これらは無知な人々の盲信を悪用しようと各地を旅から旅へと経巡るペテン師のお告げよりもましなところは何もないのは明らかなことが分かります。また実際、こうした神託はあまりにも評判が悪く、いかに洞察力を欠いた人でもただ念のため聞いてみる程度のものです。

わがギリシア人にはいかなる聖典もありません。彼らの宗教は万事、雑然とした伝承に基づいていて、その起源は謎に包まれているばかりか、相矛盾する事柄に溢れています。〔それを理解するのは〕もっとも有名な神殿の古文書館から手に入れたものを編集してエウヘメロス〔五九〕が作った集成、エレソスのテオフラストスの著作、ギリシアの諸民族や諸都市の古い時代について書かれたわたしたちの歴史家の著作（これらはすべて、そうした伝承の起源を神々の物語と混ざり合うほど昔にまで遡らせていて、歴史のこの部分はあまりにも不確かなため、知られざる歴史とか神話的歴史とかいう名前しかありません）を読んでみるだけで足ります。

わたしたちが詩人を繙いたとしても、とりわけ最古の詩人オルフェウスの遺物が間違いなくずっと後世のもので、その作品を見られるこのオルフェウスはかつて存在したことがないとすらアリストテレスは考えていましたし、そもそも詩人など宗教を証拠立てるのに何の役にも立ちません。オルフェウスの啓示なるもの、その神々との交流も、神々の代理として何かを人間たちに告げる権威を神々がオルフェウスに与えたり、そうした権威を自分が本当に神々から与えられたと証明する手段を彼に提供したのだということをわたしたちに教えてはくれません。クレタのミノス〔六〇〕はたしかに高名な立法者でしたが、その神々との交流なるもの、またミノス〔六一〕がイダ山の神聖な洞窟に籠もったことも、それらの啓示がただの作り話ではないとしても、ギリシア人の宗教の真実性を証拠立てるのに役立つことはありえません。なぜかと言えば、ミノスその人に教化されたクレタ人は今も昔も変わることなく、もっとも高名なギリシアの神々を自分たちの島で生まれ、育ち、亡くなった人間だと思っているからです。彼らの墓が証明するように、またエウヘメロスが収録したそれらの墓の墓碑銘によっても、その人たちはこの島に葬られたのです。実のところ、神々の神官たちは自分たちの教義の真実性をミノスの啓示やクレタ人の証言に基づかせようとするどころか、クレタ人がユピテルの墓について言っていることを盾にとって、クレタ人を嘘つき呼ばわりしています（人間のように生まれ、人間と同じ傷病を免れない肉体のうちで生きた者たちは死をも免れなかったに違いないということに思い至らなかったのでしょう。そのことを証明するには、神官たちが霊感を受けた人とみなすヘシオドス〔六二〕やホメロス〔六三〕の証言だけしか必要ではありません）。

しかし、ギリシア人の宗教がエジプト人に由来することは見てきましたので、わたしたちが求めている、かの宗教の真実性の証拠がみつかるのもおそらくエジプト人の間でしょう。エジプト人の主張では、オシリス、すなわち至高の神自身が自分たちの間に住んでいて、人の姿をして彼らを治め、その王国と宗教を設けたのだそうです。ところがエジプト人には、オシリスについての書物は何ひとつありません。エジプトの最古の立法者はある者によればメネス〔六四〕でしたし、またある者によればその息子のアトティス〔六五〕でした。プラトンによればトト〔六六〕であり、この哲学者はトトとはギリシア人のメルクリウス〔ヘルメス〕だと主張します。また幾人かの著者は、トトが文字や大方の技術の発明者だとしています。この立法者は、神々の意にかなうためには何を信じ、何を行うべきかを定めた戒律を収めた何冊かの書物を残しました。そしてその子孫の一人は、彼と同名でしたが、これらの書物をはじめに書かれていたよりも読みやすく分かりやすい文字に書き替えました。エジプト人はこれらの書物を保存していると言っています。マネトン〔六七〕やサンコニアトン〔六八〕は著作でその一部を公にしましたが、それでもこれらの書物は今は残っていません。仮に残っていたところで、それらが書かれたヒエログリフすなわち神聖文字はもう分からなくなったと神官たち自身も認めています。神官たちは、ずっと後の時代に刻まれたものなのに、自国のオベリスクに見られる碑文もほとんど説明できません。意味が分かると称する時でさえ、これらの文字の意味は寓意的、つまりは恣意的でしかないのですから、彼らが与える解釈に疑問を差し挟む権利がいつでもあります。先に挙げた書物もなく、その真正さや真の理解を確かめるすべもなく、同時代の記念物との比較によっても、直後の時代のものとの比較によってもそれを検討できないため、自分たちの宗教はそこで教えられていたものだと主張する人の証言を除けば、オベリスクに書かれていたことの真実性を示す証拠は何もありません。また、すでに見たように、確信というものはどんな宗教にも等しく並みにあるもので、特殊にどんな宗教の真実性を証明するにも役立たない以上、そうした証言には何の力もありません。それにしても、どのような書物であるにせよ、そこにはエジプト人に啓示された宗教が盛られていると、誰がわたしに保証するのでしょうか。あの国の町々がその件についてほとんど無数の見解に、それもただ違っているだけでなく、互いに対立さえする見解に分かれていることをわたしは目にしています。各々の都市、少なくとも各々の地方にはそれぞれの神がいて、それを各々が唯一の神だと称しています。また、各々は他の人が崇めるものを殲滅することを宗教的義務としています。このように考えがばらばらであることが彼らの間にどれほどの憎しみを培っているかも、そのことで彼らが互いに揮い合う残忍さも、彼らを抑えるために役人たちが使う刑罰も、みんなご存知のとおりです。エジプトの宗教を廃絶するためにペルシア人、ギリシア人、ローマ人がした相次ぐ努力も、ひとえに、エジプトの宗教はそれを信奉する者に、意見を異にする人に対するもっとも野蛮でもっともどう猛な憎悪の感情を吹き込むのに適しているとみなすからだということはお聞き及びでしょう。エジプト人やユダヤ人、またキリスト教徒に対して時々起こるこうした迫害は、ただ政治的な源からのみ発しています。ローマ人は分別がありすぎ、また寛容すぎて、平安と良き秩序を乱しかねない偏執とならない限り、誤謬と非常識を罰する権利が社会にあるとは考えません。そういう偏執は、神々を喜ばせるため他の人々に自分と同じように考えることを強制すべきだと思う宗教で起こることですが。

エジプトのいろいろな伝承のうちどれを他のものより好ましいと思えるでしょうか。どれもが自分たちのための格別の啓示を言い立て、どれもがそこには啓示が記されていると主張する書物を引用し、それぞれが他を排除する同じ特権に浴すと主張しています。けれども、どの伝承も自分に付与する権利を証明できませんから、わたしは用いるのを妨げようとされた理性に立ち戻らざるをえません。さてこの理性によれば、こうした教義は馬鹿げて突拍子もなく下劣そのものの作り話の寄せ集めで、いちばん評判の悪い作家にもこれほどのものは何ひとつ見いだせないこと、またわたしに課される勤行が、ある種の動物の肉を断つこととか、徹夜の祈りとか、断食とか、むち打ちの行とか、不可思議で往々にして意味のない、理性的な意味に至っては必ずと言ってもいいほどない、ある種の言葉の朗誦とかのように勝手が悪く、子供じみて、非常識で、自然にも常識の原理にも反することが分かります。一個の神、人にある特定の礼拝を捧げるよう求めた神の実在を想定しても、人が神の意にかなうのはこうした祭事によってだと理性は考えることができません。こうした神々についてあたえられる描写や像も、こんな神々の姿をしたものを目にしたら逃げ出さない人、ひどい恐怖にとらえられない人は一人もいないほどのものです。ですから、啓示を探さなければならない場所は間違いなくエジプト人以外ということになります。

インド人たちにはたしかにたいへん古いものだと主張する書物があって、彼らはそれに限りない崇敬を抱き、これは自分たちの神々からじきじき与えられたものだと称しています。けれども、インド人がなかなか外国人に見せたがらず、今日話されている言葉とは違う分かりにくい言語で書かれている、それらの書物について伝え開くところによれば、そこには二種類の教義が盛られているそうです。一方は比喩的な仕方で開陳された哲学的教義で、それを通読してはっきり見て取れるのは、著者たちが神の実体と宇宙の実体をまったく区別しない哲学者で、わたしたちの霊魂も身体もみんな神性の部分ないし様態だと信じ、したがって、自分を拝むことはありえない以上、至高存在にどんな崇拝を捧げる義務もないとしていることです。彼らはそれに加えて、こうした霊魂や身体は生まれたり死んだりしても新たな姿をとるだけ、ある状態から別の状態に移るだけで、これらの状態の各々の境遇を律するのは幸福を徳に、不運を悪徳に結びつけるある種の運命だと言います。彼らに従えば、生起することはことごとく必然的で、したがって自由は存在しませんから、わたしたちが解するような意味での功罪もありません。またしたがって、至高存在の意にかなうもかなわぬもなく、生起することはことごとく必然的なのですから、至高存在に捧げる礼拝がわたしたちに定められた運命を変えられると期待してはならないのです。

こうした哲学的諸原理にインド人たちの神々の冒険に関するいくたの馬鹿げた神話が加えられましたが、そのいくつかは滑稽なもので、ほかと同じ書き手の手によるものではありません。またそこには、雑然としてはいますが、これらの民族が他民族のあらゆる歴史よりさらに古い時代の記憶を留めているのを示す歴史的伝承も見られます。

これらの書物にあるもっとも古い記述は、それを行うことで神々に名誉あらしめるとこれらの民族が称する祭事をも、それどころか民衆が考えるような神々の存在さえも台無しにしますから、わが愛しきレウキッペよ、これらの書物を真の宗教の土台とはみなせず、そんなものに足を止めるべきでないことがお分かりでしょう。

タプロバーネ〔スリランカの古称〕の国王使節に随行してきたインドのもっとも学識豊かなブラフマンたちと付き合ってみて、わたしには、インドの哲学者たちが宗教というものを政治的な制度としてしか見ていないことが分かりました。それぞれの国の宗教はそれを告白する人々にとっては真実だと、彼らは思っているのです。それについてブラフマンたちは、自国のある神秘詩人の詩句をわたしに引用してくれましたが、その詩人は、神とは自分の帝国内のさまざまな民族から各々固有な儀式を伴って臣従の誓いを受ける大王のようなものだと述べた上で、この世界はそこに打ち立てられたさまざまな宗教とともに、神が自分の前で演じさせて楽しむ七万の喜劇のひとつだと付け加えました。

ペルシア人には、彼らによればゾロアスターあるいはザラデス〔六九〕によって書かれた聖なる書物があります。けれどもそれは、この名を持つ最後の人でキュロス〔七〇〕やヒュスタスペス〔七一〕の子ダレイオス〔七二〕の時代の人に過ぎないザラデスが書いたもので、ダレイオスがそれらの著作で話題になっているのです。これらの書物はミトラ神〔七三〕自身が書き取らせたものだとペルシア人は言っています。そして、幼稚で滑稽な多数の勤行——もっともそれらは元来、気候風土にふさわしい決まりを根底としたものであって、ザラデス以前にいた諸民族の迷信によってそういう決まりが宗教的儀式と化したものらしく、ザラデスは古来の宗教の改革者でしかなかったようです——を除くと、これらの書物には理性にかなった戒律が含まれています。至高存在を崇めるのは尊敬と感謝によるのだとされ、自然が吹き込むのと異なる戒律を至高存在がわたしたちに与えたとは想定されず、この宗教では苦痛は悪で避けるべきものとされ、また快感は善で、法にかなったやり方でのみ快感を求めさえすれば、つまり社会秩序がそれで乱されなければ、至高存在の意にかなうとされているのです。わたしたちが知っているあらゆる宗教のうちでも、これはもっとも理にかなったものです。しかしいずれにしても、この宗教の創始者、というよりは復興者はただの人間に過ぎず、理性の権利以外の権利を自分が持つなどということはまったく証明していません。また、自分の使命の真実性を同胞たちに納得させるためザラデスが行ったと言われる魔訶不思議の業もあまり根拠のある物ではありません。この国以外ではまったく知られず、この国でもそれを受け付けない人は数多くいるのです。

それに、ザラデスを至高存在の代弁者とみなす人の宗教的実践も、彼が打ち立てた原理に反しています。それはいくつかの虚しい儀式を遵守することに宗教のすべてがあるとしていますが、ザラデスが自ら至高存在について与えてくれる観念に照らしてみると、そういう儀式はせいぜい、ザラデスがそのなかで暮らした人々に固有の慣習としかみなせません。それでも彼らにとっては神聖なものとなっているため、暴力によらなければそれを彼らの精神から引き抜くことはできませんし、社会の平安とは無関係な考えを人々から取り除くために暴力を用いるべきではありません。このように、ペルシア人の教義は一個の宗教というよりはむしろ哲学の一流派であって、そこにある理性的なもののうちには他のすべての民族の宗教とも共通するものしか含まれていません。

カルデア人もかつて聖典があったと言っていますが、今ではもうそれをわたしたちに示せません。史書を書くためにベロッソス[七四]がそこから取り出したものは、この民族とその宗教の起源をあまりに古くまで遡らせているので、根拠となるのはきわめて混乱した伝承しかありません。それらの古さを証明するために、カルデア人は四十七万年以上にも及ぶ天体観測と系図を伝えています。カルデア人が古来、天体の運行を認識し確定していたことは確かで、彼らの宗教はいわばそれに基づいており、だからこそ、ごく早くからそれに打ち込むことが彼らの義務とされたのです。けれども、カルデア人が自国民に与える何万年という古さを証明できる天体観測があるというにはほど遠いのが実状です。というのも、彼らがする連続的な観測はアレクサンドロス大王の時代から四、五世紀前までしか遡りませんし、カリステネス[七五]が収集してアリストテレスに送ったそれ以前の観測でもっとも古いものも、バビロンの征服〔前五三九年〕とダレイオスの敗北〔マラトンの戦い、前四九〇年〕より二千年は遡っていないからです。

したがって、カルデア人には今はもう聖典がないので、彼らを分ける二派のうちいずれがその書の教理を受け継いでいるのか、わたしたちには知る由もありません。純粋な占星術を信条とする宗派には、宗教的な祭式などないに違いないと思われます。というのも、すべてが必然的であれば、法を遵守することもわたしたちの意志には依存せず、したがって、宗教が課す法の遵守や背反によって至高存在の意にかなったり、かなわなかったりすることはわたしたちにはできない相談で、至高存在がある宗教を設けたということはありえないからです。

二つ目の宗派は、神々も人間たちも自由に振る舞うと想定するもので、この派だけが唯一宗教を形成できそうです。この派は人間たちも神々と言葉を交わすことができると主張し、そうした交流を行う手段さえ教え、この手段は無謬であると称しています。『ゾロアスターの神託〔七六〕』という題名でわたしたちの間でも出回っている書物は、そうした手段で埋め尽くされています。けれども、この本が命じることを守っている人のうち、誰一人として最後までやり遂げられた人はいません。カルデア〔七七〕のいわゆるマギもせいぜいペテン師に過ぎず、その馬鹿げた術は一番卑しい下層民をどうにかだませても、それを自ら検討する開明的な人々を欺くことはとてもできません。この一事からしても、彼らがわたしたちに告げ知らせる宗教が偽りであることが証明されるに違いありません。それというのも、この宗教がわたしたちに授ける戒律は、彼らがそこから期待する、この宗教が約束している結果をもたらすことはできないからです。

加えて、そうした戒律はあまりにも常軌を逸しており、その勤行はあまりにも馬鹿げていますから、そのことだけからも、これが非常識と架空の子供だましの寄せ集めで、人から一目置かれたがるペテン師たちがでっち上げたものに過ぎず、無知と軽信と迷信が日に日にそれを肥大化させたのだということが十分に確信できます。

ユダヤ人とキリスト教徒の宗教は、その根拠を検討すべくわたしに残された唯一のものです。この両者をひとつにまとめるのは、後者も前者が受けいれた書物の真実性を前提にして、前者の宗教を改革するとしか言わなかったので、後者を前者と区別すべきでないからです。

ユダヤ人の書物はわたしたちにも知られていますが、それは彼ら自身がこの書物をわたしたちの言葉に訳したからです。それでわたしたちもこの書物を検討できるのです。これらの書物は数種のものからなっています。あるものは彼らの立法者〔モーセ〕に帰せられてその名を冠し、他のものはこの立法者以後に書かれたものですが、大半は彼らの神から霊感を与えられた者が著したとされ、神がそういう人に未來を明らし、彼らがそれをユダヤの民に明かしたとまで言われています。

ユダヤ人の立法者〔モーセ〕に帰せられるこれらの書の最初の巻には、諸存在の最初の起源からその当時までの全世界の歴史が収められています。続く四書にはユダヤ人の律法、それに教会と世俗の統治に関わる詳細が収められています。

世界の起源に関する歴史的な伝承は、ユダヤ人が全民族の祖先と思う一人のカルデア人——ユダヤ民族は自らを、その人の十二人の息子から出た十二の支族に分かれる一族とみなします——の時代までは、カルデア人の伝承とかなり一致しています。ユダヤ人がカルデア人より限りなく時間を短縮している点を除けばですが。双方とも、最初の人間から、全人類を滅ぼしたかの大洪水が起こった時までは十世代しかたっておらず、例外的に滅亡を免れた一家族が地球全体を再び人で充たしたのだと思っています。もっとも、一致するのはそこまでです。ユダヤ人のこの書物も、それに続く諸書も、世界を作って治める単一の神を想定しています。けれども、その神がどのようなものなのかも、その神についてわたしたちがどのような観念を抱くべきかも何ひとつ説明していません。加えて、この本にはこじつけの寓意でしか説明がつかず、至高存在の威厳にはほとんどそぐわないような多くの事柄が収められています。至高存在についてかなり幼稚な観念を与えているのです。この書にも後続のものと同様に、立法者よりずっと後に書かれたものでしかありえない事柄が含まれていることはユダヤ人自身も認めています。とすると、これらの書物は立法者の手から出てきたままの状態でわたしたちに伝えられたのではなくなり、その権威は大いに損なわれます。それに、いくつかの箇所には明らかな矛盾がありますが、これは、その英知が万人に勝るはずの至高存在が書き取らせた書物にふさわしくありません。後続の書物では、こうした難題はさらに増していきます。ユダヤ人の歴史を記した書は不完全で、書きかたも限りなく曖昧で味気なく、絶えず参照されるもっと大きな本から、幾人かの個人が作った抜萃としかみなしようがありません。霊感を授けられた者が書いた書物について言えば、至高の神と交流をもつと思いこむ者ほどユダヤ人の間でざらに見られるものはなかったことが彼らの歴史に見て取れます。そういう連中は自分の啓示の真実性について、本当の預言者と思われている者と同じ証拠を提出しているにもかかわらず、ユダヤ人の間ではペテン師と見られています。こんな次第で、今ではもう、本物の預言者と偽物の預言者を区別できるしるしは残っていません。

一般的に指摘できることは、霊感を受けたこの人々の著作は古い時代に書かれたものと想定されますが、それがその時代のもので、その後に起こったことを著者たちが本当に予言したという証拠はまったくない、ということです。彼らの予言は、書物を整理した人々によって後から諸々の出来事に合わされたものでないという保証はありません。確かなのは、ユダヤ人が自分から認めるとおり、彼らの間に預言者などもういないことです。ですから、神が昔人間たちと交流を重ねたと彼らが請け合う場合には、それを鵜呑みにするより仕方がありません。

ユダヤ人の宗教体系と彼らの歴史の続き具合を検討してみて分かるのは、至高存在が、自分はどのように崇拝されたいか言明するため、地上のあらゆる民族の中から自分たちを選んでくれた、またその法に忠実でさえあるなら、至高存在が溢れるばかりの幸福を約束してくれた、その法を口授したのは本当に自分だと納得させようとして、至高存在が彼らのために最大の不思議を行なったと、ユダヤ人が思いこんでいることです。しかし、どうやら至高存在には、ユダヤ人の心を動かし、その精神を納得させるよりも、自然の全体をかき乱したり、天変地異をもたらしたり、太陽の運行を止めたり、海や川を固めたり、食用にするために露を濃密化したりする方がやさしかったようです。これだけでもすでに、ああした神異の真実性を疑問とする大きな理由になります。というのも、そうしたことが本当に起こっていたら、目撃者となった人々のうちにもっとも強烈な確信を生み出したはずだからです。ところが、ユダヤ人の歴史で見られるのは、彼らの立法者〔モーセ〕が生涯自分に対して起こる反乱を鎮めるのに忙殺されてばかりいて、どんなに厳しい、どんなに横暴な懲罰も、彼が説く神への崇拝からユダヤ人が離れて、他国の神々の崇拝に従うのを止められなかったのです。立法者〔モーセ〕が死ぬと、ユダヤ人はたちまち彼から与えられた法を忘れ、その後数世紀にわたる彼らの歴史は、自国の神への崇拝から異国の神々の崇拝への移行を織りなしたものにすぎなくなり、あげくの果ては、彼らの町〔エルサレム〕も王国もカルデア人に滅ぼされて、ユダヤ人はバビロンの町とその近辺に住むようアッシリア[七八]へ連れ去られました。ユダヤ人はこの地でほぼ一世紀を過ごし、祖国へ戻ったのは、新たに征服したバビロン[七九]の力を恐れたキュロス[八〇]が、住民の最大部分を奪ってこの町を弱体化しようと決めた時にすぎませんでした[八一]。この時以来、かつては自分の神にあれほど反抗的で、その神が目の前で派手な神異を毎日のように起こしても馬耳東風だったユダヤ人が、一転して神の法に忠実となり、もっとも強烈で燃えるような熱意をその法に示すようになりました。異国の神々を崇めなくなったばかりか、セレウコス[八二]〔一世〕の子孫であるシリア[八三]のある王〔アンティオコス四世〕が彼らに強制してギリシアの神々を拝ませ、禁じられた動物の肉を食べて彼らの神の法を破らせようとした時には、その法を破ってけがらわしいとみなすもので自分を汚すよりはと、ユダヤ人はもっとも残酷な責苦にも毅然として耐えたのです〔マカベア戦争[八四]〕。ところがこの時、ユダヤ人には支えてくれる預言者もいなければ、神異もありませんでした。それでも、神が毎日預言者や神異を送ってくれたと彼らの歴史が想定する時代以上にその確信は強烈でした。この確信はひとえに、自分たちの歴史が報じる神異は本物だという彼らの考えから生み出されたものです。そうだとすると、神異が起こったという意見だけでも今日の子孫たちにこれほど感銘を与えるのですから、目撃者だったと言われる者に、神異はどれだけの効果を及ぼしたはずでしょうか。こうしたことから結論すべきは、あんな神異は一度として起こったことはなく、歴史に後から書き入れられたものだということです。ユダヤ人をバビロンから連れ戻し、新しい政体を立て、彼らの神の神殿とともに町を再興し、完全に廃棄されていた彼らの宗教の形を整えた人〔エズラ〕がその歴史も編纂したと、ユダヤ人自身も認めています。

ユダヤ人の神のはっきりした約束によれば、神の法に忠実である限りユダヤ人は幸福で栄えるはずです。しかし、バビロンからの帰還後以上に彼らが法に忠実だったことは一度もありませんでしたが、またそれ以上に不幸だったこともありません〔八五〕。アレクサンドロス〔大王〕の後継者たちの圧政に曝された彼らは、その支配から脱したかと思うと、今度はローマ人の支配下に陥ってしまいました。そしてローマ人は、ユダヤ人の度重なる反乱にうんざりして、その町を破壊し、ユダヤの民の大部分を根絶やしにし、残った者を帝国の属州に離散させました。行った先でも彼らは絶えず迫害されていますが、そんな迫害もその宗教を捨てさせるどころか、彼らを微動だにさせませんでした。彼らの立法者の巧妙さの表れにすぎないという以外、神の名でされた約束の真実性についてどう考えたら良いのでしょうか。この立法者は迷信深い民に感銘を与えようとし、彼らの精神のそういう素質を利用するつもりで、どんなにありふれたことでも神の直接的な働きとするこれらの民の言いかたに合わせて、異常なことが起こるとなんでもそれを神異に変えてしまったのです。この立法者の書物〔モーセ五書〕〔八六〕は次々と多くの人の手を経て変えられ、その人々の気に入ることが付け加えられましたから、粗野で信じやすく迷信的な民族の間に広がっている考え方に応じて語られた多くの神異がそこに溢れているのも驚くに当たりません。ですから結論として思うのは、ユダヤ人の宗教はインド人やエジプト人やカルデア人の宗教以上に神性の徴《しるし》を備えてはおらず、この宗教が根拠とするさまざまな啓示の確かさを示す徴も今ではもう無くなってしまい、すべてはそうした徴を受け取る人の歴史的伝承と信念次第だということです。

ユダヤ人が滅亡し、四散した後、彼らの間に新しい宗派が興り、その立法者に因んで「キリスト教徒」と呼ばれています（このことについてはもうお話ししました）。この人々はユダヤ教の法とすべての啓示の真実性を前提としています。けれどもキリスト教徒が言うには、ユダヤ人に約束された幸福は彼らが想像するようにユダヤ帝国の栄光や富や豊穣さや平穏にあるのではなかった、そういう幸《さち》に浴するという点ではユダヤ民族が他国民に勝ったためしはなく、約束された幸福はそうではなくて真理の認識に、真の徳の実践に、ある種ストア的な至福にある、その至福はこの世ではもっとも不幸な境遇のうちにもありうるもので、死後には至高存在と交わって、それと言葉を交わし、それを親しく知ることのうちにある、のだそうです。さらにつけ加えて、ユダヤ人にあたえられたあの法は民族固有の掟に過ぎず、一定の時期が過ぎれば終わるべきもので、その後はユダヤ人の祭事もその儀式の厄介な実行も廃止されるはずで、その時には至高存在も、哲学者たちですらいまだかつてそこまで持って行ったこと、そこまで推し進めたことがないほど崇高な徳の厳格な実践に伴う、畏敬と愛と感謝以外には人々からいかなる崇拝も求めなかったはずだと言います。その時はすでに来た、我らのキリストこそ人間たちに神の意にかなう手立てを教えるため人間たちの間に神がつかわした者だ、また神が幾度となくユダヤ人に約束し、陥っていた不幸な境遇から彼らを救い出すはずだった者だ、と彼らは断言するのです。キリスト教徒によれば、彼らがこの人に与えるキリスト〔八七〕という称号の意味もそこにあります。というのも、この人には別の名前があったのですから。これとは逆にユダヤ人は、民族を再興するはずの人物について予言されたことは何にせよ寓意的に解されるものではないと主張し、それはわれわれを一つに集め、われわれの帝国を再建し、すべての民族に支配を拡げる強大な王のはずだと言います。そして、これは実際認めなければならないことですが、ユダヤ人の書物はこれ以外の観念をわたしたちに与えてはくれませんし、そこにはキリスト教徒の説明に好都合なものは何ひとつ見つけられません。

　このキリスト教徒という宗派はユダヤ人の宗派に全面的に基づきますから、その真実性に依存しています。ですから、これを覆してしまえばキリスト教徒のことを語る手間が省けます。もっとも、それ自体としてもこの宗派は十分な証拠を備えていません。このキリストの本は一冊もありませんし、弟子たちが何冊かの書物を書くには書きましたが、その幾冊かは伝聞を述べるに留まっていて、伝える事柄の目撃者だったとは著者たちも言っていません。ですから、信用しなくてもよいのです。その他の書物について言えば、それらは公には知られていない無名の著作で、キリスト教徒はそれをユダヤ人や外国人から入念に隠しています。神秘というのがかれらの宗教のひとつの要諦だからです。ですから、これらの書物は批判や反論に曝されたことが一度もないので、そこに盛られた事柄について敵対者が沈黙していることを、事柄の真実性を認めたものとして引き合いに出すわけにはいきません。それにこれらの書物は、薬をひとつもつかわずに不治の病が治ったとか、目の見えない者や口のきけない者や耳の聞こえない者が快癒したとか、死んで数日たつ者がキリストのおかげで生き返ったとか、全ユダヤ民族の面前でこの人が行った神異に溢れています。人間とはどのようなものかを考えてみれば、神があれほど派手に支持を表明した人が、生き方はまったく罪がなさそうで、社会にごく些細な混乱を引き起こしかねない行動もそこに何ひとつ見られないのに、それでも迫害され、悪事を働く者として捕らえられ死刑にされたなどと想定するのは不合理なことです。ユダヤがローマ人に従属する人に統治されていた時代に、ローマの歴史家たちが一言も語っていないあいう魔訶不思議が真実だと、どうして想像できるでしょうか。

それに、これらの書物の一部には子供じみた話や馬鹿げた話が満ちあふれていて、そうしたものをいちばん免れている本にも見られる矛盾は取り繕いようがありません。ですから、わたしたちの理性が服従すべきなんらかの特徴を帯びた本は一冊もありません。その特徴とは、そこに盛られた意見には理性の使用に基づく真理の確かさを超える確かさがあり、したがって、そうした意見はそれらの真理と一致しているように見えなくても受け入れるべきだ、と認めることを理性に強いるような特徴です。

わが愛しきレウキッペよ、これらの宗教の真実性は、宗教が根拠とする事実を証言する人がわたしたちの精神に対して持つべき権威と、彼らの言うことにわたしたちが寄せるべき信頼の度合いに依存することが、今お伝えしたことからもお分かりでしょう。神異とか、人間には帰せられない目に見える証言とかいうものは今ではもうないのですから、わたしたちは言われることの真実性を信じるにしても、過去の出来事を信じるのと同じやり方でする義務しかありません。過去の出来事はせいぜい歴史的な確実性しか持てません。さて、そうした確実性とは何でしょうか。どうでも良いこと、信じたところで痛くも痒くもないことであれば、それに同意するでしょう。しかし、ある種の歴史的事実の結果として、わたしたちが所有するものを取り上げ、厄介で不都合で苦痛を伴う勤行にわたしたちを縛りつけ、いちばん大切なものをわたしたちから奪い、あらゆる快楽、あらゆる休息を禁じるのだと言われたら、一言で言えばわたしたちの幸福を台無しにするのだと言われたら、わたしたちはこの上なく厳密にその根拠とする資格を検討し、道理を以てやれる限り長く抵抗し、最高度の明証性にしか兜を脱がないようにすべきではないでしょうか。要するに、ここで問題なのはほかならないわたしたちの身体、知性、意志の自由で、それを奴隷にするぞと言われているのです。これは十分守る労に値するもので、闘うことなく屈服してはならないと思われます。すでに幾度となく申し上げたことですが、これらの宗教はどれも同じ類の証拠を用いて、その内容が真実であることを示そうとします。どちらを向いても教義への同等の確信と、同等の熱情と、同等の献身が見られ、自分の血で教義の真実性を証し立てる用意があると、右でも左でも言われます。盲目だ、誤謬だ、偏見だと互いに非難し合い、ほかの体系の見解を攻撃することだけが問題ならすばらしいことをやってのけ、高らかに凱歌を揚げ、そういう見解のばかばかしさや矛盾や証拠の不備を最大限暴き出しますが、いざ自分自身の見解を擁護する段になると、途端にこうした優位性は消え失せて、攻撃側に移ってしまうのです。

ある教義、ある事実に対するどんなに強烈な確信も、そんな訳でそれらの真実性を打ち立てるのに十分な証拠とはなりません。こうした確信はどの党派にも同等にあるものですが、真理はただひとつの党派にしかあり得ないからです。これは人間の理性にとって恥になることですが、何か分からない運命によってインド人やエジプト人の宗教のようないちばん不合理な宗教がいちばん大きな確信のしるしを提供する宗教でもあるということすら起こります。宗教的な動機から彼らが自分に課す身の毛もよだつ苦行は、どんなに残虐な暴君が編み出した刑罰でも肩を並べられないほどのものです。それゆえ、これらの宗教の証拠を検討して、もっとも良く証明されたと思われる宗教に軍配を上げるのが理性のなすべきことなのです。こうして、彼ら自身も認めるように、彼らが追放したがるあの理性が権利を回復しなければなりません。他派の見解を叩く時には理性を用いてもいいが、自分自身の見解を検討する時には理性の使用を禁じるというのは不当すぎます。それに、こういう特権を持つと称さない宗派はひとつとしてないでしょうし、そうであれば、その主張をめぐる宗派間の争いに決着をつけるのも理性の仕事でしょう。

6

それゆえ、こういう問題の唯一の判定者である理性に誠心誠意任せて、理性が教えてくれることだけ信じるようにしましょう。理性がわたしたちを裏切ることはあり得ません。理性にそんなことができたら、確固不動の規則が人間の間になくなってしまうでしょうが、それでも多くの真理を認識し用いるという点で人間たちがみな一致しているのが見られるのです。人間たちが互いに異なり、多くの点で互いに欺き合うのは、理性に相談する前に速断するから、また自分の偏見が言うことや、慣れと他人の権威への盲目的な服従から真理とみなす二、三の思弁的見解を理性の言葉と取り違えるからです。そこで大切なことは、推論に当たっては拙速を避け、その真実性が活き活きした判明な内感に基づかない原理を斥けることです。知らないことは語らず、哲学上の諸流派がわたしたちの間で馴染みにした用語に伴う混乱したイメージを明白明瞭な観念と受け取らないことです。そういう哲学流派がこしらえた抽象物は、あなたもご存じなくはないでしょう。わたしとしても、あなたを尻込みさせないかと心配せずに、そういうものを使えるはずです。ですが、この種の煩瑣な議論はあなたには無用でしょう。哲学者たちの虚しい思弁は、少なくとも真理の発見にとって役に立たないのですから。真なるものの本性やいろいろな観念の本性をめぐる彼らの細かすぎる議論を学んだことがなくても、正しい分別と、精神のある生まれながらの正確さ――人間がそれを奪われるのは、理性の松明を濫用によって自分から消し去った時だけです――さえあれば、実生活で普通生じるいろいろな機会に、どういう道をとるべきかは十分わかります。理性を用いる必要がとくにあるのはそういう機会なのに、ああいう知恵の教師と称する連中はそこではからっきし無知ときています。

ですから、哲学的な定義とか諸流派の見解の細かすぎる議論とかには踏みこまず、理性とは何か、理性が律すべき知識の本性とは何か、理性の正しい使用へとわたしたちを導く方法とは何かを見ることにしましょう。用いる用語は、前述した誰もが備える正確さをもって語り、推理する人々が取る意味でしか使わないように努めましょう。

生まれた時にわたしたちに具わっているのは、認識する素質、つまり、他の諸存在がわたしたちに作用する時にそれらから受け取る印象〔八八〕を感受しそれと認める素質だけです。この印象は、知識、観念、知覚ないし統覚〔八九〕とわたしたちが呼ぶものです。この国の哲学者たちのうちで、わたしたちは顕在的な観念や知識を持って生まれると主張する人は、経験にも理性にも等しく反することを主張しています。自分自身のことを良く考えてみれば納得されますが、対象から受け取るさまざまな印象や、感覚することにわたしたちが加える反省を契機として、わたしたちは次第次第に知識を獲得していくのです。はじめわたしたちは、事物についての個別的な観念を持ち、ついで、さまざまな知覚を比較することによって、これらの事物に関する一般的、普遍的な観念を形づくります。もっとも、観念を抱くには二つの仕方しかありません。一つは、観念がなんらかの対象の顕在的な印象である場合ですが、その場合わたしたちは、これらの観念に伴う感覚によって観念が現前することに気づかずにその観念を抱くことはできません。もう一つは、この観念が以前に受け取った印象の記憶、いわば木霊である場合ですが、その場合、より古い印象の記憶には、記憶として認知される感覚が伴います。したがって、この記憶は現在の観念とは完全に区別され、その印象を受け取ったのは時間的に前だということを人は覚えているのです。いわゆる生得観念なるものはこの後者に属し、事物が目の前にある時わたしたちのうちで呼び覚まされるにすぎないはずですが、これは経験に反しています。獲得するつもりのそういう観念を自分はかつて持っていたのではないか、自分の精神に知らないうちに刻み込まれていたものが目を覚ましただけではないか、という疑い一つ抱かせるようなどんな意識〔九〇〕もわたしたちは持ち合わせていません。けれども、こうした説の検討には踏み込まず、この主題について確実なものは何かをひきつづき見ることにしましょう。

　さまざまな対象の印象は、わたしたちのなかにそれ自体の痕跡や名残のようなものを残し、それが時として、印象を喚起した対象が目の前にない時にも呼び起こされます。これが記憶や思い出と呼ばれるものです。この意識によってわたしは、自分のうちにかつてあった印象を認識するのですが、ただこの意識には、その印象を受け取った時とそれを思い出す時とを区別する少なくとも混乱した統覚が伴います。

これらの印象にはすべて快不快の意識が伴います。その意識が強い場合は快感とか苦痛とか名付けられ、弱ければ満足、上機嫌、あるいは物憂さ、不機嫌、不快感となります。これらの意識のうち前者は、いわば対象の方へわたしたちを押しやり、それに近づこう、合体しよう、結びつこうとし、また抱く感情の強さと激しさを増そう、その持続期間を引きのばしてできれば永続化させようとし、消えれば更新し、去れば呼び戻そうとわたしたちに努力させます。こうした意識を持たせてくれる対象をわたしたちは好みますし、その対象をきっかけにしてそういう意識を抱く時は対象を楽しみ、求め、持っていなければ持ちたいと思い、失えば残念がります。

反対に後者の意識、苦痛の感情は、それを遠くへ押しやろうと努め、そうした意識を感じさせる対象を避け、その対象がもたらす印象を恐れ忌み嫌うように抗いがたくわたしたちを仕向けます。快感を求め苦痛を避ける素質がわたしたちには生まれつきあります。自然がわたしたちに刻み込んだこの法則は、わたしたちの生活の行為全般にわたってそれに従わざるを得ないほどの権威を備えています。なぜなら、どんな行為であれ、強弱の違いはあってもこの二つの意識の一方を伴わないものはないからです。快感は生命の維持に欠かせないあらゆる行為に、苦痛はその逆のあらゆる行為に結びつきます。検討もせず反省もせずとも、快感への愛好と苦痛への嫌悪が、前者の行為を行い後者の行為を控えるようにとわたしたちを促すのです。

快感と苦痛の印象がひとたび感受されると、わたしたちはもう自由にそれを引き延ばしたり止めたりできなくなります。この印象には一定の嵩《かさ》があって、わたしたちはどんなに努力してもそれを変えようがありません。快感と苦痛の持続に長短があるだけでなく、その強さにも、わたしたちを幸福にしたり不幸にしたりする度合いにも大小があります。往々にして、心地よいが軽度の意識として始まった印象が最後には限りなく激しい苦痛になってしまったり、また往々にして逆に、軽度の苦痛によって最大の快感の享受を贖わねばならないこともあります。要するに、苦痛と快感は無限に混ざり合い結び合っていて、純粋な快感を味わえるようにはわたしたちは出来ていないのです。この世に生まれるや、わたしたちは自分に現在作用する快苦の印象に導かれるがままになります。この点では、わたしたちの子供も動物の子供と違いません。どちらもそうした印象の帰結や結果を見通せずに、現在の印象と同じような盲目さで身を委ねるのです。それに、そうした帰結をどうして予見できるでしょうか。予見するとは、今この時に感じるのと似たあれこれの印象の後に、それとはまったく異なる、限りなく激しい別の印象が続いたこと、何か同じようなものが起こるのを恐れなければならないことを思い出すことに他なりません。そういうことは経験によってしか、対象からくり返し受け取った印象についての反省によってしか起こりえません。その点では、幼児期からほとんど脱しておらず、予見能力を一度として身につけなかった人さえいます。激しい印象、とくにあらゆるもののなかでもっとも強い愛の印象が、どんなに慎重な人さえも子どものようにしてしまい、何も予見できず、今この瞬間に感じる印象に流されるがままにしてしまうことを、一生の内に一度ならず経験しない人は少ないでしょう。

年齢が進むにつれて、わたしたちはいっそうの経験を獲得します。新たな未知の対象を記憶がその刻印をとどめている多くの既知の対象の観念や像と比較し、前者を後者によって判断して、有益性または有害性が多いか少ないか、自分に快感をもたらすか苦痛をもたらすか、したがってそれを求めるべきか避けるべきかを判定します。最大の快感をもたらすものを選択するために、現前する諸対象を比較するだけでなく、自分の記憶のなかにしか存在しない不在の諸対象をも比較するこの能力こそが理性を形づくるのです。これは対象の重さを量る天秤のようなもので、それによって、わたしたちは遠く離れた対象を思いだし、対象が相互に持つ関係からどう考えるべきか認識するのです。ただ、それはいつも、最大の快感がありそうなものが勝つように行なわれます。わが愛しきレウキッペよ、人間たちがあれほど自慢し、どんな根拠があるのか分かりませんが、動物を除外して自分だけにあるとしているあの理性とは何かは以上のとおりです。理性とは今言ったものに他ならないのであれば、人間たちの間で理性がこれほど稀であるべきではなく、理性がいつもわたしたちを導く用意ができているのを見つけるべきであるように思われます。それはそのとおりで、ですから、身体の欲求の充足に関わることのように本当に有益な事柄に精神を集中しようとする時は、まずどんな機会でも理性がわたしたちに欠けるということはありません。睡眠中とか、誰が見てもそうだと認められる狂気や心神喪失の状態にあって、そういう病に冒されたため現前する対象と不在の対象を比較することがまったくできないとかいうのなら別ですが。自分の知識の広がりや確実性の乏しさをわたしたちが嘆く余地があるのは、そうした知識がかなりわずかな有用性しか備えていないいくつかの場合に限られます。このことを説明するため、知識のさまざまな部類の細部に立ち入り、結果として、わたしたちが受ける印象全般にわたってそれらの本性を検討してみましょう。そこには対象の知覚ないし統覚と、対象がわたしたちのうちに生み出す結果の知覚ないし統覚が同時に存在します。この両者は分離することができません。わたしたちは対象を自分の精神に現前し精神によって知覚されるものとみなし、その知覚がわたしたちをある状態に置くのを感じます。

とはいえ、この二つは別物です。知覚は主として見ている対象を考えさせ、その知覚が自分に与える快不快の印象をわたしたちが考えるのは結果にすぎません。対象の知覚があまりにも強烈で、心の動きはあまりにも弱いため、心の動きの方はほとんど考えないようなことすら時には起こります。意識は反対に、まず主として自分のことを考えさせ、自分が感じる快不快の印象をひきおこす対象を考えるのは反省によるにすぎません。

この二種の印象の各々はさらに下位区分されます。つまり「意識」と「知覚」に分かれます。二種類の印象を言い表わすために、この二つの用語を使って説明したいからです。

わたしたちの意識はみな、わたしたちの内部で、身体諸器官に起こる変化や運動によってかき立てられる、少なくともそれを伴うとしても、それらは二種類に区別されます。第一は、身体の一定の部分と非常にはっきりした、非常に強い関係を持っているため、わたしたちとしても自分が感じる快不快の印象をどうしてもそういう部位に関係づけざるを得ないものです。これらの〈……〉と呼ばれます[一]。

（一） 原稿のこの箇所には欠落があり、英国人の翻訳者は事の重大さに気づきませんでした。欠けてはいてもそれで絶対に必要なことは何一つ無くなってはいないと思います。ギリシア人である著者は、ここで意識と知覚の本性を検討していました。そしてこの主題についてこの後で著者が語っていることを総合してみると、著者はここで二種類の感覚を明らかにしていたように思います。一方の感覚はわたしたちとは異なりわたしたちの身体に働きかける、なんらかの物体の知覚を伴うものであり、これが本来の意味で著者が感覚〔九二〕と呼んだものです。他方の感覚は、わたしたちの内部で起こった変化、心地よかったり痛かったりする状態の知覚だけを伴うもので、これは著者が内部感覚と呼んでいるものです。

それがわたしたちに作用しているかどうか考えることなく、あるものの存在や現存をわたしたちが感じる知覚や意識に関しては、ギリシア人の著者はさまざまな分類を考えていたように思います。けれどもそれらがどのように整理されていたかを想像するのは容易ではありませんので、このことについて原稿の欠損部分を補完する気になった時に、著者の考えに対するわたし自身の考えを示すことになるでしょう。

わたしたちの意識と同じく、わたしたちの知覚もみな、身体器官に起こる運動と変化によってわたしたちのうちにかき立てられたり、少なくともそれらを伴ったりします。しかし、これらの運動はすべてが同じ原因によるのではありません。あるものは、わたしたちの感覚、視覚、聴覚、触覚を刺激する外部の対象の作用によって生み出され、そういうものはわたしたちと区別されたある物の観念を明晰判明にまとっています。またある運動は、それが織りなされてあらゆる動物の体を形作る導管を満たしている体液の状態やその動きの緩急によって身体器官に引き起こされるさまざまな振動がそうでありうるような内的な動因によってかき立てられます。これらの運動は通常、わたしたちの意識やわたしたちの霊魂の内的状態に起こる変化の知覚しかもたらしません。ところが睡眠中や覚醒時でも、この体液が不規則に燃え上がったり沸騰したりすると、速さを増したその動きがわたしたちに物体的対象の鮮烈な知覚を与え、わたしたちはその対象が実際に外部にあって自分に作用しているのだと思いこんでしまいます。覚醒時にこうした状態が著しい変調を伴い、体の組成を変質させ、命を危険にさらす場合、人はそれを病気と呼びます。こうした変調が感じ取れず、その状態が習慣化すると、そうなった者のことを人は気違いとか狂人とか呼ぶのです。

感官を介して外界の対象からやって来る知覚の場合、わたしたちが誤ることは滅多にありません。というのは、哲学者のいろいろな大流派が感官を非とするためになんと言ったにせよ、わたしたちが判断を急ぎすぎず、それらの感官に注意深く諮るなら、感官の証言はわたしたちを欺かないからです。一つの対象が同時に複数の感官を刺激する場合には、わたしたちはそれらのすべてに問いかけて、印象が一様のものかどうか知るためにその印象を反復します。

いろいろ違った観点に立って、疑問とする印象に先立ったさまざまの印象を思い出し、後続する印象とも比較して、わたしたちの知覚の継起とつながりが当の印象と合致するかどうかを見ます。さらには他の人々にも相談して、その人々がわたしたちと同じ印象を受けるかどうか確かめ、その際には、誤りに陥らないように自分と同様の用心をする人を優先するように気をつけます。その上で、これらの証言をすべて比較し、一致する証言を良しとしようと決め、それらが自分の内に引き起こす確信に身を委ねます。こうすることによって光学の手品に騙されるのを防ぎ、一部が水中にあって曲がって見える棒を元に戻すのです〔九二〕。このように同一の対象に由来する複数の印象を比較し、対象を右からも左からも見、この対象が刺激しうるすべての感官を用いれば、最高度の確実さ、すなわち幾何学的な確実さに到達できます。しかし、こういう確実さを持つどんな知識も感官の証言に基づいているのです。疑問とする観念に先立ち続くいろいろな観念の連続とつながりに諮れば、わたしたちは睡眠状態と覚醒状態を区別できます。往々にして限りなく激しい知覚を与える突然でつかの間の出現に際しては、わたしたちは対象がその前後にどういう状態で見えるかを比較し、中間の時期に見えたのと同じようなものも、それと関係するものもそこに何ひとつ見られないため、自分が寝ていたのだと、あるいは寝ていなくとも、正確には白日夢に過ぎない何か一時的な錯乱に陥ったのだと結論します。したがって、経験からわたしたちが学ぶのは、外部感覚を通ってその知覚がやって来る対象についてわたしたちが誤るというのは通常のことではなく、また誤りは容易に分かるので危険ではないということです。

　内的知覚、すなわち外部感覚によって生み出されるのではない知覚には数種類あります。あるものはわたしたち自身とわたしたちが今ある状態、つまりわたしたちの内部意識以外の対象をわたしたちに示しません。こうした知覚は決してわたしたちを欺きません。というのも、わたしが実際に快苦を感じるのでなければ、快感や苦痛を感じるとは思えないからです。わたしの身体のどこかについての混乱した知覚がこの意識に伴い、その部位が引き金となってこの快苦の感情を受け取るのだと思う時には、この感覚をその部位に結びつけて誤ることもおそらく起こりうるでしょう。しかし、このような誤りは重大なものではありませんし、それに陥るのはあまりにも性急に判定を下したからに過ぎません。そういう内部知覚は、人の意見が分れるものでもなければ、間違う恐れがあるものでもありません。

けれども、また違った種類の内部知覚があります。それは、対象をわたしたちの外にあるかのように、あるいは少なくともどのような仕方であれわたしたちと区別されるものとして描き出すような知覚です。わたしたちが自分の思考、意識、知覚、一言で言って自分の霊魂の特性や精神的な働きを反省する際にそういうことが起こります。明らかなのは、そういう際に、これらはわたしたちの精神の対象となって、精神により知覚されるということです。さて、知覚するものと知覚されるものは同じではなく、両者の間には区別があります。

わたしたちと区別された対象を表象する知覚も、いくつか異なる種類からなります。対象を今は目の前にないが以前はわたしたちの精神に現前したものとして描き出す際は、記憶や思い出と呼ばれます。不在であることを知らせずに対象をわたしたちに提示する際は、空想と呼ばれます。そしてこの空想がわたしたちの大方の誤謬の源になるのです。というのも、対象がわたしたちに強く働きかける時には、それが単に対象的な現前、つまりそれがなければ対象が知覚されえないような現前によるだけでなく、わたしたちの器官に働きかけて自らの現前と作用をわたしたちに知らせる外部感覚を器官の内にひきおこす物体と同じような仕方で現前すると、わたしたちは考えがちだからです。

記憶は対象の印象をわたしたちに思い出させます。けれども、これらの対象はそれぞれに多くの様相、関係、特性を備えていますから、わたしたちがそれらをみなかって検討したということはまずありえず、まして、それらすべての印象をわたしたちが保存していて、思い出す際にその印象が精神にはっきり現れるということはさらに稀です。忘れることでいくたのものがわたしたちの記憶から消え去り、残るのは、以前ある対象をきっかけにしてなにかの印象を受けたという曖昧な記憶だけですが、その印象についてはどんな観念もなく、その曖昧な記憶すら往々にしてまったく消えてしまいます。そこから、互いに異なる対象の内にも同様な、あるいはほとんど同様ないくつもの様相があるため、それらが目の前にある時以外はわたしたちが対象を区別できず、思い出す時には対象を混同してしまうということが起こります。たとえば、アテナイで罪人を死刑にするためにその絞り汁を使う毒人参という草がどんなものかあなたもご承知でしょう（ソクラテスの命を奪うためにもそれが用いられました）。この草は毒です。これとほとんどそっくりの別の草があるのですが、こちらはいたって健康にいいもので、全国民の食べ物になります。両者を簡単に区別するには、この草を並べておかなければなりません。茎や高さや形や葉のぎざぎざに見られる違いも、緑の色合いの違いもほとんど感じられないからです。どちらか一方だけが目の前に置かれると、完全な知識を持たない人は両者を混同してしまいます。そうなる理由は、共通の、あるいはほぼ共通の特性を持っているため、その特性が帰属する異なる対象のあいだの違いをわたしたちは判別できないからです。せいぜい思い出すのは両者の特性のあいだに違いがあるということですが、その違いのはっきりした観念はもうないのです。

7

忘れることが物体の印象を消し去り、精神さえ必ずしも常に外部器官に働きかける対象と正確に似た像を物体から受け取らないとしたら、内部感覚にしか働きかけない対象を較べたり、さまざまな知覚、さまざまな観念、知覚の記憶、感覚、内的意識などを相互に比較して、その間にある関係を知ることが問題になる時はどうなるでしょうか。

記憶の欠如からわたしたちがどれほど勘違いや間違いを犯しやすいかはお分かりでしょう。空想はさらに多くの勘違いや間違いを生み出します。誤謬のもっとも豊かな源は、これら内部知覚の対象が固有の実在を有し、わたしたちがそれらを別々に考えるのと同様に、それらがわたしたちとは離れて実在すると想定することにあります。ですからまずはじめに、互いに区別される事物がすべて実際同じように区別されるのかどうか検討しなければなりません。そうしたもののなかには、一緒に存続できないほど区別されるものもあります。たとえば、同一物体の表面があらゆる部分で黒いと同時に白いということはありえませんし（これらの色の一方から他方へ継起的に移ることはありえますが）、意識が快いと同時に不快であることもありえず、同じ物体の延長が他の物体より大きいと同時に小さいこともありえません。これこそみつかりうる最大の区別で、このように区別された二つの観念は、互いに排除し合い、一方の存在は他方の非在を含意し、したがってそれぞれが別個の実在を有するほどに区別されます。けれども、また別種の区別もあります。ある物体がある色、ある形から別の色や形に変わる時や、わたしたちが次々と異なる意識を抱く時には、わたしたちはそのままで、同じ物体が色を変えることは明らかです。それでも、物体はその色ではありません。物体は同じものであるのをやめずに、その色を帯びることをやめられるからです。物体の形はその色、運動、延長、持続等々ではありません。これらのものは相互に異なります。あるものは他のものなしにも存在でき、一方が破壊されても他方が存在するのをやめるわけではないからです。けれども、これらのものは同時には存在できないものと同じ仕方で区別されるのでしょうか。むろんそうではありません。そうしたものは同時に存在しているからです。したがって、物体に形状を与え、物体の特性をなすこれらのものが物体の実在とは別個の、物体と区別される実在を有すると請け合うどんな理由もありません。そのおかげで白い物体が存在している力は、それのおかげでその物体の白さが存在している力と同じです。白い物体などどこにもないということがありうるとしても、どんな物体もなしに白さが別個に存在することはありえません。こうした区別は、一緒に見られることはありうるにしても互いに分離できるもの、異なる印象をわたしたちの内に引き起こすため別々に考察でき、わたしたちの知覚のそれぞれ別個の対象となりうるものの間の区別です。この区別はわたしが対象的〔九三〕(objectives) または空想的と名付けるもので、一緒には存在できないものの間に見られる、わたしが実在的または排他的と名付けるものとは異なります。後者の区別が相互の間に見られる事物は固有の実在を有しており、これをわたしは実在的または排他的と名付けますが、もう一方はただわたしたちの精神のなかにのみ存在するような対象的または空想的な実在しか持ちません。

　この二種類の区別、したがってそれに伴う二種類の実在を混同しないことが限りなく重要です。この混同がどれほど多くの誤謬の源となるかはあなたにも信じられないほどでしょう。たとえば数学では、物体の大きさや量を対象とする幾何学者が、点という縦も横も深さもない延長や、線という長さしかない延長や、縦と横はあってもどんな深さもない面や、最後にこれら三つの次元を備えた固体または物体を考察するのを常としています。これは彼ら自身も認めていることですが、彼らが点、線、面を想像するような仕方で存在しているどんな物体もありませんし、ありえません。これらの数学的物体は対象的な実在しか持たず、わたしたちの精神のうちにしか存在しませんが、それに対して自然の物体は現実にあらゆる方向に拡がっています。物質は無限に分割可能だという幾何学者の論証の確実性も、以上のことを基礎にしています。物体の部分はどれほど小さくても常に延長があり、あらゆる方向に拡がっているからです。ところが、こういう仮定をしたために、また現実的存在と対象的存在とを混同したために、原子論者たちは原子から、つまり立体性も延長もなく、にもかかわらず無限に固く、考えられないほど多様な形をとる小物体から世界を構成してしまいました。幾何学者は延長の諸特性のひとつだけを考察して、ほかの特性に注意を向けずにいられたので、そうした特性は別々に、ほかのものがなくても存在するのだと、この原子論者たちは思ったのです。確かに、原子論者の中でもとくに有能な人たちはこんな誤謬に陥りませんが、その弟子たちの多くはこの誤りを犯しました。これだけでも、実例の正確さは十分に示されます。わたしたちの外部にある物体の現実的存在と、わたしたちの精神の内部にある知覚の対象的存在を区別しないと、こんなにひどい誤りを犯すおそれがあるなら、わたしたちのいくつもの知覚、さらにはその知覚間の関係、つまり関係の関係を比較する場合にはどうなることでしょうか。

わたしたちは自分と別に自分の感覚が存在すると思うところまでは行きません。針に刺された痛みや苦痛の意識、快感の意識は、それを感じるわたしと区別されません。でもそれは、それを認知し、その知覚を抱き、それについて反省し、それを他の意識と比較するわたしの精神とは区別されます。この意識こそわたしたちがより明らかな仕方で知覚する物体について感じる意識だからですが、実在的な存在と実在的な区別の意識には他のもの以上の明晰さが伴いますから、わたしたちは、はっきり思い描くあらゆる事物のあいだにも同様の区別があると判断してしまいます。わたしたちの精神のさまざまな働きや特性が、他の諸存在のそれと同じように、それぞれ固有の現実的存在を持つ小さな抽象的実体（entités）と化し、自分自身では持たない物理的実在性を獲得したのはそのためです。こうしてわたしたちの精神、つまり思考するもの、感覚するもの、推理するものとしてのわたしたち自身は、部分がその一部となる全体から区別されるように、わたしたちと区別されてしまいます。またこの精神自体も、わたしたちの霊魂、つまりわたしたちを動かし生かすものとは異なるようになりました。わたしたちの精神のうちでも、悟性と意志が、すなわち知覚し感じるものと望んだり望まなかったりするものが区別されました。わたしたちの知覚そのものも、わたしたちとは区別され、知覚相互の間でも区別されます。知覚が現前する事物とその関係、その関係の関係を認知する限りは「思考」であり、不在な事物の像を思い出させる限りは「観念」です。それでも、これらのものはみなわたしたちの存在の様態ないしあり方にすぎず、相互の間でもわたしたち自身とも区別されません。物体の延長や立体性や形や色や運動あるいは静止がその物体と区別されないのと同じです。それにもかかわらず、人はこれらのあいだに絶対的な区別を持ち込み、わたしたちがそれの集合体であるような小さな抽象的実体にしてしまいました。こうして、わたしたちは百万もの小さな存在から構成され、それらの存在は、森の中にあってそれぞれが個々別々の力によって存在する木々のように互いに区別されるらしいのです。わたしたちと実在的に区別される諸存在に関しては、それらの特性ばかりでなく、特性間の関係、つまり似たものとか多少とも異なるものとか見なされたその同じ特性も事物そのものから区別され、これらさまざまなものに実在性が付与されました。それらの物体が互いに作用し、近づき、遠ざかり、ぶつかり合い、押し合うことが、またこの作用と反作用からそれらの物体のうちに変化が生じることが観察されました。手を火に近づけると、わたしは熱と呼ばれるものを手に感じますが、火が原因で、熱が結果です。話を簡単にするために、類似したあらゆる個別的観念に一般的に当てはまる普遍的な用語が考え出されたため、一般に自分と区別された他の存在のうちに何らかの変化を生み出すすべての存在は「原因」と名付けられ、ある存在のうちに他の存在によって生み出されるすべての変化が「結果」と名づけられました。これらの用語はわたしたちのうちに、存在や作用や反作用や変化の少なくとも混乱したイメージを引き起こしますから、それを使い慣れると人は、こうしたものについて明瞭で判明な知覚が自分にあると人は信じてしまい、絶えずそれを口にし、ついには、存在でもなく物体でもない原因が、すべての物体から実在的に区別され、運動も作用もせずに考えられるすべての結果を生み出せる原因が存在しうると想像するまでになったのです。

絶えず相いに作用し、反作用するあらゆる個別的存在はさまざまな変化を生み出すと同時にこうむること、今原因である同じ存在が一瞬前には結果だったこと、言い換えれば、その運動によってある変化を生み出す存在が他の存在の作用によって変化をこうむり、受け取ったその変化から別の変化を生み出せるようになったこと、ある存在に対しては結果で、同時に他の存在に対しては原因だということさえありうること、わたしが手にする棒である物体を押す場合、この棒の運動はわたしの押す力の結果で、また物体が前に動く原因でもあること、こうしたことを人は考えても見ようとしませんでした。経験が証明することに背を向けて、絶対的な原因が、つまり結果ではなく結果とはなりえぬ原因があると想定したのです。それでも、「原因」という言葉は、ある物体が他の物体に生み出す変化を、生み出す側の物体との関係で見たときの知覚以外のものは意味せず、「結果」という言葉は受け取る側の物体でその変化を見たものにほかなりません。

次から次へ原因になり結果になる諸々の存在を無限にたどることは、あらゆる結果の原因を探る好奇心を抱いた人の精神を間もなく疲れさせました。こうした観念の長い連鎖を見ることに注意力が消耗したのを感じて、彼らは一気に第一の原因まで遡ることに決め、それを普遍的な原因のように、あらゆる個別的原因はその結果で、それ自体いかなる原因の結果でもないもののように想像しました。彼らがこの原因について抱くのは、事物のありかただけでなくその存在も含めたありとあらゆるものを生み出す何ものかという観念に他なりません。彼らが知っていることはそれに尽きます。それは物体でもなければ精神でもなく、個々の存在のような形での存在でさえなく、一言で言えば、普遍的原因だということのほか言いようがないのです。

今お話ししたことから、これがキマイラ〔頭はライオン、胴は山羊、尾は竜の怪物〕、幻に過ぎず、せいぜい対象的な存在しか持たず、見る人の精神の外にはないことがあなたにも感じ取れるでしょう。しかし、それこそギリシア人の言う運命ですし、わが哲学者たちの神ですし、またカルデア人、ユダヤ人、キリスト教徒という宗教についてもっとも分別のある言い方をする人々の神なのです。

こうした普遍的原因を認めず、いくつかの個別的原因を承認するだけにとどめた人は、大抵それを物体とは区別しました。往々にして同じ変化あるいは結果がいくつもの異なる作用や原因から生み出され、また同じ作用や原因が違った結果や変化を生み出すのを目の当たりにして、彼らは個別的ではありながら、感覚でとらえられる物体的存在とは区別された原因を思いつきました。ある者は、神々や精霊やダイモンや良い知性体、悪い知性体を承認した人たちのように、それらの原因には知性と意志が備わるとし、またある者は、それらの原因がわたしたちのように認識を伴いながら意志的に行動するとは考えられなかったため、天体からの影響とかその流出物とか、何か分からない「能力」とか「力能」とか、偶然とか、盲目的で必然的な原因しか意味しないその他多くの訳の分からない用語を想定しました。実在的区別と対象的区別の違いというこうした問題についてわたしが長々と述べたのは、ご承知のように、人々の実践的、思弁的見解に見られる多様性はまさしくそれに由来するからです。対象的な実在性しか持たない多くのものに、人は現実的な実在性を付与するのです。

物体のさまざまな作用と反作用のあいだにあるつながりと連続だけが、ある物体に起こる変化の原因であるかのように見させるのですから、そのため往々にして、あるものがそれとなんのつながりもなかった結果の原因と受け取られざるをえませんでした。そしてまた、こうした変化ないし結果からわたしたちの幸福、不幸、快感、苦痛などが生じるため、これらの原因について形作られた見解がわたしたちの行為の規範や原理となりました。これらはみなわたしたちの想像力の産物で、この想像力が、現前しなかった対象を実際に現前するかのように考えて、わたしたちを誤謬へ誘い込んだのです。

わたしたちの精神がもろもろの存在の諸特性を分離して、それを実在的に区別されたものと見なすのと同様に、精神が異なる諸特性を結びつけて新たな複合体を作ることもかなりしばしば起こります。これは睡眠中に生じることで、寝ている間の夢は、わたしたちが覚醒時に外部感覚を通じて受け取った不完全で脈絡のない像の奇妙な集合なのです。

わたしたちは目覚めたままで夢を見る時もありますが、一般に多少とも旺盛な想像力の持ち主はほとんどいつもこうした状態にあります。詩人や画家たちの気違いじじみ、怪物じみた虚構も、あのキマイラ〔前出〕も、ケンタウルス〔半人半馬の怪物〕も、サテュロス〔半人半獣の好色な森の神〕も、スフィンクス〔古代エジプトの人面獣身の怪物〕も、エジプトの神々の姿も、みなそこから来るのです。これに比べたら病人の夢想もまだずっと道理があります。でも結局のところ、一番危険な誤りはこうした物体や存在が実在すると信じることではありません。こんなものに騙されるのは、子供や弱い女性のように、エムプーサ〔女神ヘカテに仕える片足がロバでもう片方の足が青銅でできていて、姿を自在に変える妖怪〕やラミア〔下半身が蛇で子供をさらうと言われる妖怪〕の名前に震え上がる者だけです。

分離された諸特性の不当な結合が最大の誤謬を生むのは、内部知覚に関してです。つまり、こうした特性の集合が実在的な存在で、わたしたちの外部に実在すると人は思いこんでしまいます。原因、知性、意志、力、善性、悪意といった観念を一つに結び合わせ、この集合に「神」の名を与えます。それをなにか実在的なもののように見ることに慣れ、それは自分が作ったものなのを忘れ、想像力を加熱させたあげく、ついには、神の意志がわたしたちに起ることすべての原因であるだけでなく、神を喜ばせる手段はあれやこれやを遵守することだと確信するまでになります。こうした意見は人々をより良い者、より有徳な者にするのに何の役にも立たず、慎重な用心をなおざりにさせ、理性を使えなくしてしまいます。

外部感覚や内部感覚に依存しない事柄では、民衆は他人の証言に頼ろうとする傾向が非常にあります。その他人が活発で強烈な想像力を持っていて、まるで目の前のことのように何事かを語り、顔つきも声音も身振りもその確信を裏切らなければ、そういう人は余人にまさる見識があると見なされます。ほかですることにも狂気のしるしが何も見えなければ、それで足ります。そうなると、その人の言うことはわたしたちが見たり感じたりするもっとも確かなことと矛盾しないかどうかなど検討されません。

人々の考え方の多様性が生じる原因についてこれまでお話ししてきたことを集めひとまとめにすると、次のような結果になります。一、人は誰もが一致して快感を求め、苦痛を避けるに当たり、人は一致して、最大の快感と最大の苦痛の観念にしたがって決断を下す。二、また快感を求め苦痛を避けるわけではない。三、同じ快感、同じ苦痛を皆が一致して最大と認めるわけではない。器官の造りが多様なため、ある人が敏感なものも他の人にはほとんど感じられない。四、この違いは精神の快感や苦痛ではいっそう多く現われる。これらの意識は内部器官を介して、精神の外部には存在しない対象の知覚によりわたしたちのうちに生み出されるもので、内部器官の配置におけるさまざまな組み合わせや、またその動きがこれらの器官の受け取る印象の原因をなす体液の性質にあるさまざまな造りと同じ数だけ、これらの意識にも異なる種類がありうる。五、人間は自分の外部に存在する対象の実在性と、精神や想像力に現前する観念や知覚の幻の対象的実在性をたやすく混同する。前者に対して振る舞うのと同じように後者に対しても振る舞う。外部の対象を契機として感覚を抱く際に、この対象が意識の原因だと言うことに一度慣れると、その結果、これらの対象を求めたり避けたりするように決めると、人は内部の意識についても、内部知覚の対象についても同じことをしてしまった。こうした対象が自分の意識の原因となり、またこの対象は無限に多様なため、人は無数の異なる原因を想像した。また内部の意識は往々にして外から来るものより強い力を持っているため、想像の産物であるこれら内部の原因はわたしたちの行動のもっとも有効な動機となった。このようになります。

対象的な存在を契機としてわたしたちが陥る誤謬は、もっとも数が多く、またもっとも危険なものです。こうした誤謬が起こるのは、通常、それらの存在を考える際にわたしたちが十分に注意を払わないから、それを実在的な存在と混同してしまうから、観念をあまりに性急に分解し再合成して、一緒に結びつけるさまざまな性質が実際に結合していたものだったかどうか、それどころか直接的な形で相互に排除し合うか、少なくとも相互に排除するある特性と不可分でないかどうかを検討しないからです。たとえば、無限の力、原因、英知が存在しうると一目見ただけでわたしたちが思うのは、英知や因果性や力という特性と、実在するのを見る有限な事物の存在という特性しか見ないからで、無限という名辞が有限で実在的ないし現実的なあるものの存在と両立しがたいこと、言い換えれば実在の不可能性を伴うことを考えないのです。無限の力、無限の量、無限の数というのは特定できないもの、それに似た正確な観念を持てないものです。抱く観念がどれほどの広がりを持とうと、それは表象したいものに及ばないはずです。無限な数とは、考えることも言い表すこともできない数です。そうした数があったとしたら、それから一定の部分、たとえば半分を引けないかどうか問えるからです。この半分は有限で、数えることも言い表すこともできますが、それを倍にすると、その量は無限の数と等しくなるでしょう。この量は特定のもので、少なくともそれに一を加えられることもできます。そうなると、この量は以前よりも大きくなります。しかし、これはもともと無限だったのです。すなわち、それには何も加えられないようなものだったのです。にもかかわらず、それには加えることができます。ですから、その量は有限であると同時に有限でないあるいは無限であることになります。つまり、互いに排除し合う特性があることになり、白い物体が白くないのと同じことになります。言い換えれば一個のキマイラになるわけですが、そんなものについては、いついかなる時にも存在できないということ以外、何も言いようがありません。

無限の数や量についてこれまで言ったことは、原因、力、運動等々についても言えます。なぜなら、さまざまな度合いの力や作用、つまり原因の産出力の多少や力の拡がりの多少があるのですから、これらの度合い〔の一つ一つ〕を一とみなせば、その総和は、こうした原因が備える力や作用の量を表すことになり、数について言えることがみなこれらについても言えることになります。つまり、それを上まわるものは考えられず、倍にしても量を増やせない無限な力とか原因とかいうものはあり得ず、現在にも過去にも未来にも決して存在しないということです。

内部知覚の対象にはそこに認められる存在の諸特性だけ与えて、あるものにみつかる特性を他のものに付与しなければ、対象的な観念における誤謬からわたしたちは免れられます。一部分水中につかった棒が曲がって見える場合、この棒は曲がって見えても実際はまっすぐなものとして存在している、つまり、わたしの精神のうちで対象的に存在するのと違った仕方で、わたしの外部で実在的に存在するとわたしが言うのは、異なるいくつもの感覚に諮り、その棒をいろいろな位置で見ることによって、わたしには自分の誤りの原因が分かるからです。睡眠中に夢から受けた印象がどれほど強いものであっても、目が覚めれば、これらの知覚や感情の対象が外的な感覚や知覚の対象のようには自分の外部に存在していなかったことが分かります。わたしたちの精神に現前するだけのこうした内的な対象を考察する際にも同様な方法に従い、それらを相互に比較しましょう、そして、鮮烈で鮮明で判明な像を、いつでも同じような像をあたえてくれる対象を規準にして、通常わたしたちを欺く混乱して曖昧で移ろいやすい像をそれと比較することにしましょう。そうすれば、こうした像がわたしたちの精神のうちにしかないばかりか、きわめて強く恒常的な非存在という意識を伴うことも、これらの像にそうした実在性を与えるのは、キマイラやスフィンクス以上の現実性はない精神的な幻を作ること、あるいはむしろ黒い白、冷たい熱さ、固い柔らかさといった両立不能な観念を結びつける名辞以上の意味は持たせられない言葉を使うことだ、ということも分かるでしょう。

8

これまでお話ししたなかでも、すべての人の宗教的崇拝の対象をなすあの第一原因、至高存在に関して理性がわたしたちに教えることについて言うべき内容の一部を前もってお知らせせざるを得ませんでした。そのような無限の原因というものは対象的な現前によってしかわたしたちの精神に現前せず、それどころか、実在しないもの、あり得ないものとして精神に現前することさえ示しました。

宗教的体系を支持する哲学者たちが自分たちの神のような存在が実在することを証明するために何を言おうが、彼らが証明するのはただ、ある原因の結果でないものは何も起こらない、わたしたちは多くの場合、目にする結果の直接的な原因を知ることができない、そうした原因はわたしたちが見られる時でさえ、それ自体がそれを生み出した先行する他の原因から見れば結果であり、そうして無限に続くということにすぎません。けれども彼らは、あらゆる個別的原因の普遍的な原因で、諸存在のあらゆる特性だけでなくその実在をも生み出し、それ自体は他のいかなる原因にも依存しない永遠の第一原因まで至らねばならないということを示してはいません。確かに、わたしたちはすべての原因のつながり、連続、順進を知ってはいませんが、だからどうだと言うのでしょうか。あるものを知らないことが、何かを信じたり態度を決めたりする合理的な理由になり得たためしはありません。

ある結果の原因が何なのか分からず、自分に満足のいく原因を指示できないからといって、自分はこれに満足すると言う他の人が示す原因だけに甘んじるべきでしょうか。そんな原因はあり得ないのが見える時、満足すると言う人も無知な点ではわたしと同じで、わたしに勝るものといったら自惚れしかなく、その自惚れのせいで知らないことも知っているつもりになっている時には、です。そうしたことがアレクサンドリアのある商人にも起こりました。この商人がインド諸国へ持参した骨董品の中に時を告げる水力機械がいくつかあったのですが、この品は機械のことをよく知らないかの地の野蛮人たちの感嘆の的になりました。その運動の原因は何なのか見抜こうと彼らは長いこと努め、それが成功しないとついに、彼らのうちの特別大胆な一人が断を下して、この機械はある種の動物だと言い切りました。そして、この機械の運動はわたしたちを動かすものと似たあるものとは別の原理から来るということを他の者も示せなかったので、その男は自分の説明を承認するよう他の者に義務づける権利が自分にあると思ったのでした。

宗教的体系を支持する哲学者たちは、あらゆる結果の原因を説明することも、原因の無限の連続をたどることもできないのだから、普遍的な原因が存在するという自分たちの見解をわたしたちも承認すべきだと主張します。けれども、彼らがその見解をありそうなものと私に思わせられない限り、それがわたしの精神のうちでは矛盾を含み、誤りだとの意識を伴ってしかわたしの精神に入って来ない以上、私にはその見解を斥ける権利があります。わたしにはすべてを説明することなどできず、それについては無知なままに留まるものが世界には山とありはしますが。その無知は打ち克ちがたいと思ういわれがあり、またそれが人類のもっとも理性的な部分とも通有なことが分かる場合、哲学者もこの無知を認めることを恥じるべきではありません。そうです、わが愛しきレウキッペよ、人が赤面せねばならないのは自分の無知ではなく、自分にとって危険なのもそうした無知ではありません。慎しい無知は未解決の問題を未解決のままにさせ、向こう見ずに何かを企てるようなことをさせません。わたしたちが自然な義務を果たすのを妨げたり、現実の禍にわたしたちをさらしたり、わたしたちの幸福の元になる利点をわたしたちから奪い去ったりするのは自惚れであり、自分は知っているという誤った思いこみです。また、人類にとってもっとも重大な結果をもたらすのもそれで、これこそが、宗教的・哲学的狂信の生みの親でしたし、社会秩序を乱し個々人の幸福を台無しにすることにしか決して役立たなかったものです。ですから、持続も力も特性も作用も無限な知性的原因という想定によって「有神論者たち（théistes）」が埋めるつもりの空虚に、わたしは苦痛など感じずに耐えます。あんな想定は新たな困難で身動きがとれなくすることにしかならないでしょう。この原因の本性と諸特性を説明してくれと有神論者たちに求めると、彼らが一致するのはただ一点、これはすぐれて原因だということだけで、ほかの点では互いに意見を異にするばかりか、一人一人が自分自身とも意見を異にし、絶えず変動していることが分かります。見解の細部へ進むにつれて、一歩ごとにせざるを得ない個別の想定によってその不合理さは増してゆきます。彼らの仮説が矛盾していることは簡単に示せます。どんな体系でも、そこまで遡るべき最終原因は、運命と呼ばれようと、必然と呼ばれようと、自然と呼ばれようと、普遍的原因と呼ばれようと、最高神と呼ばれようと、いつでも個々の存在と混同されているからです。というのも、結局のところ、恒常的で絶えず作用するこの原因の意志が諸々の存在の実在と諸特性を生むのであれば、そうした実在がこの原因の意志の結果に他ならないのであれば、それはこの原因の一つの意志行為、一つの属性、一つの特性であるにすぎず、わたしたちの思考がわたしたちと区別され、色が色のある物体と区別され、作用が作用する物体と区別されるのと違って、そうしたものはこの原因とは区別されないからです。神がこの普遍的原因なら、神が生み出す個別の存在は対象的な実在しか持たず、つまりは神の実在にあずかっているので、一つ一つが神の属性、特性、部分となり、その結果神は、世界が内に含むあらゆる個別存在の集合に他ならないことになります。これはわが国の多くの哲学者、とりわけストア派が支持する説で、ストア派は一貫性にまったく欠ける寓意を用いて、すべての神々をそれぞれ世界の部分に、あるいは個別存在の属性に変えることにより、ありとあらゆる民族の祭事をこの説に合わせようとしたのです。

プラトン派は、この原因が世界を生み出したので、あらゆる存在の産出と実在はこの原因の作用と意志の結果だから、この原因と世界とは絶対に区別されなければならないと主張しました。「産出」という用語で彼らが何を考えているのか見てみましょう。運動は別の運動によって生み出されます。物体の形は当の物体とそれをじかに取り囲む物体の色や固さの違いによって生み出されます。物体の立体性または固さは、この物体を構成する微小部分とそれを取り巻く空気の微小部分との間にある運動の方向や量ないしは速度の違いによって生み出されます。わたしたちがこうしたすべてのことについての観念を持ち、それを容易に理解できるのは、運動、形、色、固さといったこういうさまざまな特性を備えた物体を見てきたから、また物体がこうむった変化や、それを物体のうちに生み出した原因を目撃したからです。さまざまな存在が次々と獲得したり失ったりする形態や様態の観念をわたしたちが持つのも、こうした様態が実のところ、外的な対象に結びつけられたわたしたち自身の感覚でしかないからですし、諸存在が与える印象を契機としてわたしたちがそれらの内に見いだすさまざまな感覚や特性の継起を、わたしたちが自分自身の内部で感じるからです。しかし、物体や物質が実在する原因に関しては、それらが無から有へ移るのをわたしたちは目にしたことがありませんから、そんなことがどうして起こるかも、それが起こるということ自体もわたしたちには理解できません。諸々の存在の産出とか、その実在の始まりとかいう言葉にはどんな観念も伴いません。ですから、自分の無知を告白することに甘んじたくなければ、物体や物質はそれ自身によって自力で存在している、その実在は必然的だと言った方がましでしょう。そうなると、ストア派の体系に戻ってしまいます。この実在の原因が神の意志だとすると、その意志の動機は何かが問われます。欲するとはあるものを他のものより好むことである以上、欲するように決定づける動機も理由もない意志の観念などわたしたちは持たないからです。動機はそれらの存在自体だとすると、それ自体においてもその諸部分においても今存在せず、いまだかつて存在しなかったものが、神意の動機となってそれを決定づけるなどということがどうして理解できるでしょうか、想像できるでしょうか。動機は神のうちにあると想定されるこれらの存在の観念だとすると、その観念はどこから来て神のうちにあるのでしょうか。諸存在からではあり得ません、これらの存在はいまだ実在していないのですから、したがって、それらの観念は神と同じくらい古いものとなり、したがって神自身の一部、神の実体の一部であることになります。でもこの仮説では、実在すべきものとして、神は諸存在を考えるのでしょうか。そうだとしたら、これらの存在にそういう必然性を課した法とは何でしょうか。それは神の意志ではありません。神の意志はこれらの観念または知覚が存在する原因ではなく、神は自由にそれらの観念や知覚を自分に与えることも生み出すことも変化させることもできないからです。これらの観念や知覚は神と同じく不動、永遠のものですが、にもかかわらずそれが存在することは必然的で、神がその原因ではありません。それゆえ、神とは別の原因、別の必然的な原因があって、神もその法に従っていることになります。そうなると神は第一原因でなくなりますが、これは仮定に反します。また、神が諸々の存在を実在すべきものとして考えないのであれば、神が抱く知覚は誤りで、事物や存在をあるがままに表象しないことになります。したがってそれは行動の合理的な動機とはなり得ません。行動すべく神の意志を決定づけるものが諸々の存在でも諸々の存在の観念でもなければ、残るのは、神が先行する原因によって決定されるということです。神の意志はそれ自身によって、それ自身の本性によって決定される、それは自分自身の原因だ、つまり盲目的な原因だと言うのなら別ですが。正直に申しますが、これらの言葉はわたしには、あらゆる意味、あらゆる意義をはぎ取られた虚しい響きでしかありません。それにわたしは、なにか体系を立てたいと思ったら、次のように言う方を好むでしょう。すなわち、存在するものはみな必然的に存在する。常に存在してきたし、常に存在するはずで、存在しないことはできない。その外見上のさまざまな変化は、ただわたしたちとの関係で、わたしたちに触れる諸存在が与える印象との関係でそうであるに過ぎない。わたしたちがそれを見るさまざまな面に応じて、それがある変様から他の変様に移るとか、いろいろな特性を得るとか失うとかわたしたちは言うが、しかし、それが持つ実在する力ないし実在は増減できないので常に同じであるだけでなく、それらの特性のうちに見られると思われる変化も、わたしたちがそれを見る観点に応じて形や色が変わる対象の変化以上の現実性は持たない。以上が、こうした主題についてなんらかの見解をとらざるをえないとしたら、わたしがとりたいと思う立場です。ですがその際にも、確信を持って決定するに足るだけの理由はどこにも見当たりませんから、わたしは人間の打ち克ちがたい無知を誠実に告白する方を常に好むでしょう。

わが愛しきレウキッペよ、もうこれだけにして、宗教的体系の支持者たちに対し以下のことを証明しただけで満足することもできましょう。すなわち、普遍的な原因が実在することはあり得ないこと、彼らの言う神はわたしたちの想像力が作り出す幽霊か幻に他ならず、わたしたち自身と区別されたいかなる実在性もなく、せいぜい夢の対象のようにわたしたちの精神のなかに存在するにすぎないことです。しかし、彼らに反対してわたしはさらに先まで進み、この幻がわたしたちの外部に実際に存在しうるということに同意したところで、こうした仮説から彼らが引き出す個別的な帰結を証示できるかどうか見たいと思います。そこで、宗教的祭事の支持者たちとともに、個々の存在の変様だけでなく実在の普遍的原因をなすある存在があり、それはこの諸存在を作ったもので、それを維持し、変え、破壊し、その意志があらゆる実在の源であり、原理であり、そこから流出、発出しないものは何もなく、その存在はこれらの諸存在なしにも存続できるが、その存在なしにはこれらの諸存在は存続できない、それでもその存在はこれらの諸存在と絶対的かつ実在的に区別されており、これらの諸存在はその存在の実在から現実的に独立した実在を持たないとはいえ、その属性でも一部でもない、と仮定しましょう。さらにこうも仮定しましょう。つまり、そうした存在は人間にある種々の欠陥を免れているとはいえ、それでも人間と同じように知性と意志を備えており、実在とともにわたしたちが意志と呼ぶ、それによって行動する力をわたしたちに与えたのだから、わたしたちがするこの力の用いかたは、その存在の意図や法や意志と合致する時にしか合理的でなく、その存在の意にかなうことも、その存在を喜ばすこともできず、したがってわたしたちを幸せにすることもできないのだ、と。

神の実在を擁護する人たちにわたしがまずおたずねしたいのは、神が諸々の存在を導く法、規則、意志は、わたしたちの意志や、わたしたちが自身のうちに認めると思う力と同じ本性のものなのかどうか、同一の状況のもとで神は欲することも欲しないこともできるのかどうか、同じものが神の気に入ることも気に入らないこともありうるのかどうか、あるいは、神は気持ちが変わらないのかどうか、神がそれに則って振る舞う法は不変かどうかということです。この法が神を導くものならば、神はただそれを実行しているだけで、神にはどんな力もなくなります。この必然的な法とは、それ自体は何なのでしょうか。神や諸々の存在、あるいは神が諸存在について抱く知覚と区別されるのでしょうか。事物相互ないし観念相互の間にある適合、不適合の関係の知覚でしかないのでしょうか。これらはいずれも解決不能な問いで、答えてもその回答は不合理か不可解かどちらかでしょう。というのも要するに、この種の決定づけは対象に印象を与える外部の諸存在の作用からしか起こり得ず、対象はこの印象をただ受け取ることしかできないのですが、ここではそんなことを言えないからです。普遍的で必然的な原因から生じる結果が、その原因に作用するということはありませんから。

これとは反対に、状況が変わらなくともその存在が意識や意志を変えられるとすれば、わたしは第一に、なぜ変わるのか、何がその動機なのかとたずねます。その存在は動機が要りますし、それも合理的なものでなければなりません。というのも、この存在は力でわたしたちを凌駕するように、英知でもわたしたちを凌ぐはずだからです。仮定によれば何も変わったものはない以上、この動機は対象のうちにも対象の観念や知覚のうちにもありませんから、そんな動機は想像できません。しかし、わたしはさらに進んで、第二に、この存在は自分が意志を変えることを前もって知っているのかどうかたずねます。それを知らないのであれば、自分がするはずのことを予見しないそうした存在とは何物でしょうか。この存在がそれを予見しているなら、また、この存在について適切な観念を抱くためにはそう仮定しなければならないように、この存在が間違うことはあり得ないとしたら、その存在の意志と無関係に、その意志がどのように働くか決まっていることになります。この意志が従う法とは何なのでしょうか。どこにあるのでしょうか。その力をどこから引き出すのでしょうか。こうした問いに合理的に答えられる人を、神の存在を擁護する人たちのあいだにはわたしはいまだ一人として見つけていません。

この神は自由でないなら、自分では変えようもない何かの法の結果として行動するように決定されているなら、神とは宿命とか運命とか運とかに似た力となって、祈願しようが祈ろうがどんな崇拝を捧げようが、人が神の心を動かしたり、その怒りを和らげたりできるとは思えなくなります。したがって、神はすべきことをするだけでしょうから、宗教は絶対的に無用となります。

それでもおそらくこう言われるでしょう。神の意志や決定を決めたその同じ法が、宗教的祭事の執行や祭礼の遵守や教義への信仰に幸福が必然的に続くことをも決定したのだ、と。主張されるこの事実については証拠を出さなければなりません。しかし、こういう詳細に立ち入る前に、意志の本性について幾分か考察し、それについてわたしたちが正確な知識を持っているかどうか考えさせてください。

9

わたしたちは自分の意志についての、つまり、快い対象の方へわたしたちをおもむかせ、不快な対象からわたしたちを遠ざける力についての意識と知覚を持っています。この力をわたしたちは、物体のうちに認められる運動と類似した何ものかのように考えます。というのも、自分がはっきり鮮烈に理解したいと思うすべてのものを、わたしたちは物体の諸特性に結びつけるからです。そこでこれから、物体のうちにある運動とそのいろいろな種類を検討して見ましょう。

物体のうちであるものは、すでに運動している他の物体にぶつけられ押されるために動きますが、他のものは自分から動きます、つまり、その運動の外的な原因がわたしたちには何も見えないのに動きます。たとえば、重い物体を空中につり下げているロープとか、張った弓の弦とかをわたしが切ると、すぐさま重たい物体は地面に向かって落下し、弓は緊張を失ってまっすぐになります。けれどもこの実験は、動いてはいてもその運動の原因がわたしには見えないような物体があるということしかわたしに教えてくれません。そうした物体が自分自身のうちに運動の原因を持つということは教えてくれないのです。人間も諸々の生き物もそれと同じように、外からそれらを押すものは何も見えないのに動きます。本当を言うとわたしたちは、この運動がしばしばその原因と思いたくなる意識や意志を伴っているのを感じます。けれども、意志的でないあらゆる運動でそういうことが起こるように、意志の協力なしに、時には意志に反してわたしたちが動き出すということもよくありますし、体のある部分、それも腕や脚や舌など意志にもっとも服従するかに見える部分に起こる運動さえ、それを引き起こすことも止めることも意志にはできないということもしょっちゅう起こりますから、わたしたちの意志はそれだけではわたしたちの内部に運動を生み出すには不十分で、何であるにせよ別の原因の協力が必要なのは明らかです。

ですから、わたしたちのうちには二種類の運動があるのです。一つは意志的でないもので、意志の協力なしに、時には意志に反してさえ起こります。強いられた運動、強制された運動と呼べるものです。もう一つの運動は意志的なもので、意志の協力を伴いますが、それを以下のような仮定で説明しましょう。どの方向から風が吹くかを指示するために塔のてっぺんに置かれた器械をあなたも見たことがあるでしょう。心棒の上に置かれて簡単に回る金属の薄板が生きていて、北を向くと快感をおぼえるような感情があったら、その薄板にはいつもこの方向を向こうとする傾斜、傾向、志向がそなわり、ひとたび南風が吹き始めると、嫌だと思う他のすべての方向を向く時以上にはその際も自己の運動に寄与していないにもかかわらず、自分から北を向くのだと思うでしょう。わたしたちがこの器械と本性を異にするという証拠はありません。でも、この器械に似ているという証拠もありませんから、わたしたちの意志が運動の原因と一見力を合わせているように見えるある種の場合に、意志にはこの運動を生み出す力は全然なく、ただそれに伴うだけに過ぎないのか、あるいは、意志には実際ある力があって、それが運動の原因に加わることで、この原因が運動を生み出せるようにするのか、どちらかに決定してはいけません。むしろ検討しなければならないのは、意志のこの力、この内的運動、この努力、この志向が意志自身によって意志の内部で生み出されるのか、それとも意志がそれをよそから受け取るのかということです。意志には二つの努力ないし志向しかありません。一つは快い対象に近づこうとするもの、もう一つは不快な対象から遠ざかろうとするものです。意志は前者を目指し後者を嫌いますが、どちらの気持もともに打ち克ちがたいものです。難しいのは、この力が意志のうちにあるのか対象のうちにあるのか、意志が自分から対象に近づいたり対象から身を引いたりするのか、それとも対象が意志を引きつけたり遠ざけたりするのか、を知ることです。この問題はわたしには解決不能に見えますが、それでもこの問題を解かずには、わが国の哲学者たちを二分しているあの有名な自由の問題を理解することはできません。というのも、この問題ではすべてが次の点に帰着するからです。第一に、意志は一般的に最大の快感または最大の苦痛という見かけによって必然的に決定されるのかどうか、第二に、個々の対象に関しては、意志が最大の快感または最大の苦痛の印象の必然的な原因であったりなかったりするものとしてそれらを表象できるのかどうか、第三に〔九四〕、意志は自分の考察によって、対象が自分に働きかける力に何かを加えられるのかどうか、対象の作用を増して、決定的でなかったものを決定的にできるのかどうか、ということです。快感と苦痛の異なる度合いの間に著しい違いがある場合、あるいは、ただひとつの対象が精神に現前して働きかける場合、その対象がどう見えるかに応じて意志が決定され、意志には欲する力、すなわち動かされる力しかないのは明らかです。しかし、二つあるいはいくつかの対象がわたしたちを刺激して、さまざまな方向へほぼ等しい力で押す場合、わたしたちはどの方向にもすぐには引きずられず、ほぼ同時にすべての方向へ押されていると感じますから、わたしたちは自分で自分を決定した、これらの印象のひとつを自分が有効にしたのだと思いがちです。その印象が優勢になったのは、意志の協力がそれに加わった結果だと思ってしまうのです。自分の内部で起こることのある混乱した意識に諮るだけで満足したら、わたしたちは事実そのとおりだと判断して、対象の作用と無関係に自分自身を決定づけるという、自分にあるつもりになっているこの力を自由と呼ぶでしょう。しかし、わたしたちはまったく受動的に対象からの印象を受け取るので、このやり方にはどんな変更も効かず、自分の知覚は自分が生み出すものではなく、自分の外部にある何かの作用によって引き起こされるのを考えるなら、自分のうちにある意志には知覚する能力以外にどんな力もなく、知覚する対象の明らかさに自分が何も寄与しないのと同じく、欲するようにわたしたちを決定づける動機の外見にも自分は何も寄与しないとわたしたちは考えるでしょう。したがって、自由な行為と意志的な行為とを区別すべきでなく、火傷を負わせる火から手を引っ込める時も、手を洗うため水に浸す時よりわたしの意志が弱いわけではない、それらの行為の一方への決定づけは他方への決定づけよりずっと強いとはいえ、そうなのだ、とわたしたちは言うでしょう。決定づける動機の力の度合いが一方のケースでは他方のケースより限りなく大きいわけですが、この動機の本性はいたるところで同一です。わたしの意志が協力するすべての行為は等しく自由なものでしょう。というのも、それらはすべて意志的なものだからです。自由でないのは意志的でなかったり意志に反したりする行為しかないでしょう。たとえば動脈の拍動とか、大病に由来する痙攣とか、わたしよりはるかに力の強い者がわたしの腕をつかまえて、そうするまいとわたしがあらん限りの努力をしても甲斐なく、最良の友の胸に短刀を突き刺させるといった無理強いとかがそうです。自由とは意志の協力ないし同意以上の何ものかに存すると考える人々は、自分が言うことについて何の観念も持たず、それを他人に、耳を傾ける人に伝えられないのです。普通の人は自分の意識に導かれるがままになっているため、意識に関わる事柄では抽象的な推理をする人より確かな歩みかたをしますから、意志的な行動をすべて自由な行動と呼び、外部の対象の力が明確でも著しくもなければ意志はそれだけいっそう自己決定する力があると思い、意志が同意する運動をことごとく自由な運動と呼ぶのです。

10

さてその上で、知性的な原因、個々の存在すべてを生み出す神を仮定した場合、あるものは他のものより神にとって快いような行動が、あるいは同じことですが、わたしたちがその語を理解する意味でそれ自体正しかったり正しくなかったりする行動があるべきか、ありうるかを検討して見ましょう。

わたしたちが自分の実在ばかりでなく、その実在の変状や変様を受け取るのはこの無限な原因からです。わたしたちがあらゆる印象や知覚を受け取るのもこの原因の作用によります。諸々の対象はわたしたちに働きかける力を持つどころか、それ自体で存在する力も持たないからです。仮に持つとしても、それはこの神から受け取っているもので、少なくともその力を行使するのは神の導きによります。わたしたちに関して言えば、わたしたちの完全さや不完全さはみな神から発します。わたしたちは神が与えてくれるものしか持たず、自力では自分のうちに何を生み出すことも、何を変えることもできません。わたしたちはまさしく神が作るがままのもので、神がわたしたちをそう作るがゆえにそうであるにすぎません。それゆえ、わたしたちはどうであれ、いつでも神の意志にかなっているのです。神が欲しなければ何も存在しない以上、神の意志のほかに存在の原因はない以上、あるものが存在するという一事から、神がそれを欲すると結論できますし、結論しなければなりません。ですから結論すべきは、いかなる個別存在も、それらの存在のいかなる変様も性質も、他のもの以上に神の意志にかなうものはなく、神との関係ではすべてが対等だということ、わたしたちが完全、不完全、正義、不正義、善、悪、真、偽、英知、狂気などと呼んでいるものは、対象がわたしたちと持つ関係や、わたしたちが対象から受け取る快不快、愉快不愉快の印象との関係でのみ異なるということです。それらのものはみな、それ自体のうちに同等の現実性を備えており、どれも等しく、常に奏効的なある意志の、存在するすべてのものの唯一奏効的な原因の必然的な結果なのです。

わが愛しきレウキッペよ、こうした帰結が宗教的教義と両立しがたいことは十分にお分かりでしょう。だからこそ、そうした教義を擁護する人たちは、神が生み出すのは物体の運動だけで、意志の運動はわたしたちの意志にある別の力によって生み出されると言ったのです。でも、わたしは彼らにこうたずねるでしょう。普遍的な原因と無関係に存在し作用するそうした力とは何なのでしょうか。そうであれば、仮定に反して、この普遍的な原因はもう普遍的でなくなります。この原因が自分の働きを貸し与え、わたしたちの意志と協力するのでしょうか。その場合、この原因はわたしたちの意志に同意を与えるか拒むかですが、もし同意するのであれば、この原因はわたしたちの意志のすべての行為の共犯者になります。また同意しないのであれば、この原因は同じ個別の意志より力で劣ることになります。この原因の意に反して、その意志は自分の法に従うからです。

わたしたちに与えられる神の観念は、なんというものでしょう。なんということでしょう。世界のこの絶対的な支配者は無生物しか、物質しか自分に服従させられず、知的な世界、精神の世界、わたしたちが一番完全で高貴と思う世界はこの支配者の法に従わないとは。自分の法をそれらに実行させようと神があらゆる努力をしても甲斐がなく、そうすることに自らの栄光と幸福を結びつけても甲斐がなく、あらゆる努力は無駄に終わり、自分の試みの不成功に苦しい思いをすることにしかならないとは。

とはいえ、こうした推論の真実性と明証性にもかかわらず、宗教的体系を支持する粗雑で皮相な精神の持ち主たちには精緻すぎると見えないか心配ですので、そうした人には手に取るように分かる推論が必要になります。至高存在が人間たちに法を与えたということ、人間たちはこの法を実行するも破るも自由だということを彼らに認めてやる必要があります。そうだとすれば、この法はどんなものであるべきか、どんな徴で人はそれを認識できるか見ることにしましょう。この法は三つの項目に帰着します。ある種の思弁的真理を信じることでわたしたちの精神を服従させることと、道徳と感覚対象の享受に関するある種の規則を守ること、さらに、わたしたちの愛着と尊敬を神に表明するために立てられたある種の儀式を実行することです。宗教的祭事を支持する人たちがそのとおりだと白状するなら、これらの法は万人に共通のものですから、誰にでも知られなければなりませんし、少なくとも、その認識を得、それの真実性を感じることが誰にとっても同程度にたやすくなければなりません。法が強制力を持つのは知られている時だけで、法は何らかの特徴を伴い帯びていなくてはならず、それがなければいかなる権威も持てません。

そこで、すべての人の、少なくともそれに注意しそれを知ろうと努める人の精神と心に刻みこまれた法とは何なのか見てみましょう。精神について言えば、物体の特性や物体の大きさ・量の関係をめぐるいくつかの一般的真理についてはどの精神も意見が一致しているのが見られます。しかし、それらは無味乾燥な真理、純粋に思弁的な真理で、それが教えてくれるのは、いつでもどこでも物体の同じ特性が見られ、誰もが物体から同じ印象を受け取るということにすぎません。数学上の真理は大きさの測定や数の比だけを対象としますが、それでも、これは人間たちが一致する唯一のものです。これらの真理は経験によって得られ、外部の対象がわたしたちの感官に及ぼすあらゆる印象のうちには一様性が認められることからそれが納得されます。すでに申し上げたように、感官とはそれによってわたしたちが真実で確実な知識を得る器官なのです。幾何学のもっとも高度な真理もこういうありきたりな真理の帰結に過ぎませんし、証明も、幾度となく繰り返された習慣的・日常的な経験から自分がすでに納得している真理をあまり普通ではないケースに当てはめることしかしません。確かとされる他のあらゆる知識には、これだけの確実性はありません。見るものを見ているとわたしたちは確信しますが、正確に見えるとおりのものが自分の外に何かあるという確信はほとんどまったくありません。幾何学的真理に匹敵するほどの確信をわたしたちのうちに生み出すためには、十分慎重に数多くの経験を繰り返さなくてはなりません。ほかにいくつか真理があっても数は限られていて、しかもそれは、この真理に伴う認識を受け取る際の契機となる感官を欠いていない限りすべての人に共通するものです。それらの真理が教えてくれるのは、これこれの対象が現前する時にわたしたちがこれこれの感覚を抱くということに限られます。

それに従って人々が自らの精神を導くべき共通の法とみなせる思弁的真理はこれで全部です。それらが万人に共通なのは、精神に刻みこまれたそういう真理の認識を人々が持って生まれるからではなく、経験を積みそれに注意するのに応じて、それらの真理が同じ仕方、同じ力でどの精神にも刻み込まれるからですが。

次に心、つまり意識や意志ですが、確かに存在する最初の瞬間から心にはある法が刻み込まれているのが分かります。快感を好み、苦痛を嫌うということです。この法は広く万人が守るもので、一瞬としてそこから外れる人は一人もいません。この法はわたしたちの保全に適当な、さらには必要な行動に快感を結びつけ、それに反する行動に苦痛を結びつけました。自然な本能により、わたしたちは快感を好むことから必然的に前者の行動をし、苦痛を嫌うことから後者の行動を避けます。この本能の効果は、わたしたちも自由にそれに逆らえないほどです。複数の快感のうちで、わたしたちは自分の目に最大と見えるものを選び、同様に複数の苦痛のうちで一番激しいものをいっそう恐れます。わたしたちはある快感の欠如をある実際の苦痛以上に辛いこととみなしたり、ある苦痛をこうむることをある快感の欠如ほどには耐え難くないとみなして、それに応じた行動をとることもあり得ます。けれども何をしようと、どんな時でも最大の印象を与えるのは最大の快感と最大の苦痛の見かけで、その印象がいつも意志を決定づけ、引きずってゆくのです。

理性というのは、これらさまざまな度合いの印象を比較することに、また快感に達し苦痛を避けるために用いる手段を選択することにあります。理性的とされるのは、何を最大の快感、最大の苦痛とみなすかで他人と一致する人で、分別や思慮があるとされるのは、他人と同じ仕方で対象を見ているように思われる人です。日常生活では、そうした人が幸福という目指す目標へ達する方が普通で、そういう人は対象の知覚によって、通常幸福へ導く道をたどるように決定づけられているのです。

人々が心に刻み込まれたものとして持つ法は、このようなものです。人は絶えずそれに導かれて、その法から逃れられないのは物体的存在がその運動を律する法から逃れられないのと変わりません。第一存在がその製作物のために法を定めたのなら、その法はこれと同様のものであるはずです。というのも、そういう製作物の存在と様態の作り手が、製作物が実行もせず無駄に終わらすような意志を持てるとは理解できないからです。

それに、この法があるだけで十分に人類は維持され、世代を重ね、増えていくことができます。社会を作ったのも維持するのもこの法です。宗教が社会に有害でないとしても、社会にとってまったく無用なのは、人間の欲求の充足と結びつく快感の享受にあるのとは別の幸福という空想的な誤った観念で人間の精神を満たし、こわがる人の想像力のなかにしか存在しない禍を恐れさせ、自分一人にとって禍であるにすぎないそういう禍を避けるために、さまざまな苦痛をこうむったり、万人が快感と認める快感を断ったりさせるおそれがあるからです。

11

人間が社会で暮らす際、快感を好み苦痛を避けるというこの法だけで人間を導くには十分なことは容易に納得されます。動物たちがそうらしいように、人間がただ外部感覚の印象しか感じなかったら、人間が社会生活をしないということもありうるでしょう。ただ愛ゆえに互いに一緒になる時だけは別です。どんなにどう獰猛な獣でも本能から子供を養うことに気を配り、子どもが自分を必要としなくなるまで一緒にいるものです。鳥の間では、愛からつがいになった雄と雌は、子どもたちが親の助力を必要としなくならない限り離れませんが、人間も鳥と同じようになるでしょう。もっとも、人間の子どもは獣や鳥の子どもよりずっと長いあいだ自分の欲求を満たす力がありませんから、愛から作られる人間の社会は動物のそれより長く続くでしょう。ただ、その時以外は、大方の動物と同様に人間も互いに恐れ合い、避け合うでしょう。とはいえ、それ以外ではあり得ないとわたしにもはっきり分かるわけではありません。動物のうちでもハチやアリが人間に負けないほど多数の者からなるきちんとした社会を形づくっているのが見られるからですし、人間と同様の理性をハチやアリに付与するどんな理由もないとはいえ、これらの動物の方が北方のスキタイ人やアフリカ中部の野蛮人より社交性がありそうだからです。こういう人々の間には、みな互いにバラバラで暮らし、生きていくため、猛獣から身を守るための助力を構成員が必要としなくなるまでしか家族が一緒に暮らさない民族もあるのです。

けれども先に指摘したように、人間には身体の外部器官とは無関係に影響を及ぼす快苦の内的な意識があり、これらの内的印象は往々にして他の印象よりもいっそう強くまた効果的に影響を及ぼすものですから、人間の行動をほとんどすべて決定するのはこの内的印象なのです。ですから、他の人々との集まりや付き合いの中にわたしたちが見いだす快感のほかに、社会をつくる動機は必要ありませんでした。言葉を使ってわたしたちは他人と容易に会話できる、つまり、動物もするように自分の感覚を伝えるだけでなく、どんなにデリケートな知覚でも伝えられるのですから。こういう人との交わりへの欲求はごく自然なもので、それを絶たれるとわたしたちは必ず、まったくの孤独と切り離せない倦怠を感じますが、この倦怠というのは実に苦しい状態なのです。

しかし、人間は生まれつき社交性がなく、同類との会話に自然な快感を味わわないと一時的に仮定しても、多数の社会がやがて形成されるのをそれが邪魔することはできないでしょう。こう仮定する場合、人間は臆病で互いに避け合うか、あるいはどう猛で互いに傷つけ合おうとするか、どちらかと見なせます。傷つけ合おうとするのは、他人を犠牲にしても幸せになろうとするからというだけでなく、他人の痛みが自分には快感の源となるからでもあります（そうは言っても、そんな人がいるかは疑問です。もしいたら、生まれつき目が三つ、または腕が四本の怪物よりさらにまれな怪物でしょう）。

人間が単に非社交的で臆病に生まれついているだけだったら、一人ひとりはまわりの人すべてに恐れを抱きますから、その人たちから好かれるようにして、相手が自分に害を及ぼすのを防ごうとするでしょう。抵抗するには自分が弱すぎると感じるからです。人間が互いにするこの相互的迎合から、やがて、互いに助け合い苦痛を軽減させ合い快感をあたえ合おうとする相互の心がまえに基づいた個別の結びつきや社会が形成されるでしょう。こうした助け合いのなかで、助けを受けた者はその快感を得させてくれた人が好きになり、その人を自分の幸福の原因とみなします。こうした感情はその対象となる人の自尊心をくすぐり、その人は自分に向けられた感謝を満足して眺め、それを実際の利益とみなすのに慣れます。そしてやがては、この観念が想像力によって拡大された結果、そうした考えが自分にとってあまりにも強い快感の源となるので、そのためにはほかの現実的な快感もみな犠牲にし、また、その快感が代償として得られるなら、どんなにひどい苦痛でも軽いと思うほどになります。わたしの考えでは、平穏と平安を求める節度ある人々にもっともふさわしい統治形態である諸々の共和国は、こうして形づくられたのです。やがてそれらの社会のうちに、栄光の狂信的な愛好家が現れ、公益という幻のために自分の富も平安も快感も、さらには、人間が最悪の禍として思い描くものは死であるにもかかわらず自分の命さえも犠牲にするでしょう。

子どもたちが遊びと楽しみを好むために作る小さな社会のなかで起こることの経験からも、その実例が日々見られないようなことを、わたしがここで何も仮定してないことが分かるでしょう。わたしが仮定したのは、人間はただ臆病だということでした。次に、人間が本来どう猛で意地が悪かったらどういうことになるか考えてみましょう。互いに身を守る必要から、強い者に対抗するため弱い者は結束するでしょうし、強い者も強い者で、数の力に圧倒されないために同じようにするでしょう。戦争がしばらく続いた後、両派のうちの一方が自分の方が弱いと分かって勝者に服従し、勝者はそれを臣従させ、奴隷にし、自分の必要や気まぐれや、敗れた側の強弱に応じて苛酷さに多少がある法をそれに課します。自分の支配を確保するには新たな奴隷たちが抱く恐怖心しか当てにできないので、常に結束し常に武装している必要があるため、彼らは自分たちの首長を選ばざるを得ないでしょう。その首長は、当初は仲間たちに対して一時的な権威しか持たず、仲間たちといろいろな取り決めをするでしょう。その取り決めを守ることが仲間たちの利益になるのでしょうが、一方、首長の側はあらゆる手立てを尽くして自分の権威を確立し拡大しようとするでしょう。これが専制国家で、〔九五〕メディアやペルシアの君主制はこうして形づくられたのかも知れません。これらの国では、臣下の一部が苛酷な隷属の法のもとに呻吟する一方で、他の部分は職務も顕職も富も、さらには不可罰権という、権威に由来する現実的な利益をことごとく君主と分け合っています。人間の間に見られるすべての社会は、これら二種類のいずれかに還元されるか、あるいは双方にまたがるかしています。というのも、共和政体から君主政体へ継起的に移行したり、専制を廃して共和政体をとったりしなかった社会はほとんどないからです。そうした社会の起源がどうであれ、正義と不正義、徳と悪徳、栄光と恥辱の観念を人が抱かないような社会は一つもないでしょう。その社会の各々で優勢な習慣や必要や世論の多様性に応じて、内容は異なりますが。

　不正義と呼ばれるのは、社会の残りの部分の幸福を犠牲にして自分の幸福を求めるような行動でしょう。正義とは、人間同士を対等とする法から外れないことにあるでしょう。不正な行為は罰せられ、正しい行為は褒美として、社会が個々人をそのうちに保つ平安と平穏を享受させてもらえるでしょう。崇高な徳とは自分の幸福を犠牲にして他人の幸福をはかることにあり、そういう行為には名誉と栄光の観念が結びつけられ、反対の行為には侮蔑と恥辱の観念が結びつけられるでしょう。そして、こういう行為が個々人の平安と幸福を乱すおそれがあれば、多かれ少なかれ厳しい懲罰によってその行為は罰せられるでしょう。それは、栄光を好む気持も恥辱を恥じる気持も決定的な力を持たないような連中を抑止するのに、苦痛や死への恐怖が役立つようにするためです。なお、この栄光はただの絵空事ではありません。そこに到達する人に現実的な利益をもたらすからです。他人の尊敬とか、信用とか、権威とか、職務や顕職や富の得やすさとか、各国のお偉方が浴する不可罰権その他あらゆる恩典などです。共和制では英雄を生み出す力が実に強い公益という幻に、君主制では国の栄光、君主個人への愛着、君主の意志への献身が取って代わるでしょう。こうした動機も人々にこの上なく偉大なことをさせるはずです。

人間がいかなる時も理性的であったなら、あらゆる法は以上のことに限られるでしょう。つまり、社会に平穏を保ち、構成員の大多数の幸福を妨げる恐れのあるものをことごとく未然に防ぐことしか目的としないでしょう。けれども、人間は想像力の対象を健全で現実的な見かたにいつも混ぜ合わすものですから、多くの恣意的なものや単なる臆見で法をいっぱいにしなかった社会はありませんし、大多数の人の平安と幸福にとってはそれ自体どうでもいいある行為を死に値する犯罪としたり、その一方で、よその社会なら不名誉と言わないまでも無分別と見なす行為を有徳で不滅の栄光に値するものと見なしたりしない社会はありません。正義とか不正義とか徳とか悪徳とか栄光とか恥辱とかいう観念がまったく恣意的なもので習慣に依存するということはそれほどまでに真実なのです。何か分からないある伝染病があって、社会を支配する人たちの臆見をそれが人心に流布させ、前には自分がひどく憤慨した格率をさえわたしたちに確信させるところまで行きかねないのです。

12

神の定めた法を万人が知るべきなら、また、すでにお見せしたように、この法が思弁の上では真理を探究し推論の正確さを期することに、実践の上では最大の苦痛を避け、最大の快感を求めることに限られるならば、そうした法はどこでも几帳面に守られます。真理を求めない者、間違う時でさえ真理に従うつもりでない者はいませんし、逆のことをしているように見える時でさえ、快感を求めず苦痛を避けない人は一人として見られないからです。一見逆を行く人の行為に見られる相違は、通常の民衆や普通の人と同じ仕方で対象から影響を受けないことに由来しています。ですから、神の法を守らない人はおらず、したがって神に好まれない人もいないわけです。事物の本性について人が陥る誤りは犯罪ではあり得ません。それは事物がわたしたちに及ぼす印象のせいで、誤謬を信奉する人も真理の方を好んでいるつもりで、苦痛に身を委ねる人も、もっと大きな苦痛を避けているという考えが現実的快感をもたらすためそうしているにすぎないからです。

神の法に逆らって行く者がどこかにいるとすれば、それは、自分が幻想に身を委ねるだけでなく、人々に強制して同じ誤謬を信奉させよう、当人が感じる真理、触れている真理を捨てさせて、他人が見えると言っている幻を追いかけさせようとする者です。神の怒りに値する者がいるとすれば、それは、神が万人の精神と心に書き込んだ法、それも一瞬たりともそこから外れられないほど効果的な仕方で書き込んだ法とは異なる新たな法を立てようとする宗教的体系の支持者たちです。

しかしながら、わたしはこの人たちを最後の陣地まで追いかけて行きたいと思いますので、万人の精神と心に書き込んだ以外の法を神が立てた可能性があるかどうか、その法をわたしたちが何で見分けられるかを検討しましょう。

この仮定では、人間たちが至高存在の意にかなうためには、神自身が人間に口授し、人間が自分の理性という手段を用いて認識し、打ち克ちがたい本能という自分より強い力によってどんな折にもそれを実行させられると感じる法に従うだけでは足りないばかりか、多くの場合この法と対立し、それをまったく打ち壊すかに見える別の法に従わなければなりません。そうした法はごく少数の人にしか知られておらず、残りの人類はそれについて爪の先ほどの観念も持てないままに生まれ死にます。この法を人類に告げるため至高存在によって選ばれたと称する人々も、互いの間で意見が分かれています。したがって、これらの法の検討はきわめて骨の折れる研究で、自分は間違っていないと確信できるような仕方でこれらの法のうちの何かを選択できる人はほとんどいません。

神が大多数の人間に彼らの幸福に必要なものを隠したのであれば、神の意図は人間をみな幸せにすることではなかったことになります。それゆえ、神はすべての人間を愛してはおらず、それゆえ、神は義でも善を施す者でもなくなります。義と善についてわたしたちの抱く観念に従えば（わたしたちは自分が抱く以外の観念に従って推理することはできませんが）、善で義で公正な存在は可能なこと以外何も望むべきでなく、未知の法をわたしに守らせるなどというのは善でも義でも公正でもありません。石は重いのに、重さがなくなることを石に求めるような人がいたら、そんな人は気違いではないでしょうか。神がすることはそれ以上です。わたしに教えなかったことを知らなかったためにわたしを憎み、秘密で公にしなかった法に違反したとして、また神自身がわたしにあたえた逆らい難い傾向に従ったとして、わたしを罰するのです。こんな神を、野蛮で不正で気まぐれで、わたしの軽蔑と嫌悪に値する存在として以外、暴君として怪物として以外、考えようがないのではないでしょうか。というのも、結局のところ、宗教的体系の支持者たちが説く神というのは、このようにしか想像できないからです。神についてこうした観念を抱く義務があるなら、神はそれ自身によって本質的に善でないなら、わたしを欺けないものとして神を考える義務もなくなります。ですから、神が存在し、一般の法とは異なる法を立て、この法を他の人々に告げるためある人を選び、その人を信じられるようにするために数多くの神異を行なったということが証明されたところで、また神の名でわたしに語るその人々の全員が互いに同じことを言ったところで、わたしはまだ、その法を守れば神の意にかなうだろうという確信は持てません。なぜなら、神は善でなければわたしを欺くこともあり得ますし、わたしは自分の理性の証言に安心することさえできないからです。わたしを誤らせるために神がわざとわたしに理性を与えたのかも知れないのです。

　でも先へ進んで、至高存在が特殊な法を立て、少数の人を選んでその法を明かし、それを人類に告げさせたということもありうると認めてやりましょう。そこでまずたずねたいのは、その法を告げられていない人々に対してこの至高存在がどのように振る舞うかということです。というのも、結局のところ、地表に散らばるすべての人間が通商によってまだひとつに結びあわされているわけではなく、渡るに渡れない海洋でわたしたちと隔てられた国々に住む民族もいるからです（地球は球体で、わたしたちの住む部分はその表面の百分の一にもならないことを天文学は示してくれます)。法を告げられていない人たちの打ち克ちがたい無知を神が罰するなら、神は不正なものになります。わたしたちが有罪になるのは神自身の意志によるにすぎないからです。また、神が無知を罰さず、その人々を自然で通有な理性の法によって裁くなら、特殊な法を守らなくても人は神の意にかなえることになります。それに、この特殊な法は一般的な法より実行しにくいので、特殊な法を守る必要を神から課された人々は他の人よりずっと虐待されることになり、呻吟する重荷を嘆かなければならなくなります。しかし、こうした一般的な考察には立ち止まらず、至高存在が人間たちの一部に命じた法とはどのようなものか見てみましょう。わたしに分かるのはこういうことです。第一に、そうした法は、異なる国に住む異なる民族の風俗、習慣、世論がそうであるように、国が異なれば異なるということです。第二に、そうした法のおかげで社会の維持に有益かつ必要な徳を実践することが神の意志にかなうようになることはまず一度もなく、それは主として一定の習慣的な儀式を几帳面に行なうことによるとしていること、そういう儀式はえてしてとても厄介で、ほとんど常に理性に反し、時には徳や良俗や社会の利益にさえ反することです。第三に、そうした法は一定の思弁的見解を信じる義務をわたしに課しますが、その見解はほとんどいつも不合理で、えてしてまったくスキャンダラスなものなのだということです。たとえば、人間と言葉を交わし、人間の形と本性を帯びていた頃に神々がした情事とかいったものです。こうした見解のうち非合理性がもっとも少ないものでも、人間精神には常に考え及ばないもので、万人が認める不変の真理とのいかなる一致も認められない類のものです。

とはいえ、こうした啓示にはその起源が分かるような特徴がそなわっていなくてはなりません。第一に、啓示が教える真理は、人間精神の自然な力をもってしてはわたしたちをそこへ導けないようなものでなくてはなりません。自然な力でもそれができるなら、こういう異例な方法に訴えることは無用になるからです。第二に、そうした真理はもっとも通有な他の真理と一致するのが分かり、精神に提示されるや、少なくとももっとも抽象的な真理が注意深い精神に提示されるのと同じ仕方で、自分の力を精神に感じさせなくてはなりません。第三に、そうした真理は告げられるすべての人の心をはっきりと打ち、あらゆる精神に一様な印象を与えなくてはなりません。第四に、幻影や作り話や嘘がそれらの真理と同じ特徴を持ってはならず、両者を混同し取り違えることが可能であってはなりません。それでは要求しすぎだと、わたしが非難されるとは思いません。結局のところ、人から言われたことを信じる義務をわたしが負うためには、信じるに足るだけの理由を示してもらわねばならないからです。宗教的体系の支持者たちが示す理由はどういうものか見てみましょう。彼らが自分に付与する権威のほか、わたしにはどんな理由も見当たりません。彼らはわたしに、わたしの精神の十全な服従と、自分の告げる教義や勤行に対するわたしの意志の完全な同意を求めます。そういうものが理性を超えれば超えるほど、理性に反すれば反するほど、彼らはますますわたしの確信が強いこと、彼らに寄せるわたしの信頼が十全であることを求めます。この立法者たちが自分の法を立てると称するのは、哲学者がするように理性との合致の上にでもなければ、公共の安寧を維持するための有用性への考慮の上にでもなく、あるいは、リュクルゴス〔九六〕、ソロン〔九七〕、ヌマ〔九八〕その他といった都市や国家の創建者たちがしたように、法がそれを守る人にもたらす特殊な利益への考慮の上にでもありません。そうした人たちは、わたしたちに理性の使用をことごとく禁じて、自らの法の権威を、その名の下に法を公布する存在の権力や権威にしか基づかせない君主ないしは暴君なのです。

こうした公布には少なくとも二つの条件が伴わなくてはなりません。第一は、その法を告げる人の誠意をわたしが確信することです。その人たちがペテン師でわたしを欺こうとしていたら、わたしはその人たちを信じてはならないからです。第二は、その人たちが自分で自分を欺いたはずはないという十分な確信をわたしが持つことです。

第一項について言えば、彼らが告げに来る法は義務的なものですから、少なくともそれを知っている者全員にとって義務的なものですから、彼らの誠意をわたしが納得するためには、彼らが真っ先に、誰より厳しくその法を守って欲しいと思います。なぜなら、至高存在が自分たちと親しく言葉を交わし、その意志を自分たちに明かしたと称している彼ら自身がその法に従わなかったら、彼らが言うことの真実性について彼らの確信そのものしか証拠を持てないこのわたしが、目の前で彼らが破っている法にわたしが背いたら犯罪になるなどと思うことをどうして求めようとするのでしょうか。わたしが望むのは、その確信が彼らのあらゆる行為にはっきり現われ、真に実践的な確信であることです。それがなければ、わたしは彼らをせいぜい、自分も表面的にしか納得していないある学派の思弁的見解を支持するために議論する哲学者のようにしか見なさないでしょう。わたしが望むのは、火にはわたしたちに火傷を負わせ、その結果苦痛をもたらす能力があるとわたしたちが確信するのに少なくとも劣らぬだけの力が彼らの確信にあって、それが彼らの行動に同様の影響を及ぼすことです。わたしが望むのは、人間が冷静な状態で炎の中へ飛び込んだり、真っ赤に焼けた鉄をつかんだりするのが稀なように、たとえ大きな苦痛を避けるため、あるいは大きな快感を手に入れるためであっても、彼らがその法を破るのが稀であることです。実際、そんなことをする人が見つかるのは、前代未聞とは言わないまでもごく稀でしょう。

宗教的見解に対する最大の確信、最大の熱情を言葉と行為で証し立てる人も、不正な振る舞いで信念の真実性を打ち消しています。たしかに一部には、ひどい悪徳を克服したり、人が快感とみなすあらゆるものを断つところまで行ったり、甘美な情念や、人間にはもっとも自然と思われる情念や、愛の歓び、食卓の歓びを放棄したりする人も見られはします。そうした人に言いがかりをつけたり、そういう謹厳さには気質がいちばん与っていないか、放棄するそれらの快感に生まれつき無感覚だったのではないか、などと重箱の隅をつつくような詮索をしようとも思いません。というのも、いずれにせよ怠惰や哲学的な無頓着のおかげでそうなってしまった人も目にされるからです。この禁欲から来る栄光だけでもそう決心させる十分な動機になる、この名誉心が人間に難しいことをいかに沢山させるかは見てのとおりだから、などと言って彼らを責めることさえしません。

しかし、宗教のおかげで穏和になり、人間的になり、思いやりがあるようになった人、素直に人を愛し、自尊心にも嫉妬心にも野心にも利害にも支配されなくなった人を見せてもらいたいと思います。なぜなら、これらの情念のどれかに動かされて自分を裏切らなかった人をわたしは見たことがありませんし、利害や野心という動機から、もっとも確実で本質的な真理としてそれまで擁護してきたものを下劣に捨て去らなかった人もほとんど見たことがないからです。そういう人がいたら見せてください。そうしたらわたしも、わたしに信じさせようとする意見の真実性を彼らが心から確信していると思うでしょうし、彼らが誠実だと思うでしょう。だからといって、彼らが真っ先に自分自身を欺いた上で、今後はわたしを欺くことがあり得ないという保証はないでしょう。

まず必要なのは、その言葉を信用してこれほど理解しにくい、これほど理性に反することをわたしが信じる当の人が、自分自身頭が良く錯誤など犯さないことです。というのも、わたしにとって重要で、それに基づいてわたしが世俗の問題での身の処し方を決めるべきある出来事の話を聞く時には、その報告を元に態度を決める前に、語る人の性格や権威をわたしは検討するはずだからです。頭がいい人だというだけではまだ十分ではありません。頭が良くても間違う人は毎日のように見られるからです。わたしに言うことを学ぶためにその人がどのような用心をしたかも検討する必要があります。事が重大ならばそれだけ、その人自身が間違ってはいないと確信できるように、わたしはさまざまな用心をするでしょう。しかし、一生の幸不幸を決めるべき宗教の信じがたい教義を自分の言葉を鵜呑みにして信じる義務をわたしに負わそうとするのはどんな人でしょうか。軽信的で欲得ずくの僧侶とか、無知で迷信的な連中とか、自惚れ屋で自分の意見に固執する思い上がった哲学者とか、グノーシス派とか、幻視家とか、狂信者とかです。そうした人はどれほど不合理な幻影でも信じてしまいます。夢でも神異でも魔法でも幽霊でもラミア〔九九〕でもエムプーサ〔一〇〇〕でも、加熱した自分の想像力に浮かぶものは何であれ、彼らの目には十全な現実性を帯びるのです。つまり、そんな者の権威に基づいてあなたの奴隷の一人に鞭をくらわせることさえ容易にできないような連中なのです。

彼らのなかにそれなりの才知を備えた人が幾人かはいたとしても、自分の確信の動機や根拠を真面目に吟味し、それも、理性が命じるならば意見を変えようという誠実で本物の心構えをもってそうしたことを示せる人は一人もいません。吟味したのはほんの一握りの人で、その人たちでさえ前から受け入れていた考えをさらに強めようという意図からだけ吟味したのです。それに、ほかのやり方がどうしてできたでしょうか。彼らの原理では、ほんのかすかな疑いすら犯罪であり冒瀆なのです。彼らの確信は教育の結果、幼児期から受け取った観念を真実と見なし続けた慣れの結果です。ある程度の年齢になってからそうした確信を得て、神の存在や神に崇拝を捧げる必要という考えをすでに抱きながら一つの宗派から別の宗派に移ったのなら、生まれ育った宗教を捨てたのはその宗教に溢れる馬鹿馬鹿しさにショックを受けたから、そして別の宗教を提示され、語る者の権威と雄弁、自信ありげな言い方、説得の強さ、新らしもの好きなどで心を打たれたから、そして最後に、長々しい吟味に伴う疲労と議論を免れるために甘んじて説き伏せられてしまったからです。こんな風にして説き伏せられた人たちさえみな、もともとあまりにも無知で単純で軽信的でしたから、そんな人たちを説得するほど簡単なことはありませんでした。キリスト教徒が自派への寛容を手に入れようとして書いた弁明書を、わたしは注意深く読んだことがあります。それは他宗教の滑稽さを完璧に暴いていますが、実のところ、彼らが自分の宗教の真実性をその上に立てる証拠には同様の力があるとはとても言えません。キリスト教徒はほとんど、その真実性を前提に置くだけにとどめています。それにしても、彼らがそうした証拠をできるだけ立派に見せるのを怠ったとは考えられません。自分たちの安泰がそれの成功にかかっている、皇帝に提出する予定の著作ですから、彼らとしても最良の精神の持ち主を選んでそれを執筆させたのでしょう。

自分たちの告げる教義が加熱した想像力の産物ではなく神からじきじき明かされたのだということをあの連中が分からせてくれるには、はっきり分かる証拠をわたしに示してくれなければなりません。またそれこそ、あらゆる宗教的伝承に充ち溢れる神異や魔訶不思議によって彼らがすると称していることです。しかし、この件についてはわたしがすでに指摘したことをあなたも覚えておいででしょう。どれほど相対立する宗教でも自分の真実性を証明するためにさまざまな神異を等しく引き合いに出す以上、また、こうした神異は人の発明ではなく、人の発明ではあり得ないとそれらの対立する宗教が等しく請け合い、そうした不思議の明らかさと公開によって説き伏せられないかぎり国民全体がそこまで連れて来られたことはあり得ないとわたしに証明するために、自分の確信の強さを等しく挙げる以上、どうしても次の二つのことのいずれかを仮定せざるを得ません。神は少なくとも一方が偽りである対立する二つの見解を信じさせるために神異を行い、そうして人々を誤謬へ誘い込んだのか、あるいは、宗教的礼拝の支持者たちが引き合いに出す神異が、そうしたことは何も一度として起こらなかったにもかかわらず国民に信じられるようになり、命を捨てる方がその確信を捨てるよりたやすいほどこの信仰が精神のうちで強烈になることもありうるのか、です。ところで、もしこの点で同意していただけるのであれば、宗教は神異の助けなしにも成立し得た以上、神異は宗教の真実性の十分な証拠でなくなるばかりでなく、さらに、本物の神異への確信も偽物の神異への確信も同じように強烈になりうるし、一方に反対してそれを打ち壊すのに用いるものは他方に反対するためにも言える以上、わたしが胡散臭く思うべきでないような神異はもうなくなってしまうでしょう。

13

ずいぶん長い手紙になってしまいましたね、わが愛しきレウキッペよ。しかし、内容の重大さと、どうしてもそこに入ってきてわたしとしても触れないわけにいかなかった問題の多さのせいで、はじめ考えていたよりも遠くまで来てしまいました。いつでも思い起こしていただきたいのですが、信心というのは非常に甘美なものを約束するのに、その約束を守らない情念です。いちばん恐ろしい状況は、信心が弱くて断続的なため、わたしたちの心が不断の疑懼と後悔に委ねられてしまうことです。したがって、打ち克ちがたい性向によって自分がそこへ運ばれるのを感じない限りは、孤独の中でわたしたちを襲うこの一時的な信心の微弱意志に全力を挙げて抵抗せねばなりません。こうしたことが一般的に真実なら、あなたのような気質や精神の持ち主にはなおのこと真実だとお思いください。一時的な信心のこうした種々の動きで揺すられる心を充たす恐怖感とか、メランコリックな性格で退屈と不自由を感じている人ほどそういう酷い状態に陥る危険があることとかについて、この手紙の冒頭で申し上げたことをよくよくお考えください。

あなたの理性のすべてを働かせてください。そうすれば、こうした不幸からご自分を守れます。迷信家たちが何を言おうと、理性はわたしたちを欺きません。とりわけ、わたしたちが思弁的な見解に踏み込もうとせず、自分の精神に提示される想像上の事物にどんな実在性があるか検討するだけにとどめる時にはそうです。そうした事物が本物であれば、この検討によってわたしたちはその実在を保証されるでしょう。しかしまた、それが虚しい幻に過ぎなければ、わたしたちが思い切ってそれに近づくか、少なくともそれをじっと注視したら、そんな幻はたちまち雲散霧消するでしょう。わたしたちの知識の本性や確かさについて述べたことも、また思弁的な事柄でわたしたちが陥る誤謬の源について述べたことも繰り返しません。あなたもお忘れのはずはありませんが、そうした誤謬はみな、わたしたちが知識の対象のすべてにほぼ同程度の実在性を付与することから、またわたしたちが、目がさめている時に見たり触れたりする対象と、寝ている時や酔っている時に知覚する対象とを区別しようとしない人と似ていることから来るのです。

そうしたことから哲学でどういう誤謬が生じる恐れがあっても、さまざまな特性をそれが属する多様な存在から切り離そうと、物体と区別された特性、「能力」、「形相」、「エンテレケイア〔完全現実態〕」（一〇二）を認めようと、それらの一つ一つを別個に存在する小さな抽象的実体（entities）と化そうと、多分にどうでも良いことです。そうした誤謬は物事の通常の進行を妨げはしませんし、そのせいで人々の暮らしが不幸になったりはしません。そうした意見を擁護する手間も、それを打ち壊そうという欲求も人の心を没頭させ、この没頭するということが往々にして幸福にもしてくれるのです。

しかし、宗教では事情が異なります。宗教から提供される想像上の対象をひとたび現実のものにしてしまうと、人々はそうした対象に夢中になり、自分の精神のなかを飛び回るそうした幻が自分の外部で、見えるとおりに実在すると思いこみます。すると想像力に火がついて、もう何物にも抑えられなくなり、日々新たなキマイラを生み出し、それが何より激しい恐怖の動きを心のうちに引き起こすのです。神という幻がわたしたちのうちに生み出す結果はこうしたものです。この幻こそ、人間が感じるもっとも現実的な禍を引き起こすものです。またそれこそ、この絵空事の存在の機嫌を損ねるのを恐れるあまりに、もっとも自然で必要な快感さえ断つという限りなく苦しい状態にも耐えるように人々を強いるのです。

ですからわたしたちにとって大事なことは、この亡霊が吹き込む恐怖から自分を解放することです。そのためには、ただ思い切ってこの亡霊の方へ足を踏み出し、そこまで入り込み、それを検討し調べてみることしかありません。そうすれば、この神がただの幻想でしかなく、わたしたちが人から与えられ、また自分でも形づくれる神の観念にはいかなる実在性もなく、そこからは理にかなったどんな帰結も引き出せず、ましてや、何であれ何かの宗教の基礎としてその観念を役立てることなどできないことが分かるでしょう。

神について彼らがわたしたちに与えようとする観念は、普遍的原因という観念に他なりません。それは、先行するどんな原因から生まれたのでもなく、他のすべての原因がそれの結果であるようなものです。神については普遍的原因だということ以外何も言えないのに、その神は自分が生み出し働きかける個々の存在とは別物で、それらと分離して存在すると彼らは信じ込んできました。しかしながら、あらゆる個別的原因と分離したそういう一般的原因が存在すると考えることには、個々の運動、個々の白さ、個々の丸さとは区別される普遍的な運動や白さや丸さが存在すると言うこと以上の道理があるわけではありません。個々の運動、個々の白さ、個々の丸さについては、そうしたさまざまな様態が普遍的な運動や白さや丸さに与るということ以外何も言えないでしょう。

この普遍的原因が個々の存在から現実的に区別されるのは、物体の白さや丸さや運動がそれによって変様される当の物体から区別されるのと同じようにでしかありえません。普遍的原因というこの仮説では、個々の存在は固有で個別的な実在を備えておらず、この原因と無関係に自分のうちにある力によって存在するのではなく、各瞬間に繰り返される同じ結果の継続によって、普遍的原因に与ることでよそから来た実在しか備えていません。白さ、丸さ、運動など（先に選んだ例から離れないとすれば）という物体の様態と同じです。そういう様態が存在するのは自分の内にある何らかの力によるのではなく、自分が変様させる物体の存在に与るからです。このことはまったく真実なので、それらの物体が破壊されればその様態も破壊されるとしか考えられません。原因が普遍的であるためにはこのことが真実でなければなりません。というのも、それらの個別的存在がこの原因と区別された力によって存在するなら、その原因から独立した他の原因があることになる以上、その原因は普遍的でなくなるからです。もしこれが真実なら、この原因が個別的諸存在と区別されるのは、白さや丸さが白くて丸い物体から区別されるのと異なるものではあり得ません。つまり、この原因は各々が互いに作用し合う個別的諸存在の集合にすぎないということです。したがって、神は世界に他ならず、わたしたち自身もその一部なのです。わたしたちも存在で、他のものに作用し、他のものの作用を受けるからです。神が世界と区別されるのは、アテナイ共和国がそれを構成するさまざまな市民の集合と区別されたのと同じにすぎません。これはストア派の体系で、この体系をどうやったら宗教と折り合わせられるのか、わたしには分かりません。というのも、結局のところ、宗教的体系では普遍的原因が他の諸存在と区別された仕方で存在するだけでなく、さらに知性と意志を備え――そうでなければ宗教的崇拝の対象とはなれませんから――、あることを欲したり欲しなかったりし、憎むことも愛することもでき、自分の命令に従う人、従わない人に報いたり罰したりするからです。

知性と意志を備えて宗教的崇拝の対象になれるこういう普遍的原因が存在するとは考えられない、とわたしが言ったことをあなたもご記憶と思います。諸々の存在が必然的なものではなく、その実在の原因が普遍的原因、つまり神の意志であるなら、欲するように神を決定づける動機は何かが問われます。それは諸存在自体ではあり得ません。まだ存在していないのですから。それらの存在の観念だと言われるなら、ないものの、一度としてなかったものの観念を神はどうやって抱けるのかが問われます。その観念を神が獲得したのなら、それらはどうやって、どこから来たのでしょうか。神がその観念を常に持っていたのなら、それらは神と同じく永遠で、神自身の一部となります。そこで、これらの観念はそういう諸存在を実在すべきものとして表象するのかどうかが問われます。別の形で表象するなら、これらの観念は偽りで人を欺くものになります。諸存在を実在すべきものとして表象するなら、諸存在が実在することとは必然的で、神はそれらを生み出す際にも自分に課せられた永遠の法を執行するだけで、自分の観念が表わすとおりに諸存在を生み出すよう強制されることになります。ですから、神以外に別の原因があって、神はそれに縛られていることになり、それゆえ神は最終原因、普遍的原因ではなくなります。それゆえ、普遍的原因を想定することで最終原因までさかのぼったつもりの人でさえそれに成功しなかったことになります。彼らが主張するような仕方で存在するこういう普遍的原因を仮定しても、その原因は宗教的崇拝の対象とはなり得ません。この原因は愛することも憎むこともなく、罰することも報いることもなく、自分の観念から課せられる永遠不変の法に従って常に作用し、一方諸存在もその同じ法を絶えず執行するのです。自然のうちでこの原因の意志に反することが何か起こるとは言えません。この意志こそがあらゆる実在の唯一の原因だからです。それゆえ、あらゆる存在は常にその意志によって、またその意志に合致するように実在しており、ですから、そうした存在があるのは常に、それがあることをこの原因が望むからであるだけでなく、そうした存在はこの原因が望むとおりのものとしてあるのです。というのも、こうした存在は自分のうちにも他の存在のうちにも、普遍的原因の力に逆らう力を持つどころか、自分から作用するどんな力も持たないからです。それゆえ、すべての存在は神あるいは普遍的原因の意志を同じように実行しており、それゆえ万物は神の意志との関係では同じで、重い物体が落下するのも炎が空中へ上るのも神の法に従っているのです。

第一原因には物体の場所的運動しか生み出させず、わたしたちの精神に自己決定する力を与える人は、この原因をひどく制限して、それから普遍性を奪い去り、物質を動かす役という自然のなかで一番低級なものにそれを帰着させてしまいます。しかしながら、自然のうちではすべてが結びあっていますし、物体の運動が霊魂のうちにいろいろな意識をかき立てるように、精神的な意識も生体のうちにさまざまな運動を生み出しますから、宗教的崇拝を打ち立てまたは擁護するためにこんな仮定に訴えることはまだできません。第一に、わたしたちが意志するのは自分に提示される対象を知覚した結果にすぎませんが、その知覚はわたしたちの器官に起こった運動が契機となってわたしたちにもたらされるにすぎません。それゆえ、運動の原因がわたしたちの意志の原因なのです。わたしたちのうちにそうした運動が生み出すはずの結果をこの原因が知らないとしたら、これはなんと神にふさわしくない観念でしょう。神がそれを知っていて、それに同意するなら、神はその共犯者です。知っていても同意しないのなら、神は望まないことをするように強いられることになり、神より強くて力のある何かがあって、神はいやでもその法に従わざるをえないことになります。第二に、わたしたちの意志にはいつでもなんらかの運動が後続しますから、神はわたしたちの意志に協力することを余儀なくされます。それに同意するのなら共犯者ですし、同意しないのなら神はわたしたちほど強くなく、わたしたちに従わざるを得ないことになります。ですからなんと言おうと、普遍的原因など存在しないか、あるとしたらその原因は起こることすべてを欲し、それ以外のものは決して欲さず、したがってこの原因は個別的存在のどれも愛しも憎みもしないか、どちらかだと白状せねばなりません。個別的存在はすべて等しくこの原因に服従しており、刑罰、褒賞、法、禁止、命令などというのは、人間の間で起こることからとった寓意的な用語だからです。

しかし、この普遍的原因がわたしたちに実在とともに、自分が課した法を実行する力を与えたということを認める場合でも、その法とは何なのか、万人の胸に刻まれている法と違うのかを見なくてはなりません。胸に刻まれている法とは、人間から一時も離れない自然な性向ですし、真理を知り快感を味わいたいという欲求ですし、幸福を求め苦痛を避けるということです。第一原因の設けた法がそれだけに限られるなら、あらゆる知性的存在〔人間〕はみな一時たりともそれずにその法を守っており、したがって全員が第一原因の意志にかなっています。なぜなら、間違う人でも誤謬を支持しながら真理に従っているつもりですし、ただのキマイラのために現実的な快感を犠牲にする者も、この犠牲を払うことに大きな至福を想像し、実際にそれを感じているからです。万人の心に刻んだのとは別の法を至高存在が設けたのなら、その法を隠した相手の人は至高存在の愛の対象だったのでしょうか。幸福にするのにふさわしいものを当人たちに明かさなかったわけですから。この人たちが知らない法を破ったからといって、至高存在は彼らを罰するでしょうか。そうだとしたら、そんな存在は人間を愛しておらず、したがって人間の愛に値しないばかりでなく、加えて不正で横暴で、人間から尊敬される価値もなく、憎まれて当然のものになります。

神を本質的に善なる存在、人間を愛する存在とみなす義務がなかったら、神は人間を欺こうとしたのだと思ってもよくなります。そうなると、神が幾人かに啓示した法を知っていると称する連中が根拠にするあらゆる神異が仮に本物であっても、神は不正で非人間的な存在なので、わたしたちを欺くためにわざとそうした神異を行ったのではないという保証はなくなり、その法を守れば神に喜ばれる者になるというどんな証拠もなくなります。

そうした法を知らずにいた者を神が罰しないとすると、罰することは不正を犯さずにはできないのですから、神に喜ばれるためにはその法を守ることが絶対必要ではなくなります。万人に共通な自然の法だけに従っても、神に喜ばれることはできるからです。でも、そうだとすると、啓示された法は疲れるもので、実行しにくく、あらゆる快感を自分に禁じ、自然の欲求の充足も拒むことになりますから、そんな法はそれを啓示された人々を不幸にすることにしか役立ちません。ませんの。ですから、神はその人たちを憎んでいるわけですが、それに値するようなことを当人たちはしていませんん。神が特殊な法を授けなかった人と同じように、その人たちも一般的な法を実行してきたからです。こうして、何と言おうと、こんな存在は不正で気まぐれで、わたしたちの尊敬に値しないと結論しなければなりません。

それに、そうした特殊な法は、それを真実と見なすべき特徴を何一つ伴ってはいません。不合理で、理性に反し、自然の欲求を充たせと命じる自然で通有の法と対立しています。それを告げる人も大半はこの法をしょっちゅう破ることで、それが真理であることを納得してないことを見せつけます。それを守っているのは通常、検討もせず、先人の権威だけに基づいて信じるような人です。確信的に信じる人も中にはいますが、それはごく少数で、大多数は頭が悪く、信じやすく、臆病で、加熱した想像力が示すものをなんでも真実と受け取ってしまう人たちです。それ以外の人について言えば、彼らが出す証拠を検討すると分かるのは、堅固でもなんでもなく、混乱して不確かで証明されようもない伝承にのみ基づくこと、正反対のことを言う宗派が同じように証明されない事実を同じように得々として挙げていること、どんな宗派でも反対意見の土台を崩すことにはすばらしく成功するのに、他派を押しつぶすのと同じ反論を呈されたらどの派も身を守れないことです。

人間のあいだに打ち立てられたあらゆる宗教のうちで、ほかより優位に立てるもの、良識のある人が服従する値打ちのあるものは一つとしてありません。ユダヤ教、キリスト教、マギ教〔一〇二〕、カルデア教〔一〇三〕などのように、滑稽で粗雑な作り話をほかより多少除去した宗教も、根本では教義の蓋然性や証拠の堅固さを同じように欠いています。

彼らの教義の真実性は理性の管轄には属しません。扱うことの本性がわたしたちに知られていないからです。それゆえ、自分の言うことを信用させたいと思う人は、教えると称することをどうやって学んだのかをわたしたちに示してくれねばなりません。自分がその名において語る神について、彼らはどんな観念も与えられず、それについてまったく相対立することを言うのですが、それでもこの神が自分たちには正体を明かし、人間の間で守らせたいと思う法を自分たちに教えたのだと彼らは請け合います。そして、この証言が真実であることを証明するためにいろいろな神異や魔訶不思議を挙げ、そういうものを信じる義務を人間たちに課すためにそれらは起こったのだと言います。けれども、これらの神異は今日ではもう起こりませんし、そんなものは今では確かめようのない歴史的伝承にしか基づきません。

どの宗派も似たり寄ったりの奇蹟を引き合いに出して、自分の意見の真実性を打ち立てようとします。馬鹿げた宗派ほど多くの奇蹟を報告します。これらさまざまな宗派の教義は互いに対立し相反し、相互に打ち壊し合って、すべてが同時に真実であることはあり得ません。ですから、仮にこれらの奇蹟が全部本物だとしたら、間違った意見の真実性を証拠立てるために奇蹟が起こったことになり、したがって神が神異によって人々を欺こうとしたのか、それとも、偽物の奇蹟は一部だけで、あとのものは真実なのか、どちらかになります。でも、本物の奇蹟を何で区別するのでしょうか。実際、神異というものはどれも自然な動因の通常の成り行きや力を超えたものなのですから、こと神異では不条理・不合理なものが中にあるかどうか理性では見分けられず、それを盾にとって神異を拒否する権利はわたしたちにありません。

どの宗派も自派の神異は真実だと同じように確信しています。それでも、こうした神異がもし偽りで贋物だったら、いくつかの民族全体がそうした贋物の奇蹟を信じることもありうると結論しなければならなくなります。したがって、こと神異に関しては、民族全体の強烈で恒常的で実践的な確信もそれの真実性を証明しはしません。けれども、そうした事実のどれ一つとして、今それを信じる人の確信による以外の仕方で真実性を証明できるものはありません。それゆえ、真実性が十分に確立されている事実は一つもありません。そして、こうした神異は宗教の真実性を信じる義務をわたしたちに負わせられる唯一の手段なのですから、証明された宗教は一つもないとわたしは結論しなければなりませんし、宗教はみな狂信かペテンの産物、往々にしてこの両方の産物と見なさねばなりません。

　こうした神異について観察できるのは、それを信じる人すら白状しますが、神異は目撃した人の精神にも心にもいかなる印象も及ぼさなかったことです。ギリシア人がバッカスについて語る神異は、トラキアの王リュクルゴス〔一〇四〕の不信仰を罰するためのものでしたが、そんなものはこの君主の臣下たちをセメレ〔一〇五〕の息子〔ディオニュソス＝バッカス〕以上の信心家にはしませんでした。ユダヤ人の立法者〔モーセ〕の一代記に報じられる驚異も、それを生み出した神の祭事と法をこの民族が几帳面に守るようにはしませんでした。神にとっては、自然の全体を覆し、海の真ん中に堅固な道を開き、川の流れを源の方へ逆流させ、露を濃厚にして食べ物に変える等々の方が、自分の求める崇拝をするようにユダヤ民族を説き伏せるより容易だったようです。ユダヤの民の歴史とは、モーセが崇めさせようとした神に対する反抗と不服従を織りなしたものに過ぎません。キリスト教徒と呼ばれるユダヤ人の宗派も、自分たちの立法者が行った驚異を大げさに伝えています。不治の病人が治ったとか、死者が生き返ったとか、有益でもあれば超自然的でもある驚異がこの人物の一代記に充ち満ちています。それでも同じ一代記は、この人物がそれほどの益をもたらした自民族自身によって捕えられ、ペテン師とみなされてローマ人の手に引き渡され、奴隷や盗賊用の不名誉な刑で罰せられたことを教えてくれます。

　起こった場所にいた人々の心に何の印象も与えなかったこうした神異をどう考えたら良いのでしょうか。こういう不思議を目撃した人々がそれに心を動かされなかったと想定することが、人の心を知るということなのでしょうか。それも贋物かありきたりな出来事に過ぎないのに、神異が起こったという単なる巷の噂だけで、いくつかの州全体が動揺しかねないということも毎日のように目にされる時にです。

わが愛しきレウキッペよ、あなたはこう言われるでしょう。しかし、本物の宗教が一つもなければ、世界と区別される神または普遍的原因が存在すると合理的に想定することさえできなければ、この世界は誰によって統べられるのか、誰によって導かれ維持されるのか、結局のところ、第一原因まで来ざるをえないからだ、と。

わたしとしては、そんな帰結が必要とは思えません。すでに述べたように〔一〇六〕、世界は互いに次々と作用し反作用するさまざまな存在の集まりです。延長の面でも持続の面でも、世界に限界は見つかりません。次々と新たな形を取る個別的存在については、有為転変が、ある状態から他の状態への絶えざる移行がそこに見られるだけで、世界と区別され、世界に存在を付与し、世界を構成する個々の存在の変様を生み出す普遍的原因などそこに見られません。そんな原因があり得ないことをきわめて判明に見られるとさえ思います。このことはすでに上段で説明しました〔一〇七〕。さらに率直に申し上げて、わたしの精神はあまりにも弱く限られているため、原因から原因へ長く遡ることはできません。終わりを見つけられないから無限であるに過ぎない列挙をたどることなど思いもよりません。ですから、わたしは心安らかに無知の蒲団にくるまります。無知を告白しても赤面などしません。この無知は打ち克ち難いので、恥ずかしいものではありません。

かといってこの無知が、もっと知識があると思い込んでいる人たちに、自分の意見にわたしを従わせるどんな権利を与えるとも思いません。その意見の真実性がわたしに見えないだけでなく、わたしに見えることといったらそれが矛盾を含むことだけであるような時には、です。そんな権利を与えれば、自惚れに拍車をかけすぎることになるでしょうが、自惚れというのは、検討しなかったために知らないものがないにすぎない連中の通常の分け前なのです。わたしとしては、かのインド人たちの道理に適った推論で満足します。この人たちは持ってこられた水力機械の仕組みを理解できないながらも、この機械は動物だと同胞に認める義務があるとは思わなかったのです〔一〇八〕。潮の干満の原因もヘラクレスの石〔一〇九〕（磁石）が鉄を引きつける原因もいまだに説明できていませんが、それでも、こうした結果を説明するために想像されたさまざまな仮定を斥ける権利はあります。そんな仮定は馬鹿げているからです。世界を支える原因についても同じようなやりかたをして、その件で言われる絵空事を斥けるだけにとどめ、縁を切った意見の代わりに別の意見を立てることになど思いわずらわないようにしましょう。そうした空虚に平然と耐えることを知恵がわたしたちに教えてくれねばなりません。容易に獲得できる必要な知識、少なくとも好ましい知識がこんなにたくさんあるのですから、自分に関わりのないことをどうして心配するのですか。わたしたちは風波に打たれる船に乗っているのですから、できるだけ被害が少ない進路を取ることを考えて、できれば風向きに応じて進路を正せるように船を操り、それができないのであれば風に従って、風を生み出す物理的原因について哲学して時間をつぶしたりしないようにしましょう。今この瞬間に自分が位置する人間たちのただ中で、こうむる苦痛ができるだけ少なく、味わう快感ができるだけ多くなるような仕方で人々に接しましょう。つまるところ、苦痛を避け快感を求めるという二点にすべては集約されるからです。ですから、信心家たちが望むように、手近にある快感の合理的な享受を控え、自分用のものではない禍と苦痛を手に入れることにだけ没頭するのは気違い沙汰でしょう。これを役立てるように努めてください、わが愛しきレウキッペよ。哲学が人々に何か現実的な利益をもたらせるとしたら、それは危険だけを恐れるように、また、苦痛をおぼえる危険のほか危険など知らないように教えることです。

わが愛しきレウキッペよ、わたしはあなたのことを知りすぎていますから、宗教的な専制のくびきを振り払っても、「無神論者」と呼ばれる人々が無宗教から陥るとされる行き過ぎにあなたが落ちこむとは思いません。品行の面では人間はいつも、持って生まれた気質や、感官を刺激する対象と自分の情念との釣り合いがそうならせるとおりのものです。あなたはいつも、穏やかな鬱屈した情念しかお持ちでないでしょう。あなたのメランコリックな気質が、魂に作用する内的な力をそれらの情念に与えるかも知れませんが、その情念が外部に展開されることは決してないでしょう。それに、あなたは趣味が繊細なため、女性が陥るあらゆる公然の行き過ぎや、またそれだけが女性の名誉を傷つけかねないああいう無鉄砲の源になる色恋と野心の対象にはそう敏感にならずにいられるでしょう。

14

ここでは霊魂の不死についても、死後わたしたちがどうなるかについても一切語りませんでした。これは全く不明の事柄で、霊魂の本性とか、人間が二つか三つの実体に分けられることとかについて哲学者たちが想像したあらゆることも同じです。哲学者たちのさまざまな意見はみな何の根拠もありません。それについて合理的に言えるのはせいぜい、生まれる前のわたしたちは確実に今あるわたしたちと違っていて、この二つのありかたは両者のつながりや一方から他方への移行のはっきりした痕跡が残るような仕方では結びついていないのと同じく、死後にもわたしたちが存在し続けるというのは確かにきわめてありそうなこととはいえ、その際わたしたちは新しい存在となって、その変様が今の状態にある変様と関係がないのは、今の変様が誕生前の変様と関係がないのと同じだろう、ということにすぎません。わたしたちは母親の胎内に数カ月間存在していました。このことは誰もが納得しています。それについてわたしたちはどんな観念を持つでしょうか。この世に生まれた時のこと、誕生の際に事物から受けた印象などを記憶している人がいるでしょうか。最初の数年に自分に起こったことについてさえ、人は何かの観念を持っているでしょうか。そういうことは自分の今の状態の一部をなしてはいても、わたしたちにはそれが分からないと認めざるを得ないのですから、死によって別の状態へ移った際に自分に何が起こるのか知らなくても恥じることはありません。それについて哲学者たちが言うことはみな、証拠もなしに言われたもので根拠を欠くとみなしましょう。彼らのさまざまな仮説には、詩人たちがタルタロス〔二〇〕やエリュシオン〔二一〕の園について言った寓話にまさる権威はありません。こうした虚構が大変巧妙であるだけでなく、人類に大いに有益であることも、わたしは難なく認めましょう。

大多数の人はあまりにも堕落しており、またあまりにも良識を欠いているため、褒賞への期待によって有徳な行為、つまり社会に有益な行為の実践へと導かれ、懲罰への恐れによって犯罪的な行為からそらされる必要があります。法が生まれたのもそのためです。しかし、こうした法は表に現れない行為を罰しもしなければ、それに報いることもしませんし、どんなにきちんとした社会でも、勢力や発言力のある犯罪者は法をすり抜ける秘訣を見つけますから、司法官の法廷よりもっとこわい法廷を考え出さねばなりませんでした。そこで、死ねばわたしたちは新たな生活に入り、その生活の幸不幸は生前の行い次第だと想定されました。その行いは冷厳な裁判官に吟味されるだろう、この裁判官はわたしたちのあらゆる行為を、どんなに秘密なものまでも知っているだろう、わたしたちが味わった最大の快楽にも勝る永遠の幸福が善人たちの分け前となり、その一方で、悪人たちの犯罪を罰し償わせるために恐ろしい責め苦が用いられるだろう、と言われたのです。

こうした考えはたしかに、社会のいちばん強固な土台になります。これが人々を徳へおもむかせ、犯罪から遠ざけるのです。ですから、この意見が公共的な幸せのためにだけ用いられる限りは、わたしもそれを有益な謬見を見なすでしょう。君子たちも尊重すべきものとして、それどころか、善人となるためにそうした動機を必要とする人にはそれを吹き込むべきものだと思うでしょう。

けれども、もし迷信がこの見解を横取りして、単純な人々の安息を乱し、その心をいたずらな恐怖で充たすためにそれを使おうとしたら、またもし野心家たちが、わたしたちも実にしばしば目にするように、この見解を利用して人心への支配を広げ、自分に服従させようとしたら、さらに来世での幸不幸が社会の福利のために設けられた法を守るか守らないかによるのではなく、宗教上の儀式を実行し、理性と対立する特定の教義を信じ、至高存在の使い、腹心と称する者に服従することによるのだとしたら、その時には英知と理性が、そんな連中に抵抗し、彼らが欺こうとする人の目を覚ますためにあらゆることを試みるように命じます。この謬見は社会の幸福をもたらすのをやめた途端、どうでもよいものでなくなるだけでなく、有害なものとなり得るでしょう。この謬見は法がするより、国の司法官への恐怖心がするより強く、民衆を動かしかねない動機になるという一事からしてもそうです。

この見解の肩をもって、これはあらゆる文明国民が、さらには蛮族の大部分もが受け入れるものだと言い立てても、何の役にも立ちません。その普遍性は真実性の証拠にはなりません。わたしたちの精神の不完全さから来るいわば必然的な結果で、自然がわたしたちの知識に設けた限界を踏み越えようとする人がみな陥る通有の誤謬がありますが、先の見解もこの種のものです。それどころか、この見解には次のような利点すらあります。そういう考えがいたるところに弘まることを社会の利益は求めますから、それを破壊しかねないものに反対することを政治家が自分の義務としたことです。

諸存在の質料が無に帰したり全面的に破壊されたりするという観念は誰も抱けませんから、人間はみな死というものを新たな存在の仕方への移行と考えざるを得ませんでした。わたしたちの霊魂にある種の不死性を与えるのが通説でないような民族を見つけるのはいわば不可能でしょう。他方、死んでそこへ移るこの状態の本性を知らないことから来る空白に耐えられるのは真に理性的な精神だけで、そういう理性的な精神は稀ですから、この未来の状態についての想像に基づくなんらかの仮説によって、頭痛の種であるその空白を人がなんとか埋めようとしたのも当然でした。どれほどの広がりを想定したところで、わたしたちの想像力は常に、自分がすでに目にしたものを表象し、自分がすでに経験した感覚を思い出させることに限られます。想像力はたしかに、わたしたちがいつもバラバラに見ていたものをひとまとめにしたり、まとまって見ていたものをバラバラにしたりもできますし、いろいろな性質の新たな集合を作ったりもしますが、新たな性質や新たな変様をわたしたちに提供することはできません。

あの未来の状態の本性について想像力が生み落とせた仮説はすべて、わたしたちの現在の状態を構成するものに与っていたのです。それらの仮説はこの未来の状態を新たな生として、またこの世でわたしたちに起こったことの繰返しとして表象し、わたしたちに同様の快感を約束し、また同様の苦痛でわたしたちを脅すのです。この仮説の土台を変えることは不可能でしたし、自然そのものが人間精神の努力に対して立てた障壁が万人を同じ限界のうちに留めたに違いありませんから、通説が普遍的なことも一様なことも、その真実性の証拠とみなすべきではありません。

わが愛しきレウキッペよ、あなたにはあまりにも分別がおありですから、詩人たちの想像力の虚しい幻におびえたりはなさらないでしょう。そんなものは臆病で迷信的な下層民の精神のうちにしか実在性を持たないのです。そんな幻を消滅させ、臆病者の安息にはしごく有害なこういう幻影の影響から身を守るために、自分の理性を用いる術をあなたは心得ておられます。自分を幸せにするために、本物の哲学がわたしたちに約束する純粋で曇りのない至福を作る、あの魂の平安と内面の安らぎを得るためにその理性を用いなかったら、そんな理性を備えていると自慢したところで虚しいでしょう。理性にはわたしたちの快感を増す力はなく、できるのはただわたしたちの欲求や恐れの念を統御すること、想像力を満たすいたずらな恐怖を打ち壊すことだけです。理性の目的は、自然に即して生きるようにわたしたちを立ち返らせ、臆見の支配からわたしたちを解放することなのです。

訳註

〔一〕　古代ギリシアの植民都市、ホメロスの生地と言われる。今日のトルコ西部イズミール州の州都、イズミールにあたる。

〔二〕　シリア生まれ、ギリシアの哲学者、新プラトン派、二三二（三三）―三〇五頃。ローマで師プロティノスの著作を出版し、キリスト教を攻撃した十五巻の『キリスト教徒駁論』を著した。

〔三〕　ギリシアの哲学者、二五〇頃―三二五頃。シリアのカルキス生まれ。ローマあるいはシチリアでポルフュリオスに学び、シチリアに帰って新プラトン学派の一派を立てた。その説はプロティノスの学説を敷衍したものだが、神秘的、迷信的要素が多いとされる。

〔四〕　末期ギリシアの史家、四六頃―一二〇以後。アテナイで高等教育を受け、その思想はアカデメイア派の哲学を中心に中期ストア派、ピュタゴラス派の要素を混在させている。ギリシアとローマの類似の生涯を送った二三組の人々を比較研究した『対比列伝』で知られる。

〔五〕　クロード・ド・ソーメーズ。フランスの古典学者、一五八八―一六五三。パリで勉学中プロテスタントに改宗しハイデルベルクに移り、のちオランダのライデン大学教授となる。古典作家の諸著を刊行。

〔六〕　ギリシア神話の登場人物のひとり。キュプロス王キニュラスの息子で大変な美少年であった。女神アフロディテは彼をさらい、地下世界のハデスの妻ペルセフォネにその養育を依頼するが、彼女もまたアドニスを気に入り、ついにアドニスは一年を二分して両女神と暮らすようになった。ある日一頭の猪から深手を負わされアドニスは落命しその血から真っ赤な花が咲き、これがアネモネとなったと言われる。

〔七〕　本書でのこの語の使用については後の註〔九一〕を参照されたい。

〔八〕　この語は本来「世界の最高原理」を示す正統バラモン教の述語である。しかしこの後の文章に見られるように、著者は「ブラフマン」をインドの僧侶あるいは神官とみなしている。

〔九〕　古代エジプト神話の冥界の王、死と復活の神。オシリスというのはギリシア読みで、古代エジプト読みではおそらくウシュ＝イル、あるいはウシル。「オシリス神話」は、西暦一世紀ごろのギリシアの著述家プルタルコスの『イシスとオシリスについて』に詳述されており、それによると、オシリスとイシスが兄妹結婚をしたのち、弟セトはオシリスの支配に対して反逆を企て、ことば巧みに兄オシリスを柩に入れてナイル川に投げ込んだ。この柩はやがて東地中海岸のビブロスまで流れ着き、イチジクの木に包み込まれた。一方、このできごとを悲しんだイシスは柩を求めてさまようが、ビブロス王の宮殿の柱となっていた木のなかに柩があるのをみいだし、これをエジプトへ持ち帰る。そしてセトによってさらにばらばらにされた遺体の各部分を探し出し、オシリスを再生させた。

〔一〇〕　ローマ帝国全域にわたって、紀元前一世紀から紀元後五世紀まで流布した密儀宗教の一派、ミトラス教の祭神。奇跡によってこの世に生誕した太陽神ミトラス Mithras は豊饒の根元としての牡牛を殺し、その行為によって人類に繁栄と救済をもたらした、と信じられた。

〔一一〕 フリュギアの大地の女神キュベレの愛人。その伝説はキュベレ信仰とともに古代ギリシア・ローマ世界に広まった。オウィディウスによると、この美しいフリュギアの少年アッティスを熱愛した女神キュベレは、彼を身近におくため自分の神殿の番人にした。しかし、アッティスはニンフのサガリティスに恋をしたので、怒った女神はニンフの宿っている木を切り倒して彼を狂わせた。そのとき、アッティスは狂気のあまり自らを去勢したといわれるが、のちに和解して女神の従者となった。

〔一二〕 小アジア（現在のアルメニア）の小都市。コンスタンチノープルの総主教、聖ヨアンネス・クリュソストモスの終焉の地（四〇七年）として知られる。

〔一三〕 イフィゲネイアとオレステスの神話　イフィゲネイアはギリシア神話の英雄アガメムノン王とクリタイムネストラの娘、オレステスはその弟。トロイア遠征のギリシア艦隊がアウリスに集まったとき、アガメムノンが女神アルテミスを怒らせたので、船は無風のまま立ち往生となった。そこでアガメムノンは預言者カルカスの忠告に従い、イフィゲネイアをアキレウスと結婚させるという口実で説き伏せて、女神への犠牲にしようとした。しかし死の直前に、女神は娘を哀れんで牝鹿を身代りにさせ、彼女をさらってタウリスへ連れていった。彼女はタウリスでアルテミスの神官となり、旅人を女神の犠牲にする役目を負った。ある日、弟のオレステスがピュラデスとともにタウリスに上陸し、二人とも捕らえられて犠牲にされかけた。二人の素姓を知った彼女は、彼らの罪を清めるという口実で犠牲を中断し、二人とともにギリシアに逃れた。そのとき彼女はアルテミスの神像をアッティカのハライにもたらし、その地で女神の神官として仕えた。イフィゲネイアはメガラで世を去り、そこで神格化されたといわれる。また一説では、アルテミスが彼女を不死にし、女神ヘカテと同一化したとも伝えられる。彼女の物語は、悲劇詩人エウリピデスの『アウリスのイフィゲネイア』と『タウリスのイフィゲネイア』の二作に伝えられている。

〔一四〕 カルデアは本来ペルシア湾岸沿いの、ティグリス、ユーフラテス両大河のつくるデルタおよびその西縁の南バビロニアの一部の地をさすが、旧約聖書では全バビロニアを意味した（カルデアのウル）。カルデア人はセム系民族のひとつで、バビロニアにおけるアラム人のもっとも重要な大種族であった。紀元前一千年紀初めに南部バビロニアにいくつもの部族に分かれて定住し、バビロニアの言語、文化を採用した。前六二五年ナボポラッサルの下に新バビロニア王国を興し、バビロンに都して、ネブカドネザル二世のとき最も繁栄した。天文・暦法にすぐれ、〈カルデア人〉はギリシア人の間で占星術師の代名詞となった。

〔一五〕 古代エジプトの牛神。エジプトでは多くの動物神が崇拝されたが、アピスはとりわけメンフィスで厚く尊崇された聖牛で、ここには地下にそれら聖牛の墓室が造営された。これらの聖牛はオシリス神と結合してセラピスとよばれ、その墓室はセラペイオン（セラペーウム）として知られていた。

〔一六〕 テバイ（エジプト）の市神。古代エジプトでもっとも一般的に崇拝された神で、しばしば太陽神であるラーと結合し、アモン゠ラーと記されている。アメンあるいはアムンと同じ。アモンは早期には世界創造の原動力とみなされ、勃起（ぼつき）した男根をもつ男神として表現された。本文に「オシリスの父」とあるのは誤り。

〔一七〕 古代エジプトで金狼犬あるいはこの首をもつ人体で表される神で、一般に死者の神、あるいは墓地の神とみなされる。神話ではオシリスとネフティスの子で、オシリスをのみ込んだといわれている。

〔一八〕　アアフ・メス二世のことか。アアフ・メス二世はエジプト第二十六王朝の王（紀元前五六九―二六）。アプリエス王のキュレネ征討群の将であったが、王に叛してこれを廃し自ら王位についた。ギリシア人と結んで国力の増大を計りエジプト王朝隆盛時代をもたらした。

〔一九〕　ローマ神話の商業の神。ギリシア神話のヘルメスと同一視される。ローマ神話によると、主神ユピテルの情事を告げ口したために舌を切られたニンフのララを冥界へ送る途中、彼女が口をきけないのをよいことに犯し、ラレス（四つ辻の神々、家庭の神々）を生ませたことになっているが、これ以外はその系譜も神話もほとんどすべてがギリシアのヘルメス神話からの借用である。

〔二〇〕　エジプト神話で知恵を表す男神。トトというのはギリシア読みで、原語ではジェフティとよばれ、エジプト象形文字ではしばしば同じ音をもつイビス鳥（「トキ」の一種）で示される。神像としては、頭上に新月と円盤、手に書板と筆を持つ、イビス鳥の頭の人身や、犬頭人身などの姿で表される。

〔二一〕　ギリシア伝説のテバイ王カドモスとハルモニアの娘。テュオネとも呼ばれる。ゼウスの愛を受けて身ごもるが、これを嫉妬したヘラにそそのかされ、ゼウスに妃ヘラを訪ねるときと同じ姿で訪ねてきてくれるよう頼む。そのため、しかたなく雷神となって現れたゼウスの稲妻に焼かれて死ぬ。しかしゼウスは胎児を自分の腿に縫い込んで助け、神とした。これがディオニュソス神である。セメレは成長したディオニュソスにより冥府から助け出され、天上に迎えられて神となり、テオネとよばれた。

〔二二〕　ギリシア伝説のテュロス王アゲノルの子、テバイの建設者。デルフォイの神託によって白牛に導かれてボイオティアに着き、泉を守る怪竜を殺し、その歯を抜いて地に植えると戦士が地中からとび出してきて、テバイの建設を助けた。カドモスは初代の王となり、アフロディテの娘ハルモニアを王妃にめとった。彼はまたフェニキアからアルファベットをギリシアにもたらしたと伝えられる。

〔二三〕　著者の筆致からは必ずしも明らかではないが、このような転生観は明らかにオルフェウス教のそれと結びついたものである。オルフェウス教は紀元前7世紀ごろから前五世紀ごろに栄えた古代ギリシアの密儀宗教で、とくに南イタリアのギリシア植民都市、シチリア島にかけて広く信仰され、プラトンなどもそれに言及している。オルフェウス教は時間神クロノスや卵生神話を含む世界創成論、ディオニュソス＝ザグレウスの死と復活に仮託された人間論および輪廻転生説など、特異な教義で知られる。ピュタゴラス学派とは密接な関係にあると思われ、古代末期まで存続、新プラトン主義者などからは高い評価が与えられた。

〔二四〕　ここではバッカスの別名、ディオニュソスの略語としてデニスが使われている。

〔二五〕　今日では数学者として知られるピュタゴラスは、転生説を信奉するピュタゴラス教団の教祖と見られていた。ディオゲネス・ラエルティオス、『ギリシア哲学者列伝』、「ピュタゴラス」の項（加来彰俊訳、岩波文庫、下巻）参照。

〔二六〕　ギリシア南部にある最古の都市のひとつ。丘の麓に白い家並みが展開し、アゴラ（広場）を中心に劇場・オデオン・ローマの浴場などの遺跡が並ぶ。近郊にはヘラクレスがヒュドラを退治したと言われるレルネの沼沢がある。

〔二七〕　「セソストリス」はエジプト第十二王朝（前二十―十八世紀）の王セン・ウスレトの名がギリシア語に音写されたもの。セン・ウスレトという王には一世から三世までいるが、普通は前一八七八年から一八四〇年まで統治したセン・ウスレト三世のことと考えられている。しかし、「セソストリス」がバクトリアやインドまで征服したとギリシアの古記録にあるのは、第十八、十九王朝（前十六―十三世紀）の王たちの征戦物語がこの王に仮託されたものらしい。

〔二八〕　ギリシア東部今日のトラーキ地方。古代トラキア地方は東を黒海、南をマルマラ海、西をエーゲ海とマケドニアの囲まれたトラーキ人の居住地であった。古代ギリシア時代には、この地にはギリシア文明が及んでいないという意味で、「トラキア（外国人）」の呼称が使われた。

〔二九〕　紀元前七五〇年頃の小アジア（今のトルコ）の王国、首都はゴルディオン。ギリシア神話は、フリュギアのミダス王がアポロン神に頼んで、手に触れたものすべてを黄金に変える力を得たが、食べ物まで黄金になってしまい、反省した王は川で水浴して元に戻してもらったと伝えている。

〔三〇〕　小アジア（現在のトルコ領）西部の古代地方名。カイストロス川の谷間に位置し、北はミシア、東はフリュギア、南はカリアなどの地方に接していた。西にはキュメ、スミルナ、エフェソスなどのギリシア植民都市があった。ギリシア文化の影響を受けた土着系メルムナダイ朝が、ここにサルディスを首都とする王国を築いた（前七〇〇頃―前五五〇）。

〔三一〕　ホメロスの『イーリアス』第五巻「ディオメデスの奮戦」（松平千秋訳、『イリアス』岩波文庫（下）、一五四―一五七頁参照。

〔三二〕　ホメロスの『イーリアス』中で、オデュッセウスと並ぶギリシア神話の英雄。父はテバイ（テーベ）攻めの七将で有名なテュデウスで、彼も第二次のいわゆるエピゴノイのテバイ遠征に参加している。トロイア戦争では知勇兼備の将として活躍し、アキレウスに次ぐ勇士とされた。トロイアの英雄アイネイアスを討ち取ろうとするところを女神ヴィーナス（アフロディテ）に妨げられると、神をも容赦せず傷を負わせた。

〔三三〕　医神アスクレピオスの子であるが、兄弟のポダレイリオスとともにトロイア遠征に加わったギリシア軍の名医。従ってトロイア側のヴィーナス（アフロディテ）の傷を癒したとあるのは誤りで、『イーリアス』によれば、それは「神々の医師、パイエオン」である。

〔三四〕　ギリシア南部、ペロポネソス半島内陸中部に位置した地域。紀元前六世紀よりアルカディアの諸都市は強引にスパルタの支配を受け、何度かこれに反抗を試みたが失敗した。前四世紀テーベの助力のもとに、ポリュビオスの出身地で有名なメガロポリスを設立し、アルカディア同盟を結成したが、まもなくマケドニアの支配に服した。前二三五年にはアカイア同盟に加入、ローマと戦ったが敗れ、ローマに服属した。

〔三五〕　トルコ西部、カリア地方ミレトスの北にそびえる。

〔三六〕　ローマの樹木、豊穣の女神。英語読みでダイアナ。ギリシア神話の狩猟および月の女神にアルテミスに相当する。ギリシア神話にはやはり月の女神であるセレネが登場する。そのためアルテミスとセレネはしばしば混同あるいは同一視された。羊飼いのエンデュミオンを愛して永遠の眠りを与え、夜ごとに彼を訪れたというのは月神セレネである。本書ではアルテミスとセレネの同一視が元となって、この逸話がディアナのものとされている。

〔三七〕　ギリシア神話の美青年。小アジア、カリア地方の羊飼い。月の女神セレネに愛されて不老不死となり、永遠に眠っているという。キーツの詩『エンデュミオン』で有名。

〔三八〕　前三五六―前三二三、マケドニア王国国王（在位前三三六年―前三二三年）。フィリッポス二世の子。アレクサンドロス三世とも呼ばれる。少年期にアリストテレスに師事。父の没後コリントス同盟下のギリシアの反乱を鎮圧、前三三四年ペルシア（ペルシア帝国）征討のため小アジアに渡る。グラニコス、イッソスで戦勝、ティルス、ガザを攻略、エジプトに入りアレクサンドリアを建設した。前三三一年ガウガメラの戦でペルシア軍に完勝、王都ペルセポリスに入りペルシア征討の目的を達する。以後東征軍を再編成、パルティア、バクトリア、ソグディアナ、インド北西部パンジャブ地方にまで遠征。前三二四年スサに凱旋。東西人種融合策をとり、ペルシア人も文武官職に採用、自らは東方的絶対君主として神格化を要求。アレクサンドリアと命名した多数の都市を建設して東西交通・経済の発展、文化融合に寄与、ギリシア語を共通語とするなどヘレニズム文化の基礎を置く。アラビア周航の準備中に病没。遺将たち（ディアドコイ）の争いのため帝国は分裂し、ヘレニズム諸王国が出現した。のちにその生涯に空想や神秘をまぜた伝奇物語が各地で知られるようになった。

〔三九〕　古代ローマの主神。英語読みではジュピター。ローマのカピトリウム丘にまつられるのが最重要の国家神としてのユピテル・オプティムス・マクシムス。ギリシアのゼウスと同一視され、ともに本来はインド・ヨーロッパ語系諸族の天空・気象神で、とくに雷と雨を支配すると考えられた。

〔四〇〕　ギリシア神話の主神ゼウスの妃、ヘラ。結婚と出産をつかさどり、既婚女性を守る女神。ローマ神話ではユノと呼ばれた。クロノスとレアの娘。ゼウスはカッコウに変身して彼女を妻とし、アレス、エイレイテュイア、ヘーベー、ヘファイストスが生まれた。浮気なゼウスに嫉妬したヘラが、その愛人や子どもたちを迫害する伝承が多い。トロイア戦争では一貫してギリシア軍に味方した。

〔四一〕　前三八二？—前三三六、マケドニア王（在位前三五九年—前三三六年）。アレクサンドロス（大王）の父。即位後、内紛を収めてマケドニアを統一。軍制を改革し、ギリシアに進出して隣保同盟（アンフィクテュオニア）の実権を握った。カイロネイアの戦に勝ってコリントス同盟を結成し、その盟主となってギリシア世界を支配。ペルシア遠征の準備中に暗殺された。

〔四二〕　「セソストリス」については訳註〔二七〕を参照。セソストリスと名前を音写されたセン・ウスレト一、二、三世の治世は紀元前一九七一年から一八四〇年頃まで続いた。著者は、ここでセン・ウスレトの治世以前に、ローマがギリシアから分離して成立したかのように述べている。その典拠は不明だが、ローマの成立は紀元前数百年テベレ川下流に集落を作ったことに始まり、ギリシアのポリス同様の都市国家を作り始めたのが前四世紀初め頃、そしてローマが地中海西部の覇者となるのは紀元前三世紀末のことであるから、この記述は明らかに誤りである。

〔四三〕　ギリシア神話の冥界神、ハデスの別称。ギリシア神話の冥府の王。クロノスとレアの子。ラテン語でプルトPluto、ディスDisとも呼ばれる。ペルセフォネを妻とした。陰気で、容赦なく悪行を罰する。彼の支配する国もハデスと呼ばれ、死者の魂はヘルメスがステュクス川まで導き、カロンの渡船でケルベロスが番をするハデスに入って裁きを受ける。冥府は『イーリアス』ではオケアノスの流れのかなたの極西にあるとされ、のち地の深奥にあると考えられた。英雄や義人は楽土エリュシオンに、極悪人は奈落タルタロスに送られるとも。

〔四四〕　メディア（王国）　イラン高原のエクバタナ（現ハマダーン）を首都にした古代国家。イラン系のメディアMedia人が居住し、前八世紀末、デイオケスが建国。第三代の王キュアクサレス（在位前六二五年—前五八五年）の時大いに発展し、前六一二年ニネベを陥れてアッシリアを滅ぼした。リュディア王国と争った後、前五五〇年ペルシアのキュロス二世に征服された。

〔四五〕 生没年不詳。古代ペルシアの宗教家、思想家。ゾロアスター教の開祖。ペルシア語でザラトゥシュトラ Zarathushtra という。ゾロアスターはギリシア語を介しての英語読み。彼自身の作になる讃歌「ガーサー」の言語、形式、内容から紀元前七世紀後半の人と推測される。東北イランから南ロシアにかけて遊牧・半定住生活をしていたインド・イラン語族の一部族の祭司階級に生まれた。三〇歳でアフラ・マズダーによる啓示を受け、倫理性を尊ぶと同時にきわめて楽観的な新宗教（のちにゾロアスター教とよばれる）を開いた。故郷では受け入れられず、四〇歳で伝道の旅に出、二年後東北イランのバルフ地方の支配者ウイシュタースパ王の改宗に成功して、この信仰を広める契機をつくった。最初の結婚による娘を王の宰相ジャーマスパに嫁がせ、自らもジャーマスパの姪を三度目の妻として迎えて地歩を固めた。七七歳まで信仰の発展に尽くしたが、対立部族の手によって暗殺されたといわれる。

〔四六〕 ゾロアスターがイランで興した宗教。〈マズダ教〉〈拝火教〉また中国では〈祆教〉とも呼ばれ、英語で Zoroastrianism という。開祖の実在が確実視される創唱宗教としては世界最古級のもの。その根本教典をアベスター、祭司階級をマグ（ラテン語 magi〈マギ〉、英語 magic などの語源）と称し、拝火、ダフメ（〈沈黙の塔〉）での鳥・風葬など独得な祭祀をもつ。善霊スパンタ・マンユと悪霊アンラ・マンユ（のちアフラ・マズダとアフリマン）の対立・闘争を軸とする二元論・終末論、聖書宗教の天使の前身と言うべきアムシャ・スパンタ（〈聖なる不死者〉）の観念などは、ユダヤ教、マニ教、さらには大乗仏教にも影響を与えたとされる。アラブによるイラン征服まで国教的地位を保ち、イスラム化ののちも存続して、インド（パールシー教徒）、イラン、パキスタンに十万を超える信徒がいる。

〔四七〕 インド・イランの太陽神。〈光明〉〈真理〉〈盟約〉などをつかさどる。アベスター中の〈ミフル・ヤシュト〉は〈ミトラ讃歌〉の意。ゾロアスター教ではアフラ・マズダの一化身とされた。ペルシア歴代の王朝で崇拝されたほか、西方では密儀神ミトラス（ミトラス教）として知られた。

〔四八〕 〔八〕参照。

〔四九〕 ギリシア神話のエジプトの王。ポセイドンとリビュエの息子でアゲノルの双子の兄弟。ベロスはナイル河神の娘アンキノエと結婚し、二人の息子ダナオスとアイギュプトスを得、彼らを通じてベロスはギリシア、ペルシア、アフリカの多くの王家の祖となった。

〔五〇〕 ギリシア神話の天空神。母たる大地女神ガイアを妻としティタンやキュクロプスを得たが、子をきらって大地の深奥タルタロスに幽閉したため、クロノスに性器を断たれて海に投じられ、その血からエリニュスたちが、泡からアフロディテが生まれたという。

〔五一〕 古代ローマの農耕神。ギリシア神話のクロノスと同一視される。ギリシアからイタリアに来住、農業その他の技芸を教えて人々に幸福をもたらし〈黄金時代〉を作り出した点でクロノスとは異なる。その祭儀をサトゥルナリア Saturnalia と称し、キリスト教化ののちはクリスマスの風習に引き継がれた。なお、後世の図像表現においてしばしば〈時〉の擬人表現に用いられるのは、Kronos、chronos（ギリシア語で〈時〉の意）の類似によるものと考えられる。

〔五二〕 〔一二〕参照。

〔五三〕 古代ペルシアの王（在位前五三〇―五二二）。キュロス二世の子。即位後ひそかに弟を殺し、その領地を奪いエジプトの出征しこれをペルシア領とした。その後カルタゴなどの遠征に失敗して性格が一変し凶暴となった。

〔五四〕〔一六〕参照。

〔五五〕ダレイオス二世オクウス（ノトスとも言う）。前五世紀後半のペルシア帝国の王（在位前四二三―四〇五）。アルタクセルクセス一世を庶子。父王を暗殺したソグデイアノスを殺して即位。毒婦の聞こえ高い叔母パリュサティスと結婚し、宮廷内は醜聞が絶えなかった。

〔五六〕ギリシア、アテネ西郊の工業都市で、現代名エレフシス。人口約二万人。デメテルとその娘ペルセフォネ（コレ）を主神とする神域、またそこで行われ、ローマ時代まで続いた秘儀で有名。

〔五七〕北アフリカのフェニキア人植民市。遺跡はチュニス北郊にある。その住民をローマ人はポエニ Poeni と呼んだ。伝承では前九世紀末にテュロスの植民者が建設したといわれる。前六世紀西地中海の通商権を握り、コルシカ、サルディニア、スペインに進出、シチリア西半部を掌握したが、同島の覇権をめぐりギリシア人と衝突。さらに前二六四年―前一四六年の三次にわたるポエニ戦争でローマに敗れて属州アフリカに編入された。前四四年カエサルが市街を再建し、帝政期にはローマに次ぐ大都市として繁栄、キリスト教世界の思想的中心地のひとつでもあった。五世紀ヴァンダル人に占領され、七世紀末アラブ人に破壊された。最盛期の二―三世紀に建設された神殿・劇場・浴場などの遺構がある遺跡は一九七九年、世界文化遺産に登録される。

〔五八〕古代小アジア西部の王国。首都サルディス。インド・ヨーロッパ語系のリュディア人が建てた王国で、前七世紀初頭フリュギア王国の滅亡後盛期を迎えた。土地は肥沃で、アジアとヨーロッパの商業路の要衝に当たり、ミダス伝説にみられるように黄金に富み、最古の鋳貨を作った。前五四六年ころ富裕で有名なクロイソスの治下にペルシアのキュロス二世に征服された。

〔五九〕前三〇〇年頃のシチリアの神話学者。マケドニア王カサンドロスに仕えた。その著『神論』で、人々の尊敬を集めている神々は元来地方の王や征服者であったが、彼らに対する人々の畏敬の念が遂に彼らを神にしたとの神人同形同性説で神々の起源を説明した。

〔六〇〕ギリシア神話のクレタ王。ゼウスとエウロペの子。クレタ王アステリオスの養子とされ、その王位を継いだ。王位継承の資格を裏づけるためポセイドンに犠牲の牛を海から出現させてくれるよう祈ると、白い牡牛が送られてきた。しかし牛のあまりの美しさに、ミノスは牛を隠してしまう。怒ったポセイドンは彼の妃パシファエを牡牛への邪恋に狂わせ、怪物ミノタウロスを生ませる。王はこれを工匠ダイダロスにつくらせた迷宮ラビュリントスに閉じ込める。一方、ミノスの息子アンドロゲオスがアテナイで横死を遂げその復讐のため王は大海軍をアテナイに派兵する。アテナイを服属させると、九年に一度、七人ずつの少年少女をミノタウロスへの生け贄として差し出すよう強要する。ある年、アテナイの王子テセウスが人身御供のなかに混じり込み、ミノス王の娘アリアドネの手引きによって糸玉を繰りつつ迷宮に入り、ミノタウロスを退治する。テセウスはふたたび糸をたどって無事に迷宮を脱出すると、王女をさらって逃走した。ミノスは、糸玉の計を教えたダイダロスとその子イカロスを迷宮に幽閉するが、二人は人工の翼をつけて飛び去り、イカロスは海（ここから、イカリア海と名づけられる）に落ちるがダイダロスはシチリア島に逃げ延びる。ミノスはダイダロスを探し出すため、彼にしか解きえない難問（巻き貝に糸を通せ）を各地に送って居所をつきとめるが、彼をかくまうコカロス王の宮廷へ赴いたとき、その娘たちにより謀殺された。

この話とは別に、ゼウスから授けられた正義の法にのっとってクレタ島を治めたミノスは、その功により死後冥界で、兄弟のラダマンテュスとともに死者の生前の行いを裁く判官となったと伝えられる。ギリシア文明以前に栄えたミノス文明（クレタ文明）の名は、この王に由来する。また、ミノスにまつわる神話や伝説があまりにも多様なため、ミノスとは個人名称ではなく、神的王を示す普通名詞とも考えられている。

〔六一〕　ギリシア神話に登場する同名の山のひとつで、クレタ島にある。この山の洞窟でゼウスが誕生し、育てられたと伝えられる。現在はプシロリティ山と呼ばれている。

〔六二〕　前七〇〇年頃のギリシアの叙事詩人。ホメロスより後と考えられる。貧農の出で、主な作品は『農と暦』（『仕事と日々』）と『神統記』。前者は弟への戒めという形の教訓詩で勤勉をすすめ、神話からのたとえ話や格言などが織り込んでいる。後者はゼウスを宗主とするオリュンポスの神々による新しい秩序の確立をたたえた作品である。これらの作品を通じてヘシオドスは、ギリシア文学史上初めて正義の思想を歌い上げた。

〔六三〕　〔一〕参照。

〔六四〕　古代エジプトのなかば伝説的な王。前二九五〇年頃（一説に前三一〇〇年頃）上下エジプトを統一し、第一王朝を創始したといわれる。ヘロドトス『歴史』ではミンMinと記され、のちのメンフィスを都とした。メネスはギリシア語の呼称で、化粧板（パレット）で有名な実在の王ナルメルNarmerが同王に当たると言われる。

〔六五〕　メネスを継ぎエジプト第一王朝二代目の王はジェルと言われる。アトティスはメネスの別名であり、ジェルもアトティス二世と呼ばれた。

〔六六〕　古代エジプトの神。エジプト名はジェフティで、イビス（トキに似た鳥）あるいはヒヒの頭部をもち、元来は月神であったと思われる。そこから月日の計算、さらに知識、記録をつかさどり、暦法、文字、年代記の発明者、神々の書記、死者の裁判の記録者とされた。ギリシア人はヘルメス（ローマ神話ではメルクリウス）と同一視した。プラトンは『パイドロス（ファイドロス）』で、伝聞としてソクラテスに「エジプトのナウクラティス地方に、この国の古い神々のなかのひとりが住んでいた。この神には、イビス呼ばれる鳥が霊鳥として仕えていたが、神自身の名前はテウト（トト）といった。この神様は、はじめて算術と計算、幾何学と天文学、さらに将棋と双六などを発明した神であるが、とくに注目すべきは文字の発明である」と語らせている（藤沢令夫訳『プラトン全集』第五巻、岩波書店、二五四ページ）。

〔六七〕　紀元前三世紀ころのエジプトの歴史家。セベニュトス出身で、ヘリオポリスの高位の神官。ギリシア語で書かれた『エジプト史』が名高い。しかし完本はなく、八世紀頃までの数人の著述家が引用した抜粋を残すのみである。同書は、古代エジプトの象形文字に精通していた著者が原史料を用いて自国の歴史を、エジプトを統合した最初の国王メネス（ナルメル）から、アレクサンドロス大王の征服直前までを三十の王朝に分け、王名、統治年数を掲げ記述し、今日でももっとも信頼の置ける書となっている。

〔六八〕　紀元前六世紀頃のフェニキアの歴史家、神官。その著作は一世紀のギリシアの哲学者、ビブロスのフィロンや三世紀のポリュフィリオス、またエウセビオスの『教会史』中の記述などから間接的に知られるだけとなっている。

〔六九〕　ゾロアスター（〔二九〕参照）にはZar-adas（「唯一の種子」を意味する）という別名があることが知られているが、さらにそこから派生してゾロアドゥスZoroadus、ザラデスZaradesの別名があった（cf.John Wilson, The parsi Religion, 203, Cosmo Books, India）。本書の著者は両者を異なる者と考えている。

〔七〇〕キュロス二世、〈大王〉と称される。アケメネス朝ペルシア帝国の創立者（在位前五五九年―前五三〇年）。オリエント世界の四強国のうちエジプトを除くメディア王国、リュディア王国、新バビロニアの三王国を征服して帝国の基礎を確立した。バビロン捕囚のユダヤ人を解放するなど寛大な政策をもって知られ、後世、理想的な王者として仰がれた。

〔七一〕ダレイオス一世の父。

〔七二〕ダレイオス一世（前五五八頃―前四八六）。アケメネス朝ペルシアの王（在位前五二二―前四八六）。ヒュスタスペスの子。キュロス二世が創設した帝国を、版図、行政機構などほとんどすべての面で完成させた。先王カンビュセス二世の死後、反乱を鎮圧して即位した。即位後、各地に反乱が続発し、鎮圧に二年間、十九回の戦役を要した。先王の時代の領土を回復したのちも各地に遠征し、インダス川からリビア、マケドニアに及ぶ大帝国を完成させた。さらにギリシア本土の征服を図り、紀元前四九二年および前四九〇年（マラトンの戦い）遠征を試みたが失敗した。ダレイオスは領土を二十余の属州に分割、行政長官にペルシア人王侯貴族を任じ、中央から駐在軍司令と「王の耳」などとよばれた監視官を派遣し反乱を防ごうとしたが、属州の諸民族には、産物・産業に応じて賦課された租税を納めペルシアの宗主権を認める限り、宗教、文化、制度上の自由を認め、ハムラビ法典に範をとった法に基づいて公平に統治しようとした。徴税のために、全土に均一の度量衡を定め、金銀複本位制に基づく貨幣制度を採用して金貨を鋳造し、貨幣の使用を普及させた。広大な領土の連絡を保つために道路網を整備し、駅伝制を定めた。新種の植物栽培を奨励し、農業経済の向上を図ったといわれる。パサルガダエから移した新首都ペルセポリス、スーサの宮殿、ナイル川と紅海を結ぶ運河などの土木工事を行った。アッカド語、エラム語および従来のものを改良した楔形文字による古代ペルシア語の碑文を多数残した。前四八六年十一月に死去し、ナクシュ・イ・ロスタムの岩壁に生前自ら建設し、以来同朝の諸王が倣うことになった亜字形墓に葬られた。

〔七三〕〔四九〕参照。

〔七四〕前二九〇年頃のバビロンの神官。アンティオコス一世に『バビロニア誌』（三巻）を献上した。大洪水の起源からアレクサンドロス大王の死までをギリシア語で記述したが、エウセビオスの書等に断片的に引用されているだけで多くは散逸したが、バビロニア史を知る上での貴重な資料となっている。

〔七五〕前三七〇頃―三二七。ギリシアの歴史家。アリストテレスの甥。アレクサンドロス大王の史家としてアジア遠征に従い、大王をゼウスの子、また汎ギリシア主義の闘士としてその史書に描いたが、現在は残されていない。大王が家臣に東洋風の跪拝の礼を求めたことに反対したために処刑され、それが元でアリストテレス学派はアレクサンドロスを敵視するようになった。なお『カリステネス、あるいは愛の哲学者』という表題、また一七六一年、ジュネーヴという刊行年、印刷地を掲げた匿名の本が十八世紀後半に刊行されているが、歴史上の人物との関係は不詳である。

〔七六〕同名の著作は見いだせないが、アレクサンドル・シオラネスコの『十六世紀フランス文学書誌』によると、一五五六年にヨハーネス・オスポポエウス（Johannes Ospopoeus、生没年不詳）が『ゾロアスターの聖なる神託（Les divins oracles de Zoroastre）』を刊行している。また同書との関係は不明であるが、一五五八年にフランソワ・アベール（François Habert, 1508?–1561?）がやはり同名の著作をパリで出版しており、本書の著者が言及しているのは、これらのいずれかであると思われる。

〔七七〕　シャルデ：古代メソポタミア南部の地域名で、シュメール、スメル、スメリアとも呼ばれた。新約聖書に言われる「東方の三博士」については諸説あるが、「東方」のゆえにペルシア人、また星を見てユダヤの王の誕生を知ったため占星術の権威とも考えられた。さらに黄金、乳香、没薬の高価な贈り物を携えてきたため、高位の者であり、各自がそれぞれひとつの贈り物をもってきたと考えられた。そのため博士達は時には三人の王と解釈され、ある説では、ヌビアの王メルキオールが黄金を、カルデアの王バルタザールが乳香、エチオピア王ガスパールが没薬をもってきたとされる。

〔七八〕　ティグリス川中流域のアッシュール市 Assur から興ったセム族の国家。紀元前三千年紀後半から前六一〇年まで存続した。ティグリス、ユーフラテス川の流域地方をバビロニアと称するのに対し、その北の地方をアッシリアと称する場合がある。前二〇〇〇年頃から強力となり、その後何度かの盛衰を経て前八世紀、初めてエジプトを含む全オリエントを統一した。前三〇〇〇年頃シュメール文明の前進基地として発展。その後アッカド人の進出によってセム化するなど複雑な民族・文化構成を示す。同系のバビロニアに比べて、行政・軍事制度の優位がいちじるしい。首都ニネベの王宮は全オリエントの工芸技術を集めて造られ、またその図書館はオリエント文明を集約したものといわれる。前六〇九年、属領の反乱と北方民族の侵入により滅亡。

〔七九〕　古代メソポタミア南部（現イラク、バグダード以南）のバビロンを中心とするシュメール・アッカド地方の後代の呼称。北部のアッシリアに対し、文化的にはシュメール人が、民族・言語的にはセム系アッカド人が作り出した世界。バビロニア南部にはシュメール人、北部にはアッカド人が多く居住した。交易、通商を得意とする好戦的なアッシリア人に対して、バビロニア人は農耕的、定住的な民族であった。前二千年紀末から、アッカド帝国、ウル第三王朝、バビロン第一王朝、カッシート朝、イシン第二王朝、新バビロニア帝国、アケメネス朝と諸王国が興隆と没落を繰り返し、その間諸民族の侵入と支配もまた激しく移り変わった。

〔八〇〕　〔七五〕参照。

〔八一〕　（バビロン捕囚）　古代イスラエル民族のユダ王国が新バビロニア王国によって征服された際、多くの住民がバビロンへ強制移住させられた事件。紀元前五九七年、新バビロニアの王ネブカドネザル二世が南ユダ王国の首都エルサレムを二回（前五九七年、前五八六年）にわたって破壊、同地方を属州化し、貴族・軍人・工人等十一万人以上をバビロニアに移した（旧約聖書の列王紀）。その後、新バビロニアを滅ぼしたアケメネス朝ペルシアの王キュロス二世が前五三八年に発した「民族解放令」によって帰還を許された。バビロン捕囚はイスラエル人にとって大きな民族的苦難であったが、この間の精神的労苦はかえって民族の一致を強め、信仰を純化する端緒となった。また、それ以前に書かれてきた旧約聖書の律法書、歴史書、預言書、詩などが集成された時期としても重要な意義をもっている。バビロンから帰還後、国家建設はならなかったが、エルサレムに再建した神殿を中心としたユダヤ教団が成立し、彼らはユダヤ人とよばれるようになった。

〔八二〕　前三五八—前二八一、シリア王国初代の王（在位前三〇五年—前二八一年）。通称ニカトル（〈勝利者〉の意）。セレウコス朝の始祖。アレクサンドロス一世の部将で、その没後バビロニアを得て王国を創建した。インドにまで遠征、前三〇一年イプソスの戦でアンティゴノス一世を、前二八一年コルペディオンの戦でリュシマコスを破り、西アジアの大部分を支配。多数の都市（セレウキア）を建設した。

〔八三〕　紀元前三世紀初頭から前六三年まで続いたマケドニア系セレウコス朝によるシリア中心の王国。アレクサンドロス大王の遺将セレウコス一世が前三一二年創建した。首都はアンティオキア。シリアを中心に小アジア、イラン、メソポタミアを領有。一時インド、エジプトにも進出。前二世紀初頭からローマと抗争、ユダヤ教弾圧を策してマカベア戦争を招き、内紛のうちに前六四年ローマに滅ぼされた。

〔八四〕　マカバイ戦争とも言う。セレウコス朝シリアの支配下にあったユダヤ人の反乱。シリア王アンティオコス四世が前一六八年エルサレム神殿にゼウスやオリュンポスの神々の像を建て、ユダヤ教禁止令を発布し、ヘレニズム化強行を企てた。これに対しハスモン家のユダ・マカベア（ユダス・マカバイオス）を指導者としてユダヤ人が蜂起し、彼の戦死後も戦いは弟ヨナタン、シモンらによって続けられ、シリア王デメトリオス二世は朝貢の義務を免除し、ユダヤ人の政治的・宗教的自由の独立を認め、反乱は終結した。前一四〇年、シモンは、エルサレムに招集された「大集会」において大祭司、民族支配者、ユダヤ軍最高司令官に任命され、ユダ王国滅亡以来四五〇年余、ユダヤ人はハスモン家のもとに独立国家を回復した。

〔八五〕　いわゆる「バビロン捕囚（紀元前五九七年）」前後のユダヤ人の状況を指している。この年、古代イスラエル民族のユダ王国はネブカドネザル二世が率いる新バビロニア王国によって征服され、国王エホヤキンは降伏し、多くの住民がバビロンへ強制移住させられた。その後、ユダは半独立国の地位にとどまり、王位はゼデキアに継承されたが、彼が反バビロニア派に動かされ、反乱に加担したため、ネブカドネザル二世はふたたびエルサレムを略奪し、建物を焼き、砦を撤去し、住民の大部分を捕囚の身とした（前五八六）。逃亡を図ったゼデキアはエリコで捕らえられ、目の前で家族全員が虐殺され、自らは盲人とされ、足枷をかけられてバビロンへ連行されたという（旧約聖書の列王紀）。その後、新バビロニアを滅ぼしたアケメネス朝ペルシアの王キュロス二世が前五三八年に発した「民族解放令」によって帰還を許された。バビロン捕囚はイスラエル人にとって大きな民族的苦難であったが、この間の精神的労苦はかえって民族の一致を強め、信仰を純化する端緒となった。バビロンから帰還後、国家建設はならなかったが、エルサレムに再建した神殿を中心としたユダヤ教団が成立し、彼らはユダヤ人とよばれるようになった。

〔八六〕　旧約聖書の最初の五つの書、即ち創世記、出エジプト記、レビ記、民数記、申命記を指し、ユダヤ教の立場からはトーラー Torah（律法）とよばれる部分であり、聖書全体に占める地位はとくに重要である。

〔八七〕　キリスト（イエス・キリスト）「イエス」は「ヤーウェ（イスラエルの神）は救いである」という意味のヘブライ語の人名イェホーシューア（短縮形ヨシュア）のギリシア語音訳（正確にはイエースース）である。また「キリスト」は本来固有名詞ではなく、「油注がれた者」を意味するヘブライ語マーシュィーアッハ（メシア）にあたるギリシア語（正確にはクリストス）であった。「キリスト」は新約聖書時代のユダヤ人にとって救済者の称号となっていた。

〔八八〕　原語は〈impression〉であり、『岩波国語辞典』（第六版）に「見たり聞いたりした時に直接的に、深く心に感じとられたもの」と定義されているように、日本語での通常の語感では「心情」と結びついて用いられる。しかし本書では「他の諸存在がわたしたちに作用する時にそれらから受け取る」ものが〈impression〉とされており、同辞典によればむしろ「感覚（的要素）が心の中に再生したもの」と定義される「心象」に近い。しかし著者がすぐ続いて「この〈impression〉とは、知識、観念、知覚ないし統覚とわたしたちが呼ぶものです」と述べているように、単に感覚器官における知覚作用に限定されず、知識も含めてもろもろの存在から精神が受容する総体を指示する概念である。したがってここでは「印象」と訳出したが、すべてを感官の知覚に還元する感覚論で用いられる「印象」とは意味内容が幾分異なる点に留意する必要があろう。

〔八九〕原語はap ercevanceである。この語は十九世紀頃まで使われ、「認知能力、洞察力」を意味する古語である。ここでは前段の「他の諸存在がわたしたちに作用する時にそれらから受け取る」ものが「印象（impression）」であるとの定義から、五感による個別的な知覚である「感覚」とほぼ同義的に扱われながらもこれとは区別されたものとして、「統覚」の訳語をあたえた。しかしこれは、カント的な「意識の統一作用」を表すよりも、外部から精神が感受するものを意味するものとしてライプニッツ的な意味での「明瞭な知覚表象」を指す「統覚（aperceptions）」と言えよう（『モナドロジー』、十四項参照）。なおこうした区別はデカルトによる「外的知覚（perceptions externes）」と「内的知覚（perceptions internes）」の区別に由来する。

〔九〇〕原語はsentimentである。今日は「感情」を意味するこの語は、感覚器官を通して獲得される外部知覚である「感覚（sens, sensation）」に対して、この外部知覚をもとに身体内、とりわけ意識において生じる情動を表す。その意味では「外部感覚」に対する「内部感覚」であるが、この第六章冒頭での著者の「前述した誰もが備える正確さをもって語り推理する人々が取る意味でしか〔用語を〕使わないように努めましょう」との文言に従い、本書では前後の文脈に応じて「感情」または「意識」と訳し分けることとする。なお前註でも触れたが、著者によるこの第二部での「認識論」の展開はその多くの概念規定をデカルトから踏襲している。ここでの「意識」について、デカルトは次のように述べている。「〔脳髄のなかの神経の仲介によって呼び起こされるこれらの〕運動から直接出てくるさまざまな精神の働きあるいは意識が、感覚知覚、あるいはふつうの語法で言えば、感覚と呼ばれているものである」（枡田啓三郎訳、『哲学原理』第四章、一八九項、河出書房新社「世界の大思想二一」、一九七四年、三二八頁）。なお『省察』の刊行の三年後デカルト自身による加筆、補正が加えられたピコ訳（一六四七年）の当該箇所は以下のようになっている。«…et enfin, que ce sont ces diverses pensées de notre â me, qui viennent innédiatement des mouvement qui sont excités par l'entremise des nerfs dans le cerveau, que nous appelons proporement nos sentimetns, ou bien les perceptions de nos sens» (Descartes, Œuvres philosophiques（1643–1650）, édité par F. Alquié, Paris, Garnier, 1973, tome III, p.504)。これを訳出するならば、「そして脳のなかの神経の仲介によって呼び起こされる運動から直接に出てくるわたしたちの霊魂のさまざまな思考を、わたしたちは本来の意味で意識、あるいはわたしたちの感覚の知覚と呼んでいるのです」となろう。したがって、先に著者が「知識、観念、知覚ないしは統覚とわたしたちが呼んでいるもの」として「印象（impression）を定義したのは、このデカルトの引用中にある「本来の意味で（proporement）との文言に忠実に従ったものと言えよう。

〔九一〕原語はsensationである。本訳書で「意識」と定めたsentimentとの違いについては前註を参照されたい。

〔九二〕これは言うまでもなく比喩的表現であるが、デカルトがその普遍的懐疑、とりわけ「欺瞞者としての神」を導入した根拠として述べたものである。デカルトのこの方法的懐疑に対して「人間精神の蒙昧さ」やその「本性の脆弱さ」をあげれば足りるではないかと批判する一方で、その方法を肯定するガッサンディに対する答弁のなかで、デカルトは「時としてわれわれが曲がっている棒をまっすぐにしようとして、それを反対の側へと反り曲げるのを見ること以上に、哲学者ならこの種の仮定に驚きはしないでしょう」と述べ、その有効性を擁護した（デカルト、「「省察」第五反論に対する著者の答弁」、所雄章訳、『デカルト著作集』第二巻、白水社、一九七三年、四二四―四二五ページ。なお訳文は一部変更してある。

〔九三〕　この語は、次の文中にあるように、「ただわたしたちの精神のなかにのみ存在するもの」を意味する。この語も、その意味内容はすでに大きく変えられているが、やはりその起源を、デカルトが「観念の客観的実在性（realitas objectiva ideae）」と言う場合の「客観的」に負っている。デカルトはこの概念を『省察』「第二答弁」に付録としてつけられた定義集「神の存在と霊魂の身体からの区別とを証明する、幾何学的な様式で配列された諸根拠」の定義三で説明して、次のように述べている。「観念の客観的実在性というのは、観念によって表象された事物の、観念のうちにあるかぎりにおける実有性（entitas）のことである。同じように、客観的完全性とか、客観的技巧などと言うことができる。なぜなら、観念の対象のうちにあるものとわれわれが知覚するかぎりのものは、観念そのもののうちに客観的にあるのであるから」（枡田啓三郎訳、『省察』訳註、河出書房新社（「世界の大思想二一」、一九七四年、一九八ページ、下線部引用者）。この語は「思念的」と訳されることもある。この用語は、すでにジルソンが指摘したように（Etienne Gilson, Études sur le rôle de la pensée médiévale dans la formation du système cartésien, Vrin, 1930, 5eéd., 1984）、それまではトマス・アクイナスを起源とするスコラ哲学の用語として、人間の思考の様態としての観念が神の思惟のうちに存在する、この観念の範型に由来する性質を持つこと、したがってそれ自体客観的なものであることを示唆する概念として用いられた来た。しかしデカルトは、同じ用語を用いながら、その意味内容を転換した。「観念」は、たとえば先の「第二答弁」付録の定義二において、「わたしが言葉によって何かを表現することができるのは、わたしが十分に言うことを理解しているかぎり、その言葉によって表されるものの観念がわたしのうちにあることが確かである場合だけである」（枡田啓三郎訳、前掲書、一九七ページ、下線部引用者）と言われるように、「客観的」とは、スコラ的な用法とは異なり、人間精神の所産としての観念、今日的な意味での観念の「主観性」を表すものとなる。だが同時にそれは、たとえば想像力の所産としてただ単に主観的である像、イメージとは区別され、上の定義三で「観念の対象のうちにあるものとわれわれが知覚するかぎりのものは、観念そのもののうちに客観的にある」と言われたように、観念が精神内にありながら同時にその指示する対象の客観性を担保する性質を備えていることを表すのである。実際『哲学原理』でデカルトは、「たとえば、わたしたちが延長ある実体すなわち物体的実体の観念を現に持っているとして、そういう実体がはたして実際に存在しているかどうかまだ確かには知らないという時でも、そういう観念をわたしたちが持っているというだけで、、わたしたちはその実体が存在しうると確信することができる」（枡田啓三郎訳、『哲学原理』第一部、六十項、河出書房新社（「世界の大思想二一」、一九七四年、二四六―二四七ページ、下線部引用者）と言うのである。それがはたして当の対象の実在性といかに関係するかは必ずしも定かではなく、そのためこの点が『省察』に関するガッサンディの「第五反論」とデカルトによるそれへの「答弁」での主題のひとつともなったのである。しかしいずれにせよ、デカルトにあってはこの「観念の客観的実在性」は、普遍的懐疑を経て、明晰・判明な観念として「わたし」のなかに現前する「神」の観念がただ「わたし」のなかに存在するという事実だけから「神」の存在が証明されるという、「神の存在の第一証明」の重要な根拠をなすものであった。本書の著者は、それを「想像」と同義的に用いていることからも明らかなように、スコラ哲学にもデカルト哲学にも共通するこの用語を使いながらも、スコラ哲学においてはきわめて重要な意味があり、またデカルトにあってもかなりの重要性を担っていた「客観性」という意味合いは捨て去られ、ここでは単に「対象の実在性とは関わりなく任意の対象を指示する働き」として用いられている。この語は「思念的」と訳される場合もあり、ここでの使用はそれに通じる用法である。しかしながら、第六章で「印象」について述べた際に著者は、「この印象〔精神が外部から受け取るもの——訳者註記〕とは、知識、観念、知覚ないしは統覚とわたしたちが呼んでいるものです」と述べているように、〔観念〕が精神の外部にあることも認めており、訳語としては以上のような歴史的経緯をふまえ、「思念的」を避け「対象的」とした。

〔九四〕　一七六八年版の刊本にはこの「第三に」の文言はなく、ランドゥッティ版に従って訂正した。

〔九五〕　メディア（王国）：イラン高原のエクバタナ（現ハマダーン）を首都にした古代国家。イラン系のメディア（Media）人が居住し、前八世紀末、デイオケスが建国。第三代の王キュアクサレス（在位前六二五年—前五八五年）の時大いに発展し、前六一二年ニネベを陥れてアッシリアを滅ぼした。リュディア王国と争った後、前五五〇年ペルシアのキュロス二世に征服された。

〔九六〕　リュクルゴス：古代にスパルタの国制と市民の生活規定を定めたと考えられる伝説的立法者。リュクルゴスおよびスパルタの政体に対する称賛はすでにプラトンにみられ、プルタルコスがその『対比列伝』中の「リュクルゴス伝」で詳細に述べた。近代では『ローマ史論』でマキャヴェリが、また十八世紀ではマブリとルソーがリュクルゴスに高い評価をあたえている。

〔九七〕　前六四〇頃—前五六〇頃〕、アテナイの立法者、詩人。ギリシア七賢人の一人。前五九四年アルコン（執政官兼調停者）となり、富者と貧者の闘争を収拾すべく、借財の帳消しを定め、身体を抵当とする市民間の貸借を禁止した。また土地生産物の大小で市民を四級に分け、各級に応じ参政権と軍事義務を規定。この一連の施策をソロンの改革と呼ぶ。その政見やアテナイ社会をうたった抒情詩はアテナイ最古の現存文学作品。

〔九八〕　ローマ第二代の王（伝承によれば在位は前七一五—七七三）。サビニ族の生まれで、ロムルスの死後後継者に選ばれたという。さまざまな祭司職を設け、貧しい市民に土地を分配し、暦をそれまでの十ヵ月から十二ヵ月に改めたと伝えられる。

〔九九〕　上半身が女で下半身が蛇の姿をしたギリシア神話の怪物。もともとはペロスとビュエの娘であったが、ゼウスが彼女に恋をしたため、妻のヘラが嫉妬からラミアが子どもを産むたびにこれを食うように仕向け、ついには怪物の姿になったと言われる。

〔一〇〇〕　ギリシア神話で、女神ヘカテに従う女の怪物。脚の一方はロバの脚で他方は青銅でできており、姿を自在に変え男を誘惑しては交わり、その後でむさぼり食らったと言われる。

〔一〇一〕　アリストテレスの用語の一つ。完了、完成された現実性を意味し、〈完全現実態〉とも訳される。

〔一〇二〕　マギはゾロアスター教の祭司を意味する。「マギ教」

はこの祭司による教義を指すが、ここではゾロアスター教と同義的と思われる。なおゾロアスター教については本書第三章を参照されたい。

〔一〇三〕　第三章末（本書一六三ページ）でも使われているが、「カルデアの宗教」程度の意味を表す語として使われている。

〔一〇四〕　ギリシア神話中の人物。トラキアのエドノス人の王で、ドリュアスの子。ディオニュソスとその供をする女たちを迫害して追いかけまわし、ディオニュソスは海中に逃れてテティスに救われたが、リュクルゴスは神罰によって盲目となり、やがて死んだとされている。馬に縛りつけられて八つ裂きにされたとも、発狂したあげく、野獣に喰い殺されたともいわれる。

〔一〇五〕　ギリシア伝説のテーバイ王カドモスとハルモニアの娘。テュオネとも言う。ゼウスに愛されたが、ヘラの奸計により雷に打たれて死ぬ。その時胎内にいたディオニュソスは救い出され、のち母親を冥府から呼び戻した。

〔一〇六〕　第一章、「この世界は無数の存在の集合に他ならず、それらが相異なる欲求と力によって互いに作用し反作用しているからです」（本書一四七ページ）および第七章参照。

〔一〇七〕　第八章、とくに（本書二〇二ページ）以下参照。

〔一〇八〕　インドの水力機械。第八章（本書二〇三ページ）以下参照。

〔一〇九〕　西欧では紀元前六〇〇年頃、ギリシアのマグネシア地方には天然の磁鉄鉱が産出し、羊飼いの鉄の杖にくっついたことから磁石が世に知られるようになり、マグネシア地方の名にちなんで、これをマグネットと呼ぶようになつた。また磁石はヘラクレスの石と呼ばれることもある。それは鉄があらゆるもののなかで最強のものと考えられ、その鉄さえも引きつける力をもつため、ギリシア伝説最大の英雄ヘラクレスの名にちなんだものである。また、方向を示し道案内をする意味からロードストン、リードストンとも呼ばれた。

〔一一〇〕　ギリシア神話に出てくる冥界のいちばん底の部分。神々に背いた大罪人がそこへ落とされるとされていた。

〔一一一〕　ギリシア神話で、神々に愛された英雄などが死後に送られたという楽園。

生死一如

神はわれわれに臆見を与え、学知を自分の許にとっておいた。

まえがき

知られている最古の時代から現代に到るまで世界を荒廃させてきた宗教的諍いは無知に発している。利欲によって維持される偏見が増大するにつれ、原初の観念の輝きを失い、宗教と政治が人々を虜にするために互いに協力し合った結果、両者は、それを知れば自然的自由の観念を人々に再生させる恐れのある諸原理を抑え付けようとやっきになった。

古代人の名誉のためにこういってもよい。彼らは、これからずっと人々が考え感じるように、ほとんどあらゆることを考え感じたと。いくつかの問題をわれわれは明らかにしたが、別の多数の問題には混乱を投げ入れた。したがって、たとえわれわれの父祖が真理に触れたとは主張しないとしても、原始時代から離れれば離れるほどわれわれが誤謬に常に近づいてきたことはうけあってもよい。

策略と力によって奴隷状態におとしめられた人々は、君主や博士が与える気になる観念しか手に入れないことに慣れねばならなかった。その観念は疑いなく、何か恐ろしく、大胆この上ない者も怖じけさせるような存在あるいは存在様態を常に対象としたに違いなかった。というのも、世俗的ならびに宗教的専制主義は恐怖以外の土台をもつことはありえないだろうからである。

人をくびきに引き留めるにふさわしい動機のうちで、この世に入ることと出ることが、政治家や祭司にとって、すべてのうちで最強の動機であると思われた。彼らは誕生を、それへの感謝が生のあらゆる行為の上に及ぶべき恩恵と思い込ませ、ある種の法によって生の全行為の指導を担った。彼らは死をあらゆる偶発事のうちでもっとも恐ろしいものと表象させた。というのは、単に死がそれを体験する個人を霧消させるのみならず、それが新たな存在様式の開始時期でもあるからである。その新たな存在様式は、その幸不幸が、われわれを支配する権力にわれわれがどれだけ従順であり続けたかに依存しており、かつ、持続に限界がないような、そうした存在様式である。

こうして、単純だが必然的な自然の変様が知ある意志の結果となることになった。その意志とは、その前にすべてがひれ伏し、その企図と欲望とをある種の詐欺師――自分たちの利欲が要求するや必ずその意志に語らせずにはおかない詐欺師――の仲介によってしか表さないような意志である。

誕生は善、死は悪と(一)いうのは、今も続いているどの宗派が発明したものでもない。この臆見の起源は時代の闇の中に見失われている。この臆見は現れるやいなや、疑いなく反対されたが、人々を苦しめる災厄の大部分を引き起こすこの効果的な原因をうまく破壊し切ることは、民衆の愚かさと、哲学者の弱さと、君主の暴力とが許さなかった。偏見の破壊という大仕事に着手するには、哲学が戻ってくるのを待たねばならなかった。諸国民の首領たちが偏見を存在せしめたのだから、偏見が滅ぼされるのも主権者たちの手によらねばならない。自分もその一員である人類の幸福のために働けば、主権者たちは自らの幸福を保障できるからである。

われわれを啓蒙するために何人もの有名な近代人たちが配慮してくれたことを非難するつもりなど毛頭ないが、偏見の大木を根こそぎにするには古代人のまさかりを使えばうまくいくと思う。古代人の中には、生と死はまさにただ一つの同じものに他ならないのではと、考えた者たちがいる。臆病な精神を驚かせかねないこの大胆な見解には、証拠がまったく欠けていたわけではなかった。その見解を採用した懐疑論者たちはそれを体系化したが、以下で見るように、彼らはそれを幾何学的論証の域にまでもってゆけなかったとはいえ、少なくとも彼らの敵はそれを破壊することができず、ただ別の仮定――それとは反対の仮定の方に最高度の真実らしさがもたらす優越性はあったが――によってこの仮説を攻撃するにとどまった。

古代のもっとも有名な哲学者たちに採用された体系は、野蛮な時代が投げ入れた忘却のうちにとどまることはできなかった。十七世紀生まれのある学者がそれを忘却から引き出そうとしたが、準備万端怠りなかったにも拘わらず、この人の本に読者の愛顧を得させることはできず、その本はほとんど無に帰してしまい、手書きの抜粋だけがなんとか残った(二)。文学の素養が多少ある人々なら容易にその著者からとった箇所がわかるだろうし、この告白だけで著者への感謝を示すのに十分なはずである。その名を挙げれば、昔の論争を再開する危険があるだろうし、論争を永続化することで暮らしているような輩の胆汁（怒り）に再び火を付ける危険もあるだろう。

（一）　これら二様態についてはそれ以外のこと同様に対応は様々だった。民族によっては生を悪と見なして誕生の際に涙を流す民族もいた。近親者の死はかれらにとって歓喜の対象だった。（原註）

（二）　「この本」は『生死一如』の原典とされる『回答』を指し、「十七世紀生まれのある学者」はその著者であるアブラーム・ゴーチエを指すと思われる。詳細については「解題」を参照。（訳註）

第一項　自然に関する懐疑論者の体系の概観（三）

われわれはいかなる臆見も保証しようとは思わないので、本書では懐疑論者の見解だけが問題であることを常に憶えておく必要がある。同様に、彼らの思念がわれわれのものと異なるからといってそれに憤慨すべきではない。これらの人々は当初啓示の助けを受けなかった。彼らは人間が啓示に照らされる以前の人で、その継承者たちも習慣的に彼らに従ったのである。彼らの体系には、秘匿されてきたバネをとらえたわれわれの精緻な形而上学の跡は感じられないが、正直にいって、自然学においては彼らは原理を有しており、強引に帰結を導いたりはしなかった。

この古代哲学者たちの学説では、実体としては、生と死はただ一つの同じものに他ならなかった。次のような推論が彼らの見解を支えていた。

懐疑論者によれば、自然には一つの第一原理あるいは一つの実体しかない。物質の本質的属性はいたるところで類似しており、物質は万物の土台、基礎に他ならない。われわれには物質の本質は絶対に知りえないが、物質が延長していること、その諸部分が区別されること、物質が知覚不能で、無限に分割可能で、不可透入的であることだけは、われわれも知っている。懐疑論者たちは付け加えてこうも言った。物質は確かに盲目的で、無感覚で、知識もないが、力や力能をもたないわけではないし、物質は無活動だとするためになんと言おうと、経験に弓を引くことはできない。物質は、あれかこれかであることには関与せず、あらゆる方向に動き曲げられ、あらゆる形をとることができ、要するに、そこから生じえないものなど何もないようなものである。物質は盲目でありながら生み出す力を有するから、物質は、選ぶことも何をしているか知ることもなく、すべてを必然的に行なうこと、自然の定めや命令と呼ばれるものは、物質に固有な運動が正確に原因を定めた上でその結果を生み出す点にのみあることが、帰結する。

原理を定立したので、懐疑論者がそこから引き出す帰結へ移ろう。彼らによれば、われわれが物質と呼ぶこの実体は、物体を生み出すにせよ、崩壊させるにせよ、常に同じである。実体が本質的属性なしにはどこにも存在せず、実体の発生と崩壊に認められる違いが、時間の経過とともに実体がとったり失ったりする感覚的性質にのみ由来するなら、崩壊する実体は発生する実体と同じでなければならず、死んだ実体は生きている実体と異なってはならず、必然的帰結として、生と死は一つの同じものでなければならない。両者は一つの同じ実体の変様にすぎないからである。感覚的性質の破壊はそれをもった物質に対して何もなさない。というのも、性質はわれわれがそれを帰する基体のうちにないからである。われわれがその際に下す判断は通常、次のような誤った知覚の結果に他ならない。水に入れた状態でしか棒を見ないので、それは曲がっているとわれわれに断定させるような知覚である。棒が水から引き出され光学の魔法が解かれると、棒は直線状でまっすぐだとわれわれも認めざるをえないけれども。

（三）本項は、『新懐疑論哲学』という抜萃本が開始される「序言」部分（アルスナル図書館手稿13ter～16ページ）と手稿版の『生死一如』という抜萃本が始まる「まえがき」部分（マザラン図書館手稿1～4ページ）に相当する［13terとは13ページが複数あり、その三枚目の意味。本訳の底本であるブロック氏による編著では付録として、それぞれの手稿の該当部分が採録されているが、本訳書では省略した。両手稿とここに訳出した刊本との関係については、「解題」を参照。（訳者）］。（編者註）

第二項　われわれが対象に関係づける性質は対象のうちにはない

対象を前にして感じるものは、われわれがそれを関係づけるがそれと少しも似ていない対象の中にではなく、われわれのうちにしか存在しない。矢の知覚は、この道具がその実体によってはわれわれの恐れる結果を生み出せないときでも、体を突き通すおそれのある鋭利な尖端の感覚をわれわれのうちに引き起こす。その際、われわれは矢が殺人の道具になるのに必要な諸条件を捨象してしまうのである。外的対象が感官を媒介としてわれわれのうちに引き起こす感覚や観念についても同様である。

それゆえ、現象するあらゆる事物が存在するどころではなく、反対に、現象するものはなにひとつ存在しない。なぜなら、目や他の感官に至極多様であるかに見えるものですらみな、対象や、われわれが対象を関係づける実体のうちにではなく、感覚をもちうるものとしてのわれわれのうちにしか存在しえないからである。というのも、実体はそれが有する本質的なあらゆる面で常にまったく一様なものだからである。ある男に一本の針を示してみよ。よく考えもせずに、刺す性質または特性を彼は針に与えるだろう。この男は確かに間違っている。水車のひき臼がそうした特性をもたないように、針もそれをもたないからである。一方の実体が他方の実体以上に人を刺すものではない。この刺す性質は判断を下す男の観念のうちにしか存在しない。

対象を見てわれわれが経験する感覚の多様性と、同じ事物に対するわれわれの多様な判断は、われわれが対象に関係づけるものがそこに存在しないことを証明している。なぜなら、なんでも好きな感官を選んでそれの対象としても、同じ一つの対象が、それを判断するさまざまな人々の感官に提示するあらゆる多様性を、同時に包含することはありえないからである。それゆえ、われわれが対象に関係づけるものは、対象のうちにはないのである。

被造物としての人間の精神は、行為の第一原理ではありえない。だから、人間精神は外的原因によってしか行為しえない。それらの原因なしにはそれは無活動にとどまるだろう。夢も見ないで眠りについているようなものである。

精神は外的原因によってのみ行為し、それらの原因の作用は精神自身のうちで終結するため、そこから、われわれのうちにしか見出されえない感覚や観念が結果することになる。それゆえ、われわれの感覚や観念はわれわれに属しており、対象をあるがままに再現するものではない。たとえわれわれが感覚や観念を、われわれが表象したのと似ている外部のものに関係づけるとしても。

この原理より、われわれは外部にある事物について何も知ることができないことになる。われわれは、外的対象がわれわれに生じさせ、われわれのうちにしか存在しえない情念や知覚の認識あるいは感覚以上のものを何ももたない。脳の造りによって、自分を取り巻く対象のうちに、本質的にそこに存するものや絶対的に真なるものというよりも、われわれにふさわしいもの、われわれの本性に適合したものをわれわれが見出すのでないかどうか、誰が知ろう。

人間の精神や霊魂は、身体同様、それだけがあらゆる存在の現実性をなす自然、すなわち普遍的実体の産物である。しかし、その実体はそれ自身無感覚で、作用するときも、自分が何をしているか知らないため、その製作物から生まれる認識は、これほど変化しやすい原因に由来するがゆえにひどく不確実なだけでなく、認識する主体のうちに存在することになり、その主体の感覚や観念が事物を正確にあるがままに再現してくれると期待できないことにもなる。

第三項　われわれが対象についてもつ認識は、対象がわれわれに引き起こす感覚のうちに存在する

外的存在はわれわれの気質の多様性に応じて多様化する感覚をわれわれのうちに引き起こす。どれほど多くの異なる感覚を、同じ女性がさまざまな男に生じさせえないだろうか。それは、外的対象が目も感官も貫けないヴェールに覆われているからである。われわれは確かに覆いまでは進むが、そこにとどまらねばならない。というのも、ヴェールの下にある知られざる実体以外には真なるもの、現実的なるものは何もなく、実体を特徴づけるあらゆるものは様態や不確実性、不安定性にすぎないからである。真理と嘘とが同じ色で目に提示され、両者を区別する正確なしるしなどないことを、これからお目にかけるつもりである。

第四項　明証性は真理のしるしではない

われわれはこの項で幾何学者に語っているのではない。相手はもっぱら、どんな主題であれ好きなことを肯定または否定する定言論者と呼ばれる人々である。これは明証的なことである、しかして、明証性は真理を特徴づけるしるしである、ゆえに云々、と。そんなに急いで進むべきではない。われわれはあなたがたにこう主張しよう、明証性は

真理を知る確実な道ではないと。事実、感官も観念もわれわれを欺くのである。われわれは対象の本性も内部も理解できないのである。なぜなら、対象はそれの外的表面によってしかわれわれの感官に作用しないからだ。ある人はある仕方で、別の人は別の仕方で判断し、一方が他方より真なる認識をもつとは保証できないからだ。さらに、われわれは対象についてそれが引き起こす感覚しか知覚せず、人によって異なるそれらの感覚のすべてが対象と関係を持ち、対象の真の本性を明かすことなどありえないからだ。

以上は、ただの推論にすぎない。別の種類の証拠を示そう。水車の上流の水は澄み、静かで、まるで眠っているようである。水車の流れにおいては、水は素速く動き、はね、跳び、泡となり、透明さを失う。水車の下流では再び上流と同じ性質を取り戻し、水車の流れの中でもっていた性質を捨てる。しかしながら、水としては同じ水である。水が獲得しまた失うこれら種々の性質は水が同じであることを妨げない。流れの中の水が生きており、上流と下流では死んでいると仮定すれば、この水の生と死は同じもの、または同じ実体で、これらの感覚的性質はそれの本性を少しも変えることはない。火についても同様である。燃え上がっている部分と煙となって雲散する部分はさまざまに変様したただ一つの同じ実体なのである。

第五項　生と死は同じものだとする原理の真実性を確信するためには、いかにして自然の種々の存在あるいは様態が形成され、成長し、消滅するかを確かめることが肝要である。鉱物の起源

硫酸塩、明礬、硝酸塩その他の鉱物を生むさまざまな土は、それらを自己の果実として生み出すのに役立つ胚種や内的性向を刻み込まれている。(四)しかし、この胚種の生命は、その活動領域に見出される水や空気や発散物を自己の本性へと変え、これらの土が有する力と少しも区別されない。

ついでに、鉱物の形成について多くの人々が陥っている誤謬を指摘しておくのがよかろう。(五)鉱物が生まれるのは、明礬物質、硫酸塩、硝酸塩がたまたま空気や水の中にあり、それが孔や織り目が自分に合った物質や母体にくっつく

からではない。これは昔からの謬見である。というのも、それらの孔は生命のない死んだもので、鉱物を生み出す力などないからである。

鉱物の諸部分も他の混合物の諸部分と同様に結合し合っている。鉱物もやはり、鉱物に転換するに適した物質を準備し消化する内的原理から生まれる。それの媒介によって、自然はわれわれの知らない仕方で鉱物の諸部分を形成し統合するのである。

鉱物は、いわばそれの第一質料のようなものである空気と水からできているので、この両元素と外見すなわち変様と存在様式しか異ならない。それゆえ、鉱物がもっている類似物を生み出す特性や、その特性を失ったことで、鉱物の生死はわかるものの、鉱物がどっちの状態においても実体的には同じものであることに変わりなどありはしないのである。

（四）このように、十八世紀前半には、鉱物の形成が植物の生長と同様に生命原理によってなされると、一部でまだ信じられていた。この生命原理は植物においては「樹液」（第八項参照）、動物においては「原湿（humide radical）」（第一八項参照）とされる。動植物を含め物質全般を機械化、延長化するデカルト主義に抗して、動植物の生長や活動を説明するのにこうした表現は用いられた。この生命原理は本書第三七項などで「実体的形相」とスコラ哲学的に言い換えられてもいる。だからといって、この著者がデカルト主義に替えてスコラ哲学を復権しようと意図しているわけではない。著者の意図は、この生命原理や実体的形相が神によって創造された前成の原理ではなく、より下位のレベルの質料（物質）的なものの複雑な関係や連絡から形成されるとする新機軸を打ち出すことにある。感覚や知性もまたそうした下位の事物が連関し合った結果の後成の産物なのである。この独自の後成説は、現代風に言えば、生命の創発論的解釈の一種と見なすことができる。（訳註）

（五）ブロック氏によれば、ここで言われる「誤謬」は化学機械論者ニコラ・レムリ（一六四四―一七一五）らの説を指す。（訳註）

第六項　さまざまな土が生み出すある種の本質から金属は由来する

自然の行なう諸作用の連鎖を辿ってゆけば、少なくともあらゆる体系が誤りであること、真実らしさで満足しなければならないことを人は確信するにいたる。

鉱山の金属を掘り尽くした後でも、残った土が空気や雨にさらされると、時とともに、同じ金属を含みかつ帯びるようになる。

だから、金属も鉱物と同じく、混入する空気や水をそれに固有な金属の本性に変える力をもつ点で、魂があり生きているように見える力をもつある種の土に由来する。このようにさまざまなものが浸透することで土の重さが増し、土に含まれる胚種の粒子が、自己に本質的に固有な生命を伝達することによって、植物と同じように金属を成長させ発芽させるのである。

第七項　哲学（賢）者の石は、もし存在するなら、生と死が同じものであることを十分明証的に示す

哲学者がその名からとって哲学者の石と呼ぶものを発見することが不可能事の一つであることを私は確信しているが、この石が存在できたとしばし仮定してみよう。不完全な金属を自分自身の実体に変換する点で、化金粉は生きているといえないだろうか。ついで溶融によってそこから金塊や銀塊ができるときには、化金粉は死んだと見なされえないであろうか。確かにそうだ、その際化金粉は金属を化金する力を失ってしまうからである。このように、石と塊、この混合物の生と死は、組成が変わったから異なるだけで、実は同じ実体に他ならないのである。

第八項　樹液は植物のすべてを構成し作り出す

樹液、本質、実体的形相に起源をもたないような植物は存在しない。また、空気と水と土に由来しないような樹液は存在しない。それらが樹液に無定型なものを常に供給し、その無定形なものがやがて樹液の本性を獲得し、それと混ざり合うのである。

樹液は植物の生命原理であり、植物のメカニズムのすべてを作る。普遍的実体が世界の構造のすべてを作るのとほぼ同じである。私は懐疑論者とともに、定言論者はこの見解に反対するため、せいぜいいろんな区別を持ち出せるだ

けだと思う。

だが、それ自身は生命のない元素に起源をもつこの樹液が、いかにして植物を生かす原理になりうるのかと、人は問うだろう。それは自然の秘密である。自然はまだ少しもそれを明らかにしてくれない。推定しうるのはただ、元素は、元々の起源、純粋な元素状態では生命がないが、樹液の構成物となり、樹液とまさに一体になるやいなや、生きるようになるということである。

したがって、植物の死が生きたものに由来するように、植物の生も死んだものに由来するのであり、植物の死を作るものがかつてその生であったものとまったく異ならないように、植物の生を作るものもまさしく、かつては生命がなかったものなのである。以上から、当然ながら、植物でも複合的な他のどんな個体でも、その生と死は外見上、感覚的性質によって異なるにすぎず、内部的、実体的、現実的なあらゆる面ではただ一つの同じものだという結論が出てくる。

第九項　卵で生まれる動物の形成について

諸存在の産出において、自然は一様な仕方で作用する。それも実に一様で、大方の人々が偏見で盲目になっていなかったなら、他のすべての存在の形成に当たって自然がとる道を示すのに、自然の存在のうちでも最低のものがどうやって生まれるかを見せただけで十分なほどである。この原理にしたがって、われわれはここでどうやって鳥が形成されるかを観察するにとどめ、それについて簡潔に語るだけにしよう。というのも、動物と呼ばれるものがいかにして発生し、維持され、消滅するかは後段でもっと詳しく示す機会があろうからである。

そこで、経験にしたがって次のように言おう。動物の産出においても、既に論じた諸存在の産出と同じように自然ははたらくのである。実際、ひなどりを生み出すのに必要なものを、黄身の卵痕の中に含まれる胚種に提供するのは、白身だからである。白身は死んだ物質であり、胚種は生命を与える動因である。

卵の白身とひなどりの諸部分という双方の実体は、組成の変化、感覚的性質ならびに外見によってしか異なりえない。それゆえ、ひなどりの死は新たな配置によってしか生と異ならないのであり、その配置換えによっても、死における現実的、実体的なものが、かつて生にあった現実的、実体的なものと同じであることに変わりはないのである。自然がそのはたらきにおいて一様であるというわれわれの原理が打破されなければ、その帰結を動物という類全部に押し広げることができる。

第十項　どのようにして樹液または本質は作られるか

樹液または本質が生命を生み出す。それゆえいかにして樹液が形成されるかを知ることだけが問題で、それさえわかれば、生命の確実な観念が得られることになる。ところで、樹液は、水と土を含む空気の大きな塊の諸粒子から形成される。物質に本性的な運動が粒子を温め、完全な消化の後、粒子は全体を形成するために結合し合うと、その全体が一つの酵母となる、少なくとも、そこに混入していたりそれの作用領域にあったりする液体を自分自身の実体に変化させる力をもつ何物かとなる。ついで、空気と水がその樹液に発芽し増大するのに必要なものを与え、樹液は最後に植物や動物の形で姿を現すことになる。

自然によって定められた空間を辿り終わり、つまり、自己のうちに獲得された生命原理のすべてを分配し終えた後に、樹液はそこから引き出された空気中に回帰する。このように、そこから動物や混合物が由来する樹液が形成される空気の実体や水の実体も、混合物の実体も、最後に分解して混合物から万物の集合場所である空気中に逃げ出していく実体も、常に同じ実体なのである。

実体が被る変異や種々の状態は実体に変化をもたらさず、実体に何も付加しない。実体は、それが土台をなす個体の生においても死においても同一である。したがって、服や帽子のさまざまな流行が、それらを作る織物や布以外の何物でもないのと同様に、生と死も現実的、実体的には同じものなのである。

第十一項　諸体系の対立。体系の不確実さが寛容へと誘う。いずれは人々も真の学問に導かれよう。それは以下のようなものとなろう

われわれがその諸原理を報告する懐疑論者たちが啓示より後の時代に生きていたとしたら、人は必ずや霊魂不滅の教義、肉の復活の教義、永遠の栄化と地獄落ちの教義を彼らに対抗して出したことであろう。キリスト教の体系では、生と死――少なくともある種の個人のそれ――にはいかなる同一性もない。それに、これから生み出すべき存在のかさに比例した物質の塊をそれ自身の実体へと変換するこの霊魂または生命の酵母という考えは、博士たちの主張によると、われわれの種の動物［人間］が自然の造り主によって構想された瞬間に造られたとされる霊魂の注入［ある実体に他の実体を混ぜ合わせること］説とは相容れない。しかし、教義を支える推論に自然学の原理を破壊することなど許されない。ただ、どちらにも誤りはありうるから、われわれが知っていると思う自然的な真理も真実らしさにすぎない。こういう懐疑状態にあっては、もっと正確に言えば、いつの時代にも賢者の至高の法をなしていたこういう懐疑論においては、経験をしばしば繰り返す必要がある。経験が確証される場合でも、それを鼻にかけるべきではない。対立する経験に基づく見解の方が推論にしか基づかない見解より勝るとはいえ、蓋然性が少しばかり高いからといって同胞を迫害するのは適当ではない。学問は、人類を破壊する恐るべき技術と同じではない。鉄火によって学問は教えられない。知りうるすべてを人間たちが知る日が、おそらくいつか来るだろう。そのときは、人間の知識の総体はほんのわずかな言葉に還元されうるだろう。「われわれは何も知らないことを知っている」という言葉が、真実性を認められた唯一の公理となるだろう。事物は時間とともに変化するから、次の項は今でこそたわいなく見えても、いずれは教訓と化すだろう。われわれの子孫がその発見から利益を得るだろう。しかし、死者になんらかの感情が残っていたなら、過去の振る舞いは彼らをどれほど後悔させないだろうか。幸いにも、生が非在の記憶を消し去るように、死も生の記憶をみな消し去ってくれる。

第十二項　人間が目指す目的について。感覚的性質が様態にすぎないとすれば、生命の行為はそれ自体でも無であり、自然に対しても無である

一片の蠟の形が蠟の様態に他ならないように、われわれが動物の生と呼ぶものが動物の実体の変様以外のなにものでもないとすれば、そこから、この生の結果やそれに付随する物も存在様態あるいは存在様式に他ならないと、結論できるように思われる。三角形の物質は円い物質以上に罪を犯しているわけではないし、時計の運動も作用しているとき、停止しているとき以上に有罪なわけではない。学問や欲望も運動や形とまったく同じであろう。それらは存在様態、存在様式、精神や理性の観念にすぎないのである。

有名なヴェネツィア人は、(六) その『無の礼賛』を、人生のあらゆる状態を辿り終えた後、次のような特筆すべき言葉でしめくくっている。「この世の万物は過ぎ去り、無に帰す。人は無に夢中になり、無に心酔するしかない。無のために、人は訴訟をし、相争い、殺し合う。人々は、無に欺かれてきたという恥辱しか地上の不安や労苦から得るものはない」。

美ですらも光線と臆見に全面的に依存し、それ自身では現実的な何物でもない。万物の源泉に遡れば、行き着くところは自然の事物の始まりをなし終わりをなす普遍的実体である。それは盲目的に無自覚にすべてをなすもので、そこにあるもっとも美しいものももっとも醜いもの以上に評価されるべきではない。というのも、それらの原因はひとしく現実的かつ必然的で、自然には一方を造るのに他方を造る以上の苦労があるわけではないからである。したがって、事物はそれを生み出す自然との関係では、美しくも醜くもないのである。

すべてが生死一如という懐疑論者の意見を支持すべく協力し合っているように思われる。なぜなら、もし同じ実体がいたるところに見出され、それを変様させる感覚的性質が実体の本性にとって無であり、美醜、丸さ、白さなどが無であるか、少なくとも、それらが変様させる物体にとっては同じものであるとすれば、生と死も両者が作用する物

体の変様にすぎないから、やはり無であるか、少なくとも、そうした様態の基体である物質の諸部分にとっては同じものだからである。

(六)『回答』、『新懐疑論哲学』、手稿版『生死一如』ではいずれも Angelo Gabrieli と著者名が名指されているが、刊本の『生死一如』では匿名になっている。問題になっているのはガブリエリ（生没年不詳。ヴェネツィアの貴族出身の神父とされる）の主著 *Lettere di complimenti semplici*（『率直な賛辞の手紙』。多数の版が十七世紀に出ているが、単独で出版されたものとしては、ローマ、一六二五—二六年が最初と思われる）と推定される。ただし、ブロック氏は一六三六年のヴェネツィア版中に『無の礼賛』なる書簡の所在を確認できなかったとのことである。（訳註）

第十三項　時間あるいは持続とわれわれが呼ぶものは現実には存在しない。それは観念の継起以外の何物でもない

人間は区別しないためしばしば誤謬に陥ってきたが、区別を好みすぎたこともそれに劣らず人間を欺いてきた。例えば、生の持続を語るとき、人は精神においてこの持続を生そのものから切り離す。だが、その際、人は持続についていかなる観念を抱くのだろうか。それはいまだに定義されておらず、定義することはできないだろう。生の持続は生そのものと少しも区別されない。それゆえ、生の持続の終焉も死と少しも異ならないことになる。生の持続は、もしそれが何物かであるとすれば、それが存在する現在の瞬間のうちにしかない。過ぎ去った瞬間も来るべき瞬間も、ともに存続することはない。

かりに生の持続が何か現実的なものであったなら、それは生と独立に存続するであろう。しかし、生の持続は一つの観念、または、われわれの精神の実体の単なる変様にすぎない。それゆえ、この観念が無であるように、生の持続もまた無である。

懐疑論者の論理は、たとえ真理でないとしても、少なくとも真理の特徴を有している。一つその例を挙げよう。だが、第四項が述べること、すなわち、明証性が必ずしも確実な仕方で検討する対象の現実を示しはしないことを、忘

れないようにしよう。この古代哲学者たちの語ったところでは、持続は実体には関わらず、ただ代替可能な様態にのみ関わる。だから、かりにその諸様態のうちに知性、すなわち互いに継起する観念を伴うようなものがなんら存在しなかったら、実体についてと同様に様態についても持続など存在しなくなるだろう。それゆえ、持続や時間はわれわれの精神の様態もしくは観念以外の何物でもない、と彼らは結論したのである。

さらにこう付け加えることができる。石や植物や金属が普遍的実体を分有していても、それらの成分のうちには知性と観念をもちうるいかなる部分も入り込まないため、持続は石や植物や金属といった存在にとっては無であり、その結果として、持続は精神の知覚作用、知性の働きにすぎない。この知性がわけもなしに、持続と基体——持続が存続する原因であり、丸さが丸い物体の偶有性であるように、持続がそれの偶有性にすぎない基体——とを区別するのである。以上の推論の結果は簡単に引き出せるものだから、その楽しみは読者に残しておこう。

それに、自然学者たちも、生とは中断なしに生み出され修復される性質であり、死とはその性質の全面的停止に他ならないことに異議申し立てはしないだろう。それゆえ、生と死はその基体である実体の様態にすぎない。両様態が相互に交替し合っても、実体にとっては無関係である。この実体が生あるいは死の基体であるように、それは相変わらず同じ実体である。それゆえ、生と死は実体的、現実的に同じものなのだ。

第十四項　生と死に見られる利点は相互的なものである

動物が死の接近を感じると動揺し、恐れ、震えるのは、生が彼らにとって善だからというよりはむしろ、動物が本性上臆病だからである。罪人たちが、仕置きの道具を注視するときより、雷鳴が聞こえるときに恐怖を感じるのは、かねて目にされたことである。百万もの人々が誰にも落ちないような雷の音に震える。しかし、たとえ全員が雷に打たれようとも、彼らの個体を構成する実体はいかなる本質的変化も蒙らないだろう。この偶発事は実体を変様させた様態にしか作用できず、もしわれわれが抱く観念以外に様態が何も現実的なものをもたないとすれば、虚構のものを失って現実に戻されることを恐れるのは、いわれなき恐怖ではないだろうか。また、善悪を正確な秤ではかり、単なる変様やしばしば外見でさえも現実と見なさないことに慣れさえしたら、自然の生と死は十分相等しくなるであろう。

第十五項　自然学は、生が死んだものを生きたものにするように、死が生を奪い去ることを示して、生死一如を証明する

自然の一個体に狙いを定め、その個体の種々の状態を追ってゆけば、われわれは生と死がまったく等しいと結論せざるを得ないと感じずにはいられない。というのも、生と死の一方が他方の領地を蚕食して地歩を拡大することが、そういう結論に導くからである。実際、動物の発生と食餌では、(動物の個体を構成する物質の諸部分や、その個体を維持する食物のように) 生命も感覚もなかったものが徐々にそれらを獲得し、同様に徐々にそれらを失って、元の無感覚な状態に戻るのが目にされる。

だが、以下に示すのはもっと論証的で、人がしばしば経験したことである。私が言いたいのは、捻挫したり切断したりした手足に壊疽が進行することである。死んだものが生きたものになるように、ここでは生が去り、死に置き換わるのである。この例はいつでも人目を引いたから、生と死は同じ実体の存在様態にすぎないと懐疑論者が主張する気になった最強の動機の一つであることは疑いない。

第十六項　動物は死から逃げる。そこから、死は生と異なるという帰結が引き出される。その結論の反駁

動物の生死の区別の証拠として、動物が死ぬのを嫌うことをもち出す人は、自分が観念を混同し、実体の偶有性を実体そのものと取り違えていることに注意を払わない。自然が他の動物と同じく人間にも刻み込む恐怖、おびえ、苦痛、感覚がなかったとしたら、死は人間にとってどうでもいいものであろう。引き抜かれたり、なんらかの仕方で死んだりする植物にとって、それがどうでもいいのと同じであろう。しかし、この恐怖、このおびえ、この苦痛は感覚

の結果にすぎず、その感覚自身も実体の様態、すなわち、感覚を備えた存在を構成する物質的諸部分の組み合わせから来る結果にすぎないのである。

動物が死を嫌うことから引き出せる唯一の合理的な結論は、感覚をもたないものはもつものに対して、存在しようが存在しまいが無関心でいられるという優位性をもつことであり、自己の生命を作り出す偶有性の剝奪もその偶有性の継続も、それらにとってはまったくどうでもいい条件だということである。

動物の生も同じように善悪の混合なら、植物や鉱物や金属の無感覚なあり方より好ましいわけではない。その場合、生は死よりも大きな善ではないし、感覚も無感覚より大きな善ではない。

悪を支持して、理性の助けだけでは発見できない起源が悪にはあるという、ある種の哲学者たちに嫌われるのを恐れなかったら、さらに進んでこう言えよう。生には快よりも苦の方が多い、だから、感覚は善というよりむしろ悪である、よって、感官を全部喪失するのは悪ではない、と。

第十七項　思弁的学問の諸原理は自然主義哲学者への反論に用いることはできない

神学者は自分の原理を自分で創り上げ、普遍的に受け入れられたいかなる公理にも基づかないから、実に気楽に議論できる。例えば悪を語る際にも、それをなにか現実的、本質的に悪しきものだとは絶対に考えない。そうではなくて、幸福の先行条件と見なすのである。苦痛が不快な感覚で、なんらかの感官を通じて激しすぎる仕方でわれわれに刻印される対象の望ましからぬ感覚であることを否定しないが、苦痛が神の気に入り、われわれが犯しかねない過ちと交換に神がそれを受け入れると想定しているので、彼らは、苦痛で苦しめば苦しむほど、人はますます神に喜ばれると主張するのである。

懐疑論哲学者は、何も神のせいにはせず、善と悪を、あらかじめ設けられた秩序、しかもそれなしに世界は存在せず、少なくとも今あるようなものではなかったはずである秩序の必然的な帰結と見なす。彼は、自然について有する認識からこのことを帰納するが、神学者の方は、自らでっち上げた原理でいつも勿体ぶり、世界という機械の中の秘密でないものすらも知らないため、必ずやかたくなな態度で何もかも混乱させてしまうだろう。懐疑論者がこの人に向かってこう叫んでも無駄である。私についてこい、そうすれば、自然が自ら形作る諸存在を生み出したり解体したりするためにどうするかを見せて上げよう。生と死という二つの異なる状態が継起する仕方と、生死の前後で常に同じままである実体の恒常的な一様性とが、この二様態の同一性だという私見を納得させて上げよう。それでも神学者は抵抗し、この意見の真実性を厳密に論証するのをたとえ許可してくれたとしても、悪意からか無知からか、なおも抵抗することだろう。

今日では、みながみな見るとはいえないが、少なくとも多数の者は見ようとしている。懐疑論者が生死一如だと主張するときに依拠する原理を、われわれはその人たちの目の前に示してやったも同然だから、あとは生死が動物で起こる仕方について多少の試論を加えればよかろうと思う。そこでは常に経験にのっとって語ることにし、大方の読者に理解できないあらゆる用語をできるかぎり回避するつもりである。自然の進行をめぐるこのわずかな知識だけで、たとえ懐疑論者が真理を発見しなかったとしても、彼らが少なくとも誤謬から遠ざかったことがわかろう。

第十八項　動物を形成する際の自然のやり方をめぐるいとも簡潔な論考。別の実験によってしか反論できない実験

生と死をめぐる懐疑論者の見解を完璧に理解できるかどうかは、この項の熟読にかかっている。なるほど、経験（実験）は必ずしも自然の秘密を暴く不可謬の手段ではない。経験の助けを借りて、人は自然がどのように存在を生み出しうるかを知るところまで行けるが、実際に自然がどのように存在を生み出すかを必ずしも知りうるわけではない。しかしながら、以下のことを確かめられればそれだけでもたいしたことだと思われる。それは、自然の個物がいかなる状態にあろうとも、実体、いやむしろ、個物の存在のうちにある現実的なもの、それの土台をなすものは、い

かなる変質もこうむらず、実体が基体をなす諸様態の外見的な存在または非存在は、実体になんら影響を及ぼさないということである。

何がまさしく存在を付与するのかを神学者たちのように確言はせず、動物の生命を始めさせるものは、動物の生命そのものと同じ数だけの原因から来る一つの原理だと言うだけにとどめておこう。そのことを納得するには、種子を誂え調えるものを生命の諸条件と照合してみるだけでよい。

火のように増殖する、すなわち、その活動領域にあるものをすべて貪り食い自分自身の実体に変えてしまうこの第一原理は、動物の身体ならびに生命の基礎である、いやむしろ、その始まり、進行、終わりをなす。それは芽を出し、成長し、こしらえ、体液の運動を生み出す。一言でいえば、それはすべてで、諸部分で、諸部分のつながりで、体液、特性、機能である。既に述べたように、植物では空気と水の協力で形成される樹液が木質、髄、樹皮、花、葉、果実、性質、力などを生み出すのと同様に、それはあらゆる部分に変様し変形する。この第一原理が原湿である。しかし、動物界の例を選ぶことにしよう、そうすれば、それが自然の曲がりくねった襞の中でわれわれを導いてくれるアリアドネの糸となるだろう。

ひなどりの胚種は、樹液あるいは原湿の火花あるいは粒子であり、それは、卵の黄身の中に見られる白い卵痕あるいは斑点を形作る棒や点や輪の中に宿っている。

この原湿は、火が木質を火に変えるように、自らの活動によって、白身を自分自身の本質に変え、卵痕を貫通し、胚種の火花と混じり合い、その体積を増大させ、胚種を加熱し、少しずつ濃厚にし、ひなどりの諸部分を形成するにふさわしいものになる。ひなどりの諸部分は、いかに異なっていようとも、みな同じ樹液、同じ本質、または同じ原湿から生まれるのである。

卵からひなどりへの驚くべき変化を追うことによって、われわれは、卵痕の中央を占める小さな円を横切る棒が脊柱の基根となることを観察し、さらに、十分注意したおかげで、最初に形成された脊椎のこの部分が胸に対応する部分となることを発見した。その証拠は誰でも繰り返せる手術からもたらされる。つまり、卵が孵ってから三日目には心臓が打ち出すのが見られるのだから、正面に位置する心臓こそが最初に形成される内臓だということである。

脊柱が、内臓の根であると同じく胸や下腹部の根であるとする見解を正当化するように思われるのは、ひなどりの発生過程において、雌鶏が抱卵して七日目か八日目頃に、胸の肋骨が肉や膜とともに脊柱から生成し、それらが最後には胸部と下腹部を包むのが見られる点である。そこから、疑いもなく、肝臓、胃、脾臓、腸、腎臓、最後に、精液を排出するための下腹部などが、原湿が付着する諸部分に応じて生成してくる。しかも、私はけっして特別な例に依拠しているわけではない。私は人間の中絶胎児で実験を続けた。その実験を繰り返そうとする者は、私と同様に、内臓とか下腹部や胸の肉とかの多様性が、おそらくは、身体のあらゆる部分の多様性さえもが、直接的にも間接的にも、元はといえば脊柱の諸部分の変異に由来するかも知れないと結論づけるだろう。というのも、脊柱の諸部分は、たとえみな同じ一つの本質、同じ一つの樹液に由来するとしても、感官にはひどく多様に思われるものを、部分から部分へと生じさせうるからである。

原湿が濃くなるにつれてしか、内臓、肉、腱、骨などが動物の中に形成されないことを観察して、人はこれに劣らぬ驚きを覚える。このことから、動物にあっては原湿がすべてを作ると結論できるように思われる。実際、この原湿は、既に出来上がった、あるいは作られ始めたばかりの諸部分にくっつくと、動物を構成する全部分の土台とも基礎ともなるのである。自然が産出する仕方は瞬間的なものではない。自然はゆっくりと段階を追って作用する。自然が無感覚状態から引き出す個体の各部分において、新たに生まれた静脈は前に生まれた静脈と、神経は神経と、膜は膜と正確に吻合する。すべては、盲目的だが必然的で驚くべき原因によって、極度に正確に作られ吻合する。

固体であれ液体であれ、胚の諸部分、少なくともいくつかの部分が形成されても、それらはまだ動物の生命には役立たない。例えば、ある内臓を形成する諸部分は、初めのうち動物の他の諸部分となんの関係もない。というのも、堅固になり安定性を獲得し、膜によって内臓と内臓、また内臓を作る管や導管を結ぶには、自然または原湿には一定の時間が必要だからである。さらに、体液は、近くにあって既に運動している他の体液とともに、循環できるほど流動的になる前に、まずは管の中にとどまる必要がある。動物の妊娠初期から形成がより完全になる時期まで、種々の動物を注意深く観察すると、次のことがはっきりわかる。自然は最初に、静脈が他の静脈——これもまたしばらくは用をなさず、まだ粗野な準備段階のようなものでしかない——とまだ連絡もない状態で、少しも動かぬ血液を含む静脈を作ること、だが、静脈は時とともに完成し、動物の身体の構成にもその生命にも役立つようになることである。

原湿が互いに離れ合った部分が結びつくための手段としてどのように役立ちうるか、胎盤に到る下腹部の動脈を通じて胎児が栄養と生命精気をいかにして受け取るか十分納得するためには、どんな風にして臍の緒の血管が胎盤の血管に吻合し、次にいかにして臍の緒を通じて動脈が血液を胎児から胎盤に運び、静脈が胎盤から胎児に運ぶかを観察すれば十分である。

動物が成体になり切る前にせよ、生まれてから間もなく、あるいは数年後にせよ、種々の動物に繰り返された実験によって、次のことはまったく等しく証明されているようである。体液とそれを包む膜は同時に生まれること、原湿から動物のあらゆる部分が栄養や成長を受け取ること、あらゆる部分がみな等しく増大すること、だ。これについて行なわれたごく単純な実験を繰り返す労を執るつもりなら、事物が外在することを納得できる程度には、自然が動物の形成に当たって常に同じ順序にしたがうことも納得できよう。

こうした詳細は、これまで多くの人が神の一次的行為と自然の二次的行為とを混同してきたことを示すのに役立つ。諸原理や諸樹液を自らの力によって生み出した上で、その原理や樹液が有する能力によって、無数の個別的形態に変化する、特性が無限にあるような一般的実体が、それとは区別される、認識と知性を備えた原因が驚嘆すべき不可解な仕方で作ったものであることは否定しないが、ここはそれを検討する場所ではない。しかし、全能の主権のこの最初の行為を認めた上で、さらにそれ以上に、日常的諸存在の起源が［自然ではなく］この第一原因の意志の結果であるとか、第一原因が万物の土台をなす実体のために行なうとされるはたらきを各個体にも繰り返すとか主張するのは、最初の形成または創造という偉大な行為を台無しにするものである。いやそれ以下だ。それは認識をもち最高に知性のある原因に、あらゆるへまや逸脱――善も悪も選びもせずに必然的に生み出す盲目的で愚かな原因が陥る恐れのあるもので、われわれが戯れや偶然とか気まぐれとか呼ぶものだが、それは、苦も快もなくあらゆる様態を生み出し破壊する無知と無関心の結果にすぎない――の責を負わせることである。

第十九項　人間の生命は徐々に成長しまた強化される

未知の項に到るために、与えられた既知の項に注意を傾ける幾何学者の方法をあらゆる場合に承認したら、まもなく地上から夥しい誤謬を一掃できよう。生まれてすぐに個体のあらゆる部分がその生命に貢献するのか、それとも、既に存在しているとはいえ、生み出されたばかりなので、その後持つようになる能力をまだ欠いている部分がないのか確かめようとして、私はひなどりのうちに引き続き疑問への解答を求めた。

七日前から抱卵されている卵を割って、胆嚢が存在し、点のような大きさであることをあらかじめ確かめておいた。次に、生まれて二日のひなどりを解剖し、胆嚢を強く押したが、何も出てこなかった。腸には胆汁が少しも流れたようには見えなかったので、私が起こそうと試みた流出がなかったのは、胆嚢に含まれる液体がまだ流れていなかったことにしか由来しないと証明されたように思われた。そこでこう結論した。子供が誕生すると、それの諸部分は生まれたばかりなので、子供の生命にまだ役立たないが、それらが時とともに完成して、動いたり、感じたり、計画したり、好悪を抱いたりする性質を獲得すること、まるで一つのもののように同じ一つの名前で表現される諸情念が、動物の生命そのものと同じく、それぞれ別々の諸部分からなり、無数の原因の協力の結果に他ならないこと、である。

第二十項　人間のある種の部分を形成する際に自然がとるやり方の検討

大方の人は解剖された死体を見ると、奇跡だと叫び、その感嘆すべき構造を自然だけで生み出すことが理解できない。むろん、身体の構成には多くの驚異が介在するが、われわれは自然を知らないのだから、驚くべきものを生み出す権利を自然から奪うという考えはどうして生じるのだろう。とりわけ、自然がすべての個体とその諸特性の始まりと終わりを画すのを観察しているというのに。静脈や神経のあのネットワーク、体液のあのバランス、あの循環、つまるところ動物の生命をなすあらゆるものは、われわれには謎ではあるが、奇跡ではない。物質の特性についてわれわれが承知していることから、物質は他にも無限に多くの特性を有することがわかる。

神経、静脈、排泄管についてはわれわれも多少知っているが、そのわずかな知識が、どんな部分的存在も自然のはたらきのおかげだと認めるもっともな動機となるように思われる。

まだ不定型な原湿も、濃厚になり煮つめられて、腺のような性質を帯びたひどく不完全な肉に変わるや、たちまち管の姿をとるようになる。ついでその肉は安定性を増し、血管などを形成する。各部分の本性にしたがって、原湿——肝臓や膵臓はそれから形成され、かつそれに浸透されている——を手段に、全体が伸び完成し成長する。最後に、管を根から作り始め、徐々に伸ばし、管同士を結合し、ついで、それらをより太い管と吻合するのが、動物の発生におけるる自然の不変の法則であることを実験が示しているから、個体はまるまる自然の製作物だと結論できる。個体が別の原因の製作物なら、成体になる前にこれほど多くの段階を経るはずはなく、同じ種類に属するすべての個体は完全で、みなそっくりなはずである。

第二十一項　霊魂は身体あるいは身体の機能に他ならない

肝臓と胆嚢の構成から、その内臓のすべての機能とともにそれの生命が由来するなら、動物の全身の造り、その諸部分のうまい配列、その体液の規則的な流れが、動物のすべての活動と生命を作り出さねばならないし、その活動と生命は身体と区別されはしない。

それゆえ、動物の生命とそれから結果する諸活動、すなわち動物の霊魂は、動物の器官から生まれる諸機能に他ならない。それは、動物の形成と成長が原湿の作用や力に他ならないのと同じである。原湿のおかげで、形成され始めたときは感覚がなかったのに、成長するにつれて感覚を獲得するような諸部分の配列と構成を動物は生み出すのである。

原湿が諸部分を構成し、その諸部分が堅固になり、相互の間に必然的関係をもつようになった後で、諸部分がもつ感覚する特性もそこから必然的に生まれる。諸部分を構成する性質が原湿から生まれ、さらに、時と所と状況に応じて自然が生み出す物質の一定の適合から、その適合を作る物質がそれまでもたなかった原湿の力がついには生じるのと同じである。以上から、次のように結論できる。動物がもつ食べ、歩き、飛び、計画する能力が、感覚を生み出すすべての原因のみならず、動物の種を個別化する原因をも前提するように、動物の感覚もそれに先行する多数の無感覚な原因を前提しているのだ、と。同じように、化学者も、外見上は死んでいるいくつかの事物の結合から、理性を驚かすような現象が生じるのを目にするのである。

第二十二項　多くの物質的作用をただ一つの作用と見なし、それを実体としたデカルトは、動物の感覚について誤った

文芸復興以後に現れたもっとも著名な哲学者の一人であるこの哲学者も、自分が適切にも立てた懐疑という教えを厳格に守ったなら、感覚を生み出す権利を自然から奪わなかったであろう。なんだって、自分が感覚について抱く観念のうちに、物質の本質だと見なす延長の観念を見出さないからといって、感覚を非物質的な実体にするのか。自分の観念が自然のなすべきことの規則で、自分が理解するところを超えて自然は何も生み出せないとデカルトは主張する、と言われないだろうか。

デカルトが陥った誤謬は感覚を奪ったこと、活動の主体と活動とを頭で分けたこと、自分の霊魂について抱いた観念は分割不能で部分がないが、身体［物体］について持つ観念は常に延長と諸部分の無限の分割を含むという理由だ

けで、霊魂と身体を区別したことに由来する。

しかし、われわれのうちにある感覚が、それぞれの割合に応じて感覚を生み出すべく協力し合う無数の活動の結果だとすれば、われわれの感覚が単に物質的であるばかりでなく、同時に、たとえ複合も分割もないものとして理解されるとしても、それが複合的なもので、デカルトが想定するように分割不能なわけではないことが必然となる。

結果はそれを生み出す原因と類似し、その本性を分有している。さて、鐘の音が聴覚に与える印象に注意を払ってみよう。対象を前にしてわれわれがする思考についても同じことがいえる。というのも、対象は、鐘が鳴るときに鐘が耳に作用するのとほぼ同様に、目に作用するからである。さて、それらの印象はみな、その原因と同じく物質的なのである。

思考がいくつもの原因の結果であると知っていたら、デカルトも、思考が分割不能で非物質的で不滅の実体だとは結論しなかったであろう。思考の観念の単一性と一様性が彼を欺いたのである。そのために、思考が分割不能で非物質的だと結論づけてしまったのだ。その結論は誤りだった。臆見の糸を辿って誤謬を追いかけたから、彼が出した霊魂の精神性と不滅性の理由も錯誤だった、お粗末とは言わないまでも。なぜなら、霊魂と身体の緊密な結合だけ考えても、霊魂について彼が抱く観念は、いくつもの異なる原因の結果だからである。

それでも、あの哲学者を正当に評価して、霊魂の不滅性と精神性という信仰が引き出されねばならないのは物理的な理由からではないことに同意するとしよう。しかし、なぜ自然のうちに自然の管轄でないものを求めるのか。そこからどんな帰結を引き出そうと、それらは求める説明を与えはせず、精神を錯誤のうちに投げ込むことにしかならないであろう。

第二十三項　神はデカルトが抱く神の観念と似たものではありえない

根拠のない仮定やほぼ全否定できる命題の連続を体系と呼べるということが本当だとしても、ここではあの哲学者の体系を完全に反駁し切ることが問題なのではない。本書では、あの偉人の学派が原理原則に祭り上げようとする背理をたたくだけにしておく。例えば、デカルトはこう主張する。われわれが精神的事物について抱く観念は、当の精神的事物から自己を形作るすべてのものを受け取っており、観念は当の精神的事物のあらゆる現実性を有している、と。これによって、自然的理性だけを用いて神を認識し、神の本性を指示するための道が開かれる、そしてその場合、神は世界中に拡がる無限の知性と考えられる、と。さらにデカルトは付け加える。私が神について抱くこの観念は神に由来し、したがって現実的で、神性ほど無限でないという点で神性と異なるにすぎない、と。

無限の知性について抱く観念は彼自身の知性について抱く観念に他ならないと、今度は彼に向かって主張したら、デカルトの論証と称するものはどうなるだろうか。彼はその主張を否定するだろう。だが、人は彼にこう言い返すだろう。あなたの精神は小さな空間を好きなだけ増やして、測り知れない広さという観念を作れますね、それは疑いようがないでしょう、さて、それと同じで、なんでも好きな数だけ増やしていったら、無限の観念が得られるんですよ、と。

狂信や神がかりや宗教的瞑想や静寂主義が生じたのも、様態を実体と見なさせるデカルトの原理と似た原理からである。そういう先入主をもつ人は、物体の感覚的性質を神性の結果と見なすのみならず、種々の形をとって現れる神性そのものと見なすのである。しかも、自分がその観念を抱くのと同じ神でなかったら、神が自分を騙すことになると想像するほどだ。

こうしたあらゆる哲学体系に騙された人は、良識もあり頭もいいのに、高熱を発して眠っているとき、至福直観［天国で神を見ること］を味わった人とよく似ている。事実、誤謬の使徒や弟子が数ある中には優れた人もおり、そういう人の権威が尊敬の念を抱かせる。往々にして臆見は狂気すなわち脳の病気であることを人は見ようとしないが、精神をいくつもの州に分かれた王国と見なせば、他の州は健全無事なのに、そこだけはひどく荒らされた州が十分ありうることがおわかりいただけよう。

第二十四項　デカルトによれば、動物の感覚はいかにして生じるか。物質が感覚を獲得できないとあの哲学者が主張した際に挙げた薄弱な理由について

想像にまかせて体系を立てるときには、弥縫策がどんどん増えるものである。だが、自然はわれわれの気まぐれに手を貸したりせず、自分を導く永遠の法則にしたがって、常に自らの目的に向かう。例えば、デカルトは、神経こそわれわれが感覚を手に入れる唯一の手段で、神経はいつもリュートの弦のように張られているとした。しかし、そこにはまだ物質しか見えず、彼に言わせると物質は感覚を持てないので、われわれの霊魂の座として彼は松果腺を指定した。つぎに、あたかもあらゆる神経が脳に達しているかのように、神経のあらゆる腔窩を動物精気で満たし、その精気のうち、針で刺された神経の箇所にちょうど向かい合っているものが、まるで光線のようにその振動を松果腺に伝え、霊魂がそれを知らされると、その知らされること自体がわれわれのもつ感覚のすべてなのだと主張した。

物質は感覚を獲得できないと主張してデカルトは誤った結論を引き出した。それは感覚をもたぬ物質の若干の部分だけを見ているからである。銅が溶融性と可鍛性をもち、粉状にするのに適していることを知りながら、それらの特性の観念に基づいて、銅がそんな結果〔示時性〕を生み出せるとは理解できないという理由だけで、銅が時刻を示せることを否定する男がいたとする。デカルトはそんな男にそっくりである。

こんな軽率な原理の糸を辿って、我らの哲学者は獣が感覚をもつことを否定する。彼がその特性を獣から奪うのは、獣を作る物質がいかにして感覚をもてるのか理解できないからである。次のような推論をする人に対して、デカルト派はなんというだろうか。私は神を理解できない、ゆえに神は存在しない、と。

自然の研究がわれわれに教えるのは、物質は元々は感覚能力がないが、いろいろな変化と一定の構成の末に感覚を獲得できるということである。そんなことがいかにして可能なのか理解できないものの、それは納得すべきであろう。というのも、自然が金属と鉱物、植物と動物を作ることもそれ以上によくは理解できないとはいえ、それについては

みんな納得しているからである。

別の哲学者〔ロオー(七)（原註）〕が原理としてこんな主張をするのも見られた。自然の諸結果を説明するには、たとえ自然がその手段を用いなくても、結果が生み出されうる手段さえ示せば、自然学者にはそれで十分だというのである。しかし、自然が用いる夥しい原因の間の関係や上下は、われわれには知られていない。だから、それらの原因のいかなるものについても、それの確実な結果を一つだけでも決定できるような自然学者などいはしないのだ。そんなときにもっとも賢明な策は、繰り返された経験（実験）が最後に、自分はおそらく間違っていなかった、事はわれわれが見るとおり、またはほぼ見るとおりだと示すまでは、疑いの覆いの中にとどまることである。

（七）ジャック・ロオー（一六二〇—七五）。フランスのデカルト主義哲学者。（訳註）

第二十五項　霊魂は神経の根源にはない。近代の一部の解剖学者が考えるようには

この臆見を打破するためには、脳の実体が泥と同様に感覚をもたないことを見れば十分である。しかも、この臆見を支持する人々は、自己矛盾に陥っている。というのも、彼らは霊魂は単一だと主張する一方で、その体系によれば、神経は、脳の皮質、線条体、視床などを構成する無数の小さな腺から始まるとされ、霊魂は細分されていなければならないからである。ところで、矛盾は誤謬の特徴的なしるしである。

それに、霊魂が、想定される体の他の部分よりむしろ神経の根源にあるとは思われない。というのも、神経や静脈や動脈は各部分から生まれ、それらの第一の根源は脳にも他の場所にもないからである。

この問題である立場をとらねばならないとしたら、私としてはむしろこう言いたい、神経網の中の体液は、上から下へ下がるように、ときには下から上へ上がるのだ、と。この見解は、某イエズス会士(八)が述べたガラス管によって裏付けられるように思われる。そのガラス管はクモの糸くらい細かった。サイフォン状に曲がっていて、脚の一方を水の中に入れると、水が一方ではそこを上がり、他方では下がるが、ただあまりにも緩慢なので、四時間でやっと一滴

落ちる程度だった。

動物の中にある原湿は、植物の中の樹液と同様、身体も身体の生命もみな作るようであり、したがって、動物の食餌と成長が動脈と神経の末端でなされると主張するのは無謀この上ない。身体のこれらの部分は帰せられるすべての機能に適しているわけではないし、少なからぬ人が信じるように霊魂が神経の根源で理解し認識するとしても、霊魂は本来体全体で同じ特性をもつはずである。神経の根源は全身にあるからである。

脳が形成され、心臓が脳の影響を受ける前から、心臓は拍ちかつ感じる。心臓は既に神経、動脈、静脈を有しているが、その神経はまだ霊魂のもつ能力を獲得できない。したがって、霊魂を脳の中の神経の根源に置く仮説は正しくない。というのもそれでは、霊魂が肉や内臓のうちにある別の末端でなぜ見たり聞いたりしないかを説明できないからである。

人間や動物界の他の諸存在で感覚が形成される仕方は、これまでずっと論争の種だったし、これからもそうであろう。それについて言われたことはみな反論の価値もないが、人間の傲慢さを挫くような経験（実験）よりも思弁の方が好まれているため、どうやらこの問題は永久に解明されそうにない。確実なのは、神経によってと同様、体のさまざまな膜——他の解剖学者たちは、あらゆる膜は脳の硬膜と軟膜の産物、延長だと言って、それを硬膜と軟膜に由来させている——によっても、いかにして感覚が伝達されるかをうまく説明できないことである。胎児が形成され卵が孵る仕方は、こうした空虚な仮説を打ち壊してしまう。自然の進み方を辿ってゆくとそれがはっきり示すのは、動物がそこから形成される原湿が感覚をもたず、感覚は自分よりも感覚をもつわけではない無数の原因によって生み出されるということである。例えば、ひなどりの心臓は、卵が雌鶏に抱かれて三日目から早くも拍ち出す。それゆえ、少なくともそう思われるのだが、より堅固でしなやかな諸部分のあらゆる部分的特性やそれらの諸部分相互の関係から、感覚という特性が帰結するのである。だから、動物の発生において自然が辿る道を偏見なしに追ってゆけば、デカルトやウィリス（九）——線条体に感覚の座を置き、脳のカルー体に想像の座を置き、皮質に記憶の座を置いた——の仮定はみな雲散してしまう。

（八）『生死一如』の原典と目されるゴーチエ『回答』では「ラナ神父」と実名が挙げられている。「付属資料」『回答』第三十項参照。ラナ神父（一六三一―八七）はイタリアのブレシア生まれ。数々の物理実験を行い、多くの技術的発明を残した。（訳註）

（九）トーマス・ウィリス（一六二一―七五）。イギリスの医師・生理学者。主著は『脳と神経の解剖』（一六六四年）で詳細な人体・動物解剖にもとづき、脳神経系に新たな分類法を持ち込んだ。（訳註）

第二十六項　動物のもっとも普遍的な感覚は、感覚をもたない生き動くものから来る。個別の感覚について

ここで問題なのは論証ではない。真実らしさに到達すれば、われわれとしては満足である。真実らしさにしたがえば、懐疑論者とともに次のように主張できよう。動物の感覚は、それを獲得する物質の組織のうちで、それを生み出すためにすべてが協力し合う生きた多数の原因に由来する作用に他ならない、と。それらの原因のうちに、感じるという特性をそれ自体としてもつものは一つもないにも拘わらず、である。同様に、水車や時計においても、小麦を挽いたり時刻を示したりする特性をもつ部品は一つもない。そういう結果は機械の連鎖、照応、一致したはたらきにのみ由来するからである。

われわれの感官の個別の感覚も感覚器官の構造によって変様した感性的原因に由来する。それは常に必然的にはたらく共通の感覚と異ならない。というのも、それは第一に、われわれがその作用を自由にできない生き動く諸原因の結果に他ならないからである。美しく、官能的で、私を愛してくれる女が、通りで私の前に現れて、私に色目を使い、その印象があまりに強いので、こちらから近づこうが拒もうが関係なく、私の快楽器官がそれに影響されるのを、私は防ぐことなどできない。

完全な器官に由来する個別の感覚は、前からそうだったように、生き動く事物の産物であるだけでなく、感性的事物の産物でもある。それは通過する器官の多様性に応じて変様する部分的感覚に由来する。一般的感覚が感覚器官の中で獲得する変様の多様性は、目には視覚を、耳には聴覚を、鼻には嗅覚を、舌には味覚を生み出す。もっと多くの

感官を有していたら、われわれは、今はその観念をもてないような自然界の事物も認識するであろう。同じこれらの変様は、それが通過する諸部分の本性に応じて、多数の情動へと細分され、しばしば快と苦、喜びと悲しみ、誇らしさと恥ずかしさ、羞恥心と厚かましさ、等々の個別の感情を形作る。

第二十七項 感覚器官と全身には不可解な照応がある。しかし、聴覚、嗅覚、味覚、触覚は、それぞれが知覚（視覚）に対してもつ関係を、互いの間ではもたない

懐疑論者が、一般的な感覚と個別の感覚の物質性から、個体のこうむるさまざまな変様は土台の役割をなす実体には関わりないと結論したのは、疑いなく、それらの感覚を生み出すために自然が守る順序を、彼らが辿ったからである。確かに、次のことは認めねばならない。人間とその思考や感覚を構成するあらゆるもののうちにわれわれが見て取るのは、物質もしくは物質の結果だけ、物質の結合、つながり、関係だけである。諸部分の関係がすべてをなす、しばしば悪徳や美徳さえも。この関係は理解しがたいが、それでもやはり存在している。恋する男に愛人の情熱的な流し目が生み出す印象に注意すれば、こう結論できよう。われわれの各感覚器官と身体の諸部分の間には、驚嘆すべき照応があるが、それは理解できないし、いくつもの、あるいはすべての感官が一度に刺激されたときにどんな照応が見られるかは、ましてや理解できるはずなどない、と。

すべての感官が同時にはたらくと、それらはある混乱した知覚を生み出す。感官が別々にはたらくときはそうではない。臭いなどを感じずに音を聞くのを経験しなかった人はいない。

強力な原因が知覚を占領し切らないかぎり、個別感覚が知覚を伴わずに起こることはない。特に耳の器官や、鼻、舌、皮膚の器官と、知覚または視覚の器官との間にある不可解で驚くべき関係を観察すれば、このことに納得がいく。こうした関係が存在するのをわれわれは知っているが、それがどうして起きるのかはまったくわからない。

人間という個体は、その諸部分が実によく結びつき、一体化しており、それらはわれわれの理解できない関係や交

通を相互に有している。歩こうとしていかに歩くかを知らないように、そうした関係から生じる感覚がいかにして起き、それにいかに気付くかをわれわれは知らない。

第二十八項　われわれが対象について認識するのは、対象が引き起こす感覚のみである

生きている各瞬間に感覚と呼ばれるものをわれわれは経験するが、それがいかに形成されるかに関するわれわれの無知には打ち勝ちがたい。しかし、これほど身近な結果の原因も認識できないなら、ましてやそれ以外の自然物の原因など認識できはしないだろう。われわれは周囲にある別の個体に対して、鐘を見たことがないのにその音を聞いた人が、この鐘に対して置かれるような関係にある。その人は音が聴覚に刻まれるのを感じるであろうが、それを生み出した原因についてはほんのわずかな観念ももたないであろう。

でしゃばって自然的原因の中にもっと立ち入ろうとするとは、われわれはいったい何様なのか。それらについてわれわれが獲得できる唯一確実なもの（一〇）は、それらが存在し、たいそう不確かな外見の下でのみわれわれにしばしば現れ、それらがわれわれに作用する瞬間に、気質や気のもち様がどうであるかにしたがって、われわれはいつもその外見を判断することだけである。

最高級の香り、安息香ですらもいやな臭いだと人が主張するのを私は見てきた。前世紀には、あらゆる事物を黄色い全般的な色調で見る優れた画家が存在した。その時代に生きていたら、ルーベンスの色合いが彼にいかなる印象を与えたかを、私は知りたいと思ったろう。その印象は、あの偉人の絵を見て私が受ける印象と同じではなかったにちがいない。こういう見方、感じ方の多様性から多数の体系が生まれたわけで、体系を立てた者が主張する見解の真実性を信じ切っていたことを私は疑わない。プラトンは質料を、エピクロスは原子を、ライプニッツはモナドを見たし、非物質論者のバークリは何も見なかったのである。

（一〇）「不確実なもの」と原文にあるが、それでは意味が通らないので、「確実なもの」の誤植と判断してこう訳した。（訳註）

第二十九項　デモクリトスの感性的原子について。エピクロスは原子から感覚を取り去る。ルクレティウスもガッサンディも答えられなかったガレノスの反論

人が言い張るのは常に臆見であり、事実であることはけっして、あるいはめったにない。哲学の進歩の遅れには、原因を別に求める必要はない。繰り返すが、人々は真理を恐れ、まるで見つけたくないもののように真理を探し求めると私は思う。人間精神の通常の歩みは、ある臆見を主張し、やがてそれを真理と見るのに慣れて、そういう空想的土台の上に建設するというものである。

デモクリトスは、動物の感覚という事実に立ち往生し、動物の個体の合成に加わる原子を生きたものとすることを思いついた。動物の発生で自然を参照しその道を辿っていったなら、あれほどひどく間違えることはなかったろう。感覚が互いに一定の関係をもつ繊維、膜、管、体液のある種の構成の結果であることがわかったろう。こういうことは、原子には当てはまりえないのである。

エピクロスは、原子の本性をできるだけ自分に説明した上で、この物質的微細部分の偶然的競合が諸組織を形成し、外見上の形を作れると考えた。しかし、原子から感覚は取り去った。それでよかったのだ。次に感覚を説明しようとして困難に遮られたが、いかにしてそれが生じるかを説明しようとせず、生じたことを語るだけでその困難を解決した。

次に、ルクレティウスとガッサンディがやってきた。前者はその詩のハーモニーで耳を魅了したから、なぜそれが快いのかも、その推論が正しいかどうかも探る労をいっさい執らなかった。それでも、彼にはガレノスの反論が提起され、ルクレティウスはそれを解消できなかった。はるか後にやってきたガッサンディも、それの解消に同じく成功しなかった。困難は次の点にあった。ガレノスは言う、「原子は変質し得ないから、一つの原子が苦痛を感じないなら、二、三、四（以下無限に続く）個の原子も、鋤で掘る土の山と同じように苦痛を感じるはずはない。それに、説

明可能な自然現象を説明するために、原子があるかないか知るのは、自然学者にまったく無駄なことである。」

近代の自然学者のうちには、動物精気を油性揮発塩や、頭から足へ、足から頭へと稲妻のように駆けめぐる火あるいは小さな炎のように見なして、それに感覚を与える者がいる。彼らは動物精気を動物の感覚的霊魂にしている。だが、彼らは、人間の霊魂のあらゆる能力を動物精気に付与していることに気が付かない。幸いにも、この臆見には、デモクリトスやエピクロスの言う原子以上に根拠はない。というのも、われわれの体内を循環するあらゆる流体や体液と同様、いったいどこからそれらの動物精気が由来するかと言えば、それは食物、すなわち命のない死んだもの以外に考えられないからである。それゆえ、動物精気は原因なき結果、または架空の存在になってしまうのだ。

第三十項　マールブランシュの体系の反駁

大量の光（知識）がある国民に拡がっても、だからといって誤謬の総量が減るわけではない。「ルイ十四世の世紀」とフランスで呼ばれる前世紀がその証拠である。学芸がある国で再生するや、あらゆる部類の人々がそれを利用しようとする。幾何学者や自然学者が古くからの誤謬を改革し、論理学者が三段論法と詭弁を区別する一方で、神学者やそれ以上に形而上学者は空想に実体を与えようと努める。

マールブランシュはそんな時代に現れた。この人は理性と神性の仇を討つ者だと名乗りを上げた。修道士たちはみな彼が井戸の底から真理を引き出したと請け合い、公衆はそれを信じた。何かを信じる必要があるからだ。

問題は、神、世界、天使などについて語ることだった。マールブランシュはなんでも主張できると考えた、というのは、もっとも有能な人もこの人の命題を否定するのが関の山で、それよりましな命題を立てられなかったからである。この人はある観念に熱を上げ、それにしたがって推論した。例えば、運動は物質に常に内在し、物質なしには生じ得ない、物質の様態あるいは本質的特性なのに、マールブランシュは頭で運動を物質から切り離した。この人は運動を、霊魂と想定するものに似た精神的実体にし、運動が事実そうであるように、その実体を世界全体に拡げた。それによって、神の知性を物質に帰属させるという不都合を逃れられると考えたのである。このように、物質の運動を物質とは区別される実体に変装させた——ただしそれに延長も局所性、つまり物体のようにある場所に存在するという性質も付与できなかったが——上で、この人は自分の精神が無限を理解できたかぎりで、その実体を無限だとした。マールブランシュの体系を精読した末に、私はこう結論した。この神父が神と呼ぶものは真の神ではありえない、それは世界に拡がる運動でしかない。というのも、運動が自然の中で、彼が神にさせるあらゆることをなすからである。

この形而上学者の支持者たちは、空気、水、石などが感覚と知性をもつことを証明できないだろう。マールブランシュ神父は、生まれたときから著作を発表したときまで、自分自身の知性が成長してきた諸段階、諸手段を考察して、そのことを自分では納得できた。そのときには、自分の知性が今ある地点に到達するには、自分の身体も知性と同様に多くの変化をこうむってきたこと、とりわけ眠っているときには、自分の知性がときどき消えるのがわかることも見たであろう。

しかしながら、マールブランシュ神父の真価も認めるべきである。この人は謙虚だった。彼の口から出た、われわれには形而上学が欠けているという告白は、自分の形而上学が十分堅固でないとこの人が正当にも考えていたことを証明している。実際、彼のやり方はどんなものだろうか。自分に体があるかどうか、世界に延長があるかどうか、疑うことから始めるのだ。信仰によってしかそのことを確信できない、と彼は言う。次に、自分の思考はどこからくるか調べ、したくもない思考をするのだからと、それを神に帰すのである。そんなものは形而上学的でも幾何学的でもない。

神の存在に移って、この人は自分の精神のうちに自ら見出す無数の完全性の観念によってそのことを証明する。それらを神から受け取ったのでないとしたら、無からきたことになるだろう。ある男がお金の袋を受け取って、それがどこから来たのか知らないとする。ただピエールから来たのでないことだけは確実だとする。そこで、これはポールから来たのだという結論を出したとする。これこそ、マールブランシュの推論のすべてである。

自分の誤謬を救うため、というよりは説明するためにこの人がする自分の悟性と意志の区別は、お粗末なものである。二度と同じ誤りに陥らないためには、悟性が明晰判明に提示するものにだけ同意すればそれで十分だ、とこの人は付け加える。悟性が一つの傾きで、意志がそれの実行であることに、この人はおそらく多くの場合同意しなかったし、また、そのことを知らなかった。

獣の霊魂については、この神父はデカルト派として語っている。次のことに注意も払わず、動物を純然たる機械と見なすのである。そのこととは、人間の身体運動も機械的な仕方でなされ、動物の場合と区別されず、どれほど精神的な思考であろうと、思考が、その座である器官という機械から何か受け取っていないかどうか知り得ないことである。

この人にはまだ、非常に滑りやすい一歩を進める仕事が残っていた。自由について語り、いわばそれに存在を与えねばならなかったのだ。マールブランシュ神父はそれで思索を終えている。論争相手の神学者たちの逆鱗に触れかねないので、この人は自分に自由などないと主張する勇気はなく、もっと感じる自由と自分の行為の必然性を一致させようとして、神が自分のうちではたらくときに必ず同時に自分の意志を傾ける、と言うだけで満足した。おわかりのように、これは、マールブランシュ自身の原理に従うと、神は意志の本質を傾きの本質として構成したのだから、傾きと意志は同じものだということを忘れた議論である。

この推論の不合理はあまりに歴然としているから、それを論証するために立ち止まるまでもない。こう言うだけにとどめておこう。マールブランシュはあんなふうに神をところかまわず使うべきではなかった、形而上学について書きたかったら、自然の作用に目を向けて、これを思考によってその基体から切り離した方が良かっただろう、と。こういう方法をとっていれば、自然の作用を神とか精神的な霊魂とか、その他この手のいかなる実体とも見なそうとは考えず、事物をあるがままに提示したはずである。

第三十一項　機会原因は絵空事であり、マールブランシュ神父は自分の妄想を精神的実体とみなす

誤った原理はそうでない原理よりも多いばかりでなく、それより多産にさまざまな帰結を生み出す。誤った原理は皮相な精神の持ち主を一時眩惑し、錯覚が続く間は流行する。オラトリオ会の司祭の思索も、このようにして成功の幕を閉じた。初めは、新たな原理の助けを借りてこの人が真なるものの本性について新たな発見をしたとみな思ったが、その体系が投じた驚きから醒めると、これは単なる空想を織りなしたものにすぎず、あの神父はそれを使って、自然においては分かれているものを平然と結びつけ、自然が結びつけているものを分離し、それの管轄でないものを付け加えているのだとわかった。

この形而上学者の大原理は、神がわれわれの感覚、われわれの思考のすべてだということである。しかしながら、石灰を作るために炉に投じられる石と同じように、霊魂も身体も、この人によれば苦痛を感じることはできない。だが、この推論は明らかな矛盾を含んでいる。というのも、それは、神が同時に苦痛を感じかつ感じないでいられると想定するからである。著者自身もその不都合を感じ、機会原因を認めればそれから逃れられると考えた。しかし、その不都合が現実的でなくなるわけではない。なぜなら、鉱物も植物も獣もそれ自身の本性によって生まれるのであり、機会原因とか物体の衝突とか運動の伝達とか、どれも形而上学的な頭の中にしか存在しないものを介入させる必要などないからである。

ところで、マールブランシュ主義はおそらく、これまで提出されたうちでもっとも広汎な体系である。それは精神的な事物を包含しており、いかにしてそれが物質的な事物と区別されるか、いかにして物体と結合するか、なぜ物体を変質させずに物体に浸透するか、なぜそこに現前するのに場所を占めないか、そして最後に、なぜ物体に何も加えず、物体から何も減らさず、それは物体のあらゆる特性を作るかを含んでいる。この体系の全体から結果するのは、われわれが見るすべて、とりわけわれわれがそうであるところのすべては、神自身の実体だということである。

著者自身も弟子の多くも、この体系を使えば、自然的な理由によって宗教のさまざまな玄義を説明できると信じた。この件で私は、この哲学に凝り固まった神学者とある日論争したのを覚えている。その人は私に、最小の砂粒でも一つ一つが三位一体の小さな像だと主張していた。私はその人に言った、あなたはおそらく砂粒の実体を父とし、それから生まれる砂粒を子とし、両者から生まれる砂粒の諸特性を聖霊としているんでしょうね、と。すると、神学者は話題を変えてしまった。

第三十二項　自然に由来する絶対的無差別の自由はない。自然においてはすべてが必然的になされる

哲学者が形而上学者でも定言論者（教義論者）(一) でもあるときには、彼は間違いなく著作を読者に書き与える。そして、その体系に少しでも広がりがあれば、一般人も、それどころか、秀才たちまで、その体系のあらゆる点を調整するのが困難なため、検討以前に手もなく好感を抱いてしまう。原理から帰結を遠ざけ、または帰結に頬かむりし、読者を主たる対象から逸らす技巧があるが、定言論者（教義論者）はその技巧を最高度にもっている。

もしマールブランシュも人間は自由でないと明言したら、その告白は宗教全体を破壊するので、諸国民の敬神を維持することに利益を感じる人々はことごとく彼の敵になっただろう。それでも、彼の体系は、われわれが自由であることをまったく認めないのである。というのも、われわれは単に一個の身体と一個の霊魂にすぎず、この両者は、互いに静止して互いに接触している大理石の二つの塊と同様に、感覚も運動も相互の関係ももたないと彼は教えるからである。この神父によれば、神自身が心身の結合であり、感覚であり、思考であり、知性であり、心身のあらゆる活動を生み出すのである。この推論にしたがえば、マールブランシュが自分には自由があると言ったのは、自らの原理に反して語ったのだということが証明される。自ら告白するように、この人は自分に切り株以上の自由があるなどと感じていないからである。

それだけではない。この体系の糸を辿っていくと、マールブランシュが語る神すらも、彼が与える性質によれば自

由をもたないことが発見される。彼は神を機会原因や物体の衝突や運動の伝達の奴隷にし、これらの手段を用いないと神が自然の結果を生み出せないようにするからである。以上のことから、この神父の神は自然と同じように事物を生み出し、自然そのものであり、精神的であるのも知性的であるのも、ただ、異教徒が自ら神格化した像に自分たちの知性を移管するように、マールブランシュが自分自身の知性を神に帰属させて、神をそのように理解するからにすぎない、という結果になる。

キリスト教の体系で自由を説明するのが容易でないことには同意せざるを得ない。この問題で語りうるいちばんもっともらしい話は、われわれの自然的な自由が、互いに継起して自由を生み出すように一致協力し合う多数の原因の結果だということである。ちょうど、よく調節された時計の種々の部品が時刻を示したり、月の運動や太陽の運動を示したりするのと同じように。しかし、この自由は正確に言えば自由ではない。というのも、それは諸原因の必然性を排除しないからである。だから、無差別の自由と名付けられるわれわれのもつ自由は、厳密に言えば自然から由来するものではまったくない。なぜなら、諸原因が互いに有する関係によってあれこれの結果を生み出すことに中立であるような状態に、われわれはしばしば置かれるとはいえ、それは絶対的に無差別の自由を打ち立てるわけではないからである。というのも、生が連続的な変化のうちにある以上、以前は平衡状態にあった秤を傾けさせるなんらかの原因がいつでも除去されたり出現したりするからである。

博士たちは、それのおかげで霊魂が物事をしたりしなかったりする力を持つような別種の自由を人間の霊魂に与える。しかし、この特性はまったく神学的、霊的なもので、物体とは何の関係もなしにそれを見なければならないから、われわれは、それを議論するかわりに、この問題では教会の信仰を守った方がよいと思う。探求などすれば、懐疑にしか、おそらくピュロン主義にしか行き着けないだろう。

（一一） dogmatique については、本稿では一貫して定言論者という訳語を用いたが、キリスト教神学ではそれは教義学（者）や教義論（者）を表わし、訳語としてもそれらが使われている。したがって、キリスト教の教義神学と関わる文脈で明らかにこの語が

用いられている場合には、「定言論者（教義論者）」という訳語を用いることとした。（訳注）

第三十三項　イエズス会士ラミ神父の見解に反して、喜びと悲しみは身体に依存する（一二）

ある種の名声を博したこの著者については一言《ひとこと》しか言うまい。体系から出ずに、新たな見解を主張したからである。この人は著書の三六三ページで以下のように言う。（一三）「身体を介してのみ私が感覚をもつというのは誤りである。というのも、賞賛すべき行為をしたことでしばしば感じる喜びとか、事業が不首尾に終わった悲しみ——これは身体によって刺激されることなど常にないものである——のように、身体とはなんの関係もない感覚を私はしばしばもつからである」。

この意見から、身体は喜びも悲しみも感じられないということになる。しかし、獣もわれわれと同様にこれらの情念をもつと考えることが許されないだろうか。獣のうちでそういう情念を感じるのは身体なのか、それともある精神的実体なのか。だから、ラミ神父は、純粋に物質的な無数の活動をまったく精神的なものと見なす点で間違っている。身体の活動と身体とを頭で分離した上で、この人が身体の活動を精神的、知性的なものとするのも、無数の身体的活動を喜びとか悲しみとかいうようなただ一つの活動に変えるのも、それは彼の精神の操作による。ラミ神父もよく検討したら、自然が身体なしには何もなさないことがわかったであろう。この人が偏見を治すためには、深い眠りについている男に針を刺し、男がそうとは気づかずに、それを感じ、動くのを見れば足りただろう。このイエズス会士の仮説を破壊するのに役立つような千もの状況が人生には生じるのである。

（一二）　本項は神学者フランソワ・ラミ（一六三六—一七一一）への反駁である。ただし、「イエズス会士」というのは誤りで、ベネディクト会士が正しい。なお、ゴーチエの原著『回答』では「ベネディクト会士ラミ神父」と正しく表記されており、筆写の過程で誤って「イエズス会士」とされたようである。（訳註）

（一三）　「三六三ページ」となっているが、正確には三六一ページである。（訳註）

第三十四項　スピノザの体系はマールブランシュの体系とは正反対である。スピノザは世界のうちで万物が思考し、思考がそこで混合物を作り出すとする。その仮説の検討

懐疑論者は唯一実体の存在についてスピノザと一致している。だが、それ以外の点では互いに意見を異にする。スピノザは自然全体に、物質にも物質の運動にも、神の名を与える。そして、常にこの原理にしたがって、その道徳論〔『エチカ』〕で、本質的な属性が延長と思考である一つの実体しか存在しないと教え、自然のあらゆる物体は延長し思考するものとしてのこの実体の変様にすぎないとするほどである。

スピノザの全体系には、意図的にそこに隠れたのではと疑わせるようなある晦渋さが支配している。しかし、精査してみると、それは目を打つ真理を部分的に含むとはいえ、同時にひどい誤謬も内包していることがわかる。スピノザも動物の発生で自然が辿る道を追っていったら、次のことがわかっただろう。（一）子供は母の胎内では知性をもたず、生まれた直後にさえもたないこと、（二）思考は息の長い仕事で、それがなければ開花できない多数の準備作業と条件を必要とすること、である。

スピノザ主義者は自然から聴覚、嗅覚、味覚、触覚という感覚を奪い取る。というのも、思考と延長以外の本質的属性を自然に認めないからである。そのことこそ、明証的な理由によって証明しなければならないだろう。さもなくば、スピノザの体系も他のあらゆる体系と同様に人間精神の発明だと認めなければならない。諸存在の生命と活動を作るすべての特性を物質に与えるか、さもなければ、首尾一貫して推論するなら、物質にそれらの特性のすべてを拒むか、どちらかでなければならない。

スピノザが抽象的な思弁を弄ばず、ヒポクラテスを参照していたら、自然が製作物を生み出す道を見つけるのは思考によってではないこと、自分が何をしているか知らずに血液が身体諸部分の力と活力を養い維持するのと同様に、自然はそれとは知らずになすべきことをちゃんとするのだということを学んだろう。スピノザは自分の観念をあまり

に一般化しすぎ、多くの変様の結果を一つの本質的特性と見なしてしまった。自然が諸知性の力でのみ植物や動物を生み出すとすれば、この同じ知性が、花のつぼみや果実や動物のうちにさぞかし入念に作り上げたに相違ない諸部分のあんなに多くの見事な組織や配列が、霜や悪い風に同伴する他の無数の知性によって全滅し無に帰すのを見て、大いに悲しむはずだということを考えなかったのである。

知性を備える存在で知性がいかにして形成されるかについては、人は危なっかしい憶測しか言えない。しかし、知性が物質の本質的特性であることは大胆に否定できる。というのも、この特性が延長と同じく物質に本質的だとすれば、この物質の最小の部分にも見つかるはずだからである。とすれば、あらゆる存在が知性的となり、岩も哲学者と議論できることになろう。われわれは自分が知性的だと感じているが、同時に、自分にあるこの性質がさまざまな運動や種々の結合の結果であること、自分の手足を別個に見れば、どれひとつ知性など備えていないことにも気づいている。

第三十五項　マールブランシュとスピノザの二つの体系の考察。どちらも世界を無数の神々で満たす

スピノザの体系の内容を、他の哲学者を攻撃するために考え出された純粋な虚構と見なそうとすれば、これはこれでそれなりに傑作である。しかし、確かな真理を織りなしたものと見なしたりしたら、首尾一貫した推論をするためには、世界にある物質的粒子の数と同じだけの相互に区別された知性もしくは神々を認めなければならない。なぜなら、この哲学者によれば、思考は延長と同様に物質の本質的な属性の一つなのだから、物質は到るところで思考しているからである。世界には一つの知性しかないと言うのはたやすいが、このような知性はわれわれの概念のはたらきによってしか一般化されえず、精神のこの操作は、物体を構成する物質的粒子のそれぞれが個々別々の延長を有するように、個々別々の思考を有することを妨げない。したがって、スピノザの体系は、文字通りにとれば、複数の神々を生み出すことになる。

マールブランシュの体系にも同じ欠陥がある。すべてが神であるこの神父の原理では、火のついた火薬の一粒一粒に由来する百万もの粒子が、あるものは右に、あるものは左に等々と押される方向の違いによって、相異なるそれと同数の神々になってしまう。スピノザとマールブランシュの両体系は、帰結において、まさに一方が他方に帰着するが、それもそのはずで、両者はデカルト主義という共通の起源を持つからである。両者が異なるのは、スピノザが知性を物質に結びつけるのに対し、マールブランシュが知性を頭で物質から分け、それを自然の運動か力にのみ適用するという点にすぎない。両者を細かく検討する労をとれば、著者たちの名声にも拘わらず、両者がともに絵空事であることがわかるだろう。

しかしながら、これらの問題について最初に書いた哲学者［スピノザ］がオラトリオ会の司祭［マールブランシュ］よりもはるかに勝っていることには同意しないわけにはいかない。懐疑論者が決断を迫られたら、いくつかの訂正を施した上で、スピノザの体系を承認する方を選ぶことに疑問の余地はない。マールブランシュの体系の方が支持者が多かったのは、そこでより多くの不条理に出会うからであり、もう一方の体系はそれを採用する人により強い性格を要求するためである。

第三十六項　動物の霊魂は動物の身体の諸機能に他ならないから、ある主体から別の主体へ移ることはできない

誤謬に時効はない。いかに古来のものであっても、いったんそれを発見した以上は、けっしてそれにしたがってはならない。もっとも、どうでもいい習慣や、認めようが斥けようが人生の幸福にいかなる影響もないようなある種の見解はこの規則から除外してもいいだろう。しかし、身体から出た霊魂が他の身体に住み着くとするような見解は、まったくどうでもいいことの部類には入れられない。存在の永遠性や終わりなき幸不幸が問題のときは、注意力のすべてをそれに注がねばならない。われわれにとってこれ以上利害関係のあるものはないからである。

生きた（霊魂のある）個体とその諸特性を形成し破壊する際に自然がどうするかについて前段で述べたことだけでも、輪廻または霊魂の転生と呼ばれる体系が誤りなのを示すのに十分である。だから、繰り返しはせず、ただ次のように言うだけにとどめよう。動物も虫も植物も、体液、諸部分の構造、機能など、その内部ですべてを作る原湿もしくは樹液から形成されるから、それらの霊魂もまた身体の諸機能、存在様態もしくは存在様式に他ならず、ある主体から別の主体へ移ること、自らがそれの生命をなした個体と離れて存在することなど絶対にできないのだ、と。

第三十七項　物質的でないような実体的形相はない

輪廻を認めた哲学者たちは、その見解を根拠づけるために、神の計画は永遠なる観念で、それらの観念は世界にあるあらゆる種類の存在を表し、それらの特性、様態、本質等々であると主張した。また付け加えて、それらの観念は物質とは区別され、単独であることはけっしてなく、常に一般的（類的）なものだから、例えば人間を表す観念は、馬の観念がすべての馬について一つしかないのと同様に、すべての人間について一つしかない、とも言った。こんな豪勢な体系も、自然を検討し始めるやたちまち自壊してしまう。読者もわれわれに従ってこの検討を先ほど行なったはずで、その検討が明らかに示しているのは、自然が自ら実体的形相を形成すること、実体的形相をそれの土台である質料（二四）（物質）と区別しないこと、そして、時と所と状況に応じ、自然がその質料を消化し、温め、そこから最後には実体的形相が結果するようにもってゆき、その実体的形相が自分に固有な事物を実際に生み出すということである。こうしたことは、今論じている精神的な実体的形相にはできないことである。というのも、それは精神的なものなので、あらゆる物質粒子に浸透しても、自分が通過したいかなる痕跡も残さず、したがって、いかなる形も残さないはずだからである。

かりに運動が物質と無縁だったら、なるほど諸存在の産出のため超自然的な原因に助けを求めねばならないだろう。だが、経験にしたがって懐疑論者が信じるように、運動が物質に内在するなら、プラトン、ピュタゴラスその他の哲学者たちが質料なき実体的形相に帰するすべてを、運動はなしうることになる。

（一四）　第五、八、十八項などで展開された議論を指す。

第三十八項　自然では何物も普遍的でない。すべては単独である

一般的でかつ質料（物質）と区別されるものとして実体的形相が存在するというのは矛盾している。というのも、自然には一般的なものなど存在しないからである。経験が示すように、そこではすべてが単独であり、個物であり、単一体である。類（一般的なもの）は種（特殊なもの）のうちに含まれるものの部分的な観念にすぎず、種は各個物のうちに含まれるものの部分的な観念にすぎない。観念はしたがって、事物を部分的にしか表象しない。しかし、だからといって、自然が単一体のみから構成されることに変わりはない。

われわれが種を類化するのは、心のうちに形成する観念によってである。しかし、理性の助けを借りて、この想像のお化けを破壊するとき、類と種のもとに含まれるすべてのものが実際には単独であることを、われわれは告白せざるをえない。

自らの見解を支えるために、懐疑論者は、世界のうちに見られる物体は、他の物体が持つ本質と本質的特性をそれぞれ有するさまざまな単一体の塊であること、それらの単一体は不可透入的で、延長を持ち、可分的、可動的、可折的であること、たった一つの単一体でも他のすべての単一体が有するのと同じ現実性を内包していることを、主張する。だから、一つの単一体を完璧に認識すれば、誰でも、自然が持つ本質的、現実的なものをことごとく認識できる。というのも、外見においてすら、色々な物体の色々な部分の配置、組成、関係以外に違いは何もないからである。実際、ただ一つの名前、ただ一つの観念で表現される一山の麦のような単一体や個物の塊でないとしたら、いったい物体とは何だろうか。われわれが宇宙について心に抱く観念についても、疑いもなく同じことが言える。その観念によって、われわれは世界のうちにあるすべてのものを理解するからである。われわれの概念は何も真実を教えてくれな

いと君も白状するではないか、と言われよう。懐疑論者はこれに次のように答える。われわれは事物の外見にしたがって身を処し、それ以上のことは知ろうとせず、無駄な探求に身を削らないのだ、と。

第三十九項　ストア派の言う世界霊魂は単なる観念で、特別な存在を有さない

われわれは永遠に真理であるような公理をほとんどもたないが、それの助けによって自然現象が説明されるような命題がある場合、その命題はいわば類を変え、ある種の公理になる。反対に、原理はいかに信用を得たとしても、何かを説明するどころか、すべてをこんがらがらせるときは、頑迷か愚鈍に導かれ誤謬を永続化することに利益を感じる人からしか原理とは見なされ得ない。

一方、ストア派は、世界霊魂は到るところにある物質的実体とは区別される現実的存在だと主張する。懐疑論者はそれを否定し、彼らは彼らで、この実体は物質と区別されえないと主張する。というのも、樹液が植物のうちにその性質と力をすべて生み出すのと同じように、またはそれとほぼ同じように、物質はこの区別された霊魂なるものの介入がなくても、世界に見られる秩序と配列をそれだけで生み出すことができるからである。

われわれは確かに普遍的かつ物質的な実体の本性を知らず、それに何ができるかも正確にはわからないが、その実体こそが世界の秩序の真の原因であることは真実らしさの域を超えている。少なくとも、その実体だけで世界の幾多の可感的現象を説明するのに役立ちうる。こういうことは、獣の霊魂のように観念のうちにしか存在しないストア派の言う霊魂などにはできないことである。この霊魂はそれが生み出す作用によってしか、自然の製作物によってしか認識されないが、そういう製作物はわれわれが反対する当の哲学者たちによってすら、物質の本質からじかに引き出されるのである。なお、この二つの意見の間で態度を決めるためには、この項の始めで述べたことを参照するだけでよい。

第四十項（一五） 自然が諸結果を生み出すのを助けるためにハルトゥスケル氏（一六）が編み出した第一元素について

この哲学者は物質の無活動（慣性）という体系を採用した上で、先人たちの見解が諸存在の形成を説明するのに十分でないのを見て、われわれの目に映るすべてのものの産出者である第一元素なるものをあえて創造した。奇計は功を奏さなかった。その第一元素のうちにストア派の言う世界霊魂やマールブランシュ神父が神と呼ぶものが認められたからである。創作者自身も自分の精神の変様が必ずしも現実であるとは限らないのに気づき、それの助けを借りないでも物体の弾性を説明できさえするなら第一元素を捨ててもいい、と言った。

懐疑論者なら少しも戸惑うことなく、彼にある解決策を与えるだろう。彼らによれば、物体の弾性は、はねる物体の孔の中に空気があることから来る。空気はほかの物体の中にもあるが、量はまちまちである。この見解を確立するために、彼らは、それらの孔の中にある空気が膨張するだけで物体が元に戻るのだということを証明して、そこから、弾性力もしくは物体の弾性を説明するのに第一元素はまったく不要だと結論するのである。

（一五） この項数表示がブロック氏の校訂版には欠けているので、その元になった刊本 *Pièces philosohiques* 所収の版（名古屋大学所蔵）にしたがって補足した。（訳注）

（一六） ニコラス・ハルトゥスケル（一六五六—一七二五）。ハルツーカーとも表記される。オランダの医師、物理学者。精虫を顕微鏡で観察し、入れ子型の胚種先在説を展開した。（訳註）

第四十一項 自然は空気の凝縮もしくは希薄化によって無数のことを行なう。空気の弾性は自然の力である。エーテルまたは微細な物質は可感的な結果を生じさせない

世界に宗教が存在して以来、あたかも物質が無活動であることがあらゆる宗教の存在の絶対条件であるかのように、見解を異にするあらゆる哲学者が、自然からその諸特性を奪うことに何より執心してきたように思われる。しかし、自然からその諸性質を奪って、その代わりに、同じ自然に由来せず、自然そのものの一部でもその変様の一つでもないようなどんな動因を置いてしまったことか。だから、高く上がろうとすれば、もはや誤謬と錯誤でしかなくなる。

例えば、空気の本質的特性は、周知のように凝縮と希薄化だが、それらは物体の弾性の近因で、吸い上げポンプや大砲などの実験は、空気が他のどこにもあるように混合物の中にもあることを証明している。物体の弾性のこの動因は一部の哲学者にはあまりにありふれて見えたので、彼らはその代わりに微細物質を置いた。しかし、微細物質は跡を残さずに万物に浸透するから、それは弾性物体の弾性の原因ではない。それゆえ、空気を近因としないような沸騰も醱酵も膨張も存在せず、微細物質はそれになんら関与しないのだ。液体もしくは他の物体が沸騰、膨張すれば、その孔の中にある空気の粒子は希薄化する。そうなるはずだ。ほかのものには膨張させる力などないから。

自然だけが獣の知性を形作ることは認められているが、自然はたいそう遠回りをしながらそうするので、はたして知性を備えた動物以外に知性が存在できるかできないかは決められない。懐疑論者も認めるように、空気の弾性も自然の力であり、自然学者はそれを知らないためこの力を神格化するのだとしたら、ある種の存在の知性の原因も物質以外の場所に探し求めるのは無駄である。この力すなわち空気の弾性は自然の到るところに存在するから、この月下界全体の発生と消滅も生じさせられよう。この体系では能動因も受動体も等しく物質的なものなので、当然ながらそこから生死一如という結論も引き出せた。

ボイルの機械の中に置かれた豚の膀胱の実験は、エーテルまたは微細物質が空気の粒子に由来する諸結果を起こすにふさわしくないことを示している。エーテルが自然の到るところに潜入するのは確かに真実だが、エーテルが凝縮も希薄化も押すことも引くこともできず、変質も変化もさせずに物体を通過することも、上の実験からそれに劣らず真実なのである。

第四十二項　自然には原子も空虚も存在しない。さまざまな世界体系への賛否の理由も問題を一向に解明してくれず、深遠な探求も結果は懐疑なのである

今報告した実験は、反論の余地なく次のことを証明している。ハルトゥスケル氏の言う元素は、微細物質と同様、

自然のうちにどんな明らかな結果も引き起こせないのである。多量の原子の塊でないような微細物質の粒子などおそらく存在しないのだから、原子はそれよりさらに限りなく細かいものだが、その原子もまたどんな可感的結果の原因ともなりえないだろう。さらに進んでこう言おう。われわれが理解するように物質が常に分割可能なら、原子は存在しえない、と。なぜなら、原子は本質的に分割不能で、さもなければ名状しがたい細分化に入り込まざるを得なくなり、原子（分割不能なもの）はその名に値しなくなるからである。

地球の周りにある空気が大気の重さで強く押されており、エーテルまたは微細物質が実に弾力性に富んで動きやすく、ガラスの孔でさえも通り抜け、必然的にあらゆる空間を満たすほどなのを考えれば、私は空虚の存在すら否定したくなる。

あらゆる論争は物事をいっそうあやふやにするだけである。他者の見解を打ち壊すだけなら論争に勝てるが、自分の見解を確立する段になると、虚偽と不可能が四方からしみ出してくるのに誰でも気づく。幾何学的真理は少数しか存在せず、すべてを最善たるべく差配した最高存在がある――それについてわれわれは理性と反省を通じてしか知識を獲得できないが――という真理をそれに加えたなら、それだけで満足せねばならない。この狭い境界を越えるものは、みな誤謬にすぎない恐れがあろう。なぜなら、今しがた反駁した哲学者たちの見解が観念すなわち精神の様態にすぎないとすれば、その誤りを示すためにわれわれが用いた理由もそれと別種のものではないからである。探求に長く関われば関わるほど、疑う理由がますます多く見つかる。それは疑いもなく、われわれの観念が時に応じ、また、それを介して万物を見る感官のさまざまな造りに応じて、変化することから来る。

第四十三項　正と邪、徳と悪徳は現実存在ではない

自然があらゆるものを包含し、何をするにも選択せずに必然的にするなら、自然から見ても、自然が変様させる諸存在から見ても、様態が自然にとって本質的に無であるかぎり、あるものが別のものよりましということはありえな

い。善と悪は自然の結果にすぎないから、定言論者が極度に苦労してやっと見つける悪の起源を懐疑論者は見出した。そして、結論したのである、自然のこの二つの様態は、生と死について自分らがそう考えるのと同様に、ただ一つの同じものにすぎない、と。盲目的で必然的な原因が生み出しうる善悪をその原因のせいになどしないことが、首尾一貫しているように思われる。だからといって、われわれが無差別に善でも悪でもなしてよいということにはならない。無感覚な自然にとっては無であることも、われわれや社会にとってはなにものかである。それゆえ、懐疑論者によれば世界には秩序も無秩序もなく、それらはわれわれが下す判断との関係でのみ存在するとはいえ、その判断を名誉としたりその判断を恐れたりすることから、われわれは慎み深く生活し、そのもとで暮らす法律によって汚辱とされること、いや単に不名誉とされることすら、万事控えるべきなのである。

第四十四項　生と死は存在様式にすぎない。血液は生の維持に貢献し、射精は生を強化するのに役立つ

おそらく天地開闢以来、人々を幸福にしなければならないとたゆまず繰り返されてきた。その大作戦が今どうなっているのか私は知らない。社会の首領たちはいつも幸福を生み出すさまざまな手段を試みるふりをしてきたが、首領以上に幸福を所有することに利害関係のある諸国民は、ついに幸福が出現するはずだと大声でしばしば叫んだものだ。約束する君主と待ち望む諸国民、一方はいかさま師、他方はカモだった。もしかすると、両方とも誤謬に陥っていただけなのかも知れない。器官の配置からして不幸であるような人間を幸福にするのは、ベルト一本で船を進水させるのと同様に不可能であることを、もしかすると知らなかったのかも知れない。

権威を簒奪した者が弱さと策略から人々に約束したものを力ずくで要求される心配がある危機的な状況では、定言論者（教義論者）が社会の内部から立ち現れた。彼らは自然の偶有性を自然そのものと切り離すことから始め、その偶有性を自然と区別された実体とした。ついで、自然を悪の張本人と認めたくなかったので、悪の原因をでっち上げ、諸々の悪を必然的なものだとし、指定する時期に犯された原初の悪の結果と見なした。

この仮定によって悪はますます増大するばかりだったので、人は不幸になるためにのみ生きているという絶望的な仮説を緩和しなければならなかった。そこで、生命は認識能力のある一つの意志の結果ということになり、その意志は以下のような明文化された条項のもとでのみ生命の諸条件を与えるのだとされた。その条項とは、人が原初の負債を弁済するために生命を用い、そのおかげで生きられる第一原因の代理人たち［聖職者］を通じて表明されたある種の生活律にしたがって生命を用いるということだった。

しばしば恐るべき苦痛によって終わる労苦に満ちた人生で、生存を寿ぐ気にはなれなかった。生存を耐えられるものにするために、人は死を自然の諸機能だけの停止と見なし、命じられた生活律にどれだけ服従したかによって幸不幸の決まる新しいあり方の開始とした。この体系は、大方の人にはとても慰めになったが、懐疑論者はそれを採用しなかった。彼らは、その言い分によれば、熱情が幻想のうちに引き留めている間だけそれへの信仰が続くような教義に服従することを、一貫して拒否したのである。彼らの誤謬は、感官の知覚によって引き起こされたものだから、許してやってしかるべきである。人は彼らに推論を提供したが、彼らは身体的経験によって答えたのである。

懐疑論者はこう言っていたのだ。動物の生命も体液の規則的運動と固体部分の連結および構成に本質的に依存しているから、必然的に生と死はなんら現実的なものではないことになる。ところで、あなたがたが約束するものもそれで脅すものも、ただ実体にのみ降りかかり、偶有性に降りかかることはありえないではないか。また、こうも付け加えた。生命はなんら現実的なものではないというのはあまりに真実だから、そこから生命が結果するさまざまなあり方は一瞬たりとも同じ状態にはなく、死も、そこからときには生へと移る別種のあり方にすぎない、と。

彼らがそういう見解を抱いた根拠はそれだけではない。動物が他の無数の個体からで構成されながらも、血液という絆によって、なお一個体、ただ一つのものであることに、彼らは気づいていたのだ。実際、血液は常に動物の活動に関わっている。それは動物たちに同時に生命を伝達し、とりわけ、血液が空気から汲み出し、呼吸――これなしには動物の生命も火と同様に一瞬たりとも存続できないだろう――によって肺の中に受け入れる、あの生命原理の分け前を各動物にふさわしい形で与えるのである。

懐疑論者の原理では、精液と射精は動物の生の源泉と見なされていた。経験が示したのは、子供は五体そろって生まれるように見えても、精液を形成する小さな部分がその後気づかぬうちに付け加わることである。また、十ないし十二歳までは精液が何の役にも立たないこと、四十ないし四十五歳まではそれが強化されること、ついで身体の他の部分と同様にそれが衰え始めることもわかっている。他の部分も比例して衰弱し、その機能を徐々に失うが、そういう機能のはたらきだけが、懐疑論者によれば、動物の生命と呼ばれるものを作るのである。

私は彼らの原理を保証しはしない。だが、少なくとも、彼らの結論の正確さには同意せざるをえない。というのも、動物の生命がその体の諸機能に他ならず、死は体が変調を来して同じ機能がもはや果たされなくなった停止状態に他ならないなら、明らかに次のことが帰結するからである。生も死も一定の条件下でのみ存続し、両者が同じ身体であることは、裏返しても手は手であり、見せるのが手の甲であれ手の平であれ、手に変わりがないのと同じなのである。

第四十五項　存在様式は実体にはなりえない。それを実体だと思ったために、定言論者（教義論者）は誤ったのである

丸さや白さを、それらが変様させる丸く白い物体とは区別される実体だなどと主張しようとは、いまだかつて誰も思いつかなかった。定言論者（教義論者）ですら、純粋に物質的と見なす存在や個物に関しては、これほど不条理な命題を唱えることを控えたに違いない。彼らは自らの仮説を単独化し、それを人間のみに帰着させた。しかし、存在の変様または様式は、いかにその数が多かろうと、また自然に由来しようと、別の起源から発するように思われようと、それらが作用する物体なしには絶対に何物でもなく、それどころか自らもただの物体で、それにほんのわずかなものを加えることも除去することもできない。それらの存在様式は、ちょうど丸さが丸い物体の存在様式であるように、個物の偶有性にすぎないから、われわれと区別されるものとは見なされ得ないし、ましてや、別の本性を有する

実体とは見なされ得ない。

それゆえ、懐疑論者が考えたように、私の身体の結合した部分もばらばらな部分も常に同じ身体あるいは同じ実体でなければならないなら、必然的に、生と死は身体の諸部分の結合と分離に他ならないから、それらは同じ身体あるいは同じ実体でなければならないことになる。

第四十六項　動物の生命は一瞬たりとも同一の状態にはない

生命は結果、すなわち、有機構成（諸器官の連関）の発現にすぎず、諸器官は、必要や好みの変化に応じて変化するような食物があるという条件下でのみ、形成され維持されるから、生命が（厳密な意味で）今この瞬間に以前と同じものだということはありえない。それは常に増大しつつあるか減少しつつあるかである。この見解は目新しいものではない。古代にもこう言った人物がいる、ある日の晩に夕食に誘った相手は、翌日にはもう同じ客ではないと。（一七）あらゆることがこう告げている、生命は絶えざる変化によってしか存続しないと。それゆえ、生命には絶対不可欠な条件があり、それがなくなってしまえば、死が生に取って代わることになる。反対に、その条件が付け加われば、死が終わり、生がそれに続くことになる。このように、動物の生命はある種の存在様式の連鎖にすぎず、死とはそれの変調で、こうして生と死は交互に一方から他方へと変化する。それゆえ、生命は何物でもなく、何物にもよらない。というのも、無数の原因が生命の流れを止められるし、それのみならず、生命の基体である実体は自分が死んでいるか生きているかに無関心で、生においても死においても、そのあらゆる本質的特性を等しく保つからである。

（一七）　エピカルモス（紀元前六―五世紀にかけて活躍したギリシアの詩人兼哲学者）が言ったとされる。この発言はプルタルコス『神によって遅れて罰せられることについて』に収録されている。『ソクラテス以前哲学者断片集』第Ⅱ分冊、岩波書店、一九九七年、一三ページ参照。（訳註）

第四十七項　動物の好き嫌いは、鎖のようにつながり継起する諸活動の協力である

動物の生命と霊魂とは同じものであり、動物の身体の諸機能でしかありえない。この諸機能とそれを有する個体とを区別することによって、感覚的と呼ばれる霊魂を人は創り上げた。獣に本能を、人間に理性を割り当てたように、定言論者は、その体系中で、何はばかることなく、同じ類に属するさまざまな個体に種々の本質的特性を割り当てた。しかし、動物の本能は動物の感官や器官と区別し得ない。というのも、いったい誰が本能を動物のうちに産出するというのか（誰もしない）。しかしながら、理性そのものよりも本能の方が強いのである。本能が瞬時に獣に示すものを、理性は多くの回り道をした後でしか発見させてくれない。そこから懐疑論者は、理性は少なくとも無用だと結論づけた。

活動はすべて、感覚を持ちうる器官が経験する一連の感覚だから、器官自体が他の多くの原因によって産出されたように、みな一致して活動を生み出そうと努める多数の原因に由来するはずである。活動のそれらの原因は主要な器官に達し、そこから直接的に活動が生まれる。この活動には単一のものしか示さないような名前が与えられるが、実際は大変複合的なものである。しかし、外見がはっきり示すようにもしそうだとしたら、自然は最小の部分においても無限という性質を帯びることになる。というのも、いかなる部分であれ、人間精神が見極められないような原因の連鎖をその活動のうちにもたないものはないからである。

第四十八項　われわれも獣のような嗜好をもつことがある。精神は身体の傾向にしたがう

人間が獣のような嗜好を持ちうることは、定言論者を大いに当惑させ、懐疑論者に勝利をもたらした。一つもしくは複数の精神的実体が、それに何の効力も及ぼさない物質的動因にどうして屈さざるをえないのか、実際われわれには理解できない。懐疑論者によれば、原湿は獣のあらゆる活動を作る、それらの最初の大動因である。そのことに人

は同意せざるをえない。さもなければ、獣に精神的な霊魂を付与するという不都合に陥る。だが、脳に影響し、それを傷つけるあらゆる病気から、物質的原因がその本性に合致した諸機能を果たすように身体と同様精神にも強いることがわからないのだろうか。狂犬病の犬に咬まれて恐水病にかかった人を見てみよう。その人は、咬んで狂犬病の酵母をうつした動物のあらゆる嗜好を身につけないだろうか。

それゆえ、動物の好き嫌いは、いかに多様でも、樹液もしくは原湿の特殊な本性に由来する。樹液もしくは原湿は、なんの外的原因の助けも借りずに、自分自身の実体から動物の諸部分の驚くべき構成をなし、動物の体液の運動や繊維状組織、またそれらの混合を按配した上で、獣の好き嫌いを生み出し支配するのである。

第四十九項　結果の産出に当たって自然が守る順序一般について

動物における原湿は、植物における樹液と同様に、まず諸器官を準備し、それらを徐々に結びつけ、自然が与える諸機能を時とともに果たせるようにする。生命が動物の全身に導入されるためには、まずは器官の一つに導入される必要がある。人間は、個々の器官の一つ一つがその存在特性［生命］を獲得したかぎりでのみ、完全な存在をもつ。だが、そうだとすると、定言論者によればそれだけが人間を活かすとされるあの実体は身体のどこの部分に置いたらいいのか。もし生命が身体の全活動にのみ存するとすれば、生命は存在様態もしくは存在様式でしかない。それは、これら全活動の消散である死が、生という変様と正反対の変様に他ならないのと同じである。

以上の考察のすべてから、定言論者がわれわれのうちで活動すると主張するあの精神的実体の存在を否定することへ人は導かれる。自然は盲目的に動物の心臓を作り、それに運動、したがって生命を与えるが、それは霊魂注入の前なのだ。だが、心臓や動脈をちゃんと形作る自然には、助けがなくとも、それなりに組織された脳がはたして作れないだろうか。拍動する心臓も、物を見る目も、考える脳も、同じ起源に由来するのか。神はこうした全結果をたまま生み出すのに必要な力を自然に刻み込んだのか。あるいは、物質は無活動で、その可感的様態の一つ一つが、物質とは区別され、陶工が粘土に対するように物質に対して作用する第一原因の特別な意志の帰結あるいは結果なのか。私は別の問いを発したくなる。これらの反論は満足な仕方で解消されることが今後ともあるのか、と。物質は思考しない、私は思考する、ゆえに私は物質ではない、というような推論が用いられる間は、そのことを疑わねばなるまい。そうした議論をする人にはこう答えよう。みなさん、物質は組織された人間の心臓を形作るのですから、どうして脳を創り出さないでしょうか。それに、とかげの脳は愚か者の脳より形作りやすいでしょうか。道具をとって、幾何学者の方法の助けを借りましょう。第一項Aを心臓とし、それに別の内臓B、またはそれを生み出した樹液もしくは原湿だけでもかけてやると、おそらく思考Cが生じるでしょう。

第五十項　品行の源泉について

自然が形成した人間の品行は、動物の本性を作るように人間の身体の全本性を作る原湿以外のものに由来することはありえないだろう。この原湿こそ人間の諸情念の座であり、直接的原因であって、人間の心の腐った根底、人間の行なう悪の源泉といわれる。定言論者（教義論者）が言うように善はそれを生む超自然的原因の結果だとしないかぎり、善もまた原湿からくる。懐疑論者は、人間のうちにあるこの原理または人間の体質こそが、人間の精神を徳や悪徳の方へ傾けるのだと考える。この哲学者たちにとって幸いなことに、キリスト教派の英雄(一八)がはっきりした言葉でこう語っている。私は欲していない悪を行い、欲している善はしない［ローマ人への手紙、第七章、第十九節］。オウィディウスに出てくるメデイアも、この見解から隔たっていない。私ハヨリ善キモノヲ見、ソレヲ可トナス、サレドヨリ悪シキモノニ従ウ［『転身物語』第七巻、第二十節］、というのだ。われわれの意志は無数の原因の結果なので、行為すべく決定するのは、真理の確信よりむしろ、心に今抱く情念や、もともとあったり習慣によって獲得したりする嗜好なのである。

私が言うことを疑う人がいるかも知れない。だが、人間の活動には他にいかなる原理がありうるのか。異教徒やユダヤ教徒やキリスト教徒やマホメット教徒が、神に仕える方法や礼節の掟どおりに生きる方法についてはこれほど意見を異にしながら、こと品行にかけてはまるでみな同じ信仰であるかのように、互いにまねし合い、似た者同士であるのを、われわれは目にしていないだろうか。信仰は品行を導けない。導けるなら、これらの異教の信者が共通の情念を満たすようなあらゆるものにみな等しくしたがうことなどないだろう。それゆえ、たとえ確実でないにせよ、少なくとも真実らしいのは、人がどんな意見に染まっていようと、情念や嗜好は体質に由来するものであり、哲学的または神学的な見解は体質を抑止できるほどそれに影響を与えられないということである。

（一八） 聖パウロ。（原註）

第五十一項 懐疑論の原理では良き習慣も悪しき習慣も一如である

人間の品行と行動は、良きも悪しきも、身体の原理である原湿がこうむる無数の様態の連鎖に他ならないから、それらは同一の源泉、同一の体質、さまざまに変様する同一の実体に由来する。この変様には規則的なものは何もなく、時と所と状況、とりわけ食物の本性から来る結果なので、変様の差異はたえず特殊化し、その継起はしばしば非常に目まぐるしい。こうして、われわれは毎日、酒を飲まなかった人が酔っぱらいになったり、束縛せずとも禁欲的だった人が放蕩者になったりし、どちらの状態でも自由なわけではないのを目にするのである。

あらゆる存在の土台をなす唯一実体という原理では、良き嗜好が悪しき嗜好を変化させるにせよ、悪しき嗜好が良き嗜好を曇らせるにせよ、良かれ悪しかれ時刻を示す時計の針の運動が針と異ならないのと同様に、同じ主体の一方の嗜好が他方の嗜好と異なることなどありはしないのだ。

だから、良き品行も悪しき品行も、互いに継起するにせよ、死によって消滅するにせよ、異なるのは外見だけで、根底では同じただ一つのもの、すなわち、さまざまに変様する同じ身体に他ならない。また、その身体は、手が蠟を柔らかくして丸や四角などの形をとらせるとき、手にとってその蠟の一片が犯罪的でも有徳でもないように、自然にとって犯罪的になるわけでも有徳になるわけでもない。それでも、社会が悪徳と徳を区別し賞罰を下すのは、悪徳がそれを害し、徳がそれに益するように社会が変様されるからである。

第五十二最終項　結　論

本書の全編を通じてわれわれが打ち立てようとした見解は証拠に基づくように見えるが、論証されてはおらず、しかも自然的な生と死にしか関わらないから、霊的な生と死を認める定言論者（教義論者）の見解と闘うためにそれを用いるべきではない。完全な確信へと到らしめ、その確信を基礎づける公理に誰もが近付けるようにする権利をもつ宗派は一つしかない。幾何学である。それは誰も強制せず、自分の原理をあえて否定する人を常識を欠く者だと見なすだけで満足するだろう。

形而上学でも自然学でも断定することは往々無謀で、そんなことを敢行すれば間違える危険を常に冒すことになる。他方で、神学の特質は他の学問を自分の掟にしたがわせることにある。すべて天来の理由の力で神学は他の学問にいつも打ち勝ってきたし、慣習がそういう優越性を神学に与え、いまだにそれを保持させている。

それゆえ、真理でありうる実験を自然学者に対して否定することも、理解できない思弁と抽象を形而上学者に対して否定することも、一国家の通貨の法定価値のように慣習的には真なのだから、その論拠を神学者に対して否定することもしてはならない。時には、その法定価値がひどく実体とかけ離れていることもあるが、だからといって、その法定価値を持たされている通貨をけなすのは当たらないであろう。

それでも、ある立場を選ばねばならない。どんな立場か。到るところで運動する物質を無活動だと考えることか。ナイチンゲールを一人でうまく作る自然が、音楽家を作れないと考えることか。運動は物質に本質的で、物質の最小の粒子にも内在すると想定することか、それとも、運動は外的で非物質的な原因から物質にもたらされるもので、事物の起源において運動は一度こっきり物質に刻み込まれたと想定することか、あるいは、個物を産出する必要に応じてつぎつぎと物質に付与されたと想定することか。さらには、物体も物体の活動もすべてが自然によって作られ、月下界に散在する善悪は盲目的で必然的な一つもしくは複数の原因の結果であると考えることか、それとも、知性的で認識能力があり自由で本質的に善なる原因がそれらを生み出したと考えることか。これらの意見にはみな多少とも真実らしさがあるけれども、真実らしさは論証ではない。疑う方が得策なのだ。これこそ、人々がそうなることを定言論者がもっとも恐れる状態である。人々をこの状態から引き出すために、彼らはさまざまな理由を用い、懐疑論にそれがもたないような拡がりを与えて、懐疑論について定言論者が与える知識しかもたないような人々に、それを捨てさせることにまま成功する。こんな風に彼らは語るのだ、あなたがたは懐疑論者なら、自分の存在も、その存在が感じうる感覚も疑うことになるよ、体をつねられても、感じる痛みを疑うのかい、と。

こんな推論は誤りだと懐疑論者は考える。あるいは、自分と定言論者の間の問題では、肯定や否定や懐疑がまったく本性の異なる主題を扱っていると考える。事実、懐疑論の枠から出ずに、石についてはそれが重い物体であることを肯定し、部分についてはそれを部分とする全体よりも大きいことを否定し、腕や脚や目をうまく作る自然が、概念するのに適した脳を構成できないとか、獣のうちに本能を生み出す自然が、人間のうちに理性を生み出すことができないとかいうことを、疑うことができるのである。

懐疑論の懐疑論たる所以は、われわれに身体があることや、身体が暑さ、寒さ、飢え、渇き、快苦を感じるのを疑うことにあるのではなく、単に、われわれがそれらの生じ方を説明できるのを疑うことにあるのだということを、ここで指摘しておくのがよかろう。この点では、他の見解も懐疑論に勝らない。懐疑論者が厳密に論証されていないものを何ひとつ肯定も否定もしないのは、実によくなされたように、虚偽を真実とし真実を虚偽となすことを恐れるからである。

さらに、定言論者（教義論者）のやり方と懐疑論者のやり方は以下のような言辞に還元できる。前者は神の言葉からしか理由を引き出さないので、明証性がなくとも、心のうちに得心と、さらには強烈な信仰までも生じさせうる。

後者は違う。彼らの理由は自然からしか引き出されないので、それらが作用するのは精神である。実を言うと、それらの理由は得心しか生み出さないが、この得心は明晰判明な観念を伴っているのだ。

いかに大変なことでも、とにかく得心しなければならないから、上の二つのやり方のどちらかを選ばざるを得ないといえる。というのも、もし自然の全結果の全原因を検討しようとしたら、結果に伴う無数の原因を考察するにせよ、結果に先行する諸原因に注意を注ぐにせよ、精神が困惑してしまう底も岸もない深淵に落ち込んでしまうからである。しかし、懐疑論者の説の弁護はしなくても、次のように言うことはできる。種々の公理や永遠の真理を受け入れる別種の哲学を告白する人も、だからといって、懐疑論者よりよく知っていると考えるべきではなく、超自然的な原因の介入によって自然の難問を一気に解決すると称する者も、しばしば空想を真理と見なし、絵空事や幻想を何か現実的なものと見なす恐れがあるのだ、と。懐疑論者との闘いの場に臨むことは、定言論者（教義論者）にとっては危険なことですらあろう。というのも、定言論者（教義論者）は自然について人一倍よく知っているつもりのことでも本当は知らないということが十分起こりうるのを、懐疑論者は定言論者（教義論者）に納得させないまでも、少なくとも感じさせることはできるからである。実際、定言論者（教義論者）にとっては生死は本質的に異なり、両者が何か現実的で実在するように思われようと、懐疑論者は両者が現実であると同様に変様でもあると考えるだろう。そして、めいめいにそれについて好きなように考える自由を与えるだろう。ちょうど自分自身が、物事の不確実性と不可解さをさまざまな理由によって証明することだけを目的として、その自由を自ら行使するように。

完

『生死一如』付属資料〔一〕

医師ゴーチエ『回答』〔二〕

第十五項　動物の原湿は植物の樹液と同様にあらゆることをなす〔三〕

動物の生命を始めさせるものは、動物の生命そのものが由来するのと同じだけ多くの原因に由来する一原理である。そのことは、生命の諸条件と種子を準備するものを比較すればわかる。火のように増殖するこの第一原理が生命の土台、すなわち、動物の身体と生命の始まり、成長、終わりをなす。それが芽を出し、成長し、こしらえ、体液の運動を生み出すからであり、それはすべてで、諸部分で、諸部分のつながりで、体液、特性、機能だからである。植物の樹液が木質、髄、樹皮、花、葉、実、さまざまな性質や力を作り出すように、この原理が動物のあらゆる部分に苦もなく変様し変化するのだからである。動物の原湿が持つ単純さは、動物に見られるあれほど多様なすべてがそれに由来することを少しも妨げないし、それが多様なものに姿を変えることも妨げない。なぜなら、庭や野に雨が降ると、水は、いかに単純なものとはいえ、植物を到るところで再び青々とさせ、植物に見られる無限に多様な種へとほどなく変化するからである。というのも、水は植物の樹液に成り変わるので、同時に植物も成長させ、そこに種々異なる部分を生み出すからだ。そのことは、水を満たしたビンの中にある種の植物を入れ、それが中で根、茎、葉を出し、花を開かせるのを見れば、得心がいこう。また、水はいかに単純なものであろうと、ただそれだけが、植物の樹液に変化した上で、植物の諸部分、栄養、成長、力を作り出すことも、かまどで乾燥させた土の中に種をまき、それに水をかければ納得できよう。というのも、正確な秤に載せるとわかるように、種が芽を出し葉や実を生み出す前よりも後で、土の重さが減りはしないからである。いくつかの内臓や体液、その他の部分が生成する際の原湿の成長を、この論説で私は辿ろうと努めるが、それによって次のことがはっきりわかるだろうと期待している。植物の樹液があらゆる種類の匂いや味、その他の感覚的性質をとるのと同じことを、動物のうちでは原湿がしているということである。というのも、原湿は液体ならびに固体のあらゆる部分を動物のうちに生み出し、それらを少しずつ成長させ、そうすることで諸部分に対してもつべき性質を与え、雨が降ると水がさまざまな種類の植物の樹液に成り変わるのと同じ容易さで、それらに変化するのだから。

私はこれらすべてについてラフなスケッチを提示するだけにしておく。多くの観察をしている有能な解剖学者たちが、いかにして動物の諸部分が生み出されるか、どのようにそれらは成長するか、それらはどのように活動し、力や能力を増大させるか、同時にまた、諸部分がいかにして摩耗し、体液が初期の活力を失うか、身体全体がいかにして、死と異ならぬ衰退、無活動へ最後には陥るかについて、この素描にいわば最後の筆を入れてくれるだろう。

〔一〕この付属資料の意義、著者の略歴、『生死一如』との関係などについては、『生死一如』の解題を参照。

〔二〕正式な題名は非常に長いもので、『哲学者の著作と同様に自然の到るところに真理を求める懐疑論者が生と死は同じものであると考えるとき、それはいったい何を言わんとするのかと問う神学者に、論文の形で回答す／鉱物、金属、植物、動物の生と死が、それらのあらゆる属性とともに、同じ実体の存在様式に他ならないこと、これらの変様は実体に何も付け加えず何も取り去らないことを明らかにする』である。

〔三〕この第十五から二十項までの内容は、『生死一如』では一つの項、第十八項「動物を形成する際の自然のやり方をめぐるいとも簡潔な論考。別の実験によってしか反論できない実験」に要約されている。『回答』の著者、医師ゴーチエが生理学的問題を重視してそれに多くの紙幅を費やすのに対し、『生死一如』の著者の方は生理学的問題に副次的な関心しか示していないことがわかる。なお、一七一四年版には項表記はなく、『回答』の項表記はすべてブロック氏によって新たに付加されたものである。

第十六項　ひなどりの胚種は、黄身の卵痕にある原湿の粒子である

卵の黄身の卵痕すなわち白い斑点に見られるひなどりの最初の胚から話を始めることにする。次のことは言うに及ぶまい。同じ種の受精卵でこの卵痕がさまざまにこしらえられること、卵痕が三つの輪からなり、その中の最大の輪が中の輪を包み、二番目の輪が真ん中の輪を包み、その最後の輪を小さい棒のような線が横切り、その線が上と両側に、日に当たると赤みを帯びた黄色に見える三つの点すなわち小嚢を持つことである。ひなどりの胚が樹液あるいは原湿の火花もしくは粒子で、それが卵痕を形作る棒と点と輪のうちにあること、この原湿が自己の活動によって、まるで火が木を火に変えるように、卵の白身を自分自身の本質に変換することがそれだけで十分理解されよう。こうして、雌鶏が与える穏やかな熱によって卵の白身は溶け、卵痕を通って浸透し、胚の火花と混じり合い、その体積を増大させ、次に煮熱されて少しずつ濃厚になり、その結果、白身はひなどりの諸部分を形成するのにふさわしくなるだけでなく、ある部分が別の部分の構成に役立って、諸部分を次々に生成するのにもふさわしくなるのである。主として以上のことから、ひなどりを構成する諸部分の非常な多様性が結果する、それらはみな同じ本質、同じ樹液、または同じ原湿から生じるとはいえ。

ひなどりの発生がどこから始まるかを注意して見れば、前述の小嚢の一つから脳が形成され、他の二つから両目が形成されることが真実らしく思われる。卵痕の中心を占める小さな輪を貫通する棒についていえば、それが脊柱のそもそもの元で、既に胸に対応する部分でもあることは疑う余地がない。だから、その正面にある心臓こそ明らかに最初に形成される内臓である。抱卵されて三日目には早くも、まだ下腹部の内臓が一つとして粗描すらされていないのに、それが拍動するのが見られるからである。したがって、脊柱は単に胸の内臓の根であるだけでなく、下腹部の内臓の根でもあるように思われる。なぜなら、常に適当な栄養となる原湿を介して脊柱が成長し下へ伸びてゆくのにつれて、下腹部の内臓が形成され始めるからである。

第十七項　脊柱は胸と下腹部、さらには両者の内臓の根である

かりに脊柱が他の多くの身体部分の根でないとしても、胸と下腹部の根だと思わせるのは、ひなどりの発生過程において、卵が雌鶏に抱卵されてから七日目か八日目に、胸の肋骨が肉や膜とともに脊柱から生えてくるのが見られることである。肉と膜は腰部から伸びてきて、ついには胸を覆い、ついで下腹部を覆う。さらにまた、下腹部の内臓が胸の内臓と同じく脊柱に由来することを確証するのは、脊柱が伸び、胸の領域から下腹部の領域へ進むにつれて、肝臓、胃、脾臓が最初に形成され、ついで大腸と腎臓が、そして最後には尿と精液の排泄に用いられる下腹部が形成されることである。以上のことから、卵が雌鶏に抱卵されてから六日目か七日目に、脊柱の上を漂っていて、どこにおいてもまったく一様で同一の本性をもつ原湿が、脊柱の様々な部分のどれに充てられるかに応じて、ここではある内臓、あそこでは別の内臓というように種々の内臓を形成すべく決定づけられるように思われる。

内臓や肉部の差異を生み出すのに与るのは、単に原湿が被る煮熱の多少だけではない。それらの本性を主として決定するように思われるのは、原湿がどの部分に充当されるかである。というのも、私は手ほどの長さの人間の早産児を見たことがあるからだ。それは女児で、形をなさぬ粘液だけからなる鼻半分と顎の先端を持っていた。ところで、この粘液がそのまま温浸されていれば、鼻と顎に自然に生じるのと類似した肉が形成されたことは疑いない。だから、同じ本性を持ち同程度の煮熱に達したこの二つの粘液部分が、鼻と顎で別々の肉あるいは部分を普通ならきっと形成したはずで、そうなるのはまさに粘液が充当された部分が本性上類似していないからなのである。それゆえ、下腹部、胸おそらくは全身の内臓と肉部の多様性も、元々は脊柱の諸部分の多様性に直接的にも間接的にも由来するのかも知れない。脊柱の諸部分はみな同じ本質、同じ樹液に由来するとはいえ、それらは部分から部分へと、感覚にはひどく異なって見える諸種の事物を生じさせうるからである。

第十八項　内臓、肉、腱、骨は、原湿が濃くなるにつれて、原湿によって形作られる

自然がどこでも同一で常に同じごく単純な仕方で働くことに基づいて、十分よく検討するならば、あの早産児が鼻と顎に持っていた粘液について私がした観察から、どのようにして内臓がその全メカニズムとともに生まれるか、それなりに理解されよう。この粘液によって肉が製造され、血管、神経、粘膜などの特殊な組織が、置かれる部分の本性にしたがってそれから作られるのだから、内臓、肉、腱、紐帯、軟骨、骨も同じように、既に形成されたか形成され始めたさまざまの部分に充当される粘液または原湿から作られると信じるべきである。こうして、原湿は動物の内臓、肉部、その他の部分の基礎、土台となるばかりでなく、さらに粘膜、血管、神経も構成し、それらのあらゆる編み合わせとあらゆる方向性も作り出す。というのも、新たに生み出された血管は前に産出された血管と正確に吻合し、神経は神経と、粘膜は粘膜と吻合するからである。その結果、盲目で必然的で驚嘆すべき原因によって、すべては極度に正確に作られ吻合することになる。

第十九項　固体部分と体液は、形成された直後には、動物の生命に少しも役立たない

内臓が生じてすぐには、それを構成する諸部分もまったく役に立たない。血管や神経や粘膜はまだ互いになんの関係ももたず、ましてや動物の他の部分との関係など問題外だからである。それゆえ、堅固になり安定性を獲得し、膜によって内臓と内臓、また内臓を作る管や導管を結ぶには、自然または原湿には一定の時間が必要である。しかも、それがすべてではない。このような組み合わせだけでは、内臓が動物の体のあらゆる部分と連絡し関係をもつのにまだ不十分だからである。したがって、内臓が他の内臓とつながり合い、内臓内部の諸部分がよく統一しているだけではまだ十分ではなく、さらに、それらの管の中にある体液がしばらくそこにとどまる必要がある。その後で始めて、体液は流体となり十分流動的となって近くで既に運動している体液とともに循環するのである。臍の緒の例が示すよ

うに、第一に血液――それは静脈同士が関係を持たないうちは動き出さないのだが――とともに静脈を作るのが、身体諸部分の発生で自然が守るやり方である。関係すべき他の静脈の方もしばらくは役に立たず、まだ未加工な準備段階のようなものでしかないが、時とともにそれが完成し、動物の体の構成にもその生命にも役立つようになる。というのも、内臓と同様に原湿の灌注によって作られる胎盤は、羊膜液の中をまだ浮遊している臍の緒の端がつながらないうちは、無数の小さな静脈を備えてはいるものの、その小静脈は臍の緒の静脈とその時はまだ全然関係をもたず、待歯石にすぎない状態だからである。胎盤が母親ではなく胎児にのみ属するので、胎盤の静脈に含まれる血液はそこに滞留してしまい、循環して静脈の恩恵をその胎児にもたらすことができないのである。

血液がまだ運動を始めないうちに血管を作り、そして、臍の緒の静脈と二つの動脈という太い管が原湿または羊膜液のおかげで長く伸びるのが、成獣の諸部分が発生する際の自然法則である。原湿または羊膜液は、太い管を貫いて浸透し、それによって管に栄養を与え、管が胎盤の静脈に達するまで成長させ、胎盤の静脈は静脈で同じように伸長し、臍の緒の浮遊する端に向かって進んでいく。この例もまた、胎盤から生まれた小静脈が、胎盤の中ではまだ無用な静脈にすぎないものの、臍の緒の二つの動脈ならびに静脈と吻合すると、静脈にも動脈にもなることをはっきりと示している。そこから、臍の緒の静脈と連絡している［胎盤の］静脈は相変わらず静脈のままで、動脈から受け取った血液を胎児の心臓に伝達する役割を果たすのに対し、臍の緒の動脈は、それとつながった胎盤の静脈を動脈に化し、ついで動脈としての機能を果たすように決定づけるのだと考えられる。以上のことから、自然は盲目で認識もしないとはいえ、それでも適切かつ巧妙にはたらくことが理解される。というのも、臍の緒の管は胎盤の管と実にぴったりと吻合し傷痕すら残さず一つの連続した管に他ならなくなるからであり、また、ついで動脈が臍の緒を通じて血液を胎児から胎盤へ送り、静脈がそれを胎盤から胎児へ送り、その血液のおかげで胎児は栄養をとって生育するからである。このことはさらに、原湿がいかにして、互いに離れた部分同士が助け合うための手段ともなるかを示している。

臍の緒と胎盤が教えてくれることはそれにとどまらない。それらはまた、自然が生み出したばかりのものが、他の生産物の序曲とも土台ともなることを示している。というのも、自然が元々は原湿でないものから生み出した原湿が胎盤という腺の塊を作り、そこから静脈、神経、排泄管だけでなく、膜や筋肉状ならびに膜状の繊維も生じるからである。その結果、これらの繊維と膜は一つ一つがつなぎの役をして、内臓全体を強固で恒常的な状態に保ち、また同様にその内臓を隣接する諸部分とつなげることになる。その上、胎盤を介し、胎盤と臍の緒の結合を介して、胎児は今まで持たなかったほどの生命を受け取る。自然は胎児の体の最初の土台を置いたが、かなり不完全な構造を作ることしかまだほとんどしていなかったからである。こうして、胎児はやがて臍の緒のおかげで以前より活潑な生活を営むようになる。なぜなら、胎盤に達している母親の下腹部の動脈を通じて、胎児は単に必要とする栄養の一部だけでなく、とりわけ母親自身を生きさせ、母親が呼吸するとたえず空気が母親に吹き込む生命の気の一部をも受け取るので、胎児自身のか弱い生命に母親のより多くの生命が付け加わるからである。このようにして、母親は自分の肺で燃えている自らの生命の一部を胎盤に伝え、胎盤はまるで最初の肺であるかのように、臍の緒の静脈を通じて、胎児に生命を吹き込むのである。それがなかったら、ここまで胎児を作ってきたものが、もはや存続できずにみな消し去られてしまうだろう。

第二十項　管の膜と、管が含む体液が同時に形成されることを教える解剖学的実験

生後二日のひなどりを解剖したときの以下の観察は、自然が動物の諸部分の発生において常に同じ順序に従うこと、当面は使われず互いに連絡もしていない諸部分をまず作ることを示している。このひなどりの解剖で、私は、重要で目立つ部分で自然がどのように歩むかをよく見きわめるため、胆管や総胆管とともに胆嚢を観察するつもりでいた。既に抱卵七日の卵の肝臓の下に、点またはごく小さなレンズ豆ほどの大きさの胆嚢があることに気がついていた。この観察は、肝臓が形成され始めると同時に胆嚢が生じること、そこにある胆汁は最初の煮熱に由来すること、つまり、胆嚢の孔に浸透して胆汁に変わる原湿に由来することを教えてくれる。洞窟や地下室や樋の上に落ちる水がそれらを

通り抜け石状や円筒状の物体に変化するのとほぼ同じである。原湿は、胆嚢に浸透するにつれ胆汁と胆嚢を同時に成長させる。このように、形成され始めたどの管にも、そこに含まれる体液が管の膜と同時に作られて存在する。したがって、管の体液と膜は、まったく同時に生成し、原湿から養分をとって成長し、同じように増大するわけである。このようにして胆嚢が成長したことを、私は二日前に生まれたひなどりに見出した。これから私はそのいくつかの観察結果を報告して帰結を引き出すが、それらは、諸部分の発生に当たって自然がとる道を指示するだけでなく、動物の生命を維持するために遠く離れた部分同士がどのように助け合うかを示すのにも役立つだろう。

第二十一項　動物の生命は徐々に成長しまた強化される〔四〕

生後二日のひなどりの下腹部を解剖し胆嚢を観察した後、出来立ての胃も解剖して、それが大麦に満たされているのを発見した。ついで、次の段階の胃を解剖したが、そちらは乳糜で満たされていた。腸もあちこちで乳糜に満たされていた。腸には胆汁が流れたことを示すような跡は何もなかった。胆嚢を押しても胆汁は出てこなかった。したがって、胆汁はまだ流れていなかったように思われる。このことは、子供が誕生すると、それの諸部分は生まれたばかりなので、まだ生命にはなんら役立たない部分があることを教えるだけでなく、生命力がまだ弱いうちに、それらの部分が完成度を増し、それによって少しずつ機能し始めはたらき始めて、生命を強化してゆくことも教えている。ひなどりの生命が段階を追って増大することも、それが初めは弱く、成長すれば与えられる活力をまだもたないこともそれに由来する。

総胆管がそこにまだ通じていない状態でも、うまく調合された乳糜が胃と腸の中に存在したのだから、胆汁も膵液——これも胃や腸にまだ注いでいなかった——すらも、食物の消化と乳糜の精製に思ったほど貢献していないと推定される。そこから明らかなのは、生まれてすぐには、胆汁や膵液の管が動物の生命に少しも役立たないこと、その他のあらゆる部分にしても同じだということである。腺から生い立ってすぐには、リンパ管も明らかに機能せず、同じ運命を辿る。形成された直後には疑いもなく、本来そこへ通じている場所にリンパを運びはしないからである。乳糜管や長短のあらゆる排出管も同様である。つまり、私が言いたいのは、それらの管をあるものは早く、あるものは遅く作る自然は、きちんと完成したその後で獲得するはたらきをまだ管がしないうちにいつも、その管を形成し始めるということだ。このように、動物の生命が部分ごとに作られること、わずかなものから始まって順次拡がり、そうして時とともに初めは持たなかった性質——運動し、感じ、計画を作り、好き嫌いを抱くといった性質——を獲得することがわかる。ついでながら、そこから次のように結論できる、まるでただ一つのもののようにただ一つの名称で表現されるこれらの情念も、実はそれぞれ個々に部分ごとに作られ、情念は動物の生命と同じく、無数の原因の協力の結果にすぎないということである。

〔四〕『生死一如』の第十九項「人間の生命は徐々に成長しまた　強化される」に対応。

第二十二項　血管、神経、排泄管はいつも根から生じ始め、ついで原湿のおかげで伸長し、もっと太い管と吻合する〔五〕

動物の諸部分が生まれるにつれてそれを観察する解剖学者が、諸部分の形成の仕方や、それを完成へ導く段階、それらが互いにつながり連絡することなどについて多くの観察を行なっていたら、中にある液体を受け取る場所へ排泄管もしくは排出管を挿し込むために自然または原湿がどのようにするかがおそらくはわかるだろう。例えば、膵管などと同じく、総胆管がいかにして腸に通じるかもわかるだろう。その点について推測を述べねばならないとしたら、いまだまったく形をなさぬ原湿が濃度と煮熱度を増すにつれ管の形を取り始め、腺のような性質を帯びたまだごく不完全な筋肉に変化したのだと言えようか。この筋肉がさらに煮熱され、安定性と完成度を増すにつれ、血管、神経繊維、膜、排泄管も自ら作り出すのだ。これらはみな、各部分の本性にしたがって、原湿——肝臓や膵臓はそれから形成され、かつそれに浸透されている——のおかげで同時に作られ完成し伸び成長するのである。端が羊水の中に浮かんでいる臍の緒がいい例で、血液はまだ循環していないのだから、そこに漂って四方から臍の緒に浸透する体液によって、血管も神経繊維も膜も伸長し栄養をとり強化されることをはっきりと教えてくれる。こうして、肝臓や膵臓の排泄管も血管もこれらの内臓の中で原湿から生じ、原湿はまずそれらを最初の根源である小さな新芽から成長させ始め、各小腺から出る根が互いに結合し合って、相互に連絡し合う感知可能なほどの管を形成するようになり、ちょうど水源に向かって上流に位置する無数の流れから水を受け取る川のように、管同士が吻合してついには大きな管になり、含んでいる体液をそこへはき出すのだと推定される。

動物の管を根から作り始め、同じ種類のときは、それらが伸び成長し肥大するに応じて、それらを互いに結合すること、そして、作り始めたものを、それに依存するものが作られ始めるより前に仕上げ完成させること、これが動物の発生の法則なのだから、肝臓中に拡がる胆汁の排泄管も、共同の排出管が出来上がるより前に作られねばならない。だから、たとえ総胆管がそこにつながっていても、胆嚢の胆汁が腸へまだ自由に流れてゆけないのは奇妙でも何でもない。総胆管はまだ胆汁の流入を許す状態になっていないからである。それは、臍の緒が胎盤にくっついてもすぐには、その血液が胎盤に流入しないのと同じことだ。また、次のように言ってもよかろう。総胆管の一部が腸から出発し、肝臓から出て伸びてくる一部を迎えに来て、原湿のおかげでそれと結合するのだ、と。それはちょうど、臍の緒の端が自らの管を胎盤の管と結合したり、新たに形成された神経が別の神経と結びついたりするようなものである。いずれにせよ、常に確かなのは、動物の場合、同じ種類の長い管が互いに吻合して他でもないその管へ体液を排出する支脈をいつももっていること、そして、短い管は管で、体液の運動と、その体液をある場所に保管することとを通じて、身体の諸部分と驚くべき連絡・照応をしていることである。

〔五〕『生死一如』の第二十項「人間のある種の部分を形成する際に自然がとるやり方の検討」に対応。

第二十三項　獣の感覚的霊魂は、身体または身体の機能に他ならない〔六〕

肝臓と胆嚢の構成から、その内臓のすべての能力とともにそれの生命が由来するなら、動物の全身の造り、その諸部分のうまい配列、その体液の規則的な流れが、動物のすべての活動と生命を作り出さねばならないし、その活動と生命は身体と区別されてはならない。それゆえ、動物の生命、あるいは同じことだが動物の感覚的霊魂は、動物の器官から生まれる機能以外ではありえない。ちょうどその植物的霊魂が、動物が形成され始めるとすぐ、感覚のない諸部分の配置と構成を生み出す原湿の活動または力以外ではありえないように。ついでながらそこから、非常に複雑な作用をごく単純なものと見なしたり、無数の様態を一つの実体と見なしたりできる哲学者たちが、獣の感覚的霊魂と植物的霊魂についてわれわれに多くの作り話をし、何か実在するごく微細な存在であるかのようにそれを語っているのがおわかりになろう。というのも、これらの霊魂は実のところ原湿の力にすぎないからである。原湿は段階を追って自己を展開し、二つの霊魂を順々に生み出すが、まず植物的霊魂を作らなければ、感覚的霊魂をけっして作りはしない。実際、原湿が諸部分の構成を行ない、諸部分が安定性や柔軟さや相互にもつべきつながりと関係を獲得した上でやっと、諸部分が持つ感覚する特性もそこから必然的に生まれるのだ。ちょうど原湿から諸部分を構成する性質が生じ、また、時と所と状況に応じて自然が生み出す物質の一定の適合から、その適合を作る物質がそれまでもたなかった原湿の力が生じるのと同じである。

こうして、動物を生み出すために自然が一般的に用いる方策がわかる。自然は一気に動物を作るわけではなく、一部また一部と構成する。それでも、いくつもの部分を同時に形成すべく努めてもいる。ついで、諸部分の構成と連結から、諸部分の能力もあるものは早くあるものは遅く生じる。その結果、諸部分間には、それらが互いに協力してある部分が他の部分から作られるという大きな依存とつながりが見られ、最初の部分をもしも指定できたら、それが前もって存在していた無数の原因の協力に源をもつのがわかるはずである。したがって動物の感覚は、感覚能力のない多数の原因がそれに先行することを前提とする。動物がもつ食べ、歩き、飛び、計画する能力が、感覚を生み出すすべての原因のみならず、動物の種を個別化する原因をも前提するように、動物の感覚もそれに先行する多数の無感覚な原因を前提しているのだ。

いかに慧眼の士であってもこれほど多くの原因のカオスは解きほぐせず、それらの原因の依存も関係も目指すところも見ることができないなら、感覚で捉えられるその結果を学ぶだけでよしとして、おこがましくも自然の深みにこれ以上立ち入ろうとなどすべきでない。自然は物事をまったく秘密裏に行なうので、靄を通して見るようにしか人には見られないからである。それゆえ、これほど多くの原因から生じるはずの結果について前もって断言するのは無謀のそしりを免れない。これらの原因はわれわれには知られておらず、これこれの結果を生み出して他の結果を生じない理由となるそれぞれの性質や原因相互の関係もやはり知られていないからである。

〔六〕『生死一如』の第二十一項「霊魂は身体あるいは身体の機能に他ならない」に対応。

第三十項　霊魂は神経の根源にはない。近代の一部の解剖学者が考えるようには〔七〕

脳の実質は泥と同じく感覚はもたないのに、それでもなお、神経が由来する根源にわれわれの霊魂を置く解剖学者がいる。ちょうどシャム人がゾウに知性を与えたり、異教徒が自分らの英雄を天の星々に住まわせ、それを神と見なし、自分たちに起こることをそれのせいにしたりしたのと同じである。その解剖学者らによると、われわれの霊魂ははっきり分割されねばならない。なぜなら神経は、脳の皮質、線条体、視床などを構成する無数の小さな腺から始まるからである。しかしながら、霊魂が全身ではなくそれらの場所にあるとはとても思われない。神経も静脈や動脈と同じように各部から生じるからである。実際、ある部分が原湿から形成されるにつれ、それがまだ脳と何のつながりもないうちから、神経の最初の元はそこに早くも発生する。ついでそれらは伸長し、他の神経と結合する。脳から来る神経と他の身体各部から生まれる神経とは、まだ相互に連絡し合っていない。臍の緒の静脈と二つの動脈も同じように胎盤の静脈と結合するが、だからといって胎盤の静脈が臍の緒の静脈や動脈のように肝臓に根源があるとはいえない。したがって、神経または神経繊維も脳と身体各部という二つの端から発生し、そこで合体し合うことになる。だから、なんと言おうと、神経の起源は他の身体各部以上に脳にあるわけではないのである。神経は、神経管に沿って身体の各部へ向かう体液を脳から受け取るが、だからといって、神経の根源が脳にあるはずだと主張すべきではない。神経はいつも体液がそこを流れる前から形成されているからである。しかし、この理由が当たらないことを示す事実もある。静脈が胎盤から持ち出す血液を、臍の緒の動脈が胎盤へ運ぶという事実である。このように、ある体液がある部分から流れ出したり、そこへ流れ込んだりすることから、管がその部分を根源としないという帰結が生じるわけではない。胎盤の静脈と動脈はひとしく胎盤に由来し、血液もそこから来、また同様にそこへ向かうからである。

それに、神経は内臓中にあるその最初の元から栄養をとると主張する著作家もいないわけではない。だから、神経繊維の中にある体液が、上から下へ降りるのと同じく、ときには下から上へ上がることに真実味がないわけではない。イエズス会士のラナ神父が言うガラス管の中を水がなぜ上昇するか知れば、こんなことは苦もなく理解できるであろう。この人は、七宝職人が使うランプでこの管を溶かし、クモの糸に匹敵するほど細い糸に延ばした。それをサイホン状に曲げ、脚の一方を水の中に入れると、水が一方ではそこを上がり、他方では下がるが、ただあまりにも緩慢なので、四時間でやっと一滴落ちる程度だった。しかし、この実験からわかることを強調せずとも、植物の根を通じて上昇する樹液のように、露が葉や枝や幹を湿らすと、それが植物に栄養を与え、植物を生かすのが見て取れる。また、茎が空中に伸びるように、根が地中に伸びるのも見て取れる。このことは、動物と同様植物の栄養摂取と成長も、諸部分の周りにあって諸部分に浸透する液を通じて、下から上へも上から下へも行なわれることを示している。それはまた、動脈と静脈を貫いて主に血液全体から発散し、到るところに染み通る温かく穏やかな蒸気のようなものに、動物の栄養が由来することも示している。それはちょうど、動物の発生の初期、管の中を体液が運動するようになるまでは、原湿が動物に浸透し動物を成長させるのと同じである。動物の食餌と成長は、普通考えるように動脈と神経の末端でなされるわけではないのである。

以上のことから、神経はそれに帰されるすべての機能に適すわけではないが、霊魂が神経の根源で聞いたり認識したりするなら、霊魂は体全体で同じ特性を持つはずである。神経の根源は体全体にあるからである。脳が形成され、心臓がその影響を受ける前から、心臓は拍動し感じ、動脈や静脈と同じく神経を持つが、神経はまだそうした霊魂の能力を獲得できない。したがって、神経のある一端が他の一端以上にそれの根源となるわけではなく、また、神経の中にある体液の流れが神経の根源を指示しないことを自然は示すのだから、脳の中の神経の根源に霊魂を置く仮説は正しくないに相違ない。というのもこの仮説では、なぜ霊魂が肉や内臓のうちにある別の末端で見たり聞いたりしないかを説明できないからである。さらに、以下のようにも結論できる。ある神経を刺激しても、その神経は自己の動揺もしくは精気の振動を、反対の末端以上に脳へ伝えはしないということである。そこから、神経にはその仮説が与えるような性質などないことになる。つまり、神経という部分は単純すぎて聞くことも認識することもできはしないのだ。また、柔らかく、膜の中を蛇行して、そこで終わってしまうから、神経がその動揺を外側の諸部分から脳へ運ぶことも、神経に含まれる精気がその振動を脳へ運ぶこともできはしない。知覚されるほんのわずかの刺激ですら、こんな道を通って脳へ伝達されることなどありえないからである。

解剖学者の中にはまた、体中の膜は脳の硬膜と軟膜から来、それの産物であり延長であると主張する者もいるが、その膜を通じていかに感覚が伝達されるか、やはりうまく説明できない。しかしながら、胎児が形成される際には、心臓が拍動する前ですら、胸部に相当する脊柱を包む膜があるが、その膜は脳の膜の延長ではありえない。脳の痕跡も脳の膜の痕跡もまだそのときは現れていないからである。ところで、抱卵して十二日前後に、胸部と下腹部がまだ閉じているとき、ひなどりがその中を泳ぐ原湿から、ひなどりを包む皮膚になる分厚い雲のようなものが作られる。というのは、翌日にはそれが、羽の始まりであるのを示す黒点を備えているのが目に見えるからである。そこから、皮膚がこの雲から形成され、しかも硬膜や軟膜に依存などしないのがわかる。だから、これら二つの脳膜は体中の他の膜の産物でも根源でもありえない。それらの膜はみな等しく、原湿あるいは原湿が生み出す諸部分を根源とするからである。だから、もし霊魂を硬膜に置き、霊魂はそこであらゆる能力――それは体中のすべての膜とのつながりによって説明されることになるが――を発揮するのだと主張したら、霊魂を松果腺に置いたデカルトや、線条体に共通感覚の座を置き、脳梁に想像力の座を置き、皮質に記憶の座を置いたウィリスの二の舞を演じることになる。あるいは結局のところ、神経の根源に霊魂を置く人々の二の舞を演じることになる。そこから、これらの仮説が想像力に由来すること、自然に基づかぬこと、哲学者の間で常に解決しにくい現象とされてきた動物の感覚を説明するためにそれらが発明されたことがわかる。

〔七〕この項と次の第三十一項は『生死一如』の第二十五項「霊魂は神経の根源にはない。近代の一部の解剖学者が考えるように は」に対応。

第三十一項　動物の感覚は、互いに関係をもち照応し合う繊維や膜や管の組織から結果する作用である

幻想に陥らないため、私は動物の発生に際し自然がどうするかを辿り、感覚をもたないものに自然がどうやって感覚を与えるか、見ることにする。自然がそこで示すのは、動物が形成される元である原湿には感覚がないこと、感覚はやはり感覚をもたぬ無数の原因によって生み出されること、原湿は初めに不完全な構成物を作るが、それの持つ諸部分は柔らかすぎて互いにつながりも関係もないため、やはり感覚する性質をもたないことである。しかしながら、諸部分のこの最初の構成物が安定性と完成度をさらに獲得し、繊維や膜や管が互いにつながり、相互の間に必要な交流、照応、関係ができると、この組織は感覚し運動できるようになる。抱卵して三日目に拍動するひなどりの心臓がその実例である。というのも、心臓がそこから作られる卵白は、感覚も運動もしないが、何かが形成される以前に、まずさまざまな段階の変化をし、徐々に安定を増してゆくからである。まず澄んで透明になり、次には不透明で泥状になり、ついには濃度をさらに増して、やがては繊維や膜や管を形成するが、それらはあまりに弛く柔らかく互いに

照応もないため、諸部分が堅固でしなやかになり、それの性質も関係し合うようになったあかつきに全体が獲得する感覚を、まだもっていない。というのも、抱卵して三日も経たずに感覚をもつひなどりの心臓からも明らかなように、感覚という性質は、諸部分の性質全体から結果するからである。

第三十二項　動物のもっとも普遍的な感覚は、感覚をもたない生き動くものから来る〔八〕

したがって、動物の感覚は、それ以前には感覚をもたなかったいくつもの原因の結果である。しかも、感覚を現に生み出す諸原因も、それぞれ別個に見れば、感覚を欠いているとさえ言える。動物の感覚に貢献する血液が感覚をもたぬことは十分知られているからである。神経液も同じく感覚をもたない。神経液がそこから来る脳の実質に感覚が欠けているからだ。感覚を生み出すのに協力するそれ以外の体液にもやはり感覚は欠けている。皮膜や膜や管も同じである。というのも、かりにこれらの体液が、必要とする柔軟さや敏捷さを皮膜や膜や管に与えず、これら相互の間になんら関係もなければ、これらは骨と同様に感覚をもてないからである。したがって、これらの諸原因は無感覚とはいえそれでも生き動くものだから、動物の感覚は生きた多数の原因から結果するはたらきに他ならないと推定される。それらの原因全体がある物質組織に感覚を生み出すべく協力し、その組織は感覚を獲得するのである。それらの原因のうちに、感じるという特性をそれ自体としてもつものは一つもないにも拘らず、である。同様に、水車や時計においても、小麦を挽いたり時刻を示したりする特性をもつ部品は一つもない。こうした結果は機械のさまざまな部品の連鎖、照応、一致したはたらきからしか来ないのだ。

〔八〕　この項と次の第三十三項は、『生死一如』の第二十六項「動物のもっとも普遍的な感覚は、感覚をもたない生き動くものから来る。個別の感覚について」に対応。

第三十三項　われわれの感覚器官の個別の感覚は、器官の構造によって変様された感性的諸原因に由来する

したがって、動物の感覚が、原湿が直接生み出して互いに結びついたいくつもの部品の協力に由来するはたらきだとすれば、感覚が感覚器官のうちでなぜ多様化するかもわかる。原湿が置いた感覚器官の土台はただ生き動くだけである。つぎに、その土台から繊維、膜、管、血液、その他の体液の組織が作られる。しかし、これらの事物が必要な安定性とつながりと関係をもつようになるや、器官が完成するのも待たずに、それらは感じる力を持つようになる。ここまでのところ、器官の感覚は、動物のもっとも普遍的な感覚である共通感覚となんら異ならない。それはまだ生き動く諸原因の活動もしくは結果にすぎないからである。器官が出来上がり完成したときに器官から結果する個別感覚はそうではない。というのも、それは前からそうだったように、生き動くものの産物であるだけでなく、感性的事物の産物でもあるからだ。したがって、視覚、聴覚、嗅覚、味覚などは、多数の原因または変様甚だしい多数の共通感覚がわれわれの感覚の直接的器官に達したときに生み出す個別感覚なのである。だからこそ、それらは目、耳、鼻、舌を通過するとき、視覚、聴覚、嗅覚、味覚といった感覚の相で感じられるのだ。そこから、動物の個別感覚は、通過する器官の多様性に応じて変様した感覚に由来すること、動物の一般的感覚が感覚器官の内で獲得する変様の多様性が、目に視覚を、耳に聴覚を、鼻に嗅覚を、舌に味覚を作ることがわかる。もっと多くの感官を有していたら、われわれは、今はその観念をもてないような自然界の事物も認識できるだろう。

第三十四項　感覚器官と全身には不可解な照応がある〔九〕

このように感覚を生み出すために自然が踏む順序を指示し、われわれの感官の個別感覚がなぜ作られるかを見た以上、次に述べることから、感覚器官と全身にある大きな関係も理解されよう。恋する男は、愛人から優しい視線を投げかけられると、燃え上がりひどく昂奮する。どこからともなく聞こえてくる音は、われわれをときに不安にし怯え

させる。バラや麝香の香りは女性を息苦しくさせ、その臓腑を揺り動かす。動揺や恐怖を感じずにはワインを味わったりチーズを食べたりできないような人もおり、同様に、足の裏をかくと必ず全身に震えが来るような人もいる。そこからわかるのは、われわれの各感覚器官と身体の諸部分の間には、理解の及ばぬ驚くべき照応があるのだから、いくつもの、あるいはすべての感官が一度に刺激されたときにどんな照応が見られるかは、ましてや理解できるはずなどないことである。実際、オペラに行く人は、目を楽しませるさまざまなものですべてが光り輝くのを見、音楽の合奏を聴き、香水の香りに取り巻かれ、何かおいしいものを味わい、柔肌にも触れて、さまざまな情念のこれほど大きな競合のため、まるで魔法にかかったようになってしまうのだ。

〔九〕この項と次の第三十五項は『生死一如』の第二十七項「感覚、触覚は、それぞれが知覚（視覚）に対してもつ関係を、互いの間ではもたない」に対応。しかし、聴覚、嗅覚、味覚器官と全身には不可解な照応がある。

第三十五項　聴覚、嗅覚、味覚、触覚は、一つ一つが知覚に対してもつような関係を、相互にはもたない

すべての感官が同時にはたらくと、それらはある混乱した知覚を生み出す。感官が別々にはたらくときはそうではない。しかしながら、聴覚、嗅覚、味覚、触覚は、一つ一つが知覚に対してもつ関係を、互いの間ではもたないような感覚である。われわれは匂いを感じることなく音を聞き、味の感覚なしに匂いの感覚を持ち、皮膚に別の感覚を覚えずに味の感覚をもつからである。しかし、強力な原因が知覚を占領し切らないないかぎり、個別感覚が知覚を伴わずに起こることはないから、特に耳の器官や鼻、舌、皮膚の器官と知覚または視覚の器官との間には不可解で驚くべき関係があると認めねばならない。だから、針を刺されたとき、なぜ瞬時にしてその知覚をわれわれがもつかも難なくわかる。われわれの知覚の器官で稲妻のようにすばやく感知される原因の連鎖によって、それはなされるからである。

しかし、針を刺されると瞬時に知覚が続くようにさせるあらゆる原因のカオスを解きほぐし、それらの原因のつな

がりと関係や、個々の原因が正確に寄与する割合を指示したいなどと思ったなら、知れることと知れないことをなんら区別していない証拠であろう。なぜなら、この点について主張すべき合理的なことはせいぜい、人間という個体が、その諸部分が実によく結びつき、一体化しており、それらがわれわれの理解できない関係や交通を相互に有していることと、痛みの知覚は目でしかなされないということだからである。というのも、われわれが耳でしか聞かず、鼻でしか嗅がず、舌でしか味わわないように、目はわれわれが唯一持つ知覚能力を備えた器官だからだ。ただし、耳で聞き鼻で嗅ぎ目で知覚するなどといっても、歩こうとしていかにして歩くかを知らないように、そうした関係から生じる感覚がいかにして起きるのか、それにいかに気付くのかをわれわれは知らない。こうしたことはみな、身体の諸部分の間にあるわれわれには理解できない関係や交通によってなされるからである。

第三十六項　対象が引き起こす感覚が、われわれがそれについてもつ認識のすべてである〔一〇〕

これほど身近な結果の原因すらわれわれは知らないのだから、ましてやそれ以外の自然物の原因などわれわれにはわからない。だから、われわれがそれらの自然物を認識する仕方は、鐘が鳴るのを聞きながら、時計を外からしか見たことがなく、その構造も部品のつながりもそれを鳴らす対重も話に聞いたことがない人のような具合でしかない。その人は鐘が鳴る原因も、その結果がいかにして空気を通るかも知らず、空気が耳に入る仕方も、そこに感覚を引き起こし知覚がすぐそれに続く仕方も同様に知らないので、音の感覚を持つことを除けば、これらすべてについて何も知らないのである。われわれが自然の事物を認識する仕方もそれと違わない。それらがいかにして結果を生み出すかも、いかにしてわれわれまで到達するかも、いかに感官に作用するかもわれわれは知らないからである。それらの作用からわれわれの内部で、それについてもつ感覚がなぜ結果するのか、その理由すらわれわれは知らないのだ。したがって、これらすべての原因のうちにも、そうした原因が結果を生み出す相互関係のうちにも、なにひとつわれわれは見ないのだから、でしゃばって自然的原因の中にもっと立ち入ろうとするなどおこがましいし、結果によって原因を知ることで満足すべきなのだ。その自然的原因の見かけしかわれわれには提示されないからである。われわれが知っているのはそれだけで、われわれの知はみなそれだけに還元され、しかもその見かけはひどく不確かなのである。同じものでも人によって見え方が違うし、同じ人物でも対象の感覚をもつときももたないときもあるからだ。そこから、われわれのうちには乗り越えがたい不確実性の温床があることになる。われわれの気質の多様性に応じて、事物も見え方が違うからである。

〔一〇〕『生死一如』の第二十八項「われわれが対象について認識するのは、対象が引き起こす感覚のみである」に対応。

第五十九項　生と死が存在様式で、自然との関係では何物でもないことを、解剖学ははっきりと示す〔一一〕

動物の発生において自然が従う歩みのいくつかを前段で辿り、そこでは万事が比類なく正確に行なわれること、血管、神経、その他の管が他でもない同じ種類の管とぴったり吻合することを見たから、今度はさらに体液の流れも知らねばならない。動物の生命も体液の規則的運動と固体部分のつながりおよび構成に本質的に依存しているからである。その運動がいかになされるかを一般的に略述すれば以下の通りだが、生と死はなんら現実的なものではなく、生は一瞬たりとも同じ状態にはない存在様式にすぎないこと、死もまた別の存在様式で、時にはそこから生へと移ることがそれでいっそう裏づけられよう。

〔一一〕本項から第六十二項までが『生死一如』の第四十四項「生と死は存在様式にすぎない。血液は生の維持に貢献し、射精は生を強化するのに役立つ」に対応するが、ゴーチエの解剖学的議論は『生死一如』では大幅に縮約され、その代わりに定言論者（教義論者）批判が付加され前面に出ている。

第六十項　成獣における体液の運動について

食物は咀嚼され、唾液で湿らされ、嚥下されて胃の中に降り、そこで［胃液の分泌］腺の管からにじみ出る体液によって改めて分解され消化されるが、この腺の管がその元となる腺とともに、胃のビロード状の部分つまり内部の膜の大部分をなしている。乳糜はまだ不完全だが、次に腸へと流れ入り、とりわけ回腸で白さを増し完成度を高める。そこから乳糜は乳糜管に徐々に移り、そこから同じ数だけの細流を通って流れ込むのと同じように、乳糜はペケ槽［＝乳糜槽］に流れ込み、下腹部と横隔膜の圧力によって胸管の中に上ってゆき、ついで左鎖骨下静脈［＝左静脈角］へ流れ出て、そこで血液と混ざり始め、すぐに血流に従うことになる。次に、血液の運動は鎖骨下静脈から大静脈へ、そこから右心室へと進み、そこから肺動脈へ押し出される。そこで血液は肺静脈へ移り、以前はもたなかったような鮮やかで輝かしい色を帯びる。その後、血液は肺静脈の出口から左心室へ降り、そこから大動脈とその支脈に出てゆき、全身に運ばれることになる。大動脈の末端から血液は静脈の元へと染み込み、通過するとき、肺動脈から肺静脈へ移った際に獲得した輝くような色を捨てる。血液は静脈を通じて支脈から支脈へと、足や手からは上り、頭からは下りて大静脈へ到り、改めて右心室に流れ入る。そしてそこから、動物が生きているかぎり、今言ったような運動または循環が続くのである。

第六十一項　血液はいくつもの仕方で動物の生命を維持するのに寄与する

こんな風に動物の中を流れる血液は、たえず栄養、運動、生命をすべての部分へ運び、すべての部分を絶妙に統合するので、動物は他の無数の部分から構成されながらも、とりわけ血液という絆によって、一つの個体、ただ一つのものなのである。それに、血液は到るところに見出され、運動によってたえず更新され、流れに沿っていつも乳糜を運んでいき、肺で新たな生命を獲得するので、疑いもなく動物に起きるあらゆる活動に参与している。実際、それは栄養をたっぷりと諸部分へ運び、諸部分を修復し、新たな管や新たな繊維、新たな膜を作るのに必要なものを諸部分に与える。そして、その管、繊維、膜が諸部分を強化し、成長させ、自然が定めるそれの活動をいっそう活潑にさせる。血液はさらに生命も同時に諸部分へ伝え、各部分にそれにふさわしい生命の分け前を与える。私が言いたいのはとりわけ、血液が空気から汲み出し、呼吸——これなしには動物の生命も火と同様に一瞬たりとも存続できないだろう——によって肺の中に受け入れる、あの生命原理の適当な一部のことである。

動物の諸部分が成長し強化され、血液が必要以上の栄養をそこに置くにつれて、余分なもの、不要なものの一部は発汗、尿、糞その他の方法で体外へ逃げ出すが、それ以外の剰余物は別のルートを通って血液全体へと戻る。このようにして、唾液、胃の酵母、また同じことだが、腺の管を通じて胃へ落ちる原湿、膵液、胆汁などは、乳糜とともに血液全体へ戻ってくる。膜と血管に沿って体中に散在する小さな腺を通じて血液から分離するリンパは、多数のリンパ管——あるものはペケ槽に口を開け、あるものは直接静脈へ流れ込んでいる——を通って流れる。脳の皮質や腺質を循環する血液も、ある液をそこに置くが、その液は神経管へ流れ出てその機能を果たした末に、力をすべて使い切って、リンパとともに血液中へ去り、そこで活力と新たな生命を取り戻す。しかしながら、こうして血液中へ再び流れ込むこれらの液は、それでも血液に大いに役立つ、いっそう多くの流動性や活動性を与えるなどして。

第六十二項　精液の射出は動物の生命を強化するのに大いに役立つ

血液から浸出した体液が血液全体に戻るのは、長い管を通じてのみではない。脾臓やその他多くの部分から分離するものの場合は、戻るのにそんなものを必要としない。脾臓その他に滞留して酵母のような性質を獲得した上で、浸出した体液はその場で血液中に入るからである。生殖に役立つ諸部分から十分わかるのは、血液がもたらしてそこに置く体液が、煮熱され温浸されて精液に転換することである。精液は体外へ射出されるだけでなく、生殖器から発散され、血管その他の管や内臓の孔を通ってじかに移動する活潑な分泌物を通じて、血液と身体の他の部分にも伝えられる。動物全体にはね返ってくるこの分泌物の結果は、生殖に適した場所へ移動する精液の結果と同様、おそらくは探索不可能なことだろう。たとえそれの結果や胎児の形成の結果などを探ろうとしても、無駄なのだ。しかし、立ち入る必要のないそういう議論には踏み込まず、次のことを指摘するだけでよしとしたい。人（男）が生まれて十ないし十二歳までは、生殖に役立つ部分はなんの用もなさないが、その間に繊維や膜や管が生殖器に作られると思われるのだ。それはちょうど、毎年出ては成長し、ついには花芽やつぼみになり、こうして実をならす木の芽のようなもので、このように諸部分が新たに増大せずには、木の芽も実をならせはしなかったろう。同じように生殖器も、動物の生命が強化され部分から部分へと燃え拡がるにつれて準備が整い、ついにはそれに固有の精液がそこから生じるようになる。内臓ごとに何かが作られ、それが時とともに生命に寄与するようになるのと同じである。それゆえ、精液の諸部分は種類を異にする他の諸部分と同様に、形成されるにも活動するにも、それぞれ時間をかけてその道を歩むのだ。形成も機能もわずかなものから始まって、次第に成長し発達し成熟に達し衰微するからである。精液は年々豊富になり活潑になるので、それに比例して自らの精気を血液と全身に流し込み、その精気がより開かれた強い生命で全身を活気づける。こうして、精液に由来する精気あるいは分泌物によって生命は最高度の活力に達し、精液がそれほど豊富でなくなりその分泌物も不活潑になるにつれて、その高みから下降してゆく。人間（男）が四十ないし四十五歳では強壮だが、その後は衰えを感じるのは主にそのせいである。このことは、身体の諸部分が発生直後から強化されてゆき、最大の活力を得たら、後は消耗し衰微すること、それだけが生命と呼ばれる諸部分の機能もそれに比例して衰えること、を教えてくれる。

頭の諸部分もやはり少しずつ形成され、初めはもたなかった性質を時とともに獲得するが、頭も生殖器と同様にその影響を全身に拡げる。耳下腺、扁桃、その他の多くの道を通って、食物の咀嚼と消化に役立つものや、生命に有用な他のはたらきをする材料を、頭は提供する。脳から咽喉や胃や腸へと体液が流れ込むが、この体液は通りをよくし、特に粗大な排泄物を外に出すのに役立つだけだとしても、生命に無用なものではない。また、樹液が樹皮と木部の間を流れるように、頭蓋骨と頭部の外皮の間から皮膚と肉の間の体液が流れ出るが、これはおそらく大きな役割を果たしている。同じ内臓に発する神経は、感覚機能や運動機能に寄与するものを到るところへ運搬する。だから神経は、獣の霊魂——もっともそれの本質は獣の器官の諸機能と少しも区別されないが——の主要な代行者のようなものだと思われる。実際、獣が見たり、認識したり、聞いたり、味わったり、嗅いだりするなら、それらはみな、かれらの目や耳や舌や鼻の諸器官から生まれる機能にすぎない。したがって、部品が逆さまだったり位置が悪かったりしたら、これらの機能は止まるはずである。このように、獣の霊魂、または同じことだが獣の生命は身体の諸機能に他ならず、獣の死は、身体が変調を来して同じ機能がもはや果たされなくなった停止状態に他ならない。だから、獣の諸機能もそれの停止も動物の身体と区別されないのである。そこから次のようになる。獣の生も死も一定の条件下でのみ存続し、両者が同じ身体であることは、裏返しても手は手で、見せるのが手の甲であれ平であれ、手に変わりがないのと同じなのである。

第六十三項　存在様式は実体にはなりえない〔一二〕

そこに動物の生命が宿るこの無数の様態や依存や関係が、身体とは別の何か現実的なもので、身体にたまたま生じる一つ、二つ、三つの様態ではないと言うべきではない。なぜなら、存在の変様または様式は、いかにその数が多かろうと、また自然に由来しようと、別の起源から発するように思われようと、それらが作用する物体なしには絶対に何物でもなく、それどころか自らもただの物体で、それにほんのわずかなものを加えることも除去することもできないからである。それゆえ、物体の諸部分の結合も分解もこの物体の変様であり、物体に何も付加せず、物体から何も取り去らないのだから、結合していても分解しても、物体の諸部分は常に同じ物体または同じ実体でなければならない。例えば小麦の山は、山積みになっていても、かき回されても、あちこちに粒が散らばっていても、やはり同じ小麦だが、同様に動物の体も、生きているにせよ死んだにせよ、諸部分が結合しているにせよ分解したにせよ、相変わらず同じ体または同じ実体なのである。実際、動物が死ぬと、体は解体されて土、空気、水、火の中に散らばるが、体の諸部分の分解や分散は、生きていたときと同じ体または同じ実体が自然の内にあることを妨げない。なぜなら、体の諸部分は結合しても分解されたときに劣らず互いに区別されるからである。したがって、生と死は身体諸部分の結合と分離にすぎないから、常に同じ身体または同じ実体でなければならないことになる。

〔一二〕『生死一如』の第四十五項「存在様式は実体にはなりえない。それを実体だと思ったために、定言論者（教義論者）は誤ったのである」に対応。

第六十四項　動物の生命は一瞬たりとも同じ状態にはない〔一三〕

さらにこう付け加えよう、動物の生命は一瞬たりとも同じ状態にはなく、たえず流動する炎のようだと。実際、体液の流れ、血液の継続的な循環、たえざる濾過と混合、身体の習性にしたがっても別の経路にしたがっても体外に出る排泄物や汗やガスなどが、このことを十分に教えてくれる。そしてまた、自分を生かし一瞬ごとに自分の生命を更新する空気を動物が呼吸せねばならないことも、体を修復するために毎日食物をとらねばならないことも、動物の生命が常に流出しており、厳密に言えば一瞬たりとも前と同じ状態にないことを、さらにはっきりと示している。晩に食事に誘った相手は次の日にはもう同じ客ではない、と古代のある人［エピカルモス］がかつて言ったのも、きっとそのためである。そこからわかるのは、動物の生命はたえざる変化によってしか存続せず、身体の構造、体液の運動、空気その他の外的事物とのつながりや連鎖から引き出される多数の条件を抜きにしては、生命は何物でもないということだ。それゆえ、生命は一定の存在様式にすぎず、それらの様式は必然的にある様式から他の様式へと継起して、食物が死から生へ労せずに移るのと同じようにたやすく生から死へ移りうる。というのも、生に絶対必要な条件があるなら、その条件がなくなれば、死が生に取って代わるからである。このように、動物の生命は一定の存在様式の連鎖にすぎず、死とはそれの変調なのだ。その結果、生と死は一方から他方へ交互に変化することになる。それゆえ、生命は何物でもなく、何物にもよらないことは明らかである。無数の原因が生の流れを止められるからだし、のみならず、生命の基体である実体は自分が死んでいるか生きているかに無関心で、生においても死においても、そのあらゆる本質的特性を等しく保つからである。

〔一三〕『生死一如』の第四十六項「動物の生命は一瞬たりとも　同一の状態にはない」に対応。

第六十五項　獣の好き嫌いは、鎖のようにつながり継起する諸活動の協力である〔一四〕

これまで述べてきたことから、獣の生命とそれの感覚的霊魂とは同じもので、身体の諸機能でしかありえないことが結果する。害をもたらすものから身を守り、福をもたらすものを求める本能も、獣の感官や器官と区別されない。たとえ本能が理性そのものより強くかつ迅速な何かで、理性が多くの迂回を通してしか発見しないものを瞬時に獣に示すとしても、である。そこからさらに結果するのは、獣の嗜好、性向、意志、欲望、嫌悪などが、諸器官の配置や体液の本性の帰結、結果だということである。これらの活動のあるものはかなり狭い専用の座を持ち、またあるものはもっと広い座を持つが、すべてが、その活動を生み出すことを一致して目指し協力する多数の原因に由来するという付帯状況を伴う。だから、獣のさまざまな情念と活動が同じ名前で表現され、ただ一つのものの観念で理解されても、それらはそれぞれ別個に多くの原因の協力であり結果なのである。それは、活動の直接的で主たる座から原因が離れてあろうが近くにあろうが、活動を生む無数の原因を持たないような活動など存在しないからだ。

実際、獣の欲望や嫌悪、その思考や認識までもが、互いに協力し合い一器官もしくは複数器官の内にある種々の原因または変様に由来することは疑いない。だからこそ、鎖のようにつながって継起するこれらの原因が最後に主たる器官に達し、そこからすぐに活動が生まれ、その活動は実際にはきわめて複合的なものなのに、ただ一つの単純なものしか指示しないような名前が与えられるのである。というのも、この活動の根源は身体のいくつもの部分、ときにはすべての部分にあるからである。それは跳躍の際に見られる通りで、その時には体中の全部位が運動し、それぞれがおのがじし体を地上から持ち上げるのに協力する。身体の諸部分が力を合わせれば合わせるほど、跳躍もますます大きくなる。このように、獣のあらゆる活動は人間精神に洞察不能である——人間精神にはあらゆる原因の連鎖はけっして見られず、ましてや、諸原因の一つ一つがそれを生み出すのに正確にどれほど寄与するかなどわからないから

――とはいえ、いずれ劣らず身体と異なりはしないのだ。生命そのものが生命の諸活動のすべてにすぎないのと同じである。このことは、最小の部分のうちにも自然が無限を宿すことを示唆するものかも知れない。自然の部分には、人間精神が見極められないような原因の連鎖をその活動のうちにもたないものはないからである。

〔一四〕『生死一如』の第四十七項「動物の好き嫌いは、鎖のようにつながり継起する諸活動の協力である」に対応。

第六十六項　われわれも獣のような嗜好をもつことがあることと、精神が身体の傾向にしたがうことをはっきりと示す経験〔一五〕

以下の例は、原湿が獣の全活動を作り出し、それらの最初の大動因であることを理解させてくれる。狂犬に咬まれたあげく恐水病に罹った人は、その犬の全本性を身につける。吠え、泡を吹き、舌を出し、ぺちゃぺちゃ飲み、貪食になり、見境なく人を咬み、水を嫌い、精神が錯乱し、視線も定まらなくなる。脳へ来て、そこにダメージを与えるあらゆる病気と同様に、この例からわかるのは、物質的原因がその本性に合致した諸機能を果たすよう身体と同様精神にも強いることだ。恐水病患者のそういう行為は、咬まれたときにうつされたものにしか由来しえないからである。この毒は非常に活潑なものなので、強力な酵母のように、その人の体の体液を時とともに自分自身の本性へと変えてしまうのだ。かつてならその人の摂った食物を体液が自分自身に変化させたのと同じである。こうして、その人はもう、当初の本性から見れば無縁な原因で操られるにすぎないから、前にもっていた身体的性質はこの人を見捨てて去り、狂犬の性質が取って代わったに相違ない。そこから明らかなのは、獣の好き嫌いは、いかに多様でも、樹液もしくは原湿の特有な本性に由来することである。原湿は自分自身の実体から獣の諸部分の驚くべき構成をし、体液の運動、それの濾過や混合を按配した上で、動物の好き嫌いを生み出し支配するのである。それゆえ、獣の活動、欲望、意志、思考はみな、産出に産出を重ね、かくして性質に性質を加える多数の原因の結果なのだ。そこからいろいろな性質が生じるが、それらが自らの果実のように花開かせる諸結果によってしか、その性質を理解することも予見することも人間精神にはできない。

〔一五〕『生死一如』の第四十八項「われわれも獣のような嗜好をもつことがある。精神は身体の傾向にしたがう」に対応。

物質的霊魂

第一章　古今の大方の哲学者も初期の教父も、われわれの魂は物体だと思った

ピュタゴラス派とプラトン派を除く古代の哲学者はみな、人間の魂と物質の間に本当の意味の違いを認めなかった。〔一〕ここで物質と言うのは厚ぼったく、重たく、手でさわれる物質のことではなく、化学者〔錬金術師〕たちが精気だと認めるものの、それでも本質的に物体・物質であることは泥や肉と変わりない物質のことである。彼らによると、獣の魂と人間の魂の違いは程度の差、微細さの相違以外にないと考えるべきことになるから、したがって、動物では人間のように理性が発達しないのも器官の違いだけから来ると彼らは思ったに相違ない。

物体的な神をも認めた哲学者も、魂を物体と思った者の内に入れねばならない。

一説によるとトロイア戦争より八百年近く前、一説によるとそれよりさらに古い時代の人だったゾロアスターは、古代でそれほど大きな名声を克ち得た人は稀だとしたヘルミッポス〔二〕、ヘルモドロス〔三〕、ディオゲネス・ラエルティオス〔四〕の証言によると、神には光に似た体があると思っていた。ピュタゴラスもこの説を、ゾロアスターの後を継いだマギ〔ゾロアスター教の僧侶〕たちから得たのである。

人間の魂は神性の一部だとピュタゴラスは思っていた。したがって、人間の魂は物体だと主張していたにちがいない。魂は空気の別働隊だと説いていたのだから。

反対の説を唱える者は何を根拠に原理を立て、古人が神を「アソマトス」（体なし）と呼んだことから、神を精神的なものと思ったという結論を引き出せるのか。古人〔五〕によると、「アソマトス」という語は軽い微細な物体を排除しないからである。ポルフュリオス〔六〕、プロクロス〔七〕、ヤンブリコス〔八〕の証言から、そのことは容易に証明できる。

ポルフュリオスは、古人によると第一質料〔原物質〕の特性は〔物〕体がないことだと言っている。

ヤンブリコスは、天体は神の非物体的な実体と非常によく似ていると請け合う。

プロクロスも『プラトン神学』〔九〕で同じことを言う。これらの著者が前記のギリシア語の単語に持たせるのと同じ意味に、テルトゥリアヌスも「インコルポラリス」〔非物体的〕というラテン語の単語を説明した。この人によると、声は非物体的なものだからである。さて、あの三人の哲学者はプラトン派だから、物体的な魂を承認したにちがいない。魂を神性の一部としていたのだから。

ストア派もエピクロス派も、神は知性に充ちた、火のような性質の精気だと考えていた。だから、神を純粋無垢な物体と思っていたわけである。

ストア派の一人としていいセネカもその説に賛成して、神的存在の精神性を説いたプラトンを非難した。エピクロスの言う神々はわれわれより幸福な人間にすぎず、それぞれ体があって、その体も人間の形をしていた。この同じ哲学者たちは、人間の形ほど美しいものはありえないと思っていた。神々は美しい形をしてなくてはならないから、彼らはそれに人間の形を与えたのである。ここまで来れば、われわれの魂は物体だとエピクロス派が主張したのを疑えなくなる。

エンペドクレス〔一〇〕も同じように考えていた。魂はすべての元素の複合物だと主張していたからである。デモクリトス〔一一〕、レウキッポス〔一二〕、パルメニデス〔一三〕、ヒッパソス〔一四〕、ヒッパルコス〔一五〕も同じだった。魂は火だと説いていたから。

ヘラクレイトス〔一六〕は、世界霊魂は世界の内にある外部液が蒸発したもので、人間の魂は外部液と内部液双方の蒸発から来ると思っていた。そういう説をヘラクレイトスに帰するアリストテレスは、付け加えて、あの哲学者によると魂は全く非物体的なものだと言う。これも、微細な部分からなるものが時に非物体的と呼ばれていた証拠になる。

エンニウス〔一七〕は、魂は太陽から取られたと唱えるエピカルモス〔一八〕を登場させた。

ゼノン〔一九〕とストア派も、魂は火だと言っていた。それでも、魂の本質の内には何か湿ったものが入っていると思ってもいた。エピクロスは、魂は火と空気と風が混ざったものだと書いた。

ポントスのヘラクレイデス〔二〇〕は、魂は光だと請け合っていた。アナクサゴラス〔二一〕、アナクシメネス〔二二〕、アルケラオス〔二三〕、アポロニアのディオゲネス〔二四〕、アナクシマンドロス〔二五〕、アイネシデモス〔二六〕は、それは微細な空気だと思った。

ヒッポン〔二七〕は魂は水だと説いたが、それはこの人によると湿りが万物の原理だからだった。

クセノファネス〔二八〕は魂を水と土からなるとした。

反対にパルメニデス〔二九〕は、火と土にすぎないと思っていた。

ボエティウス〔三〇〕は空気と火だと主張した。

クリティアス〔三一〕――マクロビウス〔三二〕はエンペドクレス〔三三〕も加える――は、魂は血液にすぎないと称した。

ヒポクラテス〔三四〕は、それは全身に拡がる細かな精気だと主張する。

ストア派の人だったマルクス〔・アウレリウス〕・アントニヌス〔三五〕は、それは何か風のようなもので血液からの発散物だと固く思い込んでいた。

クリトラオス〔三六〕は、魂の本質は第五実体〔第五元素、エーテル〕だと想像した。

ピュタゴラス、フィロラオス〔三七〕、デイナルコス〔三八〕、クレアルコス〔三九〕、アリストクセノス〔四〇〕のように、それは調和だと思った者も少なくなかった。その説にはセネカの時代にも支持者がいたことは、彼自身が言うとおりである。

トラヤヌス〔四一〕、ハドリアヌス〔四二〕両帝の頃の人だった医師のソラノス〔四三〕は、魂について四巻の書を著わしたが、それを見ると魂を物体と思っていたことが分かる。テルトゥリアヌス〔四四〕が教えてくれることである。ディカイアルコス〔四五〕が魂などないと主張したのも、同じ意見だったのだと考えねばならない。テルトゥリアヌスは同じ謬見をアンドレアス〔四六〕やアスクレピアデス〔四七〕にも帰している。


　東洋人はみな、魂の精神性について完全な知識を持っておらず、魂は触覚でも視覚でも捉えられないほど微細な物質からなり、体とは切り離されていると想定する。アイネイアス〔四八〕が地獄でパリヌルス〔四九〕やディド〔五〇〕やアンキセス〔五一〕を見分けられたのは、体の形と同じこの魂の形からだとウェルギリウスは考えている。体と魂は形が似ていると思っているのだ。

サドカイ派とエッセネ派は、モーセが書いたとされる書の助けを受けてもなお、魂の精神性を全く知らなかった。魂は非常に純粋で微細な空気からなると彼らは考えていた、とヨセフス〔五二〕が報じている。精神的な魂というのは実に想像しにくく、魂の本性をめぐる教父たちのほとんどすべての著作からも、魂を物体と思っていたことが分かるほどである。

聖エイレナイオス〔五三〕は、魂は息のようなものだが、それでも粗大な物体とくらべれば非物体的で、人間の体と似ていると言う。

テルトゥリアヌス〔五四〕はあらゆる著作で魂は物体だと想定し、『魂について』という論文でそれの証明を企てている。その真理は聖書が教えるものだとすら考え、聖エイレナイオスと同じく、魂は体と似た形を持つと思っている。

タティアノス〔五五〕は、魂には複数の部分がある、魂は物体だと請け合っている。聖ヒラリウス〔五六〕も同じ考えだ。オリゲネス〔五七〕はこの問題では態度をきめかねていた。聖アンブロシウス〔五八〕は三位一体の内以外に精神性も精神的なものも認めない。カッシアヌス〔五九〕は、非物体的なものは神しかないと保証する。ゲンナディウス〔六〇〕も同じことを言う。メトディオス〔六一〕とリエのファウストゥス〔六二〕も魂は物体だと思っており、同じ説はテオドシオス〔六三〕の断片にも見られる。ニュッサの聖グレゴリオス〔六四〕の著作中にある『霊魂論』の著者は、母親の胎内で体が形成されるのに続いて魂が創造されるという説を誤りとしている。ネメシオス〔六五〕も魂を扱った『人間本性論』の第二章で同じ言葉を使っている。聖ヒエロニムス〔六六〕も、西方の大方の人は魂は「伝達カラ」生じるとしていたと認める。聖アウグスティヌスはマルケリヌス〔六七〕への手紙でこの問題を扱っているが、どの説に賛成とも言おうとしない。聖アウグスティヌスのこの賢明な自制に聖フルゲンティウス〔六八〕は賛成しており、カッシオドルス〔六九〕やセビリャの聖イシドルス〔七〇〕も同じである。プトレマイスの司教シュネシオス〔七一〕には、体が形成されてから魂が創造されたとは信じられなかった。

〔七二〕アリストテレスの弟子のディカイアルコス〔七三〕は、魂の精神性に反対するそれぞれ三巻に分かれた二つの論文を物した。〔七四〕キケロは友情についての対話篇で、人間は体とともに死に、死はどちらをも等しく破壊するという説が当時ローマ人の間に弘まり始めていたと言う。〔七五〕プリニウス〔七六〕は魂の精神性などまるっきり馬鹿にしていた。テバイのクラテス〔七七〕は、魂などない、体が自分で動くのだと言っていたのだと思った。ほかの哲学者たちもみな、魂はごく微細な物体で、それがもっと大きな物体〔身体〕の中に拡がっているのだと思った。ヒッパルコス〔七八〕とレウキッポス〔七九〕は、その物体は火だと言った。

教会の初代三世紀には、魂は物体で、新たな創造によって形成されるのではなく、一種の産出・繁殖によって魂は別の魂から発するのだと思われていた。魂は男女どちらかで、縦横高さがあり、人体の姿形をし、透明で空気の色をしていると思われていた。それが当時の定説だった。

同じオリゲネス〔八〇〕は魂の物質性を承認したのみか、天使たちもそうだとしたし、三位一体の各位格が一切の延長から解き放たれているかどうかも疑っていた。ケルソス〔八一〕との論争の中でこの人は、思考する実体、死すべき体とすでに切り離された実体にも形を与えている。〔八二〕人間の魂は物体で、地獄で責苦の作用により完全に滅びるはずだ、天国で永続するのは神の純然たる恵みによるにすぎない、とアルノビウス〔八三〕ははっきり教える。精神的で複合的ならざる本性のものは苦痛を感じるはずがない、とこの人は主張している。人間は苦痛を感じるから、その意味では、自分の魂が精神的で非物質的で不変で不滅だとアルノビウスは思っていなかったのである。

すでに引いた聖エイレナイオス〔八四〕とテルトゥリアヌス〔八五〕は、魂は体が分解した後までも物質の形と性格を保持すると言っていた。多くの個所でテルトゥリアヌスはそう明言するが、「マサニ快楽ノ絶頂デ……魂カラ何カガ出テユクノヲ感ジマイカ」〔八六〕というくだりは特にそうである。それはかりかこの人は、魂についての書の中で、信仰も聖書も個別的啓示すらも魂は物体だと信じる義務を負わせることを証明しようと努めている。ペラギウス派のユリアヌス〔八七〕はそれを犯罪視してテルトゥリアヌスを非難したが、聖アウグスティヌスはそれに答えて、知っていると称する人たちも自分と同様知らなかったことを白状するのを恥じないと言った。

〔八八〕古代の教父たちが、魂が不滅なのは本性的にそうなのではなく、神の新たなはたらきによってそうであるにすぎないと思っていたことは明らかである。殉教者ユスティノス〔八九〕は、魂は本質的に不滅だとプラトンが唱えるのを非難して、反対に、魂の存在をも持続をも神の恣意的な力に依存させている。神は好きなようにそれを短縮したり永続させたり、いくつかの魂を取っておき、ほかの魂は滅びるに任せたりするのだ、と。〔九〇〕アルノビウス〔九一〕もまた、人間の魂は天的な起源のもので不滅で物体ではないとプラトン派が言っていたのに反駁するが、理由は、われわれの魂と獣の魂の間にはほとんど違いがないということである。

一人の例外もなく古代のあらゆる哲学者の間に常に見られたこの格率のほかに、〔九二〕教会の初代三、四世紀の教父たちの意見はさらに、この第一の原理の結果として、魂を死ぬものとする別の原理を仮定していた。体が体から来るのと同じく、魂もじかに父母の魂から来ると教え主張したのである。魂は魂の生殖に与る、魂には男女の違いがある、と彼らは言っていた。この説が原始教会であまねく受けいれられたのは、反対の説が今そうなのに劣らない。

魂の創造という教理が確立し始めたのは四世紀にすぎないが、それでも教会作家たちは、魂は体と共通の起源しか持たぬという伝達説を非難などしなかった。ルフィヌス〔九三〕の不倶戴天の敵だった聖ヒエロニムス〔九四〕も、どれほど怒っていたとはいえ、こういう重大問題でルフィヌスがあやふやな態度を取るのをあえて責めなかった。反対に、魂は体と同じく父母から来るもので神はそれの直接的な創造者ではないというのが西方教会の意見だと認めた。

あれ以来、魂は本性的に物体で死ぬものだと思った哲学者や神学者はいつでも沢山いた。〔九五〕アントーニオ・コドルス・ウルケウス（ウルチエオ）〔九六〕、ウリエル・アコスタ〔九七〕、チェーザレ・クレモニーニ〔九八〕、カルデリーノ〔九九〕、ポンポナッツィ〔一〇〇〕、法王レオ十世〔一〇一〕、ベンボ枢機卿〔一〇二〕、ポリツィアーノ〔一〇三〕、ヴィヴィアーニ〔一〇四〕、ヴァニーニ〔一〇五〕、ヤコポ・コルビネッリ〔一〇六〕、ロピタル大〔一〇七〕法官、医師のカワード〔一〇八〕、リールのコッパン〔一〇九〕、エノーのカンタン、クロード・ペルスヴァル、ローイ、バルターサル、スピノザ、ホッブズ、その他挙げようと思えば挙げられる夥しい人がそうである。この説は、今世紀最大の偉人や学者たちが一致して奉じるところですらある。どうやらいちばん本当らしく見えるのは、そういう人も定説と衝突して迫害にさらされるのが怖さに、そうとはあえて公言しないということだ。迫害をするのは、魂の不滅という自分にも理解できないこと、それでも証明しようとし証明すると称することを主張して得をする連中である。

マホメット教徒の間では、〔一一〇〕アラビア人きっての精緻な哲学者の一人だったアヴェロエス〔一一一〕が、やはり同じように、魂は体と同じ本性のもので、体と結合しており、互いに一方が滅びれば他方も滅びると考えていた。

第二章　魂が死ぬものであることを説得的な理由で証明する

哲学者は他人の説で自分の意見を決めるべきではなく、対象とそれが与える観念を深く検討し、明証性に基づいて判断を形成せねばならない。そうすれば、間違うおそれなしに断定できる。

　この原理を適用したからこそ、古代の最大の哲学者たちも、近代人の内で最も有能な人たちも、魂が死ぬのを人間の大多数が信じるかどうかなどほとんど意に介さない。自分には明証的な理由があるので、その面では安んじていられるのである。

　魂が昔からあんなに苦労して自分の本性を研究してきたこと自体、魂が死ぬ証拠ではなかろうか。誰かが広場で真面目くさって、自分はセラドン〔一一二〕なのかリシダス〔一一三〕なのか、スペイン人なのかフランス人なのかと尋ね回ったら、世間の人はなんと言うだろうか。そんな男を当然ながら精神病院へ入れるのを人はためらうだろうか。それでも、多くの哲学者はそういう役を演じている。自分の本性と存在の消息を求めて長い年月を費やすからだ。もっとも、すべての魂が自分と同意見だとはじめから仮定されており、自分は精神的なものかどうか考える気になった者が少ないのは事実である。精神的だと思っても、それはたいてい他人の説を鵜呑みにしたか、不滅でありたいと思うからで、自分自身の確信によるのではさらさらない。自分を見ることも自分を認識することもなく、自分が何をしているかも、自分の種々な様態の本性がどうなのかも知らないからだ。実際、われわれの精神には、それに諮れば魂に可能な変様がみつけられるような観念はなく、だからこそあれほど多くの人が魂を体と混同するのである。これは、魂の明晰な観念などわれわれにないことを示している。全く〔一一四〕違う二つの明晰な観念を混同できるだろうか。互いに異なる二つの数が混同されたためしがあるだろうか。正方形が円と取り違えられたためしがあるだろうか。

キケロ〔一一五〕もやはり、一、魂が不滅なこと、二、それが真実でなくてもそう思い込ませてもらうこと、を願っていた。付け加えて、プラトンが物した魂についての論文を読んでいるうちはこの人の論をもっともと思うが、本から目を離して思索し出すや納得は雲散霧消してしまう、とも言う。セネカは魂の不滅について哲学すること、というよりそれを信じることを好んでいたが、実に快いこの説をあらゆる偉人は約束するほどには証明しなかったと白状している。
〔一一六〕魂の不滅を支持する物理的な論拠は論証を形作らず、われわれをいやでも同意させる力を持たない、とシャーロック〔一一七〕も認めている。キールの哲学教授パスキウス（パッシュ〔一一八〕）は一七〇四年に『架空国家について』〔一二〇〕という討論をしたが、その系の中には、魂の不滅は証明できないというのもあった。〔一一九〕ニコラ・ペロ・ダブランクールも同じことを主張した。ロックも同意見だった。〔一二一〕自由思想家とされたことはなく、当時指折りの大学者だった父スカリゲル〔一二二〕も、ラ・モット・ル・ヴァイエ〔一二三〕もピエール・シャロン〔一二四〕もそうだった。〔一二五〕シャロンは有名な『知恵について』の中で、魂の不滅は世界中で最もあまねく受けいれられているが、証明のされかたは最も弱いものだと言っていた。モンテーニュ〔一二六〕は魂の不滅を必要とは見ず、人間の理性にはそれが認められる〔認められない、の誤記〕と思い、出される証拠を欲求から心に生じた夢、「教エルノデハナク願ウ夢」とみなしていた。
〔一二七〕スコラ学者の中にすら、魂の不滅の自然的な理由は説得力がないと主張した人はいた。スコトゥス〔一二八〕は聖トマス〔・アクイナス〕が挙げる証拠という証拠に答え、魂は死ぬものだという二十一個の蓋然的な理由を提示したではないか。ヤンドゥヌス（ジャンダンのジャン〔一二九〕）はほかにも多くの理由を加えている。〔一三〇〕ガッサンディ〔一三一〕は魂の不滅に関するデカルトの論拠の弱さを見せつけた。
〔一三二〕十六世紀最大の哲学者の一人だったジャコモ・ザバレッラ〔一三三〕とポンポナッツィ〔一三四〕も同じく、〔一三五〕自然的な理由では自分が不滅だという正当な確信を与えられないことを論証した。
真に不滅なものは神しかない。真に分割不能なもの、自己自身で存続できるものは神だけだからである。神は至高の一である。自然の秩序によれば始めがあったものには終わりがあるはずだから、われわれの魂もこの宿命に従わねばならず、最期が来るのが早いと嘆く理由も、生みだされるのが遅かったと嘆く理由もない。変化を蒙るものはみな滅ぶべきものである。不滅で不易で不壊の本性が種々の変化を受けうると考えられようか。それでは、自己の性質を持たなくなることにならないか。死を蒙らぬものは必然的な帰結として変化も蒙れない。変化はわれわれを死の方へ向けるからである。われわれの本性の内に全然変化が起きなければわれわれは死なないはずだし、同様に、不易のものもいかなる変化もなく常に同じものとして存続しなければ不易ではなくなるだろう。壊敗が変化の元である以上、不壊のものが変化できようか。さらに、魂の様々な変化はみな、血液や動物精気の種々の動揺からのみ来る情念の結果ではないか。さて、〔一三六〕魂は現に無数の変化を蒙る。苦痛を感じることも快感を感じることもあり、或る時に或るものを望んでも次にはそれを望まなくなり、体と結合しているからそれと分離されることはありえない〔一三七〕。ならば、われわれの魂の本性が不滅で不易で不壊だとどうして言えよう。

〔一三八〕知性的実体というのは相互に破壊し合う用語である。人間は動物であるかぎり全体として物体で、物体と対立するものは事故しかない。物体とは或る場所を充たせるもの、宇宙の現実的な一部となれるものである。宇宙は物体の集合にすぎない以上、物体でないものはその一部たりえず、同様に、その一部でない物体もありえないからだ。物体は運動と静止の、したがって変化の基体となるため実体と呼ばれる。だから、物体と実体は同じものしか意味しない。それゆえ、「非物体的実体」というのは、一緒にすると相互に破壊し合う浅薄な用語である。非物体的物体と言うのと同じことだ。

部分に分けられる実体、無限に分割できる実体はみな物体である。さて、有限な実体がみなそうで、創造された実体がみな有限なのは間違いない。故に、宇宙にあるものはすべて物体である。故に、非物体的な存在も精神的な実体もない。故に、魂は死ぬものである。

〔一三九〕創造された諸存在が持つ作用する力はその存在の本質から来る結果にすぎず、それらの本性についても作用する力と同様に考えなくてはならないから、したがって、あらゆるはたらきにおいて物質に依存するものは必然的にその存在においても物質に依存するはずで、だからそのありかたも物質と同じはずである。それゆえ、われわれの魂も身体器官に依存してしか作用しない以上、存在するのも身体器官に依存してにすぎないはずである。「ハタラクノハ在ルノニ続ク」という哲学の公理からしてもそうなる。だから、われわれの魂はわれわれの体と同じ本性のもので、したがって死ぬものなのである。

〔一四〇〕分かちがたく結合した魂と体は相ともに成長し、時がたてば同じく老い衰える。子供の弱く柔かい体の中では精神も形をなさないが、体のあらゆる部分が年齢とともに強まると、精神も逆に十分な力を持つことを誰でも知っているではないか。しかし、時がたって体が衰え体力がなくなると、精神も幼時返りをするではないか。原因が途絶えると結果も途絶えるからでなかったら、これは一体どこから来るのか。薪が燃え尽きるにつれて煙が空中に消えるのと同じく、体が壊れるにつれて魂も消散するのである。

人間はひどい病気にかかると、同じように激しい不安に襲われるではないか。泣き悲しみ、恐怖におののき、精神の通常の機能が病気で乱されると理性が錯乱したと分かるような言いかたをするではないか。さて、精神にも病気がうつってはたらきが損われる以上、精神も部分の分解を蒙るもので、したがって何か物体的なもの、あらゆる物体的存在の法則に従うものだということにどうしてもならざるをえない。

葡萄酒が強烈さ、微細さに物を言わせて体の内部の部分にまで滲透し、その風味が血管の中に拡がると、人は千鳥足になり、舌がもつれ、精神は酒気に溺れて、前のように物を考えることも何かに集中することもできなくなる。この変化はどこから来るのか。それは、葡萄酒の酒気と強烈さが全身を荒らして魂にも攻めかかり、前にあったその諸部分の一致の内に無秩序と混乱を投じるからである。部分があるからには、魂は死ぬものなのだ。

魂の病と体の病の間の関係や、いろんな薬が両方に等しく効くことは、魂が死ぬことを示す確かな指標ではあるまいか。というのも、精神を普段どおり安定させたり、精神であれ何であれその病気を首尾よく治したりするためには、そこに色々な部分を加えたり、計画的にその中へ入り込んだり、それの全体から何かを除去したりする必要がどうしてもあるからである。しかし、不滅の存在が部分の移し替えなど容れうるだろうか。おのが全体の単純性に何かが加えられることなど許せるだろうか。その全体から何かが分離できるということもありえない。集合の仕方が変われば、もう同じ複合物ではなくなるからである。精神が病気になるのも薬で治るのも、精神は生まれた以上死ぬものだというしるしではないか。

死の攻撃を受ける時、魂が完全な全体を保ったまま体から離れて出て行くのに人は気付かない。反対に、精神は生命の第一原理だが、きまった自分の居場所で、分解によって動きを失ってゆく。さらに経験から分かるが、魂の残りも消散し、各感覚は自分に固有の部位から退却してしまう。

体のあらゆる部分、あらゆる器官が形成された時に初めて魂が体の中に置かれるのなら、われわれが生まれた瞬間から、魂が体の四肢と同じように感覚〔血液、の誤記〕のおかげで成長するのが感じられるということは全く無駄になってしまう。反対にその時は、魂が鳥籠の中の鳥のように体の中に閉じ込められ、自分の力に支えられて病変も蒙らずにそこにまるごとおり、それでも自分の動きで体に生気を与えるのをやめないようでなければなるまい。そこから結論すべきは、われわれの魂の存在は或る生みだされた集合で、したがってどうしても必然的に分解するということである。単なるよそからの贈物にしては、魂はあまりに分かちがたく体と結び付いている。経験もこの真実を証示する。緊密且つ共通の絆で、魂は血管や内臓や神経や骨と結合しているからである。

しかし、魂が外から来て、四肢を通って体の中へもぐり込むのだと仮定しても、そうやって拡がったものなら体が壊れればやはり魂も続いて壊れるはずなのを容易に論証できる。体に入り込むものはみな分解されるし、分離されうる集合は疑いもなく滅びるはずだからである。それが魂にとっても避けがたい必然なのだ。分けられることによってのみ、魂は体のあらゆる部分へもぐり込めるからである。食べ物の養分が血管や四肢に分配され、その分解で自分とは全く似ても似つかぬ別の本性が形成されるような形になるのと同じことだ。それと同様、新たに形成された体に生気を与えるためやって来た時、魂と精神が完全な全体を保っていても、体の中へ入り込まざるをえないのだから、それらが分解を免れることはありえない。それらの本性の集合体を形作る小片はみな、小さな孔を通って、まだ生気を持たぬ身体各部へ運ばれるだけになおさらである。〔一四一〕つまり、魂は体と渾然一体をなすかに見える以上、体に縛られ体のあらゆる動きを感じる以上、体とともに成長して強まり、病気や年のせいで体が衰え始めると自分もその運命に従って体とともに衰える以上、要するに体と同じ変動・変化を蒙る以上、われわれの魂は体と同じ本性のもので、したがって死ぬものであり、体とともに滅びるという結論をどうしても下さねばならない。そうでなかったら、こんな依存はどこから来るのか。この魂はどうして、身体器官が粗いか細かいか、造りや配置がいいか悪いかに比例してしか物を考えないのか。魂がする思考の源は体にあって、体の感覚は魂を決定づけ、体の情念はいつでも魂を支配するのだ。

〔一四二〕異なるものを一緒にするわけにはいかない。不滅という利点を腐りやすい本性の卑しさと組にしようとしたり、滅びるべき体とぐるにするほど精神的存在を穢し、それを体と一緒に行動させたりするのは笑うべき決断である。滅びるべき実体と不滅な本質との結合ほど互いに異なるもの、区別されるもの、相反するものがあろうか。こんな集合がありうるのか。というのも、この結合は一方では、魂が身体各部を自分の意志と結び付ける力を持つことにあり、また一方では、体に起こる運動を契機として魂が一定の感覚、一定の知覚、一定の思考を持つことにあるからだ。しかし、精神的な作用しかしない精神がどうやって体を動かせるのか、体の位置を変えられるのか、体の運動がどうやって精神の内に思考や感覚を惹き起こせるのか――それを理解できる者がどこにいよう。つまり、精神的な魂が体と結合するというのは絵空事なのである。だから、魂は不滅ではありえないのだ。

〔一四三〕逍遥学派〔アリストテレス＝スコラ学派〕は、精神と体の結び付きは連結《つなぎ》と呼ぶ或る種の様態によって行なわれ、それが水とセメントのようにこの二つの実体を合わせるのに使われると考えている。しかし、その様態は魂や体と区別されるのか、されないのか。区別されないなら、魂にも体にも何ひとつ加えないこの連結《つなぎ》とは何なのか。そんなものがどうして両者を一緒に結び付けられるのか。存在もせずいかなる実在性も持たぬ無のようなものが二つの実体を結び付けられるというのは絶対ありえない話だからである。この連結《つなぎ》によって魂とも体とも実在的に区別される何かがそこから引き出され、それを手段として両者がつながり集まるのなら、その場合訊きたいのは、その連結《つなぎ》は延長のある存在なのか、延長のない存在なのかである。どちらであるにせよ、それはじかに接着しないかぎり魂と体のセメントにはなれない。しかし、延長のない存在なら、どうして体と接着できようか。また延長のある存在なら、どうして精神と接着できようか。こういう原理は実に明晰だから、先入主のない人ならみな考えなくても容易に分かる。

デカルト派は、魂と体の結合は一方の思考と他方の運動との相互依存に、両者の能動と所動の相互交流にある、体が結合する魂の意志が体にその依存を義務づけたにせよ、神がそうしたにせよだ、と言う。

私は答える。一、魂が体と結合している場合、そうなるはずなのを疑った人がどこにいよう。問題はそんなことではなく、その結合がいかにしてなされうるのか、純粋に精神的なものがいかにして物質的なものに作用しうるのか、また逆もそうなのか、魂は思考にすぎず、体は延長にすぎないから、したがって両者はなんの関係もない以上、いかにして一方が他方に作用できるのか、ということである。

二、この〔一四四〕結合は本性的なものではなく、単に心によるものとなってしまう。自由な精神の意志の結果にすぎなくなるからだ。しかし、魂と体の結合が本性的なものなのは疑うわけにいかない。それが自然ではなかろうか。

三、新デカルト〔一四五〕派のようにこう答えるのは滑稽である。魂と体のこの結合、この依存はきわめて理解しやすい、神が万事を行なうからだ、魂が体を動かしたい時に神が体を動かし、体が動かされる時に神が感覚や知覚や思考を精神に刻印するのだ、と。四六時中人間のかわりに作用する義務を負わずには神が人間を作れなかったとは、神の力と叡知についてよほど低級な考えを持つのであろう。そんなふうに神性を介入させるのは神性を甚だしく卑しめるもので、体〔一四六〕のこんなに見事な仕組みも感覚を精神まで運ぶのに全然役立たないなら、これほど素晴しい体という機械を作ったのも無駄だったことになる。それに、神が体を動かすが神は非物質的な知性体だと言うのは、創造された精神がいかにして体を動かすかに劣らぬほど理解できないことを言っているのだ。

ではどうして、機会原因を擁護するデカルト派は、魂が〔一四七〕体に、また体が魂に間接的に〔直接、の誤記〕作用できない以上、神が両者の相互交流の直接的な原因だと主張できるのだろうか。つまり、体の一定の運動を契機として、それに対応する思考を神が魂の内に惹き起こし、同じく、魂の一定の思考を契機として、魂が決めたことを実行するため神が体の一定の運動を生みだす、と言えるのだろうか。彼らの原理によれば、魂と体の間に本性的な関係は一切ないからである。神が直接に万事を行なうのだ。しかし、こんな道化た考えは連続的な奇蹟を仮定するものではないのか。少なくとも、自分の機械を自分で動かし、それのバネをはたらかすことに神がたえず忙殺されていると仮定するものではないのか。そこから次のような帰結を引き出せまいか。感覚の内に一定の動きを惹き起こすのに適した対象がそこにある時は、犯罪的な思考を魂の内に掻き立てる義務を神は負っている、だから神は罪の張本人でもある、ということだ。〔一四八〕人間には何か新しい変様を自分自身に与える力がある、と言わんとするのでなかったらそうなろう。この異議に関するマールブランシュ〔一四九〕神父の釈明ほど滑稽なものもお粗末なものも私は知らない。

〔一五〇〕魂は全身に行き渡っているか体の特定の場所にあるか、どちらかである。逍遥学派が考えていたように魂が全身に行き渡っているなら、体と同じ場所を占める以上、魂は延長があるはずではないか。さて、様々な部分からなるものはみな分割可能であるからして、延長があるなら魂は分割可能なわけである。それに、魂は全身に行き渡っていたら、体と同じ空間を占めねばならない以上、体の中へ入り込むはずだけれども、魂は空間の各部分に全体としてあるが、体の方は自己の各部分によって空間の各部分に対応するという違いがある。しかし、
一、〔一五一〕魂の全部が組織された体の一つの部分にあったら、同じ体の他の部分に魂はありえなくなり、魂は全体の内にはなくなる。
二、〔一五二〕こうして二つの実体が、一方は分割不能に、他方は分割可能に同じ場所を充たすことになる。さて、人間の魂には延長があるのかないのか尋ねよう。延長があるなら部分からなるわけで、そうでなければわれわれの持つ延長の

観念は虚偽である。人間の魂には延長がないと答えたら、そこからこう結論する権利がなかろうか。人間の魂はいかなる空間の内にあることも、いかなる物質と結び付くこともできない、したがって、それが人間の体の内に存在するというのは偽りなのだ、と。分割不能で不可入〔可入的、の誤記〕な延長と分割可能で不可入な延長との区別を思い出そうとしても、この困難は避けられない。物体が可入的な実体に作用するということは理解できないからである。物体が作用できることは押すことによってしか考えられないが、物体は自分とともに可入的または浸透的に同一空間にあるもの、あるいはまるで抵抗しないものを押すことはできないだろう。だから、魂がわれわれの器官と同一空間にあって可入的だったら、器官はどうして魂に作用しよう。この原理は明断で明証的で異論の余地がなく、あらゆる民族、あらゆる時代に受けいれられてきたと請け合っても心配ない。〔一五二〕この困難を回避するために、魂が延長を持つのは現実的にではなく潜在的にで、魂が現実的な拡がりを持つ体と同じ延長を持ち、その体に局所的に現前するためにはこの潜在的な延長だけでこと足りる、と言う者もいる。潜在的な延長という言葉で、その哲学者らは何を考えているのか。はっきりした真実の観念を与えられるなら与えてみよ。それでもこれを受けいれてもいい。しかし、どんな力〔形、の誤記〕の拡がりを理解するにしても、一方が他方の外にあるような複数の部分を同時に理解せずにおれようか。さて、一つの部分が他の部分の外にあることが知覚されるや、それらが一方は他方なしにも理解されうる、それでも〔したがって、の誤記〕別々に存在しうる二つの部分であることが見て取れまいか。こうして、魂に精神的〔潜在的、の誤記〕な延長と部分しか与えないつもりでも、実際に付与しているのは現実的な拡がりと現実的な部分なのである。だから、古来の哲学〔スコラ哲学〕の原理によって魂と体の結合を理解することは絶対不可能だと結論しよう。

魂は全身に行き渡るのではなく、一つの場所しか占めていないとデカルト派のように言っても、その場所が夢想家デカルトの考えたように松果腺であれ、同じデカルト派の主張どおり体の何かの部分であれ、同一の困難がいつもきまって再発する。魂が想像するような或る場所を占めるのは、延長がないかぎり、したがって部分を持たぬかぎりできないからである。デカルト派は答えて、魂はたしかに体の中でいろんなはたらきをするが、どんな場所も占めてはいないのだと言う。こんなに奇妙な逆説を理解するのは容易でない。よほどの盲目さとは言わないまでも、よほどの信仰心と精神的な服従心を具えていないかぎり、理性が嫌悪と反撥もせずにこんな説を採用するわけにはいかない。それにはこう答えよう。魂は体の中に閉じ込められているかいないか、どちらかである。体の中に閉じ込められているなら、体が魂の占める場所であり、したがって魂は体を限るのと同じ空間によって限られ、したがって延長があるのである。体の中に閉じ込められていないなら、魂はどこにもないのである。さて、魂は体を占め、体の到る所に現前しながら、なおかつどんな場所にもないなどと考えられようか。〔一五四〕それは矛盾していないか。どんな場所にも置けない実体のことなど言われて、反撥しない精神がどこにあろう。プラトンはこんな考えを故意の〔俗衆の、の誤記〕誤謬としている。それでもこれの方が、彼の出したとする魂の不滅のあらゆる証拠と称するものよりしっかりはしている。そういう証拠なるものは哀れを催すような代物で、あの哲学者を高く買わせるものではない。

〔一五五〕精神が非物質的だということからは、天使や人間の魂はどこにもないということのみならず、それらは場所を持たないから或る場所から他の場所へ移れないという結果にもなる。しかし、そんなことが不合理〔一五六〕なのは歴然としている。実際、或る場所にあるということは創造〔一五七〕された種の一つの属性ではあるまいか。だから、どんな場所にもないものは全然存在しないのである。それに、精神は有限である以上、神の広大無辺さの或る特定の部分に対応すべきではないか。しかし、或る場所を占めなかったら、それに対応できようか。

第三章　われわれの魂は獣の魂と全く違わず、獣も理性を具えていること

〔一五八〕古代の哲学者はほとんどみな、獣の魂は理性的なものだと説いた。つまり、それと人間の魂の間には程度の差しかないと考えていたにちがいない。

その差は、人間は自分の考えを表現し説明できるが獣はできないことにある、とアナクサゴラス〔一五九〕は言っていた。ピュタゴラスとプラトンは、獣の魂は事実理性的なものだが、それでも言葉を持たず身体器官の釣合いもそんなによくとれていないため理性にしたがっては行動しない、と言っていた。〔一六〇〕ピュタゴラス派もプラトン派もみな、獣は理性を用いると思っていたに相違ない。獣の魂は不滅だと思っていたからである。パガニヌス・ガウデンティウス〔一六一〕の〔『ピュタゴラスの輪廻について』〕七六ページを参照。

〔一六二〕ポルフュリオス〔一六三〕ほど獣の魂について好意的な言いかたをした哲学者はいなかった。獣に理性のみならず、自分の推理を分からせる能力も与えたからである。獣の言葉は一部の人には理解できた、人間が獣にまさるのはより洗練された推理をすることだけだと考え、それをいろんな理由や典拠で証明している。エンペドクレス〔一六四〕やストラボン〔一六五〕やアリストテレスが引かれる。

動物が理性を用いることを示すためにプルタルコスはわざわざ一論文〔一六六〕を物したし、陸生動物が水生動物より器用かどうか検討する著作〔一六七〕も目的は同じである。

〔一六八〕ストラトン〔一六九〕やアイネシデモス〔一七〇〕も、獣の魂は理性的だと主張した人の内に数えられる。感覚は悟性なしには成り立ちえないと教えるからである。パルメニデス〔一七一〕、エンペドクレス〔一七二〕も獣はみな知能を具えていると教えていたといわれる。

フィロン〔一七三〕は一書を物して、獣も理性的なことを証明した。ガレノス〔一七四〕も同意見だった。ラクタンティウス〔一七五〕は、宗教を除いたら獣が人間を模倣しないものは何もないと主張している。アルノビウス〔一七六〕も同じことを言った。カルタゴの〔カルケドンの、の誤記〕クセノクラテス〔一七七〕は、神が獣に認識されることも可能なのを否定しなかった。デモクリトス〔一七八〕も論理の筋を通したから〔通したら、の誤記〕そう考えたはずである。少なくともアレクサンドリアのクレメンス〔一七九〕はそう主張している。プリニウス〔一八〇〕は象の道徳的美徳の一つとして宗教を挙げる。ディオン〔一八一〕も同じことを言う。哲学者〔一八二〕のケルソス〔一八三〕は獣に理性的な魂を与え、獣も優秀さでは人間に劣らない、多くの点で人間を凌いでさえいると主張して、蜜蜂に見るような或る形態の統治や、正義の遵守、愛の遵守などを獣に帰した。多く〔一八四〕の律法学者《ラビ》は獣に理性的な魂を与えた。有名なマイモニデス〔一八五〕も獣は理性をはたらかせると考えたに相違ない。それなりの自由意志を獣に付与するからである。

近代〔一八六〕の哲学者の中では、ダニエル・ゼンネルト〔一八七〕が獣の魂は非物質的で不滅だと主張し、そのため、医師でフローニンゲン大学の教授だったフライターク〔一八八〕がこの人を猛烈に攻撃した。当時〔一八九〕指折りの大天才だったギヨーム・ド・パリ〔一九〇〕は、獣の魂も精神的なものだと説いた。ヨハネス・スコトゥス・エ〔一九一〕リウゲナ〔一九二〕も同じことを説いて、その魂は獣の死後も生き続けるとした。ストラスブール大学の神学教授ヨハン・リッピウス〔一九三〕も、ケンブリッジ大学の神学者ヘンリ・モア〔一九四〕も、獣の魂が体外でも存続するのを認めた。タウレルス〔一九五〕も同意見である。

ヴァラ〔一九六〕〔一九七〕とアントニオ・チッタディーニ〔一九八〕は動物にも理性を認めた。エティエンヌ・パキエ〔一九九〕はその説について一通の見事な手紙をしたためた。モンテーニュもその説に与すると意志表示して、実に熱烈にそれを支持したから、「レーモン・スボン弁護」〔二〇〇〕〔二〇一〕は一部分、獣の弁護論にしようとしたかに見えるほどである。シャロン〔二〇二〕も例によってモンテーニュの説に随った。ソーメーズ〔二〇三〕〔二〇四〕も動物は理性を具えると考えた。ナポリの医師ジョヴァンニ・アントニオ・カペラ〔二〇五〕は一六六一年〔一六四一年、の誤記〕に一書を公にして、獣にも理性があるのを証明している。ウィリス氏〔二〇六〕は自分の想像にかかる魂を獣用に作ってやり、獣にも一種の推理があるとしている。ロックも獣に推理を与えない人に反対を表明した。〔二〇七〕ソッツィーニ派〔二〇八〕もその説からあまり遠くない。さらに、法王〔二〇九〕クレメンス七世〔二一〇〕の偽名〔大使、の誤記〕だったジェロラモ・ロラリウス〔二一一〕は、わざわざ一書を物して、獣が理性的動物であるのみならず、人間よりさらによく理性を用いることを論証しようと企てた。

〔二一二〕われわれの魂と動物の魂の違いを示すためいちばん普通に使われる証拠は、理性がわれわれにはあり獣にはないと仮定されることである。しかし、

一、感覚を用いるものはみな理性をも用いる。獣も見たり聞いたりし、感覚のあらゆる行為をする以上、理性も持つことは明らかである。

二、推理〔二一三〕とは、既知のものを手段として未知のものの認識に至ることである。さて、獣もそれをしないだろうか。タレス〔二一四〕〔二一五〕は塩を市場へ持って行くのによく騾馬を使っていた。途中で小川を渡らねばならなかったが、或る日騾馬がつまずいて、積荷の塩もろとも水の中に倒れた。すると塩が一部分水に溶けて荷が軽くなったのに気付いたため、以来、小川を渡る時に騾馬はきまって寝そべるようになった。獣が俺を騙していると気が付いた哲学者は、自分の利益のためにも今度はこちらが騙してやろうと決め、塩のかわりに羊毛を積荷にした。次の旅で、騾馬は例によって水の中に寝そべったが、起き上がると荷が前より重くなったのに気付いたため、二度と寝そべらなくなった。どんなに不公平な人にでも尋ねたいが、その二つの行為で獣は推理をせずに行動できたろうか、同じような場合にその人ですらそれ以上の推理をするだろうか。

主人〔二一六〕が仕止めたヤマウズラを持って帰らずに食べてしまった猟犬が、それでさんざん打たれたため、次の日は同様の折にも獲物を無疵で持ち帰ったという例は、その犬がこういう推理をすることを示してはいまいか。昨日は似たような鳥を食べたため打たれた、同じことをしたら今日も打たれるだろう、だから、打たれないことが俺の利益だ、と。そう考えて、犬は最大の利益を選ぶのである。それはヤマウズラを食べたいという欲望に抗い、食べたら味わうはず

の快感を自らに禁じることだ。〔二一七〕感じるだけで自分の行為の反省もせず、想起もせず、二つの観念の比較もせず、どんな結論を引き出しもしない魂という仮定だけで、この二つの事実を説明できようか。犬はそういうことを知らずに、気付かずにしているのだ、棒で打たれることにもヤマウズラにも注意を払わないのは、知らせる時刻に時計が注意を払わないのと同じだ、などとデカルト派のように主張するのは常軌を逸していないだろうか。

（第一の反論）誰かがおそらくこう言うだろう。獣は特定の個別的ケースでは推理するが、その推理は個的な状況から切り離された普遍的なものまではついぞ高まらない、獣は単数の物質的な対象しか認識しない、と。しかし、犬は火に近づきすぎて火傷をすると、その火と同じような物体がみな同様の結果を惹き起こすのに気付き、故に火はみな熱く火傷をするという普遍的な帰結を引き出して、以後はどんな火にも近づきすぎることはなかった。学校で一般的な知識を形成するのも同じようにしてで、そういう知識こそわれわれのあらゆる学問の基礎ではないのか。しかし、獣も一般的な観念を持つことを明らかに証明する次のような事実がある。

或る人がとてもよく訓練された象を飼っていて、或る時、銅鍋を修理のため鋳掛屋へ持って行くようその象に命じた。職人は孔を一つ塞いだが、うっかりして別の所に孔をあけてしまった。象が帰って来て、主人は鍋に水を入れたが、まだ洩れるのを見ると象を打ち据え、同じ鋳掛屋へまた行かせた。鋳掛屋は今度は鍋をちゃんと直した。象は再度打たれるのがこわさに、もう騙されまい、鍋の出来上がりを確かめようと思い、主人の家へ帰る前に、思い立って夜の間に井戸へ水を汲みに行き、もう洩れないのを見ると主人のところへ持ち帰ったというのだ。この例には少なくとも二つないし三つの推理が含まれている。水の一般的観念を持たなかったら、象はどうして水を汲みに井戸へ行ったろうか。だからどうしても、同じ本性のもの同士、一方が他方でないという違いしかないもの同士の関係と類似を象が見て取るということが必要だった。ならば、〔二一八〕獣は単数の物質的な対象しか認識しないとか、役に立つもの、快いものしか好まないとか、自分の感覚や欲望について反省できないとか、或るものを他のものから結論できないとか思うのは間違いなのである。なんらかの感覚を持つ実体はみな自分が感じているのを知っているということは明証的ではあるまいか。人間の魂は或る対象を現に認識していながら、自分がそれを認識することを認識しないと主張するのも、犬の魂は鳥を見ながら、自分が鳥を見ていることを見ないと言うより不合理だろうか。

（第二の反論）しかし、獣ははっきりと或る目的のため行動するということはない、つまり、手段を目的と比較した上、目的と最も関係の深い手段を選ぶということはない、何をするにも盲滅法で分別がない、と付け加えられる。

言うはやすしだが、論証せねばなるまい。われわれが日々目にするのは、反対に、犬や猫は多少とも高いテーブルの上に置いた肉を取りたい時、上へ跳んでそこまで届こうとはしないことである。そんな手段はおそらく無駄だろうから。そうではなくて、確実に目的まで行ける途を自分自身の内で検討し、近くに椅子があるのを見れば間違いなくそれに乗り、そこからテーブルへ跳び移る。それは手段を目的と比較することではないか。そもそも、これらの獣はなぜ最初に、まっすぐテーブルへ跳び乗ろうとしないのか。この手段がいちばん単純である。目の前にあるし、遠回りの必要もない。ではどうして、二匹の獣はこの手段を使わないのか、二つの手段を検討した上で、第二の手段の方が確実なのを見、そこで賢明にもそれを第一より好んだのでなかったら。

〔二一九〕プルタルコスはこの主題にぴったりの、自分が目撃した事実を報告している。船に乗っていた犬が、素焼きの壺に入った油をなめたくてたまらないのに、壺の頸が長くてそこまで頭が入らないのを見るや、バラスト用の砂利がある船倉の底まで駆けて行き、毎度口いっぱいに砂利をくわえて何往復もしては、その砂利を壺に入れていった、あまりに度重なったため壺は半分砂利で埋まり、油が縁まで上がってきたので、犬は思う存分それをなめたというのである。これが目的のため行動することでなかったら、人間も目的のため行動したためしなどなかったのだ。

〔二二〇〕蜘蛛も盲目的な本能で巣を張るのではない。それの意図も用途も知っており、獲物が罠にかかったらその知らせが瞬時に届くように糸を張った上で、穴に潜んで待ち伏せするのである。

（第三の反論）〔二二一〕獣に理性があるのに反対する第三の反論は、われわれは自由で、自分の行動を好きなように按配できるが、獣はそうではなく、なんらかの好みに押された時しか行動できないというものである。

この論拠を逆に言い返すのも容易だろうが、われわれに十分な行動の自由があるかどうか、われわれも必然性を負わされないかどうかはよそで検討しよう。ここでは、獣の魂もわれわれの魂に劣らず自由なことを証明する一つの事実だけ挙げておこう。

〔三二〕猫がいちばんよく鼠狩りに行くのは十分満腹した時で、必ずしも空腹に迫られてするのではなく、反対に嬉々として、一種娯楽のようなつもりでその小戦争へ行くのである。鼠から容易にみつからないような場所に陣取り、鼠が姿を現わし始めてもすぐ走り寄るのは控え、その対象が自分の内に掻き立てる動きに賢明にも抗い、戻れる前につかまってしまうほど鼠が孔から離れるのをじっと待つ。こうして、鼠が十分孔から離れたと判断するや、すかさずつかまえ弄ぶのである。別の時は、食べたいという気がまるでないのに猫が鼠狩りをしようと自分で決めることもしょっちゅうある。猫の魂は何か外部の原因に迫られてそこへ赴くのではない。この動物はしようと思えばできる他の多くの仕事の中からその仕事を選ぶのだから、その際この動物の魂は自由なのである。次に猫は、みつかるまいとして物陰にうずくまるが、なぜこの物陰で、別の場所ではないのか。そこを選ぶのは自分の意志によるのではないか。すると鼠が孔から出て来るが、まだ孔からごく僅かしか離れない。老獪な猫はじっとしていて、鼠が与える印象に強く抗う。その魂は自制して、動きという動きを止める。獲物にとびかかろうと決めるのに好機を待つのである。こういうのを自由であること、自分で行動し自己決定をすることと呼ばなかったら、われわれも猫以上にそうではなくなる。

（第四の反論）さらに、獣の行動は人間の行動よりずっと劣るともいわれる。しかも、獣は幾何学も光学も建築学も知らず、要するに、われわれの間で栄えるあらゆる技術、あらゆる学問に無知で、一度も国家を作ったことはなく、徳に報い悪徳を罰することもしない、と。

答。われわれが大変苦労して学ぶことを、動物はなんでも生まれつき知っている。何をする際も、どれだけの秩序、どれだけの正確さを守らないか。蜘蛛は徒弟修業や親方免状の必要なしに、われわれの布より限りなく細かい巣を張れる。ユークリッドの原論もコンパスもなしに、作った織物の中央に陣取り、そこが中心であるかのようにそれから周へ一本一本線を引き、その一本一本が蝿を捕える小さな罠のようになる。猫は幾何学もなくコンパスもなしに、鼠から孔までの距離は自分から鼠までの距離より短いことをちゃんと測定する。

蜜蜂は建築学など勉強したことはないけれども、蜜蜂の巣ほど釣合いのとれたもの、巧みに出来たものを人間は一つとして作るだろうか。ビーバーは築城術など知らなくても、水中に砦を築くではないか。鷹はヤマウズラをみつけるのに望遠鏡など要らず、犬は自分に下剤をかけるのに医者も薬屋も要らず、燕は暦がなくても季節の変化をわれわれよりよく認識する。

蜜蜂に見るほどきちんとした国家も、行き届いた治安も、秩序立った身分構造も、司法の正しい執行も人間の間に見られるだろうか。悪徳が罰せられるのみか、のらくらすることさえ許されないのである。〔二二三〕スヴァンメルダム〔二二四〕、ジョンストン〔二二五〕その他を参照。

壮大な宮殿や豪華な食事をなぜわれわれは自慢するのか。動物たちは恐れずに暮らしており、そのことが彼らの幸福の一部をなす。また貪欲でもなく、彼らが楽しむ快い安らぎはそれにこそある。動物はなんの苦労もなしに生活の楽しみを味わっている。

獣にはわれわれほど完全な理性があると言えないのは認める。この完成は教育と勉強によって初めて獲得されるのだが、獣には概してそういう手段がないからである。自然だけが獣の先生なのだ。それでも、一部の人間を上回るほどの理性と思慮を示す獣もいれば、とびきり愚鈍な獣のような生きかたをする人間もいる。ヴェスプッチ〔二二六〕によると、カフラリア〔アフリカ南東部〕やアフリカ中央部の住民〔二二七〕は男も女も無差別に互いの肉を食い合うという。息子は父親の屍骸をがつがつかじり、食った人の数の多さを自慢する。〔アメリカの〕未開人、カリブ人、食人種の獰猛さはそれをも凌いだ。小さな子の方が肉が新鮮で柔かく味がいいため、それを母親の胸からもぎ取るような者もいた。しかし、虎やライオンの共食いは見られず、そんな猛獣も同じ種の動物は襲わないのである。歴史家たちはそういう恐ろしい食事をするスキティア人やサルマティア人のことを語っている。ユウェナリス〔二二八〕も、まだ湯気の立つ屍骸を虎のように歯で噛みちぎるエジプトの一部の民族のぞっとするような話をしている。喜望峰のへんにいるホッテントット人は豚のような生活をして、豚のように汚ない。さらに、ブラジル人やグリーンランド人やラップ人が人間の名に値しないのは象以下で、象も最大の動物の割にはあの連中ほど馬鹿ではない。これほど頭のいい動物はおらず、褒められると奮い立ち、叱られ馬鹿にされると悲しむのである。アメリカ人は猿や猫にも知力で劣るのを示した。鏡を前から見て自分の顔が映っていたため、鏡の裏をのぞいたりしたからである。愚鈍な人間と猿の違いは往々、猿とミミズの違いほど甚だしくない。

〔二二九〕一七〇三年にシャルトルで、生まれつき耳も聞こえず口も利けない二十三、四の若者が突然、たどたどしくはあれ喋り始めた。すぐに、有能な神学者たちがそれまでの状態について質問した。尋ねたのは主に神について、行為の道徳的な善悪についてだったが、若者はそこまで考えたことがないようだった。カトリックの親から生まれ、ミサに列席し、十字を切ったり祈るような恰好で跪いたりするのを教わっていたのに、そんなことをしてもなんらの意図も伴わず、ほかの人が何のためにするかも理解していなかった。死とは何かも判明には知らず、それを考えたこともなかった。純動物的な生活を送って、眼前にある感覚的な事物や、目から受け取る少数の観念にかまけ、観念の比較から引き出せたはずのものさえ引き出していなかった。生まれつき知力がなかったわけではないが、ほかの人との交流がないと知力が訓練も陶冶もされず、外部の対象に強いられたかぎりでしか考えることをしないのである。

〔二三〇〕一六六一年にリトアニアの森の中で、狩人たちが九歳前後らしい一人の子供をみつけて、ワルシャワへ連れて行った。その子は肌も髪の毛も極端に白かった。手足は均斉がとれて逞しく、美男で目は青かったが、感覚がみな鈍磨して知力も理性もまるで欠いていたため、体しか人間でないようだった。口も利けず、気質はまるで獣だった。それでも当然人間で理性があると認められたため、その資格でポズナニの司教から洗礼を授けられ、ユージェフ・ウルシンという名を付けられて、ポーランド王妃が代母に、フランス大使が代父になってくれた。その子の獰猛な気性を部分的にも和らげて飼い慣らすには限りない苦労をした。それでも二足歩行の習慣はついた。肉は生でも焼いても同じようにおいしく食べたが、体に服を着ることも、足に靴を履くことも我慢できず、頭にも一度として帽子をかぶらなかった。

〔二三一〕ボルネオ島の森には、言葉を除いたら人間と全く違わない未開人〔オランウータンのこと〕がみつかる。二足歩行をし、異常なほど力があり、走るのも実に速いため、追いつめるのは容易でない。貴人たちは鹿狩りをするようにその動物の狩りをする。普通は国王用の狩りである。

シャルトルの男やポーランドの男をあれほど野蛮で非理性的にしたのも、ボルネオ島の未開人やアフリカ、アメリカの未開人を今なおそうしているのも教育の不足だと言うなら、獣について同じことを言うのもどうして許されないのか。獣も調教し教育すれば、どんなに分別のある人間の行動も完璧に真似るからである。綱の上で踊ったり、人間より大胆に軽々と理知的に曲芸をしたりする猿以上の敏捷さ、思慮深さを見せられようか。兵隊のように演習をする熊や、主人や調教師の声に従う象も同じである。犬は仕込めば、なんでも容易にやらせられないか。〔二三二〕ネグリティアとギネアの境にあるシエラ・レオネ――牝獅子山――王国には実に従順に指図に従う猿がいて、ほとんど奴隷に劣らぬほど役に立つ。人間のように直立して歩き、粟を臼で挽き、壺に水を汲みに行き、焼き串を回す等々もする。シナからマラッカ海峡のカロマンデル海岸へ行くと、そこにも同じような種類の猿がいて、外的行為のすべてが実に人間くさく、情念も実に強烈ではっきり現われ、口の利けない人間はそれ以上よく感情と意志を表現できないほどである。

三番目に言いたいのは、〔二三三〕人間の魂が獣の魂と違うのは器官を異にする体と結合している点にすぎないことである。われわれが普通獣より理性があるかに見えるのはそのためなのだ。猿の魂が人間の体の中にあり、人間の精神が猿の体の中にあったら、われわれには何者か皆目分かるまい。身体器官に起こる変化だけでも同じ人のはたらきに見る非常な差異の原因となる、というのは確かな真理ではないからである〔確かな真理だからである、の誤記〕。生まれたての子供と大きくなった同じ子供の間の違いは、人間と獣の間の違いより大きい。老齢や病気がわれわれの内に惹き起こす無秩序や乱調は驚くほどである。万学に通じ教養豊かで深い学殖の持ち主でも、たまたま病気になるとその後はえてして何もかも忘れてしまい、痴呆のようになる。熱が高すぎたり、動物精気の動きが激しすぎたりしただけでも、身体機構にほんの僅かな混乱が生じただけでも、脳の数本の繊維の秩序がくつがえっただけでも、要するに原子一つ、無のようなもの一つで、最高の賢者の頭脳も一瞬にして最大の狂気の内に投じられかねないのである。

ギリシア語・ラテン語の大学者だったトレビゾンドのゲオルギオス〔二三四〕は、年をとるとそのどちらも忘れてしまった。（マシュー・パリス〔二三五〕『イギリス史』、一二〇一年の項）〔二三六〕パリ大学の有名な博士だったトゥルネのシモン〔二三七〕は、病後すっかり無知になり、息子が一年余も費やして主禱文やABCを教えたものの、「ルキフェルヨ、オ前ハナゼ天カラ落チタカ」と言ってそれを諦めざるをえなかった。〔二三八〕自然の秘密を驚くほど知っていて実に巧みな数々の機械を発明したアルベルトゥス・マグヌス〔二三九〕も、同じように知っていたことを全部忘れてしまい、再度その学識を取り戻したものの、死ぬ三年前には最初の無知な状態にまた陥った。

〔二四〇〕こういうすべての事実から結論すべきは、獣の魂がわれわれの魂ほど高尚な行為を生みださないのは自分のせいではなく、人間の魂ほど本性が完全でないからでもなく、ただ、それの動かす器官がわれわれのと全面的には似てないからにすぎないということである。

獣の魂と人間の魂の間に違いを認める人は、三十五歳の時と生後一カ月では人間の魂も種を異にするとか、躁暴性の狂人や頭がボケた人や幼時返りをした老人の魂は有能な人の魂ほど実体として完全でないとか言われるのをいいと思うだろうか。疑いもなく、そんな命題を全くひどい誤りとして斥けるだろうし、斥けるのは正しいだろう。というのも、子供では感覚しかしないその同じ魂が、成人ではしっかりと思索や推理をすること、成人では理性が感嘆の的になるその同じ魂が、頭のイカレた老人ではたわいないことしか言わず、子供では感覚しかしないことは間違いないからである。

人間の魂はわれわれに既知の思考しかできないなどと主張したらひどい誤りであろう。その魂がいまだかつて持たなかったが、それでも十分持てる感覚・情念・観念は無数にある。われわれのと違う器官に結び付けられたら、その魂は今と別様に考えるだろうし、その変様はわれわれが今経験する変様より高尚なものかもしれない。もっとよく組織された体の中で、われわれがするより崇高な感覚や思考をする実体が存在したら、それはわれわれの魂より完全な本性のものと言えるだろうか。言えないにちがいない。われわれの魂でもそういう体の中へ移されたら、今よりずっと崇高な感覚や思考をするはずだからである。このことを獣の魂に当てはめよう。

人間はしばしば獣以上の理性を現わすが、獣の魂も人間の魂と違いはなく、どちらも同じ本性のものである。唯一の相違は、われわれの魂が結び付く体の方がよく組織されていることだ。その違いは偶有的なものにすぎず、基体の種類が違うことを示すものではない。アリストテレスやキケロでも、一歳の時は犬がするより崇高な思考はしなかったし、三、四十年も子供のままでいたら、その魂の思考は遊びや食気《くいけ》にまつわる感覚と情念だけだったろう。だから、二人が獣を凌駕したのは偶然で、思考が依存する器官が獣の器官には到達できないあれこれの変様を獲得したからである。犬の魂でもアリストテレスやキケロの器官の内にあったら、必ずや二人の偉人が持っていた知識のすべてを獲得したろう。これこれの魂は推理をしない、故に大哲人の魂と本性を異にする、という論結は全くの誤りである。その論結が正しいと、小児の魂は成人の魂と同じ種のものではないと言わざるをえなくなるから。

〔二四一〕デカルトは動物から知能を一切剝奪して、バネだけで結び付く機械の列に入れた。動物には情念も感覚もなく、どんな行動の内にも認識などないのは、正確に時を示す時計の規則正しさの内にそれがないのと変わりない。どんなに見事な逸品でも、時計は自然を粗雑に真似ることしかしない。技術の所産ではバネと呼ばれるものが、自然の所産では器官と呼ばれる。素材が違っても、物が違うわけではない。人工の機械がそれを動かす歯車やバネからなるように、動物も同じく繊維や神経や筋肉からなり、それらが知性的な魂に種々の運動を生みだす〔われわれが知性的な魂に帰する種々の運動をそれらが生みだす、の誤記〕のだ――と。

これはデカルト哲学の最も驚くべき逆説の一つだが、それでもとりわけ好評を博した。魂と体の区別の明晰な観念がそれで与えられると思われたからである。

たしかに、人間の内に起こる運動はみな機械の仕組みだけから来る。われわれが全然注意しないのに、血液は循環し、食べ物は消化され、〔動物〕精気は〔身体各部へ〕分配される。意志的・自発的な行為の内にすら、魂が関与せずに起こるかに見えるものがある。四肢の一つが危険にさらされると、魂の熟慮も待たずに他の四肢が総動員でそれの保全に協力し、理性が命じるまでもなく急いで助けに駆けつけるからだ。それでも、これらの行為は一定の感覚を原理とし、そういう際は十分展開された一連の推理によって行動するわけではないが、それらの感覚は認識を前提とする。たとえば物を食べる場合、機械の必要が食物を求めるとはいえ、体が肉の方へ進み寄るのは意志から来る行為の後に過ぎず、対象が現前する際起こる運動は認識と選択を伴っている。パンのかけらから出て犬の鼻から体内へ入る粒子が動物精気に通路を開け、犬を動かすのに役立つ筋肉の内にその精気が大量に流れ込んで、犬を激しくそちらの方へ持って行くから、犬は一見腹をすかしているように見える、などと言ってもなんにもならない。その行為が認識を欠くという結果には全然ならない。そうでなかったら、同じことは人間にも起こるはずで、パンの粒子が脳を刺激し動物精気に一定の流れを与えたら、人間の体も犬の体と同じようにパンの方へ必然的に持って行かれるだろう。しかし、人間が熟慮してそちらへ行くこと、機械の現状が人間を押し流すわけではないことが経験から証明される。だから、動物にも同じ決定づけと同じ感覚が起こると結論せねばならない。それらは動物でも同じ原理によってなされるのである。人間だと意志の自由な行為であるものが、獣だと力学の法則だけに依存するということはないのだ。

ダニエル神父[二四二]が著わした『感覚的認識に関し[二四三]、或る逍遥学派の人が《デカルト世界旅行記》の著者に呈した新たな異議』を参照されたい。

魂[二四四]がそれの印象を止めるのだ、そうでなければ体は自分の機械を揺り動かすものの方へ必然的に歩むだろう、と反論するわけにはいかない。急激に流れて筋肉をふくらます精気の通路を閉ざすことは魂にはできないからである。魂の機能は見ることと判断することだけで、デカルト派は魂に物体を動かす力をなんら付与していない。魂の意に反しても脳には粒子の刻印が生じ、粒子が入り込むのを魂が禁じることはできないのである。

デカルト派が神の決定に頼るのは事実である。魂の欲求を契機として、魂の意志に即した一定の運動が体に起こるように神が命じたから、この個別法則のお蔭で人間は機械的には行動しない、というのだ。しかし、言い抜けのために考え出したこんな屁理屈に経験は異を唱える。脳の繊維を振動させる粒子の流れに意志がはっきり抵抗しなくなれば、体は受け取った印象に従って、犬と同じく、自分の器官を動かす対象の方へ機械的に進むはずだからである。一定の対象が一定の運動を間違いなく惹き起こす一般法則に違反するように神が定めた合図を魂がしていない以上、機械はそれらの法則に随って、自分を押す力に負けざるをえない。それでも、このことは意志の同意なしにはけっして起こらず、機械を決定づけるはずだったものが目の前にあっても、体はじっと動かないし、人間にあっては空腹と呼ばれる感覚をまるで感じるかのように犬を押し流すああいう牽引力を感じもしない。したがって、われわれの場合には感覚と認識を伴ったりそれに先立たれたりする運動に対応するような獣の自発的運動は機械の努力〔バネ、の誤記〕だけで行なわれるのではないと納得する材料を、われわれは自分自身の内にみつけるのである。

外的な行為から判断すれば、動物は認識せずに行動すると考えられようか。駱駝[二四五]〔羚羊、の誤記〕は普通群をなして行き、一頭だけ頭《かしら》がいて、ほかの者が草を食《は》んでいる間にも、その頭が岩の上で見張りをする。いつも聞き耳を立て、四方を見回し、何か見えたり聞こえたりすると鋭い鳴き声を発して、逃げろと群全体に警告する（ショイヒツァー[二四六]のアルプス第三次旅行記を参照）。馬を断崖の縁へ連れて行き、さかんに拍車をかけて、運動を左右する筋肉に動物精気を流し込んでも、人がそちらへ押す決定づけに馬は随うどころか、激しく後ずさりして、刻印しようとする運動に抵抗するだろう。粒子が脳の孔から入り込んで機械を押し戻し、いやでも後退させるのだと、ここではもう言うわけにいかない。力学の法則どおり馬をいやでも機械的に後ずさりさせ引き返させるものなど、何も崖の底から出て来ないからだ。デカルト派の訳の分からぬ言葉もお手上げで、激しく押される先へ抗わずに向かうという機械の通常の規則を破って、その自動人形なるものが与えられる刻印に屈するのを拒み、恐怖に駆られたかに見えるのはなぜなのか言えない。その戦きはどう見ても危険を知覚したからで、体に始動を与える筋肉を大挙して充たしに行く動物精気に馬がそれでブレーキをかける反省の外的特徴を全部具えているけれども、そんなことをどうやって説明するのか。

人間は目が利かなくて機械の巧みさがよく分からないが、この素晴しい機械の全部のバネを発見できないということで鬼の首を取ったつもりになったり、これほど巧みに出来た作品を神が作れたことを疑ったりしてはならぬ、などと答えたところで無駄である。人間の技巧が時に自然を模倣できるなら、世界を作った最高の建築家にやれないことがどこにあろう、全部の説明ができなくても、素材の配合で思考や推理の結果を真似るような機械を神が建造しなかったという結論を出すべきなのか、とデカルト派は言う。重ねて言えば、われわれの知識の幅が狭いことをへんな所で白状して逃げを打っても無駄である。それはどう答えていいか分からぬ者の常套手段だ。というのも、神がいかにして動物を作ったかもデカルト派は知らない以上、結局すべては、神は全能だから自分らが抱いた漠たる観念も実行に移せたと一般的に言うだけに帰着してしまうが、そのことが実際なされたということにはならないからである。純物質的なバネの作用ですべてを説明できないなら、そんな仮説は放棄すべきで、宇宙を作った偉大な職人の全能の力には何がやれたかといった漠然とした憶測になど頼るべきではない。そうでなければ、人間もまた肉と骨からなる器官によって行動するのだという答が返ってくるだろう。人間には特権として動物にはない推理能力があるのだと言って、人間を動物の列に入れまいとしても、人間は神の傑作で獣は不完全な下書きにすぎないと相手は答えるだろう。そしてとどのつまり、神の手で並べられ一定の仕方で加工されてもまとまった話や型どおりの三段論法を生みだせないと断定できるほど、繊維やあらゆる器官のつながりや依存を君ははっきり知っているのか、と相手は尋ねるはずである。

一言で言えば、獣はいくら認識するように見えても、行動がいくら連続していても、互いの間でいくら考えを伝え合っても、人間の内で、また人間といくら交流していても、なおかつ認識しないのだと決めつけるなら、人間と呼ぶ存在も同じく認識しないのだと判断せねばならない。獣は推理するかのように行動するが、諸君にあってはそれは何事も証明しない。人間は認識するかのように語るが、私に言わせればそんな論拠は何事も証明しないだろう。蜜蜂の国に見られる規則正しさと上下関係も認識するなんらかの原理を前提としないなら、工場の労働者を私が全員自動人形とみなすのを誰が妨げよう。蜜蜂の間にも実にきちんとした仕事の割りふりがあり、同じ計画を実行するため相謀《はか》る精神の間に劣らぬ完璧な秩序と協力が見られるから、デカルトの原理に即して筋の通った言いかたをしたら、人間も獣と全然違わないという結論を出さざるをえない。

〔二四七〕デカルト派が自らの原理を承認して獣から認識を奪った上で、それでも人間には理性的霊魂があると主張するのは予断によるにすぎない。人間に認識と理性を付与するために彼らが使った最強の、ほとんど唯一と言える論拠は、何を訊かれても人がするあいう一貫した返事である。しかし、デカルト主義の原理ではそんな論拠が道理に適わないことを示すのはたやすい。

理由は左のとおりである。そういう返事は実のところ、いかに一貫していても、私にとっては運動か運動の決定づけにすぎない。〔二四八〕さて、神は人間に似た機械を作れる、どんな質問をされてもその質問に正確に答えるために必要なあらゆる音を発するように器官が決定づけられた機械を作れるという理由から、獣は機械にすぎないとデカルト派は言うのだから、神にそれができたことを否定するには、機械はそうであるためにはこれらの決定づけのすべてに対応するような無限な数のバネを持つ必要があることを論証できねばなるまい。なぜなら、その数が無限である必要がなければ、もう何も言うことはなく、全能な神にはそういう機械が作れるからである。しかし、それらの組み合わせが無限でなければならないのをデカルト派はどうやって証明するのか。飼い主に教育された犬が、言葉と同様取り決められた合図によって、求められる多くのものに答えるのが目にされる。人間のあらゆる話に答えるためにも、組み合わせと決定づけが〔もう〕少しあるだけでいい。多い少ないで種類が変わるわけではなく、神の力が止められるわけでもない。すでに示したし、これからもいろんな実例で示すつもりだが、人間のどんなに首尾一貫した話にも、動物がする首尾一貫した多くの行動以上に驚くべきものは何もない。だから、人間の首尾一貫したそういう答を生みだすのに無限の組み合わせが必要なら、獣の首尾一貫した行動を生みだすにも無限の組み合わせが要る。あるいは、獣には無限の組み合わせが必要ないなら、人間にも無限の組み合わせがある必要はなく、神はそういう機械を作れるのである。

三、それらの獣は理性を具えていると私が言うのは、彼らにも道徳的な美徳が見られるからである。〔二四九〕犬の忠実さほど称讃すべきものがあろうか。飼い主を裏切るくらいなら進んで打たれようとするし、主人を見捨てるよりは死の危険を冒すではないか。殺された主人の死体の上で餓死したり、主人を溺れさすまいと海にとびこんだりした犬も見られたではないか。〔二五〇〕リュシマコス〔二五一〕の飼い犬だったヒュルカノスもそうで、この犬は主人の死体から離れようとせず、火葬の薪のところまでついて行き、インド人の妻のように火の中へとびこみ、主人とともに灰になったという。

プリニウス〔二五二〕もプルタルコスもエペイロスの多くの犬の忠実さを語っている。中でも、ピュロス〔二五三〕が道で出会った犬などは、三日前に殺された主人の死体の番をして、その間飲まず食わずだった。王はその犬を連れて行き、ずっとそば近くに置いたが、或る日、親衛隊の閲兵で兵士たちが王の前で分列行進をした時、主人を殺《あや》めた下手人を犬がみつけて、そいつにとびかかったという。

(目撃者アッピアノス〔二五四〕。アウルス・ゲリウス〔二五五〕を参照)獣も恩人への感謝の念を持たないだろうか。ダキアの人でアフリカで或るローマ人の奴隷をしていたアンドロドスという男に対するあのライオンの報恩がそれである。この奴隷は、民衆にそういう見世物を供する当時のローマ人のしきたりどおり、円形闘技場で猛獣と闘うことになっていた。ライオンは放されるや、奴隷の方へ猛然と駆け寄ったが、近くへ来ると驚いたかのようにピタリと足を止め、それから静かに奴隷の方へ進み寄って、尻尾を振りつつその手をなめた。それを見て、観客はみな喚声を上げた。臨席していた皇帝は、奴隷とライオンの間にある友情と感謝の念を目のあたりにして、その奴隷を呼び、何が原因でこんな驚くべき結果が起こったのか尋ねた。以下が奴隷のした返事である。私はアンドロドスと申しまして、某地方総督の奴隷でございます。主人が私を殺そうと決めましたので、脱走して、とある洞穴に隠れました。そこにしばらくいると、今御覧のあのライオンがびっこを引きつつ入って来て、私を見るなり、よたよたしながらこちらへ来、まるで助けを求めるように痛んだ足を私に預けました。怖くはありましたが、それでも私はその足を取って、刺さった太い棘を抜いてやりました。それが済むと、小便で傷口を洗いましたが、ライオンは全部終わるのを我慢強く待っていて、手当てのお蔭で楽になったのか、寝込んでしまいました。目が覚めると私の手をなめ、感謝と情愛のしぐさをいろいろとしました。私は三年間そのライオンの洞穴で一緒にいましたが、そんな生活にとうとう飽きて、ライオンが外へ出ている時を見はからい、逃げ出しました。三日の間あちこち駆け回りましたが、たまたま出会った兵隊に何者か見破られ、つかまって元の主人のところへ連れ戻されました。主人は私にこういう酷い死にかたをさせようと決めたのですが、どうやら、あのライオンが私と時を同じうしてつかまり、私の死刑執行者に選ばれるように運命が命じたようです。それでも陛下、御覧ください、あのライオンは自分を駆り立てる怒りに従うのを拒んで、かつて私がしてやったことを思い出し、感謝の念から獰猛な気性を抑制しているのです。こんな出来事に皇帝は驚き魅せられて、奴隷に命と自由を与え、そのライオンもこの男にやった。男はライオンと一緒に暮らし、こんな驚くべき動物を見たがる世間の人にそれを御披露することで生計を立てた。このライオンの話は帝国全体に鳴り響いた。

ショワジ師〔二五六〕〔二五七〕が報じているが、シャムとポルスロンクの間の辺に追剝ぎをする象がいた。通行人に襲いかかって転倒させ、実に巧みに身ぐるみ剝ぎ、時には殺し、相手が身につけていたものを一切合財洞穴へ運び込んで、整然と並べておいた。或る日、コーチシナの商人がその象に襲われて投げ倒されたが、象は商人に危害を加えず、片足を差し出して大声で鳴いた。コーチシナ人は勇気を取り戻し、その足をよくよく見て、刺さっていた太い棘を抜いてやった。たちまち象はその商人をちやほやし出し、鼻で巻き上げて背中に乗せ、洞穴へ連れて行って自分のお宝を見せた上、そこに商人を残して立ち去った。商人がそのことをポルスロンクの為政者に報告したところ、為政者は洞穴にあったものを一部分その商人に与え、残りは元の持ち主と分かった者に返還されたという。

獣はさらに思慮も具えていないだろうか。いくつか例を挙げよう。海豹《あざらし》は海辺の岩の上に集まって、日なたで昼寝をするが、一頭だけは岩のてっぺんで見張りをする。誰かが現われるのを見るや、見張りは大きな石をいくつも転がしてほかの者を起こし、水にとびこめと告げる。人間に狩り立てられて逃れる水もなくなると、後足を使って大量の水と砂を追手の顔にも目にもかけ、往々狩りを諦めざるをえなくしてしまう。（ルドルフ〔二五八〕『アビシニア誌』）〔二五九〕猿も同じことをしないだろうか。普通は逃げることでしか身を守らないが、逃げ場がなくなったと見るや、埃を武器に使って、それを追手の目に投げつけるのである。猿は群をなして行き、彼らが歩くのを遠くから見ると、まるで大隊が前進するかのようである。斥候がいつも先頭を行く。庭へ入り込もうとする時は、恐れるものがないかどうか探るため数頭だけ先に行かせ、それから音もなくしのび込む。子供が音を立てたりすると平手打ちをくわせ、心配なものは何もないと安心できるまで黙らせておく。心配ないとなったら、その時は大声でキャッキャとはしゃぎながら、喜び勇んで果実に殺到するのである。

〔二六〇〕喜望峰の猿はメロンが大好物だ。時には二百頭もの群が整然と歩いて行くのも目にされる。メロンを探して、会社所有の庭へ取りに行くのである。最初は用心に用心して、岩の上か木の上に四、五頭の見張りを置いておく。人間や何か怪しいものが見えたり聞こえたりすると、その見張りが一定の叫びを発するのである。それから、いちばん勇敢な者が一列になって庭へしのび込み、手から手へメロンを渡してゆく。畑泥棒が済むと、それぞれ手にメロンを抱えて一目散に帰る。追跡されるとメロンを地に置き、石で防戦するのである。

同じ旅行家が言っているが、〔セイロン島の〕フランチェスコ会の僧院で子象がかなり長期間、食堂へ昼食も夕食もしに来るのを見たと、メテロポリスの司教がこの人に請け合ったという。母親は体が大きすぎて中へ入れないので、入口にいて子供がするのを見張っており、子供が何かヘマをしたり食事をひっくりかえしたりすると、きつい声で子供を呼び、過失の程度に応じて多い少ないはあるが、五、六回鼻で叩いたそうである。

〔二六一〕〔二六二〕ジェメリが報じているが、アメリカのヌエバ・エスパーニャ〔今のメキシコ〕の川は大半鰐がうようよいて、鰐は犬が大好物なので、こういうことが起こるという。敵に食われずに川を渡りたい犬は、川岸に近付いて声を限りに吠えるのである。近所の鰐がそれを聞いてみなその場所へ集まるが、それを見届けると犬は全速力で駆け出して、鰐がいないと安心できる別の場所で川を渡るというのである。

〔二六三〕ジャワ島のバタヴィアの近辺には、中空で軽くてとても固く、太さは腿ほど、長さは普通四、五十ピエ〔一ピエは約三二・五センチ〕ある一種の竹が生えている。その竹のてっぺんには、粘土質の土で出来た大きな蟻の巣がぶらさがっているのがかなり普通に見かけられる。その土は、これらの小動物が茎の内部に道を作って持って来たのである。そういう巣では、蟻が一匹ずつ蜜蜂のそれとほぼ同じ小さな房《ぼう》を持っている。頻繁に豪雨が降り、年に四、五カ月は国を水びたしにしてしまうが、その間、蟻は巣の中にじっとしている。危険を見越し、身を守る秘策をみつけなかったら、蟻は水に溺れてしまうだろう。理性がいかに発達した人間でも、効用と利益のためそれ以上うまくやれるだろうか。

〔二六四〕アメリカにいる雀の一種は実に巧妙で、森林に沢山いる山猫に雛を食われるのを防ぐ。巣を作るには、一本だけほかと離れた木を選ぶのである。巣は長さが一ブラス〔約一・六メートル〕ほどで、棘だらけの枝にぶらさがっているから、近付くのは難しい。巣には雀の体しか通れない小さな孔が一つあいているだけなので、山猫は巣に近付くのに成功しても、卵も雛も食べられまい。巣は深さが一ブラスもあって、猫の足では底まで届かないからである。川岸であれ海岸であれ、枝がほとんど水中まで垂れた木の上に巣を作る鳥もいる。理由は同じである。猫は巣まで行こうとしたら、水に落ちるおそれがあるからだ。枝は弱くて撓みやすいので、猫の体重を支えられないから。

しかし、ビーバーの思慮深さと器用さは想像を絶している。〔二六五〕これらの動物はともに社会を作っており、その数は百頭にも達する。呻くような、はっきりしない鳴き声を発して、互いに話し合い推理し合っているらしい。未開人が言うには、彼らにも理解可能な或る隠語があって、それで気持や考えを伝え合うのだという。太い木を歯でかじる伐採作業をする時は、住んでいる湖の周辺に見張りを置き、人間が近付くとその見張りが叫び声を発する。それは水にとびこめという労働者たちへの警告で、みんなそのとおり潜水して逃げ、小屋までたどり着くのである。

同じビーバーは、幾筋かの小川が横切る草原にいる場合、水の流れを堰き止める堤防や土手を作って草原全体に洪水を起こし、その周は時として二里《リュー》にも達する。堤防は伐採した上泳いで引っ張ってきた木からなり、基部には横木が並べてある。これらの動物は木〔草、の誤記〕と粘土を大きな尻尾に乗せて運び、実に巧妙・器用に木材の間へ投げ入れるから、とびきり腕の立つ石工でも、石灰とセメントでそれ以上頑丈な城壁を作るのは容易でなかろう。警戒しつつ、しかも大急ぎで夜も作業するのを聞くと、人間ではないかと思われるほどである。ビーバーの尾は鏝《こて》の役をし、歯は斧の役、手や足は橈《かい》の役をする。さらに、彼らが作る堤防は長さ五百歩、高さ二十ピエ、厚さ七、八ピエもあり、労働者の数はせいぜい百頭なのに、それを五、六カ月で作ってしまう。木を切る才能もさることながら、水の上へその木を落とす才能も全く驚異的である。うまく落とすには、またとりわけ、風がその木の落下を助けて、自分らの小さな湖にそれを落とせる時を正確に見はからうには判断力と注意力が要るからだ。

　これらの小動物の最高傑作はそれですらない。彼らの小屋の造りは想像を超えている。水底に穴を掘り、そこに杭を打つ腕と力があるからだ。杭は池のまんなかにじかに打ち、その六本の杭の上に竈《かまど》形の小さな家を建てる。家は粘土と草と木の枝で出来ていて、三階建てで、雨や雪解けのため水かさが増すと、彼らは下の階から上の階へ移る。床は藺草で、ビーバーは各自個室を持っている。小屋へは水の下から入るが、一階の床に孔があいていて、腹がへったらビーバーをそれぞれの房へ誘導しやすいように、孔のまわりにはポプラの材木をこま切れにしたものが置いてある。ビーバーは通常それを食べるので、用心していつでもそれを大量に貯えておく。とりわけ秋にはそうで、やがて池が凍り、二、三カ月も小屋に閉じ込められるのを見越しているからである。

ラ・オンタン〔二六六〕男爵を参照。

　獣に友情があることも目にされるではないか。子供を守り食べさせ教育するため、彼らは何をしないだろうか。子供に食べ物をやろうとして、自分は食べずにいることまでする。〔二六七〕たとえば、海豚《いるか》は自分の乳で子供を育て、子供を背中に乗せて行き、漁師に追いかけられると子供を口に入れたり腹の中にしまったりする。子供がつかまるとどこまでもついて行き、長くは生きられないとすらいわれる。同様に、海豚は互いに誘い合う。或る日、一頭がつかまって岸へ引き上げられると、ほかの海豚たちが群をなして助けに駆け付け、漁師たちを蹴散らした上で、意気揚々と捕虜を連れ戻したほどだった。

〔二六八〕犬が飼い主に抱く友情はいかほどのものか。飼い主をみつけようといかに熱心で、みつかったらどれほど愛撫することか。愛情を抱きながら、愛情を抱くのを感じないことがありうるのか。飼い主の方へ駆けて行きながら、飼い主が見えることを知りもせず、自分をそちらへ赴かす決定づけの力を同時に感じないことがありうるのか。百人もの人の間からその人を求め〔見分け、の誤記〕ながら、その人の匂いがする、またはその人が見えると確信せずにいることがどうしてできよう。要するに、こういうことを全部しながら、自分がそうしているのを知らずにいることがどうしてできよう。

狐は狩人と犬に包囲されたと見るや、犬のような声で鳴き、往々その手を使って逃げる。狩人に追跡され深手を負った狐が、とどめを刺す気をなくさせるため死んだふりをしたこともある。これはまんまと成功した。死んだと思った狩人はそれを下男に運ばせたが、ずるい狐は自由になれる機会をみつけるやそれを利用し、逃げやすいようにと、背負っている男に手ひどく咬みついたのである。

〔二六九〕ポンセ・デ・レオン〔二七〇〕は一五一二年にビミニ島を征服した時、ベレシーリョという素晴しい犬を連れていた。その犬は二百人のインディオの中からでも脱走兵をみつけ、腕に咬みついて無理やりキャンプへ戻らせた。夜の内に捕虜が誰か逃げ出すと、それを追跡して連れ戻すのだった。ヨーロッパ人の味方か敵かよく弁えていて、一方にはなつき、もう一方には猛威を揮った。軍では最良の兵士として、この犬に一人分半の給与を払ったという。

動物たちの賢さ、巧みさを十分納得するには、シチリアのディオドロス〔二七一〕の〔『図書館』〕第四巻、アエリアヌス〔二七二〕の『動物誌』第二巻第二十章、プリニウス〔二七三〕の〔『自然誌』〕第十巻、マルティアリス〔二七四〕の〔『短詩集』〕第五巻短詩六十七、パウサニアス〔二七五〕の〔『ギリシア記』〕第六巻三六八ページなどをお読み願いたい。

獣には賞罰も可能ではないか。犬や馬を罰すれば大成功を収められる。アフリカ〔二七六〕ではライオンを十字架にかけて、町や人の行きかう所からほかのライオンを遠ざける、ユーリヒ地方を通った時、羊の群の安全のため狼が絞首台に吊されているのを見た、とロラリウス〔二七七〕は言っている。〔二七八〕アンティオコス王〔二七九〕が象たちに川を渡らせようとした時、いつも先頭を行くアガル〔アイアス、の誤記〕という隊長の象がいいつけに従わなかったため、まっさきに渡った象を隊長にしてやると王が約束したところ、パトロクルスという象が進み出てまっさきに渡った、以来王はその象にいつも先頭を行かせ、この失寵で罰せられた象はもう食事も受け付けなくなり、恥ずかしさと後悔で死んでしまった、とプリニウスも言う。〔二八〇〕要するに、真偽はともかく、獣が実行しない美徳はほとんどないと言ってよい。

フランソワ・ルガの〔『旅と冒険』〕第一冊九八ページには、孤独鳥《ソリテール》という鳥について驚嘆すべき事実〔二八一〕が報じられている。白鳥ほどの大きさのオノクラート、通称ペリカンは音楽を聞くのが好きで、ウィロビ〔二八二〕はこの点について次のことを報告している。〔二八三〕バイエルン公はこの鳥を一羽、四十年にわたって飼っていたが、そのペリカンは宮廷音楽会に出席するのを殊のほか楽しみにしていたというのである。付け加えて、この鳥は首を動かして拍子を取るように見えた、とも。

動物たちにも声や言葉で、われわれが怒っているか機嫌がいいか分かるではないか。獣にも言語があって、自分ではそれが分かっている可能性さえ高い。〔二八四〕テイレシアス、〔二八五〕タレス、〔二八六〕メタンプス〔二八七〕〔メランプス、の誤記〕、テュアナのアポロニオス〔二八八〕のように、自分にもそれが分かると称した哲学者も何人かいた。

つまり、理性的な被造物がするどんな行動でも獣にさせられるし、獣が人間より巧みなことすら多いのだから、獣に理性が具わっているのを否定できようか。その能力が彼らにあっては非常にしばしば不完全なのは事実だが、それはすべてのものを磨き上げる訓育と技術がないからにすぎない。ダンスをしたり、金を数えたり、小銃に弾丸《たま》を込めて撃ったり、隠したものを探したり、みつけたら持って来たりするのを教わる獣の例からも、そのことははっきりしている。理性の面でも教えられたことでも獣が進歩するのを示すこれ以上の証拠がありえようか。象には一種の兵法を教え、軍の先頭に立たせるではないか。

だから、獣の能力とわれわれの能力との間に正確な相同性・類似性があるのは事実で、獣にはわれわれほど完成した理性がないからといって、獣に理性がないと結論する根拠がないのは、われわれは大山猫ほど目が見えずモグラほど耳が聞こえないからといって、われわれは目も見えず耳も聞こえないと結論したり、われわれは犬ほど鋭い嗅覚を持たぬからといって、われわれは匂いを感じないと結論したり、猿の味覚の方がわれわれより鋭敏だからといって、われわれには全然味覚がないと結論したり、蜘蛛の感覚の方が繊細・鋭敏だからといって、われわれには全然感覚がないと結論したり、われわれが走るのは鹿ほど速くないからといって、われわれには脚がないと結論したり、われわれの力は象と比較にならないからといって、われわれには全然力がないと結論したりする根拠がないのと変わらない。こういう理由があってもなお、獣には精神的な魂がないとわれわれが結論するのを妨げないなら、獣のあらゆる行動も物質からのみ来るのなら、人間の魂もあれこれの仕方で変様された物質にすぎない、この世界で人間の行動が鳴り響くのもみなもっとうまく出来た体、もっと完成した機械の結果にすぎない、獣も言語を使えたら、その能力のお蔭で人間のように教育できたら、人間とほぼ同じはたらきを示すはずだと言ってなぜいけないのか。

第四章　魂が死ぬことに対して通常される反論への答

われわれの魂は不滅だと主張する三種類の哲学者に私は答えた。第一はこの魂は神的な本性のものだと考える人で、かつてのピュタゴラス派やプラトン派がそうだったし、現在でも大方の東洋人がそうである。彼らの原理が真実なら、それはわれわれの魂が不滅である唯一かけがえのない証拠になると言ってよい。神的な本性のものはみな不滅である、われわれの魂は神的な本性のものである、故にそれは不滅である、という三段論法は型どおりのものだ。私が答えたしこれからも答えねばならぬ二番目の哲学者たちは、獣の内に感覚と実体的形相を認める人で、逍遥学派がそうである。

三番目は、獣を純然たる機械としかみなさず、獣の内に魂も感覚も認めたがらぬ人で、デカルト派がそうである。この哲学者たちの原理は非常に違うから、答えるのも別個にせねばならない。

〔二八九〕ピュタゴラス派やプラトン派は、理性の面でも不滅な点でも獣の魂と人間の魂の間になんの違いも設けなかった。それも意外ではない。世界は生き物で世界霊魂は神自身だと彼らは主張していたので、したがって、人間の魂のみならずほかの動物たちの個別の魂も世界霊魂の小部分だと考えていたからである。「人間モ、アラユル種類ノ野獣タチモ……」、「羊モ牛モ人間モ……」、「蜜蜂ハ神ノ叡智ヲ分チ持チ……」〔いずれも、ウェルギリウス『農事詩』第四巻より。邦訳、未来社刊『牧歌・農耕詩』、三四四ページ、河津千代訳〕という見事な詩句でウェルギリウスが語っていたのもこの意見に即してだった。

この哲学者たちが世界は生き物だと言わざるをえなかったのは、第一に、すべての魂がそこから来る源を指示するためだった。彼らが言うには、われわれの体が世界の体の一部であるように、われわれの魂も世界霊魂の一部なのである。ウェルギリウスはこのことを次のように表現している。

羊モ牛モ人間モ、アラユル種類ノ野獣タチモ、
霊妙ナル〈気〉ヲ受ケテ生マレ出タ。〔同〕

第二に、彼らはどうやら世界霊魂を神そのものとみなしたようである。一般に、個々の魂はみな世界霊魂または神の部分だと主張したからだ。そこから、同じウェルギリウスはこう言っている。「蜜蜂ハ神ノ叡智ヲ分チ持チ、天界ノ霊気ヲ吸ッテイル。ナゼナラ、神ハ大地ニモ、広漠タル海ニモ底知レヌ天空ニモアマネク満チワタリ、羊モ牛モ人間モ、アラユル種類ノ野獣タチモ、ミナ彼カラ、霊妙ナル〈気〉ヲ受ケテ生マレ出タ。」〔同〕

東洋人〔二九〇〕はほとんどみな逍遥学派〔古代哲学者、の誤記〕のこの説に随った。デルヴィシュ〔イスラムの僧〕もスーフィー〔僧侶〕もペルシアの学者たち（この説はスーフィーのカバラをなし、彼らの「グルチェズ・ラズ」〔神秘の花壇〕では非常に高尚な誇張した詩の形で説明される）もインド諸国のパンディトつまりバラモンたちもそうで、それどころか、この説は一般にシナでも日本でも、またアジアのあらゆる学者に受けいれられている。これはプラトンの教えに随ういくたの教父たちの説でもあった。ガッサンディ〔二九一〕が反駁したフラッド〔二九二〕の説でもあったし、今日でもピエール・ポワレ〔二九三〕がそれを復活させた。さらに、これは輪廻を信じる者全部の考えで、だからインド人は大方生き物を食べないのである。

ペルシアのカバラ学者やインド諸国のパンディトたちは、神は諸々の魂だけでなく、さらに広く、宇宙にあるすべての物体的・物質的なものを自分の実体から引き出して産出した、この産出は動力因のような仕方でではなく、臍から糸を引き出して巣を張り、それを好きな時に回収する蜘蛛のような仕方でなされた、と主張している。つまり彼ら

に言わせれば、創造とは神が自分の実体から神的な網を外へ引き出し拡げることにほかならない。だから、すべてが滅びると思う世界の最後の日も、神が自分自身から引き出したこういうすべての網の全面的な回収にすぎないはずなのである。

　君ら自身も認めるように神は物体ではないから、物体と魂のそんなに多くの部分に分割できない、と彼らに言っても、それにはいまだかつてしゃれた比喩でしか答えてくれない。神は広大な大洋のようなもので、そこには水の詰まった小瓶が沢山漂っている、小瓶はどこへ行こうといつも同じ大洋、同じ水の中にあり、割れると同時に中の水は全体に、自分がその一部だった大洋に合してしまうとか、あるいはまた、神と光は同じことで、光は全宇宙を通じて同じだが、それでもいろんな対象に注ぎいろんな媒質を通るのに応じて種々様々に見えるではないか、と言う。しかし、こんな比喩は神との類似性など何もなく、だまくらかしにしかならない。なるほどそういう小瓶は似たような水の中にあるが、同じ水の中にあるのではない。なるほど全世界に似たような光があるが、同じ光があるのではない。

　ピュタゴラス派やプラトン派の後を受けて、東洋人のほぼ全員もだからこう言っているわけである。〔二九四〕世界が創造される以前には万物が神の内にあり神が万物だったが、神の実体からの流出によって世界が形成されると、神ではない事物が存在し始めたのだ、と。だが、物は絶対に自分自身から分離しえず、単一性が分割不能なことは明らかではないか。一度神だったものは必然的にいつまでも神なわけだし、いつでも神だったわけではないものはいつまでも神にはなれない。だから、神の実体から流れ出たものは、世界が存在する前に神だったのなら、今日でも神であるはずである。しかも、神の実体が分割可能で、自分の内部に包含するものを外に撒き散らしたり、何世紀もたってからそれを回収したりできるなら、神の実体は発生し消滅する多くの神々の集合になってしまう。

　〔二九五〕それでも、プラトンが出した魂の不滅の証拠はみなこの偽りの原理に基づいている。たとえば、運動の本源は創造によらぬもので、したがって不壊である、さて、魂は自ら運動し他のすべてのものを動かすから運動の本源である、と言って、そこから、魂は不壊である、したがって不滅であるという結論を引き出す。この論証なるものの全貌を見たかったら、キケロの『スキピオの夢』末尾、『トゥスクルム論議』第一巻、対話篇『老年について』第二十一章、同じくマクロビウス〔二九六〕の〔『《スキピオの夢》解説』〕第十三章を読めばいい。

アリストテレスはこのプラトンの説に強力に反駁し、反駁されたプラトンは、獣の魂も不滅だと言った。だからこの人は魂の輪廻、つまり魂が人間の体から動物の体へ移ることを信じていたのである。

プラトンはまた、諸々の天は不滅で不変だと言う。さて、魂はどんな天も比較にならぬほど高貴なものである。故に、魂は天以上に不滅であるに値する。だいたい、理性的な魂という自らの手になる傑作、自らの完全性の似姿を凌ぐほどの栄誉を、神が命も理性もない死んだ存在に与えたなどと考えられようか。だからこの魂は不滅なのだ――と。

大前提に関しては強くは言わない。デカルト派はこの前提には同意しない。或る渦巻きが往々他の渦巻きに吸収され、その結果星が消えたり、今まで見えなかった星が見えたりすることを彼らは承認するからである。原子論者も同意見で、天は昔から今と同じではなかったし、何度も変わった、これからも変わるだろうと主張する。

私の答は、この論拠は過剰証明で、相変らず同じ偽りの原理に基づくということである。それは獣の魂が不滅なことを証明してしまうからだ。命もいかなる認識もない死んだ天にくらべれば、獣の魂の方が高貴なのだから。聖アウグスティヌスもどこかで、最小の蛆虫でさえ天を限りなく凌駕すると言っている。

魂の不滅を主張するプラトンの論拠はみんな同じようなもので、すべてが同じ架空の原理に基づくから、これ以上足を止めるのは無駄というものだ。

逍遥学派は、魂が死ぬという証拠を崩すため、物質がどうして思考できるか理解できないと反論する。

答えよう。第一に、物質が獣の内でどうして見たり聞いたりでき、その他獣に認められる種々のはたらきをしうるのか理解するのもそれ以上たやすくはないから、この反論は獣の内に魂を認める逍遥学派に対しても私に対するのと同じ力を発揮する。彼らはまた、獣の魂は物質的でないという結論も出さざるをえない。私はそれを以下のようにして証明する。物質または延長のある実体の本性をよくよく見れば、見たり聞いたり感じたりさせられるものはそこに何ひとつ発見されない。そこに見られるのは部分の多様性と、運動により部分の置き換えによって変わりうる一定の形だけだからである。さて、運動や部分の置き換えが、それ自体では見も聞きもしない物質に見たり聞いたり感じたりする能力を与えられるとは理解できない。さて、獣は見たり聞いたり感じたりする。だから獣は物質ではない。なぜなら、物質は考えないということから、人間の魂は精神的なものだと結論すべきなら、同様に、物質は見たり聞いたり感じたりしないということから、獣の魂は精神的なものだと結論する同じ理由が私にはあるからである。

二番目に答えるが、〔二九七〕獣の内で行なわれるどれほど驚嘆すべきことでも物質的な魂でみなやれるなら、人間の内で行なわれることも物質的な魂でみなやれることにどうしてならないのか。精神的な魂を持たない獣でも目的のために行動したり、それについてする特別の反省で経験を役立てたりできるなら、人間も精神的な魂などなんらなくても機能を発揮できるとどうして言えないのか。結局のところ、人間のはたらきは獣のそれと異ならず、違いがあっても程度の差にすぎないからである。だからせいぜい言えるのは、人間の魂は獣の魂より完全だということにすぎない。

〔二九八〕だから、逍遥学派が獣の魂を感覚が可能な実体、物質と精神の中間にあって、推理も思考もできないが知覚と感覚だけはできる存在と定義するのは間違っている。こんな仮説は支持しがたい。

一、「物質」と「精神」という名辞は相矛盾するもので、いかなる中間も容れえない。物体でも精神でもない実体は、延長を持つか持たないか、どちらかだからである。延長を持つなら、なぜ物質と区別するのか。延長を持たないなら、なぜ精神と区別するのか。逍遥学派がこう言うのは分かっている。獣の魂は物質〔質料〕と区別された実体で、物質の内にあらかじめ存在しなかったのに物質の潜勢から引き出される、それは物質からも、あらかじめ存在する他のいかなるものからも構成されないが、それでも創造された存在である、さらに、それは自己のはたらきを導く認識の助けを借りずに、動物の身体機構を導くのだ――と。

〔二九九〕しかし、一、実体的形相は生みだされないというのは不合理なことではなかろうか。この自然な複合物とそれの諸部分にこそ、生みだされるという属性が当てはまるべきではあるまいか。二、獣の魂は物体と区別された実体ではないのか。だから、それは創造によって生みだされ無化によって破壊されることにならざるをえない。したがって、熱が魂を創造したり無化したりする力を持たざるをえないが、それ以上不合理なことが言えるだろうか。

この反論に対する逍遥学派の回答はお粗末なもので、教室の薄暗がりから出るべきではない。

二、この中間的な存在は人間の魂と獣の魂の間に種差を設けるようなものではない。獣の魂が物体でも精神でもないのにそれでも感覚と知覚を持つなら、人間の魂も、物体でも精神でもなく両者の中間的な存在でありながら、しかも推理できるということに十分なれるからである。感覚の欠如から一本の木の知覚へ、その木の識別へと移ることは、感覚から推理へ移るより難しい行動なのだ。

〔三〇〇〕獣の魂が物体を感じ、見分け、その或るものを欲し、或るものを嫌がることを逍遥学派も認める以上、それだけで十分なのだ。ならば、獣の魂は思考する実体で、故に思考一般が可能であり、故にどんな種類の思考でも受け取れ、故に推理もできるのである。蠟は或る印の形を受け取れるなら、必然的にどんな印の形も受け取れることになるのと同じく、魂も或る思考が可能なら、どんな思考も可能だと言うべきだから。一度も皿だったことのない錫の塊も、鋳型に投じたらたちまち皿になるだろう。同様に、この獣の魂も普遍的観念の鋳型に投じれば、つまりえりぬきの人体と結合させれば、もはや獣の魂ではなく有能な人の魂になるはずである。

人間の魂は物質的でないと主張するためにデカルトが挙げる主たる理由はお粗末で、この問題についていまだかつて哲学者がこんなにまずい推理をしたことはない。〔三〇一〕こう言うのである。「まず、あらゆる物体の存在を疑い、物体など全然ないと考え、それからこう推理せねばならない。物体はないが、それでも私はいる。だから私は物体ではない。では、私は誰か。分かった、私は思考する実体なのだ——と。」

一、デカルトの提唱する懐疑は絶対に不可能である。物体があると考えないことも時に可能とはいえ、それを考えている時に物体があるのを疑うことは不可能だから。

二、物体などないと考える者は誰でも、自分は物体でないと確信していなくてはならない。〔三〇二〕誰も自分自身を疑うことはできないから、その懐疑は無駄である。

三、そんな方法でデカルトは魂の本性についてどんな新発見をさせるのか。魂は思考する実体だとこの人は教えてくれるが、それを知らなかった者がかつていたろうか。そんなことが問題なのか。魂の本性についてどんな意見を持つ人でも、それが思考する実体、少なくとも思考するものだということは常に認める。だが難しいのは、その思考する実体が何か決定することで、デカルトはその点をほかの人たちほどにも分からせてくれない。

四、この人の説からは、動物は感覚も認識も全然しないという結果になるが、すでにお見せしたとおりそれは良識に抵触するし、そんなことを信じるには良識が動物以下でなくてはならない。〔三〇三〕だいたい、犬を強く撲ると激しい痛みが生じるが、犬はそれでもこの痛みを感じないとか、同じ動物は四日も食べずにいると過度なほど腹をすかすが、それでも空腹に気が付かないとか主張するほど滑稽なことがどこにあろう。〔三〇四〕獣は食べても快感をおぼえず、悲鳴を上げても苦痛を感じず、成長してもそれを知らず、何を欲しも、何を恐れも、何を認識もしない、自分を破壊しかねないあらゆるものを機械的に、恐れも感じずに避ける、などという考えが道理を弁えた人の精神に浮かびうるのか。もしそうなら、人間についてもそう言う同じ権利がないだろうか。人間は往々にして獣ほどの才覚も認識も示しはしない。実際、両者とも機械的に行動するが、それでも認識と反省と感覚を伴ってする。物質だけでもこういうあらゆる変様が可能だからだ。

たとえば、人間が火に近寄りすぎた時、何が起こるのか。炎の諸部分〔諸粒子〕が手や脚に衝突してその繊維を振動させ、その振動が脳まで伝わって、体をひっこめさせるのに適した仕方で動物精気が体の外的な諸部分に拡がるように決定づけるのである。脳の繊維の振動は熱さの感覚を伴い、心臓や内臓へ向かう動物精気の流れには嫌悪ないし反撥という情念が後続する。こうしたことやそれに類することはみんな動物にも見られる。動物も人間と同じくその熱さを感じ、人間と同じくよろず不都合なものに反撥を抱き、人間が感じるあらゆる感覚、あらゆる情念を持つことができる。獣も動物精気という手段で、つまり極微でデリケートな物質という手段で物を感じられる。だから、感覚をみつけるために精神的な魂に頼る必要はない。キリスト教徒が精神的な魂を認めていない動物の内にも、人間の内に起こるのと同じことが起こっているからだ。

〔三〇五〕五、さらに、検討すれば見られるように、デカルトはエピクロスの論理に答えられない。デカルト派はこう言う。〔三〇六〕われわれが持つ認識はわれわれの観念から来るし、われわれが物質一般について持つ観念は堅くて延長のある実体という観念だから、物質が思考できると言うことは物質の観念と精神の観念を混同することだ、と。

答えよう。一、物質の観念は堅くて延長のある実体という観念だから、かような実体が見られるところにはどこであれ物質が、物質の本質が見られる。その本質に含まれぬほかのどんな性質を神がその上に付加するにしても、である。たとえば神は、一、延長のある堅い実体を創造し、そこに他のいかなるものも加えないでおく。その場合、われわれはこの実体を静止したものとみなしてよい。二、神は物質の或る部分に運動を加える。それでもこれは相変らず物質の本質を持たないだろうか。三、神はこの物質の他の部分を植物に加工し、物質一般の本質のほかに、薔薇の花や杏《あんず》の木に見られるような生長作用のあらゆる特性を与える。それでも依然として物質ではあるまいか。ではどうして、神は物質の他の部分に、動物に見られる感覚その他の特性を加えられないのか。神の力もそこまでは行けないというのか。植物や動物の特性が物質に加えられたら、物質の特性が変わるというのか。こうした中でも、物質は相変らず物質ではないか。ではなぜ、二、もっと先まで進んで、神は物質に思考と理性を付加できると言ってはいけないのか。デカルト派は創造主の力を制限しようとして、そんなことをしたら物質の本質が破壊されるから創造主にもそれはできないと言うつもりなのか。思考と理性は物質の本質に含まれないと主張するからだ。含まれないのは私も認めるが、しかし、物質に含まれない或る特性が物質に付加されることになっても、物質を相変らず延長のある堅い実体として残しておくなら、付加されたからとてその特性が物質の本質を破壊するだろうか。その実体があるところ、どこであれ物質の本質もありはしまいか。神は延長のある堅い実体を創造したが、存在のほかに活動する力をそれに与える義務が神にあるだろうか。そんなことを誰もあえて言うとは思えない。だから神は、その実体を完全な無活動の内に残しておける。それでもこれは一つの実体であろう。同様に、神は非物質的な或る実体を創造するが、神がそれに単なる実在しか与えず、いかなる活動力もそれに与えないからとて、その実体は実体としての存在を失うだろうか。ここまで来た今、神がこれらの実体の一方に与えられて他方に与えられないどんな力があるのか尋ねよう。そういう無活動状態では、どちらの実体も思考しないのは目に見えている。思考とは一つの活動である以上、神が創造された実体を無化せずにその活動を停止させられることは否定しようがないからである。またそうであれば、神はいかなる活動も与えずにあれこれの実体を創造すること、つまり存在させることもできる。同じ理由から、それらの実体のどちらも自分で自分を動かせないのは明らかである。そこで尋ねるが、等しく完全な無活動状態にあるこれらの実体の一方に、同じ自分で自分を動かす力を神はどうして与えられないのか。この力は、神が堅くない実体には与えられると想定されながら、堅い実体に与えられることは否定されるものだが。これらの実体の一方ではなく他方について神の全能の力を制限するのはどうしてか、とデカルト派に尋ねると、返事は、堅い実体がいかにして自分を動かせるのか理解できないということである。しかし、創造された堅くない実体がいかにして自分で自分を動かせるのかはそれよりよく理解できるのか。非物質的な実体の内には私の知らぬ何かがあるとしてもいいが、物質的な実体の内にもそういうものがないだろうか。たとえば、物質から物質への重力の原因を私はよく知っているだろうか。それがためには、自分で自分を動かす能力や、莫大な、ほとんど理解を絶する距離にまで及ぶ引力を物質の内に発見せねばなるまい。だから、堅くない実体と同じく堅い実体の内にも、われわれに分からない何かがあるのを認めねばならない。われわれが知っているのは、どんな活動も与えられないのに、それらの実体の各々が別個の実在を持ちうるということである。神が或る存在から活動する力を奪えることを否定しようというのなら話は別だが。さて、自分で自分を動かす力が非物質的な存在にあることを理解するのも、物質的な存在にそれがあることを理解するのと難しさに違いはない。だから、神はしようと思えば、非物質的な実体に劣らず物質的な実体にも、自分で自分を動かす力を与えられることを否定する理由は何もない。二つの実体のどちらも自分自身によってはその力を持てず、その力が一方または他方にどうしてありうるのかわれわれには理解できないからである。

たしかに、或る力〔実体、の誤記〕が堅くて同時に堅くない、というふうには神もなしえない。しかし、或る実体が堅さや延長と自然なつながり、あるいは明らかに必然的なつながりが全くない様々な性質や完全性や力を持てないとデカルト派がはっきり請け合うのは無謀である。われわれには理解できない結び付きによって色々な物を結合することが神にできなければ、われわれは物質の堅さも否定せねばならない。物質の各部分はなんらかの大きさを持つ以上、それの諸部分はわれわれに理解できる手段で結合しているからである。こうして、物質が思考する可能性に対する異議で、われわれの無知、あるいはわれわれの理解の狭い限界から引き出したものはみな、神は思考する能力を物質に与えようと思ったらそれができるということになんら手を触れられず、適当と思うように配列された物質の一定の部分に神が現実にその能力を与えなかったということを証明しはしない。そんなことを想定するのは矛盾だと示せるまではそうなのである。

〔三〇七〕デカルト派は、物質の内に延長以外のものは考えられないから物質は思考できない、と反論するのみならず、さらに付け加えて、思考と延長というこの両実体はあまりにも異なっていて、互いにいかなる関係も持てないと言う。何をしているか気が付くことと、或る場所に拡がっていることの間に、意志と可分性の間に、懐疑と運動の間にどんな類似がありうるのか、と。
一、答えよう。それでは、問題とされる当のことが措定されてしまう。つまり、物質には属性のすべて、特性のすべてとして拡がりしか分け前がないかどうか、物質にはそれ自体として思考する力がないかどうかだ。
二、延長のある実体は思考を必然的には含まないにせよ、思考を必然的に排除もしないから、思考と延長は同じ実体の内にあって、思考する物質を形作れる。
三、答えよう。〔三〇八〕物質と思考は互いに結合できないということが本当だったら、運動と円い形、熱と乾き、白さと甘さなどもどうして相容れぬものではないのか。それらも同様に異なっており、われわれの持つそれらの観念が多様なのは延長と思考の観念に劣らないのだから。それでも、こうしたすべての属性は相反するものではなく、単に多様であるにすぎないかぎり、それらの特性が物質の内で互いに結合しているのが見られる。

　思考と延長についても同じことを言わねばならない。それらは異なる特性とはいえ、その特性は相反するものでも相対立するものでもないから、物質の内に十分共存できる。思考と延長が実体としての実体に属し、したがってそれぞれの実体に属する二つの属性で、それは自己自身によって存立するという属性や、なんらかの行為の主体であるという属性と同じであるのを誰が妨げよう。こうして、本質として延長しかない実体もありうるだろうし、延長のほかに思考を持つ実体もあるだろう。

　デカルト派はこう付け加える。思考と延長は一方なしにも他方を十分概念できる二つの属性だから、同じ基体の内にはありえない。〔三〇九〕自らが属する最初の基体なしには概念できないということが様態や偶有性の本性に属し、そこから自分が必然的に発する本質なしには概念できないということが特性の本性にすら属するのと同じことだ。しかし、本質はそれに依存する様態や特性なしにも十分概念できる。こうして、円い形や運動なしにも延長のある実体は思い描けるが、円い形も運動も延長のある実体なしには概念できないという理由から、両者は物体の偶有性ないし特性だとして間違いない。思考については事情が違う。延長のある実体なしにも思考は十分概念されるし、思考なしにも延長のある実体は十分概念されるからだ。故に、思考は物体の偶有性ないし特性ではありえず、したがって別な類の実体をなさねばならない――と。

　思考と延長が物質の内に見られることはありえないというこの原理が偽りなのを示すため、デカルトの註への答の中でレギウス〔三一〇〕は次のような比喩を使っている。「ポケットに銀の十字架を入れているが、十字架を持っていると知るだけで、十字架が何で出来ているか知らない人がいたら、その人はこう言えないだろうか。ポケットに十字架を入れているのを私は明晰判明に認識するが、銀を持つことは概念せず、この世に銀があるのを否定すらする、と。それでも、十字架と銀は別々に概念できるとはいえ、別々な二つの物だと結論することはその人にもできまい。だから、物体と思考を別々に知覚できることから、それらは二つの異なる実体だと結論するのは誤りだと言う権利がある。」

ガッサンディ〔三一一〕はデカルトの『省察』にした反論の中に次のようなものを入れている。太陽の熱を感じても太陽の光を知覚しない生まれつきの盲人は、太陽とは温める実体だということしか何も言えまいが、それでも、温めるのと同じものが光も発しないことにはならない。それと同じように、意図的な無知で盲目になり、はっきり見えないものはなんでも疑おうと決めた魂は、思考するのに気付いた時は自分は思考するものだとたしかに言っていいけれども、自分に延長があることをいまだ明瞭には知覚しないとはいえ、自分には延長もあることを否定するわけにはいかない――と。

二つの属性ないし特性を一方を他方なしに概念する際、それらが実在的に区別されることに必ずしもならないというのは真実ではなかろうか。抽象によってその二つを別々に見るような時にはそれが起きる。下位の種を考えずに類を概念したり、特殊に或る偶有性だけ、たとえば基体を捨象して一つの思考だけ見たりする形而上学者のような仕方であれ、幾何学者が延長を見て、延長がそれの内に概念される物体を見ないような仕方であれ。

さらに、物質がいかにして思考できるか理解できないとデカルト派は言うけれども、あれ〔三一二〕ほど厖大な数のありとあらゆる単語や観念がいかにして混乱もなく記憶の内に保存されうるかをもっとよく理解できるだろうか。それぞれの物が脳の内に個別の痕跡を作りながらも、いろんな事物がたえずごちゃまぜにならないでいることがいかにして可能なのか。とりわけ、脳の大部分が粥に似た物質なのを見ればそうである。物質〔三一三〕がいかにして〔三一四〕思考できるか容易に理解できないとしても、一、人間の悟性に理解できないことでも神には行なえないだろうか。どんな距離であれ物質が物質を引っ張れるということは理解〔三一五〕できないし、ましてや百万マイルも離れていたらそうだから、故に神はそんな力を物質に与えられないと言ったら、それは太陽のまわりにある惑星の重さと相互引力を否定することではないか。貴方自身の魂が、またはなんらかの実体がいかにして思考するか、貴方には理解できるのか。貴方が思考し私もそうすることを貴方はたしかにみつけるだろう。ただ、思考という作用がいかにしてなされるか、誰か教えてほしいものである。それは全くわれわれの理解力を超えることではないか。それでも、仕方は理解できないとはいえ、その作用自体をわれわれは否定できるだろうか。それに、物体・物質から思考を引き出すのは、無から魂や精神を引き出すよりも難しいのか。

二、〔三一六〕思考の本性とは何だろうか。思考とは、感覚で捉えられる言葉を使って他人と意思疎通をするように、人が自分と話し合う内的な言葉である。さて、自分の気持を外に言い表わす外言と呼ばれる分節音を形成するには、話すのに用いる神経や筋肉の中へ入り込む細かな小物体があればいいように、「思考」と呼ばれるその内言を形成するにも、さらに微細で細かい小物体がさらに固定的で〔細かく、の誤記〕繊細なバネにぶつかり、さらに狭くて感知できないほどの通路へしのび込むだけで足りる。どちらの言葉も同じ原理から発し、比例的に言えば似たような手段で生みだされると納得させるはずなのは、酒の飲みすぎや過度な情念で起こる混乱が話すことにも考えることにも等しく現われるのが目にされることである。さて、何を言うか、何を考えるかも分からず、喋りかたも推理の仕方も乱れ、混乱が到る所に拡がるのは、生じた火で血液の総体が熱せられ稀薄化して、その一部をなすすべてがそういう運動と異常な動揺を蒙るようになるからである。

デカルト派はそれに答えて、物質はほかより微細でも物質でなくなるわけではなく、およそ物質は絶対に思考できないはずだと言う。

思考が物質から来るのを納得するため、精神はそれと別だとされるこの物質というものを仔細に検討してみよう。物質は一定の仕方で濾過され微細化した場合、どんな驚くべき結果を生みださないだろうか。われわれの身体機構のバネに触れそれを動かす役をする血液のあの小さな部分の力と繊細さをよく見てみよう。たまたま漏れ出たあいう小さな原子が巨大な動物をもあれほど激しく運動させるその力を眺めてみよう。われわれの目や、鷲の目、蟻の目、ダニの目の小ささに注意を集中してみよう。感知できないほどの点の中に、同じ数の対象を表示する、あらゆる色をした無数の像が混乱せずに集まっているのである。ダニの頭を注視して、そこにあるさらに繊細な一点を見てみよう。

互いにあれほど違うあの無数の像がその中に納められ、それを思い出そうとする時や、状況の関連からそこへ導かれる時は自在に再登場するのである。たしかに、物質の最小部分の内にも、ただの一点の内にもあるこの力の大きさと拡がりを真剣に考えたら、物質にできないことも行けない所も何ひとつとしてないことに誰しも同意するだろう。

空気と風がわれわれの体にあれほど大きな影響を与えるとしても、思考はさらに強い影響を与える。活潑ならば人を熱し、冷たければ人を凍らせ、悲しければ人を憔悴させ、陽気ならば人を喜ばせ肥満させる。体は思考の特徴を帯び、魂も自分が動かす体の盛衰に随う。子供の頃は弱く、青年期には移り気で、若い頃は激しく、盛りを過ぎると落ち着き、最後には出発点へまた戻る。つまり老衰して、最初の弱さに再び陥り、子供並の理性しかもうなくなる。

付け加えて、三つの点を指摘しておこう。これは日々目にされることで、これまで述べた真実を確信させるはずである。第一は、睡眠中には魂が体よりはるかに深く眠り込むことだ。寝ている間も心臓は拡張と収縮をし、肺は呼吸し、乳糜は流れて色づき、血液は循環し、動脈は打ち、消化が行なわれ、肉は肥え、四肢はみな成長する。魂はそうはいかない。これは無に帰したようになり、あらゆる能力が差し止められ、あらゆる変様が中断され、何も知らず、何も見ず、何も感じない。蒸気の原子が何かぶつかって魂が目を覚まし、物を考えるということが起こっても、思考はみな馬鹿げて非常識なものか、あるいは単なる幻で、当の魂も恐怖に駆られ、夢の話をされた相手は笑い出す。魂が精神的なものだったら、こういう静かな時には思考がみな正しく、判断もみな正確なはずではないか。情念が沈黙し、身体機構を世話し導く仕事からも解放されて、魂は自分自身に立ち返り、十分な自由を持つようになって、気が散ることもないからである。常に語りかけるといわれるあの永遠の内的な真理の声を聞かずにいることが魂にできるだろうか。この長い休息の時間は、それに耳をすますいとまを与えてくれないだろうか。なのに、魂は耳も聞こえず、目も見えず、なんにもせずに全き無活動の状態にある。世界一見事で偉大な魂でも、阿片の小さな粒ひとつで力が全部抜けてしまう。

二番目に指摘するのは、精神の方が体よりずっと酔ったように見える酔っぱらいも目にされることである。そういう人は理解力がすっかり塞がれ、理性が難破して、常軌を逸したことしかしもせず言いもしないが、夜が来て遊蕩の場所から立ち去らねばならなくなると、大半はよろめきもせず道も間違えずに家へ帰り着く。そして普段どおり横になり、ぐっすり熟睡すると、朝目が覚めた時は前日の言動を何ひとつ覚えていない。精神のこの混乱はどこから来るのか。理性のこの潰走はどこから来るのか。身体機構を動かすのに使う精気の倉庫よりも、むしろ知性の玉座を酒気が覆すのはどこから来るのか。それは、動物的と名付けられる魂の部分はかなり厚みのある小物体からなっていて、それらの物体は堅いので酒気の影響に抗い、自分の持ち場にしっかり踏みとどまって、自己の機能の規則性を乱さないのに対し、至高の理性の光線が射す魂の最も高貴な部分を形成する小物体の方は、さらに細かく繊細なため、酒気の衝撃に耐える力も弱く、したがっていっそう乱されやすいからである。

三番目に指摘するのは、血液中の火が魂に対して、光が目に対してするのと同じことをし、その影響が似かよっていることである。光が少なすぎると対象はぼんやりとしか見えず、光が十分だと対象がはっきり見え、光が多すぎると目がくらんで逆に見えない。血液中の火も少なすぎると、視力にせよ認識にせよぼんやりとして限られ、火が過不足ないと視力も正確で鋭敏で非常にはっきりしているが、火が多すぎると無関係なもの、無駄なものしか見えない。なぜそうなるのか。第一の場合には、その火の活動力が弱すぎて、魂を形成するあの微細な部分を正確に動かせず、並の人間の精神しかもたらせないからである。第二の場合には、同じ活動力が適度でなんの不足もないため、作用が実に正確で、必然的にすぐれた精神を生みだすからである。さらに最後の場合には、その活動力が度を越していて、それらの微細な小物体をあまりにひどく動揺させ四散させるため、過剰な照明はいつも的をはずしていかなる道理も持ち込めず、こうして狂った非常識なものしか残らないからである。この三段階の内にこそ、精神や性格の相違が見られる。逆の想像をするのは空想的な観念を抱くことである。魂の不滅という説を考え出したのも自分の魂の野心を充たすためにすぎないと思われたあのフェレキュデス〔三一七〕の真似をするようなものだ。

キケロ〔三一八〕は『老年について』という書の中で、魂の不滅のお粗末な証拠をいくつも開陳しており、あんなに多くの学問・芸術を考案した「人間精神」の偉大さという証拠も忘れていない。そういう発見に傲りたかぶったこの「人間精神」は、[三一九]自分は物質の泥で穢されていない、自分は神的なものだと思うが、酒が過ぎるとその影響でどんな結果が生じるか考えてみたら、その時は迷いが覚めるだろう。ほんの軽い病気でも理性が乱され、時にはそれがいつまでも続くのを考えてほしい。

[三二〇]ピュタゴラス派やプラトン派を支持するあの哲学者は、人間の魂が体と一緒に死なないことを証明しようとするが、その理由は最初の人間たちもそう信じた以上、この説は自然の刻印に由来するもので推理や原因の探求によるものではないから、ということである。魂の不滅のこの論拠が正しいとすると、死者を敬うために異教で行なわれていたこと、死者への供犠とか供物とか、死者の魂の呼び出しとかを断罪することももう許されなくなろう。それらは啓示が教えるものでも自然学が教えるものでもなく、したがって真実だということになるからである。

こんな論拠はキリスト教の中でいかにして存続できるのか。それは同時に異教のため、いかに断罪すべき迷信をも証明してしまうからである。諸国民の全体的な一致という魂の不滅の証拠も、同じく無に数えねばならない。[三二一]多数の旅行記がそうでないことを確信させてくれるからである。多くの民族が反対の意見を持つこと、一つだけ例を挙げれば、中でもホッテントット人がそうであることをそれらの旅行記は教えている。[三二二]諸民族の普遍的な説だという同じ理由から、同じキケロは、卜占が正当で実にしっかりした根拠のある術だということを確かなこととして主張しており、〔ローマ〕共和国の学識者の間では自分が鳥占いを信じるのが疑われていること、政略だ、遠慮だと非難すらされることに怒っているかにも見える（『法律論』第二巻を参照）。

占星術、前兆、日食月食、彗星のおどし、神異への迷信——そうしたものは諸民族の全体的な一致に浴してきた。ならば、万人の一致という名目で、こんな狂気を全部採用せねばならなくなろう。

その論文の著者は[三二三]（亡霊の出現）、精霊[三二四]が出現すること、それらの精霊が死んだ人の魂になりかわり、その魂の名においていろんなことをする力があることをここで承認しているようである。多くの異教徒が考えたように精霊がたとえ死ぬものでも、個体がみんな次々に死んだところで彼らの種が維持されるならそれで足りる。人間がみんな死んでも人間という種が維持されるようにである。精霊の間では個体が生まれることはありえないなどと言うのは、知らないこと、知りえないことについて無謀な決定を下すに等しい。自然の無限の内には、われわれの知らない繁殖の仕方が沢山含まれるかもしれないのだ。地上と同じく空中にも、死すべき存在がいろいろありうる。だから、亡霊が戻ってくるとか現われるとか言われるものは、われわれの魂の不滅、ないしは精霊の不滅の証拠にはならないと結論せねばならない。

〔三二五〕われわれの魂は実に高圧的な仕方でわれわれの体に作用するから、物体的な本性より高いところにあるのが分かる、などと言われるが、同様の理由から、われわれの魂は物体より下になければならなくなると答えるのは簡単である。魂は好むと好まざるとにかかわらず物体から実に多くの影響を受けるのだから。

われわれは本能から不滅であるのを願うという証拠も、せいぜい心証的なものとしか見えない。

自分が〔三二六〕した殺人・謀殺などの犯罪に感じる良心の動揺や後悔にもそれ以上の証明力はないことをよそでお見せする、と同じ著者は言っている。

われわれの魂と精神の本性について

哲学のあらゆる問題の中でも、人間の魂と精神の本性をめぐる問題ほど古今の哲学者の間で意見がまちまちなものはかつてなかった。これまで述べたすべてからもそのことは納得できたはずで、だから、これ以上扱いにくい問題はないことを認めざるをえない。何かを認識するためには学識があるだけでは足りず、その上に解剖学に精通して、われわれの身体機構の驚くべき仕組みを深く知らねばならないし、さらに、動物の体に見られて人を驚かすあういう驚異的なすべての結果もそれが原因だと理性がその存在を確信させる目に見えぬ無数の小物体の本性を探ることが不可欠でもある。この問題を扱った人の中でも、私の知るかぎり、『真理の探求』全四巻〔全六巻、の誤記〕でマールブランシュ神父〔三二七〕がしたほどそれを詳述した人も、われわれの内に起こる最も素晴しいことをそれほど正確に見せてくれた人もいない。それでも、もっと明晰な用語ともっとたやすい方法を使えたから、ここであの大哲学者の考えに私の考えを加え、こんなに抽象的でありつつも生活の安らぎにとって好ましいと同時に有益なこの問題を扱うためにあの人の知識を役立てるのも悪いとは思われまい。

〔三二八〕世界には非常に微細な精気、あるいは、常に運動している非常に細かな物質があって、その大部分、いわばその源は太陽にあり、残りは他のあらゆる物体に、それぞれの本性や堅さに応じて多くまたは少なく充ち渡っている。それは世界霊魂で、世界を統べ生かし、世界のすべての部分がそれを何程か分け持っているに相違ない。これは宇宙にある最も純粋な火で、それ自体では燃えないが、入り込んだ他の物体の諸部分〔諸粒子〕に与える様々な運動によって燃え、自らの熱を感じさせる。目に見える火はその精気を沢山含み、空気も同じだが、水は含む量がずっと少なく、土はごく僅かしか含まない。混合体の中では、鉱物の含む量がいちばん少なく、植物はそれより多く、動物ははるかに多い。人間や動物の魂を作りなすのもそれである。しかし、その魂はいかにして体の中へやって来るのか。そこでいかにして増殖するのか。その精気は「胎児」の内にあり、食餌によって体内で増えるのである。その精気はどんなものにもある以上、動物が摂る食べ物の内にもあって、消化によりそれが分離されるからである。だからわれわれの魂とは、体のあらゆる部分に分配される「動物精気」と呼ばれるものなのだ。さて、骨はその動物精気を多少含むとはいえなおかつ感覚を持たないように、同じく鉱物や植物や諸元素も私が世界霊魂と名付けるその精気をいくらか分有するが、かといって感覚は持たず、したがって動物ではない。動物を作るためには、その精気のほかに、体液の混合と特殊な構造が要るからである。その魂は人間でも動物でも本性は同じだから、死ねば消散してしまう。

〔三二九〕つまり、魂とは非常に微細で非常に細かい一つの実体で、結び付いている物質の精華のようなものとして、諸部分の特殊な配置と均斉を持っている。さて、この実体は、火や熱が作るのと似た、非常に微細で非常によく動く粒子が織りなされたものにほかならない。そこから結論すべきは、魂とは非常に微細な一種の火、または一種の小さな炎で、元気なうち、燃えているうちは人間の命を作り、それが消えれば人間も死ぬということである。実際、人間がどのようにして死ぬかよく見れば、それがほぼ蝋燭と同じなのを認めざるをえなくなる。古代で最も有名な医師のヒポクラテス〔三三〇〕とガレノス〔三三一〕もそう説明している。魂〔三三二〕と体の関係は香りと香《こう》の関係と同じで、一方だけ破壊されるということはありえない。人間〔三三三〕が死んでも、体にはいかなる変質も現われず、姿は元のままで、目方も同じである。葡萄酒が風味や香りや味をなくしても、それがなくなったからとて嵩も重さも変わらないのと同じことだ。それは、火と香りが夥しい数の種《たね》〔原子〕からなり、それらがこういう能力を物体に与えているからである。

この小さな炎の中で風〔息〕と空気と熱が互いに支え合い、それらの混合から一つの作用しか結果として生じないようにしている。ルクレティウス〔三三四〕が言うように、怒りで逆上するとか、憤怒で目が爛々と輝くとかいうのは熱のせいとせねばならない。そこに風があれば恐怖の源、空気があれば平静さの原理となる。こうして、心臓から激しい動きを受け取って怒りで逆上したライオンは猛烈に咆えるが、反対に鹿は風の冷たい性質が体内を支配するので恐怖に駆られる。しかし、牛の性質は怒りの激しい動揺に流されることも、恐怖の冷たい攻撃にさらされることもないため、鹿の臆病さとライオンの獰猛さの中間を守る（ルクレティウスを参照）。

人間も同じく、こういう性質のどれが支配するかによって生まれつき相互に異なる。というのも、努力と反省により知がなんらかの形で自然を矯め直すとしても、それぞれの精神が分け前として受け取った最初の刻印はそれでも消えるものではなく、悪い傾向の種をすっかり抜き取って、この人はもう怒りに駆られず、あの人は恐怖に駆られず、さらに第三の人は物事を平静な目で見ないようにさせられるなどと思ってはならないからである。〔三三五〕いくら矯正しても、消すに消せない或る種の痕跡がいつまでも残るものだ。

生来〔三三六〕の傾向というのは、動物精気の運動の連続的な刻印である。たとえば、われわれの持つ好む力がわれわれから来るとか、われわれしだいだとか想像してはならない。それは、われわれの体を一定の仕方で形成した際に自然の作り主がわれわれに刻み込んだ刻印で、われわれはそれを変えられない。その点でわれわれは自由ではない。好んだり好まなかったりする力はわれわれになく、神もそのことでわれわれを責められない。〔三三七〕神は物質に見られるあらゆる運動の普遍的な原因なのと同じく、精神に見られる生来のあらゆる傾向の一般的な原因でもあるからである。だから、物質のあらゆる運動が直線状に行なわれ、それを妨げられる時はできるだけ大きい、したがって直線にいちばん近い輪を描くのと同様に、われわれが神から貰ったあらゆる傾向もまっすぐなもので、われわれの意志もその刻印を止められず、かりに別な方へ曲げても、その傾向にごく僅かな変調しか惹き起こせない。

欲情の動きが非常に激しい人と、逆にそういうものの攻撃をほとんど受けない人がいるのは、魂を構成する粒子の違いからでなかったらどこから来るのか。盗癖のある人もけちん坊もいるのはどこから来るのか。それも同じ理由によるのではないか。そうだ、一般的に請け合ってもいいが、人間は生まれつき善人だったり悪人だったりし、各自が額に自分の運命を書き込まれており、われわれの傾向は血液とともに体内を循環し、意志でも抵抗できないほど強いなんらかの傾向に自分が押し流されるのをわれわれは感じる。人間は身体器官の内的なありかたからも、外的諸事物の折々の状況からも、ただ一つの対象だけ欲する必然性をたえず課される。選択するつもりでも実は、最大の快感を提供するものを常に欲する必然性を負わされているのである。

〔三三八〕賢いのも体質によるにすぎないから、賢者などというのはおかしなものである。そういう人が狂ってなくても、それを得点になどすべきなのか。有徳だという仕合わせもつまりは自然から来るもので、賢明なのも血液が良しとするに応じてにすぎない。徳がどこまで行けるか知りたかったら、体の内的な諸部分がいかに構成され配置されるか知るだけでいい。理性にのみ導かれるということすら自分の力ではできず、自然から独立することなど望むべくもない。自然はいつまでも権利を保持し、それには奪おうにも奪えぬ運動がある。そういう運動が随分進んだところで初めて理性はそれを告げられ、行動に出ようとようやく準備を始める頃にはもう何もかも無秩序に陥っている。自分を揺り動かすものが無意味なのを理性では納得しながら、そういうものが自分に及ぼす猛烈な影響を防ぐに防げない人が日々目にされる。〔三三九〕決闘などというひどい慣習を慨嘆し断罪し、そんなしきたりに随う自分自身を非難しつつ、それでも決闘をしに出かける人がかつてはどれだけ沢山いたことか。そういう人は決闘を非としても、自分が理性に従ったら腰抜け扱いしたであろう世間の人の判断を無視する力がなかったのである。勇猛果敢に突撃し、死ぬことなど眼中にないかに見えながら、実は人からどう思われるかということばかりが気がかりで、敵に攻め立てられるように他人の判断に攻め立てられ、ほかのことには頭が回らなくなった人がどれだけ沢山いることか。人並にしないのは恥ずかしく、そういう気持に抗えないため馬鹿げた散財をして極貧に陥る人がどれだけ沢山いることか。（人間の情念）要するに、俗世で惹かれるあらゆるものの根拠の弱さを人に納得させるほど簡単なことがどこにあろうか。けれど、そんな理屈をいくら捏ねても、世評という幻や、名誉とか地位とかいう絵空事や、同様に虚しい他の諸々がそういうものを押し流し覆してしまうのである。

〔三四〇〕人間の情念は自然の刻印で、自分の体を好み、自分の保全に役立ちうるすべてのものを好むようにわれわれを持っていく。それが設けられるのはまた、われわれを感覚的なあらゆる事物と結合させるため、またそれらの事物のただなかで、そういうものを失わぬために自分が持つべきありかたをわれわれにさせるためである。〔三四一〕そうした刻印の原因は脳の繊維の振動と、知覚する対象に適合したありかたを生みだし保つため体中に拡がる動物精気の運動である。魂の情動が精気と血液の運動に必然的に続く。こうしたことがみな自由ではなく、われわれの内に現にあり、意志に抗ってすらあることがはっきり分からないだろうか。だいたい、感覚的な事物を現に用いることで脳の主要な部分が揺すられる瞬間に、好ましい感覚や好ましくない感覚を味わうのを人は防げるだろうか。人間は精気と血液の動きや、対象が自分の内に掻き立てる脳の振動を止められるだろうか。だから、幸福なのも賢明なのも自由なのも自分しだいだと言うのは誤りで、こういうことはみな自分には依存しない。われわれの幸福も知恵も自由も、自分の勝手にはできない動物精気の運動に依存しており、精気のこうした運動が魂の情動の原因をなす。そういうことはみな自由ではなく、われわれはそれを防げない。防げるようにしたかったら、体の造りと精気の運動のきまりかたを変えねばなるまい。それはわれわれの体の賢明で見事な造りの自然で必然的な結果なのである。

だから、ゼノン〔三四二〕の真似、イエス・キリストの真似などして、友達や親兄弟や財産をなくしても悲しむなとか、喜んで苦しめ、苦しみを好み求めよとか言いに来るのは滑稽ではなかろうか。それは、撲られても痛みを感じるなと言いに来るのと同じではないか。〔三四三〕経験と内的感覚を否定できるような確信はない。魂がなんらかの快感や、なんらかの強い苦痛を感じるや否や、人の想像力を眩惑し麻痺させる派手で壮大などんな理屈も、その輝きもろとも消えてしまう。〔三四四〕快苦は善悪の自然で異論を許さぬ特徴である。われわれは自分の体の中で起こる運動の絶対的な主人ではないから、その運動を止めることもわれわれにはできない。感覚的な善の方へ自分を傾け引っ張っていく分銅はわれわれに自然なもので、あれこれの形を取った物質の一つの変様である。だから、キリスト教徒の博士たちのように、情念は罪から生まれるなどと言うのは滑稽である。われわれの感覚は壊敗などしていない。原罪の章ですでにお見せしたとおり、感覚は最初の〔心身〕結合とわれわれの体の造りの必然的な結果で、実に正確に、自分の目的に実に忠実な仕方でわれわれを導くから、素晴しいほど立派に義務を果たしている。それらの感覚は快苦その他の感覚作用で、生命を維持するため何をなすべきか、何をなさざるべきかを実にすばやく魂に告げるから、この驚嘆すべき命令が罪の結果であるとは言えない。最初の〔三四五〕人間の堕罪はかりに事実であったとしても、神が人間の内に置いたものを破壊できようか。各事物の寸法〔本性、の誤記〕を作る不動の意志が、被造物〔アダム〕の移り気や軽はずみな意志で変えられることがありえたろうか。

〔三四六〕だから、われわれの感覚は壊敗してなどいないのである。感覚はわれわれを欺かない。たとえば光が見える時、光が見えることは確かではないか。熱さを感じる時、熱さを感じると思うのは間違いなのか。それゆえ、感覚はわれわれを誤謬の内へ投げ込みはしない。アダムやプロメテウスの罪なるものも感覚を壊敗させはしなかった。〔三四七〕悪は避けるべきで、苦痛は自然が悪に結び付けた特徴である。故に、われわれが苦痛を嫌うことを自然の作り主は欲するのだ。善は好むべきで、快感は自然が善に結び付けた特徴である。故に、快感を起こせるものをわれわれが好むことを自然の作り主は欲するのだ。だから心に感じる欲求に随うべきで、感覚と情念を満足させようとする自然のこの本能に服することは神に服従することなのである。感覚と情念がわれわれに与えられているのは、自分の体を維持するため、神から託された命を長持ちさせるためにすぎない。或る種の事物を用いることに自然の作り主が快苦を結び付けたのもそれが狙いだった。そうすれば、その事物が良いものか悪いものかわれわれは判断できる。理性でわざわざ検討するまでもなく、体を維持するためそれを利用できるようにするのが目的である。別のやりかたをする力すら人間にはない。体にとっての善の像は鮮烈すぎて、魂は脳からそれを消せないし、その像に伴う感覚的な快感を消散させられもしない。脳の振動と精気の動きは魂にも止められないのである。想像力のこうした痕跡、精気のこうした運動は魂に依存せず、というよりは魂と切り離せないものなのだ。必然的な結果として、自然の秩序によりそういう痕跡と結び付けられる快感のみが心の主人となる。たしかにわれわれは自分の体を維持するため快感を求めるべきだが、快感を好むべきではない、などとキリスト教徒の博士たちが言うのは理解を絶するなんとも奇妙な背理ではないか。好ましいものを享受して、それに愛着を覚えずにいられようか。或る善を追い求めて、それを高く買わずにいられようか。同様に、悪を避けつつ、それに嫌悪を覚えずにいられようか。

〔三四八〕情念はみな感覚〔血液、の誤記〕と精気を揺り動かす。揺り動かされた精気は、対象がはっきり見えることにより、または想像力の力によって、その対象を表示する深い痕跡を作るのに適した仕方で脳へ導かれる。時にはその激しい流れで脳の繊維を撓めたり割ったりすることさえあり、想像力はその影響を長いこと受ける。脳の傷は容易に修復されないからである。痕跡が閉じないのは、精気がそこをひっきりなしに通るせいだ。魂が自分を動揺させ混乱させるような仕方で対象をたえず見るようにそういう痕跡によって余儀なくされるのはそのためである。

〔三四九〕われわれの情念のこの仕組み、まわりの諸事物との関係におけるわれわれの体のこのありかたほど驚嘆すべきものはない。われわれの内で機械的になされることもみな、われわれを作った者の叡知にきわめてふさわしい。そして、自分を動かすあらゆる情念を容れうるものとして神がわれわれを作ったのは、社会と自己の存在を維持するためにわれわれがあらゆる感覚的事物とつながるようにするのが目的だったから、製作物の建造に当たって神の計画は実に忠実に実行され、その巧みさにも様々なバネにもほとほと感嘆せざるをえないほどである。だから、情念はみなそれ自体としては良いもので、市民社会を維持するのに絶対必要なものなのだ。〔三五〇〕たとえば名誉欲なども、競争心を植え付け、徳の刺激となり、祖国に仕える際の勇気を支える。兵隊や主に将校が栄光も地位も望まなかったら、あれほど多くの勝利を収めることもないだろう。こうして、軍を構成する人々は私益のため働くにすぎないとはいえ、それでも国益のためになっている。だから、どこでも自卑しか説かぬイエス・キリストの言とは対立するひそかな栄誉欲を人間たちが持つことは公益に適っているのである。では、自卑というあの徳なるものはどこから来るのか。その原因を探ってみよう。〔三五一〕動物精気の不足と緩慢さと繊弱さが脳の繊維の粗大さと相俟って、われわれの想像力を弱く不活潑にしてしまい、自分の想像力のこの弱さ、この不活潑さを漠然と感じることから、われわれは福音でさかんに説かれるあの悪しき自卑に陥るわけだが、あんなものはしかし精神の卑しさ以外の何物でもない。〔三五二〕同様に、この上なく不毛で退屈な事物の内に真理を探求する学者たちの勇気も、なんらかの栄光の見通しで支えられる。どんなにしっかりした研究でも、虚栄心が一枚加わらなければ魅力などほとんどない。名誉への情熱が人間の生まれつきの怠惰に打ち克つのだから、精神にいっそう注意力をはたらかせる強力な助けとしてその情念を利用することがどうして許されないのか。では、イエス・キリスト、聖パウロなどはどうしてこの情念を断罪するのか。発明家に見えたい、ほかの人が虚しく試みたことをやってのけたいというこの熾烈な欲求がなかったら、あれほど多くの発明も、生活に役立ち精神にも実に快いあれほど多くのものもみつかったろうか。人間の生まれつきの怠惰とバランスを取るほど強いなんらかの情念に支えられなかったら、そういう人もそういう研究に打ち込んだろうか。

（感覚器官）〔三五三〕感覚器官は脳のまんなかから発する小さな網目からなっていて、その網目は感覚の宿る四肢のすべてに拡がり、途切れることなく最後には体の外側の部分に達する。網目はいつも中に含まれる動物精気のせいで多少緊張しているため、一方の端を動かせば必ず同時にもう一方の端も動く。これらの神経の網目は小さな導管のように中空で、動物精気がぎっしり詰まっている。網目の先端に振動が与えられると、中に含まれる精気が、外から受け取ったのと同じ振動を脳まで伝えるのである。

これらの一切が明らかに示すのは、魂が特に、あらゆる器官が到達する脳の部分にあることである。さて、こういう小さな網目はみな二通りの仕方で動かせる。脳の中で終わる端から始めるか、外側で終わる端から始めるかである。

（感覚と想像の一般的観念）〔三五四〕小さな網目の動揺が脳まで伝わると、魂は必ず何かに気付く。こうして、神経の網目の端の外側の表面に対象が刻む刻印によって動揺が始まり、それが脳へ伝えられると、その時魂は感覚し、自分の感じるものは外部にあると判断する。言い換えれば、対象を現前するものとして知覚する。しかし、動物精気の流れによって、あるいは他のなんらかの仕方でかすかに揺すられるものが内部の網目しかないと、魂は想像し、想像するものは外部にはなく脳の内部にあると判断する。言い換えれば、対象を不在のものとして知覚する。これが感じることと想像することの違いである。脳へ送り返された動物精気は、機械的な必然によって繊維を揺すり、われわれの内に快または苦の感覚を生じさせる。〔三五五〕苦は強すぎる感覚作用から来るもので、それがあまり多くの動物精気をデリケートなパイプまたは導管の中へ追いやり、それで導管をいため傷つけ、「苦痛」と名付けられた感覚がそのために生じるのである。快は同じ精気がこれら小さな管の大きさと正確に見合った量だけ押し動かされることから来るもので、それが管に及ぼす結果をわれわれは快感と名付けたのである。精気の同じ押し動かしが分量的にそれよりずっと少ないと、感官には知覚不能と呼ばれるものが生じるだろう。これはほとんど一般的にはなれないものだが、ずっと多くの精気を容れられる管の中にごく少量の精気しか押し入れられないため、精気がほとんどいかなる結果も生みださず、ぴったり充たすことによる快感も、乱暴な注ぎ込みによる苦痛も、したがってその両極端の変様から生じる異なる感覚のどれも惹き起こされない時に起こるのである。〔三五六〕想像力とは、事物の像を脳の繊維に刻印して形成する魂の力にしかないから、それらの像の描画の内にある動物精気の痕跡が大きく判明であればあるほど、魂はその事物をますます強く判明に想像するだろう。さて、誰か彫版師の描く描画の長さと幅と深さが鏨の作用する力と銅の良し悪しに左右されるのと同じく、想像力にある痕跡の深さと明瞭さも動物精気の力と脳の繊維の造りに左右される。この二つがまちまちだからこそ、諸々の精神の間に見られる大きな差異が生じるのである。

〔三五七〕動物精気は血液の最も微細でよく動く部分にすぎず、血液が微細化して活潑に動くのは主に醱酵と、心臓を構成する筋肉の激しい運動による。精気は残りの血液とともに動脈を通って脳まで運ばれ、そこで、それ用にあるなんらかの部位によって血液と分離されるが、その部位についてはいまだ意見の一致が見られていない。

そこから結論すべきは、血液が微細なら動物精気が多く、血液が粗大なら動物精気が少ないこと、心臓内で非常に沸き立ちやすく運動にとても適した部分〔粒子〕から血液がなっていれば、脳にある精気も極端に動かされ加熱されるが、反対に血液が十分醱酵しないと、動物精気も不活潑で活動せず力もないこと、さらに、血液の諸部分にある堅さに応じて、動物精気の堅さにも、したがってその運動の強さにも多い少ないがあることである。

食べ物の違いが動物精気に大きな変化を生じさせる。たとえば、葡萄酒はほとんど出来合いの動物精気とも言えるほど酒精分が高いが、動かされやすいため精気は精気でも奔放な精気で、したがって肉や他の飲料にくらべて大きな変化を想像力にも身体各部にも惹き起こす。

〔三五八〕呼吸する空気も動物精気に大きな変化を生じさせる。空気は肺静脈へ入り、心臓の中で残りの血液と混ざり合い醱酵し、血液や乳靡とともに、生命と運動を体に与える熱をそこで保つ。だから、国が異なれば精神も異なるのである。

〔三五九〕神経もその様々な運動に応じて、動物精気を変化させる第三の原因となる。神経は血液にきわめて著しい変化を生みだす。たとえば、心臓の繊維をあまりに強く、あまりに速く拡張・収縮させると、頭や体の外側の部分へ向けて大量の血液が異常に激しく押し動かされるし、時にはそれと反対のことも起こる。われわれの情念はみな心臓の熱のこうした高低に依存しており、だから哲学者たちもほぼ全員、心臓こそ魂のあらゆる情念の主要な座だと思ったのである。ところで、様々な情念で神経の動きが異なるに応じて、こうしたすべての変化がもっぱら機械的にのみ起こることを指摘しておかねばならない。或る対象が視神経をあれこれの仕方でかすかに動かすだけで、心臓、顔等々にも種々の動きが生みだされるのである。

動物精気が豊富だと、神経はみなパンパンに張り、そういう時は感覚が受け取る刻印を余すところなく脳まで運ぶ。しかし、疲労その他の原因で消耗すると、神経はもう充たされず、衰弱して、脳まで何も運ばなくなる。さて、脳から全く精気がなくなり、身体各部との連絡が断ち切られると、普通その人は死んでしまう。

〔三六〇〕動物精気と脳の実質との違いは、動物精気がとてもよく動きとても流動的なのに対して、脳の実質は多少の堅さと堅牢さを持つことである。そのため、精気は小さな部分〔粒子〕に分割されて、僅かな時間で散ってしまい、それを収める脈管の気孔から発散したり、えてして全然似ていないほかの精気がかわりに来たりするが、脳の繊維はそんなに散りやすくなく、著しい変化がしょっちゅう起こることもなく、その実質の全部は何年もかかってしか変われない。一生を通じて同じ人の脳に見られる最も著しい相違は、子供の頃と大人の頃と年とってからの違いである。

子供の頃は脳の繊維が柔かくフレキシブルでデリケートだが、年とともにそれがだんだん乾燥し、固くこわばり、老いれば全くフレキシビリティーを失って、動物精気の流れに従うのも至難になる。こういう脳の造りの違いが、三つの年齢で想像能力に見られる相違の原因である。

〔三六一〕人間の想像力に起こる変化の個別的な原因はほかにいくつもある。いわく身分の違い、仕事の違い、生活スタイルの違いなどである。人は誰しも自分が置かれる条件との関係で物事を判断するから、その種の変化が無数の誤りの原因となる。〔三六二〕想像力が旺盛な人には二種類ある。

第一は、自分の意志によらぬ〔三六三〕動物精気の不規則な刻印によって深い痕跡を受け取る人である。そういうのは全くの気違いだ。自分の観念とそれらの痕跡との間の自然な結合によって、話し相手である他人が考えもしないことをいやでも考えてしまい、そのため、適切な喋りかたをして、された質問に正確に答えることができないからである。〔三六四〕狂人の言動がわれわれにそのように見えるのは、彼らの脳の内で何が起こっているかその時われわれが知らず、こちらが言うことに合致した言動が彼らには全然不可能なのに、そういう言動をすべきだとわれわれが思い込んでいるから、あるいは、彼らが聞いておらず、想像力が別の観念に占領されて、われわれの言葉から観念を受け取れないから、あるいは、かりにわれわれの言うことを聞いていても、彼らの動物精気の内にある混乱から、われわれの言葉の印象がほんの一瞬しか脳のその部分に残らず、われわれが話しをやめると忽ち、はじめに心を領していた観念がまた戻ってくるため、われわれの言ったことがもう見えなくなり、それに合致した受け答えができず、自分の精神にその時現前する像に合致した答えかたばかりするからである。そういう人が狂っているのは、たえず際限なしに自分を押し流し、ほんの一瞬しか続かない無数の像を描く動物精気の流れの激しさとむらが原因であるか、その流れがかたくなに記憶のなんらかの痕跡にしがみつき、いつも同じ観念を掻き立てるのが原因であるか、どちらかにすぎない。どちらの場合にも、この哀れな魂はそれらの痕跡と結び付くその観念が表示するものに即し従って判断し、その判断に即して行動し、自分がそうするのを防げない。疑うどんな理由も目に映らない時は、見えるものと合致した判断や行動を魂は控えるわけにいかないからだし、その時は自分の思考を自分で支配できず、脳の痕跡が魂に作り出す像にいやでも注意を集中せざるをえないので、そんな状態では疑う理由など何ひとつ持てるはずがないからである。

〔三六五〕想像力が旺盛な人の二番目の種類は、激しい情念に揺り動かされるため狂人の列に加えてもさしつかえないような人全部である。興奮すると、動物精気があまりに強くその情念の痕跡と像を刻印するため、そういう人はほかのことを考えられないからである。脳の実質のありかたのため深い痕跡を受け取るような人もおり、想像力が旺盛で逞しいのはそういった人である。その手の人は対象の実に判明で鮮烈な像を受け取り、自然の特異な贈物と言うべきだが、そういう像は意のままに刻印されたり消えたりまた刻印されたりする。幻視家は半分しか狂っておらず、その脳にある痕跡もまだそれほど深くはない。しかし、分別のある人もかなりしばしば置かれる状態を語ることにしよう。〔三六六〕時として人は、自分は何も考えていないと想像する。それはどこから来るのか。動物精気が脳の中を不規則に駆けめぐって、あまりに多数の痕跡を目覚めさせるため、判明な観念を掻き立てるだけの強さを持った痕跡がないからである。

(観念)〔三六七〕脳の痕跡は互いに結び付き、動物精気の運動がそれに後続する。脳の内で目覚めた痕跡は観念を目覚めさせ、動物精気の内に掻き立てられた運動は情念を掻き立てる。観念とは脳の痕跡にほかならない。対象がそれらの痕跡を生みだし、それらの痕跡が観念を含む。魂はそれらの痕跡から観念を受け取るのである。

魂が精神的なもので、脳に新たな痕跡が刻印される時新たな観念を受け取るなら、その場合、魂はそれらの痕跡を熟視してそれを認識するはずである。それどころか、それらの痕跡から観念を受け取ることすらするはずである。しかし、精神が体から何かを受け取り、体の方へ向くことで今より知識が増すなどと考えられようか。他方、それらの痕跡はそれらの観念を含まねばなるまいが、痕跡は観念となんの関係もない以上、そんなことがどうして起こりうるのか。観念と痕跡のつながりの原因は同時性にある。われわれの脳に一定の痕跡が生じたのと同時に、われわれが一定の観念ないし思考を持ったのなら、それらの痕跡が再び生じる時にはもう、われわれが更めて同じ思考を持つことにならざるをえない。しかし、それらの観念がそれらの痕跡と固くつながるのは、精気が揺り動かされて、それらの痕跡を深く持続的なものにする時しかない。動物精気の激しい運動を伴うならともかく、つながりを長いこと維持できるためには、同じ観念と同じ痕跡との出会いが繰り返される必要がある。その観念〔つながり、の誤記〕は、脳の痕跡が互いに固く結び付いているため、或る痕跡が目覚めると、同時に刻印されたすべての痕跡も一緒に目覚めざるをえないことにある。たとえば、或る人が国王の戴冠式に出席して、その様々な状況や、居並ぶ全部の親王・公爵・侯爵・伯爵等々、そして時と所と日時その他あらゆる細目をしっかり目に収めたら、その後ランス〔戴冠式が行なわれる町〕やあの儀式のもっと些細な状況を思い出すだけで、ほかのあらゆる状況が記憶に蘇る。複数の痕跡の間にあるこのつながりの原因は、脳に刻印されたのが同時だったということである。複数の痕跡が同時に生みだされただけで、それらはもう全部一緒にしか目を覚ませなくなるからだ。同時に出来たすべての痕跡をつなぐ道が半開きなのをみつけて、脳の他の場所よりもそこの方が通りやすいため、動物精気はその道を進み続けるのだから。これが記憶と習慣の原因である。

〔三六八〕動物精気は脳の襞に刻まれた対象の像を残しておき、それらの像は非常に整然と並んでいるため、ほんの僅かな運動で互いに目覚めさせ合う。それらの繊維に刻印された痕跡はそこに残り、後から生じたえず継起する他の痕跡によっても消えない。〔三六九〕一定の仕方でしばらく曲げられていた木の枝を再度同じように曲げるのはその後もしやすいのと同じく、動物精気の流れと対象の作用から一定の刻印を一度受け取った脳の繊維は、なにがしかの動きやすさをかなり長いこと保つからである。脳が同じ刻印を受け取る時は、同じことを考えるからだ。〔三七〇〕体は水力機械の一つにたとえられる。水を導く管の様々な配置にしたがって、その機械の多種多様な多くの姿形を水が異なる仕方で動かすのである。付言すべきは、この機械のかたわらに水車があって、それら全部のバネを動かすために水を遣《や》り、水を送り、それを或る時は多く、或る時は少なく供給すること、最大の分量が注がれる孔の中心に小さな吊り籠のようなものがあって、水車から来る水の推力に応じて、その孔に達する管のどれかに水を押しやるように位置しており、それによって管の先にある姿形を水が動かすことである。さらに、それらの管が鉛や鉄や土ではなく、通る水に比例して拡張しうる革で出来ていると想定せねばならない。そういうことがわれわれの内で起きており、それが記憶を作りなすのである。記憶とは、精気によって以前開かれたことのある脳の気孔の中や、精気が通ったことのある繊維の中に残る開きやすさにほかならぬからだ。〔三七一〕動物精気が入り込むと感覚作用が生じる小さな導管が、もともと拡張できるものなのは疑いない。だとすれば、その導管のいくつかに以前、動物精気の奔流がほかより頻繁に、またほかより勢いよく流れ込んでいた場合、それらの導管は拡張するはずで、したがって、脳へ入って自由になり感覚器官による決定づけもなくなったそれらの精気は、その拡張した導管へよそよりたやすく、よそより大量に流入し、それにより、導管の中へ精気が沢山入ることから生じる観念が蘇り、記憶と名付けられる結果を生みだすだろう。何かを思い出そうとすると思い出せるのはどうしてかも、このことから容易に説明される。そういう時には、感覚器官が閉じられて動物精気がそこから追い出され、追い出された精気が居場所をみつけるため逆流せざるをえなくなって、そういう拡張した導管の中へよそより大量に流入するからである。

　この原理にしたがえば、導管の生地が固いため物覚えの悪い人がいるのも分かる。そういう導管は動物精気によっても僅かしか拡張せず、したがって、精気はそこへよそよりさほど大量には流入しないからだ、何かを思い出そうとして精気をそこへ運ぼうといかに努力しても。

忘れてしまいたい忌わしいことが意志と無関係に思い出されることも、刺激が僅かでその刻印を受け取ってから長い時間がたったものがいかにして記憶から消えてしまうかも、同様に説明されるだろう。後者の場合、その管はもともと僅かしか拡張したことがなく、言うなれば傷が治るいとまもあったため、管はもう普段の状態に戻ってしまい、精気の排出にもほか以上の貢献はせず、そこからこの観念が完全に消え去って、記憶から出て行くのである。

〔三七二〕脳の実質に対する動物精気の作用には時によって強弱があり、感覚対象は想像しただけのものより強い印象を与えるから、知覚したどんなものの記憶にも時々でばらつきがあるのはなぜか、たとえば、何度も目にしたものの方が一、二度しか見てないものより普通はっきり魂に思い浮かぶのはなぜかや、見たものの方が想像しただけのものより判明に思い出されるのはなぜかも、そこから容易に認識できる。

人により体質により年齢によって記憶が多様でばらつきがあるのは、脳の繊維の柔軟さか固さに依存する。対象の残す痕跡が表層的か深いかに応じて、対象が与える印象に強弱があるのもそこから来る。体の造りがいろいろ変化するにしたがって、記憶力が時に強まったり弱まったりすることも起こる。体液や漿液が痕跡を消すこともありうる。酒も同じ結果を生じさせるが、それは大量の精気が脳へ送り返されて、その運動の速さによりあらゆる痕跡をごちゃごちゃにし押し流すからである。

〔三七三〕記憶とは魂が無数の像を納めておく広々した貯蔵庫で、魂は過去を思い出すため、そのタンクに納めるにふさわしくしようとしてそういう像を精神化するのだ、魂は自らを振り返るだけでタンクに溜めてあるその像を熟視できるのだ、と何世紀もの間思われてきた。でも今や、魂は当然ながらそんなところから脱け出して、浮気な或る種の小物体〔動物精気〕の足どりを一歩一歩追って行かねばならなくなった。その小物体は、最初にそこを通った先輩が残した痕跡を更新するため、曖昧模糊たる道を勢いよく辿るのである。だから、そういう痕跡が刻まれた基体が分解し、魂がそれと分離すれば、魂は必然的に何もかも忘れ、その本源から出て来た時と同じく一糸も纏わぬ姿で本源へ戻らねばならないのである。

（習慣）〔三七四〕どう見ても、脳のいくつかの場所には、それがいかなる場所であれ、もといた心臓の熱で激しい動きを与えられ、通路が開いた所へ流れ込む用意の出来た動物精気がいつも十分多量にあるらしい。神経はみなこれらの精気の貯蔵庫まで達しており、精気はその神経により体中のあらゆる筋肉へ導かれる。筋肉の中へ入ると、精気はそれを膨張させ、したがってその長さを短縮する。こうして精気は、その筋肉が結び付く身体各部を動かすのである。

腕や体のあらゆる部分を動かす際に筋肉が膨張するのは見た目にも実に明らかで、はっきり感じられることだし、また、風船が拡大・膨張できるのは空気その他が入り込むからにすぎないのと同じく、それらの筋肉が膨張できるのはなんらかの物体が入り込むからにすぎないと思うのは実に道理に適ったことだから、動物精気が神経を通じて脳から筋肉まで押し出され、筋肉を膨張させて、われわれが望むあらゆる運動をそこに生みだすのは疑いを容れないように思われる。中が詰まった筋肉は空っぽの時より短くなるからで、こうして筋肉は結び付く体の部分を引っ張って動かすのである。

指摘しておかねばならないが、精気の通るべき道はいつも十分開いていて通行が自由とは限らない。たとえば、楽器を弾《ひ》くのに必要な速さで指を動かしたり、外国語の発音に使う筋肉を動かしたりするのにわれわれが困難を感じるのはそのためである。しかし、たえず流れれば動物精気はそういう道を徐々に開いて平坦にするから、時とともに精気への抵抗もなくなってゆく。さて、習慣というものは、動物精気が体の四肢へ通る際の通りやすさにこそある。新たな習慣を身につける能力では子供の方が年配者よりまさるのはなぜか、昔からの習慣を捨てるのが至難なのはなぜか、単語を一つだけ発音するにも舌、唇、喉、横隔膜などいくつもの筋肉を一定時間の内に一定の順序で同時に動かさなくてはならないのに、喋り慣れるとそれがいともたやすくなり、信じられないほどの速さで発音したり、考えずに発音したりすることすらできるようになるのはなぜか――こういった問題は以上の説明で容易に解決できる。今述べたすべてのことから、記憶と習慣の間には多大の関係があって、或る意味で記憶は一種の習慣とみなせることが分かる。というのも、習慣が動物精気の獲得した体の一定の場所への通りやすさからなるのと同じく、記憶も同じ精気が脳に刻印した痕跡からなり、われわれが物事を思い出しやすいのはその痕跡が原因だからである。

〔判断〕〔三七五〕一度も見たことがなく話に聞いたこともないものについては、判断できないことは否定しようがない。これは、感覚の報告が判断の第一の土台をなす明らかな証拠である。われわれはいろんな時に仕入れたあらゆる観念を一つに集め、その集合がわれわれに寄与していることである。しかし同様に確かなのは、記憶がさらに多くそれに寄与していることである。われわれが判断を下すその対象はあれこれの性質を持つと判断させる。それは、われわれがかつて知っていた色々な事物にあった性質を思い出し、今ある対象がわれわれの脳の繊維に生じさせる似たような刻印から、その対象とかつて知っていた事物との間になんらかの真実らしさ〔類似性、の誤記〕があるのをみつけるからである。同種のものを見たことがないのに、われわれが美しいと思ったり醜いと思ったりするものがある、などと真実に即して言うことはできない。完全に同じような種類のものは事実見たことがなく、話に聞いたこともないとはいえ、ばらばらにしたそれの部分はほかの物体の内に見たことがあり、その思い出に基づいてわれわれはそういう判断を下すからである。

特殊なケースが一つだけある。宇宙に見られる秩序と配列である。それとなんらかの比較ができるものをわれわれはいまだかつて知らないとはいえ、誰しも宇宙は美しいと判断する。しかし、同時に白状するが、そういうのはわれわれの判断の誤りで、こんなに不完全な認識しかわれわれが持たないものには美しさという用語はふさわしくない。さらに、この同じ無知こそがわれわれの抱く感嘆の念の本源だったのである。感嘆に値するものはみな美しいとわれわれは判断するから、宇宙の秩序と配列ほど美しいものはないという結論を出してしまう。その後、この配列の仕組みの或る部分を認識するようになり、そこにみつける単純性と必然性で感嘆の念が減っても、はじめの無知に基づいた宇宙は美しいという予断は残り、宇宙の仕組みほど完璧なものはないという思い込みを捨てるのにわれわれはありとあらゆる苦労をする。少しでも考えてみれば、そんな命題ひとつでも良識を逆撫でするというのに。だが、計画からはずれないように、われわれの判断の仕組みに話を戻そう。すると分かるはずなのは、判断というものが、かつてわれわれの感覚を刺激したもので今判断しようとする対象となんらかの関わりがある一切と、現に感覚を刺激するものとの統合から生みだす〔生みだされる、の誤記〕ことである。対象が現前する時、動物精気がその対象に刺激されて、同じような一度目の刻印で前に膨張したことのある導管へ追いやられると、この二度目の刻印はきっと前より強くなり、同様の刻印を受けた際に起こったことの観念を呼び起こすだろう。そして、その思い出がわれわれを喜ばせたものの記憶として現われると、今ある対象がわれわれに現前する仕方と、それから満足感を受け取った最初の対象が現前した仕方との間に見られる一致から、今の対象も自分を喜ばすだろうとわれわれは判断する。また逆に、現前する対象から生じるのと似たような刻印が遺憾な結果を伴ったのを思い出すと、そういう結果の観念が蘇り、それを一部分思い出させるあらゆるものをきっかけにして、われわれはその観念を今現在のものであるかのようにみなす。判断はこうしてわれわれは、かつて知ったことにしたがって判断し、判断したことにしたがって行動するのである。判断は体の最初の行動とも、われわれの目に映る様々な行動の本源ともみなせるとはいえ、体の本性やなんらかの偶有性から来る判断の欠陥は全く機械的に説明できる。なぜなら、或る者は特定の導管がほかより頻繁に動かされたため、それらの観念の内で今ある対象が思い起こさせるものをすばやくつかまえ、特別短気な人だったりすると、一瞥しただけで今の対象と似ていると判断した観念の元になる導管の内にあらんかぎりの動物精気を勢いよく追いやるからである。そうなると、対象がその後異なる仕方で器官をいくら刺激しても、精気の奔流はもう止めようがなく、かつて受けた刻印の結果を思い出させる導管の中へ猛然と流れ込むから、そのため、作用するのはもはや現在の対象ではなく過去のことで、そういう人は過去にすっかり身を委ねてしまう。無数のことについて人がしばしば下す誤った判断はこういう欠陥から来ており、実際、極度に短気な人は誰よりもこの欠陥に陥りやすいことを経験は教えてくれる。

器官の欠点から生じる判断の欠陥はほかにも山ほどあるが、体の軽微な事故からもあまりにしばしば起こる変調ほど、これらの原理の物質性を論証的に証明するものはない。われわれはこの変調を「発狂」と名付けるが、それは往々喜びや希望や恋心から生まれ、時には病気や頭部の打撃などからも来る。

体と魂の間に驚くべき一致があることがそこから分かる。今名付けたような情念は魂の動きとみなせるからである。そこから魂の物質性という結論を引き出せるわけではないが、病気や打撃が物質の偶有性なのを疑うわけにはいかない。それでも、同じ結果が生じるのが目にされる。このことは、情念が物質的な動因によって生みだされるという確信をわれわれに与えるはずではなかろうか。情念も病気や打撃と同じ結果を伴うからである。精神的な魂と物質的な体ほど本性の異なる二つのものがこんなに似た、というよりは同じ結果を生みだすことは絶対にありえないのだから。情念が物体的な原理から発する証拠はそれだけではない。人それぞれで情念が体質の特殊な造りから惹き起こされるのが目にされるし、誰でもその造りを、人体の内に流れる種々の液の混合や、あれこれの液が多すぎることに絶対的に依存させる。体から魂への作用から生じるさらにはっきりした結果も忘れてはならない。酒の飲みすぎから生じるものである。われわれが酒精とか酒気とか名付けるあの液の部分〔粒子〕が、頭へ昇って動物精気の流れと同じ道を辿り、いろんな対象をきっかけにして起こる情動で動物精気が本来運ばるべき導管を通るのを邪魔する障碍物になり、その結果、動物精気は他の多くの導管の中へ無差別に見境もなく逆流してしまう。体質の弱さや飲んだ酒の量に応じて、酩酊した人に混乱した切れぎれな観念のあの渾沌《カオス》が形成されるのはそういう時である。

最後に、それに劣らず明瞭でごく普通に見られる、言うなればわれわれの魂が成長し衰えるのを示す証拠を挙げよう。魂が生まれたてのほやほやだという特徴は子供の内に認められる。子供の器官はまだ形をなさないので、一定数の変様しか動物精気に与えられない。だから、子供の観念ほど限られたものはない。しかし、年齢が進むと忽ち新たな観念が形成される。新たな対象が一つずつそれを生みだし、記憶の内に収納する。それについてかつて或る観念を持ったのを思い出すようなものを何かもう一度見るや、とたんに判断力と理性が少しずつ発達し、ますます完成される器官はますます多くの対象の刻印を受け取れるようになり、ますます多くの観念を形成し、遂には成長と完成の最終「段階」に達して、常に持つべき判断力と知力の量を保持する。もっとも、長い経験が教えられるすべてによって新たな知識を獲得できるのも事実ではあるが。その人をさらに追って行くと、じき下降線に近づいて、弱った器官がやがて動物精気に対象の正確な区別もさせなくなり、血液の流れも緩慢になって、前より僅かな量の精気しか脳へ送らず、したがってその精気も追いやられる導管にごく少数の刻印しか刻まなくなるのが見られよう。こうして記憶力は落ち、精気の分量がごく僅かなためにもう更新されなかったり、更新されてもかすかにしかされなかったりした古い刻印は完全に消えてしまって、同じような対象が現前してももういかなる観念も呼び起こさなくなろう。すると、あの判断力もあの理性も弱ってゆくだろう。体が破壊へ向けて一歩進むたびに、精神も新たな傷を受け、体のあらゆる事故にぴったり随《つ》いてゆくから、体が死にそうになると精神の方も理性的霊魂とか純粋精神とか名付けるのが恥ずかしくなるような状態に置かれるだろう。

　自分の卑しさを示すこんなに多くの理由に兜を脱ぐのをわれわれは拒めるだろうか。目で見る一切にも、最も健全なすべての哲学的観念にも抗って、自分の魂は非物質的で、自分の体より限りなくまさる本性のものだと思い込むほど自己愛がわれわれを盲目にすることがありうるだろうか。だが、そういう意見の人に尋ねるが、それの物質性を疑えない諸器官が精神的な魂に作用し、また逆にその魂が体を動かす繊維に作用することをいかにして説明できるのか。そんなのは、無でも体から刻印を受け取れると言うことではないのか。体の病気や打撃ひとつで魂にあれほどひどい変調が生じることをいかにして説明するのか。前述した酒の結果もそうである。さらに、体の成長に比例して精神的な魂の完全性もはっきり増大すること、また同じく、体が衰え最後に近づくにつれてその魂も衰えてゆくことをどのように説明できるのか。ならば、そういう乗り越えがたい困難から、われわれは次のように考える決心をすべきなのを認めようではないか。われわれの魂はわれわれの体と別の原理を持たず、両者の間に見られる違いはただ、体の原理が魂の原理にくらべてずっと粗大なことで、魂の原理の方は種々の液の最も純粋、最も微細な部分で、それが脳の内に座すのだ、と。それらが集まる場所を正確に決める仕事は解剖学者に任せよう。魂を精神的なものと仮定した時ですら、「魂が占めるべき場所」という問題が論議されたのは実に異常としか思えない。魂は精神的なものだと言いながら、同時に、魂はどこかに、とりわけ或る特定の場所に座すとするほど多くの矛盾を含むものはないと思われるからである。

魂の物質性という説に絶対なんの困難もないと主張するつもりはない。われわれが感覚と思考について絶対的に厳密な説明を与えられないのは確かである。しかし、各国語にはいくたの表現が欠けており、それは通常、その言語を固有のものとする国民が或る種の慣習を知らなかったことから来るように、同じく、人間精神にはいくつかの思考が欠けている、精神は自分が知ったものの観念しか持てない以上、自分の魂をめぐるいくつかの認識が精神に欠けているのだと言ってよい。その認識が欠けているのはそれを概念する力がないからというより、むしろ、魂について抱いた最初の観念にいつまでも止まったため、精神が様々な困難に怖気づき、魂の本性を検討するより、その魂の種々の特性を深く認識することをいっそう好んだせいだった。それも、魂の本性というこの問題については納得できるものがみつからないのではないか、あるいは、自分の自尊心にとってはあまりに屈辱的な真実を認める羽目になるのではないか、と心配したからなのである。

第五章　この霊魂論で言ったすべてのことの復習

〔三七六〕この問題を終えるに当たって思考とは何かを検討すれば、それが感覚の報告と記憶と判断という三つの感覚作用から結果するものなのが認識されよう。第一のものは疑いもなくあとの二つの本源である。感覚を通じて一度魂の内に入ったものしか思い出せないし、何か思い出すものと今あることとの比較によってしか判断は下せないからだ。思考のこの分析に同意しないことも、「アラカジメ感覚ノ内ニナカッタモノハ知性ノ内ニ何モナイ」という原理に反して本有的な思考が自分にあると思うことも誰ひとりできない。新しそうに見える思考でもいささか注意して調べる気になれば、新しいと思うのはそれがいろんな時、いろんな所で知った複数のものの集合から、いわばその突き合わせからなるためにすぎないことが分かるはずだからである。

さて、思考のこれ以上単純で正確な定義はできないと言うのは真実だから、感覚作用と名付けていい思考のこの三つの土台が動物たちにもあるかどうか見てみよう。

一、感覚の報告が動物にもあり、それがわれわれより完全な動物すら多いのを否定できようか。犬の嗅覚、鷲の視覚、モグラの聴覚などは絶対に、われわれのものより完成した器官によって形成される。

二、ほとんどすべての動物に驚くべき記憶の結果が見られないだろうか。それがあればこそ、彼らの本性とわれわれの本性は大違いなのに、人間は動物を訓練できるのである。

三、狩りでミスをしたため打たれた犬が矯正されて同じ過ちに二度と陥らない時、動物にも判断力を認めずにおれようか。なぜなら、前にも一度打たれたから同じミスをしたらまた打たれるだろうという推理を犬が同時にしなかったら、打たれた記憶だけではそんな結果を生みだすのに不十分だからである。動物たちの他の無数の行動はすでに報告したから言わないが、いずれも健全で確実な判断を表わしている。ごく単純な今の例ひとつでも、われわれと同じ判断と推理を動物もすると納得させるに足りる。

思考のこの三つの土台は人間と同じく動物にも存在するから、動物の場合にそれらから生じる結果がわれわれの場合に生じる結果と異なるとするのは、あるいはもっと正確に言えば、動物でも人間でも同じであるこの三つの原理が動物では何も形成せず、われわれでは思考と理性を形作るなどとするのはなんと不当なことであろう。その思考と理性に基づいて、われわれは他の動物への支配権が自分にあると想像したわけだが。

こう言われるであろう。でも、動物の魂の能力がわれわれの魂の能力と同じようなものなら、われわれがどうやっても動物の気持が分からず、動物とコミュニケーションもできないことがいかにして起こりうるのか、と。

答えよう。同じようなコミュニケーションの難しさは、こちらがその言語を知らない人との間にも見られる。人類全体に共通する生活上の必要というような、固定的であらゆる人間に一般的な手段がなかったら、われわれは何事につけ、そういう人に自分の気持を分からせることも同じようにできないだろうが、自然から生じる必要であれ、すべての人間の間に慣習が設けた必要であれ、〔共通する〕必要はきわめて多数に上るから、そういう必要のどれかによって、自分の気持を分からせる手段をわれわれがみつけるということが起こる。しかし、そういう固定的な手段や、われわれと同じようなそういう必要がほかの動物にもみつかると言うには程遠い。だから、喉が渇いたとか腹がへったとか眠いとかいうようなわれわれとも共通する必要に関わることでしか、われわれが動物の気持を理解することも、自分の気持を動物に理解させることもできないということが起こるのである。

だから、感覚でも捉えられる同じ利点のしるしがほかの存在にも全部見られるというのに、その利点をほかの存在には与えず自分たちにだけ付与しようとするのは簒奪で不正なのを認めよう。動物の魂もわれわれの魂と絶対的に同じ本性のもので、同じ能力、同じ利点を持つと率直に告白しよう。

前述のとおり、人間の魂は物質的なもので、血液の最も微細な部分から形成されている。魂の物質性に反対する論拠の中でもわれわれがみつけた最強のものは、物質の内にどんな変様を想像しようと、部分のどんな配列を想定しようと、そんな状態、そんな配列が自分では思考しない物質に思考能力を与えられることを自分に納得させるには至るまい、というものである。

この論拠は疑いもなく強いが、すでに示したとおり、それでも魅力的なほどには強くない。それは、最も単純な状態での原理と最も複合的な状態での結果を比較するようなものである。われわれは「思考」という実に重要な〔いかめしい、の誤記〕用語をいささか単純化して、どんなにありきたりな思考でも形而上学の最も高度な観念と原理は同じであるのを第一に認めた。そこで次に、今した思考の定義に随《したが》って、思考の土台として立てたあの三つの感覚作用の内で、それのどれかに非物質性を認めることを求めるものが何かみつかるかどうか検討してみよう。

感覚器官の機械的で完全な説明を与えた哲学者は一人もいないが、魂に対する感覚器官の作用となると、非物質的な魂をうちたてようとした際、彼らはそれにいたく困惑した。そもそも、器官のような或る物体的なものが体を全然持たない存在に作用することがいかにして可能なのか。反対の説の内に彼らがみつけた唯一の困難は、「物質は思考できない」というあの迷信である。この二つの暗礁を避けようとした人たちがどこまで滑稽なことをしたかは知ってのとおりである。獣の感覚はわれわれの感覚と同じでない、正確に言えば獣には感覚など全然ない、動物は快苦など全然なしに、悪を避け善を求めるべく機械的に促される、と請け合ったのだ。それくらいなら、人間には感覚など全然ないと言っても真実らしさに変わりはあるまい。

だが、その種の背理に陥らぬように、感覚器官が実際に動物精気に作用すること、その作用は対象によって器官が動かされたのに応じて特定の小さな導管にだけ動物精気を押し入れることにあり、器官はその動きを動物精気に伝えることをわれわれは認めるだろう。苦痛、快感その他も、われわれはこの方法で十分説明した。だから、感覚の報告は物質的なものとみなさねばならない。または同じことだが、動物精気に対する感覚器官の機械的な作用とみなさねばならない。私はその動物精気も、血液その他の液の最も微細な部分としか、人体を構成する様々な物質すべてのきわめて稀薄化し純化したエッセンスとしかみなしていない。

記憶はいわば感覚の報告の保存と再生だから、それと同じ本性のもの、したがって物質的なものとしかみなせない。この感覚作用が全く機械的なもので、物質的な動因によって形成されることはすでに見た。

判断は感覚の報告と記憶との比較の結果だと言うだけで、判断の原理も同じく物質的なこと、それのはたらきも記憶のはたらきに劣らず機械的なことが十分に証明される。われわれは判断の様々なバネを検討したし、判断と名付けたあの感覚作用がわれわれの内でどのように形成されるかも説明した。

魂が物質的なものでしかありえぬことは、この意見がそれ自体として持つ蓋然性からも、逆の意見に随《したが》うと、器官が魂に作用し魂が身体各部に作用するという日々起こるすべてのことが説明できなくなることからも十分証明したと思われるから、あとは、魂の不滅について一言《ひとこと》言っておけばよい。魂は体とともに死ぬのか、それとも、体から分離しても同じ形、同じ本性を維持するのか、それを知ることが残っているからである。後者のようになるためには、魂を構成する諸部分〔諸粒子〕が体の他のあらゆる部分のように更新される必要がないのでなくてはなるまい。つまり、生まれた瞬間から死ぬ瞬間まで常に同じ部分が魂を構成せねばなるまい。なぜなら、汗のように発散して体から出て行くにせよ、それ自体が器官の部分となるにせよ、ともかく魂を構成する諸部分が消散して形を変えるような性質のものなら、体が存在しなくなると血液はもう精気を回復さすべきものを供給できなくなり、したがって集まっていた精気は散りじりになって、魂が必然的に死なざるをえないのは明らかだからである。しかし、常に同じ部分が魂を構成すると言うわけにはいかない。常に同じものならきっと起こらないはずの変化が魂に起こるのは日々目にされるし、そういう変化はもっぱら、年齢、体質、食事、食べすぎ飲みすぎ、事故等々のため血液に生じた変化に起因するからである。

こうして、われわれは次のように結論できる。体と同じく魂にも自らの諸部分を回復する必要があり、したがって、その回復がもう不可能になった時、魂が同じ本性で存続するということはありえないのだ、と。同じ本性でと言うのは、魂を構成した諸部分は物質的である以上、不滅な本質のものなのは異論の余地がないからである。しかし、その物質の諸部分の一定の集合からのみ魂は成り立っているから、その集合が崩れた時は、魂は死んだ、全く無になったとみなしてよい。かりに崩れず、それを「魂」ならしめていた配列を保つとしても、何物もそれに作用できないような存在に魂という名を付けることが道理に適うだろうか。何物もそれに作用できないのは、その存在にはもう器官がなく、したがってその存在は認識も判断も理性ももはや持たないはずだからである。或る複合物に魂という名を付けさせられるのはこういう特徴だけだというのに。

本章で述べたすべてのことから、以下の結論を引き出さねばならない。

一、魂〔三七七〕とは非常に細かい一種の火、一種の小さな炎で、血液とともに循環していること。

二、精神〔三七八〕とは脳の諸部分の布置と動物精気の運動にほかならぬこと。

三、脳の繊維と布置が精神を作り、器官の相違が気質の相違を作ること。

四、「思考」〔三七九〕とは対象または動物精気が脳の内に形作った一つの痕跡ないし像にすぎないこと。

五、推理とは頭の中で様々に配列されるいくつかの小物体の様々な位置にしかないこと。

六、狂気とは、脳の熱や精気の動揺が強すぎたり、想像力の提示する像があまりにも鮮烈で、真実の像と偽りの像を精神が区別できなくなることから来る想像力の変調にしかないこと。

七、欲求〔三八〇〕とはいくつかの精気の運動にほかならぬこと。

八、感覚とは脳へ送り返された動物精気が起こす繊維の振動であること。

九、最後に、思考し推理し欲し感じる等々をするのは、脳がそれからなっている物質であること。

訳註

〔一〕 以下、このパラグラフの終わりまでは、ピエール・ベール（一六四七―一七〇六）の『歴史批評辞典』（一六九六年）、「ペレイラ」の項、註（E）、邦訳『ピエール・ベール著作集』第五巻一四四―一四五ページより。

〔二〕 スミルナのヘルミッポス（前三世紀後半）。ギリシアの伝記作家。アレクサンドリアでカリマコスに師事し、哲学者・立法者その他の伝記を著わして、ディオゲネス・ラエルティオスなどのソースとなった。逸話や想像で情報の不足を補うという悪い癖があったらしい。

〔三〕 ヘルモドロス（前四世紀）。ギリシアの哲学者。シュラクサイの生まれ。プラトンの弟子で、師の学説について一書を著わした。

〔四〕 ディオゲネス・ラエルティオス。ギリシア哲学史の資料として重要な『ギリシア哲学者列伝』の著者または筆記者。名前も写本によって一定せず、キリキアのラエルテの人ディオゲネスとして一応は通っているが、これも確実ではないらしい。生きた時代は大きく見て紀元二〇〇年と五〇〇年の間らしいが、上記の本の著者ならば三世紀初頭の人である可能性が高いとされる。伝記などは皆目分かっておらず、上記の本の著者なのか、前代から伝わったその本を筆写したにすぎないのかも明らかでない。十巻からなる同書は、七賢人から二世紀末までの各派哲学者の列伝で、邦訳は岩波文庫に入っている。

〔五〕 以下、このパラグラフの終わりまでと、次の二十七のパラグラフは、ジャン・レヴェック・ド・ビュリニ（一六九二―一七八五）の『異教哲学史』（一七二四年）より。

〔六〕 ポルフュリオス（二三四頃―三〇五頃）。ギリシアの哲学者。テュロスの生まれ。ローマでプロティノスに師事し、師の死後、新プラトン派の学校を主宰した。キリスト教を攻撃した『キリスト教徒駁論』はテオドシウス二世の命令で焼かれ、『アリストテレス範疇論入門』は中世の標準的な論理学教科書となった。プロティノスの『エネアデス』を刊行し、『プロティノス伝』、『ピュタゴラス伝』なども書いている。

〔七〕 プロクロス（四一〇―四八五）。ギリシアの哲学者。コンスタンチノープルの生まれ。新プラトン派の最後の代表者としてアテナイで教え、キリスト教に反対してギリシア思想を擁護した。『神学原論』、『プラトン神学』のほか、プラトンの対話篇やエウクレイデスの註解がある。

〔八〕 ヤンブリコス（二五〇頃―三三〇）。ギリシアの哲学者。シリアの生まれ。アナトリオスの弟子で、プラトン、ピュタゴラスの哲学やカルデア人、エジプト人の説などを学び、シリアのアパメイアで新プラトン派の一派を立てた。『ピュタゴラス伝』、『プロトレプティケ』、『エジプトの秘儀』などがあり、その哲学には接神論的・魔術的な要素が多い。

〔九〕 クイントゥス・セプティミウス・フロレンス・テルトゥリアヌス（一六〇頃―二二〇以後）。キリスト教のラテン教父。カルタゴの人で、はじめ法律を修めて弁護士をしたが、一九四年頃キリスト教に改宗し、教会弁証家として異教徒やグノーシス派との論争に従事した。その道徳的リゴリスムにより、二〇七年頃からモンタノス派運動に接近した。『護教論』、『異端者法廷準備書面評定』など多くの著作があり、キリスト教ラテン文学の開祖としての役割は大きい。

〔一〇〕　エンペドクレス（前四九三頃―四三三頃）。ギリシアの哲学者。シチリア島アクラガスの人。政治家としては民主派の指導者だったらしく、立法者・詩人・医師・預言者・魔術師でもあった。ペロポネソスで死んだとも、エトナ火山の火口に身を投げたともいわれる。哲学的には多元論を唱え、地・水・火・風の四元素に愛・憎の両力が作用して万物が形成されるとした。詩形式の『自然について』と『浄化』の断片が残っている。

〔一一〕　デモクリトス（前四六〇頃―三七〇頃）。ギリシアの哲学者。トラキアのアブデラの人で、哲学のほか数学、天文学、音楽、詩学、生物学などに長じ、快活な気性のため「笑う人」と称された。哲学的には原子論の確立者で、その説はエピクロスに受け継がれた。

〔一二〕　レウキッポス（前四四〇頃）。ギリシアの哲学者。エレアへ行ってパルメニデスに学び、エレアのゼノンにも聴講したらしい。デモクリトスの師として、原子論を創始した。著作はデモクリトスのものと混合しているが、デモクリトスの作とされる『大宇宙系』や『精神について』はレウキッポスのものらしい。

〔一三〕　パルメニデス（前五四〇頃―四五〇頃）。ギリシアの哲学者。エレアの人。クセノファネスの弟子で、『自然について』という教訓詩が残っている。「あるものはある、ないものはない」という根本命題から出発して、存在は単一・連続・永遠・不動であるとした。レウキッポス、エンペドクレス、プラトン、ソフィストらに大きな影響を与えた。

〔一四〕　原著ではこの人名がTripase（トリパソス？）と書かれているが、さような哲学者は知られておらず、一方、典拠であるレヴェック・ド・ビュリニの『異教哲学史』では、この人名がHippase（ヒッパソス）と書かれているから、TripaseはHippaseの写し間違えと考えて、「ヒッパソス」とした。ヒッパソス（前五〇〇頃生）はギリシアの哲学者。メタポンティオンまたはクロトンの生まれ。ピュタゴラス派の人だったが、他のピュタゴラス主義者と違い、第一原理は数ではなく火であり、世界はきまった法則にしたがって不断に運動しているとしたらしい。

〔一五〕　ヒッパルコス（前三八〇頃）。ギリシアの哲学者。ピュタゴラス派の一員だったが、ピュタゴラス哲学の秘密を公表したために派から除名されたとヤンブリコスが伝えている。『勇気について』という著作の断片が残っている。

〔一六〕　ヘラクレイトス（前五四〇頃―四八〇頃）。ギリシアの哲学者。エフェソスの人。エフェソスの旧王家の出で、祭司職に携わり、エフェソスのアルテミス女神に著作を捧げた。散文で書いた『自然について』の断片が残っている。火を万物の本源とし、一切は不断の変化と生成の内にあり、対立物の闘争と統一がすべての基礎にあると説いた。難解な哲学者の代名詞とされ、暗鬱な調子から「泣く人」と綽名された。

〔一七〕　クイントゥス・エンニウス（前二三九―一六九）。ローマの詩人。カラブリアの生まれ。第二次ポエニ戦争に百人隊長として従軍中、サルディニアで大カトーに見いだされてローマへ行き、スキピオなどの名士と交わって、彼らにギリシア文化を伝え、前一八四年にローマの市民権を得た。ローマ文学の最初を飾る詩人で、ローマ史を語った叙事詩『年代記』は六百行程が今も残っており、ほかに、多くはエウリピデスを模した二十篇の悲劇や諷刺詩などを書いた。

〔一八〕　エピカルモス（前五六〇頃―四六〇頃）。ギリシアの喜劇詩人。シチリア島の人で、若い頃シュラクサイに出、僭主のゲロンやヒエロンにおそらく庇護されながら、そこで一生を送った。喜劇の創始者の一人とされ、数十篇の作品を書いたが、断片しか残っていない。日常の卑近な生活や神話のもじりなどが見られる。

〔一九〕キプロスのゼノン（前三三五頃―二六三）。ギリシアの哲学者。キプロス島のキティオンの生まれ。前三一二年頃アテナイに出て、キュニコス派のクラテスなどに学び、前三〇一年頃独自にストア（アテナイ中央広場の柱廊の意）派を興した。最後は、寿命が尽きたのを感じて、自ら命を断ったといわれる。

〔二〇〕原著にはHeraclite（ヘラクレイトス）と誤記されているが、これは典拠のレヴェック・ド・ビュリニ『異教哲学史』にあるHeraclides（ヘラクレイデス）の写し間違えなので、そう訂正した。ポントスのヘラクレイデス（前三九〇頃―三一〇頃）。ギリシアの哲学者。ポントス（黒海）沿岸のヘラクレイアの生まれ。アテナイに行き、スペウシッポスやピュタゴラス派に学んだ後、プラトンに師事した。デモクリトスとは異なる分子説を唱え、また地動説を考えた。

〔二一〕アナクサゴラス（前五〇〇頃―四二八頃）。ギリシアの哲学者。小アジアのクラゾメナイの生まれで、ペリクレスの友としてアテナイに長く住んだが、太陽は石にすぎないというその説がペリクレスの政敵により不敬罪に問われ、ランプサコスに去った。その哲学はイオニア学派の自然哲学を再建したもので、不生不変不滅の根源的物質として無数のスペルマ（種子）と、それを整理する原理としてのヌース（知性）を考えた。

〔二二〕ミレトスのアナクシメネス（前五八五―五二八）。ギリシアの哲学者。ミレトスの生まれ。イオニア学派の人で、アナクシマンドロスの弟子。万物の本源として空気を考え、万物はそこから出、またそこへ戻るとした。著作は何も残っておらず、その学説はディオゲネス・ラエルティオスによる紹介からしか知られていない。

〔二三〕アテナイのアルケラオス（前五世紀）。ギリシアの哲学者。アテナイの人。アナクサゴラスの継承者で、ソクラテスの師だった。その自然哲学はアナクサゴラスのそれと大差ないが、ただヌース（知性）は他の物と混合するとし、またそれをおそらくは空気と同一化していた点に違いがあったらしい。

〔二四〕アポロニアのディオゲネス（前四四〇から四二五頃）。ギリシアの哲学者。おそらくフリュギアのアポロニアの人らしく、アテナイに住んだ。空気を万物の本源とするアナクシメネスの説を継承し、且つアナクサゴラスらの二元論に反対して、思考は純粋な乾いた空気によるとして物質と理性の一致を主張し、物活論的一元論を説いた。血管の配置や感覚器官のはたらきに関する生理学的な業績もある。

〔二五〕アナクシマンドロス（前六一一―五四六以後）。ギリシアの哲学者。ミレトスの生まれ。タレスの弟子でイオニア学派に属し、日時計、天球儀、地図などを考案し、人類の発生に関する一種進化論的な考えを唱えた。現存するギリシア散文の最古の著者である。

〔二六〕アイネシデモス（前一世紀）。ギリシアの哲学者。クレタ島クノッソスの生まれ。前八〇―六〇年頃にアレクサンドリアで懐疑論を説き、判断停止の十の手段（トロポイ）は彼が初めて唱えたものとされている。

〔二七〕ヒッポン（前五世紀後半）。ギリシアの哲学者。サモス（レギオン、またはクロトンともいわれる）の生まれ。折衷的な人で、動物の精液の観察から、タレスと同じく水を万物の本源としたといわれる。無神論者とされた。

〔二八〕クセノファネス（前六世紀）。ギリシアの哲学者。イオニアのコロフォンの人。前五四五年頃、二十五歳でペルシア軍の進攻により故郷を捨て、終生ギリシア世界を放浪、主にシチリアで暮らしたらしい。アナクシマンドロスの弟子といわれる哲学詩人で、ホメロス、ヘシオドス流の擬人的多神観を激しく批判して不生不変不滅の唯一神を主張し、ギリシア人の通念である身体重視をも否定して、曇りなき知こそ最高の徳であるとした。

〔二九〕 訳註〔一三〕を参照。

〔三〇〕 アニキウス・マンリウス・トルクアトゥス・セウェリヌス・ボエティウス（四八〇―五二四）。ローマ末期の政治家、哲学者。五一〇年に執政官となり、五二二年にはその息子たちも同じ位に就いた。東ゴート王テオドリクスに仕え、数々の要職に就いたが、東ローマ皇帝との内通を疑われた元老院議員アルビヌスを擁護したため、パヴィアで大逆罪と魔術の罪により捕えられ、拷問のため死んだ。獄中で、韻文まじりの散文により『哲学の慰め』を著わしている。アリストテレスの論理学をラテン語訳し、中世のアリストテレス研究の端緒を作ったほか、ニコマコス、エウクレイデス、アルキメデス、プトレマイオスなどのものも訳出して、ギリシアの哲学・科学を中世に伝えた。

〔三一〕 原著にはChrysias（クリュシアス）と書かれているが、典拠のレヴェック・ド・ビュリニ『異教哲学史』にはCritiasと書かれているので、それの写し間違えと考えて「クリティアス」に訂正した。クリティアス（前四六〇頃―四〇三）はギリシアの政治家、著作家。アテナイの貴族の家に生まれ、前四〇七年頃に四百人衆の打倒に参加したが、やがて民主派の復活によりテッサリアへ追放された。前四〇四年、ペロポネソス戦争でアテナイが降伏したのに乗じて帰還し、三十人僭主の一人として権力を揮ったが、翌年にトラシュブロスとの戦いで殺された。ソクラテスの弟子で、プラトンの母は彼の従姉妹に当たり、詩や悲劇や散文を書き、エウリピデスの作とされているいくつかの戯曲も彼のものだといわれ、中でも、神への信仰を合理主義的に説明した『シシュフォス』の断片などは名高い。

〔三二〕 アンブロシウス・テオドシウス・マクロビウス（四世紀末）。ローマの文法家、作家。アフリカ生まれの異教徒だったらしく、対談形式で歴史・神話・文学などの諸問題を扱った『サトゥルヌスの祭』や、キケロの『スキピオの夢』を註釈して新プラトン派的な立場から魂の問題を論じた『《スキピオの夢》解説』を残している。

〔三三〕 訳註〔一〇〕を参照。

〔三四〕 ヒポクラテス（前五世紀後半）。ギリシアの医学者。コスの人。諸方を旅し、たぶんラリッサで死んだ。アレクサンドリア時代から彼の名で伝わる医書の大集成があり、医学の父と称される。

〔三五〕 マルクス・アウレリウス・アントニヌス（一二一―一八〇）。ローマ皇帝（在位一六一―一八〇）。ストア派の哲学者で、『自省録』を残している。

〔三六〕 原著にはChrylolaus（クリュロラオス）とあるが、典拠のレヴェック・ド・ビュリニ『異教哲学史』にはCritolausとあるので、それの写し間違えと考えて、「クリトラオス」に訂正した。クリトラオス（前二世紀）はギリシアの哲学者。リュキアのファセリスの生まれ。ケオスのアリストンに師事し、その後継者として前一九〇年から一五〇年までアテナイで逍遥学派（アリストテレス派）の学校を主宰した。前一五五年に、罰金を科せられたアテナイ市の立場を主張するため、アカデメイア派のカルネアデス、ストア派のバビロンのディオゲネスと三人でローマへ派遣され、その都でした雄弁な講義にはスキピオ・アフリカヌスやラエリウスをはじめ多数の聴講者がつめかけたが、かえって大カトーラローマの守旧派に警戒されて、他の二人とともにローマから追放され、アテナイへ戻って死んだ。

〔三七〕　フィロラオス（前四七〇頃―前五世紀末）。ギリシアの哲学者、数学者。クロトンの人。ピュタゴラス派の人で、同派の第二世代を代表する哲学者だった。マグナ・グレキア（イタリア南部のギリシア植民諸都市）の政変でピュタゴラスの弟子たちがそこから追放された時、テバイに同派の学校を興し、ケベス、シンミアスなどの弟子を育てた。ピュタゴラスの教えを広く公開した最初の人とされている。

〔三八〕　デイナルコス（前三六〇頃―二九一頃）。ギリシアの弁論家。コリントスの生まれ。アテナイに出て、テオフラストスに雄弁術を学び、或る事件でデモステネスを攻撃して名を上げた。アレクサンドロス大王が死んだ後の寡頭政治期に活躍したが、前三〇七年に民主制が復活するや、エウボイア島のカルキスに退去した。独創性の乏しい人で、アテナイでの弁論術の衰微はその頃に始まるとされている。

〔三九〕　ソレスのクレアルコス（前三世紀）。ギリシアの哲学者。アリストテレスの弟子で、へつらいについての論文や伝記集、恋物語集などを著わしたらしいが、断片しか残っていない。

〔四〇〕　アリストクセノス（前三五〇頃生）。ギリシアの哲学者、音楽理論家。イタリアのタレントの生まれ。はじめピュタゴラス派の学者に師事したが、のちアテナイでアリストテレスの弟子となった。哲学者や作家などの『著名人列伝』、ソクラテスの思い出などを書いたらしいが、それらは残っておらず、現存するのは知られている最古の音楽論である『ハーモニーの要素』と、『リズム論』の断片しかない。その音楽論は、ピュタゴラス派がする数に基づく半ば神秘的な説明を排して、聴覚に基づく論理的な説明をしたもので、両者はアリストクセノス派とピュタゴラス派という音楽論の二つの潮流を生みだした。

〔四一〕　マルクス・ウルピウス・トラヤヌス（五二―一一七）。ローマ皇帝（在位九八―一一七）。名君として聞こえた皇帝で、キリスト教徒についても、それを積極的に探し出して迫害するのを禁じた。

〔四二〕　プブリウス・アエリウス・ハドリアヌス（七六―一三八）。ローマ皇帝（在位一一七―一三八）。

〔四三〕　エフェソスのソラノス（一―二世紀）。ギリシアの方法派の医師で、「方法派の帝王」と綽名された。エフェソス、アレクサンドリア、ついでトラヤヌス、ハドリアヌス帝治下の（つまり二世紀初頭の）ローマで開業した。紀元一〇〇年頃に『婦人病論』を著わし、古代の最初にして最大の婦人科医学者で、新生児医学にも関心を寄せた。著作が一八三八年に初めて発見されたため、長いこと正当に評価されなかったが、今では婦人科医学の創始者と目されている。

〔四四〕　訳註〔九〕を参照。

〔四五〕　ディカイアルコス（前四世紀後半）。ギリシアの哲学者。シチリア島メッシナの生まれ。アリストテレスやテオフラストスの弟子で、魂の本性、神託、預言などについて書き、ギリシア諸国の政体や地理を論じ（特に、ギリシア中の山の高さを測ったという）、実践的な生活は観想的な生活にまさるという信念から哲学者その他の逸話を集め、さらにはホメロスや悲劇・喜劇などをも研究して後のアレクサンドリアの批評家たちに利用された。

〔四六〕　カリュストスのアンドレアス（前二一七歿）。アレクサンドリア学派に属するギリシアの医師。ヒポクラテスは多くの旅で蒐集した医学的知識を書き写したにすぎないと主張したり、「ナルテックス」という有名な薬局方を書いたりした。咬傷による疾患、とりわけ狂犬病に特別の関心を持っていたらしい。

〔四七〕　テルトゥリアヌスが、またひいてはこの文書の著者が言及するアスクレピアデスが哲学者のアスクレピアデスなのか、医学者のアスクレピアデスなのかは不明である（後者の可能性の方が高そうだが）。哲学者のアスクレピアデスは前四世紀後半の人で、プレイウスの生まれ。はじめプラトン派だったが、やがてエリス派に移り、友人メネデモスとともにエレトリア派を創始した。莫大な財産を持ちながらも、メネデモスと質素な共同生活を送り、メネデモスより早く、エレトリアで高齢にして死んだという。一方、医学者のアスクレピアデス（前一二四—四〇）はビテュニアの人で、はじめアテナイで医師を開業していたが、前九一年にローマへ移り、ギリシアの医学をローマへ移入した。ヒポクラテスの体液病因説に反対して、固形部病因説の創始者とみなされている。気管切開術も彼に始まるとされる。

〔四八〕　ウェルギリウスの叙事詩『アエネーイス』の主人公。

〔四九〕　『アエネーイス』の登場人物。アイネイアスの船の舵取りで、シチリアからイタリアへ渡る途中で海中へ落ち、南イタリアのウェリアの近くに漂着して、原住民に殺された。アイネイアスは冥界を訪れた際、彼の魂に会ったとされている。

〔五〇〕　同じく『アエネーイス』の登場人物。カルタゴの女王で、同地に漂着したアイネイアスに恋し、アイネイアスが立ち去ると火葬壇に登って自殺したとされている。

〔五一〕　同じく『アエネーイス』の登場人物で、主人公アイネイアスの父。トロイア陥落の際、アイネイアスはこの父をおぶって逃げた。息子とともに流浪した末、シチリアのドレパノンで死んだことになっている。

〔五二〕　フラウィウス・ヨセフス（三七—一〇〇頃）。ユダヤの歴史家。エルサレムの名門の出で、七〇年にローマへ行き、フラウィウス家の皇帝に仕えた。『ユダヤ戦記』全七巻（七五—七九年）、『ユダヤ古代誌』全二十巻（九三—九四年）はユダヤ史の最重要な史料とされ、つとに邦訳もされている。

〔五三〕　聖エイレナイオス（ラテン語ではイレナエウス、フランス語ではイレネ）（一三〇頃—二〇八）。キリスト教の教父。小アジアの生まれ。スミルナの司教ポリュカルポスの弟子で、一五七年頃に布教のためガリアに派遣され、一七八年頃にリヨンの司教となって、当時大きな影響力を持っていたグノーシス諸派と闘った。たぶん殉教したらしい。グノーシス諸派との闘争の中で書かれた『異端反駁』が残っている。

〔五四〕　訳註〔九〕を参照。

〔五五〕　タティアノス（一二〇頃—一七三以後）。二世紀のキリスト教思想家。シリア東部の生まれ。ローマへ行ってキリスト教に改宗し、殉教者ユスティノスの弟子となった。キリスト教護教書『ギリシア人への言葉』はこの時期に書いたらしい。師の殉教後、一七二年にローマの教会と縁を切り、メソポタミアに戻って独自の活動を始めたとエウセビオスの『教会史』は伝えている。四福音書の調和を図るため、外典資料も使った統一的なイエス伝『ディアテッサロン』をその頃著わし、これはシリア教会で五世紀まで典礼書として使われた。シリアでエンクラテイス（禁欲者）派という一派を興したと伝えられてはいるが、その確証はないらしく、したがって、彼をグノーシス思想家とみなすことにも議論の余地があるという。

〔五六〕　ポワティエの聖ヒラリウス（三一五頃—三六七）。ガリアのキリスト教指導者。ポワティエの生まれ。はじめ異教徒で妻帯していたが、聖書を勉強してキリスト教徒となった。三五五年のミラノ教会会議で、コンスタンティウス二世帝のアタナシオス追放令に反対したため、三五六年から三五九年まで小アジアのフリュギアに追放され、そこでギリシア語や東方神学を学んだ。

三五九年に故郷ポワティエの司教に任命されて翌年帰郷し、その後もアリオス（アリウス）派との闘争の先頭に立って、「西方のアタナシオス」と呼ばれた。追放中に書いた主著『三位一体論』はアウグスティヌスにも高く評価された。

〔五七〕　オリゲネス（一八五―二五四）。ギリシア教父で、アレクサンドリア学派の代表的神学者。アレクサンドリアの生まれ。同市の教理学校でアレクサンドリアのクレメンスに学び、早くから天才ぶりを発揮して、十八歳で師の後を継ぎ、その学校の校長となった。長老への就任をめぐってアレクサンドリアの司教デメトリオスと対立し、そのため二一五年にアレクサンドリアから去ってパレスチナへ移り、二三〇年頃にはカイサレイア（カエサリア）の司教から司祭に叙品されて、同市に学校を創って教えたが、この叙品にはデメトリオスの許可を取っていなかったため、デメトリオスは教会会議で彼の追放を決め、司祭からの罷免を宣言したりした。二五〇年、デキウス帝によるキリスト教迫害の際に投獄されて激しい拷問を受け、釈放後にテュロスまたはカイサレイアで歿した。アンモニオス・サッカスから学んだプラトン哲学を武器としてキリスト教の信仰内容の組織的な叙述を試み、また『ヘクサプラ』によって聖書の本文批評を開拓したが、御子（キリスト）の従属説、悪霊をも含むすべての魂が終局的には始源の完全性を取り戻して救いに与るという救拯論などが死後に異端視され、四〇〇年のアレクサンドリア公会議における断罪を皮切りに、最後的には五五三年のコンスタンチノープル公会議（第五回世界公会議）により異端として断罪された。

〔五八〕　聖アンブロシウス（三三四―三九七）。キリスト教のラテン教父。トリーアの生まれ。ローマに出て法律を修め、ミラノの執政官として官途に就いたが、三七四年にまだ受洗前だったにもかかわらず、民衆の熱狂的な声によりアリオス（アリウス）派のアウクセンティウスの後任としてミラノの司教に指名され、一週間で洗礼を受け僧籍に入り、急拵えの司教となった。その後、東方神学を研究してそれを西方教会へ導入し、西方教会の聖歌を革新するなど数々の業績を上げ、アウグスティヌスをキリスト教へ導いたのも彼の説教だった。民衆煽動に絶大な能力を発揮した説教者で、民衆の支持を背景にしばしば皇帝とも衝突し、皇帝の命令に実力で抵抗するよう説教壇から民衆を煽り立てたりもした。

〔五九〕　ヨアネス・カッシアヌス（三六〇頃―四三〇／四三五頃）。マルセイユの修道士。スキティアの生まれ。三七八／三八〇年頃ベツレヘムの修道院で教育を受け、その後約十年間エジプトで修道士をした。ベツレヘムへ帰った後、コンスタンチノープルへ行ってヨアンネス・クリュソストモスにより助祭に任命され、さらに四〇四年頃にはクリュソストモスの勧めでローマへ行って、法王レオ一世に仕えた。四一五年頃にはマルセイユへ移って、そこに男子と女子の修道院を作り、その規則は西方教会に大きな影響を与えた。『共住修道者綱要と八大悪徳の治癒』などの著作があり、東方教会では聖人とされている。

〔六〇〕　ゲンナディウス（四九二以後歿）。キリスト教の教会作家。ガリア人で、マルセイユの生まれ。伝記はほとんど不明で、マルセイユの司教、トゥーロンの司教、トレドの司教などともいわれたが、マルセイユの司祭だったというのが真実らしい。諸々の異端やネストリオス、ペラギウスなどを反駁する本も書いたらしいが、今残っているのは、三三〇年から四九二年までの教会作家を論じて、普通は聖ヒエロニムスの『教会著作家論』の続篇とみなされる『教会著作家論』と、誤って聖アウグスティヌスのものとされた信仰告白書『教会教義論』のみである。

〔六一〕　メトディオス、別名エウブリオス（三〇〇／三一一頃歿）。三世紀のギリシアの聖職者。オリュンポスの司教、パタラの司教、テュロスの司教などといわれるが、伝記はよく分かっていない。ディオクレティアヌス帝時代にカルキスで殉教したとされている。オリゲネスへの攻撃者として知られており、『シュンポシオン』、『復活論』、『自由意志論』などが残っている。

〔六二〕 リエのファウストゥス（四〇五／四一〇—四九〇／五〇〇）。ガリアの教会指導者。レランスの修道士、同僧院長を経て、四五五年または四六二年にプロヴァンス地方リエの司教となった。四七三年から翌年にかけてのアルル＝リヨン教会会議で、極端な予定論を唱える司祭ルキドゥスを異端として処分した。四七七年には西ゴート王エウリクにより追放され、死後にはその教説を半ペラギウス主義として批判された。

〔六三〕 テオドシオス（五六六歿）。単性論派の指導者。五三五年に東ローマの皇后テオドラに支持されてアレクサンドリアの総主教となり、翌年には、カルケドン公会議決定を受けいれさせようとする皇帝ユスティニアヌス一世によりコンスタンチノープルに召喚されて、長く同地にあった。五三八年にアンティオキアのセウェロスが死ぬと、ビザンチン全域の単性論者の指導者となり、ヤコブ・バラダイオスらの宣教を支援して、ヤコブ派教会の形成を助けるなど、単性論派の発展に貢献した。五六五年にユスティニアヌス帝が死ぬとアレクサンドリアへの帰還を許され、帰った直後に死んだ。セウェロスやアンティモスへの手紙、三位一体派への反駁などを書いている。

〔六四〕 原著には「ニカイアの聖グレゴリオス」とあるが、典拠からの写し間違えである。ニュッサの聖グレゴリオス（三三一頃—三九四）はギリシア教父。聖バシレイオスの弟で、はじめ修辞学の教師だったが、修道生活に入り、三七一年にニュッサの司教となった。三七六年にアリオス（アリウス）派のウァレンス帝に罷免されたが、翌々年返り咲き、三八一年のコンスタンチノープル公会議では正統信仰を擁護して大きなはたらきをした。当時の大学者で、『大教理問答書』、『エウノミオス駁論』、『アポリナリス駁論』、『マニ教徒駁論』などがある。

〔六五〕 エメッサのネメシオス（四〇〇頃）。キリスト教徒の哲学者で、シリアのエメッサの司教だった。キリスト教の立場から体系的な人間学を築こうとした『人間本性論』を残しており、それには新プラトン主義の影響が色濃い。

〔六六〕 ソフロニウス・エウセビウス・ヒエロニムス（聖）（三四七—四一九）。キリスト教の教父。ダルマティアの生まれ。三六六年以前に受洗し、修道生活を送りつつ聖書語学を学んで、コンスタンチノープルでナジアンゾスの聖グレゴリオスの教えを受けた後、ローマで法王の秘書を務めた（三八二—三八五年）。三八五年以後はパレスチナへ退き、ベツレヘムで修道院を指導し、学校を開き、ラビたちの協力のもとに聖書の翻訳作業を進め、このラテン語訳が後に「ウルガタ」としてローマ教会公認の正経とされた。

〔六七〕 フラウィウス・マルケリヌス（四一三頃歿）。ローマのアフリカ護民官で、聖アウグスティヌスの友人。四一一年にカルタゴで開かれたカトリック派とドナトゥス派の討論集会で司会をしてカトリック派を支持したことから、アウグスティヌスと親交を結ぶようになった。のち、彼とその弟はヘラクリアヌスの反乱に加わったとしてドナトゥス派に告訴され、アフリカ総督マリヌスにより斬首された。アウグスティヌスは獄中に彼を見舞い、その高潔な人柄について証言している。やがて、ホノリウス帝はマルケリヌスの無罪を宣し、その業績を認めて彼の名誉回復をした。アウグスティヌスから彼に宛てられた何通かの手紙が残っており、『神の国』もマルケリヌスに献じられた。

〔六八〕 ファビウス・クラウディウス・フルゲンティウス

（聖）（四六二頃／四六七頃―五三二）。北アフリカのテレプテの生まれ。ローマ人の官吏だったが、聖アウグスティヌスの書から影響を受けて修道生活に入り、五〇七年頃にルスペの司教に任命された。ヴァンダル人に迫害されて、五一七年頃六十人の聖職者とともにサルディニア島のカリアリに追放され、そこに修道院を作って指導した。アウグスティヌスの教えを守って、南ガリアの半ペラギウス主義やヴァンダル人のアリオス（アリウス）主義と闘った人だが、聖母マリアの無原罪懐胎は否定した。

〔六九〕　フラウィウス・マグヌス・アウレリウス・カッシオドルス（四八七頃―五八三頃）。ローマの著作家。東ゴート王テオドリクスに仕え、五一四年に執政官になるなど公職を歴任したが、五五〇年、自分の領地に作った僧院に引退して、著作に没頭した。アダムから五一九年までの『年代記』、抜萃だけ残っている『ゴート史』、一種の百科辞典である『聖俗文学教程』、聖書註解などを著わし、六世紀最大の著述家の一人とされている。

〔七〇〕　セビリャの聖イシドルス、ラテン名イシドルス・ヒスパレンシス（五六〇頃―六三六）。スペインの教会博士。カルタヘナの生まれ。カルタヘナ総督の子で、六〇〇年頃、兄レアンデルの後を継いでセビリャの大司教となり、スペインの教会に非常な影響力を持って、アリオス（アリウス）派との闘争や正統派の復権のため努力した。天地創造から六二六年までの『世界年代記』、『ゴート人史』、『ヴァンダル人、スエヴィ人史要約』、『著名人物論』などの史書や、『事物の本性について』、『語源論』、旧約聖書の註解など多くの著作があり、一五八〇年以来何度も全集が出た。

〔七一〕　キュレネのシュネシオス（三七〇／三七五頃―四一四頃）。ギリシアの新プラトン派哲学者で、プトレマイスの司教。リビアの生まれ。はじめ異教徒で、アレクサンドリアで新プラトン派の女流哲学者ヒュパティアに師事した。四〇三年にキリスト教徒の女性と結婚、アレクサンドリア市の使節としてコンスタンチノープルの宮廷に派遣された後、四一〇年頃にプトレマイスの司教に選任された。まだ受洗前だったらしく、魂の先在、世界の永遠性といった異教的信念を捨て切れず、半年間躊躇したが、結局その要請を容れた。但し、生活や思想は以前のままだったらしい。四一五年に師のヒュパティアがキリスト教徒に虐殺されたことに言及していないところから、それ以前に死んだものと考えられている。著作はみな改宗以前のもので、政治的小冊子『摂理について』、アルカディウス帝の前でした演説『統治について』、ソフィストを皮肉った『禿頭礼讃』、適度な快楽を擁護した『ディオン』、夢の原因や意味をめぐる『夢について』などがある。

〔七二〕　この一センテンスは、ピエール・ベール『歴史批評辞典』、「ディカイアルコス」の項の本文と註（C）、邦訳『ピエール・ベール著作集』第三巻八八六―八八七ページより。

〔七三〕　訳註〔四五〕を参照。

〔七四〕　キケロについてのこの記述は、ジャン・ル・クレール（一六五七―一七三六）の『精撰文庫』（一七〇三―一三年）の第二十四巻二三三ページより。

〔七五〕　プリニウスについてのこの一文は、同じく『精撰文庫』の第八巻五六ページより。

〔七六〕　ガイウス・プリニウス・セクンドゥス、通称「大プリニウス」（二三―七九）。ローマの博物学者。北イタリアのコモの生まれで、長くゲルマニアに従軍した後、南ガリア、北アフリカ、スペイン、北ガリアなどの属州総督を歴任し、最後はミセヌムの艦隊司令長官となったが、ヴェスヴィオ火山の大噴火に際して救援と調査に赴き、有害ガスで窒息死した。ティトゥス帝に捧げた『自然誌』全三十七巻は厖大な理科全書で、全二万の項目を収めている。

〔七七〕　テバイのクラテス（前三六五頃―二八五）。ギリシアの哲学者。キュニコス派の人で、ディオゲネスの弟子。金持の家に生まれたが、哲学者に金は不要だと言って市民たちに財産を分け与えたとも、また財産を銀行に預け、自分の子供が俗物だったらそれを渡してくれ、もし哲学者になったらこの金は貧者に分配してくれと頼んだとも伝えられている。

〔七八〕　訳註〔一五〕を参照。

〔七九〕　訳註〔一二〕を参照。

〔八〇〕　訳註〔五七〕を参照。

〔八一〕　ケルソス（二世紀後半）。反キリスト教の論争家。『真実の話』（一七七／一八〇年頃）でキリスト教を攻撃し、キリスト教をプラトン主義を始めとするギリシア的知恵の歪曲と断じ、福音（キリストの受肉、受難、復活）の非合理性、キリスト教徒の集会の非合法性を主張した。この本自体は残っていないが、オリゲネスが約七十年後にそれに反駁した『ケルソス駁論』によって内容が知られている。ただ、オリゲネス自身もこの論敵について確かなことは何も知っておらず、『ケルソス駁論』の始めの方ではケルソスがエピクロス派でネロ帝またはハドリアヌス帝時代にローマで活動したなどと考えているが、これは明らかに別人で、『ケルソス駁論』も終わりの方では、論敵が当時のプラトン主義から大きな影響を受けていたのを認めている。唯一の情報源のオリゲネスがこんな有様なので、ケルソスは出身地も活動した場所も不明であり、オリゲネスが何も知らなかったところから、オリゲネス自身がいたアレクサンドリアで生まれたのでも活動したのでもなかったことが推定されるにすぎない。職業的な哲学者だったか否か、教師をしていたか否かも断定できないらしい。

〔八二〕　以下、このパラグラフの終わりまでは、ピエール・ベール『歴史批評辞典』、「ロラリウス」の項、註（D）、邦訳『ピエール・ベール著作集』第五巻三九〇ページより。

〔八三〕　アルノビウス（四世紀初頭）。キリスト教弁証論者。アフリカのヌミディアの人で、ヌミディアのシッカ・ウェネリアで修辞学の教師をしていたが、キリスト教に改宗し、異教神話を激しく攻撃した『異教徒駁論』を著わした。彼に関する確からしい情報は聖ヒエロニムスが伝えるものだけで、それによると、修辞学の教師として彼がアフリカで名声を博したのはディオクレティアヌス帝の時代、つまり二八四年と三〇五年の間だったというが、生歿年も改宗した年も正確には分からない。二九五ないし二九六年にキリスト教徒となり、二九七年頃からその書を書き始め、三一一年以前にそれを完成して、三二六ないし三二七年に死んだ可能性が高いとされている。ラクタンティウスも彼の弟子だったと聖ヒエロニムスは言うが、異教徒時代のことか改宗後のことかは不明である。司祭にまでなったという推測もあるが、キリスト教の教理についての理解がひどく怪しげだったところから、その点を否定する者も多い。

〔八四〕　訳註〔五三〕を参照。

〔八五〕　訳註〔九〕を参照。

〔八六〕　このくだりは射精の際の脱力感を言ったもので、死後の魂の話ではないから、例証として挙げるのは不適当であろう。

〔八七〕　エクラヌムのユリアヌス（三八〇／三八六―四五四）。ペラギウス派の神学者。四一六年にイタリア南東部アプリア地方のエクラヌムの司教となった。四一八年にローマ法王ゾシムスがペラギウス派の誤りを宣言した時、十七人の司教たちとともにその弾劾文書への署名を拒んだために追放され、諸所を放浪しつつ、モプスエスティアのテオドロス、ネストリオス、ローマ法王シクストゥス三世などの保護を求めたが、そのつど地方教会会議で弾劾され、官憲に何度も捕えられた。シチリア島で死んだらしい。ペラギウス派の理論家で、特にアウグスティヌスに対しては十二年間にわたって反撃し、アウグスティヌスの原罪論と情欲論はマニ教的であり、その恩寵論は宿命論であると論難した。八巻の『フロレスに与う』、四巻の『トゥルバンティウスに与う』などを書いている。

〔八八〕　以下、このパラグラフは、アンリ・バナージュ・ド・ボーヴァル（一六五六―一七一〇）の『学芸著作史』（一六八七―一七〇九年）、一七〇六年一月号記事四より。

〔八九〕　聖ユスティノス、通称「殉教者ユスティノス」（一〇〇頃―一六五頃）。キリスト教の弁証論者。サマリアのフラウィア・ネアポリスの生まれ。ストア派、アリストテレス派、ピュタゴラス派などを遍歴した後、プラトン主義に安住の地を見いだしていたが、或る老人の感化で一三二／一三四年頃キリスト教徒となった。はじめエフェソスで教え、一四〇―一五〇年頃ローマに滞在、一五〇／一五一年頃に一度サマリアへ戻った後、一五五年頃から再びローマに住んだ。哲学の学校を開き、他の哲学者たちや、「キリスト教」の教師たちと論争をしたが、キュニコス派のクレスケンスとの論争がきっかけで、六人の弟子とともにキリスト教徒としてマルクス・アウレリウス帝の治下に処刑された。主知主義的な傾向の強い人で、『ユダヤ人トリュフォンとの対話』、二篇の『弁証論』などがある。

〔九〇〕　以下、このパラグラフについては、訳註〔八二〕と同じ。

〔九一〕　訳註〔八三〕を参照。

〔九二〕　以下、このパラグラフの終わりまでと、次の二つのパラグラフについては、訳註〔八八〕と同じ。

〔九三〕　ティラニウス・ルフィヌス（三四五頃―四一〇）。キリスト教の教会作家。北イタリアのアクイレイア近傍の生まれ。聖ヒエロニムスの友人で、アクイレイアで修道士となり、三七二年頃エジプトへ行ってテバイスの隠者たちを訪れ、その後アレクサンドリアでディデュモスの弟子となった。アリオス（アリウス）派に迫害されたが、三七八年頃エルサレムに落ち着き、橄欖山の僧院に入って、ギリシア語の多くの文献をラテン語訳した。その後、オリゲネスを擁護して聖ヒエロニムスと対立、そのためパレスチナとローマの間を再三往復したが、結局三九七年に故郷アクイレイアへ帰り、ゴート族の侵入により四〇八年にシチリア島へ逃げて、その地で死んだ。オリゲネスの著作のラテン語訳やオリゲネス擁護論を著わしたほか、エウセビオスの『教会史』もラテン語訳し、さらにその続篇も書いた。

〔九四〕　訳註〔六六〕を参照。

〔九五〕　以下に述べられる魂の非物質性と不滅を否定した者のリストは、ピエール・ベールの『続・彗星雑考』（一七〇四年）第十八章、邦訳『ピエール・ベール著作集』第六巻七一ページにある無神論者として非難された者のリストを母胎としているようである。

〔九六〕　コドルス・ウルケウス（アントニオ・ウルチェオ）（一四四六―一五〇〇）。イタリアの学者。モデナ近傍の生まれ。モデナ、フェラーラで学んだ後、フォルリで文学を、ついでボローニアで文法と雄弁術を教えた。一五〇二年にボローニアから全集が出ている。自分の原稿と蔵書が火事で焼失した時に、悲嘆のあまり森にこもって未開人のような暮らしをしたという逸話が残っており、この火事の際イエス・キリストに向かって言ったという次のような言葉が有名である。「私がこれほど大きなどういう罪を犯したのか。貴方の信者の誰を傷つけたから、こんなに虐待されるのか。……臨終の際、もしかして貴方に縋っても、私の言うことになど耳を藉さないでくれ。地獄で永遠の時を送ろうと決めたんだから。」なお、ピエール・ベールの『歴史批評辞典』には「ウルケウス」という項目が立てられており、その註（D）には「この人は魂が不滅なのを疑っていた」とあるから、それが典拠となったのかもしれない。

〔九七〕　ウリエル・アコスタ（本名ガブリエル・ダ・コスタ）（一五九〇頃―一六四〇）。ポルトガル人の貴族。オポルトの生まれ。キリスト教に改宗したユダヤ人の家に育ち、はじめ聖職を志したが、やがてキリスト教に疑問を感じるようになり、ユダヤ教に傾いた。当時のポルトガルではユダヤ教への改宗が禁じられていたため、家族とともにオランダのアムステルダムへ亡命し、そこのシナゴグに入ったが、結局ユダヤ教にも満足できず、シナゴグからも二度にわたって破門された。村八分となり、最後は逮捕され、焚書と罰金刑を科せられたあげく、ピストルで自殺した。『或る人生の例』（一六八七年）という自伝が死後に出版されている。なお、ベールの『歴史批評辞典』には彼を扱う「アコスタ」という有名な項目があり、この文書の著者も当然それを読んでいたはずだから、それが典拠となったと思われる。註（G）には、「（彼は）魂の不滅すら投げ捨てた」（邦訳、『ピエール・ベール著作集』第三巻一六六ページ）とあるからである。

〔九八〕　チェーザレ・クレモニーニ（一五五〇―一六三一）。イタリアの哲学者。チェントの生まれ。フェラーラ大学で学び、一五七一年に同大学の哲学の教授となり、一五九〇年からはパドヴァ大学の哲学と医学の教授を務めた。パドヴァのアリストテレス学派の最後を飾る大学者で、アレクサンドロス派とアヴェロエス派の論争では中間的な立場を取った。特に魂の不滅の問題で無信仰と非難された人で、ガリレオの友人だったがコペルニクス説には反対した。

〔九九〕　ドミツィオ・カルデリーノ（ドミティウス・カルデリヌス）（一四四七頃―七八）。イタリアの人文学者。カルデーリオの近くのトッリの生まれ。一四七一年にローマ法王パウルス二世によりローマのサピエンツァ大学の文学の教授に任命され、さらに法王シクストゥス四世の秘書を務めたが、ペストのため、または過労のために早世した。マルティアリス、ユウェナリス、スタティウス、オウィディウス、プロペルティウスなどラテン詩人のすぐれた註釈付き刊本を出したが、とりわけプトレマイオス『地理書』の刊本（一四七八年）は注目された。カルデリーノはベール『続・彗星雑考』の「無神論者」リストに入っているが、『歴史批評辞典』にも「カルデリヌス」という項目が立てられており、その註（B）では「しかも、この人は全く宗教心がなかった」と言われている。

〔一〇〇〕　ピエトロ・ポンポナッツィ（一四六二―一五二五）。イタリアの哲学者。マントヴァの生まれ。一四八八年にパドヴァ大学の哲学の教授となり、ついでフェラーラ大学（一五〇九年）、ボローニア大学（一五一二年）に移った。非スコラ的な純正アリストテレス主義を掲げ、パドヴァ・アリストテレス学派の総帥として、十六、七世紀の自由思想に非常な影響を与えた。彼のアリストテレス解釈はアフロディシアスのアレクサンドロスの流れを汲むもので、個人霊魂の不滅は理性では証明できず、啓示によってのみ決定されるとしたため、それを主張した『霊魂不滅論』（一五一六年）はヴェネツィアの宗教裁判所の命令で焼かれ、トリエント公会議でも禁書とされた。ほかに、魔術・妖術を否定した『魔術論』（一五五六年）や、『運命、自由意志、予定、神の摂理について』（一五六七年）などがある。

〔一〇一〕　ローマ法王レオ十世（前名ジョヴァンニ・デ・メディチ）（一四七五―一五二一、在位一五一三―一五二一）。宗教改革勃発当時のローマ法王で、とりわけプロテスタントから神も魂の不滅も信ぜぬ者と長く非難された。

〔一〇二〕 ピエトロ・ベンボ（一四七〇―一五四七）。イタリアのカトリック聖職者、文学者。ヴェネツィアの生まれ。はじめアルフォンソ・デステの宮廷で暮らし、一五一三年にレオ十世がローマ法王となるや、その秘書を務めた。一五二一年にパドヴァへ引退して、同市に図書館や博物館を作り、一五二九年にはヴェネツィアの修史官、サン゠マルコ図書館長となり、一五三八年には法王パウルス三世により枢機卿に任ぜられた。ペトラルカ風の優雅な抒情詩や、トスカナの俗用語こそ公用のラテン語に代るべきものだとした『俗語論』（一五二五年）などがあるが、枢機卿就任後はもっぱら聖書の研究に没頭した。

〔一〇三〕 ポリツィアーノ（本名アンジェロ・アンブロジーニ）（一四五四―九四）。イタリアの詩人、人文学者。モンテプルチアーノの生まれ。幼時からギリシア・ラテンの古典に通じて、十五歳で『イーリアス』の四巻をラテン語に訳すなどした。メディチ家の庇護を受け、ロレンツォ・デ・メディチの子供たちの家庭教師として厚遇された。ギリシア語やラテン語の詩も多いが、トスカナの俗用語で書いた詩篇によって今日では評価されており、その面では、従来の聖劇の手法で神話を扱った五幕悲劇『オルフェオ物語』（一四七一年）や、ロレンツォの弟ジュリアーノが騎馬試合で優勝したのを祝った『騎馬試合の歌』（一四七五年）などが有名である。ジュリアーノがパッツィ家の陰謀により暗殺されるや、詩作を中断し、ラテン語で『パッツィの陰謀物語』を書いた。

〔一〇四〕 ヴィンチェンツォ・ヴィヴィアーニ（一六二二―一七〇三）。イタリアの物理学者、数学者。フィレンツェの生まれ。ガリレオ晩年の弟子で（一六三九年から）、師の遺稿を保存し、ついで同門のトリチェリに師事して、有名な「トリチェリの実験」にも加わった。処女作『最大・最小に関する幾何学的予言』（一六五九年）によって全ヨーロッパ的な名声を博し、トスカナ大公フェルディナンド二世の幾何学官、首席技師に任命され、イタリアの諸アカデミーやイギリスの王立協会、フランスの科学アカデミーなどの会員となったが、フランスのルイ十四世から提供された首席天文官の地位やポーランド王の招きはことわって、故国から離れなかった。四十年近くの歳月をかけた『立体軌跡論』（一六七三―一七〇一年）やガリレオの伝記があり、ピサの斜塔でガリレオが落体の実験をしたという伝説は後者の著作に由来している。生前には無信仰の疑いをかけられ、万物は必然的に生起し、善悪は空語にすぎないこと、人の魂は世界霊魂の一部であることなどを信条とすると非難されたが、最後は敬虔なキリスト教徒として死んだ。

〔一〇五〕 ルチリオ（別名ジュリオ・チェーザレ）・ヴァニーニ（一五八五―一六一九）。イタリアの哲学者。ナポリ王国の生まれ。ローマ、ナポリ、パドヴァで哲学、神学、法律を学んで、僧籍に入り、修道士となったが、各地を放浪の末、一時イギリスでプロテスタントに改宗した。フランスで『永遠なる摂理の円形闘技場』（一六一五年）、『自然の驚くべき秘密について』（一六一六年）を発表し、バソンピエール元帥の庇護を受けたが、良家の子弟に無神論を吹き込んだという廉によりトゥールーズで告発され、火刑に処せられた。その哲学はいわばルネサンスの自然哲学の末流で、ポンポナッツィやカルダーノの影響が著しいが、処刑以来、ヴァニーニは特にフランスで無神論者の代名詞とされ、伝説的な反宗教書『三詐欺師論』の著者であるとか、ナポリで十二人の使徒とともに無神論を宣教する計画を立てて、自分はフランスを受け持ったとか、様々な流説が作り出された。

〔一〇六〕　ヤコポ・コルビネッリ（十六世紀）。イタリア人の文学者。フィレンツェの名家の生まれ。フランスへ行って、親類に当たる王妃カトリーヌ・ド・メディシスからその子アンジュー公（後のフランス王アンリ三世）の教育を任された。ロピタル大法官などと親しく、宗教戦争下に多くの文人を保護し、パリの動静をひそかにナヴァール王（後のフランス王アンリ四世）に伝えていたといわれる。ボッカチオやダンテをはじめ、イタリアの多くの著作を刊行した。

〔一〇七〕　ミシェル・ド・ロピタル（一五〇五―七三）。フランスの政治家。オーヴェルニュ地方の生まれ。トゥールーズ大学、パドヴァ大学で学び、帰国後パリで弁護士となり、パリ高等法院評定官、財務総監などを経て、一五六〇年に大法官となり、宗教戦争の渦中でカトリック、プロテスタント両派の和解と国の統一のため必死に努力したが、強硬カトリック派のギーズ一門と対立して、一五六八年に罷免された。

〔一〇八〕　ウィリアム・カワード（一六五六―一七二五）。イギリスの医師、哲学者。オクスフォードで学び、博士となって、ノーサンプトン、ついでロンドンで医師を開業した。唯物論的見解の持ち主で、一七〇二年にロンドンで『人間の魂についての考え。それの精神性と不滅は異教の発明で、健全な哲学と真の宗教の原理に反することを論証する』を発表した。この書はジョン・ブロートンの『心理学、または理性的霊魂論』で反駁されたが、カワードはそれに答えるため『大試論、または、哲学の欺瞞から理性と宗教を守り、以下のことを証明する。一、非物質的実体が存在するというのはみな哲学的な誤りで、絶対に考えられないこと、二、物質はみなもともと自分の内に、固有の内的な運動の原理を持つこと、三、物質と運動は、人間においても獣においても、思考の土台ないし器官でなければならないこと。ブロートンの《心理学》への回答を付す』（ロンドン、一七〇四年）を発表、さらに翌々年には『人間の魂をめぐる近代的観念の真摯な研究』（ロンドン、一七〇六年）を出したが、この三作はいずれも発禁処分を受けた。ほかに医学書がいくつかある。

〔一〇九〕　以下のコッパン、カンタン、ペルスヴァル、ローイ、バルターサルの五人は、いずれも十六世紀中葉の「霊的自由派」の指導的人物なので、まとめて解説する。「内面の宗教」を掲げて教会組織や儀式、秘蹟などを否定するこの運動は、リールの人コッパンが一五二五／三〇年頃に興したものだが、一五三四年頃からトゥルネ（ベルギー南部、エノー地方の町）の仕立職人カンタン・ティエリ（またはティエフリ）がその指導者となった。カンタンは仕事をたたんで、一五三四年からフランスで布教を始め、クロード・ペルスヴァル（たぶんルアン出身）はそのカンタンの補佐役の一人だった。一五四三年にカンタンらはネラックにあるナヴァール王妃マルグリットの宮廷で厚遇されたが、ジュネーヴのカルヴァンからの圧力で結局そこを去らざるをえなくなり、カンタンは故郷のトゥルネへ帰ったが、ネーデルラントではすでにカトリック、プロテスタント両派による自由派狩りが始まっていて、カンタンも一五四六年に土地のカトリック当局に逮捕され、しばり首の上、火あぶりにされた。なお、霊的自由派運動が最もさかんだったのは今のオランダ、ベルギーで、カンタンの派はいわばその一分枝だった。ベルギーでは特に、ローイ（またはエローイ）・プロイスティンク（通称「屋根葺きロイエ」）を教祖とするローイ（またはエローイ）派の運動がアントワープで起こっていたが、このローイも一五四四年十月二十五日に火刑に処せられた。バルターサルはこの運動に加わっていたアントワープのコルドリエ派僧院長である。さて、以上の五人はここで列挙されている他の人物たちと著しく毛色が違い、無信仰者とするのは不適切とさえ思われるが、こういう不調和が生じているのは、そもそもこの五人については典拠が別で、現在アルスナル図書館にその写本がある未刊の地下文書『宗教論序文』からこの部分が引き写されているためらしい。もっとも、『宗教論序文』でもこの五人の後にコルビネッリ、ホッブズ、ヴァニーニの名が挙げられているようで、不統一はその文書自体にもあるらしい。

〔一一〇〕 以下、このパラグラフは、ピエール・ベールの『歴史批評辞典』、「アヴェロエス」の項の本文および註（H）、邦訳『ピエール・ベール著作集』第三巻四五七および四六六―四六七ページより。

〔一一一〕 アヴェロエス（イブン・ルシュド）（一一二六―九八）。スペインのアラブ系の哲学者、医学者。コルドバの生まれ。法律学、医学、天文学、哲学などを学び、稀有な才能を発揮して、二十七歳でモロッコへ行きカリフと謁見、その勧めでアリストテレスの註解を行なったという。セビリャついでコルドバの法官となり、晩年には異端の嫌疑を受けて監禁されたが、またモロッコに迎えられ、その地で死んだ。『医学概説』などの医書、『破壊の破壊』、『断定の説』などの哲学書を多く著わし、『断定の説』が主張した・哲学と宗教の二重真理説は後世に大きな影響を与えた。そのアリストテレス註解は中世ヨーロッパのアリストテレス研究の主たる拠り所となり、ダンテも彼を「偉大な註釈者」と呼んだ。

〔一一二〕 オノレ・デュルフェ（一五六七―一六二五）の牧人小説『アストレ』（一六〇七―一九年）の主人公。

〔一一三〕 モリエール（一六二二―七三）の喜劇『女房学校是非』（一六六三年）の主人公。

〔一一四〕 以下、このパラグラフの終わりまでは、ニコラ・マールブランシュ（一六三八―一七一五）『真理の探求』（一六七四―七五年）の「説明」十一より。

〔一一五〕 以下、このパラグラフは、ピエール・ベール『彗星雑考』（初版一六八二年）、第百八十七章、邦訳『ピエール・ベール著作集』第一巻三〇三ページより。

〔一一六〕 以下、シャーロックとパスキウスについての記述は、ピエール・ベール『田舎の人の質問への答』（一七〇三―〇七年）、第四巻第十五章、邦訳『ピエール・ベール著作集』第八巻七六、八二ページより。

〔一一七〕 ウィリアム・シャーロック（一六四一―一七〇七）。イギリス国教会の神学者。サザックの生まれ。ケンブリッジ大学で学んで僧籍に入り、ロンドンのセント・ジョージ教区の主任司祭から、一六八一年に同じくロンドンのセント・ポール教会参事会員、一六九一年から同教会参事会長（首席司祭）を務めた。政治的にはジャコバイト（ジェームズ二世支持派）で、名誉革命の直後には新王ウィリアム三世への忠誠宣誓を拒否するよう呼びかけたりしたが、結局屈服して一六九〇年八月に自らも宣誓をし、裏切りとして非難されたりした。広く読まれた『死についての実際論』（一六八九年）を始めとして四十点を超える著作があり、カトリシスムやソッツィーニ派との論争書が多いが、中でも『三位一体の教理の擁護』（一六九〇年）は「三神論」として物議を醸し、同じ国教会の神学者ロバート・サウスらに攻撃されて、一六九五年には異端として断罪された。ソールズベリやロンドンの主教を務めた国教会の指導的神学者トマス・シャーロックの父に当たる。なお、ここで言及されているのは、シャーロックが一七〇五年に出した『魂の不滅と未来の状態を語る』のことで、この書はマルマンドによる仏訳（『魂の不滅と永生について』）も一七〇八年にアムステルダムで出版された。

〔一一八〕 ゲオルク・パッシュ（パスキウス）（一六六一―一七〇七）。ドイツの哲学者。ダンツィヒの生まれ。大学を出た後、オランダ、ドイツ、フランス、イギリスなどを広く旅して学者たちと交わり、一七〇一年にキール大学の道徳学の教授となり、死ぬ直前には神学の教授に移った。『世界の複数性について』（一六八四年）、『獣の感覚と認識について』（一六八六年）、プラトン、モア、カンパネッラなどの各種ユートピアを論じた『架空国家について』（一七〇四年）など多くの著作がある。

〔一一九〕　これ以下、ペロ・ダブランクールとロックについての記述は、ピエール・ベール『歴史批評辞典』、「ペロ」の項、註（L）、邦訳『ピエール・ベール著作集』第五巻一八七、一八九ページより。

〔一二〇〕　ニコラ・ペロ・ダブランクール（一六〇六―六四）。フランスの翻訳家。シャロン＝シュル＝マルヌの生まれ。プロテスタントの法官の子で、セダンの学院で学んだ後、パリ大学で法学を修め、十八歳でパリ高等法院の弁護士となった。その後、叔父の感化により二十歳でカトリックに改宗したが、二十五、六歳でプロテスタントに戻り、ライデンで一年近く過ごしてソーメーズなどと交わり、イギリスへ渡った後パリへ戻った。パリではデュピュイ兄弟やパトリュを始め多くの学者、文人と親交を結んだが、友人のコンラールに勧められてミヌキウス・フェリクスの仏訳（一六三七年）をしたのを契機に翻訳家として名をなし、一六三七年にアカデミー・フランセーズに迎えられた。さらに、コルベールによりフランス修史官に推されたが、プロテスタントなのを理由にルイ十四世から拒否された。或る時期から、ヴィトリの近くのアブランクールの領地に引きこもり、著作の印刷のためにしか上京せず、そのまま同地で死んだ。前述のミヌキウス・フェリクスのほか、キケロ（一六三八年）、タキトゥス（『年代記』一六四〇年、『ゲルマニア』一六四六年、『時代史』一六五一年）、アリアノス（一六四六年）、クセノフォン（一六四八年）、カエサル（一六五〇年）、ルキアノス（一六五四年）など、ギリシア・ラテンの多くの古典を訳したが、それらは名文の割に原文に忠実でないため「不貞美人」と綽名された。

〔一二一〕　父スカリゲルについてのこの記述は、同じく『歴史批評辞典』の「ポンポナッツィ」の項、註（F）、邦訳『ピエール・ベール著作集』第五巻二七八ページより。

〔一二二〕　ユリウス・カエサル・スカリゲル（イタリア読みではジュリオ・チェーザレ・スカリジェロ）（一四八四―一五五八）。イタリアの人文学者。ボローニアで学び、医学を修めた。はじめヴェロナにいたが、一五二五年にアジャンの司教の侍医としてフランスへ来、そのまま定着した。一五三一年にエラスムスへの激烈な攻撃文を発表し、さらにドレ、ラブレー、カルダーノなどをも攻撃した。ヒポクラテスへの註解や、テオフラストス、アリストテレスに関する著作などを著わし、とりわけラテン文法・ラテン詩学の研究で有名である。

〔一二三〕　フランソワ・ド・ラ・モット・ル・ヴァイエ（一五八八―一六七二）。フランスの哲学者。パリの生まれ。一六二五年に法官だった父親の後を継ぎ、やがてリシュリュー、マザランに重用されて、王弟オルレアン公の教育掛となり、一六五二年から数年、ルイ十四世の教育掛も務めた。モンテーニュ、シャロンを継承する懐疑論者で、ガッサンディやノーデと親しく、十七世紀の代表的な学者的自由思想家だった。『古代人に模した四つの対話』（一六三〇年）、『異教徒の美徳について』（一六四一年）、『田園六日談義』（一六七〇年）など多くの作品があり、「フランスのプルタルコス」と綽名された。

〔一二四〕　ピエール・シャロン（一五四一―一六〇三）。フランスの哲学者、カトリック聖職者。パリの生まれ。モンペリエ大学で法学を学び、一五七一年に法学博士となって、一時パリ高等法院の弁護士をしたが、一五七六年に僧籍に入り、アジャン、ボルドー、カオール、コンドンなど各地で説教師として活動し、コンドンでは司教座神学教授、司教総代理を務めた。ボルドー時代にモンテーニュを識って、この友人から深い感化を受け、モンテーニュの思想を系統的にまとめた『知恵について』（一六〇一年）を始め、キリスト教弁証論『三つの真理』（一五九三年）、『キリスト教論集』（一五八九、一六〇四年）などを著わしたが、死後、イエズス会のガラス神父などから自由思想家《リベルタン》として攻撃された。

〔一一五〕　シャロンについての以下の記述は、ピエール・ベール『歴史批評辞典』、「シャロン」の項、註（O）、邦訳『ピエール・ベール著作集』第三巻七六七—七六八ページより。

〔一一六〕　モンテーニュについての以下の記述は、マールブランシュ『真理の探求』、第二巻第三部第五章より。

〔一一七〕　以下、このパラグラフは、ガッサンディに関する最後の一文を除いて、ピエール・ベール『歴史批評辞典』、「ペロ」の項、註（L）、邦訳『ピエール・ベール著作集』第五巻一九〇—一九一ページより。なお、ベールの原典では、二十一の蓋然的理由を提示したのはトマス・アクイナスの方だが、この文書ではスコトゥスのこととされている。

〔一一八〕　ヨハンネス・ドゥンス・スコトゥス（一二六四—一三〇八）。イギリス人のスコラ哲学者、神学者。フランチェスコ会士で、パリ大学やオクスフォード大学で神学を修め、一三〇二年からパリで、一三〇七年からケルンで教えた。主意主義的な非決定論を主張して、トマス学派と対立した。トマス・アクイナスと並ぶスコラ神学の巨峰で、「精妙博士」と綽名される。

〔一一九〕　ヤンドゥヌス（ジャンダンのジャン）（一二八〇頃—一三二八）。フランスの神学者。アルデンヌ地方ジャンダンの生まれ。パリ大学で教えて、非常な名声を博した。その『問題集』やアリストテレス、アヴェロエスの註解は一四八八年、一四九六年、一五〇一年とヴェネツィアで何度も刊行され、イタリアの正統的アヴェロエス主義の源流となった。パドヴァのマルシリウスやピエトロ・ダポーノ（ダバーノ）と親しく、神聖ローマ皇帝ルートヴィヒ四世とローマ法王ヨハネス二十二世との抗争に際しては皇帝を支持し、教会が国家に従属すべきことを説いた『平和を守る者』（一三二四年）をマルシリウスとともに著わしたため、法王により一三二八年に断罪された。一三二四年、ルートヴィヒ四世の宮廷へ亡命し、一三二八年に皇帝からフェラーラの司教に任命されたが、着任前に死んだ。

〔一二〇〕　以下の一文は、おそらくピエール・ベール『歴史批評辞典』、「ポンポナッツィ」の項、註（F）、邦訳『ピエール・ベール著作集』第五巻二七八ページより。

〔一二一〕　ガッサンディ（本名ピエール・ガッサン）（一五九二—一六五五）。フランスの哲学者。エクス大学で哲学を教え、のちコレージュ・ロワイヤルの数学の教授となった。処女作のアリストテレス批判から出発して、エピクロス哲学の復興、それとキリスト教との調停を試み、『エピクロスの生涯と性格について』（一六四七年）、『哲学集成』（一六五八年）などを著わした。十七世紀の学者的自由思想家の代表者の一人で、『省察』をめぐるデカルトとの論争は有名である。

〔一二二〕　以下、ザバレッラについての記述は、ピエール・ベール『歴史批評辞典』、「ザバレッラ」の項、本文、邦訳『ピエール・ベール著作集』第五巻九一四ページより。

〔一二三〕　ジャコモ・ザバレッラ（一五三三—八九）。イタリアの哲学者。パドヴァの生まれ。一五六四年にパドヴァ大学の論理学の教授となり、一五七九年に哲学の教授に移った。ポンポナッツィの流れを汲む純正アリストテレス派哲学者で、アレクサンドロス派とアヴェロエス派の中間的な立場を取った。魂の不滅はアリストテレス哲学によっては証明しえないこと、第一動者の存在は運動の永遠性を認めぬかぎり承認しえないことなどを説いたため、無神論者として非難されたが、理性で証明しえぬことも信仰によって認めると言明して教会の追及を免れた。また占星術に長じて、様々な予言を行ない、王侯貴族のホロスコープをした。『論理学』（一五七八年）、『自然の事物について』（一五八九年）、『自然学』（一六〇一年）、『アリストテレスの《霊魂論》について』（一六〇四年）などがある。

〔一三四〕 訳註〔一〇〇〕を参照。

〔一三五〕 以下、このパラグラフの終わりまでは、ピエール・ベール『歴史批評辞典』、「ポンポナッツィ」の項、註（B）、邦訳『ピエール・ベール著作集』第五巻二七〇ページより。

〔一三六〕 以下の二つのセンテンスは、マールブランシュ『真理の探求』の第六巻第二部第七章より。

〔一三七〕 出典のマールブランシュ『真理の探求』では、ここが「それと分離されることはありえない」ではなく、「それと分離されることもありうる」となっている。写し間違えかもしれないが、意図的な変更とも考えられる。

〔一三八〕 以下の二つのパラグラフは、デカルト派の哲学者ルイ・ド・ラ・フォルジュ（一六三二―六六）の『人間精神論』（一六六六年）、四九―五一ページより。但し、これはラ・フォルジュ自身の見解ではなく、そこで紹介されるホッブズの見解である。

〔一三九〕 以下のパラグラフは、最後の一センテンスを除いて、デカルト派の哲学者アントワーヌ・ディイ（一六七六歿）の『獣の魂について』。人間の魂の精神性を論証した上で、デカルトの原理により、動物の最も驚くべき行動をも単なる機械によって説明す』（一六七六年）、一六九一年版一三四ページより。

〔一四〇〕 以下の六つのパラグラフと、第七のパラグラフの途中までは、ルクレティウス『事物の本性について』、第三巻、邦訳では岩波文庫一三一―一四五ページより。一七〇八年にパリで出た仏訳版を使っているらしい。

〔一四一〕 以下、このパラグラフの最後の一センテンスの直前までは、バナージュ・ド・ボーヴァルの『学芸著作史』、一七〇八年十月号記事四より。

〔一四二〕 以下二つのセンテンスは、ルクレティウス『事物の本性について』、第三巻、邦訳では岩波文庫一四五ページより。

〔一四三〕 以下の二つのパラグラフは、第一のパラグラフの最後の一センテンスを除いて、ラ・フォルジュ『人間精神論』、一八九―一九六ページより。

〔一四四〕 以下の二つのセンテンスは、ラ・フォルジュ『人間精神論』、一九七ページより。

〔一四五〕 「新デカルト派」というのは、ジェロー・ド・コルドモワ（一六二〇―八四）、ヨハン・クラウベルク（一六二二―六五）、ルイ・ド・ラ・フォルジュ（一六三二―六六）、ニコラ・マールブランシュ（一六三八―一七一五）などの機会原因論者のこと。

〔一四六〕 以下、このパラグラフの終わりまでについては、訳註〔七五〕と同じ。

〔一四七〕 ここから、後段の「神がたえず忙殺されていると仮定するものではないのか」までは、アントワーヌ・フュルティエール（一六一九―八八）の『仏語辞典』（一六九〇年）、「原因」の項より。

〔一四八〕 「人間には何か新しい変様を自分自身に与える力がある」というのは、マールブランシュ『真理の探求』、「説明」一より。
〔一四九〕　ニコラ・マールブランシュ（一六三八―一七一五）。フランスの哲学者。一六六〇年にオラトリオ会に入り、終生修道士として暮らした。一六六四年にデカルトの『人間論』を読んでデカルト思想に傾倒し、それとアウグスティヌス主義との結合を試み、機会原因説をうちたてた。これは、神はすべての事象の動力因であり、神の世界支配は単純・一様な法則によって行なわれ、被造物はただ機会原因としてこの法則を特殊化するにすぎないとしたもので、デカルト主義の宗教化であると同時に、特に摂理問題では自然法則にすべてを帰する近代的な見解を打ち出した。このんでこの理論を適用して、「すべてを神において見る」という有名な命題を引き出した。デカルト主義のアキレス腱だった心身問題にもこの理論を適用して、「すべてを神において見る」という有名な命題を引き出した。主著には『真理の探求』（一六七四―七五年）、『自然と恩寵を論ず』（一六八〇年）、『キリスト教的・形而上学的瞑想』（一六八三年）、『道徳論』（一六八四年）などがある。
〔一五〇〕　以下、このパラグラフは、ピエール・ベール『田舎の人の質問への答』、第四巻第十五章、邦訳『ピエール・ベール著作集』第八巻七三―七四ページより。
〔一五一〕　以下、このパラグラフについては、訳註〔七五〕と同じ。
〔一五二〕　以下、「器官はどうして魂に作用しよう」までは、ピエール・ベール『田舎の人の質問への答』、第四巻第十五章、邦訳『ピエール・ベール著作集』第八巻七四ページより。
〔一五三〕　以下、このパラグラフの終わりまでは、ラ・フォルジュ『人間精神論』、一八七ページより。
〔一五四〕　この一センテンスについては、訳註〔七五〕と同じ。
〔一五五〕　このパラグラフについては、訳註〔七五〕と同じ。
〔一五六〕　この一センテンスについては、訳註〔七五〕と同じ。
〔一五七〕　以下、このパラグラフの終わりまでは、ラ・フォルジュ『人間精神論』、一八〇ページより。
〔一五八〕　以下、このパラグラフと、次のパラグラフ、さらにその次のパラグラフの最初の一センテンスは、ピエール・ベール『歴史批評辞典』の「ペレイラ」の項、註（E）、邦訳『ピエール・ベール著作集』第五巻一四三ページより。
〔一五九〕　訳註〔二一〕を参照。
〔一六〇〕　以下、このパラグラフの終わりまでは、同じくベール『歴史批評辞典』の「ロラリウス」の項、註（D）、邦訳『ピエール・ベール著作集』第五巻三九一ページより。
〔一六一〕　パガニヌス・ガウデンティウス（パガニーニ・ガウデンツィオ）（一五九六―一六四九）。イタリアの学者。スイスのグラウビュンデン州の生まれ。はじめプロテスタントだったが、カトリックに改宗し、ローマ大学、ついで一六二七年からピサ大学で文学を教え、シエナで死んだ。トスカナ大公の寵愛を受け、自宅に印刷所を持つことを許されて、『大学講演集』（一六三五年）、『ローマにおける哲学の発祥と進歩について』（一六四三年）など多くの著作を著わした。
〔一六二〕　以下二つのパラグラフは、ベール『歴史批評辞典』の「ペレイラ」の項、註（E）、邦訳『ピエール・ベール著作集』第五巻一四三―一四四ページより。
〔一六三〕　訳註〔六〕を参照。
〔一六四〕　訳註〔一〇〕を参照。
〔一六五〕　ストラボン（前六四―後二一以後）。ギリシアの地理学者、歴史家。小アジアのポントスの生まれ。はじめアリストテレス派だったが、ストア派に転じ、ローマ、エジプト等に旅した。彼が書いたという全四十七巻の史書は残っていないが、全十七巻の『地理書』は現存しており、そこにも多くの伝説、史実が収められている。なお、ベールの『歴史批評辞典』の対応個所には「ストラボン」ではなく「プラトン」とあり、この「ストラボン」は「プラトン」の写し間違えかもしれない。

〔一六六〕『モラリア』中の「理性のない動物が理性を使うこと」。

〔一六七〕同じく『モラリア』中の「陸生動物と水生動物のどちらが巧妙か」。

〔一六八〕以下、このパラグラフと、次のパラグラフのディオンに関する記述までは、ベール『歴史批評辞典』の「ロラリウス」の項、註（D）、邦訳『ピエール・ベール著作集』第五巻三八八―三九一ページより。

〔一六九〕ランプサコスのストラトン（前二七〇頃歿）。ギリシアの哲学者。テオフラストスの弟子で、一時アレクサンドリアで教授をし、師の死後にアテナイでアリストテレス学派の学頭をした。自然哲学者としてすぐれ、自然現象は目的によってではなく、あくまでも自然的原因によって説明さるべきだとした。

〔一七〇〕訳註〔二六〕を参照。

〔一七一〕訳註〔一三〕を参照。

〔一七二〕訳註〔一〇〕を参照。

〔一七三〕アレクサンドリアのフィロン（前二五頃―後四五頃）。ギリシアのユダヤ人哲学者。アレクサンドリアの上流階級の出で、三九―四〇年に、ユダヤ人虐殺に抗議するためローマのカリグラ帝のもとへ派遣された。ギリシア哲学に転向する同信徒たちを引き戻すため、プラトン主義を武器として、聖書とヘレニズムは矛盾しないことを主張し、その説はキリスト教神学の形成にも一定の影響を及ぼした。聖書釈義、ユダヤ教弁証論、純哲学書など、非常に多くの著作が残っている。

〔一七四〕ガレノス（一二九頃―一九九）。ギリシアの医学者。ペルガモンの人。一六九年にローマ皇帝マルクス・アウレリウスに招かれて、ローマに定住した。医学の科学的な基礎を築き、種々の動物の屍体・生体解剖によって人体の構造を研究、実験生理学の端緒をも開いた。哲学、論理学の分野でも業績を残している。

〔一七五〕ラクタンティウス（本名ルキウス・カエキリウス・フィルミアヌス）（二四〇頃―三二五頃）。キリスト教の弁証論者。北アフリカの生まれ。はじめ異教徒で、ニコメディアの宮廷学者だったが、三〇〇年頃キリスト教に改宗し、三〇三年に公務から離れ、三一七年頃にはコンスタンティヌス帝に招かれて、ガリアでその子クリスプスの教育掛をした。『神学提要』、『神の怒りについて』などの著作を残している。

〔一七六〕訳註〔八三〕を参照。

〔一七七〕カルケドンのクセノクラテス（前三九六―三一四頃）。ギリシアの哲学者。カルケドンの生まれ。若くしてアテナイへ出て、プラトンの講義を聴き、師のシチリア行きにも同行した。フィリッポスやアンティパトロスのもとへアテナイの使節として派遣されたこともあるという。スペウシッポスの後を継いで古アカデメイアの学頭を二十五年間務めた。プラトン晩年の思想をピュタゴラス派の方向へ進め、イデアと数を同一視した。

〔一七八〕訳註〔一一〕を参照。

〔一七九〕ティトゥス・フラウィウス・クレメンス（通称アレクサンドリアのクレメンス）（一五〇頃―二一一頃）。キリスト教のギリシア教父。アテナイの生まれで、キリスト教に改宗し、一八〇年頃アレクサンドリアへ赴いて、パンタエヌスの教えを受け、二〇〇年頃にその後を継いで同地の教理学校の校長となった。その後、セウェルス帝のキリスト教迫害を避けてカッパドキアへ行き、そこで布教活動を行なった。ヘレニズム文化に開かれた精神を持つ主知主義的な神学者で、『ギリシア人への勧め』（一九〇年頃）、『雑録』（直訳すれば「綴織」）（二〇〇―二〇二年頃）など重要な著作が残っている。

〔一八〇〕 訳註〔七六〕を参照。

〔一八一〕 ディオン・クリュソストモス（三〇―一一七）。ギリシアの弁論家、哲学者。小アジアのプルサの生まれ。はじめ故郷で公職に就いたが、やがてエジプト、ギリシアなどを遍歴してローマに定住、修辞学を教えてウェスパシアヌス帝に重用された。八二年にドミティアヌス帝により追放され、バルカン地方を放浪、同帝の死後ローマへ戻って、ネルウァ帝やトラヤヌス帝に重んじられた。ストア派やキュニコス派の影響を受けた哲学者でもあり、ギリシア文化の紹介者として大きな役割を演じた。

〔一八二〕 これ以下、このパラグラフの終わりまでは、ベール『歴史批評辞典』の「ロラリウス」の項、註（K）、邦訳『ピエール・ベール著作集』第五巻四〇八ページより。

〔一八三〕 訳註〔八一〕を参照。

〔一八四〕 以下、このパラグラフは、同じ「ロラリウス」の項の註（D）、邦訳『ピエール・ベール著作集』第五巻三九一―三九二ページより。

〔一八五〕 マイモニデス（イブン・マイムーン）（一一三五―一二〇四）。ユダヤ教徒の哲学者。スペインのコルドバに生まれたが、一一六五年頃に迫害を避けてカイロに移り、宰相サラーフッ・ディーンやその子の侍医を務め、一一七七年からカイロのユダヤ教団を主宰して、同地で死んだ。医学書としては『医学至言集』、哲学書としては『迷える者の導き』が有名で、特に後者はアリストテレス派のアラブ哲学者の説によりユダヤ教神学を合理的に解釈したもので、ヨーロッパの哲学界にも影響を与えた。

〔一八六〕 以下、このパラグラフは、ベール『歴史批評辞典』の「ゼンネルト」の項、註（D）、邦訳『ピエール・ベール著作集』第五巻五四五ページより。

〔一八七〕 ダニエル・ゼンネルト（一五七二―一六三七）。ドイツの医師。ブレスラウの生まれ。ヴィッテンベルク大学で哲学と医学を修め、さらにライプツィヒ大学、イエナ大学、フランクフルト＝アム＝オーデル大学で学んだ後、一六〇二年に医学博士となり、翌年からヴィッテンベルク大学の医学の教授を務め、著書と実地の医療の両面で名声を博した末、ペストのため同地で死んだ。すべての生き物の種子や精液にも魂があり、それが組織を生みだすのだと考えた。

〔一八八〕 ヨハン・フライターク（一五八一―一六四一）。ドイツの医師。ニーダー＝ヴェーゼルの生まれ。ハインリヒ・マイボームのもとで医学を学び、医学博士となってから、二十三年にわたりオスナブリュックの君主兼司教の侍医頭を務めたが、カトリックへの改宗を拒んだため一六三一年にその地位を去り、オランダのフローニンゲン大学の医学の教授となった。デカルト主義に強く反対した人で、医化学理論の信奉者だった。『医学夜話』（一六一六年）、『ゼンネルト＝パラケルススの新学派の摘発と堅固な反駁』（一六三六年）などがある。

〔一八九〕 以下のセンテンスは、ベール『歴史批評辞典』の「ロラリウス」の項、註（D）、邦訳『ピエール・ベール著作集』第五巻三九三ページより。

〔一九〇〕 ギヨーム・ド・パリ（またはギヨーム・ドーヴェルニュ）（一一八〇頃―一二四九）。フランスの哲学者、聖職者。オーリヤックの生まれ。一二二八年にパリの司教となり、聖王ルイのため色々な仕事をし、母后の聴罪司祭も務めた。哲学、特にアリストテレス思想の復権を唱え、主著『宇宙論』では形而上学の諸問題に挑んだが、一種の汎神論に陥ったとして非難された。ほかに『聖三位一体と神の属性について』、『霊魂論』、『悔悛論』などがある。

〔一九一〕 以下、このパラグラフの終わりまでは、ベール『歴史批評辞典』の「ゼンネルト」の項、註（E）、邦訳『ピエール・ベール著作集』第五巻五四七—五四八ページより。

〔一九二〕 ヨハネス・スコトゥス・エリウゲナ（八一〇頃—八七七以後）。アイルランド出身の神秘主義的哲学者。フランク王シャルル二世の宮廷に八四五—七年に招かれて、宮廷学校で神学と哲学を教えたが、その説が教会の忌諱に触れて追放され、アルフレッド大王の求めでオクスフォードへ移ったという。ディオニュシオス偽書の翻訳により新プラトン主義の思想を初期スコラ哲学に導入し、またボエティウスの著作への付註によってスコラ的方法論を開拓した。『予定について』（八五一年）、『自然の区分について』（八六二—六年）などがある。

〔一九三〕 ヨハン・リッピウス（一五八五—一六一二）。ドイツのルター派神学者。ストラスブール大学の神学教授で、『音楽論』（一六〇九—一〇年）、『形而上学』（一六一四年）、『真実にして純粋なる哲学の摘要』（一六一四年）などがある。

〔一九四〕 ヘンリ・モア（一六一四—八七）。イギリスの哲学者で、ケンブリッジ・プラトン派の代表者の一人。ケンブリッジ大学で哲学、神学を学び、同大学のコレギア・クリスティで一六三九年から死ぬまで教えた。一六六一年には王立協会の会員に選ばれている。フィチーノ、プロティノス、ヘルメス・トリスメギストスなどを好み、カバラと新プラトン主義を結合したような神秘主義的哲学を立てた。『倫理学要綱』（一六六七年）、『形而上学要綱』（一六七一年）など多くの著作があり、一六七五—七九年には二巻本の全集が出ている。

〔一九五〕 ニコラウス・タウレルス（タウレル）（一五四七—一六〇六）。ドイツの医師、哲学者。メンペルガルトの生まれ。ヴィッテンベルク公の庇護を受けてゲッティンゲン大学その他で学び、一五七〇年に医学博士となり、一五八〇年からアルトドルフ大学で医学・自然学の教授を務めた。『哲学の勝利』（一五七三年）、『医学的予言法』（一五八一年）、『人体各部に関する医学テーゼ集』（一五八三年）、『自然の事物の変動に関する自然学テーゼ集』（一五八五年）、『人体の自然的諸能力について』（一五九四年）などがあり、ルター派における最初の哲学者とされた。

〔一九六〕 以下、このパラグラフのシャロンに関する記述までは、ベール『歴史批評辞典』の「ロラリウス」の項、註（D）、邦訳『ピエール・ベール著作集』第五巻三九三ページより。

〔一九七〕 ロレンツォ・ヴァラ（一四〇六—五七）。イタリアの人文学者。ローマで教育を受けて、一四三一年に司祭となり、一四三五年からはシチリア王アルフォンソ一世（アラゴン王アルフォンソ五世）の書記官を務めた。ローマ法王に現世の支配権を与えたいわゆる「コンスタンティヌス寄進状」が偽造であることを一四四〇年に著書で証明し、王の恩顧に応えたが、のち法王庁と和解して、一四四七年に法王ニコラウス五世の書記官、一四五〇年にはその弁論術の教師となり、ローマで死んだ。『ラテン語の優雅さについて』（一四四四年）で、中世ラテン語を排してキケロ的な古典ラテン語を組織的に研究し、さらにホメロス、ヘロドトス、トゥキュディデスのすぐれた翻訳をした。

〔一九八〕 アントニオ・チッタディーニ（十五世紀末）。イタリアの人文学者。ガレノスの校合（一五二三年）やアリストテレスの註解を残している。

〔一九九〕 エティエンヌ・パキエ（一五二九—一六一五）。フランスの歴史家。トゥールーズ、パヴィアで法律を学び、一五四九年にパリで弁護士となり、イエズス会がパリ大学に侵入しようとした時、反対の弁論をして名を上げた（一五六五年）。王室の立場を擁護してカトリック同盟と終始対立し、アンリ三世により会計検査院検事総長に任命され、宗教戦争終結後はアンリ四世に随ってパリへ戻り、平穏な余生を送った。フランスの政治、文学、言語などの歴史を縦横に論じた『フランス考』（一五六〇―一六二一年）や、その補遺に当たる『書簡集』（一五八六年）などが名高い。

〔二〇〇〕 ライムンド・サブンデ（フランス読みではレーモン・スボン）（一四三六歿）。スボンド、セベイデ、サビエンデ、シビンデなどとも表記される。スペインの哲学者。バルセロナの生まれらしい。かなり遅く僧籍に入った人で、文学博士、医学博士、神学博士だった。伝記はほとんど不明だが、いずれにせよフランスのトゥールーズ大学で教えた人で、一四二四年から死ぬまでその学長だったという説もある。『自然神学、または被造物の書』を残しており、これは一種のキリスト教弁証論だが、法王庁の禁書目録に入れられた。同書は一四八四年に出版され、一五六九年にモンテーニュの手で仏訳された。ほかに、同書の要約『魂の菫、または人間の本性について』があり、一四九八年に出版、同じく仏訳もされた。コメニウスも『信仰の目』（一六六一年）という別の要約を作っている。サブンデの名が後世に残るのは、モンテーニュの「レーモン・スボン弁護」に負うところが大きい。

〔二〇一〕『随想録』の第二巻第十二章の標題。非常に長い章で、モンテーニュの懐疑論、信仰絶対論が集中的に述べられている。

〔二〇二〕 訳註〔一二四〕を参照。

〔二〇三〕 以下、このパラグラフのロックに関する記述までは、ベールの辞典の同じ「ロラリウス」の項、註（K）、邦訳『ピエール・ベール著作集』第五巻四〇八―四一〇ページより。

〔二〇四〕 クロード・ド・ソーメーズ（一五八八―一六五三）。フランスの人文学者。スミュールの生まれ。パリ、ついでハイデルベルクで学び、カゾーボン、スカリゲルなど当代一流の学者たちと文通しながら、ラテン語・ギリシア語はもとより、ヘブライ語・アラビア語・ペルシア語、歴史、神学から、後には医学、博物学をも研究した。一六〇七年にプロテスタンティズムに改宗し、一時ディジョンで弁護士をしたが、ほとんど研究に専念し、一六三一年に招かれてライデン大学の教会史の教授となり、以後は、度重なる帰国の要請や、フランス王からの年金の提供をもことわり続け、クリスティーナ女王に招かれて短期間スエーデンに滞在したほかは、死ぬまでオランダに定住した。当代随一の世界的な大学者で、エピクテトス、プリニウス、ヒポクラテスの註解などのほか、カトリック神学者との宗教論争や、ピュリタン革命でのチャールズ一世の処刑をめぐるミルトンとの論争などを行なった。

〔二〇五〕 ジョヴァンニ・アントニオ・カペラ（十七世紀中葉）。イタリアの医師、自然学者。ナポリの人で、『逆説的小品。獣は理性に与ること』（一六四一年）や、『気象学的・弁明的小品。風はなぜ斜に吹くか』、『恐水病について』（一六四六年）、『最難問題』などがある。

〔二〇六〕 トマス・ウィリス（一六二一―七五）。イギリスの解剖学者。ベドウィンの生まれ。オクスフォード大学で医学を学び、ピュリタン革命期には王党派の軍に入って戦った。卒業後、オクスフォードで医者を開業し、一六六〇年の王政復古後にオクスフォード大学の自然哲学の教授となって、王立協会の創立会員でもあったが、一六六六年にロンドンへ移って再び開業医に戻り、同地で死んだ。『脳の解剖』（一六六四年）、『脳神経病理学』（一六六七年）、『ヒステリー、ヒポコンデリーの病理学』（一六七〇年）、『獣の魂について』（一六七二年）、『合理的調剤学』（一六七三年）などがある。

〔二〇七〕 以下、この一センテンスは、ベールの辞典の同じ「ロラリウス」の項、註（D）、邦訳『ピエール・ベール著作集』第五巻三九二ページより。

〔二〇八〕 ソッツィーニ派とは、十六世紀イタリアの宗教改革者レリオ・ソッツィーニ（一五二五—六二）と、特にその甥ファウスト・ソッツィーニ（一五三九—一六〇四）が興したプロテスタントの一派で、現代まで続くユニテリアンの一源流。宗教改革と人文主義の結合とも言えるもので、一方では徹底した聖書主義、他方では大胆な理性主義を特徴とし、三位一体、キリストの先在と神性、原罪、贖罪、予定など、在来の教義の多くを否認した。この派ははじめポーランド、トランシルヴァニアに弘まり、特にポーランドのラクフは十七世紀初頭以来、同派のメッカのごとき観を呈した。しかし、ラクフのセンターはカトリック教徒の攻撃により一六三八年に壊滅し、一六六〇年にはソッツィーニ派は最後的にポーランドから追放された。亡命した信徒の一部はオランダへ逃れてアルミニウス派、メノー派、コレギアント派などの内に同調者を見いだし、さらに一部はイギリスにも渡って、十七世紀後半以後はこの両国がソッツィーニ派の活動の主要な舞台となった。ロック、ニュートン、サミュエル・クラーク、プリーストリなどにも、ソッツィーニ派（またはユニテリアン）の思想的影響が顕著に見られる。

〔二〇九〕 以下、このパラグラフの終わりまでは、ベールの辞典の同じ「ロラリウス」の項、本文、邦訳『ピエール・ベール著作集』第五巻三八一ページより。

〔二一〇〕 ローマ法王クレメンス七世（前名ジュリオ・デ・メディチ）（一四七八—一五三四、在位一五二三—三四）。神聖ローマ皇帝カルル五世に対抗してフランスのフランソワ一世を支持したため、一五二六—二七年に皇帝軍によりローマを占領、掠奪され、以後は皇帝と結ばざるをえなかった。

〔二一一〕 ジェロラモ・ロラリウス（ロラリオ）（一四八五—一五五六）。イタリアの文学者。ポルデノーネの生まれ。ローマ法王クレメンス七世に仕え、法王大使としてハンガリー王フェルディナント一世の宮廷にいた。一五四七年に『獣は人間よりよく理性を用いること』を、一五四八年に『鼠のための演説』を出したが、ピエール・ベールが『歴史批評辞典』に「ロラリウス」という長い項目を立て、獣の魂をめぐる古今の人の発言をそこに集めたことによって歴史に名を残している。

〔二一二〕 以下、このパラグラフは、アントワーヌ・ディイ『獣の魂について』（訳註〔一三九〕を参照）、一六九一年版一〇四ページより。

〔二一三〕 以下の二つのセンテンスについては、前註と同じ。

〔二一四〕 以下、このパラグラフで述べられる逸話は獣の知能を示す定番の例で、古代のプルタルコス以来広く用いられたもの。ディイ（一六九一年版一〇九—一一〇ページ）にも出てくるが、モンテーニュ（『随想録』第二巻第十二章）、ピエール・シャロン（『知恵について』一六五七年版七二ページ）、フランソワ・ベルニエ（『ガッサンディ哲学要約』一六八四年版第六巻二五一—二五二ページ）などにも登場する。

〔二一五〕 タレス（前七—六世紀）。ギリシアの哲学者。ミレトスの生まれ。ギリシア七賢人の一人で、哲学の祖とされる。水を万物の本源と考え、イオニア自然哲学の出発点をなした。日食の予言、ピラミッドの高さや船の距離の測定などをしたともいわれる。

〔二一六〕 以下の五つのパラグラフは、第一、第三のパラグラフのそれぞれ最後の部分（訳註〔二一七〕、〔二一八〕で指示する）を除いて、ディイ『獣の魂について』、一六九一年版一〇七―一一二ページより。

〔二一七〕以下、このパラグラフの終わりまではディイにはなく、この文書の筆者が書いたものと思われる。

〔二一八〕これ以下、このパラグラフの終わりまでは、ピエール・ベール『歴史批評辞典』、「ロラリウス」の項、註（E）、邦訳『ピエール・ベール著作集』第五巻三九三―三九四ページより。

〔二一九〕以下、このパラグラフは、モンテーニュ『随想録』、第二巻第十二章、邦訳、岩波文庫『エセー』第三巻五五―五六ページより。

〔二二〇〕この例もモンテーニュにある。

〔二二一〕以下、このパラグラフの終わりまでは、ディイ『獣の魂について』、一六九一年版一一三ページより。

〔二二二〕以下六つのパラグラフは、第五のパラグラフの最後の部分（訳註〔二二三〕で指示する）を除いて、ディイ『獣の魂について』、一六九一年版一一三―一二一ページより。

〔二二三〕このセンテンスはディイにはない。

〔二二四〕ヤン・スヴァンメルダム（一六三七―八〇）。オランダの生物学者。アムステルダムの生まれ。医学博士で、顕微鏡を用いて種々の観察を行ない、初めて赤血球を記載し（一六五八年）、リンパ管の弁を発見した（一六六四年）ほか、昆虫の解剖や生態の研究を行ない、変態の合理的説明を試みた。胚種の前成説、卵生説、「いれこ」理論の信奉者で、『呼吸について』（一六六七年）、『微小動物全誌』（一六六九年）、『自然書』（一七三七―三八年）などがあるが、後に女性神秘家アントワネット・ブリニヨンの影響で研究をやめ、原稿も焼き払った。

〔二二五〕ジョン・ジョンストン（一六〇三―七五）。ポーランド生まれの博物学者。家系的にはスコットランド人で、ドイツ、イギリス、オランダ、フランス、イタリアなどを旅して、各地の大学で医学、解剖学、植物学などを学んだ後、低シレジアで医師を開業しつつ、文筆活動を行なった。四部に分かれた主著『動物全誌』（フランクフルト、一六四九―五三年）は何度も版を重ねた。ほかに、『自然の不変性について』（一六三二年）、『万国世俗・教会史』（一六三三年）などがある。

〔二二六〕アメリゴ・ヴェスプッチ（一四五一―一五一二）。イタリアの航海者。フィレンツェの生まれ。メディチ商館の事務員として一四九〇年頃スペインへ行き、そこでコロンブスを識った。その後、スペイン人オヘーダの指揮下に南米ベネズエラを探検（一四九九―一五〇〇年）、ついでポルトガルの探検隊に加わって中米（一五〇一―〇二年）やブラジル海岸（一五〇三―〇四年）に達した。最後は不遇の内にセビリャで死んだ。ロレンツォ・デ・メディチへの手紙の形で書かれたその航海記はリスボンで一五〇三年に出版され、その後ラテン語訳が出た。新大陸に付された「アメリカ」という名称は彼の名に由来するもので、一五〇七年にヴァルトゼーミュラーが『世界誌入門』で初めて用いた。

〔二二七〕以下、同じパラグラフの「ぞっとするような話をしている」までは、バナージュ・ド・ボーヴァルの『学芸著作史』、一六八九年五月号記事一より。

〔二二八〕デキムス・ユニウス・ユウェナリス（五〇頃―一三〇頃）。ローマの諷刺詩人。修辞学を修め、世相の頽廃を攻撃する諷刺詩を著わし、その内十六篇が現存している。

〔二二九〕以下、このパラグラフは、フォントネル（一六五七―一七五七）が執筆した『科学アカデミー史』の一七〇三年度一八―一九ページより。

〔二三〇〕以下、このパラグラフは、ルイ・モレリ（一六四三―八〇）の『大歴史辞典』（初版一六七四年）、「ウルシン」の項より。

〔二三一〕　以下、このパラグラフは、イエズス会の宣教師ルイ＝ダニエル・ル・コント（一六五五―一七二八）の『シナの現状に関する新篇覚書』（一六九六年）、一六九七年版第二巻四〇七ページより。

〔二三二〕　以下、同じパラグラフの「等々もする」までは、モレリ『大歴史辞典』の「シエラ＝リオナ」の項より。

〔二三三〕　以下、このパラグラフ全体と、次のパラグラフの最初の一センテンスは、ディイ『獣の魂について』、一六九一年版一二三―一二五ページより。

〔二三四〕　トレビゾンドのゲオルギオス（一三九五―一四八四）。ビザンチンの学者。クレタ島の生まれ。一四三三年にイタリアへ渡り、ヴェネツィアでギリシア語を教えた後、法王ニコラウス五世に招かれてローマへ行った。『アリストテレスとプラトンの比較について』（一四六四年）でプラトンを攻撃して反撃され、その翻訳の不正確さを衝かれて名誉を失墜、ナポリのアルフォンソ一世の宮廷に退き、のち不遇のままローマで死んだ。アリストテレスの『弁論術』、プトレマイオスの『アルマゲスト』等のラテン語訳がある。

〔二三五〕　マシュー・パリス（一二〇〇頃―五九）。イギリスの年代記者。一二一七年にセント・オールバンズのベネディクト派僧院に入って、その記録係を務めた。天地創造から一二五九年までの『大年代記』、一〇六五―一二五三年の期間の『小史』を著わした。

〔二三六〕　欄外（本訳書では括弧に入れて本文中に組み入れた）の註にもあるとおり、これ以下の一センテンスは、マシュー・パリスの『大年代記』、一二〇一年の項から。『イギリス王国大史』という題でパリから一六七二年に出た版を使っているらしい。

〔二三七〕　トゥルネのシモン（一一三〇一頃歿）。フランスの神学者。パリで活動した。ディオニュシオス偽書、ボエティウス、ペトルス・ロンバルドゥス、エリウゲナなどの影響を受けた人で、スコラ神学の確立に貢献した。『聖書綱要』、『神学論集』などがある。

〔二三八〕　以下のセンテンスは、モレリ『大歴史辞典』とベール『歴史批評辞典』の「アルベルトゥス・マグヌス」の項（ベールの場合にはその本文）から取った文章をつなぎ合わせたものである。前半はモレリから、後半はベールから取られている。

〔二三九〕　アルベルトゥス・マグヌス（聖）（本名アルベルト・フォン・ボルシュテット）（一一九三頃―一二八〇）。ドイツのスコラ学者。シレジアの生まれ。一二二三年にパドヴァでドミニコ会士となり、一二四五―四八年にパリ大学で教え、一二五四年にはドミニコ会のドイツ管区長、一二六〇年にはレーゲンスブルクの司教となり、ケルンで死んだ。アリストテレスの学説を哲学・自然科学に導入し、物理学・化学・博物学・錬金術などを研究、「全科博士」と綽名された。トマス・アクィナスの師である。

〔二四〇〕　以下四つのパラグラフは、第四のパラグラフの始めにある二つのセンテンスを除いて、ピエール・ベール『歴史批評辞典』の「ロラリウス」の項、註（E）、邦訳『ピエール・ベール著作集』第五巻三九四―三九六ページより。

〔二四一〕　以下三つのパラグラフは、バナージュ・ド・ボーヴァル『学芸著作史』の一六九四年一月号記事九より。イエズス会士ガブリエル・ダニエルが著わした『獣の認識に関し、或る逍遥学派の人が《デカルト世界旅行記》の著書に呈した新たな異議』（一六九三年）の紹介兼書評である。

〔二四二〕　ガブリエル・ダニエル（一六四九―一七二八）。フランスのイエズス会士の哲学者、神学者、歴史家。ルアンの生まれ。一六六七年にイエズス会に入り、レンヌの学院の神学教授、パリの誓願修道院の司書などをし、ルイ十四世の修史官となった。歴史家としては『フランス史』（一六九六年）や特に『フランス民軍史』（一七二一年）が名高いが、哲学面ではデカルト主義を諷刺した『デカルト世界旅行記』（一六九〇年）、神学面ではパスカルの『プロヴァンシアル』に答えた『クレアンドルとウードクスの対談』（一六九四年）などが有名で、一七二四年に三巻本の著作集が出た。

〔二四三〕　正確には「獣の認識に関し」。訳註〔二四一〕を参照。

〔二四四〕　以下五つのパラグラフについては、次註で指示する第三のパラグラフの一部を除いて、訳註〔二四一〕と同じ。

〔二四五〕　以下二つのセンテンスは、括弧内に指示されるとおり、ショイヒツァー『アルプス第三次旅行記』（ロンドン、一七〇八年）の第三巻九ページから取ったもので、『学芸著作史』から取ったのではない。

〔二四六〕　ヨハン゠ヤーコプ・ショイヒツァー（一六七二―一七三三）。スイスの医師、博物学者。チューリヒの生まれ。アルトドルフ大学やユトレヒト大学で医学を学び、チューリヒで医師を開業した後、チューリヒ大学の自然学の教授を務めた。スイスで最初の博物学者で、チューリヒで「魔女」への死刑を廃止させた功績も帰せられている。

〔二四七〕　以下二つのパラグラフは、ジャン・ル・クレールの『古今東西文庫』（一六八六―九三年）、一六九三年度一三二―一三四ページより。同じくダニエルの『獣の認識に関し、或る逍遙学派の人が《デカルト世界旅行記》の著者に呈した新たな異議』の紹介兼書評から。

〔二四八〕　以下のセンテンスは意味が通らないが、それは『古今東西文庫』の次の文章を写し間違えたからである。「さて、神は獣がすることを全部するような機械を作れるという理由から、獣は機械にすぎないとデカルト派は言うのだから、神は人間に似た機械を作れない、どんな質問をされてもその質問に正確に答えるために必要なあらゆる音を発するように器官が決定づけられた機械を作れないと誰が彼らに言ったのか。神にそれができたことを否定するには……（以下は本文と同じ）」

〔二四九〕　以下三つのセンテンスは、ディイ『獣の魂について』、一六九一年版一一八ページより。

〔二五〇〕　以下、このパラグラフと次の二つのパラグラフで挙げられる種々の実例は、いずれもモンテーニュの『随想録』、第二巻第十二章にも登場するが、古来くりかえし言われてきたものなので、典拠の決定は不可能だし無意味でもある。

〔二五一〕　リュシマコス（前三六〇頃―二八一）。アレクサンドロス大王の後継者の一人。大王の死後、トラキアを領してその王を名乗り、前三〇一年にアンティゴノスをイプソスで破って、その領土マケドニアを併合したが、セレウコスと争ってクルペディオンで戦死した。

〔二五二〕　訳註〔七六〕を参照。

〔二五三〕　ピュロス（前三一九―二七二）。エペイロス（ギリシア西北端）の王（在位、前三〇七―三〇三、二九七―二七二）。祖国をマケドニアの勢力から解放し、版図を拡げて一時マケドニア王となった（前二九一―二八六年）が、前二八三年に追放された。翌々年イタリアに渡り、ローマ軍をヘラクレアに破り（前二八〇年）、さらにシチリアでカルタゴ軍と戦い（前二七九年）、同島をほぼ平定したが、停戦して帰国した。前二七六年に再びイタリアへ渡ったが、ベネヴェントゥムでデンタトゥスに敗れ（前二七五年)、エペイロスへ戻った。前二七三年にペロポネソスへ進攻、アルゴスの市街戦で戦死した。

〔二五四〕 アッピアノス(九五頃生)。ギリシアの歴史家。アレクサンドリアの生まれ。ローマへ移住し、トラヤヌス、ハドリアヌス、アントニヌス・ピウス三帝の治下で公務に就き、のち主著『内乱記』を著わした。被征服民族や内乱期について公平な叙述をしており、二十四巻中十二巻と断片が残っている。それらはギリシア語で書かれた。

〔二五五〕 アウルス・ゲリウス(一二三頃—一六五)。ローマの文法家。ローマで文法や修辞学を学び、アテナイへ渡ってフロントンに師事した。全二十巻の『アッティカの夜』が残されており、ギリシアの法律、文法、歴史、伝記、古代作家の評註など種々の情報を伝えている。

〔二五六〕 以下、このパラグラフは、ショワジ師の『シャム旅行日記』(一六八七年)、二八三ページより。

〔二五七〕 フランソワ・ティモレオン・ド・ショワジ(一六四四—一七二四)。フランスの文学者。パリの生まれ。子供の頃から好んで女装し、デ・バール伯爵夫人と名乗ったりした。それでも司祭で、一六六一—七五年にはサン=セーヌの僧院長をし、一六八五—八六年にはシャムへ派遣される使節団に加わり、『シャム旅行日記』(一六八七年)を著わした。そのほか、『詩篇の解釈、ダビデ伝付き』(一六八七年)、『ソロモン伝』(一六八七年)、『キリスト教断想』(一六八八年)、『教会史』(十一巻、一七〇三—二三年)など多くの作品があるが、現在では、女装男の冒険を語った『デ・バール伯爵夫人物語』(一七三五年)と『回想録』(一七二七年)が最も有名である。

〔二五八〕 ヨープ・ルドルフ(一六二四—一七〇四)。ドイツのエチオピア学者。エアフルトの生まれ。古今の二十五カ国語に通じていたが、とりわけエチオピア語を得意とし、現地を訪れたことはなかったものの、エチオピア語文法を体系化し、この国の歴史や文化を紹介、さらに、ヨーロッパ諸国とエチオピアの交流を図るためオーストリア、イギリス、オランダなどの政府にはたらきかけたが、この工作は実らなかった。前半生は個人教授で生計を立てたが、やがてイギリス、フランスを訪れて、駐仏スエーデン大使の子の家庭教師としてパリにはかなり長く滞在し、さらに一六四九年にはローマへ行った。一六五一年にゴータ公の子供たちの教育掛となり、一六五八年には同公の枢密顧問官に任ぜられた。『エチオピア誌、またはアビシニア王国記』(一六八一年)が名高く、ほかに『エチオピア語文法』(一七〇八年)、『エチオピア語=ラテン語辞典』(一六九九年)などがある。

〔二五九〕 以下、このパラグラフは、ルドルフ『エチオピア誌』の仏訳版『アビシニアまたはエチオピア新誌』(パリ、一六八九年)の四二—四三ページより。

〔二六〇〕 以下二つのパラグラフは、ショワジの『シャム旅行日記』より。第一のパラグラフはその七一ページ、第二のパラグラフは二八二ページから。

〔二六一〕 以下、このパラグラフは、ジェメリ=カレリの航海記の仏訳版『世界周航』(パリ、一七一九年)の第六巻二四八—二四九ページより。

〔二六二〕 ジャンフランチェスコ・ジェメリ=カレリ(一六五一頃—一七二五頃)。イタリアの航海者。ナポリの生まれ。一六九三年から九九年にかけて、トルコ、パレスチナ、ペルシア、インド、シナ、フィリッピン、カリフォルニア、メキシコを経てヨーロッパへ戻る世界一周旅行をし、その旅行記『世界周航』(六巻本)が一六九九—一七〇〇年にナポリで刊行された。十八世紀にはその記述が批判の的になり、全篇捏造という説まで出たが、十九世紀のフンボルトらによって真実性が大筋で確かめられた。

〔二六三〕 以下、このパラグラフは、最後の一センテンスを除いて、フランソワ・ルガ（訳註〔二八〇〕を参照）の『東インドの二つの無人島への航海と冒険』（一七〇八年）、第二巻八三ページより。

〔二六四〕 以下、このパラグラフは、ジャン゠バティスト・モルヴァン・ド・ベルガルド（一六四八―一七三四）の『旅行全史』（パリ、一七〇七年）、二四三―二四四ページより。

〔二六五〕 以下、このパラグラフの終わりまでと、次の二つのパラグラフは、ラ・オンタン（次註を参照）の『北アメリカ覚書』（ハーグ、一七〇三年）の一五六―一五九ページより。

〔二六六〕 ラ・オンタン男爵ルイ゠アルマン・ド・ロン・ダルス（一六六六―一七一六）。フランスの旅行家。ピレネー山麓の小村ラ・オンタンの生まれ。田舎貴族の出で、若くしてブルボン連隊に入り、一六八三年に軍人としてカナダのケベックへ派遣された。翌年、ケベックからモントリオールへ移り、イロクオイ族討伐の遠征に参加、一六八七年にはサン゠ジョゼフ砦の守備隊長に任命された。その後、西方の奥地を探検したりした後、一六九一年に報告のため一度フランスへ帰ったが、再びカナダへ派遣された。翌年再度帰国し、その後三たびカナダへ渡ったが、ニューファンドランドの総督と衝突して、一六九三年十二月に軍隊から脱走し、翌年一月末にポルトガルへ上陸した。ヨーロッパへ戻ってからの後半生については断片的な足どりしか分からないが、一六九四年にリスボンを去ってオランダのロッテルダム、ついでドイツのハンブルク、さらにデンマークのコペンハーゲンへ行き、どうやらフランス当局のためのスパイをしていたらしく、コペンハーゲンではフランス大使ボンルポーから好意的に迎えられた。一度フランスへ戻り、軍への復帰を願い出てヴェルサイユの宮廷に顔を出したが、この工作は失敗し、郷里に帰ったところ、一六九五年七月に逮捕状が発せられたとの知らせを受けてスペインのサラゴーサへ逃げ、アラゴン副王の厚遇に浴した。一六九八年にはオランダのハーグにいたが、その前にはイギリスに滞在していたらしい。仏領カナダの現状やフランス側の兵力、ケベック等の占領計画などを述べたイギリス陸相宛の覚書（一六九六年頃のもの）も彼が書いたとする説が強く、もしそうならばラ・オンタンは一種の二重スパイだったことになる。ハーグでは駐オランダ大使に転任していたボンルポーに庇護されていたが、その後の足どりは一六九九年にリスボン、一七〇二年に再びハーグ、同じ年の年末にはおそらくロンドンと転々としており、最後に所在が確かめられたのは、一七一〇年にホルシュタイン総督やハノーヴァー選挙侯の宮廷にいて、ドイツの諸侯に敬意を以て遇され、ライプニッツなどとも親交を結んでいたことだった。一七一六年四月にハノーヴァーで歿。著作には、金に困って（と同時に、スペイン王位継承戦争のさなか、フランス植民地の現状を公表するという反フランス行為として）一七〇三年にハーグで出版した『北アメリカ新紀行』、『北アメリカ覚書』、『紀行補遺』の三部作があり、前二者は十七世紀末のカナダの状態、特に原住民の生活や習俗を伝える好個の資料として、二十世紀に至るまで何度も再刊され、各国語に訳された。また、『紀行補遺』に収められた「著者と、旅行経験を持つ良識ある未開人との興味ある対話」は、アダリオというインディアンの口を借りて、激烈なフランス社会への攻撃や、理神論的立場からするキリスト教攻撃、法律も私的所有もないインディアン社会の讃美などを行なったもので、社会批判はルソー、宗教批判はヴォルテールを思わせ、啓蒙前期の最も戦闘的な反体制文書として今でも高く評価されている。

〔二六七〕 以下、このパラグラフの終わりまでは、アエリアヌス（一七〇頃—一三五）『動物誌』の第五巻第六章に拠っているが、直接にではなく、より近い時代のなんらかの著作を通じてしたものらしい。

〔二六八〕　以下二つのパラグラフは、ディイ『獣の魂について』より。第一のパラグラフはその一六九一年版九二—九三ページ、第二のパラグラフは二一五ページから。

〔二六九〕　以下、このパラグラフの終わりまでは、モルヴァン・ド・ベルガルド『旅行全史』の三六五—三六七ページより。

〔二七〇〕　ポンセ・デ・レオン（一四六〇頃—一五二一）。スペインの探検家。レオンの生まれ。一四九三年にコロンブスの第二次航海に加わってアメリカへ行き、一五〇八年にはプエルトリコに至って、一五一〇年にそこの総督となった。一五一三年、回春の泉があると伝えられる伝説の島ビミニ島の探索に赴き、それ自体は失敗したが、かわりにフロリダ半島を発見し、さらにバハマ諸島へ渡った。一五二一年に再びフロリダを探検したが、原住民の抵抗を受けて負傷し、キューバへの帰途に船中で死んだ。

〔二七一〕　シチリアのディオドロス（前一世紀）。ローマの歴史家。シチリアのアギュリウムの生まれ。前六〇—三〇年頃に『図書館』と題する世界史を著わした。これはエジプト、インド、メソポタミアから始め、カエサルのガリア征服にまで至るもので、それ以前の多くの史書を忠実に採録している点に価値があるとされる。

〔二七二〕　クラウディウス・アエリアヌス（一七〇頃—二三五）。ローマの著作家。プラエネステの人。ローマで修辞学を教えた後、著述に専念し、後世広く読まれた史書『雑研究』や『動物誌』などを著わした。

〔二七三〕　訳註〔七六〕を参照。

〔二七四〕　マルクス・ウァレリウス・マルティアリス（四〇頃—一〇四頃）。ローマの諷刺詩人。スペインの生まれ。六四年にローマへ出、ティトゥス帝やドミティアヌス帝にかわいがられ、セネカ、ユウェナリス、小プリニウスなどと交わった。『短詩集』その他がある。

〔二七五〕　リュディアのパウサニアス（一一〇頃生）。ギリシアの歴史家。小アジアの出身で、ギリシア、ローマ、イタリア、パレスチナ、エジプトなどを旅し、『ギリシア記』全十巻を著わして、各地の歴史・地理・風俗・史跡・美術品などを記録した。

〔二七六〕　以下の一センテンスは、ピエール・ベール『歴史批評辞典』の「ロラリウス」の項、註（F）、邦訳『ピエール・ベール著作集』第五巻四〇〇ページより。

〔二七七〕　訳註〔二一一〕を参照。

〔二七八〕　以下、このパラグラフは、最後の一センテンスを除いて、プリニウス『自然誌』の第八巻第五章を典拠にしている。

〔二七九〕　アンティオコス三世（前二四二—一八七）。シリア王（在位、前二二三—一八七）。ローマの東方進出に対抗してギリシアに侵入、前一九二年にローマと開戦したが、テルモピュレ（前一九一年）、マグネシア（前一九〇年）で敗れ、小アジアの領土をローマに奪われた（前一八八年）。翌年東方へ進出したが、イランのエラム人の神殿で原住民に殺された。

〔二八〇〕　フランソワ・ルガ（一六三八—一七三五）。フランスの旅行家。ブレス地方の生まれ。プロテスタントで、一六八五年にフランスでプロテスタンティズムが非合法化されたため、オランダへ亡命した。アンリ・デュケーヌがオランダ政府の支援を受けて、マダガスカル島の東にあるマスカリン諸島に亡命プロテスタントの植民地を作るため遠征の準備をしていると聞き、志願してその遠征隊に加わった。この遠征自体は、周辺海域にフランス艦隊が遊弋していたため中止となったが、それでもルガは十人の同信徒とともに、マスカリン諸島を目指して単独で出発した。一六九一年四月三日に、一行は同諸島の主島ブルボン島（今のレユニオン島）が見える所まで来たが、船長は一行が同島に上陸するのを許さず、はるか東方にある無人のロドリゲス島で強制的に下船させた。ルガたちはこのロドリゲス島で二年暮らし、一六九三年に、自ら作った船でモーリシャス島へ渡ったが、同島のオランダ人総督は彼らの持ち物を全部奪った上、沖合二里《リュー》にある無人の小島にほおり捨てた。彼らはそこで三年暮らし、一六九六年にこの総督の命令でバタヴィアへ送られた。バタヴィアからようやくオランダへ戻ったルガは、モーリシャス総督の不正に対する損害賠償をオランダ政府に求めたが、九年にわたるその運動も甲斐なく、結局一七〇七年にイギリスへ渡り、その地で死んだ。その旅行記『東インドの二つの無人島への航海と冒険』は、一七〇八年にアムステルダムで、一七二〇年にはロンドンで出版された。

〔一八一〕 雛が成長して巣立つと、親鳥たちがよそから別の若鳥を連れてきて、自分の子と番《つがい》にさせる、というもの。

〔一八二〕 フランシス・ウィロビ（一六三五―七二）。イギリスの博物学者。ミドルトンの生まれ。ケンブリッジで学んで、博物学者ジョン・レーに師事し、七歳年長のこの師と生涯続く友情の絆で結ばれた。一六六三年に教壇から去ったレーとともに、そのメセナとして欧州各国に採集旅行をし、一六六六年に帰国した。植物学者として出発したレーと違い、ウィロビは動物を専門として、生前に発表したのは王立協会の機関誌『哲学紀要』に載せた昆虫学関係の論文だけだが、死後に彼の遺したノートがレーの手でまとめられ、大幅に加筆されて、『鳥類学』（二折判《フォリオ》、ロンドン、一六七六年。レーによる英訳も一六七八年に出た）、『魚類誌』（二折判《フォリオ》、オクスフォード、一六八六年）という二大作として出版された。どちらも良く出来た図版が付いており、少なからぬ新種を紹介していた。

〔一八三〕 以下、このパラグラフの終わりまでは、ウィロビ『鳥類学』（一六七六年）の二四七ページより。

〔一八四〕 以下の人名リストは、ルイ・ド・ラ・フォルジュの『デカルト氏の《人間論》、註付き』（一六七七年）にもあるが、直接の典拠はたぶん、ピエール・ベール『歴史批評辞典』の「テイレシアス」の項、註（B）であろう。

〔一八五〕 テイレシアスを実在の哲学者とするのは誤り。ベールの辞典の「テイレシアス」の項、本文にもあるとおり、この人物はギリシア神話に登場するテバイの盲目の占い師（予言者）である。

〔一八六〕 訳註〔一一五〕を参照。

〔一八七〕 これを実在の哲学者とするのも誤り。メランプスもギリシア神話中の人物で、蛇の子を養った礼として、鳥獣の声を解する能力を与えられ、並ぶ者のない予言者になったとされている。

〔一八八〕 テュアナのアポロニオス（一世紀頃）。ギリシアの哲学者。新ピュタゴラス派の人で、数々の奇蹟が伝説として伝えられている。

〔一八九〕 以下四つのパラグラフは、フランソワ・ベルニエ（一六二〇―八八）の『ガッサンディ哲学要約』（初版一六七四年）の一六八四年版第五巻四六三―四六四ページ（第一パラグラフ）、第二巻八三ページ以下（第二パラグラフ以下）より。

〔一九〇〕 以下三つのパラグラフは、ピエール・ベール『歴史批評辞典』の「スピノザ」の項、註（A）、邦訳『ピエール・ベール著作集』第五巻六四七―六四八ページより。

〔一九一〕 訳註〔一三一〕を参照。

〔一九二〕 ロバート・フラッド（一五七四―一六三七）。イギリスの医師、神知学者。ケント州の生まれ。ロンドンで医者をしながら、パラケルススの理論をイギリスに移植し、「薔薇十字会」に属した。ケプラーやメルセンヌを攻撃し、逆にガッサンディから批判された。『薔薇十字会の弁明』（一六一六年）、『哲学と錬金術の鍵』（一六三三年）、『モーセの哲学』（一六三七年）などがある。

〔二九三〕　ピエール・ポワレ（一六四六―一七一九）。フランス人のプロテスタント神秘家。メッスの生まれ。バーゼル大学で学び、一六六七年にハイデルベルクの牧師補となって、一六七二年からツヴァイブリュッケン公領のアンヴァイラーで牧師をした。はじめデカルト哲学に心酔していたが、アンヴァイラー時代にトマス・ア・ケンピス、タウラーらの神秘家、とりわけアントワネット・ブリニョンに傾倒した。一六七六年に戦乱のためハンブルクへ避難し、そこでブリニョンと会って、彼女と固く結ばれた。一六八〇年にオランダへ移ってアムステルダムに住み、一六八八年にはライデンの近くのレインスブルフに定住して、そこで三十年以上を過ごし、同地で死んだ。全十九巻にのぼる『アントワネット・ブリニョン女史全集』（一六七九―八六年。第二巻にはポワレの手になる彼女の伝記が収められている）を刊行しており、そのほか『神・魂・悪に関する理性的思索』（一六七七年）、『心の神学』（一六九六年）、『神秘神学論集』（一六九九年）、『精撰神秘家文庫』（一七〇八年）など四十点近い著作がある。

〔二九四〕　以下、このパラグラフの終わりまでは、ピエール・ベールの『続・彗星雑考』、第六十九章、邦訳『ピエール・ベール著作集』第六巻三一四ページより。

〔二九五〕　以下二つのパラグラフは、ピエール・ベール『田舎の人の質問への答』、第一巻第十二章、邦訳『ピエール・ベール著作集』第七巻五〇ページより。

〔二九六〕　訳註〔三三二〕を参照。

〔二九七〕　以下、このパラグラフの終わりまでは、ピエール・ベール『歴史批評辞典』の「ロラリウス」の項、註（F）、邦訳『ピエール・ベール著作集』第五巻三九七ページより。

〔二九八〕　以下二つのパラグラフは、同じ「ロラリウス」の項の註（G）、邦訳『ピエール・ベール著作集』第五巻四〇一―四〇二ページより。

〔二九九〕　以下三つのパラグラフは、同じ「ロラリウス」の項の註（H）、邦訳『ピエール・ベール著作集』第五巻四〇三―四〇四ページより。

〔三〇〇〕　以下、このパラグラフの終わりまでは、同じ「ロラリウス」の項の註（E）、邦訳『ピエール・ベール著作集』第五巻三九五ページより。

〔三〇一〕　以下、このパラグラフの終わりまでと、次の三つのパラグラフ、および第四のパラグラフの最初のセンテンスは、ギヨーム・ラミ（一六四四―八二）の『解剖学談話』（一六七五年）、一六七九年版二二三ページ以下より。

〔三〇二〕　以下のセンテンスは意味が通らない。典拠となったラミの文章は以下のとおりで、この文書の著者はそれを写し間違えたのである。「デカルトも認めるように、自分自身を疑うことはできないからだ。さて、〔自分は物体でないと〕確信していたら、その懐疑は無駄である。」

〔三〇三〕　以下の一センテンスは、ディィ『獣の魂について』、一六九一年版九一―九二ページより。

〔三〇四〕　以下、このパラグラフの「恐れも感じずに避ける」までと、次のパラグラフ（最後の二つのセンテンスを除く）は、マールブランシュ『真理の探求』、第六巻第二部第七章より。

〔三〇五〕　以下、このパラグラフの最初の一センテンスは、ギヨーム・ラミの『解剖学談話』、一六七九年版二二六ページより。

〔三〇六〕 以下、このパラグラフの終わりまでと、次の二つのパラグラフは、ジャック・ベルナール（一六五八―一七一八）の『文芸共和国便り』、一六九九年十一月号より。この記事はロックが『人間知性論』（一六九〇年）に対するスティリングフリート（一六三五―九九）の反論に答えた文章を紹介したもので、語るのは事実上ロックである。

〔三〇七〕 以下、このパラグラフの終わりまでは、ルイ・ド・ラ・フォルジュの『人間精神論』、一六ページより。

〔三〇八〕 以下、このパラグラフの終わりまでと、次のパラグラフ、さらにその次のパラグラフの最初の二センテンスは、同じく『人間精神論』の一六―二一ページより。

〔三〇九〕 以下、このパラグラフの終わりまでと、次の三つのパラグラフは、同じく『人間精神論』の四一―五三ページより。

〔三一〇〕 レギウス（アンリ・ド・ロワ）（一五九八―一六七九）。オランダの医師、哲学者。ユトレヒトの生まれ。はじめナールデンで医師を開業していたが、一六三四年にユトレヒト大学の医学の教授となり、生涯その地位にあった。デカルト主義者で、医学理論にデカルト哲学を導入しようとし、大学内では哲学教授レネリとともにデカルト派の代表者としてスコラ哲学を真正面から攻撃し、神学教授のヴォエティウス（フート）らと衝突、ヴォエティウスらはユトレヒト市当局にはたらきかけて、レギウスに医学講義以外の活動を禁止させる一方、教授総会でデカルト哲学を古来の真の哲学に反するとして多数決で断罪した（一六四二年三月十六日）。著作には『生理学』（一六四一年）、『自然学原論』（一六四七年）、『医学原論』（一六四七年）、『自然哲学』（一六五一年）などがあるが、最後には剽窃問題でデカルトと対立し、デカルト主義を公に誓絶した。デカルトへのこの反駁は、『自然哲学』の第二版（一六五四年）で行なったものである。

〔三一一〕 訳註（一三二）を参照。

〔三一二〕 以下、同じパラグラフの「粥に似た物質なのを見ればそうである」までは、ジャン・ル・クレールの『古今東西文庫』、第二十二巻二七〇―二七一ページより。

〔三一三〕 以下の一センテンスと似たようなものは、ピエール・ベール『歴史批評辞典』の「ディカイアルコス」の項、註（M）、邦訳『ピエール・ベール著作集』第三巻八九二ページにもある。ロックの所説を紹介した中でのものである。

〔三一四〕 以下、このパラグラフの最後の一センテンスの直前までについては、訳註〔三〇六〕と同じ。

〔三一五〕 典拠であるベルナール『文芸共和国便り』の文章では、「太陽のまわりにある惑星の重さと相互引力」ではなく、「惑星の重さと、太陽のまわりでの公転」。

〔三一六〕 以下七つのパラグラフは（厳密に言えば、「思考の本性とは何だろうか」という最初の文章を除いて）、一七一八年にハーグで出版された作者不明の『助ける精霊と仇敵の地の精《グノーム》。または《ガバリス伯爵》続篇』の一四三―一五五ページより。なお、『ガバリス伯爵、または秘学対談』（一六七〇年）はフランスの文学者モンフォーコン・ド・ヴィラール師（一六三五―七三）の作品で、秘教や神秘学を揶揄した哲学小説だった。

〔三一七〕 フェレキュデス（前六世紀）。ギリシアの哲学者。シュロス島の生まれ。タレス、ヘシオドス、さらにエジプトやフェニキアの神官たちの影響を受けて、神々による宇宙の生成を説明した『七つ（または五つ）の淵』という書を物した。サモス島で学校を開き、そこでピュタゴラスを教えたという説がある。

〔三一八〕 以下、このパラグラフの最初のセンテンスは、ピエール・ベール『田舎の人の質問への答』の第一巻第十二章、邦訳

『ピエール・ベール著作集』第七巻五三ページより。

〔三一九〕 以下、このパラグラフの終わりまでは、ギヨーム・ラミ『解剖学談話』の一六七九年版二〇二ページより。

〔三二〇〕 以下、このパラグラフは、ピエール・ベール『続・彗星雑考』の第三十二章、邦訳『ピエール・ベール著作集』第六巻一四一―一四二ページより。

〔三二一〕 以下二つのセンテンスは、ピエール・ベール『田舎の人の質問への答』の第四巻第十一章、邦訳『ピエール・ベール著作集』第八巻三六、三九ページが典拠かもしれない。ホッテントット人の話もそこ(三九ページ)に出てくる。

〔三二二〕 以下、このパラグラフの終わりまでと、次のパラグラフは、ベールの『続・彗星雑考』、第三十二章、邦訳『ピエール・ベール著作集』第六巻一四二、一四四―一四五ページより。

〔三二三〕 誰のことか不明。

〔三二四〕 以下、このパラグラフの終わりまでは、ピエール・ベール『歴史批評辞典』の「ボンファディウス」の項、註(E)、邦訳『ピエール・ベール著作集』第三巻五九三ページより。

〔三二五〕 以下三つのパラグラフは、ピエール・ベール『文芸共和国便り』の一六八六年十月号記事八より。

〔三二六〕 内容的にはベールのことか。

〔三二七〕 訳註〔一四九〕を参照。

〔三二八〕 以下、このパラグラフは、ギヨーム・ラミ『解剖学談話』の一六七九年版二二七―二二九ページより。

〔三二九〕 以下、同じパラグラフの「それが消えれば人間も死ぬということである」までは、フランソワ・ベルニエ『ガッサンディ哲学要約』の一六八四年版第五巻四五六―四五七ページより。

〔三三〇〕 訳註〔三四〕を参照。

〔三三一〕 訳註〔一七四〕を参照。

〔三三二〕 以下の一センテンスは、ルクレティウス『事物の本性について』の仏訳版(パリ、一七〇八年)の第一巻四四一ページに付せられた註五三から取ったものらしい。

〔三三三〕 以下、このパラグラフの終わりまでと、次のパラグラフ全体、さらにその次のパラグラフの最後の一センテンスの直前までは、ルクレティウス『事物の本性について』第三巻、邦訳では岩波文庫一二二―一二六ページより。

〔三三四〕 ティトゥス・ルクレティウス・カルス(前九四頃―五五)。ローマの詩人、哲学者。富裕な名家の出だったが、公事には携らず、哲学者として閑居したらしい。その生涯はほとんど知られておらず、媚薬の呑みすぎで発狂したという聖ヒエロニムスの説は伝説らしいとしても、憂鬱症で自殺したという説には一定の信憑性があるとされる。六巻、七千四百行にのぼる大哲学詩『事物の本性について』はエピクロス哲学を韻文で祖述したもので、後世に大きな影響を及ぼした。

〔三三五〕 以下の一センテンスは、ルクレティウスの仏訳版の第一巻四四〇ページに付せられた註五二から取ったものらしい。

〔三三六〕 以下、このパラグラフの最初の二つのセンテンスは、マールブランシュ『真理の探求』の第四巻第一章より。

〔三三七〕 以下、同じパラグラフの「あらゆる傾向もまっすぐなもので」までは、同じく『真理の探求』の第一巻第一章より。

〔三三八〕 以下、同じパラグラフの「もう何もかも無秩序に陥っている」までは、フォントネルの『新篇死者の対話』(一六八三年)、「セネカとスカロン」より。

〔三三九〕 以下、このパラグラフの終わりまでは、ピエール・ニコル(一六二五―九五)の『道徳試論』(一六七一―一七一四年)、一六七九年版第一巻五三―六四ページより。

〔三四〇〕 以下、この一センテンスは、マールブランシュ『真理の探求』の第五巻第一章より。
〔三四一〕　以下、この一センテンスについては前註と同じ。
〔三四二〕　訳註〔一九〕を参照。
〔三四三〕　以下、このパラグラフの終わりまでは、『真理の探求』の第四巻第十章より。
〔三四四〕　以下、同じパラグラフの「罪の結果であるとは言えない」までは、『真理の探求』の第一巻第五章より。
〔三四五〕　以下、このパラグラフの終わりまでは、『真理の探求』の第五巻第一章より。
〔三四六〕　以下、このパラグラフの最初の四つのセンテンスは、『真理の探求』の第一巻第五章より。
〔三四七〕　以下、このパラグラフの終わりまでは、『真理の探求』の第五巻第四章より。
〔三四八〕　以下、このパラグラフの終わりまでは、『真理の探求』の第五巻第十一章より。
〔三四九〕　以下、同じパラグラフの「ほとほと感嘆せざるをえないほどである」までは、『真理の探求』の第五巻第七章より。
〔三五〇〕　以下、同じパラグラフの「公益に適っているのである」までは、『真理の探求』の第四巻第十三章より。但し、「どこでも自卑しか説かぬイエス・キリストの言とは対立する」はマールブランシュの原文にはない。
〔三五一〕　以下、同じパラグラフの「精神の卑しさ以外の何物でもない」までは、『真理の探求』の第五巻第七章より。但し、「福音でさかんに説かれる」はマールブランシュの原文にはなく、最後の部分は大幅に書き換えられている。
〔三五二〕　以下、このパラグラフの終わりまでは、イエス・キリストと聖パウロに言及する部分を除いて、『真理の探求』の第六巻第一部第三章より。
〔三五三〕　以下、このパラグラフの終わりまでは、『真理の探求』の第一巻第十章より。
〔三五四〕　以下、同じパラグラフの「これが感じることと想像することの違いである」までは、『真理の探求』の第二巻第一部第一章より。
〔三五五〕　以下、同じパラグラフの「どれも惹き起こされない時に起こるのである」までは、当時未刊の地下文書である作者不明の『真理探求試論』、第二章より。
〔三五六〕　以下、このパラグラフの終わりまでは、マールブランシュ『真理の探求』の第二巻第一部第一章より。
〔三五七〕　以下三つのパラグラフは、『真理の探求』の第二巻第一部第二章より。
〔三五八〕　以下、このパラグラフの終わりまでは、『真理の探求』の第二巻第一部第三章より。
〔三五九〕　以下、このパラグラフの終わりまでは、『真理の探求』の第二巻第一部第四章より。
〔三六〇〕　以下二つのパラグラフは、『真理の探求』の第二巻第一部第六章より。
〔三六一〕　以下三つのセンテンスは、『真理の探求』の第二巻第二部第三章より。
〔三六二〕　以下の一センテンスと、次のパラグラフの最初の三つのセンテンスは、『真理の探求』の第二巻第三部第一章より。
〔三六三〕　マールブランシュの原文では、「自分の意志によらぬ」ではなく「自分の意志による」となっている。
〔三六四〕　以下、このパラグラフの終わりまでは、ルイ・ド・ラ・フォルジュの『人間精神論』、三二一―三二二ページより。
〔三六五〕　以下五つのセンテンスは、『真理の探求』の第二巻第三部第一章より。

〔三六六〕　以下、このパラグラフの終わりまでは、『真理の探求』の第三巻第一部第二章より。

〔三六七〕　以下二つのセンテンスと、次のパラグラフの全体は、『真理の探求』の第二巻第一部第五章より。

〔三六八〕　以下、この最初のセンテンスは、バナージュ・ド・ボーヴァル『学芸著作史』の一七〇九年四月号記事一より。

〔三六九〕　以下二つのセンテンスは、『真理の探求』の第二巻第一部第五章より。

〔三七〇〕　以下、同じパラグラフの「開きやすさにほかならぬからだ」までは、ラ・フォルジュの『人間精神論』、三二三―三二五ページより。

〔三七一〕　以下、このパラグラフの終わりまでと、次の二つのパラグラフは、『真理探求試論』（訳註〔三五五〕を参照）の第二章より。

〔三七二〕　以下、このパラグラフの終わりまでは、『真理の探求』の第二巻第一部第五章より。

〔三七三〕　以下、このパラグラフの終わりまでは、『助ける精霊と仇敵の地の精《グノーム》』（訳註〔三一六〕を参照）、一二一―一二二ページより。

〔三七四〕　以下三つのパラグラフは、『真理の探求』の第二巻第一部第五章より。

〔三七五〕　以下、第四章の終わりまでの七つのパラグラフは、『真理探求試論』の第二章より。

〔三七六〕　以下、この章のはじめの十九パラグラフ、つまり、結論を箇条書きした最後の十パラグラフを除く大部分は、同じく『真理探求試論』の第二章より。

〔三七七〕　このパラグラフ中の「非常に細かい一種の火、一種の小さな炎」は、ベルニエの『ガッサンディ哲学要約』、一六八四年版第五巻四七九ページより。

〔三七八〕　このパラグラフ中の「脳の諸部分の布置と動物精気の運動」は、マールブランシュ『真理の探求』の第六巻第二部第七章より。

〔三七九〕　以下二つのパラグラフについては前註と同じ。

〔三八〇〕　このパラグラフについても前々註と同じ。

宗教の検討

または心から解明を求める宗教についての疑念

第一章　自己の宗教を検討することは、各人に許されるべきであるし、そうするのは必要でもあること

1

各人が自分の宗教を検討することは私たちに許されるべきだし、必要ですらある。そもそも、生の始まりから死の瞬間に至るまで、死後に自分が置かれるはずの状態ほど私たちに利害関係のあるものがありうるだろうか。生きている間幸福でも不幸でも、その状態はいつ終わるか分からず、いつかは終わるはずなのを私たちは知っているが、死後の状態は永遠以外に限界を持たない。生まれて最初の数年間は、現在以外のものにかかずらうだけの能力も力も私たちにはない。現在が与える様々な印象が邪魔をして、私たちは未来を検討できない。そんな弱さから私たちは、いちばん知識がありそうな人の言葉をたやすく信じ込み、そういう人が経験の結果として言うにすぎないことでも、本性的に自分より広い認識の賜物であるかのようにみなしてしまう。あの人たちは四季の移り変わりを予見して、私たちをそれから守るための手を打ってくれるから、という具合に。宗教はこれこれをせよと命じた上、生きている間私たちがどう振舞ったかに応じて永遠の幸福を約束したり、終わりのない不幸でおどかしたりするが、こうした約束や威嚇をするのは誰なのか、その根拠は何なのか検討もしないほど私たちは迂濶になれるだろうか。

2

どんな宗教にも善意の人がいることは疑いようがない。あらゆる旅行家に証言してもらおう。さて、善意のキリスト教徒が自分の宗教を検討しようとしないなら、善意のマホメット教徒に自分の宗教を検討させようとなぜ思うのか。

マホメット教徒も同じく、自分の宗教は神に由来し、マホメットを介して神がそれを啓示したと信じている。イエス・キリストを介して神がキリスト教を啓示したとキリスト教徒が信じるのと変わりない。人間は随分と不公平なものだ。どの宗派もどの党派も自分は無謬だと信じ、他派にする反論を自分に当てはめようとは露ほども思わない。予断で眼が曇り、同じ論理でしっぺ返しをくわされる危険を垣間見ることすらできない。

3

真理は検討すればするほど、ますますよく認識される。検討と注意は真理を明かしてくれるよう私たちが神にする自然な祈りだ、と哲学者たちも言う。キリスト教が真実なら、検討によって私たちの信念はいっそう強まるだろうし、もし偽りなら、誤謬から脱け出すことは私たちにとってなんたる仕合わせであろう。宗教とは父祖が子孫に遺した貴重な預り物だといわれる。その預り物が無でも虚構でもなかったら、それを検討することをなぜ恐れるのか。もし作り話だったら、現実とされてきたものは先祖たちの想像にすぎないと認めてなぜ悪いのか。

4

私たちが信仰を抱いたりなんらかの意見を奉じたりするのは、理性によるか予断によるかどちらかしかない。真摯な検討の末、論証の明証性に基づいてそれを奉じる時は理性によるが、なんであれ別な手段で奉じる時は予断による。たとえば、父祖や司牧者、先生や友人がそう教えてくれた、そうだと言ったという理由からのみ、これこれがあると信じるような時である。

しっかりした判断を形成するためにすべきあらゆる用心をした上でなら、私たちが理性によって信じるものが偽りだということはありえまい。理性とは神からたえず発する光で、神が私たちを欺くことはありえないからだ。他方、予断によって信じるものは偽りでもありうるし真実でもありうるから、真摯な検討の上でしかどちらとも信じるべきでない。だから、検討も加えず、自分がその中に生まれたというだけの理由から、また自分に対して何かの権威を持っていた人がそう言ったという理由から或る宗教を真実と信じる場合、私たちがその宗教を真実と信じるのは予断によるにすぎない。その宗教は偽りかもしれず、もし私たちが誤っていて他宗派が真実の道を歩んでいたら、私たちはいかに善意でも最悪の不幸〔地獄の刑罰〕に脅かされる。

予断によって自分の宗教を奉じるにすぎぬ善意のマホメット教徒をキリスト教徒が不幸だとみなしても、キリスト教徒がマホメット教徒について考えることをマホメット教徒もキリスト教徒について考えている。さて、私たちが自分の宗教の検討を済ますまでは、自分がマホメット教徒のような不幸な立場に置かれてないと誰が私たちに言ったのか。何が私たちを安心させてくれるのか。それは私たちの予断なのか。私たちの善意なのか。だが、その予断、同じ善意があらゆる宗教に見られることを否定しようがなかろう。

ほかの宗教はみな明らかに悪いものだと思うと、キリスト教徒は得意になる。この点で、キリスト教徒は聖書ほど誠実でない。「異邦人ニハ愚カナモノ、ユダヤ人ニハ躓カセルモノ」〔コリント人への第一の手紙、第一章第二十三節〕とあるように、イエス・キリストは諸国民には狂気と見え、ユダヤ人は恥とみなすと聖書は言っているからだ。キリスト教徒以外の地上のあらゆる民族は、宗教という点では私たちがいちばん不合理だと思っている。君らは一人の人間と一切れのパンを崇めているからわれわれを非難する権利はないと異教徒は私たちに言うし、君らは神性の頭数を増やしているとトルコ人は私たちを責める。さらに、ほかの宗教にはいろいろ非常識な教えがあるから他の者はこちらの宗教に改宗すべきだと私たちが思っても、私たちが秘義と呼ぶものほど常軌を逸したものはないと相手は主張する。このように、隣人の宗教は滑稽だという予断からしか誰もが判断しない以上、私たちを安心させてくれるのも目を覚まさせてくれるのも検討しかない。

だから、偽りの宗教を奉じていたらこの検討によって私たちは目を覚ませるし、真実の宗教を奉じていたらそれでいっそう確信を固められるから、検討は有益なものだと思うが、単に有益なだけでなく、加えて必要不可欠なものだと思う。永世ほど私たちに利害関係のあるものはどこにも見られないからである。君らは偽りの宗教を奉じている、永遠の苦しみをなめさせられるぞ、と無数の人が言葉によっても行為によっても私たちに叫んでいるのに、私たちはどこ吹く風という顔をして、これほど多くの人が間違っているのか、それとも私たちの方が錯誤を犯しているのか、その点の検討すらしないほど安心しきっているとは！

しばしの間、キリスト教徒の人数がどれほど僅かか検討してみよう。地球にはアジア、アフリカ、ヨーロッパ、アメリカと四つの部分がある。アジア、アフリカ、アメリカのキリスト教徒はほとんど数の内に入らないから、残るはヨーロッパである。そのヨーロッパでも、一部はトルコ人に占領されており、離教の徒として私たちが地獄に落とすモスクワ人も大王国を作っている。同じくイギリスもオランダもデンマークもスエーデンも、ドイツのほぼ全域もスイスの大部分も、異端者として私たちは地獄に落とす。それればかりか、私たちの手に残る国々にも、異端者がどれだけいることか。私たちの数が少ないからとて、私たちが間違っているという結論を出すつもりはないが、道理を弁えた人が相手であれば、せめてそこから、私たちが正しいのかどうか検討する気になるべきだと私は主張するものである。ほかの人間も私たちと同様に神の製作物ではないか。よくよく検討もしない先から、神が救ってくれるのは私たちだけだと思うほど自己愛で盲目になれるのか。それに、神意に沿わないことになりかねないのを私は恐れるべきではないのか。というのも、検討する前には所詮、神意に沿うという確信はなく、「歩ムベキ道ヲ私ニ示サレヨ」〔詩篇、第百四十三篇第八節〕、「アナタノ定メヲ私ニ教エヨ」〔詩篇、第百十九篇第十二節〕とダビデとともに私は言わねばならない。その検討をしないで、人間たちの作り話と神の法を見分けることがどうしてできよう。「悪人ハ私ニ作リ話ヲシタガ、アナタノ掟ノヨウナモノデハナカッタ」〔詩篇、第百十九篇第八十五節〕。

世界の内ではすべてのものが循環しており、宗教とて例外ではない。東方はかつて異教の中心地だったが、その後キリスト教の中心地になり、今日ではマホメット教の中心地である。本章の主題にふさわしい特別なことといえば、異教徒の後を継いだ古代のキリスト教徒が異教徒の宗教を嘲笑したのと同じく、キリスト教徒の後を継いだ今日のマホメット教徒がキリスト教徒をたえず笑いものにし、憐み、憫笑していることである。間違っているのはマホメット教徒か、キリスト教徒か。

5

人間は理性によってのみ行動すべきで、神でさえ理性という道を通じてしか私たちに働きかけない。神は心に熱を吹き込む前に精神を照らす、と神学者たちも認める。信仰は聞くことによると聖書は言う〔ローマ人への手紙、第十章第十七節〕が、信仰が私たちに生じるのは神がしかじかの真理を啓示したと人々が私たちに言うからだという意味である。したがって信仰は理性を前提とし、理性が黙するのは信仰まで導かれた時だけでなくてはならない。つまり、神は無謬だと明かしてくれる理性が私たちに啓示を確信させねばならず、その上で初めて理性は盲目的に信じるべきだということである。さて、神はじきじき宗教を啓示しはしないから、或る人が提示する宗教の方が他の人がよそで提示する宗教より好ましいかどうか、私たちはたえず検討せねばならない。人間はけっして無謬ではないし、啓示について教えてくれるのも人間である以上、『真理の探求』の著者〔マールブランシュ〕〔一〕も言うとおり、「人間が教えてくれるものはみなわれわれの理性で検査される」ということは確かだからである。この著者は続けて言う、「人の言葉を鵜呑みにすることは許されない。熱烈且つ荘重に人がそう言うのを聞いたからとて、或ることを信じる十分な証拠にはならない。だいたい、正しいことを言うのと同じ仕方で嘘や馬鹿話を言うことが絶対できないものだろうか。単純だったり弱かったりしてそう思い込まされてしまったら特にそうである」と。いろんな宗教の作り手たちもみな同じように語ったではないか。

シング〔二〕

重大な問題だと何をするにも理由づけしようとして、闇雲な行動はしたがらないものだが〔三〕、宗教についてはそれほど細心にならないでどうしてよかろう。自分が永遠に置かれるはずの状態ほど私たちに利害関係のあるものが何かあろうか。宗教問題では新機軸など何も出してはならないなら、古来のものということが〔真の〕宗教の特徴だったら、イエス・キリストが自分らの宗教をくつがえそうとするのを見てユダヤ人たちはなんと言ったはずか。その転覆は当時目新しいもので、予言されたためしもなく、ユダヤ人は反対に別の顔をしたメシアを待っていたのである。ルター〔四〕やカルヴァン〔五〕はカトリック教徒の間にそれほどの転覆を惹き起こさなかったが、それでも改変者として扱われている。

一民族だけにおしのびで息子を遣させ、それから残りの人間たちを裁判にかけさせ、「お前らに息子を遣《や》ったのに」などと言わすとは、キリスト教では神を巧みな詭弁家、こすっからい三百代言とでも思っているらしい。

6

だから、こと宗教で神意に正確に沿おうという心構えを持つためには、自分の予断を神のため誠心誠意犠牲にすることから始めねばならない。シング 子供の頃から崇敬と愛着を吹き込まれたものを、ほとんどの人は力いっぱい熱心に支持する。〔六〕私たちに対して何か権威を持っていたり、私たちが信用したりしていた人から教わったものは、私たちの脳に深い痕跡を刻んでおり、自然が一定の思念をその痕跡と結び付けるから、そういう思念を消せる人、理性だけが喚起する別の思念を形成できる人は少ない。本当はそこから始めるべきなのだが、傲慢と損得と予断が宗教問題では三つの障害となり、それを乗り越えられる者は少数である。

シング 善意で誤謬を犯したままそこから脱する手段を持たない者は神の慈悲と慈愛に望みをかけるべきだが、自分の蒙を啓《ひら》きたがらぬため、横着でものぐさなため誤謬の内に留まる者は震えおののくべきである。〔七〕ほかのことではすばらしく良識を具えた人が、平然と非常識なことをして、妙な服装をしたり、一回転や半回転をしたり、声を上げ下げして何か喋ったり、パンのかけらと戯れてはそれを見せたり隠したり、祭壇を上がったり下りたりまた上がったりする図があらゆる宗教に見られるとは驚くべきことではないか。

7

キリスト教に留まれば自分にはなんの危険もないなどと言う人は、そんな科白はキリスト教に対する罪だということを見落としている。キリスト教が信じるように義務づけるのは、この宗教に従えばなんの危険もないということではなくて、この宗教に従う義務があり、従わぬ者は地獄に落とされるということだからである。それに、ほかの宗教の人も同じ言いかたをする。トルコ人はこう言う。父祖の宗教に従っていれば自分にはなんの危険もない、父祖の宗教は自然の宗教だ、しかしキリスト教徒が三重の神やパンのかけらの中にいる神や人間になった神、要するに理性の正しい光と対立するあれやこれやを信じるとあらゆる危険を冒すことになる、たえず神から発するこの光に反する教理に従うのはあらゆる危険を冒すことだ、と。だから、自分の宗教を検討せねばならないのである。

8

宗教をうちたてるには啓示が必要なことをいつの世にも人々は実にはっきり認めてきたから、宗派の作り手たちはみな、自分が他者に教えることは神が啓示してくれたのだと自慢した。しかし、神が一人にそれを啓示したなら、同じことをほかの者たちに啓示するのも朝飯前だったろう。〔被造物を〕維持する時も啓示をする時も、神は到る所に臨在する。だから、神が啓示したというのが本当かどうか、また誰に啓示したかを検討せねばならない。一定の運動には一定の印象が結び付くけれども、諸君が受け取ったのは自分の宗教は真実だという印象が結び付く運動だけだった。この宗教をそういうものと信じないことは、それらの運動の原因を検討しなければできないだろう。

物柔らかということは気質から来るもので、穏やかな気質の特徴である。カンブレの大司教ド・フェヌロン氏〔八〕はモーの司教ボシュエ氏〔九〕に物柔らかに反論したし〔一〇〕、聖ヒエロニムス〔一一〕が聖アウグスティヌス〔一二〕に反論したのも〔一三〕、聖パウロが聖ペテロに反論したのも〔一四〕、異端者の洗礼には三文の値打ちもないと聖キプリアヌス〔一五〕が主張したのも〔一六〕物柔らかな口調でだった。誰もが聖霊の言葉を語っているつもりだが、どんな特徴でそれを見分けるべきだろうか。しかし、大抵は政治的画策で事はきまるのである。私たち人間は、他の人がどれほどペテン師になりえたか、またはたぶらかされえたか知っているではないか〔一八〕。

フォントネル〔一七〕

9

この世界で宗教が一様でないことは誰でも知っている。同じ風土のもとでも、同じ町の中でも、所によって宗教という名のもとに相異なる教義が、全く相対立する教義が説かれている。イギリスで説かれる教義はローマで説かれる教義と相容れず、シナ人の宗教はペルシア人の宗教を排除する。どの社会も自分を無謬と信じて、隣人の宗教に雷を落とす。これほど利害に関わる問題で軽率なやりかたをすること以上に極端な盲目ぶりは考えられない。私たちにあるのは自分の善意と、心配しなくてもいいと言う教育による予断だけだが、大船に乗った気にさせるにはそれだけで十分なのか。同じような善意の例や、同じ安心感を与える教育の例はほかの宗教にも見られるではないか。だから、各自が自分の宗教を検討して、隣人が陥っていると請け合うのと同じ誤謬に自分が陥っていないかどうか見てほしい。結局のところ、真理は検討をなんら恐れぬからである。

だが、何が真の宗教か検討すると恐るべき枝葉末節に踏み込んでしまう、宗教は国の数以上にあるし、しかも真と偽を見分けるためには正確な批評眼と判断力が要る、などと言われる。そんなことを言って目をふさいでしまうのだ。しかし、私たちの誤謬や論過はあらかた、言葉の真の意味を確定するより先にその言葉に基づいて論を立てることから来る。〔一九〕だから、自分の宗教は他者の宗教より好まれるべきかどうか見る前に、宗教とは何か、信じるとは何かをまず決定しよう。そうすればおそらく、恐怖をさそう細部の議論も短縮されよう。

シング

宗教のあらゆる問題は以下の点に帰着する。神が語ったか否か、神が啓示した真理とは何か、である。次章以下ではそれを検討しよう。

第二章　宗教とは何か。真の宗教が具えるべき証拠と、その証拠が具えるべき諸条件について

1

宗教とは、或ることを信じ或ることを行なう義務を神が人間に課して、捧げられるのを望むと人間に啓示した崇拝である。神が啓示も要求もしなかったのに人間が神に捧げる崇拝は、偽りの宗教と呼ばれる。信じるとは、神が啓示したものに自分の理性を従わすことである。だから信仰は神の権威を前提にしており、したがって、頭を使わずにただ信じよと言うことは、神がなんらかの教義を啓示したと、本当に啓示したのかどうか検討もせずに想定せよと主張することで、それではありとあらゆる宗教が権威づけられてしまう。神から啓示されたということが真の宗教の本質なら、神が啓示しなかった時は真の宗教などなくなる。だから、この世に真の宗教があるかどうか検討するのは、人間に求める崇拝を神が人間に啓示したかどうか検討することである。

次のこと以上に明証的な真理を人は知らない。それは、神が私たちを欺くはずはないということである。理由は、神は至善だからというのみならず、欺くことは弱さだが、神は弱さを免れているからでもある。なんたる喜劇を人は神に演じさせることか。いつの時代にも新しい宗教が生まれ、どんな宗教も自分こそ真の宗教だ、神が啓示した宗教だと自慢する。こんな移ろいやすさや多種多様さは神の御業ではない。神は不変で、誰を欺くこともできず、それにまた全能だから、何か神の意志と対立したことを行なう存在はありえない。だから、神の啓示という根拠に基づいて信じることは、神そのものの理性によって、したがってどんな幾何学的証明より明らかに確実な理由に基づいて信じ

ることである。

このように、神の権威こそ信仰の根拠である。それゆえ、あらゆる神学者が聖トマス〔・アクイナス〕とともにこう教えている。神の存在は仮定された信仰箇条ではなく、反対に「信仰ノ対象ニアラズ、知ノ対象ナリ」と。欺きえない者の存在を人はすでに十分確信している、「なぜ信じるのか」と訊かれると「神がそう言ったから」と答えるからだ、と。したがって、信仰は次の二つを前提としている。一、信じるより前に人が神を知っていること、二、神が語ったと人が確信していること、である。予断からしか動かない俗人は、理性の管轄に属するものと信仰に関わるものを区別しない。秘義の内容をあえて検討したりして不適切にも信仰を理性に従わせたり、先生や司牧者から教わったことにあえて疑問をさしはさまない者のように見境なく理性を信仰に従わせたりする。

真の信仰を誤謬と区別するためにはその信仰が自己自身とは別の根拠を持つ必要があるなら、信仰は理性以上にしっかりした根拠を持てない。理性を作ったのは神だけだから。それゆえ、理性は私たちを真の信仰へ導いて、私たちがその信仰を人間の悪意がでっちあげた作り話と見分けるのに役立たねばならない。しかし、理性は私たちを信仰まで案内したら、そこで黙さねばならない。語るとしてもそれはもっぱら、自分は信仰に全面的に従うべきだということを確実に知っていると私たちに言うためでなくてはならない。理性は神を識っており、幻影を啓示された真理と見誤ったり啓示された真理を幻影と見誤ったりするほど危険なことはないのを目にしているだけに、啓示されたということが真実かどうかをますます厳密に検討する。しかし、神が語っていると認めたら、理性は傾聴し黙するのである。

2

先述したとおり、宗教とは神が自分らに求めると人間たちの言う崇拝である。だから、その崇拝を人間たちに啓示したのは神だけでなくてはならない。そうでないと、神がそれを私たちに求めると主張する理由は一つもなくなる。その啓示の証拠は疑わしいものであってはならない。神はあまりにも義《ただ》しいから、そういうやりかたしかするはずがない。しかし、常に神から由来する私の理性が特に一つの宗教へ私を強く傾かせるようには見えない。だから宗教の真理とは、生得的で形而上学的な真理でも永遠の真理でもなく、どこにいても見られ認識できるようなものではない。それは事実に依存する真理で、神が是としない崇拝を神に捧げるおそれがないように、軽々しく信じてはならない真理でさえある。したがって、宗教問題では盲信すべきであるどころか、これほど慎重さが求められるものも、兜を脱ぐのをこれほど渋るべきものもない。それゆえ、真の宗教の証拠は明白で説得的でわかりやすくなくてはならないと言ってよい。

3

私の宗教にほかのあらゆる宗教にも当てはまるような証拠しか、曖昧で不確かで議論もできないような証拠しかなければ、私にはそれを信用せず、それを一切信じない理由があろう。私が特定の崇拝を捧げることを神が望むのであれば、その崇拝を私にはっきり明示するのが神の慈愛と義というものである。そういう真理には私も抵抗できまい。私がそれを学ぶのは、無限に善なる神自身の本性からである。反対に、自分の意志の明白な証拠を神が私に拒んだら、私は神を残酷と思うだろう。神の意志に従おうという心構えが私には十分あって、その意志を探るのも検討するのもひとえに、取り違えをして人間の幻想を真理とみなしたり、真理を人間の幻想と受け取ったりするのを恐れるからにすぎないのだから。

4

人間を経由して私たちに届くものは、どれも誤謬のおそれがある。人間は無謬ではなく、「スベテノ人ハ当ニナラヌ者デアル」〔詩篇、第百十六篇第十一節〕から。だから、神は自らの真理を人間の伝承に依存させるはずがない。神はあまりに義《ただ》しいから、これほど嘘っぱちな理由に私を従わせるはずはなく、神自身から発して、人間が公にするのとは正反対のことを口授している光明につき、人間が他の人間の報告に従うことを求めたりしたら神は残酷だとすら言える。シャロン〔二〇〕『知恵について』第五章第八項を参照。
宗教の証拠は明白でなくてはならない。神に由来する以上悪しきものではありえぬ理性が私たちにはあるからである。さて、宗教について人間たちの言うことにこの理性は対立する以上、私たちは単なる蓋然性に基づいてこの光明を圧殺すべきではない。そんなことをしたら、神が人間にしたいちばん貴重な贈物をひどく悪用することになろう。神に由来し万人の内で全く一様な光明を従わせるには、どんな矛盾もない確実な証拠が要る。真理にはいかなる矛盾もないからである。

　宗教の証拠は明白どころか、それほどこんがらかったものは見られない。キリスト教は純然たる人間の発明だと別のところから確信していなくても、ローマ教会が今信じることがかつて信じたことと同じかどうか知ることはできないだろう。聖書〔や教父たち〕のあらゆる書には、写字生たちの無数の写し間違いがまぎれこんだ。〔一二〕エズラや聖ヒエロニムスのように様々な個人が様々な時代にそういう間違いを改めようとしたし、今日でもベネディクト会士たちが教父らの〔校訂〕版を出す気になっている。教会の初期には、互いに異なる無数の宗派があった。教父たちもいくつかの誤謬に反駁した時は逆の極端に陥った。すべてがまぜこぜなのである。だから、ああいう結構なものは一つとして神の御業ではない。神は自分の言うことを打ち消したりは絶対にしないからだ。人間の業は人間自身と同じく変わりやすいものだが。結果が原因より完全ということはけっしてないから。

5

　真の宗教は偽りの証拠に頼るべきでない。神は不変だから、変化するものはみな神にふさわしくない。キリスト教はかつて神感を受けたにしては、あまりに何度も祭祀を変え様相を変えてきた。アダムやいにしえの族長たちが神を崇拝した仕方は、子孫たちとは大違いだった。モーセがユダヤ民族の様相を一変させ、ソロモンがさらに別の変化をもたらし、イエス・キリストがさらに全く別のものを作り、聖パウロが神はもう生贄を望まぬのを示した。世紀ごとに、公会議ごとに何か新たな宗規がもたらされた。いや、何か新たな教義が、とすら言えよう。誠意さえあれば、誰でもそれに同意するだろう。こういう変化はみな絶対に神の御業ではなく、人間の業であることをあまりにも暴露している。

6

真の宗教の主たる条件、というよりも真の特徴は、神について誤った観念を私たちに与えぬことである。キリスト教にはその条件が全く欠けている。純粋な理性の方が、キリスト教よりずっと神にふさわしい観念を与えてくれる。キリスト教はいつでも神を一人の人間のように示すが、聖書がそんな言いかたをするのは私たちの弱さに合わせるためだといわれる。神を語る時に聖書が用いる表現の滑稽さを、こうして弁解するのである。だが、こんな言い訳は先入主を持つ人しか満足させない。理性によっては分からぬことを分からすために聖書が私たちの弱さに合わせるのはいいし、神の言葉のいろんな性質や偶有性を説明するため譬《たとえ》を使うのもいいが、私が持つ神の観念と矛盾する言葉で神を語ることが私の弱さに合わせることだというのは私には理解できないだろう。

神はあらゆるものを等しく見ており、到る所に臨在すると私の理性は言う。神は万物を維持しており、維持するとは作用することで、どこかで作用するにはそこにいなければならないからだ。作用は臨在を前提とするのだから。要するに、神はどこにでもいるのだし、私はそのことを知っている。なのに聖書は私の弱さに合わせるため、神が地上の楽園でアダムを探し、「アダム、アダム、ドコニイルノカ」〔創世記、第三章第九節〕と呼ぶとか、神がそこを散策するとか、神がヨブのことで悪魔と話し合うとか言うのである。

神は純粋な霊体である、もし物体だったら分割されることになる、と私の理性は言う。なのに聖書は私の弱さに合わせるため、神に腕があると言ったり、人間を語るように神を語ったりする。そのために、テルトゥリアヌス〔二二〕のような一部の古代教父は、神は物体だと主張して、それを証明するのに聖書を使った。

神はどんな情念も抱くはずがなく、無限の予見能力を持つはずで、永遠に不変だと私の理性は言う。なのにキリスト教は、「私は人間を造ったことを悔いる」〔創世記、第三章第七節〕という素敵な言葉を神がひとりごちたとか、神の怒りは無効でなかったとか、神は洪水で人間を滅ぼしたが、人間がその後も同じなのを予見しなかったかのように一家族だけ残しておき、そこから前と全く同じような人間たちが生じたとか教える。キリスト教の歴史によると神は実に無力で、人間を望みどおりにさせられない。はじめは水、次は火で人間を罰するが、人間は相変らず同じである。預言者を遣わしても、人間は一向に変わらない。とうとう、神にはイエス・キリストという一人息子しかいなかったのに、それを遣わさざるをえなくなった。それでも人間はやはり同じなのである。「私が葡萄畑ニナシタ事ノホカニ、何カナスベキコトガアルカ」〔イザヤ書、第五章第四節〕。キリスト教はなんと多くの馬鹿げた手順を神に踏ませることだろう。

それだけではない。神は全能で、その意志以外の意志はどこであろうと成就しえぬと私の理性がいくら言っても、キリスト教はほとんど神自身にも劣らぬほど強くて大きな宿敵を神にあてがう。悪魔である。聖書も宗教も神とそいつの間に不断の闘争を演じさせる。悪魔は神に苦労をかけることばかりしようとし、神からたえず被造物を奪おうとして、「食イツクスベキモノヲ求メテ歩キ回リ」〔ペテロの第一の手紙、第五章第八節〕、それに成功する。神が一人の人間を創造するや、悪魔がたちまちそれを奴隷にしてしまう。敵の手から人間をもぎとるのに、神はなんと苦労したことか。それでも、もぎとったのはほんの数人にすぎなかった。とうとう神は自分の息子をはりつけにしなくてはならなかった。その時初めて、「今コソコノ世ノ君ハ追イ出サレルデアロウ」〔ヨハネによる福音書、第十二章第三十一節〕、今こそ私は戦場を制する、と神は言ったのである。

キリスト教に言わせると、私たちが罪を犯すのはひとえに誘惑による。私たちを誘惑するのは悪魔である。神にその意志があったら、私たちは全員救われたろう。神の息子も死なないで済んだろう。神は全能なのだから、悪魔を絶滅すべきだった。悪魔がいなくなればもう誘惑もなく、したがって罪もなく、したがって全員が救われたろう。つまり、神には私たちを救う気がないのである。

7

神が息子を死なせたのは復讐心を充たすためにすぎなかったら、またその息子が気立てが良くて人間の罪をかぶってやろうと思ったからにすぎなかったら、それもまた理性が私たちに与える神の観念を全部くつがえすものではないかどうか尋ねよう。復讐心は神に似つかわしくない情念だからである。宗教はあらゆる喜劇の内でいちばん滑稽なものを神に演じさせる。神は私たちに命令を下すが、キリスト教の教えるところでは、神が好みの者に与える恩寵がなくては、私たちはその命令を果たせない。なのに神は命令に従わぬ者を罰するのである。

もっと細かい点まで立ち入るつもりなら、キリスト教は神についてほかのいかなる宗教もかつてしなかったほど低級な観念を持たせるということを示すのもそう難しいことではなかろう。異教徒たちがあれほど神の数を増やさなかったら、また神々をあれほど色好みにしなかったら、私たちは異教徒に何を非難できよう。キリスト教徒は神を三重にし、不正にし、無力にし、変わりやすくし、恩寵の創出者としても自然の創出者としても様々な形で自己自身に反するようにしてしまう。こうしたことから、キリスト教を考え出した頭脳はほかの宗教を考え出したものより知力でまさっていなかったというほかにどんな結論を出せよう。

8

キリスト教の証拠は明白どころではない。キリスト教は最初から確かなきまった形を持っていたどころではない。反対に、到る所に見られるのは混乱だけである。キリスト教は生まれた時から実に不確かで、誕生と時を同じうして内部にいくつもの異なる宗派が興ったほどだった。この宗教は神感を受けたものだったら始めからもっとはっきりした、もっときまった形を取ったはずだが、実際は大違いで、反対に時とともにはっきりしていったことが分かる。キリスト教はほかのあらゆる世俗国家と同じ道を辿ったのである。指導者たちもはじめはただの乞食にすぎなかったのに、今では君主たちより上にある。君主に命令する権利があると称しているから。

キリスト教での人間のありかたがよく分かることを、ここでどうしても言わざるをえない。イエス・キリストも使徒たちも、その他教会の初代の指導者も生活の資すら自分で稼がねばならないほど極端な貧乏暮らしをしたのはどうしてかと訊くと、それは富と華美への軽蔑を人々に教えるためだった、という答えが返ってくる。感覚とは全く対立する教えを説きに来たのだから、民衆を説得するには言葉に劣らず自分で模範を示すことが必要だった、と。それではなぜ、現今の教会指導者や司祭たちは、民衆には富への軽蔑を熱心に倦むこともなく説きながら、自分はあれほどがつがつと念入りに富を求めるのか、それはイエス・キリストや使徒たちの足跡を辿ることか、と尋ねよう。それにはなんと答えるだろうか。

次に、イエス・キリストも初代の教会指導者も宗教の秘義をおおっぴらには説かず、イエス・キリストが自分の奇蹟的な受肉を隠し、使徒たちや古代の教父らが聖体を一切語らなかったのはどうしてか尋ねると、それは倹約という賢いやりかたで民衆を手なずけようとしたのだ、と答えられる。さらにまた、教会の指導者である枢機卿や司教があれほど権力を持ちあれほど豪奢な暮らしをするのはなぜかと訊くと、それは民衆を抑えるためだ、民衆は威圧する必要があるのだ、と答えられる。

なんと言おうと、宗教のありかたのこの違い、指導者たちの行ないのこの違いは、民意の変化を表わすものではない。民意は常に同じである。それが表わすのは、教会を統《す》べる人々のありかたが変わったことだ。連中は、富を捨ててイエス・キリストのような貧乏暮らしをした人は馬鹿だったと知って、王侯のような暮らしをしよう、王侯に劣らず放埒で華美な生活をしようと懸命になり、口で説くのと全く逆の行ないをしているのだ。イエス・キリストも使徒たちも君主のまねごとなどさせられたら困ってしまったろう。みんな秘義の滑稽さをあまりにも感じていたため、その精神をまんまと手なずけた者、いくつかの段階を踏んだ上はもう後戻りできないような者にしか公然と秘義を説こうとはしなかったのである。

さらに、かつては隠していた秘義を今公然と説くのはどうしてかと尋ねると、秘義はもう十分知られているから隠蔽しても無駄だろう、という答えが返ってくる。確かなのは、力でそれを支えられるようになって初めて、かつて隠していたキリスト教の秘義を明かしたということである。はじめから神がキリスト教を口授していたら、キリスト教は今よりもっと起源に近かったわけだから、その秘義ももっと公開で広く知られていたはずだし、みなもっと自信を持って、もっと自由にそれを公にしたはずである。今の民衆は豪奢なもので支えられる必要があるとか、かつての民衆はそんなものがなくても済ませられたとか、反対に今日の民衆は昔よりもっと秘義を支持する力があるとか言うのは滑稽ではなかろうか。秘義になじんだ民衆が、司牧者たちの慎しい生活ぶりにはどうしてなじまなかったのか。殺された神、十字架の上で死ぬ神、軽蔑された神、パンのかけらの中にいる神、この上なく不名誉なあらゆる侮辱にさらされる神——そんな神を支持することが今の民衆にできるなら、世の高僧諸公よ、何も心配することはない、王侯のような供廻りがなくても、貴方がたが誰か民衆には難なく分かるだろう。貧しい司祭の手に捧げられて道々を行く神、時と所と季節を問わず歩きまわる神の前で、民衆が跪く様を見るがいい。貴方がたが聖ペテロのような風体《なり》で歩いても、民衆はしかるべき敬意を表すだろう。神は身なりを変えはしなかったが、何世紀も前から民衆は神を見誤りはしなかったのだから。

なんと言おうと、司牧者たちの乱脈、野心、遊惰、淫蕩は、宗教が偽りだという雄弁な証拠である。宗教について余人にまさる知識がこの人たちにあることは間違いないからだ。さて、彼らも十分な確信があったら、この宗教を実行するだろう。実行してない以上、この宗教には説得的な証拠がないのである。

9

初期の宗教はその後より形がきまっていたはずである。その方が源に近かったからだ。それゆえ、こと宗教では、昔はどうだったかいつも参照される。新たな説明をすることもたしかに許されているが、「新タナ言イカタヲシテモ、新タナコトヲ言ッテハナラヌ」というルールがある。にもかかわらず、より不完全といわれる今日のキリスト教徒が、それでも古人より神学者としてすぐれ、もっと多くの教義を知っていることは疑いようがない。

10

今日の道徳はかつての道徳と大違いで、私たちの信仰書も昔のとは全く味わいが異なる。第三天まで上げられたと自慢した聖パウロが道徳のルールを知らないはずはなかったが、この人は十四通の書簡の中で、今日の信仰生活に肝要な助言をただの一つもしなかった。頻繁に秘蹟を授けられることを信者に勧めた古代の本などどこにあろう。正しい告解の条件や聖体拝領への準備の仕方などを信者は教わっていたろうか。反対に、今日の信仰書でそういうことを語らないものがどこにあろう。『霊的戦い』[二三]や『キリストのまねび』[二四]こそ今信仰書と呼ばれるものだが、それに匹敵する本は古代を通じて一冊もないのである。

11

現世ではどれほどの闇が私たちを取り巻いていても、私たちがごく僅かなことしか知らなくても、闇のようなもの、つまり私たちが理解できないものに私たちの同意を求める権利が一切ないことは確かである。われわれの理解力を超えるものが自然の内にもこんなにあるのだから、なぜ秘義を否定するのか、などと言ってはならない。自然の神秘を私が理解できないことから、超自然的な次元にも神秘〔秘義〕があるはずだという結果が出てくるわけではないからである。自然の内に神秘があるのは目に見えるし、それの説明も私は知らない。だから、どうしてそうなるのか分からなくても、それらの神秘は存在すると率直に認めねばならない。そういう自然的な神秘が事実であること、その神秘のいわば本体は確かなのだから。しかし、恩寵の秩序の内にも神秘〔秘義〕がある、とりわけ三位一体や受肉のような特殊にあれこれの神秘があると信じるいかなる理由も私にはない。どうしてそうなりうるのか私に理解できないのみならず、実際そうだと私に納得させるものが一つとしてないからである。

12

救いに必要でない或る種の思弁的真理なら、納得しにくくても、啓示されたのは確かだと見えにくくてもどうということはない。しかし、万人に肝要な真理の証拠は明白で分かりやすくなければならず、そうでなければ証拠など全然ないのである。宗教の説明が難しかったら、宗教は人間の従順さ、忠実さの証拠より、頭の良さや巧妙さの証拠になろう。[二五]

シング

「信仰の確実性は次の原理に依存する。私たちを欺くことのできぬ神がいまし」、私たちが信じるべきものを神が啓示したということである、と『真理の探求』の著者〔マールブランシュ〕は言っている[二六]（この人とともに神学もそう言う）。だから、神が語ったかどうか知るまでは、私は何も信じてはならない。言いもしなかったことを神に言わせるのは極度に危険だから、神が語ったのをもう疑えなくなる時しか私は信じるべきでない。

フォントネル

私の理性は次のことを認識させてくれる。神が人間に語ったのはもっぱら人間の認識の弱さを補うためで、それはこの認識が人間の必要にとって不十分だったからであること、神が人間に言わなかったのはみな、人間が自分で学べたり、知る必要がなかったりするものであること〔二七〕、だ。

こと学問では、みんな真実らしさに満足せず証明を求める。それならどうして、宗教問題で真実らしさに甘んじるのか。デカルトは見えるものしか信じたがらず、目をふさぐのは宗教問題だけときている。愉快な理屈である。宗教問題で目をふさぐべきなら、どの宗教に帰依したらいいのか。あらゆる宗教が我こそは真の宗教だと自慢しているから、選ぶためには明白で明証的な証拠によって納得せねばならない。いずれもそういう証拠を持たないなら、持つ宗教を探さねばならない。目をふさいだら、どうしてそれをみつけられよう。

第三章　聖書について

1

神の言葉は神にふさわしくあるべきである。聖書に満ち溢れる埒もない話、くだらぬ話は、人間の作品であることをよく示している。私たちの信仰の基準であるためには、聖書が不易でなければなるまいし、あらゆる人間に分かる言葉で書かれてなければなるまい。神が求めることを知る不可欠の義務があらゆる人間にあり、あらゆる人間に賞罰を与える権利を持ちたかったら、自分が何を求めるか神があらゆる人間に教えなくてはならないからだ。しかし、聖書はあらゆる意味で間違いだらけである。神について滑稽な言いかたをしたり、無数の弱さを神に帰したり、ヨブのことで神を悪魔と会話させたり、写字生の写し間違いで多くのくだりの意味が一変したりする。ヘブライ語の原文には曖昧なところがいっぱいあるが、あの不毛な言語の単語というのはもともとこういうものなのだ。どんなに正規で正統的な解釈者でもこれは改竄されていると認めるようなくだりがあり、そればかりか、後から書き加えられたくだりすらある。さて、或るくだりが改竄されていたら、別のくだりが改竄されてないと誰が保証してくれるのか。聖書の各書は聖霊から口授されたと誰が保証してくれるのか。イエス・キリストは書を遺さなかったし、新約聖書の一書とてその存命中に書き始められたものはない。マホメットは少なくともコーランを書いたが。

2

聖書の各書は様々な時代にいろんな個人が著わしただけではない。それらの個人が生前、聖霊が霊感を与えてくれて自分が書くことを口授したなどと自慢したためしは一度としてないのである。なんたることか。聖パウロの想像力の中で或る異変が起こったからとて、イエス・キリストの奇蹟なるものに兜を脱がなかった彼がイエス・キリストの死後に改宗する気を起こしたからとて、そして様々な民に宛てた十四通の手紙を書く気になり、その手紙が古人の無数の書のように、同じ党派の人々の間でずっと後代まで保存されたからとて、それらの書を神自身の言葉と認める義務を私が負わされ、そんなことを信じないと気違い扱いされるのか。

3

聖書の諸書が原正典書と第二正典書に分けられることは、ただ人間の気まぐれだけが勝手にそれを神聖化したことを示していまいか。なんたることだろう。或る書を天から来たものと宣言するのも、もっぱら人間しだいなのか。それも、地上で一定期間の修練期を過ごした上でなければできないときている。何世紀もの間、その書は並の著作とみなされてきたのに、それが突然、新たな異端者なるものに反駁するため引用するのに適したくだりがその書にあるからという理由で、この本は神聖化され、神感を受けた書の列に加えられるのだ。聖書のいくつもの書にこういうことが起こった。中でも、最後の二つのマカベ書〔二八〕がそうで、それは煉獄を証明するためその章句がいくつか引かれるからである。実際、どんな世迷い事でも人間は神格化できるものだ。必要に応じていろんな肩書を自分のためにこしらえる権利があれば、全世界の支配者にもなれよう。

4

本来なら、イエス・キリストは聖書の各書を自ら授け、生きているうちにこれがそうだと決めておくべきだったし、それのみならず、そういう書には写字生の写し間違いなど起こらず、他と区別されるなんらかの特徴が具わっているべきだった。そうでないと、良識のあるインド人は聖書の各書を並の本としかみなせない。死者を復活させたりするよりも、こういう奇蹟の方が必要で道理にも適っていた。あの手の神異は本当だとしても見た人にしか役立てなかったが、こういう神異ならいつの時代にも効果を発揮するだろう。

5

聖書の各書を書いた人も、著作を無謬のものとして出したわけではない。いずれにしろ、自分の使命を正当化し、霊感を与えるのは聖霊だと示す義務が彼らにはいつもあったろう。そんな主張をするどころか、この人たちは自分の書を並の本として、さらには特定の民、特定の個人に宛てた著作として遺したのである。書物の数が少ないこと、権威が必要なこと、それに人間的な動機が加わって、それらの書は神格化された。多くの人が本を作っているのを見て自分もそうしたくなった、「物語ヲ書キ連ネヨウト多クノ人ガ手ヲ着ケマシタノデ、テオピロ閣下ヨ、ワタシモ書キツヅッテ、閣下ニ献ジルコトニシマシタ」〔ルカによる福音書、第一章第二—三節〕と聖ルカはテオピロに宛てて率直に言っており、聖霊の神感を受けたと誇るどころか、あらゆることを十分調べた上でしか何も書かないと語っている。

6

聖書の言葉が自然でないのはどうしてか。寓喩と神秘ばかりなのはどうしてか。寓喩と譬《たとえ》は東方の民の好み・文体だからだといわれる。それなら、聖書は私たちのためにあるのではなく、彼らのためにあるにすぎない。聖霊は東方のものではないのか。

7

聖書は所々で神について麗しい観念を与えてくれる。コーランにも同様に麗しい個所はある。だが同時に、聖書は往々神に全くふさわしくない観念も与える。神はありとあらゆる情念を、とりわけ恨みや後悔や復讐心を抱くとする。神は人間を作ったのを悔んだり〔二九〕、ヨブ記では悪魔と話し合ったり、ふざけたり〔三〇〕、地上の楽園でアダムを探したりする〔三一〕。何よりも、先を見通せないことがしょっちゅうあり、随所で作ってはこわし、サウルを選ぶかと思うと捨てたりする〔三二〕。なんたる変わりやすさ、なんたる軽率さか。ヨナタンの話を読んでみよ。神が怒ったのはただ、父の誓いを知らぬあの不幸な息子が少しばかり蜜をなめたからにすぎないのだ〔サムエル記上、第十四章第二十七節以下〔三三〕〕。

聖書は矛盾だらけである。書いた人の精神が自らを支えることも全部を記憶することもできないからだ。或る個所では、父親の罪で子供を罰したりしないと神に言わせる〔三四〕かと思うと、別の個所では、自分の復讐がどんなものか末代まで思い知らせてやるなどと言わせる〔三五〕。

8

聖マタイが書くイエス・キリストの系図を聖ルカが書く系図と一致させることはいつまでもできないだろう〔三六〕。イエス・キリストが死んだのは三時だと或る福音記者は言うが、別の福音記者は六時に死んだと言う〔三七〕。モーデュイ神父〔三八〕はその福音論で、これは写字生の写し間違いだと言っている。この難点に関しては、そういう逃げ口上ほど合理的なことは何も言えない。解釈者たちも、聖書には写字生の写し間違いがあると認めるのにやぶさかではないからである。ただ、そうなると聖書を、同じ不都合があるほかのあらゆる本と同列に置くおそれがあることに解釈者たちは気付かない。事実について写字生たちが写し間違いをしたら、教義についても写し間違いをしたと思うのを誰が妨げよう。すると、私たちの信仰は写字生たちの想像力しだいということになるのか。

こういう難点はみな教父たちも感じていた。彼らは実に巧妙な聖書の説明をしたけれども、結局のところ服従心と謙虚さが大いに必要だと認めた。神性を敬えば敬うほど、人間の作り話を神の言葉と取り違える危険をますます避けねばならない。私が聖書を批判するのは、これほど神らしくないやりかたで創造主を語らせたり行動させたりしたら創造主に払うべき敬意を傷つけると思うからにすぎない。神感を受けた書を選び出すのは人間の気まぐれしだいだった、などと言うのは滑稽である。

9

旧約聖書には、神が族長たちと言葉を交したと書いてある。モーセは「人ガソノ友ニ語ルヨウニ、顔ヲ合ワセテ、謎ヲ使ワナイデ」〔出エジプト記第三十三章第十一節および民数記第十二章第八節〕神に話したとすら言われている〔三九〕。それでも、新約聖書は私たちの誤りを正し、そういう対話は天使を介してしかされなかったと教えてくれた。つまり、聖霊は旧約聖書で本当のことを言わなかったか、新約聖書で嘘をついているか、どちらかしかない。古人は一度も神と話しなどしなかったら、神に欺かれていたのである。神と話しをすると得意になっていたのだから。それでも実際は天使としか話しをせず、天使が神自身のように彼らの崇拝を受けていたのだ。

聖書が教えるところでは、アブラハムは何度も神と話しをしたが、中でも九十九歳の時、それで六度目だが神がアブラハムに現われて、二人の契約のしるしとして割礼を命じたという〔四〇〕。神の姿が消えると、アブラハムは侍女のハガルに産ませた息子のイシマエルや家族全員とともに割礼をしてもらい、天来の掟として割礼されるよう子孫の皆に命じたからである〔四一〕。

10

神は嫉妬深いと聖書は言う〔四二〕。ここでその表現を批判するつもりはないが、訊きたいのは、カトリック教徒はなぜ聖人たちに神自身が持つ完全性を帰するのか、または帰するように見えるのかである。聖人たちに捧げる崇拝のことは言わないとしても。彼らは聖人たちに祈るけれども、まるで人の心の内に起こることが聖人たちに見えるかのようだ。聖人になったからとて人間の本性が変わったわけではなく、広大無辺という性質を神は誰とも分け持たない。キリスト教徒はいつでも神を国王のようにみなしている。何か恩恵を求める時は国王のところへじかには行かず、誰か寵臣を介してそれを得ようとするものだから、神にも寵臣がいるようにして、恩恵を求める時はその寵臣に言い、彼らの口利きでそれを手に入れるべきだったのだ。

11

今日の神学者は最低の者でもこと宗教では聖書そのものより正確な言いかたをする、などというのは不合理ではないか。イエス・キリストは父ほど偉大でないと区別もせずに単に言うのは異端だが、それでも聖書はそう語っており、イエス・キリスト自身が「父ハ私ヨリ大キイカタデアル」〔ヨハネによる福音書、第十四章第二十八節〕と言っている。これは民衆を誤らすものではないか。このくだりに基づいて、イエス・キリストは父なる神より劣るとアリオス

〔四三〕派が主張したのはもっともではないか。不正確で、健全な神学と全く対立する言いかたは聖書に満ち溢れている。

12

聖書が神に人間と話しをさせても驚いてはいけない。悪魔とまで話しをさせるからである。そんな会話はいずれ劣らず神の観念と対立する。神を国王のように、父親のように、主権者のようにみなすのにいつまでも飽きないのか。神は自分自身としか話しをせず、近寄りがたい光の中に住んでいる。私たちを形作るに際し、私たちの行動に役立つはずの器官を神は残らず与えてくれた。私たちは運動の規則によってしか動けず、その規則の作り手たりうるのは神だけである。だから、そういう会話が私たちの抱く神の観念と別の点で抵触しない場合ですら、その会話で神が私たちに何か言うことがあるだろうか。イエス・キリストは悪魔に誘惑された、悪魔は彼をさらって高い山の上へ連れて行き、この世のありとあらゆる栄華を見せて、「ヒレ伏シテ私ヲ拝ムナラ」〔マタイによる福音書、第四章第九節〕あれを所有させてやろうと約束した、と聖書は言うが、これほど馬鹿げたことはない。そういう笑うべき話がコーランに載っていたらみなトルコ人を嘲るだろうが、キリスト教徒の間ではこれが世にもすばらしいこととされている。

13

自分の命令を守らないと神は私たちを地獄へ落とすだろう、と聖書は一方で言うくせに、もう一方では、神の恩寵がなければ私たちには何もできない、「私カラ離レテハ、アナタガタニハ何一ツデキナイ。ソレハ人間ノ意志ヤ努力ニヨルノデハナク、タダ神ノアワレミニヨルノデアル」〔ヨハネによる福音書第十五章第五節およびローマ人への手紙第九章第十六節〕と言う。神から離れてはできないことをしなかったからとて、神が私たちを罰するなどと考えられようか。なんたることであろう。神は一方で、自分の恩寵がなければお前たちは何もできぬと私たちに言いながら、もう一方では、神なしにはやれないことを実行しないと私たちを虐待し、私たちを優しく叱りすらし、必要なかぎりの助力をお前たちにしなかったのは私のせいではない、「私ガ葡萄畑ニナシタ事ノホカニ、何カナスベキコトガアルカ。――イスラエルヨ、汝ノ滅ビハ汝カラ来ル」〔イザヤ書第五章第四節、ホセア書第十三章第九節〕と言うのだ。なんという矛盾であろう。こんな発明には人間の手がなんと感じられることか。神が強力で私たちが神に依存するのを見せたい時は、神の力強い慈愛から来る特別の助力がないと私たちは何もやれないと言うくせに、神の義を語ろうとする段になると、私たちの不幸はみんな私たちのせいだと言うのである。

14

神が人間に語ったのなら、それは人間が自分では知りえぬことを教えてやるためにすぎなかったろう。だから、聖書が私たちに教えてくれるものは、救いのために知る必要がありながら私たちには見抜けぬものだけでなくてはならない。聖書の内には無駄なものがなんと沢山あることか。ヨブやユディットの話、その他歴史家たちから教えてもらえる沢山の話をわざわざ教えてくれるために神が語るというのだ。そんな話を教えようとして神が御苦労にも語るなどというのは滑稽ではないか。

15

教えるのを目的とする文書が持つべき主たる性質は明晰さである。「戒律ハ教エラレルダケデヨク、飾ラレルノヲ拒ム。」聖書では人間の精神が神の精神を補わざるをえず、神の語りかたを和らげたり、神はもっとうまく言えたはずだと白状したりするのは驚くべきことだ。聖書を説明するというのは、こっぴどく神を侮辱することでないかどうか尋ねよう。神が語ったのなら疑いもなく正しい語りかたをしたはずで、聖書が正しく語ってなければ、たえず説明の必要があれば、それは神の言葉でないからである。また、人間がする聖書の説明を私が信じなくてはならないなら、私を教えるのはもう神ではなくて人間なのだ。

16

虹は神が平和のしるしとして与えるもの、と聖書は言う〔四四〕。無知なユダヤ人にうってつけの話しだ。海のまんなかや丘陵地帯や砂漠へ流刑にされた悪党らが見る現今の虹はどこから来るのか。そういう場所では往々にして、虹を見る者は一人もいない。

17

列王紀下には同書上にあるようなメラブではなくミカルとある、とカイェタヌスは指摘した。〔四五〕聖マタイはゼカリヤと書くべきところを、誤ってエレミヤと書いた。〔四六〕聖マルコは自分の引く文章がマラキ書にあるのにイザヤ書にあると断言したし、〔四七〕イエス・キリストは六時にもピラトから判決を下されたにすぎないのに、やはり間違って三時に十字架にかけられたと書いた。〔四八〕アルパクサデの息子がカイナンで、カイナンの息子がシラだと聖ルカが言うのも誤りである。シラはアルパクサデの甥ではなく息子だと創世記に書いてあるからだ。〔四九〕アブラハムが買った洞穴はシケムにあったと言うのも間違いである。洞穴はヘブロンにあって、アブラハムはそれを、モーセが書いているようにヘテ人の子孫のエフロンから買ったのではなく、シケムの息子ハモルの子供たちから買ったのだ。ハモルはシケムの息子だと言うのも間違いである。創世記の記述は全然逆で、ハモルはシケムの息子ではなく父とあるから。〔五〇〕

第四章　イエス・キリストについて

1

イエス・キリストはマホメットと同じように人間だった。アジアやアフリカの住民の旺盛な想像力は彼らを神がかりにするのに大いに与っており、だからエルサレムは預言者を沢山輩出したのである。イエス・キリストがしたことを見ると、そう信じよといわれるとおりの人だったとは納得できない。この人が来たのは私たちに教え私たちを救うためだったとされるけれども、彼はどちらもしなかった。何も教えず、誰も回心させなかった。使徒は十二人いたが、内一人は彼を裏切り、強力な腕が彼の身柄をつかまえると、ほかの者も彼を見捨てた。いざとなると現実が想像に勝ったのだ。

2

人々に教えを垂れるため神が人間になったということがありえたとしても、あんなに不十分にしか義務を果たさなかったのをイエス・キリストに許すわけにはいかないだろう。この人が実際私たちに教えたのは道徳上の二、三の見解だけで、それも彼以前に異教徒たちがもっと説得力のある、もっとはっきりした形で説いていたものである。宗教上の教義をこの人は何ひとつ説かなかった。信仰上の主たる真理を調べてみても、イエス・キリストはそれについてついぞ一言《ひとこと》も言わなかった。自己の生誕の奇蹟も説かず、三位一体や秘蹟や原罪を一度も語らなかった。それでも、この四つはキリスト教の根本的な点なのである。率直に言えば、イエス・キリストが人々に教えを垂れたりしなかったこと、その行脚があらゆる旅の内で最も絵空事な、それどころか最も無益なものであることは間違いない。しかし、これは驚異だ、天的なものだと人は言う。

3

神は人間たちを実にいたわるので、自分が誰なのか彼らにあえて言わない。イエス・キリストは自分が何者か一度としてあえて言わずに、地上で三十年過ごした。大胆になったのは死ぬ前の三年間だけだった。それも、ついぞはっきりは語らなかった。人間としてのイエス・キリストには、自分は神でもあると言う不可欠の義務があったのに。そう言わないと一生の間、特に沈黙を守った三十年間人々を欺いたことになり、人々が神に負う義務を何ひとつ自分に対して果たさず、時には自分を馬鹿にして犯す瀆神の罪もみな自分だけがかぶることになってしまう。なんということか。神は地上へ来たのに、そこでなんにもしないのか。それでも、神は地上で何かするため人間になったのであろう。自分が来たのを示す記念物ひとつ、本ひとつ、痕跡ひとつ神は人々に遺さなかった。先入主を持つ一部の人間の言うことを私は信じなければならないのか。その連中ですら、イエス・キリストが死んでから約三百年後のニカイア公会議（三二五年）で、初めてこの人を神格化し神と宣言したというのに。

4

神に由来する私の理性は、神は一人しかおらず、その本性は無限で、神は神性を持つ一つの位格《ペルソナ》をなすと言うが、いや三つの位格《ペルソナ》をなすのだと人は言う。さて、そのとおりだと信じるために最低限してもらいたいのは、この理性を与えてくれ、そんなことはありえないとこうもはっきり見せてくれる当の者が、そのとおりだと言って請け合ってくれることである。それを私たちに教えるため神は地上へ来たのに、それを全然教えてくれなかった。だから私は、一部の者が言うことを鵜呑みにして偶像崇拝に陥る危険を冒すべきでない。

イエス・キリストは死ぬ前に御業をなしとげたと福音は言う。それでも、これほど不完全なものはない。なぜなら、（一）人間たちはこのメシアなるものが来る前と同じ状態にあるから、（二）イエス・キリストは私たちの信仰のどんな点もきめなかったが、御業をなしとげたのなら、逆にあらゆる点をきめておくべきだったから。イエス・キリストの死後何世紀もたって、キリスト教はようやく完成したにすぎないからである。しかし、キリスト教を教えるためにわざわざ地上へ来たのなら、神はそれを教えたはずだし、人間たちのどんな議論も批判も免れる不壊の性格をそれに付与したはずである。だが、そんなことは一切ない。聖書は寓意だらけで、解釈者や註解者を必要としている。重ねて言うが、これは神の手になるものではないのだ。（三）さらに、神が人間を介して私たちに教えようとしたとするなら、神はその人間たちに霊感を与えたはずだが、実際は逆で、イエス・キリストが使徒たちをひどい誤りの内に放置したことは聖書に常に見られる事実である。聖霊を受けた後でさえ、使徒たちはみんな間違えやすかった。聖パウロは聖ペテロの誤りを証明した。〔五一〕ならば、ついでに指摘しておけば、二人がそれぞれ別々にいろんな誤謬を説いたおそれもある。さて、宗教上の事柄について二人は論争していたのだから、聖霊から霊感を等しく受けてはいなかったのである。（四）世界公会議は一回ごとに何か新しい教義を私たちに教えてくれた。だから、イエス・キリストは御業をなしとげたわけではない。こんなに多くの矛盾は神の手になるものではないのだ。

5

イエス・キリストは会堂へ自ら行ってユダヤ人の供犠の空しさを説くどころか、ほかの者と全く同じようにした。聖処女も聖ヨセフも浄めの日には彼と一緒に犠牲を捧げた。〔五二〕イエス・キリストは良き祭日には会堂へ行き、ほかの民とともに供犠に加わった。〔五三〕神は人々に教えを垂れるため地上にいたのに、彼らに何も言わず、彼らと同じようなことをしていた。

6

キリスト教によるとイエス・キリストとは何だろうか。人間になって、十字架上で死ぬほど自らを卑しくしてくれた三位一体の第二位格である。そんなことをしたのは父の義《ただ》しい怒りを満足させるため、神と人間の仲立ちをするため、私たちの始祖の罪を消し、これからはそれにふさわしい崇拝を神に捧げさせるためだった。「言葉ノ数ダケ誤リアリ」である。というのも、（一）イエス・キリストが父を満足させるため私たちの罪をかぶってくれたと言うことは、父の意志とは異なる意志をイエス・キリストの内に認めなければできないし、したがってイエス・キリストは父と同じ神ではなく、したがって父と同じ本性を持たないことになるからである。意志が違うのは本質が違う証拠だから。（二）ここでは父〔なる神〕を逆上した人、子〔なる神〕を気立てのいい子供と、一方を侮辱された者、他方を犠牲にされた者とみなさざるをえまい。なんという弱さであろう。なんたる役を神に演じさせるのか。（三）神が子の死を命じることは、子を死なせたユダヤ人の罪を命じなければできなかったろう。或る原理から出てくる帰結を全部見られるというのはなんと仕合わせなことか。（四）仲立ちというのは、両当事者双方の弱さを前提とする。だから、イエス・キリストが神と人の間の仲保者だと言うことは、私たちのみならず神の内にも不完全性を認めずにはできない。キリスト教徒は自分の原理を往々にして忘れてしまい、帰結を全部は見られない。イエス・キリストが私たちを和解させたのは三位一体の第一位格としての自分の父とではなく、神とである。彼は神と私たちの間の仲保者だから。さて、イエス・キリストは自分の父と同じく神である。故に、彼は神との間の仲保者にはなれない。それでは自分自身との間の仲保者になるから。

7

「イエス・キリストは自然の病《やまい》と無秩序を知り尽くしていたので、考えられるかぎりわれわれに最も有益で、自分にも最もふさわしいやりかたでそれを直した〔五四〕」と『真理の探求』の著者〔マールブランシュ〕はいくたの教父とともに言う。この言葉の内にどれほどの予断があることか。神が自然の無秩序を直すと言うのは、神が自然を作りそこなったと言うことである。職人が作ったものを直すのは不完全だからにすぎない。一度にうまく作っていたら、何も直すものなどないだろう。それに、この世界でイエス・キリストがした改革とはいかなるものか。なんと言おうと、人間は昔と変わりない。異教の哲学者たちも、少なくともイエス・キリストの道徳に劣らぬほど清らかな道徳を説いた。〔五五〕キケロの『義務について』を見るがよい。

供犠で神を宥められると言うのは神の観念に反するし、滑稽である。神の目からすれば、供犠で滅びるものなど何もない。人間はいつでも神を自分自身に則って判断する。人間は傷つけられると復讐をして満足する。復讐は敵を弱め、時には滅ぼすからである。さて、てっきり神を傷つけたと思い、自分は神の復讐を僅かしか受けたくないと、人間は自分の身代わりとして動物を生贄に捧げるべきだと考えた。しかし、神が求めるのは製作物の保全であって破壊ではない。しかも、イエス・キリストの犠牲には異教徒の供犠以上に神にふさわしくなく、神のあらゆる属性とさらに対立するものがある。

四千年以上もの間、人間は神に喜劇を演じさせている。神に動物の犠牲を求めさせ、次には、そんな犠牲は全く無駄だ、欲しいのは自分の子の犠牲だけだ、などと言わせる。神はそんなことを古い律法〔旧約聖書〕では何も言ってないが、使徒たちが新たな律法〔新約聖書〕でそのことを公にした。処刑された者に通常抱く侮蔑の念を民衆の精神から遠ざけるうまい秘訣ではないか。

十字架による犠牲は正真正銘の喜劇である。イエス・キリストは人間のように苦しみ、「ポンテオ・ピラトノ治下デ苦シミヲナメ」、人間として死んだ。しかし、人性が御言葉と結合した瞬間から、イエス・キリストがこの上なく幸福だったということは信仰に属する。イエス・キリストの栄光が民にはねかえるのを防ぐためには全能なほどの努力が要ったし、〔光り輝く姿への〕変貌は奇蹟どころか、逆に奇蹟の中断にすぎない、と教父という教父が教えてくれる。では、イエス・キリストはどうして十字架の上で苦しむことなどできたのか。苦しんだのでなかったら、私たちはどうしてあがなわれるのか。イエス・キリストが苦しんだと言われるのは隠喩にすぎない、神が後悔すると聖書にあるのが比喩にすぎないのと同じだ、と答えられたら、キリスト教には現実のものが何もなく、全部が隠喩で、したがって信者の想像の内にしかないことが分かってしまう。

人は神に私たちを救うためできるだけのことをさせる。「ホカニ何ガデキタカ」〔イザヤ書、第五章第四節〕。受肉もさせるし、苦しみをなめさせもする。だが、神が望んだら、私たちは全員救われるはずである。神の意志が無効に終わることはありえないからだ。それゆえ、神は私たちを救う気がないか、それとも喜劇を演じているか、どちらかである。神学者たちもこの難問を言葉の上でしか解決できまい。

9

復活なるものの後、イエス・キリストがユダヤの民の前に姿を現わしたら、異論はみんな終熄したろう。イエス・キリストが復活後四十日以上も地上に留まりながら、民を避けたとは考えられない。彼が地上へ来たのは、人々を教導し自らの神性を教えるためにすぎなかったのだ。また、それほどたやすいこともなかったのである。民の前に姿を見せればそれでよかったわけで、そうすれば民もさぞかし彼が何者か分かったろう。自分の復活を説けと使徒たちに命じ、彼らを目撃者にしたとは滑稽ではないか。どうして自分が姿を見せなかったのか。必要な目撃者は民だったのだ。目撃さえしたら、民も彼の神性を納得したろう。

イエス・キリストの生誕と死、復活と昇天にはなんたる喜劇があることか。復活するには死ぬ必要があったし、来たのも立ち去るためだった。教えを垂れた三年間というのは何か。それもなんたる教えか。こういう珍妙な喜劇を、人はえてして神に演じさせる。処女マリアを形の上で死なせ、しばらくして復活させて天へ昇らせたりする。それでも、死ぬという手続が要ったのだ。人に知られるためにイエス・キリストが来たのなら、なぜそうしなかったのか。自分を明示するために来たのでないなら、なぜ来たのか。

10

苦は快よりも神に名誉あらしめられるだろうか。イエス・キリストの苦しみが神に名誉あらしめたなどとなぜ言うのか。神は苦の作り手であると同じく快の作り手ではないか。人間は自分と似た子供を作りたがる傾向があるため、自分がそうだから神もそうだといつも判断し、子なる神を承認した。それどころか、神は自分に象《かたど》り、自分の似姿としてわれわれを作ったなどと悦に入った。

11

イエス・キリストの復活を説くのを、使徒たちはなぜ昇天と聖霊の降臨まで待ったのか。ほら見なさい、と言える時に復活を説くべきだったのだ。

12

イエス・キリストはこんがらからすことしかせず、いちばん単純な方法をなおざりにした。イエス・キリストは処女から生まれるはずだと預言者たちが予言していたといわれる。また現に処女から生まれたともいわれる。だが、それを見抜けた人がどこにいたのか。その処女には亭主がいたからだ。そうなったのは悪魔を欺くためだった、と教父たちが真面目くさって言うとは驚きである。しかし、あんなに頭のいい悪魔ですらイエス・キリストがメシアなのを見抜けなかったら、どうしてユダヤ人にそれが見抜けたなどと言うのか。悪魔でさえなんにも分からなかったのだから、預言はよっぽど分かりにくかったのだろう。

イエス・キリストが来たのは、その時代に暮らす大衆は言うまでもなく、末代までの子孫にも教えを垂れるためだった。なのに、そういうことはしなかった。私たちに教えるため、彼は何を遺したのか。教会である。つまり、私たちと同じ人間である。それも当時は、全く非理性的なごく少数の人にすぎなかった。

イエス・キリストと使徒たちが新宗教の導入を始めた人間くさいやりかたはこんなものだった。「私ガ来タノハ〔律法ヤ預言者ヲ〕廃スルタメデハナク成就スルタメ」〔マタイによる福音書、第五章第十七節〕だとして、新しい宗教を古い宗教から引き出し、イエス・キリストが死んだ時にはすべてがなしとげられていてシナゴグは悪魔という悪魔へ渡されていたのに、なおかつ使徒の全員も初代のキリスト教徒もユダヤ教徒と同じく会堂へ神に祈りに行っていたのだ。「ペテロトヨハネトガ午後三時ノ祈リノトキニ宮ニ上ロウトシテイルト」〔使徒行伝、第三章第一節〕とあるし、教えを説く際も彼らはまだ「アブラハム、イサク、ヤコブノ神」〔同、第三章第十三節〕と言っていた。

13

モーセの律法は峻厳の法だったが、新たな律法は慈愛の法だったといわれる。アナニヤとサッピラの例はその逆を証明している。聖ペテロがアナニヤを死なせたのは許すとしても、三時間後にサッピラが来た時、聖ペテロはなぜ、「女ヨ、アノ地所ハコレコレノ値段デ売ッタノカ。ソノトオリカ」〔使徒行伝、第五章第八節〕と彼女に訊いたのか。そんなことは知っていたではないか。アナニヤの例だけで十分ではなかったか。慈愛の法のもとで人を殺すべきなのか。聖ペテロは逆に、慈愛をこめて彼女にこう言うべきだった。奥さん、嘘をついてはいけません、神はさっき御主人を罰したのですよ、と。

第五章　教会と公会議について

1

教会は人間の結社にほかならず、宗教が違えば教会も同じ数だけある。カトリック教会を真の教会とみなせと諸君は言うが、そんな同意を私に求めるだけのどういう特徴がそこにあるのか尋ねよう。カトリック教会は無謬と称するけれども、その特徴を私に正当化してくれねばならない。無限の認識を持たねば無謬たりえぬはずだが、それでも教会はさような認識を持つどころか、教会の決定には無数の矛盾がみつかる。対蹠地〔地球の反対側の場所〕があると言った人を破門する教書などもある。そう言われるとみな後退して、次のような主張にたてこもる。教会は事実問題では無謬でない、無謬なのは権利問題だけだというのである〔五六〕。だが、そんな区別が教会の弱さから来るのは見れば分かる。事実問題では間違いを犯せるとするのは、そこでは教会の虚偽を証明するのがたやすいからである。事実は立証されるものだが、権利問題では意見が十人十色だから。

本来なら、教会は事実問題でも無謬たるべきであろう。ここでは権利が事実と結び付いているからだ。イエス・キリストが到来したのは事実である。聖霊が降臨したのも事実である。また聖パウロに十四通の書簡を口授したのも事実である。初期にいたあれほど多くの福音記者の中で、ただ四人にしか聖霊が霊感を与えなかったのは事実であり、四人以上でも四人以下でもない。さて、事実問題で教会が間違いを犯せるなら、聖書とイエス・キリストの存在を疑う理由が私にはあることになる。

教会にはほかの集まりと区別されるはっきりした特徴が全然ない。そういう特徴は必要だった。人間はみな神の製作物ではないか。あの連中よりこの連中を神が愛するなどと思うのはなんたる虚栄か、というよりはなんたる狂気か。この御立派な説によると、わが子の内で或る者だけをわけもなく贔屓するあの盲目な母親のようなものとして神を考えざるをえなくなろう。

2

特別な民族として神が自分を選んだと思うのは、なんたる自惚れか。ほかの人間もみな神と同じ関係を持つではないか。神が全ユダヤ民族を作るためアブラハムの一家を選んだと称するのも、あの民族の自惚れから来るおかしな結果である。君主制の始まりにはいつもきまって何か驚異に類するものがあり、天が必ずそこへ介入するものだ。

3

シング　ローマ教会内のいくたの団体は、改竄された異端的な教理を奉じると相互に非難し合う。教理を闡明し開示する権威はどこにあるのか、法王にか、全体的な公会議にか、別々に見た両者のどちらでもなく、両者が一体になったものにか、という点について全員の合意はない〔五七〕。こういうことが全部確かだったら、どれほどの紛糾が避けられることか。教会はカトリックつまり普遍的という栄誉を自負する。それでもこれは、外部にいる者とくらべればごく小さな集まりにすぎないし、イエス・キリストもそれを「小サイ群」〔ルカによる福音書、第十二章第三十二節〕と呼んだ。

善意のインド人がヨーロッパへ来て大声を上げ、神の啓示が真実だと誰が私に保証するのか、貴方がたの誰が無謬と言うのか、と訊いたとする。するとローマ教会が現われて、無謬なのはわしだと言う。インド人は傾聴しかけるが、ただ前もって、無謬だというどんな証拠を出せるのか尋ねる。聖書だと教会は答える。でも聖書とは何ですか、とインド人は問う。神感を受けた本だと教会は答える。どんなしるしでそれが分かるのですか、とインド人はさらに言い返す。わしが保証するんだ、と教会は答える。善意に劣らぬ良識がインド人にあったら、それ以上何か訊くことがあるだろうか。

4

誤謬は一朝にして形成されるものではない。だから、教会は徐々にしか確立されなかったし、秘義の数も昔は今ほど多くなかった。神は教理を啓示したなら、こんなやりかたはしなかったろう。教会が辿った道はきわめて人間くさいものである。最初に民をたぶらかしたのは印刷術などない時代、想像だけが支配して、いかに常軌を逸した妄説でも支持者をみつけた時代だった。いろんな説があるということが時代の好みだったのである。最初はまず、無欲めかした外見と、驚異に類する教えによって欺いた。民衆は感覚に反するような宗教を信じないどころか、感覚に反するからこそその宗教を好んだ。感覚を反撥させなかったら、その宗教には何も驚異はなかったろう。感覚を助長するにせよしないにせよ、仕方がどうあれ民衆には驚異が必要なのだ。自分を超えるように見えるものを民衆は好み、感覚できないことを言われると偉くなったような気がする。十字架にかけられた人を示されたのは事実だが、十字架にかけられたその人はいろいろ奇蹟を行なったのだ、復活して天へ昇ったのだ、神だったのだ、そういう惨めな状態へ身を落としたのは貴方がたのためにすぎない、と民衆は言われていた。そうやって、思索も検討もできない民衆の同情心と信じやすさを引き付けたのである。

説教師たちは熱烈に語り、彼らが毅然として耐えた死は民衆の憐憫と信頼を掻き立て、殉教者に捧げる崇拝は民衆の虚栄心をくすぐった。その後、知力のある人も何人かこの宗教を信奉するようになった。移り気からか、変人だからか、新党派で頭角を現わしたいからか、生まれつきの宗教の滑稽さを感じたからか、理由はいろいろあったけれども。往々、人は或る悪を恐れるため、もっとひどい悪に陥るものである。しかし、合戦に勝ちたいというようななんらかの特殊な事情から、国王たちがキリスト教に改宗すると約束するや、その約束のため勇気百倍して戦うや、それを見て兵士たちもふるい立ち、今までにないこの手ごわさに敵も驚き撃破されるや、そして最後に国王たちが実際キリスト教徒になるや、それぞれの民はわれ先に追随した。教会が強大になり、民衆相手には保っていたあういう貧しい外見を徐々にかなぐり捨てたのはその時である。国王たちがわれわれの気まぐれに服従してわれわれの教理を信奉するのだから、われわれも国王並の暮らしをすべきだと教会の指導者たちは思った。最後に、教会はまんまとローマを手中に収め、全世界に命令する権利があるといい気になったのである。

5

加熱した想像力にできないことは何もない。妖術師たちは実際に夜宴《サバト》へ行くつもりだし、たまたま落馬した聖パウロは、私の弟子をなぜ迫害するのかと訊くイエス・キリストの声を耳にしたような気がした〔五八〕。恐怖心から聞いてもいないことが聞こえ、迫害者から使徒になり、おそらくは本気で福音を説いたのである。加熱した想像力から彼はその後も第三天へ上げられた気になり、そればかりか、イエス・キリストからじきじき教えを受けたと得意になり、自派の人たちの間でそれを自慢した〔五九〕。聞き手もたちまちこの人を主要な指導者の一人とみなした。こうして、イエス・キリストの生前にはその奇蹟なるものを一つとして深く調べる興味など起こしたことのない男が、落馬のせいで一挙にして回心し、乗馬が下手だという恥を神異に変じたのである。

6

さらに、いかに滑稽な代物でも信者がいなかったためしはない。賛同を受けているといい気になる連中には耳の痛い話ではある。異教徒の宗教もかつては地表を覆っていたし、今でも東洋の広大な地域で保たれている。

フォントネル

昼間なのは太陽のお蔭ではない、と私が信じ込ませられる人を一ダースでも与えてほしい。そうすれば、諸国民全体がその説を信じる見込みもないではない。考えがいかに滑稽でも、それをしばらく維持する方法をみつけさえすれば、そいつは古来のものになり、十分証明されたことになる。パルナッソスの山上には蒸気を発する孔があって、その蒸気に山羊は踊り、人の頭は朦朧とした。もしかすると、それにのぼせた誰かが何を言うのか分からずに喋り出し、たまたま何か本当のことを言ったかもしれない。するとたちまち、その蒸気には何か神的なものがあるにちがいない、未来を知る術が含まれているにちがいないということになった。人がその孔へ近付くのもうやうやしい態度でしかしなくなり、儀式が徐々に形成された。こうしてデルフォイの神託が生まれたのである。それの起こりは頭をふらふらさせる蒸気にあったわけだから、巫女《ピュティア》も預言する時は狂乱状態になる必要がどうしてもあった。神託がひとたび或る場所で確立されたら、やがて千個所もで確立されるのは理の当然である。神々があそこでたしかに語るなら、ここでも語ってなぜいけないのか。事の不思議に心を打たれ、そこから期待する効用に飢《かつ》えている民衆は、あらゆる場所に神託が生まれることしか求めず、次にはこういうあらゆる神託が古来のものとなり、世にも有難い結果が生じる。付け加えれば、神々や神託が最初に制度化された時期には、無知はその後にくらべてずっと甚しかった。哲学はまだ生まれておらず、どんなに常軌を逸した迷信でも哲学から反対されることは全然なかった。民衆と呼ばれるものが十分啓蒙されたためしなどないことは事実なのである。〔六〇〕

7

教会は一から十まで信仰を支配しており、聖書の権威に服従するのは見かけにすぎない。古来の祭祀に教会は勝手に何か加えたり、そこから何か減らしたりしたから、やったことを聖書に抵触せずに押し通せる便法を思い付いた。教会は聖書に従うと言いつつも、同時に、聖書を解釈するのは教会の仕事だと説くことである。こうして、聖書は教会が言わせたいことしか言えず、聖書が無内容な名誉ある肩書だけ持つ一方で、教会が至上権と絶対的な独立性を持つことになった。国王顧問会議できまる王命と同じである。単独のキリスト教徒が聖書を読み聖書を検討するのではない。彼らに代って教会が聖書を読み聖書を検討し、自分が教えることは聖書から引き出したものだと言うのである。それを信じるのが諸君の仕事で、信じなければ地獄落ちだ。自分の教えに諸君を従わせようとして教会が使うまい手である。こうして教会は、自分自身が解釈する聖書によってしか裁かれぬと称する。或る人が法に従いはするが、自分以外の誰もその法を解釈し検討し読むことすらもまかりならぬと言うようなものだ。だから、聖書は全面的に教会に従属している。聖書は伝承に従うが、伝承は全面的に教会に依存するからである。

8

教会の初期にも福音に言わせても、富める者はなんと不幸だったことか。それが今では、教会の実践によるとなんと仕合わせなことか。金持が死ぬと、教会が総出でその人のために祈り、喪服を着用するからである。司祭たちが声を嗄らして叫び、蝋燭が惜しげなく点され、到る所でミサが上げられるからである。みんな金と引き替えにだ。イエス・キリストの犠牲も一度で足りなかったかのように、何千回も繰り返される。ところが貧乏人が死ぬと、粗末な木の十字架だけで葬儀がいとなまれ、死んだ者は墓地の片隅に投げ込まれ、その魂のため僅かな祈りすら上げられない。
シング
それを買う金がないせいである、ただそれだけだ。死者のために祈るとして金を取り、謬見から多大の収入を得るというのは、無知で盲目な民衆に対する背神的なペテン、瀆神的な強制〔六一〕である。

9

公会議も宗教が虚偽なのを証拠立てている。そもそも公会議とは何だろうか。さんざん議論をしたあげく、あれこれの命題を神が啓示した真理として余人に提起しようと互いに合意する、そういう人間たちの集まりである。だから、何が啓示された命題かはっきり言うのは、もっぱら人間の気まぐれに依存することになる。自分の理性に対するそんな権威を人間に与えるとは、道理に適ったことだろうか。そんなことはない。キリスト教は万代にわたって伝えられるべきものだった以上、あらゆる点で確かでなければならなかった。メシアが全部決定しているべきだった。そうでなければ、あらゆることを予見はできぬ人間の弱さの証しである。言われるように聖霊が公会議の司会をしたら、あれほどの画策もあれほどの議論も見られず、会期があれほど長引くこともないはずである。

一国規模の公会議より全体的な公会議に聖霊がより多くいるというのはどうしてか。一国だけではまだ十分聖霊の興味を惹かないのか。興味を惹くにはどれだけの人数が要るのか。それではどうしてイエス・キリストは、「二人マタハ三人ガ集マッテイル所ニハ……云々」〔マタイによる福音書、第十八章第二十節〕と言ったのか。古代の公会議はわが国の聖職者会議の一つだに匹敵しなかった。それでも、前者は無謬だったが後者はそうでないのである。

神はいつでも最も単純な道を通って作用するから、なぜ神にあれほど多くの秘義を探させるのか。神はわざわざ受肉したのに、私たちに何も教えてくれない。神は使徒たちと一緒にいたのに、以前と変わらず馬鹿なままほったらかした。公会議つまり人間たちは私たちが何を信じるべきか教えてくれるが、それは互いにさんざん議論をし、その結果何かについて合意できた上でのことにすぎない。その合意が妥協によることすら多い。両者とも自分の勝ちと言えるような玉虫色の説明をするのである。神がそんな語りかたをするのか。

10

聖霊が教会に神感を与えるとか立ち会うとかいうのは純然たる想像である。聖霊が教会に神感を与えていたら、こんなに多くの悪弊や矛盾が教会内に見られることはないだろうし、対蹠地があると主張する者を教会が破門することもついぞなかったろう。互いに逆のことを言うあれほど多くの教書も見られまいし、二人の法王が相互に破門し合うことも、もっとおかしな話だが、この二人の法王を擁するどちらの派にも聖人がいることもたえて見られなかったろう。聖霊の神感によってしか何もしなかったら、公会議であれほど激しくかたくなに議論はしないだろう。さらに、どんな宗派にも見られるのと同じあらゆる弱点が教会に見られることもないだろう。

11

新手の面倒くさい問題があんなに沢山教会に持ち込まれ、そんなものの形跡が古代にはなんら見られないのに、民衆が学者たちの意見をいにしえの啓示と同様に受けいれる義務を負わされたのは、この学者たちの傲りによる。一部の者の強欲と野心も、彼らの現世利益《やく》に都合の良い色々な教義を持ち込んだ〔六二〕。ローマの宮廷〔法王庁〕は免罪符や赦免への敬意を吹き込んでいる。そういうものを金で買うのをやめたら最後、神はなんびとにも自らの法と、聖霊が教会に口授した法を免除しないと説かれるのである。

第六章　教父と殉教者について

1

古代の記念物を後世の者は神聖視するし、はるか昔のものに私たちはおのずと敬意を払う。アウグスティヌス、ヒエロニムスといった人より学殖も雄弁も判断の正確さも力強さも厳密さもまさるものを書く識者が今ではどれほどいるか分からないが、それでも俗人が天秤の一方にアウグスティヌスの名前を載せ、もう一方に誰か現代の人の名前を載せたら、現代の方へ秤を傾かせるには何人載せる必要があろう。

とはいえ、教父たちも御多分に洩れず人間で、書き物は間違いだらけである。キリスト教徒として語る時さえ、何かの謬見に陥らなかった教父は一人もいない。聖キプリアヌスは異端者の洗礼は無効だと主張したし〔六三〕、聖ヒエロニムスと聖アウグスティヌスは宗教的な事柄について厳しい論争をした〔六四〕。最古の教父たちは父祖の宗教を棄てた背教者で、自らの哲学から来る誤謬や、異教のあらかたの慣習をキリスト教に持ち込んだ。宗派《セクト》が簇生して、党派に加わることが誇りとされた時代だから、教父たちを回心させた奏効的な恩寵というのも実は想像力の異変だった。

2

教父たちは厳密で正確な語りかたをしなかった。演説口調で寓喩的な言いかたばかりした。寓喩は民衆に好まれるもので、民衆は面白がり、それに感心するのである。人はいつでも時代の好み、時代の気質に随《したが》うものだ。寓喩がはやりの時は、皆が皆寓喩を使った。だが、重ねて言うが、寓喩は想像力の文彩《あや》にすぎず、何事も証明しはしない。

古代のものをおのずと敬う俗人は、古代の教父たちを聖霊と交流のあった並はずれた人とみなす。族長たちは神と話し合っていたと信じるのと同じである。民衆はその点で、自分自身を十分高く買っていない。聖書も言うとおり神には依怙贔屓などないことを知らないのである。人間はみな等しく神にとって大事なもので、神は私たちの共通の父だから、私たちと話す以上に古人と話したなどということはないのだ。教父たち、特に〔偽〕ディオニュシオスが〔六五〕『天上位階論』で天使について言うようなことを聖書は言っていない。では、ディオニュシオスはあれほど多くの素敵な話をどこで仕入れてきたのか。

3

殉教の原因は加熱した想像力である。それを認めるには、殉教者を持たぬ宗教などいまだかつてなかったことに注意するだけでいい。宗教の頭《かしら》たちはあらかた非業の最期をとげた。どんな異端にも、自説を擁護するため死に耐えた聖者はいた。私たちがセヴェンヌ地方の「狂信者」と呼ぶ連中〔六六〕も、オランダやイギリスでは殉教者として通っており、連中が信仰を堅持するようはげますため感動的な手紙が寄せられる。人それぞれが、置かれている立場や自分の予断に応じて物事を判断するものである。日本へ行って殉教に耐える者も大方は、良識のあるインド人から異議を呈されると答えられない。それでも、おのが宗教を主張するため命を捨てるのだ。このことは、彼らを導くものが熱狂であって理性ではないのを示している。

4

人が言うのをさんざん聞いたり、或ることを説得しようとしたりすると、そうだと自分も信じてしまうものである。古代のキリスト教徒がいた国々の住民のように生まれつき想像力が旺盛だと特にそうだ。所詮、他人の行ないは自分の基準にはならない。殉教者が命を捨てたのにはそれなりの理由があったのだし、私も納得したら同じく命を捨てるだろう。しかし、彼らが苦しみに耐えた動機が私には理解できないから、想像力だけがその原因かもしれないから、それにまた、どんな宗教にも殉教者は見られる以上、そういう証拠は曖昧なものなのだから、殉教者がいるからキリスト教は真実だという結論を私は引き出さないだろう。殉教者を作るのは大義であって仕置きではないと教父たちも言っていたし、「殉教者ヲ作ルハ刑苦ニアラズ、大義ナリ」というのが宗教的な公理である。だから、殉教者がいたからキリスト教は真実だという結論を出すのは、問題になる当のことを前提に置いているのだ。

初代のキリスト教徒が入信したのは熱狂からにすぎないことを私たちは知っている以上、どんな宗教にも殉教者はおり、この上なく常軌を逸した宗教すら例外ではなく、インド諸国に今日でさえ見られる宗教もそう、フランスから追放された改革宗教〔プロテスタンティスム〕もそうである以上、本当の殉教者とえせ殉教者を区別する特徴をみつけねばならない。

5

殉教者は宗教が真実なのを示す証拠どころか、逆におのがじし、宗教が虚偽なのを示す証人である。自分が啓示したことを信じる者を神が極刑に委ねる、などと言うのは神への侮辱だから。それに殉教者がいたことは、宗教が十分確立されず啓示が不確かだったことを知らせてくれる。殉教者を死に至らせつつも、こいつらは極悪人でペテン師で治安を乱す輩《やから》だからそんな奴を殺すのは神への大の奉仕だと思う——と福音も言う——善意の人間が同じ頃にもいたからである。

第七章　預言と預言者について

1

未来は全く人間たちに隠されている。人間たちにとってはまだ存在しない以上、どんな感覚を通じても彼らの精神の内に入りようがないからだし、それに、存在しないものにはいかなる特性もない以上、万物を存在させる者〔神〕の啓示によるほか人間たちはそれを知りえないからだ。人間たちが未来を知らないだけではない。創造されたどんな精神にも未来は全く隠されているし、それも同じ理由による。だから、悪魔が異教徒たちに未来を明かしたとか、妖術師と呼ばれる連中に今でも霊感を与えるとか思うのは間違いである。そんなことは一切ありえない。これは人間の盲目的な想像力による幻にすぎない。未来のことを言えるものなら言ってみよ、「コノ後《ノチ》キタルベキ事ヲワレワレニ告ゲヨ……云々」〔イザヤ書、第四十一章第二十三節〕とユダヤ人が異教徒に言ったのはもっともだった。だが、その知識の持ち主がユダヤ人の間にはいたのかどうか見てみよう。

あらゆる預言の内にまず観察されるのは非常な混乱、非常な紛糾、切りのない多義と寓喩の連続で、今日の神学者たちもいまだに、預言をどういう意味に解すべきか議論しているのには驚かされる。さよう、どんなに明瞭な預言でも、その意味はまだユダヤ人の間でもキリスト教徒の間でも決定されていないのだ。そのことはじきに指摘するはずである。ならば、預言の驚異とはどこにあるのか。預言が晦渋さに充ちていたら、それを異教徒の神託やほかの民族の預言と区別する特徴がどこにあるのか。結局のところ、預言はどこにでもあるからである。人間たちは昔から驚異的なものを好んだし、自分の弱さを感じれば感じるほど、ますます神異によってそこから脱したがる。さらに預言は、予断を持たぬ健全な精神に何かの印象を与えたかったら、明瞭でどんな多義も免れていなくてはならない。

2

預言が明瞭だったら、その預り手だったユダヤ人は、預言が成就したのを見た時に定めし改宗したはずである。預言者はイエス・キリストの場合の福音記者に相当するといわれる。そういう預言について、ユダヤ人は四六時中思索していた。ところが、あれほどはっきり予告されたそのイエス・キリストが自分らの間にやって来て、三十三年間そこにいても、ユダヤ人はこの人が分からなかった。それどころか、預言者たちが言わんとしたのはこんな奴のことではないと主張すらした。預言が書かれた元の言語を話し解する者、昔から預言の預り手だった者以外、その預言に服すべき人がどこにいよう。カトリック教会なぞが預言の意味をきめるべきなのか。だから、カトリック教会は自分自身の訴訟で裁判官を気取っているのだ。自分のために好きなだけ肩書をこしらえ上げても、自分の想像力は満足させられようが、私の理性を納得さすことはないだろう。

教会の祈禱文を読むと、預言や聖書のくだりを好きなように解釈する十全な自由を教会が自らに与えているのが目にとまる。教会にその権威があるということは信仰に属する、とすら主張される。そういう寓喩的解釈は何も証明せず、寓喩を使う者の気質にもっぱら依存するような代物だから、良識のあるインド人ならそんなものに納得するどころか、理性が反撥するだけである。だが、何より特筆すべきは、教会が聖書に好きなものを付け加えることだ。「主ハ君臨シ、威光ヲマトイ」〔詩篇、第九十三篇第一節〕とダビデは言うが、教会に言わせるとダビデは諸国民に「主ハ王杖モテ君臨シ」と言ったという。それは嘘である。「ダビデガ諸国民ニ〈神ハ王杖モテ君臨シ〉ト言ッテ信仰ノ歌デ唱ッタコトハ成就サレタ。」どんな訳を使おうとしても、ダビデは一度としてそんなことを言わなかった。

3

イエス・キリストは復活後、使徒たちの精神を開いて聖書を理解させてやった、「聖書ヲ悟ラセルタメニ彼ラノ心ヲ開イタ」〔ルカによる福音書、第二十四章第四十五節〕と聖書は教えてくれる。預言を理解するのにこんな奇蹟が要るなら、預言はなんの役にも立たないのである。自然な理性は預言を理解できないはずだし、神は私たちにこういう段階を全部踏ませるより、奇蹟によって一気に私たちをキリスト教の方へ向かせたらずっと早手回しだったからだ。いやいや、神がこんな規則はずれの行動をするのではない。人間がいつでも神に自分と同じような行動をさせるのである。

4

次のようなことを示すため、細々した細部に立ち入るつもりはない。預言はみなしごく晦渋なこと、そこでは何もかもアジア的な熱狂やカルデア人の神秘の匂いがすること、ウルガタにしたがえばはっきりしているように見えるものも、聖霊が啓示した唯一のものたる原文にしたがえば正反対の意味になること、預言だと今日言われるものも自然に起こった事実で、預言的な性格はなんら帯びていなかったこと、だから、ユダヤ民族を全く預言的な民族と私に見させようとするのは滑稽なことだ。そんなことを神は私に求めなかったし、その伝でいったら、ユダヤ民族の行ないの内にマホメットの宗教をまるまるみつけることもできよう。ダビデが年老いてから、肌を温めようとして民族きっての美人の娘の自然なぬくもりを求めた〔六七〕からとて、聖アウグスティヌスその他の教父が、その行動をイエス・キリストと教会の合一や聖処女の純潔を預言したものとみなす義務を私に課す権利はない。

5

ここで立ち止まって、こんなことをお見せするつもりはない。神は寓喩的には振舞わないこと、寓喩は何も証明しないこと、寓喩というのはその現実性をことごとく作者の想像力から得ている一つの文彩《あや》で、宗教のように真剣な問題では特にそうであることだ。論証からも、精神を納得させることしかすべきでないどんな話からも、寓喩は完全に追放される。そういうことを示すのはやめて、ここではただ、あらゆる預言の内でいちばん騒がれるもの、いちばん明瞭といわれるものを検討しよう。こういうものだ。

ヤコブは息を引き取る前に子供たちを全員呼んで、全員に祝福を与えた。ユダの番になると、彼にはこう言った。

「王杖ハユダヲ離レナイダロウ、遣ワサルベキ者ガ来ルマデハ」〔創世記、第四十九章第十節〕と。さて、イエス・キリストが到来した時に王杖はユダから取り上げられた、故にこの預言は成就した、故にイエス・キリストは遣わさるべきだった者だ、と言われる。まず、私たちが「王杖」と訳すヘブライ語の単語をユダヤ人たちが様々に解していることは間違いない。ユダヤ人は逆に、このヘブライ語は迫害、苦患の意味で、ユダヤ人はあらゆる禍から解放してくれる人が来るまでずっと迫害されるだろう、とヤコブは息子に言ったのだと言う。中には、あの言葉はモーセの身において成就した、ヤコブが子供たちに言ったのはただ、お前たちはエジプトでずっと迫害されよう、奴隷の身分から解放してくれる人が来るまでは、ということにすぎないと言う者すらいる。

カトリック教徒の博士たちは、あのヘブライ語の単語は「王杖」と訳すべきだとみな言うが、あのくだりの意味については同じく意見が一致しない。論争の的なのは、「ユダ」という言葉で何を考えるべきかである。

この言葉ではユダヤ民族全体を考えるべきだ、ローマ人がユダヤの支配者になって初めて、王杖は本当の意味であの民族から取り上げられたのだ、と言う者もいる。また反対に、この言葉をユダヤ民族のこととするのは合理的でない、特殊にユダ族だけを言うと考えるべきだ、ヤコブは特別な祝福を与えて、子供たちそれぞれの特殊な性格を示そうとしたからだ、と言う者もいる。付け加えて、「ユダ」という語でユダヤ国民全体を考えようとすると、王杖が敵の手で何度も奪われたことは明らかだし、バビロン捕囚の際などは特にそうだが、それでもメシアは来なかったではないか、と。しかし、王杖がユダヤ人から取り上げられながらメシアが来なかった時代があったとすると、そのしるしは曖昧すぎて本物の預言と言えなくなる、とそういう人は言うのである。

反対に、前の人たちはこう言う。この言葉をユダ族だけと解釈するわけにはいかない、王杖がほかの者の手に渡ってもメシアが来なかったのは歴史を見ても明らかだ、ユダヤ人は士師たちに治められたし、サウロはユダ族の出ではなかった、「人々ガ王ヲ要求シタノデ、神ハベニヤミン族ノ人、キスノ子サウロヲ彼ラニオツカワシニナッタ」〔使徒行伝、第十三章第二十一節〕とある、王国は分割されたが、十一支族の全部が一人だけの王を戴くことになった、メシアが来るはるか前からユダヤ民族を治めるのは祭司たちだったが、祭司たちがレビ族の出だったことは周知のとおりだ、マカベ家もユダ族ではなかった、だから、あの言葉はユダヤ民族全体とする方が合理的なのだ、あの民族が捕囚を経験したのは事実だが、捕囚の中でも相変らず同じ民族の祭司たちが統治していたことは間違いないのだ、と。

こういう人には次のように言い返せよう。ヘロデがユダヤの王だったのに、ユダヤ人が相変らず祭司たちに統べられていたことは新約聖書から分かる、イエス・キリストの受難の際に何が起こったかはみな知っている、ユダヤ人がこの人を殺した主たる動機は、治安を乱す者が自分たちの中にいるのをローマ人が知って、自分らがまだ持つ権力を取り上げはしまいかと恐れたことだった、「ローマ人ガヤッテキテ、国民ヲ惑ワスデアロウ」〔ヨハネによる福音書、第十一章第四十八節と、ルカによる福音書、第二十三章第二節からの合成〕とある、イエス・キリストはアンナスとカヤパ〔六八〕の前へ引き出されたから、王杖は完全にはユダヤ人から奪われていなかったのだ、と。要するにどちらを向いても、公正な精神にはあの預言をイエス・キリストが到来した時代と合致させられないだろう。

6

ユダヤ人の間では、誰もが預言に手を出した。サウルも王に選ばれると、さっそく預言をやり出した〔六九〕。つまるところ、曖昧な預言がどれも私たちを納得させる性格を持たないのは、或る種の暦の頭にある預言的四行詩と変わりないのだ。

7

通常、神秘というのは誤りのしるし、あるいは弱さのしるしである。真理は明らかなものだから。分かりにくい預言を口授するどんな理由が主にありえたろう。誰もが認めるとおり、主はそういう預言をもっぱら宗教の説得的な証拠として与えていたからである。

8

ウェルギリウス〔七〇〕はポリオ〔七一〕を讃える田園詩を書いた。ポリオが執政官の時代に無数の不思議が起こるだろうと言った。

そこで、この詩を註解したキリスト教徒はみな、その田園詩をイエス・キリストの到来を預言したものと見立てる気になった。預言者の列に加えられてイザヤやエレミヤを同僚に持つ名誉が自分にあろうなどと、ウェルギリウスはついぞ思わなかったにきまっている。イザヤやエレミヤの預言がイエス・キリストと関わる度合は、ウェルギリウスの田園詩と甲乙ない。ウェルギリウスがポリオについて言ったことがイエス・キリストに当てはめられるなら、古代の預言者たちが折にふれ言ったこともイエス・キリストに当てはめられる。寓喩はあらゆるものを無数の異なる主題に当てはめるからだ。しかし、重ねて言うが寓喩は何も証明しない。使徒書簡にも福音書にもそういう当てはめが山と見られる。永遠の叡知について聖書で言われることを、教会は実に巧みに聖処女に当てはめる。バビロン捕囚についてかつてエレミヤが発した嘆きの言葉は、エルサレムの最後の破壊に当てはめられる。ユダヤ人の間で当時字義的に当てはめられたことがみな、寓喩によって新しい教会のことだとされる。しめくくりとして実に特筆すべきことを挙げれば、ソロモンが情婦とした淫らな会話がイエス・キリストと教会に当てはめられる始末だ。いくつかのくだりを紹介したいところだが、自分で判断したい人は雅歌を読みさえすればいい。

9

さらに、それだけたったらメシアが来るはずの、ダニエルが言うあの何週なるもの〔七二〕は何だろうか。それは好きなように当てはめられる。それは週年〔七年〕だと教会は言うけれども、週月〔七カ月〕、週世紀〔七世紀〕その他何でもいいと私なら言う。預言者がその説明をしなかったのは、なんにも知らず、人間として語ったからである。神が預言を口授したのなら、預言には明瞭という特徴があって、人間が使う他の曖昧な占いかたとは区別されたはずだ。占い師らは自分の弱さを神がかりな外見で隠す術をみつけた。聖なる三脚台に上がると、もう人間の言葉を話さなくなるのである。だが神は、そういう預言をしたのも人間のためにすぎないのだから、私たちに与えてくれた光明に見合う、神にふさわしい単純な語りかたをしただろう。

10

預言の紛糾の内にもすばらしい助けがあって、人間たちに好まれる。謎解きということである。預言者たちの熱狂は全く人間くさいもので、古代の異教徒たちの熱狂や、聖なる三脚台の上で興奮する女たちの熱狂と変わるところがない。神の行動は狂乱によるのでも興奮によるのでも文彩《あや》によるのでもない。重ねて言うが、納得させようと思ったら預言は明瞭・単純でなくてはならない。

11

「見ヨ、乙女ガミゴモッテ……云々」〔イザヤ書、第七章第十四節〕という預言は徴《しるし》たりえなかった。ユダヤ人は聖処女を並の女と見ていたからである。彼女には亭主がいたし、夫婦《めおと》の自由を行使しなかったのを誰が見抜けたか。預言がなされた時、預言にはそれぞれ或る字義どおりの意味があり、それはイエス・キリストという意味とは大違いだった。

フォントネル

クセルクセス〔七三〕がアジアの全兵力でギリシアにおそいかかった時、アテナイの市民たちはアポロンの神託に諮った。巫女《ピュティア》の答えはこうだった。アテナイの守護神ミネルヴァは、ユピテルの怒りを宥めようと手を尽くしたが駄目だった。それでもユピテルは娘〔ミネルヴァ〕に免じて、アテナイの市民たちが木の城壁の中へ逃げ込むのを黙認してやろうと言った。ケレス〔穀物の女神〕が蒔かれる時であれ収穫される時であれ、母親が大事にしている子供たちがサラミスで沢山死ぬだろう――と。それを聞いて、オイノマオス〔七四〕はデルフォイの神への尊敬心をすっかりなくしてしまった。こう言ったのである。「父と娘が闘うとは実に神々らしいことだ。こんなに相反する好みや利害が天にもあるとはすばらしい。ユピテルがアテナイに腹を立てて、アジアの全兵力を差し向けたわけだな。でも、そうしなければアテナイを滅ぼせなかったら、もう雷霆もなかったら、外国の兵力を借りざるをえなかったら、どうしてアジアの全兵力をこの町へ差し向ける力があったのか。でも、そうした上で、木の城壁の中へ皆が逃げ込むのを許すんだな。だったら、何に怒りを向けるんだ。石にかね。お見事な占い師よ、サラミスで死ぬ子供たちが誰の子なのかも、それがギリシア人なのかペルシア人なのかも君は知らんのだね。両軍のどっちかにきまってるじゃないか。でもせめて、それを知らないことが分かってしまうということぐらいは知らないのか。〈ケレスが蒔かれる時であれ収穫される時であれ〉なんていう美しい詩的な表現で、君は戦闘の時期を隠すんだな。そんなけばけばしい言葉で俺たちを眩惑したいんだろうが、戦闘は種播きの時期か取り入れの時期にきまってることは誰でも知ってるじゃないか。どう見たって冬じゃないからね。こんなやりかたをすれば、何が起こったって言い逃がれできるさ。ギリシア軍が負けたら、ミネルヴァが宥めようとしたのにユピテルが聞き入れようとしなかったと言えばいいんだし、ギリシア軍が勝ったら、ユピテルの怒りがやっとおさまったと言えばいいのさ。木の城壁の中へ逃げろと君は言うけど、勧めるだけで見抜いてはいないね。俺には見抜く力はないけれど、それくらいのことは言えたさ。戦火が及ぶのはアテナイだが、アテナイの市民には船があるから、いちばんいいのは町を放棄して海上へ出ることだということぐらい十分判断がついたろうよ」〔七五〕と。同様にキリスト教徒も、神が善人ないし悪人を罰するにせよ報いるにせよ、イエス・キリストの約束があるのに祈っても効果がなかったにせよ、言い抜けはいくらでもできるのである。

フォントネル

神託に人間の手が入っているのを示す一つの証拠は、答えが多義的で、予見できるあらゆる出来事にそれを合わせる術が人間に具わっていたことである〔七六〕。反キリストがじきにやって来ると千七百年も前に聖パウロは言っていたが、みんないまだに反キリストを待っている。「神ハイエスヲヨミガエラセタ。ソレハ詩篇ノ第二篇ニモ、〈アナタコソハ私ノ子。今日、私ハアナタヲ生ンダ〉ト書イテアルトオリデアル」〔使徒行伝、第十三章第三十三節〕。御言葉の発生を証明したいのなら、この預言はなんとも明瞭ではないか。次の預言も引いておこう。「アナタコソハ私ノ子。今日、私ハアナタヲ生ンダ」〔ヘブル人への手紙、第一章第五節〕。

第八章　三位一体と原罪について

1

良い宗教が具えるべき条件の内に、神について間違った観念を与えてはならぬというものがあるのはすでに見た。さもないと、神は自己自身に反することになるからである。私たちが神について抱く自然な観念は、どう理解しようと神自身からしか由来しえないだけにそうだ。さて、もしも啓示によって、神が自分自身につき、理性によって私たちに与えた観念に反する観念を与えたら、神の行ないには矛盾があることになるが、神がそんな矛盾を犯せないことは私たちがよく知っている。ところで、三位一体は自然が私たちに与える神の観念と全面的に対立する。故に、この三位一体なるものは異教の残滓なのである。神は限りなく単純なことを理性は見せてくれる。だから、神は三重ではない。もし三重だったら、どう理解しようと神よりもっと単純な存在が、つまり位格において三ではない存在が考えられることになるからだ。

2

三位一体における神の発出、というよりは三つの位格なるものは、古人の内でも最も有能な人々が同じ唯一の神を理解した種々の観点にほかならない。プラトンは神の単一性を公然と説く勇気がなかったので、神を善なるもの、賢明なる者、力のある者とみなし、この三つの観点から善、叡知、力という三つの全体を作った。いずれもプラトンの弟子だった古代の教父たちがこの説をキリスト教へ持ち込み、同一の神にのみ当てはまる三つの性質から三つの位格を作ったのである。

3

三位一体は理性と対立すればするほど、神がその秘義を啓示したと私たちに納得させるにはますますはっきりした証拠が要る。もう二度と言わないように、一度だけ繰り返しておこう。神が啓示したものなら、私は信頼して信じるだろう。神が私を欺くはずはないことを知っているからだ。だが、啓示されたということをはっきり証明してくれねばならない。

4

言葉は何も意味しなければ空気の振動にすぎないし、鸚鵡にも物は言わせられる。言葉に支えられるだけで真実な観念に支えられないものは考慮に値しない。言葉遊びや曖昧表現や安ピカ語法が全然重んじられないのはそのためだ。さて、三位一体説はことごとく意味のない言葉にしか支えられない。発生とか発出とか個格とか位格とか。

5

イエス・キリストの神性や聖霊の神性を語るのに古代の教父たちは慎重だったといわれる。まるで、神が人前に姿を現わすのを――その意志があったと仮定してだが――恥ずかしがったかのようだし、人前で私を告白するのに赤面した者は神の前で赤面するだろうとイエス・キリストが言わなかったかのようである。イエス・キリストの神性を古人が全然語らず、ましてや聖霊の神性など言わなかったのは、そんなことを知らなかったからだ。実際、後代にはそれほど遠慮しなくなったのはどうしてか。多神教を吹き込むおそれが減ったからか。しかし、後の時代の教父たちから三位一体を教えられた哀れな洗礼志願者たちは、信仰の面では病弱者、初心者ではなかったか。

6

神はあまりにも義《ただ》しいから、父親の罪で子供を罰したりはせぬ。聖書の中で神は自らそう言っている〔申命記、第二十四章第十六節〕。実際、律法がなければ罪もないだろうが、しかし、律法を教わらなかったら、律法があることを人はどうして知るだろうか、と聖パウロも言う〔ローマ人への手紙、第七章第七節〕。そういうくだりが聖書にあるのだから、それを踏まえて尋ねよう。子供が生まれる前のことだから、神は何ひとつ子供に命じていないのに、どうして子供は有罪たりうるのか、と。

7

人間はいつも、自分がそうだから神もそうだろうと判断する。自分を傷つけた者を罰するのに人間には苦痛を与えるという方法しかないから、苦痛は罰だと人間は思う。こうして、自分が現に苦しんでいるのを感じることから、自分が何か犯罪を犯し、それで苦しみを招いたのだと思い込む。しかし、どんな行動もできないような頃から人間は苦しみを味わうもので、したがってその苦しみに値することを自分ではしえなかったということが経験で分かるから、誰かほかの人が自分に苦しみを招き寄せたのだと想像するが、万人の父たる者以上にそれにうってつけの人は見当たらない。こうして遡って行き、人間は自分の悲惨の源をみつけるのである。こういう論結に人間は大変慣れ親しんでいるため、財産をなくしたり、父から子へと続く何かの病気にかかったりして不幸な目に遭う一家を見ると、そういう出来事を何か個人の罪が招いた結果とみなしてしまう。こうして、寒さ、暑さ、死などといった一般的な禍には自分らが全員見舞われるのを目にするため、こういう素敵な贈物は自分らの共通の祖先が招き寄せたものだと人間は想像したのである。

人間たちは、祖先が罪を犯したのだと一般的に言っただけにはとどまらなかった。その罪の性質まで個別にきめようとした。そして、誤謬は自己を支えられないものだから、アダムという最初の祖先が神の命令にさからって林檎を食べたのだと言う者もいれば、この祖先はプロメテウスといって天から火を盗んだため、われわれの嘆く禍がいっぱい詰まった箱を持つパンドラを神々が遺したのだと言う者もいた。古代のことを多少とも知っていて先入主を持たない人なら、これは異教徒がユダヤ人から剽窃したものではないと認めるだろう。ユダヤ人の本が異教徒に初めて知られるようになったのは七十人訳〔七七〕が出て以後で、その頃ですらごく僅かしか知られなかったと請け合っていい。印刷術がなかったため、本はそうそう出回らなかったし、聖書のような大部の本は特にそうだった。さて、プロメテウスの神話は七十人訳以前から異教に流布していて、ギリシアの最古の著作家たちもそれに言及している。

それでも、苦痛は罰なのではない。苦痛が私たちの共通の祖先が犯した罪の罰だったら、その罰が万人平等なのが神の義というものであろう。皆が等しくその祖先の身において罪を犯したからである。なのに、罰が不平等なこと、子供の場合ですらそうであることは否定しようがない。或る者は生まれつき目が見えず、或る者は生まれつき足が不自由、或る者は生まれつき物が言えない。身体的な禍が人間の間で多種多様なばかりか、欲念や無知もそうである。だから、罪への罰も私たちの間では度合が千差万別といわれるのだ。

苦痛が罰なら快感も褒美でなくてはなるまいが、それには誰も同意しない。では、快感と苦痛はどこから来るのか。見抜くのは難しくない。苦痛とは、感覚といういちばん手っとり早い方法で、私たちの体に害を与えるおそれがあるものを避けさせるために、自然の作り手が私たちにする警告なのである。私たちが火のそばにいる時、火というものは私たちに有害であるかないか知ろうとしたら、大がかりな推理をせねばなるまい。火の本性と、自分の身体機構の今のありかたを認識せねばなるまいし、今あるより鋭い目がなくてはなるまい。そんな議論を感覚が全部打ち切りにしてくれる。寒さを感じる時は、火が私たちの血液に適当な運動を与えてくれるから、私たちは喜んでそこに足を止める。暑さを感じる時は、火のために血液の運動が増して不快になるから、私たちは火を避ける。すべては快苦によって機械的に行なわれるのだ。自分の保全にとっても社会の保全にとっても、快感の有益さは苦痛に劣らない。私たちとの関係でこの世に起こることがみな、自分個人の保全と社会の保全という二つを動力にしていることは間違いないからだ。

別の問題へ立ち入らないように話を戻すが、快苦なしにはやれないような社会に有益なことを私たちはどれだけしていることか。軽蔑が惹き起こす苦痛も、称讃が掻き立てる快感も、それぞれ社会に無数の利益をもたらす。重ねて言えば、火に近付くことが必要な時、私たちを火に近付かせるのは苦痛であり、火のそばに引き留めるのは快感である。火のそばへ連れてきた上で、今度は私たちをそこから追い払うのは苦痛である。私たちに食事をさせるのも苦痛と快感だ。要するに、少し考えれば分かるとおり、快苦は褒美でも罰でもなく、私たちにとっても社会にとっても悪いことを避けさせ、いいことへ赴かせるのにそれ以上手っとり早い方法を自然の作り手はみつけられなかったのだ。考える以上に私たちが機械的な行動をしていることが、ここからも分かるにちがいない。

8

自然の無秩序や、神がそれを改めたとされることなどは、神の内に不完全さがあるしるしであろう。出来そこないのものしか改めはしないが、神が出来そこなうことはありえない。人間は壊敗しているわけではない。そうだと主張するのは、作り手の限りない叡知と力を攻撃せずにはできないことだ。人間は本性からしてそうあるがままのものである。本性とは神が設けた秩序で、したがってこの秩序は悪しきものではありえない。人間を改めることなど、非常な不都合に陥らずにはできない。人間が死ななかったら、全員が地球に入りきれるだろうか。私たち個人個人はどうなるのか。迷いから覚めよう。死も自然の秩序に必要なもので、考えるほど大きな禍ではない。私たちがどうなるか神は知っており、私たちも宇宙の秩序に寄与しているのだ。間違いないのは、私たちが地獄の焼けぼっくいになるわけではないことである。

神は全能ではあるが、その全能の力の対象は矛盾を作り出すことではない。さて、物質の本性にしたがえば、人間は今あるようなものでなくてはならず、いまだかつてそれ以外ではなかった。物質の本性は人間の罪なるものが犯される前から決定されていて、物質の本性がそうなのは神の意志によるにすぎない。だから、人間が今あるようなものなのは物質の本性によるにすぎないのだ。実際、物質は可分的・可入的で、固い物が柔らかい物を分けへだてる。物質はみな運動の規則に従うから、したがって人間も本質的に死ぬものである。体がある以上、人間は可分的なものだからだ。人間の死も、私たちが嘆くその他諸々の不都合も罪が原因だというのは嘘である。自分が現世で置かれる状態について真剣に考えてみる気があったら、自分の不幸なるものが自分の想像力にしか依存しないことが私たちにも分かるだろう。私たちは他人を支配したがり、自分の地位を高めてくれるものがないと不幸だと思う。地位を高めるには富が必要だが、その富が不足すると自分を不運とみなすのである。

9

悪へ向かう私たちの性向なるものは最初の祖先が犯した罪の結果といわれるが、これはどこから来るのだろうか。神から来るか、私たち自身から来るか、他の被造物から来るかである。（一）神から来ることはありえない。神は何も悪いことをしないからである。最初の祖先の不服従を罰するために神がそういう性向を私たちに与えたと言うわけにはいかない。そんな傾向は罰としておかしなものだ。その傾向に随う時に私たちは快感を覚えるからだし、それのみならず、悪しき性向を与えて私たちを罰することなど神にはできないはずだからである。（二）私たち自身から来ることもありえない。私たちは様々な性向を自らのために創造し自らに与えることはできず、現にある性向を完全に捨て去ることもできない。そんな力がもしあったら、私たちは自在に自分を改められるだろう。さらに、その性向は私たちから来るなら、あらゆる人間に見られるはずである。（三）諸々の被造物はたしかに、自分の能力を現実化させるべく私たちを決定づける機会にはなれるが、私たちの外部にある以上、私たちに能力も性向も与えられない。だから、悪しき性向など私たちにはないのである。どんな傾向でも神から来る以上良いものなのだ。私たちは時に、他の被造物との関係ではその傾向を悪用するが、そういう用いかたを悪いと思わせる状況があっても根本的には何も変わらず、私たちが悪い傾向と呼ぶものも神が与えてくれた本能で、それが私たちのあらゆる行為に始動を与えるのである、自分個人の保全のためであれ、社会の保全のためであれ。

人間だと悪といわれる傾向と同じものがほかの動物にも見られる。してみると、私たちの犯罪への罰が、私たちと同じくほかの動物にも及んでいるわけだ。人間は動物の頭《かしら》だと想像されるから、人間がした悪い行ないのため動物たちも痛い目に遭わねばならなかったのだ、などと主張するのは馬鹿げている。自然に問い質せば、こんなグロテスクな想像の滑稽さを感じさせてくれる。動物たちは宇宙の秩序が急に一変してさぞやびっくりしただろう。動物は私たちより前に創造されたからである。話は逆で、人間の弱さのために動物が痛い目に遭うことなどたとえてあってはならなかったし、自分の悪を動物が免れているのを見たら人間への罰はもっともっとひどかったろう。

シング　神は全能だから、最善のこと、私たちにいちばん有利なことがなんでもできる。また限りなく善で賢明だから、それをしたことを私たちは疑ってはならない〔七八〕。私たちの想像力が悪いと見るものも、実は正しく賢明に命じられたことだ。主をよく知れば知るほど、私たちはその御業をますます高く買うだろう。神を傷つけ破滅するおそれがあるような立場に人間を置かなかったことこそ、神の無限の慈愛というものだ。

10

壊敗した自然とは何か。自然が昔からあったのとは別な状態にあるということか。創造の瞬間に決定された本質や規則が変わりえたのか。快く感じ快い刺激を受けるのを人間が好むのは、それが自分の本性だからであって罪の結果ではない。林檎を食べることが自分の気に入り自分を決定づけうるように本性からして出来ていなかったら、どうしてアダムはそれを食べることに快感をみつけたろうか。

フォントネル　背教者ユリアヌス〔七九〕が君臨したのはたったの二年で、その短さは天罰とみなされている。ユリアヌスはキリスト教を滅ぼそうとしたからだ。その後を継いだヨウィアヌス〔八〇〕は逆に、異教を滅ぼそう、キリスト教をうちたてようと熱心にやり始めたが、七カ月しか君臨しなかった〔八一〕。キリスト教の確立のため、こんな人が世界に必要だったとは。これは罰なのか、褒美なのか。罰ではありえない。この人はいいことしかしなかったから。また褒美でもありえない。仕事をやりとげなかったから。

11

きまった運動の規則によってしか何も起こらないなら、人間の体もその規則に合致した仕方でしか動かないなら、神はどうして私たちを罰せよう。その規則に随わずに私たちはいられるだろうか。「ワレワレハ神ノウチニ生キ、動キ、存在シテイル」〔使徒行伝、第十七章第二十八節〕。神はどうして私たちを裁けよう。神を傷つけることもできるような自由を人間に与えるというのは、自殺のための武器を与えるようなものだった。もっと大きな善のためにアダムの罪が必要だったと言うのは、神を自分以外のものに依存させることである。ルクレティウスの〔『事物の本性について』〕第六巻冒頭には、「雷はなぜ不敬の徒の上に落ちないのか」〔八二〕とある。

第九章　神について抱くべき観念について。捧げられたい特別な崇拝の仕方を、神は人間たちに啓示しはしなかったこと

1

神はあらゆる存在の内で最も完全なものだ、と私の理性は言う。被造物の内に観察されるあらゆる完全性を、神は卓越した形で含むはずである。そういう完全性の作り手たりうるのは神だけだから。しかし、私たちにとって完全性であるにすぎないものを神に付与して間違いを犯さぬように気を付けよう。人間は通常神を大王のように、父親のように、裁判官のように、さらには権力者のように考える。こういう比較はみな不備でしかありえない。神は人間に当てはまるものより限りなく上にあるからである。

人間は神を国王のようにみなすと、神はあらゆることを自らの栄光のために、「神ノヨリ大イナル栄光ノタメニ」すると言う。けれども、栄光という観念は神に当てはまらない。栄光は全く人それぞれのものである。つまり、栄光は他者の想像力の内にしか存在しない。栄光を得ようとするとは、他人の想像力の内で偉大に見えるように努めることである。だから、その言葉にどんな意味を与えても、栄光は神には絶対当てはまるまい。神は被造物たる人間の想像力より限りなく上にあるから。それゆえ、神は自らの慈愛を発揮するため天国で褒美を与え、自らの義を現わすため地獄で罰を与えると言うのは不合理である。褒美をやる時であれ罰する時であれ、それから尊敬されたいと神が思うような見物人がどこにいるのか。神は自己の完全性のどれかを発揮するために行動するなどと言えば、神は自分と対等な者の称讃を得ようと努めると言わざるをえなくなるし、気が付かぬうちに、神は必ずしも常に幸福ではなかっ

たと唱えざるをえなくなる。自分の無限の価値を発揮するという満足を神が味わえなかった永遠にわたる時間があったからである。天地創造以前には、神は自分自身と一緒にしかいなかったのだから。

2

疑う時は行動すべからずというのが宗教上の鉄則だから、父祖の宗教が真実だという確信がなかったら、神が忌み嫌うかもしれぬ崇拝を神に捧げる危険を不断に冒すようなことはすべきでない。

3

被造物は神との関係で見ることもできれば、自分自身との関係で見ることもできる。神との関係では被造物はみな良いもので、聖書もそう言っている。「神ガ造ッタスベテノ物ヲ見ラレタトコロ、ソレハ、ハナハダ良カッタ」〔創世記、第一章第三十一節〕。被造物は神に全く依存しており、神の意志に反し、創造に際して神の設けた規則に反することが何かこの世に起こるとは考えられない。起こることはみなその規則の連鎖にすぎず結果にすぎない。したがって、神との関係では何も悪いものではありえず、罰すべきものも褒美をやるべきものも一つとしてない。罰せられるのは悪だけだが、神との関係では悪はありえまい。褒美を貰えるのは善だけだが、神だけが作り手である善のほかこの世にはいかなる善もみつかるまい。だから、恐れるべき神からの罰も、期待すべき神からの褒美もなく、したがって宗教などないことになる。

自分自身との関係で見た、つまり自分らの間の様々な関係から見た被造物は、害を与え合うことも互いに喜ばせ合うこともできる。人間の本性に適合するものもあれば、それに害を与えるものもある。だから、知性的な被造物は罰を恐れることで相互に害を与え合わないように仕向けられねばならないし、相互に役立ち合うように褒美で励まされる必要すらある。立場の違いや個人的性質の違いのために、相互に害を与え合うおそれがあるからである。さて、自己保存ほど私たちに利害関係のあるものはなく、自然の作り手が設けた規則によって、苦痛は害を与えるものから私たちを遠ざけ、快感は自分に適合するものへ私たちを近付けるから、私たちは罰が惹き起こす苦痛と褒美が惹き起こす快感によって、感覚を具えた被造物の内に私たちに適合するあらゆる運動を誘発せねばならない。

この術を使って、いろいろ驚くべきことをするように動物を調教するのである。同様のやりかたをした王たちは、無数の新発明でいつも国を富ませたし、その時代にはすべてが栄えた。このように、人を傷つける蝮も、森で人を喰うライオンも、神に背くことはできない。そういう動物が害を与えるのは人間だけだ。だから、人間が彼らに復讐するがいい。できれば彼らを滅ぼすがいい。人間との関係では彼らは悪いものなので、それから身を守るのは人間の仕事である。しかし、神との関係では彼らは良いものなのである。だからこそ、神はあらゆる被造物に、害を与えかねない者から身を守るための自然な武器を与えたのだ。同様に、泥棒は社会に害を与え、人間の間にあるべき秩序と安全を破壊する。それは人間たちを傷つける蝮である。だから、人間たちが泥棒を罰するがいい。調子の悪い機械の部品のように社会から取り除くがいい。だが、その泥棒を作った創造主にとっては、この男の内にも罰すべきものは何もない。繰り返し言うが、私たちは運動のきまった規則によって行動するだけで、私たちの筋肉は諸々の原因によって動くように決定づけられ、俗人がその点をどう錯覚しようと、そういう原因は私たちの気まぐれに依存するものではないから、盗みをはたらいたとて私たちを罰する理由が神にないのは、気が狂ったからとて罰する理由がないのと同じであろう。万物を創造した自然の作り手は、人間に役立つようにそれらのものをこしらえた以上、万物をわがものにする力を人間に残しておいたし、また人間の内に快苦をしつらえたからである。この二つはいまだに人間に必要なものだから。このように、盗みをはたらく泥棒は善をも悪をもなしている。自分との関係では善をなし、他人との関係では悪をなすのだが、神との関係では何をするわけでもない。故に、泥棒が傷つけるのは人間たちであって神ではない。故に、泥棒を罰するのは人間たちの仕事である。泥棒は人間たちを傷つけ、人間たちが自らのために設けた規則に対して罪を犯すからだ。だが神にとっては、泥棒の内にも罰すべきものなど何もない。

人間はいつでも、自分がそうだから神もそうだと判断したがる。自分が罰したり褒美をやったりするので、神も同じく罰したり褒美をやったりするのだと思う。実際は逆に、どちらもできないのが神の本性、神にある真の完全性というものらしい。無限で全能な存在のもとでは、その存在の意志のみが実現されるはずで、自らの意志について神は何ひとつ私たちに説明の義務を負っておらず、私たちがその意志を知ることなどいつまでも不可能である。だから、神には自分自身しか罰する相手も褒美をやる相手もいないのだ。

4

最も完全なものを作ることは神の本質に属する。さて、神を傷つけられるというのは一つの不完全性だから、神を傷つけて破滅することができないような立場に人間を置くことが神の慈愛と叡知というものだったし、神がそうしたことは疑うべくもない。捧げられたいと思う特別な崇拝の仕方を私たちに求めたのなら、神は始めからそれを啓示しただろう。神が自らを開示した仕方は時々で異なっていた、古き律法のもとでは神は人間を奴隷扱いしたが、新たな律法のもとでは子供として扱うのだ、などと言うのは滑稽である。それは人間の想像で、人間は変わるものだが神はけっして変わらない。神は「カタクナナ心ニ」〔マタイによる福音書、第十九章第八節〕時々でいろんなことを許したが、別の時には思い切ってそれを禁じた、などと言うのも不合理である。人間はいつでも同じだったが、時とともに堕落したと言われたり、今の人間は昔の人より完全に近いと見られたりする。古人の「カタクナナ心ニ」は妻を離縁することも許されたが、イエス・キリストの時代のパリサイ派や当時のユダヤ人たちはあまりに不完全だったため、こんな寛容は必要なかったのだとされる。では、父祖より完全に近かったということになる。ことほどさように、矛盾に陥るのが誤謬の誤謬たるところなのだ。

5

私たちはすべてを神の内に見る、神は様々な初源的原理の生得観念を私たちに与えてくれた、全体がその部分より大きいことに世界中の人が同意するのもそのせいにすぎない――と主張する哲学者たち〔マールブランシュなど〕もいる。そういう素敵な想像にここで反駁するつもりはないし、この哲学者たちに次のような質問を浴びせるつもりもない。注意を集中せねばならないものと、それほどの注意が要らないものとあるのはなぜか、万人が同じように見るものがごく僅かにすぎないのはどうしてか、自分の宗教は真実だと善意のマホメット教徒が見るのは神の内でなのか、どちらも長いこと真剣に注意を払った上でも、やはり往々にして人の考えが違うのはどうしてか、などと。訊きたいのはただ、神が特定の宗教の生得観念を与えてくれなかったのはどうしてか、全体はその部分より大きいと教える方が必要だったのか、そんなことなら感覚と経験が教えてくれたはずではないか、ということだ。宗教の生得観念を神が与えてくれたとて、信仰の功徳は同じだろうし、啓示の確実性はそれを増すばかりだろう。いずれにしろ、問題は信じて実行することだろう。というのも、私が求めるのは神が秘義の本体について或る観念を与えてくれるとか、秘義を説明してくれるとかいうことではないからである。そんなことをしたら信仰はなくなろう。求めるのはただ、神が啓示の確実性を与えてくれることにすぎない。真実の宗教が何かこの世にあったら、神はあまりにも義で善だからそうしなかったはずはない。

シング　なんらかの神を信じることはあらゆる人間に見られる以上、けっして偶然の結果でも政略の結果でもなく、ましてや無知の結果でもない。神がなんらかの宗教を啓示したなら、その宗教の信仰箇条もみな同様であろう。人間がなしうる以上のこと、つまり最大の最も真摯な努力をしても及ばぬことを人間に求めるのは、神の叡知と慈愛にふさわしくない〔八三〕。しかし、啓示について確信を抱くことが真に不可能な、または不可能だった人間がいたら、それは啓示などない確かな証拠である。

シング　神の意志を知るのに、私たちには二つの方法しかない。理性と啓示である〔八四〕。理性は多かれ少なかれ万人にあるのに、啓示を知らない人がこうも多く、それの目撃者だったといわれる者すらごく僅かしかいなかったのはどうしてか。それは、理性は実際にあるが啓示はいまだかつてなかったからである。

6

情念で行動する時も人は意志的に行動しているつもりだし、夢を見る時も自由に考えているつもりでいる。狂人は何をするにも自由にしているつもりだし、普段の行動で私たちも自由に行為しているつもりでいる。それでも、体液の一定の運動や身体器官の一定のありかたから人間は情念に駆られ、そのありかた次第で賢くもなれば気違いにもなる。自然は一様なものなのだ。人間は自由だ、人間は自分で自分を決定づける、などと想定するのは人間を神に等しくすること、神ですらやれないものをすることである。決定づけというのは一つの行動だが、人間は自分で自分を決定づけられるなら自力で行動できることになり、人間は神で創造もできることになる。或る種の行動でしか人間は自己を決定づけられないというのはどうしてか。人間は一般的且つ一様な仕方で行動するはずである。つまり、その行動は原因が同一なはずである。機械的な行動が何か人間にあれば、すべての行動は機械的になされるし、自由になされる行動が何かあれば、すべての行動は自由になされるのだ。

人間の意志が欲するのは決定づけられるからにすぎない。意志は自分に善と見えるものへ向かい、善しか好めない。だから、決定づけられることしかできず、善の印象、いや悪の印象すら感じねばならない。時計は巻かれるのに応じてしか動かないが、だからといって時計を巻くべきでないと言えるのか。同じように、人間も決定づけられるのに応じてしか行動しないが、それでも人間のネジを巻き、私たちの利害に応じて人間を決定づけねばならない。懲罰を恐れる心は人間が社会に害を与えるのを防ぐし、褒美は人間を引きつける。自然は宇宙の中で一様にはたらくもので、地上ではすべてが同じ変遷をする。木の葉は散り、人間は死ぬのである。

7

宗教の対象は三つある。神と隣人と自分自身だ。狭義には神こそ宗教の唯一にして真の対象で、あとのものは社会の対象である。私が宗教を打ち壊したいのは、神が人間に啓示もせず、自分との関係では人間に求めてもいない崇拝を打ち壊したいにすぎない。しかし、自分や隣人との関係では、宗教が存続するのも悪いとは思わない。その場合は社会である。

類似の観念と呼ぶ観念でしか私たちの知らないものがある。たとえば、ローマへ行ったことがないうちは、私は類似の観念によってしかローマを知らない。同様に、私たちは類似の観念によってしか神を知らない。

物みな関係である。戦に勝つことは良くも悪くもあり、死刑執行人は良くも悪くもあり、泥棒とて良いことも悪いこともする。私たちに祝い火を焚かせるその同じ出来事のために、敵国では破滅したり悲嘆にくれたりする家がどれだけあることか。泥棒も自分との関係では良いことをし、自分の能力を増している。悪いことをするのは社会との関係でだ。

神が存在するなら崇拝がなければならぬといわれる。しかし、世界は永遠ではないと聖書は教えてくれる。だから、神は存在したが〔天地創造前には〕崇拝などなかったのだ。獣は神にいかなる崇拝も捧げない。もし人間がいなかったら、神も被造物もあるだろうが崇拝はないだろう。

8

宗教が虚偽であることを三つのものが見せてくれる。(一) 宗教が立脚する物理的虚偽、(二) 神についても人間の自由についても宗教が与える偽りの観念、(三) 宗教が命じる手段と、その手段の目的との間にある関係の薄さ、である。

人間が字を書くすべを知らなかったら、いつもあったわけではなく神が教えてもくれなかったそういう手段を思い付かなかったら、宗教上の諸点がどうして人間に分かろう。神が宗教を一つの技術に依存させるなどと考えられようか。その技術はいつでもあったものではなく、宗教ほど古いものでもなく、無数の民族には今もって未知なのである。宗教を学ぶにはこの手段しかない以上、生まれつき耳の聞こえない人はどうして宗教を学べよう。その人は宗教を持たないから、したがって地獄へ落ちるのである。

理性をはたらかせられる人間たちをキリスト教がみつけていたら、キリスト教が確立したのに驚く余地もあるだろうが、それがみつけた人間たちはひどい誤りの内にあった。誤謬は誤謬に席を譲るもので、心の内にいろんな情念が循環するのと同じである。人間を知れば何事にも驚かなくなる。人間は新しいものに弱く、新し好きというだけの理由で往々考えもせずそれにとびつく。使徒たちの説教を聞いた者にも軽信への傾きが多分にあった。

キリスト教は神について偽りの観念を私たちに与える。人間の義は神の義の発現で、それ自体同じ本性のものでなくてはならないからである。さて、人間の義にしたがえば、私たちには神の振舞を非難することしかできまい。自分の子に対するものであれ、アダムに対するものであれ、説教など聞いたことのない諸民族に対するものであれ、洗礼前に死ぬ子供に対するものであれそうだ。だから、昔のキリスト教徒は洗礼をできるだけ遅らせて神を騙すすべを知っていた。洗礼が罪という罪を消してくれるから、天国へ直行できるというわけである。

キリスト教は有能なキリスト教徒たちに異を立てられ改革されたが、そういう人は不敬の徒として、異端者として扱われた。神は人間のためにあるのではない。もしそうなら、神が人間のためにある以上、人間の方が神より高貴ということになろう。人間が神のためにあるのでもない。神は何も必要としないからである。人間が作られたのは神が作りたかったからだ。

9

生涯の最後の瞬間には人間が弱々しい状態になるのが見られるから、その人はもう動けない、したがって功徳も積めないと私たちは言う。そして、人間は不死だと思っているから、じきに裁きを受けるのだと言う。

悔恨は神性の証明にも宗教の証明にもならない。悔恨は一つの内的感情にすぎない。さて、およそ内的感情というものは、私たちが感じること、存在することのほか何物も証明しない。悔恨は予断から来るだけで、予断がなければ悔恨もなかろう。悔恨は教育と、身体器官の特殊なありかたから来るにすぎない。別な原因に由来するなら、私たちから独立して私たちの外部に存在する何物かの証拠であるなら、悔恨は誰にあっても同じであろうし、対象となることも同じであろう。しかし、或ることをして悔恨をおぼえる人も、全くおぼえない人もいる。たとえばキリスト教徒は、コーランを馬鹿にし足で踏みにじっても悔恨などいささかも感じまいが、十字架を踏みにじったら多大の悔恨をおぼえよう。トルコ人なら十字架を踏みにじっても悔恨をいささかも感じないが、コーランを馬鹿にしたり踏みにじったりしたら多大の悔恨をおぼえるはずなのと同じである。

つまり、悔恨は予断に由来するにすぎないのだ。さらに、本来ならば悔恨は、行動の前であれ最中であれ後であれ、時を問わずに起こるはずだが、実際はそうではない。そうではなくて、情念のため精気が激しく揺り動かされ、精気を使い果たして私たちの身体機構が疲弊すると、その時は昔の観念が目を覚ましていともたやすく強い印象を与え、悔恨を惹き起こすのである。

第十章　キリスト教は市民社会に必要ではなく、それを破壊する傾向があり、キリスト教によって正当な限界の内に引き留められる者は意外なほど少数であること

宗教が世界に必要だったら、自分が生まれた宗教の内に生きる義務が各人にあったら、宗教の確かで明らかななんらかのしるしを神が与えたはずなのは間違いない。人の世は何事も移ろいやすく、それぞれの国語も変化するから、宗教の真実性を示す不変のしるしを残してくれるのが神の義と慈愛というものだったろう。自分の意志を神が明示してくれなければ、私たちはそれを見抜けないはずで、神が宗教を啓示しなかった最大の証拠の一つは、証明される必要が宗教にあることである。そんなことは本来あるべきでないのに。

宗教とは本来的には、私たちが神に捧げるべき崇拝にすぎない。ミサを聞くとか、秘蹟に与りに行くとか、三位一体、受肉等々を信じるとかいうことである。市民生活はそんな崇拝から全く独立したもので、だから、神に捧げるべきだとされる崇拝とは関係なしに、良き市民として、良き友人として、一言で言えば君子としての義務は全部果たせる。人間たちは自分の利害からしても、社会が求める義務を万人が自分に対して果たしてほしいと思うから、そういう義務を宗教上の義務と結び付け、市民としての義務と責任を果たすことが神崇拝の一部をなすと称したことは事実である。人を自分に有用ならしめる動機の数をそうやって増やしたわけだ。打算的ではあれ、この政略は賢明なものである。だが、それは真実には基づかない。これこそ自分が求める崇拝だと神が啓示したということをいずれにしろ示さなくてはならないからである。

私たちも先入主を持たなければ、宗教が市民社会にきわめて有害なことが見て取れよう。別の考えを抱けるのは、

無知から宗教を実行する者か、首尾一貫した推理をしない者だけに限られる。キリスト教が命じる富への極端な蔑視は、社会の活力源たる商業を全滅させてしまう。聖書によれば、金持になりたいだけで悪魔の罠に陥ってしまう。「富ムコトヲ願イ求メル者ハ、悪魔ノ誘惑ト罠トニ陥リ」〔テモテへの第一の手紙、第六章第九節〕だ。それでもこの欲求こそが、摂理の素晴しい秩序によって国と国、個人と個人を結び付けるのである。その欲求を世界から取り去ったら、どれほど無活動な状態に世界は陥ってしまうことか。

キリスト教はさらに、知識欲やよろず好奇心を非難する。その気持に打ち克てなければ結婚すべしというのだ。それでも、異性を求める気持をも一切合財非難する。そんな原理はどれほどの無知へ導かないか。また、異性との会話、対話は御法度である。そういう対話で罪を犯すわけでなくても、必ずその危険にさらされる。「冒険好キナ人ハ、ソコニ落チコム」〔集会の書、第三章第二十六節〕である。だから、そんな対話はよほどの場合しか許されない。こういう原理からは、市民社会に有害などれだけの帰結が引き出されないか。似合いでない男女の結婚がどれだけ起きないか。そればかりか、自分が断罪し罰するはずの傾向を自ら私たちに与えたとは、自然の作り手はなんと言われようか。そんなことをした神を義《ただ》しいとみなせるのか。私たちがそれに随うのを防ぎたいなら、そんな傾向をどうして私たちに与えたのか。これほど賢明さに欠ける仕方で神を行動させられようか。しかし、キリスト教が結婚を独身にくらべて不完全な状態とするのを見たら、人はなんと言うだろうか。聖パウロや教父たちがその点について言うのを読んでみたら、キリスト教徒は結婚を恥じねばならないのが分かろう。しかし、結婚がなかったら市民社会はどうなるのか。

さらにキリスト教は、感覚を満足させるのに役立つものをことごとく断罪して、私たちが何事であれ自分の意志に従うのを望まない。こういう自分の意志はあらゆる悪の根源とみなされ、偉いことは実に卑しいことだとされる。さらに、この世の華美と呼ばれるものが軒なみ宗教に断罪される。世にあるものはみな「目ノ欲、肉ノ欲、生活ノ傲リ」〔ヨハネの第一の手紙、第二章第十六節〕だと宗教は言う。しかし、この三つの内に含まれないどんなものが市民社会にあるのか。上っ面《つら》しか見ない連中を言いくるめる色々な区別を使って、ここで私が非難する行き過ぎにつきキリスト教の正当化が図られているのは分かっている。宗教が非難するのは知、快楽、富、栄華などへの執着だけで、そういうものそれ自体ではない、とその手の人は言う。だが、実のところ、或るものへの欲求が禁じられたら、そのものを私はどうして探し求めよう。また、私がそれを探し求めなかったら、社会はどうなるだろう。でも、そういうものを探し求めるべきなのはそこから引き出す効用のためで、それ自体のためではないのだといわれる。こういう最後の逃げ口上が教理の内容に反しないかどうかは検討しないが、どうしてキリスト教は、最も完全な状態とはこういうものを全部すっかり断った状態だと言うのか。また、この完徳を目指して私は全力を上げねばならない、この完徳は神そのもののそれに劣らず霊的なものだ、神はこの世で貧しい身となるためにすべてを捨てた、「ソレダカラ、アナタガタノ天ノ父ガ完全デアラレルヨウニ、アナタガタモ完全ナ者トナリナサイ」〔マタイによる福音書、第五章第四十八節〕などと言うのか。

予断から脱却するだけの力を自分の内に持たず、原理を検討せずに真実と想定する連中は、宗教の道徳から大がかりな帰結を引き出して僧院生活に入ってしまう。つまり、市民社会と完全に縁を切ってしまう。自然と社会の秩序に則って考えればそんな振舞は実に非難すべきだが、キリスト教の規則にしたがえば実に掟どおりのものである。キリスト教は自分の意志に従うことを禁じるが、彼らは服従を誓うからだ。キリスト教は感覚的な快楽を禁じ、異性が目の前にいるだけにせよ、もっと固く互いに結合するにせよ、とにかくそこから受ける印象を契機として神なる作り手が自ら掻き立てる快感をとりわけ目の敵《かたき》にするが、彼らは貞潔を誓い、それればかりか、時には犯罪的な苦行で体を台なしにするからだ。キリスト教は栄華を愛し富を求めるのを禁じるが、彼らは清貧を誓うからだ。彼らはどれほど世間でほめそやされないだろうか。あり余るほどの財産や高名な生まれを捨ててそんな身分になったりしたら特にそうである。市民社会とこれほど対立するものが何かあろうか。自然はこうまで人間の想像に負けるのか。

自発的貧者と称する修道士らは、のらくらした生活を送って市民社会に役立たずなばかりか、それに実害を与えている。連中は清貧を誓い、何もせずにいる苦労の代償として世の人に食わせてもらうわけだから、民衆の単純さが免罪符の架空の財宝を現世の財宝で買うことによって与えてくれるものを、しょうことなしに貧乏な貧者たちから横取りしている。修道士らのこの振舞に錯覚があるのを示すのは、善意からそういう身分になる者でさえ、もっと楽をしたい、もっと多くの財産を持ちたいという気持から清貧の誓いをするにすぎないように見えることだ。大方の者は豪邸に住んでいる。昔からの修道会は広大な領地を手に入れたし、聖ブルーノ会〔シャルトルー会〕の哀れな隠者たち（契約書にある肩書はそうだ）は大金持である。聖ベネディクト会、イエズス会、その他無数の会の修道士については言わずもがなだ。大半は宗教に名を借りて無知で愚鈍な民衆に恥ずべき暴虐を行なっており、主権者自身より勢力があると言っても過言ではない（イタリアやスペインの宗教裁判）。このように、教団の全体は無私無欲などではないと言ってよい。無欲に見えるのは個人個人が貧しいからで、修道士らはその間にも、清貧の誓いをしつつ富を蓄えている。こんなことが続いたら、いずれは彼らが主権者よりも金持になり、さらには主権を奪う見込みすらないではない。

キリスト教徒はみな完徳を目指すべきである。「アナタガタモ完全ナ者トナリナサイ」とイエス・キリストも言った。さて、キリスト教に言わせると処女であることは結婚することより完徳に近いから、キリスト教徒はみな処女であることを目指すべきだということになるし、事実そう勧められる。この原理が偽りなのに気付かぬ人がどこにいよう。そんな原理は自然に全く反するし、繁殖という、人間の創造に当たって神が立てたと理性が教える目的にも反する。さて、世界中がキリスト教一色になって、キリスト教徒が全員その原理に従ったら、どういうことになるだろうか。世界の終わりである。それで人類は亡びないか。婚礼を挙げたその晩に妻を捨て、親の家で乞食同然の役立たずな生活を送った聖アレクシウス〔八五〕がどんなにほめそやされるか見るがいい。この人は大聖人とされ、見倣うべき素晴しい模範として示される。キリスト教徒らがその真似をしたら、社会はどうなるのか。自分の本性を超越するかに見えるものを民衆は好む。処女が称えられるのは、そういう状態が至難で異常なものと普通見られるからである。

一人っきりで暮らし、食事も天から来たかのように孔から受け取ったりするのは、市民生活になんと反することか。要するに、修道士らの生活は社会になんと有害なことか。人間がみんなそれぞれ別々に暮らして、社会も相互の交流もまるでなかったら、互いにいいことをし合うのも不可能になろう。しかし、相互に役立ち合って良き市民の義務を果たすことこそ、私たちを生んだ際神が抱いた目的に適う所以だと思う理由の方が強い。だから、よくよく考えれば、修道士の身分というのはあらゆる身分の内で最も不完全なものなのである。重ねて言えば、民衆が判断するのは自然の傾向に随わないための苦労からだが、疑いもなくそれでは話が逆である。こういう普段の傾向というのは、神が自らの意志を示す明らかなしるしだから。

ほかの人のため神に祈るのに修道士が必要だと思うのは、神の意志をも、神がする被造物の世話をも信用しないことである。修道士が年がら年中祈っているというのは実態から程遠いし、それに民衆も神に祈っているからである。修道士も余人と変わらぬ人間で、特別の性格としては想像が付与するもの、実におかしな特有の服から手に入れたものしかない。神の目から見れば、修道士もほかの人も同じである。神が私たちから祈りを求めるというのが本当なら、自分で神に祈る方が他人に祈ってもらうより神には喜ばしいに相違ない。しかし、民衆はいつでも神を国王と同じと判断したがる。色々な都市は、主権者に対して自分を保護してくれるよう特定の宮廷人に年金を払うものだが、民衆もそれと同じやりかたをする。天にいると思う聖人たちに地上で祈り、贈物すらし、さらに、神に対して自分を保護してくれるよう修道士を養っておくのである。

キリスト教は私たちを現在の幸福からあまりに引き離してしまう。私たちの知らぬ未来の幸福にすべてを関係づけよと言う。しかし、市民社会の効用のためにはこの世で幸福にならねばならない。自然の作り手のやりかたから見ても、目指していたのは或る個人の幸福より人間たち一般の幸福だったのが分かる。私たちもその目論見に沿って、相互に仕合わせにさせ合うよう努力せねばならない。この世に起こることをよくよく観察すれば分かるように、その目論見はちゃんと実行されたら、それこそ個人の幸福を図る確実な道なのである。自然の作り手は個人の幸福をそういう代価でしか与えてくれないように思われる。自分自身にしか役立たぬ者は通常惨めで、その惨めさを摂理は刺激として用い、そういう者を社会に役立たずの状態から脱け出させる。私たちを有用ならしめる状態ほど私たちを富ます。自己愛と人道とさらには自然の方が、宗教以上に私たちを制御するはずで、実際にもそうしている。自分のことを考えてみれば分かるが、虚栄心や諸種の情念は人間を引き留めもすればあらゆるものへ駆り立てもする。悪としての悪を行なえた者などいまだ皆無で、私たちは自分と悪人を混同する余地を俗人に与えるべきでない。

キリスト教は理性の墓場である。「知性ヲ虜《トリコ》ニスル」(コリント人への第二の手紙、第十章第五節)ことで、それは学問の進歩を阻害する。さらに宗教は、約束する来世という見かけのもとに、この世で私たちを不幸にしようとする。要するに、完全なキリスト教徒であろうとしたら無知でなくてはならず、盲目的に信じねばならず、どんな快楽も名誉も富も放棄せねばならず、荒野で一人暮らしをせねばならず、親も友達も捨てねばならず、処女を守らねばならない。一言で言えば、よろず自然に反することをして、自分の富はことごとく修道士にやらねばならない。そうすれば確実に天国へ直行できる、と修道士は約束するのである。

第十一章　最高存在があること、また君子がこの世で守るべき行ない

シング　世界のあらゆる部分の美と秩序と調和をよく見れば、世界はそれを構成する部分とともに賢明で全能な或る存在の手で生みだされたと結論せずにはいられまい。物質が永遠だろうとそうである。〔八六〕世界にあるいかに多くの素晴しいものに私たちは舌を巻かないだろうか。潮の干満、流体の性質、光、色、血液循環、動物の身体各部の働き、部分相互の驚くべき協力——そういうものの真の原因を思い浮かべるより先に、人間精神は力尽きてしまおう。そういうものを見分けるにもこれほどの注意が必要なら、それらを発明するためにはどれだけの叡知が要ったことか。一木一草とて、その構造が作品として素晴しく、作り手に人間以上の知識が求められないものはない。そうであるなら、宇宙が偶然の所産だなどと考えられようか。なんなら宇宙は永遠だと仮定しても、この論拠の力は回避できまい。

　世界を維持することの難しさは、それを生みだすのに劣らない。時はすべてを消尽するし、作用は道具をたえず壊すから、無限の叡知がすべてを見張ってあらゆる事故に賢明にも備えなかったら、また自力では動けぬ物質に自分だけが刻印しえた規則的な運動をたえず維持しなかったら、しまいにはどこかのバネが狂ったり壊れたりするだろう。私たちが見る天体とその連続的・規則的な運動も、或る最高存在の力と実在を納得させてくれまいか。しかし、天文学の知識を持った精神が、周転するああいう広大な物体の正確さと規則正しさを注意深く見回す場合、どんな体系を奉じるにせよ、地球にとって実に有益な天体の運動の規則正しさがそこから来る或る知性的原因にどうしても訴えざるをえない。

『トレヴー新聞』〔八七〕　結果には必ず原因があり、特大な結果は力が特大な原因を前提とすることはどんな馬鹿でも確信している。この点

に関するかぎり、万人の一致はいかなる例外も容れない。万物の或る原因を認めないようないかなる民族もいかなる個人も見当たらない。さて、知性的なものの原因は或る完全な知性で、部分の配置が或る目的に応じている素晴しい構造の作品は或る知性的な原因の結果にきまっている。こうして、知性的な作り手がいることは認められた。同じ常識が教えるのは、その原因の完全性はほかのどんな原因も制限・制約できなかったこと、したがってその原因の完全性は無制限なことである。こうして、世界の作り手は無限の存在と認められた。その無限の存在の内には、叡知・慈愛・力・義、要するにあらゆる完全性が含まれており、また、それが無限でありながら唯一でないということは考えにくい〔八八〕。

『トレヴー新聞』

私たちが神と呼ぶのは最高で無限なこの存在である。この存在こそが、私たちを導くために、万人に見られる理性を与えてくれたのである。先入主を去ってこの理性に随うかぎり、私たちが間違うことはけっしてありえまい。そうしたのが神の摂理というものだ。ではどうして、私たちに本然的だから神に由来するこの光を、他者の光がする暴虐な支配に服させるのか。他人の光に追随したのでは、歩むべき道を歩んでいるという確信をどうして持てるのか。

シング

私の理性は間違うおそれがある。それは認める。でも、ほかの人の理性にも同じ欠点がないのか〔八九〕。君子なら意味の分からぬ話に同意すべきではないし、人から言われることが理性の正しい光と合うかどうかにもよくよく気を付けねばならない。合わない時は、こちらが兜を脱いで、その光と矛盾するものに同意できるということはありえないからだ〔九〇〕。

シング

私たちの理性を超えるものが多々あるにしろ、私たちの精神に刻み込まれているあの明晰で明証的な原理のどれにもそういうものが抵触するとは見えない。物質の最小部分も永遠に分割可能だということを私たちは理解できないけれども、それが私たちの理性に反するなどということはいささかもない。どうしてそうなれるのか理解できないとはいえ、そうだと理性は確信させるからである。私たちの理性が自己の本性の内にみつけるそういう明晰で明証的な原理にじかに反するようなものもある。たとえば、部分が全体と等しいというようなことだ。そんなものを信じたら、私たちが信じること、または認識すること一切の確実性が立脚する理性と精神の明晰な観念を放棄することになろう。

そういう観念は初源的な原理のようなもので、それがないと私たちにはなんらの保証もありえなくなる。〔九一〕

シング　天地創造に当たって神がすでにしたことほど難しい問題はない、と私たちが考えるのもこうした理由による。そこから私たちは、神は可能なことをなんでもなしうると結論せねばならない。神は全能だと私たちが言う時も、そういう意味でなくてはならない。しかし、それ自体として矛盾を含むことや、神の本性や属性に明らかに反することを神がなしうるなどと主張しようとした者は疑いもなく一人もいない。それでも、キリスト教が神にさせるのはそういうことである。誠意さえあれば、みなそのことを認めるだろう。神のはかりごとが不変だというのは、神の叡知から来る必然的な結果である。計画を変えたり何かを悔んだりする者は、自分の見通しが不完全で自分の知恵が不備なことをさらけ出す。神にはいかなる不完全さもないのである。〔九二〕

放蕩や不敬が原因でキリスト教を信じない者もおり、そんな手合は君子たりえない。子供の頃から地獄への恐怖によって悪を禁じられたにすぎないため、地獄への恐怖心がなくなると悪を実行するのを憚らなくなるのである。シャロンの『知恵について』、第二巻第二十八、二十九項を参照。〔九三〕しかし、理性が原因でキリスト教を信じない人もいて、そういう人は極めつきの君子である。彼らを動かすのは秩序の精神で、その秩序の精神によって理性が、名誉心と廉直さを具えることが自分にとっていかに大事か彼らに確信させてくれる。キリスト教が偽りなのを理性によって確信する人には、キリスト教徒を上回る廉直さが本来具わっているはずである。告解は赦しが得られるという保証によって犯罪に許可を与えるもので、赦しを期待すればみんなたやすく犯罪を行なうが、秩序を重んじる几帳面な人は自分の過ちを自分に赦す策などみつけないものである。

シング　本質的に、また永遠に良き行為、君子が実行すべき行為がある。神を認めるとか、自分がされたくないことを他人《ひと》にしないとかいうことだ。そこから結論されるのは、それと反対の行為は本質的に悪いということである。神を愛するかどうか見分けるべき確かな証拠は、神に服従しようという恒常的な固い決意が感じられるかどうかだ。それゆえ、私たちは神自身に由来する理性だけを道案内にすべきで、神が語っていると認めたら理性は沈黙し傾聴せねばならない。私たちが抱くべき神への内的な尊敬は、神の存在と諸属性のしかるべき認識から成り立ち、片や外的な敬意は、神の卓越性にも私たちの神への依存にもふさわしく思われることを私たちがすべて行なうことの内に現われる、というふうにすべきである。〔九四〕

シング　神は万物の創造者にして支配者だから、私たちもまた万物を神が定めた用途に用い、創造に当たって神が目指した目的のためにそれを利用せねばならない。神が与えてくれた理性によって、神の狙いと目論見を認識できるかぎりは、である。だから、いついかなる時もそういうものを悪用してはならないし、摂《と》りすぎて健康を害したり理性を乱したりしてはならないし、どんな仕方であれ、義務を果たすのを邪魔する障害物にしてはならない。同様に、神はいくたのものを万人が用い役立てるように作ったのだから、そういうものが何人かの手に過剰に集められ、ほかの人は生きるに必要なものにもこと欠くということは正しくない。〔九五〕

シング　人間はのらくらするように作られたのではないから、何か仕事に携わり、いつでも社会を目的とせねばならない。神が目指すのは単に一部の個人の幸福ではなく、総じて万人の福利と幸福である。だから、互いの間にどれほどの差異があろうと、人間たちは相互に役立ち合わねばならない。どんなに偉い、地位の高い人でも、いちばん貧しい者の助力と友情をいつか必要とするようなことが起こるおそれのない者はいない。それゆえ、人は互いに恩を施し合わねばならない。忠実さ、誠実さは社会にしごく肝要なもので、すべての人がそこから多大の利益を引き出せるし、互いに幸福にし合うのにそれは大いに貢献する。私たちは自分と同様他の者を愛すべきで、それも、自分を愛するのと同様に心から愛さねばならない。言い換えれば、他の者が今置かれている状況に私たちが置かれ、私たちが今いる状況に他の者が置かれていたら、他の者が私たちにするのが合理的だと私たちが判断するはずのことを、私たちはいつでも他の者にしなくてはならないのである。義務として何かをせねばならない者は、そのことを実行できる立場に身を置く義務も、それを首尾よくやってのけるのに必要なあらゆる手段、あらゆる道具を用いる義務も負わされる。〔九六〕

君子がこの世で守るべき行ないとは以上のようなものである。これは古代の最大の偉人たちがした行ないでもある。

プラトンその他異教徒たちの道徳も、清らかさではキリスト教徒の道徳に劣らない。キリスト教徒がその道徳を実行するのは神がそう望みそう命じると教わるからにすぎないが、もう一方は逆に、理性と自然がそれを吹き込むという理由だけからその道徳を実行していた。だからイエス・キリストが到来したのも、当時壊敗していたとされる自然を改革するためではなかった。こういう道徳説は壊敗した本性のものではなく、イエス・キリストと聖書が教えてくれる道徳上のいかなる点も、異教の内にいた開明的人士のすべてによって教えられ実行されなかったものはない。

シング　では、その壊敗した自然とは何なのか。あれほど多くの賢明な異教徒の例は、最高存在についての十分大きな認識と、良いことだと理性が教えることをする十分大きな力が彼らにあったのをよく示している。心に書き込まれ理性がおのずと吹き込むような掟のほかに、彼らには掟があったろうか〔九七〕。ありはしない。だがそれは、理性と自然が神の製作物なのに、宗教は人間の製作物だからである。

　以上の疑念を私が呈するのは、自分の意見を先入主として持つかたくなな人間、自分を無謬と思う人間としてではない。自分の理性も間違うおそれがあることを私はあまりにもよく知っている。疑念を呈するのは神に由来するその理性の光に随う者、誠実に誠意を以て語る者、蒙を啓かれたいと努める者としてである。自分が間違えたこと、自分の主張が虚偽であることを見せてもらえたら、意地を張らずに降参すると私は誓って言う。そうだ、神よ、語ってほしい。貴方の僕《しもべ》は耳をすましている。「ワガ歩ムベキ道ヲ教エテクダサイ」〔詩篇、第百四十三篇第八節〕と預言者も言うとおりである。教えられたら、自分を創造した者に、最高支配者に捧ぐべき服従と敬意のすべてを以て、私はその道を辿るだろう。

訳註

〔一〕 ニコラ・マールブランシュ（一六三八―一七一五）。フランスの哲学者。本巻所収「キリスト教弁証論者の批判的検討」訳註〔四二八〕を参照。引用は『真理の探求』、『マールブランシュ全集』、パリ、一九五八―一九九〇年、第二巻、三五および五七ページから。

〔二〕 エドワード・シング（一六五九―一七四一）。イングランド国教会チュアム（アイルランド）大主教。四月九日、アイルランド南西部コーク地方イニシャノン村に生まれる。七四年、オクスフォード大学（クライストチャーチ校）入学、七七年学士号取得、在学中の七八年、父の死に際しアイルランドに帰国、ダブリンのトリニティ・カレッジで修士号を取得。シング家は代々イングランドの聖職者の家系に属し、叔父、父ともに伝道のためアイルランドに派遣されたイングランド国教会の高位聖職者であった。叔父ジョージはチュアム大主教、父エドワードはコーク、クロイン、ロス統合教区主教、兄サミュエルもキルデア教区執事となった。修学後シングもコーク教区司祭および執事職に就き、同職を二十年以上にわたって勤め、母、妻と暮らし二人の息子をもうける。多くの説教や宗教的論文を執筆。九三年、ロック『人間知性論』（一六九〇年）の影響の色濃い『紳士の宗教』初版を匿名で出版。九八年、理神論の闘士ジョン・トーランドが刊行した『キリスト教は神秘ではない』（一六九六年）への反駁として「理性に反する事柄が我らの信仰の対象となることはありえない、だが理性を超越せるキリスト教教義に背くがごとき例外は一つたりとてない」と題された補遺を付加した『紳士の宗教』増補版を出版。なお、九九年に刊行された仏訳（訳註〔三〕を参照）は同書九三年初版を底本としており、補遺は含まれていない。モリによる批評版の記載はその点不十分なのでここに記しておく。一七〇五年にダブリンに転地し、聖パトリック大聖堂チャンセラー職に就き、一四年にはミース州ダンボイン教会ラフォー教区主教に任命される。一六年にチュアム大主教に叙任、同年枢密顧問官に推挙される。大主教としては、管区内における十分の一税のうち二五パーセントの削減を実施するなど開明的政策を行ない、また寛容の理念を擁護したが、一九年成立の「寛容法」に対しては、カトリック勢力の増長のおそれを唱えてこれに終始一貫して激しく反対し、一時は国家への反逆の嫌疑をかけられるほどであった。四一年七月二十四日、チュアムにて死去。死後も多くの著作集、説教集が編まれた。

〔三〕 「重大な問題だと」から「闇雲な行動はしたがらないものだが」まで、シング『紳士の宗教』仏訳（アムステルダム、一六九九年、ブリュネル書店）第一部、三ページから引用。

〔四〕 マルティン・ルター（一四八三―一五四六）。ドイツの宗教改革者。詳しい解説は不要であろう。

〔五〕 ジャン・カルヴァン（一五〇九―六四）。フランスの宗教改革者。詳しい解説は不要であろう。

〔六〕 「子供の頃から」から「支持する」まで、シング『紳士の宗教』前掲書、第一部、六ページから引用。

〔七〕 「善意で誤謬を」から「おののくべきである」まで、シング『紳士の宗教』前掲書、第一部、三七ページから引用。

〔八〕　フランソワ・ド・サリニャック・ド・ラ・モット・フェヌロン（一六五一―一七一五）。フランスのカトリック聖職者。本巻所収「キリスト教弁証論者の批判的検討」訳註〔四三八〕を参照。

〔九〕　ジャック＝ベニーニュ・ボシュエ（一六二七―一七〇四）。フランスのカトリック聖職者。本巻所収「キリスト教弁証論者の批判的検討」訳註〔四三二〕を参照。

〔一〇〕『祈禱のための手短でごく簡便な方法』（一六八五年）を始めとする数々の神秘主義的著作で知られ、カトリック教会から異端視される一方、ルイ十四世治下の宮廷内に少なからぬ信奉者を持っていたジャンヌ・ギュイヨン（ギュイヨン夫人、一六四八―一七一七）と彼女が代表するフランス静寂主義に対し、フェヌロンとボシュエの間で交わされたいわゆるキエティスム論争のこと。論争は一六九五年から四年間にわたって続き、ギュイヨン夫人と親交があり、静寂主義を擁護するフェヌロンと、批判者側の急先鋒ボシュエが敵味方に別れて自説を開陳。それぞれいささかも譲ることなく、著作や弾劾文書を次々と公開して論争は続けられた。事態は宗教問題にとどまらず、王の内妻マントノン夫人の意向を受けた宮廷内の派閥間の政治的闘争という側面も濃厚であった。最終的にローマ法王インノケンティウス十一世が、フェヌロンによってこの論争の途中で書かれた『内面生活に関する聖人の格率解説』（パリ、一六九七年）を断罪、神への純粋な愛という静寂主義の中心概念を始めとする二十八箇条の命題を公式に批判（一六九九年三月十二日）。これにより静寂主義擁護者側は敗北、フェヌロンはカンブレへと流された。

〔一一〕　聖ヒエロニムス（ソフロニウス・エウセビウス）（三四七―四一九）。キリスト教の教父。本巻所収「キリスト教弁証論者の批判的検討」訳註〔二五〕を参照。

〔一二〕　聖アウグスティヌス（アウレリウス）（三五四―四三〇）。キリスト教の教父。詳しい解説は不要であろう。

〔一三〕　三九四年からおよそ十年間にわたって、ヒエロニムスによる聖書ラテン語訳の権威をめぐって、ヒエロニムスとアウグスティヌスとの間で交わされた論争のことを指す。この論争は、三九四年、当時ヒッポ・レギウスの司祭であったアウグスティヌスが、ヒエロニムスがベツレヘムにて聖書のヘブライ語原典から直接のラテン語訳を試み、さらには旧約・新約聖書の多くの箇所に独自の註解を加えている、と友人であるタガステの司教アリピウス（生歿年未詳、四世紀頃）から報告を受け、ヒエロニムスにこの試みを思いとどまるよう書簡で要請したことに端を発する（アウグスティヌスの書簡二十八）。同書簡でアウグスティヌスが挙げた理由は、一、ヒエロニムスが翻訳しているヘブライ語本文が、聖典とされる七十人訳聖書（訳註〔七七〕を参照）とは十分に対応しておらず、七十人訳のギリシア語訳とヒエロニムスの新たなラテン語訳とを対照させる時に、信徒に大きな混乱を招く危険があること、二、ヒエロニムスによる旧約・新約聖書釈義に時に疑いがあり、必ずしもいつも承認できるものばかりではなく、やはり混乱を引き起こしかねないこと、の二点である。この第二点について、具体例として掲げられたのが「ガラテヤの信徒への手紙」、第二章にある聖パウロによる聖ペテロへの批判「非難すべきところがあったので、わたしは面と向かって反対しました」（訳註〔一四〕参照）に関するヒエロニムスの註釈であった。アリピウスの報告によれば、この章句を解釈したヒエロニムスは、ユダヤの律法とキリストによる福音との関係をめぐる二人の使徒の意見の不一致とは、実はごく表面的なものにすぎず、両聖人の行為と言葉は、ともに福音へとユダヤ人たちを近づける必要からつかわれた方便としての嘘であり、聖人の真実の内面の思考を表すものではないとした。これを知ったアウグスティヌスは、かかる論理を認めるならば、聖書の意図は、解釈者の都合次第で、いかようにも歪曲可能となると述べ、この解釈を強く批判した手紙をヒエロニムスへ送った。両者の往復書簡は、互いの手紙が偶発的状況により不達に終わるなど複数の事情が重なり、次第に聖書の権威と釈義をめぐる激越な論争となった。聖書に関わる古代教父同士の深刻な意見の対立を露呈したこの論争は、クロード・フルーリ（一六四〇—一七二三）の著名な『教会史』（第五巻、第二十一書、第二十八—二十九節）（パリ、一六九一—一七二〇年）に詳述されるなど、十七・十八世紀にもよく知られていた。

〔一四〕 ガラテヤの信徒への手紙、第二章第十一—十四節を参照。日本聖書協会、新共同訳から該当個所を参考として引用する。「さて、ケファ［ペテロ］がアンティオキアに来たとき、非難すべきところがあったので、わたし［パウロ］は面と向かって反対しました。なぜなら、ケファは、ヤコブのもとからある人々が来るまでは、異邦人といっしょに食事をしていたのに、彼らがやってくると、割礼を受けている者たちを恐れてしり込みし、身を引こうとし出したからです。そして、ほかのユダヤ人も、ケファといっしょにこのような心にもないことを行い、バルナバさへも彼らの見せかけの行いに引きずり込まれてしまいました。しかし、わたしは、彼らが福音の真理にのっとってまっすぐ歩いていないのを見たとき、皆の前でケファに向かってこう言いました。『あなたはユダヤ人でありながら、ユダヤ人らしい生き方をしないで、異邦人のような生活をしているのに、どうして異邦人にユダヤ人のように生活することを強要するのですか。』」

〔一五〕 聖キプリアヌス（カエキリウス・タスキウス）（二〇〇頃—二五八）。ラテン教父。本巻所収「キリスト教弁証論者の批判的検討」訳註〔一一三〕を参照。

〔一六〕 キプリアヌス（訳註〔一五〕を参照）はその晩年、資格のないキリスト者によって授けられた洗礼は有効であるかどうか、改めて教会で再受容されるべきかをめぐる、いわゆる異端者の再洗礼論争に取り組んだ。キプリアヌスは異端者による洗礼は無効であり、教会による再洗礼が必要との原則を唱えたが、法王ステファヌス（在位二五四—二五六）は再洗礼不必要との教会の伝統的立場を固持し、キプリアヌスの態度を強く批判。これに対し、キプリアヌスは、北アフリカおよび小アジアの司教を集めた二五六年のカルタゴ教会会議で再洗礼の必要性を決定、ローマ教会側と強く対立した。ローマ教会とカルタゴ教会との政治的対立が背景にあると言われる。キプリアヌスの立場は、彼の書簡第六十七番から第七十五番にかけて明確にされ、「教会の外に救いなし」という有名な彼の言葉もそこに見られる。彼の主張は、その殉教の後もカルタゴに受け継がれ、四世紀中頃、カルタゴ司教ドナートゥス（?—三五五年頃）とその弟子たちの間で先鋭化して現われた。四世紀末に至ってアウグスティヌスがこの議論に介入し、七巻に及ぶその『洗礼論、ドナートゥス派反駁』（四〇〇年頃）にてキプリアヌスの立場を徹底的に批判した。洗礼問題をめぐって現われた教父キプリアヌスとアウグスティヌスの立場の対立は、近世以後、教会の無謬性に疑念をもたらすものとして、プロテスタント側に好んで再利用された議論であった。例えば、ピエール・ジュリユー『バビロン捕囚のもとで呻吟するフランスの信徒に宛てた牧会書簡』（ロッテルダム、一六八六—八九年）もこの問題を取り上げ、カトリック教会の無謬性原理の批判につなげている。同書第一巻一〇九ページを参照。

〔一七〕 ベルナール・ル・ボヴィエ・ド・フォントネル（一六五七—一七五七）。フランスの作家、思想家、科学者。父はルアン高等法院の弁護士、母方の叔父にピエール・コルネイユならびにトマ・コルネイユをもつ。イエズス会のコレージュ・ド・ブルボンを修学後、一時弁護士を目指すが挫折。文学者の道を志し、叔父トマの主宰する雑誌『メルキュール・ガラン』の編集に携わりつつ詩や演劇の執筆を開始する。『新篇死者の対話』(パリ、一六八三年)で文名を挙げる。『世界の複数性に関する対話』(パリ、一六八六年)ではコペルニクスの宇宙論、デカルトの機械論的自然学を取り込み、新科学に基づく世界論を構想した。古代人・近代人優劣論争では近代人の側に立ち、進歩の概念を説いた。九一年アカデミー・フランセーズ会員に選出、九七年にはパリ王立科学アカデミー会員にも選ばれる。特に王立科学アカデミーでは、九九年に同アカデミー会則が整備されて実質的な研究機関となると、事実上の会長職である終身書記に就任、以後は一七四〇年まで、物故会員のための「追悼演説」の執筆および朗読、会員の年次研究論文を纏めた「論文集」の編纂、年報の内容を要約報告する「年誌」の執筆と編纂など、同アカデミーの中心として精力的に職務を遂行した。その一方で教権や迷信の蒙昧に容赦ない批判を寄せ、十七世紀後半を代表する無神論的自由思想家としてのその側面は、ここで引用されている『神託史』(パリ、一六八七年)を始め、彼の作と伝えられる地下文書ユートピア小説『哲学者の国またはアジャオ人物語』(一七〇〇年頃)、諷刺小品『ボルネオ島の近況報告』(パリ、一六八六年)、宗教の批判的起源論である『神話の起源について』(パリ、一六九二年)、十八世紀になって地下写本として流通した『自由論』(執筆年不明)等によく発揮されている。

〔一八〕「私たち人間は」から「知っているではないか」まで、フォントネル『神託史』、パリ、一九七一年版、一—二ページから引用。

〔一九〕「私たちの誤謬は」から「立てることから来る」まで、シング『紳士の宗教』前掲書、第二部、二二七ページから引用。

〔二〇〕ピエール・シャロン(一五四一—一六〇三)。フランスの哲学者、カトリック聖職者。人物については本巻所収「キリスト教弁証論者の批判的検討」訳註〔二二五〕を参照。『知恵について』(ボルドー、一六〇一年)はモンテーニュの深い影響下に古代作家や近代作家の思索を集大成した人間論。モンテーニュの文章そのものの長い再録も含まれ、十七世紀以後の人々のなかには、モンテーニュを直接読むよりも、より系統立てられた『知恵について』を繙くことを好んだ者もいたと言われる。本文で引用される同書第二巻第五章には次のようにある。「宗教や信心のありようは、良識には奇異なものであるし、人知の範疇を大きく超え出てもいるから、自然で人間的な手段を通じてでは、我ら人間の間で受け入れられ、根を下ろすようなことはあるはずもないし、またありえない〔と言われる〕。(中略)しかし何にもおもねらず、何も隠さずに真実を言うならば、事実はまったく違う。宗教は、誰が何と言おうと、人間の手と手段によって意のままにされている。」(『知恵について』、一八二七年版、第二巻第五章、一二九—一三〇ページ)

〔二一〕エズラ。前五世紀初めの古代ユダヤの祭司で律法学者。バビロン捕囚から帰還したユダヤ人集団の指導者。ネヘミヤとともにユダヤ教の形成に中心的役割を果たした。ユダヤ教の律法至上主義と聖典の結集は彼の功績とされる。モーセの律法書を編集し、これを公布した記述がネヘミヤ記第八章に見られる。

〔二二〕クイントゥス・セプティミウス・フロレンス・テルトゥリアヌス(一六〇頃—二二〇頃)。キリスト教の初期弁証論者。本巻所収「キリスト教弁証論者の批判的検討」訳註〔五八〕を参照。

〔二三〕『霊的戦い』(ヴェネツィア、一五八九年)はヴェネツィアのテアティノ会修道士ロレンツォ・スクーポリ（一五三〇―一六一〇）による信仰修養書。完徳へ至る信徒の内的信仰の道を説き、日々勤しむべき霊的生活の実際を記した。刊行当初から広く読まれ、原語イタリア語からの仏訳も、一五九五年に最初の版が刊行されて以後、大衆的な人気を博し、夥しい数の版を重ねた。

〔一一四〕『キリストのまねび』はオランダの聖職者、思想家トマス・ア・ケンピス（一三八〇―一四七一）の作品とされるが、その真偽は不明。十四世紀オランダの敬虔主義の流れに属すと言われる信仰修養書。十五世紀よりヨーロッパ各国語に翻訳され、広く流布した。霊的生活についての勧告、内的慰め、聖体の秘蹟などについて述べられる。

〔一一五〕「宗教は人間の従順さ」から「証拠になろう」まで、シング『紳士の宗教』前掲書、第一部、四―五ページから引用。

〔一一六〕マールブランシュ『真理の探求』前掲書、三七二ページ。

〔一一七〕「神が人間に語ったのは」から「する必要がなかったりするものであること」まで、フォントネル『神託史』前掲書、五〇―五一ページから引用。

〔一一八〕七十人訳聖書（訳註七七を参照）に伝えられ、前二世紀、セレウコス朝シリアに対するユダヤ人叛乱の指導者ユダの事跡を記したマカベ四書のうち、カトリック教会は、一五四六年のトリエント公会議で第一ならびに第二マカベ書を正典に加えた。それゆえ、本文に「最後の二つ」とあるのはこの文書の著者の誤り。

〔一一九〕創世記、第六章第六節を参照。「〔主は〕地上に人を造ったことを後悔し、心を痛められた」（日本聖書協会、新共同訳）。

〔一二〇〕ヨブ記、第二章第一節以下を参照。「またある日、主の前に神の使いたちが集まり、サタンも来て、主の前に進み出た。主はサタンに言われた。『お前はどこから来た。』『地上を巡回しておりました。ほうぼうを歩き回っていました』とサタンは答えた。主はサタンに言われた。『お前はわたしの僕ヨブに気づいたか。地上に彼ほどの者はいまい。無垢な正しい人で、神を畏れ、悪を避けて生きている。お前は理由もなく、わたしを唆して彼を破滅させようとしたが、彼はどこまでも無垢だ。』サタンは答えた。『皮には皮を、と申します。まして命のためには全財産を差し出すものです。手を伸ばして彼の骨と肉に触れてご覧なさい。面と向かってあなたを呪うにちがいありません。』主はサタンに言われた。『それでは、彼をお前のいいようにするがよい。ただし、命だけは奪うな』（日本聖書協会、新共同訳）。

〔一二一〕創世記、第三章第九節を参照。「主なる神はアダムを呼ばれた。『どこにいるのか』」（日本聖書協会、新共同訳）。

〔一二二〕日本聖書協会、新共同訳から該当箇所を下に引用する。「サウルが来る前日、主はサムエルの耳にこう告げておかれた。『明日の今ごろ、わたしは一人の男をベニヤミンの地からあなたのもとに遣わす。あなたは彼に油を注ぎ、わたしの民イスラエルの指導者とせよ。この男がわたしの民をペリシテ人の手から救う。民の叫び声はわたしに届いたので、わたしは民を顧みる』」（サムエル記上、第九章第十五―十六節）。「主の言葉がサムエルに臨んだ。『わたしはサウルを王に立てたことを悔やむ。彼はわたしに背を向け、わたしの命令を果たさない』」（サムエル記上、第十五章第十―十一節）、「反逆は占いの罪に、高慢は偶像崇拝に等しい。主の御言葉を退けたあなた〔サウル〕は、王位から退けられる」（サムエル記上、第十五章第二十三節）

〔一二三〕日本聖書協会、新共同訳から該当箇所を下に引用する。「だが、ヨナタンは彼の父が兵士に誓わせたことを聞いていなかったので、手に持った杖の先端を伸ばして蜂の蜜に浸し、それを手につけ、口に入れた。すると、彼の目は輝いた。兵士の一人がそれを見て言った。『父上は厳しい誓いを兵士に課して、『今日、食べ物を口にする者は呪われよ』と言われました。それで兵士は疲れています。』ヨナタンは言った。『わたしの父はこの地に煩いをもたらされた。見るがいい。この蜜をほんの少し味わっただけでわたしの目は輝いている。今日兵士が、敵から取った戦利品を自由に食べていたなら、ペリシテ軍の損害はさらに大きかっただろうに』」（サムエル記上、第十四章第二十七―三十節）。

〔三四〕「父は子のゆえに死に定められず、子は父のゆえに死に定められない。人は、それぞれ自分の罪ゆえに死に定められる」（申命記、第二十四章第十六節）。日本聖書協会、新共同訳。

〔三五〕例えば以下の箇所が挙げられよう。「これらの呪いは、ことごとくあなたに臨み、付きまとい、実現して、ついにあなたを滅びに至らせる。あなたの神、主の御声に聞き従わず、命じられた戒めと掟とを守らなかったからである。これらのことは、あなたとあなたの子孫に対していつまでもしるしとなり、警告となるだろう」（申命記、第二十八章第四十五―四十六節）。日本聖書協会、新共同訳。

〔三六〕各福音書間における記述の食い違いとして知られる古典的な例の一つで、哲学的地下文書においても頻繁に利用された。参考のため、ジャン・メリエ『遺言書』証明二、第十七章より以下の記述を挙げる。「福音史家マタイは、イエス・キリストをダビデ王の子孫としています。ダビデの息子ソロモンとソロモンの一連の子孫を辿り、少なくとも推定上はイエス・キリストの父であるヨセフまでを挙げます（マタイによる福音書、第一章第一節〔第一―十六節〕）。福音史家ルカもイエスを同じくダビデ王の子孫としましたが、彼はダビデの息子ナタンとナタンの一連の子孫を辿り、ヨセフまでを挙げます（ルカによる福音書、第三章第三十一節〔第二十三―三十一節〕）。ここには明らかな矛盾と食い違いがあります。」邦訳、『ジャン・メリエ遺言書』、法政大学出版局、八二ページ、石川光一・三井吉俊訳）

〔三七〕本文はやや不正確で、キリストの死の時刻ではなく、キリストの磔刑の開始時刻に関するマルコとヨハネの福音書の記述の食い違いのことを指す。日本聖書協会、新共同訳から該当箇所を下に引用する。「イエスを十字架につけたのは午前九時〔ギリシア語原文およびウルガタ・ラテン語訳では、午前六時を零時として数えるので三時とある〕であった」（マルコによる福音書、第十五章第二十五節）、「ピラトは、これらの言葉を聞くと、イエスを外に連れ出し、ヘブライ語でガバタ、すなわち「敷石」という場所で、裁判の席に着かせた。それは過越祭の準備の日の、正午〔原文では六時〕ごろであった」（ヨハネによる福音書、第十九章第十三―十四節）。この食い違いも、次註で解説するモーデュイ神父を始め同時代の聖書解釈学者らによってつとに指摘された、新約聖書本文の代表的な矛盾のひとつで、後年ヴォルテールもその聖書批判『パスカル氏の思想に関する最後の見解』（パリ、一七七七年）、『ついに解明された聖書』（パリ、一七七六年）で繰り返し利用している。

〔三八〕ミシェル・モーデュイ（一六三四―一七〇九）フランスのオラトリオ会士。本巻所収「キリスト教弁証論者の批判的検討」訳註〔二一九〕を参照。福音論とは『福音書の分析』（パリ、一六九四年）のこと。

〔三九〕参考として日本聖書協会、新共同訳から下に該当個所を引用する。「四十年たったとき、シナイ山に近い荒れ野において、柴の燃える炎のなかで、天使がモーセの前に現れました。モーセはこの光景を見て驚きました。もっとよく見ようとして近づくと、主の声が聞こえました。『わたしは、あなたの先祖の神、アブラハム、イサク、ヤコブの神である』と。モーセは恐れおののいて、それ以上見ようとはしませんでした」（使徒行伝、第七章第三十―三十二節）。

〔四〇〕　参考として日本聖書協会、新共同訳から下に該当個所を引用する。「神はまた、アブラハムに言われた。『だからあなたも、わたしの契約を守りなさい、あなたも後に続く子孫たちも。あなたたち、およびあなたの後に続く子孫と、わたしとの間で守るべき契約はこれである。すなわち、あなたたちの男子はすべて、割礼を受ける』（創世記、第十七章第九―十節）。

〔四一〕　参考として日本聖書協会、新共同訳から下に該当個所を引用する。「神はこう語り終えると、アブラハムを離れて上って行かれた。アブラハムは、息子のイシュマエルをはじめ、家で生まれた奴隷や買い取った奴隷など、自分の家にいる人々のうち、男子を皆集めて、すぐその日に、神が命じられたとおり包皮に割礼を施した。アブラハムが包皮に割礼を受けたのは、九十九歳、息子イシュマエルが包皮に割礼を受けたのは、十三歳であった」（創世記、第十七章第二十二―二十五節）。

〔四二〕　参考として日本聖書協会、新共同訳から下に該当個所を引用する。「主はその者を決して赦そうとはされない。そのときこそ、主のねたみと怒りが燃え上がり、この書に記されている呪いの誓いがすべてその者にのしかかり、主はその名を天の下から消し去られる」（申命記、第二十九章第二十節）。「彼らは他の神々に心を寄せ　主にねたみを起こさせ　いとうべきことを行って、主を怒らせた」（申命記、第三十二章第十六節）。「彼らは神ならぬ者をもって　わたしのねたみを引き起こし」（申命記、第三十二章第二十一節）日本聖書協会、新共同訳。

〔四三〕　アリオス派は、古代キリスト教の異端者アリオス（アリウス）（二五〇頃―三三六）の思想を奉じ、三二五年のニカイア公会議で追放された異端派。本巻所収「キリスト教弁証論者の批判的検討」訳註〔三五〇〕を参照。

〔四四〕　創世記、第九章第十三節以下を参照。「わたしは雲のなかにわたしの虹を置く。これはわたしと大地の間に立てた契約のしるしとなる。わたしが地の上に雲を湧き起こらせ、雲のなかに虹が現れると、わたしは、わたしとあなたたちならびにすべての生き物、すべて肉なるものとの間に立てた契約に心を留める。水が洪水となって、肉なるものをすべて滅ぼすことは決してない。雲のなかに虹が現れると、わたしはそれを見て、神と地上のすべての生き物、すべて肉なるものとの間に立てた永遠の契約に心を留める」（日本聖書協会、新共同訳）。

〔四五〕　カイェタヌス（本名トマソ・デ・ヴィオ、一四六九―一五三四）。イタリアのカトリック神学者、ガエタ出身のドミニコ会士。パドヴァ、パヴィア、ローマで哲学および聖書釈義学を教授し、一五〇八年にドミニコ会総会長、一七年には枢機卿となる。一九年には故郷のガエタに戻り司教となるなど教会行政でも活躍した。ラテラノ総会議（一五一二―一七年）、アウクスブルク国会（一五一八年）においても活躍し、特に同国会ではレオ十世のローマ法王庁の代表としてルターと討論、法王権および義認論について論争した。神学者の功績としては特に、トマス・アクイナス『神学大全』の膨大な全註解を著し（一五〇七―二二年）たことで知られるが、晩年に公職を引退してからは、ウルガタに取って代わる新ラテン語訳の完成を目指し、旧約ならびに新約聖書の本文批評と註釈に従事した。この意味で、カイェタヌスを指して後年のスピノザやリシャール・シモンらによる聖書の文献学的批評の先駆者とみなすこともある。これら晩年の一連の著述は『聖書釈義全集』（全五巻、リヨン、一六三九年）に纏められている。以下の本文の著者の指摘は、すべて同書からのものらしい。

参考として日本聖書協会、新共同訳から下に該当個所を引用する（ただし、問題の箇所は列王紀ではなくサムエル記にある）。「ところが、サウルの娘メラブはダビデに嫁ぐべきときに、メホラ人アドリエルに嫁がされた」（サムエル記上、第十八章第十九節）。「サウルの娘ミカルとメホラ人バルジライの子アドリエルとの間に生まれた五人の息子」（サムエル記下、第十八章第十九節）。

〔四六〕　参考として日本聖書協会、新共同訳から下に該当個所を引用する。「こうして、預言者エレミヤを通して言われていたことが実現した。『彼らは銀三十枚を取った。それは値踏みされた者、すなわち、イスラエルの子らが値踏みされた値である。主が私にお命じになったように、彼らはこの金で陶器職人の畑を買い取った』」（マタイによる福音書、第二十七章第九―十節）、「主はわたしに言った。『それを鋳物師に投げ与えよ。わたしが彼らによって値をつけられた見事な金額を。』私はその銀三十シェケルを取って、主の神殿で鋳物師に投げ与えた」（ゼカリヤ書、第十一章第十三節）。

〔四七〕　参考として日本聖書協会、新共同訳から下に該当個所を引用する。「預言者イザヤの書にこう書いてある。『見よ、わたしはあなたより先に使者を遣わし、あなたの道を準備させよう』」（マルコによる福音書、第一章第二節）。「見よ、わたしは使者を送る。彼はわが前に道をそなえる」（マラキ書、第三章第一節）。

〔四八〕　訳註〔三三〕を参照。

〔四九〕　「セルグ、レウ、ペレグ、エベル、シェラ、カイナム、アルパクシャド、セム、ノア、レメク」（ルカによる福音書、第三章第三十五―三十六節）、「アルパクシャドにはシェラが生まれ、シェラにはエベルが生まれた」（創世記、第十章第二十四節）。いずれも日本聖書協会、新共同訳。

〔五〇〕　「ヤコブはエジプトに下っていき、やがて彼もわたしたちの先祖も死んで、シケムに移され、かつてアブラハムがシケムでハモルの子らから、いくらかの金で買っておいた墓に葬られました」（使徒行伝、第七章第十五―十六節）、「ヤコブは、天幕を張った土地の一部を、シケムの父ハモルの息子たちから百ケシタで買い取り、そこに祭壇を建て」（創世記、第三十三章第十九節）。いずれも日本聖書協会、新共同訳。

〔五一〕　訳註〔一四〕を参照。

〔五二〕　ルカによる福音書、第二章第二十二―二十四節を参照。「モーセの律法に定められた彼らの清めの期間が過ぎたとき、両親はその子を主に献げるため、エルサレムへ連れて行った。それは主の律法に、『初めて生まれる男子は皆、主のために聖別される』と書いてあるからである。また、主の律法に言われているとおりに、山鳩一つがいか、家鳩の雛二羽をいけにえとして献げるためであった」（日本聖書協会、新共同訳）。

〔五三〕　ルカによる福音書、第二章第四十一―四十二節を参照。「両親は過越祭には毎年エルサレムへ旅をした。イエスが十二歳になったときも、両親は祭りの慣習に従って都に上った。祭りの期間が終わって帰路についたとき、少年イエスはエルサレムに残っておられた」（日本聖書協会、新共同訳）。

〔五四〕　引用は『真理の探求』前掲書、三八一ページから。

〔五五〕　マルクス・トゥリウス・キケロ（前一〇六―前四三）。言うまでもなく、ローマの政治家、弁論家、哲学者。共和国市民の守るべき義務と美徳を論じた『義務について』（前四四年）はキケロ最晩年の著作で、後代に最も大きな影響を与えたキケロの作品の一つ。特に十八世紀にそれは顕著で、モンテスキューを筆頭に多くの作家、思想家が同書を取り上げ、道徳論の規範として称賛した。

〔五六〕　事実問題および権利問題は、法王インノケンティウス十世が大勅書を公布し、スペイン領フランドルの司教コルネリウス・ジャンセニウス（一五八五―一六三八）の遺著『アウグスティヌス』（ルーヴァン、一六四〇年）に含まれる異端的命題を五箇条に要約したものに異端宣告を下した（一六四二年）のに対し、ポール＝ロワイヤル派のアントワーヌ・アルノーが、法学上の伝統的区別である事実問題および権利問題を神学に転用してこの断罪を回避しようとしたこと（『あるフランスのやんごとない貴族に宛てた第二の手紙』〔パリ、一六五五年〕に由来する。ジャンセニスムの首領として、自派も属するローマ・カトリック教会の無謬という根本的原理を保持しながら、同時に自派の創設者であるジャンセニウスの教説の真理をもまた擁護しなければならないという背反に立たされたアルノーは、五箇条の内容を異端とするローマ教会の教説解釈そのものには誤謬は含まれないとしながらも（それゆえ教会の無謬性は権利問題、すなわち教理・教説的レヴェルでは保証される）、しかしジャンセニウスの著作の内部にこの五箇条（うち四箇条は本文の忠実な要約ではあれ、しかし要約にほかならなかった）が現実に文字通り含まれているかどうかという事実問題については教会は誤っていると主張した。したがってジャンセニウスの書そのものは異端ではないことになるが、当然ながらこの抗議に法王側は強く反撥し、アルノーはソルボンヌを追われることとなった。だが、本文に弾劾対象の命題がそのままの形としては存在しないという事実そのものを否定することは法王側にもできず、アルノーの提示したこの区分を受け入れざるをえなかった。教会の無謬性に初めて一定の限界を設けることとなったこの問題はその後、特に、信仰の根拠を教会の権威におくか、個人による検討におくかをめぐって一六七〇年代以後、カトリックとプロテスタント間で激しく交わされた「信仰の分析」論争のなかで、プロテスタント側の論理に組み込まれ、カトリック教会の権威の根拠を原理的に抹消していく形でさらに急進化されて利用されることになる。これは自身もこの論争にカトリック側として加わり、ユグノー改宗に力を尽くしたアルノー当人にとっては皮肉な結果であった。こうした論理のなかでも特に知られたものが、ピエール・ベール『マンブール氏の《カルヴァン派史》の一般的批判』（一六八二年）第二十九信に見られる論理で、そこでベールは「教会が事実問題で誤るのであれば、権利問題で無謬であるという保証はどこにあるか」（邦訳『宗教改革史論』、法政大学出版局、二〇〇四年、三六〇ページ以下、野沢協訳）と問い、カトリック陣営に対して迫っている。その意味では、本文での『宗教の検討』の著者の論理をいろどる語彙は、直接的には、プロテスタント側によるカトリック批判の要諦である教会の無謬性に対するこの攻撃論理と近い。だがむろん、ベールを始めとするプロテスタント側が聖書記述の真実性をそのものとして――というのはつまり聖書伝承の過程で混入した細部の遺漏や歪曲といったような人為的な理由を除くとして――疑念に付すことなどありえず、その意味で本文書の著者の差し出した批判の矛先は、教会の権威の根拠だけに留まらず、聖書の原理的根拠にまで向けられていることになる。

〔五七〕「ローマ教会内の」から「全員の合意はない」まで、シング『紳士の宗教』前掲書、第一部、四四および四三ページから引用。

〔五八〕　参考として日本聖書協会、新共同訳から下に該当個所を引用する。「サウロ〔パウロ〕が旅をしてダマスコに近づいたとき、突然、天からの光が彼の周りを照らした。サウロは地に倒れ、『サウル、サウル、なぜ、わたしを迫害するのか』と呼びかける声を聞いた。『主よ、あなたはどなたですか』と言うと、『わたしは、あなたが迫害しているイエスである。起きて町に入れ。そうすれば、あなたのなすべきことが知らされる。』同行していた人たちは、声は聞こえても、だれの姿も見えないので、ものも言えず立っていた。サウロは地面から起き上がって、目を開けたが、何も見えなかった」（使徒行伝、第九章第三―八節、同じく第二十二章第六―十一節、第二十六章第十二―十八節も参照）。

〔五九〕参考として日本聖書協会、新共同訳から下に該当個所を引用する。「わたしはキリストに結ばれていた一人の人を知っていますが、その人は十四年前、第三の天まで引き上げられたのです。体のままか、体を離れてかは知りません。神がご存じです。わたしはそのような人を知っています。体のままか、体を離れてかは知りません。神がご存じです。彼は楽園にまで引き上げられ、人が口にするのを許されない、言い表しえない言葉を耳にしたのです」（コリント人への第二の手紙、第十二章第二―四節）。

〔六〇〕「昼間なのは太陽の」から「事実なのである」まで、フォントネル『神託史』前掲書、九六―九九ページから引用。モリによる批評版には一〇〇ページまでとあるが誤り。

〔六一〕「死者のために」から「強制である」まで、シング『紳士の宗教』前掲書、第二部、八六ページから引用。

〔六二〕「新手の面倒くさい」から「教義を持ち込んだ」まで、『紳士の宗教』前掲書、第一部、五―六ページから引用。

〔六三〕訳註〔一六〕を参照。

〔六四〕訳註〔一三〕を参照。

〔六五〕偽ディオニュシオス・アレオパギテス（六世紀頃）。六世紀初頭に東方世界で書かれた一連の文書の著者と見なされる人物。ほとんどその人となりは明らかにされていない。シリアの修道者とされることもある。文書が九世紀に西方世界にも広がるようになると、新約聖書の使徒行伝第十七章第三十四節に記された、パウロによって改心する「アレオパゴスの議員ディオニシオ」こそがその人であるとされるようになった。聖書の登場人物という、使徒の位置に次ぐ権威を著者として得たことにより、この文書は中世全体を通じて広く読まれ、近世に至ってもなお影響力を誇った。十九世紀に文献学的研究が進み、文書の執筆年代は、五世紀中葉のコンスタンチノープル総主教プロクロス（在位四三四―四四六）と同じ頃か、それ以後であることが明らかにされ、偽ディオニュシオスと呼ばれることとなった。『天上位階論』は『神名論』『教会位階論』などと並ぶ偽ディオニュシオス文書の一書で、後世に最も大きな影響を与えた天使論の一つ。新プラトン主義的な階層的世界観に立脚し、宇宙を神を頂点とする九つの序列に分類し、それぞれに力能を異にする九種の天使を割り当てた。

〔六六〕セヴェンヌ地方はプロテスタントの勢力が非常に強い南フランスの山地。本巻所収「キリスト教弁証論者の批判的検討」訳註〔一四四〕を参照。

〔六七〕列王紀上、第一章第一―四節を参照。「ダビデ王は多くの日を重ねて老人になり、衣を何枚着せられても暖まらなかった。そこで家臣たちは、王に言った。『わが主君、王のために若い処女を探して、御そばにはべらせ、お世話をさせましょう。ふところに抱いてお休みになれば、暖かくなります。』彼らは美しい娘を求めてイスラエル領内をくまなく探し、シュネム生まれのアビシャグという娘を見つけ、王のもとに連れてきた。この上なく美しいこの娘は王の世話をし、王に仕えたが、王は彼女を知ることはなかった」（日本聖書協会、新共同訳）。

〔六八〕新約聖書中の登場人物で、尋問の際にキリストが連行されたユダヤ人の大祭司。アンナスはカヤパの舅。ヨハネによる福音書、第十八章第十二―十四節、同第十九―二十四節参照。

〔六九〕参考として日本聖書協会、新共同訳から下に該当個所を引用する。「サウルがサムエルと別れて帰途についたとき、神はサウルの心を新たにされた。以上のしるしはその日に起こった。ギブアに入ると、預言者の一団が彼を迎え、神の霊が彼に激しく降り、サウルは彼らのただ中で預言する状態になった。以前からサウルを知っていた者はだれでも、彼が預言者といっしょになって預言するのを見て、互いに言った。『キシュの息子に何が起こったのだ。サウルもまた預言者の仲間か』」（サムエル記上、第十章第九―十一節）。

〔七〇〕 プブリウス・ウェルギリウス・マロ（前七〇―前一九）。古代ローマの代表的詩人。マントヴァ近郊の農家に生まれ、ローマで修辞学を修める。すでにその頃より詩作は開始していたが、前四九年頃ナポリに行き、エピクロス学派の哲学者シロのもとで哲学を学んだ後、ローマの政治家の庇護を受け、優雅な田園的世界の結晶である『牧歌』（前四一―前三七年頃）、教訓詩の伝統に連なる『農耕詩』（前三九―前二九年頃）、叙事詩の傑作『アエネーイス』（前二六年、未完）を書き上げた。前四〇年にローマ執政官をつとめたガイウス・アシニウス・ポリオ（次註を参照）を讃える田園詩とは、『牧歌』第四歌のこと。乱世を救う者の生誕が歌われ、後年キリスト教徒たちはこの詩を、イエス・キリストの生誕を予言したものと解した。イエス・キリスト説は別としても、誕生した者が誰かについては、この詩を献じられたポリオの子、オクタウィアヌス（後のアウグストゥス帝）の子、オクタウィアヌスのライヴァルだったアントニウスの子など、色々な解釈があるらしい。

〔七一〕 ガイウス・アシニウス・ポリオ（前七六―後五）。ローマの軍人、政治家。はじめカエサルの部下としてファルサルスの合戦に参加し、カエサルの死後はアントニウスの部下となった。前四〇年にローマの執政官に選ばれ、翌年にはイリリアで勝利を収めたが、やがてアントニウスと対立したため政界から引退し、文学に没頭した。カトゥルス、ウェルギリウス、ホラティウスなどと親交があり、自らも悲劇や詩を書き、イタリアで最初の公共図書館を建てた。

〔七二〕 参考として日本聖書協会、新共同訳から下に該当個所を引用する。「お前の民と聖なる都に対して、七十週が定められている。それが過ぎると逆らいは終わり、罪は封じられ、不義は償われる。とこしえの正義が到来し、幻と預言は封じられ、最も聖なる者に、油が注がれる」（ダニエル書、第九章第二十四節）。

〔七三〕 ペルシア王クセルクセス（クシャヤールシャ）一世（前四六五歿。在位、前四八五―四六五）。前四八〇年に大軍をひきいてギリシアへ遠征し、テルモピュライの合戦でスパルタ王レオニダスを敗死させてアッティカを荒掠したが、サラミスの海戦で大敗して帰国し、翌年には陸軍がプラタイアイの合戦で敗れ、残存の海軍もミュカレで撃滅された。最後は宮廷の陰謀で、親衛隊長アルタバノスに暗殺された。

〔七四〕 ガダラのオイノマオスは二世紀または三世紀のギリシアの哲学者。シリアの生まれ。キュニコス派の人で、デルフォイの神託に欺かれたのに復讐するため、神託信仰や広く迷信一般を嘲罵した『現場を押さえられたイカサマ師』という攻撃文書を書いたらしく、これはエウセビオスの『福音の論証』に長い断片が引かれている。ほかに、ホメロスの方がストア派より哲学者としてはるかに上だとした『ホメロスの哲学を論ず』や、キュニコス派の先人たちの伝記『ディオゲネス伝』、『クラテス伝』などを著わしたらしい。

〔七五〕 「クセルクセスが」から「判断がついたろうよ」とまで、フォントネル『神託史』前掲書、六五―六六ページから引用。

〔七六〕「神託に人間の手が」から「人間に具わっていたことである」まで、フォントネル『神託史』前掲書、一二七ページから引用。

〔七七〕紀元前三世紀から前二世紀にかけて、アレクサンドリアの地でディアスポラとして生きたユダヤ人共同体によってヘブライ語正典から翻訳された、ギリシア語訳旧約聖書のこと。エジプトのプトレマイオス二世（通称フィラデルフォス。在位、前二八五―前二四六）が、アレクサンドリアに建設する図書館のためユダヤの祭司長エレアザルにヘブライ語からの翻訳を所望し、これに答えてユダヤの十二の支族から六名ずつ、計七十二人の学者が翻訳にあたったという伝説から、「七十人訳」という書名が定着した。正典のみならず多くの旧約外典も含む。アウグスティヌスもその『神の国』（第十八巻第四十三章）で聖典としてのこの書の権威をきわめて高く位置づけるなど、旧約聖書の普及と受容に決定的な影響を与えた。

〔七八〕「神は全能だから」から「疑ってはならない」まで、シング『紳士の宗教』前掲書、第二部、一〇四―一〇五ページから引用。

〔七九〕ローマ皇帝ユリアヌス（フラウィウス・クラウディウス）（三三二―三六三、在位三六一―三六三）。本巻所収「キリスト教弁証論者の批判的検討」訳註（一五一）を参照。

〔八〇〕ローマ皇帝ヨウィアヌス（フラウィウス）（三三一―三六四、在位三六三―三六四）。本巻所収「キリスト教弁証論者の批判的検討」訳註（一三六）を参照。

〔八一〕「ヨウィアヌス」から「君臨しなかった」まで、フォントネル『神託史』前掲書、一六八ページから引用。

〔八二〕ルクレティウス『事物の本性について』第五章、三八五行から引用。邦訳、ルクレーティウス『物の本質について』岩波文庫、二八四ページ、樋口勝彦訳。

〔八三〕「なんらかの神を」から「慈愛にふさわしくない」まで、シング『紳士の宗教』前掲書、第一部、一七ページおよび二二―二三ページから引用。

〔八四〕「神の意志を」から「啓示である」まで、シング『紳士の宗教』前掲書、第一部、二三ページから引用。

〔八五〕聖アレクシウス（四三〇頃歿）は「神の人」とたたえられた伝説的な聖人。その伝説によると、アレクシウスはローマの貴族の子として育ったが、婚礼の当日に妻を捨てて姿をくらまし、シリアへ行って、物乞いをしつつ苦行僧として暮らし、そのまま生を終えたという。さらに後代の伝説によると、アレクシウスはエデッサで十七年間暮らした末、ローマの両親のもとへ帰ったが、そこの息子とは気付かれなかったため、その後の十七年の間、この家の下男として暮らしたといわれる。この伝説は中世後期のヨーロッパで非常に普及したもので、十一世紀には叙事詩の主題にすらなったが、その原型は四―五世紀にシリア語で書かれたもので、そこにはアレクシウスの名はなかったという。

〔八六〕「世界のあらゆる部分」から「永遠だろうとそうである」まで、シング『紳士の宗教』前掲書、第一部、一三ページから引用。

〔八七〕『トレヴー新聞』は、正式の題名を『学問・芸術の歴史のための覚書』という十八世紀のイエズス会系学芸新聞。一七〇一年から一七六七年まで、おおむね月刊で、はじめはリヨンに近いトレヴーから、一七三三年以降はパリから刊行された。

〔八八〕「結果には必ず」から「考えにくい」まで、『トレヴー新聞』一七〇五年六月号から引用。

〔八九〕「この存在こそが」から「同じ欠点がないのか」まで、『トレヴー新聞』一七〇五年六月号から引用。

〔九〇〕「君子なら」から「ありえないからだ」まで、シング『紳士の宗教』前掲書、第二部、七ページから引用。

〔九一〕「私たちの理性を超えるものが」から「保証もありえなくなる」まで、シング『紳士の宗教』前掲書、第一部、七五ページおよび七七ページから引用。

〔九二〕「天地創造に当たって」から「いかなる不完全さもないのである」まで、シング『紳士の宗教』前掲書、第二部、一三ページおよび一七ページから引用。

〔九三〕「天国や地獄などがなくても、人が善人であるよう私は望む。〔天国と地獄という〕この二つの語は私にとって何と恐ろしくおぞましいものか。『もし自分がキリスト教徒でなければ、もし自分が神や地獄に堕とされることを恐れることがなければ、これこれのことをしたり、しなかったりできるだろうに』などというのか。なんと弱くみじめなものか。」(『知恵について』前掲書、第二巻第五章、一五六ページ)

〔九四〕「本質的に、また」から「というふうにすべきである」まで、シング『紳士の宗教』前掲書、第二部、一二三ページおよび九七―九九ページから引用。

〔九五〕「神は万物の創造者」から「正しくない」まで、シング『紳士の宗教』前掲書、第二部、一四二ページおよび一三四ページから引用。

〔九六〕「神が目指すのは単に」から「義務も負わされる」まで、シング『紳士の宗教』前掲書、第二部、一四二ページ、一四九―一五一ページおよび一三一ページから引用。

〔九七〕「あれほど多くの賢明な」から「掟があったろうか」まで、シング『紳士の宗教』前掲書、第二部、五二ページから引用。

キリスト教分析

この世にたったひとつの宗教しかなく、地上の諸民族が同じひとつの神性に対して、同じ形で、尊崇の念を表わすことで一致していたとしたら、そのような宗教がまがいものでないかどうかを、自分自身で、検討し、見きわめようと望むことには、おそらく相当の無鉄砲さが必要となったことであろう。それは、不敬虔の事例とさえなるであろう。なぜなら、こうした場合、わざわざ宗教を検討するということは、世界中が尊崇の念を表わしているために、その神的性格については、議論の余地なく認められているような礼拝を、神性に対して拒む以外の目的を持たないことになるからだ。しかし、われわれは、たったひとつの宗教という事例のなかにあるわけではまったくない。東西を問わず全インド諸国、シナ、日本、さらには、世界の四分の三を超える地域の人間が粗野な偶像崇拝に落ちこんでいるし、なかには、無神論に沈んでいる人間さえいる始末である。たとえば、アフリカの諸民族の大半がそのようであり、グリーンランド人も、その他、いくつかの民族もそのようである（一）。

しかしながら、次のようなことを想定してみよう。無知のなかで暮らしていることからしか、出てこないように思われる、数々の誤謬を、四分の一の人間がまぬかれている、とするのである。さて、この四分の一の人間は、さらに四で割れて、少なくとも四分の三は、マホメット教徒ということになる。トルコ、ペルシア、エジプト、シリア、アフリカの最大部分がすべてマホメット教の一宗派につながれているからだ。したがって、地上の民の一六分の一がユダヤ人の宗教、ギリシア正教、カルヴァン派、ルター派、英国国教会、そのほか、キリスト教会を分ける他の諸宗派のために、残っていることになる。

もしドイツ、デンマーク、スウェーデン、ロシア、イギリス、オランダといった、ほぼ完全に国内からローマ・カトリック教が追放されている地域の広がりを考慮するなら、この残りの、かろうじて十分の一がローマ・カトリック教だ、ということがわれわれにはわかるだろう。これは、地上に住む人間の百分の一に相当する。およそ厳密なものではない、この計算がローマ・カトリック教徒を、おそらくまだ二倍多く見積もっている、と主張することもできるだろう。しかし、これが本当の数だと想定し、自分たち自身で、判断してみることにしよう。すなわち、他のどの地域よりも、この百六十分の一の世界に、あるひとりの人間がたまたま生を受けた、という事実に、当人の信仰と救済を任せてしまうことができるとするならば、別の場所で生を受けた、数えきれないほど多数の、彼と同じような人間よりも、彼の方が価値を持っている、ということなのだろうか。しかも、キリスト教徒にはまったく見られないような、有徳の模範例を、しばしば提供してくれた人びとが神に遺棄された罪びとである、と見なすことは、不当との謗りを受けずにできることなのだろうか？　したがって、ほかの宗教のもとに生まれた、かくも多数の人間が、自分の宗教の人間と同じくらいの価値またはそれ以上の価値を持つ、ということがまったくないなら、理性ある人間は、なんら心配することなく、生まれた地域の宗教に、盲目的に従うことができる、というわけなのだ。

　大部分の宗教が描き出しているように、かの復讐または嫉妬に燃える神(二)は、人間が死んだのち、神みずからが与えた光について、勘定書を人間に要求するのだとしたら、どういうことになるだろうか？　人間が神の意志を知るため、そして、神の意にもっともよくかないうる信仰を探し求めるために、この光を用いてこなかったとしたら、この人間は、そのことについて申し開きができるだろうか。自分は、生まれた地域の宗教に従ってきただけであり、畏敬と敬虔により、摂理の秘密を究めることを欲しなかったのだ、と言うだけで、十分だろうか。トルコ人も偶像教徒も、これと同じ正当性をもって、これと同じ答えをするはずである。彼らも、われわれと同じように、検討をいっさい許さず、教育された通りに、盲目的に信じることを命令するような、戒律のなかで生まれたのである。彼らには、誤謬に気がつく手段があっただろうか？　幾多の危険を乗り越えて、福音の光が彼らにもたらされていた、と言うかも知れない。しかし、彼らの戒律は、彼らに、その宗教を変えさせようとする連中の話を聞くことを禁じてはいなかったか。それどころか、こんな連中を誘惑者として、追い払うようにと命じてさえいなかったか。われわれの蒙を啓き、われわれに教えを説くためにやってきた連中が同時に、われわれの信仰とは異なる信仰を提案するならば、われわれに命じられていることに従って、われわれ自身は、どのような行動をとるだろうか？　どのように行動しなければならないだろうか？　われわれなら、それを拒否するだろうし、敬神の原則によって、彼らの話を聞くのを拒むことであろ

(三)う。

これらの民族とわれわれとは、完全に平等だということを否定できるだろうか。彼らは、彼らなりに自分たちの宗教をよいものだと信じているし、われわれもまた、自分たちの宗教を、同じようによいものだと思っている。物事を一般的にとらえるなら、どちらか一方の宗教を、より好むことに、いかなる根拠もありはしない。このような不確かな状況のなかで、われわれは、いったいどうすればよいのか。死ののち、なにが起こるかによって、自分が真理の道をたどっていたか、いなかったかを判断するために、命がつきるのを、平然と待つだろうか。そうだとすると、われわれをおびやかすすべての禍に、われわれ自身がふさわしいということになりはしないだろうか。

だから、できうるかぎりで、最高の注意深さを持って、宗教を検討することがこの不幸を避けるための唯一の手段となる、ということを認めることにしよう。神がわれわれを理性的・知性的な霊魂の持ち主として創造したのだとしたら、神性がわれわれに授けてくれた知識について、われわれには神性に対する責任がある。そして、人生において一番大事な行動をとろうとしているときに、神の恩寵を利用しないことほど、おかしな恩寵の誤用はない。しかし、すべての宗教について、いちいちその詳細に立ち入ることは、どこまで行っても終わることのない仕事になる、と反論する人もいるだろう。さらに、この検討によって、結局は、完全な確信を得るまでには至らずに、嘆かわしい懐疑に至るだけだ、と言う人もいるだろう。第一の反論に関しては、次のように答えることができよう。仕事は、それほど広大無辺に広がっているわけではない。宗教の一部は、いくつもの点で、違いがあるにもかかわらず、われわれの宗教と共通した原理を持っている。聖書がその基礎に置かれている。われわれがそれについて行ないうる検討は、そこから派生したすべての信仰について、解明に向けた無限の光をもたらしてくれるだろう。地上の大部分にはびこる偶像崇拝については、われわれは、まさに啓蒙の世紀に生きているがゆえに、一見して、その愚かしさのすべてがわかってしまうほどである。これがその答えである。われわれとくらべて遜色ない精神と光を備えていたローマ人でも、こと神崇拝ということになれば、類似した愚かしさを持っていた、と言う人もいるだろう。これに対して答えることは容易である。すなわち、一般人は、今日も同様だが、推論が得意ではなかったし[四]、彼らは、父祖から受け継いだ宗教に盲目的に従っていた。しかし、文人は、違った意見を持っていたし、ほんのわずかでも、凡夫の上を行く人間についても同じことだった。おまけに、当時の文筆家たち(a)は、その宗教を分相応にしか重んじなかったことを証明する文章をものしていた。

(a) ルクレティウス[一]、キケロ[二]、ウェルギリウス[三]、ホラティウス[四]、ユウェナリス[五]。

さて、あとの方の反論が残っている。すなわち、宗教の検討をしていくと、その過程でわれわれは、まちがいを犯すかも知れない、あるいは、当人がかつてあった状態よりもはるかに悪い、痛ましい懐疑に至るだけかも知れない、というのである。しかし、この意見を検討することからはじめよう。この意見自体が不敬虔ではないだろうか？　われわれがまっすぐな精神と誠実な心で、真理を探し求めるとき、最高存在に対するわれわれの義務とはなにかを解明する以外の目的をわれわれが持たないとき、われわれは、最高存在が救いの手をわれわれに用意してくれていることに、疑いを持つことができるだろうか、と私は言いたいのだ。最高存在は、誤謬のなかにわれわれが落ちこむのを放置することができるだろうか。最高存在がもし人間に信仰を要求しているのなら、判明で、疑いようのない真理のしるしで、この信仰を包んでしまうのではなかろうか。最高存在が望んでいる道をたどって、われわれが最高存在に向かおうとしているときに、わざわざ最高存在は、この道を暗闇で覆ってしまうだろうか。疑いもなく、そのようなことはしない。自分自身に仕えるようにと人間を創造した、かの神は、神の意志を知ったうえで、それに従おうとする以外の目的を持たない人間が誤謬のなかにあるのを放置するだろうか。すべての人間が等しく神の作物である。神は、自分の怒りの犠牲にならせるために、人間を創造したのではない。自分自身を導くようにと、神は、理性を人間に与えた。たしかに、神がこういうことをした目的は、神が人間に要求していることはなにかを絶対にまちがいないしるしのなかに認める手だてを人間に与えるためであった。純粋な偶然が与えたにすぎない、臆見に頑強に固執することで、真理の探究のためにこの理性を役だてるのを拒むような徒輩にわざわいあれ。だからこのわざわいを避けることにしよう。そして、父祖からわれわれのもとへ伝えられてきた宗教が或るひとつの神による作品であることを証明するような神性のしるしを、それ自体のうちに、持っているかどうか、あるいは、この宗教が人間の手になるものであることを明白に見させるような人間性の特徴を備えているかどうかを、衷心から誠心誠意、検討することにしよう。われわれの個別利害と良心がこれほどにも不可欠に義務づけている、検討というものを企てることに、逡巡しないでおこう。われわれの宗教の歴史を知るために、言いかえると、われわれと共同生活を営んでいる人びとをして、他のいかなる種類の信仰にもまして、キリスト教を選ばせるように決意せしめた、明確な事実を知るために、もっとも確実な手段を用いることを試みてみよう。

キリスト教道徳については、問題ない。それは、一般には、よいものである〔五〕。しかし、キリスト教道徳には、特別なところはなにもない。ギリシア人の道徳、ローマ人の道徳、トルコ人の道徳、シナ人の道徳、それに大半の偶像教徒の道徳でさえ、同じ事情にある。それらは、見習うべき有徳の模範をひとつ残らず提出し、徳行には報償を与え、懲罰の脅しで人間をおびえさせ、さらには、どの道徳も、同じような手段を総動員して、社会の絆を強固なものにし、人間を義務にとどめ置こうとしている。それゆえ、宗教の真実性を証明するのは、習俗の純粋性を推奨していることでもないし、罪に対しては、死後の懲罰を、徳行に対しては、死後の報償を告知していることでもない。というのも、こんなことは、どの国・どの時代の、どの宗教にもある基本教義だからだ。

とはいえ、ユダヤ教が特異な教義を持っている点は、注意しておく必要がある。ユダヤ教では、束の間の報償しか約束されていなかったこと、彼らのあいだでは、魂の不死性がほとんど認知されていなかったので、サドカイ派とエッセネ派〔六〕が激論を交わした際、不死性に関する教義が主要な論争点のひとつになったことがそれである〔七〕。以上の指摘は、もしかりに、われわれがこの教義を用いようとするなら、やはり重要なものとならざるをえないだろうが、しかし、もうこれ以上、この点にはとどまらないことにしよう。来世での劫罰と報償という教義に負けず劣らず、禁欲道徳という教義も、いずれかの宗教に有利に働くような先入見をまったく構成してはおらず、この点に関しては、どの宗教もみな同じだ、ということを承認することにしよう。それゆえ、これからは、われわれが奉じる宗教が含んでいる、すべての、想像もつかないような秘義〔七〕を成り立たせるために十分なほど、この宗教そのものの土台がしっかりしているかどうかを見てみることにしよう。

秘義という言葉には、どっしりとした威圧感がある。秘義は、信じなければならぬもの、と言われている。それらは、深く知ろうと企ててはいけないものなのである（七）。しかし、少なくとも、秘義が神からわれわれのところへやってきたものであることだけは、確かなことでなければならない。というのも、それらが不可謬の源泉から出てきているのだ、ということに納得しないまま、秘義という名前が付けば、それだけで、これらの事柄すべてを信じるということは、明々白々たる不条理に門戸を開くことになるからだ。まったくもって、もしカトリック教が神から発するものだということを私が確信できたとしたら、私は、慣行・秘義について、説明を求めようとすることなく、それらを盲目的に信じてしまうことだろう。服従した私の理性は、沈黙し、神的叡知の深遠さを崇めることだろう。しかし、真剣に自己利害から離れようと決意し、私が持っている知識すべてを絶対的に放棄しようと決意すればするほど、いっそう私は、検討においては、気むずかしくならなければならないし、絶対に反論することのできない真理のしるしにしか従わないでおこうと、注意するようにならなければいけない。

このような精神で、私は律法の書をひもといた（八）。まず私は、この書物がそれ自体として、神性のしるしを持っているかどうかを検討しなければならない。このようなしるしは、著者が神感を受けた、との判断へ私を向かわせるからである。このことを判断するために、私が持っている唯一の方法は、この書物をそれ自身と比較し、さまざまな章句を全体として対照し、そこにまったく矛盾が見られないのかどうか、調べることであり、外見上、不可能に思われたり、いんちきであることが証明されたりした事実がないかどうか、さらには、往古の歴史家に通常ありがちな初歩的ミスがないかどうか、を調べることである。しかし、確実にこれらの誤りからこの書物が免れていても、まだ検討しなければならないのは、書物を書き取らせたのは、神自身であるのかどうか、私がその律法に従うために信じることが必要な礎石・根拠として、私にそれが与えられたのかどうか、ということである。

私は、まずモーセの書をくまなく調べてみた。手始めに私は、創世記をとりあげた。私には、それが私の知識とは真っ向から衝突する事実の織物にすぎないということがわかった。カルメ神父[八]とド・サシ氏[九]を参照するだけで、さまざまな批評家から寄せられてきた反論の一部を見ることができるだろう。しかし、おそらく、もっと多くの驚きを引き起こすことは、これらの反論に対してなされた答えが弱々しいことである。(九)とはいえ、私は、このことについては、触れないつもりである。ただ私は、馬鹿げた誤りと答えようのないほど明らかな矛盾のいくつかだけにとどまりたい。しかも私は、それらを指摘するだけにしておくか、あるいは、ごくごく簡単にそれらについて、触れるだけにしておくか、どちらかにしておきたいと思う。そうすれば、私が十分に語っていない、と考える人びとが原典のなかにそれらを探し当て、自分でそれらを検討する労をとる余地が残されると思うからである。

神がアダムとエバの不服従を罰するために、彼らを地上の楽園から追い出したあとで、カインが弟を殺したために、結局、世界は、アダムとエバとカインだけになった。(一〇)多く見積もっても、歴史が語っていない兄弟姉妹が数人残っただけである。しかしながら、そうであるにもかかわらず、カインは、人びとが彼を殺すのではないか、と恐れていた。神自身がカインを安心させるために、殺害の危険から身を守るしるしを彼につけてやった。親族殺しの男を想像上の危険から守るために払われた、奇妙な配慮ではある。というのも、神は、この男が生まれる前に父親が犯した過ちゆえに、同じこの男とその子々孫々全員に、永劫の罰を宣告したばかりだからである。追放され、劫罰を下されたカインは、彼ひとりしかいなかったのに、自分の住む町を建設した。しかし、創世記の最初に置かれた数章のページごとに示されている、この種の誤りのすべてを指摘するのは、時間の無駄というものであろう。

私は、洪水の描写にも、ノアの箱船にも、立ちどまることはしない。ちなみに、問題の箱船の大きさでは、そこにいたとされる動物の十分の一も乗せられないことは明白である。(一一)少しあとの時代に移ることにしよう。すると、われわれは、レアがヤコブの嫁となったとき、ヤコブは八十四歳になっていたこと、ディナがシケムに辱められたとき、ディナは、せいぜい七歳になったか、ならなかったか、くらいの歳だったこと、そして、シメオンとレビが町に押し入って、剣をとって住民を皆殺しにしたとき、彼らは、せいぜい十一歳か十二歳か、くらいだったことを知ることになる。

ユダとタマルの物語には、しばし注意を向ける値うちが確かにある。この話からは、ユダが二十二年間に、同じ妻から、次々と三人の子供を持ったこと、そのうちのひとりは、タマルと結婚し、死んだが、死後、タマルは二番目の息子と結婚したこと、そしてこの息子も死んだこと、そして、その後、ユダは、息子の嫁と知らずに、タマルから双子を得たこと、そのうちのひとりが結婚し、子供を持ったことが知られる。こうしたすべての事件が二十二年間に生じたということに、どれほどの信憑性があるか、わかるだろう。

他の諸巻(a)でも負けず劣らず、類似した誤りの例が提供されている。列王記では、ソロモンは、エジプト脱出後、四百八十年目に神殿を建てたと言われているが、自分自身で、士師・列王の寿命と統治期間にもとづいて、計算してみると、六百年以上も経っていることがわかるだろう。

（a）［列王記］第一書［すなわち上］、第六章。

同じ列王記を信じる限りでは、ソロモンの富は、百十億にのぼる。ダビデの死後、さらに二十億が付け加わっている。これほど小さな国の君主がこれほど巨額の富を集めることができたとは、いったいだれが信じられようか。計算してみると、ヨーロッパ全体の金《かね》を全部合わせても、四〇億に届かないというのに。

もし可能であれば、列王記下をそれ自体と調和させるように、試みてほしい。そのある箇所(a)では、アハブの息子ヨラムは、ヨシャファトの息子ヨラムの治世第二年に統治をはじめたと言われているが、別の箇所(b)では、ヨシャファトの息子ヨラムは、アハブの息子ヨラムの治世第五年に統治をはじめたと言われている。この二つのくだりを単に並べるだけで、その矛盾を感じさせるのに十分である。同じ巻には(c)、アハズヤの治世が始まったとき、彼は二十二歳だったとあるが、歴代誌下(d)によると、彼が王位に昇ったのは、四十二歳のときだったとある。

（a）第一章、第十七節。
（b）第八章、第十六節。
（c）第八章、第二十八節。
（d）第二十二章、第二節。

エズラ記の最初の巻には、捕囚から帰ってきたイスラエル人の総数について、目を疑うような計算まちがいがある。エズラ記では、帰還者が四万二三六〇人に及ぶとしている。それぞれの合計を個々に足し算してみると、せいぜい二万九八一八人にしかならないのである。このような指摘には、重要性がほとんどないように見えても、それらは、これらの神聖な書物が他の歴史書のなかでお目にかかるのと同じ誤謬にさらされていること、また、それゆえに、書物の著者が神感を受けて書いたのではなかったこと、あるいは、書かれたのち、それらが改変を受けたことを、反論しようもないほど明白に証明しているのである。改変を受けたというようなことは、信じるべきではないとされている。なぜなら、もしこれらの書物がまちがいなく神から発するものであり、われわれの信仰の規準とすべきものであるならば、神は、書物にいかなる改変が起こることも、許すわけがないからである。

しかし、少なくとも、聖書の作者を善意の歴史家と見なすことにしよう、と言う人がいるかも知れない。彼らが誤謬を犯したのは、人間としての性格によるものである。これらの誤謬は、歴史家たちが報告し、かつ彼らがそれらの目撃証人であった主要な出来事を信用することの妨げになってはならない、とこのように言うのである。私はそれには同意する。しかし、そうだとすると、彼らも、他の著作家たちと同じ批評の俎上にのせられることになろう。彼らが神の霊によって導かれているとはもはや見なさない私は、彼らを信用するためには、他のすべての著作家に対して要求しているのと同じ証明を彼らに要求するつもりである。そして、私は、書き手がどのような人間であったか、また、彼らが私に語っていることすべてを盲目的に信じてもよいほどに、彼らが十分有名な人間で、十分に啓蒙されており、中立公正の点で申し分ない人間であるかどうかから検討を始めることにする。

旧約聖書からはじめることにしよう。われわれには二つの版がある。トリエント公会議〔一〇〕まで、これらの版は、教会のなかで、等しく尊重されてきたものである。ひとつは、ヒエロニムス〔一一〕が編纂し翻訳したもので、ウルガタと呼ばれる。この翻訳に対しては、トリエント公会議は、優越権を与えた。もうひとつは、七十人訳である。聖ユスティノス〔一二〕が感心するほど自信満々に報告しているが、それによると、七十人の通訳がそれぞれ別個に閉じこもって、奇蹟にも類することだが、バイブルを一語一語、同じやり方で翻訳した、というのである。（一二）だから、私はそうであってほしいとのぞんでいるが、二つの翻訳版は、相互に完全な信頼性を持つはずである。ところがそれどころの話ではない。逆に、両版は、もっとも本質的な諸点において、何千箇所となく相互に矛盾している。ウルガタはアダムから大洪水まで一六五六年しか数えないのに対して、七十人訳は二二六二年を数えているのである。七十人訳は、アブラハムの祖先たちのそれぞれに、ウルガタを百年も上まわる命を与え、そして、ウルガタが触れていないケナン某を登場させることによって、ひとつ余分な系譜を設けている。この大きなくいちがいの原因がなんなのかを予断をまじえずに検討してみるなら、それがうっかりミスなどではまったくなくて、むしろ必要な誤謬であったことがわかるだろう。（一三）この誤謬が犯されなければ、ユダヤ教は滅亡の瀬戸際に立たされたのである。そのわけは、次の通りである。プトレマイオスは、バイブルをギリシア語に翻訳させようと望んだ。この書物は、やがて啓蒙された民族［ギリシア人］の目に触れることになる。そうなると、年代学をギリシア人の年代学と合致させなければならない。大洪水は、はるか昔の出来事とせざるをえなかった。というのも、ギリシア史は、ヘブライ語で確定されていた時代よりも、はるか昔に遡るので、年代のインチキさは、即座にわかってしまうからである。同じ理由から、いまでもシナに向かう宣教師たちは、トリエント公会議の断罪にもかかわらず、七十人訳を使わざるをえない。というのも、シナの歴史は、われわれがウルガタによって確定した大洪水の時代よりもはるかに古いからである。

モーセの書の異本についても、ひとこと言っておくことにしよう。それは、サマリア五書〔一三〕という名のもとで知られている。そこに含まれている事実は、七十人訳とウルガタの最初の諸巻に含まれている事実とほぼ同じである。しかし、この版は、われわれに、信頼性のなさのあらたな証明を提供し、あるいはまた、これらすべての著作に広がっている誤謬を提供しているのである。そこには、ウルガタおよび七十人訳との数知れぬ矛盾が見いだされる。

ただひとつの例だけを報告することにしよう。ウルガタが天地創造から大洪水までを、ほぼ千六百五十六年にしか見積もっていないのに、七十人訳は二千二百六十二年を経たとしている、という点をわれわれは見たばかりである。サマリア五書では、もう少し長く、二千三百七年と見積もっている。それゆえ、こんなにも正確さとめぐりあうことが少ない作品に関しては、それを大体において信頼してはいけない、ということがわかる。

さて、これらの敬意を払うべき書物の書き手がどのような人物だったかを検討することにしよう。すると、その人物の名前を冠した著作がどのようなものであるか、確たることを言える材料は、ほとんどなにもないことがわかる。これらの書物の大部分については、それぞれ異なる教会が承認と否定を繰り返したし、同じ教会であっても、時代が変わると、承認していたものを否定したり、否定していたものを承認したりしたことさえある。ユディト記、集会の書、知恵の書、ダニエル書、エズラ記がこのような運命をたどったし、新約聖書の複数の巻が同じケースに相当した。聖ヨハネ福音書、聖ユダの手紙、聖パウロからヘブライ人への手紙、［ヨハネ］黙示録、その他の書物がそれである。トリエント公会議以前のどの公会議も、聖書の正典を確定してこなかった。聖ヒエロニムスは、次のように言う。ギリシア教会は、黙示録の公同性に疑いを持っていたし、聖バシレイオスとニュッサの聖グレゴリオス[一四]は、黙示録の公同性を斥けていた[a]。アレクサンドリアのディオニュシオス[一五]は、黙示録を別の作者に帰していた。トラヤヌス帝[一六]に至るまで、外典は、他の福音書と一緒くたにされていた。ようやく聖エイレナイオス[一七]になって初めて、四人の福音書作者について口にされるようになった。ラップ[一八]神父の『公会議集』、第一巻、八四ページには、外典問題を解決しようとして、ニカイア公会議[一九]の参加者たちがどのような混乱に陥ったか、その証拠が掲載されている。彼は、公会議議事録の末尾に、公会議の報告をする小冊子の抜粋を掲載している。そこでは、いくつかの外典が聖書とまぜこぜにされ、公会議の参加者たちは、外典も正典もひっくるめて、全部の本を祭壇に置き、聖なるものではない書物を下へ落とすように、神に願おうと提案していたことがわかる。実際に、こうしたことがなされたが、しかしながら、この弥縫策では、問題は解決しなかったようである。というのも、三八〇年のアンティオキア公会議[二〇]になってようやく、外典が全面的に否定されたからである。生まれたばかりのキリスト教の一宗派であったアロギ派[二一]は、聖ヨハネによる福音書がエズラ記[二二]の第三の書と第四の書として想定されていた、と主張していた。ところで、エズラ記は、正典の座につねにあったが、トリエント公会議で、否定されてしまった。

（a）バナージュ[二三]、一六九三年、九四ページ。

さまざまな意見と不正確さがおびただしくあるなかで、われわれは、今日、正典として受け入れられているすべての書物が本物であり、いま否定されている書物が偽書である、と本当に考えてよいのだろうか。おそらく、そのように考えることはできない。それらをわれわれ自身で調べてみなければならないし、それらがまとっている真正性の度合いに、信頼性を釣り合わさなければならない。

バイブルの最初の五巻から始めよう。これらの巻がモーセのものではないことは、論証されている。第一に、そこには、モーセの人生の終わりと彼の死後、イスラエルに起こったことが見いだされる。第二に、そこでは、モーセについては、しばしば三人称で語られている。彼に対する賞賛は、いくつかの箇所に見られる。最後に、創世記では[a]、王がイスラエルの子供たちを支配する以前には、エドム[二四]では、律法が支配していた、と言われている。このことは、明らかに、この本がイスラエルの諸王の時代に書かれたことを示している。

（a）創世記、第三十六章。

簡潔さを心がけたために、もっと多数の証拠を報告するのは、やめておいた。しかし、これらの証拠を見れば、この作品がモーセの時代よりもはるかにあとであることは、一目瞭然となる。もし、もっと委曲を尽くした詳細を望むのであれば、『ユダヤ人の迷信的儀式について』という本を隅から隅まで読むだけでよい。そうすれば、満足のいく豊富な証拠がそこに見いだされよう。ヨシュア記も同じケースにあてはまる。そこには、同じ偽造の証拠が含まれている。士師記もサムエル記の上下二巻も、あるいは、列王記の二巻[二五]も、その名をとってきた作者が書いたものではほぼない。私の主張がただしいことを示す証拠は、いま引用した書物のなかで、あまりにも明白に示されているため、ここであらためて、詳細に立ちいる必要はないくらいである。作者はユダヤ人で、したがって、ヘブライ語を知り尽くしていた。この作者は、特殊な訓練を経なかった人間には及びもつかないような無数の難問を書物のなかで解明している。

士師記、列王記、ユディト記、エステル記、トビア記、ルツ記、集会の書、知恵の書、それに預言書の大部分については、もっとはるかに広く受け入れられた、ある疑念がある。われわれは、これらの書物のほとんど全部について、その作者がどのような人物なのか、絶対的になにも知らないのである。私は、シモン神父[二六]とカルメ神父、ル・クレール[二七]氏ならびに、この問題に取り組んで、輝かしい成功ともっとも広範囲な同意を手にした人びとだけを、その証人としたいと思う。

われわれは、どこからこれらの書物を手に入れたのか。だれがそれらを渡してくれたのか。だれが書物の名称に使われた人物に作品を帰したのか。だれがそれらを収集し、今日あるような順序でそれらを整理したのか。私は、これらすべての疑問に答えるために、問題の書物そのものにしか頼らないでおこうと思う。

エズラ(a)は、彼の導きのもとで、イスラエルの民が［バビロン］捕囚から戻ったとき、律法の書はすべて焼かれていたので、彼自身が五人の人間と組んで、それらをすべて書き直した、とわれわれに教えている[二四]。実を言うと、エズラは、神の霊が彼にそれらを書き取らせたとし、それらが以前にあったそのままの姿を正確に復元した、と付け加えているのである。これらの神奇な著作について、われわれに尊重せよと要求しながら、その唯一の根拠がこの程度の弱い権威であるとは、考えられない話である。とはいえ、われわれが引用したばかりの書物は現存し、世界中の人がそれを手にしている。それは、聖書の一部とされ、トリエント公会議までは、正典と見なされてきた。そのとき、だれしも嫌悪すべき帰結を感じた。エズラ記の最後の二巻は、公会議によって正式の正典のなかには、まったく差し入れられなかった。しかしそれらは、写本であれ、印刷されたものであれ、すべてのバイブルのなかに、十五世紀以前から存在している。それらを廃棄した理由を想像するのは、大変容易である。以上が、旧約聖書の諸巻の真正性を確立するにあたって、よりどころとされた唯一の根拠と権威なのである。

それに対して、先に触れたサマリア五書がエズラを正当化し、聖書が彼の発明物ではないことを示しているのだ、

（a） 第四巻、第十四章、第二十一節以下[二八]。

と答える人がいることを私は知っている[二九]。私は、そのことを信じるのに、なんの苦労もしない。私は、能力の及ぶ限りで最良の復元を彼が行なったことに疑いを持ってはいない。そうだとすると、同じ信頼性を、原本に対しても持つことができるのか。七十人訳、ウルガタ、サマリア五書相互に見いだされる矛盾は、それぞれの書物の正確さに対して抗弁する際に、もっとも強力な論点を提供するのではないか。

ここで、新約聖書の権威がもっと現実性を持ったもので、もっと不確かさの少ないものである、という点について、本当にそうかどうかを見てみることにしよう。新約聖書は、それほど昔に遡らない、もっと情報のある時代に起こった出来事を語っている。だから、真実をはっきりさせることは、われわれにも容易にできることである。

この書物を通じて、私は、メシアが処女[二五]から生まれたことを知る。それは、ちょうどアウグストゥス[三〇]の治世で、ユダヤ地方のなかで起こったことだ、と言うのである。その頃、ユダヤは、ローマ帝国の支配下に入っていた。多数の者の目から見ると、そしてとくに一民族ばかりでなく、世界中の人びとの目から見ると、彼の生涯が驚くべき奇蹟の集積にすぎないと映る、ということが私にはわかる。というのも、私は、博士《マギ》[三一]たちを導くために、星が通常のルートを外れたこと、太陽が暗くなったこと、死者がよみがえったこと、等々を見るからである。私のなかに、最初に浮かんだ考えは、同時代の歴史家たちがかくも驚くべき事実をどのような仕方で報告しているのか、彼らがどのような理由から、盲目状態にとどまりつづけてきたことを正当化できているのか、どのような理由から、彼ら自身にも非常にはっきりとした形で現前している真実を拒むことができているのかを、歴史家たちのなかに探しに行くことである。しかし、私から見て、まったく驚いたことは、歴史家をはじめとするあらゆるジャンルの著作家がもっとも豊饒な活動を示した世紀のうちのひとつがあの世紀であるのに、だれひとりとして、これらの奇蹟について語っていないこと

であり、われわれが書物を書いた作者だと言っている人物の名前さえ、彼らが知らないことである（一六）。シリアには石の雨が降り注いだこと、雲のなかに戦闘部隊を見たことをわれわれに知らせずにはいられなかった、これらの同じ歴史家たち（a）、さらに、諸民族の想像力のなかにしか存在しない、数多くの滑稽な神奇についてわれわれに物語ってくれるその歴史家たちが、全世界の見ている前で当時起こった奇蹟について、われわれにひとことも語ってくれなかったのである。

（a）ヴァレリウス・マクシムス［三二］、ティトゥス・リウィウス［三三］、ヨセフス。

ヘロデ王［三四］は、三歳以下の子供全員を殺害させたと伝えられているが（a）、しかしこのような人道に背く行為をだれひとりとして、報告していないのである（一七）。ただひとりの福音書作者がそれについて語っている。聖ルカ（一八）は、このことを打ち消してすらいるように見える。彼は次のように語っているからである。ヨセフとマリアは、身の清めを終えたあとすぐにナザレに戻った。そこから一家は、毎年、エルサレムに行くのが習慣だった、と。それに対して、聖マタイは、ヘロデの迫害を逃れるために、三年間、彼らはエジプトに滞在したとしている（一九）。これほど狂気じみた、野蛮な行為が知られないですむと言うだろうか、あるいは、また、歴史家が後代に伝えるに足るほどの重要性をこの行為が持たなかったとでも言うのだろうか。誠実さを持って、このような答えができるとは私には思えない。また、この事実を証拠だてるものとして、マクロビウスの証言を（b）［三四］認めることができるとも思えない。なにしろマクロビウスの証言は、事件が起こってから四百年後、キリスト教が広く世間に知られるようになってから書かれたにすぎないからである。

（a）マタイによる福音書、第二章、第十三節以下。
（b）聖マタイに関するカルメ神父の著作。

エルサレムの中心部に奇蹟の池があった。天使がときどきそこへやってきて、水を動かし、そのあと最初に池に身を浸した病人は病気が治った。この事実は、少しばかり注意を払う値うちを持っている。それについて言及することは、瑣末な出来事で歴史を満たすことには当たらないだろう。であるのに、聖ヨハネにおいてしか、この事実は語られない［三六］。彼は、イエス・キリストの奇蹟の折に、非常に単純な事実として、それを物語っている。

まったくありそうもないことだが、私は、これほど公然の事実をローマの歴史家たちは知らなかったのだ、と仮定してもいい。ヨセフスの沈黙にどう答えたらよいかわからないからである。このユダヤの歴史家は、あの神異のすべてが行なわれたとされる場所の出身で、イエス・キリストのあと百年経って、歴史を書いた。ところが彼は、神異の数々について、ひとことも語っていないし、二行を例外とすれば、イエスについてさえ、語っていない。この二行は、ヨセフスの印刷版にあるもので、なにも語っていないのと同じ文章である。とはいえ、熱心このうえない宗教の擁護者の多くが告白しているように、問題の二行は、原本に付け加えられたのである。それらは、初期のキリスト教徒たちがかくも容易にみずからに許していた、敬虔からくる欺瞞行為の列に加えるべきもので、いつの時代でも、否認せざるをえないしろものである。（一〇）

しかし、これに対して次のように言う人もいるだろう。福音書作者たちは、嘘だと納得させるのがこれほど容易であった事実を、わざわざ提示しようとするだろうか、虚偽であることを容易に証明できるような事柄を主張することによって、彼らの大義が崩壊することを恐れなかったとでも言うのだろうか、と。この反論に対しては、二つの答えがある。その第一はこうである。イエス・キリストの生涯に関する報告がその当時、それがキリスト教の土台をなし始めたときと同じほど公になっていた、などと信じてはいけないということである。この時期には、いろんな覚え書が初期の信者の集会で読みあげられていたのである。信者たちは、それらを写し、改良し、変更し、他の覚え書からあまりにも露骨にかけ離れているものについては、それを全体としてカットしさえした。（一一）だから、福音書がいまのような状態でわれわれに伝わったのは、数多くの訂正を経たあとの話なのである。どの福音書も同じ人物の生涯を描いているのだから、みな完全に他と一致しなければならない、と少なくとも思われるであろう。

ところが、そんなことにはまったくなっていないのである。これらの異なる報告は、もっとも明確な事実についてもあまりにも不正確で、互いに一致していないのである。このたぐいの矛盾については、これからいくつも奇妙な例をわれわれは見ることになるだろう。

第二の答えは、こうである。これらの書物が知られ始めるやいなや、幾人もの学者が文書によってそれに反対した。キリスト教徒の敬虔さは巧妙にも、これらの文書を湮《いん》滅するのに全力を上げた。[二二] われわれは、キリスト教の確立に反対した人びとの名前を、いまでは、かろうじて知っている程度である。われわれがその名を知るのは、ほとんどの場合、彼らに答えようと企てたキリスト教徒の書物をとおしてだけである。彼らは、完璧に回答を与えた、と思いこんだので、反論のいくつかをわれわれに残してくれたにすぎない。しかしながら、もしも、われわれがケルソス[三七]やポルフュリオス[三八]やヤンブリコス[三九]やエウトロピオス[四〇]やユリアヌス[四一]やその他無数の人びと――その名は現在まで伝わっているが――の書物を持っていたとしたら、彼らの書物に対する教父たちの回答は、きわめて薄弱であるように、われわれには思われたことであろう。少なくとも、われわれに現在残されている回答から判断すれば、こういうことになる。もちろん彼らがわれわれに回答を残したのは、それらが返答になっていると彼らが信じこんだからにすぎない。

とはいえ、初期の時代には今残っている文書と同じランクに置かれていた膨大な数の文書がこういう反対のために消し去られ、外典と見なされたことは、事実である。キリスト教のこの初期の時代には、三九人もの福音書作者がいた、とされている。聖ルカの第一章、第一節および第二節によってさえ、多くの人間がイエス・キリストの生涯を書くことに手を出したことがわかる。事態は、かなり長いあいだ、こういう状態にあった。聖エイレナイオス(a)は、福音書作者四人説を言い出した初めての人である。これと同じく、何冊もの使徒行伝があり、六十以上もの黙示録が存在した。[二三] ファブリツィウス[四二]の論集には、さまざまな書物の断片をいくつも見ることができる。

(a) エイレナイオス、第九節、『書簡Ⅱ』、第七十八号。

しかし、福音書の奇蹟の検討に戻ることにしよう。[二四] われわれは、どれほど派手な奇蹟でも、同時代の歴史家のだれひとりとして、その証言によって、それらを確証していない、ということを見たばかりである。しかし、これは万に一つの仮定だが、彼らがそれらの奇蹟を知らなかったと仮定してみよう。奇蹟の目撃証人だったはずのユダヤ人たちがその奇蹟の明証性に服さなかった、というようなことを信じられようか。イエスを、誘惑者として、また公共平和の攪乱者として、侮辱的取り扱いをすることができさえした、などと信じられようか。私には、こんな答えが返ってくる。この侮辱は、預言者たちによって、あらかじめ言われていたことなので、それ自体がイエスの神性を証明するものである、と。それに付言して、こう言われる。イエスの生涯は、いずれも古き律法にかかわる預言のどれかが成就したものである事件の連鎖にほかならない、と。

　メシアは侮辱的に処遇され、処刑されるはずだ、などということをユダヤ人がかつて一度でも考えることができた、という説を私は断固として否定する。反対に、ユダヤ人は、メシアを英雄として待望していたのである。彼なら全世界を征服してユダヤの版図にしてくれる、そんな風に、すべての預言者がメシアを告知している。この考えは、モーセの律法において、義人たちの唯一の報償でなければならないとされた、地上での幸福と完全に一致する。私は、メシアが人に知られず、人びとから嘲りを受ける、という風に言われた文言が存在することは認める。しかし、ここには、曖昧さが存在するのである。それを明確にすべきである。あまりにも大胆なことだが、イエスひとりにメシアの名前を、キリスト教徒は適用してきた。しかし、メシアとは、普通名詞で、神から遣わされたと言われている人間すべてに与えられた名前である。それには、遣わされた者という意味しかない。この意味では、メシアという名前は、ユダヤ人たちに、偶像崇拝から離れ、モーセの律法に立ち返るように説いた、預言者すべてに適用される。これらの預言者たちは、おそらく民衆の激昂を買ったのであろう。それについて、そういう例があればこそ、神から遣わされた者は恥辱にまみれるであろう、と彼らはあちこちで言ったのである。それは、このような不幸が彼ら自身に起こったなら、彼らが予言してきたことが成就したものとして、それを見なせるようにするためだった。しかし、ユダヤ人が待ち望んでいた、本当のメシアは、彼らを彼らのすべての捕囚から、永久に、解放するはずであり、彼ら自身によると、すべての民族に対する勝利者でなければならないし、全世界でユダヤの名を尊重させなければならない、とされていたのである。これが本当にユダヤ人の意見であったればこそ、イエスのあと、約百年経って、メシアとしてまかり通ることを望んだバル・コクバ［四三］と呼ばれたユダヤ人は、この観念にみずからを合致させずにはすまなかったほどなのである。彼は、軍を率いる指導者となり、ローマ人に対して反乱に打って出た。もし彼がハドリアヌス〔四四〕帝の軍隊に負かされることがなかったら、それこそ、彼は、メシアとしての性格をすべて備えているように見えただけに、苦もなく、メシアとして認められることになったであろうに。彼は、預言し、奇蹟を起こし、彼の登場時期といくつかの預言とを合致させた。このことは、イエスにいくつかの預言を当てはめる努力を払おうとすることよりも、はるかに自然なことであった。初期のキリスト教徒は、自分たちの立場を維持しようとして、この新たなるメシアに反対する書物をいくつか作り、この人物を反キリストとしてまかり通らせようとした。聖ヨハネの黙示録がそれ以外の目的を持たなかったことは、明らかである。もし、この途方もない著作が幾分注意して、検討さるべき値うちを持っていたとすれば、その証明は、いくつも見いだされたことだろうに。たとえば、兄弟たちを切り刻み、彼らの額に刻印を押した、というような反キリストに対する非難がそれである。というのも、バル・コクバは、自分の党派に従ってきた人びとが、承認を受けずに、党派を棄てることがもはやできないようにするために、そのような風に、この方法を実際に使っていたからである。

メシアという名詞が特別イエスだけに適用されたのではない、ということをわれわれは見たばかりである。キリストという名前についても、同じことが言える。この語は、多くの人間を指している。しかし、これは、ユダヤ人が解放者メシアをひとりの王として待ち設けていたことを示す、新たなる証明である。というのも、キリストとは、「油を注がれた者」以外のなにものをも意味しないからである。それは、王国または軍隊の傑出した人物のことである。この意味で、キュロス〔四五〕は、聖書のなかでは、主のキリストと呼ばれ、ヨナタン・マカバイ〔四六〕は、ダニエルによって、民衆指導者としてキリストの名のもとで、明確に指示されているのである。創世記のあちらこちらで、アブラハムとイサクも、同じような名前で呼ばれている。したがって、預言者たちがキリストとメシアという用語を使うときに、注目していた相手は、イエスであると言い切ることはできないのである。この事実は、反論しようのない真理として、認めることができる、と私は確信する。(二五)

今度は、少なくとも、これらの書物を正確な歴史として見なすことが可能になるような、なんらかの権威を、それらが帯びているかどうかを見ることにしよう。それゆえ、この検討においては、われわれは、通常の歴史において真理を発見するために用いるはずの方法と同じ方法を使うことにしよう。福音書作者をお互いに比較するとともに、彼らと同時代の作家とを比較してみよう。そして最後に、できる限り簡潔に、旧約聖書についてやってきたことを新約聖書についてもやってみることにしよう。われわれは、これらのどの著作家たちの権威も等しく破壊するような、証明済みの虚偽、物理的不可能性、そして明白な矛盾を発見せずには、先に進めないであろう。確実に宗教の基本点のひとつになっているイエスの系譜学は、この点で、きわめて特異で、常識はずれな例をわれわれに提供してくれる。その常識はずれの度合いは、桁はずれであるために、それを検証することが同じほどに容易ではなかったなら、それを信じるのに大変な苦労をしなければならなくなるところであった。聖マタイと聖ルカとは、それぞれにくいちがいを示している(二六)。それらが勘違いや不注意のせいにできる軽いくいちがいであると思われないように、私は、次のような形で、両者を比較対照してみることにする。

マタイによる福音書第一章	ルカによる福音書第三章
ダビデ	ダビデ
ソロモン	ナタン
レハベアム	マタタ
アビヤ	メナ（メンナ）
アサ	メレヤ
ヨサパテ（ヨシャファト）	エリヤキム（エリアキム）
ヨラム	ヨナム
ウジヤ	ヨセフ

ヨタム
アハズ
ヒゼキヤ
マナセ
アモン（アモス）
ヨシヤ
エコニヤ（エコンヤ）

サラテル（シャルティエル）
ゾロバベル（ゼルバベル）
アビウデ（アビウド）
エリヤキム（エリアキム）
アゾル
サドク

ユダ
シメオン
レビ
マタテ（マタト）
ヨリム
エリエゼル
ヨシュア
エル
エルマダム
コサム
アディ
メルキ
ネリ
サラテル（シャルティエル）
ゾロバベル（ゼルバベル）
レサ
ヨハナン
ヨダ
ヨセク
シメイ（セメイン）

アキム
エリウデ[四七]（エリウド）
エレアザル
マタン
ヤコブ

ヨセフ

マタテヤ（マタティア）

マハテ（マハト）
ナンガイ（ナガイ）
エスリ
ナホム（ナウム）
アモス
マタテヤ（マタティア）
ヨセフ
ヤンナイ（ヤナイ）
メルキ
レビ
マタテ（マタト）
ヘリ（エリ）
ヨセフ

ごらんのように、一方は他方より十五代多く、ダビデから双方はまったく別々になり、サラテルで、ひとつにまとまるが、しかし、その息子からは、またもや双方は別々になり、ヨセフになって、ようやくひとつにまとまっている。

聖マタイの場合も、同じ系図において、明らかな矛盾に陥っている。というのも、彼は、ウジヤがヨタムの父であった、と言っているからだ。歴代誌、第一巻、第三章[四八]では、二人のあいだに、三世代が見いだされる。すなわち、ヨアシュ、アマツヤ、アザルヤがそれである。彼らについては、聖ルカも、聖マタイ以上に語っているわけではない。

おまけに、この系図は、イエスの系図に対してなにひとつ作用しない。というのも、われわれの掟〔近親相姦の禁止〕に従えば、ヨセフはマリアと一切交渉を持たなかったからである。しかし、この難題にはなにも答えられていないのか、と私に言う人がいるだろう。あなたは、この難題を呈した最初の人なのか、と。いいえ、多分そうではない。難題が呈されたのは、一度や二度ではない。ここに答えのいくつかがある。ある人びとは、次のように言ってきた、福音書作者のひとりは、どうやらヨセフの名で処女マリアの系図を与えたらしい。別の人びとは、二つの系図のうちのひとつがおそらくは、血筋によるのではなく、養子縁組によるものであろう、と言ってきた。多くの人びとが言うには、聖マタイは、幾人かの王を、彼らの不敬虔ゆえに意図的に廃棄した、ということである。聖書批評学者のオレアリウス[四九]が主張したところでは、聖マタイは、イエスの省略した系図だけを与えようと思っていたし、より容易に暗記できるようにするために、それを六週間に縮めた[五〇]、というのである。このような答えがまじめに作られたと信じることには、苦労がいる。とはいえ、これらの答えがもっともよいものとされ、ほとんど唯一のものとされているのだ[二七]。

　聖ルカは、第二章、第二節で、アウグストゥスが帝国全土の住民登録を行なわせたとき、キリニウス[五一]がシリア州総督だった、と言っている。この短い言葉には、どれほど明白な虚偽があるかがすぐにわかるだろう。第一に、すべての歴史家のなかで、もっとも正確なタキトゥス[五二]もスウェトニウス[五三]も、この住民登録については、ひとことも言っていない。これは、たしかにきわめて珍しい出来事だった。というのも、帝国全土で、住民登録などは、一度も行なわれたことがなかったからである。少なくとも、どの作者もかつてそのようなことがあったとは、言っていない。第二には、聖ルカが指摘した時期から十年後になってようやく、キリニウスがシリア州にやってきたのである。テルトゥリアヌスが報告しているように、そして、古銭が確証しているように、その頃、シリア州を統治していたのは、クインティリウス゠ウァルス[五四]であった。

　聖マタイは、時折、旧約聖書からいんちきな文章を引用している。彼がエレミヤの預言だとして持ち出している文章がその証拠である[五五]。エレミヤには該当する文章がない。そのかわり、ゼカリア書、第十一章、第十二節にはそれがある。このことは、預言者なり、福音書作者なりが文章を改変していることを証明している。

イエスの誕生年ほど不確かなものはほかにない。この時期に関しては、四十通り以上の違った意見が数えられている。一番普通なのは、彼がローマ年で、〔五六〕七四八年に生まれたとするものである。これは、聖ルカと絶対に一致することができない。聖ルカは、ティベリウス帝治世第十五年のときに、イエスは三十歳だった、と言っているからだ。この難問は、註解者たちを大変悩ませたから、ティベリウス帝が養子になった数年を治世の年に数え入れた註解者がいたくらいだった。このようなことをすると、通常の年代とは、もっと合致しなくなってしまう。イエス誕生の時間、月、季節は、誕生年と同じくほとんど知られていない。根拠のない伝承によって、誕生月日を十二月二十五日としたのである。

イエスが何年に死んだかも、神学者のあいだで、論争の種となっている。宗教の擁護者の幾人かによって、提出されている事実のいんちきさについて、この際、明らかにするのが適切である。〔五七〕彼らは、福音書に即して、イエスの死に際して生じた暗闇は全世界で観測された、と言っている。また、フレゴンもその年代記のなかで、この事件について言及している、と彼らは言う（一八）。この事件はかなり重要なので、できるかぎり正確にそれを解明することが適切である。

フレゴンの著作はもはや現存していない。彼の著作について、語っているもっとも古い著作家は、ユリウス・アフリカヌスである。彼は、フレゴンの八十六年あとに生きていた。アフリカヌスは、単純にこう言っている。〔五八〕フレゴンは、ティベリウス帝の治世に全国的な日蝕が起こったことを記録している、というのである。オリゲネスは、聖マタイの註解書で、少しばかり長くこれについて語っている。しかし、彼は、事件が起こった年を示していない。この日蝕がイエスの死の暗闇となんらかの関係を持っていることについて、彼は、納得しているようには見えない。実を言うと、『ケルソス駁論』のなかで、彼は意見を変えて、暗闇と日蝕が同じ現象であることを信じているのである。しかし、彼は、それについていかなる証拠も報告していない。エウセビオスは、『年代記』のなかで、もっと極端な所にまで進んでいる。第二〇二オリンピア紀の第四年にかんして、次のようにフレゴンの文章を記録している。「第二〇二オリンピア紀の第四年に、今まで見たこともないような、最大規模の日蝕があった。六時まで夜が続き、星が見られた。ビテュニアでは、地震があった。ニカイアの町のほぼ全部が倒壊した。[五九]」以上がこのくだりに関してわれわれが持っている、もっとも正確な内容である。ごらんの通り、フレゴンは、この暗闇をまぎれもない蝕と見なしていた。フィロポノス[六〇]もこのくだりを引いて、同じやり方で、それについて語っている。しかし、彼は、二カ所において、この事件を第二〇二オリンピア紀としているが、別の二カ所では、第二〇五オリンピア紀に位置づけている。反対に、われわれは、エウセビオスが第四年と言っているのを見たばかりである。だから、この蝕について語っている作者たちの証言からは、いったい何年にそれが起こったのか、確たることは言えないのである。そのことを知るのは、大して重要なことではない。というのも、フレゴンは、それについて、自然に起こる蝕としてしか語っていないからである。このことは、イエス・キリストの死に際して起こったと言われている暗闇と、縁もゆかりもまったく持ちえない。なぜなら、福音書作者たちによると、暗闇は、満月のなかで起こっているからである。このことは、日蝕と両立するものではありえない。

この事実は、もっともかまびすしく論じられてきたことのひとつなので、人びとは、年代学上の議論から引き出すことのできる説明だけにとどまっていたわけではない。彼らは、天文学にも助けを求めてきた。ケプラー[六一]、ホジスン[六二]氏、ハリー氏[六三]、その他多くの著作家の計算によれば、エルサレムと大カイロで、二〇二オリンピア紀の第一年に日蝕があった。太陽は、フレゴンが指摘する時間に、影に完全に入った。正午数分すぎのことである。このことは、彼が語ったのは、まさしく日蝕についてであった、ということについて、なんの疑いも残さない。この難問を完全に解明するためには、次のような仮説を立てることだけが必要である。すなわち、エウセビオスの引用あるいはフレゴンの文章に、第一年ではなく第四年とする別の手紙を忍びこませた、ということである。もし、この暗闇が何時に起こったかを検討したいと思うと、福音書作者たちのあいだにある矛盾のために、新たなる難問を見いだすことになる。聖ヨハネが言うには、イエス・キリストは、六時に断罪された。それに対して、聖マルコは、三時には十字架にあった、と言っている[六四]。教父たちは、この二つのくだりを合致させるのに、苦労を大いに背負いこんでいる（三九）。聖アウグスティヌスは、この難問に答えて、こう言っている。イエス・キリストが十字架にかけられたのは、三時である。しかし、それは彼の死を求めるユダヤ人たちが口でそう言っていただけで、実際に十字架にかけられたのは、ようやく六時になってからである、と。聖マタイに関しては、カルメ神父を参照してほしい。そこには、このテーマに関して語られてきた不条理の数々の総集編が見いだされる。

　福音書という書物が神から出てきたものではないことを示すのには、これらの数少ない例で十分だった。なぜなら、これらの書物は、誤謬と矛盾とあからさまな虚偽に満ちているからである。私は、これだけの少ない例を挙げておくにとどめる。また、これらの書物を通常の歴史書の地位に置くことだけが必要であることを示すのにも、これらの例だけで、十分だった。そのうえ、通常の歴史書を信ずべき場合は、歴史書が同時代の著作家によって、まったく反駁されていない、ありそうな事柄について、われわれに語っているときだけだ、ということがある。われわれがもっとも信頼するに足る歴史家に対して、認めている事柄のすべてがここにある。実際、これこそが巷で信用されている歴史家に、われわれから要求することのできる事柄のすべてである。

　とはいえ、われわれがこのような敬意を払うのに、福音書作者たちが値するかどうか、また、ティトゥス・リウィウスやタキトゥスやカエサル[六五]やその他の同時代の歴史家たちに対してわれわれが持っている信頼と同じ程度の信頼を、福音書作者に対しても持っていいものかどうかを見てみることにしよう。

　われわれは、イエス・キリストの生涯について、それぞれに作者の名前を冠する、四つの歴史書を持っている。これらの歴史書は、四人の異なる作者の手になるものとされているが、しかし、もし事態を注意深く検討してみると、多くの困難と不確かさに遭遇するだろう。聖マルコとはだれだったのか、絶対に知られていない。少し熟達した目を持つ人びとは、彼を、聖マタイの編集者であり、その縮約版作者であると見なしている。彼は、聖マタイの文章と表現をきわめて頻繁に用いているからである。使徒行伝で触れられている聖ルカは、その名を冠した福音書の作者と信じられている。しかし、これについても同じ証明をだれも持っていない。初代数世紀のキリスト教徒たちの一部は、聖ヨハネの福音書は贋作だ、と主張した〔六六〕。聖マタイの福音書原本は、存在しなくなってずいぶんになる。われわれは、原本については、聖ヒエロニムスによる伝承からしか知らない〔六七〕。この福音書の、あるくだりから察するに、作者は、イエス・キリストの死後ずいぶん経ってから、はじめてこれを書いたようである。というのも、作者は、アベルの血から、バラキアの息子で聖所と祭壇のあいだで殺されたゼカルヤの血に至るまで、無辜の血がユダヤ人の咎となるであろう、と言っているからである〔六八〕。このくだりに関しては、カルメ神父を読むべきである。この人は、イエス・キリスト以前に死んだいかなるゼカルヤも、このくだりのゼカルヤには当てはまりえないことを証明している。しかし、ヨセフスの報告〔六九〕にあるザカリアスには当てはまるのである。彼の報告では、実際に、バラキアの息子ザカリアスは、聖所と祭壇のあいだで殺された。そこから生じる困難を避けるために、カルメ神父は、イエスがこのことを預言的精神で語り、そのような最期を遂げるはずのゼカルヤと言う人物を、あたかも、すでに実際に殺されたかのように語ったのだ、と主張している。このような答えについて、どのように考えればよいか。思慮分別ある人間なら、この福音書の作者がゼカルヤの死後の世代に属することを、このくだりが無敵の力で証明しているとは思わないだろうか。

　すでに述べたように、かつては、今よりはるかに多数の福音書があったが、いまでは、それらは外典の列に入れられている。当初、そして、その後何世紀ものあいだ、どうしてそれらは、他のものに劣らぬ大きな尊崇の念を持たれてきたのか。その後、どうして投げ捨てられたのか。道徳の純度が低かったからか。そうではない。正典から除去された原因は、以下の通りである。イエスの死後、信者あるいは弟子たちがイエスの生涯と奇蹟についての報告を多数おおやけにした。福音という語は、よい知らせ以外のものを意味しなかった。このことは、心地よい知らせとか幸福の知らせとかを意味しない。むしろそれは、本当の知らせ、本当の歴史を意味した。それぞれの書き手は、読者の信頼を引き寄せようとして、この名目で報告を提示した。にもかかわらず、これらの報告は、無数の箇所で、おたがいに矛盾したことを言っていた。初期のキリスト教徒のあいだで、一番賢い人びとには、この証言の食い違いが自分たちに反対するための打ち克ちがたい論拠を提供しているように感じられた。そこで彼らは、集まって、これらの物語のなかから、比較的、相互に関係を持っていたものとか、矛盾するところが少ないものとかを選りだしたのである。彼らは、選りだしたものを採用し、他のものを外典と宣言した。しかしながら、現在まで伝わっている外典のいくつかには、古代教父によって引用されている文言が見いだされる。なぜなら、当時、それらは他のものと同じ地位にあったからであり、教父たちは、盲目的熱意のため、イエス・キリストの伝記に関係を持つものすべてを採用する仕儀となったからである。幾人かの教父に至っては(a)、世界中が認めているように、イエスより後代のシビュラの権威[七〇]——これらの預言は、無知の時代に、初期のキリスト教徒のある人びとによって捏造されたものであるのに——を支えとすることも厭わなかった。聖ユダは、モーセの遺体をめぐる悪魔と大天使ミカエルの論争について、語っている[七一]。これは、外典から取ってきたものである[七二]。聖アウグスティヌスと聖エピファニオスは、シメオンが聖パウロを侮辱したことを報告している。にもかかわらず、このことは、どの正典にも出てこない。初期の教父たちが正典と外典を混ぜこぜにしていたことを証明する文章なら、探せば——その労力を払うに値すればの話だが——ほかにも続々と見つかるだろう。あまりに根拠がないために、そして、より良質とされ正典と称されてとっておかれたものとあまりに合致しないために、初期の教父たちのあとで、前者の書物は排除されてしまったのである。

(a) 殉教者ユスティノス、アルノビウス、ラクタンティウス。

思慮分別のある人びとがこれらの書物を排除したのには、もうひとつ別の理由があった。それは、これらの書物が無数の滑稽な神異を含んでいたからである。たとえば、幼年時代の福音書は(a)[七三]、イエスが同世代の子供たちを死で罰した、と物語っている。イエスは、粘土で小鳥たちを作って、同世代の子供たちと遊んでいたが、小鳥の作り方が彼らより下手だったので、彼らから嘲笑されたことが懲罰の理由であった[七四]。その後、彼は、この同じ粘土の小鳥たちに命を与え、空に舞い上がらせた、という。彼は、結婚を完成する力を、魔法にかかって奪われていた男に取り戻させた。

彼は、魔法使いの女によって、ラバに変えられていた若者に、最初の姿を返してやった。彼は、ヨセフがあまりにも短くしてしまったヘロデ王の玉座の階段を、両端を引っ張って長くのばした。彼は、マリアが処女であるかどうかを確かめようとした産婆の手を溶かした。

（a）外典集、リンボルク版。

私は、こんなにひどいことをいくつも報告することに恥ずかしさを覚える。とはいえ、初期の時代には、これらのことは、現在の人びとがわれわれに信じることを強制しようとしたがっている奇蹟と同じくらいに、尊重されていたのである。もし、初期のキリスト教徒たちがわれわれより道理を弁えていて、これらの物語を滑稽だと感じなかったら、われわれは、他の例で報告されている神異を信じる場合と同じくらいの堅固さで、これらの不条理な出来事を信じているだろう。

しかし、少なくとも、今日、正真正銘の書としてわれわれに与えられている福音書は、変異も改変もなくわれわれのところへ届けられたのだろうか。古代作家を信頼するなら、そのようなことは少しもない。ケルソスは、声高にオリゲネスに非難していた。いわく、キリスト教徒たちは、彼らの書物のなかで絶えず変異し、自分たちの欲望に合わせて、福音書の文章を変えていたし、彼らに対する反論を否定し、彼らが言ってきたことを取り消すために、この人為的手段を用いていた、と。マニ教の教師ファウストゥス[七五]も、彼らに同じような非難を投げつけている。オリゲネスは、あまりにも明確な非難に対して、どう答えているだろうか。彼は、マルキオンやウァレンティノスの弟子たちとその他のキリスト教徒たちが福音書のテキストにあえて変更を加え、作り直したことは事実であるが、しかし、このようなことは、真の正統派すなわちオリゲネスの意見に与した人びとには起こらなかった、と答えている。というのは、キリスト教は、当時、無数の宗派に分かれていたからである。そして、それぞれが自分たちだけが正統派だと言い、他は異端と形容していたからである[七六]。

聖エピファニオスは、シモン・マゴスの異端を第二十九番目の異端と見なしている。テルトゥリアヌスは、自分の時代までにいた二十五の各種異端を報告している。このことは、キリスト教徒の初期の著作にある曖昧さと一致の少なさを立証するものである。

しかし、福音書に存在する変更を証明するために、キリスト教の敵たちによる証言に頼ることはやめよう。聖ヒエロニムス自身がどう言っているか、聞くことにしよう(a)。彼は、自分の時代には、写しと同じ数だけの聖書の版が存在していた、と言っている。というのも、各人が自分の空想に合わせて、聖書に補足を行なったり、それを短くしたりしたからである(三〇)。これらの書物が現在まで伝わる以前に蒙った変異について、これ以上明白な証言がありうるだろうか。

(a)ヨシュアに関する序文

これらの書物の意味の方も、テキスト以上に変異にさらされる羽目に陥った。教父たちと最初の時期に開かれた公会議は、書物の意味をさまざまに決定し、巷間に広く受け入れられていた意見を次々と断罪した。自説の正統性をあれほど固く信じていたオリゲネスも、今日われわれが信じる義務を負わされるところによれば、幾多の異端に陥ったのである。

アレクサンドリアのクレメンスは、魂の輪廻を主張し、物質の不死性を信じていた。ニカイア公会議までは、キリスト教は、ユダヤ教とプラトン主義哲学との混ぜものでしかなかった。まさにこのプラトン派から、キリスト教徒は、三位一体の教義をくみ取ってきたのである。実在的臨在の教義[七七]は、六世紀以前には、まったく知られていなかった(a)。

(a)『三位一体と実在的臨在の起源』。

ある隠修士がその頃[七八][六世紀]、実在的臨在を考え出したが、どんな成功も収められなかった。九世紀になってはじめて、パスカリスがこれを主張した[七九]。クロード氏の論戦で、いまでは、われわれのあいだで大変尊重されているこの教義の確立史を見ることができる。このようにして、世紀を重ねるたびに、新たな変異が引き入れられてきた(三一)。変異は、書物にも、その解釈の仕方にも、拡張された。こうして、そこから帰結するはずの諸教義をさまざまな公会議が確定してきた。

しかし、さまざまな宗派のあいだで形成された異議申し立てに決着をつけ、われわれの信仰箇条を制定した、公会議という、威厳ある名目で修飾される、これらの会議とは、そもそもどのようなものかをまじめに検討することにしよう。われらの著作家たちが自ら述べているような公会議の歴史を、おぞましさを感じることなしに書き上げることはできまい。それは、悪意や陰謀や裏切りや残酷このうえない犯罪の織物でしかない。ラテン教会は、三百八十人の司教が集まった公会議で断罪された。東方教会では、これを第八回世界公会議と称している[八〇]。その後、ラテン教会は、百二人の司教が集まった公会議によって、ギリシア教会を断罪させた。これをラテン教会の人びとは、同じように、第八回世界公会議と呼んでいる。コンスタンチノープル公会議において、フォティオスは廃位され、聖杯に浸されたペンで自分自身に対する有罪宣告にサインした。十年後に新たに開かれた公会議[八一]は、最初の公会議の決定を廃棄し、フォティオスを復権した(a)。この公会議の諸布令を命令したのは、バシリウス帝[八二]である。コンスタンティヌスは、ニカイア[八三]公会議において、司教たちの裁定者になっている。彼は、三位の同一実体性という言葉の意味を確定した。テオドシウスは、三位一体に関する最重要問題に決着をつけた。彼は、エフェソス公会議[八四]を二分した二つの宗派に、つまりネストリオス[八五]と聖キュリロス[八六]とのあいだのもめごとに裁きを下した。これらの公会議の記録は、憤激することなしには、読めない。決定権を持ったのは、いつでも最強の党派か皇帝派である[三二]。さらに、初期に開かれたこれらの公会議の詳細は、忌まわしいものであり、後期になって開かれた公会議の詳細にくらべて、百倍もスキャンダラスなものである。実を言うと、後期の公会議については、それらが開かれた動機と狡猾なやり口については、明らかにされているのだが、しかし、それらに満ち満ちている腹黒さと卑劣さも、初期の公会議にくらべれば、劣っているのである。

(a) ル・ヴァソール参照。

私は、これらの公会議について、これ以上、語ることをやめる。その詳細については、ラップ神父の著作に見ることができるからである。しかし、私が確信していることは、これらの会議の神聖性を擁護するにあたって、くらべようがないほどの先入見に満ちあふれている人間でも、そのつど新たなスキャンダルの機会とせずには、一行も読めたものではない、ということである。法王という称号で呼ばれるローマの司教たちは、われわれに十分な考察材料を提供してくれるだろう。法王フォルモスス〔八七〕は、後継者から異端呼ばわりされることになる。三人の学者が彼の記憶を復権させ、四番目の学者は、彼の遺体を掘り出させて、それにこの上ない侮辱を加えた。しかし、これらの個々の事実は、ローマ教会の首長たちがだいたいいつのときにも、陥っている恐るべき無秩序と同じく、今の問題にとってはどうでもよい（三三）。というのも、風紀の紊乱は、教義の善性になんの影響も及ぼさないからだ。とはいえ、いま描いた会議の権威と、こういう忌まわしい連中の権威が合したものが、われわれの信仰の規準になっていることを考えざるをえない。まさにこういう連中を代弁者として、神はわれわれにその意志を説明するのである。実のところ、あまりにも理性を辱め、あまりにも人間性をおとしめ、そして、あまりにも神性を卑しめることになるので、このような意見は持てないほどである。とはいえ、この醜怪な集まりに、普遍教会という威厳のある名称がかぶせられてきたのである。そして、この教会は、われわれをひとつの軛に服従させ、この軛に反抗することは罪だとわれわれに信じこませようとしてきた。

　これらの考察に、前段で報告した新旧約聖書は信用できないことの証明を付け加えれば、この壮大な構築物が数人の無知な偽善者の作品にすぎないことがわれわれにはわかるだろう。これらの人びとは、他の宗教の創立者たちと同様に、軽信を悪用して（三四）、民衆を恥ずべき迷信に陥れたのである。

　だから、われわれの理性を虜にし、真理を絞め殺す、この盲目的な尊崇から離れて、混沌とした秘義の数々に分け入ることにしよう。これらの秘義の理解しがたさのみがその利点の全体を形成しているのだ。そして、キリスト教という名前で飾られている、この奇妙な臆見の集積物を素描することにしよう。

　広大な宇宙の造物主のことを描いてみよう。この造物主は、無から最初の人間を登場させ、彼を永劫の不幸に陥れた。造物主は、甘美な庭に、彼の愛の対象たるこの被造物を置いた。被造物には、ひとつの果実だけを除いて、すべてのものを利用することが許されていた。たしかに、この果実を味わうという誘惑にあらがう力を、人間の心を作った造物主自身が忘れずに人間に与えたはずである。実際は逆に、造物主は、彼に、どのような努力をしても打ち克てないほど荒々しい、果実に対する欲望を与えた。だが、少なくとも、これほど許しやすい過ちを償うには、軽い処罰で十分だったろう。ところが、まったくそうはならなかった。死でも十分ではなかった。永劫の罰でもまだなお十分ではない。彼のすべての後裔たちが、彼の末裔全体が、世紀を経て生まれるであろうすべての人間が、その刑罰を被るであろう。かくも善で義で慈悲深い神の復讐は、神から生まれたすべての人間が永劫の責め苦によって、罪を償うことを望んでいるのである。しかし、これほどまでにおぞましい、効果などほとんどない責め苦から、身を守るすべが人間には、まったく残されていない[八八]。それどころか、ノアの時代まで、彼らは、いかなる和解も期待することはできなかった。どのような痛悔に服することが怒る神をなだめることになるのか。彼らは、最大の放埒と限りなくおぞましい罪にふけった。とうとう、彼らは、神が人間を作ったことを後悔するほどまでに[八九]、放埒と罪に堕ちてしまったのである。そこで、神は、世界に洪水を起こすことによって、人間すべてを滅ぼしてしまおうと決心した。このとき[a]、神の復讐心は、完全に充足され、満足させられた。神は、人間たちとのあいだで、永遠の契約を作ることになる。神は、人間たちに対して用いた弓を雲のなかに［虹として］永久に置いた[九〇]。そして、神は、家族ともども、洪水から救ってやったノアに、この契約をかわすための手段を与えた。この手段は、怒りの最初の理由が軽いものだったように、負けず劣らず子供じみたものであった。すなわち、男の子に割礼を施せばよい、というのである[九一]。割礼をすれば、それは、一挙に最初の祖先の罪を消し去る。しかし、両親がこの儀式を怠れば、その者に不幸を。そして、世界で、このような習慣を知っている片隅に生まれてこなかった者に不幸を。神の判決が下ると、こういう人間は、割礼という法に従わなかったため、永劫の炎で焼かれることになる。その法をかつて知らず、知りようもなかったのに[四一]。

（a）創世記、第九章、第十三節。

神は、人間とのあいだで、これほどまでに堅固で、これほどまでに尊重すべき結びつきを確立したあとで、過去の残酷さを悔い、人間がどうしようもなく悪に傾斜していることを認めたからといって、人類を二度と再び絶滅させるようなことはしない、と約束した。神は、ユダヤの民に特別な取り分を認めたが、にもかかわらず、この不幸な民は、エジプト人の支配のもとに落ち、何世紀にもわたって、比較に絶する重圧の軛に苦しむことになった。偶然がエジプト王室のなかに一人のユダヤ人を育てた。彼は、ユダヤ民族を奴隷状態から救い出そうと企てた。彼は、このうえなく恐ろしい奇蹟で、エジプトを驚かせ、ついにファラオに、イスラエル人を自由に出国させる決心をさせた。しかし、神は、それに抵抗するほどにまで、ファラオの心を頑なにさせる気配りをした。だから、モーセは、彼らを引き連れて、紅海の水が引いて乾いているうちに、これを歩いてわたらせた。(三五)彼らのあとを追いかけてきた軍隊は、紅海の水に呑まれた。モーセは、砂漠で、奇蹟を起こして彼らを養い、(三六)岩から水をしみ出させ、ついには、毎日が新しい神奇で彩られることになった。これらの奇蹟は、モーセが神の命令によって動いているにすぎない、ということの見やすい証明となった。おそらくユダヤ人は、やむことのない賛美の状態にあったのだろう。彼らは、一人の男を通じて、彼らに知らされた神を尊崇したのだろう。この男の使命は、同じくらいはっきりとした実例によって権威づけられたのだろう。しかし、事実は全くそうではなかった。ユダヤ人は、しょっちゅうモーセに反抗してぶつぶつ文句を言い、不平をもらし、元の奴隷状態を懐かしんだ。彼らは、モーセに、目に見え、手でさわることのできる神々を要求した。彼らは、モーセが数日間留守にした隙に、黄金の仔牛を据えて、もっともおぞましい偶像崇拝に落ちこんだ。(三七)[九二]

　これが神に愛でられた民の性格である。このような不条理を平然と聞くことができるだろうか。これほど信じがたい事実を盲目的に信ずべきものとしてわれわれに強制するに足る権威で、これらの事実が包まれているかどうかについて、だれにもまして疑うことを知らない人間にも、疑念が浮かんできはしないか。いったい、これらのいわゆる奇蹟のたぐいを語った人、つまり、律法の書すべてをわれわれに伝えたエズラの言葉だけで、われわれは、ほとんど信じるべきところを持たない物語を信じなければならないのか。いかなる著作家もそれについては語らず、エジプトも深い沈黙を守っているにもかかわらず、われわれは、自分の理性の光をすべて抑えつけて、これほど滑稽なお伽ばなしに従わなければならない。実にこれは、人びとの軽信と愚かさをあらかじめ過剰に想定することである。
この民の跡を追うと、われわれは、彼らが隣人の神々を持つために、この真正の宗教をそのつど、捨てていることがわかるであろう。彼らは、聖なる丘に犠牲を捧げにいくだろうし、預言者を邪険に扱うだろうし、あなたがたにとってどれほど驚くべき奇蹟が描かれようと、彼らは、あらゆる奇蹟に抵抗を示すだろうし、実にはっきり成就されたと請け合わされている預言にも抵抗を示すだろう。さらに、彼らは、あらゆるたぐいの放蕩と犯罪の、このうえなく恐ろしい乱行に身を沈めるであろう。

それでも、こういうけがらわしい所業も、神を怒りで武装させるには十分でなかった。神は、アダムから出てきたという理由で、割礼を受けない人間すべてを、永遠に地獄へ落とし続けることで満足した。神は、ペストで、イスラエル人のほとんど全部を死なせた。というのも、ダビデは、イスラエルの民の人口を数えさせたのだが、そのことが神の気にいらないことになるなどとは、思ってもみなかったからである。[九三]しかし、神は、反抗する民が神の慈愛と忍耐を馬鹿にしながら、神を傷つけることをやめなかったにもかかわらず、彼らを罰することを注意深く避けた。それどころの話ではない。ここに、人間理性を超えた至高の秘義がある。この神は、永遠の昔から、ひとりの息子を持っていた。世界創造から四、五千年経ったのちには、この息子の存在をだれも知らなくなった。いまになって、この息子が現われ、父親は、息子が死ぬことによって、人間を救済するように、息子に命じた。父親は、息子が人間のすべての過ちをあがなうこと、そして、彼がその罪科をかぶることを望んだ。父親は、天から息子を地上に降ろさせ、それに人間性をまとわせた。神から出てきたこの息子は、彼の父親に等しく、神それ自身である。彼は、いかなる汚れからも免れた血から誕生しなければならなかった。選ばれたのは、ダビデの血である。ダビデの方は、バト・シェバと姦通し、彼女にその夫を殺させた。(a)[九四]聖マタイによると、まさしくこの純粋な源泉から、神の息子が生まれたのである。ある人びとに言わせると、ヨセフは、ソロモンを介して、ダビデの子孫ということになり、他の人びとに言わせると、ナタンを介して、ダビデの子孫ということになる。[九五]このヨセフが神の母の夫にすぎない、というのは本当である。しかし、神が実際にダビデの血を望んだことを信じさせるために、マリアがヨセフの縁戚であったかもしれない、ということがなんの証拠もなく仮定されている。この仮定は、彼らが同じ部族出身だったことを唯一の根拠としている。これがダビデからイエスを引き出させるための唯一の手段であった。というのも、ヨセフがイエスの誕生にいかなるかかわりも持たなかったこと、そして、これまでのところ知られていない神の第三の位格こそが第一の位格の命令で、マリアの身体のなかに第二の位格を作った、ということが確かなこととされているからである。ケルソスは、ただしい生理学と合致するやり方で、もう少しうまく、この来歴を物語っている。彼の主張によると、マリアは、パンテルという兵士と関係を持った。妻の妊娠に激怒したヨセフは、もっともな根拠から、自分が妻の妊娠に寄与しなかったことを確信していたので、彼女を自分の家から追い出した。彼女は、息子とともにエジプトに脱出した。この息子は、そこでエジプト人ならよく知っていた技術を学んだ。それは、民衆に畏怖の念を抱かせるような威光を作り出す技術であった。軽信と迷信を主要な性格としたユダヤ人にとっては、この威光は、容易に奇蹟として通用した。正直に言わなければならないことだが、この来歴の語り方には、自然なところが多くあるように思えたので、オリゲネスもそれをわれわれに隠しておくことはできなかった。というのも、オリゲネスの時代には、人びとは、共通して、この非難をキリスト教徒にぶつけていたからである。

（a）ベールの「ダビデ」の項目参照。

結局、父と永遠性を共にする神の息子は、なんらかのやり方をして、人間となり、彼の父が人類に実行しようと望んだ復讐をかなえるために、最後の懲罰を受けて死んだ。これほどまでに価値のある犠牲者の血は、どのような効果を産み出したのか。おそらく、すべての人間と人間を創造した側との和解が成立し、永遠の懲罰が破棄されたのではないか、と思うだろう。全然そのようなことはなかった。アダムの罪は、相変わらず存続し、末代にまでわたって、罪が帰せられつづけた。つまり、イエスは、割礼に洗礼をとって変えただけなのである。(四二) 彼は、それまで確立されていた信仰を変え、理性に反することこのうえない教義からなる、奇怪な集積を作りあげた。彼は、異教徒から主要な秘義を借りてきた。崇敬すべきなのは、もはや唯一にして不可視の神ではない。力の面でもすべての属性の面でも相等しい三つの位格が新たなる神性を形作った。これらの位格のうちのひとつが、アダムの堕罪を贖うために、可死の肉体をもう一度まとった。それなしには、もはや神の怒りは、とどまるところを知らなかったであろう。では、この怒れる神には、復讐をもっと先まで持ってゆくために、どういうことができただろうか。全人類を皆殺しにしたろう、と言われるかもしれない。だがそれは、神が全人類を生まれながらにして、永遠の業火に焼かれるように定めたこととくらべられようか。たしかに、すべての人間を撤回しえない形で地獄へ落としたら、少なくとも、それは、神の怒りが思い付けるもっとも恐ろしい罪だったろう。しかし、しばし考えてみれば、神がそれをほぼ実行したことがわかるだろう。福音の原理からしても、二十人のキリスト教徒のうちで一人が救われるなら御の字だ、ということが認められよう。しかしながら、そう仮定して、この計算を、キリスト教徒の数の少なさをめぐる前段の計算と足してみよう。すると、われわれにはわかる。四千人の人間がいて、そのうちのひとりがかろうじて救われる、ということである。造物主の、かの偉大なる慈愛は、これほどまでに切り縮められたというわけだ。造物主のひとつの部分が肉化し、最後の懲罰を受けて滅びるためにやってきたのは、まさしくこのたぐい稀な恩恵をわれわれのために獲得してやろうとしたためである。なんと高尚な理屈だろう！　なんと高尚な知恵だろう！

　これほど尊い生け贄でも、あのように過剰な慈愛に値するためには、まだ足りなかった。時々刻々に、同じ犠牲が繰り返されねばならなかった。それが人間に無限にとって役立つものとなったことは、たしかである。軽い病気を治したいと望んだり、忘れ物を見つけようと思ったりしても、同じ犠牲に人間は訴えた(四一)。なんとも大がかりな仕掛けである。多くは罪におぼれた司祭が、四つか五つの神秘な言葉で、一切れのパンをこの同じ神に変化させ、それを再び犠牲として、その父に差し出すことになった。この犠牲はただの寓意か比喩かにすぎない、とおそらく考えられるであろう。ところがそうではなく、それは現実なのだ。このパンは、実際に神なのだ。この神は、自分と同じ神である彼の父から、みじめな被造物の癒しを得るために、本当に死んだのだ。次に、この神の肉体は、どうなるのだろうか？　司祭がそれを食べ、毎日、百万もの犠牲が捧げられるのである。

　このような不敬の説を冷静に検討すると、理性は反撥する。粗野きわまりない偶像崇拝も、かつてこれほど神性にふさわしくないことを思いついたことはなかった。少なくともこれまでは、偶像は、崇敬する天なる神の像でしかなかった。しかし、キリスト教徒にあっては、このパン切れが神そのものなのである。これを大胆にも疑う者は、鉄火によって納得させねばならないのである（四三）。

　キリスト教徒が信じる宗教のありのまま忠実な姿とは、以上のごとくである。しかし、それが滑稽だと感じても無駄である。自分を欺くことに長けた人間は、あらゆる手段を用いて、理性に反抗し、幼少の頃より慣れ親しんだ意見とさまざまな先入見をそのために犠牲にしないように努めるものなのである。彼は、自分で自分に言い聞かせる。これらの想像もつかないような秘義は、明晰かつ感得しうる預言によって知らされていることであり、宗教の見取図の全体がこれらの預言のうちに見いだされ、そこにこそ神性の、疑いを差しはさむ余地のない証明があるのだ、そして、われわれがその教義と秘義のうちに滑稽なものがあると思っても、それについて推論をこれ以上たくましくすることは、この証明ゆえに、許されていないのだ、と。さてさて、こういうわけだから、軽信のこの最後の陣地を奪取して、この異様な建物を、その最小の石材に至るまで破壊することにしよう。時のへだたり以上に無知と瞞着が厚くした暗闇に、真理の松明を持ちこもう。これらの預言のなかで、もっとも名高いものを詳細に検討し、明証性と神性のもっとも際だったしるしを帯びるものを特に吟味してみよう。

　旧約聖書のすべての巻に広がっている、なんぴとたりとも反論しようのない疑わしさ、不正確さという原理からはじめることにしよう。ヘブライ語は、かつては母音抜きで書かれていて、そこには子音しかなかった。読んだり発音したりするために、母音をどう付けるべきか教えたのは、伝承と習慣だった。このことは全く真実で、現に、バイブルの古い写本も点なしで、すなわち母音なしで書かれているし、いくたの印刷本も同じである。ユダヤ教徒がいまでも彼らのシナゴーグで用いている版本がその証人である。これらの書物が書かれたときの意味とわれわれが読んでいるときの意味とのあいだに、このことがいかに多くの相違と異同を産み出しかねないかは、容易に想像がつく。ユダヤ教徒はそこから、いくつものくだりでわれわれと相違しており、おまえたちがその意味を損なってしまった、その意味を変えてしまった、と声高にわれわれを非難している。しかし、私は、ヘブライ語に関する完璧な知識を要求するこの種の議論を用いるつもりはまったくない。おまけに、キリスト教が非常に大きな利益を引き出すといわれるこれらの預言のいんちきさまたは偽造をあばくには、ヘブライ語に関する完璧な知識に頼る必要はない。

まず預言者という言葉にまつわる意見を解明することからはじめよう。預言者という言葉の、たったひとつの意味は、説教師または勧告者である。実際、これが預言者の唯一の機能であった。彼らは、真の神信仰に立ち返るように、民衆に説き勧め、もし彼らが不信仰に固執するなら、懲罰が下るぞ、と彼らを脅かし、もしその義務に立ち返るなら、報償がもらえる、と彼らに約束するのがつねだった。これらの約束と脅しは、偶然に任せてなされたために、つねに事件によって裏切られる結果となった。しかし、これらの約束と脅しこそが預言としてまかり通っていたのである。そして、そのうちのいくつかの預言をイエス・キリストにあてはめることをキリスト教徒たちは思いついた。[九六] 実のところ、これらの約束と脅しは、しばしば効力を持たなかった。そのことは、ヨナ書のなかに見られる。ヨナは、四十日もすれば、ニネベの都は滅びる、と預言した。(a) けれども、そのようなことは、まったく起こらなかったので、ヨナは言った。神は、ニネベ人が罪を悔いたことに心を動かされて、その命令を取り消したのだ、と。それから付け加えて、彼はこのように言っている。自分ヨナは、神に対して文句を言った。私は、神が憐れみに立ち戻ると予測していたから、嘘つきの非難を避けようとして、タルシシュに向かって逃げたのだ、と。

(a) バナージュ、一六九三年、一二二五ページ。

エレミヤは、神の代理人として、ゼデキアにはっきりと、あなたは命を長らえるだろう、と約束した。しかしながら、ゼデキアの目の前で、二人の息子が殺されたあと、彼自身の目もくりぬかれた。[九七] 預言者たちは、事件と彼らが告げたこととの矛盾を何度となく味わっているので、彼らが間違えたときのために、弁解の言葉を用意していたことの証明をお望みだろうか。(三八) エゼキエルは言った。もし、預言者が惑わされるようなことがあれば、永遠なる私自身がその預言者を惑わしたのである、と。[九八] 預言者が大胆にも主張したことについて、彼ら自身が疑心暗鬼にあることの、これ以上明らかな証明がありうるだろうか。しかし、イエス・キリストの誕生とその状況をきわめて正確かつ明確な形で、指し示していると称される一連の預言に立ち返ることにしよう。

最初の、そしてもっとも真実味を持つとされている預言は、ヤコブのそれである。[九九] ヤコブは言った。メシアがやってくるまでは、ユダから王笏は離れないであろう、と。(a) この預言の弱さを感じるには、この文章が人によって異なる仕方で翻訳されてきたことを指摘するだけで十分であろう。(b) ある人びとは、この文章を、メシアがやってきたとき、権威は永久にユダの地にあることになろう、と説明している。別の人びとは、主のみ使いが深い悲しみを終わらせにくるまで、ユダの民は苦患の内にありつづけよう、と説明している。さらに別の人びとによると、これはシロの町が破壊されるまで、となり、また別の人びとでは、シロにおいて、至高権力を神のみ使いが受け取るまで、ユダの地で権威は衰えるだろう、となる。この伝承の多様性を見るとき、テキストにどれほど曖昧さが存在するかがわかるだろう。だが、それをもっとも好意的な意味で受け取ることにしよう。この預言は、いかに曖昧であろうとも、見ればすぐにいんちきとわかる。というのも、ユダヤ人たちは、彼らの最近の捕囚のあいだには、幾度となく、首長も王も存在しない状態にあったからである。イエス・キリストが生まれたときに、ユダヤの王だったヘロデは、彼らと同じ民族の出ではなかった。彼は、イドマヤ［エドム］出身だったからである。

（a）創世記、第四十九章、第十節。

（b）ウットヴィル、六四ページ以下。[一〇〇]

ついで、もっとも有名な預言のひとつは、イザヤの預言である。(a)[一〇一] 不信仰者には、いつもこの預言が突きつけられている。以下がその預言である。乙女が身ごもり、息子を産み、インマヌエルと名づけられるであろう。ここには、奇蹟とも言えるイエス・キリストの誕生が明確に見てとれる。聖マタイは、(b) イエス・キリストにかかわる明白な預言として、イザヤの預言を引き合いに出すのをためらっていない。イザヤ書のなかに、(c) 問題のくだりを探し求めにいくと、そこにまったく別の事柄を発見して、人びとは、大いに驚かされるだろう。ここで問題になっている事柄は、次の通りである。この預言者は、イスラエルの諸王を恐れる必要はまったくないし、シリアの諸王についても同じことだ、とアハズを安心させているのである。そして、預言の真実性のしるしとして、主が彼の前に現われて、彼の妻が身ごもり、一人の息子を出産し、インマヌエルと名づけられるであろう、と言い、そして、この子が善悪の分別がつく年頃になる前に、アハズの国は、イスラエルとシリアの諸王に渡されるだろう、と言うのである。ごらんの通り、このくだりは、イエス・キリストの誕生とほとんど関係がない。ウットヴィル師のようなもっとも明敏な批評家は、この預言について、言及するよりもむしろ、黙って通り過ぎる方を好んできた。そんなことをしたら、あまりにも粗雑に人間の軽信を悪用することになる、と感じていたからである。聖マタイが滑稽な適用をあえてし、ほかでは有能な人たちが彼の例にならうほどの弱さを示したことに、いくら驚いても驚き足りようか。

（a）イザヤ書、第七章、第十四節。
（b）［マタイによる福音書］第二章、第二十三節。
（c）［同上］第七章、第十四節以下。

同じイザヤは、さらに、あの赫々たる預言のひとつをわれわれに提供してくれている。そこには、イエス・キリストの死と受難が明確に見られる、と言われている。このくだりを注意深く検討してみると、(a) エレミヤが受けるはずの拷問の話であることが分かる。宗教のもっとも熱心な擁護者のひとりだったグロティウス[一〇二]も、そのことを認めざるを得なかった。しかし、この物語に神性の雰囲気を保っておこうとして、彼は、こう付け加えている。エレミヤはイエスの予型、象徴であった。エレミヤに起こったことは、イエスに起こるであろうことの前兆にすぎなかった、と。これこそ、これほどにも合理性を持たない事柄を擁護しようとして、精神と知識とを利用したとき、どのような状況に追いつめられるかを示す例である。

（a）イザヤ書、第六十章以下。[一〇三]
（b）『キリスト教の真実性について』、第五巻、第十九。

ダニエル書の有名な七十週の預言[一〇四]は、あまりにも厄介に思われる議論を試みなければならなくなるのを恐れる人びとや、こまごました検討に入るよりは、盲目的に信じる方がましだと考える人びとの目をくらませる預言のなかに数えられる。私は、この預言に関しては、学者たちの異なった意見を報告することを差し控えるつもりである。彼らが多少なりとも、この預言とイエス・キリスト生誕との辻褄合わせを行なおうとして、四苦八苦している姿を見るのは、まったくおかしなことである。この主題に関しては、五十以上の意見が存在する。しかしそれらはいずれも、もっともくみしやすい精神の持ち主をも満足させることはできない。この預言のくだりについて、言いうることというのは、ヨナタンがメシアまたは神のみ使いであること、あるいは、ユダヤ人のすべての敵から彼らを勝利させる指導者であることをユダヤ教徒に信じさせようとして、ダニエル書の本文にそれが明らかに付け加えられたのだ、ということである。それが付け加えられた預言だということを明確に見ようと思えば、このいわゆる預言なるものに先だつ文章と直接あとにつづく文章を読んでみるだけで十分である。そして、ほんの少しでも注意と誠意をもって、時の指標となる年代学を検討すれば、この七十週というのが正確に、ヨナタン・マカバイの時代に終わるということ、すなわち、イエス・キリストに先だつこと約百三十年前のことだ、ということが見てとれよう。

この点に関して、かの熱烈なプロテスタントにして、キリスト教に関する最良の擁護者のひとりであるアバディ〔一〇五〕に助けを求めるなら、七十週をどの時期から始めるべきかをめぐって交わされてきた、これらの異なる意見すべてを彼がただの七つに縮小していることがわかるだろう(a)。彼は言う。われわれの信仰が年代学の算定に拠らないようにするために、摂理はそれをお許しになったのだ、と。この新たな預言がイエス・キリストと縁もゆかりもないこと、そして、それをイエス・キリストに当てはめたのが新機軸であることに新たな証拠が必要なら、次のことを指摘しておこう。すなわち、どの福音書作者も、ダニエルをことこまかに引用してきたので、当のダニエルのことを完璧に知っていたにもかかわらず、この預言を役立てようとは、思いつきもしなかったということがそれである。一番迂遠な適用まで探しに行った聖マタイも、このダニエルの預言については、語らないように注意していた。というのも、預言が指定していた時間が一世紀以上も前に期限切れだったことがあまりにも明白だったからである。同じような理由から、初代教父たちは、この預言については、一言も触れなかった。時間がずいぶん経って、往古の闇がずいぶん増してはじめて、イエス・キリストの誕生と預言とをうまく合致させるように、別のさまざまな体系が想像されたにすぎない。

（a）アバディの本、四八〇ページ。

私は、すべての預言のなかで、もっとも真正なものとされた主要な預言しか報告したくなかった。というのも、それらをひとつひとつ個別に検討することは、あまりにも瑣事に拘泥することになるだろうからである。それでも私は、もっとも明白でもっとも正確なものと常に見られてきた預言をいつも探してきたと断言できる。とはいえ、それ以外の預言を叩こうとしたら、私の立場ははるかに有利になったろう。たとえば、神はみずからの民をエジプトから呼び戻したというホセア書の言葉で、イエス・キリストのエジプトへの逃亡と帰還が預言されていたと聖マタイが主張するときがそうである（a）。同程度の力しかない預言はほかにいくつもあり、同じ福音書作者は、聖書のどこにも見あたらない預言を引き合いに出すまでになっている（b）。たとえば、彼はこのように言う。イエス・キリストがナザレに住むことを望んだのは、「彼はナザレ人と呼ばれるであろう」という預言が成就されるためであった、と。しかしながら、こんな預言はどこにも見つからないのだ。このような権威を、どのように考えるべきなのか。これらの預言にこれほど強力に依拠してきた人びとは、無知または不正直によってそうしたのだと、正直に言う必要があるのではないか。

（a）［マタイによる福音書］第二章、第十五節、［ホセア書］第十一章、第一節。

（b）［マタイによる福音書］第二章、第二十三節。

非常に狭い枠のなかにとどまる決心をしていなかったら、私はここで、もうひとり別の有能な人物の体系に光を当てたはずである（a）。この体系によれば、預言書は、その説明がごく単純で、自然なものになるように、整頓されるべきだ、というのである。この点に関しては、ウルガタの順序を入れ替えることを無鉄砲な企てと見なしてはならない。というのも、すでに預言書を整理する三つのやり方が存在するからである。第一は、聖ヒエロニムスまたはウルガタに即したやり方であり、第二は、ラビまたはシナゴーグの慣習にもとづくやり方であり、第三は、エズラに従ったやり方である[b]。これらの異同の存在がわれわれに第四の整理を提案することを許してくれる。それは以下の順番である。ナホム、ホセア、アモス、オバデヤ、ハバクク、イザヤ、ヨエル、ダニエル、エゼキエル、バルク、ハガイ、ゼカリヤ、エズラ、ヨナ、マラキ。この整理は、ほかの整理よりも歴史とよく合致している。ダニエルとエゼキエルの目的は同一で、それは、ヨナタン・マカバイをユダヤ民族解放者＝メシアとして通用させることである。

（a）ルアンの貴族ド・コントルムラン氏[一〇六]。　（b）エズラ記、第四巻、第一章、第三十九節[一〇七]。

ずいぶん経ってから、バル・コクバがこれらの同じ預言書を使って、イスラエルの罪業のために、神の約束はこれまで効果を発しなかったのだ、と主張した。しかし、ヨナタンの場合がそうであったように、彼は敗れ、その一派も滅ぼされたので、ダニエルの預言は、皆から軽蔑される羽目に陥った。この預言が或る種の輝きを帯びて再登場したのは、イエス・キリストよりずっと後に、ダニエル後の七十週、エゼキエル後の四百三十年をイエス・キリスト到来の時期に当てはめることをキリスト教徒が思いついた時にすぎなかった。

私は、これ以上預言についてなにも語るつもりはない。しかし、私が語った預言のなかで、特別な説明を要するようなものがなにかあったら、その預言もほかと同様に根拠がないこと、あるいは、都市の破壊や帝国の没落を予告する場合のように遅かれ早かれ必ず成就される漠然たる予言のひとつであることを示して見せよう。

次に、必ずされるであろう二つの反論に答えよう。私は次のように言われるだろう。これらの教義がいくら奇妙でも、これらの秘義が理性にいくら反していても、これらの事実をいくら捏造と判断しても、それらの真実性を主張するため命を捨てることも恐れず、告白する信仰のためみずからの血を流した信者たちがいたではないか、と。それは事実だが、しかし、そういう者があれほど驚異的に多かったと思ってはいけない。というのも、オリゲネスが認めていたように、殉教者の数は、思っているほど多くはないからである。古代ギリシア人も同じ語り方をしている。怠け者の修道士たちが滑稽な殉教者祝日表をでっちあげたのは、闇と無知がはびこる時代においてでしかなかった。この殉教者祝日表の虚偽と偽造は、毎日のように学者たちの手で暴露されている。それでも、私は、多くの殉教者がいたことは認める。(三九)そこから導き出すべき結論はなんだろうか。いかにお粗末な宗教でも、殉教者がいなかったものがあるだろうか。歴史を読めばわかるように、人間の非常識がどこまで行ったかについては、各世紀がおびただしい例を提供している。(四〇)最近でも、無神論の殉教者たちが、来世における報償の希望をいっさい奪うような教説を、いまわの際まで告白するのが見られた。こうした事実を見ると、殉教者というものが宗教についてなにかの証明になると言えるだろうか。

最後の手段として、ひとは、私に奇蹟を突きつけてくるだろう。しかし、そこからキリスト教の利益のために、どのような証明を引き出すことができるのかを見てみることにしよう。まず第一に、奇蹟は、どのような権威を身にまとっているか。(四四)エズラは、旧約聖書の奇蹟の真実性について証言している。自分が伝えた聖なる書物はそのままの形で神がじきじき自分に書き取らせたのだと確言しているからである。〔一〇八〕この証言だけで十分だと言えるだろうか。それでも、この律法の祭司が聖書を空で暗記していたこと、彼の記憶が正確だったこと、さらに、これらの書がみなその名を冠している人の手で書かれたこと——そうではないことは、すでに前段で示したが——を仮定してみよう。そこから、どのような結論を導き出せるだろうか。それは、モーセが自分の行なった奇蹟を自分で語っているということである。それを私は、盲目的に信じなければならないのだろうか。しかし、と、ひとは私に言うであろう。それらの奇蹟は民族全体が見ている前で奇蹟が行なわれ、民族全体がそれを語っているのだ、と。この同じモーセが詐欺師であることをモーセ自身によって立証するためには、同じ民族の絶えまない不信仰について彼がするありのままの物語しか必要ない。おそらく、この民族はさだめし、神の慈愛のこれほど目に見えるしるしに抵抗するほど、盲目的でも、頑迷でもなかったはずである。しかし、と、ひとは付け加えて言う——どんな非常識にも訴えるものだから——神は、この民族の心を固くし、神の声を聞こえなくさせたのだ、と。恐怖なしに、このような話を聞いていられるだろうか。なんということか、神は全世界からひとつの民族を選び出し、それに特別な慈愛のしるしを与えようとし、(四五)華々しい奇蹟によって、自然の秩序をしょっちゅう彼らのために中断したのに、同時にまた、神は彼らの心を固くし、彼らの精神の僅かな光さえも消し去って、みずからの意志によらない忘恩に彼らを追いやった、というのか。実を言うと、それは、最大の悪人が抱くような感情を神性に付与することである。いったいだれが、これほど奇妙な背理に訴えざるを得なくしたのか。知っていると称するこれらの事実を歴史としてわれわれに物語る、名も知らぬ男である。

ヨシュアの奇蹟もそれ以上信用するに値するだろうか。角笛の響きでエリコの城壁が崩れたことや太陽が中天にとどまった〔一〇九〕ことは、あらゆる人間の注意を引く値打ちのある事件である。しかし、われわれがヨシュア記を書いた、名の知れない作者だけから、これらの事件を知るのであれば、そのうえ、エズラが記憶にとどめてきた本から作った写しを通じてのみ、この書物をわれわれが手に入れているにすぎないとすれば、このような証言にもとづいて、これらの神異を信じることは、可能なことだろうか。同じことは、旧約聖書の他のいくつかの奇蹟についても言えるのではないか、と感じてもおかしくはない。

では、新約聖書の奇蹟についてなら、もっと根拠を持って信じられるのだろうか。いつ頃書いたのかもわからないままに、名前だけがかろうじて知られているような無知な人間たちが、われわれにイエス・キリストの生涯を書き残してくれた。彼らの言葉にもとづいて、われわれは、彼らが物語る神異を信じなければならないのだ。太陽が奇蹟的に、暗くなったとか、墓が開かれたとか、死者がよみがえったとか、ひとつの輝く星が天空で新しい軌道をとったとかいう事件のすべては、もっとも啓蒙され、歴史家がもっとも多産だった世紀に起こったことである。ところが、これらの事件については、歴史家のうちだれひとりとして、なにひとつ語っていない(四六)。それでも、実にまちまちな形でこうしたことを物語り、うち何人かはこういう奇蹟を起こした者の弟子だったと称する三、四人の無名の人間を信用して、これらの事件を信じなければならない、というのだ。

それなら、異教の奇蹟も全部盲目的に信じることにしよう。それらは、もっと現実的な根拠を持っているし、歴史家たちがわれわれのために検証してくれている。歴史家たちは、事件によって正当化された奇蹟について報告を残している。ティトゥス・リウィウス、ウァレリウス・マクシムスは、民族全体の眼前で行なわれた、数多い神異について物語っている。どうしてそれを疑うことができようか。テュアナのアポロニオス〔一一〇〕は、ローマ人の目の前で、イエスよりもっとたくさんの奇蹟を行なった。病人を癒し、死者をよみがえらせたし、ギリシアやイタリアやエジプトやインドにまで、その名をとどろかせた。エフェソスでは、ドミティアヌス〔一一一〕がローマで殺される時期を示した。彼はみずから復活したが、数人の弟子たちの眼前に、ではなく、軍隊全体が見守るなかで、よみがえったのである。彼は、皇帝アウレリウス〔一一二〕の前に現われ、テュアナの攻囲を解くことを強制した。これらの神異の目撃証人であったマクシムスとメラゲネスとダミスという三人の弟子は、これらの神異の証拠を集めた。そして、フィロストラトスが皇帝の命を受けて、そこから物語を作ったのである。イエスの奇蹟は、これよりもっと明々白々たるものだろうか。もっとまちがいのない正真正銘の証言を身にまとっているだろうか。なのに、われわれは一方を認め、他方を否認しようとする。ほかの宗教の奇蹟については、それを夢想・迷信として扱うからである。われわれは、われわれの宗教の奇蹟を真実まちがいないものと信じたがる。どちらの奇蹟も等しく否認する方がより道理にかない、より確実なことではないだろうか。というのも、往古の古代を渉猟するまでもなく、われわれは毎日のように、人間の軽信が引き起こす、もっとも恥ずべき事例を目の当たりにしているからである。誠実さと善意を疑う気も起こらないほどの人物で、自分が目撃したと確信する奇蹟的な治癒を証言している人がいったい何人みつかるだろうか(四七)。今日、われわれの目の前で起こっている事柄を、あらゆる宗教とあらゆる国とあらゆる世紀に起こったらしい事柄に当てはめてみることにしよう。そして、殉教者と奇蹟は、いかなる宗教に対しても有利な証拠をいっさい提供しない、と結論づけよう。というのも、どのような宗教にも殉教者と奇蹟は等しく存在するからである(a)。

(a)『哲学断想』〔一一三〕参照。

いったいキリスト教は、生まれから来る先入見のない、理性的人間が他の宗教よりも好むに値するなにかを、より多く持っているのだろうか。キリスト教が神託の成就によって証明されているとか、真実性が明白な歴史的事実に立脚しているなどとは、もはやだれにも言えない。われわれは、十分詳しく調べ、十分議論をつくしたうえで、これらの根拠のいずれをも検討し終えたので、預言については、真実まちがいなく、それらはいんちきであるとの確信を持つに至った。無理矢理貼り付けたり、ヘブライ語の用語とか句読法だとかを変更したり、さらには、文章の偽造を行なったりと、あらゆる手段を総動員したあとでも、われわれの前に、当惑させるところがより少ない預言が現われるわけではないことの方が驚くべきことでさえある。というのも、世俗の作者たちに見いだされる、異教の奇蹟を、逐一検討してみようと思っただけで、そこには、もっとはるかに規則どおりの、もっとはるかに事実に基づいた予言なるものが見いだされるはずであるからだ。（四八）予言がどのような詐欺師の祭司が作った作品であろうと、あるいは、ファン・ダーレン［一二四］氏やフォントネル氏がこの問題を扱って書いた著作のなかで、反論の余地なく証明したような、純粋に偶然の結果であろうと、宗教の歴史に関する事柄については、私は、そのいんちきさまたは不確実さについて、十分明確に論証し終えたと思っている。不確実だというのは、自分の大義を支えることに利害関係を持つ無名の作者が、だれも知り得なかったはっきりしない事実をわれわれに提出する場合である。いんちきだというのは、同時代の歴史家によってはっきりと否定されるか、または、宗教や神異に関わるものならどんなに微細な事柄までも報告する、もっとも注意深い、もっとも正確な著作家すらも沈黙しているか、どちらかであるような、公的な事実または目だった事件を、彼らが物語るときである。

したがって、こうしたおかしな迷信のうず高くつもった集積物を、われわれに尊崇させるような奴隷的崇敬から、永久に離れることにしよう。他の宗教を見るのと同じ目で、キリスト教を見ることにしよう。われわれがたまたま生まれた国で制度化される祭祀に従うことにしよう。この祭祀を市民法の一部と見て、それが要求することに合わせることにしよう。確立されている法律、さらには慣習に対してそうするのと同じことである。この祭祀が愚鈍で粗野な民衆に対して、悪に身をゆだねるのを防ぐ歯止めになるのは結構だが、われわれは、もう少し高級なやり方で思考すべきである。なんということか！　理性ある人間が死後の永遠の至福に対する期待感からしか、善に従うことができないとは！　劫罰に対する恐れからしか、悪を避けることができないとは！　それではいけない。人間本性は、もっと高尚な気持ちを持つことができる。[一一五]他人がわれわれの立場に立ったとき、われわれがその他人に要求することにもとづいて、他人に対する態度を律することにしよう。この法則は、どの国にも通用するし、どの時代にも通用する。社会の法律を維持するには、この法則さえあれば十分である。われわれの人生行路において、できるかぎり正確に、この法則に従うことにしよう。期待も恐れもなく、穏やかな気持ちで生の終わりを待つことにしよう。

註記

（一）グリーンランド人は、人間であるが、その種類は、われわれとは異なっている。彼らの背丈は、きわめて低いし、醜悪な容貌をしており、平板な鼻で、異臭を放っている。頭の悪さは、尋常ではなく、一度としてデンマーク語を理解したことがないほどである。われわれのあいだでは、アダムという名前になっている、同じひとりの父親から、こういう手合いが出てきたとは、ありえない話だ。私は、黒人についても同じことを言うし、アフリカに住むいくつかの民族についても、また、ギアナ河[二]に沿って居住している民族についても、同じことを言う。これらの人間は、すべておたがいに、マスティフ犬とバーベット犬[三]、ウサギを追う猟犬と鳥を追う猟犬[三]くらいに違っている。この点に関しては、きわめて興味深い論考が数本ある。それらが証明しているところでは、自然の作り手は、一種類の人間を創造したのではなく、多数の種類の人間を必然的に創造した、というのである。ここで話題にしたグリーンランド人に、キリスト教が宣べ伝えられたが、この民族には、キリスト教は気に入らなかったようで、相変わらず彼らの神であった、太陽を崇拝するために、この宗教は、打ち捨てられた。彼らは、創造については、われわれと同じ考えを持っている。すなわち、彼らは、自分たちがわれわれと同じ起源を持っていない、と思っているし、自分たちは、別の父親から出てきている、と想像しているのである。この意見に賛同している信徒は、ひとりやふたりではないし、この意見には、大いに根拠がある。

以上のことについては、『ペルシア人の手紙』[四]を見よ。

（二）イエス・キリストの妻と称する教会は、嫉妬深さにかけては、彼女の夫にひけをとらない。教会は、競争相手を持ちたがらないばかりでなく、疑念を生じさせるすべてのものを根絶やしにしさえする。教会は、シナやそのほかの場所に送った使節の説教に、現地の人びとがまったく耳を貸さなかったことは、不当きわまりないことだ、と思っている。もしも、哀れな仏教僧が大胆にも、その教義を説くために、ローマまたはそのほかの場所に現われたとしたら、彼は、豚のように、焼かれることだろう。教会が人類に対して持つと称する優しさや情愛がそこにあるだろうか。これ以上危険な嫉妬心があろうか。教会の優しさの性格について、正しい観念を持とうとするなら、ベール[一]氏の『〈強いて入らしめよ〉というイエス・キリストの言葉に関する哲学的註解』とそれの補遺を読んでほしい[二]。

(三) マホメット教徒がカトリック国へ布教に行こう、などと大胆な思いつきをしたとしたら、聴衆がいない程度の軽視だけでは済まないだろう。マホメット教徒は、民衆の投石で殺されるか、または、司法官の命令で、焚刑に処されるか、どちらかだろう。

(四) 人は決して敵対者をほめないもので、ローマ教会もその欠陥をまぬがれてはいない。教会を支えてきた人びと、そして、いまだにそれを支えている人びとは、異教について、まったくまちがいのない観念を、われわれに、もたらしてはくれなかった、ということなのである。初期のキリスト教徒たちが異教徒の宗教に関係したものを、なにからなにまで、湮《いん》滅してしまわなかったら、われわれは、彼ら異教徒が、神々について、粗雑な作り話に夢中になどなってはいなかった、と納得する材料を手にしていただろうに。異教徒のなかでも、図抜けて優れた賢者は、唯一神しか知らなかった。この唯一神が持っている諸性質を、いろいろ違う名前で、表現していた、ということである。たとえば、海についてはネプトゥヌス、戦いにおいてはマルス、天空ではユピテル、地獄にはプルトンと言うように[一]。

(五) とはいえ、しても無益だと言われている検討を、実際にしてみれば、キリスト教のなかにも何か悪いものが見つかるかも知れない。カトリック教徒の受ける教育について判断していただくため、公刊されたいくつかの道徳書の題名だけを報告しておこう。

以下がその題名である。

『魂を地上から天上へ持ちあげるための黄金の鎖』

『神秘なる思考を立ちのぼらせる吊り香炉』

『新たなる異端の酒気を蒸散させるための真理の換気窓』

『人心のかたくななる石を打ち砕き、それより信仰の閃光を取り出し、希望の芯に点火し、人心に神の愛の炎を燃えあがらせるようにするための悔い改めの銃』

『待降節の香り高き骨の甘き髄と美味なる風味』

『カトリックの方陣で異端の方陣に返答し、反駁す』

とはいえ、このような常識はずれの題名を持つ著作のなかでも、最初にあげられたものは、よい作品としてまかり通っている。

（六）われわれが魂を指し示そうと思って使う単語は、その起源および古代諸語においては、息と風しか意味しない。古代人が魂と霊［精神］について持った最初の観念は、こういうものだった。魂と霊は、古代人にとっては、同じものだった。その後、魂と霊を指すために、ギリシア語で用いられた単語は、気息または息以外のものを意味しない。ラテン語で、霊魂（Spiritus animus）とか、魂（anima）とかの単語は、息と風以外のものを意味しなかった。「アル者ニトッテ、魂トカ霊トカノ名詞ハ、ギリシア語デ……言ワレテイルタメニ、確カニ風ヲ意味シタ。」聖書作者たちは、ヘブライ語で神の霊を示すのに、彼らが風または息を表わすために使っていた用語以外の用語を持ってさえいない。それは、［スピノザの］『神学・政治論』第一章で見られるとおりである。[一] ユダヤ人が霊［精神］と肉体とを混同したとしても、なんら驚きにはあたらない。というのも、この国に最初に登場した著作家たちは、霊についていかなる知識も[二]持っていなかったことは、明白なことのように思われるからだ。だが、驚くべきことは、魂の本性について、皆が皆、理性的見解を持っていたギリシア人とラテン人でも、それを示すのにふさわしい用語を、自分たちの言葉のなかに、ひとつも持っていなかったことである。そこから、次のように結論づける権利が私にはあると思う。

すなわち、ギリシア人も古代ラテン人も、非物質的存在について、いかなる知識も持たなかった、ということである。なぜなら、彼らの言語は、非常に多産で豊かなものであったにもかかわらず、それを表現する用語がそこには、存在しないからだ。このことを私は以下のようにして論証しようと思う。

　諸言語が始まったときには、人間は、或る事物についてなんらかの知識を持つたびに、いちいち個別の用語をそれらにあてることによって、それら全部を区別してきた。一方、なんらかの言葉を使って、非物質的存在を表現できているような古代語は、ひとつもない。だから、非物質的存在については、人間は、いかなる知識も持ち合わせていなかったのである。これに対して、おそらく次のように言う人がいるだろう。精神について、いかなる観念も持たぬ人間は、形而上学でしか、それを示すことはできなかったのだ、と。しかし、それは、精神についての観念を精神についての知識と混同することである。いくつかの用語を介して、ある事物について知識を持つだけで、事足りるのである。というのも、単語とこの単語によって意味される事物とは、なんの関係もないからだ。さらに、現代人は、それぞれの言語のなかに、霊と魂を表現するための特別な用語を持っているけれども、古代人とくらべて、魂とか霊とかについての観念が判明かというと、そうではないのが実状である。プラトン〔三〕が魂の本性のなかに、不死性を引き入れたとき、彼の言語のなかで、すでに使われていて、表現したいことをもっとも適切に表現することのできる用語を用いざるを得なかった。ラテン人も同じことをした。いまでは、未開人のあいだで、宣教師たちが同じことを実践せざるを得なくなっている。未開人に対して、宣教師たちは、非物質的存在についての知識を与えたいと望んでいるからだ。宣教師たちは、彼らの言語のなかで、そのときまでは、物体的なものを指示してきた単語に、自分たちを合わせざるを得ないのである。

　ユダヤの国には、何世紀にもわたって、モーセの書き物以外に、信仰の規則がまったくなかった。時代が下るにつれて、ユダヤ人は、カルデア人とのあいだで、その後、ギリシア人とのあいだで、商取引を持つようになった。そのおかげで、彼らのあいだに、父祖が知らなかった、いくつもの意見が引き入れられるようになった。その例を挙げるとすれば、次のような事柄についてである。すなわち、いろいろな精霊が実在すること、魂の不死性、現世ののちに劫罰と報償があること、死者の復活などがそれである。これらの意見は、すべての民族の精神に共通した入り口を見いだしたわけではなかった。ユダヤ人は、新説の敵と見られていて、これらの意見を人間の発明物として斥ける、とされていた。しかし、シリア諸王のくびきから脱したユダヤ国家がアモレア人王家のもとで、再び形をなしはじめたとき、ユダヤの民は、極端な無知蒙昧に沈みこみ、自分たちの意見の由来を見失ってしまった。[四]彼らは、それらの意見を、先祖伝来の変わることなき伝統と見なしはじめた。とはいえ、仲間にくらべて、それほど無知ではなかった少数のユダヤ人たちは、新説に抗して立ちあがり、これらの意見を外国産の、迷信ぶかい意見として、軽蔑して取り扱った。これらの人びとの先頭にいたのがサドクである。サドクは、サドカイ派[五]という宗派全体に自分の名称を与えた。これらの少数のユダヤ人たちは、彼らの兄弟たちの前で、みずからの大胆さを正当化するのに、苦労はいらなかった。彼らは、次のような理由を挙げて、いとも簡単に、兄弟たちを納得させた。すなわち、モーセの几帳面さは、きわめて些細な事柄にまで及んでいたが、兄弟たちが遵守している新たな習慣に関しては、当のモーセがなにひとつ書物を残していなかったこと、そして、この立法者の著作のなかにも、捕囚以前の彼らの父祖たちの著作のなかにも、魂の不死性と来世での生活に関するギリシア人的意見の、ほんのちょっとした残り滓でさえ、見いだされないことがそれである。

しかし、こうした意見の違いも、伝承主義者と伝承を斥ける人たちとの交流を断ち切るものではまったくなかった。精霊の実在を否定し、魂の不死性を否定することは、モーセの律法を守り、エルサレムにおいて神を尊崇していた人間を、異端として取り扱わせるに十分な重要案件とは思われなかった。だから、サドカイ派は、兄弟として処遇されていた。彼らは、すべての役職に就くことができた。最高供犠者[六]という役職にさえ就いた。ユダ・マカバイ[七]の甥で、彼の後継者のなかでもっとも有名なヒルカノス[八]は、この宗派に属していた。民の思考様式に合わせるのがつねの神は、有徳なサドカイ派を擁護していたのである。ヒルカノスの人生は、とどまることを知らぬ繁栄の連続であった。この大祭司は、その優れた徳ゆえに、天から預言の才能を受け取ってさえいた(a)。

（a）フィロストラトス[九]、ヨセフス[一〇]、フィロン[一一]、参照。

テルトゥリアヌス[一二]は、魂を物体的なものとしていた。それも不思議な話ではない。というのも彼は、神にまで肉体を付与していたからである。彼は、精神がきわめて微細な物質から成っているという観念以外のどのような観念も持っていなかったように見える。というのも、彼は、神性について、次のように語っているからである。「神が精神であると言う人は、神が物体であることを否定するだろう」と彼は言う。「しかし、たとえ神が精神であるとしても、実際には、精神は、神という種に独特の姿を持つ特殊な物体にほかならない」（『マクシミラ駁論』）［ラテン語原文を付す］。わざわざ魂を扱った論説のなかで、彼は、長い推論によって、この実体は物体的なものであり、魂が宿る肉体と同じ姿を持ち、われわれの肉体が両親の肉体から産出されるのと同じように、われわれの魂も両親の魂によって、われわれのうちに妊娠と同時に産出されることを証明した。とはいえ、彼は、魂は不死である、とも言った。しかし、おそらく彼は、この言葉を、本質にかかわる必然的な不死性と解していたのではなく、無償の不死性と解していたにすぎない、と思われる。

アルノビウス[一三]は、魂を不死としたプラトンとそのほかの哲学者たちに憤りを覚えた。彼は言う。それは、彼らの傲慢のなせる業で、自然に任せれば、魂というものは可死であるが、しかし、神がその純粋な慈愛により、それを保存させておくのである、と。テルトゥリアヌスのように、彼は、肉体と魂とを一緒にして生むのは、両親である、と断言している。

ラクタンティウス[一四]は、魂の本性をめぐるいろいろな意見について触れたうえで、他と比べてはるかに理屈にかなうものとして自分の体系を確立し、ランプ[一五]の光が油液で養われているように、魂は、血液を養分とする光だ、と主張した。同じ時期のヤンブリコスやポルフュリオス[一六]やその他大勢のプラトン派異教徒たちについては、触れないが、キリスト教の内部で、この宗派に属することを公言した人びとは、精神について完全に物質的な観念を持っていた。それには、スペルス[一七]の言っていることを見るだけでよい。彼は、尊崇すべき教父の権威、なかでも聖バシレイオス[一八]の権威を支えとして、天使たちを見ることも、天使たちに触れることもできるし、天使たちのなかには、焼かれて、灰を残した天使もいたことが、確かな事実によって、知られている、と請けあっている。

　現代では、このうえなく賢明な哲学者のひとりが魂の本質に関して、次のように説明している。たぶん、と彼は言う。純粋に物質的な存在が思考するか否かを知ることは、けっしてできないだろう、と。その理由は、神がはたして、認知し・思考する能力を、神が適切と判断した通りに整序された、ある物質の塊にまったく与えなかったかどうかについて、または、思考する非物質的実体を、神がこのように整序された物質に連結し・結合しなかったかどうかについて、われわれは、啓示なくして、われわれ自身の観念を瞑想することだけでは、発見することが不可能であるからである。というのも、思考がなにから成り立っているのかが、われわれにはわからない以上、また、造物主としての恣意と善性によってのみ、なんらかの被造物に存在しうるようになる、あの能力を、全能存在がどのような種類の実体に、認めることが適切であると思ったかが、われわれにはわからない以上、神が別の実体を思考能力と結合したことをわれわれが理解するのも、神が——神の気に入ったとすれば——思考能力を物質についてのわれわれの観念に付け加えることができると想念することも、われわれの知識からすると、われわれには、同じ程度に、むずかしくないからだ。神という、この思考する、永遠の思考存在がある程度の知覚能力と思考能力を——神がそれを望んだとすれば——神が一緒に結合するにふさわしいと思った、無感覚な被造物質のある一定の塊に与える、ということに、どのような矛盾があるのか、私にはわからない。このことについては、『人間悟性に関する哲学諸論』[一九]第四巻、第三章、四四五ページを参照せよ。

　奇妙な、ひとつの事実を報告しているゴダンによれば、クレメンス五世[二〇]のもとで、ヴィエンヌにおいて開かれた公会議[二一]では、霊魂は、聖トマス[二二]が考えたように、本有観念などまったく持たない肉体の実体的形相であると信じることを、教会の権威は命じ、霊魂の物質性を認めない徒輩全部を異端と宣言した、という。

法学教授のラウル・フルニエ[一三]は、一六一九年にパリで活字になった、霊魂の起源に関する大学講義のなかで、同じことを教育していたが、この本は、幾人かの神学博士たちからは、同意と賞賛をもって迎えられた。

（七）マールブランシュ神父[一]は、対話編のなかで、なぜ自分が秘義を信じてきたか、その理由をわれわれに教えてくれている。彼は、あれほどたくさんの国で受け入れられている秘義の闇そのもののなかに、秘義の神性に関する証明を見いだした、というのである。かの偉大なる形而上学者は言う。三位一体の秘義が人間理性とぶつかるように見えれば見えるほど、もし神がそれを差配していたのでなければ、この理解しがたい真理に反撥する能力を持つ、あれほどたくさんの精神をこの秘義が征服してしまった、ということがますます信じがたい事柄となる、と。だからマールブランシュ神父は、教会が始まった最初の数世紀には、三位一体など問題になっていなかったこと、その教義を受け入れたくなかった人びとを俗権が迫害したときにはじめて、三位一体の秘義が構想されたことを知らなかったのだ。そのうえ、他の人びとが大勢信じてきたからといって、馬鹿げたことを信じることは、理にかなわないことのように思われる。ここで提案されている検討を経たのちにはじめて、それを信じるようにした方がよほど理にかなっている。

（八）以下の註は、英語著作『桶物語[一]』の二六八ページから引用した。

バイブルに字義通りのものを一切見いださないうえに、単純きわまりない話のなかに秘義を探すほど愚かなキリスト教徒がいることは、確かである。わがイギリス連合王国には、大部な著作をものして、イエス・キリストの奇蹟がそれと同数の予型[二]を持っていることを証明しようとした有名な教授がいる。別の途方もない徒輩たちは、聖書に化金石[三]の処方箋を探そうとしている。その愚かさにおいて少しましな別の手合い（たとえばダシエ氏[四]）は、聖書を修辞法の教科書と見なしている。書物を開いたときに、彼らの目に映ずる最初の文章を占いと考えて、吉凶を占ってもらおうとする手合いさえいる。それは、異教徒がウェルギリウス占いと称して、彼の作品のなかに、未来の運命を探しているのに似ていた。著者は、これらの奇妙な観点で、聖書を検討するように、とわれわれに提案しているのではない。これらの教育と幼年期から生まれた先入見のすべてから、自由にならなければいけない。そしてこのことは大変むずかしいことなのだ。

(九) エバがアダムをそそのかして、掟に従わないように誘ったので、彼女は、神の裁きによって罪を負わされ、特別な罰、すなわち苦しんで子を産むという罰を宣告されさえした、ということで、反論がなされたとは、私は思わない。おそらく、雌の動物たちも、雄を誘惑することに貢献したのだろう。というのも、雌の動物たちは、同じ罰に従っているからだ。すべての雌の出産も、多大の苦しみを伴っている。それは、一般法則の結果である。

(一〇) 聖霊が地上の楽園であった場所で、まだだれに対しても啓示をしなかった、ということは、奇妙なことである。モーセは、微にいり細をうがって、数多くの精霊について語っている。この点に関しては、あまたの意見があり、ボシャール[一]とユエ[二]の両氏がわざわざ、それらを集め、批評を行なう労をとった。両氏は、これを主題とした書物をわざわざ著わしさえした。しかし、彼らの本を読んでみると、どのように考えたらよいのか、絶対にわからなくなる、ということがわかるだろう。まぎれもなく物質的な性質が付与されているキリスト教徒の神は、地上の楽園に人間が戻ることを恐れていたのだろうか。人間を元の信仰に立ち返らせるのにこれほど都合のよい場所を、なぜ人間から隠すのか。しかし、どうすれば、この地上の楽園の場所がわかるのだろうか。いまでは、天上の楽園が約束されている。それについては、正確な定義を与えるすべがない。現代の神学者たちは、天国が場所ではなく、ひとつの状態だ、と言う。しかしながら、この約束をしたのは、神の側からなのである。未知で、理解不能な事柄を約束することは、常軌を逸したことのように思われるし、賢明なる神という観念とも両立しないと思われる。

(一一) 洪水があったということは、ほぼ誰しも認めるところである。しかし、それが世界に広がっていたということは、想像の範囲外である。忠実さについては、だれも疑いをさしはさまないシナの年代誌は、聖書が洪水を位置づけている日付よりも、昔に遡っているが、しかし、これほど常軌を逸した事件について、一言も触れていない。もし洪水が世界に広がっていたのだとしたら、おそらくシナの年代誌に記載されているはずである。というのも、インド人も、他の民族同様、水中に没したであろうからである。

箱船には、多くのあばら屋と犬小屋と廐《うまや》が必要だったろう。同じ部屋にネコをネズミと住まわせるわけにはいかないし、ウサギ猟犬をウサギと住まわせたり、ハイタカやワシやその他の猛禽類をウズラやその他の獲物になる鳥たちと住まわせたりするわけにはいかなかった。こうしたことすべてのために、鳥籠が必要であった。ウマやゾウやウシのために、またインド諸国に住みアメリカの森に住む、他の千もの家畜と野獣を保存するために、大きな廐が必要であった。そのすべてのために、食糧が必要だった。数多くの種類の食べ物が必要だった。何千種にものぼるミミズやモグラや有毒・無毒のヘビ、その他、地中にしか住めない動物たちのために、土が必要だった。これらすべてのものが箱船のなかにはいることができたとは、私にはまったく思いもつかないことだ。さらに思いもつかないことは、ほんの少しの人数からしか構成されていない家族だけで、水を飲ませたり、食事を与えたり、あれほど多くの動物の世話を焼いたりするのになぜ十分でありえたのか、である。おまけに、大地を沈めた水は、淡水か塩水かのどちらかであったのだが、もし塩水だということになれば、どうやって、淡水魚は、滅びずにすんだのか。もし淡水なら、どうやって海水魚は、そこで生きることができたのだろうか。疑問から逃れるには、さらにもうひとつの奇蹟が必要である。両方の魚が同じ水で生きられないことは確かであり、両方の水は混じり合ってしまうので、ただ一種類の水しかなかったことも確かだからである。

次の書物を参照。ラングレ[一]『歴史研究方法』、削除され保存されたページ、バイアー[二]『批評史覚書、珍しい事柄についての書』一七一ページ、メルセンヌ神父[三]、『ユダヤ人の手紙[四]』第二巻、第三十五、第三十六、第三十七の手紙。

（一二）アリステアス[一]の古い書物でわかることは、エジプト王プトレマイオス・フィラデルフォス[二]は、大祭司エレアザル[三]にギリシア語とヘブライ語に等しく堪能な翻訳家の派遣を要請した。この高位聖職者は、各部族から六人、全部で、七十二人の通訳を選び出して、王のもとへ派遣した。これら七十二人の学者は、それぞれ別になっている独房のような小部屋に閉じこめられ、モーセの書を一語一語、一様な仕方で翻訳した。

現在では、この話は、作り話と見られている。しかしながら、それは、ユダヤ教徒および初期のキリスト教徒によって、不変の真理として受け入れられていた。なかでも、聖ユスティノスは、七十二人の通訳が別々に閉じこめられて、神聖な事業に取り組んでいたとされる小さな館を、ファロス島[四]で、この目で見た、と大変無邪気に証言している。聖ユスティノスの『ギリシア人への勧め』を参照。

（一三）もしその気になって探すならば、われわれは、まったく別種のおびただしい矛盾を見つけ出せるだろう。聖マタイ［による福音書］、第五章、第十七節、第三十八節、第三十九節に見られる矛盾に立ちどまることにしよう。「私が来たのは律法を廃止するためではなく、完成するためである。しかしながら、目には目を、歯には歯を、ということを律法は許している。しかし、私は言っておく。悪人に手向かってはならない。だれかがあなたの右の頬を打つなら、左の頬をも向けなさい。」

私は、イエス・キリストの道徳が悪いものである、と言いたいのではない。しかし、どのようにすれば、それが聖霊の作物となることができるのかが、私にはわからないのである。「私は、復讐することを許す律法を破壊したいのではない。しかしながら私は、あなたがたにまったく正反対の律法を命じる」というのである。イエス・キリストの言葉は、彼自身と絶対的に矛盾している。

（一四）反対に、バナージュ氏は、聖クリュソストモス[一]の書簡に関して、一六八七年[二]に出した諸論説のなかで、聖書はエズラによって復元される必要性はなかったし、バビロン捕囚の時代に聖書が失われるようなことはまったくなかった、と主張している。私には、トリエント公会議までは正典と見なされてきた書物のなかで、エズラが証言している事実とバナージュ氏の推論とのあいだで、比較検討を行なうことは必要ないと思う。

（一五）処女の状態は、結局、マリアには気に入らなかった。聖書が教えるところでは、イエス・キリストには、兄弟がいた。彼は、母方にしか兄弟を持たなかった。というのも、ヨセフは、彼とは血がつながっていなかったからである。聖書が兄弟と呼んでいる人びとは、イエス・キリストの従兄弟でしかなかったこと、そしてユダヤ人は、従兄弟をこのように兄弟と呼んでいたことが現在では、定説になっている。しかし、ギリシア教父たちは、この区別に注意を払わなかったのである。聖書は、イエス・キリストの親類縁者と彼自身とのあいだに、どのような種類の兄弟関係があったかを言っていないので、聖書からは、彼らが従兄弟にすぎなかった、と結論づけることはできないように私には思われる。つまり、彼らは兄弟であったと言う方がより自然だということである。というのも、聖書がこのように呼んでいるからだ。そのうえ、聖書が言うように、イエスの頭がおかしくなって、彼が無分別な男として世間に見られていたことをヨセフの子供たちが知ったとき、彼らがイエス・キリストとは血がつながっていなかったとしたら、イエスを閉じこめるために、わざわざ彼のあとを追っかけるようなことをしただろうか。イエス・キリストの親類縁者は、彼のことを信じた最初の人びとでなければならなかったと思われる。しかしながら、福音書のいろいろな箇所では、イエスの親類縁者は、イエスのことをまったく信じていなかったし、この新たなるメシアを気が変になっている男と見なして、彼らは、逆にイエスをとらえて、閉じこめてしまう計画を立てていた、とはっきりと述べられている。「身内の人たちはイエスのことを聞いて取り押さえに来た。『あの男は気が変になっている』と言われていたからである。」（マルコによる福音書、第三章、第二十一節）いずれにせよ、聖処女が処女状態を好んでいたら、彼女がその状態を保っていたら、彼女の息子イエス・キリストは、あのような性格の人間にならなかったと思われる。イエスは、婚礼が好きで、決して独身を勧めなかった。反対に、彼には三人の女がいた。そのうちのひとりは、ヘロデ家の家令の妻だった。[二] 彼女らは、弟子たちと一緒に、イエス・キリストについて歩き、どこでも一行の食事を作った。

（一六）フィロンは、イエス・キリストおよび彼の使徒たちがユダヤの地に現われたのと同じ時期にアレクサンドリアに暮らしていた。アレクサンドリアの町は、たくさんのユダヤ人で溢れかえっていた。彼らは、あまり遠くなかったエルサレムのユダヤ人とのあいだで、継続的な貿易を行なっていた。このユダヤ教の首都でなにか重大なことが起こると、ユダヤ人が住んでいた王国のすべての場所へ、情報は速やかに広がった。しかし、そのなかでもエジプトの住民には、情報がまっさきに伝えられたはずであった。しかしながら、好奇心の強い学者で、宗教に非常に強い愛着を持っていた哲学者であったフィロンが、道徳や事実や推論について無数の書物を著したフィロンが、繰り返し言うが、このようなフィロンがイエス・キリストにも、彼の数々の奇蹟にも、彼の教説にも、一言も触れていなかったのである。キリスト教徒という名前、さらには、彼らの師の名前さえ、一度も、彼のもとへ届くことはなかった。彼は、テラペウス派[一]の名のもとに、初期のキリスト教徒について言及していたのだ、と主張する人びとについては、滑稽な先入見から彼らを正気に戻させる必要があるだけだ。

ヨセフスは、イエス・キリストがその奇蹟に満ちた人生を終えたばかりの国に暮らしていたが、そのヨセフスが彼について、その宗派について、いかなる形でも触れていない[二]。

ヨセフスと同時代人だったティベリアデスのユストゥス[三]は、モーセから自分の時代までの一般史を編んだが、この著作は、現代には伝わっていない。しかし、それを読んだフォティオス[四]という学者は、作者がイエス・キリストについても、彼の奇蹟についても、彼の宗派についても、言及してない、とはっきりと保証してくれている。

（一七）私は、この虐殺があったとすれば、それは、ありきたりのものだったと思っている。人びとは、ヘロデの数人の子供が死んだことを、いわゆる虐殺と混同してしまったのだ。いやむしろ（幾人かの書き手がそのことを主張しているが）ヘロデは、自分の息子数人を殺させたので、このことから、人びとは、彼が或る年齢より以下の臣民の子供すべてを殺害させたのだとの結論を導き出したように思う。ヘロデの残酷さには別の原因があると、多くの人は言っている。イエス・キリストの誕生が彼に不安を与えた、というのである。ヘロデの息子たちは、彼がローマ皇帝ににらまれるようなことをしでかしたので、二度にわたって、彼は皇帝のもとへ出頭せざるを得なかった。それがおそらく彼の残酷さの動機だろう。ヘロデの子殺しについて話を聞いたアウグストゥスが、ヘロデの息子であるよりもその雄豚であった方がよかったと言った、とマクロビウスは報告しているという。

（一八）ルカの報告では、割礼のときにイエス・キリストを腕に抱いたシメオンは、多くの人びとを救済するために生まれてきたのと同じくらいに、多くの人びとを破滅させるためにもこの人は生まれてきた、と言ったとされる[一]。

神なるものの肉化がだれかを破滅させるためだったとは、まったくもって奇妙なことである。だから、シメオンが神感を受けてなかったことをよく知っていたイエス・キリストは、ニコデモには、別のことを言った。私は、人を罰するためにきたのではなかった、人を救うためにきたのだ、というのである。[二] これがニコデモに対するイエス・キリストの言葉なのだ。それは、シメオンの言葉と矛盾している。しかしながら、見られるとおり、二人とも、新約聖書に登場するので、信仰の規準となった。作者はきわめて良識的に、イエス・キリストの功業によって救われた人間の数を論じている。

（一九）ソゾメノス[一]は、イエス・キリストがエジプトに到着したとき、あたかも、彼を拝みたかったかのように、ペルシスと名前の付けられた一本の木が大地に倒れた、と物語っている。この木は、それまでエジプト人によって、大変尊敬されてきたのである。だからその頃から、イエス・キリストは、神異と治癒の奇蹟とをやり始めたのである。聖アタナシオス[二]は、イエス・キリストのエジプト到着時には、偶像や神像が大地に落ちたとさえ言っている。しかし、これらの神奇がエジプトの民の精神になんらかの作用を及ぼしたかどうかは、われわれにはわからない。幼年時代のイエス・キリストが彼らのもとで隠れ家を見つけたことと、かつて彼らがヘブライ人に隠れ家を提供したことに対して、彼らが報償を貰ったようにはまったく思われない。ところで、神の命令により、エジプト人は、ヘブライ人からの報償に値しなかったのである。

（二〇）ヨセフスは、ヤコブについて、次のように語っている。大祭司カナウス[一]は、律法に違背している、と非難を浴びせかけた他の人びととともに、ヤコブを石打ちの刑に処されるべきであるとした、というのである。ヨセフスが言うには、この行動は、同情心を持っている人びとすべてにとっては、まったく好ましいものではなかった。ヨセフスは、そのように言うだけにとどまり、それ以上のことはなにも言わなかった。エウセビオス[二]の『教会史』第二巻、第一章[三]と第二巻、第二十三章[四]と彼のあとに出てきた著作を見るだけでよい。そこでは、ヨセフスがエルサレム破壊を、やはり聖ヤコブの死に対する神罰に帰していたことが認められるだろう。同じキリスト教徒が、三世紀の終わり頃になると、ヨセフスの歴史書に、途方もないことには、イエス・キリストの例のくだりを挟みこんだのである。彼らは、おそらくは、ヤコブの死後、これらの別の言葉を付け加えたのであろう。ヤコブは、キリストと呼ばれたイエスの兄弟である、というのだ。目に映らないほど小さなこの欺瞞は、別の欺瞞による結果であるように思われる。イエス・キリストに関するこの有名なくだりについては、多くの有能な人物たちが十分議論し尽くした批判の要点なので、彼らがすでに言ってしまったことについては、繰り返すのは無駄である。発想からして粗雑なくだりで、意味の全体を断ち切っているし、それを削除すれば、秩序と道理がたちまち回復する。イエス・キリストは、預言者たちが予言し、告げたキリストだった、イエス・キリストは人間以上の存在で、それほどこの人の業《わざ》はすばらしかった、この人は死んで三日目に復活し、生きて弟子たちの前に姿を現わした、などということまでヨセフスに語らせること自体不合理である。ひとことで言えば、例のくだりは、福音書作者のように、歴史家ヨセフスに語らせているのだ。彼が熱心なユダヤ教徒であったことからすれば、このこと自体がおかしい。ヨセフスのように、パリサイ派を公言してはばからない人物、彼ほどキリスト教から縁遠い男にあっては、このこと自体がおかしい。それだけでなく、このくだりは、二百年以上にもわたって、この初期の時代のすべてのキリスト教護教論者とすべての教父に知られていなかったのである。ちなみにそのうちの幾人かは、ヨセフスがかつて一度もイエス・キリストを知らなかった、と確言さえしてきたのである。

（一一）聖マタイによる福音書と同じものだ、と現在は言われているヘブライ人による福音書がある。しかしながら、ある批評家の報告によると、ヘブライ人への福音書には、イエス・キリストの前で非難された女の話が載っているという。これは、聖マタイのなかには全然出てこない話である。姦淫をした女の話は、聖ヨハネのなかで語られているが、[一]複数のギリシア語写本には存在しない。

聖マルコの福音書の最終章は、大部分のギリシア語版には存在しない。われわれは、他の歴史家たちに負けないほど変動を蒙ってきた書物に対して、いったいなぜ、これほどまでに尊崇の念を持つことが望まれているのか、わけがわからない。

（一一二）キリスト教が支配するところでは、いまでも事情は同じだ、とベール氏は、一六八八年七月の『〔文芸共和国〕便り』八六三ページで語っている。どの国でも、異端の嫌疑をかけられた本が入ってくるのを阻止しようとして、どれほど厳密に振る舞っていることだろう。異端審問は、異端者の本に対しても、異端者の人身に対してと負けず劣らず、厳格である。スペイン、ポルトガル、イタリアにおいては、北方〔一〕で印刷された著作について話題にするのを聞いたことさえない、という結果は、ここから出てくる。教会のこのような政策は、かつてもいまも同じである。その頃は、反キリスト教徒と異端者の書物を湮《いん》滅することは、今よりいっそう容易でさえあった。印刷術は知られていなかったし、公的写字生であった修道士たちは、自分たちに反対するような仕事を引き受けはしなかったからだ。ル・グラン〔二〕氏は、サンデルス（サンダーズ〔三〕）を擁護して、われわれに次のようなことを教えてくれている。すなわち、コンスタンティヌス〔四〕は、アリオス〔五〕の本を持っている者がいたら死刑にせよとの命令を下した、というのである。こうしたことがあったのちでは、反キリスト教の本がもはや残っていないことは、不思議なことだろうか。著名なデュパン〔六〕氏は言う。カトリック教徒は、異端者の著作を大変恐れているので、それらが教会にとって有益となりえたときにも、それらを保存しさえしなかったのである、と。

（一一三）たしかに、イエス・キリストの死後に公刊された史書の数は、多大なものになるに違いない。これらの著作の大部分がまだなお現存していた時代に生きていた聖ヒエロニムスが、そのことをわれわれに確証してくれている。初期の時代の著作家すべてがそれらを信じていた。聖ルカは、彼の福音書のなかで、そのことに関して、ほかの証言をわれわれが持たない場合には、それらを疑うことは許されないだろう、と実にはっきり指摘している。「わたしたちの間で実現した事柄について……物語を書き連ねようと、多くの人々が既に手をつけています、等々。」〔一〕「多くの人びとがわれわれの時代に、われわれのあいだで起こったことについて、物語を書こうと企ててきたので、目撃証人であった人びとによって、注意深くすべてのことが私に伝えられたあとでは、私も同じことをやるのが正しいと判断した[一二]。」そこで、次のようなことに注意するのが正しいと思う。フランス語の翻訳でしか福音書を知らない人びとは、聖ルカがここでしている福音書作者の数の多さについてのはっきりした証言に、普通は、びっくりしないものだ、ということである。というのも、フランス語訳者たちにとっては、フランス語では、ほとんどいつも、「かなり少数」と理解される、「いくつかの（plusieurs）」という言葉で、原語のXXX[三]を表現することを好んだからである。それに反して、ギリシア語のYYY[四]とそれに対応するラテン語のmulti［多数］は、ギリシア語のZZZとラテン語のpauci［少数］に対立する反対語であり、このような意味を持つことはできないのである。福音書が多数あるということが生じさせたかも知れない、顰蹙を買うような考えを、読者の頭のなかから遠ざけようとして、翻訳者たちは、このようなやり方を、使ったように見える。

　聖マタイ福音書、聖マルコ福音書、聖ルカ福音書、聖ヨハネ福音書のほかに、聖ペテロ、聖パウロ、聖アンデレ、聖トマス、聖ヤコブ、聖ピリポ、聖バルトロマイ、聖マティア〔いずれも十二使徒〕に帰せられる福音書があり、十二使徒の名前を冠した書物がひとつ存在していた。ヘブライ人またはナザレ人による福音書が一冊あった。エジプト人による別の福音書もあった[五]。幾人かの批評家たちは、この最後の二冊は、すべての福音書のなかで最古のものである、と主張している。キリスト教は、生まれつき、それ自体との不整合をきたしていたので、自分流の趣味と偏見に合わせてさまざまな福音書を作る、言うことを聞かない子供を幾人も目にすることになったのである。

　エビオン[六]、ケリントス[七]、バシレイデス[八]、マルキオン[九]、グノーシス派[一〇]、エンクラテイス派[一一]、ウァレンティノス派[一二]は、その教義を権威づけるような福音書を公にした。そのほかにも、福音書作者のなかから裏切り者のユダを除外しないほど、無分別な福音書まで存在した。つまり、ユダの名前を使った福音書が現われた、ということである。原始キリスト教会の某狂人集団は、カイン派を名乗ったという。というのも、彼らはカインを、エサウに匹敵する大人物と見なしていたからである。彼らは[一三]、ユダの福音書を用いていた。しかしとりわけ奇妙な書物は、某グノーシス派が用いていた、エバの福音書というタイトルを持った書物である。これについては、聖エピファニオス[一四]が語っている。彼らは、エバが大変知識があり、大変すばらしいことを蛇から学んでいた、と信じていた。彼らは、アダムとセツに帰せられる本も持っていた。

この註記を検証するためには、次の書物を参照。オリゲネスの『マタイ伝註解』、トマスの『ルカ伝註解』、アレクサンドリアのクレメンス[一五]の『雑録』、エウスタキウス[一六]より、ヒエロニムスの『マタイ伝註解』、アウグスティヌス[一七]の『マニ教徒ファウストゥスを駁す』第二巻。キプリアヌス[一八]の『ローマ法王ルキウス一世へ送る文書』、エイレナイオスの『異端反駁』第十巻、第三章と第七章。エピファニオス、『講解、二十三』。

私は、ニコデモの福音書と聖バルナバの福音書について語るのを忘れていた。おそらくは、少し軽々にすぎるが、それらは、初期の時代よりもあとの著作として、見られている。というのも、それらは、古代人によって引用されていなかったからである。とはいえ、このことは、それらの古さを減じるものではないが。古代人は、自分たちの時代に存在していたものすべてを、正確に数えあげたわけではなかった。たとえば、聖ヒエロニムスは、いくつもの福音書に名前を付けたのち、このように付け加えている。「ほかにもたくさん存在し、それらを報告すると、あまりにも長くなる。残リノモノヲ数エルコト、等々。」

(一四) イエス・キリストがもっとも好んだ奇蹟は、憑依者の肉体から悪魔を追い出すことであった。それは、彼の使徒たちがもっとも頻繁に行なった奇蹟でもあった。その頃、悪魔は、かなり普通の人間の肉体にでも住居を作っていた。現在では、悪魔の性癖は変化した。悪魔は別の住まいに住んでいる。小悪魔がときどき女性の身体に住みにくるとしても、それを追い出すために、もはや奇蹟は必要ない。カプチン会[一]と聖フランチェスコ会原始会則派[二]が悪魔払いと呼ばれる秘訣を持っている。それを使って彼らは、すぐに悪魔を追い出すのである。この秘訣を知らなかったイエス・キリストは、ガダラ[三]を旅行していたとき、ガリラヤ湖に面したゲラサ人の谷で、いまだかつて見たこともないような二人の凶暴きわまりない悪魔憑きにであった。悪魔に取り憑かれた二人のうちのひとりは、一匹の悪魔だけではなく、悪魔の軍団[四]に取り憑かれていたのである。その男は、あまり不名誉でない開城協定を結んだのちようやく、悪魔から解放された。協定を結んだ相手が相手なので、悪魔たちは、底なしの淵に行かない許可をもらった。そのかわり、近くにいた豚の群れに入る自由を持つことになった。この協定は実行された。しかし、某イエズス会士[五]の『獣の言葉に関する哲学的遊び』［一七三九年刊］にあるように、それぞれの豚には、すでに一匹ずつ悪魔が入っていたので、前からの占有者と新しく入ろうとした悪魔とのあいだで、戦いが起こった。この戦いの結果は、豚どもが海へと殺到した、というものであった。

　悪魔たちが溺れたのかどうかは知らない。しかし豚の所有者にとっては、この出来事は非常に不満なものであった。彼らは、自分たちの豚が悪魔やメシアと無関係なのに、住みかを失った悪魔たちの住まいに選ばれたことは、絶対に不当だと思っていた。それゆえ、これらの動物の持ち主は、身に起こった損失のせいで、わけもなしに住民にこれほど多くの損害を与える男は土地から出て行かせようという決定を下した。こうして、彼らは、この男をその地から去らせた。しかし、それは、礼儀正しい仕方で去ってもらったのである。というのも、彼らは、この男を魔法使いと勘違いしていたからだ。放浪の騎士の時代には、そういう者がたくさんおり、当時は魔法使いの時代だったのである。

　聖ルカは、第九章でもうひとつ別の奇蹟[六]を報告している。これもまた、悪魔を追い出すという話である。しかし、イエス・キリストは、不承不承にその奇蹟を行なった。福音書作者は伝えている。ひとりの不幸な貧しい者が自分の息子を癒してくれと、非常にへりくだって彼にお願いにきた。息子は、使徒にも手に負えないほどたちの悪い悪魔に取り憑かれていたのである。イエス・キリストは、「なんと信仰のない、よこしまな時代なのか」と答えた。「いつまでわたしは、あなたがたと共にいて、あなたがたに我慢しなければならないのか。」この言葉は、なんだろう。イエス・キリストは、我慢ならない使徒とユダヤ人のあいだで、生きていた、というのだ。それなのに、人びとに対する愛こそが彼を肉化させた、というのである。「しかしあなたの子供をここに連れて来なさい」と彼は男に言った。子供が近づいたので、悪魔は、残りの金を全部賭けた。子供を地面に投げ倒し、ひどい痙攣を起こさせたのである。悪魔の主人であるイエス・キリストが目の前にいることが、悪魔から慎重さを奪ってしまった。それでも、イエス・キリストがこの無礼な悪魔に話しかけたため、子供は癒され、父親に返された。イエズス会の設立者の聖イグナティウス[七]なら、同じことはもっと簡単にやり遂げられた。彼が自分の名前を紙切れに書くと、すぐに悪魔は、驚くほどおとなしく退散したのである。さもなければ、彼は、同じように速効的な『アエネーイス』の次の章句を用いたものだった。「同じ一つの洞窟に、ディードー女王とトロイアの将は行きつきぬ」[八]

ヘロドトス[九]は、割礼というものをあまり尊重しているようには見えない。エジプト人は清潔を保つためにのみ割礼を施している、と述べているからだ。

フィロンは、割礼に関して短文を著わしたが[一〇]、そのなかで彼は、四つのもっともな理由を挙げている。第一は、包皮とのあいだがあまりにも狭すぎると、そこに炎症が起こるから、それを治すためだというのである。第二には、通常、包皮と陰茎のあいだに溜まる滓《かす》で、局部が不潔になるのを避けるため、第三には、精液が一直線に子宮に入ることができるようにするため、第四には、神秘的な理由が挙げられている。これは、教父と神学博士たちがその後、耳にたこができるほど言ったもので、心の割礼というものである。それ以外の割礼は、象徴にすぎなかった。

（一一五）キリスト教の大原理によると、イエス・キリストとその教会の設立は、神がみずからに設定した、なにものにもまさる唯一の目標なのである。世界創造、イエス・キリストを生むことになるユダヤ民族の選び、律法、神殿、モーセ、預言者たち――これらすべては、神がみずからに設定した、この唯一の目標に結びつく一連鎖にすぎなかった。ここにこそ偉大な秘義あり、と聖パウロは言う[一一]。これは、イエス・キリストの時代まで、人間には隠されてきた秘義なのである。人間だけではなく、悪魔にも、天使にさえも、隠されてきた、というのである。この秘義が知られてこなかったことについて、聖パウロが慨嘆しているのも無理はない。というのも、神の民に対する神の行為も、モーセの律法も、預言者たちの書物も、それについて、事件が起こるまでは、知識を与えることができなかった、とされているからである。秘義は、これほどまでに隠されてきたために、そのようなものが存在するのではと疑うことすら人びとは一度もしなかったほどである。ユダヤ人も、気質が寓意に傾きやすかったにもかかわらず、一度もその存在に気がつかなかった。そればかりでなく、ユダヤ人のあいだには、聖書の、もっとも神秘とされた意味を探ることに命を賭けた、頑固な宗派がいくつも存在したのに、だれひとりとして、秘義を発見してこなかったのである。これこそまさに、神が守ってきた秘密であり、被造物は、それについて知り得なかったのである。

ユダヤ人はキリスト教のこの原理に反撥していたので、それをいつも、初期のキリスト教徒たちの想像力がみずからの新機軸を支えるために作りあげた体系と見なしてきた。推論は、ユダヤ民族の得意とするところでは決してなかった。にもかかわらず、正直に認めなければならないが、ラビたちの、この箇条に関する推論は、かなり堅固なものであった。おまえたちは認めなければならない、と彼らは、その敵対者たちに向かって言う。この大原理は、人間と天使には、未知のものだった。というのも、それは、深くわけいることのできない暗闇のなかにあったからである。しかし、かくも長きにわたり隠されてきた、この秘義も、それを啓示することが神の好むところとなってからは、少なくとも、不分明なものではなくなったはずである。啓示に先だつ暗闇と啓示につづく明るさは、人間がそのうちに、神の、筆舌に尽くしがたい思し召しを認め、かつそれを崇敬することができるようにするための、いわば、比例関係とでも表現すべきものなのである。しかるに、啓示は、いわゆる秘義なるものに、少しの明るさも付け加えはしない。われわれのあいだで起こったことは、おまえたちのあいだで起こるはずのことの影にすぎなかった、などとおまえたちが主張しても無駄だ。おまえたちの想像力がメルキゼデクやアブラハムやモーセ、われわれのすべての族長たち、王たち、一言で言えば、われわれの歴史が言及している多少とも開明的なすべての人物のうちに、イエス・キリストの姿を見つけ出そうとしても無駄だ。おまえたちが彼らに与えている意味とは、ずいぶん違った意味を持っている、われわれの聖書の無数の文言をおまえたちのメシアに当てはめようとしても無駄だ。われわれは、これらすべての事柄のなかに、おまえたちの想像力のたくましさしか認めない。そしてわれわれには、おまえたちの推論のいんちきなこと以外に、驚かされることはなにもない。

もしイエス・キリストが神によって設定された、なにものにもまさる唯一の目標であるならば、とラビたちはつづける。この目標と、神がそこへ到達するために用いるであろう手段とのあいだには、感得しうる関係が認められてしかるべきであろう。事物とこの目標に直接至る手段とのあいだに、結び付きがあることが神の行為のなかに認められてしかるべきであろう。ところが、イエス・キリストと彼の誕生前に神が保持してきた行為とのあいだには、なんの関係もないのである。ユダヤ人たちは、神の愛でし民族であった。このことは、おまえたちも認めるだろう。われわれに対してこそ、メシアは送られたのだ。メシアが生まれるべきなのは、われわれから、そして、われわれのためにである。モーセ、われわれの預言者たち、われわれの律法――これらすべてのことは、メシアを認識するように、われわれに覚悟を迫っているはずである。メシアの到来は、ひとつの秘義である。このことは、ただしい。しかし、この秘義は、われわれに向けて告知さるべきものなのであり、その啓示をわれわれは、我慢強く待ってきたことになるのである。そうだとすると、それを受けとめる用意ができている、われわれの精神は、みずからすすんで、服従したはずである。メシアの特徴となっているはずの、ある種のしるしを見たとき、われわれは、一致して、このメシアを認めたはずである。われわれは、おまえたちがわれわれになすりつけている、あのおぞましい決定をメシアという名のもとで下すようなことからは、あまりにもほど遠かったはずである。もしおまえたちの仮定が十分根拠のあるものなら、神のみがあのおぞましい決定の罪をかぶることになる。というのも、われわれが十字架にかけてしまったあの人物の功業を、結局、われわれは知らなかったからである。われわれは、それをまったく知らなかった。というのも、神は、われわれがそれを知ることを妨げようとして、やらなければならないことを正確にやってのけたからである。

　このような行為を神に帰すことはできるだろうか。すべての人の子らのあいだから、神により選ばれしアブラハムの民族――そして、未来永劫にわたって、この民族が神に寵愛された民族であり続けるために、神は、この民族とのあいだで永遠の契約を交わした。この民族に対して、神は、ひとつの聖なる律法を自分で与えた。どの世紀を通じても神は、この律法の遵守を申しつけた。神のおめがねにかなうようになるために、なさなければならないすべてのことと、避けなければならないすべてのことを、神は、決定的正確さをもって、この民族にわざわざ教える労をとった。最後に、神は、いつでもその恩恵によってこの民を満たしてきた。父として以外には、神は、この民族に決して懲罰を加えなかった。キリスト教徒たちによると、このような民も、より完全な民の絵姿と影にすぎなかった。神は、いつの日にか、われわれとのあいだで交わされた永遠の契約を、この民とのあいだでも形作るはずである。というのも、神がくだし置いた聖なる律法は、イエス・キリストの律法を象徴するものにすぎなかったからだ。

預言については、とラビたちは、さらに言う。キリスト教徒たちがそれらを彼らのメシアに当てはめているが、しかし、想像上の関係以外に、メシアと預言のあいだには、なにも関係がないことはたしかである。これらの預言には、人びとが与えているのとはかなり異なった、字義上・本性上の意味がある。預言は、すべてイエス・キリストが生まれる前に、成就していた。キリスト教徒が承認するわれわれの書物は、彼らに、聖書作者が預言成就を認めてきた、ということを教えるはずである。預言のなかでも、彼らにとって決定的なものと見なされるのは、ダニエルの預言[二]である。マカベ前書（マカバイ記一）の作者は、この点に関して、彼らの意見とは大いに異なる証言をしている[三]。というのも、作者は、アンティオコス・エピファネス[四]の迫害と大祭司オニア[五]の死に、キリスト教徒たちがイエス・キリストの死と解することを当てはめているからである。ヨセフスの『年代記』［『ユダヤ古代誌』[六]］とヨセフス時代のユダヤ教徒が持っていた全体的意見によれば、マカバイ家とアンティオコスのもとで、七十週が成就した。ダニエルの七十週という期限は、実際にはこの迫害の時代に切れていたのである(a)。ところが、聖書の年代学には明確に反する年代学がこしらえあげられたあとで、イエス・キリストの崇拝者の多くが主張していたように、イエス・キリストの時代には、この期限が切れていなかった、というのである。

（a）アルドゥアン神父[七]とドン・カルメ神父の意見がこれである。しかしながら双方ともに、全般的成就をイエス・キリストと結びつけている。マルシャン[八]は、預言がイエス・キリストのことと解されるのをきっぱりと否定している。

イザヤの預言[九]については、まさにこの預言者の時代に成就したのであった。処女から生まれるとされた子供、あるいは、むしろ若い女性から生まれるとされた子供は、イザヤと彼の妻である女預言者とのあいだに生まれた息子にほかならない[一〇]。この息子は、彼の父の予言から九カ月あとにこの世に生を受けた。このイザヤの息子は、同時に、預言者［イザヤ］の口を借りて、アハズに対して神がしていた予言の明らかな預言者的しるしであった。その予言とは、その子が悪から善を区別する前に、敵たちからアハズが解放されるだろう、というものであった[一一]。この預言の字義通りの意味ほど、はっきり感じとれるものはほかにない。というのも、キリスト教徒が愛着を感じている処女という言葉がなければ、彼らは、残りの文言を大いに利用することなどできなかったであろうから。だが、不幸にして、われわれは、彼らに次のことを示さなければならない。ヘブライ語のカルマという語は、若い娘と若い妻を等しく意味する。この言葉は、聖書ではしばしば後者の意味で用いられている。少しは、われわれの言葉がわかる彼らの註解者たちは、この点に同意しないわけにはいかなかった。そのうえ、歴史的状況がここでは、これ以外の言葉を当てることを許さなかったのである。というのもこの箇所で問題になっているのは、女預言者であるイザヤの妻であることは、明白だからである[一二]。

ヤコブの預言と言われるものについては、とユダヤ人はさらに付け加えて言う。キリスト教徒がそれをイエス・キリストに当てはめているのは、驚くべきことである。彼らがそれをどのようにひっくり返してみても、理性に即した意味をそれに与えることはできない。この族長は、死ぬ前に、十二人の息子に対して、つまりイスラエルの十二部族の首長に対して、彼らの子孫がどのような境遇になるかについて告げたとき、とくにユダについては、その将来の栄華を予言したとされている[一三]。というのも、実際、彼の部族は、非常に強大になり、長いあいだ、諸王をその兄弟に与えたからである。「シロが来るまでは、王笏はユダから離れない[一四]」とわれわれの族長は言う。まさにこの最後の言葉を、キリスト教徒は、彼らのメシアに当てはめているのだ。王笏がユダから離れて、もうすでに六百年経ったというのに、あたかもこの王笏がイエス・キリスト以前には、ユダから離れなかった、とでも言おうとするかのようだ。われわれの博士たちがシロという語に実にさまざまな解釈を施している、と言っても無駄である。この語に非常に大きな曖昧さを仮定したところで、これをイエス・キリストと理解することは、相変わらず滑稽である。というのも、イエス・キリストが生まれる六百年前に、王笏は、ユダ家から離れてしまっていたからだ。しかし、さらには、ヤコブの子孫全体からも、王笏は、離れ去った。わが民族は、外国の諸王によって、何度も、長い奴隷状態に押しこめられてきた。というのも、最後に、イエス・キリストがこの世に生を受けたときも、われわれは、簒奪者の暴君支配のもとで、呻吟して、すでに四十年近くも経っていたからである。しかもこの簒奪者は、ユダの血統でもなく、イスラエルのいかなる部族の血統でもなかった。キリスト教徒がイエス・キリストに当てはめている、その他の予言についても、事情は同じである。あるいくつかの予言は、このメシアとなんらかの関係を持っている。たとえば、イザヤがエレミヤの受難とその死について描いた絵とダビデが自分自身の災厄について描いた絵がそれである。他のいくつかの予言は、たしかにメシアとはなんの関係も持っていない。人びとが好きなように、いつも用い、当てはめている、あの寓意と神秘的表象の魔術数がそれである。なぜなら、想像力というものは、もっとも離れた事柄同士を接近させるし、このうえなく矛盾した事柄のあいだに合致を見いださせるからである。

今言ったことはわれわれが反論として言えたはずの事柄の最小部分ではないが、このほかに、数え切れないほどの回数にわたって、神がその民にした正真正銘の約束を付け加えておこう。神は、おまえたちを見捨てない、へりくだって神に助けを求めれば、すぐに救いの手を差し伸べるであろう、というのである。神がその預言者たちの口を通して［イザヤ書、第五十四章全体にわたって――著者註］与えた保証、すなわちキュロスの命により再建された神殿は、イスラエルをいつの世紀にも、栄えあるものとする場所となるであろう、というあの約束、あの保証は、あまりに確実であったために、ユダヤ人たちが来たるべき解放者に期待を寄せたのも当然である。そして、イエス・キリストを卑しさと恥辱のうちにあるものとして描写する予言は、数においてきわめて少数で、イエス・キリストとの関係もきわめて曖昧模糊としている一方で、字義上は、きわめて明白で、ユダヤ人のよく知るところであったために、神による個別啓示がなくては、それをイエス・キリストに当てはめることは、不可能だったのである。反対に、彼らに、たとえばユダ・マカバイ、そしてとりわけキュロスのような栄えある救済者を告知する予言は、あまりにも広がり、何度も繰り返され、あまりにも際だっていたし、その表現は、非常に荘重で、感動的なものであり、その意味は、あまりにも明白であるために、このようなメシアを期待しないでいることができるためには、奇蹟がもうひとつ必要になるほどだった。実際、ユダヤ人たちがイエス・キリストの時代に期待していた、と目される人物は、栄えある勝利者メシアである。彼こそがユダヤ人たちを、めざましいやり方で、彼らの敵たちから解放するとされていたのである。この民族は、神の約束でみずからを根拠づけ、それに頼り切っているので、いまでもこれ以外の人物にまったく期待を寄せていない。

（二一六）ル・ヴァソール神父[一]は、これらの多くの矛盾にも、この点に関してなされた反論にも、困惑していない。彼は、それらを揚げ足取りと見なしている。彼は、真の宗教についての論で、福音書作者のひとりはイエス・キリストの系図に関してちゃんとした覚書を持たなかったと認めている［聖霊は、不備な覚書を提供することもあるのだろうか――著者註］。彼にとっては、イエス・キリストがダビデ出自であることを福音書作者たちが認めているだけで十分だった。というのも、法律上の推定では、彼は、ヨセフの息子だったというのが理にかなっていたからである。イエス・キリストがダビデの家から生まれたと推定されたとは言われなかったように私には思われるが、しかし、彼はそれでもダビデ家の出自なのだろう。その一方で、ル・ヴァソール神父は、この逃げ口上を十分な理屈とは思っていないので、ライトフット[二]の意見にはまりこんでいるのである。ライトフットは、聖ルカがヨセフの名のもとで、処女マリアの系図を報告している、と信じていた。エウセビオスは、別の解決策を含むアフリカヌス[三]の手紙をわれわれに残してくれている。しかし、それは、あまり確固としたものではなかったので、この教会史家は、裏づけになるいかなる証言もないのに、われわれがこれ以上よいものを持たないがゆえに、それで満足しなければならないことを認めている。

（二一七）聖ルカは、聖マタイの福音書をまったく知らなかった、と推測せざるをえない。あるいは、少なくとも、聖ルカの情報は、聖マタイのそれよりも豊富であった、と推測せざるをえない。というのも、二人の福音書作者がイエス・キリストについて作っている、二つの異なった系図を見てみると、ダビデ、サラテル、ゾロバベルを除くと、互いに類似した二つの名前が見つからないからである〔一〕。

聖マタイは、イエス・キリストをダビデ、ソロモンおよびユダのすべての王から引き出してきている。聖ルカも、彼の先祖をダビデまで遡らせている。しかし、聖ルカは、子孫が支配権を持ったことがなかったナタンを経て、ダビデにまで遡っているのであって、ソロモンを通じて遡っているのではない。

この相対立する相違から、どのような帰結を引き出すことができるか、容易に感じとられる。

教父のあいだで、もっともよく受け入れられた見解は、聖マタイがヨセフの系図を書いたのに対して、聖ルカは、処女マリアの系図を書きたかったのだ、というものである。しかし、二つの系図のまんなかにあるサラテルとゾロバベルの名は、なんとも当惑させること甚だしい。というのも、ゾロバベルに二人の息子を与えるにしても、つまり一方の息子からはヨセフが出て、他方の息子からはマリアが出てきたと仮定しても、どうやって二人の父親の資格をサラテルに与えられると言うのだろうか。サラテルは、聖マタイによると、エコニヤの息子であり、聖ルカによると、ネリの息子である。さらに、それぞれの系図の世代数に存在する大きな困難は、不愉快な仮説を立てることを余儀なくさせるほどである。聖ルカは、ダビデからイエス・キリストに至るまで、四十二世代を数えているので、聖マタイよりもっと信憑性がある。それに対して、聖マタイの方は、二十七世代しか数えていない。それは、一千年の広がりに対しては、あまりにも少なすぎる。聖ヨセフの先祖は、年老いてから結婚したのに対し、処女マリアの先祖の方は、もっと若いときに結婚した、ということが必要だ、と言われている。こうした答えがいかに嘆かわしいものであるかは、よくわかる。さらに、聖書がわれわれに教えるところでは、ユダヤの多くの王——ヨセフもこの血統から出てきた——は、きわめて若くして、ヨセフの先祖の内に同じく数えられる子供を持ってきた、というのである。さらにもうひとつの困難は、まともな神経を持っていたら、けっして答えられないような代物である。つまり、もし聖ルカが福音書作者聖マタイを知っていたとしたら、あるいは、聖ルカが聖マタイに配慮しようとしていたとしたら、聖ルカは、聖マタイがはっきり言うようにヨセフを通じてではなく、自分はマリアを通じてイエス・キリストの系譜を書いていたのだ、ということを言わずにはおかなかっただろう、ということである〔二〕。

また次のようにも言われている。すなわち、マリアもまたダビデ出自であると結論づけるためには、ヨセフがダビデ出自であることが証明されれば、それで十分だった、と。というのも、ユダヤ人のあいだでは、だれもが自分の家族が属する部族から妻を選んできたからである。しかし、この結論は、不適切であると思われる。そのほかに、原則自体が真実であったとは思われない、という理由もある。ユダヤ人たちは、彼らの親類縁者のひとりを妻として娶ることを、欠くべからざる義務としていたわけではなかったからだ。それどころか反対に、彼らは、洗礼を施しさえすれば、外国人女性を妻として娶ることもできた。主として、これらの外国人女性に対して、洗礼が用いられたのである。われわれのところでは、自分の血族と結婚することは、厳に禁じられている〔三〕。そのために、このような結婚がかつてはあった、という結果がそこから出てくる。それゆえ、以上の答えのなかには、確固としたものがなにもないのである。

（二一八）彼らは、絶対に知られていなかった異教の著作家タレス〔一〕がこの蝕を超自然的な事柄として語った、とも言っている。実際、日蝕が満月のときに起こったら、こんな異常なことはないだろう。テルトゥリアヌスは、『護教論』のなかで、ローマの古文書によって簡単に証明できる事柄として、この超自然的な蝕を主張したと言われている。ローマの古文書が異常な出来事すべてを網羅していたから、というのである。しかしながら、ほとんど興味を引かない無数の出来事について語っているローマ史のなかで、このような出来事がまったく問題にされていないのである。イエズス会士ならいつかは、歴史の沈黙を埋めてくれるだろう〔二〕。

（二一九）イエス・キリストが受難の際に、ひどい侮辱を受けたことに関しても、聖ルカと聖マルコと聖マタイを合致させるのに、四苦八苦することだろう。聖ルカは、断罪の前に、兵士たちがイエスに、おまえを殴ったのはだれか予言して見ろと言いながら、彼を殴った、と言っているが、聖マルコと聖マタイは、反対に、判決後になってはじめ

て、このことが行なわれた、と言っている。[一]

（三〇）無知な福音書作者によって福音書が編まれたとして、執政官メッサラのもとで、アナスタシウス帝[一]の命令により、福音書が改善され、訂正された、とチュニスのウィクトル[二]の年代記は、われわれに伝えてくれている（六世紀）。

ノルマンディ出身で、一〇八八年に亡くなったカンタベリ大司教のランフランクス[三]が正統信仰に従って、聖書と呼ばれるすべての聖なる書物を、教父の著作ともども、訂正することに熱心だった、とサント＝マリ神父[四]がラール氏[五]につづいて、われわれに情報を伝えてくれている。

同じ作者は言う。十三世紀にも、バイブルの写本をパリのドミニコ会士[六]たちとソルボンヌの博士たちが訂正したという。同じ頃、シトー派[七]の第三代僧院長聖エティエンヌ[八]と同僧院の修道士たちは、十二世紀[九]にリヨン大司教から相談を受けた。リヨン大司教は、彼らの手で訂正されたイエス・キリスト受難物語を持ちたい、と願っていたという。彼らは、クリュニ修道会[一〇]の意見を知ろうとして、彼らの修道士のひとりを現地に派遣した。『イエス・キリスト』、第二巻、第二部、三八四ページ以下。

（三一）以下に、もっと本質的な変異がある。いま、われわれには、教会の外に救いなし、と言われている。[一]ペラギウス派[二]との論争が始まる前までは、教父たちは、異教の賢者たちを劫罰に落ちてしまうような人間として、語ってはいなかった。このことを、カゾーボン[三]は、バロニウス枢機卿[四]に反論する著作において、その第一章から始めて、あますところなく証明した。ラ・モット・ル・ヴァイエ[五]は、『異教徒の美徳について』のなかで、異教にも有徳者が生きていたことを、幾人もの教父と幾人ものスコラ神学者たちが教えてきた、と数多くのくだりで弁明している。彼が言うには、異教の有徳者は、たしかに洗礼を受けてはいないが、しかしながら、彼らは、救済から排除されていたわけではないのである。ツヴィングリ[六]も同意見だった。しかしながら、今日では、ローマ・カトリックではない――私はキリスト教徒とは言わない――人間は、だれでも、たとえ彼がいかに善行を積もうとも、劫罰として、あらゆるたぐいの悪魔に引き渡される。ローマは、いつの日にか、この硬直性のなにがしかを緩和せざるをえない羽目に陥るだろう。

かつては、神の唯一の民であることに、汲々としてきたユダヤ教徒たちは、一六七六年にロンドンで出版されたイギリス人学者ランスロット・アディソン[七]の本のなかで見られるように、人は自然宗教だけでも救済に至りうる、と告白することにもはや困難を感じていない。

聖ベルナール[八]がサン・ヴィクトルのフーゴ[九]に手紙を書いたとき、彼は、フーゴにこう言っている。聖書の次のくだり、[一〇]「だれでも水と霊とによって生まれなければ、神の国に入ることはできない」を字義通りに解釈してはならない、と。有徳なユダヤ教徒も異教徒も自然法に従って生きることによって、救われることがあったのである。

聖トマスも同意見だった。トマス、『神学大全』第一巻、問九十八、第五節。

トリエント公会議の直前に生きた、有名な神学者のアンドレアス・デ・ベガ[一一]は、言う。「福音書ガ届カナカッタ場合ニハ、ソノヨウナ人ガダレデアッタニセヨ、アルイハマタ、単ニダレデアルニセヨ、コレラノ人ハミナ、人間ガ通ル多クノ道ヲ通ジテ、キリスト信仰ニ至リウル。マサニ彼ラガ学ブコトノデキルヨウナ師ガイナカッタカギリデハ、彼ラガ無実ノ無知ヲ持ツコト、アルイハ無実ノ無知ヲ持ッタコトハ、アルシ、アルダロウ。ヨク聴クコトダ。」第六巻、第十八章。

(三二) キリスト教的愛徳のたぐいまれなる発露として、コンスタンツ公会議[一]は、ヤン・フス[二]とプラハのヒエロニュムス[三]に有罪宣告を下した。フスは、自由通行許可書を信用して、公会議に出てきたにもかかわらず、断罪されたのである。

この教会会議の歴史を書いたランファン[四]は、公会議開始のときに生じた、まことに奇妙な出来事について、報告をしている。ミサが終わって、と、この作者は言っている。全員がその席についたとき、突然、教会のどこかの隅から気味の悪いミミズクが会議場の真ん中に飛んできた。不吉な動物は、法王をじっと見据えて、不気味な叫び声をあげた。ある者は恐怖にうちふるえ、ある者は笑い出しそうになるのをこらえるのに大変な我慢をし、聖霊がまことに奇妙な姿で現われた、と小声で言った。法王は、大変困って、会議を中止した。しかし、この卑しいミミズクは、別の時期の会議にも再び現われた。高位聖職者たちは、教会からそれを追い出すことに成功することができなかったので、杖でそれを殴り殺した、というのである。

（三三）前世紀のある学者が法王について、こういうことを言っている。ローマ法王座では、悪徳が知られていてはならないのと同じ程度に、美徳は知られていなかった。多くの極悪人が世俗の玉座にのぼったのを見てきたけれども、イエス・キリストの代理人が坐るはずの玉座ほど、極悪人がのぼった玉座はほかにない、と。

ステファヌス七世[一]は、前任者であったフォルモススの墓を暴かせ、彼の死体をテヴェレ河に投げこませた。バロニウスは、法王セルギウス[二]がすべての人間のなかで一番恥知らずだった、と決めつけている。彼には二人の有名な妾がいて、一方の名前をテオドラ、他方の名前をマロッツィアといった。母と娘であった。彼女らは、ローマ教会を好き勝手に操った。

ヨハネス十一世[三]は、法王セルギウスとその妾のマロッツィアとのあいだの息子である。だからマロッツィアが彼の実母になる。ヨハネス十二世[四]は魔術師で、ユピテルとウェヌスを崇拝し、祭壇のそばでまで女を強姦し、その乱行三昧の果てに、公会議の結果、皇帝オットー[五]によって退位させられた。ボニファティウス七世[六]は、みずからが法王位につくために、ベネディクトゥス六世[七]を絞殺させた。最後には、彼らは、互いに相手を追い出し、互いに絞殺しあった。枢機卿ジェルモは、法王庁から金で雇われた毒殺専門の殺し屋のジェラール・ブラジェが後任者のために前任者の法王を七、八人毒殺した、と言っている。バロニウスの告白によると、以下に示すような多くの残虐行為は、過去に類例を見たことがないという。グレゴリウス七世[八]は、ドイツ全土に火をつけた。インノケンティウス三世[九]は、マシュー・パリス[一〇]によって、その残忍さにおいて獅子と呼ばれ、その吝嗇において蛭と呼ばれている。ベネディクトゥス十二世[一一]は、ペトラルカ[一二]の姉を莫大な現金で買い取った。シクストゥス四世[一三]は、人間が口に出したり、想像したりすることができる悪徳の域をはるかに超えた人物で、一年のなかで一番暑い二カ月間は男色を許してほしいという請願書が出されると、「請願サレタヨウニセヨ」と答えた。

有名なルクレティア（高級娼婦）は、法王アレクサンデル二世[一四]の妾で、寵姫だった。この高級娼婦の墓碑銘は以下の通りである。

「コノ墓ニルクレティアトイウ名前デ葬ラレタ女性ハ、実ハ法王ノ高級娼婦デ、愛妾ダッタ。」

インノケンティウス八世[一五]は、八人の息子と八人の娘を残した。レオ十世[一六]は、あけすけにこう語っていた。「キリストのこのお伽ばなしは高貴なる教会にとても有益だ」。

パウルス三世[一七]は、自分の娘と寝ていたし、彼女をもっと安全に楽しむために、彼女の夫を毒殺した。以上は、歴代法王にしか関係しない事柄である。

今世紀をとっても、枢機卿たちの放蕩三昧の摘要を作ろうと思えば、おびただしい紙幅を要するであろう。われわれは、彼らによる聖物売買や暗殺を見てきたし、債権者を破産させる行為を見てきた。生涯に、六、七人の女しか持たなかった枢機卿が一番軽い放蕩者だった。そして、そのような女の大半が人妻であった。司教について語ろうとすれば、どのようなことになるやらわからないほどだ。しかし、私は、ベネヴェントの大司教のジョヴァンニ・デ・ラ・カザの例について語るにとどめようと思う。それは、この高位聖職者が男色を、一個の芸術、神の業《わざ》と呼んだことを、後世に教えるためである。この発言は、彼の不面目な書物、『ソドムもしくは同性愛礼賛』の「形について」と題された第一章にある。

（三四）これは、ソールズベリの主教[一]が書いた、ヘンリー八世[二]治下のイギリス宗教改革を扱った書物の第三部のなかで、私が読んだことであるが、この作者は、ケント州のボックスリーには、祈りを聞き届けたか、祈りを拒んだかを合図するために、数本のバネで頭と目を動かす十字架人形があった、と述べているのである。民衆の目に詐術を示したあとで、この人形はロンドンに移され、国王と宮廷人全員が見守るなかで、笑劇を演じて見せた。こうしたペテンはなにもカトリックに限ったことではないが、比較をしたら、カトリックには異教徒よりはるかに多く見いだされよう。

（三五）紅海通過は、たしかに、お伽ばなしの雰囲気を漂わせている。それにまた、この海の水が引いたときに、イスラエル人がそこを渡ったことは、ありえない話ではないし、紅海が潮の干満にさらされることをおそらくは知らなかったがために、エジプト人がこの海に突如襲われ、呑みこまれたことも、ありえない話ではない。私が思い出すのは、ブウール神父が[一]『アリストとウジェーヌの対談』のなかで、この点について、紅海は、地中海とは違っていて、潮の干満が非常に顕著であるとわれわれに教えてくれていることである。おそらく、ヘブライ人は、この海の端の方を渡って、アラビア砂漠に行ったのだろう。クイントゥス・クルティウスが[二]物語っているところでは、アレクサンドロス[三]軍も満潮に不意をつかれ、危うく紅海に沈められるところだったという。ロラン氏は、[四]『古代史』のなかで、紅海の大規模な満潮をエジプト人が驚嘆すべき事件として記憶にとどめている、との言及がヘロドトスにある、とすら語っている。このことから私は考えた。私がいま言ったばかりのように、ヘブライ人は、自分たちを救うためにこの事件を利用したのであって、それはまったく奇蹟でもなんでもない、と。ヨセフスは、ギリシア人に紅海通過を信じさせようとして、パンフュリア海[五]で起こった類似の事件について語っている。この事件は、アレクサンドロスに有利に働いたというのだが、ストラボン[六]は、この事件を否定している。

（三六）マナ[一]はヘブライ人の到着以前にも天から降っていたし、いまもこの地方では降っている。そして、ヘブライ人がほかによい食糧がないときにやっていたように、アラビア人はこのマナを食べている。そういうことを知らなかったヘブライ人が、マナを奇蹟の食べ物と見なしたのも無理はなかった。このマナは、ほかの多くの場所で降っているような一種の露である。しかし、アラビアでは、ほかの場所にくらべて、品質がもっとよい。多くの作家がこの、いわゆる神異について、その物理的原因を主張している。ソーメーズ氏[二]は、理性的なキリスト教徒として、それについて語っている。言い換えると、彼は、多くの事柄を自然に帰し、若干の事柄を神異とした、ということである。マナのほかに、アラビアには、食用の鳥もいる。とくに、ウズラの数は非常に多い。

（三七）モンペリエの司教猊下〔一〕は、一七三六年の牧会教書のなかで、こう言っている。これらの人びとは、最大規模の神異が自分たちのために行われているのを見てきたのだから、自分たちを救ってくれた神のことを忘れて、不幸な偶像崇拝に陥るなどということがありうるだろうか？　神がその人の前に何度も現われ、天から火が降ってくるのを見た、知恵において並ぶ者なきソロモンが、シドン人の偶像神アシュトレトのために神殿をいくつも建てさせたり、モアブ人の罪深き神ケモシュやアンモン人のおぞましい神ミルコムのためにも同じことをさせたりしたなどということが信じられるだろうか？〔二〕　イエス・キリストが行なったすべての奇蹟の証人にして、おのれ自身もいくつかの奇蹟を行なった男が、自分の主にして神なる存在を死刑にせよと、金で売り飛ばしたなどということが信じられるだろうか？〔三〕　あなたは生きた神の息子だと自ら言った相手を、悪魔を追い出してきた使徒会の長が三度にわたって、しかも呪詛さえともなって、否定するなどということが信じられるだろうか？〔四〕と。

とはいえ、キリスト教徒は、これらの不条理を信じるように義務づけられている。異教徒たちは、似たようなことを要求されるだろうか？　馬鹿ではなかったモンペリエの司教猊下は、それでも、これらを全部信じたように見える。しかし、私にできるのは、この人を憐れむことだけである。気が違ったような先入見とジャンセニスムへの愛着について、この人を憐れむのと同じことだ。

（三八）旧約聖書の預言には、明瞭さがひとかけらもない。とくに、メシアの到来に関わると称する預言がそうである。異教にはもっとはっきりとした預言が認められる。

フィロストラトスは、『テュアナのアポロニオス伝』のなかで、アナクサゴラス〔一〕にふれて、その例を引き合いに出している。この作者が言うには、だれもが知っていることだが、アナクサゴラスは、空がすっきりと晴れ渡って、穏やかな天気で、雨が降るいかなる気配もないのに、雨が降るはずだ、と予言して、粗末な身なりで、オリンピック競技に参加した。ところが、しばらく経つと、雨が降り出した、というのである。また別の日には、彼は、一軒の家があっという間に崩壊する、と予言したが、その家は、大変うまく作ってあったのに、崩壊してしまった。別の日には、彼は、日が白昼に暗くなる、と予告したが、この日は、彼の予言どおりに、昼が夜に変わってしまった。それは、日蝕のせいだったのだろう。最後に、ある日のこと、アイゴスポタモイ川に石の雨が降ったが、アナクサゴラスがこれもまた予告していたのである[二]。

（三九）殉教者の数はどうでもいい。知るべきは、彼らがなんのために死ぬのか、その大義を深く知っていた、開明的で学識のある人だったのか、それとも狂信的な愚か者で、司祭と修道士を通じてしか、ろくに知りもしなかった宗教のためにみずからを犠牲にしたのか、ということであろう。

（四〇）異端審問で、おびただしい数のユダヤ人が焼かれなかったか？　あの恐ろしい法廷が設置されていなかった他の国でも、この民族はどんな迫害を蒙らなかったか？　どれほどの数のムーア人がグラナダ王国[一]その他で、スペイン人によって斬殺されたか。イギリスではメアリ女王[二]によって、ネーデルラントではアルバ公[三]の命令によって、おびただしい数のユグノーが処刑されなかったか？　ソクラテス[四]は、異教の殉教者ではなかったか。キリスト教徒は十字軍の時に、何百万人ものマホメット教徒を殲滅しなかったか。一言で言って、正しい計算を行なえば、宗教の大義のために、カトリックの君侯とローマ法王たちは、異教の皇帝たちよりももっと多い数の人間を死なせたことがわかるだろう。だから、異教の皇帝たちは、ひとが想像するほど、全員がたちの悪い悪魔だったわけではないのだ。殉教者の数を根拠にキリスト教のために展開されているのと同じ議論を、この殉教者たちが、被害を蒙った当の宗教のためにやれないだろうか。

フェラン氏[五]がわれわれに教えてくれている。どんなにいんちきな宗教でも、自派の殉教者を誇っている、と。彼は、自分の意見を支えるために、祭司ヨセフによって編まれたヘブライ語の本を引用している。この本はまだ翻訳されていないが、タイトルは『フランスとオスマン国の諸王の年代誌』という。この本には、数次の十字軍のあいだに、ユダヤ教のために死んだ人間の長いリストがある。こうして、プロテスタントや有名な牧師クロード[六]に反対するため筆を執った熱心なカトリック教徒のフェラン氏も白状するように、キリスト教が誇る殉教者も、この宗教のためなにも証明してはいないのである。

（四二）実在的臨在を信じない者を十分納得させるために、こんなことが言われる。これは、ベール氏がわれわれにもたらしてくれた（『文芸共和国便り』一六八八年七月号、八五八ページ）、ブリドンというイエズス会士の作品からの抜粋である。

シトー派のある修道士がミサを行なっているときに、聖杯に一匹のクモが落ちた。彼は、それを飲むのをいやがった。しかし、修道院長は、彼に飲み干すように命じた。そこで、服従心から、彼は、杯をとり、聖なるワインとともにクモを呑みこんだ。ミサが終わるやいなや、彼は指がかゆくなりだし、そこが少し腫れあがるのが見えた。修道士が指をこすると、そこからクモが生きたまま出てきた。

福者フランチェスコ・ファブリアーノも、聖杯に落ちてきたサソリを呑みこんでしまったために、外科医を呼びにやり、腕から血を抜かれたが、血と一緒にサソリが生きたまま出てくるのを見られた。

ある日のこと、百姓が聖体拝領後も聖体のパンを口のなかに入れたままでいた。彼は、それを自分のミツバチの巣のひとつに持っていった。近所のミツバチがそこへ蜂蜜を作りにくるだろうと予想してのことだった。ミツバチは、そこにたしかにやってきた。しかし、ただ造物主を尊崇しなければならないという義務から、その念を表わすためだけにやってきたのだった。ミツバチは、やってくると、メロディー豊かに賛美歌を歌った。それから、蜜蠟で教会を建立し、祭壇を作った。そして、祭壇の中央に、イエス・キリストの貴重な身体を安置したのち、音楽をつづけながら、飛んで帰った。蜜蠟をとるときがやってくると、百姓は、彼の巣が空っぽであるのを見つけて驚いた。彼が先に聖体のパンを置いた巣に、ミツバチが近づいてきて、彼に飛びかかった。そこで、百姓は、自分の過ちを司祭に告白した。司祭は、大司教の命令で、聖体のパンを信心深く教会に運び入れた。ミツバチは、大きな調べで喜びの声を聞かせた。

カッセル[一]近郊のある猟師が祝祭ミサを聞きにいくかわりに、狩りに出かけ、ウズラを殺した。しかし、ウズラを壺に入れようとしたら、ウズラは飛び去った。一匹のリスボン犬が全速力で教会に走っていって、病人に秘蹟が施されているときに、いつも臨終の聖体拝領のお供をしていた。ある日のこと、この犬が行列のお供をしていたときに、ひとりの小間物屋が寝ていたのを見つけて、彼に吠えかかり、小間物屋が起きてひざまずくのを見るまでロバの曳き綱を引っ張った。この本の内容をなす異常な出来事をすべて報告しようと思えば、本全体を丸写ししなければならなくなるだろう。この本には、賛嘆すべき変身さえ見られる。男と女がそれぞれ雄の狼と雌の狼に変わるのである。ロバに変えられたマルタ騎士団の騎士もいる。彼は、聖体奉挙をとり行なっていた教会の前を通りかかるまで、その姿で、三年間、過ごした。彼は、参会者たちが大いに驚くなかで、ひざまずいた。この貴紳に呪いをかけたことが立証された魔女は、彼を元の状態に戻さざるを得なくなった。彼を元通りにしたあとで、魔女は火あぶりになった。

『信心犬と破門されたカラスの物語』、一六八六年九月、一〇一九ページ。

(四二) 洗礼は、イエス・キリストが新しく導入したものではない。反対に、割礼を受けようとする者に洗礼を施すことは、ユダヤ人のあいだの習慣となっていた。ユダヤの地にとどまる自由を持つには、割礼をしなくても、洗礼さえ受けていれば、それで十分だった。洗礼は、偶像を放棄することを意味していた。このようにして、ダビデとソロモンの時代には、何千人ものひとが偶像を捨てた。ユダヤ人のこの儀式はもうはやらなくなっていたが、洗礼者聖ヨハネがそれを復活させた。彼には、多数の弟子がいた。サン゠レアル師[二]によると、彼は大勢の人びとに洗礼を施したという。自分の洗礼のときにイエス・キリストはお祈りをした、と同師が言っていることは注目に値する。しかし、イエス・キリストが神であったならば、なにを祈ったというのだろうか？　神は、だれかに祈ることができるだろうか。だれかに神は、なにを頼むというのか。イエス・キリストが洗礼を受けた場所は、キリスト教徒のあいだでは、大変ありがたがられ、尊崇の対象になっている。そこでなされたいわゆる奇蹟のせいである。トゥールの聖グレゴリウス[三]が彼の助祭たちの報告にもとづいて言うには、この場所には、ひとつの渦巻きが見られて、そこへ、らい病［ハンセン病〕患者が安らぎを受けにやってくる、という。ベーダ[三]も、首の高さの十字架が立っていた、と言っている。水かさが増したときには、きっと水の中に隠れてしまう場合もあろう。そこになんの不思議があるのか。

(四三) キリスト教を認めながら、現世的な福のためにミサに頼るとは、おぞましいことではないのか。

(四四) イエス・キリストとその使徒たちの奇蹟は、それが行なわれた場所においても、それを目撃した人びとによっても、まったく信用されていなかった。病を癒し、死者をよみがえらせる人びとが土地を追われるとは考えられない。また、奇蹟がかりに信じられたとしても、こういうものは説得力のある証拠にはならないだろう。というのも、法王教徒たちは、滑稽で子供じみた無数の奇蹟で人びとを夢中にならせてきたからである。そんなものでも、多くの人は信仰箇条として信じているのだ。証拠を見たければ、リバデネイラ[一]を読むだけでよい。次のような話を確かなこととして告げるのは、民衆の軽信を乱用することではないのか。プラハ司教の聖アルデベルト[二]は、キリスト教の真理をプロイセン人に納得させられず、耳を藉す者がいなかったため、憤慨した彼は、牛やロバや豚に説教をしに行った。これらの動物たちは、彼の話を注意深く聞いたし、その話に納得したことを、頭を振ることによって示した、というのである。ボヘミア史のなかで、こういう子供じみた話や、ほかにもたくさん馬鹿げた話を物語るのは、ドゥブラヴィウス(ドゥブラウ[三])である。

(四五) ユダヤ教徒は、自己顕示欲が強かったのか、別の動機があったのかはわからないが、民族の栄光を顕揚するために、奇蹟を大いに物語る人びとであった。彼らは、バイブルの物語のなかで読めるような、おびただしい数の神奇に満ちた事件を発案した。彼らは、神がいかに自分たちの先祖を厚遇してきたかを、近隣民族に対して、説得するのに躍起となった。ユダヤ教徒は、神が自分たちのために、自然全体をひっくり返してくれたことを示そうとして、一群の驚異についてくどくど語った。ヨセフスもまた、自分の民族に対しては、大変熱狂的だったのだが、しかし、これらのいわゆる奇蹟の信頼性と賞賛については、その度合いを減少させている。彼は、これらの事件のいくつかについては、事件を起こした自然的理由を報告しているし、各人が好みに従って、それについて考える自由を各人に残しておいた。しかも、われわれにはまったく理解できない異常な事柄は毎日のように起きている。だからといってそこから、われわれにある事柄を納得させようとして奇蹟が行なわれたのだ、と結論すべきではない。たとえば、ブリユネ[一]は、イタリア紀行のなかで、前世紀には、ローマ近郊の二つの異なる修道院に籠っていた二人の修道女が、性転換したのを感じて男になった、と言っている。この神奇はファブレッティ師とナザリ師によっても、アヴァルディ枢機卿によっても証明されている、と彼は言う。この修道女たちが何か常軌を逸したことを喋り散らし、この神奇を自らの使命の支えに使ったら、われわれにはそれを信じる義務があっただろうか。

（四六）とはいえ、私は、どこかで(a)こんな話を読んだことがある。ローマのある官吏が元老院に、ユダヤの地にイエスという名前の男が現われ、奇蹟を行ない、住民が彼に付き従っている、と書き送ったというのである。しかし、私は、これについては、曖昧な想念しか持っていない。私の思うに、この手紙は、『トルコの密偵[一]』のなかにあるようだ。しかし、われわれには、イエス・キリスト自身によって書かれたとされる別の手紙もある。バロニウスは、エデッサ[二]の王アブラガラスに対して、この君主からイエス・キリストが受け取った手紙に対する返事の形で、書かれた手紙がある、と報告している。この君主は、自分が苦しんでいる病の治癒を求めていたのである。それに対する答えが変わっている。イエス・キリストは、エデッサ王に、「あなたは、私を見たことがまったくありません。」と言っている。「あなたは、私について噂になっている神奇について信じていらっしゃる。私を見たひとは、私を信用していません。」彼は、本当のことを言っていた。というのも、イエス・キリストは多くの人を納得させたわけではなく、その奇蹟は、彼に帰せられる不思議を目撃した人びとのあいだでさえ信じられてはいなかった。そのうえ、アブラガラスの手紙とイエス・キリストの返事とを、なにか確実なものとして見なしている著作家は、数えるほどしかいない。モレリ[三]は、この手紙をアブラガラスの項目で報告している。反対に、分別のある人びとは、こんな想像を分相応にしか重んじていない。

（a）レントゥルス[四]

イエス・キリストが奇蹟を行なう代わりに、その時代の学者や、少なくとも無知な度合の少ない者を説得するために、まともな議論をしていたなら、もっと多くの支持者を作ったろう、と私は思う。

いったい、ただしい議論をすることよりも、盲目の人間に視力を回復させたり、死者をよみがえらせたりする方が容易なのだろうか？　イエス・キリストが挙げるいくつもの論拠は、堅固さを欠いているように見える。

登場する第一の論拠は、メシアがパリサイ派と律法博士たちに与えた呪いである。それは次のような言葉で言われている。あなたがた偽善者に不幸を。あなたがたは、もし父祖の時代に生きていたなら、自分らは預言者と義人の死に加担しなかったろう、などと言いながら、預言者と義人のために墓を建てたからである。しかし、あなたがたは、彼らの不正を承認するということを、この行動によってまさに示しているのである。というのも、あなたがたの先祖は預言者たちを死なせたからであり、その後、あなたがたは彼らのために墓を建てたからである。パリサイ派は、彼らの父祖の暴力を否認し、彼らの誤りをいわば修復し、墓を建立することで、預言者の記憶を再建したと思っていた。いまでもそう考えているひとはいる。しかし、イエス・キリストは、彼らがまちがっている、と確言する。[五]

イエス・キリストを擁護する人びとも、この論理に納得したとはおそらく思うまい。しかし、彼らがどう答えたらよいのかわからなくなるような、また別のいくつかの論拠がある。メシアは、キリストがダビデの息子でなければならないのかどうか、パリサイ派に尋ねた。そして、パリサイ派は、そうだと答えた。メシアは、次のように付け加えて言った。しかし、ダビデは、詩篇で以下のように語っている。「主は、わたしの主にお告げになった。『わたしがあなたの敵をあなたの足台とするときまで』と。」あなたがたが主張するように、キリストがダビデの息子なら、どうしてダビデは、キリストのことをわたしの主と呼ぶのか、と。これにはパリサイ派も返す言葉がなく、あえて質問しようとはもう思わないほど混乱したままだった、と福音書の作者たちは言う。[a]ユダヤ教徒とキリスト教徒の子孫は、いまでは、律法博士たちよりもこの点をよく知っている。彼らなら、どのようにイエス・キリストに言ったはずだろうか。こう言ったはずである。あなたは知らないのか。あなたが語る詩篇は、ダビデが生前にアドニヤとほかの兄弟たちを犠牲にして、ユダヤの王座にソロモンを据えたとき、ソロモンに寄せて編まれたものだ。詩篇の作者は、自分の王について語るとき、別な風に説明できただろうか。そのうえ、ソロモンとダビデは、どちらも、あなたが引用する詩篇では主とされている。詩篇では、権力そのものも、主には、ダビデのものとされている。というのも、ダビデこそが自分の息子の敵どもを屈服させるはずだからである。そこからいったいあなたは、キリストのためにどんな結論を導き出そうと考えているのか。おまけに、キリストは預言者によって、ダビデの息子でなければならないと告知されているのだ、と。こんな返事をされたら、メシア自身も沈黙せざるを得なかっただろう。

（a）マタイによる福音書、第二十二章、第四十一節、マルコによる福音書、第十二章、第三十五節、ルカによる福音書、第二十章、第四十一節。

神がアブラハムとヤコブの神と名づけられていることを聖書のなかに発見したとき、頭に浮かぶ最初にして唯一の考えというのは、これらの言葉は、かつてこれらの族長が仕え、崇敬してきた神こそが神であることを意味している、というものである。ところが、イエス・キリストは、あるとき、この言葉の意味はそのようなものではない、ということを説いて聞かせた。彼はその論拠でサドカイ派を混乱させた、と言われている。(a) サドカイ派は、メシアを試そうと思って、ある日のこと彼にこういった。「先生、わたしたちのところに、七人の兄弟がいました。長男は妻を迎えましたが死に、その妻を弟に残しました。次男も三男も、ついに七人とも、モーセの命令どおり、同じようになりました。ところでわたしは知りたいのです。復活の時、その女は七人のうちのだれの妻になるのでしょうか。」メシアは、まずはじめに、彼らにこのように答えた。復活のあとでは、人間は結婚しないのだ、と。そして、彼らは、神の天使のようになるのだ、とも言った。メシアは、そこで話をとどめておくべきだった。しかし、彼は、こう付け加えた。あなたがたは、人間が復活するはずだということを信じない、というまちがいを犯している。なぜなら、要するに、聖書が明確に復活するということを言っているからである。あなたがたは、神がアブラハムの神、イサクの神、ヤコブの神と呼ばれていることを知らないのか。しかるに、あなたがたが知っている神は、生きている者の神であり、死んだ者の神ではない。それゆえ、あなたがたが復活を信じないのはまちがっている、と。この論拠のいんちきさに気づくには、なにも精妙な論理学者である必要はない。

(a) マタイによる福音書、第二十二章、第二十四節、マルコによる福音書、第十二章、第十九節、ルカによる福音書、第二十章、第二十八節。

イエス・キリストのまわりにいたユダヤ人たちは、彼に、あなたがキリストであるかどうか、いつまでわれわれに気をもませるのか、もしメシアなら、はっきりそう言いなさい、と言った。[a] 彼は、彼らにこう言った。私は、これまでに十分あなたがたに語ったが、しかしあなたがたは、私を信じようとはしない。私が父の名によって行なう業が私について証《あか》しをしている。私の父と私自身とはひとつである。そう言ったとき、ユダヤ人たちは、石で彼を打ち殺そうとして、石を取り上げた。しかしイエス・キリストは、彼らに言った。私は、私の父の力によって、あなたがたの眼前で、多くの善い業をしてきた。そのなかのどの業のために、石で私を打ち殺そうとするのか。ユダヤ人たちは、彼に答えていった。善い業のことで、われわれは、あなたを打ち殺そうとしているのではない。神を冒瀆したからだ。あなたは、人間なのに、自分を神としているからだ。イエスは答えた。「あなたたちの律法に、『わたしは言う。あなたたちは神々である』と書いてあるではないか」。しかるに、この言葉が向けられている当の人びとが、まちがいを犯し得ない聖書それ自体によって、神々と呼ばれているのなら、どうして、あなたがたは、父が聖なる者とし、父がこの世に遣わされた者が神の息子であると言ったからといって、それを瀆神と言うことができようか。

(a) ヨハネによる福音書、第十章、第二十四節。

イエス・キリストの神性について不利な帰結を感じとるには、ただ、福音書のこのような言葉を報告するだけでよかった。というのも、この論拠には、欠点があるということを感じとらないひとはだれひとりいないからである。すなわち、イエス・キリストは、士師と執政者よりも高い親等にあるにもかかわらず、いずれにせよ、聖書によって神々と呼ばれている士師ならびに執政者と同じ位についているということである。ところで、士師と執政者は、聖書において、不適切にも、神々と呼ばれている。したがって、イエス・キリストが神の資格を持つことも同じく不適切であることを、彼自身が口にしているのである。なぜなら、要するに、聖書がその資格を帰している人びとよりも、イエス・キリストの方がよほどこの資格を持つ根拠があると、自分で思いこんでいるにもかかわらず、両者の相違は、程度問題にすぎないからであり、いつも、彼が自分と比較している士師と執政者の部類に彼自身をとどめおいているからである。以上がこれらの言葉の説明を可能にする、少しばかり正確な論理を持った、唯一のやり方である。イエス・キリストがそれらについて与えている説明を通じて、彼自身がそれらの観念をひっくり返していること、単に彼は、神が他の人間から区別しようと望んだ人間として見られるように、持って行っているということは、認めないわけにはいかない。キリスト教徒が姦通女の物語で、かつては顰蹙を買っていたことに驚いてはいけない[a]。あまりにも顰蹙を買ったために、彼らは、この物語を否認し、聖ヨハネの福音書からそれを抹消したがったほどである。厳格なユダヤ教の律法によると、死に値するとされる罪を犯した女に対して、メシアが甘い態度と慈しみのある姿勢を示したことに、愕然としてはいけない。それどころか反対に、彼の慈愛は、感動と教訓を与える。慈悲ほど、神にふさわしいものはほかになにもないからだ。しかし、慈悲を実行に移すには、ひとつのやり方がある。神が罪人を許さなければならないのは、律法を護持することを考えているからではない。人間の法律は、神の法律とのあいだに、共通点をなにひとつ持たない。市民社会の秩序を守るために、人間は犯罪を罰しなければならない。神は、気に入ったときに、罪人に慈悲を施すことができる。ところで、メシアは、この問題の場合、事態を混乱させてしまったように思われる。彼は、姦通女を話題としながら、このようなことを言っている。罪を犯したことのない者が最初に石を投げよ、と。この言葉を聞いて、パリサイ派は、ひとりまたひとりと、去っていった。女がひとり残った。彼は、これからはもう罪を犯してはならない、と彼女に命じて、彼女を帰した。裁判官も犯罪者と同じく罪人であるという理由で、犯罪者を罰することができないとすることは、それこそ、社会に無秩序を引き入れることではないか。

(a) ヨハネによる福音書、第八章、第三節以下。

わが批評家諸氏は、メシアの言葉に要求する真正性と正確さを、おそらくはやや極端化しすぎている。たとえば、福音書であれほどしばしば繰り返される預言的なたとえは正確でないと彼らは言う。「ヨナが三日三晩、鯨のおなかにいたように、人間の息子も、三日三晩地中にいた。」［六］彼らは言う。イエス・キリストは、金曜日の昼に死んだ。彼が復活するのは、日曜日の朝日が昇りきったときである。どのような仮定、どのような想像の努力をすれば、三日三晩を三十七時間から四十時間のあいだに見つけさせることができるというのか、と。

メシアが、出された質問に直接答えないようにするため、日頃の素朴さから時に抜け出て屁理屈に訴えるのを見て、彼らはショックを感じている。たとえば、パリサイ派の人びとが彼に、民衆に教えを説く権利があるとあなたは考えているが、いったいそれにはどのような裏づけがあるのか、と問うたとき、彼は、聖ヨハネの洗礼に関して、当惑させるような質問を彼らに発することで、この質問をはぐらかした。［七］このような屁理屈は、不信者たちには、［八］神＝人間の重々しさよりソフィストにふさわしいように思われる。

（四七）バロニウス、ウットヴィル師、その他大勢の人びとは、テュアナのアポロニオスが行なった神異の数々から引き出される帰納的結論と論拠を回避しようと最大限の努力を払ってきた。しかし、彼らは、あれこれと理屈をこねているにもかかわらず、アポロニオスが奇蹟と理解不能な不思議を行なったことは、認めざるを得ないのである。彼は、神の列に入れられてしまった。彼の神異を触れて回り、ひとつの教理体系を構築するような、ダミスより知性に長けた使徒や弟子をアポロニオスがみつけていたら、キリスト教は万事休すだった。アポロニオスがした異常なことは世間のみんなが語り、同時代の複数の作家がそれを信用し、かつそれに言及したが、イエス・キリストの奇蹟はひとつとして語られていない。ずっと後にイエスの一代記を書いた福音書作者がいるだけである。殉教者ユスティノスは、問題二十四と二十六のなかで、アポロニオスの神異を報告し、彼は事物の本性をよく知っており、その力を利用して神異を行なったのだ、と述べている。［一］

アレクサンドリアのアレクサンドロスは、第四巻、第十七章と第六巻、第十四章で、アポロニオスはたったひとつのことだけを神々に求めた、と言っている。それは、善人を判別し、悪人を避ける方法であった。エフェソスでは彼のために銅像が建てられたが、カラカラ帝[二]とエフェソス人は、それをヘラクレス・アレクシスカカスすなわち悪除けの名のもとにあがめ奉っていた。彼はまた、セウェルス帝[三]が彼の肖像をイエス・キリストのそれとともに持っていた、と付け加えている。

イエス・キリストの奇蹟と彼自身に関して沈黙が守られたことに話を戻すため、私はもう一度ヨセフスを引き合いに出そうと思う。彼の沈黙は、いくら楯に取っても取りすぎるということはない。多少とも重要な事件であれば、それを細大もらさずとりあげて、無限の細部にまで立ち入り、ユダヤ人の間に形成されて自分より前に存在していたあらゆる宗派を語っているヨセフスが、それでもキリスト教徒という宗派のことは忘れてしまったのである。イエス・キリストの奇蹟は水源から遠ざかるにつれて輝きを増したけれども、当時は評判にならなかったため、ヨセフスの耳にも入らなかったのだ。

この歴史家は、有名なガリラヤ人ユダスについて語っている(a)。彼は王子で、シカリイ教団または暗殺者教団の設立者だった。三万人もの狂信者を橄欖山へ連れて登った狂信者ヨナタンも、ヨセフスの史書で語られている。テウダスも同じである。この新たなるヨシュアは、愚かな民衆をヨルダン川のほとりに連れて行き、ヨルダン川を歩いて渡らせてやると断言した[四]。『ユダヤ古代誌』第十八巻、第四章によると、また別の狂信者がピラトス[五]の統治下で多数のサマリア人の命を奪ったが、この人物もヨセフスの記述から漏れていない。しかし、ヨセフスは、イエス・キリストのことは語らないのである。イエス・キリストを知っていたとしても、有名人の列に入れるに値する人物とは思わなかったのだ。キリスト教徒にとっては奇妙なことで、同時に屈辱的なことでもあるのは、ヨセフスがメシア自身よりもイエス・キリストの先駆者をはるかに言及に値すると判断したことである。彼は、洗礼者ヨハネについて、敬意を持って語っている。ヨハネは敬虔な人間で、ユダヤ人に徳を積むように説き勧め、身体の清めを魂の清めに結びつけよと言っていた、と[六]。ヨハネにはいつも大群衆が付き従っていたので、ヘロデ[七]は、彼がこの多数の群衆に力を及ぼし、何か反乱を煽動するのではないかと恐れて、彼を逮捕させ、マカイルスの要塞に囚人として送った、と。また付け加えてこうも言う。ユダヤ人たちは、この君主がアラビア人に敗北したのは、かくも不当な仕打ちに対して天が懲罰を与えたせいだと考えていた、と。福音書作者は、周知のように、聖ヨハネの投獄を、彼が兄弟の嫁とのヘロデの不当な婚姻について、非難したからだとしている。福音書作者は、ヘロデヤが獄中の彼の首を要求し、それを手に入れた、とさえ言っている。ヨセフスは、そのどちらについても語っていない。語るには絶好の機会だったのに。

（a）『ユダヤ古代誌』第十八巻、第一章、第二十巻、第五章。

ベツレヘムの幼児虐殺についてこのユダヤ人は沈黙しているが、その理由を知ることはなおさら難しい。どの歴史家も言及しない東方の占星術師のおかしな旅行についても同じである。これほど目だった事件はなかったくらいなのに。

ヨセフスという、まことに正確で、広い知識を持つ歴史家が、どうしてこのような重大事件を忘れることができたかを理解させられるような神秘など存在しない。ヘロデの疑心暗鬼や暴政や残忍さについて、ヨセフス以上に立ち入って語ることはできない。彼は、死を前にして、ヘロデに残忍な命令を出させ、この君主の野蛮さをその生涯を越えたところにまで広げた[八]。自分たちを長いあいだ抑圧した暴君の記憶に対して、ユダヤ人の心に残るおぞましさから、ヨセフスはもしかすると言いすぎたのかもしれない。しかしながら、彼は、この暴君のもっとも非人間的な行為を忘れている。それは、生前最大の恐怖を呼び起し、死後もこの暴君の記憶をもっとも忌まわしくするはずの行為であった。

別の面から見るとき、ヨセフスは、ヘロデの歴史のなかで、非常に目立った重要な歴史事件を省略している。それは、異常な子供の誕生である。天はこの子供にユダヤ人の王冠を約束していたらしい。奇蹟の星に導かれた哲学者たちが、この子にわざわざ敬意を表するために、ベツレヘムにやってきた。その前に、彼らの話でエルサレムの町全体が興奮し、世界一野蛮な行動に走らせるほどの嫉妬心が、王の心にかき立てられた。

それだけではない。聖ルカは、幼年時代のメシアに起こった出来事をもれなく書き記すことに没頭したにもかかわらず、ヘロデについても、博士《マギ》たちについても、イエスのエジプト逃避行についても、エジプトからナザレへの帰還についても語っていない。おそらくこれには理由がある。彼は、イエス・キリストが生まれた年を、ヘロデの死の十年後としているからである。このことなくして、あれほどめざましい事実を彼が見逃すなどということが起こりえたと想像するのは不合理であるし、その事実を知り、それを真実と思ったのなら、自分の福音書にそれを書きこむことを怠った、と想像するのも不合理である。なぜなら、もっと地味で、もっと価値の少ない無数の事柄について、彼は、聖マタイと一致する報告を行なっているからである。さらに、イエス・キリストの誕生した日時について、註釈者たちが聖ルカと聖マタイとを一致させるために、いかに努力を払おうとも、この点に関して、両者を一致させることは不可能だからである。聖マタイがイエス・キリストの生誕をヘロデの治世末期としているのに対して、聖ルカは反対に、彼の誕生を、アウグストゥスの命令を受けてユダヤの地でシリア総督キリニウスが行なった住民登録の時としている。この住民登録が本当にあったのだとすれば、そのときに、福音書では、ヨセフとマリアがベツレヘムにのぼることになっているから、それは、ローマ帝国へのユダヤの併合後に起こったことでしかない。すなわち、ヘロデを継いだアルケラオスの治世の十年目、つまり最後の年である。ヨセフスも明確にそう記している[九]。したがって、聖ルカは、彼には妄想と映っていた事実をわざと省くことができたのである。というのも、聖ルカがイエス・キリストの誕生を位置づけた日時より十年前に事件は起こったとされていたからである。

さらに、不信者は付け加えて言う。これらの異なる聖書作者たちに神感を吹きこんだとされる聖霊は、諸福音書に盛られた事実がいつも相互に矛盾しているように見えるのに、なぜそれらを相互に一致させたり、整理したりする作業をこれほどまでにおろそかにしたのか、と。そのほか、マルコは聖マタイに逐一従っているように見えるが、ほかの二人の福音書作者では順番がまったく逆である、ということも正直に言わなければならない。彼らは時間の順序をけっして守らず、しばしば場所も混同している。ひとりの福音書作者が終わりに位置づけていることを、ほかの福音書作者は初めに置いているのである。

キリスト教徒たちよ。あなたがたが言うような奇蹟を、あなたがたのメシアがほんの少しでも実際に行なっていたのだとしたら、これほどめざましく、これほど神奇に満ちた事実の歴史を暗闇のなかに囚われたままでいさせるためには、あらゆる奇蹟を全部合わせたよりももっと大がかりな奇蹟が必要になることをわかってほしい。パレスチナほどの人通りの多い帝国属州において、連続三、四年のあいだ、かくも異常なことが起こったというのに、それが一言半句も語られず、ひとりの歴史家もそれに言及しないなどということが、あなたがたには本当に理解できるのか。エルサレムには総督がいたし、多数の守備隊もいた。ユダヤの地は、ローマ人だらけであった。通商もローマからヤッファ[一〇]まで、とぎれることがなかった。あらゆるジャンルをすべて網羅した、多数の著作家がいたにもかかわらず、いかなる作家もイエス・キリストについて口にしていないのである。

福者フランソワ・ド・パリス[一一]の取りなしによるとされる奇蹟ほど、真正かつ規則どおりに確かめられた奇蹟は、かつてなかった。と同時に、これらの奇蹟について証言をしたいくたの証人たちの先入見を私は知っている。彼らの心がまっすぐなことも知っている。これらのいわゆる奇蹟は多数にのぼり、一言で言えば、奇蹟が普通証明されるような仕方で、高等法院評定官のカレ・ド・モンジュロン[一二]によって証明されている。だからといって、加護を祈られる助祭［パリスのこと］のようにジャンセニストたるべし、という結論が引き出されるというのか。ローマ［法王庁］もウルトラモンタン[一三]の全員も、違う、と答えるだろう。しかし、この返事は、イエス・キリストの奇蹟から自分たちが引き出す帰結と合致するだろうか。
（四八）ポーラン氏、ド・フォントネル氏[一]、その他、神託について語ったすべての作家たちは、のちに事件が確証した無数の予言について報告している。
メリウス[二]は、その聖書の冒頭に置かれた大部な序論のなかで、聖マタイの福音書はイエス・キリストの死後二十八年経った六一年に書かれたにすぎない、と言っている。同じ作者は、聖マルコの福音書を聖マタイの福音書の二年後に、聖ルカの福音書を聖マルコの福音書の一年後に、聖ヨハネの福音書を九七年、すなわち、イエス・キリストの死後六十四年目に位置づけている。

現代に現われたもっとも学識のある年代学者（有名なドッドウェル[三]）は、そのためにわざわざ著わした著作のなかで、正典とされる福音書も、他の書物と一緒に、それらが誕生した場所に、トラヤヌスのパルティア征服の時代まで眠っていたことを示した。その頃からようやく、これらの文献は知られ始めたのであった。

われわれの悪が世界と同じほど古いのであれば、どうして神は、それを治さずに、あんなに何世紀も経過させたのか。人間が罪人となるやいなや、天（あま）降って人間の姿になり、自らの死によって人類を贖うということをどうしてしなかったのか。われわれの最初の祖先はどんな罪を犯したため、こういう恩寵に値しなくなったのか。彼らの子孫はどんな功績をあげたから、祖先より厚遇されるようになったのか。

率直に次のことを認めよう。キリスト教は、われわれにそう信じさせようとしているように、三つの神――キリスト教を計画する父と、それを確立する子と、それを書き取る聖霊、あるいは少なくとも書き手に霊感を与える聖霊――から出てきたにしては常識[四]に欠けているということ、また、どんな馬鹿でも、自分の言うことを信じさせようと思ったら、理性と良識のあらゆる光にそれほど抵触しないようなものを苦もなく思いつくであろうということがそれである。

本文訳註

［一］ ルクレティウス、ティトゥス（前九八頃—五五）。古代ローマの詩人。『事物の本性について』という哲学詩で、唯物論を唱えた。

［二］ キケロ、マルクス・トゥリウス（前一〇六—四三）。古代ローマの政治家、哲学者。『神々の本性について』などで、異教の神観を展開した。

［三］ ウェルギリウス・マロ、プブリウス（前七〇—前一七）。古代ローマの詩人。『田園詩』などのほか、『イーリアス』を真似て、トロイアの英雄の放浪を描いた長編叙事詩『アエネーイス』がある。

［四］ クイントゥス・ホラティウス・フラックス（前六五—前八）。古代ローマの詩人。『諷刺詩』、『書簡詩』など。

［五］ ユウェナリス、デキムス・ユニウス（五五頃—一四〇頃）。古代ローマの諷刺詩人。『諷刺詩』。

［六］ エッセネ派に関する記述は、古代ユダヤの歴史家ヨセフスの著作とくに『ユダヤ戦記』第二編、第八章、第一一九節以下から援用されているものと思われる。そのことは、『キリスト教の分析』より以前に公刊された『新しき思想の自由』Nouvelles Libertés de Penser, Amsterdam, 1743の「魂の本性に関する哲学者の意見」、第四章で知られる。そこでは、ヨセフスの意見として次のような見解が披露されている。ユダヤ人のあいだでも、パリサイ派は、「魂の不死性を信じていなかった」し、「神性には、……一時的な罰または報償しか期待していなかった」のに対し、「イエスもその一員であったエッセネ派」が来世での報償・懲罰と魂の不死性という「新しい意見で目だつようになったのは、ようやくアウグストゥスの治世になってからだった」というのである。また、本訳書の数年後に公刊された『魂に関する対話』Dialogue sur l'Ame par les interlocuteurs en ce temps-là, 1771. では、魂の不死性を主張するパリサイ派とそれを否定するサドカイ派の二人がイタリアやフランスまで旅行して、魂の不死性に関して論争する内容が紹介されている。なお、論点となった魂の不死性については、サドカイ派は、これをモーセも神も否定していたと主張するのにたいして、もちろん論争相手（キリスト教徒やキリスト教の神学博士等を含む）は、魂の不死性が聖書によっても、モーセによっても確立されていることを証明し、それを教義の根本に据えているのである。ちなみにサドカイ派が魂の不死性を否定したのは、もし否定しなければ、神に悪の原因を求める弁神論の難点を克服できないと考えたからだ、と言われている。だからこそ、『新しき思想の自由』では、人間的自由を主張した一派として、サドカイ派が肯定的に引用され、後代の地下文書でも、彼らは、人間には悪を犯す自由がある、とする主張の源泉とされているのである。

［七］ 秘義または玄義とは、神すなわち神の意志の本質的な、無限の「理解しがたさ」を意味し、いずれは、人間にも理解できるような、通常の、一時的な「神秘」、「不可思議」を意味しない。具体的には、「啓示された教義（ドグマ）」のことで、三位一体、受肉、サクラメント、恩寵、さらに「神ご自身が命令されたこと」たとえば、神の愛と隣人愛などがそれである。そして、これ

らすべてが神による人間＝罪人の救済の理解しがたい「はかりごと」を示しているのである。

［八］カルメ、ドン・オーギュスタン（一六七二―一七五七）。フランスのベネディクト会士で、神学者。著書多数。ロレーヌ地方出身で、各地の修道院長を務め、晩年には、故郷のセノンネ修道院長となった。ヘブライ語に詳しく、若くして、聖書研究を組織し、同じベネディクト会士の歴史家マビヨンなどによって、その才能を高く評価され、一七一八年には、ナンシーのサン＝レオポール修道院長となった。彼は、一七〇七年から九年間に及ぶ聖書註解の成果である『旧・新約全書の字義的註解』を全三巻で刊行した。その後、本書は、全二十六巻にまで拡大され、簡略版も全十七巻で出版されるなど、好評を得た。また、この註解は、歴史書としても高い評価を受け、イギリスでは剽窃版が出るなど、その影響は全欧に及んだ。とりわけ、好評を博したのは、この膨大な聖書註解本をベースに、新たな論考十九点を加えて一七二〇年にパリで出版された刊本であった。しかし、その内容は、独創性を欠き、しばしば事実の羅列に終わっているという。そのほか、一七一八年の『旧・新約聖書史』、一七三〇年の『聖書辞典』など。ところで、この地下文書とつながりがあると見られているヴォルテールは（訳註［一一五］参照）、『習俗論』（邦訳、安斎和雄訳『歴史哲学』、法政大学出版局）で、カルメのこの『旧・新約全書の字義的註解』一七二〇年版を参照している。

［九］ル・メートル・ド・サシ（本名、イザーク・ルイ・ル・メートル、一六一三―一六八四）のこと。アルノーの甥。サン・シランの導きで、ジャンセニストの聖職者となり、迫害を受け、入牢中に聖書翻訳に着手。一六六七年に新約聖書の翻訳を完成したが、法王庁からその書は断罪された。サシの秘書が伝えるパスカルとの対話は、『パンセ』解読の重要な鍵と言われる。

［一〇］ルターに始まる宗教改革の運動に対抗するために、イタリアのトリエントの聖堂で、一五四五年末から十八年間開催された、「反動宗教改革」の名で知られる公会議。カトリック信仰を再確立するために、教義の再確認と信仰基準の明確化が行われるとともに、旧約聖書外典に正典としての資格を与え、ウルガタ本文を権威として認め、教会の伝承を聖書と同等の位置に置いた。また、宗教改革によって批判にさらされていた既存の七つのサクラメントの正統性を改めて再確認した。この公会議の諸決定によって、近代カトリック信仰が確立を見た。

［一一］ヒエロニムス、ソフロニウス・エウセビウス（三四七―四一九／四二〇）。キリスト教の聖人で、ラテン教父。ダルマチア出身で、聖書文献学者として大きな業績を残す。三八四年にローマ法王ダマスス一世のすすめで、聖書のラテン語訳に取り組み、ベツレヘムでヘブライ語からラテン語に聖書を訳し、四〇四年にそれを完成した。このラテン語訳聖書は、のちにウルガタと称され、ギリシア語訳の七十人訳と並んで、教会の聖書定本となる。ほかにキリスト教史に貢献した『教会著作家論』を残す。

［一二］ユスティノス（一〇〇頃―一六五頃）。殉教者ユスティノスと呼ばれるキリスト教弁証家で、ギリシア教父。ギリシア人で、プラトン哲学者として出発。キリスト教に改宗し、ギリシア哲学をキリスト教神学に活用し、独特のロゴス論を提唱した。二つの『弁証論』、『ユダヤ人トリュフォンとの対話』など。さらに、ここでとりあげられている『ギリシア人への勧め』があったとされるが、現在では残っていない。

［一三］イスラエル北王国の首都サマリアに保存されていたという旧約聖書の最初に置かれた五書。エジプト捕囚以前のヘブライ語文体に似た文体で書かれているとされ、そこから、従来のモーセ五書よりも古いとされている。死海文書のなかからもサマリ

アの五書に関係した断片が発見されたという。ちなみに、サマリア人は、この五書のみを聖書としていた。

［一四］グレゴリオス（三三〇以降―三九四）。ニュッサのグレゴリオスと呼ばれ、カッパドキア三教父のひとり。キリスト教の聖人。バシレイオスは、兄にあたる。三七二年にニュッサの大司教となるが、ウァレンス帝によって、追放された。しかし、テオドシウス帝のときに復権し、三七九年のアンティオキア公会議に参加した。カッパドキア三教父のうち最大の神学者と言われ、オリゲネスの影響を受け、新プラトン主義的神秘思想にもとづいて、古典的三位一体論を確立した。それによると、父なる神は原因であり、子は直接的に父からのもの、聖霊は間接的に子を通って父からのものとされ、この聖父・聖子・聖霊の協働によって神の御業は成就したとされた。また、無限なる神を人間精神は、「神の似姿」を通じてしか知りえないとし、それゆえに、禁欲にもとづく、人間の霊魂の、神への神秘的上昇が可能であるとした。また、オリゲネス流の「万物復帰」説を唱え、非難を浴びたとされる。

［一五］ディオニュシオス（一九〇／二〇〇―二六五）。キリスト教の聖人。アレクサンドリアの総主教（二四八年）。デキウス帝による激しい迫害を受け、二度、追放された。いわゆるアレクサンドリア学派に属し、千年王国主義を廃する立場から、ヨハネ黙示録の真正性に異を唱えたと言われる。三位一体論争では、ローマ教会からアリオス派に理論的根拠を与えたとして、異端の宣告を受けたこともある。

［一六］トラヤヌス帝、マルクス・ウルピウス（五三―一一七）。ローマ皇帝（在位九八―一一七）。軍事的才能に優れ、帝国の最大版図を実現した。

［一七］エイレナイオス（イレネオスとも。一三〇頃―二〇八）。キリスト教教父。小アジア出身のリヨン司教。殉教したと言われてきたが、晩年は不詳。グノーシス主義と激しく戦った。『異端反駁』が主著。ほかに、『使徒たちの使信の説明』があるが、これが発見されたのは、二十世紀の初頭。

［一八］ラッブ、フィリップ（一六〇七―一六六六／六七）。ブールジュ生まれのイエズス会の神父。記憶力に優れ、博学で、人文学、神学、哲学を教え、ジャンセニスト反駁の著作のほか、旺盛な執筆活動で知られる。ここでとりあげられているのは、公会議の諸文書を収録した『公会議総集編』全十七巻（一六七二年）で、この仕事の最初の八巻は、ラッブのものとされる。

［一九］三位一体の教義をめぐって、アリオス派の主張を吟味するためにコンスタンティヌス大帝によって、三二五年に小アジアのニカイアに招集された、古代キリスト教史における最初の公会議。皇帝は、この公会議に「全世界」の司教を招集しようとして、交通手段や滞在費用などすべてについて、参加者の面倒をみたという。しかし、皇帝の努力に反して、会議は、混乱を極め、神の神性のいかなる分割も認めないアリオス派とキリストの神性を承認するアタナシオス派とのあいだで、論争が二カ月間にわたってつづいた。結局、中間派のカイサリアのエウセビオスが提出したカイサリア信条に、「父と子は同質である」との文言を挿入した文書がほぼ全員の賛成を得て採択され、この結果アリオス説が異端となり、彼らの帝国からの追放が決定された。しかし、元来、教義問題には興味がなかったコンスタンティヌス大帝は、ニカイア公会議後、アリオス派の巻き返しを受けて、アリオス派聖職者の原職復帰を認めたうえに、同じニカイアに二年後、第二次公会議を招集して、アリオス派的な信条を正統なものとして採択させた。ついで、三三五年にテュロス教会会議でアタナシオスを破門させ、翌年には、今度は逆にアタナシオスを追放処分とした。そのうえ、皇帝は、アリオスに深く帰依し、勅令によって、アリ

オスに聖餐式を行なわせるようにした。アリオスの急死によって、三位一体派は、面目を保ったが、結局、キリストの神性をめぐる論争の決着は、アリオス派を支援し、アタナシオス派を徹底的に弾圧したコンスタンティウス二世、背教者ユリアヌス帝をはさんで、テオドシウス帝によってコンスタンチノープルで、三八一年に開催される公会議を待たなければならなかった。このときになってようやく、聖霊の神性が認められ、神は、みずからを同時に父と子と聖霊なる三つの位格のなかに示すひとつの神と規定されることになった。

〔一〇〕原文では、アオディカイア（Aodicé）という地名になっているが、この地名およびそこで開かれたとされる公会議の存在は確認できない。おそらくは、前年からアンティオキア（Antioche）で開かれていた公会議の誤記。シリアのアンティオキアで開かれた「もっとも有名な」（ティユモン）この公会議は、三七九年に東方教会全部が招集されたとされる。ただし、この公会議を記録に留めている歴史家はいない。ローマ法王ダマスス一世（在位三六六―三八四年）の書簡から、この会議には、議長を務めたアンティオキアのメレキオスをはじめ、サモサタのエウセビオス、ラオデキアのペラギウス、エデッサのエウロギオスらが集まり、三位一体論を確立、聖霊の神性を承認、あわせて、ラオデキアのアポリナリオスを異端とした、とされるが、実は、テオドシウス帝が三八一年に第二回世界司教会議をコンスタンティノープルで開催したときにも、ニカイア信条の議論をはじめ、アポリナリオス断罪がなされたとあるので、著者にはこの会議との混同があるのかも知れない。

〔一一〕ギリシア語で「論理」を示すロゴスと言う言葉に、「無」を意味する接頭辞「ア」をつけて作られた言葉に由来する宗派。食事制限と断食や結婚を禁じるなど極端な禁欲を唱えたモンタノス派（二世紀頃）攻撃の急先鋒とされ、キリスト＝ロゴス説を唱えたモンタノス派やアレクサンドリア学派の神学者たちに反対したためアロギ派と呼ばれた。モンタノス派がロゴス（言）の肉化を説くヨハネの福音書を絶対視したため、アロギ派は、この福音書の真正性に異を唱えたと言う。のちに、サベリウス異端やローマ司教ディオニュシオスに見られるように、三世紀にも復活したと言われるが、アロギ派自体の歴史的記録は皆無に近い。

〔一二〕エズラ（エスドラス）記。エズラはヘブライ語原名。ギリシア語では、「エスドラス」と発音されることから「エスドラス記」とも呼ばれ、作者も、この語のフランス語転写を用いている。旧約正典の「エズラ記」をその一部とするラテン語写本群。いずれも厳格な律法主義から「第二のモーセ」とも呼ばれる預言者エズラを扱っているのでその名がある。エズラ記のうち、トリエント公会議まで正典とされていたエズラ記第一書とエズラ記第二書は、トリエント公会議で、両書ともに正典から外された。しかし、第一書は、正典として認められている歴代誌下、第三十五章第十六節以降から、同じく現在では正典化されているエズラ記およびネヘミア記までとほぼ同じ内容であるから、内容的には、第二書のうち歴代誌下に含まれているエズラ第三書を除いた、エズラ第四書以降が外典に属すると考えてよい。これらは、邦訳では、ともに外典に属するとして、日本聖公会出版部から『アポクリファ』に、エズラ第一書と第二書と題して所収されているほか、本邦訳で用いた日本聖書協会の新共同訳（一九九四年）では、「旧約聖書続編」として、「エズラ記（ギリシア語）」および「エズラ記（ラテン語）」として、同じ内容のものが所収されている。ウルガタは、両エズラ記を「エズラ第三書」と別な形で分類して、「補遺」に掲載している。しかし、J・H・チャールズワース編集の、もっとも信頼のおける英訳版『旧約聖書、偽典集』The

Old Testament,Pseudepigrapha, vol. I, Apocalyptic, Literature and Testaments, 1983. では、邦訳のエズラ第二書がエズラ第四書として英訳されている。その理由は、上述のように、ラテン語写本のエズラ第四書に、邦訳のように、従来エズラ第二書と呼ばれて、一括されていた外典のなかの第三章から第十四章までのエズラ第四書に相当する本文が含まれていたほかに、通常、エズラ第五書（のちには、後半部分がエズラ第六書に分けられた）と呼ばれることになる本文も含まれていたからである。邦訳では、関根正雄編『旧約聖書外典』（新見宏訳、講談社文芸文庫（下））に、「第四エズラ書（3―14章）、七つの異象」と題して、上記英訳の「エズラ黙示録」部分が収録されている。なお、この英訳版には、第四書につづいて、「エズラのギリシア黙示録」も収録されている。

［一一三］バナージュ、ジャック（一六五三―一七二三）。フランス改革派の牧師、神学者、歴史家。ルアン出身で、のちにオランダに亡命。同じ改革派のなかでも、ジュリューと対立し、ベールとは親しかった。一六九三年に出版された著作はないので、おそらくは、一七〇三年刊行の『旧・新約聖書史』のまちがいであろう。

［一一四］原書では、Edainとなっているが、おそらくは、Edomのまちがい。旧約聖書では、エドムの王国に関する言及は次のとおり。「イスラエルの人々を治める王がまだいなかった時代に、エドム地方を治めていた王たちは次のとおりである。」（創世記、第三十六章、第三十一節）なお本文註記（a）では、創世記、第六章と誤記されている。

［一一五］原文では「四巻」となっているが、列王記は二巻である。なお、ここで『ユダヤ人の迷信的儀式について』の「作者は、ユダヤ人で、したがって、ヘブライ語を知り尽くしていた。この作者は、特殊な訓練を経なかった人間には、及びもつかないような無数の難問を書物のなかで解明している」と言われている作者とは、スピノザのこと。この書は、一六七八年にアムステルダムで翻訳出版されたガブリエル・ド・サン゠グラン（一六二〇頃―一六八四）による『神学・政治論』の仏訳である。

［一一六］シモン、リシャール（一六三八―一七一二）。フランスの聖書批評学者。ディエップの貧しい家庭に生まれ、オラトリオ会にはいったのち、ヘブライ語を学び、聖書研究に打ちこむ。『旧約聖書の批評的歴史』（一六七八年）において、モーセ五書のモーセ作者説を覆し、本書は間もなく発禁となった。オラトリオ会を逐われたのちも聖書研究を続行し、新約聖書にも批評学・文献考証学の方法論を適用し、『新約聖書の原典の批評的歴史』（一六八九年）、『新約聖書の訳書の批評的歴史』（一六九三年）を相次いで発表し、新約聖書の仏訳も出版した。聖書批評学の最大の先駆者のひとり。

［一一七］ル・クレール、ジャン（一六五七―一七三六）。ジュネーヴ出身で、オランダに移ったアルミニウス派の学者。ピエール・ベールの論敵。新約聖書の仏訳を行なった。リシャール・シモンを反駁した書もあり、聖書考証学にもかかわった。ジャーナリストとして、『古今東西文庫』（一六八六年）を発刊するなど、全欧の学界にその名を知られた。

［一一八］聖書、新共同訳、旧約聖書続編、エズラ記（ラテン語）、第十四章、第二十一節以下を参照。なお、エズラについては、エズラ記に関する訳註［一一二］を参照。

［一一九］従来のモーセ五書よりも、サマリアの五書が古いとされるので、エズラが五書を再び書き起こしたとしても、それは彼の発明にはならない、という意味。訳註［一一三］参照。

［一二〇］アウグストゥス（前六三―後一四）。カエサルの養子で、

オクタウィアヌスのこと。初代ローマ帝国皇帝となり、アウグストゥスを名乗った。しかし、イエスが誕生した頃には、帝国支配の実権は、息子ティベリウスに移っていた。

[三一] 占星術の学者、「東方の三博士」とも呼ばれる。フランス語では、「魔術師」の意味である。

[三二] ウァレリウス・マクシムス。前一世紀―後一世紀のローマの歴史家。ティベリウス帝に捧げられた『著名言行録』がある。その記述には、誤りが多いとされているが、のちに要約が作られ、大いに流布したという。

[三三] ティトゥス・リウィウス（前六四／五九頃―後一〇頃）。イタリアのパドヴァ出身で、のちにローマに移った歴史家。三十代から書き始め、死ぬまで執筆を続けたと言われる、建国からアウグストゥスの死に至るまでの古代ローマ史を扱った、長大な『ローマ史』がある。『ローマ史』は、全百四十二巻（章）と伝えられるが、現存するのは、最初の十巻と二十一巻から四十五巻までで、残りは、断片や要約の形でしかない。

[三四] ヘロデ王（前七三頃―前四）。ヘロデ（またはヘロデス）大王とも称される。在位前四〇／三七―前四年。イドゥマヤの有力者アンティパトロスとナバテア人キュプロスの子で、半ユダヤ人。カエサルがユダヤ総督に任命した父により、ガリラヤの長官に任命される。反ローマ鎮圧に豪腕をふるう。前三七年にアンティゴノスを倒してユダヤの地の王となる。オクタウィアヌスの支持を取り付け、統治を行なうが、晩年は、ハスモン家の幻影におびえ、一族、家臣を問わず虐殺し、その陰惨さと残忍さで、ユダヤ人の反乱を招く。イエスの誕生は、ヘロデ王統治の晩年またはその死の十年後とされる。ヘロデ王の事蹟は、ヨセフスの『ユダヤ古代誌』に詳しい。

[三五] マクロビウス、アンブロシウス・テオドシウス。おそらくはアフリカ出身の属州総督と同定される人物で、四〇〇年代のローマの文法家、作家。『サトゥルヌスの祭』（全七巻）など。

[三六] ヨハネによる福音書、第五章の冒頭、ベドサダの池の奇蹟。

[三七] ケルソス。二世紀後半のローマの新プラトン派哲学者。キリスト教を攻撃したため、オリゲネスが『ケルソス駁論』を書いたので、その名が残っている。

[三八] 註記（六）、訳註［一六］参照。

[三九] 註記（六）、訳註［一五］参照。

[四〇] フラウィウス＝エウトロピオス。四世紀のローマの歴史家。

[四一] ユリアヌス（三八〇頃―四五四）。イタリアのペラギウス派指導者で、アウグスティヌスが駁論を書いたことで、その名が残っている。

[四二] ファブリツィウス、ヨハン・アルベルト（一六六八―一七二九）。ドイツのルター派神学者で、教会史家、聖書学者、古典文献学者。古文書収集家・蔵書家としても有名で、聖書の外典・偽典の編纂を行なったほか、教会史に関する著作など多数。

[四三] バル・コクバ（?―一三五）。第二次ユダヤ戦争の指導者。バル・コクバとは、「星の子」の意。ハドリアヌス帝時代に反乱を起こし、メシアと称された。

[四四] ハドリアヌス、プブリウス・アエリウス（七六―一三八）。ローマ帝国皇帝（在位一一七―一三八）。トラヤヌス帝を継承したが、版図の縮小を図り、帝国防衛に終始した。ユダヤ人の反乱を抑え、エルサレムを植民地とした（一三五年）。

[四五] キュロス。前六世紀。アケメネス朝ペルシア帝国の王で、キュロス大王と呼ばれる。聖書では、彼のことを救世主と呼ぶが、それは、彼がバビロニア捕囚のユダヤ人に神殿の復興を許

可したり、彼らのパレスチナ帰還を許したりしたからである。

［四六］ヨナタン・マカバイ（前一四四頃歿）。ユダヤ・ハスモン家の先祖マカバイ家の四人兄弟のひとりで、前二世紀半ばの反シリア蜂起を指導し、一時的にユダヤ王国を再建したが、謀殺された。

［四七］原文では欠如。この明らかな欠如は、エコニヤとイエスを入れて、十四世代というマタイの勘定と矛盾する。なお、括弧のなかは、新共同訳での呼び名。

［四八］歴代誌、上、第三章。これは、イエスがダビデの末流である、とする福音書の記述に異を唱える聖書批評家たちが必ず引用するくだりである。たとえば、十九世紀に精緻な『イエス伝』を著わした青年ヘーゲル派のシュトラウスも、「イエスのダビデ出自」と題する章で、同じような文献考証を行なっている。旧約聖書、歴代誌のこの部分の記述では、ヨラム、アハズヤ、ヨアシュ、アマツヤ、アザルヤ、ヨタムの順に四世代が並んでいるが、「三世代」というのは、『イエス伝』では、アザルヤを除いて勘定する場合である。シュトラウスは、問題のウジヤを「ヨラムの息子の甥」とし、歴代誌、下、第二十六章、第一節のくだり（「ユダのすべての民は、当時十六歳であったウジヤを選び、父アマツヤの代わりに王とした。」）を引用して、アザルヤをウジヤと同定している。これを補強する文言が列王記、下、第十四章、第二十一節にある、とシュトラウスは言う。「すべての民は当時十六歳であったアザルヤを選び、父アマツヤの代わりに王とした。」とあるからである。本書の著者は、三世代を「ヨアシュ、アマツヤ、アザルヤ」としているから、アハズヤを勘定に入れていないところから見ると、アハズヤをウジヤと同定しているのかもしれない。

［四九］オレアリウス、ゴットフリート（一六七二―一七一五）。ドイツのルター派神学者。聖書文献学者。マタイ福音書に関する研究（一七一三年）がある。

［五〇］マタイによる福音書では、アブラハムからダビデ、バビロン移住（エコニヤ）を経て、イエスに至る系図では、十四人ずつ三組並んでいるので、著者は、二週間が三回という数え方をしたのである。

［五一］キリニウス（クイリヌスまたはクイリニウス）。ヨセフスの『ユダヤ古代誌』では、元老院議員。ルカによる福音書では、イエス誕生時のシリア総督とされる人物。実際には、ヘロデ王の死後、紀元後六年または七年にシリア総督になった人物もしくはウァルス時代の軍事指揮官だった人物。イエス誕生時には、センティウス・サトゥルニヌス、ついでクインティリウス゠ウァルスがシリア総督になった。同じく『ユダヤ古代誌』によると、キリニウスは、ユダヤ人の財産登録を行なったとされるが、そのときには、すでにイエスは誕生して、十年を経ていた。

［五二］タキトゥス、プブリウス（？）・コルネリウス（五五頃―一二〇頃）。ローマの歴史家。『年代記』でローマ帝国創成期の歴史を描いた。そのほか、『同時代史』など。

［五三］スウェトニウス、ガイウス・スウェトニウス・トランクイリス（七〇頃―一三〇頃）。古代ローマの歴史家。『ローマ皇帝伝』で、カエサルからドミティアヌス帝までの十二人のローマ帝国皇帝の歴史を書いた。

［五四］クインティリウス゠ウァルス、プブリウス（前四六頃―後九）。ローマの官僚で、政治家。結婚により、アウグストゥスと姻戚関係になる。前一三年に執政官となり、前六―四／三年までシリア総督。

［五五］マタイによる福音書、第二七章、第九節以下。

［五六］ティベリウス帝（前四二―後三七）。ティベリウス・ク

ラウディウス・ネロ。同名の父と、のちに（前三八年）アウグストゥスの妻になるリウィアとのあいだに生まれた子。アウグストゥスとリウィアとのあいだに生まれた娘ユリアと再婚。アウグストゥスの養子となり、第二代ローマ帝国皇帝（一四—三七）となる。陰謀により二七年に引退。後継者に指名したカリグラに帝位を譲らずに、その後も寵臣セヤヌスを使って政治を仕切ったが、陰謀と毒殺と処刑の混乱のなかで、みずからも毒殺されたと言われる。

［五七］フレゴン。トラリアヌスは、生地からのあだ名。二世紀頃のギリシアの歴史家。ハドリアヌス帝のときに奴隷身分から解放され、アントニヌス帝のときに死んだとされる。一四二年までのローマの『歴史』もしくは『年代記』を著わしたとされるが、現在ではその断片しか残っていない。その断片を引用して事件の真実性を主張しているのは、テルトゥリアヌス、オリゲネス、ケルソスなどである。

［五八］オリゲネス（一八五頃—二五四頃）。アレクサンドリア出身のギリシア教父。殉教死したレオニデスを父としてアレクサンドリアに生まれる。アンモニウス・サッカスの講義を聴く。聖書釈義学研究所教授。カイサリアの司祭に叙任。アレクサンドリアのデメトリウス司教の忌諱に触れ、二三〇—二三一年の司教会議で、司祭職を剥奪。デキウス帝の迫害により、カイサリアで逮捕、拷問。七十歳頃にテュロスで没す。のちの五四三年には、ユスティニアヌス帝により、異端宣告されるが、しかし、彼自身は、史上最大のキリスト教学者とされ、著作は二千を下らないと言われる。なかでも彼が編集した『ヘクサプラ』（旧約聖書ヘブライ語写本文、ギリシア文字への転写、アキラ訳、シュンマコス訳、七十人訳、テオドティオン訳の対照表）によって、旧約聖書本文確定に最大の貢献をなす。キリストの奇蹟は、使徒たちの捏造で、キリストを詐欺師呼ばわりしたケルソスを『ケルソス駁論』で批判。オリゲネスによると人間は、からだ（ソーマ）と魂（プシュケー）と霊（プネウマ）の三元からなり、それらに即して、聖書には、文字的・歴史的・文法的意味と道徳的意味と比喩的・霊的・神秘的意味の三つがあると主張。『諸原理について』（邦訳、小高毅訳、創文社）では、新プラトン主義とキリスト教の融合を図り、「物質的実体なしには理性的諸存在者は一瞬たりとも生存しなかったし、今でも生存しない」と主張、万物浄化を唱えた。さらに、グノーシス的信仰観から、極端な禁欲を説き、マタイ福音書、第十九章、第十二節にしたがって、去勢したという。

［五九］エウセビオスにもフレゴンの『年代記』と同じ『年代記』という著作がある。ベールの『辞典』の「フレゴン」の項目には、エウセビオスからの当該箇所の引用があり、邦訳されている（ラテン語のカタカナ表記を、ひらかな表記に改めた）。「オリュンピアスのすぐれた算定者だったフレゴンも、それらについて書き、第十三巻でこう言っている。『しかし、第二百二オリュンピアスの第四年に、それまで起こったどんな日食をも凌ぐ大日食が起こった。白昼なのに暗夜となって、天には星が見え、ビテュニアには、地震が起こって、ニカイア市で多くの家が倒壊した』……ごらんのとおりエウセビオスは、フレゴンのこの言葉はイエス・キリストの磔刑に伴う神異に触れたものだと主張している。古代教会のほかの多くの教父も同じことを主張した。しかし、その主張はいくつかの困難にさらされる。私の見るところ、最大の困難は次の点にある。神奇な事件を掻き集め、そこに超自然的な状況を見て取ることにフレゴンほど飢えていた人はいないのである。そういう性分の人が、語ったとされる日食のいちばん驚異的な点、つまり満月の日に起こったのを全然指摘しなかったということがありうるだろうか。……ティベリ

ウス帝時代に満月の時日食が起こったとフレゴンが報告していると［アフリカヌスの言葉を紹介するシンケルスの報告には］はっきり述べられている。だが、フレゴンがそう言ったというのはまっかな嘘である。言ったのならエウセビオスが紹介しなかったはずはないし、フレゴンはその状況を落としたとオリゲネスの或る本にのるようなこともなかったろう。」（邦訳、野沢協訳『歴史批評辞典Ⅲ』「フレゴン」の項目、法政大学出版局、二〇九―二一〇ページ）見られるように、本書の著者の記述は、おおむねベールの議論の延長線上にのっているのである。なおここで使われているオリンピア紀という年代の数え方では、オリンピックの開催年から四年後の開催年までの間を一オリンピア紀としている。

［六〇］フィロポノス、ヨアンネス（五六五以後没）。アレクサンドリアの哲学者で、キリスト教神学者。三神論の元祖とされる。『モーセの宇宙開闢説註解』（ベールの『辞典』では、『世界創造論』がそれに当たるのであろう）という書物があり、これは一六三〇年に仏訳された。ユエは、『福音の論証』で、同書を引用している。『歴史批評辞典』「フレゴン」の項目には、フィロポノスも引用されている。「フィロポノスの意見はなんの役にも立ちはしない。それは註釈として誤っている。フレゴンはそれまで見られた日食と似ても似つかぬ日食を語ったのだから、イエス・キリスト受難の際の闇のことを指していたのだ、と主張しているのである。……誠意など犠牲にし、自派の利益にしたがって語るという強すぎる傾向がここにはっきり現われている。あの日食は今までのものと性質が違っていた、とフレゴンは一般的に述べたのではない。そういう漠然とした表現ならいろんな解釈を容れうるし、フィロポノスの立場に有利なようにねじ曲げることもできよう。」（邦訳、前掲、二一〇ページ）なお原文では、「別の二カ所では、第五年に位置づけている」となっているが、オリンピア紀は、そもそも四年周期だから、第五年というのはないはずである。

［六一］ケプラー、ヨハネス（一五七一―一六三〇）。ドイツの天文学者で、地動説および地球の楕円軌道を唱えた。ベールの『辞典』の同じ「フレゴン」の項目では、ケプラーも引用され、次のような計算が紹介されている。「だいたい、世界中にそういう闇が生じたのなら、それを語ったのがフレゴン一人、またはほとんどフレゴン一人だったということがどうして理解できようか。フレゴンの日食は第二百二オリュンピアス第二年の十一月二十四日とすべきだとケプラーが主張した、といってユエ氏が非難しているのを思い起こそうではないか。」（邦訳、前掲、二一一ページ）

［六二］該当する人物は、ジェームズ・ホジスン（一六七二―一七五五）で、イギリスの数学者、年代学者とあるが、あるいは、綴り字まちがいかもしれない。

［六三］ハリー、エドマンド（一六五六―一七四二）。イギリスの天文学者で、グリニッジ天文台長。ハリー（またはハレー）彗星の軌道計算で有名。

［六四］ヨハネによる福音書、第十九章。「裁判の席に着かせた。それは過越祭の準備の日の、正午ごろであった。……こうして、彼らはイエスを引き取った。イエスは、自ら十字架を背負い、いわゆる『されこうべの場所』……へ向かわれた。そこで、彼らはイエスを十字架につけた。この後、……イエスは、このぶどう酒を受けると、……頭を垂れて息を引き取られた。」マルコによる福音書、第十五章。「イエスを十字架につけたのは、午前九時であった。……昼の十二時になると、全地は暗くなり、それが三時まで続いた。三時にイエスは大声で叫ばれた。……しかし、イエスは大声を出して息を引き取られた。」

［六五］カエサル、カイウス・ユリウス（前一〇二頃―四四）。

ローマ共和制末期の政治家。ブルトゥスらによって暗殺される。文筆家としても『ガリア戦記』を著わしたことで有名。

［六六］訳註［二一］、アロギ派の項を参照。

［六七］リシャール・シモンの『新約聖書の本文の批評的歴史』によれば、この「キリスト教を困惑させてきた」（同書、第七章、七一ページ）マタイによる福音書の真正性について、古代教父たちは一致して、「福音書が四つしか書かれず」、そのうち、「一番はじめに書かれたのがマタイによる福音書」であること、それは、当時のエルサレムのユダヤ人が使っていたヘブライ語すなわち「カルデア語ないしシリア語」で書かれていたこと、その原本は、「今日では、若干の断片」しか残っていないことを認めていた、という。さらに、シモンは、マタイによる福音書の真正性について異を唱えたエラスムスを批判して、ヘブライ語を知らなかったエラスムスが大胆にも、原本＝ヘブライ語説を斥けることによって、マタイによる福音書の真正性に異を唱えた、と指摘したのち、逆に、聖書至上主義に立つ「プロテスタントたちは、もしそれがまずヘブライ語ないしカルデア語で書かれたのであり、われわれに残されているギリシア語版は、伝承でしかないとしたら、真正のマタイによる福音書をわれわれが持たないことになる」ことを恐れていた、と書いている。シモンは、そこでカルヴァンを引き合いに出している。カルヴァンは、マタイが旧約聖書の七十人訳版（ギリシア語）から文章を引用していることから、マタイによる福音書がもともとヘブライ語で書かれていたのなら、ヘブライ語で書かれていた旧約聖書の文言を引用するときに、なにもわざわざギリシア語訳を使う必要がないから、マタイによる福音書の原本はギリシア語で書かれたのであろう、と推論しているのである。シモンによれば、この理屈は、逆さまであり、ギリシア語を解する人びとのために、ヘブライ語で書かれた福音書をギリシア語に翻訳した訳者が旧約聖書の権威を引用するときに、ヘブライ語を理解し得なかった人びとのために、なぜわざわざギリシア語版を頼らずに、ヘブライ語旧約聖書原本から引用するのか、わけがわからなくなる、という理由で、「この［カルヴァンの］理屈は自己崩壊する」という。では、当時、「ナザレ人」と卑しめて呼ばれていたユダヤ人のキリスト教徒たちに向けて、当時のヘブライ語すなわちカルデア語か、シリア語かで書かれた福音書がどのような運命をたどって、聖ヒエロニムスまで、行き着いたかについて、シモンは、次のようなことを述べている。すなわち、ナザレ教会消滅ののち、ヘブライ人キリスト教徒たちは、ちりぢりになったが、それでもなお各地で、福音書を集会の時に読んでいた。やがてそれは、エビオン派の手にも渡り、彼らは、原本を「損ねる」変改をこれに付け加えた。しかし、それにもかかわらず、「より純粋なナザレ本」も聖ヒエロニムスの時代まで、生き残った、というのである。だから、それが今日の姿になっているのは、もっぱら、聖ヒエロニムスのおかげである、ということをシモンは認めているわけである（同書、第五章、四七ページ以下参照）。ちなみに、プロテスタント側にとっては、シモンのこの論証は、多かれ少なかれ「不純な」キリスト教徒であったナザレ派キリスト教徒および異端であったエビオン派による変改を受けた福音書原本のギリシア語訳がマタイの福音書の実態であったことを認めている点で、耐え難かったことは言うまでもない。反対にカトリックにとっては、聖エピファニオスという権威が言うように、「ユダヤ教徒が死ぬほど毛嫌いしていた」（同書、第七章、七二ページ）ナザレ派が立派なキリスト教徒であり、むしろ彼らこそが真正のキリスト教徒だったのだ、との証言で、マタイによる福音書の真正性の証明には十分だった。

［六八］マタイによる福音書、第二十三章、第三十五節。ただ

し、ゼカルヤはゼカリヤとも呼ばれる。「あなたたちが聖所と祭壇の間で殺したバラキアの子ゼカルヤの血に至るまで、地上に流された正しい人の血はすべて、あなたたちにふりかかってくる。」イエスがゼカルヤ殺害を「殺した」と完了形で語っていることとその血は、すべて「あなたたちにふりかかってくる」と未来形で予言していることに注意。

［六九］ヨセフス『ユダヤ戦記』第四巻、第五章、第四節（邦訳、秦剛平訳『ユダヤ戦記Ⅱ』、ちくま学芸文庫、一九五ページ以下）。ただし、ゼカルヤは、ザカリアス、バラキアは、バレイスになっている。「ゼーローターイの中のもっとも大胆な二人の男が神殿の中でザカリアスを襲って殺し、倒れた彼を愚弄して言った。」（同書、一九六ページ）このザカリアス殺害が起こったのは、もちろん、イエス受難があって三十年ほどしたユダヤの地における対ローマ反乱戦争においてであるから、マタイの福音書がこの殺害事件をイエスに完了形で語らせあとで、その血が「やがてふりかかってくる」だろうとイエスに予言させていることは、明らかに、『キリスト教分析』の作者が言うとおり、この福音書が「イエス・キリスト死後、ずいぶん経ってから」書かれたということの正しさを論証するものである。カルメ神父によると、聖書の記述の方が絶対であるから、「あなたたちが聖所と祭壇の間で殺したバラキアの子ゼカルヤの血」と事件がすでに起こっているとする記述は、まちがいのない歴史家と言われたヨセフスの『ユダヤ戦記』におけるザカリアス殺害とは、どうしても整合しないのである。

［七〇］古代ギリシアの神託を告げる巫女で、女予言者とされる。最初にこの異教の予言（イエスの到来について）を利用したのは、聖ユスティノスだと言われている。その後、テルトゥリアヌスやアレクサンドリアのクレメンスもシビュラの権威を利用した。しかし、ケルソスをはじめとする異教の側からは、予言はでっちあげた、との非難がなされ、シビュラ神託を持ち出したキリスト教護教論者には、シビュリストとのあだ名が付けられた。

［七一］ユダの手紙、第九節。「大天使ミカエルは、モーセの遺体のことで悪魔と言い争ったとき、あえてののしって相手を裁こうとはせず……」。

［七二］ユダの手紙が言及している、モーセの遺体をめぐる悪魔と大天使ミカエルの論争は、『モーセの昇天』と題する外典からの引用とされる。この『モーセの昇天』は、モーセが死ぬ前にヨシュアに向かって語ったと言われるイスラエルの運命についての予言の書で、実際には、『モーセの遺言』と混同されている。訳註［二二］で引用した『旧約聖書、偽典集』には、『モーセの昇天』が『モーセの遺言』として訳出されており、事情は、プレイヤッド版聖書の『間契約文書集』Écrits intertestamentaires, Gallimard, 1987.でも同じである。後者の解説によれば、『遺言』の方が『昇天』よりも少し前に、ヘブライ語で書かれ、その編纂時期は、紀元後七年から三〇年のあいだで、作者はおそらくエッセネ派のだれかだろうと推測されている。大天使ミカエルと悪魔との論争は、エウセビオスの『教会史』の続編を書いたカイサリア主教ゲラシオス（三三五以前—三九五頃）が言及したので、有名になったが、唯一現存するラテン語版テキストには、論争のくだりは存在しない。ゲラシオスの言及以前には、新約聖書正典のユダの手紙において、外典からの引用がなされていたのであるが、この手紙の作者の典拠も定かではない。本書がいつ頃成立したかについては諸説ある。予言の記述がヘロデ王（在位、前三七—後四）の息子の時代（前三—後三〇）に至って具体性を失うところから、プレイヤッド版のように、ちょうどイエスの時代に成立したものとする説があるほか、原本は、強烈なハスモネ家の政教融

合体制に対する批判ならびにサドカイ派に対する批判を含んでいることから、ダニエル書の黙示録部分とほぼ同時期あるいはそれ以前、すなわち紀元前二世紀半ばのアンティオコス四世エピファネスに対するマカバイ反乱戦争直後に成立したものとする説がある。後者の説では、ヘロデ王の時代に至って、原本が追加修正を受けたことになる。もっと極端な説では、作品の統一性を前提に、その成立は、紀元後二世紀ハドリアヌス帝に対するユダヤ人の第二次反抗が始まる直前の一三〇年に書かれたとする説もある。

［七三］邦訳、荒井献編『新約聖書外典』（講談社文芸文庫、所収「トマスによるイエスの幼時物語」八木誠一訳）。なお、以下のイエスの行なう奇蹟は、「ヤコブ原福音書」をはじめとする新約聖書外典の各所から集められている。この外典を編纂したリンボルク（一六三三―一七一五）は、アムステルダム生まれのプロテスタント（アルミニウス派）神学者で、ジャン・ル・クレールによって高く評価された寛容論者。しかし、外典編纂の基準はカトリックの伝承にもとづく正統的なものであった。

［七四］「結婚を完成する」とは、聖書では、夫婦の性的交渉を意味する。だから結婚しても、性的交渉がなければ、結婚したことにはならない。ヘンリー八世の離婚時に「結婚の完成」が論争の焦点になったことは知られている。

［七五］ファウストゥス（四〇〇没）。北アフリカ出身のマニ教の教師。ローマで修辞学を教え、マニ教の理論的主柱とされる。

［七六］シモン・マゴス。一世紀に活動したグノーシス派異端で、奇蹟を起こす魔術師（マグスまたはマゴス）と呼ばれた。使徒行伝に登場するシモンと同一視されたり、悪魔と契約を交わしたファウスト（ファウストゥスとも混同）の原型とされたりした。聖エピファニオスが非難したシモンと同一人物ではない、との説もある。というのも、聖エピファニオスが非難するシモンの教説は、エデンの園が子宮であると説き、ヘレネという娼婦をトロイアのヘレネの生まれ変わりの神母と称して、連れ歩き、女性との乱交を奨めた極端な邪説になっているからである。

［七七］聖餐のサクラメントで用いるパンとぶどう酒に、それぞれキリストの身体と血が実在すると解釈する教義。

［七八］ローマ法王パスカリス一世（在位八一七―八二四）。

［七九］クロード、ジャン（一六一九―一六八七）。フランスの改革派神学者。ナント勅令の廃止とともにオランダに亡命、客死。聖体問題をめぐってアルノー、ニコルなどと論争した。

［八〇］第二回目の決定的な東西教会分裂で、フォティオス紛争とも呼ばれる。八六九年に、バシリウス一世のもとで、第四回コンスタンチノープル公会議が開かれ、フォティオス罷免とイグナティオス復職を認め、西方教会では、これを第八回世界公会議と称した。八七九年に同じコンスタンチノープルで、東方教会が認める第八回世界公会議が開催され、バシリウス一世の寵愛を再び獲得したフォティオスがコンスタンチノープル総主教として復権した。ただし、本書の著者は、東方教会が認める第八回世界公会議ののちに、西方教会が認める第八回世界公会議が開かれたかのように、あいだに「その後」という副詞を挿入しているが、これは誤り。この誤りは、フォティオス紛争と東西分裂の発端となった、八六七年のコンスタンチノープル会議（フォティオスの提起で法王ニコラウス一世の破門を決定した東方の会議）を第八回世界公会議と著者が見なしていることに起因している。定説では、西方教会の公会議ののちに東方教会の公会議が開かれたことになっている。ちなみに、一七六四年にパリで出版された、大変便利な『公会議袖珍辞典』Dictionnaire portatif des conciles によれば、「三百八十人の大司教が集まった」公会議は、八七九年の公会議であると記述している。なお、フォティオスについては、註記

（一六）の訳註［四］参照。

［八一］八六七年の東方教会主催の公会議にローマ法王ハドリアヌス二世は、代表を送り、フォティオス廃位に同意したが、彼を継いでローマ法王となったヨハネス八世は、八七九年の東方教会主催の公会議に代表を送り、一転して、フォティオス復位を認めたため、東方教会の独立性をローマ法王の首座権と引き換えに承認する形となった。その後、バシリウス一世のあとを継いだレオ十世によって、再びフォティオスは、アルメニアに追放された。

［八二］バシリウス一世（八一三―八八六）。東ローマ帝国皇帝（在位八六七―八八六）。アルメニア出身で、ミカエル三世に寵愛され、共治者を暗殺して帝位につき、マケドニア朝を創建。フォティオスを廃位して（のちに復位させる）、教会大分裂を一時終わらせ、南イタリアまで帝権を伸張した。バシリウス法典を編纂させたことでも有名。

［八三］テオドシウス二世（四〇一頃―四五〇）。東ローマ帝国皇帝（在位四〇八―四五〇）。アッティラ率いるフン族の侵入を防げず、帝国の衰退を招いた。ネストリオス異端を解決するために、エフェソス公会議を開催した。なお著者は、テオドシウスのつづりをテオドルス一世（一二二二没）と混同している。

［八四］エフェソス公会議　上記テオドシウス二世が四三一年に小アジアのエフェソスに招集した第三回世界公会議で、アンティオキア学派の流れをくむネストリオスを断罪した。

［八五］ネストリオス（？―四五一頃）。コンスタンチノープルの総主教（四二八―四三一）。キリストの神性と人生を切断し、キリストには御言葉と人という二つの位格があるとした。エフェソス公会議（四三一年）で、異端として断罪され、エジプトで客死。その後ネストリオス派が形成され、ペルシアを経て、中国へ景教として伝播した。

［八六］キュリロス（？―四四四）。アレクサンドリアのキュリロスと呼ばれる聖人。アレクサンドリア総主教で、神学者。ニカイア信条を堅持し、エフェソス公会議におけるネストリオスの断罪を推進した。

［八七］フォルモスス（八一六頃―八九六）。ブルガリア宣教に貢献したのち、政争のなかで、破門されたりしたが、八九一年にローマ法王に選出された。死後、ステファヌス七世によって、ローマ法王職の無効性を宣言され、遺体を遺棄された。その後のローマ法王によって復権。

［八八］「悔い改め」を意味し、カトリックでは、信徒が神父にみずからの罪を告白し、懺悔する重要なサクラメントで、「悔悛または告解の秘跡（サクラメント）」と結びついている。すぐ前の文章の「和解」と同じ意味で、神と人間とのイエス・キリストを通じた和解、神による許しのために必要な手続き。

［八九］創世記、第六章、第六節。「主は、……地上に人を造ったことを後悔し、心を痛められた。」

［九〇］創世記、第九章、第十三節。「わたしは雲の中にわたしの虹を置く。これはわたしと大地の間に立てた契約のしるしとなる。」

［九一］創世記、第十七章、第十―十一節。「あなたたちの男子はすべて、割礼を受ける。包皮の部分を切り取りなさい。これが、わたしとあなたたちとの間の契約のしるしとなる。」なお、割礼は、シリア＝パレスティナ地方とエジプト地方の古代の習慣で、ユダヤ世界が割礼の習慣を持たないギリシア＝ローマ世界と接触したアンティオコスの時代に禁止された（マカバイ記一、第一章、第四十一節以下）。このために、割礼は、ユダヤ教信仰の象徴的儀式となった。しかし、キリスト教は、ユダヤ世界から抜け出て、ギリシア＝ローマ世界という異邦人の世界に広がっていったため

に、割礼の儀式を象徴的な意味に解するようになり、イエス・キリストの登場によって、その宗教的意味は失われたとする解釈も生まれた。ガラテアの信徒への手紙（第五章、第二節以下）によれば、むしろ割礼はキリストの意味を失わせるために、キリスト教徒とは無縁のもの（「割礼を受ける人すべて……キリストとは縁もゆかりもない者とされ、いただいた恵みも失います」）と断言されてすらいる。「キリスト・イエスに結ばれていれば、割礼の有無は問題ではなく、愛の実践を伴う信仰こそ大切」だからというのである。

［九二］このパラグラフの記述は、出エジプト記を参照。

［九三］サムエル記、下、第二十四章。

［九四］サムエル記、下、第十一章。

［九五］本書、五八六-五八八ページ、系図についての記述参照。

［九六］旧約聖書、十二小預言書のひとつで、ヨナを主人公とする物語。

［九七］エレミア書、第三十八章。

［九八］エゼキエル書、第十四章、第九節。

［九九］註記（二五）のヤコブの預言のくだりを参照。

［一〇〇］ウットヴィル、クロード・フランソワ（一六八八頃—一七四二）。アカデミー・フランセーズ会員。『事実によって証明されたるキリスト教』（一七二二年）が有名。そもそも『キリスト教分析』の一部は本書に対する論駁を構成していた。

［一〇一］註記（二五）のイザヤの預言のくだりを参照。

［一〇二］グロティウス、フー・ド・フロート（一五八三—一六四五）。オランダの国際法学者でアルミニウス派神学者。『戦争と平和の法』によって、国際法および海洋法の創始者となった。傑出した神学者として、『新約聖書の三つの最も有益な箇所の講解』（一六四〇年）、『新約聖書註解』（同年）、『十戒講解』（一六四二年）などとともに、『キリスト教の真実性について』（一六二七年）などの教義書も多数著わした。

［一〇三］この引用箇所指示は、明らかに次のエレミヤ書の引用箇所との混同がある。「イザヤの勝利に満ちた予言」とはイザヤ書、第六十章から始まり、次のエレミヤ受難の文章は、エレミア書、第五十章以下である。

［一〇四］ダニエル書、第九章以下参照。

［一〇五］アバディ、ジャック（一六五四—一七二七）。フランス改革派の牧師で神学者。ドイツに亡命したのち、イギリス、アイルランドで、牧師を務め、ロンドンで客死。『キリスト教の真実性を論ず』（一六八四年）は、最良の護教書として無数の版を重ねた。

［一〇六］マザラン図書館一一九六の写本では、「ド・ルージュ氏、ルアン市長の貴族」となっている。

［一〇七］旧約聖書続編、エズラ記（ラテン語）、第一章、第三十九節。「ホセア、アモス、ミカ、ヨエル、オバデヤ、ヨナ、ナホム、ハバクク、ゼファニヤ、ハガイ、ゼカリヤ、……マラキ」

［一〇八］エズラ記（ラテン語）、第十四章、第二十一—二十二節参照。

［一〇九］ヨシュア記、第六章、第二十節および十章、第十三節。

［一一〇］テュアナのアポロニオス。一世紀のピュタゴラス派の哲学者で、ローマ帝国を遍歴し、各地で奇蹟まがいの神奇を行ない、イエスの原型とも言われる。フィロストラトスが『テュアナのアポロニオス伝』を著わしたので、その事蹟が知られるところとなった。

［一一一］ドミティアヌス、ティトゥス・フラウィウス（五一—九六）。ローマ帝国皇帝（在位八一—九六）。ウェスパシアヌス

帝の第二子で、兄のあとを継いで即位。恐怖政治とキリスト教迫害で有名。側近により暗殺された。

［一一二］アウレリウス、マルクス・アウレリウス・アントニヌス（一二一―一八〇）。ローマ帝国皇帝（在位一六一―一八〇）。哲人皇帝とも呼ばれる。

［一一三］『哲学断想』Les pensées philosophiques 一七四六年に匿名で、出版地をハーグと偽って世に出た、初めてのディドロの哲学的著作。この著作は、ジャンセニストが聖化していたパリスの奇蹟と痙攣派を批判・揶揄していた。本書でとりあげられている殉教者と奇蹟については、次のくだりを参照。「群集は目をみはって、『奇蹟だ、奇蹟だ！』とくりかえしている。ばかな連中だ。いったいどこが奇蹟なのか。このペテン師がただ松葉杖をとりかえたにすぎないことがわからないのか。今度の奇蹟さわぎは、昔からある幽霊さわぎとおんなじなのだ。……敵にとっても味方にとっても自説の証明になるような理屈は、実はどちらにとっても証明力がない。狂信も真の宗教と同じくそれなりの殉教者を出していたり、真の宗教に殉じた人の中にも狂信者がいたりしたならば、死んだ人の数を勘定して――もしそういうことができるとしたら――それをもとに信じるか、あるいは信じる理由をほかに探すか、どちらかにすべきである。」（邦訳、野沢協訳『哲学断想』、小場瀬卓三・平岡昇監修『ディドロ著作集第一巻 哲学I』所収、法政大学出版局、二六―二七ページ）なお、『哲学断想』と本訳書の原本と考えられる『キリスト教の分析』Analyse de la religion chrétienne とは、密接なつながりがあることを指摘したのは、フランコ・ヴェントゥーリである（『ディドロの青春』La Jeunesse de Diderot, p. 77–78.）。ここでは、『キリスト教分析』がデュマルセ作とされている。実際、デュマルセ作とした場合には、本文、後出のフォントネルの『〈神託史〉批判に答う』を書いているから、つじつまは合う。

［一一四］ファン・ダーレン、アントン（一六三八―一七〇八）。オランダの歴史家で、哲学者・医学者。迷信批判で有名。彼のラテン語で書かれた『異教徒の神託に関する二論文』（一六八三年）は、フォントネルの『神託史』の底本となった。

［一一五］マザラン図書館三五六四の写本では、この「人間本性は、もっと高尚な気持ちを持つことができる」という文章のあとに、長いパラグラフが追加されていて、そこに「『習俗論』という本がこのことをわれわれに教えてくれるだろう」と未来形で書かれた文言が見られる。このことから、この匿名地下文献の完成と流布には、ヴォルテールとなんらかのつながりのあった人物が携わっていたことがわかる。

註記に対する訳註

(一)

［一］ギアナ河（Gyanne）。南米の仏領ギアナのこと。著者のフランス語表記は正確ではない。当時の地図では、Guyaneと表記されている。原文は、ギアナを河川と考えているらしく、「……に沿って」となっているが、当時このように呼ばれていた河はないようである。

［二］マスティフ犬（Dogue）は、大型の番犬で、古代ローマ帝国時代から剣闘士競技にも使役されていた獰猛果敢な犬。ブルドッグもドーベルマンもこの部類にはいり、フランスでは、ボルドー犬（Dogue de Bordeaux）と呼ばれる品種が有名。これに対して、バーベット犬（Barbet）は、小型猟犬で、スパニエル犬とも呼ばれる。毛並みがひげ（barbe）のようにふさふさしているので、フランスではこの名がつけられた。

［三］ウサギを追う猟犬（Lévrier）は、グレーハウンド犬とも呼ばれ、細身の精悍な犬で、時速七十二キロという猛烈なスピードでウサギを追いかける。古来より貴族の象徴とされてきた。これに対して、鳥を追う猟犬（Chien-couchant）の方は、矢で射られたり、撃たれたりして、落ちてきた鳥に駆けより、その場に寝ころんで、主人の到着を待つので、フランス語では、「寝る犬」と称される。

［四］モンテスキューの文明諷刺の作品で、一七二一年に作者名なしで、出版地を偽って発表された。

(二)

［一］ベール、ピエール（一六四七—一七〇六）。フランスのユグノーの学者で、オランダに亡命。浩瀚な『歴史批評辞典』を独力で編纂し、キリスト教の教義解釈をめぐって論戦を展開した。

［二］邦訳、野沢協訳、『ピエール・ベール著作集』第二巻、『寛容論集』所収、法政大学出版局。

(四)

［一］これらはいずれもローマ神話の神々である。

(六)

［一］邦訳、畠中尚志訳、岩波文庫、上巻、七二ページ以下参照。

［二］ここに「知識」と訳したフランス語はnotitonで、語源はラテン語のnotioすなわち「知ること、認識すること」である。普通に訳語をあてるとすれば、「観念、概念」があてられる。ところが、「観念」と訳されるフランス語は、ここでは、idéeであり、著者は、この二つの用語を区別している。すなわち、著者は、前者を、ある存在に関する知識を前提とした概念ととらえ、後者を実在となんら関係を持たないでも、成立しうる観念と考えている。この区別をはっきりさせるために「知識」という訳語をあてておいた。

［三］プラトン（前四二八頃—三四八）。古代ギリシア哲学者。ソクラテスの弟子で、師の死後、各地を旅行し、教えを説いた。アテナイに戻って（前三八七年）アカデメイアと称する学園を開く一方で、さまざまな対話形式の著作を残し、後世に絶大な影響を及ぼした。

［四］アモレア人（アモリ人）。「西の民」を意味し、ユーフラ

テス河西岸に居住していたことからこの名がある。カナン地方(紀元前二〇〇〇年頃に移動)、フェニキア地方、シリア地方に住んでいた古代部族。旧約聖書(「アモリ人」)では、カナン地方の先住民として、モーセに率いられて、エジプトを脱出してきたイスラエルの民と対立。ヨシュアによって、滅ぼされ、従属民となる。

[五] サドク(ツァドク)、サドカイ派。ダビデ時代の大祭司と言われるサドク(正義の人)またはツァドクを開祖とするユダヤ教の一派で、紀元前三世紀半ばに成立したとされる。モーセ五書のみを聖書とし、自由意志を認め、伝承を斥け、魂の不死性と肉体の復活を認めなかったために、イエスの布教時代にイエスと対立、一説によると、イエスの逮捕と処刑に関係していたという。エルサレムの神殿が破壊(七〇年)されてのち、歴史から名を消したが、その教説の影響は、後代に及んだ。サドカイ派の支持基盤は、ユダヤ人貴族層で、対抗勢力のパリサイ派よりも影響力を持っていた。

[六] ユダヤ教の政治指導者として、最高の役職で、いわゆる「大祭司」。

[七] アレクサンドロス大王死後、シリア地方を治めたアンティオコス・エピファネスは、エジプト侵略ののち、イスラエルに攻めこみ、神殿破壊をはじめ略奪と破壊の限りを尽くし、「悪の元凶」(マカバイ記一、第一章、第十節)と呼ばれたが、彼の専制支配に対抗して、ユダヤの名家、マカバイ家(マタティアの祖父の名を取って、ハスモネ家とも呼ばれる)からユダヤ教の祭司マタティアがアンティオコスに対する反抗を呼びかけた(前二世紀頃)。ユダは、マタティアの息子で、父の遺志を継ぎ反乱に立ち上がり、数々の勝利を収めたが、ローマとの条約締結を目前にして、敗死した(前一六一年)。

[八] ヒルカノスはマタティアの息子シモン(ユダの兄弟)の第三子。ヨハネ・ヒルカノスと呼ばれた(マカバイ記一、第十六章、第十九節)父のあとを継いで、紀元前一三五年から一〇四年にかけて、サドカイ派と組んで、イスラエルの地を治めた。

[九] フィロストラトス(一七〇頃—二四九頃)。ギリシアのソフィスト。『テュアナのアポロニオス伝』は、イエス・キリストに似た人物を扱っているので有名。

[一〇] ヨセフス、フラウィウス(三七—一〇〇頃)。ユダヤの歴史家。ユダヤ教の祭司の息子として、エルサレムの名家に生まれる。青年時代には、エッセネ派とも交わりがあり、最終的には、パリサイ派となった。二十六歳の時にローマに旅行し、その勢威に強い影響を受けた。六六—六七年の反ローマ反乱に参加し、投獄ののち、やがて帝位(六九年)につくウェスパシアヌスの厚遇を得て、ローマでフラウィウス家に仕えることとなる。ウェスパシアヌス帝の息子ティトゥスのお供をして、エルサレムに帰還、当地でユダヤ人とのあいだの仲介役を務めるが、七〇年のエルサレム破壊後、ティトゥスと共にローマに帰り、フラウィウス家から名前をもらい、寄食生活を送りながら、歴史著作をまとめる。彼は、『ユダヤ戦記』、『ユダヤ古代誌』などの著作で、アンティオコス・エピファネス(前一七五—一六三)治下から反ローマのマサダの陥落(後七三年)までのユダヤ民族史を描いたが、イエスの生涯に当たる時期の歴史記述に、それらしき人物とその環境が描写されているので、両著作は、キリスト教誕生の謎の解明について、基本史料となっている。

[一一] フィロン(前二五頃—後四五頃)。離散後、エジプトに流入したユダヤ人で、アレクサンドリアの出身。そのためにアレクサンドリアのフィロンと呼ばれる。生涯をアレクサンドリアに送る。当時、アレクサンドリアのユダヤ人人口は百万人とも言わ

れ、彼らを束ねる名家の出身だったために、フィロンは、エルサレムを訪問したり、エジプト知事フラックスの政策について、カリグラ帝と交渉するためにローマに赴いたりした。哲学者としてのフィロンは、プラトン主義を武器にユダヤ教を擁護したため、ヘレニズム的ユダヤ教思想の代表者として評価されている。モーセの事蹟を旧約聖書にもとづいて解説した数十にのぼる註釈書をはじめ、おびただしい著作がある。その聖書解釈法は、神秘的ロゴスにもとづく比喩的＝寓意的解釈法と呼ばれる。歴史的には、新約聖書の成立期に当たるために、後代、キリスト教によって彼の著作は保存されることとなる。エッセネ派をはじめとして、キリスト教の誕生期に叢生したユダヤ教内の禁欲主義教団について触れた『瞑想的生活について』は、偽書の疑いもあるが、エウセビオスの『教会史』における評価では、この禁欲主義教団は、実はキリスト教徒の宗派だったとされている。

［一二］テルトゥリアヌス、クイントゥス・セプティミウス・フロレンス（一五五頃―二二〇頃）。北アフリカ、カルタゴ出身のラテン教父に数えられる護教論者。しかしその事蹟については謎が多く、モンタノス派に移ったのち、みずからの宗派を分離独立させた、と言われるが定かではない。「不条理なるがゆえにわれ信ず」とは彼が発した警句と言われる。『マクシミラ駁論』は、モンタノス派の女性指導者マクシミラに反論を加えた著作とされる。

［一三］アルノビウス（三三〇年頃歿）。北アフリカ出身のキリスト教弁証家。ラテン教父。元来は異教徒で、キリスト教に改宗したのち、『異教徒駁論』を著す。ラクタンティウスの先生とも言われる。なお、本書の著者がアルノビウスをとりあげて、その霊魂説を好意的に紹介しているのは、おそらく著者が執筆していた頃にメルラン神父によるピエール・ベールの辞書批判がイエズス会系の雑誌『トレヴー新聞』をはじめ、さまざまな国際学術誌に連載されたからだろう。この批判の皮切りは、F・ヴェントゥーリの覆刻によるJ・A・トリニウスの『自由思想家辞典』Freydenker＝Lexicon、八〇ページの書誌学的記述によれば、一七三〇年に発表された『ベール氏の辞書のあちこちでなされた中傷からアルノビウスを弁護す』であった。実際、ベールのアルノビウス評価は辛辣である。ベールは、「魂の起源」説をも含めて、アルノビウスの「キリスト教の真理」に関する言説は、正統キリスト教にとっては「危険きわまる謬見」である、としている（邦訳、前掲、『ピエール・ベール著作集』第三巻、『歴史批評辞典Ｉ』「アルノビウス」の項目、四三四ページ参照）。メルラン神父は、さらに、一七三六年には、『ベール氏に対してラクタンティウスを弁護す』を発表し、翌年には、『トレヴー新聞』に聖バシレイオスの擁護論文を発表、連載の最後は、一七三八年のアブラハムの項目批判であった。このことは、本書の執筆時期について、示唆を与えているように思われる。

［一四］ラクタンティウス（本名、ルキウス・カエキリウス・フィルミアヌス。二四〇頃―三二五頃）。北アフリカ出身のキリスト教弁証家。ラテン教父。護教論者アルノビウスの弟子で、ディオクレティアヌス帝に招かれて宮廷つきの学者となる。このときにキリスト教に改宗したと推定される。三〇三年には公的地位を失い、十年ほどのちに東方へ戻ったと言われる。神学より修辞にすぐれ、ルネサンス時代には、キリスト教徒のキケロと呼ばれた。『神学提要』などが残っている。なお、ベールは、『辞典』で、ラクタンティウスの項目を立ててはいないが、しかし、各所でラクタンティウスの著作を引用している。たとえば、テュアナのアポロニオスが行なったとされる奇蹟に触れて、ベールは、ラクタンティウスの歴史記述に疑義を呈している。アポロニオスとイエ

スの奇蹟の比較論は、ベールも書いているように、盛んに行なわれたようで、本書の註記（三八）でも比較論が取りあげられている。ベールによれば、ラクタンティウスは、イエスの奇蹟を空前絶後のものとして持ち上げようとして、アポロニオスが四世紀の初頭には、だれにも知られなくなった、と述べたのだが、ベールによると「この論法は巧妙なわりには堅固」でなく、かえって「アポロニオスが依然として崇拝されていたことを立派に証明してしまうのである」。つまり、「アポロニオスの栄光は異教が続くかぎり続いた」というのである。そのうえ、ベールは「私は昔からアポロニオスを学識ある人と考えてきた、哲学者の列に入れてできるかぎり敬うのもさしつかえないと思う」（邦訳、前掲、『歴史批評辞典I』「アポロニオス」の項目、三五四―三五六ページ参照）などとこの異教の「イエス」を持ち上げているのである。

［一五］ヤンブリコス（二五〇頃―三三〇）。カルキス生まれの新プラトン派哲学者。プラトン主義を東方のグノーシス的神秘主義と融合させ、邪神崇拝を作り出したとされるが、四世紀を通じて、彼の評価は高く、たとえばユリアヌス帝も、プラトンを凌ぐ存在として彼の死を惜しんだという。なおユリアヌス帝の背教にはヤンブリコスの弟子たちの働きかけがあったという。『哲学の奨め』のほか、ポルフュリオスの質問に答え、魔術儀礼を擁護した『エジプト人の魔術について』などの著作があったが、断片しか残っていない。

［一六］ポルフュリオス（二三四頃―三〇五頃）。新プラトン派哲学者。おそらくはテュロス生まれ。アテナイの哲学学校に学び、ローマでプロティノスからプラトン主義哲学の教育を受けた。キリスト教徒として育てられたらしいが、長じて激しいキリスト教批判を展開し、その代表作『キリスト教徒駁論』は、悪魔の書として焼かれたため、現在では残っていない。それに対する反論から推察するに、同書は、聖書の矛盾点や不一致を指摘したものであったらしい。

［一七］スペルス（Spellus）。あるいはドイツのイエズス会士で魔女裁判および討論を書いたフリードリヒ・フォン・シュペー（Spee）（一五九五―一六三五）の誤記かも知れない。

［一八］バシレイオス（三三〇頃―三七九）。キリスト教の聖人。ギリシアのカッパドキア出身のギリシア教父で、カッパドキア三教父のひとりに数えられる。三教父のひとり、ニュッサのグレゴリオスは、バシレイオスの弟。そのために大バシレイオスとも呼ばれる。アリオス派と激しく戦い、父と子と聖霊をひとつの本質・三つの位格とし、古典的三位一体論を定立したことで知られる。

［一九］ジョン・ロックの著作、『人間知性論』のこと。したがって、このパラグラフ冒頭の「このうえなく賢明な哲学者のひとり」とは、ロックのことである。この哲学書の仏訳は、ピエール・コストが一七〇〇年にアムステルダムで、翻訳刊行した。引用されているものは、コストの翻訳タイトルと異なっている。「たぶん、ある単なる物質的な存有者（もの）が思考するか思考しないかを知ることは、けっしてできないだろう。というのは、私たち自身の観念を観想することで、啓示がなければ、全能者がある適当に配置された物質の体系に知覚し思考する力能を与えたもうてなかったかどうか、あるいはそうではなくて、そのように配置された物質にある思考する非物質的実体を連結し固定したもうてなかったかどうか、これを発見することは私たちにできないのであり、それというのも、私たちの思念にかんしては、神はもし思（おぼ）しめされるなら、思考する機能を物質に添えたもうことができると想念することは、思考する機能をもつ他の実体を物質に添えたもうただろうと想念することに比べて、私たちの了

解力からはるかにかけ離れてはいないのである。なぜなら、私たちは、思考がどこに存するかを知らないし、全能者が次のような力能を、すなわち、創造主の慈愛深い思（おぼ）しめしとみ恵みにただ依る以外にはどんな被造の存有者（もの）にもあるはずのない力能を、どんな種類の実体に与えたもうてあったかを知らない。というのは、最初の永遠な思考する存有者（もの）は、もし思（おぼ）しめされたら、適当とお考えになるように集められた被造の無感覚な物質の一定の体系にある程度の感官覚・知覚・思惟を与えたもうただろうということ、これに私はなんの矛盾も見ない。」（邦訳、大槻春彦訳、岩波文庫、(四)、三四ページ）

［一〇］クレメンス五世（十三世紀中葉―一三一四）。アヴィニョンに捕囚された最初のローマ法王（在位一三〇五―一三一四）。フランス出身の聖職者で、英仏対立と仏王フィリップ四世の圧力に悩まされた。ヴィエンヌ公会議（一三一一―一三一二年）は、タンプル騎士団の解散を要求するフィリップ四世の圧力で開催された。同時に、フィリップ四世は、教会課税をめぐってフィリップ四世自身によって幽閉され、憤死した前ローマ法王ボニファティウス八世の死後の断罪を要求したが、これに抵抗するためにクレメンス五世は、死せる法王を断罪することはできないとする回勅（一三一一年）を示した。

［一一］ヴィエンヌ公会議。前記、クレメンス五世が招集した同じ公会議では、フランチェスコ会士ピエール＝ジャン・オリーヴ（一二四七―一二九八）に帰せられたいくつかの謬説を断罪したが、そのなかに、理性的霊魂が人間身体の実体的形相ではないことをあえて主張する者はみな異端と見なさねばならない、とする異端宣告が含まれていた。しかし、その後オリーヴは、シクストゥス四世によって復権された。

［一二］聖トマス。イタリアの神学者で、「天使博士」の異名をとったトマス・アクィナス（一二二八―一二七四）のこと。実際、彼は、主著『神学大全』のなかで、人間の霊魂は実体的形相である、と主張した。

［一三］フルニエ（またはフォルニエ）、ラウル（一五六二―一六二七）。フランスの法律学者。一五八六年にオルレアン大学の法律教授となり、パリ大学の習慣に反してフランス語でローマ法を教え、その他、教会法などを講じた。問題の書は、『魂の起源に関する大学講義』Discours académiques de l'origine de l'âme である。

（七）

［一］マールブランシュ、ニコラ（一六三八―一七一五）。フランスの神学者・哲学者。オラトリオ会に入り、神父となる。デカルト哲学をカトリック神学に応用した。機会原因論で有名。『真理の探求』が主著。対話編とあるのは、『形而上学・宗教対談』（一六八八年）のこと。

（八）

［一］ジョナサン・スウィフト（一六六七―一七四五）の諷刺作品（一七〇四年）で、三部構成の宗教および文芸批判の書。当初は、匿名で出版された。

［二］キリスト教神学用語で、新約聖書の奇蹟は、旧約聖書のうちにそれらの啓示されざる原型を持つとする概念。

［三］錬金術師たちが金に変化する金属として探し求めてきた物質。

［四］アンドレ・ダシエ（一六五七―一七二二）。フランスの人文学者・古典学者。プロテスタントからカトリックへ夫婦で改宗（一六八五年）、一六九五年にアカデミー入りし、その常任書記となった（一七一三年）プルタルコスの『対比列伝』の仏訳（一七三四年）で有名。同じく古典学者で批評家のダシエ夫人は彼の妻。

(一〇)

［一］ボシャール、サミュエル（一五九九―一六六七）。原文では、Bochartとあるが、Bochartの誤り。フランスの改革派牧師で聖書学者。東洋語に通暁し、その碩学ゆえに、弟子のユエともども、ストックホルム王室に招かれた。フランス随一の聖書学者と言われる。問題の書は『聖書地理学』（一六四六年）。

［二］ユエ、ピエール＝ダニエル（一六三〇―一七二四）。フランスの哲学者、神学者。ボシャールを師とする。二十歳にして大学者とうたわれ、一六七四年には、アカデミー・フランセーズ入りを果たすほどの秀才だったが、その翌々年に僧職に入り、ソワソン、ついでアヴランシュの司教となる。学問研究に専念するために、一六九九年に司教職を辞した。デカルト派だったが、のちにデカルト批判派となる。問題の書は『福音の論証』（一六七九年）。

(一一)

［一］ラングレ・デュフレノワ、ニコラ（一六七四―一七五五）。フランスの神学者で歴史家。

［二］バイアー、アウグスト（一七〇七―一七四一）。ドイツの書誌学者。プロテスタントの牧師。本書は一七三四年にドレスデンとライプツィヒで出版されている。なお作者はDom Beyeryと誤記している。

［三］メルセンヌ、マラン（一五八八―一六四八）。フランスの哲学者。デカルトと親しく、諸国の学者間の連絡役を務めた。数学、物理学、音楽理論などでもすぐれた業績をあげた。問題の書は、『創世記に関する諸問題』（一六二三年）。

［四］この本の作者はフランスの著作家のダルジャンス侯爵（一七〇四―一七七一）。

(一二)

［一］アリステアス。旧約偽典とされる『アリステアスの手紙』の作者。プトレマイオスの命令で、七十人訳に協力したアレクサンドリアのユダヤ人とされる。『原典新約時代史』（山本書店、一九七六年）によれば、『アリステアスの手紙』は、七十人訳の成立史を語っているように見えて、実は、「七十人訳の権威を高めるために書かれた」（同書、六四八ページ）事後的な創作の色彩が強いという。『アリステアスの手紙』は、のちにヨセフスが『ユダヤ古代誌』で、敷衍し、また、フィロンが『モーセの生涯』で、七十人訳成立史を記述する際に用いた。

［二］プトレマイオス（二世）・フィラデルフォス（前三〇八―二四六）。アレクサンドロス大王の東征後、エジプト総督となったプトレマイオス一世を継いで、エジプト王となる。『アリステアスの手紙』によると、この国王の治下で、聖書のギリシア語への七十人訳が編纂されたという。

［三］エレアザル。ユダヤ教の祭司で、プトレマイオス二世の命令により翻訳者を紀元前二七七年頃に派遣したとされる。

［四］エジプトのアレクサンドリア市の前に浮かぶ島で、「そこから幅の狭い岬が町に向ってのびている」（前掲、『原典新約時代史』、六五二ページ）という。

(一四)

［一］クリュソストモス、ヨアンネス（三四七頃―四〇七）。アンティオキア生まれの、キリスト教の聖人で、ギリシア教父。ギリシア哲学の素養があり、アンティオキア学派の聖書学者として、聖書の字義通りの解釈を推し進め、旧約および新約の釈義を説教の形で残した。「黄金の口」と称されるほど弁舌さわやかであった。コンスタンチノープルの総主教だったが、政治家としての力量に欠けていたため、政争に巻きこまれ、異端の嫌疑をかけられ、失脚し、追放先で亡くなった（殉教と言われている）。

［二］この年に出版されたバナージュの著書はなく、前年に、『モーの司教殿の牧会書簡への答』という論争書がある。

（一五）

［一］ルカによる福音書、第八章、第三節。

（一六）

［一］フィロンの『瞑想的生活について』に登場する禁欲主義的教団で、アレクサンドリアを中心に広まっていたという。宗旨は、ユダヤの地のエッセネ派に近い。教団名は、ギリシア語で「癒し手」を意味する言葉に由来し、心と体を癒すことからこの名がある。

［二］ヨセフスは、確かに『ユダヤ古代誌』では、メシアについて触れているが、十八世紀の初頭にスイスの文献学者オットーがこの記述を改ざんとしたので、このような記述となったように思われる。

［三］ティベリアデスのユストゥス。イエスと同じガリラヤ地方出身のユダヤ歴史家で、イエスが死んだ頃の人と言われる。

［四］フォティオス（八一五頃—八九一頃）。コンスタンチノープル出身の歴史家で、宗教史にも通暁していた。コンスタンチノープル総主教で、ギリシア正教の聖人。ギリシア東方教会大分裂の当事者でもあった。抗争のなかで、復権と廃位が繰り返され、最後にはアルメニアに流された。その著書『図書館』は、いまでは散逸している。また、フォティオスは、ヨセフスとユストゥスの両方の原書を読んだと言われている。

（一八）

［一］ルカによる福音書、第二章、第三十四—三十五節。「御覧なさい、この子は、イスラエルの多くの人を倒したり立ち上がらせたりするためにと定められ……」

［二］ヨハネによる福音書、第三章、第十七節。

（一九）

［一］ソゾメノス、サラマネス・ヘルミアス（三七六／四〇〇頃—四四七／四五〇頃）。ギリシアの教会史家。パレスチナ出身。エウセビオスの教会史の『続編』を書いた。

［二］アタナシオス（二九六頃—三七三）。ギリシア教父。アレクサンドリアの主教（三二八年から）で、聖人。キリスト＝ロゴス論に立ついわゆるアレクサンドリア学派に属し、三位一体の解釈をめぐって、勢力論・養子論的単一論に立つ、同じアレクサンドリアの長老アリオスとニカイア公会議（三二五年）で対決。公会議では、エウセビオスの調停案が可決され、加えて、ホシウスによってアリオスを異端とする決定がなされたので、アタナシオスは、一時勝利を占めたかに見えたが、しかし、再びアリオス派が台頭してきたので、これと激しく戦った。その後、三位一体を、議論することすら許されぬ秘義とし、「聖霊が父と子から出た」とするアタナシオス信条が流布された結果、彼の解釈が西方では、正統教義となった。アリオス派の勢力は、依然として東方では強力だったので、アタナシオス自身は、五度追放の憂き目を見たという。著作では、『異教徒駁論』、『受肉論』をはじめ反アリオスの論駁書があるが、ほかに、『聖アントニオス伝』があり、ラテン語訳によって、西方に流布した。

（二〇）

［一］大祭司カナウス。ヨセフスの『ユダヤ古代誌』によると（邦訳、秦剛平訳『ユダヤ古代誌6』、ちくま学芸文庫、二九一ページ以下）パリサイ派の大祭司アナノス。地下文書『新約聖書の批判的検討』、一〇四ページによると、アナニア。アナニアの名は、聖書では頻繁に登場するが、ここで引用されている人物は、使徒行伝に登場し、パウロ暗殺を謀る人物で、そのあまりにも残忍で、貪欲な性格のために、ユダヤ戦争の始まりとともに、ゼロ

タイ派に暗殺された（六六年）と言われている。しかし、新約聖書では、ヤコブのエピソードは語られていない。

［二］エウセビオス（二六〇―三三九）。カイサリアのエウセビオスと呼ばれ、カイサリアの主教。「教会史の祖」と称される。ニカイア公会議までの教会史を著わしたほか、三二五年までの世界史を記述した『年代記』などがある。キリスト教公認後は、皇帝崇拝とキリスト教を結合することに尽力し、専制的皇帝イデオロギーの理論的支柱となった。しかし、神学上は、アリオス派に同情的で、三位一体説を批判した。

［三］原文は、第二巻、第二章となっているが、ヤコブの事蹟は、『教会史』の第二巻、第一章で語られている（邦訳、秦剛平訳『教会史』1、山本書店、七八―八二ページ）。

［四］邦訳前掲、『教会史』1、一一九―一二六ページ。

（一一）
［一］ヨハネによる福音書、第八章。

（一二）
［一］ドイツ、オランダなどの新教国を指す。

［二］ル・グラン、ジョアシャン（一六五三―一七三三）。サン＝ロ出身のカトリック聖職者で、歴史家。バーネットに反論し、サンデルスを擁護した書は『ヘンリー八世離婚史』。

［三］サンデルス、ニコラス（一五三〇？―八一）。イギリス出身の聖職者でカトリック神学者。エリザベス朝時代に活躍した。ローマ教会からイギリスに派遣され、反エリザベスの軍事反乱を計画したが、失敗。逮捕を恐れ、逃亡中に餓死したという。『教会の可視的王政について』（一五六六年、アントワープ）が代表作。そのほか『イギリス教会大分裂史』（一五八五年）がある。

［四］コンスタンティヌス（二七〇―三三七）。ローマ皇帝（三〇六―三三七）。三一三年に発布されたミラノ勅令でキリスト教を公認し、三二五年には、ニカイア公会議でアリオス派を異端とし、同派の聖職者を追放した。しかし、元来教義には関心の無かった皇帝は、第二回ニカイア公会議以降、アリオス派を復権させ、アタナシオス派を徹底的に弾圧した。本文訳注［一九］参照。

［五］アリオス（二五〇頃―三三六）。古代キリスト教の異端者で、キリストの神性を否定するとともに、アタナシオスらの三位一体の教義に反対し、三二五年の第一次ニカイア公会議で断罪、追放される。しかし、第二次ニカイア会議で復権し、皇帝の命令で聖餐式に参加を許されるまでになったが、急死した。アリオス死後もその教義と信仰は、帝国内に根強く残存し、テオドシウス帝によって、異端とされたのちも、帝国辺境に広範に広がって行った。

［六］デュパン、ルイ＝エリ（一六五七―一七一九）。フランスの歴史家。神学・哲学教授。『新篇教会著作家文庫』の編纂を行ない、教会史家として不朽の名を残した。

（一三）
［一］原文はラテン語。ルカによる福音書、第一章、第一―二節。

［二］『新約聖書の批判的検討』、二四ページによると、ここまでがルカによる福音書からの引用。

［三］『新約聖書の批判的検討』、二四―二五ページによると、polloi というギリシア語。

［四］同所によると、panroi というギリシア語。

［五］エジプト中東部の都市、ナグ・ハマディで、コプト語で書かれた五十二の写本が発見されたのは、一九四五年のことである。そのなかには、聖トマスの福音書をはじめとする使徒の著作なども含まれていた。全体としては、紀元二世紀頃のギリシア語写本からの翻訳で、キリスト教とグノーシス主義との親近性を証

言するものとされている。

［六］エビオンはヘブライ語で「貧しい者」を意味する。この宗派は、モーセ五書以外を旧約聖書とは認めず、マタイによる福音書のみを新約聖書とし、パウロの教義解釈に強く反撥し、イエスの神性を否定した、と言われる。一世紀に始まり、五世紀頃に消滅した。

［七］ケリントス。初期のグノーシス異端で、新約聖書にも登場する。キリスト仮現説を唱え、イエスは肉体を持たない、と説いた。

［八］バシレイデス（一二五年頃生）。シリアに生まれた異端の宗祖。霊の輪廻転生を説き、グノーシス主義の影響も受けていると言われる。

［九］マルキオン（一六〇頃歿）。黒海沿岸出身のグノーシス異端の宗祖。聖書を編纂し、旧約と新約の矛盾をつき、新約のパウロ系文書を教義の基礎とした。禁欲主義の傾向が強い。正統教義最大の論敵のひとり。

［一〇］元来はギリシア哲学の影響を受けた異教で、それがキリスト教と混交することによって生まれた異端運動の総称。信仰よりも、知識と覚知（グノーシス）を重んじるところからその名がある。

［一一］節制を意味するギリシア語に由来する禁欲主義的異端。グノーシス主義の影響も受け、四世紀頃には、シリア、小アジア地方にまで広がった。新約聖書にその存在が記されている。

［一二］グノーシス最大の異端。エジプト生まれのユダヤ人ウァレンティノスを宗祖とし、二世紀後半に始まり、五世紀初めには消滅した。ギリシア哲学にもとづく壮大な宇宙観を打ちたてた、と言われる。

［一三］『新約聖書の批判的検討』、二六ページの註によると、コレアとソドム派。なお、創世記では、エサウは、カインのように、弟ヤコブ殺しを企む。

［一四］エピファニオス（三一五頃―四〇三）。パレスチナ生まれのキリスト教の聖人。諸々の異端派に対する攻撃の書『全異端反駁』が有名。

［一五］クレメンス、ティトゥス・フラウィウス（一五〇頃―二一一頃）。アレクサンドリアのクレメンスと呼ばれる。ギリシア教父。アテナイの生まれで、アレクサンドリアに赴き、当地で、キリスト教学者パンタエノスに師事し、教理学校の校長となる。のち迫害を避けてカッパドキアに移る。聖書の比喩的解釈を打ち立て、アレクサンドリア学派を形成する。『ギリシア人への勧め』、『雑録』など。

［一六］エウスタティオスとも言う。ハドリアヌス帝による迫害の伝説的殉教者。のちに、同じく聖人で、アンティオキアのエウスタティオス（三三七以前没）との混同がなされたという。

［一七］アウグスティヌス、アウレリウス（三五四―四三〇）。古代最大のキリスト教教父で、聖人。ヒッポの司教。若い頃にマニ教徒となるが、のちに、マニ教、ペラギウス派、ドナトゥス派などの異端と戦う。

［一八］キプリアヌス、タスキウス・カエキリウス（二〇〇／二一〇―二五八）。カルタゴの司教で、聖人。テルトゥリアヌスから大きな影響を受けた。迫害のため身を隠し教会を指導。晩年には、洗礼問題で再洗礼を主張したため、ローマ法王と対立。ウァレリアヌス帝の迫害で殉教。「教会の外に救いなし」は彼の書簡集の言葉と言われる。
（二一四）
［一］カプチン会派。この修道会に属する修道士が頭巾を付けていたので、その名がある。元はフランチェスコ会派で、ピサで

十六世紀前半に組織された。サンダル履きの裸足で、貧しい身なりをして絶えず清貧を説いて回ったので、宗教改革に大きな影響を与えた。

［二］十三世紀初頭に誕生したフランチェスコ会のなかで、とくに厳格な清貧の掟を守ろうとする宗派。

［三］ガダラは、ガリラヤ湖南東岸の町だが、マルコとルカの福音書では、ゲラサと記している。ここでの逸話は、マタイによる福音書、第八章、第二十八節以下、マルコによる福音書、第五章、第一節以下、ルカによる福音書、第八章、第二十六節以下を参照。

［四］聖書では、古代ローマの兵制にならって、「レギオン」と記されている。

［五］某イエズス会士とはギヨーム＝イヤサント・ブージャン（一六七〇―一七四三）のこと。

［六］ルカによる福音書、第九章、第三十七節以下。

［七］イグナティウス・デ・ロヨラ（一四九一―一五五六）。スペインの騎士で、イエズス会を設立し、反宗教改革のリーダーとなった。

［八］ウェルギリウス『アエネーイス』、第四章、第一六五節（邦訳、泉井久之助訳、世界古典文学全集、第二一巻、「ウェルギリウス」、筑摩書房、七二ページ）。

［九］ヘロドトス（前四八四頃―四二〇頃）。ギリシアの歴史家、民族誌家。ペルシア戦争の顛末を描いた『歴史』のエジプト編で、割礼について触れている。

［一〇］フィロンの『割礼について』または『特別な律法について、I』という論説のこと。

（二一五）

［一］ローマの信徒への手紙、第十一章、第二十五節以下、第十六章、第二十五節以下、コリントの信徒への手紙、一、第二章、第七節以下、とくに、エフェソ（エフェソス）の信徒への手紙、第三章、第三節以下、「この計画は、キリスト以前の時代には人の子らに知らされていませんでしたが、今や『霊』によって、キリストの聖なる使徒たちや預言者たちに啓示されました。」

［二］ダニエル書、第九章、第二十四節以下に登場する「油注がれた君」というのがイエスである、と解釈するキリスト教徒の信仰を指す。「お前の民と聖なる都に対して七十週が定められ」その後、「エルサレム復興と再建についての御言葉が出され」たのち、「七週」目にキリストが降臨するというのである。

［三］後述のオニアの事蹟が物語られるのは、実際には、マカバイ第二書（マカバイ記二、第三章、第三章）においてである。

［四］アンティオコス・エピファネス（前二一五頃―一六三）。兄セレウコス四世暗殺のあとを受けて、セレウコス朝シリア王国の支配者として、イスラエルの地に君臨した。ユダヤ教迫害のすさまじさで、マカバイ記一では、「悪の元凶」と表現されている。

［五］オニア。セレウコス四世のもとで、ユダヤ教神殿を守護した大祭司。マカバイ記二によると、アンティオコス・エピファネスにとりいった弟ヤソンに大祭司の職を奪われたのち、ヤソンを追い落として大祭司となったメネラオスの手にかかって暗殺された（前一七〇年）。

［六］預言成就の七十週については、ダニエル書、第九章、第二十四節以下参照。

［七］アルドゥアン、ジャン（一六四六―一七二九）。フランスの学者。イエズス会士として、神学・歴史・年代学・文学などに多数の著作を残した。

［八］マルシャン、プロスペル（一六七八―一七五六）。オランダで活動したフランス人の文献学者で、書籍商。ピエール・ベー

ルの『歴史批評辞典』の或る版を編集出版し、その続篇と称する『歴史辞典』(一七五八年)を作成した。

［九］ダニエル預言と並んで、旧約聖書においてイエス・キリストの到来が預言されていたとするもうひとつの証拠とされてきたイザヤ書の文言。

［一〇］イザヤ書、第七章、第十四節以下。「見よ、おとめが身ごもって、男の子を産み、その名をインマヌエルと呼ぶ。」このインマヌエルが、キリスト教徒にとっては、イエスであるということは、マタイによる福音書、第一章、第二十三節に、イザヤ書のこの文言が引用されていることからわかる。

［一一］イザヤ書、同章、第十六節には、「その子［インマヌエル］が災いを退け、幸いを選ぶことを知る前に、あなた［アハズ］の恐れる二人の王の領土は必ず捨てられる」とあって、字義通りにとれば、インマヌエル＝イエス以前にアハズは敵から解放されてしまい、預言が成就してしまうことになるのである。

［一二］イザヤ書、第八章、第三節以下には、「わたしは女預言者に近づいた。彼女が身ごもって男の子を産むと、主はわたしに言われた。『この子にマヘル・シャラル・ハシュ・バズという名を付けなさい。』」との文言があり、著者は、このマヘル・シャラル・ハシュ・バズがインマヌエルと同一人物との解釈に立っているので、「おとめ」すなわち処女とこの女預言者とを同一人物であるとせざるをえない、と言っているのである。したがって、キリスト教徒は、著者が言うには、処女性を重視するあまり、その子インマヌエル以前に予言が成就してしまっていたことを無視したことになるのである。

［一三］創世記、第四十九章、第八節以下。

［一四］創世記、第四十九章、第十節。「王笏はユダから離れず、統治の杖は足の間から離れない。ついにシロが来て、諸国の民は彼に従う。」ここで、シロと訳されている言葉の解釈には、諸説あり、邦訳は固有名詞(メシアの意)ととるが、仏訳などでは、「彼に属するもの」と訳し、ユダの主権者すなわちメシアの到来までは、ユダの主権が続くと解釈している。そのほかに、シロを地名とする説もある。

(二一六)

［一］ル・ヴァソール、ミシェル(一六四八―一七一八)。フランスのプロテスタント史家で、オランダに移ったのち、カトリックからプロテスタントに改宗し、イギリスに渡って、客死した。カトリック時代に、聖書に関する註釈書を多数著した。ここで引用されているのは、一六八八年の『真の宗教について』であろう。改宗後は、オランダ、ついでイギリスで、フランスの絶対主義に反対する活動で名をはせた。

［二］ライトフット、ジョン(一六〇二―一六七五)。イギリス国教会の神学者。ヘブライ学者。

［三］ユリウス・アフリカヌス、セクストゥス(一六〇／一七〇頃―二四〇頃)。ギリシアの歴史家。異教からキリスト教に改宗。オリゲネスとも交流があったという。『年代誌』と称される歴史書を著わしたとされ、それがエウセビオス(邦訳前掲、『教会史』第一巻、第六章、第七章、四三ページ、四六―四七ページ)によって紹介された。ここで言う「別の解決策」とは、「イスラエルでの世代の勘定の仕方には、自然な親子関係にもとづくものと養子関係を定めた法律にもとづくものと、二通りあった」とするものである。すなわち二人の福音書作者の系譜学的相違は、結局は、自然と法律という観点の相違にすぎない、というのである。ではどちらが自然の観点で、どちらが法律の観点かというと、マタイが前者で、ルカは、養子関係を認めている、とアフリカヌスは、主張したとされる。エウセビオスの『教会史』によれば、

次のような記述がある。「クリストス（キリスト）の系図に関して、福音書記者マッタイオス（マタイ）とルーカス（ルカ）は異なる伝承を伝えている。そのために、多くの人びとはそこに不一致があると考え、真理をわきまえぬ信徒の一人ひとりが、その章句（トポイ）をもっともらしく説明しようと躍起になってきた。そこで、ここではそれら［の章句］についてわたしたちのもとに伝わる話（ヒストリア）を引こうと思う。その話というのは、少し前にあげたアフリカノス（アフリカヌス）が、福音書の系図の調和についてアリステイデース（アリステイデス）宛ての書簡で書いたものである。［彼はその中で］他の者たちの見解を牽強付会のものとして斥け、彼自身が受け継いだ話（ヒストリア）を以下の言葉で説明している。『イスラエール（イスラエル）では一族（ゲノス）の名は、自然（フュシス）［の関係］によるが、子のない兄弟が死んで他［の兄弟］が［亡くなった者の］名で子を儲けた場合は、それは律法によって数え上げられる……さて、そのような系図に記載されたある者は、父—子の自然な関係を受け継いでいるが、ある者は、父が異なるために別の名を冠せられ、生みの親とそうでない親の双方が記憶された。したがって、［二つの］福音書はどちらも虚偽を言っているのではなく、［一方は］自然［の関係］によって、［他方は］律法［の定める所］によって数え上げているのである。』」（邦訳前掲、『教会史』第一巻、第七章、四六—四七ページ）

（一一七）

［一］プレイヤッド版仏訳聖書の編者は、マタイとルカの系図を比較して、同じ相違を指摘している。そして、編者は、両者のくいちがいについて二つの仮説を紹介している。そのうちのひとつが次のパラグラフで指摘される、マタイによる系図が王と王朝のみの系図である、とする説である。その場合、ルカによる系図は、通常の親子関係にもとづく系図とされる。もうひとつの仮説は、マタイによる系図を通常の親子関係にもとづく系図とし、ルカによる系図を法律上の養子縁組等を含む系図とする説である。

［二］マタイによる福音書、第一章、第一節および第十六節、「アブラハムの子ダビデの子、イエス・キリストの系図。……このマリアからメシアと呼ばれるイエスがお生まれになった。」

［三］マタイによる福音書、第一章、第十五節には、「マタンはヤコブを、ヤコブはマリアの夫ヨセフをもうけた」とあり、マリアがダビデの子イエスを生んだことを考え合わせると、マリアとヨセフは、なんらかの血族関係にあったことになり、これは、キリスト教が厳に禁じている、いわゆる近親相姦の罪に当たるというのである。

（一一八）

［一］タレス（前六二五頃—五四六頃）。ミレトスで活躍した古代ギリシアの哲学者、自然学者。日蝕の予言をしたとされ、エウセビオスやアレクサンドリアのクレメンスなどがイエスの処刑時に日蝕が生じたことの裏づけとした。

［二］問題のイエズス会士とは、おそらく、聖書の記述に即して膨大な史書をまとめたベリュイエ神父（一六八一—一七五八）のことで、この表現には、一七二八年に第一編が出版された『神の民の歴史』に対する皮肉がこめられているのであろう。実際、この四つ折り判全八巻という大部な歴史書は、想像力ゆたかな歴史小説の趣を備えていたため、出版直後からすさまじい反響を呼んだが、そのあまりにも空想的で、自由な人間的聖書解釈には、法王庁の検閲の手が二度にわたって入り、法王ベネディクトゥス十四世みずから、第三編を断罪するという事態にまで発展した。しかし、ベリュイエ神父は、あらゆる批判を意に介することなく、一七五三年には、その第二編を四巻本で出し、さらに第三編を数

年後に二巻本で出した。ベリュイエ神父は、記述のなかで、イエスの人間性を強調するあまり、ネストリオス異端に肩入れしていると受けとられ、ヨハネの手紙の文言「イエス・キリストが肉となって来られたということを……公に言い表さない霊はすべて、反キリストの霊です」を引いて反キリストと弾劾されたため、イエズス会も本書を公的に否定したうえ、この同僚の書物を高等法院に告発する事態となり、結局、本書は禁書目録に入れられることになった。

（二九）

［一］ルカによる福音書、第二十二章、第六十三節以下、マタイによる福音書、第二十六章、第六十七節以下、マルコによる福音書、第十四章、第六十五節。

（三〇）

［一］アナスタシウス一世（四三〇頃―五一八）。東ローマ帝国皇帝（在位四九一―五一八）。カルケドン公会議（四五一年）で異端とされたキリスト単性論（神人同一性論）を信奉し、先帝ゼノンが発した「一致令」を不十分なものとして斥け、シリアとパレスチナで宗教戦争を仕掛け、治世中は、東西教会分裂を決定的なものにした。

［二］チュニスのヴィクトル（五七〇頃没）。チュニスの司教で、年代記の作者。

［三］ランフランクス（一〇〇五頃―一〇八九）。原文「ノルマンディ出身」はまちがい。イタリアのパドヴァ出身で、学識に優れ、パドヴァで法律学を教えたのち、パリ近郊のベネディクト派のベック修道院に移り、学院を開き、名を馳せた。その後、カーンのサン＝テティエンヌ修道院長になり、ここでも学院を開き、さらに名声を博したため、一〇七〇年にイギリス王となったウィリアム（征服王）に、その学識を買われて、カンタベリ大司教となり、国王の片腕として政治手腕も発揮した。弁証法に秀でて、聖餐論争において、トゥールのベレンガリウスに反対し、パンとぶどう酒におけるキリスト実在説を確立した。

［四］オノレ・ド・サント＝マリ（ブレーズ・ヴォクセル。一六五一―一七二九）。原文では Le Père de Sainte-Marie となっているが、「神父（ペール）」(Le Père) の名で有名なリモージュ出身の跣足カルメル修道会士で神学者。ここで著者が言及しているのは、一七一二年から一七二〇年にかけて出版された『教会史についての批評の規則と使用に関する考察』である。彼には、そのほかに、ウニゲニトゥス大勅書に関係した著作などがある。

［五］原文では、Mr. Lare となっているが、おそらくは著名なプロテスタント歴史家のイザーク・ド・ラレー (Larrey) のまちがい。ラレー（一六三八―一七一八）の歴史著作のなかでは、『イギリス史』（ロッテルダム、一六九七―一七一三年）がもっとも有名。

［六］キリスト教の聖人で、スペイン人聖職者のドミンゴ・デ・グスマン（一一七〇頃―一二二一）がアウグスティヌスのキリスト教精神に則り、托鉢教団のひとつとして一二一五年に設立した修道会。

［七］フランスのシトーに、ロベルトゥスやスティーヴン・ハーディング（第三代院長）らによって一〇九八年に建立された修道院に本拠を置くベネディクト派の改革修道会。同派は、元来は、東部フランスのモレームの修道院に本拠を置いていたのだが、さらに厳しい清貧の教えを実践しようとして、ディジョン郊外のシトーに修道院を建立したもの。

［八］エティエンヌ。キリスト教の聖人で、イングランド生まれ。世俗名はスティーヴン・ハーディング（一〇五九？―一一三四）だが、フランスでは、エティエンヌと呼ぶ。シトー修道会の

組織を確立した第三代院長（一一〇八―一一三三）で、クレルヴォーのベルナルドゥスを修道会に加え、組織の隆盛を導いた。聖書学者としてもすぐれており、ウルガタ訳をシトー会のためにもう一度校訂・編纂しなおした。本書の著者はこの仕事に言及している。

〔九〕原文では十一世紀となっている。

〔一〇〕フランスのブルゴーニュ地方、クリュニに九一〇年に建立された大修道院を本拠とするベネディクト派の改革修道会。運動は、十二世紀には、ヨーロッパ各地に拡大した。

（三二）

〔一〕キプリアヌスの言葉と言われている。

〔二〕アウグスティヌスと同時代のペラギウス（三六〇頃―四二〇頃）の異端的主張（原罪の否定、人間の自由意志の肯定など）に発する宗派。北イタリアで勢力を保った。

〔三〕カゾーボン、イザーク（一五五九―一六一四）。フランスの人文学者で、カルヴァン派神学者。亡命プロテスタントの子としてジュネーヴに生まれ、大学教授を務めたあと、アンリ四世に仕え、同王の暗殺後はイギリスに渡り、ジェームズ一世に仕え、客死。『バロニウス反論』は、一六一四年にイギリスで発表された。

〔四〕バロニウス、チェーザレ（一五三八―一六〇七）。イタリアのカトリック高位聖職者で、歴史家。『教会年代記』。

〔五〕ラ・モット・ル・ヴァイエ、フランソワ・ド（一五八八―一六七二）。フランスの懐疑論哲学者で、著作家。自由思想家（リベルタン）として知られる。ルイ十四世の家庭教師。のちアカデミー・フランセーズ会員。

〔六〕ツヴィングリ、ウルリヒ（一四八四―一五三一）。スイスの宗教改革者。ルターの宗教改革に共鳴し、ローマ・カトリック教会を激しく断罪。チューリヒの政治に大きな影響を及ぼす。内戦で戦死。

〔七〕ランスロット・アディソン（一六三二―一七〇三）。イギリスの聖職者で、チャールズ一世の熱烈な支持者。

〔八〕ベルナール（一〇九〇頃―一一五三）。キリスト教の聖人。フランスの神秘思想家、修道院長、教会博士。シトー修道会の拡大に尽力。その神秘思想のゆえに、「溢蜜甘美博士」と呼ばれた。

〔九〕サン・ヴィクトルのフーゴ（一〇九六頃―一一四一）。ドイツまたはフランドル生まれの神学者、哲学者。第二のアウグスティヌスと呼ばれるほど強い影響を彼から受けた。『キリスト教信仰の秘蹟論』。

〔一〇〕ヨハネによる福音書、第三章、第五節。

〔一一〕ベガ、アンドレアス・デ（一四九八―一五四九）。スペインのフランチェスコ会神学者。スペイン国王カルロス一世（神聖ローマ帝国皇帝カール五世）の要請を受け、トリエント公会議に出席。聖書正典の確定やカルヴァン派の義認論の批判に大きな役割を果たした。

（三三）

〔一〕神聖ローマ帝国皇帝の呼びかけで、対立法王ヨハネス二十三世によって招集された会議（一四一四―一四一八）。この会議の結果、三法王鼎立状態が解消され、教会改革も実現したが、同時にフスを焚刑に処したことでも有名。

〔二〕フス、ヤン（一三六九頃―一四一五）。一五世紀ボヘミアの宗教改革者で、ルターの先駆者。イギリスのウィクリフの影響のもとに、救霊予定説を唱え、幾度か異端断罪され、最終的にコンスタンツ公会議で、焚刑に処された。

〔三〕プラハのヒエロニュムス（一三七〇頃―一四一六）。プラハ生まれのボヘミアの宗教改革者で、フスの友人。オクスフォードに留学し、ウィクリフの思想を広めることに尽力した。教会の腐敗を弾劾し、フスに続いて火刑に処せられた。

［四］ランファン、ジャック（一六六一―一七二八）。フランスのプロテスタント神学者。ここでとりあげられているのは、『コンスタンツ公会議史』（アムステルダム、一七一四年）。

（三三）

［一］ステファヌス七世（八九七没）。数え方によっては、ステファヌス六世。フォルモススによって、大司教に任ぜられたにもかかわらず、会議を招集し、フォルモススの法王座を無効と宣言し、彼の墓を暴いた（死体会議と呼ばれる）。のちにステファヌス七世は、捕らえられ、法王座から追放された。彼は、修道士になったのち、絞殺されたと言われている。

［二］セルギウス三世（九一一没）。ステファヌス七世派で、彼の死後、法王座をねらい、一度は法王となったが、反対派に追放された。その後、再び法王座に返り咲き、対立法王を捕らえ、絞殺したとされる。彼の支持者であったローマの名家の娘を恋人にし、その間に生まれたのがヨハネス十一世だと言われている。

［三］ヨハネス十一世（九三五／九三六没）。ローマ法王（九三一即位）で、弟の反乱で捕えられ、殺害された。

［四］ヨハネス十二世（九三七頃―九六四）。ローマ法王。九五五年に即位したが、オットー一世と対立し、九六三年に異端の廉で、退位させられる。その後もオットーと戦ったが、荒淫の果てに脳卒中で死んだと言われている。

［五］オットー一世（九一二―九七三）。ゲルマニア王。のちヨハネス十二世により、ローマで神聖ローマ＝ゲルマニア帝国法王位を授けられ、大帝と称される。ヨハネス十二世を廃位し、レオ八世を立てる。東方のキリスト教化に貢献。

［六］ボニファティウス七世（九八五没）。九七四年に対立法王となる。ローマ法王史上、暗黒の世紀と呼ばれる時代を招来した。九七四年の会議によって、廃位させられるが、九八〇年には、逆に、ベネディクトゥス七世を追い出し、そのあとを継いだヨハネス十四世を殺害したのち、九八四年に復位。その直後急死するが、ローマ市民は彼の死体を汚して、歓喜したと言われる。

［七］ベネディクトゥス六世（九七四没）。九七三年にローマ法王となるが、対立法王となるボニファティウス七世と争う。九七四年にローマで反乱が起き、捕らえられ、獄中で絞殺される。

［八］グレゴリウス七世（一〇二〇／二五―一〇八五）。ローマ法王（在位一〇七三―一〇八五）。教会改革に乗りだし、俗人による司教職叙階を禁じたため、ドイツ皇帝ハインリヒ四世と深刻な対立に陥り、法王廃位と皇帝破門の応酬の末、皇帝にカノッサの屈辱を味わわせたことで有名。

［九］インノケンティウス三世（一一六〇／六一―一二一六）。ローマ法王（在位一一九八―一二一六）。法王権の強化と法王領の回復をめざして活躍。オットー四世を破門するなど、強権をふるい、スカンディナヴィアからイベリア半島まで法王の権威を轟かせた。一二一五年には第四回ラテラノ公会議を主催し、第四回十字軍をも組織した。

［一〇］パリス、マシュー（一一九七―一二五九）。イギリスのベネディクト会士で、歴史家。ヘンリー三世から寵遇を受け、フランスとのあいだを外交使節として何度も往復した。一〇六六年から一二五九年までのイギリス史に関する著作がある。

［一一］ベネディクトゥス十二世（一二八〇頃―一三四二）。フランス出身のアヴィニョンの法王。厳しい異端審問と教会改革で知られる。

［一二］ペトラルカ、（本名、フランチェスコ・ディ・セル・ペトラッコ。一三〇四―一三七四）。イタリアの作家、詩人。フィ

レンツェの名家の出で、アヴィニョンに亡命、法王庁の庇護を受け、遊蕩生活を送るかたわら、各地を旅行し、数々の詩を書き、ダンテと並び称されるルネサンス文学の代表者となった。

［一三］シクストゥス四世（一四一四―一四八四）。フランチェスコ会出身の法王（在位一四七一―一四八四）。ルネサンス時代にふさわしくローマ教会の刷新を図り、システィナ礼拝堂などを建築した。一族の繁栄を図って、メディチ家と戦争状態を引き起こした。

［一四］アレクサンデル二世（一〇一〇／一〇一五―一〇七三）。ミラノ出身の法王。マントヴァ公会議を開催（一〇六四）、みずからの聖職売買の疑惑を晴らすことに成功。十字軍に対して、最初の贖宥状を交付。比較的長期にわたり在位（一〇六一―一〇七三）し、教会改革に取り組む。

［一五］インノケンティウス八世（一四三二―一四九二）。ジェノヴァの名家出身の法王。叔父のユリウス二世法王との親密な関係から、高位に昇る。シクストゥス四世のあとを受けて、法王となる（在位一四八四―一四九二）。優柔不断で、デッラ・ロヴェーレ枢機卿に権力を委ねていたという。十字軍の組織に失敗し、オスマン・トルコと交渉した初めての法王となる。ピコ・デッラ・ミランドーラの異端断罪で有名。

［一六］レオ十世（一四七五―一五二一）。フィレンツェのメディチ家出身の法王（在位一五一三―一五二一）で、文学・芸術の庇護者として有名。宗教改革の前夜、第五回ラテラノ公会議（一五一二―一五一七）を開催するが、問題解決に成功しないまま、宗教改革を迎え、ルターを破門。ラファエロなどの芸術家の庇護にしか興味はなかったといわれる。

［一七］パウルス三世（一四六八―一五四九）。ファルネーゼ家出身の法王（在位一五三四―一五四九）。メディチ家出身の法王たちの文学・芸術愛好を一掃し、イエズス会を公認するなど、強力なローマ教会の復活に努力した。

（三四）

［一］原文では「大主教」となっているが、主教のまちがい。ジョン・ジュエル（一五二二―一五七一）のこと。ジュエルは、大陸の宗教改革から影響を受け、エリザベス朝時代に、英国国教会による宗教改革を擁護する中心人物のひとりとなった。ここで引用されている書物は、ラテン語で書かれた『イギリス教会のための弁明』Apologia Pro Ecclesia Anglicana（一五六二年）。その英訳本は『英国教会の弁明論』Apology of the Church of England として、一五六四年に出版されたが、該当する引用箇所はない。

［二］ヘンリー八世（一四九一―一五四七）。英国国王（在位一五〇九―一五四七）。バラ戦争を収拾し、チューダー王朝を創始した父王の遺言で、兄嫁のキャサリンと結婚し、王位を継承したが、男子が誕生しなかったため、離婚を申し立て、ローマ法王と対立状態となり、最終的には破門された。英国国教会を創始し、絶対王政の基礎を築いた。生涯に幾度も結婚と離婚を繰り返し、そのうち最後の妻だけがヘンリー八世より長生きをしたという。

（三五）

［一］ブウール、ドミニク（一六二八―一七〇二）。フランスのイエズス会士で文学者。古典主義時代のフランス語の権威。『アリストとウジェーヌの対談』（一六七一）など。

［二］クィントゥス・クルティウス・ルフス（一世紀頃）。クラウディウス帝またはウェスパシアヌス帝治下のローマの歴史家。『アレクサンドロス大王の事蹟』という全十巻の史書がある。

［三］アレクサンドロス（前三五六―三二三）マケドニアの王（在位、前三五六―三二三）から、大王の名で呼ばれる古代ヘレニズム世界の統一者となった。インド遠征の陣中で病死。

〔四〕ロラン、シャルル（一六六一―一七四一）。パリ大学総長。碑文アカデミー会員で、『エジプト人、カルタゴ人、アッシリア人の古代史』という全十三巻の史書があるが、もっとも好評を博したのは、彼の死後も他の歴史家によって、記述が継続された『建国以来のローマ史』である。

〔五〕東部地中海、小アジアのパンフュリア地方に面している海で、現在のアンタルヤ湾と思われる。実際、ヨセフスの『ユダヤ古代誌』第二巻、第十六章によれば、アレクサンドロス大王もここで、同じ奇蹟に遭遇した、という。

〔六〕ストラボン（前六四―後二一以後）。ギリシアの地理学者で、歴史家。『地理書』、全十七巻。

（三六）

〔一〕出エジプト記で、天から降ってきたとされるイスラエル人の荒野放浪生活を支えた食料。

〔二〕ソーメーズ、クロード・ド（一五八八―一六五三）。フランスの人文学者。博学の士で、一六〇七年にプロテスタントに改宗し、オランダのライデン大学で、教鞭をとった。

（三七）

〔一〕モンペリエの司教猊下とは、宰相コルベールの甥で、一六九六年から死ぬまでモンペリエ司教を務めた、熱烈なジャンセニストのシャルル゠ジョアシャン・コルベール（一六六七―一七三八）のこと。

〔二〕列王記、上、第三章、第十一章。

〔三〕イエスをユダヤ教の大祭司に売ったユダのこと。

〔四〕イエスの死後キリスト教布教に努力したペテロのこと。「あなたは今夜、鶏が鳴く前に、三度わたしのことを知らないと言うだろう。」（マタイによる福音書、第二十六章、第三十四節）

（三八）

〔一〕アナクサゴラス（前五〇〇頃―四二八頃）。古代ギリシアのイオニア学派の哲学者。

〔二〕以上のアナクサゴラスの予言に関するフィロストラトスの記述は、『テュアナのアポロニオス伝』第一巻、第二章による。ベールの『歴史批評辞典』の「アナクサゴラス」の項目を参照。「天からアイゴスポタモイ川へ降ってきて、聖なる遺物として保存され崇められた石は、あらかじめアナクサゴラスが太陽の本体から落ちてくるぞと予言していたといわれる。」（邦訳、前掲、『歴史批評辞典Ⅰ』、「アナクサゴラス」の項目、三〇八ページ）このアナクサゴラスの予言は、プルタルコスの『対比列伝』（「リュサンドロスの伝記」）でとりあげられている。「或る人は、石が降って来たことがこの敗北の前兆になったのだと云っている。多くの人の意見によると非常に大きな石が天からアイゴスポタモイに降って来たそうである。ケルソネーソスの住民はこれを崇敬している。アナクサゴラースは、天に繫がれている物体が、何か滑走もしくは動揺が起ると、その一つが外れて墜落が生ずることを予見したと云われている。」（邦訳、河野与一訳『プルターク英雄伝』（六）、岩波文庫、一二七―一二八ページ）また、ディオゲネス・ラエルティオスの『ギリシア哲学者列伝』では、石の落下が隕石の落下になっている。「彼はアイゴスポタモスの近くで起った隕石の落下を予言したとのことである。」そのほか、本書の著者が取りあげている予言が次のように記述されている。「また彼はオリュムピアへ行ったとき、いまにも雨が降るかのように、羊皮の外套にくるまって坐っていたが、実際に雨は降ってきたという話である。また或る人が彼に、ランプサコスの丘はいつか海になることがあるだろうかと訊ねたとき、『時間さえ不足しなければ』と答えたということである。いったい何のために生まれてきたのかと問われたときに彼は、『太陽と月と天とを観察するために』と答えたということである。シレノスが『歴史』第一巻のなかで述べているところでは、隕石が天から落下したのは、デミュロスがアルコーンのときであり、そしてアナクサゴラスは、天の全体は石から構成されているが、ただ急速な回転運動のために、それは凝集しているのであって、もし弛められれば、崩れ落ちてしまうだろうと言ったとのことである。」（邦訳、加来彰俊訳『ギリシア哲学者列伝』（上）、岩波文庫、一二四―一二六ページ）ベールは、項目「アナクサゴラス」に付けた註（I）で、プルタルコスとディオゲネス・ラエルティオスとを引用したのち、『テュアナのアポロニオス伝』第一巻、第二章について、「今日の天文学者ならだれにでも同じようなことはできる」と論評した評者に「なんとばかげた評註だ」と批判を加えている。ベールによると、この点では、アナクサゴラスの予言を「最大の奇蹟のひとつ」としたプリニウスの証言の方が正しい。というのは、この証言と予言とのあいだには「約六十年しか経っていない」からである。そして、ベールは、本書、註記（一六）でとりあげられたフォティオスの『図書館』における『テュアナのアポロニオス伝』の論評をとりあげて、彼が「フィロストラトスの思想についての無理解」に陥ったのは、写字生の誤りからくるテキストの「悪い状態」のせいである、としている。

（四〇）

［一］グラナダにあった、ムーア人によるイベリア半島最後のイスラム王朝で、スペインのカトリック両王によって、一四九二年に滅ぼされた。

［二］メアリ女王（一五一六―一五五八）。ヘンリー八世の最初の妻キャサリンの娘。英国女王（在位一五五三―一五五八）。カトリック教徒として国内の新教徒を弾圧し、「血まみれメアリ」とあだ名された。

［三］アルバ、フェルナンド・アルバレス・デ・トレド（一五〇七―一五八二）。スペインの名門貴族。カール五世の片腕として、オランダ総督に任命されるが、オランダ独立戦争で敗北。

［四］ソクラテス（前四七〇―三九九）。古代ギリシアの哲学者。風俗壊乱の罪で投獄。毒を仰いで自殺。

［五］フェラン、ルイ（一六一五―一六九九）。パリ高等法院の弁護士だったが、古典語に通じ、聖書解釈など宗教面での著作が数多い。なかでもカルヴァン派に反駁する『教会論』は版を重ねた。

［六］クロード、ジャン（一六一九―一六八七）。フランスの改革派神学者。カトリックとの論争を指導する。ナント勅令廃止とともに、オランダに亡命、客死。

（四一）

［一］ドイツ、北ヘッセン地方の自由都市。

（四二）

［一］サン゠レアル、セザール・ヴィシャール、アベ・ド（一六三九―一六九二）。サヴォイア出身の歴史家。パリでイエズス会の教育を受け、僧職となった。故郷シャンベリで、マザラン枢機卿の姪に恋慕し、彼女の歴史を書く。その後、『イエス伝』などを著わし、ルイ十四世に献呈した。アルノーなどと歴史論争を繰り広げ、ソッツィーニ主義者とそしられた。

［二］グレゴリウス（五三八頃―五九四頃）。フランク族の支配下にあったフランスのオーヴェルニュ地方出身の聖職者で歴史家。トゥールの聖グレゴリウス（グレゴワール）と称される。トゥールの司教（五七三年）。『フランク人史』は、メロヴィング朝の貴重な証言で、初めてのフランス史と言われる。歴史叙述としては、ベーダと並んで、エウセビオスの『教会史』を範とした。なお、らい病患者の治癒の奇蹟は、第一巻、第二十章に記載されている

が、「らい病患者の皮膚を回復させた」と簡単に記されているのみである。

［三］ベーダ（六七三―七三五）。尊者。イギリスの当代随一の聖書学者と称された。聖書講解として『ヨハネへの啓示』（七〇三頃―七〇九年）など多数あり、歴史書としては、カエサルの時代から、聖オーガスティンのケント到着までを描いた『イギリス人の福音史』（七三一／七三二年）などがある。ここでとりあげられているのは、一五六三年にバーゼルで出版された著作集、第三巻に含まれていた『聖地論』ではないかと思われる。なお、この第三巻には、殉教論が含まれていたが、この著作は、リヨンの「助祭」フロリュスの作と言われており、あるいは、トゥールの聖グレゴリウスの「彼の助祭たちの報告にもとづいて」というくだりは、ベーダの『聖地論』との混同があるのかも知れない。

（四四）

［一］リバデネイラ（一五二七―一六一一）。スペイン出身のイエズス会士で、創立者ロヨラの最初の弟子のひとり。『聖人伝の華』など。

［二］アルデベルト（またはアダルベルト）十世紀、ポーランドの殉教者と言われる。

［三］ドゥブラヴィウス、またはヤン・ドゥブラウ（？―一五五三）。ボヘミア出身のドイツの聖職者。『ボヘミア史』など。

（四五）

［一］ブリュネ、クロード（十七世紀後半―十八世紀）。フランスの哲学者で、医師。ここでとりあげられているのは、おそらく彼の性器に関する研究書であろう。

（四六）

［一］『トルコの密偵』は、ジュノヴァ出身のイタリア人で、フランス王ルイ十四世に庇護された文人ジョヴァンニ・パオロ・マラナ（一六四二―一六九三）の作品。オスマン・トルコのスパイがヨーロッパ各国の出来事を本国に報告するという形式のもので、一六八四年から全六巻で出版され（刊行パリ）、大当たりをとった。モンテスキューの『ペルシア人の手紙』に代表される「異国人報告記」文学の草分けとされている。

［二］シリアのアレッポ北方の大アルメニア国の古代都市。キリスト教の司教都市だったが、七世紀にイスラム勢力に占領された。十字軍の遠征で、失地を回復。十二世紀にはボードワン公国の首都となった。

［三］モレリ、ルイ（一六四三―一六八〇）。フランスの学者で歴史辞典の編集者。ピエール・ベールの『歴史批評辞典』は、この辞典の加筆修正を目的のひとつとしていた。

［四］レントゥルス、ツィリアーコス（一六二〇頃―一六八七）。ドイツの学者。ヘルボルン大学で政治学と考古学を、マールブルク大学でギリシア語と教会史を教えた。歴史哲学の分野をはじめ多くの著作があり、グロティウスやデカルトへの批判者として名をなした。

［五］マタイによる福音書、第二十三章、第二十九節以下。

［六］ヨナ書、第二章、第一節。

［七］マタイによる福音書、第二十一章、第二十三―二十七節。

［八］不信者（incrédule）。「疑り深い人間」のことで、「自由思想家」とならんで、正統キリスト教信仰を持っていない「不信心者」に対して貼られたレッテル。本書の著者と目されているデュマルセやフレレに対しても、このレッテルが貼られた。当時、キリスト教に対して疑いを持つ人間であることが官憲の知るところとなると、例えばフレレのように、バスティーユ牢獄へ投獄されることもあった。

（四七）

［一］アレクサンドロス。四世紀頃のアレクサンドリアの総大司教。アリオス派を異端として激しく攻撃し、ニカイア公会議を召集させた。

［二］カラカラ、マルクス・アウレリウス・アントニヌス（一八八―二一七）。ローマ帝国皇帝（在位二一一―二一七）。セプティムス・セウェルス帝の息子で、最初、兄弟のゲタと帝位を分割したが、ゲタを暗殺し、単独で帝位につく。外征を行ない、帝国の統一回復を図る。ローマに大建造物を建築したことで知られる。マクリヌスにより暗殺。

［三］セプティムス・セウェルス帝によって創建された王朝名で、セウェルス帝を名乗るローマ帝国皇帝は複数いる。おそらくここでは、マルクス・アウレリウス・セウェルス・アレクサンドル（在位二二二―二三五）のことであろう。

［四］『ユダヤ古代誌』第二十巻、第五章（邦訳、前掲、6、二六五ページ）。

［五］ピラトス、ポンティウス（紀元一世紀）。ユダヤの代官で、イエスを十字架刑に処した。

［六］『ユダヤ古代誌』第十八巻、第五章（邦訳、前掲、6、五〇―五一ページ）。

［七］ヘロデ・アンテパス。ヘロデ大王の息子。兄弟の妻と再婚。福音書によると、洗礼者ヨハネを投獄し、娘ヘロデア（サロメ）の要求に応じて、斬首。

［八］『ユダヤ古代誌』第十七巻、第六章。「彼は、全ユダヤ民族の中の主だったユダヤ人たちにたいし、自分の所へ来るように命令を出し、……それらのユダヤ人をたとえ彼らが犯罪人であろうとなかろうと、一網打尽に競馬場に拘禁した。……わしが息を引き取ったことが分かったら、すぐにわしの死を知らない兵士たちを配置して、……競馬場を包囲し、ついで兵士たちに命じて、その中に拘禁されている者どもを射殺してもらいたいのだ。」（邦訳、前掲、5、三〇八―三〇九ページ）

［九］『ユダヤ古代誌』第十八巻、第一章（邦訳、前掲、6、一三―一四ページ）。

［一〇］エルサレム北西の古代港湾都市。

［一一］フランソワ・ド・パリス（一六九〇―一七二七）。フランスの助祭で、熱烈なジャンセニスト。ウニゲニトゥス大勅書に反対した上訴人のひとり。死後、サン＝メダールの墓で数々の病気治癒の奇蹟を行なったとされる。これらの奇蹟により、痙攣派というセクトが生まれた。

［一二］モンジュロン、ルイ＝バジル・カレ・ド（一六八六―一七五四）。パリ高等法院評定官で、パリスの奇蹟を実見しようと、墓を訪れ、奇蹟を体験したことによって、痙攣派となる。体験を紹介した書物『パリスの奇蹟の真実性』（一七三七年）によって、バスティーユに投獄された。モンジュロンの著作が引用されていることは、本書の成立が少なくとも一七三七年以前ではないことを示している。

［一三］ウルトラモンタン。法王権至上主義者のことで、フランス教会の独立派的傾向に反対した。アルプスという「山の向こう側（ウルトラ＝モンタン）」つまりローマ法王を支持する人間の意。

（四八）

［一］フォントネル、ベルナール・ル・ボヴィエ・ド（一六五七―一七五七）。フランスの哲学者で、詩人。啓蒙主義の先駆と称される。ファン・ダーレンの迷信批判の書を下敷きにした『神託史』（一六八七年）で宗教批判を展開し、『人間の住む世界の複数性についての対話』（一六八六年）で地動説をやさしく解説した。アカデミー・フランセーズ会員（一六九一年）、ついで科学

アカデミーの終身書記（一六九九年）。

〔一二〕メリウス（Mellius）。メリウスとなっているが、ドイツの改革派神学者で、聖書学者コンラート・メル（Mel, Mell）（一六六六―一七三三）のことであろう。

〔一三〕ドッドウェル、ヘンリー（一六四一―一七一一）。アイルランド出身のイギリスの学者。多くの神学書、歴史書を著し、とくに『キプリアヌス論集』（一六八二年）は、大変な反響をもたらした。

〔一四〕常識（le sens commun）。このフランス語は、同時に「共通の意味」を意味することから、著者は、「常識を持たない」という表現のなかに、キリスト教は、「三神から、出てきたために〔三神〕共通の意味を持たない」という意味を含ませていた、と思われる。

キリスト教弁証論者の批判的検討

経験も教えるとおり、いかに立派な立場をも損うほぼ間違いない方法は、疑わしい想定や曖昧な論拠でそれを主張することである。非力な証拠を挙げられると、勝てる証拠も無効だと大方の人は結論を下す。大体の読者はそうである。作品に一つでも論過がみつかると、それで頭が一杯になり、いかに明証的な論拠にも注意を払えなくなってしまう。この発見で得々とし、自分の方が著者より上だという気になって、作品の全体を馬鹿にするのだ。

頭のいい人はそんな欠陥に陥らず、主張する立場と主張する人とを区別する。しかし、賢い人の数ほど少ないものはないから、使う証拠の選びかたはどれほど細心にしてもしすぎるということはない。宗教作品では特にそうである。「真理のために闘うには真理のみを以てせよ」とグロティウス〔一〕はいみじくも言った〔一〕。宗教問題を書く人は誰であれ、内容自体で黒白をつける切れのいい証拠しか絶対に使うべきでない、非力で異論の余地のある証拠や、まして不備な証拠は入念に避けねばならない、ここでは役に立たないものはみな有害になるから、とウットヴィル師〔二〕は指摘したが、もっともである〔二〕。

無信仰者の人数が激増したのも、この規則が必ずしも守られなかったからにすぎない。キリスト教弁証論者が通常用いる幾多の証拠の弱さを本書でお見せしようとするのも、無信仰者の数を減らすためである。そうすればおそらく、誰か新しい作家が現われて、無信仰にはもはや取るべき策が残らないほど厳密にこういう問題を扱うよう促されるであろう。

（一）『キリスト教の真実性について』、第一巻、第一章。
（二）『事実によって証明されたるキリスト教』、序文、一九八ページ。

第一章　キリスト教弁証論者は福音書が本物であることを証明するのに、十分気を配らなかった。その点に関しては、解明に値する重大な異議を呈せるのに

キリスト教の真実性の最も完全な証拠を与えるのは福音書である。だから、それらの書は本物だといくら明らかにしても、しすぎるということはない。著わした者の誠実さをどう判断すべきかはそこに懸っているのだから。それほど本質的なこの問題を、キリスト教弁証論者はなおざりにしすぎたように思われる。それを厳密に論じるより、始めからそうだと仮定した。しかし、この問題には困難がなくはない。特に二つの点は、どれほどの俊才でも足を止めそうなものである。以下、それをはっきりとお目にかけよう。そうすればおそらく真理に役立つであろう。少なくともそれが私の目的である。

周知のとおり、すでに一世紀からイエス・キリストの弟子たちは様々なセクトに分かれ、意見は対立しながらも、みな一致してキリスト教と称していた。それらのセクトはみな等しく教祖の栄光に利害関係があると思っていた。こうした諸党派の多くのリーダーはイエス・キリストをその目で見ていた。さて、それほど古いこういう目撃者の中には、現在残る福音書で説かれる教えを偽りとみなすと公言する者が少なからずいたし、そういう者が後に遺した伝承はわれわれが今聖書で読むものと全く相反している。細部にわたる以下の説明でそのことを証明しよう。

聖パウロも彼らを識っていたと教父たちが思ったほど古いグノーシス派（一）は、みな一致して「御言葉は肉となれり」という聖ヨハネの言を否定していた。神の御言葉キリストは地上に現われたが、受肉もせず、処女から生まれもせず、見かけのほか肉体を持たず、実際に受難もせず、したがって復活もしなかったというのが彼らの主張だった。

ケリントス〔一一〕〔一二〕も同じ考えで、イエス・キリストが処女から生まれたことはありえないと主張し、聖ヨセフが父親だったのを疑わず、イエス・キリストの復活を否定して、甦るのはほかの人間と一緒のはずだと称していた。

エビオン派〔四〕のいちばん普通の信条は、イエス・キリストはヨセフを実の父とするというものだった。このセクトに入ったシュンマコス〔五〕は、聖マタイが語るイエス・キリストの系図に反対した〔三〕。バシレイデス〔六〕の言うところによると〔四〕、イエスは受肉したのではなく人間の外見を纏っただけで、受難の際には姿だけクレネ人《びと》シモン〔七〕とすり替ったから、ユダヤ人が十字架にかけたのはそのシモンで、キリストの方はユダヤ人には見えない所で彼らを眺めて嘲笑し、次いで、天使にも人間にも分からぬように、天なる父のもとへ再び昇って行ったのだという。

カルポクラテス派〔八〕は、イエス・キリストはヨセフから生まれ、ほかの人間と変わりないと思っていた〔五〕。彼らの中には、自分らはイエスと対等だ、いやイエスを凌ぐと恐れ気もなく言う者すらいた。彼らは肉の復活を認めなかった。

カイン派〔六〕〔九〕もこういう初期のセクト信者の多くと同じく、モーセの律法については馬鹿にし切った物言いをし、あんなのは悪しき知性体から発したものだと請け合っていた。だから、イエス・キリストが律法を成就しに来たとは思わなかった。

マルキオン〔七〕〔一〇〕はわれわれの福音書は嘘だらけだと説き、イエス・キリストの一代記を書き残した連中より自分の言うことの方が本当だと称していた。「福音ヲ伝エタ使徒タチヨリモ自分ノ言ウコトノ方ガ本当ダ、ト弟子タチニ信ジ込マセタ。福音デハナク福音ノタダノ断片シカ持タセナカッタノニ」と聖エイレナイオスは〔一一〕『異端反駁』第一巻三〇六ページで語っている。

アロギ派〔八〕〔一二〕もテオドトス〔一三〕もテオドトス派〔一四〕もヨハネ伝福音書を馬鹿にして排斥し、それを嘘だらけの本と言っていた。

ウァレンティノス派〔一五〕の福音書はわれわれが今持つ福音書とはまるで違っていた。「福音書スラ彼ラニアッテハ瀆神ヲ免レナイホドダッタ」と聖エイレナイオスは第三巻第十一章で言っている。

さらに、こういう古代のキリスト教徒は、これらの福音書はしばしば訂正せねばならなかったはずだと主張していた。「使徒タチノ訂正者ダ〔ト自慢スル〕」と同じ聖エイレナイオスは第二巻第一章で彼らについて言っている。このように、多数の初代キリスト教徒が、われわれの福音書にあることは歴史的真実に反すると宣言して、ほかの箇条の中でも特に、カトリック信仰の枢要な二つの点に反対している。イエス・キリストは余人と違う仕方で生まれたことと、復活したことである。今受けいれられる信条に反するような証言をするこういう証人たちは、グノーシス派やエビオン派やケリントスのように使徒たちと同時代の人か、イエス・キリストの一代記を知悉しうる立場にいた人からそれを聞いたと称していたことを指摘せねばならない。バシレイデスの師は聖ペテロの弟子で通訳のグラウキアス〔一六〕だった〔九〕し、ヴァレンティノスも聖パウロの弟子のテオダス〔一七〕に育てられた人だったのだ。

われわれの福音書に対する非常に重大なもう一つの異議は、支配的なセクトの最古の教父たちが、今残る四つの福音書を知っていたようには見えない一方で、色々な外典を権威あるものとして、全幅の信頼をこめてしばしば引いていることである。

あまり面白味のない議論にここで立ち入らざるをえないけれども、事の重要さに免じて無味乾燥なのも許していただけると思う。使徒教父が各種の外典を知っていたことは確かで、それを疑う者はいない。『バルナバ書簡』の筆者はメナール〔一八〕神父すら認めるとおり福音書にないイエス・キリストの色々な言葉を挙げているが〔一〇〕、それらは後世に残す価値ありと思われなかったそういう書のどれかから取ったものと考えられる。

使徒たちの弟子のクレメンス〔一九〕〔一二〕もその二篇の手紙の中で、今あるのとは違う文書のくだりを引いている。コトリエ氏〔二〇〕によると、誰か外典作者が書いたものだろうという。聖クレメンスの第二書簡の今あるテキストの終わりには或る福音書の一節が出てくるが、アレクサンドリアのクレメンス〔二一〕は『エジプト人福音書』だと教えてくれる。その一節〔二二〕とは、「誰かが主に御国はいつ来るのかと尋ねた時、主は答えられた。〈二つのものが一つになる時、外のものが内のもののようになる時、男も女もなくなる時だ〉と。」〔二二〕

二世紀の著作家のユリオス・カッシアノスは同じ言葉を引いて、その質問をしたのはサロメだったと教えてくれる〔二三〕。

イグナティオス〔一三〕は『スミルナの人々への手紙』で、われわれの福音書には言及されないイエス・キリストの言葉を報じている（一四）。ペテロを囲む人々のところへ来た時、「私にさわって、幽霊でないのを見よ」と言ったのである。彼らはさわり、「その肉により納得して」即座に信じたという。

エウセビオス（一五）〔二四〕はこの引用があるイグナティオスの個所を引いているが、使徒たちのこの弟子がイエス・キリストの言葉をどの福音書から取ったのか知らなかった。エウセビオスより事情に通じた聖ヒエロニムス（一六）〔二五〕は、この言葉は『ヘブル人福音書』にあること、その本は初期の時代には大変有名で、聖ヨハネの弟子のヘゲシッポス〔二六〕やパピアス〔二七〕もそれを知っていたことを教えてくれる（一七）。

ユスティノス〔二八〕までは外典しか引かれていない。ユスティノスからアレクサンドリアのクレメンスまでの時期には、教父たちが偽典の権威と、今正典として通っている書物の権威を共々に用いているが、結局後者が勝って、前者を完全に圧し去った。とはいえ、前者をまだ信用していた著作家がその後もいなかったわけではない。

注目に値するのは、初代教父たちは偽福音書をしょっちゅう利用しているのに、今残る福音書を一度も語らぬことである。マタイ、マルコ、ルカ、ヨハネは、バルナバ〔二九〕にもクレメンスにも聖イグナティオスにも、初代数世紀のいかなる作家にも引かれていない。たしかに、四人の福音記者を語るポリュカルポス〔三〇〕のいくつかのくだりをカプアのウィクトル〔三一〕が挙げてはいるが（一八）、それらの断片が偽物で、書いたとされる人にふさわしくないことは認められている（一九）。著作が残っている教父の中で、現行の四人の福音記者を知っていた最初の人は聖ユスティノスである。

ここで言うのは使徒教父を読めば容易に納得できる事実である。キリスト教弁証論者の誠意ないし批評眼をいかに警戒すべきかがそこからも分かる。そういう人を読むと、初代教父の書き物にはわれわれの福音記者からの引用が溢れているかに見える。「聖マタイは使徒たちの弟子で同時代のローマの司教クレメンスに引用された。バルナバも手紙で引き、イグナティオスやポリュカルポスも受けいれている。マタイに有利な証言をするその同じ教父たちが、マルコについてもそうしている」とアバディ〔三二〕は言う（二〇）。こうも断定的に言われると、使徒教父はわれわれの福音書をしょっちゅう話題にしていると誰が想像せずにいられよう。とはいえ、こういう最初の作家たちのどれにも今ある福音書の名が出て来ないのは確かなのである。ロンドンの主教が[三三]「第三牧会書簡」の一九ページで、使徒たちの弟子のクレメンスが聖マタイの福音書を名指しで引いたなどとあえて唱えたのは驚きに堪えない。それほどの嘘はないのだから。キリスト教の護教家たちがこれほど自信ありげに語るのは、きっと、一世紀の教父たちが時々、今の福音書にあるのとかなり一致するくだりを挙げているからであろう。かといって、今の福音書を知っていたことにはならない。それよりは、こういうくだりは諸種の外典から取ったもので、今の福音書にある多くの格言がそれらの外典に載っていたのだと考えられる。

　初代教父が繰り返したイエス・キリストの金言の多くは何かの書から取ったものなのか、それとも口伝えされたイエス・キリストの格言で、伝承によって弟子たちに伝わったものなのか、その点すら定かでない。しかし、イエス・キリストのそういう言葉が或る福音書から取ったものだと仮定しておこう。それでも、今は失われた福音書ではなく、今ある福音書から取ったと決める理由はない。すでに指摘したとおり、最古の教父たちはいろんな外典を読み、それをしばしば引いていた。さて、そういう嘘だらけの書にも今の福音書と一致したことが、それも同じ言葉で少なからず載っていたのは間違いない。

　このことは、クレメンスの第二書簡、第五章、一八五ページで容易に示せる。そこには次のような言葉が載っている。「ナゼナラ、主ハ言ワレマス、〈君タチハ狼ノ只中ニ放タレタ小羊ラノヨウニナロウ〉ト。コレニ応ジテペテロハ主ニ言イマス、〈ソレデハモシ狼ガ小羊ラヲ引裂クヨウナコトガアリマシタラ〉ト。イエスハペテロニ言ワレマシタ、〈小羊ラガ死ンダ後ニモ狼ヲ恐レルコトノナイヨウニ。君タチモ、君タチヲ殺シハシテモソレ以上何モデキナイ者ラヲ恐レテハナラナイ。ムシロ、君タチガ死ンダ後、魂ト体トヲ治メテ、ソレラヲ地獄ノ火ニ投ゲ込ム権威ヲ持ッテオラレルオ方ヲ恐レルガヨイ〉ト[三四]。」主は言われた、「君らは狼のただ中の仔羊のようになるだろう」。ペテロは答えて言った、「狼が仔羊を引き裂いたら」と。イエスはペテロに言われた、「仔羊は死んだ後まで狼を恐れてはならぬ。君らを殺せるだけで、死後にはどんな害も加えられない者を恐れるな。それよりは、死後に君らの魂も体も地獄へ送れる者を恐れよ」と。

これらの言葉が何かの外典から取ったものだということは誰もが認める。イエス・キリストと聖ペテロのこんなやりとりがわれわれの福音書にないのは確かである。但し、同じ意味のくだりはある。「私ガアナタタチヲ送ルノハ、羊ヲ狼ノ中ニ入レルヨウナモノダ。」（マタイ伝第十章第十六節）「私ガアナタタチヲ送ルノハ、チョウド狼ノ中ニ小羊ヲ送リコムヨウナモノデアル。」（ルカ伝第十章第三節）「体ヲ殺セテモ霊魂ヲ殺セナイモノヲオソレルコトハナイ。ムシロ、体ト霊魂トヲゲヘンナデ亡ボセルオ方ヲオソレヨ。」（マタイ伝第十章第二十八節）「私ハ友人デアルアナタタチニイウ。体ヲ殺シテモ、ソノノチ、ソレ以上ナニモデキナイ人々ヲオソレルナ。アナタタチガオソレネバナラナイノハ、ダレカヲ教エヨウ。殺シタノチ、ゲヘンナニ投ゲイレル権力アルオ方ヲオソレヨ。私ハイウ。ソウダ、ソノオ方ヲオソレヨ。」（ルカ伝第十二章第四節）

クレメンスの第二書簡、第五章は聖マタイと聖ルカの福音書の数個所と関わりが深いとはいえ、そこから取ったのでないことは間違いない。同様に、バルナバやポリュカルポスも福音書と似たような二、三の用語を使っていても、福音書を知っていたことの証明にはならない。それらの教父のテキストと福音書の間にどれほどの類似があろうと、それは、どう見ても福音書から取ったのではないクレメンスにある聖ペテロとイエス・キリストのやりとりと、今お目にかけた聖マタイや聖ルカの並行個所以上に似ているわけではないからである。

同じクレメンスの第二書簡、第八章についても同様のことが言える。そこでは、名前を挙げない或る福音記者に拠りつつ、イエスのこういう言葉が引かれている。「ナゼナラ、主ハ福音ノ中デ言ワレテイマス。〈モシ君タチガ小事ヲサエ守ルコトガデキナイノナラ、誰ガ大事ヲ君タチニ委ネルダロウカ。私ハ君タチニ言ウ、《イト小サキ事ニ忠実デアル者ハ、大事ニモマタ忠実デアル》ト〉。」[三五]「福音で主は言われた。〈小さな預り物を君らが大事にしなかったら、大きな物を誰が君らに預けるか。私は君らに言う、《小さな事で忠実な者は、大きな事でもそうであろう》と〉。」この最後の言葉は聖ルカの第十六章第十節に見られる。「小サナ事ニ忠実ナ人ハ、大事ニモ忠実ナ人デアリ……」しかしながら、引用の最初の部分はここにないし、この引用はなんらかの福音書からそのまま取ったものに相違ないから、聖クレメンスの念頭にあったのは聖ルカではない。

だから、古代教父のいくつかのくだりと福音書のテキストが一致するからといって、そういう初期の著作家が執筆の際に福音書を引用しようとした証拠にはならない。今残る福音記者を知っていながら、それを一度も語らなかったとしたら驚くべきことであろう。後の人に無視されたため消えてしまった他の色々な福音書を知っていて、引用もしているだけに、碩学ドッドウェル〔三六〕も認める（エイレナイオス論〔三七〕、六七ページ）この沈黙は、今残る福音書の古さに対するますます大きな反証となる。

キリスト教の弁証論者は、キリスト教の真実性を左右するこの批評問題を十分深く考えなかった。この種の本の偽造は不可能なことを見せようとしさえすれば、福音書は本物なのを十分証明したことになると想像したのである。ディットン〔三八〕もアバディもウットヴィル師もそのことを大の論拠にしている。この人たちの言うことは、一世紀に多くの福音書が偽造されたのを知らない者には多少の感化を及ぼすかもしれないが、この事実を疑うことはできないのだから、初代キリスト教徒を欺いて小説を史書に見せるのも難しくはなかったことになる。

その種の偽造が不可能だったとする証拠を調べてみよう。ディットンの二四五ページによると、「どんな派もどんなセクトも議論ではわれわれの聖書に訴えて、それを信仰の規準と認めた。聖書が偽造・変造を責められたことはなかった」という。近い時代についてはそのとおりでも、初期の時代に関しては全く不正確である。そういう時代については別に考えねばならない。

われわれの福音書に公然と異を立てた説を奉じるキリスト教徒が、議論の際こういう福音書に訴えたろうか。この反対は、今残る聖書を虚偽として責めるものとみなすべきではなかろうか。何度でも繰り返すが、偽福音書の歴史は今ある福音書が偽造されたことはありえないとする説が錯誤と詭弁であることを証明している。

新約の諸書が本物なのを証明するためにアバディ氏が使う理由は、外典の諸書が本物であることも同じく証明してしまう。第二巻第二節第一章でこの人は言っている。「人間の書を偽造する者には普通いくらでも時間があるが、ここでは、新約聖書が偽造されたと考えられる時期を人間の想像力はみつけられない。世紀から世紀へ遡っても、キリスト教徒が常にこの聖書を目の前に置いていたのが分かるはずだし、現に聖書は、それを神のものとする古代の教父に引用されている。」

この推論は歴然たる虚偽を含んでおり、どんな識者も異を立てられない事実真理で打ち消される。虚偽とは初代教父がわれわれの福音書を知っていて、それを引いたということ、事実真理とは一世紀に多くの偽書が作成され、長く本物として受けいれられて、使徒教父に恭しく引かれたことである。偽造され敬意を以て受けいれられたいくつもの福音書がすでに初代数世紀にあったのが確かなら、そういう書を偽造するのもしたがって可能ということになる。

アバディ氏は続ける。「人間の書を偽造することが不可能でないのは、普通は誰もそのことに全然またはごく僅かしか利害関係がないからである。しかし、新約聖書を構成する本のように殉教へ赴く義務を課したりする書は、偽造しようとしても難しかったろう。金を貸す人でも十分安全を図るのだから、福音のためにすべてを捨てる人、それも無数の人は何をするはずであろうか。」

こんな論じかたは人間を知る者、党派精神を知る者のすることではない。経験が教えるように、人間は霊的なことより現世の事柄での方がずっと慎重に行動するものである。現世の事柄では普通、自分自身で検討した上で決めるのに対し、霊的な事柄では先入観や誘惑に引きずられてしまう。あの大演説に対してはごく簡単な答がある。

すでに一世紀から受容された数々の偽福音書も、もっぱらイエス・キリストの宗教を勝たせること、そのためにすべてを犠牲にせよと促すことを目的として執筆された。われわれも毎日目にすることだが、先入観を持つ人は普通、選んだ立場に有利と想像するものをなんでも受けいれてしまう。だからこそ初代キリスト教徒も、どこかのペテン師がわざわざ誘惑しようとした時には毎度騙されてしまったのだ。

アバディはさらに付け加える。「人間の書を偽造した人は見られたが、虚構を主張するために死のうとした人はいない。さて、今ここで、新約聖書を偽造したという嫌疑をかけられる相手は、キリスト教を擁護するために、またしたがって、キリスト教の土台となる聖書にある事実の真実性を裏付けるために死んだ人しかいないのである。」

アバディが言うのを聞くと、初代キリスト教徒は全員がキリスト教を擁護するために死んだのかと思われる。イエス・キリストのために死ぬ用意が大半の者にあったとして、一世紀にキリスト教のため偽書を作成したのは誰なのか尋ねよう。キリスト教徒であることにおそらく異論はあるまい。キリスト教を告白する者がみな信仰のため死ぬ覚悟でいたのなら、自作の虚構の栄光を守るため命を捨てる用意のあった文書偽造者がいて、そういう者は自分の立場を有利に見せるためならば自派の道徳によっても抑制されなかったと想定せざるをえなくなる。そういう際は嘘をついてもいいと思っていたのである。グロティウスの言にもアバディの言にも反して、このことは、キリスト教の最初の宣教者の間にも世を欺こうとした者がありえたことを証明している。

ウットヴィル師の言うこと（第一巻第七章）もそれ以上に堅固ではなく、福音書が本物なのを十分証明してないと批判者〔三九〕が責めるのも的はずれではない。この弁証論者の言う大の理由は、妄想を並べ立てて、〈これが君らの見たことだ、君らの町の城壁の中で起こったことだ、君らも反対できないことだ〉と聴く者に言ったりするのは、頭がおかしくない限り人間精神に浮かぶはずのない考えだということである。この推論で何かが証明されるとしたら、それは新約諸書が本物だということより、イエス・キリストの生涯に関する最初の証人たちが誠実だったということであろうが、実際はどちらについても結論へ導く力はない。古今のペテン師についてからっきし無知でなければ、こんな論法は使えない。ほとんどイエス・キリストに劣らぬほど古く、少なからぬ読者を惑わせた偽福音書の数々が証明するのは、公然だったと思われる事実についてすら同時代人を欺くのはけっして不可能でないということである。

「そんなに大胆なことも実例がなくはないと言われたら〔四〇〕、その例を一つでも挙げてほしい。そうしたらすぐに降参しよう」とウットヴィル氏は続ける。吸血鬼の話やパリス氏〔四一〕がしたとされる驚異を聞いた上で執筆したなら、おそらくこういう口の利きかたはしなかったろう。

もう一つ根拠にするのは、ユダヤ人が偽福音書に抗議しなかったことである。しかし、彼らが信じなかったということは正真正銘の抗議ではなかろうか。同じ理由で外典を立派に見せかけることもできよう。それだけではない。使徒行伝の著者は第二十八章第二十二節で、キリスト教徒という新宗派はどこでも反対に遭ったと教えてくれる。「ドコデモ、コノ宗派ガ非難サレテイルノヲ知ッテイルカラデス。」つまり、新宗教を擁護する者が根拠に使う奇蹟的な業《わざ》が、到る所で虚偽を申し立てられたということである。『トリュフォンとの対話』を著わした古代作家[四二]は、キリスト教徒がイエス・キリストに帰す驚異を信用するなと言うために、ユダヤ人は八方へ人を遣ったと請け合っている。

(一)〔ル・ナン・ド・〕ティユモン〔『初代六世紀教会史覚書』〕、第二冊、五二ページ。
(二)聖エイレナイオス〔『異端反駁』〕、第一巻、第二十六章、第一節、一一ページ。エピファニオス〔『全異端反駁論』〕、第二十八章、一一〇ページ。
(三)ティユモン、第二冊、一一六ページ。
(四)ティユモン、第二冊、二四一ページ。エピファニオス、第二十四章、七〇、七一ページ。テオドレトス『異端言説要約』、第一巻、二九五ページ。
(五)ティユモン、第二冊、二七八ページ。エイレナイオス、第一巻、第二十五章、一〇三ページ。テオドレトス『教会史』、一九六ページ。エピファニオス、第二十七章、一〇二、一〇三、一〇四ページ。
(六)ティユモン、第二冊、四〇ページ。
(七)聖エピファニオス、第四十二章、三〇九ページ。
(八)ティユモン、第二冊、四九九ページ。エピファニオス、第五十四章、四六二、四六三ページ、および第五十一章、四二四ページ。
(九)アレクサンドリアのクレメンス〔『雑録』〕、第七巻、七六四ページ。
(一〇)メナール〔『バルナバ書簡』〕、九八ページ。
(一一)クレメンス〔第一書簡〕、第二十三節、一六二ページ。
(一二)クレメンス〔第二書簡〕、第十二節、一八八ページ。
(一三)アレクサンドリアのクレメンス『雑録』、第三巻、四三五ページ。
(一四)イグナティオス、第三節、三五ページ。
(一五)エウセビオス『教会史』、第三巻、三七ページ。
(一六)『教会著作家論』。
(一七)エウセビオス『教会史』、第三巻、第三十九章、および第四巻、第二十二章。
(一八)コトリエ〔『使徒教父』〕、第二冊、三一五ページ。
(一九)ティユモン、第二冊、第五、六七五ページ。
(二〇)アバディ〔『キリスト教の真実性を論ず』〕、第二冊、第二節、第五章。

第二章　教会の初代数世紀に行なわれた文書偽造の沿革

偽書を本物として人を誘惑するのはたやすいことをもっとよく分かっていただくため、教会の初期に行なわれた文書偽造の沿革を簡単に述べておこう。書き手のペテンと民衆の信じやすさの明白な証拠が見られよう。

ペテン師たちはイエス・キリストの名すら敬わなかった。異教徒も異端者もカトリック教徒も、いろんな偽書をイエス・キリストのものとした。異教徒はキリスト教の創始者を忌わしく見せるため、あいつは魔術の本を書いて聖ペテロや聖パウロに送ったと称した[一]。

『使徒法憲』[四三]が教えてくれるが、シメオン（シモン）[四四]とクレオビオス[四五]はイエス・キリストや使徒たちの名で多くの著作を発表したという[二]。聖レオ[四六]は説教三十三で、マニ教徒[四七]はイエス・キリストの使徒たちの名を冠した多数の偽書を持っており、いずれもその謬見の毒液に溢れたものだと言っている。聖アウグスティヌス[四八]がケレティウス[四九]に送った或る手紙には、プリスキリアヌス派[五〇]が彼らの外典の一つとして持つ非常に分かりにくい聖歌のいくつかの言葉が載っているが[三]、この聖歌は最後の晩餐の後にイエス・キリストが唱えたものだと同派は主張していたらしい。

エウセビオスはイエス・キリストのものとしてアブガロス王[五一]への手紙[五二]を紹介して[四]、これはエデッサ市の公文書館にあったもので原語はシリア語だったと称している。エウセビオスの権威に欺かれたのは凡庸な批評学者だけだった。キリスト教徒にこれほど貴重なモニュメントが初代三世紀の教父たちに知られずにいたとか、法王ゲラシウス[五三]の手で外典とされたとかいうことが考えられようか。エデッサ市の文書館にあったからという論拠については、この種の話では全く当にならぬとデュパン氏[五四]がいみじくも指摘している。

メッシナの住民たちに宛てた聖母マリアの書簡が同市で実見に供されているが、これもデュパン氏の指摘を裏付ける。発信地はエルサレムで、紀元四二年のものだという。これほどいい加減な虚構がでっちあげられたためしはないほどだが、それでも、これは間違いなく聖母が書いたのだと証明するため大著を物したインコファー[五五]というイエズス会士などもいた。フィレンツェの人々に宛てた聖母の手紙もあるが、その価値も同様である。アンティオキアの司教聖イグナティオスに聖母が送ったと称する手紙や[五]、あの聖人の返事を擁護する人など、今ではもう一人もいない。イエス・キリストの受難の偽記録[五六]も色々あった。異教徒はキリスト教の教祖の不名誉になるようにと、その種のものを偽造していた。マクシミヌスが都市だけでなく村々でも到る所にそういうものを掲示させたのは四世紀の始め頃である[六]。文法学校でそれを暗記させよという命令をこの皇帝が出したので、子供たちも二言目にはそれを口にした。いずれもひどく不正確で、年代の誤りがごろごろあるような代物だった[七]。

クアルトデキマニ派（十四日遵守派[五七]）はイエス・キリストの死に関する独自の記録を持っていた[八]。本物と思い込んでいたが、それを受けいれたのは彼らだけだった。

聖ユスティノスは今ではもうないイエス・キリストをめぐるいくつかの記録を知っていたようだが[九]、批評眼に乏しい人で、その頃には偽文書が毎日のように現われていたから、この人の権威だけでそういう記録をほかより正式と思うわけにはいかない。

信じやすさではそれに劣らぬテルトゥリアヌス[五八]は[一〇]、ピラトがイエス・キリストの生と死に関する調書をティベリウス帝[五九]に送ったと主張している。皇帝はそれに非常な感銘を受け、イエス・キリストに神としての名誉を与えるよう元老院に頼んだが、議員たちは自分らにじかに言わなかったのはけしからんと思って、ティベリウスの希望を容れなかったという。

この物語をきっかけにして、二、三の文書偽造者がピラトの名で報告書を著わした[一一]。ざっと読んだだけでもペテンと分かる。今では良識のある物書きで、こんなのは世を欺こうとした者の作だとみなさぬ人はいない。

トゥールのグレゴワール（六〇）はピラトが皇帝へ送ったとおりのイエス・キリストの死と復活の奇蹟の記録を持っていると想像したが、（ド・ティユモン氏（六一）によると）そこから引いているくだりは、このピラトの記録なるものは軽蔑にしか値せず、でっちあげてまだ日の浅いものなのを証明しているという。

テルトゥリアヌスの物語を受けいれ、キリスト教に実に有利な論拠として利用すらした著作家が少なくない（一二）とはいえ、それでもファン・ダーレン（六二）はこれを作り話として斥けた（一三）。理由のないことではない。この話には大きな難点が二つあるからである。

第一はティベリウスの権柄ずくな性格と、当時の元老院の卑屈さである（六三）。元老院は奴隷のようにあの君主の言いなりで、毎度その気まぐれの先回りをすることしか考えなかったとタキトゥスは教えてくれる（一四）。

第二は、当時迫害があったとテルトゥリアヌスは仮定しているが、それは歴史と一致しないことである。さらに、キリスト教にかくも有利なこの文書をキリスト教の初期弁証論者は知らなかったのだ。自分らに保護を与えるように皇帝たちを動かそうとした時にも、彼らはこの文書を一切使わなかった。そうなると、この文書は疑わしいものとせざるをえない。或る立場にしごく有利なのに、その立場を擁護する人々がそれの真実性を知りえたのに使わなかったような事柄は、起こったとされる時より二世紀後に執筆した著作家しか保証人がいない時は不確実とみなすべしという批評学の鉄則があるからである。とりわけ、その立場を支えるために平気で文書が偽造され、作り話がでっちあげられていた時にはそうだ。エウセビオスも同じ話を報じているが、テルトゥリアヌスを写しているだけだから、この物語に新たな権威を加えはしない。

文書偽造者が何より腕を揮ったのはイエス・キリストの生涯についてだった。イエス・キリストが十字架にかけられた直後からキリスト教徒はいろんな話を世間に氾濫させたが、狙いはただ一つ、教祖への感嘆の念を吹き込んで自分らの特殊な意見を権威づけることにあり（一五）、真実味の有無など意に介さなかった。聖ルカは、事情をよく知らぬ多くの著作家がイエス・キリストの伝記を書こうと企てたことを教えてくれ、それまで出た文書に自分は満足してないと仄めかしている。この人の福音書が出たのは聖マタイや聖マルコのものより後なのが[一六]広く認められているのに、である。

聖アンブロシウス〔六四〕、ベーダ〔六五〕、テオフュラクトス〔六六〕、その他聖ルカの註解者はほぼ全員、あの福音記者が執筆を企てたのはもっぱら、当時すでに大ばやりだった偽福音書がそれ以上はびこるのを食い止めるためだったと断言している。偽福音書の数は大変なもので、聖ヒエロニムスは、それを列挙するだけでも『マタイ伝註解』の序文が膨らみすぎるのではないか[一七]、「列挙シタラ切リガナイ」と心配したほどだった。こういう外典は今ではほとんど題名しか残っておらず、時の流れの中で失われたものも少なくないにちがいない。それでもまだ、言及した様々な著作家の内におよそ三十点ほどみつかる。

オリゲネス[一八]〔六七〕、聖アンブロシウス、聖ヒエロニムス、ベーダ、テオフュラクトスなどは十二使徒の共著とされる福音書に言及している。どこかの文書偽造者に自分の名前を隠れ蓑にされなかった使徒はほとんどいない[一九]。ゲラシウス教令は聖アンデレ、聖バルナバ、聖バルトロマイ、聖タダイ、聖マッテヤ、聖ペテロ、聖小ヤコブの福音書について語っている。この使徒〔ヤコブ〕の『原福音書』というのもあり、エウスタティオス〔六八〕はそこから、処女マリアの奇蹟的誕生の詳細やヨセフとの結婚、ヘロデの命によるザカリヤの殺害を含む長い話を引いている[二〇]。

十七世紀〔六九〕の末にスペインで十八点の書物が発見されたが、その中には聖大ヤコブが書いたとされる『福音史』という題のものがあった[二一]。この福音書も、一緒にみつかった他のすべての本と同様、一六八二年に法王インノケンティウス十一世〔七〇〕により外典として断罪された。

カイン派はユダの名を冠した福音書〔七一〕を持っていた。聖エピファニオス〔七二〕はそのくだりをいくつか引いている[二二]。

マニ教徒には聖トマスの名を冠した福音書があった[二三]。コトリエ氏は使徒聖トマスのものとされる『イエス・キリストの幼時と奇蹟』という書の一部を公にした[二四]。

さらに、キリストの降架と聖母の死に関する福音記者聖ヨハネの名を冠したいくつかの書もある。それらは、今ではフランス王の所有となっているコルベール[七三]の蔵書の中の写本四五三に見られる。

聖エピファニオスはグノーシス派が使っていた聖ピリポの福音書のいくつかのくだりを引いている。[二五] さらに、ニコデモのものとされる福音書もあり、『キリストの受難と復活の福音書』と題している。幼少時代の福音書も残っており、これは『救主の誕生と産婆マリアの書』という題の別の書とともにゲラシウス教令で断罪された。

古代に大変敬われ、正典に次いでいちばんはやった福音書が二つあった。一つは『エジプト人福音書』である。これはルカによる福音書より古いものと考えられている。[二六] 聖クレメンスの第二書簡、アレクサンドリアのクレメンス、オリゲネス、その時代の他の教父のものなどにそれについての言及がある。[二七] サベリウス派[七四]ではこの書が信仰の規準とされていた。

『ヘブル人福音書』も非常にしばしば引かれるもので、[二八] 時に『ナザレ人・エビオン派福音書』とも呼ばれる。これはマタイによる福音書と多少関係があり、そこから聖エピファニオスは同じものと考えたが、[二九] それは間違いだった。両方を訳した聖ヒエロニムスが、マタイ伝にない『ナザレ人福音書』の言葉を引いているからである。[三〇]

古代のセクトはみなそれぞれ固有の福音書を持っていた。アペレス[七五]は聖ヒエロニムスが言及する福音書を作り、マルキオン派はそれを使っていた。バシレイデスやケリントスも福音書を著わした。[三一] エビオン派、エンクラテイス（禁欲者）派[七六]、グノーシス派、マニ教徒、シモン派、ヴァレンティノス派もそれぞれ福音書を持っており、グノーシス派のは『完成の福音書』といった。[三二] シモン派[七七]のは『四海の書』といった。[三三] ヴァレンティノス派は自分のを『真理の福音書』と名付けていた。[三四] マニ教徒にも『活ける福音書』という題のがあった。[三五] オクスフォードの図書館にはルキアノス[七八]の福音書が保存されており、グラーベ[七九]は聖エイレナイオスへの註でその断片をいくつか引いている。幼少時代の福音書の数個所とかなり一致するかに見える。

偽黙示録も偽福音書に劣らずはやった。初代数世紀には猫も杓子も神感を受けたと触れ込んで、その結果、ありとあらゆる偽啓示が生まれた。聖ペテロは黙示録を書いたとされ、[三六] 聖パウロも別の黙示録を書いたとされた。後者の黙示録には、聖パウロが天へ運ばれた時見たことの啓示が含まれていた。正典にあるのとは全然違う聖ヨハネの黙示録もあって、これは〔神聖ローマ〕皇帝の蔵書中に収められている。

ゲラシウス教令は聖トマスや聖ステパノの黙示録に言及している。異端の教祖ケリントスも黙示録を作った。一五九五年にスペインで発見された本の中にも黙示録が一つみつかった。

族長や預言者の名を冠した啓示も作られたことを聖ヒエロニムスは教えてくれる[三七]。聖エピファニオスにはアダムやアブラハムやモーセの黙示録が言及されている。シュンケロス[八〇]とケドレノス[八一]はこのモーセの黙示録を引いている。プリスキリアヌス派にも黙示録があり[三八]、エリヤのものとしていた。

幻ばかり書き連ねた『エズラ第四書』や『ヘルマスの牧者』や、昔は恭しく引かれたが今では山師の作と誰もがみなす『十二族長の遺言』も偽黙示録の列に入れられる。何かしら偽書を書いたとされなかった使徒は少ない。聖ペテロに至っては、その名を冠した福音書と黙示録のほかにも、『ペテロ行伝』、『ペテロの宣教』、『ペテロの審判』というのがある。みな二世紀の作と考えられている[三九]。

コトリエ氏の刊本では、『再認書』[八二]の次に聖ペテロから聖ヤコブへの手紙なるものが載っている。異邦人にも、深く知らない者にも『宣教』の書を見せないでくれと頼んだものである。その手紙の次には『この書を受け取る人のための証明』という文書があり、聖ペテロから貰った手紙を受けて聖ヤコブがしたと称することの経緯が述べられている。聖パウロの名を冠した黙示録も複数あった。カイン派がそれを一つ作ったが、聖エピファニオスはこの書に怖気をふるっている[四〇]。もう一つ、ソゾメノス[八三]が評価しているらしいものもあった[四一]。

コロサイ書にある曖昧な一つの単語から、聖パウロはラオデキアの教会に手紙を送ったと考える者もいた。とある文書偽造者にラオデキアの人々に宛てた聖パウロの手紙を作らせるにはそれだけで足りた。この偽造は古いものだった。マルキオン派もラオデキアの教会に宛てた聖パウロの書簡を承認していたからである[四二]。テサロニケ人への第三の手紙[四三]、コリント人への第三の手紙、エペソ人への第二の手紙、その旅を記録した行伝、セネカ[八四]への手紙――この哲学者の返事も添えられた――なども偽造された。シモンの弟子たちが作った『パウロの宣教』というのもあった。

エンクラテイス派、マニ教徒、プリスキリアヌス派、使徒派[八五]などには、聖アンデレの名を冠した行伝があった[四四]。エビオン派は聖ヨハネのものとしていくつかの書を偽造した[四五]。この人には旅行記もあるとされ、第七回公会議[八六]ではそれが引かれている。マニ教徒やプリスキリアヌス派はこの使徒の行伝を持っていて、自説を立てる土台にしていた。

聖トマスもエンクラテイス派が受けいれる旅行記や行伝を偽造された[四六]。聖ピリポの名の行伝も作られたことをゲラシウス教令は教えている。聖マッテヤのものとされた翻訳もあり、アレクサンドリアの聖クレメンスはそこから二、三のくだりを引いている[四七]。

聖バルナバの書簡はこういう文書よりは権威があるが、それでも皆が皆本物とみなしているわけではなく、非常に有能な人でも偽造と考える向きが少なくない[四八]。聖バルナバに抱くべき尊敬と一致させるのがかなり難しそうなことが色々と載っている、聖書にみつからぬ多くのくだりを著者は引いているからだ、とド・ティユモン氏は言う。シリア人もアラビア人も偶像の祭司らもみな割礼を行なうとか、六千年のうちに万事が終わるはずだとか、イエス・キリストは日曜日に昇天したとか言われている[四九]。この書簡は名を冠した人のものでなくても、とにかく非常に古いことは疑いない。最古の教父たちにも本物として引かれているから。

ヨハネ＝マルコという従兄弟の名を冠した聖バルナバの行伝もあるが、作り事と非常識な話が詰まった偽書だとド・ティユモン氏は決めつけている[五〇]。

一堂に会した使徒たちが信条を起草し、アンティオキアで公会議を開いたとされている。その会議の決議が今でも九つ残っているが、識者たちはペテンの作とみなしている[五一]。

聖ペテロ、聖ヤコブ、聖マタイ、聖マルコの名の典礼書がいくつもあるが、修道士たちですら偽書だと認めている[五二]。

一五九五年にスペインでみつかった本の中には、聖ヤコブのものとされる『使徒たちのミサ』というのがあったが、さすがにこれは相手にされなかった。

偽造者たちは使徒の名に劣らず弟子たちの名も悪用した。アレオパゴスのデオヌシオ（五三）の書が偽造なのは疑いない。それが最初に引かれたのは六世紀である。東方の人は彼が典礼書を著わしたとするが、西方の人はあの聖人のものとは思わないので馬鹿にしている。ローマのクレメンス〔八七〕が名前を穢されたのはそれ以上だった。この人の第二書簡をエウセビオスは不確かとみなし、聖ヒエロニムスやフォティオス〔八八〕は全面的に斥けている。この教父の手紙はほかに五つあるが、さらに権威がない。最初の手紙でクレメンスは聖ペテロの死をエルサレムの司教の聖ヤコブに知らせているけれども、聖ヤコブが死んだのは聖ペテロより数年前なのである。ルフィヌス〔八九〕はそれでも、この手紙はわざわざ訳すに値すると思った。聖クレメンスの名を冠した『再認書』には、聖ペテロの行動や、この人と魔術師シモンとの対談、聖クレメンスの父《おや》兄弟が分かった経緯などが盛られており、『再認書』と名付けられたのもそのためである。『聖ペテロ（または聖クレメンス）の旅（または行程）』とも呼ばれる。今では誰もがそれを斥けて、（五四）なんの価値も効用もない書だと認めるが、オリゲネスも引いているから非常に古いものである。それには異なる版がいくつもあったとされており、コトリエ氏は、『クレメンス文書』〔九〇〕の名で氏が刊行した十九の対談は第二版かもしれないと考えている。（五五）聖クレメンスのものとされた聖ペテロとアピオンとの議論もあったが、エウセビオスも聖ヒエロニムスも偽書と考えた。クレメンスに帰せられた書の中で特に有名なのは『使徒法憲』で、これは聖アタナシオス〔九一〕やエウセビオスが『使徒の教え』と呼ぶものと同じと考える向きもある。そこでは使徒たち自身がほぼ全員発言している。但し、クレメンスが書いたとされる個所もいくつかある。エチオピア人はこの書を正典として敬っている。聖エピファニオスは『使徒法憲』の著者も真正さも疑われていると認めるが、（五六）それでも正式のものとして受けいれている。この人が引くいくつかのくだりは今読むものと合わない（五七）ので、もともとペテン師の作なのに第二の偽造者がそれを改竄したことが分かる。『法憲』の終わりには『使徒規定』という名で昔から有名な八十五の規定が載っているが、使徒たちや聖クレメンスの時代にはまだなかったものが色々出てくるのは疑いないから、使徒よりはずっと後代のものである。

聖イグナティオスの七通の書簡が本物かどうかという問題にはここで立ち入らない。次の点を指摘しておけば足りよう。第一に、〔この七通以外の〕カッソボラのマリアへの八通、タルソスの教会への一通、フィリッピの人々への一通、助祭ヘロンへの一通、聖母と聖ヨハネへの二通は誤って聖イグナティオスに帰せられるもので、それについてはもう異論がない。

第二に、大多数の批評学者が聖イグナティオスのものとみなす手紙も、非常に有能な幾多の人が非常に重大な根拠に基づいて斥けている。それらは何世紀も前からひどく改竄されていて、どこが書き加えなのかも分からなくなっていた。バロニウス[九一]はヴァティカン図書館にある二つの写本から、イグナティオスの弟子のヘロンがあの聖人に送った頼みの言葉を引いたが、その価値もイグナティオスからヘロンへの手紙に優るものではない。

ポリュカルポスのいくつかのくだりがカプアのヴィクトルに載っている[五八]が、有能な批評学者たちはあの聖人のものではないと認めている。使徒たちの弟子の名を冠した偽書は、ほかにも多い。アブディアス[九三]〔による『使徒列伝』〕、〔バプテスマの〕聖ヨハネの二番目の弟子と称するエウリポスなる者が著わした『聖ヨハネの死の話』[五九]、聖ペテロの弟子のマルケルスによる『聖ペテロ、聖パウロの魔術師シモンとの闘いの話』[六〇]、ヘゲシッポスによる『ユダヤ人史』、聖ペテロの後任としてアンティオキアの司教を務めたエウオディオス[九四]の著作、『聖ペテロと聖パウロの死について』という文書、『聖マルシヤル[九五]からボルドーの人々への手紙』、プロコロ[九六]による『聖ヨハネ伝』、『四福音記者の連鎖』、『聖母の死』というメリトン[九七]の書などである。

今ある『シビュラの書』[九八]が世に現われたのは二世紀初頭、マルクス・アウレリウス[九九]帝の時代だった。これはキリスト教徒の手になることを識者たちも認めている[六一]。ペテンがあまりに歴然としており、知識のある人が多少とも注意すれば見落とすことはありえない。こういう貶された書を擁護しようと最近企てたドイツのベントミウス[一〇〇]とネーリンギウス[六二][一〇一]、イギリスのフロイアー騎士[六三][一〇二]は、その書の権威を立て直すより自分の批評眼に泥を塗るだけだった。『シビュラの書』が出現するや、ユスティノスはさっそくそれをマルクス・アウレリウスとルキウス・ウェルス[一〇三]に宛てた論説[一〇四]の中で引用した。以来キリスト教徒は、疑う余地がないかのように信用し切ってその書の権威を利用した。テオフィロ

[一〇五]スもアレクサンドリアのクレメンス[一〇六]もラクタンティウスもアウグスティヌスも、その書から引き出す証拠を聖書の諸書が与える証拠とほぼ同列に置いている。コンスタンティヌス帝[一〇七]は有名な演説で、実に大胆にこの書を引用した。[六四]たしかにそこでは、「証拠に挙げる折《アクロスティッシュ》り句[一〇八]がシビュラの作なのを疑う人もいた」と認めてはいるが、「真実は曇らすこともできないほど明らかだ」と答えている。付け加えて、「年代の計算も実に正確だから、救主の到来と断罪後にその詩が書かれたと想像する理由は一つも残らない、キケロ[一〇九]がその詩を見てラテン語に訳し、自分の著作に入れたことを皆が認めているから」とも言う。

どうやら、この演説の原稿作成にはラクタンティウスが関与したらしい。巫女《シビュラ》についてコンスタンティヌスがニカイア公会議[一一〇]の参会者の前で言ったのと同じ事柄があの弁論家の著作の内にも見られる[六五]からである。

こんなおかしなことを言うとは、読者の無知によほど当て込んだのであろう。キケロが『卜占論』の第二巻で或る折《アクロスティッシュ》り句を引いているのは事実だが、これはキリスト教の真実性の証拠として皇帝が使うのとは全く別物である。キケロが言及するものは、カエサル[一一一]に諂《へつら》う誰かが偽造した代物で、目的は、国家を繁栄させるにはあの皇帝を王として認めるほかないとローマ人に納得させることにあり、その意図を実現すべく、王を持たぬ限りローマ人は幸福になれないという巫女《シビュラ》の預言を持ち出したのである。

キリスト教徒でも一部の者は正当に評価してやらねばならない。オリゲネスが教えるところでは[六六]、キリスト教徒の中にも巫女《シビュラ》を論拠に使いたがらぬ者がいて、そういう人はそれを使う者を巫女《シビュラ》派と呼んだりもしたらしい。オリゲネスはそこから非常な感銘を受けたので、自らも巫女《シビュラ》の権威には訴えなかった。キリスト教徒が巫女《シビュラ》の書を改竄したと責める論敵〔ケルソス〕[一一二]に攻撃の材料を与えたくなかったのである。[六七]同じような抑制的態度はテルトゥリアヌスにも聖キプリアヌス[一一三]にもミヌキウス・フェリクス[一一四]にも見られる。

こういう女預言者の書はペテンの絶好の機会になった。異教徒や初代のキリスト教徒、次いで東方教会の人々が[六八]折にふれ預言を偽造し、巫女《シビュラ》のものとしたことは間違いないからだ。

偽造の大胆さでは初期の異端者も支配的なセクトになんら引けを取らなかった。彼らも自説に有利な偽書のでっちあげに血道を上げた。

エビオン派は聖マタイ、聖ヤコブ、その他の使徒の書を偽造していた。エピファニオスにその断片が残っている。グノーシス派にはアダムの名を冠した啓示や[六九]、『エバの福音書』[二一五]や、セツのものとする多くの論考があった。その一つは、ノアの妻に付けた架空の名を取って『ノレア〔の書〕』と呼ばれていた。『マリアの出産』というのもあれば、大と小に分かれた『マリアの質問』というのもあった。

セツ派[二一六]にはセツの書のほかにアブラハムの名を冠した黙示録や、モーセのものとされる黙示録があった[七〇]。非常に古い著作家のアグリッパ・カストル[二一七]は、バシレイデスがバルコフ[二一八]の名で一書を作ったと非難した[七一]。バシレイデスはバルカッバスの預言というのも作っていた。その弟子たちはハムの預言と称するものを使っていた。

プロディコス[二一九]の派はゾロアスター[二二〇]が書いたとする秘密の書を持っていた。啓示その他の宗教的秘義を盛ったものだが、プロティノス[二二一]とポルフュリオス[二二二]は筆を執って[七二]、それらの書がグノーシス派による偽造文書であるのを示した。

聖エイレナイオスは無数の偽書を作ったとマルコス派[二二三]を非難して、それの断片を引用している[七三]。

アルコン派[二二四]は『イザヤの昇天』と呼ぶ本と、族長セツの七人の子が書いた七つの書を根拠にしていた[七四]。

エルカサイ派[二二五]は天から降って来たと称する一書を持ち出し[七五]、その内容を信じる者は罪の赦しを得られると請け合っていた。

ニコライ派[七六][二二六]にはヤルダバオト[二二七]の名を冠した書があった。彼らによると、ヤルダバオトはバルベロ[二二八]の長子だったという。これらの闇の書には、恥ずかしくてフランス語に移せないほど猥褻なことが書いてあったが、エピファニオスはそういうものを自著に収めても差し支えないと思った[七七]。マニ教徒は使徒たちや、さらにはイエス・キリスト自身に帰する多くの書を持っていたことを聖レオは教えてくれる。『使徒たちの思い出』と呼ぶ本で彼らが古き律法を全面的に破壊したのはそういう書物のせいだった[七八]。この本はプリスキリアヌス派にも受けいれられた。オロシウス[二二九]はそれを若干引用している。マニ教徒はイエス・キリストの到来を予告する二、三の預言をでっちあげたと考えられている。到来といっても、自派が唱えるような形でのものだったが。

異端者の内にいたいちばん有名な文書偽造者はレウキウス[一三〇]という男だった[七九]。使徒たちに帰せられる奇蹟だらけの偽行伝をほぼ全部作ったのがこの男である。モンタノス派[一三一]もマニ教徒もプリスキリアヌス派もこの男の書き物を感嘆しつつ受けいれた。プリスキリアヌス派はほかにも多くの偽書を根拠にしていて、それを自ら普及させた結果、スペインでは『イザヤの昇天』とか『エリヤ黙示録』とか『アルマギルド』、『バルビロン』、『アブラクサス』、『バルサメ』、『マニの宝典』、滑稽な『レウシボラス』、その他ヘブライ語から取ったと自慢して、無知な者を恐れさせ感嘆させるためいい加減にでっちあげたあらゆる名前の書がたえず語られるようになった[八〇]。

異端の放縦は存命する著作家の本さえ改竄する者が出るまでになった。コリントスのディオニュシオス[一三二]は、章句を削ったり自分が考えもしなかったことを書き足したりして自分の手紙が偽造されていると嘆いていた[八一]。同じことはオリゲネスにも起こった[八二]。或る異端者が〔オリゲネスと自分との〕会談記を著わして、あの博士に自説と真向から対立するような話をさせ、この書は全教会に弘まった。

イエス・キリストに実に有利な証言をするかの有名なくだり[一三三]がヨセフス[一三四]の史書に挿入されたのは、おそらくオリゲネスの時代とエウセビオスの時代の中間だったろう。オリゲネスはそれを知らなかったのに、エウセビオスの本にはそのくだりが載っている[八三]からだ。批評学の素養が多少ともあれば偽造が明瞭なのは感じ取れるが、先入観や知識のなさが禍して本物の学者が挙げる理由を理解するのに必要な注意を払えなくても、最低限、多くの有能なキリスト教徒があのくだりに異議を申し立てていることだけで、それを証拠として持ち出さぬためには十分であろうと思う。支えとして疑わしい理由を使うと、支える立場自体が信用をなくすのである。

この問題はすでに論じ尽くされたのでここでは立ち入らず、ただ次のことだけ言っておこう。ヨセフスの著作がキリスト教徒によるにせよユダヤ人によるにせよとにかく改竄されたことは誰でも認めるから、イエス・キリストをめぐる証言をユダヤ人が削ったと想像するより、キリスト教徒が加筆したと考える方がはるかに自然なのである。キリスト教徒がその面で勝手放題なことをしたのはよく知られているし、キリスト教徒にこうまで有利なくだりをユダヤ人が削除して、当のキリスト教徒がそれを全然知らなかったことはありそうにない。イエス・キリストを語るくだりを加筆してヨセフスの中に挿入したのはエウセビオス自身だと思った人もいたが、全然根拠のないその説はド・ヴァロワ氏(一三五)に反駁された(八四)。

有名なブロンデル(一三六)は、バプテスマのヨハネについて言及されたヨセフスの個所もあのユダヤ史家のものではありえないと確信していた。「そこではイエス・キリストの先駆者を褒めすぎている。この讃辞を含む言葉が著者のテキストへの加筆であることは容易に気が付く」とこの人は言う。

実に鋭い眼力のあるこの博学な批評学者がここで間違えていないとしたら、その加筆が誰の手によるのか見抜くのは難しくない。

キリスト教徒の熱意は、ヨセフスに自分らと同じような物言いをさせるだけには止まらなかった。ユダヤ人はイエス・キリストを軽蔑し虐待したため罰せられたということをフィロン(一三七)の内にみつけた者もいた(八五)。

偽の殉教者行伝をここで洗いざらい詳説しようとしたら切りがあるまい。本物はごくごく少ないことだけ指摘しておこう。初代数世紀にすら偽物が製造された。

ゲラシウスは『聖パウロ及び聖女テクラ行伝』という題の本を外典として断罪している(八六)。これは聖ヨハネの存命中に聖パウロの名を冠して作られた書らしく、それが原因で著者は降格されたという。

聖アンデレの殉教の記録〔『アンデレ行伝』〕もあって(八七)、テキストには、これは目撃したアカイアの司祭たち、助祭たちがしたためて、世界中のあらゆる教会へ送るものだとある。しかし、人一倍受けいれる気構えでいそうな者でさえ、虚偽の特徴がそこに多々見られるのを認めている。本物の行伝はどんな衒いとも程遠い簡素な文体でそれと分かるものだ。人気取りのため、あるいは人を誘惑するために偽造者がでっちあげた、通常真実を裏切る驚異的な出来事など書いてないのである。一例を挙げよう。

使徒たちの弟子の聖クレメンスはそれらの行伝によると殉教者として死に、その受難には華々しい奇蹟が伴ったという。しかし、そういう奇蹟は聖エイレナイオスもエウセビオスも聖ヒエロニムスも知らなかった(八八)し、この人たちはあの聖人が殉教者として死んだことさえ知らなかったようだから、これは行伝の著者が真実を求めるより驚異を求めた証拠になる。

五世紀末に法王ゲラシウスは(八九)、文書偽造者が教会に起こした混乱に手を打たねばと思った。そこで教令を発し、多数の偽書を断罪したが、この法王の用心もペテンの精神を根絶させはしなかった。どんな党派にも、いつの世にもそういうものはあるからである。

(一) アウグスティヌス『福音記者の一致について』、第一巻、第二部、第十四章。〔『全集』〕第三冊、八ページ。
(二) 第六巻、第十六章。
(三) 〔ル・ナン・ド・〕ティユモン〔『初代六世紀教会史覚書』〕、第八冊、第二章、四九四ページ。
(四) 『教会史』、第一巻、第十三章。
(五) ティユモン、第一冊、七四ページ。
(六) エウセビオス『教会史』、第九巻、第七章。
(七) 同、第一巻、第九章。
(八) エピファニオス〔『全異端反駁論』〕、第五十章、四二〇ページ。
(九) 『〔第一〕弁証論』、七六ページ。
(一〇) 『護教論』、第五章。
(一一) ピエール・ド・ブロワ〔『全集』〕、四八〇ページ。ティユモン、第一冊、第二十九章、五四二ページ。ファブリツィウス『ギリシア文庫』、第十三冊、四七七ページ。
(一二) エウセビオス『教会史』、第一巻、第二章。同『天地創造以来の年代記』、第一巻、第十二章。アバディ〔『キリスト教の真実性を論ず』〕、第二冊、第二部、第六章。ティユモン、第一冊、一四四ページ。ウットヴィル〔『事実によって証明されたるキリスト教』〕、六九ページ。
(一三) 『神の怒りと死について』、第二章。
(一四) タキトゥス『年代記』、第三巻、第六十五章。
(一五) ブロンデル『巫女論』、第一巻、第七章。コトリエ〔『使徒教父』中の〕「聖クレメンス第二書簡考」、第一冊、一八二ページ。
(一六) ティユモン、第一冊、「福音記者聖ルカ」の項、一四二ページ。
(一七) 『マタイ伝註解』、序文。〔『全集』〕第四冊、一ページ。
(一八) オリゲネス『ルカについての講解一』、〔『全集』〕第一冊、一三四ページ。
(一九) ベーダ『ルカ伝福音書前言』、エウセビオス『教会史』

第三巻第二十五章および第四巻第八、第十二章、ヒエロニムス『マタイ伝註解』序文、〔『全集』〕第四冊一ページ、テオドレトス『異端言説要約』第三巻序文をも参照。

（二〇）　エウスタティオス『六日の業《わざ》註解』、六九、七〇ページ。
（二一）　フランシスコ・ビヴァリウス『フラウィウス・ルキウス・デクストルス年代記註解』、五七ページ。
（二二）　ティユモン、第二冊、四九ページ。エピファニオス、第三十八章、二七七ページ。テオドレトス、第一巻、二〇六ページ。
（二三）　オリゲネス、ゲラシウス、エウセビオス『教会史』第三巻第二十五章、キュリロス〔『全集』〕一〇七ページ。
（二四）　コトリエ〔『使徒教父』中の〕「使徒法憲への註」、第六巻、第十六章。
（二五）　エピファニオス、〔第二十六章〕九五ページ。
（二六）　エピファニオス、第六十二章、五一四ページ。
（二七）　エウセビオス『教会史』、第三巻、第二十五章。
（二八）　オリゲネス『ヨハネ伝註解』。エピファニオス、第二十九章。エウセビオス『教会史』、第三巻、第二十七章。
（二九）　エピファニオス、第二十九章、一二四ページ。
（三〇）　『教会著作家論』、マタイ伝第二十二章について。〔『全集』〕第四冊、四七ページ。
（三一）　エピファニオス、オリゲネス。
（三二）　エピファニオス、第二十六章、八三ページ。
（三三）　『東方のアラビア語文書からのニカイア公会議への序文』。
（三四）　エイレナイオス〔『異端反駁』〕、第三巻、第十一章、第九節、一九二ページ。
（三五）　テモテ『教会に近付く人々について』。
（三六）　ル・クレール『キリスト生誕後初代二世紀教会史』、四五五ページを参照。
（三七）　『ウィギランティウス駁論』。
（三八）　ティユモン、第八冊、四九五ページ。
（三九）　アレクサンドリアのクレメンス〔『雑録』〕第一巻三五七ページ、第六巻六三五ページ。オリゲネス『ヨハネ伝註解』第二十章第十二節。エウセビオス『教会史』第三巻第二章、第六巻第十四章。聖ヒエロニムス『教会著作家論』。ルフィヌス『使徒信条註解』。
（四〇）　エピファニオス、第三十八章、二七七ページ。
（四一）　ソゾメノス〔『教会史』〕、第七巻、第十九章。
（四二）　聖ヒエロニムス『教会著作家論』。
（四三）　聖ヒエロニムス、同。
（四四）　エウセビオス『教会史』、第三巻、第二十五章。ティユモン、第八冊、四九四ページ。
（四五）　エピファニオス、第三十章、一四七ページ。
（四六）　ティユモン、第一冊、三九八ページ。エピファニオス、〔第四十六章〕四〇〇ページ。聖レオ『講解集』、「書簡九十三」、一六七ページ。
（四七）　〔『雑録』〕第二巻三八〇ページ、第七巻七四八ページ。
（四八）　メナール、コトリエ、ル・モワーヌ、アレクサンドル神父、カジミール・ウダン。
（四九）　ティユモン、第一冊、六九〇ページ。
（五〇）　同、第二冊、一〇八ページ。
（五一）　パージ『バロニウス枢機卿の世界教会年代記に対する歴史的・年代学的批評』、五六年の項、第三。
（五二）　アレクサンドル神父。
（五三）　ティユモン、第二冊、一三三ページ。
（五四）　同、一六三ページ。

(五五) エウセビオス『教会史』、第三巻、第三十八章。
(五六) エピファニオス、第七十章、八二二ページ。
(五七) ペトー神父の註を参照。
(五八) ティユモン、第二冊、「聖ポリュカルポスについての註」四、六七五ページ。
(五九) 同、第一冊、四九三ページ。
(六〇) 同、五三八ページ。
(六一) ファブリツィウス『ギリシア文庫』、第一巻、第三十三章、第十五。
(六二) 同『証拠選び』、第一章、三三ページ。
(六三) 『イギリス文芸覚書』、第九冊、一七二ページ。
(六四) 『聖徒の集まりへ』、第十九章。
(六五) ラクタンティウス〔『神学提要』〕、第四巻、第十五章、四〇〇ページ。
(六六) オリゲネス『ケルソス駁論』、二七二ページ。
(六七) 同、五〇八ページ。
(六八) ファブリツィウス『ギリシア文庫』、第三十三章、第十二。
(六九) エピファニオス、第二十六章、八四、八九ページ。ティユモン、第二冊、五二ページ。
(七〇) エイレナイオス、第一巻、第三十三章。エピファニオス、第三十九章。
(七一) エウセビオス『教会史』、第四巻、第七章。
(七二) ファブリツィウスの『ギリシア文庫』第四冊第二百六十二章一〇五、一〇六ページにあるポルフュリオスの『プロティノス伝』。プリドー『ユダヤ人史』、第一冊、四一六ページ。
(七三) エイレナイオス、第一巻、第八章。
(七四) ティユモン、第二冊、三二三ページ。エピファニオス、第四十章、二九二ページ。
(七五) エウセビオス『教会史』、第六巻、第三十八章。テオドレトス『異端言説要約』、第二巻、二二二ページ。
(七六) エピファニオス、第二十五章、七八ページ。
(七七) 同、〔第二十六章〕八九ページ。
(七八) 聖レオ、〔『講解集』、「書簡九十三」〕二三二ページ。ティユモン、第四冊四〇一ページ、第八冊四九四ページ。
(七九) ティユモン、第二冊、四八六ページ。フォティオス〔『図書館』〕、抜萃百十四。
(八〇) ティユモン、第八冊、四九五ページ。
(八一) エウセビオス『教会史』、第四巻、第二十三章。
(八二) ティユモン、第三冊にあるオリゲネス伝、第十六項、五二八ページ。
(八三) 『福音の論証』、第三巻、一二四ページ。
(八四) エウセビオス『教会史』第二巻第十一章への註。
(八五) ピエール・ド・ブロワ『ユダヤ人の背信に反対す』、第二十四章。
(八六) ヒエロニムス『教会著作家論』。テルトゥリアヌス『洗礼論』。ティユモン、第二冊、六五ページ。
(八七) ティユモン、第一冊、五八九ページ、聖アンデレについての註二。
(八八) ティユモン、第二冊、第十二、六〇五ページ。
(八九) パージ、四九四年の項、第三。

第三章　イエス・キリストの奇蹟の真実性を確かめられるような情報が、ユダヤ人や異教徒中にあったか。そこから下すべき結論とは何か。使徒たちの大多数は殉教者として死んだのか否か

キリスト教弁証論者の言うとおりだとすれば、使徒たちはキリスト教の宣教を始めるや否や逮捕され、イエス・キリストの話の真相を責苦で吐かせるため拷問にかけられたという。エウセビオス（一）も後のパスカルやアバディもこの論拠を大いに利用した。アバディは言う。「どうして自分を欺こうとするのか。犯罪人を拷問すれば犯行を自白することは分かっている。責苦はどんなに秘めた行為をも白状させる。これは真実を発見するほぼ間違いない方法で、人間の司法もそれをかなり多用している。ならばどうして、あれほど多くの詐欺師が尋問され、前言を翻すよう鉄火で迫られても、かくも毅然と嘘の供述を続けるということがありうるのか。かけられるのは一種類の拷問ではなく、ありとあらゆる拷問なのである。責苦にかけられる場所も一カ所ではなく、ほとんど行く先々なのである。この迫害に晒されるのは一時《いっとき》ではなく、生涯のあらゆる瞬間なのである。勝負は一度きりではなく、相手はユダヤ人も異教徒も、司法官も国王も祭司も民衆もいたのである。攻める道具も苦痛だけでなく、恥辱にまみれさせもしたのである。なのに、一人として前言を翻さなかった。別々に尋問されても対質させられても、みんな異口同音に、イエス・キリストは生き返った、墓から立ち上がるのを自分は見たと供述したのだ。こんなにしてペテンを擁護するものなら、真実を主張する時はどうするのか教えてもらいたい。」

この推理は本来なら非常に強力なものだろうが、あいにく歴史に真向から反する仮定の上に立っている。イエス・キリストが死んだ直後のことをキリスト教徒が探るべきなのは使徒行伝の内からだが、イエス・キリストの奇蹟のこ

ういう「検査」に触れた言葉はそこに何ひとつ見られない。見られるのはただ、初代キリスト教徒が蛇蝎視されたこと、古来の宗教を傷つけてその新説が大きなトラブルを起こしたことが嫌われる理由だったということだけだ。アジアのユダヤ人が挙げた聖パウロへの苦情もそういうものだった。「イタル所デ民ト律法トコノ場所トニ反スルコトヲ人々ニ教エルノハアノ男デアル。マタモヤ、ギリシア人ヲ神殿ニ入レテ、コノ聖ナル所ヲ汚《ケガ》シテイル。」（使徒行伝、第二十一章、第二十八節）憎しみが昂じて、キリスト教徒は無神論とか近親相姦とか、人肉を食べるとか、権力を敬わないとか、実にけがらわしい犯罪行為を非難された。[一二]召使すら彼らに不利な証言をした。[一三]そういう告発はなんら根拠のないものだったが、どこでもそれが信用された。キリスト教徒というだけで、生きる価値なしと見られた。キリスト教徒だと認めることは、自動的に、あらゆる犯罪を自白したことだとされた。こういう誤りを犯したのは民衆だけでなく、どんなにすぐれた人もそれに感染した。この新セクトをタキトゥスがどれほど軽蔑したか知らぬ人はいない。キリスト教徒を話題にして、彼はこう言っている。[四]「それは、日頃から忌わしい行為で世人から恨み憎まれ、〈クリストゥス信奉者〉と呼ばれていた者たちである。この一派の呼び名の起因となったクリストゥスなる者は、ティベリウスの治世下に、元首属吏ポンティウス・ピラトゥスによって処刑されていた。その当座は、この有害きわまりない迷信も、一時鎮まっていたのだが、最近になってふたたび、この禍悪の発生地ユダヤにおいてのみならず、世界中からおぞましい破廉恥なものがことごとく流れ込んでもてはやされるこの都においてすら、猖獗をきわめていたのである。そこでまず、信仰を告白していた者が審問され、ついでその者らの情報に基づき、実におびただしい人が、放火の罪というよりむしろ人類敵視の罪と結びつけられたのである。彼らは殺されるとき、なぶりものにされた。すなわち、野獣の毛皮をかぶされ、犬に噛み裂かれて倒れる。あるいは十字架に縛りつけられ、あるいは燃えやすく仕組まれ、そして日が落ちてから夜の灯火代りに燃やされたのである。……そこで人々は、不憫の念をいだきだした。なるほど彼らは罪人であり、どんなむごたらしい懲罰にも価する。しかし彼らが犠牲になったのは、国家の福祉のためではなく、[一三八]ネロ一個人の残忍性を満足させるためであったように思われたからである。[一三九]」

スウェトニウス[一四〇]はタキトゥスに輪をかけてキリスト教を嫌っている。ネロがキリスト教徒を嫌うのを褒めているほどだから。

小プリニウス[一四一]の有名な手紙は、キリスト教徒だと自白するだけで死罪とされたことを教えてくれる。トラヤヌス[一四二]にこう言っているのだ。「告発された者には以下のようにいたしました。本当にキリスト教徒かどうか尋問し、そう自白したら、死刑にするとおどかして二度三度同じ質問をしました。あくまで自白を貫いた者は刑場へ引いて行かせました。キリスト教故に犯罪人でなくても、かたくなさ、挺子でも動かぬ頑固さは処罰に値するのを疑わなかったからであります。」

同じプリニウスは、この新宗教に実に熱心な二人の女性を拷問にかけさせた。拷問の目的は、キリスト教徒の集まりで何が行なわれているか、忌わしいことを色々しているという非難が正しいかどうか知るためにすぎなかった。キリスト教徒を死刑にする主な動機は二つあったことが最古の殉教者行伝からも分かる。第一は偶像に生贄を捧げるのを拒んだからで[五]、これは背教とみなされた。司法官にも民衆にも嫌われた第二の理由は、皇帝の御稜威《みいつ》に賭けて誓うのをかたくなにしたがらないことだった。君主に愛着を持っていないとそこから言われたのである[六]。このことは、紀元二〇七年にスペラトゥス[一四三]その他、スキリウム人と呼ばれるカルタゴの殉教者たちにアフリカ総督サトゥルニヌスが下した死刑判決にも述べられている[七]。

イエス・キリストの奇蹟がユダヤ人や異邦人に検査された証拠は全然なく、エルサレムもローマもそんなことには無関心だった。現今、セヴェンヌ地方で起こるとされる不思議なこと[一四四]にパリが無関心なのと同じである。

それどころか、あえて言えば、そういう調査についてあまり強調するのはキリスト教の立場を悪くするものであろう。ウットヴィル師を批判した人[一四五]はそのことを実に見事に証明した。いわく[八]、「調査したのに世界の大部分はイエス・キリストを信じず、ほんの一握りのキリスト教徒を除いて、福音の事実は長いこと誰にも信じられなかったのだ。」

つまり、それらの事実の真実性を発見するのにあれほど関心を持ち、あれほど利益を感じていたとされる全世界が、なおかつそれを本当と思わなかったことにならざるをえない。少数の者を除いてなぜ皆がイエス・キリストを忌み嫌い、誘惑者と目したのか。その信者らは哲学に嘲笑され、宮廷に迫害された。イエス・キリストに帰される事実が十分確認され深く調べられていたら、こんなに軽視されたということがありうるのか。

キリスト教徒がイエス・キリストに帰するあらゆる奇蹟の華々しさにもかかわらず、使徒たちに追随したのはいつも誘惑されやすい卑賤な下層民しかいなかった。身分や知力で擢《ぬき》んでた人はこの新宗教を馬鹿にし切り、キリスト教は誕生早々到る所で反対に遭った。「ドコデモ、コノ宗派ガ非難サレテイルノヲ知ッテイルカラデス(九)。」当時の特に有名な著作家で、キリスト教徒に触れる機会のあった者はみな、狂信者の群としてしか語っていない。イエス・キリストの奇蹟が注意を惹くもの、公然のものと想定されればされるほど、人々がそれを信じるのを拒んだことはますます大きな力を帯びる。新宗教を支持する決心がつかない者は、一人一人が、それに有利などういうことが言われようとも信用するなと陳述する証人になるからである。テュアナのアポロニオス(一四六)がローマで一人の娘を生き返らせたという話をエウセビオスは正当にも受け付けず(一〇)、その種の事実が皇帝やローマのお歴々の耳に入らなかったはずはないからと言ったし、真理の力に押されて某有名作家も(一一)(一四七)、ダマスカスのヨアンネス(一四八)が聖母から手を返してもらったという奇蹟を否定して、そんなことを目撃したらダマスカス市はマホメット教を棄てたはずだからと言ったが、それならまして、イエス・キリストや使徒たちの華々しい奇蹟を否定する無敵の論拠を、ユダヤ人が信じなかったことから引き出せよう。キリスト教徒がようやく数の上で優勢になりかけた頃には、イエス・キリストの使命の根拠となる事実をもう調べようがなかっただけに尚更である。ディットン氏は、ユダヤ人の間でイエス・キリストの復活が重大な異議を蒙ったのなら彼らの反論にわれわれが注意を払うのも当然だと感じたのであろう、イエス・キリストは本当に復活したとユダヤ人は確信したことを証明しようとした(一二)。しかし、あの宗教の教祖が神から遣わされた者だったことをはっきりと目にしていたら、ユダヤ人がみんなあれほどキリスト教迫害に血道を上げたということがありうるだろうか。人間がわざと自分を滅ぼそうとし、神の声がはっきり聞こえるのにそれにあえて逆らうとは考えにくい。これほどの背神の罪を犯せるような悪党がどこかにいると想定はされても、少なくとも、国民全部と一大法廷がそうまで途轍もなく盲目になれたとは納得しがたい。ユダヤ人もイエス・キリストを神の子と知っていたら十字架にかけなかったろうと言えたなら、ユダヤ人はイエス・キリストの天的な使命について実際の証拠を持っていたら死後にもそれを迫害しなかったろうと同様の真実性を以て言えるはずである。

キリスト教弁証論者のもう一つの錯誤は、使徒たちはほぼ全員仕置きの中で、イエス・キリストの奇蹟と復活は本当だと証言しつつ死んだと仄めかそうとすることである。だが、これほどの嘘はない。今では特に有能な批評学者らも認めるとおり、使徒たちがどんな死にかたをしたかは分かっておらず、分かっているのは使徒行伝と、ごく少数しか残っていない公認の著作家たちが教えていることだけである。「使徒時代ニ関スルカノ書デ、マタハ、当時カラ今に至ルマデ残ッテイルノハゴク少ナイ公認ノ著作家ノモノデ報ジラレル多少ノコトヲ除イテ、使徒タチガドンナ死ニカタヲシタカハワレワレニ皆目分カッテイナイ」（一三）とドン・ティエリ・リュイナール神父〔一四九〕も言っている。二世紀の教会著作家ヘラクレオン〔一五〇〕は、マタイもトマスもピリポも、その他多くの使徒も自然死したと請け合っている（一四）。マッテヤ、バルナバ、ユダ、シモン、バルトロマイ、福音記者ヨハネの死の詳細は何も分かっていない。言われることはみな、あまり信用の置けぬ著作にしか基づいていない。

（一）『福音の論証』、第三巻、第七章、一一二ページ。
（二）アテナゴラス〔『キリスト教徒のための弁疏書』〕、四ページ。ユスティノス『〔第二〕弁証論』、五五ページ。同『ユダヤ人トリュフォンとの対話』、三三七ページ。テオフィロス『アウトリュコスに宛てた護教論』、第三巻、一一九ページ。ミヌキウス・フェリクス〔『オクタウィウス』〕、八六ページ。
（三）エウセビオス『教会史』、第五巻、第一章。
（四）タキトゥス『年代記』、第十五巻。
（五）聖女シンフォローサの殉教（ティユモン、第二冊、一六三ページ）、ポリュカルポスの殉教（ティユモン、第二冊、三六八ページ）を参照。
（六）ティユモン、第二冊、三六八ページ。
（七）ティユモン、第三冊、一三四ページ。
（八）第四の手紙。
（九）使徒行伝、第二十八章、第二十二節。
（一〇）エウセビオス『ヒエロクレス駁論』、第三十および第三十五章。
（一一）ジュリュー。ベール〔『歴史批評辞典』〕、「ダマスケヌス」の項。
（一二）ディットン〔『主イエス・キリストの復活によって証明されたるキリスト教』〕、三〇五ページ。
（一三）『殉教者行伝』、一ページ、「聖ヤコブの殉教についてのお知らせ」。
（一四）アレクサンドリアのクレメンス『雑録』、第四巻。

第四章　ユダヤ人や異教徒やマホメット教徒が認めたことは、イエス・キリストが奇蹟を行なった証拠になるのか

キリスト教弁証論者は、イエス・キリストが多くの神異を行なったのを敵ですら認めざるをえなかったことを大いに力説した。たしかにケルソスも、イエス・キリストは魔術の知識があって一見人力を超えることもやれたと想定している〔一〕し、ユリアヌス〔一五二〕もイエス・キリストが跛者《あしなえ》や盲人《めしい》を治癒したのを否定していない〔二〕。マホメット教徒やタルムード〔一五二〕学者〔三〕もイエス・キリストがしたとされる奇蹟に異を立てなかった。

自分の立場に有利と思う証拠なら調べもせずになんでも受けいれるのが習いの人もいるが、しかし、このように敵も認めていることはそういう人が想像するほど決定的な力を持たない。教父たちが認めても異教の奇蹟が実際にあった証拠にならないのと同じく、キリスト教の敵が認めても、イエス・キリストの奇蹟に有利な結論は何も出て来ないのである。

人間は精霊の助けを借りて超自然的なことでもやれるというのが、どの派も認める原理だった。当時の哲学者がそれを確信していたのは、いわゆる「妖術師」が自然を支配できると今の民衆が確信するのに劣らなかった。

だからこそ、彼らは嫌な顔ひとつせず認めたのである。認めたところで、そこからどんな利益も引き出せるとは思わなかったのだ。ピュタゴラス〔一五三〕やアポロニオスの奇蹟からこれらの有名人に有利な決定を下せないように、そういう奇蹟からもイエス・キリストに有利な決定を下せるとは思っていなかった。だから、認めたといっても調べもせずに認めたわけで、こんな承認は、議論の中味を左右しないと思うためわざわざ異を立てようとせず、神学者や哲学者が

そうだとしてもいいと言う命題と同じようなものと見ねばならない。これがケルソスの考えだったことは或るくだりからはっきり分かる。イエス・キリストの奇蹟を話題にしながらも、それを議論することをケルソスはしようとしないが、その理由は、「不思議なことをやってのけるああいう手品師以上のことはあの男について何も言われていない（これはケルソスの言葉だ[四]）からである。手品師も悪霊を追い出したり、病人を治したり、英雄たちの魂を呼び出したり、豪華な食事や、動かないのに動くように見える動物の姿を突然出現させたりするものだ。」

歴史をよく知らず推理の術にも長《た》けていないタルムード学者らがイエス・キリストの奇蹟を認めるとはいえ、初代数世紀のユダヤ人がそれを認めていなかったのは確かなように思われる。キリスト教は当初反対者にしか出会わなかったと使徒行伝にも書いてある。イエス・キリストが死んだ直後にユダヤ人が到る所へ代表を派遣し、弟子たちの話を警戒せよと知らせたと『トリュフォンとの対話』[一五四]の著者は断言している。だから、少なくとも当時は、弟子たちを嘘つきとみなすように装っていたのである。

（一）　オリゲネス〔『ケルソス駁論』〕、七および三〇ページ。ラクタンティウス〔『神学提要』〕、第五巻、第三章、四六三ページを参照。

（二）　聖キュリロス〔『教理手引書』〕、第十三巻、一九一ページ。

（三）　トマ・ア・ジェズュ〔『すべての異邦人、離教徒、異端者、ユダヤ人、サラセン人、その他の非キリスト教徒の救いを図るべきことについて』〕を参照。

（四）　オリゲネス〔『ケルソス駁論』〕の九三ページで。

第五章　キリスト教徒が自らに帰した悪魔に対する支配力について。どんな宗派も同じ特典を持つと想像した。この力なるものは、効能のある単語が存在するという想像・瞞着・迷信の結果なのではなかろうか

キリスト教の初期護教論者にとりわけ通有の論拠は悪魔祓いだった。悪魔に命令できるのは天が公認した者だが、われわれがイエス・キリストの名で語りかけるとああいう悪霊も従わざるをえなくなる、というような理由が、異教の存続期に出たほぼすべての文書で用いられている。キリスト教の祓魔師がローマ帝国中に散らばっていたことは聖ユスティノスに載っており、聖エイレナイオスによると、自分らは悪魔に憑かれた体からそれを強力に追い出している、治った者はみなキリスト教徒になるほどだ、と彼らは自慢していたという（一）。

ミヌキウス・フェリクスの中でオクタウィウス〔一五五〕は、悪霊は祓魔師に攻め立てられると、人間を騙そうとしたと認めざるをえなくなると付け加えている（二）。いわく、「貴方がたの多くの人も知っているように、悪魔たちは自分の悪事を認めます。セラピス〔一五六〕も、貴方がたが拝むどんな偽神も、苦痛に負けて、自分が何者か白状するのです。御自分でもそれを見ておられるでしょう。嘘をついて自分の名誉に泥を塗ることなど偽神にできるとお疑いですか。ですから、自分は悪魔にすぎないと保証する時は、それを信用すべきなのです。唯一真なる神の名でお祓いをされると、悪魔は体の中にいられなくなり、患者の信仰か治療者の意志にしたがってすぐ逃げ出し、以後は必ずキリスト教徒を避けるようになります。今までは貴方がたを使って、公の集まりでキリスト教徒を罵るのが常だったのに。」

この言葉には誇張があるかもしれない。そうでなければ、悪魔を祓う者と祓われる者がぐるになっていると異教徒が疑ったのに相違ない。とにかく、こんな証拠を見せられても降参しなかったからである。

テルトゥリアヌスの言いかたはさらに自信たっぷりである。（三）いわく、「悪魔に苦しめられる者を誰でもいいから来させるがいい。手近なキリスト教徒がその悪魔に、自分は穢れた霊にすぎないと無理やり白状させるだろう。悪魔の自白を引き出せなかったら、キリスト教徒を殺すがいい。これほど完璧な証拠がありうるだろうか。君らの神々がキリスト教徒に服従するのだ。われわれはそれを嫌でも体から出て行かせるのだ。」

時には悪人ですらそれを唱えて悪魔を追い出すのがイエス・キリストの名の霊験だ、とオリゲネスも請け合っている。（四）

聖キプリアヌス（五）もこの主題に触れる時は勝ち誇る。デメトリアヌス（一五七）にこう言うのである。「われわれが悪魔を祓う時、霊的な鞭でそれを体から追い出し、悲鳴を上げさせ、自分らは裁かるべきだと白状させる時、彼らの声を聞きたければ来て見るがよい。われわれが真実しか語ってないのが分かろう。」

ラクタンティウス（六）もほぼ同じ言葉で語っているが、あまりにも真実味に乏しいことを付け加えるため、イエス・キリストが他の神々に優るのを示そうとしてそれまで言った全部のことがまるで信用をなくしてしまう。次のようなことを確かな事実として述べるのである。（七）「悪魔を祓う力を持つ者は、ユピテル、ネプトゥヌス、ウルカヌス、メルクリウス、アポロン、サトゥルヌスなどを地獄から来させられるが、イエス・キリストはその呼び出しに応じまい。」「サラニ高度ナモノヲ求メタイナラ、霊魂ヲ地獄カラ来サセル腕ノアル者ヲ集メテ、ユピテル、ネプトゥヌス、アポロンヤ彼ラ全部ノ父デアルサトゥルヌスヲ呼ビ出スガヨイ。全員ガ地獄カラ答エ、問ワレレバ自ラニツイテ語リ白状スルダロウ。ソノアトキリストヲ呼ビ出シテモ、コレハ来モセズ現ワレモシマイ。」

その理由も説明している。イエス・キリストは地獄に二日しかいなかったから、「二日以上ハ地獄ニイナカッタカラ」というのである。そして、これには何も言い返せないかのように、「これ以上完璧な証拠を出せようか」、「コノ証拠以上ニ確カナモノヲ挙ゲラレヨウカ」という問いで締め括る。さらに、アルノビウス（八）（一五八）もユリウス・フィルミクス・マテルヌス（九）（一五九）もエウセビオス（一〇）もナジアンゾスのグレゴリオス（一一）（一六〇）もエルサレムのキュリロス（一二）（一六一）も聖ヒエロニムス（一三）もアレクサンドリアのキュリロス(一四)(一六二)もザカイオス(一五)(一六三)も『グレゲンティオスとヘルバノスの議論』(一六四)の著者もこの悪魔祓いの力に勝ち誇り、それをキリスト教の神性の異論の余地なき証拠とみなしている。近い所ではジョヴァンニ・ピコ・デッラ・ミランドーラ(一六五)がそれを役立てた。ピコ以後の著作ではそれほど問題にならず、現代の著作家で悪魔を追い出す力を宗教の真実性の特に顕著な証拠の一つとした人はバルテュス(一六)(一六六)神父しか知らない。

こういう論拠は異教徒になんら感銘を与えたようには見えない。当然ではないか。異教徒にも祓魔師はおり、悪霊はそれの言うことを聞くと彼らは信じていたからである。プルタルコス(一六七)もそれを語っており(一七)、この術に手を出す者は妙薬として「エフェソス文字」（訳の分からぬ単語）を読むように命じていたと教えてくれる。アレクサンドリアのクレメンスがそれをいくつか紹介しているし、ヘシュキオス(一六八)にも載っている。

ルキアノス(一六九)は『嘘好き』でこの悪魔祓いの力について冗談を言っている。これから引くくだりではキリスト教徒を頭に置いていたことも十分ありうるが、いずれにせよ、この作品の他の多くの個所でも、異教徒が悪魔祓いに頼っていたことをルキアノスは前提にしている。いわく、「パレスティナから来たかのシリア人、この事に関する達人、月の光にあたって倒れ、眼をむき口に泡をふいているいかに多くの人々を彼が取り扱って、これらの症状にもかかわらず、回復させ、大金をとってこれらの恐るべき災から解放し正気で立ち去らせたかを、誰でも知っている。横たわっている人々の側に立ち、どこから身体に入ったかと彼が尋ねると、病人自身は黙っているが、憑《つ》き物がギリシア語か或いは夷狄の言葉でどこから自分が来たか、どうしてどこからその人の体内に入ったかを答える。そこで誓言を行い、もし従わぬならば憑き物を追払うぞとおどす。実際私は色の黒い煙のごときものが出て来るのを見さえしたのだ(一七〇)。」ルキアノスは寸鉄詩の一つでも祓魔師をからかっている。悪霊を追い出すのは呪文の力ではなく息がくさいからだと言うのである。

異教徒の間にもアポロニオス(一八)、ポルフュリオス(一九)、イシドロス(一七一)など有名な祓魔師がいた。イシドロスはヘブライ人の神を口にして妻の体から悪魔を追い出した、ほかの神々と同様にヘブライ人の神も尊敬しているとその悪魔は白状した、とダマスキオス[一七二]は報じている。

悪魔を祓う力が異教徒にもあることに、教父たちもべつだん異議を挟《さしはさ》まなかった。ユスティノス[二〇]もそれを認めて、ただ、異教の祓魔師のあらゆる力を以てしても歯が立たなかった悪魔をキリスト教徒は追い出したと称した。エジプト人が体から悪魔を追い出したことをオリゲネスも否定しない。[二一]悪魔を祓う時はアブラハムの名を用いたとオリゲネスは教えている。異教のほかの祓魔師の呪文にはイエス・キリストの名も使われたことは、聖アウグスティヌスが聖ヨハネについての第七論文で保証するとおりである。

エウセビオスもこの点について、アポロニオスの崇拝者が言うことは本当だと白状するが、[二二]アポロニオスはその力を悪魔自身から得ていたと主張している。

祓魔師を自任することが大流行したため、〔ローマ〕帝国の法律でこの狂乱を抑えなくてはならなかった。[二三]

偶像崇拝に沈湎する諸民族には現在でも祓魔師がいる。シナ人の内には悪魔祓いに手を出す僧侶がいる。[二四]彼らは「ラウズ」という教団に属していて、悪魔を追い出そうとする者が守るべき規則も定められている。こんなふうにするのである。まず、黄色い紙に恐ろしい図を描き、悪魔が来るといわれる家のまわり中に貼り付ける。それから物凄い音を立てて僧侶たちが家に入る。その音で恐れをなして、悪魔は家からも、取り憑いた人の体からも追い出されたと言うのである。

バタヴィアにいた頃、シナ人がする供犠を見に行ったとタシャール[一七三]神父は報告している。いわく、[二五]「最後まで全部見たかったが、この供犠は病人の体から悪魔を追い出すためのもので夕方まで続くと聞いたため、小一時間もいた末に引き下がった。この民の盲目ぶりは同情に堪えなかった。」仏教僧《ボンズ》たちは悪魔を追い出すのみならず、悪魔が人に取り憑かぬようにするお守りも売っている。[二六]台湾島の女祭司は悪魔を追い出すと評判である。[二七]ユダヤ人の間にも悪魔祓いを職業にする者がいて、[二八]世界中を駆け回っていた。首尾よく悪魔を追い出すと聖ヒエロニムスも認めている。[二九]

バルバリア〔北アフリカ〕にも「祓魔師」といわれる僧侶がいる。[三〇]悪魔を地獄へ返そうとする時、彼らは輪を作って、そこにいくつかの字を書き、取り憑かれた者の手か顔に印を捺し、それから悪臭に充ちた所に閉じ込めて、まじないをする。悪霊に向かって、どうやって体に入ったのか、どこから来たのか、名前はなんというのか尋ね、最後に出ろと命じるのである。フェス王国にも祓魔師はいる(三一)。

ここからも分かるように、国は違っても人間は似たり寄ったりで、あらゆる宗教が同じ論拠を使えるのである。しかし、あらゆる宗派に通有の特権が特殊に或る宗派の特典になることはない。偏見を去って注意深くこの問題を検討したら、悪魔とか、この悪霊に対して人間が持つ力とかについて言われることは、ほとんどみな狂った想像か、俗説を維持することで得をする連中の悪意から発しているにすぎないことが分かるだろう。

恐怖で頭がおかしくなって鬼神を見たような気になる者もいる、怯えが昂じて、そういう幻から害を受けないように首を吊る者さえいた、とヒポクラテス(一七四)は報じている(三二)。四世紀の有名な医師のポセイドニオス(一七五)(三三)は、「憑依」と呼ばれるものを自然な病に帰していた。この問題について最近とても道理に適った本を著わしたド・サン゠タンドレ(一七六)(三四)氏も、この考えからそう隔たっていない。氏いわく、「今述べたようなことは、想像力の変調や血の道や黒胆汁や腐った精液の結果とみなされたい。……狂人や鬱病患者や血の道に苦しむ人妻や娘は、悪魔に取り憑かれたと想像する。その想念から常軌を逸したことを無数にし、肉体的・精神的な苦痛を無数に味わう。悪魔に苦しめられている、どこまでも付け回されていると思い込んで、無数の作り話をする。それも、容易に信じないではいられぬほどはっきり請け合う。口にすることを全部信用しないのは、したり言ったりする異常なことを全部悪魔のせいにしないのは犯罪だと、とりわけ民衆は思うだろう。」ド・サン゠タンドレ氏はさらに続ける、「鬼神を見るという病気にかかった娘や人妻はざらにいる。中には足からの瀉血や入浴で治る者もいるが、どんな療法も効果がなく、想像力があまりに強く刺激されたため、たえず見張っていないと自損行為に及ぶような者もいる。防ごうといくら用心してもやってしまう者がしょっちゅう出る。人類を弄《もてあそ》ぼうとした者は、悪魔祓いというテーマをフルに利用した。歴史と経験が教えるとおり、習慣にない何か異常な結果が見られると、たちまち人は悪魔のせいにする。誰かが思い付いて、恐ろしい形相でしかめっ面《つら》をし体をよじり、この状態は自然現象ではないと恥知らずにも仄めかすや、たちまち悪魔に取り憑かれたとされる。誰もがそいつを見たがり、そのニュースが人心を動かし始めると、ペテンを暴こうとする思慮深い人は神を信じてないなどと言われる。」

いつの世にも、人を欺こうとする者は悪魔を介入させた。前述のとおり祓魔師は初代数世紀に大流行したが、その後も手持ち無沙汰になることはなかった。瞞着も公然とそれに手を出し、暴かれることも多かった。アモロン〔一七七〕も言うが、当時、貧乏人は金持の同情を惹くため、悪魔に取り憑かれたと泣き言を言い、打たれて真実を白状したらしい。派手なペテンの例は最近数世紀にもあった。『醜聞年代記』〔一七八〕は言う、「国王ルイ十一世〔一七九〕の頃、全王国から他の地にまで噂が大きく弘まった。ル・マン市にいる十八歳前後の娘が狂ったことや不思議なことを色々し、悪魔が私を苦しめて空中へ跳び上がらせるなどと言い、叫んだり、泡を吹いたり、その他驚異に類することを多々しているというのである。見に行った多くの人も騙されたが、結局分かったのは一から十まで偽りで、これは質《たち》の悪い狂女にすぎず、ああいう狂ったことも悪魔騒ぎも同地ル・マンの司教の用人の或る者に勧められ指図され、それから金を貰ってしていたということだった。この娘を養っていた用人たちが好きなように操り、狂ったことをすべく誘導していたのである。」

法王パウルス四世〔一八〇〕の時代に、八十九人のユダヤ人の女がローマでキリスト教に改宗した〔三五〕。ユダヤ人の財産を手に入れたら嬉しいと思う一部の者がこの新参の信徒らを焚き付け、洗礼を受けたという理由でユダヤ人が彼女らに悪魔を遣わし、それが彼女らをひどく苦しめるのだと佯らせた。悪魔祓いをするベネディクト会の修道士に、彼女らはそう答えたのである。法王はそれを聞いて、ユダヤ人を全員法王領から追放する肚を決めた。そこへ一人のイエズス会士が、もしかするとまやかしかもしれないと具申したのである。注意を受けて細かく調査したところ、悪魔に憑かれた女たちは二、三発鞭で打たれただけで、一部の宮廷人に唆《そその》かされてそのふりをしただけだと白状した。この自白に基づいて、その宮廷人らは死刑に処せられた。同時代の著作家のルイ・ギュイヨン〔一八一〕がこのように教えてくれる。国王アンリ三世〔一八二〕付きの外科医ピエール・ピグレ〔一八三〕から取ったもう一つ同種の話を次に挙げよう。

「一五八七年に王様は、パリのカプチン会の修道院にいる二十七歳の娘を診《み》よと私に御下命になった。その娘は悪魔が体に取り憑いたと言われるような症状を呈していた。陛下の御命令にはそれだけでなく、お付きの医師の中からル・ロワ氏〔一八四〕とボタル氏〔一八五〕の二人を連れて行くようにとあった。私たちはくだんの修道院へその娘に会いに行ったが、憔悴し苦痛に打ちのめされた様子だった。娘に質問した上で、私は母親を脇へ呼んだが、二人ともペテンを貫き通した。そういう話のあと、そこの修道院長が部屋へ入って来て、娘に見られたおかしなことを種々物語り、よろしければ皆さんの前で悪魔祓いをしましょうと言った。私は喜んで同意した。院長は娘を教会堂に入らせて、ドアを閉め、そこで悪魔祓いをした。しかし、娘は物凄い叫びを上げて七転八倒した。院長が福音書のことを言う時は特にひどかった。その悪魔は女の口を借りてラテン語のいくつかの言葉に答えたが、ただ全部にではなかった。あまり学のある悪魔ではなかったからだ。陛下は娘を見たいと仰せられ、市の外の、サン゠タントワーヌ・デ・シャンのそばの小さな村へ連れて来るようにと命じられた。彼女と一対一で話せと私に命令され、私たち二人を小部屋に閉じ込められたが、向かいのドアは半開きにしておかれた。とある青年が、この娘は二年前にアミアンで鞭打ちの刑を受けたと私に教えてくれた。そのことを王様に申し上げると、王様はすぐ、当時パリにいた〔アミアンの〕司教を呼びに行かされた。母親も娘も腰を抜かさんばかりに驚いた。王様は司教にこいつらを知っているかとお尋ねになった。以下は司教の言葉である。かれこれ二年前、この娘は父と母と弟の少年に付き添われてアミアンへまいりました。悪魔祓いを許可してほしいと私の所へ言って来ましたが、これは成功して、娘のあとについて来た民衆はすっかり感心してしまいました。それを見て私は、何かペテンがあるなと思い、悪魔祓いの様子をこの目で確かめてその悪魔が何者か突き止めるため娘を司教館へ来させました。そして召使の一人に司祭の服と襟垂帯《ストラ》〔肩から垂らす帯状の祭服〕を着せ、一冊の本を持たせました。実はキケロの書簡集だったのですが、娘は二日前にもしたように、悪魔祓いをされるため跪きました。召使がその書簡集を読み出すと、このラテン語と福音書のラテン語の区別もつかない悪魔は例のことをまた始めました。そこで私は弟の少年を逮捕させました。少年はたっぷり尋問されて、事実を洗いざらい白状しました。父親がどうやって夜な夜な娘を教育し、ラテン語のいくつかの単語を覚え込ませて、娘が或る程度答えられるようにしたか話したのです。それを見て私は、ここにいるあの貴族に頼んで娘を鞭で打ってもらいました。娘は力一杯強く激しく鞭を二回加えられましたが、この上なく剛毅に我慢強く耐え、全然口を割りませんでした。しかし、同じことがまた始まりそうなのを見ると、跪いてすべてを告白し、父親も母親もそれに倣いました――と。この話を聞いて、王様は娘を終身禁錮にせよと命じられた。」

この話は『サンシ殿のカトリック風懺悔』〔一八六〕の〔第一巻〕第六章に載っていることとやや似ている。「誠に宗教熱心な二人の若い修道士が、悪魔学を学んだ妙齢の御婦人をアンジェの司教の所へ連れて来たので、司教は、貴女が悪魔を腹一杯詰め込んでることがどういう印《しるし》で分かるのかと尋ねた。〔キリストがかけられた〕本物の磔刑台の木が入った十字架で皮膚に触られる時だ、というのが答だった。もう一つの証拠は、何か福音書の文章を聞かされると震え出し唸り出すことらしかった（これはドービニェ〔一八七〕の言葉である）。司教は首からその種の十字架を垂らしていた。悪魔憑きの女を連れて来た男は、司教の首にあるその十字架を見て、床に横たわる女の裾を膝までめくり上げ、十字架でいきなり触ってみろと高僧に合図をした。でも司教は悪い奴で、十字架を首から外しはしたものの、もう一方の手でポケットから素早く鍵を取り出した。御婦人は冷たい鍵が腿に触るのを感じるや、立会人が胆をつぶすほど跳ね回り出した。二番目の証拠として、彼女の前で福音書を音読せねばならなかった。司教は聖務日課書のかわりにいつも持ち歩く〈趣味ノ判官ペトロニウス〉〔一八八〕をポケットから取り出した。〈エペソスノ町ニ一人ノ婦人ガ〔一八九〕〉と読み始めると、御婦人は泡を吹き、異常なことをやり出した。〈アナタハ心地ヨキ愛情ニスラアラガウツモリデスカ〔一九〇〕〉まで来ると、ばったり倒れて気絶してしまった。司教は瞞着なのをもう疑えなくなり、意見を求める者にはそう言った。」

悪魔憑きをめぐるいちばん有名な瞞着の例は前世紀末〔一九一〕に見られた。主役はマルト・ブロシエ〔一九二〕だった。その話は長すぎるので、ここで詳述するわけにはいかない。細かいことまで知りたいかたは、ド・トゥー〔一九三〕氏の〔『同時代史』〕第百二十三巻〔一九四〕をごらんになれば満足されよう。『サンシ殿のカトリック風懺悔』の〔第一巻〕第六章も参照できる。なくした聖遺物とすり替えた獣の骨が悪魔に憑かれたと称する者に及ぼした効果は、ベール〔一九五〕の『歴史批評辞典』の「ラジヴィウ」の項にも見られよう。

ラジヴィウ公〔一九六〕はローマへ行って法王から聖遺物を下賜されたが、保管の任に当たる宮内官がそれを紛失してしまった。宮内官は窮余の一策で、そこらにある骨をかわりに入れておいた。秘密を知っているのは当人だけだった。さて、ラジヴィウ公が領地へ戻ると、土地の修道士たちが悪魔に憑かれた者にこの聖遺物が奇蹟を起こすと言い立てた。同公はやがて真相を知らされたので、中の一人をタタール人の馬丁に渡すと、その男は責められた末に、修道士に言われて悪魔に憑かれたふりをしたのだと白状した。ラジヴィウはそれでも満足せず、当の修道士たちをもタタール人の手に渡し、彼らもペテンを自白した。弁明のため挙げた理由は、異端〔プロテスタンティズム〕の蔓延を防ぎたかったからだという。

ルーダンの悪魔騒ぎ〔一九七〕についても、今ではもう疑問の余地はなくなっている。あれがグランディエ〔一九八〕への復讐の道具となった修道士たちのでっちあげで、修道女らもそれに手を貸したことは誰もが認める。ド・ローバルドモン氏〔一九九〕がこの悪魔憑きの調査をした際、自称「悪魔」はおどかして、明日《あす》、乗り移った修道女を俺が苦しめようとする時に、信じない奴がその場にいたら教会堂の天井までそいつらを持ち上げてみせると豪語した。このおどしを聞いたキイェ〔二〇〇〕は何も言わなかったが、翌日定刻に教会堂へ出向き、ローバルドモンほか多くの人が集まっている前で、約束どおりしてみろと悪魔に挑戦し、お前なんか怖くないと言い切った。哀れな悪魔はひどく当惑し、悪魔騒ぎはピタリと治まった。ローバルドモンはキイェに逮捕状を出し、フランスにいては碌なことはないと見たキイェは大急ぎで出国してイタリアへ行った。とても面白い話だが、ルーダン事件の歴史を書いたラ・メナルデ〔二〇一〕はそれを落としている。

モンコニス〔二〇二〕がルーダンのウルスラ会女子修道院長〔二〇三〕を訪問した話は大変有名である。応接室で長いこと待たせたあげく、出て来た院長は左手に血で書いた「イエス、マリア、ヨセフ、フランソワ・ド・サル」という字を見せた。帰りがけにモンコニスは、もう一度手を見せてほしいとこの修道女に言った。格子越しに彼女は手を差し出した。モンコニスは言う。「そこで私は、いらしった時ほど字の赤が鮮やかではありませんねと指摘してやった。字が剝げていて、乾いた糊の薄皮が付いたように手の皮膚全体が盛り上がっていそうに見えたので、私は爪の先で軽く触れて、Mの字の縦棒の一部を失敬した。彼女はひどく驚いたが、掻き取った場所はよそと同様美しいままだった。私はそれに満足して暇乞いした。」

コンデ親王殿〔二〇四〕も、悪魔憑きにはまやかしが多々あることを御自分でテストされた。悪魔に取り憑かれたと称するブルゴーニュの女たちをこの目で見て、噂が本当かどうか自ら調べようという興味を起こされたのである。お着きになったのは、中の一人が演技している最中だった〔三六〕。親王はそばへ寄られた。頭の上に聖遺物匣をかざすとこの女は聖遺物がある男女の聖人の名を全部申します、と言われていたので、親王は咄嗟に、御自分の懐中時計が巻いてなかったのを思い出し、それをポケットから取り出して、聖遺物匣のように女の頭上にかざした。女は聖人伝を唱え始め、聖遺物があるはずの男女多くの聖人の名を言い出した。親王殿は言いたいだけ言わせておいて、聖人伝が終わるや懐中時計を見せた。悪魔憑きの女は憤激して親王を詰《なじ》り、とびかからんばかりだった。すると、親王はこういう洒落を言ったのである。「悪魔君よ、おとなしくしないと君の容れ物をぶん殴るぞ〔三七〕。」

今世紀も前代と似たり寄ったりである。弁護士のショードン〔二〇五〕はその種のペテンを一つ自分も知っていると仄めかしたが、詳細は語っていない。主役の名前を挙げるだけである。それはイエズス会士のデュボワ神父〔二〇六〕で、自称「悪魔憑きの女」に対するこの人の悪魔祓いの成果は女が孕んだことだけだった。ヌヴェールであった話である。

数年前、「大義」への熱情と信じやすさで有名な或る高僧〔二〇七〕もこう叫ばざるをえなかった〔三八〕。「何年間も細心に教区を治めてきた司教で、当節の意地悪な人々が批判した以上の数のえせ憑依や疑わしい奇蹟や曖昧な幻視を暴き斥けなかった者がどこにいよう〔二〇八〕。」

思慮深いドッサ枢機卿に次のように言わしめたのも同種の話の数々である〔三九〕。「瞞着が行なわれたり、気欝から来るものと悪魔から来るものが似ていたりするために、この問題は誠に以て分かりにくく、悪魔に憑かれたとされる者が十人いても、本当にそうなのは一人いるかいないかです。」多くの場合医者の意見も一致せず、神学者その他の学者も同様である。ド・サン゠タンドレ氏も同じ考えで、こう言っている。[四〇]「本当の憑依の特徴となるものを私はほとんど見たことがない。みつかったのは通常、欺瞞と術策と冒瀆だけだ。」

キリスト教が誕生するずっと前から、口にするだけで病気が治り悪霊が退散する霊験あらたかな名前や単語があるというのが世界中の定説だった。この絵空事が生まれた場所、または完成した場所はエフェソスで、[四一]だからその単語は「エフェソス文字」と呼ばれた。エジプトの賢者もペルシアのマギ僧もインドのバラモン僧やシャモン僧も或る種の単語の効能を確信していた、とオリゲネスは教えてくれる。[四二]この説は彼らからキリスト教徒へ波及した。バシレイデスが「アブラクサス」という名にどれほどの効能を付与したかも、「アブラカダブラ」という言葉が長いこと強力な魔除けとされたことも知られている。

ヘラクレオン派[四三]には訳の分からない単語からなるまじないの文句があって、死に臨んでそれを唱えるように勧めていた。目に見えぬ諸力を撃退する力があると思っていたのだ。その言葉は聖エピファニオスに載っている。[四四]「サバオート」や「アドナイ」という名前は恭しく口にすると素晴しい効能があるとオリゲネスは教えており、[四五]二、三の病気では確かな薬としてそれが使われていた。腹痛を治すには「神ヤコブノ名ニオイテ、神サバオートノ名ニオイテ」と書いた錫の薄板を首に掛ければいいとマルケルス[二〇九]は保証している。[四六]

エジプト人は人体を三十六の部分に分け、それぞれをなんらかの神の保護下に置いて、そこが病気になったらその神の訳の分からぬ名前を唱えれば即刻治ると思い込んでいた。そういう名前をいくつか挙げれば、エーナッケフンナ、エンセトシクト、ビン、エリス、クレビン、ロマノル、レカノアス[二一〇]などである。[四七]

古代のトルコ人も、[四八]或る種の言葉を唱えると迫り来る禍を避けられると疑わなかった。さらに、或る種の詩句を唱えれば治る病気もあるというのが医師たちに受けいれられた原理だった。「昔ノ医者モマジナイノ詩ヲ傷ノ薬ト認メタ」とアプレイウス[二一一]も言っている。この馬鹿げた想像は最近もはやった。

俗人すらイエス・キリストの名を迷信に使った。『異端者の洗礼を論ず』〔二一二〕の不明の著者は、異教徒すらそれを唱えて奇蹟を行なったほどこの名は霊験あらたかだと主張している。この名を口にして病人を治すユダヤ人もいたと聖エピファニオスも保証する。(四九) かつては魔術師もまじない用の言葉の中にイエス・キリストの名を混ぜていた。「護符ヤ歌ヤカラクリデ人ヲ誘惑スル連中スラ、自分ノ歌ニキリストノ名ヲ混ゼル」と教えてくれるのは聖アウグスティヌスである。(五〇)

言葉が十分な力を保つためには、守るべき条件があった。原語で唱えなくてはならなかったのだ。別の国語に移されると効能がなくなった。(五一) オリゲネス自身もそう信じていた。ルキアノスは『嘘好き』でこの点について面白い冗談を言っている。登場するデイノマコスは、牝鹿の脂をその右足と顎の毛に加えたものには、言うべき言葉を知ってさえいれば多大の効能があると荘重に宣《のたま》うのである。付け加えて、「分からんのだね、婆さんたちの知ってる言葉で、毎日のように熱や蛇に魔法をかけたり、病気を治したりしてるのが。」

言葉で病気を治すこの方法を擁護する者もしばしばいた。レオナール・デュ・ヴェール〔二一三〕とデュ・ローランス〔二一四〕は、或る種の単語で病を治す職業に誰も携ってはならぬというアテナイの法律を語っている。(五二) 付け加えて、何やら言葉を使って病気を治す女がアカイアにいると或る日告げられたため、アテナイ人はその女を石打ちの刑に処し、不滅の神々は病を癒す力をたしかに石や草や動物には与えたが、言葉には与えなかったと言ったほどだった、とも。いずれにせよ、言葉を使って間歇熱を治そうとした廉で、ウァレンティニアヌス帝〔二一五〕が或る老婆を死刑に処したのは確かである。(五三) アルファベットの七文字を唱えて癲癇を治そうとした若い男の首を刎ねたりもした。

(一) 聖エイレナイオス〔『異端反駁』〕、第二巻、第三十二章、第四、一六六ページ。
(二) ミヌキウス・フェリクス〔『オクタウィウス』〕、二五二ページ。
(三) 『護教論』、第二十三章。『見世物について』、第二十九章。『スカプラに』、第四。
(四) オリゲネス〔『ケルソス駁論』〕、七、二〇、一三三、二六一、二六二、三三四ページ。
(五) 聖キプリアヌス『デメトリアヌス駁論』、一三二ページ。『ドナトゥスへの書』、三ページをも参照。

（六）　ラクタンティウス〔『神学提要』〕、第二巻第十五章、第四巻第二十七章、第五巻第二十二章。
（七）　同、第四巻、第二十七章。
（八）　アルノビウス〔『異教徒駁論』〕、二七ページ。
（九）　『不敬なる宗教の誤謬について』、二九、三〇ページ。
（一〇）　『福音の論証』、第三巻、一三二ページ。『ヒエロクレス駁論』、第四章。
（一一）　『演説一』、三ページ。『演説三』、七六、七七ページ。
（一二）　『教理手引書』、第四章、第十三節、五八ページ。
（一三）　マルケラへの書簡四十二、〔『書簡集』〕第四巻、五五〇ページ。
（一四）　『ユリアヌス駁論』、〔『全集』〕第六冊、二〇一ページ。
（一五）　『古代著作家文集』、第一冊、三ページ。
（一六）　『フォントネル氏の《神託史》への答』、第三部、三一四ページ。
（一七）　『食卓歓談集』、第八巻、問題五。
（一八）　エウセビオス『ヒエロクレス駁論』。
（一九）　エウナピオス〔『哲学者伝』中の〕「ポルフュリオス伝」。
（二〇）　ユスティノス『〔第二〕弁証論』四五ページ、『ユダヤ人トリュフォンとの対話』三〇二、三一〇ページ。
（二一）　オリゲネス『ケルソス駁論』。
（二二）　エウセビオス『ヒエロクレス駁論』、第三十および第三十五章。
（二三）　「異常原因ニツイテ」の法律一。
（二四）　『オランダ東インド会社から日本皇帝への使節行』、〔第一冊〕二〇九ページ。
（二五）　『イエズス会神父たちのシャム旅行』、第三巻、一三〇ページ。
（二六）　『イエズス会海外宣教師書簡集』の第九輯にあるシャヴァニャック神父の手紙、三八三ページ。
（二七）　オランダ東インド会社のカンディディウスとアウテレヌス。『オランダ東インド会社旅行記集』、第九冊、二四九ページ。
（二八）　ヨセフス『ユダヤ古代誌』、第八巻、第二章。オリゲネス『マタイ伝註解』、六七、六八ページ。
（二九）　『マタイ伝註解』、第二巻、第十二章、一二二ページ。
（三〇）　マルモル〔『アフリカ記』〕、第一冊、第二巻、第三章、一三三ページ。ヴィカン、第二巻、第十五章、一四二ページ。
（三一）　レオ・アフリカヌス〔『アフリカ全記』〕、第一冊、三九ページ。
（三二）　ド・サン゠タンドレ氏の『魔術・妖術・妖術師に関する何人かの友人への手紙』、一五六ページ。
（三三）　フィロストルギオス〔『教会史』〕、第八巻。
（三四）　ド・サン゠タンドレ氏、二五四ページ。
（三五）　バナージュ『ユダヤ人の歴史と宗教』、第九巻、第二十一章、第十八。〔ピエール・ベール〕『田舎の人の質問への答』、第一冊、第三十三章。
（三六）　ド・サン゠タンドレ氏の手紙、二六四ページ。
（三七）　『スグレ語録』、一五一ページ。
（三八）　『聖母マリア御訪問会の修道女マルグリット゠マリ教母伝』、一九ページ。
（三九）　〔『書簡集』〕第三冊、四〇七、四〇八ページ、書簡二百二十。
（四〇）　手紙、二五八ページ。
（四一）　バナージュ『ユダヤ人の歴史と宗教』、第三巻、第二十四章。
（四二）　オリゲネス『ケルソス駁論』、一九ページ。

（四三）　アレクサンドリアのクレメンス〔『雑録』〕、第三巻。
（四四）　〔『全異端反駁論』〕第三十六章、二六三ページ。
（四五）　オリゲネス『ケルソス駁論』、第五巻、第四十五章。
（四六）　『医薬について』、第二十一巻。
（四七）　オリゲネス『ケルソス駁論』、第八巻、第五十八章。
（四八）　『医薬について』、第二十一巻。
（四九）　エピファニオス〔『全異端反駁論』〕、第三十章、第五。

（五〇）　「ヨハネ伝についての第七論文」。
（五一）　ファン・ダーレン『偶像崇拝と迷信の起源と伸長に関する諸論文』、五〇四ページ。ヤンブリコス〔『エジプトの秘儀』〕、第七巻、第五章。
（五二）　ティエール『迷信論』、第一巻、第三章、第一冊、四一四ページ。
（五三）　アンミアヌス・マルケリヌス〔『歴史』〕、第二十九巻。

第六章　当初、キリスト教を信奉したのは民衆だけだった。こういう受容が持つ権威について

色々な民族がイエス・キリストの宗教を歓迎したことを、キリスト教弁証論者は必勝の論拠の列に入れる。世界の改宗（という言葉を使う）はあらゆる奇蹟の内でも最大のもので、ほかのどんな宗教よりキリスト教を好むように道理を弁えた人を促すのにそれ以外の奇蹟は必要なかろう、と聖アウグスティヌスは断定する。この論法の価値を判断するには、教会の初代数世紀に身を置いてみて、キリスト教がいかにして世界に入り込んだかを調べねばならない。

いつも信じやすく、ためにお偉方や哲学者より誘惑されやすい民衆がまずキリスト教を信奉した。イエス・キリストについて歩くのは細民ばかりだと福音記者も認めていたし、イエス・キリスト自身も、賢い者や思慮のある者より小さな者を選んだことを神に感謝している。キリスト教徒の集まりには肉に即して賢い者、勢力のある者、身分の高い者は少なく、世間的には愚かで弱く吹けば飛ぶように見える者を神は選んだ、と聖パウロも教えてくれる。〔二一六〕

初期の敵がキリスト教徒に非難したのもその点である。カエキリウスに言わせると、オクタウィウスが擁護する連中は一文無しの貧乏人だった。「コレガ君ラノ大部分ジャナイカ、極貧デ寒サニ震エ、労働ト空腹ニ圧シ潰サレテイルノガ。」〔二一七〕ケルソスも同じような言いかたをして、馬鹿で無学な大衆を騙すのは難しくなかったと付け加える。キリスト教徒は阿呆者や奴隷や女子供からしか信者を募ろうとしなかったと称し、子供や無教養な者にしか手品を見せたがらない手品師に準《なぞら》えるのである。

ユリアヌスも抜かりなくこの種の非難を役立てて、キリスト教の初期の宣教者は奴隷やつまらん連中しか改宗させ

られなかったと請け合った。キリスト教徒の著作家も、誕生当初のキリスト教がほとんど貧民だけからなっていたのを憚らずに認めた。

プーフェンドルフ〔二一八〕は言う、「救世主の昇天後、使徒たちが師から受けた命令どおりキリスト教の教えを遠方まで弘め始めると、ユダヤ人をも他国民をも改宗させる事業は僅かな間に多大の前進を遂げたが、改宗したのは主に、それまで無知と迷信の深い闇に沈んでいた庶民だった。そういう人は悲惨で不幸な生活を送り、福音の教えの内に大きな光明と、生活苦に対する強い慰めをみつけただけに、ますます大喜びでとびついた。使徒たちは自分も身分が低く偉そうに見えなかったので、その種の人の精神に近付きやすかった。対等な者として親しく話し合えたのである。しかし、血筋が良く地位の高い者や学識者の間では、当初、この宗教を受けいれようとする者や研究に値すると思う者はまずいなかった。(一)」

モーデュイ神父〔二一九〕も同様の言いかたをする。いわく、「お偉方や金持でこの会に入る者は少なかった。そういう者の好みにまるで迎合しない会だったからだ。(二)」アバディ(三)、ル・クレール(四)〔二二〇〕両氏も同じ告白をする。ル・クレール氏の表現は紹介に値しよう。いわく、「イエス・キリストがユダヤ人に福音を説かれた時、律法博士らがまっさきに帰依すべきだと思われた。イエス・キリストの奇蹟を調べ、その教えの卓越性を認める能力が俗人以上にあったからである。それでも反対のことが起こった。福音が〔異教徒に〕説かれた時、帰依した哲学者は少数で、逆に無学な多くの人が喜んでそれに従うということすら見られた。(五)」

ウットヴィル師を批判した人〔二二一〕はこの点について、吟味に値する考察をしている。いわく、(六)「イエス・キリストの最初の弟子たちが世界一無知な最下層の人間で、そこから人一倍ひどい軽信に陥りやすかったのは、やはり驚くべきことである。イエス・キリストに味方したのも、その教えを信じ、その奇蹟に引きずられたのも、学のあるパリサイ派や徳高いエッセネ派ではなかった。それは最下層の人間で、愚かで粗野な漁師とか、その種の者の例に洩れず無学・無趣味な収税吏《みつぎとり》とか、淫蕩で評判の悪い娼婦とかだった。こういうのがキリスト教の創始者で、世界の刷新の発起人で、イエス・キリストの代行者、使徒だったといわれる。」

近時、キリスト教が告知された時に、シナや日本でも同じことが見られた。貴人やシナの文官が宣教師の言うことをせせら笑ったのはル・コント神父(一二二)が認めるとおりで、この人はその点について、貧しい者が教会の最愛の部分で貴重な遺産になるのは今に始まったことではないと言っている(七)。

日本にあれほど多くのキリスト教徒がいたのは、貧民の数が多かったからにすぎない。『オランダ東インド会社の使節行(一二三)』がそう請け合っている。キリスト教への受けいれ態勢と貪欲さ（という言葉を使うのである(八)）で日本の女に優る者はどの国にもおらず、日本ほど信仰が大きな前進を遂げた国はかつてなかったと言ってよい。第一の理由として挙げられるのは、それが主因でもあるが、あの国には驚くほど沢山の貧乏人がおり、それが自暴自棄からキリスト教徒になることである。キリスト教徒になれば殺されること必定だが、それで今の悲惨がじきに終わると当にしているのだ。

誰かが大胆に誘惑しようとしたら、民衆は間違いなくすぐに騙されてしまい、全く根拠薄弱な最大の不合理でもなんら検討せずに受けいれてしまう。そのことを教えてくれる事実が古代史に溢れているのみならず、奇蹟や異常なことが問題の際は大衆の証言になんの重みもないことをごく最近の経験が証明してくれる。パリス氏がしたとする奇蹟について世界屈指の大都市〔パリ〕の半分がいかにたやすく騙されたかも、そうした驚異なるものが一瞬にしてフランス王国全体に蔓延したことも全ヨーロッパが見たばかりである。ローマ教会の最も尊敬すべき高僧の一人(一二四)に言わせると(九)、老若男女、身分の上下も問わぬ人々が群をなして、奇蹟的に病気が治ったと請け合ったそうである。

パリで起こったこととエルサレムで起こったことの間には、最近の奇蹟を擁護する者が楯に取れそうな著しい違いすらある。最近の奇蹟は民衆のみならず、地位のある人、頭が良くて正直だと認められた役人や司祭たちも信じたが、初代の奇蹟の証人として挙げられるのは軽信的で検討する能力などない細民だけに限られている。パリスの奇蹟には、外科医や聖職者や開明的な人々に論議され検討され、そういう人が考察に考察を重ねた上で、そこには超自然的なものが見られると想像したという利点があった。

もう一方はそうではない。それらの奇蹟をわれわれが知るのは、自分の立場を立派に見せるためならばペテンを弄すのではないかと正当な疑いをかけられそうな人の報告からにすぎないし、それの保証人とされるのも、俗衆が思うほど本物だと十分証明されていない本しかない。

紀元一世紀にイエス・キリストを信じた人と、キリスト教徒が語る驚異的な事柄を鵜呑みにするのを拒んだ人とを比較してみれば、どう見ても前者に有利にはなりそうもない。一方に見られるのは真実味を欠く事柄を述べる農夫や職人や乞食たちだが、もう一方には祭司や役人や尊敬すべき裁判所が、全国民が、世界中の有識者全部がそういう話をよろず馬鹿にし、ペテンだと叫んだのが聞かれよう。それらの奇蹟になんらかの根拠があったとして、それを調べようとした有力者がどこにもおらず、生まれや才能や役職のため重んじられる人が一人として本当と思わなかったと想像するよりは、軽はずみで無知な民衆が騙されたのだと考える方がはるかにたやすい。最大の偉人たちが大衆の判断を貶して言った言葉を、ここでこそ役立てるべきであろう。シャロン〔一二五〕はそれをいみじくも「ひどい保証人（一〇）」と呼んだ。それより前にセネカも同じことを「最悪ノモノダトイウ証拠ハ群集ナノデアル〔一二六〕」という言葉で言ったが、これはキケロの次の言葉の木霊にすぎなかった。「君自身モ大衆ノ判断ノ前ニ身ヲ屈メルカ。（一一）」ラクタンティウス（一二）も、開明的な一部の人の判断の方が無知な大衆の証言よりずっと注意に値すると指摘した時は、こうした考察を利用した。「シカシ、少数ノ学識者ノ方ガ多数ノ無知ナ者ヨリ重ミガアルコトヲ知ラナイ人ガイヨウカ。」

こういう絶大な不信の念が存在したのは、党派根性が真理の前進を阻むおそれのあったユダヤの地だけに止まらなかった。キリスト教徒が教祖の奇蹟を信じさせようといかに努めても、同じ気持はローマにも帝国の主要都市のどこにもあった。こういう初期の偉人たちで誕生間もないこの宗派について語る機会のあった者は、みんな馬鹿にし切った扱いをした。それは、われわれがドーフィネ地方の預言者〔一二七〕やセヴェンヌ地方の狂信者〔一二八〕に何かの史書で触れる際、それを扱うはずの仕方と甲乙なかった。

（一）プーフェンドルフ『世界一般政治史序論』、第六冊、一二四ページ。
（二）『無神論者、理神論者、新ピュロン派に反対する宗教論』、〔第一部〕第七章、七八ページ。
（三）アバディ『キリスト教の真実性を論ず』、第二冊、〔第一節〕第二章、一二ページ。
（四）『パラーズ語録』、第二冊、一〇四ページ。
（五）同。
（六）第十の手紙、一六三ページ。
（七）〔『シナの現状に関する新篇覚書』〕第二冊、二九〇ページ。
（八）第一冊、一八八ページ。
（九）モンペリエの司教殿の教書、一七三三年、一九ページ。
（一〇）シャロン〔『知恵について』〕、第二巻、第一章、二七七ページ。
（一一）『卜占論』、第二巻、第三十九章。
（一二）ラクタンティウス〔『神学提要』〕、第四巻、第二章、三五ページ。

第七章　キリスト教の伸張は主に、キリスト教徒の皇帝らの暴力のおかげである

コンスタンティヌスやその後を継ぐ皇帝たちが異教を廃止してキリスト教に代りをさせるため自己の権威を用いなかったら、異教は今も存続して、ヨーロッパの四分の三はいまだにそれを奉じていよう、とジュリュー氏が保証したのも故なしとしない。皇帝たちは最初、教会を保護するだけで満足したが、次には供犠が禁止され、古来の宗教を固守する者が宮廷で白眼視され、最後に異教の宗礼が死刑によって禁じられた。迫害は通常こういう段階を踏むものである。こうしたことはみな、今も残る皇帝たちの法律から容易に画定できる。ざっと素描しておこう。

アヌリヌス〔二二九〕に宛てた皇帝返書(一)はキリスト教徒に与えられた最初の特権の一つだった。

三一三年のこの法律によって、コンスタンティヌスは、アヌリヌスが指揮する属州で、カルタゴの司教カエキリアヌス〔二三〇〕を頭《かしら》とするカトリック教会の聖職者におしなべて一切の公務を免除するよう命じた。聖職者が自身の法の執行を妨げられず、犯罪と瀆神によって神への奉仕を中断されないようにするためだった。「彼らが神への祭祀に専念すれば、国事もそこから多大の利益を得ることを知るが故に」とある。

この語り口には聖職者の口調が難なく聞き取れる。彼らは通常こういう言いかたをするのである。その後コンスタンティヌスの手で、同じ公務免除がほかのすべての教会に与えられた。三二一年に同帝は、司法行為も手工業も都市の通常の業務も日曜日には全部中止せよと命じた(二)。農作業だけは除外された。金曜と土曜を祭日視させる意図もあったが、実効を上げたようには見えない。

リキニウス〔一三一〕を破った後、同帝は三二三年にあらかたの州へキリスト教徒の総督を送った。護衛隊長も含むあらゆる高級官吏には、供犠も偶像崇拝的ないかなる行為も禁じられた。次に帝は、その後何度も再確認した法律を作り、新たな偶像を奉献することも、いかなる供犠を行なうことも禁じた。帝国のすべての民に宛てたラテン語の勅令を自ら起草して、偶像を崇拝した前任者たちの盲目ぶりを思い起こさせ、宇宙の単一の創造者を崇めるように、イエス・キリストに救いの期待をかけるようにと臣民に勧めた。それでも異教徒には神殿を残しておいたが、しかし、すでにあちこちで神殿が取り壊された、本当はどこでもそうしてほしかったと伝えている。但し、誤謬に固執する一部の者がトラブルを起こすのを恐れていたので、キリスト教徒には強制も暴力も使わぬように勧めた。この皇帝の宗教熱心は時とともに増していった(三)。神殿から富を奪ったり、主な彫像を撤去させたりし、建物自体も無疵で残すとは限らなかった。ここでは玄関を取り壊し、あそこでは被いの屋根を取り払い、残りを崩れるに任せた。特に有名ないくつかの神殿は土台まで崩し、その収入を教会に与えた。

次に異教の祭礼を禁止した(四)。自分の宗教熱心が功を奏すのに皇帝は喜んだが、外面的な宗旨替えには皇帝の気に入られて寵愛を得たいという欲望がどんな動機より強く与った。ド・ティユモン氏もそのことは認めており、この新キリスト教徒の中には内心異教徒であり続けた者が少なくなかったのを見れば、それを疑うわけにはいかない。さらに、哲学者ソパトロス〔一三二〕を死刑にすることであの君主は自分の宗教熱心を堪能させた。スイダス〔一三三〕によるとこの死刑は、自分がどれほど異教を嫌うかを示すためだったという。

父コンスタンティヌスの後を継いだコンスタンス〔一三四〕とコンスタンティウス〔一三五〕は、父以上にキリスト教への熱意を示した。三四一年に二人は法律を作って、供犠の迷信と狂気を無条件で禁止し(五)、違反者は容赦なく厳罰に処すとした。この勅令(六)はコンスタンスのものと考えられており、数年後にユリウス・フィルミクス・マテルヌスは神殿を取り壊したとして同帝を称えている。

これより八年後のものといわれるコンスタンティウスの別の法律(七)は、供犠を死刑によって禁じ、神殿を万人に対して閉鎖せよと命じ、この規定を遵守させない州総督を極刑に処すと脅《おど》した。この法律は三五六年に同じコンスタンティウスによって再確認された(八)。

ユリアヌスが帝位に即いて異教支持を表明したため、異教は支配宗教の座に返り咲いた。次のヨウィアヌス(一三六)は善良なキリスト教徒だったが、異教を許可した(九)。

ヴァレンティニアヌスはもっと宗教熱心で、異教の儀式も魔術的な迷信も夜間の供犠も死刑によって禁じた(一〇)。ユリアヌスが返還した土地を偶像の神殿から全部奪った法律も、この皇帝が作ったもの、少なくとも関与したものと考えられている(一一)。

ヴァレンティニアヌスはその後諌められて、さほど厳格ではなくなった。たしかに、腸卜術も古人が許したその他の宗教的行為も魔術さえ混《まじ》えなければ禁止しないと言明した同帝の勅令がある(一二)。同じ年の六月二十五日に制定された別の法律は、各州の神祇官に多くの特権を付与し、皇帝の随行員と同じ名誉を与えた。こういう穏やかなやりかたはキリスト教徒の歴史家に評判が悪く、バロニウスなどは、ヴァレンティニアヌスの家庭の不幸も子供たちの非業の最期もその祟《たた》りだと思い込んでいる。

その弟のヴァレンス(一三七)は異教徒を迫害しなかった。苦しめたのは使徒の教えの支持者だけだった(一三八)とテオドレトス(一三九)は言っている(一三)。

テオドシウス(一四〇)はコンスタンティヌスの宗教熱心をまねて、東方とエジプト全土で偶像崇拝を禁止した(一四)。その任務を仰せつかったのは近衛隊長のキュネゴスで、実に几帳面にその任を果たした。セラピスの神殿を破壊した時(一五)はアレクサンドリアで大反乱が起こり、多くの血が流された。

神殿を倒す一方で、皇帝は供犠を禁止し、州総督やその部下の役人たちにこの法律の実施に留意せよと命じ(一六)、十分な注意を払わぬ者には多額の罰金を科すと脅《おど》した。

結局、三九二年十月八日に、テオドシウスは獣を生贄にすることを死刑によって無条件に禁じ(一七)、香を焚くなどという偶像崇拝のほんの些細な行為にも、それが行なわれた家と土地の没収という刑を科した。偶像の神殿を残らず取り壊すという法律を作ったとすらテオドレトスは言っており、役人は手勢をひきいて町々を回り、この命令を実行したらしい。異教徒は精一杯抵抗したが、結局は最高権力が勝利を収めた。

アパメイアの司教マルケロス(二四一)が神殿破壊の熱情で有名になった。アパメイアの領内にあるアウロノスの神殿への遠征中に殺されたのである(一八)。この人は兵隊や剣闘士を連れていたのだ。それでも間違いなく殉教者の列に入れられた。

アルカディウス(二四二)は皇帝になるや、異教徒に対する父の法律を再確認し(一九)、それればかりかもっと厳しい扱いをすると脅《おど》した(二〇)。そのため、多くの偶像崇拝者が意を決してキリスト教徒になった。新皇帝の命令(二一)で、残っていた神殿も根こそぎ覆された。

西方でも、異教徒への扱いはそれよりましではなかった(二二)。彼らはあらゆる官職から閉め出され、偶像崇拝に捧げられた場所は没収されて君主のものになった。饗宴その他、異教にまつわる種々の支出に充てられていた財源や場所も同じだった。浴場その他公共の施設から、かつて供犠の対象になっていた彫像を取り除けという命令も出た。偶像崇拝に再び陥るきっかけになっては困るからである。

テオドシウス二世(二四三)はさらに厳しかった。かたくなに異教を告白する者を流刑と財産没収に処し(二三)、生かしておくだけでも有難く思えと言った。それだけではない、四二六年にはなんらかの形で異教を行なう者を死刑にすると宣告した(二四)。

マルキアヌス帝(二四四)も四五一年にこの勅令を再確認したが、同帝のこの法律によると、偽神が拝まれる神殿は東方にもはやなかったようである。この問題について現存する最後の法規はレオ帝(二四五)のもので、年代は四六八年に相違ない。洗礼を受けたのに異教徒の誤謬の内に留まる者は死刑にせよと命じており、まだ洗礼を受けてない者は遅滞なく受けよと厳命されている。

異教徒を改宗させるにも、それに劣らぬ暴力が必要だった。皇帝たちがキリスト教を保護していたのに、元老院の最も高名な部分が古来の宗教に非常な愛着を持っているのが見られたからである。このことは、勝利の女神の祭壇を再建しようとする試みや、シンマクス〔二四六〕がこの点につき全元老院の名においてした請願からも分かる〔二五〕。「常ニ最モ威厳アル陛下ノ元老院ハ、最初、法ニ強イラレタ悪シキコトノ数々ヲ知ルニ及ンデ……長ク押シ殺シタ苦シミヲ吐キ出シ、陳情書ヲ捧ゲル代表トナルヨウ更メテ私ニ命ジタノデアリマス。」

この請願に加わらなかったキリスト教徒の元老院議員もいたのは認めるが、こういう請願が行なわれたことは元老院でいまだに異教派が優勢だったのを証明している。このことは、三九二年に同じ団体がヴァレンティニアヌス二世〔二四七〕のもとへ代表を送り〔二六〕、グラティアヌス〔二四八〕が偶像の神殿から剥奪した特権の回復を求めたことからも明らかである。偽神の神殿を壊す時連続して起こった反乱も、キリスト教弁証論者が思わそうとするほど異教徒の改宗が自発的でなかったことを示している。

ウフィルスという小さな町ひとつで、キリスト教徒がヘラクレスの像を倒したために〔二七〕農民が襲いかかって六十人も殺した。この六十人はローマ教会の殉教者祝日表に入れられた。八月三十日である。

このように、異教を滅ぼしてキリスト教に全面的に代らせたのも実に凄じい暴力のおかげにすぎない。

次のことを見れば、キリスト教の伸張にもそう驚かなくなるはずである。異端の教祖が興るや否や、新しいものに目のない民衆は群をなして随《つ》いて行き、どこかの君主がその説に帰依するようなことが起こると、国の半分がじきに宗旨替えしてしまうことだ。古代の諸宗派の歴史がそのことを立証しており、またこれはルター〔二四九〕とカルヴァン〔二五〇〕が火をつけた革命が証明するところでもある。これらの有名人の説に君主が賛同した国には、みなルター派、カルヴァン派ばかり溢れている。カルヴァンやルターがローマの宗教を攻撃した時に、全ヨーロッパが新説へ傾いた単一の君主の支配下にあったら、今頃、カトリック教徒はごくごく少数だったろう。君主が手本を示せば大方の臣下がじきに見倣うことは、イギリスやオランダやドイツの諸国家や北欧の諸王国が忠実な保証人になってくれる。注目に値するのは、宗教改革が今支配する国々では、異教を誓絶させるためキリスト教徒のローマ皇帝が使ったのと同じ暴力など全く用いられなかったことである。

ローマ皇帝の迫害もキリスト教を滅ぼせなかったということが、たぶん防禦陣地として使われよう。それについては考えるべきことが多い。それらの迫害は大体においてごく短期間だったから、皇帝たちが期待したほど効果を上げなかったのも不思議ではない。それに、ローマ帝国の広さが、キリスト教徒の敵の悪意を阻む大きな障害をなしていた。すべての場所へ同時に宗教裁判官を派遣することなど、容易にできるものではなかったのだ。迫害される側も、刑吏の猛威から身をかわすのは簡単だった。しかし、これほど多くの困難があっても、ローマ皇帝たちがもしも長い年月にわたって、キリスト教徒を絶滅させるため日本でされたほど厳格なやりかたをあの国並みの几帳面さで続けていたら、十中八九、その迫害も同様の成功を収めたろう。日本の皇帝が自分の国でしたことを、よその国でやれないわけがあろうか。キリスト教もかつては日本で非常に栄えていたが、今ではキリスト教徒など一人もみつからないのである。

(一) 〔ル・ナン・ド・〕ティユモン〔『初代六世紀教会史覚書』〕、第四冊、「コンスタンティヌス帝」、第三十二項、一四八ページ。
(二) 同、第四十五項、一八〇ページ。
(三) 同、第五十四項、二〇四ページ、および第五十五項。
(四) 同、第五十六項。
(五) テオドシウス法典、第六冊第六巻、および第十冊二五一ページ。
(六) ティユモン、「コンスタンス」、第六項。
(七) テオドシウス法典、第六冊、二六三ページ。
(八) 同、二六六ページ。
(九) ティユモン、「ヨウィアヌス」、第五項、五八五ページ。
(一〇) 同、第五冊、第三項、六ページ。
(一一) 同、七ページ。
(一二) 同、九、一〇ページ。
(一三) 同、「テオドシウス」、第十七項、二三〇ページ。
(一四) 同、第十九項。
(一五) 同、第五十二項。
(一六) テオドシウス法典、第六冊、二七二ページ。
(一七) 同、第六冊、二七三ページ。ティユモン、第五十七項。
(一八) ティユモン、「テオドシウス一世」、第五十九項。
(一九) テオドシウス法典、第六冊、二七四ページ。
(二〇) 同。
(二一) ティユモン、「アルカディウス」、第六項。
(二二) 同、「ホノリウス」、第十二項。
(二三) テオドシウス法典、第六冊、二九四、二九六ページ。
(二四) ユスティニアヌス法典。
(二五) シンマクス著作集、二八七ページ。
(二六) ティユモン、「テオドシウス一世」、第六十七項。
(二七) ティユモン、「ホノリウス」、第十四項。

第八章　初代キリスト教徒は品行方正で、おのが宗教を堅持した、それを迫害する者は不幸に見舞われた、という論拠の検討

たぶん、こう言われよう。キリスト教の伸張には何か超自然的なものがあるとはっきり証明するような状況が伴っている、諸国民が安楽な宗教を棄てて非常に窮屈な宗教に帰依したこと、最高権力が迫害しても無駄だったこと、キリスト教迫害者を唾棄すると摂理が折にふれ示したことだ、と。こういう大演説には皮相な精神を幻惑する力はあるが、所詮検討に堪えるものではない。

初代キリスト教徒に徳への非常な愛着が見られたのは事実である。完徳を望むが故に帰依する決心をした者が少なくなかったのは、キリスト教にも生まれたてのどんな宗派にも通有のことだった。それでも、初代キリスト教徒の内に非常に多くの不徳義漢がいなかったと想像したら間違いであろう。新約聖書自体も、紀元一世紀の異端の教祖らの歴史も、当時行なわれた文書偽造も、ペテン師や偽造者がワンサといたことをあまりにもよく証明している。

それに、品行方正とか禁欲とかいうことは、宗教の真実性の証拠としては弱いものである。モーデュイ神父も『宗教論』でそれを認めた。いわく、「これほど多くの宗教の中に、真の宗教で最も光り輝いた外面的美徳のなんらかの実例を自分も提出できなかったものはおそらく一つもなかったということを神はお許しになった。寛大さ、勇猛さ、慎しさ、絶対権を持つ者の節度、侵しがたい忠節、責苦の中で死に至るまでの堅忍、自発的な貧乏、心からなる富の軽視、夫婦間の貞操と貞潔、貧者への気前の良さ、悲惨な者への同情心など、およそなんらかの輝きで人目を打つあらゆる徳行が、真の宗教にも偽りの宗教にもすべての会派に見られる。かつての異教徒にウェスタリス〔ウェスタ女

神に仕える巫女〕やストア派がいたのも、トルコ人に今でも托鉢僧《デルヴィシュ》がいるのもそのためだ。哲学者の学派全体が素晴しい熱意で最高度の徳を実践し、完徳に憧れる多くの人がそれに随《したが》うのも見られた。」

ピュタゴラス派が顕著な例である。ピュタゴラスはクロトンへやって来るや（一）、その町から奢侈を追放し、粗食を復活させ、貞潔こそ女性のいちばん立派な飾りだと説いて、豪華な服を脱いでユノーに奉献するように貴婦人たちを促した。

苦行についてはキリスト教徒もインド諸国の異邦人ほど極端なことはしなかった。インド人の話は、ちゃんとした目撃証人がいなかったら容易に信じられないほどである。

すでに遠い昔に、ストラボン〔二五一〕は快楽を嫌うバラモン僧を称揚した（二）。ルノード氏〔二五二〕が刊行した旅行記を書いた昔の人は、インドの行者を目《ま》のあたりにして次のように述べている。三九ページである。

「インド諸国には、森や山の中で生活し、ほかの人が最も重んじるものを軽んじることを信条とする人々がいる。森にある草や木の実を生《なま》のまま食べるだけで、女性と交われないように性器には鉄の輪を嵌めている。全裸の者もいれば、そういう状態で立ったまま顔を太陽へ向けている者もいる。豹の皮一枚しか身に纏わない者もいる。」

そういう妙な苦行は今でもインド諸国ではやっており、最近の旅行家も言及している。ベルニエ〔二五三〕は〔『ムガール帝国旅行記』の〕第二冊、一二一ページで次のように言う。「無数の行者《ファキール》、こう言ってよければインド諸国の哀れな托鉢僧《デルヴィシュ》、異邦人の修道士または隠者《サントン》の中には、一種僧院風のものを持つ人も多い。そこには僧院長がおり、僧たちは純潔・清貧・服従の誓いのようなものをして、信じてもらえるかどうか分からないほど奇妙な生活を送っている。これは普通〈ヨギ〉と呼ばれる人たちで、ヨギとは〈神の友〉という意味だ。まっ裸で、昼も夜も灰の上に坐ったり寝たりしている者も多いが、〈タラブ〉つまり貯水池のほとりに生える大木の下や、〈デウラ〉つまり偶像の神殿のまわりにある回廊にいるのが普通である。……片腕や、時には両腕を上げて、頭の上へ垂直に伸ばしている人もあちこちで見た。指先のよじれた爪は、測ってみると私の小指の半分よりも長かった。自然に反するこういう無理な姿勢で十分な食物も摂らないため、ガリガリに痩せて死んでゆく人のように腕は小さく細かった。何か飲み食いするために物を取ろうとしても腕を下ろせないのは、神経が退化し、関節も詰まって固くなったせいである。そのため小僧が付いていて、聖者を遇するように実に恭しく食べさせてやる。」

ベルニエはさらに続ける。「信心から長途の巡礼をする人も沢山見た。それも、まっ裸だけならまだしも、象の足に付ける太い鉄の鎖を巻いて歩くのである。特別の誓いをして、七日も八日も立ちっぱなしの人もいた。脚は膨れて、腿のように太くなっていた。坐ることも寝ることもせず、目の前に張った綱に夜数時間もたれる以外、休息も取らないのである。逆立ちをして、頭を下、足を上にしながら何時間も微動だにしない人もいた。その他、まねできるわが国の軽業師もいないほど無理で難儀な姿勢がいくつあるやら分からない。前述のとおり、これはみな信心から、宗教的な動機かららしいが、そんなものの影すらみつけられまい。

……今言った人の中には、神の照明を受けた本当の聖者、完全な〈ヨギ〉、つまり完全に神と合一したと思われている者もいる。全面的に世を捨てて、さながら隠修士のように、普通は人里離れたどこか遠くの園に隠遁し、一度して町へは出ない人たちだ。そういう人でも食事を持って行ってやれば受け取るが、持って行かなければ食事をせずに済ますという。断食と不断の苦行をしつつ、神の恩寵で生きているのだと思われている。とりわけ信心が習いのため、そういう人は何時間も恍惚状態で過ごし、外部感覚が全然はたらかなくなって、その状態で神を見るのだと想像している。」〔二五四〕

タヴェルニエも、小さな隙間からしか光の射さない穴に住む行者を見たと請け合っている。時によると九日も十日も、飲まず食わずでその穴の中にいたという。また、昼も夜も横にならずに何年も過ごし、腕の下を通る空中に張った綱に時々もたれるだけというインドの苦行僧の話もしている。そのほか、死ぬまで腕を宙に上げたままの者も登場する。関節がカチカチに固まって、もう腕を下ろせないらしい。髪の毛は伸び放題でベルトの下まで達し、爪の長さは指の長さと同じくらいだった。全裸でこんな姿勢のまま、夜も昼も、冬も夏も、雨に打たれ、暑さに焼かれ、蚊に刺され、しかも蚊を追うために手を使うこともできないのである。」このように二千年以上にわたり、インド人は驚くべき苦行に励んでいる。「ヨーロッパの修道士、隠修士の一人として、清貧・断食・苦行の面でこの人々、いや広くアジアのどんな修道士にも優ると思ってはならない」とベルニエは言う。

だからこそジュリュー（三）も、聖霊に帰されることはあやかしの霊〔悪魔〕でもみなやれる、ああいう苦行や自己の外皮に対する残酷な戦いが真の宗教の証拠にならないことは指摘されて久しい、と道理に適った考察をしたのである。

こういう様々な奇行に思いを巡らした上でシャルダン（二五五）が言ったのは（四）、悪い宗教ほど禁欲的で戒律もよく守られるのを旅行中に観察したということである。真当《まっとう》な理由がなくても、難しい戒律や辛い儀式に慣れることができるのがそこからも分かる。ペテンや気まぐれも驚くべき結果を生みだせるのだ。

割礼もエジプト人やアジアの多くの民族で行なわれているではないか。シケム人《びと》はハモルとシケムに勧められただけで割礼されるようになった、と創世記の第三十四章は教えてくれる。だから、グロティウスともあろうものが（五）、ユダヤ人が割礼をたやすく受けいれたことをユダヤ教を是とする論拠にしたとは驚きに堪えない。近隣の民族も宗教的な理由なしにそうしたのを聖書で読んでいたはずではないか。キュベレの祭司もこの女神に敬意を表すため男であるのを放棄した（六）。アッシリア人は宗教故に自分の手首や腕を火で焼いていた。

しかし、最近のことだけ語るとすれば、巡礼でマホメットの墓に詣でたあと、ほかのものを見て目を穢さぬように我とわが目を刳り抜くほど熱心で迷信的なマホメット教徒がいることも疑いない。ポール・リュカ（七）（二五六）はロゼッタ〔ラシード。エジプトの地中海岸の町〕でその種の盲人を見たと請け合っている。全民族が迷信のためすべてを犠牲にする例も知られている。カナリア諸島の住民は祭礼の行列で、豪華に花を飾り馬鹿でかい四つの車輪が付いた山車《だし》の上に偶像を載せて、凱旋将軍のように曳いて歩く（八）。車輪の輻《や》には、真中《まんなか》の輪といちばん外側の輪の間に鉄の鉤がたくさん付いており、神々への熱情で名をなしたい者は身の危険も顧みずそこへ身を投じる。一度鉤に引っ掛かると、車輪の回転で体がぐるぐる回り、最後は落命してしまう。山車《だし》が通る所に横たわり、重みで潰される幸福を得ようとする者もいる。どちらも神々の栄光のため、嬉々としてわが身を生贄にするのである。多幸なる不滅の命か、生まれ替わった時の格別の幸運が得られるという期待からだ。

ベンガル湾に臨むジャガナットの町でもほぼ同じことが見られる。（九）そこには同名の偶像があって、毎年八、九日続く祭礼が催され、数え切れないほどの人が集まる。壮大な木の櫓が組まれて、突飛な形をした沢山の像で飾られる。その櫓が十四ないし十六の車輪の上に置かれ、真中《まんなか》には目立つようにジャガナットの偶像が鎮座する。神殿の中の儀式でこの偶像を見せる一日目には、普通大群衆が詰めかけるため、ほぼ毎年のように、遠くから来てへとへとになった哀れな巡礼者が何人も窒息してしまう。幸にもこんな聖なる折に死ねたことで、そういう人にはみんな多くの祝福を与える。またこの山車《だし》が動き出すと、身を投げ出して地面に腹這いになり、大きな重い車輪に圧し潰される者もいる。これほど健気で功徳になる行動はなく、ジャガナットが自分をわが子として迎え入れ、もっと仕合わせな状態に生まれ替わらせてくれると思い込んでいるのだ。

シナ人も同じように考えている。（一〇）彼らは毎年アミダ神のため大祭礼を催し、信じられないほどの大群衆が詰めかけるが、窒息して死ぬ者は皆に羨まれる。

東インド諸国の住民も、いにしえのバアルの祭司と同じように、神の怒りを宥めて豊作に恵まれたい時は体を傷だらけにする。（一一）

このインド人たちが天国へ行けると思って水死したり、樽の中に閉じこもって餓死したりするのを見た、とガスパル・デ・ヴィレラ〔二五七〕は請け合っている。（一二）

妻は夫の遺体とともに火で焼かれるという大昔からある野蛮な風習を、マホメット教徒はムガール帝国でいまだに滅ぼせずにいる。多くの民族が宗教上の原理から色々な肉を禁じるのも、神に関するこういう狂った観念のなせる業《わざ》である。セクストス・エンペイリコス〔二五八〕はその点をめぐる当時の諸国民の奇習を集めた。実に面白いので、その言葉を引いておこう。（一三）「神々の崇拝から生じたもので人々が実に几帳面に守っている飲食上の区別を次に調べれば、非常に多様なことが分かるだろう。ユダヤ人もエジプトの祭司も豚を食べるくらいならむしろ餓死するはずである。リビア人は牝羊を食べるのを最大の犯罪と思っている。シリア人の中には、鳩や生贄の肉を食べるのを大罪と思う者もいる。いくつかの神殿では魚を食べるのが敬虔なこととされるが、神殿によるとそれを大の不敬とするものもある。エジプトの賢者にお伺いを立てると、動物の頭を食べるのは冒瀆だと思う人もいれば、何か他の部位を食べるのがそうだと思う人もいる。ペルシウム〔エジプトのナイル川デルタ東端の町〕の人でカシウス山の秘儀に通じた者は、誰も玉葱を食べないだろう。

リビアのウェヌスの祭司はにんにくを味わおうとすらしまい。神殿によると薄荷を食べるのを禁じる所も、セロリを食べるのを禁じる所もある。さらに、空豆を食べるくらいなら父親の頭を食べた方がましだと言う人もいる。」

キリスト教徒が自分の宗教に極度の愛着を持つことも[一四]、大いに役立てられた論拠の一つである。ラクタンティウスは言っていた。「われわれを迫害すればするほど、キリスト教徒の数はますます増える。そこから、賢明な人はわれわれへの支持を表明すべきだと結論しないのは常識に欠けることであろう。」

初代キリスト教徒が自分の宗教に強い愛着を持っていたのは疑いないが、くだらない宗教を告白した人の中にも思い込みの強さではそれに劣らなかった者が少なくなかったことは容易に証明できる。この証拠の有効性は教会の最初の世紀に議論の的になった。モンタノス派は沢山の殉教者を挙げられることで自派を権威づけようとしたし、事実、彼らは実に強情で、変心の危険を冒すより生きながら火で焼かれる方がましだと思い、正統派へ復帰させようとするカトリック教徒の暴力から逃れるため、教会堂に閉じこもって自ら火をつけたほどだった[一五]。モンタノス派への反対論を書いた古代の或る教会著作家[一六][二五九]は、誤謬と殉教は相容れぬものではないと主張した。

エジプト人も拝みつけた動物を神とみなすな、宗教で禁じられる肉を食べよと強いられるくらいなら死んだ方がましと思っていた、とオリゲネスも認めている[一七]。

教祖への尊敬心や、その教祖が作った宗教は神的なものだという心からなる確信では、マホメット教徒もキリスト教徒に引けを取らない（二一八）。長いことイスパハンにいた或るカプチン会士が有名な旅行家シャルダンに何度も見せたスーフィ教徒〔イスラム神秘派の信者〕は、自分の宗教こそ真実でほかのあらゆる宗教が虚偽なのを信じるあまり、二人の内のどちらが正道を歩んでいるかテストするため家の窓から一緒に下へとびおりようとこのカプチン会士に持ちかけたが、神を試すのは良くないとラファエル神父〔二六〇〕は思ったという。

善良なイスラム教徒は自分の宗教を実に明証的と思っており、学者ならみなそれが真実なのを知っていると想像するほどである（二一九）。このことは、アンドレーアス・ミュラー〔二六一〕がシュプレー河畔のケルンから一六六五年にトルコ語とラテン語で出版した或る著作〔二六二〕に見られるアジズ・ネセフィというタタール人でマホメット教徒の著作家の証言からも証明できる。「神のほかに神はなく、マホメットがその僕《しもべ》、その使者である。おお、敬虔な魂よ、これはけっして理解しにくいことではない。しかし、神の使者が教えるとおり、教育がこの真理を駄目にしてしまう。人間はみな真の信仰の原理を持って生まれるが、父母がユダヤ教で育てたり、キリスト教で育てたり、マギ僧の宗教〔ゾロアスター教〕で育てたりするのである。」

近時のヨーロッパも、キリスト教徒の支配的宗派が永遠の仕置きに値する誤謬と思う見解を棄てるくらいならいっそ死んだ方がいいと多くの人が思ったという野蛮な図を見せてくれた。

再洗礼派には大部の殉教者名簿がある（二二〇）。その派の謬見を集めた人〔二六三〕は、彼らが群をなして、手足を縛られ、苦痛を示す吐息ひとつ洩らさずに水や火へ投げ込まれるのを見たと語っている。彼らが常々口にしたのは、迫害される者は幸である、天の御国は彼らのものだから、という金言だった。泣きもせず暴《あば》れもせずに屠殺場へ引かれて行く仔羊のようだった、とフロリモン・ド・レモン〔二六四〕は続ける（二二一）。見物人の多くはこの毅然たる態度に驚いて、こういう人を殺すのはあまりキリスト教的なことではないという考えが頭から去らなかった。彼らの質朴な生活、品行の良さ、罪のなさそうな外見、死の戦いでの堅忍ぶり、たえず引く聖書などが、民衆に非常な疑念を抱かせたのである。仕置きの場でも剛毅なことが再洗礼派全部の共通の特徴だったとカトルー〔二六五〕神父も認めている。

ルター派の示した我慢強さもそれに劣らなかった。彼らへの激しい敵意では人後に落ちぬフロリモン・ド・レモンも、そのことは否定しない。いわく、(二二一)「火刑の火が到る所で点《とも》されていた。処刑台へ引かれる者が勇気をなくすより早く落命するそのかたくなな決意は、多くの人を驚かせた。か弱い女が信仰を証し立てるため進んで責苦を求め、死へ赴く時も救主キリストの名をひたすら叫び、二、三の詩篇を唱う図や、うら若い乙女が婚姻の床へ行く時よりも嬉々として刑場へ歩いて行く図や、自分のために用意された恐ろしい死の道具を見て男たちが喜色を湛え、半焼けで黒こげになりながら、やっとこで掴まれても不抜の勇気を揮い、刑吏の鉤付き棒の間でも嬉しげな顔と態度を失わず、苦痛の波にもびくともせぬ巌《いわお》よろしく、最後には笑いながら死んでゆく図が見られたからである。悲しくも我慢強いこの光景は、単純素朴な者ばかりか、最高の位にある人士をも困惑させた。命を的にしてかくも毅然と自説を守り通すのだから、あの連中に道理がないとは思えないというのが大方の感想だったからだ。そこから、そういう議論に従来全く加わらなかった少なからぬ人が、こうまで死を軽んじる気にどうしてなれたのか調べたくなり、検討の結果、その説を信奉するようになった。こうして、火刑にすればするほど、その灰からますます多くの者がまた生まれて来るのだった。」

ド・トゥー氏はこの点について注目すべきことを報じている。(二二三) 宗教改革に帰依した廉で一人の男が火刑を宣告され、火あぶりにされるため柱に縛り付けられた。刑吏は裁判官より人情味があったので、怯えさすまいと背後から火をつけたが、男はこう言ったという。「さあ、前におつけなさい。火が怖かったらこんな所にいませんよ。避けようと思ったら避けられたんですから。」

こうしたことを説明するのに超自然に頼る必要はない。フロリモン・ド・レモンは言う。「自然だけでも十分にどんな苦痛と責苦にも耐えさせてくれる。ラケダイモンの若い貴人らと全く同じである。彼らが鞭打ちに耐え、打たれながらも喜色満面だったのは、自然だけが然らしめたものだった。スカエウォラ〔二六六〕が痛がる風もなく火の中へ手を突っ込み、怒っていても苦しげな顔ひとつせず脂肪が溶けるのを打ち眺め、この行為でおのが名を永久に残そうとしたのは、自然のみでもそうするだけの力が内部にあったからである。」

一字一句引用したこの著作家の証言は、プロテスタントに有利な時でもカトリック教徒が胡散臭がるはずはない。この人のものを読んでみれば、ほかにも多くの事実がみつかろう。そこから出て来るのは、人間のかたくなさは最弱の論拠の一つだということである。

無神論者にすら殉教者はいた。リコー[二六七]が教えてくれるが、当時コンスタンチノープルで処刑されたマホメット・エフェンディ[二六八]という無神論者がいたという[二四]。この人いわく、「いちばん驚くのは、自説を否認すれば助かるのに、前言撤回をするよりは死んだ方がましだとこの男が思ったことだ。期待すべき〔来世での〕報酬などないに決まっていると思うが、真理への愛から殉教に耐える義務があると言っていたのである。」

だから、モンテーニュ[二六九]とともにこういう結論を下そう。「所信というものはすべての人間が生命を賭してもまげないほどに強いものだ。ギリシアがペルシア戦争で誓いかつ守ったあの立派な誓約の第一条は、各人はおのれの法をペルシアの法に代えるよりはむしろ生を死に代えようということであった。トルコ人とギリシア人の戦では、割礼を捨ててキリスト教の洗礼を受けるよりはむしろ苛酷な死を受けた人がどれほど多かったことだろう。こういう例はどの宗教にもありえないことではない[二七〇]。」

ユダヤ教徒、キリスト教徒の内以外に殉教者がいたというのは本当でないというウットヴィル師の断言[二五]より、モンテーニュのこの話の方により多くの真実がある。

謬見や異端説にのぼせ上がり、そのために死んでもいいと思うほどになるのもありえない話ではないから、或る宗派が自説に執着することから引き出す証拠には曖昧なものがある、とジュリュー氏とともに[二六]言う方が理に適っている。人間が自分の宗教にしがみつく異常なほどの強情さの証拠としては、最も古い、最も根拠薄弱な宗教にすらいまだに信者がいるのを見るだけで足りよう。東方には現在でもまだシバ教徒がおり、セツの子シバから教えを受けたと称している[二七]。ペルシアやインド諸国にはまだマギ僧がおり、ゾロアスターからかつて教えられたのと同じ宗教を守っている。彼らはそれでもサラセン人から非常に激しい迫害をされたが、宗旨替えするよりどんな危険でも冒す方がいいと思ったのである(二八)。同じ地方に住むアルメニア人〔キリスト教のアルメニア派単性論者〕も、マホメット教徒の嫌がらせやローマ教会の宣教師の勧めにもかかわらず、自分たちの儀式をずっと守り続けてきた。とはいえ、その宗教は実に窮屈なもので、その地へ旅行した人たちは、幼少期に植え付けられた偏見以外に信仰の動機はないと保証している(二九)。

キリスト教迫害者が見舞われた不幸も大いに利用された。ラクタンティウスがそれについて一書(二七一)を物したことを知らぬ人はいない。しかし、こんな証拠を雲散霧消させる最強の方法は、支配的宗派が怖気をふるう諸セクトも自派を擁護するために同じ証拠を横取りできるのを証明してやることであろう。牧師のジュリューとレジェ(二七二)も、カトリック教徒との議論でそれを使って勝ち誇っているのだ。

始めの人は次のように報じる(三〇)。サン＝ピエール・ル・ムティエの保安官のジル・ル・ペールという男は、何人もの改革派信者を掴まえて生きながら火あぶりにすると宣告し、控訴されたため被告らを自らパリへ連行したが、途中で狂犬病にかかり、薬石効なかったという。

こういう死にかたが人血に飢えた迫害者に摂理が用いた通常の罰だということも指摘された。証拠に挙げられるのはアンティオコス・エピファネス(二七三)、ヘロデ、マクシミヌス、ガレリウス(二七四)、フネリック王(二七五)などである。

カトリック派の二大支柱でカルヴァン派の二大敵手だったギーズ公爵(二七六)と弟の枢機卿(二七七)はブロワで虐殺された。聖バルテルミ(二七八)の日に死刑執行人の筆頭だったタヴァンヌ(二七九)元帥は狂死したと某親王から聞いた、とブラントーム(二八〇)は請け合っている。カステルノー(二八一)への補足を書いた人(二八二)も、あの酷《むご》たらしい聖バルテルミの日に主役を務めて誰より熱心に迫害した連中はほとんどみな非業の最期を遂げたと言う。

牧師のレジェの本には同種の事例が沢山載っているが、特にくわしく述べる一つの話は特異なもので、紹介に値しよう。しかも、公文書の権威で支えられているのである(三一)。

いわく、「サン＝マルティーノ渓谷のル・ペリエで宣教師をしたカプチン会士の例もここで忘れてはならない。私が原本を持っている一六三六年十月十三日付の証明書の中で、同渓谷の主な長老や行政官の六人が以下のように証言している。一六二六、二七、二八年頃、サン＝マルティーノ渓谷のル・ペリエにローマ教会派から大変敬われるカプチン会の説教師がいた。甘言を弄し、柔軟な手を使い、気前の良さそうな顔をして、無知な者を誘惑したり、貧しい者を獲得したり、弱い者や、犯罪行為で懲罰を受けたため牧師に恨みを抱くすべての者を引き込んだりする手腕と同時に、破廉恥なことをし、偽装して正体を隠す才能も兼ね備えた男だった。そんな奴だったから、少数の者を獲得して、自分の説教を聴けばどんな迷いも残らなくなると約束した。彼らはそこでこの男の説教を聴きに行ったが、それでもいくつか呑み込めないところがあった。修道士はそこで、説教で言ったことが本当でなかったら今すぐ悪魔に攫われてもいいと大見栄を切った。そう言い終わるや否や、一瞬にして男は顔色が変わり、煤のようにまっ黒になって震え出し、奇妙に体をゆすり始めた。聴衆はそれを見て自分らも恐怖に駆られ、呆然自失の体《てい》だったので、哀れなカプチン会士を助けようと近付く勇気があったのはシメオン・ド・ブリーグという男ひとりだった。そいつが近寄るが早いか、修道士は猛烈な速さで宙に持ち上げられたため、シメオンはその足にかじりついて下へ引っぱるのがやっとだった。シメオンはこうしておよそ十五分間、悪魔と修道士を奪い合ったが、ほかの者はその間さかんに十字を切るだけだった。結局悪魔の方が手を放したが、その後くだんの修道士がどうなったかは分からない。」この話を信用するかどうかはお任せするが、キリスト教に有利な事実でもこれほどよく立証されたものはないと言っても嘘にはならない。とにかく、証言するのはその土地切っての有力者で、その名もレジェに載っているのである。言いかたも自信満々だ。いわく、「以上のことは公知の事実で、本サン＝マルティーノ渓谷に当時いた者なら改革派でも法王教徒〔カトリック教徒の蔑称〕でも知っており、反対が出るおそれはない。下に署名する我らは、これを異論の余地なき周知のこと、目撃者からしばしば話に聞かされたこととして嘘偽りなく証言し、上記に基づき、本証言を自らの手でしたためたものである。一六三六年十月十三日」

クエーカーも天からの顕著な恵みに与ったと思った。フォックス〔二八三〕に猛反対した裁判官のベネット〔三二一〕が奇蹟的な仕方で神に罰せられたと主張したのである。

さらに異教徒までが、同じ証拠で偶像崇拝の権威付けをしえた。護民官のアウルス・ポンペイウス（二八四）は、キュベレ女神の使いとして戦勝を予告しに来たその祭司バタケス（二八五）を侮辱したため、帰宅するや病気になり、死んでしまったという（三三）。ミトリダテス（二八六）の将軍の一人だったメノファネス（二八七）は、デロス島で掠奪をしたため、自分も主君も神の復讐から逃れられなかった。この遠征の後、メノファネスはすでに沖合へ出ていたが、虐殺を免れた貿易商たちがその船に追いつき、入り込んで彼を殺したのである。ミトリダテスの最期の模様は誰でも知っている。トゥールーズの神聖な黄金を盗んだ者はみな不幸になり（二八八）、そこから有名な諺（二八九）が生まれた。ケルソスも、異教を軽んじたために不敬の徒が罰せられた実例をいくらでも挙げられると自慢していた（三四）。そのいくつかはラクタンティウスやエウセビオスに見られる（三五）。

このようにして、どんな党派も自分の主張を正当化しようとするものである。こういう事実が何かを証明するのは、義人を迫害する者は現世でも不幸になるべしと摂理が命じたということが確かな場合に限られよう。しかし、こういう論拠を使う当人たちも、神の裁きは測りがたく、平和に生き死にする犯罪人もいれば、不幸続きの一生を送る聖者もいるのを認めているから、どんな宗派にも実例があるこの種の事実を楯に取ることは一切できない。モンテーニュもそう思っていた。この人の言いかたは非常に分別のあるものだった。

いわく（三六）、「よくあるように、われわれの企ての好運や成功を利用して、宗教を強化し、支持しようとするやり方はいけないと思う。……なぜなら、民衆はこういうまことしやかな自分の好みに合う論法に馴れてしまうと、次の機会に出来事が期待に反して不利になった場合には、信仰を動揺させるおそれがあるからである。たとえば、今日の宗教戦争において、（一五六九年に）ラ・ロッシュ＝ラベイユ（二九〇）の戦闘で勝った人々は、この出来事に有頂天になって、この好運を味方に対する神の恩恵の確かな証拠としているが、そのあとで、モンコントゥール（二九一）とジャルナック（二九二）の敗戦を天の父の笞《しもと》であり、懲らしめであると弁解するときに、思いどおりに皆を納得させることができなければ、かえって一袋の麦から二袋の挽き賃を取り、同じ口で吹きながら温めたり冷ましたりするという印象を与えることになる。むしろ民衆には事実をありのままに話すのがよい。（二九三）」

（一）ユスティヌス〔『世界史』〕、第二十巻、第四章。

（二）ストラボン〔『地理書』〕、第十七巻、六七六ページ。ベール〔『歴史批評辞典』〕、「婆羅門」の項を参照。

（三）『法王教を非とする正当なる予断』、第一冊、第二十九章、三六三ページ。

（四）『ペルシアその他東方旅行記』、第二部、第八章、第六節。

（五）『キリスト教の真実性について』、第一巻、第十四節。

（六）ルキアノス『シリアの女神』。

（七）『一七一四年にした第三旅行記』、第二冊、一六八ページ。

（八）デロン『東インド旅行記』、第一冊、三七一ページ。

（九）ベルニエ〔『ムガール帝国旅行記』〕、第二冊、一〇二ページ。

（一〇）『オランダ東インド会社から日本皇帝への使節行』、第一冊、二一八ページ。

（一一）ペトルス・マルティール・アングレリウス『新世界について』、第六巻、第七章、四五二ページ。

（一二）マヌエル・ダ・コスタ〔『イエズス会が東洋で行ないし事どもの歴史』〕、一五二、一七〇ページ。

（一三）『ピュロン主義概説』、第四巻、第二十三章。

（一四）〔ユスティノス〕『ユダヤ人トリュフォンとの対話』、三四九ページ。オリゲネス『ケルソス駁論』、二四ページ。エウセビオス『福音の備え』、第一巻、第四章、九ページ。ラクタンティウス〔『神学提要』〕、第五巻、第十三章。

（一五）『逸話集』、第十一章。

（一六）エウセビオス『教会史』、第五巻、第十六章。

（一七）オリゲネス『ケルソス駁論』、一一六、一九〇ページ。

（一八）シャルダン『ペルシアその他東方旅行記』、第二冊、第十一章、一五六ページ。

（一九）ド・ラ・クローズ氏の『様々な主題に関する歴史論集』、一三三ページ。

（二〇）ベール『歴史批評辞典』、「再洗礼派」の項、註（F）。

（二一）フロリモン・ド・レモン『当代の異端の誕生・伸張・凋落の歴史』、第二巻、第四章、第四。

（二二）同、第七巻、第六章、第三。

（二三）ド・トゥー氏の史書の序文。

（二四）リコー『オスマン帝国の現状』、第二冊、第十二章。

（二五）『事実によって証明されたるキリスト教』、四〇八ページ。

（二六）『カルヴァン派史と法王教史の比較論』、第一部、第十一章、一六四ページ。

（二七）プリドー『ユダヤ人史』、第三巻、第一章、第一冊、三九六ページ。

（二八）同、第四巻、第一章、第二冊、七六ページ。

（二九）シャルダン、第一冊、一五六ページ。

（三〇）『カルヴァン派史と法王教史の比較論』、第一部、第十四章、一九四ページ。

（三一）『ピエモンテ渓谷の福音主義教会、別名ヴァルドー派教

会全史』、第二巻、第二十七章、第二冊、三四四ページ。
（三二） クルーセ〔『クエーカー史』〕、第三巻、四六ページ。
（三三） プルタルコス〔『対比列伝』中の〕「マリウス伝」。
（三四） オリゲネス〔『ケルソス駁論』〕、第八巻。

（三五） ラクタンティウス〔『神学提要』〕、第二巻、第七章、一六四ページ。エウセビオス『福音の備え』、第一巻、第二章、一三〇ページ。
（三六） モンテーニュ〔『随想録』〕、第一巻、第三十二章。

第九章　人間は福音以前より啓発されたか

キリスト教の基本的な信仰箇条の一つは、神が人類に哀れを催し、追い込められていた悲惨と無知からそれを引き出そうとして、人々の蒙を啓き徳への愛を吹き込むために一人子を地上へ遣わしたということである。御言葉が受肉する前に較べても人間が蒙を啓かれず賢くもなっていなかったら、受肉は無駄だったと言うのが正しくはなかろうか。イエス・キリスト以前より人間が開明されたかどうか調べるには、異教の神学をざっとおさらいしておく必要がある。

文明国はみな神格を認めていた。アリストテレスが〔二九四〕（『天体論』、第一巻、第三章、四三四ページ）人間はみな神々がいると主張すると言ったのも、ウェレイウスが〔二九五〕（〔キケロ〕『神々の本性について』、第一巻、一八四ページ、ドリヴェ刊・訳）が次のように語ったのもそのためである。「勉強しているかどうかに関わりなく、神々についての先天的観念を持たぬどんな民族が、どんな種類の人間がいるだろうか。実際、これは教育、慣習または人間が作ったなんらかの法から来る臆見ではなく、一人の例外もなくすべての人間が一律に持つ強固な信念なのだから、神々がいるとわれわれが理解するのは魂の内に刻印された観念、というよりも本有観念による。さて、自然の判断はどんなものでも、普遍的であれば必然的に真実だ。だから、神々はいると認めねばならない。どんな学者でも無知な者でもその点では一致するから、人間が生まれつき神々の観念、または前述のように先天的観念を持つことも認めねばならない。」キケロは『トゥスクルム論議』の第一巻や『法律論』の第一巻で自分の名において語る時も同様の言いかたをしている。

キケロが依拠する原理をここで検討して、われわれが神についての「本有観念」を実際に持つかどうか見ることが問題なのではない。当面の課題はそこにはない。神を認めずいかなる宗教も承認しない未開野蛮な民族が今もなおいるというのは本当らしいことではあるが、それでも、最高存在が実在するということは文明的なすべての民族で宗教の第一箇条とみなされてきた。(一)

プラトン(二九六)もプラトン派も神の本性について非常に健全な観念を持っていた。(二) 彼らの神は非物体的であることを聖アウグスティヌスも認めている。いわく、(三)「名声と栄光により余人より高く挙げられたこれらの哲学者は、神は物体でありえぬことを正しく見て取った。不動なものの内に神を探したのである。」

神の精神性という説は最もすぐれた哲学者たちにも承認された。ホメロス伝(二九七)を書いた古代の著作家も指摘するとおりである。(四) もっとも、神が「アウトマトス」(自ら動くもの)と呼ばれるすべての個所からこういう結論を下してはならない。この単語が往々にして軽く微細な物体を排除しないことは、古人の種々の証言から容易に証明できるから。(五)

神の本性についてはインド人もキリスト教徒と同じ考えで、神は精神的で広大無辺で永遠の実体だと彼らの本にも載っている。(六) 真の神は一体しかありえないことは詩人たちすら良く理解した。ホメロス(二九八)のユピテル(ゼウス)は神々と人間たちを全部束にしたより強く、(七) ウェルギリウス(二九九)のユピテルは神々と人間たちを統《す》べている。(八)

人ノ世界ト神々ノ、世界ヲマトメテ永劫ノ、
権能モッテ統《ス》べ治メ、雷光放ッテ怖レシム、
オオワガ父ヨ(三〇〇)……

プラトンも厳密に言えば一体の神しか認めておらず、(九) それを万物の父、作り手と呼んでいる。神は一体しかなく、それに多くの名が付けられたのだとアリストテレスも言う。(一〇) 異教徒の中でも特に開明的な人は、複数の神々を承認す

るのは神格の名誉を穢すものだと認めた。テルトゥリアヌスがそのことを自ら教えてくれるのは、次のような問いを発する時である[一一]。「アナタ方ハ一般ノ考エニ従ッテ、ヨリ崇高ナヨリ力ノアル世ノ王デアリ、完全ナル至高ノ存在トシテノ一ナル神ヲ認メテオラレルノデハナイカ。ナゼナラ、多クノ人々モソノヨウニ神ヲ扱ッテイルカラデアル。ツマリ、最高ノ支配者ノ権威ハ一者ノ手ノ中ニアリ、ソノ働キハ多クノ者ニ委ネラレルコトヲ望ンデイルノデアル[三〇一]。」君らもかなり一般的に、世界の君主と呼べるようなほかより強力な存在があり、それの力と尊厳は完全無欠だと認めているではないか。最高支配権は一体にのみ属し、その一体が他の神格を大臣のように使うのである。

異教徒のマクシムス[三〇二]もこの点につき聖アウグスティヌスに手紙を書いて、神の単一性を否定するのは馬鹿げたことだと白状している。異邦人によると様々な神格は最高存在の各種の徳にすぎないと主張して、彼らの弁解までするのである[一二]。「始マリモ血統モナク、万人ノ強力デ威厳ニ充チタ父デアル単一ノ神ノ存在ヲ否定スルホド狂ッタ者、知力ニ欠ケル者ガドコニイマショウ。」

セネカによると、神格が不易なのは、最も完全なものに従わないことが神には許されないからである。「最善ノ道カラ逸レルコトハ許サレナイカラ[一三]。」神格を承認しつつ、最高存在は永遠たるべきだと認めなかった哲学者はいない。神を認めない国がどこかにあるかもしれないが、神を信じつつ、神が永遠で不滅なことを認めない国をみつけるのは不可能だ、とプルタルコスも考えている[一四]。

最も有名な哲学者たちは、神は遍在すると思った。「万物ハユピテルニ満ツ」と詩人たちが言ったのもそれに従ったのである。

テミスティオス[三〇三]やシンプリキオス[三〇四]が巡礼はあまり適切な宗教行為でないと教えたのも、神は広大無辺だという前提に立ってのことだった。彼らは言うのである[一五]。「神に敬意を表しに遠くへ行くのだと君らは言うが、神は君らの家にいる、どこにでもいる。神には無際限の知があると詩人たちすら教えた。」今も残る異教哲学書には、ほぼ例外なしにこの説が見られる。或る哲学者は、人間は自分の行動を神の目に隠せるかと訊かれて、人間の考えすら神格には筒抜けだと答えた。ヴァレリウス・マクシムス（三〇五）はこの返事をタレス（三〇六）がしたとしているが、ピッタコス（三〇七）だと言う人もいる。「神ニハ閉ザサレタルモノナシ」とセネカも言っていた。

神はかつてあったこと、今あること一切の完全な認識を持つというのがほぼあまねく受けいれられた説だったばかりか、神は未来のことも知っているのを民衆も著名な哲学者たちも認めていた。あらゆる民族で神託が持て囃されたことは、俗衆の意見がどうだったかを証明している。ソクラテス（三〇八）の最後の言葉は、世界一隠れたことでも神は知っていると彼が思っていたことを物語る。こう言ったのである。「わしは死ぬが、君たちにはまだ生きる時間が残っている。どちらがそれで良かったと思うかは、神だけが御存知だ。」

この問題については、アンモニオス・ヘルミアス（三〇九）の言いかたもキリスト教神学者に劣らぬほど厳密である（一六）。そのまま引けば、「神は神にふさわしいやりかたで、つまり一度きりの不変な認識により過去も未来も知ると言わねばならぬ。偶然的なことは神が予見したから起こると考えてはならない。起こるはずのものとしてのみ神は予見するのだから。」

神の全能もソクラテスの哲学的教義だった。すべては神々に服従し、神々の至高の力は万物に及ぶ、とクセノフォン（三一〇）はクレアルコス（三一一）に言わせている（一七）。プラトン派によると神は善そのもので（一八）、人間はこの善〔慈愛〕の対象である。悪の原因はこの善をなす存在以外に探さねばならない。

プラトンは摂理について実に正統的な考えをしたので、その説をユダヤ人から得たのだろうと教父たちは想像した。『法律論』では、摂理は最小のことにまで及ぶのをくわしく証明している（一九）。

プラトンは言っていた。「ケベス、今説明したすべてのことから、必然的にこういう結論にならないかどうか見てほしい。われわれの魂は神的で不死で可知的で単純で分解されず常に自己自身と同じものにとてもよく似ており、われわれの肉体は人間的で可死的で可感的で複合物で分解されるもので自己自身とけっして同じでないものと瓜二つなことだ。とすれば、じきに分解されることが肉体にふさわしく、分解されずにいることが魂にふさわしくないかね（二〇）。」

ギリシア人もローマ人も、魂の不滅は異を立てたら不敬にならざるをえぬ真理の一つと思っていた。現在でもほぼすべての民族が、いかに野蛮人でもこの説についてはキリスト教徒と一致している。

異教も啓示の助けを借りずに、神格について、また魂の精神性と不滅について健全な観念を持っていたのだ。次に、道徳の真の原理を正確に認識したかどうかを見よう。

特に有名な哲学者たちが人間は自由だと説いたのは間違いない。われわれの神学者と同じく、自由がなければ道徳もありえぬと思っていたのだ。自由と予見を両立させるため、プロクロス〔三一二〕は一書を物した（二一）。

哲学者の中でも選《え》り抜きの人たちは、それ自体で正しいことと正しくないことがあり、われわれの行動の規準たるべき永遠の法が存在するといつも考えた。

われわれの行動の規準たるべきその永遠の法とは神自身で、われわれは人間の弱さに可能な限り神に似るよう努めるべきだとピュタゴラス派は言い、プラトンもそれに倣った。

同じ哲学者たちは、われわれの行動は完全であるためには完全性の源と関係付けられねばならないことにも気付いていた。われわれは神をたえず目の前に置かねばならぬとピュタゴラスが言った（二二）のも、自己の行動の原理を神に帰すべしとプルタルコスが言った（二三）のも、神に関係付けなければ絶対にいかなる善行も行なえないとマルクス〔・アウレリウス〕・アントニヌスが言い（二四）、行動に当たっては快感という動機だけで決定付けられるのを禁じて、それはあらゆる罪悪の源だからと述べたのもそのためだった。

神崇拝について異教徒の書に真理がみつかることを聖アウグスティヌスも認めていた（二五）。「単一ノ神ヲ拝スベキコト自体ニツイテモ、イクツカノ真実ガソコニ見ラレル。」それについてはザレウコス〔三一三〕の法と、特にその素晴しい序文を参照できる。

スカリゲル〔三一四〕がこの序文を神的なものとしたのも故なきことではないとベール氏も請け合っている（二六）。正当な形で神々に仕えようとしたら内面的な崇拝と魂の清らかさが要ることをこの序文は世にもはっきり示している、とスカリゲルは思ったからである。実際、悪人の供犠はどれほど金をかけても神に名誉を与えず、神に名誉あらしめるのは徳と善行の実践だけだから、あらゆる罪悪から魂を洗い清めよとザレウコスは命じているのだ。〔二七〕これはキケロの言とも一致する。〔二八〕「ダガ神々ノ崇拝ガ至善・至純・至聖デ真ニ敬虔デアルタメニハ、ワレワレノ心ト発言ノ内ニ常ニ敬意ト不壊ノ純潔ト全キ無垢トガナケレバナラナイ。」内面的崇拝の価値と必要性を認識したのは哲学者だけではない。

エジプト人は神に魂の浄めと救いを求めていた。〔二九〕ポルフュリオスが報じるところでは、エピダウロスの神殿には次のような二行の詩句が掲げられていたという。〔三〇〕

聖事ヲ弁エルナラ、神殿ノ閾ハ清浄ナ身デ跨ギ、
口ニスル言葉モ清浄デアレ。

神学者たちがキリスト教徒の間で消滅させようと図ってきた神への愛という重要な真理も、幾多の有名な哲学者が強く勧めたものだった。

「自分の魂以上に神を愛せ」とピュタゴラス派のセクスティウス〔三一五〕は言っていた。プラトンによると、真の哲学者とは神を愛する者である。ソクラテスの弟子の内にこの説をみつけたのは聖アウグスティヌスだった。「コノ真デカツ最高デアル善ヲプラトンハ神デアルト主張スルノデアリ、シタガッテプラトンハ、哲学者ハ神ヲ愛スルトコロノモノデナケレバナラヌトイウノデアッテ、ソレハナンノタメカトイウト、哲学、スナワチ知恵ノ愛ハ至福ノ生ヲ目指スモノデアルカラ、神ヲ愛スルトコロノモノハ、神ヲ享受スルコトニヨッテ至福トナラネバナラヌカラデアル。〔三一〕〔三一六〕」

隣人への愛も不可欠の徳とみなされていた。「人間ドウシ交ワッテイル限リ、人間性ヲ尊重シヨウデハナイカ。ワレワレハ誰ニトッテモ恐怖ノ種デアッテハナラズ、危険ナ存在デアッテモナラナイ」〔三一〕〔三一七〕とセネカは言った。自分がされたいように他人を扱うべしというのは、哲学者のみならずあらゆる民族に受けいれられた原理だった。

この真理の結果として、客人歓待の義務は大昔から尊重されていた。人間たちはみな兄弟と思っており、異国の人を家に泊めるのをことわる者がいたら、そういう奴は自分の息子を家に入れない父親が今されるように怖気をふるわれたはずである。

クレタ島には異国の人を泊める公共施設があり、ルカニア〔イタリア南部の地方〕人の間では、日没後に旅人を家に泊めない者は処罰された。

「金持は正当な方法で富をなしても、貧しい者の苦しみを放置したら泥棒である（三三）」とシナの或る哲学者は言ったが、貧者を助けない者をこれほど強く攻撃した教父はいない。この言葉は、「貴方は彼を養わなかった、だから彼を殺したのだ」、「貴方ハ養ワナカッタ、故ニ殺シタ」という聖アンブロシウスの言いかたとよく似ている。

侮辱を赦すことや敵を愛することさえ異教徒は知らないではなかった。自分を傷つけた者には友達にしようと努める以外の復讐をすべきでない、とピュタゴラスは言っていた。「侮辱されて傷つけられた者も、別の侮辱で仕返しすることは許されない」と『クリトン』でソクラテスは言っており、このくだりからケルソスは、復讐の禁止はイエス・キリストが世に持ち込んだものではないのを証明している。

ピュタゴラスが何より強く勧めた掟は真実を語ることだった。マルクス〔・アウレリウス〕・アントニヌスによると、善人はいつも本当のことを言うものだった。あの皇帝は、嘘をつくのは不敬を犯すことだと断言するのも憚らなかった。ペルシア人は嘘を最大の罪悪の一つとした。

アリストテレスは言う（三四）。「偽誓の罪を進んで犯す者は、誰もいまい。神々からの罰と人々の下での汚名を、人間は恐れるのである。人々の眼を逃れることはできても、神々の眼を逃れることはできない〔三一八〕。」

誓いを破る者はあまりにも嫌われたので、嘘をついてもこの罪まで犯す勇気のない者もいた。ルキウス・フラミニヌス〔三一九〕に起こったのがそれだった（三五）。この男は遊興の席で性悪女の気を引こうとして一人の罪人を殺したため、元老院から追放された。はじめ犯行を否認したが、誓ってみよと言われると、嘘をつくのは恐れなかったのに嘘の誓いをする勇気はなかったのである。

マルクス〔・アウレリウス〕・アントニヌスは若い頃貞潔を保ったことを神々に感謝した。詩人たちは、とびきり好色な連中でもこの徳を称えた。ティブルス〔三一〇〕にもこんな二行がある。

貞潔ハ神々ノ喜ブトコロ。穢レナキ衣ヲ纏ッテ来、
泉ノ水ヲ清ラカナ手デスクエ。

アリストテレスは(三六)、羞恥心を傷つけるような話をいつもする若者は処罰すべきだ、年配者でも慎みを欠く時は恥じ入らすべきだと言う。理由は、悪いことを言う習慣は悪いことをする習慣に通じるからである。この点をめぐるエピクテトス〔三一一〕の金言ほど賢明なものはない(三七)。貞潔に反する話をおしなべて非難して、自分の方が多少とも地位が上ならそんな話をする者を叱るように、そうでなかったら悲しげに口をつぐんで、そんな会話に賛成でないのを示すようにと勧めるのである。メナンドロス〔三一二〕によると、「善人は女性の誘惑も姦通もすべきでない」のだ。

セネカに言わせれば、夫婦間で貞操を守ることは妻にとっても夫にとっても義務である(三八)。「自分ノ妻ガ情夫ヲ作ッテハイケナイヨウニ、自分自身モ妾ヲ作ッテハイケナイコトハ分カッテイマス。」〔三一三〕ユリア法〔三一四〕は「不名誉ニモ犯罪的ナ放蕩ヲアエテ行ナウ」者を死刑に処すとした。

シナや日本やシャムの道徳書には道徳の最大の原理が盛られている。孔子にも、人類の幸福のために万人が実行してほしい金言が溢れている。

シャム人には二百箇条を超える法律があるが、その箇条のいくつかは福音の道徳の最もすぐれた、最も実行しにくいものとも一致する。たとえば自分を軽んぜよとか、何も明日のために取って置くなとか、服は一着しか持つなとか。

習俗や品行についてシャム人の宗教が命じるより完全なことはキリスト教徒も教えられないとタシャール神父も認

めている(三九)。その宗教は善を行なうよう命じ、悪しき行動のみか犯罪的なあらゆる欲望、あらゆる想念を禁じているという。

日本へ行ったことがあって非常な消息通らしい現代の或る旅行家〔三二五〕が言う(四〇)ところでは、日本国民は全体として見ると、自然的な理性の光と為政者の法だけでも、徳を実践し心の清らかさを保ちたいすべての人を確実に指導し導けるということの明証的な証拠になるらしい。

この主題はもっと細かく論じられたはずで、異教徒とりわけ哲学者の書の内に、キリスト教が説くものに清らかさで劣らない種々の説を見つけるほど容易なことはないのである。この問題に全篇充てられた本も色々ある。中でも、ユエ氏〔三二六〕の『オーネーの諸問題』、『異教哲学史〔三二七〕』、グロティウスの『キリスト教の真実性について』の第四巻第十二章などを参照できよう。そうすれば、哲学者が説いた真理を誰かが全部集めたらキリスト教の原理と一致する教理大全が出来るだろうとラクタンティウスが言った(四一)のは正しかったことが分かろう。こうした比較すらケルソスを喜ばせなかったはずである(四二)。なにしろこの人は、道徳的美徳についてはは哲学者の方がキリスト教徒よりずっと才気豊かに、また明快に論じたと主張していたからだ。

(一) 〔レヴェック・ド・ビュリニ〕『異教哲学史』、第一冊、八ページ。
(二) 『パイドン』、第一冊、七一ページ。『国家論』、第二冊、二八一ページ。
(三) 『神の国』、第八巻、第六章、第七冊、一九五ページ。
(四) ゲテ版、三三六ページ。
(五) 『異教哲学史』、第一冊、六二ページ。
(六) デロン『東インド旅行記』、第三冊、一ページ。
(七) 『イーリアス』、第八歌、二九行。
(八) 『アエネーイス』、第一巻、二二九―二三〇行。
(九) プルタルコス『プラトン派の諸問題』、〔『モラリア』〕第二冊、一〇〇〇ページ。
(一〇) アリストテレス『宇宙論』、第七章、六一五ページ。
(一一) 『護教論』、第二十四章。
(一二) 聖アウグスティヌス、書簡十五、〔『書簡集』〕第二冊、三〇ページ。
(一三) 『恩恵について』、第六巻、第二十三章、二六ページ。
(一四) 〔『モラリア』〕第二冊、一〇五一ページ。
(一五) テミスティオス、演説四、四九ページ。シンプリキオス〔『エピクテトス《提要》註解』〕、第九章、二一九ページ。
(一六) 『アリストテレス《命題論》註解』、第二巻、五および六、二〇七、二〇八ページ。

（一七）『キュロスの遠征（アナバシス）』、第二冊、二八五ページ。
（一八）プラトン『国家論』、第二巻、三七七ページ。エウセビオス中のヌメニオス、『福音の備え』、第十一巻、五四四ページ。
（一九）『法律論』、九〇〇ページ。
（二〇）『パイドン』、ダシエ訳、八〇ページ。
（二一）ファブリツィウス『ギリシア文庫』、第八冊、四九六ページ。
（二二）ヤンブリコス〔『ピュタゴラス伝』〕、第二十八章、第百三十七、一一五ページ。
（二三）『ソクラテスの守護霊について』、アミヨ訳、五八〇ページ。
（二四）〔『自省録』〕第三巻、第十三節、八七ページ。
（二五）『キリスト教の教理について』、第二巻、第四十章、第三冊、四二ページ。
（二六）『続・彗星雑考』、第一冊、二三六ページ。
（二七）シチリアのディオドロス〔『図書館』〕、第十二巻、八四ページ。ストバイオス〔『詞華集』〕、第一巻、二七九ページ。
（二八）『神々の本性について』、第二巻、第二十八章、第二冊、二二八ページ。
（二九）『禁欲論』、第二巻、第十九節。聖キュリロス『ユリアヌス駁論』、第九巻、三一一ページをも参照。
（三〇）ヤンブリコス『エジプトの秘儀』、第九章、一七八ページ。
（三一）『神の国』、第八巻、第八章、一九七ページ。
（三二）『怒りについて』、第三巻、第四十三章。
（三三）ルガ〔『東インドの二つの無人島への航海と冒険』〕、第二冊、一〇九ページ。
（三四）『アレクサンドロスに贈る弁論術』、第十七章、第二冊、二六七ページ。
（三五）プルタルコス〔『対比列伝』中の〕「フラミニヌス伝」。
（三六）『政治学』、第七巻、第十七章、四四八ページ。
（三七）シンプリキオス〔『エピクテトス《提要》註解』〕、二八五ページ。
（三八）セネカ、書簡九十四、四九八ページ。
（三九）『イエズス会神父たちのシャム旅行』、第二部、七ページ。
（四〇）ケンプファー（ケンペル）『日本誌』、第三巻、第二章。
（四一）『幸福な生活について』、第七巻、第一節、六六四ページ。
（四二）オリゲネス〔『ケルソス駁論』〕、二七四ページ。

第十章　イエス・キリストの到来以降、人間は前より完全になったか

今見たように、キリスト教徒すら認めるとおりイエス・キリストは新たな真理をなんら教えたわけではなく、宗教が命じる義務はみな自然の光〔理性〕が教えるものにほかならない。では次に、神が人間を改革するためその子を遣わして以来、人間が前よりましになったか調べてみよう。思うに、人間を改善することこそ、受肉における神の叡知の眼目だったはずであるから。

オリゲネス[一]はそう考えていた。エウセビオス[二]もそのことが分かっていたからこそ、キリスト教は野蛮な民族を矯正して、そこに持ち込まれていた不敬な慣習を滅ぼしたと言った。それは聖アウグスティヌスの考えでもあった[三]。非キリスト教徒を話題にしつつキリスト教徒を称えようとして、その公正さ、正直さ、純真さ、誠実さ、敬虔さ、慎しさ、仲の良さ、情深さ、強さ、我慢強さ、私心のなさを指摘している。

この問題は、ニカイアの府主教テオファネス[三二八]が十四世紀に著わしたユダヤ人攻撃書のテーマだった。同書の写本はローマに保存されている[四]。

この本の第四巻で著者は、福音は古き律法もなしえなかったほど人間を賢明にしたから神の御手から出たものだということを証明しようとした。しかし、人間の邪悪さは少なくとも新たな律法以前に劣らなかったことを示したら、そんな論拠に反論して、イエス・キリストが地上へ来たのは無駄だった、全く効果がなかったと言ってやれよう。そのことを証明するのは難しくない。キリスト教も当初は、生まれたてのあらゆる宗派と次のような共通点を持っていた。多大の宗教熱心と和合が見られたことである。熱情は正当な限界をすら超えた。そのためには往々、真実も犠牲

にされたからである。キリスト教徒を名乗る者の内にも堕落し切った人間がいたにはいたが、全体として見ると、神への尊敬と他者への友愛に溢れた多くの人がこの会にいたと言ってよい。ピュタゴラス派やエッセネ派[三二九]にすでに見られたものが、彼らの内にもまた見られた。

同様の情景は近時にも目にされた[五]。ルター派、カルヴァン派、再洗礼派、クエーカーの最大の敵ですら、生まれたての宗派の敬虔さ、規律正しさには讃辞を惜しまなかった。

こういう完全な状態は初代キリスト教徒の間でも長くは続かなかった。教父たちはやがて、生活からは愛徳がなくなり、習俗からは規律正しさがなくなったとか、キリスト教的な徳はみな時とともに消え失せたとか、サラセン人や異教徒の方がキリスト教徒よりきちんと法律・慣習を守っているとか嘆くようになった。聖キプリアヌス[六]やナジアンゾスの聖グレゴリオス、法王グレゴリウス七世[三三〇]がそう言っている。宗教上の争論もほとんどイエス・キリストに劣らぬほど古くからあった。弟子たちの一人一人が自説を勝たせようとした。そういう争いをきっかけに「公会議」と呼ばれる集会が開かれ、往々そこでは暴力と策謀で決定が下され、天来のものであるかのようにそれを尊重することが強制された。君主の信頼を得るようになった司祭たちは、野心と忘恩を募らせた挙句、主権も教会の裁治権に従属すると民に思い込まそうとするほどになり、こういう不穏な原理のせいで国家が転覆したり君主が廃位されたりする例が幾度も見られた。

ドイツ帝国の歴史はその実例をいくつも提供してくれる。シロン[三三一]の本にこんなことが書いてあるのは驚きに堪えない。「キリスト教は偶像崇拝の支配下で衰えた国家の健康を強め、民衆が君主にすべき服従の結び目を固く締めに来たのである。」このことはベールから実に堅固に反駁された[七]。いわく、「四世紀以来今世紀まで、陰謀・反乱・内乱・革命・廃位などは、キリスト教徒の間でも非キリスト教徒の間と同様頻繁にありました。……或る種の国にそれが少なかったのもキリスト教信仰が原因ではなく、違いは国民性の差、政体の差に帰すべきです。国家が乱れて転覆すらした騒擾や破局は往々宗教が原因でしたし、そういうものほど猛烈に荒れ狂いました[三三二]。」

ここからも、シロン氏が言ったことは大幅に割り引きすべきなのが分かる。同氏がキリスト教に立てたトロフィーには、十二世紀間に余る実践ばかりか、ローマ・カトリック教徒とプロテスタントが交互にしあう痛烈な非難をも対置できる。

カトリック教徒はプロテスタントに、乱を好む反逆的で落ち着きのない精神、共和主義的な格率、君主制への嫌悪、不可抗力で抑えられなければいつでも行動に移るような野心的でがむしゃらな気質を持たせる、国家の安泰と相容れぬドグマを非難する。

オラトリオ会の某神父が〔三三三〕『ナント勅令史』〔三三四〕の向こうを張った〔三三五〕大部の本でしたユグノー非難は、とりわけ反逆心という点で実に重大なものだから、その肖像を信用したが最後、こんな住民を住まわせるくらいならあらかたの州を無人の地にする方がましだと思わないカトリック教徒の主権者はいない。カルヴァン派、長老派、ピュリタンなどと呼ぶ者についてローマ・カトリック教徒の抱く観念はこういったものである。

片やプロテスタントは、主権者がローマ教会と袂を分かつと、「法王教」〔カトリシスムの蔑称〕は臣民に忠誠の誓いを免除し、秘密の陰謀によるにせよ公然たる民衆反乱によるにせよすべてを支配することしか考えないから、あらゆる国家から「法王教」を追放すべきだとたえず主張する（八）。

こういう非難も根拠がなくはない。カトリック教への燃ゆるがごとき熱情から、この上なく恐ろしい暗殺も犯された。有名なオランイェ公、ナッサウのヴィレム〔三三六〕を殺した男は、凄じい責苦の中でも、カトリック教と主君のスペイン王にあれだけ大きな御奉公ができて仕合わせだとうそぶいていた（九）。

ジャック・クレマン〔三三七〕はアンリ三世〔三三八〕を殺せば殉教の栄冠が得られると思い込んでいた。ジャン・シャテル〔三三九〕も裁判官に、聖座と仲直りしておらず、したがって正統の国王とみなすべきでない君主をあやめようとしたのは功徳になる行動だと思うと申し述べた。

ラヴァイヤック〔三四〇〕を動かしてフランス最大の王〔三四一〕の命を奪ったのも同じ原理だった。キリスト教へ引き入れるため異教徒に対して揮われた種々の暴力は前段（第七章）で見たが、キリスト教徒の中でも自分と信条が完全には一致しない者が相手の場合、正統派の熱情はいっそう激しく燃え上がるものである。

異端者と名付ける者を罰するにしても、最初は霊的な懲罰しか用いられなかったが、ローマ皇帝がキリスト教徒になって以後、司祭たちが非常に大きな発言力を得ると、追放と次には死刑が支配的宗派から離れた者の運命になった。人倫の第一の義務に反する罪を犯すことが、即、神に嘉されることだと想像され、残虐になればなるほど宗教心に篤い者とみなされた。或る有名な著作家〔二四二〕がこう言ったのもそのためである〔一〇〕。「キリスト教徒という名をあれほどかたくなに嫌い、全世界にちらばっているためどこで何が起こってもすぐ分かり、あらゆる国にニュースを伝えられるユダヤ人たちが、キリスト教徒の歴史をシナ語・日本語・マラバール〔インドの西南端〕語など、いろんな国語に訳さなかったのは実に意外でなりません。もし訳したら、それらの国はみなキリスト教徒が住みつくのを許すまいという気になったでしょうから〔二四三〕。」

この迫害の精神は善良な聖王ルイ〔二四四〕まで捉えてしまった。この王はジョワンヴィル〔二四五〕にこう打ち明けたという〔一一〕。「世俗人はキリスト教の悪口を言うのを聞いたら、言葉でキリスト教を擁護するだけでなく、鋭利な名剣を使って、謗《そし》る者、信じない者を刃《やいば》の通る限り串刺しにせねばならん」と。

これは初期の教会博士の掟に明らかに違反するものだった。「真理のために暴力を使うべからず」とこの人たちは決めていたからだ。そんな言いかたをした者は地上でいかなる権力も持っていなかったが、全能になったその後継者たちは、国家に叛旗を翻す者と教会の決定を盲目的には受けいれない者とをなんら区別しなくなった。

異端者に対してどうすべきかについて、初代の教父が近時の司教と意見を異にしたのをデュ・ペロン枢機卿〔二四六〕も認めた〔一二〕。「宗教の保全を目的とするキリスト教的慎慮の規則を、教会は時と場合に応じ多様な形で適用する。たとえば、異教徒だった初期の皇帝たちの支配下に教会があった頃は、信仰のために誰も迫害してはならない、宗教は強制すべきものではないとキリスト教徒は言っていた。その後、キリスト教徒が帝国の主人となり、皇帝がカトリック教徒となるや、異端に手を焼く教会は力に訴え、現世的な刑罰・懲罰で禁圧するという方法を使った。そうなると教父たちも、強制は宗教的行為でないというテルトゥリアヌスの言葉だけを金科玉条にはしなくなった。〔非キリスト教徒だけは強制すべからずとしたけれども〕しかし背教者や異端者は、いまだ教会の外にいるとはいえ、教会にかつて誓っていたのであるから、俗権と現世的刑罰を介してでも復帰するよう強制して差し支えないとされた。」

聖アウグスティヌスもはじめは意見を異にしたが、その後、自分より賢明で経験豊富な同僚たちに説き伏せられ、「強いて入らしめよ」〔三四七〕という福音書の一句に基づいて考えを変えたと言っている。神学者たちも最初は死刑にするのを控えるべしとして、異端者には金十リーヴルの罰金を科すという皇帝の法だけで満足したが、後には、異端が教会にもたらす禍が日増しに危険なものとなったため、偽神に随《したが》う者を殺せという申命記の法を使って、異端者から財産のみか命まで奪うようになった。

カルヴァンがジュネーヴでセルヴェトゥス〔三四八〕を火あぶりにさせたのも、スイスの牧師たちがヴァレンティーノ〔・ジエンティーレ〕〔三四九〕を殺したのもこの規則に基づいていた。イギリスでは、アリオス（アリウス）派〔三五〇〕は死刑にすべしとされている〔三五一〕。それが実施されるのは世俗の法のおかげではあるが、それも教会が関与して、聖ベルナルドゥス〔三五二〕が言ったように「聖職者ノ命令デ」為政者が剣を抜き、この罰則の適用は良心に恥じるところなくしてよいこと、すべきことだと当の為政者に宣言した上でにすぎない。

イタリア人でもスペイン人でもポルトガル人でもない者は総じて名前を聞いただけで鳥肌が立つ非道な「宗教裁判」所を生みだしたのも、こういう呪われた原理〔三五三〕である。宗教裁判所の不正を残らず描き出そうとしたら、何巻もの本が必要となろう。ここではリンボルクの傑作を参照していただくに止めよう。

異端者と呼ぶ者を死刑にするのがいかに不正か、イギリス人がようやく分かったのはつい最近のことにすぎない。「異端者火刑法」〔三五四〕が廃止されたのはチャールズ二世の時代である〔三五五〕。

キリスト教の恥になることだが、異端者には信義を守る必要なしと公に説かれたのも、こういう残虐な説の結果だった。ドッサ枢機卿が苦々しく嘆いているように、法王としては真人間だったクレメンス八世[三五六]すらこの考えに賛成していた。

通行証を無視するというコンスタンツ公会議[三五七]の非人道的な決定もこの有害な説の結果だが[一三]、最大の残虐さも宗教への熱意の証拠とみなされたことを選《え》り抜きのいくつかの例で証明しよう。

ブルジュの大司教聖ギヨーム[三五八]の伝記を書いた人[一四]は、カトリック教徒がアルビ派[三五九]に勝利を収めたことを語る中で、ベジエの掠奪では老若男女を問わず容赦なく殺した、「年齢モ性別モオ構イナカッタ」こと、母親の腕に抱かれた子供も殺し、教会にも修道院にも遠慮しなかった、「母親ノ腕ノ中ノ赤子モ殺サレ、教会ノ統一ヲ破ッタ者ハ教会堂モ修道院モ保護デキナカッタ」ことを称えている。

こういう宗教熱心の実例に、メアリ[三六〇]の治下にイギリスで起こったことも加えられよう[一五]。一人の女が自分の二人の娘とともに火刑を宣告され、同じ火の中に投じられた。中の一人は妊婦で臨月に近かったが、火と苦痛の激しさの余り、その場で出産してしまった。立会人の一人はほかの者ほど野蛮でなかったので、子供を火の中から取り出したが、結局協議の末、それも再び火に投じたという。

聖バルテルミの身の毛のよだつ兇行もアイルランドの恐ろしい大虐殺[三六一]もカトリック教のせいである。アイルランドの虐殺の少し後に執筆したオーマホニ[三六二][一六]は、フランクフルトで出版した某書[三六三]で、異端者もそれを擁護する者も全部殺せと同国人に勧め、四年間（一六四一―一六四五年）に十五万人以上殺したことを喜び且つ祝福していた。ピエモンテの渓谷で行なわれた大殺戮[三六四]は、おそらくこの種の事例のどんなものをも凌ぐだろう。牧師のレジェがしたそれの記述は涙なしには読めない[一七]。

「小さな子も優しい母の乳房から容赦なく捥《も》ぎ取られ、足を掴んで塀や岩に叩きつけられ、往々脳味噌がそこに付着したまま、屍体は芥《ごみ》捨場に捨てられた。あるいは、こういう罪なき人間の片脚を一人が掴み、もう片脚をもう一人が掴んで、惨めにも体を真中から二つに裂き、然る後野原に捨てた。病人や老人は男も女も家の中で焼かれたり、斧でこま切れにされたり、まっ裸のまま頭を脚の間に入れ、糸玉のような形に縛られて、岩の間に突き落とされたり、山の上から下へ転がされたりした。哀れな娘や人妻は強姦されて、描くだに恐ろしい恰好で小石を腹に詰め込まれたり、火薬を一杯入れられて火をつけられたりした。現に、口や耳にそれを詰められて、次に火をつけられた者が何人もおり、みんな顎が裂け、脳味噌が頭からとび出した。惨めな娘や人妻で、生きたまま性器を串刺しにされ、そんな恐ろしい恰好で裸のまま大道で晒し物にされる者もいた。いろんな形で手足を捥がれ、乳房を切り取られた者もいた。切り取った刑吏らはそれを煮込んで食べてしまった。

男たちは生きながらこま切れにされ、切断された性器を切断された頭部の歯と歯の間に銜《くわ》えられたり、生きながら皮を剥がれたりした。ここでは哀れな父親が、自分の子が体の真中から皮を剥がれ、振り回して岩に叩きつけられ、兵士らがかけらを奪いあうのを見せられたかと思うと、あそこでは夫が目の前で妻が強姦されるのを見せられたり、母親が目の前で娘が強姦され、次に兵士の手で腹を裂かれて、往々腹に石を詰められたり、火薬を詰められたりするのを見せられたりした。生きたまま妊婦の腹を裂き、中の子を取り出して矛槍の先に掲げたりするのも見られた。」

だから、ベールが次のように言ったのは全く正しい〔一八〕。「偶像崇拝を根絶するためにせよ、異端を圧殺するためにせよ、とにかくキリスト教が犯した暴力行為は筆舌に尽くしがたいものです。その歴史を読むと鳥肌が立ち、柔和な心が少しでもあれば戦慄を催します。善良な魂の持ち主はその種の記述を読むと罪を犯さずにいられません。そんな火災の原因を作った者の思い出を呪わざるをえず、その墓に捧げる花を求めるかわりに、祝福の言葉をユウェナリス〔三六五〕に探すかわりに、呪詛の言葉をティブルスに探したくなります〔三六六〕。」

さらに、キリスト教徒の不寛容は哲学上の意見を死刑で禁じるところまで行った。あまり遠くない時代にもこんな例がある。

ヴィヨンとビトーとド・クラーヴ〔三六七〕は一六二四年にアリストテレスの説と合致しない意見を唱えた。パリ〔神学〕大学はその説を断罪して、唱えた者を〔パリ〕高等法院に告発し、高等法院はそれを機に、ド・ローノワ〔三六八〕氏の本に載って(一九)いるような裁決を下した。内容は、「それらの命題が見られるテーゼを破り捨て、当法院の執達吏が前記クラーヴ、ヴィヨン、ビトーに二十四時間以内にパリから退出するよう命じ、且つ、当法院の管轄下にある都市および場所に退去することも、またその管轄下にあるいかなる大学で哲学を教えることをも禁じ、さらに、いかなる資格・身分の者にも前記のテーゼに含まれた前記の命題を討論に付し、刊行し販売し頒布することを、印刷地がフランス国内であろうと他の場所であろうと体刑を以て禁じ、いかなる者にも、是認された古代の著作家たちに反するいかなる格率を唱え教えることも禁止して、違反者は死刑に処す」というものだった。是認された古代の著作家たちに反するとは、アリストテレスに反するという意味である。

キリスト教徒の頽廃をくわしく述べようとしたら、ほとんど教会の歴史そのものを書かねばなるまい。野心も残酷さも素行の乱れも極まっていたのが見られよう。

大義のためにどれほど熱意を燃やすキリスト教徒の歴史家でも、そのことは否定できなかった(二〇)。しかし、そういうのはあまりに公然の事実だから、細かく証明しようとするのは時間の無駄であろう(二一)。立派な手本を示すべきローマの教会が無秩序の中心だった。

アルクイヌス(三六九)は時代を嘆いて、ローマには神への恐れも知恵も愛徳もなく、往々実にひどい不敬の数々が見られると言った。

「ローマノ座ニモ……極度ナ不敬ノ例ガアルデハナイカ。ソコニハ神ヘノ恐レモ知恵モ愛徳モアルトハ見エナイ(二二)。」

病は全身に拡がっていた。

頭ノテッペンカラ、下ッテハ足ノ裏マデ、
健康ナトコロハ一ツモナイ。
カツテ世界ノ頭ダッタモノガ、今デハ最大ノ悪党ダ。

良き法王ハドリアヌス六世[二七〇]もそのことは認めた。いわく、「コノ聖座ニモツイ数年前マデ、霊的ナ事柄デノ悪弊トカ、命令ノ行キ過ギトカ、サラニハ悪ニ転ジタヨロズノモノトカ、忌ワシイコトガ多々アッタノハ知ッテイマス。[二一三]」ピコ・デッラ・ミランドーラがレオ十世[二七一]に言ったことはハドリアヌスに輪をかけていた。「神の教会にはもう羞恥心も慎みも正義もありませんでした（そう言うのである）。敬神は迷信と化し、悪徳が持て囃され、美徳は罪とされました。神殿も女子修道院も公然たる放蕩の場所になり、実にひどい罪が野放図に犯されました。司祭も司教も十字架の前ですべき祈りを知らず、おおっぴらに聖物売買をしていました。[二一四]」

しかし、キリスト教が習俗の改善をなんらしなかったのを見ていただくために、バルトロメ・デ・ラス・カサス[二七二]の有名な作品のいくつかのくだりを紹介しよう。たしかに、こういう詳細は怖気をふるわすもので、異教の歴史のどこを見てもこんな恐ろしい図はみつからぬほどだが、私のテーゼの証拠としてあまりにも決定的なものだから、伏せておくわけにはいかない。

温厚で御しやすく従順なインディオたちの性格を描いた上で、著者はこう付け加える。[二一五]「こういう仔羊の中へ、スペイン人は、長いこと何も食べなかった残虐なライオンや狼や虎のように突き進んだ。この四十年間、彼らはひたすらインディオたちを切り刻み、殺し、苦しめ、責苦にかけ、見たことも聞いたことも読んだこともないような残虐な手口で滅ぼしてきた。その結果、イスパニョラ島〔今のハイチ〕に当初いた三百万以上の原住民の内、今残るのは二百人を超えない。」

続けて、「ティエラ・フェルメ〔南米の北部海岸地方〕はどうかといえば、スペインにポルトガル、アラゴンを含めたより広く、千里《リュウ》の道のりがあるセビリャとエルサレムの間より数が倍多い十を越す王国をスペイン人は無人にしたことが確実に分かっている。それらの王国はみな、かつては人で溢れていたのに、今では人っ子一人いない。正確に数えれば、スペイン人はその暴虐により、男女子供合わせて千二百万人以上殺したことを証明できる。千五百万と言っても間違いにはなるまいと思う。彼らは生きながら妊婦の腹を断ち割って中の子を引っぱり出したり、誰が一太刀で幹竹《から》割にできるか、誰がいちばんうまく首を斬り落とし、いちばん多く内臓を出せるか賭をしたりした。子供の足を掴んで母親の乳から捥《も》ぎ取り、頭を岩に叩きつけたり、空中に抛り投げて川へぶち込み、水に落ちると喜んだりした。幅が広くて、足がほとんど地に触れるほど低い絞首台を作り、〈イエス・キリストと十二使徒に敬意を表すため〉（と言うのである）それぞれの絞首台に十三人ずつ吊し、それから下に火をつけて、吊した者を生きながら燃やした。インディオの貴族や大領主を殺す時は、普通次のようにした。フォーク状に立てた杭の上に棒で組んだ焼き網《グリル》のようなものを作り、絶望の叫びを上げながら相手がゆっくり死ぬように、下にとろ火を燃やすのである。」

引用する著者は、一度などは四、五人の主立った領主がそういう焼き網《グリル》の上にいるのを見たと言っており、ほかにも同様に人のいる焼き網《グリル》が三つ四つあったと言う。上にいる者が恐ろしい悲鳴を上げたので、司令官は眠られず、そのため絞め殺せと命じたが、下士官は残酷にも、大声を出せないように自ら口に猿ぐつわをかけ、よく焼けるように火を掻き立てたという。

こういうのは全部この目で見たことで、ほかにも無数のことを目にしたとバルトロメ・デ・ラス・カサスは付け加える。同じ著者が教えてくれるところでは、山へ逃げ込んだインディオを掴まえるためにスペイン人は大型犬や大きなグレーハウンドを飼っていて、それが〈クレド〉を唱える暇《いとま》もなくインディオを八つ裂きにしたという。また、そういう哀れな民を納屋に閉じ込め、一度に何千人も焼き殺したという。スペイン人が奴隷にするためインディオを馬の尻に乗せて行くと、後から来るスペイン人が腕試しに槍で突き殺した。少年が地面へ落ちると、スペイン人が来て脚を切断し、そのままほったらかしておいた。

続けて、「或る時、インディオたちは大きな町から十里《リユウ》の所まで、食料や美味しい肉を持参してわれわれを迎えに来、種々歓待してくれた。彼らは穏やかにわれわれの前に坐っていた。と、いきなり悪魔がスペイン人の間に紛れ込み、彼らは私の目の前で、なんの理由もなく、この罪なき人々を三千人近く虐殺した。これほどの残虐行為は人間がかつて目にしたことはなく、これからも見ることはあるまい。」

或るスペイン人は一日狩りに行き、犬に与える獲物の分け前がなかったため、インディオの赤子を母親の腕から捥《も》ぎ取ってこま切れにし、猟犬に配ったという。

こういう恐ろしい話に思いを巡らすと、キリスト教徒は異教徒やマホメット教徒より悪者だとスカリゲル[二六]が断言したのは正しかったと嫌でも白状せざるをえない。それはモンテーニュの考えでもあった。「われわれの品行を異教徒やマホメット教徒と較べれば、いつも諸君の方が下だろう」とこの人は言っている。
ル・クレール氏の口調も同じだった[二七]。いわく、「慎しさ、謙虚さ、禁じられた快楽を控えること、逆境の中で耐えることなど、自分自身のために持つべき美徳をキリスト教徒の間で探したら、古今の異教徒の間より沢山みつかるかどうか分からない、どちらに対しても正当な評価をしようと思ったならば。」

キリスト教徒の中で「改革派」を名乗った者もいまだ完成からは程遠い。その派のいかに熱心な信奉者でもこの頽廃は認めている。『ネーデルラント宗教改革史』を著わしたブラント[三七三][二八]も、改革派は無垢も穏やかさも謙虚さも愛徳も追放した、悪徳と迫害と憎しみと妬みと自己愛がそういう美徳に取って代ったと言っている。

牧師のジュリューも自派の習俗の乱れを認めている。いわく、「最大の禍は極度の頽廃にある。フランスの改革派は全王国を被う虚栄・傲慢・奢侈・濫費の激流にみすみす押し流され、それらの罪悪でえてして同胞をも上まわっている。イギリスにもそれに劣らぬ数々の欠点があり、敬神は弛《たる》み、男が尊大なら女はこの上なく放埒で、虚栄心が強く、人を欺くことと想像を絶する。北欧諸国やドイツの改革派諸州も放蕩に溺れて下落し愚鈍化し、どこにも概して宗教への途方もない無関心が風靡している。君主も主権者も政治的な損得しか考えず、教会と真理の世話などこれっぱかしもやかない。民には敬虔の念もなく、牧師は弛《たる》み、各自が自分の持ち場で宗教改革の大業を支えるべきなのに、実際はみな、その事業が地に落ちる片棒をかついでいる。」

ラ・プラセット[三七四]が改革派の乱脈を嘆く苦々しさもそれに劣らない。こう言っている[二九]。「節制にも貞潔にも欠けない人を全部集めてみるがよい。その数がいかに多くても、次のような人を全部差し引いたらごく少数になろう。他人の財を保持する者、貪欲な者、野心的な者、傲慢な者、面子《めんつ》にこだわる者、復讐心の強い者、偏見を持つ者、人を中傷する者、悪口を言う者、諂《へつら》う者、嘘をつく者、貧者を助けない者などである。信心に欠ける者、冒瀆する者、迷信家、無信仰者、偶像崇拝者などは言うまでもない。そういう者を全部引いたら、残りはあまりに少なくて、ほとんど数にもなるまい。」

この問題については、クエーカーの弁明をしたロバート・バークリ〔三七五〕ほど正確に道理のあることを語った者はいなかった。そのくだりは少々長いが、重要なので落とすわけにはいかない。テーゼ十の三一五ページにはこうある。「キリストの各個別教会は同じ使徒時代に結成されたが、内的生命はやがて下落し始め、各種の誤謬ですっかり被われた。キリスト教を告白する人々の心も、古い精神や俗世との交わりですっかり傷《いた》んだ。それでも神は、数世紀の間、少なからぬ者の内にこの命を保ち、迫害の中でも毅然としてその御名のため苦しみに耐えるよう、そういう者を熱情で鼓舞するのを良しとされた。だが、それが過ぎると、キリスト教の謙虚さ、穏やかさ、愛徳、忍耐、善良さ、節制などは失われてしまった。地上の君主たちが自らキリスト教を告白するようになり、キリスト教徒であることが不名誉ではなくなってむしろ出世の手段になると、人がキリスト教徒になるのも生まれや教育のおかげで、回心や心の入れ替えによるのではなくなった。そうなると、いかに見下げ果てた者でも、いかに邪《よこしま》な者でも、いかに世俗的な者でも、教会の一員にならない者はなくなった。教会の博士たち、牧者たちも君主の友達になり、君主の好意で富み栄え、多大の財宝や巨万の富を得て慢心し、虚飾と現世の栄光に酔いしれたようになった。こうしてキリスト教の徳、命、実質、核は失われ、その影、その虚像しか残らなかった。キリスト教のこの虚像ないし形骸は（内面的な回心をして教会に馳せ参じ、邪悪でも迷信的でもなくなるのではなく、迷信の対象を多少変えたにすぎないような迷信的な異教徒大衆に受けいれやすいように）精神生活の内的な飾りを全然持たないため、外面的で目に見える各種各様の飾りを付け、金銀宝石その他、亡ぶべきこの世の豪華な装飾品を身に纏うようになった。外面的な告白をしてもこんなものをキリスト教と呼ぶべきでなかったのは、人の屍骸を生きた人間とみなすべきでないのと同じである。背教したこのローマ教会は、ユダヤ人や異教徒に負けないほどの儀式や迷信をキリスト教へ持ち込み、博士らや主立った司教の間には傲り、貪欲、穢れた物欲、奢侈、姦淫、瀆聖、無神論などが過去のいかなる民族にも劣らず、いや、それを上まわるほどあった。このことは、プラーティナ〔三七六〕その他、彼ら自身の著作家のものを読んでいれば誰も疑いを挟《さしはさ》めない。さて、プロテスタントはいくつかの信仰箇条や不合理な教理を改革したとはいえ、所詮枝を刈っただけで、その木が芽生えた同じ根を彼らは巧妙に支えている。同じ傲り、同じ貪欲、同じ好色が到る所にはびこって、彼らの教会にも牧師の間にもたぎり立ち、真の宗教の命と力と徳が彼らの中でも失われて、同じ死、同じ不毛、同じ涸渇、同じ衰弱が彼らの秘義にもあるのが見られる。だから、この双方について、あるのは敬神の外形だけで、多くの者はそれしか持っていないから、みんな敬神の虚像にすぎないと、愛徳を傷つけずにも間違いなく言えるであろう。」

カトリック教徒の間で最も高く評価される過去一世紀の道徳作家たちは、その時代を無秩序が極まった時として描いている。有名なアルノー〔三七七〕氏の言を聴こう。『頻繁なる聖体拝領について』の中でこう言っている。「恐ろしいことである。告解や聖体拝領がこんなに多く見られたことはかつてないが、これほどの無秩序と頽廃が見られたこともかつてないのだ。キリスト教の本当の印《しるし》は今日、キリスト教徒の習俗からほとんど姿を消してしまった。結婚生活の不浄、家庭の頽廃、若者の放埒、金持の野心、あらゆる人の贅沢、商売のごまかし、品物の変造、職人の詐欺、民衆の乱行や放蕩がこれほどひどかったことはない。この二十年来、密通が上流人士の間では軽い過ちとされ、最大の犯罪である姦淫が艶福とされ、瞞着や裏切りが宮廷の美徳とされ、背神や自由思想が精神の強さとされ、呪いや冒瀆の言葉が話の飾りとされ、ごまかしと嘘が売り上手、商売上手とされ、狂ったように賭博に明け暮れることが女性の真当《まっとう》な仕事とされ、夫を軽んじ家庭を顧みず子供の教育をなおざりにすることが多少とも自然か運に恵まれた女の特権とされたのを知らない者がいようか。もっと忌わしい罪悪については言わない。父祖が知らなかったそういう罪もこの不幸な世紀には氾濫しており、それを思うと恐怖に襲われるほどである。」

イエズス会士もその点ではポール＝ロワイヤルと一致している。ラパン〔三七八〕神父は叫ぶ（『最近数世紀の信仰』）。「今宗教はどこにみつかるか。世間に見るような暮らしかたでは、敬神の本当の印《しるし》はキリスト教徒の習俗からほとんど滅び去った。若者の乱脈、大物の野心、小物の放蕩、男性の放埒、女性の奢侈と逸楽、民衆の二心、あらゆる地位、あらゆる身分の者の不誠実などがこれほど見られたことがあったろうか。夫婦間の貞操、仲間同士の誠実さ、社交の場での恥じらいと慎みなどがこれほど見られなかったことがあったろうか。贅沢な服装、豪華な家具、美食、余計な散財、放縦な生活態度、その他様々な乱脈が未曽有の行き過ぎにまで達している。真の敬神の原理という原理がすっかり覆され、今では、処世の術を弁える紳士面《づら》した悪党の方が、それを弁えぬ善人より付き合いでは好まれ、誰も傷つけずに賢い方法で罪悪を犯すことが世間的には正直と呼ばれるほどだ。道徳がこれほど語られながら醇風美俗がこれほどなかったことも、改革者がこれほどいながら改革がこれほど乏しかったことも、知識がこれほどありながら敬虔の念がこれほど涸渇したことも、これほど立派な説教師がいながら生活の改善がこれほど稀だったこともない。こんな暮らしぶりでは、われわれは万事につけ文字どおりの異教徒ではあるまいか。頽廃はあまねく拡がり、罪が到る所に君臨し、悔悛はどこでも行なわれないに等しい。みんな有徳であるのを恥じ、最高度の呪わしさの喩《たと》えであるバビロンの大淫婦のように悪徳が昂然と勝ち誇っている。人間がこれほど俗世を偶像として崇めたことも、これほど悪徳を好んだことも、要するにこれほどはっきり神の霊に逆らったこともなかったように思われる。」

ブルダルー神父〔三七九〕も『日曜説教集』の第四冊で言っている。「福音の説教者がこんな告白を公にせねばならないのか。人々はみな教えられた聖潔の道から外れ、みな罪に身を任せた、と。」

クロワゼ神父〔三八〇〕も『当代の習俗とイエス・キリストの道徳との比較論』の第一冊で同じようなことを言っている。いわく、「誰でも時代の頽廃を非難するものである。しかし、あまりエレミヤを気取るつもりはないが、若者に無邪気さが、年配者の品行や行ないに規律正しさがこれほど見られない時代があったろうか。あらゆる身分に敬虔の念がこれほど乏しい時代があったろうか。上流人士と呼ばれるほぼすべての人に、宗教心がなんと欠けていることか。放蕩は前より文明化されても、公然のものでなくなったろうか。」

近時の乱れた習俗へのこういう悪口は、必ずしも厳密さを誇らない説教や信仰書にだけ見られるものではない。サン＝ポンス〔の司教〕〔三八一〕殿とアラス〔の司教〕〔三八二〕殿というフランスの二人の偉い司教が、法王インノケンティウス十一世に心中を吐露して、教会の病を開陳し、薬を求め、同じように強い調子でこう語っている。いわく、「数世紀来キリスト教徒の習俗には非常な頽廃が弘まってきましたが、それでもかつては悪徳がいわば悪徳と自ら認め、恐れと恥をなにがしか湛えていました。無秩序はどれほどざらに見られても、少なくともそれを公に許そうとあえてする者はおりませんでした。しかし今では、病がはるかに重くなり、教会に有害なものと化しております。と申すのも、単に悪人の数が日増しに増えてゆくだけでなく、新たに登場した二、三の著作家の無分別な大胆さ（それ以上強くは申しませんが）によって支持されているからです。そういう物書きは人間の欲情をくすぐり保ち、良心の呵責を圧し殺し、罪から離れようという心の動きすら消し去り、ありとあらゆる悪徳にドアを開け、光に反対して闇を、真理に反対して虚偽を持ち上げ、さらには、本来伴っている恐れと恥を罪悪に振り捨てさせ、不名誉も罪悪という名をもそれから取り去ることをひたすら狙っているとしか思えません。」

キリスト教徒の乱脈はユダヤ人に、キリスト教を非とする論拠の材料を提供した。オロビオ〔三八三〕はこう言っていた。「メシアが来てどうなったのか。われわれの病の治癒はどこにあるのか。悪魔の支配が絶えたことをどうやって証明するのか。目にする事態は明らかに反対である。悪魔がこれほど強力だったことはかつてない。将来メシアが到来した時にはそうではあるまい。その時は妬みも憎しみも不和も永久に挫かれ、皆が平和に暮らし、神への愛と律法の遵守だけが人々の仕事になろう。」

預言の中ではっきり指示されたとユダヤ人が思うこういう特徴から、牧師のジュリューは、将来メシアの二度目の来臨があるはずで、それ以後は正義が地上を支配するだろうと書いた。それを見てシモン氏〔三八四〕は、ラビたちの名で皮肉な手紙〔三八五〕をジュリューに送った。その手紙は読んでみる価値がある。但し、この考えは目新しいものではなく（三〇）、殉教者ユスティノスもかつてそう思っていた（三一）。

メシアが到来する前よりも人間は開明されたわけではなく、悪魔の力が弱まったわけでもないから、神の子の受肉〔三二〕がどういう実りを上げたのか見せてもらいたいものである。

（一）オリゲネス『ケルソス駁論』、二および五五ページ。
（二）『福音の備え』、第一巻、第四章、一一ページ。
（三）ブルダルー『日曜説教集』、第四冊、二四九ページ。
（四）ウダン〔『古代教会著作家論』〕、第三冊、一一三三ページ。ファブリツィウス、一二五ページ。
（五）フロリモン・ド・レモン『当代の異端の誕生・伸張・凋落の歴史』、一二七ページ。グロティウス〔『キリスト教の真実性について』〕、第一巻、一一七ページ。
（六）〔アントワーヌ・アルノー〕『頻繁なる聖体拝領について』、序文、第三十六項を参照。
（七）『田舎の人の質問への答』、第四冊、第二十一章、三〇二ページ。
（八）〔エリ・ブノワ〕『ナント勅令史』の総序。
（九）ドッサ『書簡集』、第一冊、書簡十七、三九一ページ。
（一〇）〔ピエール・ベール〕『ルイ大王のもと、カトリック一色のフランスとは何か』、六六ページ。
（一一）ジョワンヴィル〔『聖ルイ伝』〕、デュ・カンジュ版、一一ページ。
（一二）『デュ・ペロン語録』、一三三二ページ。
（一三）ランファン『コンスタンツ公会議史』、序文、二四ページ。
（一四）ボランドゥス〔『聖人行伝』〕、第一冊、六三三ページ。
（一五）〔ピエール・ジュリュー〕『カルヴァン派史と法王教史の比較論』、第二部、第七章、第一冊、三八一ページ。
（一六）『イギリス文庫』、第二冊、二〇三ページ。
（一七）『ピエモンテ渓谷の福音主義教会、別名ヴァルドー派教会全史』、第二巻、第九章、一一〇ページ。
（一八）『田舎の人の質問への答』、第四冊、第二十一章。『歴史批評辞典』、「日本」の項、註（E）。
（一九）『パリ大学におけるアリストテレスの盛衰』、二一二ページ。
（二〇）バロニウス〔『教会年代記』〕、一〇六一年の項。
（二一）ランファン『コンスタンツ公会議史』、序文、二二ページ。〔ジャン・クロード〕『宗教改革の擁護』、第一部、第二章。
（二二）〔『全集』〕一五〇二ページ。
（二三）ヴォシウス中のインゲルス、第一冊、三五〇ページ。アラシヌス、同、第四冊、六五九ページ。
（二四）『簡易年代記』、二〇九ページ。
（二五）ジュリュー『カルヴァン派史と法王教史の比較論』、第三部、第二抗弁、第三章、第二冊、二〇八ページ。
（二六）『スカリゲル語録』、九〇ページ。
（二七）『無信仰について』、二二八ページ。
（二八）『イギリス文庫』、第五冊、第四項、四三四ページ。
（二九）〔『道徳論集』中の〕「快楽愛について」、第四章、九一ページ。
（三〇〔リシャール・シモン〕『書簡選』、第一冊、三〇四ページ。
（三一）『ユダヤ人トリュフォンとの対話』。
（三二）ベール〔『歴史批評辞典』〕、「クセノファネス」の項、註（E）。

第十一章　旧・新約聖書に関する様々な考察

キリスト教徒の聖典はいまだに取り除かれぬ様々な反論を招いた。創世記の始めの数章は実に説明しにくく、多くの解釈者は合理的な意味がみつからないので寓喩に頼った。天の上に水があったり、太陽より前に昼があったり、その他これに類する多くのことは自然学者にとって一つ一つが謎である。エデンの園の位置も、この問題について書く人を常に悩ませたし、これからもそうであろう。ティグリス川とユーフラテス川と他の二つの大河が発する場所など、世界中どこにもないからである。それでも、あの名高い園はこういう特徴によって指示されるのだ。

註解者の想像力をこれほど掻き立てた問題はまずない（一）。エデンは第三天に置かれたり、第四天に置かれたり、月天球に置かれたり、大気の中層圏に置かれたり、地下に置かれたり、人知の及ばぬ隠れた場所に置かれたりした。北極とする説、タルタリアとする説、今カスピ海がある所とする説、南の端まで後退させてフエゴ諸島とする説、東方のガンジス河畔かセイロン島とする説もあった。シナ、アルメニア、アフリカの赤道直下、東洋の赤道地帯、ナイル川の水源と思われていた「月山」の麓という説もあった。大方の人はアジアにあったとしたが、それも人によって大アルメニア、メソポタミア、シリア、バビロニア、アラビア、アッシリア、パレスチナなどと諸説あった。その名誉をヨーロッパに与えようとした著作家さえ二、三いた。

フィロンやオリゲネスはあの楽園を純粋に霊的なものと思った。セレウコス派〔二八六〕は目に見えないものと主張していた。多くは非常識なこれらの説は、みな問題の分かりにくさを証明しており、解明のため今までされた、また今後されるあらゆる努力もおそらく無駄だろうとソーラン〔二八七〕氏が言った（二）のもそのためである。この最初の三章にある他の諸々の難問も、言葉が分からないといったたぐいのものではない。言葉は実に分かりやすいのだ。でも不信者は、それをオウィディウス〔三八八〕の転身物語に準《なぞら》えている。

たとえば物を言う蛇である。これは悪魔の道具にすぎなかったが、それでも呪われ罰せられている。その章でも聖書の多くの個所でも神は物体的なものとして示され、アダムに冗談を言ったりさせられている。

バラムの驢馬の話は蛇の話とやや似ている。ゲルショムの子レヴィ〔三八九〕というラビはあまりに信じがたい話と思ったため、字義どおりに取るべきでないとした〔三〕。洪水の話も越えがたい難問の源である。聖書のテキストは洪水は世界的だったとはっきり断定しているが、地球を水びたしにするにはどれほど莫大な水が要るか計算した人たちは、地球全体を被うためには今大洋にあるより二十倍多くの水が必要だとした〔四〕。ド・ブーランヴィリエ〔三九〇〕氏は『世界史』の中で、この点について注目すべき指摘をしている。

いわく、「地球の現状では、最高の山をも頂上の上十五腕尺《クーデ》〔一クーデは約五十センチ〕まで被うような世界的洪水が起こることはありえない。それは海の深さと最高の山の高さ、あるいは陸地の中央から海までの土地の勾配から証明される。ゴルダエイ山や箱船が止まったアララト山は海抜三千歩以上の高さがあるが、海は全体として三百歩を越す深さはないから、地球の容積が上へ行くほど大きくなるのを勘定に入れなくても、聖書が指示するほどの量で地球全体を水びたしにするには、海や地中の空洞が容れうるより十ないし十二倍の水が必要であろう。神がそのために新たな分量の水を創造し、次にそれを無に返したと言うわけにはいかない。聖書は自然的な手段、つまり深淵が破れたことと雨が降ったことしか報じていないからである。水を乾かすために神は風を使ったとはっきり言ってもいる。また、どんなに強い雨でも、どんなに激しい嵐でも、半時間に一プース半〔一プースは約一インチ〕以上の水を降らすと考えることもできない。さて、あの時雨が降ったのは四十昼夜にすぎないから、最高の山を高さ僅か二千歩（実際より三分の一低い）としても、その高さまで水が来るためには、天が二十四時間に二百五十ピエ〔一ピエは三二・五センチ〕の水を注いだのでなくてはならない。そんなことは自然と蓋然性の力を全く超えるから、理解しようにもしようがない。」

洪水の範囲を世界の内でも人が住む部分だけに限る人は(五)、箱船の建造場所から途轍もなく遠くにいた動物がどういう経路でノアの所まで来たのか、またどういう経路で元の住みかへ戻ったのかと問う。洪水が全世界に及んだことにとりわけ強く反対するイサク・ヴォシウス〔三九一〕は、この反論をさかんに力説している。動作が緩慢なため「なまけもの」と呼ばれる動物などは、あの族長の所まで来るのに二万年かかったろうと言うのである。

ノアから少したって地表に夥しい人間が現われたことと、洪水が全世界にわたったことを両立させるのも至難である。ラングレ〔・デュフレノワ〕〔三九二〕師はそのことがよく分かっていたので、『歴史研究方法』第二版の予約申込書の腹案でその点を指摘したが、この問題に触れた個所は削った方がいいと言われた。そこではこう言っていたのである。「洪水後二、三百年で、エジプトには二万の町でも収容しきれぬほど多くの民が溢れていたのが見られる。シナの人口の多さはエジプトに負けなかったし、スキティアやタルタリアもいずれ劣らずそうだった。」

ペトー〔三九三〕神父のように「筆先で人間を」作り出すことで多大の前進を遂げたつもりの者もいる。あの有能なイエズス会士のように、計算をし等差級数を駆使して、洪水の二百六十年後には六百七億千九百万人以上の人が、つまり、この世界のようなものを五つか六つ充たすに必要な人数をはるかに超える数の人がいたはずだ、と説き伏せようとするのである。

ああいう初期に人間がこれほど多産だったら、洪水の十世紀後にはどういうことになっていたろう。同じ計算によって、およそ百個の世界を充たせるだけの住民がきっといたはずである。あの学識豊かなイエズス会士は次のことに注意すべきだった。聖書によると人は相当の年になってから初めて子供を作ったこと、それも沢山作ったようには見えないことである。だから各民族とも、そんなに急速に、またそんなに多人数作られたはずはなかった。諸帝国の形成を説明するにはもっと合理的な計算によるべきで、その可能性を正当化するため言われることはみな経験に反している。

シナの歴史はユダヤ人の歴史に公然と異を立てている。私はべつに、シナ人が史書で採用する莫大な数の計算を言うつもりはない。異論の余地のないことだけに止めよう。その点については、そう昔のことではないが某イエズス会士〔三九四〕が書いている（六）ことを聴くとしよう。いわく、「確かなのは、イエス・キリストより二千百五十五年以上も前からシナには人が沢山いたことです。あの年に起こった日食から証明されます。」ルノード師はド・カッシーニ〔三九五〕氏の証言に基づいてその日食を否定するが、あの有名な天文学者から引いた内容が分かっていない。シナの歴史と本から取った天体観測がスーシエ〔三九六〕神父のところへ送られてきたが、それらは天文学に関するシナ人の能力と彼らの観測の古さを証明しているのである。この神父がいずれそれらを公表するはずだから、それについてはこれ以上述べる必要はあるまい。少なくともイエス・キリスト前二千百五十五年という数字だけ頂戴しておけば足りよう。ルノード師も白状するように、こんな古さが有害な結果をもたらすことは間違いない。洪水が全世界に及んだということも、ヘブライ語のテキストが真正だということも損傷を受けるからである。このテキストによれば、イエス・キリスト前二千百五十五年にはノアの子供たちしか地球に住んでおらず、その頃シナに天文学者がいるはずはなかったのだから。

　黒人が白人といかにして同一起源でありうるかも、同じように理解しにくい問題である。『世界史』の中で黒人の黒さの原因を論じたド・ブーランヴィリエ氏は、この黒さには物理的な理由があるけれども、それは最近ようやく発見されたものだと言っている。

　いわく、「黒人の黒さの物理的・感覚的な原因は、解剖学が近年明らかにした。もっぱら皮膚の構造から来るのである。こういうことだ。黒人には臍のへんから発して表皮全体に連続して拡がる或る組織があり、この組織はどこでも暗い青色をしているが、白人にはそれが全くないのである。」

　そこからは、黒人は白人と起源が異なる、したがってアダムの子孫ではありえぬという結論が出てくるだろう。そのことはまた、黒人の黒さは土地が変わっても常に永続し、白人は黒人の地に住みついてもけっして黒人を産まないというブラウン〔三九七〕の観察（七）（本当だとすれば）からも証明されよう。

魂の不滅という真の宗教の基本的な点についてモーセ五書の説明が実に不明確で、デュ・ペロン枢機卿[八]、リュック・ド・ブリュージュ[九][三九八]、ディロワ氏等々[一〇][三九九]が当然にも、五書にはこの真理についてなんの言及もないと思ったほどなのに、なおかつ、動物にも功罪がありうると五書が想定するかに見えるのはかなり奇妙なことである。動物の件は、「あなたがた〔人間〕の血を流すものには、私は必ず報復するであろう」という創世記第九章第五節や、「あなたがたと共にいる生き物、鳥、家畜、野の獣、すなわち、すべて箱船から出たものは、地のすべての獣にいたるまで、私はそれと契約を立てよう」という同第十節からはっきり分かる。

それについてカルメ神父[四〇〇]は、獣にもなんらかの認識を仮定するかに見える表現が聖書にはしばしば見られると指摘している。創造の後、神は獣に話しかけて、産めよ殖やせよと言っており、律法には、角で人を突いた牡牛や、忌わしい犯罪の道具になった獣を死刑にするとある。詩篇も動物の死を人間の死と同じ言葉で語っている。「ソノ息ヲ取リ去レバ、彼ラハ死ニ」〔詩篇第百四篇、第二十九節〕、魂を取り去れば彼らは死ぬであろう、と。

ニネヴェの人は動物にも断食をさせた。ニネヴェを許したことでヨナが神に文句を言うと、神は答えて、「私が大きな町ニネヴェのことを惜しんでいけないというのか。その町には、右と左の区別さえつかない沢山の人間と数多くの獣がいるのだ」〔ヨナ書第四章第十一節〕と言った。まるで、その数多くの動物がニネヴェの町を主が許す動機となりえたかのようだ。

聖書が動物に理性を仮定するように見えるくだりは、ほかにいくらも紹介できよう。それでも、この説はキリスト教徒の間で支配的なものではなく、聖霊は「ヘブライ人の偏見に合わせたのだ」とキリスト教徒は言わざるをえない。もっとも、この点ではヘブライ人も近隣のあらゆる国民と一致していたが。

人々の信仰を確定するため神感によって作られた書の中に健全な教理とあまり一致しない表現が実に沢山見られるのは、不信者[四〇一]にとっては驚きの種である。しかし、旧約聖書でその種の表現にしょっちゅう出会うのは否めない。神人同形派[四〇二]という宗派があったのに驚くどころか、聖書を神の書とみなした人が全部、神を物体的なものとする説を信奉しなかったのに驚いて然るべきであろう。聖書の到る所で、神は肉体を持つものとして描かれているからである。ノアの子孫がバベルの塔を建てていた時、人の子が建てる町と塔を見に主は降りて来た。聖書の筆者は神にこう言わせている。「私はいま下《くだ》って、私に届いた叫びのとおりに、すべて彼らが行なっているかどうかを見て、それを知ろう。」〔創世記第十八章第二十一節〕創世記第十一章第五節、第十八章第二十一節を参照。〔四〇二〕

旧約聖書にはこういう文句が一杯あって、ユダヤ人や無学な者には冒瀆の機会となった。

不信者はまた、およそ模範的とは言えない生活をした多くの人物を是認し手本にし讃美している、理性ないし自然宗教が断罪する行動を褒め称えているとして聖書を非難する。

士師記（第三章第二十一節）は、モアブの王エグロンを暗殺したエホデの行為を称えている。しかし戦時の法により、エホデはこの王の臣下になっていたのである。こんなに危険な原理が載っている書は、治安の行き届いた国では無知な者が読むのを禁じるべきであろう。もしかするとこのくだりがラヴァイヤックやクレマンのような連中を惑わし、最大の犯罪を自信を以て犯させたのかもしれない。

ヤエルの行為も同じく、健全な道徳と合致するとは見えない。ヤエルはヘベルの妻だったが、ヘベルはハゾルの王ヤビンと平和的な関係にあった。その君主の下にいるシセラという将軍がバラクに打ち負かされて逃げて来た時、ヤエルは迎えに行って、かくまってあげると約束し、なのに闇討ちで殺してしまった。にもかかわらず、デボラの歌ではヤエルが名誉ある位置を占めている。それでもこの行ないには、多少とも気の小さい良心なら怖気をふるうに相違ない入り組んだ背信が見られるのである。カルメ神父もそのことは認める。いわく、「彼女が自分の天幕に入るようシセラを招き、怖がることはないと言ったのは嘘をついたのであり、戦争中ですら敵に対して示すべき誠意に反する行動であった。このことは認めねばならない。彼女は敵を欺くためにもてなしの権利を踏みにじったのだが、もてなしは常に神聖不可侵なものとされてきたから、これは絶対に許されないことである。しかも、ヘベルとヤビンは同盟関係にあったようで、シセラがこの同盟に反することを何かしたようにも見えない。」（士師記第四章第十七節）

旧約の諸書にはこの種の行為がほかにも沢山載っており、だからこそマニ教徒は旧約聖書を馬鹿にして排斥したのである(一一)。

伝道の書は理神論者の顰蹙の的だった。すべては肉体と共に滅びるのだから、現世で安穏な暮らしを送ることしか人間は求めるべきでなく、未来を思い患うべきでないことを証明するためにこの書が書かれたにすぎないことは、偏見から超出できるどんな人にも明らかだと彼らは考えたのである。そのことは次のくだりから証明される(第三章第十二、十八節)。「私は知っている。人にはその生きながらえている間、楽しく愉快に過ごすよりほかに良い事はない。……私はまた、人の子らについて心に言った、〈神は彼らをためして、彼らに自分たちが獣にすぎないことを悟らせられるのである〉と。人の子らに臨むところは獣にも臨むからである。すなわち一様に彼らに臨み、これの死ぬように、彼も死ぬのである。彼らはみな同様の息をもっている。人は獣にまさるところがない。すべてのものは空《くう》だからである。みな一つ所に行く。皆塵から出て、皆塵に帰る。だれか知るか、人の子らの霊は上にのぼり、獣の霊は地にくだるかを。それで、私は見た、人はその働きによって楽しむにこした事はない。これが彼の分だからである。だれが彼をつれていって、その後《のち》の、どうなるかを見させることができようか。」「見よ、私が見たところの善なる事は、神から賜わった短い一生の間、食い、飲み、かつ日の下で労するすべての労苦によって、楽しみを得る事である。これがその分だからである。」(第五章第十八節)

さらに第九章第五節では、死者はもう何事も知らない、報いを受けることもなく、その思い出は忘却に埋《う》もれてしまうとはっきり断定されている。しかし、筆者が魂の不滅を多少とも知っていたら、これこそその教理について自分の考えを説明する好機だったはずである。たしかにこの書の最後では、塵は元の土に返り、霊はそれを授けた神のもとへ戻ると言ってはいる。しかし、この「ロヴァー」または「霊」は、よそ(創世記第二章第七節)では「命ノ息」と呼ばれるもので、通常は或る物体的なものを意味する。伝道の書の筆者が「精神的で不滅の実体」を言うつもりでなかった証拠に、獣の魂を語る際にも同じ用語が使われている(第三章第十九節)。これらの表現は正統派よりむしろスピノザ派を利するものであろう。

雅歌は少なくとも外見上は実にスキャンダラスなものだから、すべてを字義どおり説明しようとするのは無謀だと解釈者たちも白状している〔一二〕。モプスエスティアのテオドロス〔四〇三〕や近くはカステリヨン〔四〇四〕が、雅歌を習俗の頽廃しか招かぬ卑猥な書とした。最近ではホウィストン氏〔四〇五〕が、雅歌は狂気と虚妄と放蕩に充ちた書で正典に入れるべきでないことを証明しようとした〔一三〕。

字義一点張りのグロティウスは冒瀆者扱いされ、そのためカルメ神父も、グロティウスがこの書に読み取ったと思う教訓をソロモンが垂れようとしたのだったら、雅歌は永遠の忘却と沈黙の内に葬らねばなるまいと言った。どうしても塞がねばならぬ毒入りの泉となるからである。ユダヤ人が三十歳未満の者に雅歌を読むのを禁じたのも当然だった。次のようなくだりを読んで想像が加熱しない若者は少ない（第七章第二―三、七―八節）。

「あなたのほぞは、ぶどう酒をくめどもつきぬ半円の盃。あなたの腹は、百合にかこまれた小麦の山のようだ。あなたの二つの乳房は、かもしかの双子、二頭の小鹿。……あなたの背丈は、しゅろの木、あなたの乳房は、その実の房だ。私は言った、〈しゅろの木に登ろう、その実の房をつかもう。あなたの乳房は、ぶどうの房のように……」

トビア書には実にロマネスクなくだりがあり、それだけでも、こんなものが載っている書を作り話として斥けさせるに十分である。サラは次々に七人の男と結婚したが、夫たちがサラと交わるや否や、アズモデという名の悪魔がそれを全員殺してしまったという（第三章第八節）。若きトビアは道案内を買って出る天使をみつけたが、その天使は嘘つきで、自分はイスラエルの子だ、名はアザリアといい、大アナニアの息子だと請け合ったという（第五章第十三節）。トビアがティグリス川で取った魚から出る煙は、男の体からも女の体からも悪魔を全部追い出したため、悪魔たちは近寄らなくなったという（第六章第八節）。

悪魔のアズモデは天使ラファエルに掴まえられ、エジプト高地の砂漠に縛り付けられたという（第八章第三節）。

ユディット書も徳を吹き込む力より大罪を犯させる力の方が強い。あのヒロインの時代を画定しようとすると困ってしまう。第十六章の第二十三節では、彼女は百五歳まで生き、世にあるうちもその後何年もイスラエルを乱す者は現われなかったと言われている。しかし、ユダヤ王国の最後の数世紀には、ベトゥリアの攻囲という出来事を置けるほど長く続いた平穏な時代は見当たらないのである。カルメ神父は窮余の一策として、ホロフェルネスを殺した時彼女は六十ないし六十五歳だったとしたが、それでも歴史には、その時彼女は絶世の美女だったとある。この難問を解く力は自分にないとプリドー〔四〇六〕も白状している（『ユダヤ人史』第一章、七三ページ）。

『《旧約聖書の批評的歴史》に関するオランダの数人の神学者の意見の擁護』（第十信、二四九ページ）〔四〇七〕の著者は、エステル記はフィクションないし宗教小説だという考えに傾いており、その考えを裏付けられるあらゆるくだりを集めた。この書の第一章第二十二節はいささか滑稽である。アハシュエロスがその帝国のすべての州に書状を送り、家の中の全権力、全権威は夫が持つべしと命じたというのだ。

ユダヤ人に対する勅令というのもおよそ真実味がない。想定されるようにハマンの意図がユダヤ人を殺すことにあったら、彼らに時間を与え、身の安全を図るため逃げろと告げるほどまずいやりかたはなかった。最終章の第十四節（これはギリシア語にしかないが）は、ペルシア王ほどの大君主の尊厳におよそふさわしくない話をさせている。ユダヤ人を殺してペルシア人からその助けを奪ったハマンは王国を奪ってマケドニア人に渡すつもりだった、とアハシュエロスに言わせるのである。こういうくだりにユダヤ人の虚栄心を見るのはたやすい。自分らはペルシア帝国の支えだったとしたがったのである。その当時、マケドニア人はかなり小さな役割しか演じていなかったから、カルメ神父も、エステル記の筆者はアハシュエロスつまりアルタクセルクセス〔四〇八〕にその時代にふさわしくない言いかたをさせていると白状せざるをえなかった。

啓示の敵に言わせると、新約聖書は旧約に較べるとずっと完成度が高いが、それでも欠陥を免れないという。彼らの挙げる例は、キリスト教道徳の要約を盛った山上の垂訓というこの書のハイライトから取ったものである。山上の垂訓にはむろん立派な格率が含まれているが、ただ遺憾ながら、それを実行することは不可能なのだ。だから教父たちも、イエス・キリストの行ない自体から、イエス・キリストの談話を字義どおりに取る必要はないのを証明した。命じているかに見えることも実際は勧めているにすぎないと言うのである（カルメ神父を参照）。とはいえ、聖書のテキストには両者の区別はなんら見られず、この勧めと称するものが姦淫や偽誓の禁止にすぐ後続している。色々な指示の間に何かの違いを設けると思わせるようなことをイエス・キリストは何も言わず、勧めるだけとされる時も命令的な口調で語っている。聖マタイは言う（第五章第三十八節）。「〈目には目を、歯には歯を〉と言われていたことは、あなたがたの聞いているところである。しかし、私はあなたがたに言う。悪人に手向かうな。もし、だれかがあなたの右の頬を打つなら、ほかの頬をも向けてやりなさい。あなたを訴えて、下着を取ろうとする者には、上着をも与えなさい。」人間の法が基本的なことと随意なことをごっちゃにしたらなんと言われるだろうか。分別のある立法者にふさわしくないと思われないだろうか。どうやら、「勧告」と「戒律」の区別というのは、イエス・キリストの道徳を厳密に行なうことは可能でもなく社会の利益に合致もしないと気付いた解釈者たちの仕業らしい。山上の垂訓をした人は、その時に戒律と勧告の区別などなんらしていなかった。前後の繋がりから推して、どう見てもこの人は、侮辱されても不正な目に遭っても限りなく辛抱すること、正当防衛を諦めることを神に嘉せられるため必要とみなしていたとしか考えられない。キリスト教の幾多の宗派《セクト》はこの垂訓を字義どおりに取った。前世紀にもロバート・バークリが『クエーカーの弁明』〔四〇九〕（テーゼ十五、六二八ページ）で、イエス・キリストが戦争を禁じたのは火を見るよりも明らかだと証明しようとした。字義的な意味はこの説に有利である。ベールの語る或る学者〔一四〕〔四一〇〕が、イエス・キリストは宗教をどんな人にも適したものとしてではなく、ただ少数の賢者だけに適したものとして提示したと想像したのも、こういう説明の結果だった。その根拠は、民族全体がキリスト教のあらゆる掟を厳密に実行したら、外敵の侵略から身を守れなくなるということだった。しかし、社会全体が他民族から独立して保たれる人間的手段を奪われるのを神が意図したことはありえない。だからその人は、どんな社会にも実行不可能なストア派の哲学が異例な魂の持ち主にだけ充てられたように、福音も地上の物事から解脱できる、人間の条件を超えた選ばれた人たちのためにのみあると思い込まそうとしたのである。
　聖パウロや聖ペテロの書簡も随所で、間違いだったことが後に証明された説を仮定している。「反キリスト」がじきに現われるとか、世界は終わりに近いとか告げているのだ。聖パウロは言う（テサロニケ前書第四章第十五節）。「私たちは主の言葉によって言うが、生きながらえて主の来臨の時まで残る私たちが……」、また、「不法の秘密の力が、すでに働いているのである。……その時になると、不法の者が現われる。この者を、主イエスは口の息をもって殺し……」（テサロニケ後書第二章第七節）。聖ペテロも同様の言いかたをするし、聖ヨハネも同意見である。ヨハネ前書で言うには、「子供たちよ、今は終わりの時である。あなたがたがかねて反キリストが来ると聞いていたように、今や多くの反キリストが現われてきた。それによって今が終わりの時であることを知る。」（第二章第十八節）
　カルメ神父はこれらのくだりに基づいて、聖ペテロも聖パウロも世界の終わりが真近であるように説明したと指摘している。[二五] 福音書はこの説にも有利だった。ルカ伝（第二十一章）では、エルサレムの荒廃と世界の終わりが踵《きびす》を接するものとして予告されているからである。これを見れば、世界の終わりは近いと初代教父が思ったのも頷かれる。四世紀の末までみんなそう信じたのだ。[二六]
　マホメット教徒がコーランに抱く尊敬心と、キリスト教徒が聖書に抱く尊敬心とは大いに異なる。コーランを語る際マホメット信者が示す崇敬の念は、それ以上高めようもないほどである。こんなことを言うのだ。「これは奇蹟の中でも最大の奇蹟で、全部の人間が束になってもそれに近いことは何もできない。著者がなんの勉強もしておらず、本など一冊も読んでなかっただけに、これはますます驚くべきことだ。コーラン一冊で六万（コーランにある節の概数）の奇蹟に匹敵する。宗教の真実性の証拠として、死者の復活もコーランの制作に優りはしない。コーランは実に完璧で、創造によらぬ書とみなすべきほどだ。[二七]」
　キリスト教徒もたしかに、自分らの基本になる書は聖霊の神感によると言っているが、この説をその書に帰する不完全性といかにして両立させられるのか。イタリア全土でも、法王の権威が無際限などの国でも、聖書は非常に悪用しやすい、信者の大多数には危険な書と見られており、その結果、俗用語に訳された聖書は読む許可を得た者に売ることしか許されていない。法王庁の禁書目録の規則五が言うとおりで、それを訳せばこうなる。[一八]「俗用語に訳された聖書を読むことが誰にでも無差別に許されたら、人間の無謀が原因で、そこから善より悪が多く生じることは経験で明らかであるから、それについては司教ないし宗教裁判官の判断を仰ぐものとする。司教や宗教裁判官は、主任司祭ないし聴罪司祭の意見に基づき、カトリック教徒の著作家が俗用語に訳した聖書を読む許可を、読んでもなんら損害を受けないと判断する者に与えてよいが、その許可は文書によらねばならない。文書による許可を得ずに厚かましくも聖書を読んだり所持したりする者がいたら、あらかじめその聖書を教区長の手に渡さぬ限り、さような者には罪の赦しを与えぬものとする。文書による許可を得ていない者に俗用語の聖書を販売したり、その他なんらかの仕方で届けたりした書籍業者は、書物の代金を没収されて司教がそれを敬虔な事に用いたり、その他自由裁量による種々の罰を受けるものとする。修道聖職者も上司の許可を得ずにそれらの書を読むこと、買うことはできない。」

この規則からしか聖書を知らぬ者は、きっとひどい本だと思うだろう。シモン神父（書簡五）によると、こういう禁令が出たのは、聖書を読むことは宗教問題に益より害が多いという神学者たちの意見を寄せられたからだという。そういう原理を信じたヒメネス枢機卿[四一]は、グラナダの司教がした詩篇と福音書と使徒書簡の訳を見て、将来聖書が俗用語に訳されたら宗教に致命的な結果を招くと言っていた。

これはユダヤ人をまねたものだった。ユダヤ人も若者に創世記の最初の数章、[一九]エゼキエル書の始めと終わり、それに雅歌を読むのを禁じていたからだ。こういう法王至上権《ウルトラモンタン》的な原理をフランスへ持ち込むことも図られた。熱心派の少なからぬカトリック教徒は、無学な者が聖書の上っ面《つら》を読んだだけで神学者の争いに加わり、新説〔プロテスタンティズム〕支持を表明するのを苦々しく思っていた。聖書を読むのに人一倍反対したのはデュ・ペロン枢機卿[二〇]で、この人はこんなことを言った。「無学な者が持つと、これは両刃《もろば》の剣になって、手を切るおそれがある。それを避けるために、無学な民衆は教会の口から、感覚の目には不合理だらけ、矛盾だらけと映るくだりの解法や解釈付きで聖書を聞かされる方が、解法や解釈の助けなしに自分でそのくだりを読むよりもいい。」次にそういう不合理を長々と列挙したが、言葉が実にあけすけなため、キリスト教徒の著作家でこんなに恐ろしいもの、スキャンダラスなものは読んだことがないと牧師のジュリューは憚らずに言った。

ホシウス枢機卿〔四一二〕も是とした別のカトリック作家は、教会の権威がなければ自分も聖書をイソップの寓話以上には敬わないだろうと断言した（二一）。

聖書を読むことをめぐる論争は法王制定法「ウニゲニトゥス」〔四一三〕で倍化した。『逸話集』〔四一四〕（第一冊、一三一ページ）が教えるところでは、四十人の司教の名で出た教書の作成作業中、報告をしたロアン枢機卿〔四一五〕が、聖エイレナイオスから最近の博士たちまで至る伝承を述べて、聖書を読むのが危険極まりないことを示そうとした。その会に出席していたノアイユ枢機卿〔四一六〕が、その読書禁止をあまり強調すると信者たちが反撥すると指摘したが、あの伝承を自ら纏めたビッシ枢機卿〔四一七〕が、伝承を擁護する義務があると思い、あの諸命題〔の断罪〕〔四一八〕には世人が強く反対したから、命題への批判をますます強め、権威によって服従を強いねばならないと言った。ノアイユ枢機卿自身もその後同僚たちの意見に従い、大勅書受けいれのため出した一七二〇年八月の教書で次のように述べた。

「聖書の諸書の中には、部分的または全体的に或る種の魂の持ち主には許さるべきでない書がある。聖ヒエロニムスやテオドレトスが教えてくれるが、創世記の始まりやエゼキエル書の始めと終わりや雅歌の全篇を読むのを三十歳未満の者に許さないのがユダヤ人の慣行だった。聖書を読むのにあれほど熱心だったオリゲネスも、徳性がまだ固まっていない者には同じ忠告をしている。偉大なる聖バシレイオス〔四一九〕も修道士のキロンに、〈読書を怠ってはいけません、特に新約聖書を読むことを。旧約聖書を読むのはえてして有害だからです。書いてあることが有害なのではなく、読み手の精神が弱いからですが〉と書き送っていた。」

プロテスタント自身も聖書に十分な敬意を払っていない。先に見たようにデュ・ペロン枢機卿にあれほど痛烈な悪口を言った牧師のジュリューも、カトリック教徒から同じ非難を浴びせられた。パパン〔四二〇〕の言を聴こう（二二）。「同じ牧師が

『自然と恩寵を論ず』の中で、あの自称宗教改革者らが聖書の神性をめぐる確信の根拠とした聖書のあらゆる特徴は十分と思えないと公衆に説いているのを私は見た。こう言うのだ。聖書の特徴が持つ力と光を殺《そ》ごうとするのでは毛頭ないが、あえて断言すれば、不敬の徒がすり抜けられないような特徴は一つもない。証拠となるようなもの、それに対して何か答えられないようなものは一つもない。全部纏めて見れば別々に見るより心証（つまり、一切の疑念を排除するような確信を基礎づける力を持った証拠）を形成する力が強いとはいえ、白状すれば、特徴がそれ自体でかような確信を生みだせると言うほど道理に反するものはないように思われる——と。」

聖書の諸書の文体や順序について考察した人は、これはかなり配列がまずい作品だと言った。ル・クレール氏によると[二三]、「文法のあらゆる規則を以てしても解消できぬ分かりにくい個所がしょっちゅう見られる。言い回しを厳密に取ると、当人たちの見解に反する不合理な意味になってしまう。表現に見られる困難だけでなく、推理の順序を辿るのも確実にいくとは限らない。弁証法や修辞学の規則を無視し、主題から主題へ知らぬ間にいきなり飛んだり、読者に無断で元の問題へ戻ったりするからである。比較や推理の半分を省略して、言わないものを補う仕事を注意深い読者に任せることも往々ある。要するに、話の続き具合を理解するために推測をはたらかさねばならないことが多いのである。」

テイラー主教[四二二]の考えもル・クレール氏と同じである。いわく、「きっと特大の神秘を盛っているのであろうが、それが厚い雲にすっかり隠され、影ですっかり暗くされ、意味不明な表現ですっかり被われ、寓意や文飾にすっかり包まれ、内容は実に深遠だが、告げる仕方は当惑するほかないため、これはわれわれの洞察力を試すため、信仰の対象となってわれわれの告白を充たすより、むしろ愛徳と寛容を発揮する機会となるために与えられたのではないかと思われるようなくだりが、聖書には数限りなくある。」

聖書の欠陥については、シモン氏も論敵〔ル・クレール〕と意見が一致する。こう言うのである。[二四]「モーセ五書のいくつかの個所に見られる順序の乱れをモーセやモーセ時代の記録係のせいにできるかどうかも疑わしい。」こういう順序の乱れから同氏は巻物説を考案し、巻物の順番が狂ったのだと考えた。

これらの指摘が真実かどうかは検討しないが、ただ、これほど欠陥だらけの書がこの上なく完全な存在〔神〕にふさわしいということがどうしてありうるのかは理解しがたい。そういう存在が作ったものはみな完全性の刻印を押されているはずと思われる。君主が混乱した分かりにくい決定を下したら、われわれはなんと言うだろうか。君主は無能で、その法律には本質的な欠陥があると思わざるをえないではないか。

（一）　カルメ〔『聖書辞典』〕、第八巻、創世記第二章八節。

（二）　〔ジャック・ソーラン〕『旧・新約聖書の最も記憶すべき出来事に関する歴史・批評・神学・道徳論集』、第二話、第一冊、二四ページ。

（三）　バナージュ『ユダヤ人の歴史と宗教』、第九巻、第二十章、第十二。

（四）　ソーラン、第八話、第一冊、九八ページ。

（五）　ソーラン、第八話、第一冊、九九ページを参照。

（六）　プレマール神父の手紙。『イエズス会海外宣教師書簡集』、第十九輯、四五八ページ。

（七）　『俗説論』、第六巻、第十章、二二〇ページ。

（八）　『デュ・ペロン語録』、三一五ページ。

（九）　バナージュ『ユダヤ人の歴史と宗教』、第五巻、第十八章。

（一〇）　『キリスト教・カトリック教を是とする証拠と予断』、第二巻、九〇ページ。

（一一）　アウグスティヌス『マニ教徒ファウストゥスを駁す』、第二十二巻。〔『全集』〕第八冊、三六三、三六四ページ。

（一二）　カルメ『聖書辞典』を参照。

（一三）　『イギリス文芸覚書』、第十四冊、一九二ページ。

（一四）　『続・彗星雑考』、第二冊、六〇二ページ。

（一五）　「反キリスト論」、第八冊、第四項、三五六ページ。

（一六）　ラクタンティウス〔『神学提要』〕、第七巻、第二十五章、七二六ページを参照。

（一七）　〔アブール・ファラジ〕『アラビア史の見本』、一九一ページ、マラッチ『コーラン全文』、四三、四四ページを参照。

（一八）　〔アントワーヌ・アルノー〕『ステヤールト氏に呈する異議』、第四部、五ページ。

（一九）　オリゲネス『雅歌についての講解一』。

（二〇）　〔ピエール・ジュリュー〕『アルノー氏精髄』、第二冊、一一九ページを参照。

（二一）　〔バーナード・ド・マンデヴィル〕『宗教、教会、国民の幸福に関する自由な考え』、一八九ページ。

（二二）　『個人の検討と権威という、宗教問題における対立する二つの道』、一二三ページ。

（二三）　『《旧約聖書の批評的歴史》に関するオランダの数人の神学者の意見』、一五ページ。

（二四）　『旧約聖書の批評的歴史』、三五ページ。

第十二章　啓示宗教の必要性と、大方の人間の無知・無能力とをいかにして両立させられるか

本章で解明を求める困難は、すべての啓示宗教に関わる。また、異論の余地のない命題に基づくように見えるから、いっそう解明に値するものである。

宗教は万人のためにあり、すべての個人に課せられる一般的な義務の一つだというのは、どんな宗派でも認められた確かな原理である。そこから、宗教はそれを認識しようと本気で注意力をはたらかすすべての者に感銘を与えられるような明証性の印《しるし》、特徴を帯びねばならないことになる。そうでないと、宗教の証拠の力を感じ取る能力を神から与えられなかった者には、狂人や痴呆と同じく宗教を承認する義務はなくなってしまう。

この問題を論じた人たちは、こういう原理を異論の余地なき公理として仮定した。ニコル氏〔四二二〕は言う(一)。「宗教の共通の光と常識の光によって、次の真理を確信できない者、確信すべきでない者はいない。神が最も無知、最も無学な者も含めてすべての人間を救おうとしており、しかも真の宗教という道以外いかなる道も万人に提供せず、したがって、真の宗教をそれと認めることが可能のみならず容易でなければならないのは確かだということである。」

よそでもこう言っている。「無学な者をも無知な者をも信仰へ導けないような道は、誰ひとり信仰へ導けまい。その唯一の道の特徴、印《しるし》は、万人をそこへ導くことにあるはずだから。」

さらに、『自称改革派の離教の罪を証明す』ではこう主張する。「貧しい者、無知な者を信仰へ導けないような会はみな真の教会ではありえない。この原理は実に明白で確実だから、牧師たちからも異論は出ない。」

クロード氏〔四二三〕自身も、自派の者に自分の立場は正しいという合理的な安心感を与えるためその原理を使っている。いわく、「神は自らが与える救いを、いかに無学な魂にも近付きがたいものとはしなかった。」有名なソールズベリの主教バーネット〔四二四〕(二)も、人類の矯正に必要な原理は容易で人類の手の届く所にあるべきだとロチェスター〔四二五〕に認めていた。オステルヴァルド氏〔四二六〕(三)も、あらゆる真理の中で宗教上の真理ほど影響の大きいものはないから、それらの真理の証拠は単純で明瞭で万人の手の届くものでなくてはならないと言明している。ローマでも同じように言われる。学識豊かなマラッチ神父〔四二七〕(四)は、キリスト教世界のこの首都で刊行された『コーラン反駁〔序論〕』の中で、証拠が明瞭でないような宗教は信じる義務がないことを示している。このように、あの原理はどの宗派も認めるのである。信仰を異にする神学者たちが等しく同意するのだから、よほど明証的な原理に相違あるまい。

あの原理を措定した上で、次のような推理ができる。この推論を作る命題はみな論証可能と思われる。

理性的な万人の手の届く所に証拠がないような宗教は、無学な者、無知な者のために神が設けた宗教ではありえない。然して、啓示されたと称するあらゆる宗教の内で、万人の手の届く所に証拠があるものは一つもない。故に、啓示されたと称する宗教のどれも、無学な者、無知な者のために神が設けた宗教ではありえない。

この論理の帰結は正しく導かれている。第一命題には異論がない。問題になるのは第二命題だけだが、次の点に少しでも注意すれば、この命題の証明もたやすい。一、宗教上の議論に常に伴う分かりにくさ、二、人間精神の弱さ、三、大方の人間を隷属させる様々な必要や仕事の夥しさ、である。だが、もっと細部に立ち入って、啓示宗教の証拠には色々な事実が含まれること、その事実をめぐる議論は長期の検討を要し、大きな困難を伴うから、したがって普通人の手には届きにくいことを指摘せねばならない。

実際どんな宗教でも、土台にあるのは預言であり奇蹟である。それらは伝承によって保存されたか、昔の本に集められ、民衆ばかりか多くの知識人も知らないような言語で書かれている。

預言という論拠について判断できるのは、次のことが確かめられる時しかない。一、預言者がいた時期。預言がその事件より後でないかどうか知るためである。二、預言を含むくだりの真の意味。そのためには預言書の原語を知らねばならない。三、預言者がどういう状況に置かれていたか知る必要がある。預言したことを推測しえなかったという確信を得るためだ。四、その預言を、たまたま運よく当たった他の預言と比較せねばなるまい。

奇蹟の通常の保証人は書物だが、書物の真実性は歴史の助けを借りずには証明できない。一、奇蹟を報じる歴史家の時代を調べねばならない。二、その書物が本物で、証言に嘘がないのを確かめねばならない。三、語られる奇蹟が瞞着でないかどうか、根底に物理的原因がありえないかどうか確かめる必要があろう。しかし、それらの書物がペテンの所産でないと無学な者がいかにして確信できよう。一方では、人類が様々な宗派に分かれ、どの宗派も自説の証拠として、同じように神感によると称する書物を持ち出しているのは確かなのである。こうした著作の価値・無価値を識別できるには多大の労苦を払わねばならない。そのために必要な研究をすべての人間が十分やれると想像するのは経験にも道理にも反する。とすると、救いは学問と批評問題に依存してしまう。

次は伝承という証拠である。多少とも慧眼ならそれの不確かさは十分に認識できるが、伝承がどれだけ信用できるか決定しうるのは深く研究し真剣に考察した上のことである。

一つの宗教だけ調べたのでは不十分であろう。世界には無数の宗派があって、どれもが天から発すると自慢している。それらはみな同種の証拠に基づいている。事情を知った上で中の一つに軍配を上げるには、それらを比較し、いちばん根拠があるのはどの宗教か判定せねばならない。

無知で目が見えず窮乏に圧しひしがれた大方の人間が、いわば法廷を自任して、世界中のあらゆる宗派を出頭させ、それぞれの資格と主張をゆっくり検討した上で公正な判決を下すことなど可能だろうか。無学な者は検討などできないことは、とびきり有名な著作家たちも認め且つ証明した。マールブランシュ神父〔四二八〕は『〔形而上学・宗教〕対談』の十三で言っている。「今ある四つの福音書が無謬の権威を持つという確信を、無学な人がどうして持てるのですか。福音書が名前を冠した著者のもので、基本的な事柄については改竄されてないという証拠は、無知な人には何もありません。学者にすら十分確かな証拠があるかどうか分かりませんが、たとえばマタイによる福音書があの使徒のもので、書いた時のまま今も残っているという確信を持てても、あの福音書は神感によると教えてくれる無謬の権威がなかったら、神御自身の言葉としてあの福音書の言葉を信仰の基礎に据えることはできません。聖書の神性は読めば気が付くほどはっきりしていると主張する人もいますが、その主張は何を根拠にしているのでしょうか。聖書を無謬とするためには、ではないかという疑いとか予断とかとは別なものが必要です。」

ニコル氏も同様の告白をした。氏の言葉を直接引こう。「キリスト教徒の間で争われるこうも多くの教義の中で、随《したが》うべきものと斥けるべきものを見分けることほど、明らかに一般人の、わけても無学な人や無知な人の精神と知識を超えるものがどこにあろう。だから、教義をすべて決定し、キリスト教のあらゆる宗派を比較した上で一つの宗教を選ばねばならなくなったら、どういうことになるだろうか。」

ニコル氏はローマ教会と袂を分かったすべての者をこの論理でやりこめるつもりだった。大方のキリスト教徒には検討などできない、だから検討の義務はない、と言ったのである。しかし、ニコル氏はカトリック教会に役立ってもキリスト教には損害を与えたのではなかろうか。無学な者には、すべての宗教の内で何が最善か決めることも、キリスト教の色々な宗派の中で態度を決めるのに劣らず難しいからである。ニコル氏の原理は牧師のジュリューにこう言わせた。(五)キリスト教を滅ぼすために書を作る気がかりにあったら、ニコル氏の本がその第一部になるだろう、と。

それでも、あの俊才がこんな非難を浴びせられたのは、実に明白で異論の余地のない命題を唱えたためにすぎない。この人はこう言っていた。「これ(検討ということ)こそ、人に信仰を教えるためにカルヴァン派がみつけた秘策である。これこそ、カルヴァン派が人々に提示し、そこへ引き入れようとする道である。つまり、この道は乗り越えがたい障害物や障壁で寸断されているだけでなく、その長さたるや人間の精神とはあまりにも不釣合で、それによって救いへ導こうとする真理を人に教えるため神の選ばれた道がそういうものでありえないのは明らかなほどである。だいたい、神学の研究に一生を送るのを生業《なりわい》とする人でさえそんな検討は力に余ると判断せざるをえないなら、ほかの仕事に大方の時間を割かねばならない人はどうなるだろうか。裁判官や行政官や農夫や兵士や女性や、判断力がまだつかぬ子供はどうなるだろうか。聖書が訳されている言語を一つも解しない人はどうなるだろうか。本を読めない盲人はどうなるだろうか。愚鈍・暗愚な人はどうなるだろうか。合理的な態度決定をするためには明らかに議論が必要なすべての点を、そういう人がいかにして検討できよう。」『空想家・妄想家』の第十信をも参照。

実際、正しいことも十分ありうるパパン氏の計算（『個人の検討と権威という、宗教問題における対立する二つの道』にある）によると、推理と検討という道を取れる人は十万人に一人いるかいないかだという。検討は無学な者の手に余るというのはカトリック教徒の間では全く異論のない説で、誰もが読むように作られた教理問答のたぐいでもそれが立証され論証されている（六）。

この点について、プロテスタントはカトリック側の論理に答えようとはしなかった。したのは同じ非難の投げ返しだけで、ローマ教会でも同種の困難に洩れなく晒されることを証明するに止まった。無学な者には検討する力がないのを証明したとしてニコル氏をあれほど激しく攻撃したジュリュー氏も、同じことを自ら完璧に証明してしまった。真理がそこにこそある定点から遠ざかるとどうしても矛盾を犯さざるをえないというのは、それほどまでに真実なのである（七）。

いわく、「自分に語る教会は無謬だと無学なキリスト教徒が信じても無謀でないためには、あらかじめ次のことを確かめておかねばならない。一、宗教と教会が真実であること。二、その真実の教会が無謬という特権を受け取ったこと。三、ローマ教会なり他の教会なりが真実の教会で、ほかのものは排除されること。無学な者がこの迷宮から脱け出しても、まだ終わりにはならない。キリスト教会の権威に安住できるには、別の迷宮の中へ戻らねばならないだろう。神がその教会に無謬という特権を与えたことを確かめねばならないのだ。」

カトリック教徒は権威に服従せよと命じることでこの困難から脱け出せると思っている。ニコル氏は言う（八）。「検討が排されたら、おのずと権威という道へ連れて行かれる。何事かの真実性を知る義務があり、しかも自分自身ではそれを学べない者はみな、どうしても他者から教わらねばならないからだ。それが必要な以上、理性の最善の用いかたが、神の光に助けられるという印《しるし》を最も多く具えた世界で最大の権威に服従することなのも明らかである。」

この推理の不合理に気付くためには、あれほどの秀才がこんな論じかたをしたのを理解できる必要はない。ニコル氏は無学な者に検討を禁じる一方で、同時にその無学な者は、何より誤謬へ導きやすいこの上なく薄弱な根拠に基づいて、光と真理の印《しるし》を最も多く具える会は何かという最大の難問を判定してよいとするのである。無学な者には検討する能力がない、だから賢明で善なる神は、力に余る問題について態度決定をすることをそういう者に要求できない、誤謬に陥るおそれがないほど勉強していない時は判断を下してはならないという永遠の掟に逆らって当てずっぽうに決めることしかできないからだ、と言った方がはるかに自然だったろう。ニコル氏の原理からすれば、ペルー人はマンゴカパクの宗教を、インド人はブラフマの宗教を、エジプト人はヘルメスの宗教を維持しようとかたくなに頑張るのが正しいことになろう。

権威という箇条ひとつを検討するにも、要する知識の量はほかの箇条を全部検討するのにまず劣らない。ジュリュー氏はそのことを見事に証明した。しかし、この人が論証したのは、無学な者は事情を知った上でこの問題について態度を決めることができないということである。そのまま引けば、「〈教会は無謬である〉という箇条ひとつを学ぶためにも、次のことを同時に知る必要がないかどうか伺おう。一、そのくだりを引く書が正典で神の手になるものか否か、二、そのくだりが原文どおりか否か、三、証拠の力を殺《そ》ぐなんらかの読みがないか否か、四、そのくだりが別の意味を持てないか否か、である。

第一項では、キリスト教徒の間で戦わされる正典と外典をめぐる論争を調べる必要があるのみならず、いまだ教会を知らず聖書によって教会を探し求める洗礼志願者がそれについて異教徒や無神論者と議論する必要があろう。

第二項を解決するには、原語を学ぶか多くの学者に相談する必要があろう。時間がかかるし、たぶんそれでもあまり確かではあるまい。

第三項を確かめるには、批評学者の著作や、異文の指摘と呼ばれるものを軒並み調べる必要があろう。第四項を解明するには、古今の註解者の本を読み、色々な意味を吟味し、双方の異議・反論・回答に目を通す必要があろう。何も忘れていないと自分に証明できる時しか、間違ってないという確信は持てないからである。

次に、〈然して、ローマ教会こそその唯一の、目に見える、代々続く教会である〉というこの論理の小前提を見よう。これもまた実に厄介な問題である。読み書きできぬその百姓が、それでもこの点をめぐるギリシア教会派、ラテン教会派、ネストリオス派〔四二九〕、アルミニウス派〔四三〇〕などの争いに耳を傾けねばなるまい。こんなに重大な問題について当事者の言い分も聞かずに判定を下すのは無謀の極みだからである。そうなると、百姓や婦女子の公会議も、論争の的になる五つの点を聖書で決定する際に劣らず途方にくれてしまうだろう。その百姓たちがギリシア語、ラテン語を習い、無数の本をわざわざ読まねばならないのだから。こうして努力の甲斐もなく、事実を信じる必要を課すや否や、いつでも検討へ立ち戻らねばならなくなる。」

両派とも、相手の原理はピュロン主義〔四三一〕へ導くと非難しあった。

権威という道を取り去ったらキリスト教徒はすべての信仰箇条についてピュロン主義に陥るおそれがある、とパパン氏は言っていた〔九〕。ド・ラ・プラセット氏は言う〔一〇〕、「ニコル氏は検討の道では真理を発見できないと世人を納得させるのに懸命だが、ひとたびそのことを納得させられたら、自分はピュロン主義をうちたてることに努めてきたにすぎないのがすぐ分かるはずである〔四三二〕。」

おそらくここではカトリック教徒も改革派も両方正しいのであろう。カトリック教徒が正しいのは、宗教に属し宗教の基礎となる事実や教義を確かめられるのが検討のみによるとすると、大多数の人間には、立派にやりとげられない企てに手を出すより決定を保留する方がはるかに良いからである。それでも、権威という道は検討という道へ連れて行くから、ピュロン主義へ導くとしてプロテスタントがローマ教会を非難するのも間違っていない。ベール氏が誠に道理に適った指摘をしたように、教会の権威に服従すべきだと正当に確信したい人は、聖書がそれを命じているのを知る義務があるからである。こうしてその人は多くの議論に晒される。しかもその上、教父の説もキリスト教のどんな時代の説も、服従すべしというこの考えに合致することを知らねばならない。そんな研究に踏み込むくらいならすべてを疑う方がましだと思わなかったら、よほど疲れを知らぬ人であろう。最後に光に出会ったら、よほど巧みな人でもあろう。だから、これはピュロン主義への道なのである。ニコル氏もジュリュー氏も攻撃だけしている限りは勝てるのだ。検討が不可能なことはカトリック側が明白に証明しており、権威という道が不合理なことはプロテスタント側がこの上なく明らかにした。プロテスタントの中には、このことに非常な感銘を受けたあまり、キリスト教徒であるためには権威という道を行く必要が絶対にあったらキリスト教など捨ててやる、と憚らずに言う者もいた(一一)。

大掛りな議論が種々起こる事実の検討などという出来もせぬことを万人に要求したがるのと、合理的な態度決定をするに足る十分な根拠もないのに、重大な問題について態度を決めよと万人に命令するのと、どちらが道理に適うか決定する仕事は予断を持たぬ人たちにお任せしよう。後の方はカトリック側がすることで、この派のとりわけ有名な或る作家〔四三三〕(一二)は、「信じる前にいつでも検討すべしなどと思うのは誤りである」とまで言った。

検討の道には障害があるのを人一倍感じた牧師のジュリューは、理由なく信じる人を正当化するため別の説に頼った。無学な者の内では神が感じという道で宗教の信念を生みだすと想像したのである。この人の言葉をじかに聞けば、党派根性から来る非常識の顕著な例が見られよう。感じという道が秘義についての信念にまで導くことを証明しようとするのである。いわく(一三)、「感じで知れる信仰上・宗教上の真理があるから、啓示されたその他の真理をそこからどうして排除できよう。そういうものにも真理の特徴が具わっているではないか。よく言われるように内的な〈信憑の理由〉をそれ自体の内になんら持たないものを、神がわれわれに信じさせることがありうるのか。それらの秘義を全部集めたものには、それを感じ取れるようにしてくれる偉大さ、崇高さ、神聖さ、われわれの状態・欲求・自然な必要との適合という特徴があるではないか。たしかにそれらの秘義の中には、三つの位格《ペルソナ》からなる神とか、受肉した神とか、一見信じられないようなものもいくつかある。しかし、精神が尻ごみするそういう秘義もほかのものと合わさって一体化すれば、そこに生まれる全体は魂が偏見と情念の闇に沈んでいないすべての人に十分感じ取れる。そうでなかったら、福音が宣べ伝えられてもキリスト教は誰も惹きつけられないだろう。キリスト教の信仰箇条は自らの重要性とともに、それだけで十分なことを自己自身で証明している。」

道徳の基本原理をうちたてるためにすぎなかったら、そういう原理はあまりにも明白なのでよそからの証拠は要らないと言われても驚きはしないが、ここで問題なのは原罪とか、三つの位格《ペルソナ》からなる神とか、十字架にかけられた神とかいう恣意的な事実や理性を絶対的に反撥させる事柄だから、そういう秘義の真実性を精神は自然に感じ取るなどと主張するのは錯乱としか言えない。一方で理性は、そんなのは狂気の沙汰だと叫ぶからである。宗教の証拠を検討もせずに信じる人はいとも聖なる心ばえの持ち主で、宗教について聞いた話がそれに合致するのだ、とパスカル氏〔四三四〕が言った〔一四〕のもジュリュー氏の狂信から遠くない。そこで問題なのは、どんな宗教でもほぼ似たり寄ったりな道徳であるはずがない。あの高名な人が言わんとしたのは、キリスト教にある理解しにくい点にほかなるまい。キリスト教の秘義がわれわれの心ばえに合致するなどと主張する以上に不合理なことを何か言えるとは思えない。

宗教はその証拠が万人を納得させうる限りでしか義務にならないと確信するオステルヴァルド氏〔一五〕は、キリスト教に見られる明証性の特徴は万人の手の届く所にあることを証明しようとした。そのテーゼを立証するためこんなやりかたをするのである。

「単一の神しかないのを証明するために、たとえば世界のありようと秩序を挙げたら、世界は永遠ではありえず、事物には始まりがあったのを示したら、聖書に盛られて事件以前に書かれたことに異論がない預言で聖書の神性を証したら、事実と歴史の真実性からキリスト教の真実性を証明し、宗教の基礎となる事実が確かでなければ過去の事柄についてこの世にいかなる確実性もありえなくなること、使徒たちの証言を斥ければはるかに大きな根拠を以て斥けられない証人も歴史家もいなくなることを示したら、世俗の著作家の証言や、過去の時代が提供できる最古の最も異論のない記念物で聖史を裏付けたら、イエス・キリストの宗教がいかにして世界で確立されたか、世界にいかなる変化をもたらしたかを思い巡らしたら、聖書に見て取れる誠実さと真実性と神性の特徴を吟味したら、さらには、宗教の部分部分を細かく取り上げて、この宗教の教義・戒律・約束・威嚇には不合理なものも悪いものも自然な感情を逆撫でするものも一つとしてなく、人間と社会に有益でないものも一つとしてないのを見させ感じさせたら、こういうものやその他様々な証拠を挙げて、それを平明且つ適切な仕方で提示したら、それらの証拠には難しい所など何もなく、その証拠を役立てる推理も大方は実に自然で、われわれの観念や常識の原理と実によく合致するため、完全に、全面にわたってではなくても（それができるのは最も開明的な人に限られるから）、少なくともその力を感じ取れるに十分なほど証拠を理解できない人がまずいないのは確実である。」

　こんな論法は自己欺瞞にすぎない。大抵の人はそうだが、読み書きもできず古代の文書についてなんの素養もない者に、どんな難問についても判定を下す能力を付与したりするのを良識が許すだろうか。アリストテレスを始め、世界の永遠性を主張した者が全員間違っていたことを、そういう人がいかにして理解できよう。預言者の書とされるものが偽書でないこと、ユダヤ人が預言の解釈を誤ったこと、イエス・キリストに帰せられる奇蹟を報じる書が名を冠した著者のものであること、それらの神異が信じるに値すること、また他宗派の言う神異に優ること、福音の伝播は奇蹟的だったこと――こういうことを断定できるだけの批評眼と知識がそれらの人にあると合理的に想像できようか。大方の人間にはそんな議論に立ち入る能力はないと、多少とも誠意があれば誰しも認めるはずだと思う。だからオステルヴァルド氏も、あの命題をあえて無条件の全称命題とはしなかった。そういう推理を理解できない人はまずいない、と言っただけである。しかし、できない人はどうなるのか。それが大多数だということは簡単に証明できる。だから、首尾一貫した論じかたをしたかったら、キリスト教を信じる必要をそういう人には免除せねばならないはずで、キリスト教が義務になるのはごく少数の人だけというのが真実となろう。この宗教の最新の弁証論者の中にも、そんなことを考えた人〔四三五〕がいる。十分啓発されず、啓発される可能性もなかったような諸国民は、キリスト教の真実性を知りえなかったと考えられる非キリスト教徒の個々人と同じく、キリスト教に帰依しなかったという理由で断罪されることはあるまい、とその人は憚ることなく認めたのである。

『合理的キリスト教』〔四三六〕という有名な本に反駁して好評を博したフォスター氏〔四三七〕は、無学な者もキリスト教の証拠を理解できるのを示せるという希望を失わなかった。

いわく、「字が読めず、キリスト教の真実性の証拠を自分で検討する能力もない人が、それでも親や聖職者の権威に基づく暗黙の信仰より上まで昇れることを証明するのは、それよりはるかに難しいことを認めねばならない。」

この推論に含まれる不合理という不合理は容易に感じ取れる。「すべての人は例外なく、啓示の固有で内在的な卓越性をめぐる適任の裁判官である」と語るのは、一体何を言おうとしているのか。繰り返し言うが、ここで問題なのは道徳ではない。どんな宗教も道徳面ではかなり似かよっているが、問題なのは宗教同士を本質的に区別する秘義であり、真実味のきわめて乏しい事実である。あらゆる啓示の中で全体の造りが神に最もふさわしいのはどれか判定することが各人にできる、とこの人は考えているのだろうか。こんな主張と、秘義は理解を絶する、十字架にかけられた神というのは人間的な知恵の目には狂気と映るとすべてのキリスト教徒が告白することとを、どうやって折り合わせたらいいか私には分からない。

自分が相談した人は誠実で公平だ、と無学な者が些少の疑いも残らないほど確信することがどうしてできよう。不断の経験が教えるように、日常生活での正直さと宗教問題での多大の偏見とは両立できる。しかも、マホメット教その他の宗派の者が自分の宗教を研究する場合と同じ偏見をキリスト教徒も自分の宗教の検討の内に持ち込むこと、検討する前から立場はすでに決まっているので、この研究では誰も誠実に行動しないことは明らかなのだ。こういうのはいずれも周知の事実である。ならば、誰でも間違うのではないかと心配になろう。相談する相手に対しても警戒すべきではなかろうか。偏見がないのは世界でその人ひとりだと、どういう理由で判定するのか。神のお告げのように思うその人が意見を異にする者の論拠の力をわざと殺《そ》いでないという確信がどうして持てるのか。不安をなくそうと思ったら、いろんな派の博士に相談してみるのも一つの方法であろう。言い分も聞かずに人を断罪するなというのは道理の要請でもある。しかし、イマム〔イスラムの導師〕やラビやボンズやブラフマや博士を探し出して、まま古代史や外国語の知識に依存する迷路のように入り組んだその推論に随《っ》いて行くことなど無学な者にどうしてできよう。大多数の人間にはそんな議論に立ち入る能力は全然ない、ということに較べたら第一原理すら明白さで優りはしない。だからこそフォスター氏も、事実の問題に関する限り、無知な者は人から言われることに頼るべきだと認めるのである。まるで、正直そうな顔をした神学者でも自分の立場を権威付けねばならない時は平気で事実を作り変えるということが日々起こってないかのようである。しかも、キリスト教はもっぱら事実を土台にするから、事実について教導者に頼ることを許すのは、人生の最も基本的な問題について当てずっぽうに針路を決めるのを許すに等しい。人々がしていることもそれである。人の宗教を決定するのは国であって道理ではない。最重要な問題でも、ほぼすべての人が判断力の具わる前ならまだしも、親の信仰に基づいていわば生まれる前から立場を決めてしまっている。

オステルヴァルド氏[一六]もそのことは率直に認めている。いわく、「確かなことだが、大方の人がキリスト教徒なのは生まれによってキリスト教を告白させられるからにすぎない。しかも、キリスト教の真実性や神性もあまり知らない。ユダヤ教や異教の内に生まれていたら、今キリスト教徒なのと全く同じようにしてユダヤ教徒になり異教徒になっているだろう。だから、厳密な言いかたをすれば、そういう人は信じている、信仰を持っているとは言えない。信じるとは確信を持つことで、理由もなく検討もせずに信じることはありえない。〈信仰〉と呼ばれるのは通常、かすかな感銘しか与えない漠とした一般的な見解にすぎない。本当の信仰は思いのほか稀なのである。」

ニコル氏[一七]も次のように白状するのを厭わなかった。「ほぼすべての人の場合、その宗教を決定するのは偶然である。そういう人は普通、最初に教え込まれた格率を信じてしまい、最初に教えられたものが常に真実だと確信するかのように、一度信じた格率を疑うことはけっしてしない。このことはとりわけ宗教で見られる。大方の人が宗教選びをする際の無鉄砲さに匹敵するものはないからである。」

キリスト教徒が事情を知った上でしか自分の宗教を特に好まないのであれば、キリスト教徒だけは例外にすることももっと道理に適っていよう。しかし、経験が教えるように、マホメット教徒がコーランを信じるのと同じようにしてキリスト教徒も福音書を信じているから、いずれにせよ、誤謬を防ぐに必要な注意も払わずに信じたことは弁解の余地があるまい。

ニコル氏もそのことを認めざるをえなくなり、トルコ人〔イスラム教徒〕がトルコ人なのと同じような具合にキリスト教徒であるにすぎない者が、つまり他人が示す模範に感化されただけでキリスト教徒であるような者がたぶん少なからずいるだろうと白状した(一八)。キリスト教徒のほぼ全員がこのケースである。

無学な者の「信仰の分析」〔信仰の最終的根拠〕はカトリック教徒では権威に帰着するが、彼らの信念の基礎をなすその権威が尊敬に値するかどうかは彼らにとって不確かである。プロテスタントの無学な者も、精神を安んじさすべき検討をする能力がないから、自己の信仰の確信を持てないことはそれに劣らず明らかである。

こういう暗礁を避けようとした人は聖霊の内的な作用に頼った。つまり、非常識を犯すまいとして狂信に陥ったのである。なぜなら、カンブレの大司教ド・フェヌロン氏(四三八)がいみじくも言うように(一九)、「信仰が精神抜きでただ心だけから、秘義を信じるために服従する権威を合理的に見分けもせずに、恩寵の盲目的な衝動だけから人間にやって来ると想定したら、キリスト教を狂信と化し、キリスト教徒を神がかりと化すおそれがある」からだ。

それでも、クエーカーの弁明をしたバークリ(二〇)は、この説こそキリスト教徒全員の説たるべきことを証明しようとした。実際、人類を分かつ様々な宗教の間の議論で、大方の人が理性と検討という道で立場を決めることができないなら、そういう人は自分でも説明がつかぬ或る「内的・盲目的な動き」で態度決定をせざるをえなくなるだろう。しかし、人生の最重要事でもそういう盲目的な動きだけで事足りたら、行動の全体系でもそれだけで足りることにどうしてならないのか。

(一)『カルヴァン派を非とする正当なる予断』、序文。
(二)『ロチェスター伯爵ジョン・ウィルモットに関する覚書』、二〇ページ。
(三)『頽廃の源を論ず』、一六ページ。

（四）『コーラン反駁序論』、二ページ。
（五）『教会の真の体系』、四四八ページ。
（六）『モンペリエ教理問答書』、第二部、第二節、第二章、第二項。
（七）『教会の真の体系』、第十四章、三三九ページ。
（八）『自称改革派の離教の罪を証明す』、第二章。
（九）『個人の検討と権威という、宗教問題における対立する二つの道』、一一九ページ。
（一〇）ベール『歴史批評辞典』、「ペリソン」の項、註（D）。
（一一）パパン『個人の検討と権威という、宗教問題における対立する二つの道』、一三九ページ。
（一二）ボシュエ『教会問題に関するシャラントンの牧師クロード氏との会談』、三〇六ページ。
（一三）『教会の真の体系』、四七〇、五〇五ページ。
（一四）『パンセ』、第六項。
（一五）『頽廃の源を論ず』、第一の源、一五ページ。
（一六）『頽廃の源を論ず』、九ページ。
（一七）『道徳試論』、第二冊、一〇ページ。
（一八）同、一一ページ。
（一九）『宗教と形而上学をめぐる様々な主題についての手紙』。
（二〇）テーゼ三、聖書について。

第十三章　最も安全な道を取るべしという論拠についての考察

本章で検討する論拠は、『無神論者、理神論者、新ピュロン派に反対する宗教論。彼らの原理を仮定しつつ、キリスト教を取るほか彼らには道なきことを説得す』という本の主題をなしているものである。

この書の要約はパスカル氏の断想〔四三九〕一つの内に収められている。著者のモーデュイ神父は、キリスト教について人間の精神に様々な疑念が起こりえても、その疑いが解消されないうちからキリスト教を真実と思うべきことを証明しようとする。ド・ラ・ブリュイエール氏〔四四〇〕も同感だった。〔一〕こう言っていたのだ。「宗教は真実か虚偽かどちらかである。もし虚構にすぎなければ、隠者やシャルトルー会士はなんなら六十年の歳月を無駄にしたことになるが、危険といったらそれだけにすぎない。しかし宗教が真実に基づいていたら、悪徳まみれの人間には恐ろしい不幸である。そういう者が自分のために用意する禍は、考えるだに頭が混乱してしまう。人間の思考は弱すぎてそれを思い描けず、言葉も空虚すぎて表現できない。」

こういう論拠は近代人が案出したものではない。それは教父たちに実に似つかわしいものだったから、彼らもそれを使わずにはいなかった。そこで、アルノビウスも使った。「疑ワシイ二ツノ説ノ間デ、不確カナ出来事ヲ待ツヨウナ時、イチバン理ニ適ッタ道ハ、希望ヲ与エナイ説ヨリ与エル説ヲ採用スルコトデハナイカ。」モーデュイ神父の大の理由はこういうことだ。「真か偽か確実には知りえない説の間で選択する時は、たまたま偽であっても失うものは何もなく、真であれば得るものが多い道を選んで、反対に、真であっても得るものは何もなく、不幸にしてたまたま偽であったら失うものが多い道を斥けねばならない。さて、キリスト教を信じれば幸福を期待でき、キリスト教がたとえ間違いでも恐れるものは何もない。」

ユダヤ人もマホメット教徒も同じ論理を使える。これを考え出したのは十分な根拠もなしに信じる人を安心させるためにすぎなかったが、こんなものに眩惑されるのは物を考えようとしない人だけであろう。実際、ユダヤ人が主張するようにメシアがまだ到来していなかったら、また、マホメット教の信仰箇条に盛られるとおりマホメットが最大の預言者として、神の意志の通訳として万人に敬われるように天から遣わされた者だったら、こんなくだらぬ推理に釣られてキリスト教を信奉した人はどうなるであろう。

最も安全な道を常に取るべしという格率は、何かしなければならない時、色々な道の間で選ばなければならない時に抜群の使い手があるとはいえ、信じることが問題だとそうはいかない。理由は、(二)われわれの損得からでは事の真偽が決定されないためである。それに、不信者でなければ得をするというだけの理由で信じる義務を精神に課すことなど、意志しだいでできるものではない。そんな理由で信じるにすぎない者は、あらゆる宗派が求めるのと全く違う信仰の持ち主になり、自分の精神をひどく悪用したことにもなろう。実際、ニコル氏がいみじくも言った(三)ように、「自分の損得を信じる動機にするほど道理に反することがどこにあろう。損得がやれるのはせいぜい、真であってほしいと思うものを真とみなす理由をいっそう注意して見るようにわれわれを促すことぐらいである。しかし、われわれを納得させるべきものは、われわれの欲求とは無関係に事物それ自体に見らるべきその真実性しかない。」

この原理は実に確かだから、モーデュイ神父(第十九章)もそれに同意せざるをえない。この人の言葉をじかに引こう。「まだ確かでないものを損得から確かとして信じることは正義に反する。損得というのはよそから持ち込まれた錘《おもり》のようなもので、事の真実性を証明するにはなんの力もない。だから、知性が自分には確かでないものを確かとして是認するように意志がさせる場合、それは、問題の内容に関わりないこの見かけの錘で信じる理由を大きく見せたり、不確実とする理由を精神が見るのを邪魔したりすることによる。」

しかし、そんなふうに論じると自説が壊れると思ったため、モーデュイ神父は、キリスト教を信じるべきなのは信じる対象の内に明証性がなくても信憑の理由の内に明証性があるからだと言って、問題の内容をごまかした。しかし、これは歴然たる詐術である。まだ本当らしいとしか見ていなかったものを確かなものとして出し始めているからだ。したがって、著者が次のように言ったのも誤りである。「本書ではどこでも不信者の疑念や疑いを仮定してきた。そして、彼らが確信を持てないことそれ自体から、疑う理由がどんなにあっても、信じれば得になるからもう疑うべきでないことを無敵の力で論証したつもりである。」

モーデュイ神父の論拠は帰するところこういうものである。つまり損得から信じ、問題の内容と関わりないよそからの錘《おもり》によって決めるというのだ。もう疑うべきでないのはキリスト教が真実だからだ、とモーデュイ神父が答えたら問題から外れて、安全策を取るという論拠は全部無駄になってしまう。

モーデュイ神父の書の全体を無敵の力で破壊し去るには、以下のような推論をするだけでよい。

道理を弁えた者は、確かな動機で決定されぬ限り同意を与えるべきでない。然して、脅しや約束は神が語ったと証明される限りでしか決定の理由にならない。故に、それらは確認された上でしかわれわれに影響を与えるべきでない。

十分な動機もなしに信じて理性を悪用することが神の意に適うなどと想像するのは、神についておかしな観念を抱くことであろう。疑うべきでないようにこの上なく賢明な存在が来世での賞罰をわれわれに用意しているなら、それはわれわれが自分の様々な能力を善用したか悪用したかを規準にするはずである。

しかし、最も安全な道を常に取るべしという原理をかりに承認しても、軽信を擁護する者はそこからなんの利益も引き出せまい。明瞭な証拠に基づくと確信した上でしかどんな宗教体系も承認しないことが、常に最も安全な道であるはずだから。神について考え違いをするのが怖かったら、われわれは当然、精神が納得するまで疑うべきで、理由もなしに判断を下すのを禁じる者がそういう恐れを罪悪の列に入れるとはどう見ても思えないのである。

(一)　〔『人さまざま』中の〕「自由思想家」の章。

(二)　ジャクロ『神の存在を論ず』の序文を参照。

(三)　『論理学』、第三部、第十九章。

訳　註

〔一〕　フーゴー・グロティウス（フーゴ・ド・フロート）（一五八三―一六四五）。オランダの法学者、神学者。デルフトの生まれ。ライデン大学で学んで、十五歳で弁護士になり、ホラント州の修史官（一六〇三年）、ロッテルダムの政務長官（一六一三年）、駐英大使（一六一三年）など数々の要職に就いたが、共和派とオランイェ派の抗争により前者の指導者として一六一九年に終身禁錮を宣告された。しかし、妻の献身的な協力のお蔭で脱獄し、一六二一年にフランスへ亡命してルイ十三世の庇護を受け、一六三五年以来スエーデンの駐仏大使を務めたが、一六四五年に辞職し、オランダへ帰る途中に同年八月二十八日、ロストックで客死した。近代自然法理論の基礎を据えた『戦争と平和の法』（一六二五年）の著者として不朽の名を残しているが、またアルミニウス派の指導的な神学者として聖書の註解など多くの宗教書を著わしており、特に『キリスト教の真実性について』（一六二七年）はマレー語、中国語にも訳されるほど世界的に読まれた。ここで引かれるのもこの本で、十八世紀前半までに限っても、同書にはジャン・ド・コルド（一五七〇―一六四二）によるもの（アムステルダム、一六三六年）、歴史家フランソワ・ウード・ド・メズレ（一六一〇―八三）によるもの（パリ、一六四四年）、オラトリオ会士ジャック・タロン（一五九八―一六七一）によるもの（パリ、一六五九年）、亡命プロテスタントのP・ル・ジューヌによるもの（ユトレヒト、一六九二年）、クロード＝ピエール・グージェ師（一六九七―一七六七）によるもの（パリ、一七二四年）と五種類の仏訳がある。訳者が参照したのはこのグージェ訳の新版（パリ、一七五四年）だが、その版では、引かれた文句は巻頭の「グロティウスの序文」（七一ページ）の内にある。ラテン語の原典では第一巻第一章（『グロティウス神学著作集』〔ロンドン、一六七九年〕、第三冊、三ページ）にあるが。

〔二〕　クロード＝フランソワ・ウットヴィル（一六八八―一七四二）。フランスのカトリック神学者、文学者。パリの生まれ。はじめオラトリオ会士で、その後デュボワ枢機卿の秘書を務めた。一七二二年に、十八世紀の代表的なキリスト教弁証論とされる『事実によって証明されたるキリスト教』（パリ、一七二二年）を発表し、この業績により翌一七二三年にアカデミー・フランセーズの会員となった。同じ頃、サン＝ヴァンサン・デュ・ブール＝シュル＝メール僧院長の職禄を受け、一七四二年にはアカデミー・フランセーズの常任書記ともなったが、その数カ月後の同年十二月八日にパリで死んだ。著作には上記のもののほか、『摂理に関する哲学論』（パリ、一七二八年）などがある。

〔三〕　ケリントスは一、二世紀に小アジアで活動したユダヤ人キリスト教徒。グノーシス派の一派「ケリントス派」の始祖で、聖エイレナイオスによると、使徒ヨハネは彼に反駁するためヨハネ伝福音書を書いたという。

〔四〕　二、三世紀に特にアジアでキリスト教の各種のセクトに与えられた名称で、「エビオン」とはヘブライ語で「貧者」の意味。この名で呼ばれる単一のセクトがあったわけではなく、正統派の中でもユダヤ教の律法に忠実な者がそう呼ばれたりもしたが、グノーシス派に属する者も、キリストの神性を否定する者もいた。

〔五〕シュンマコスはたぶん二世紀末頃にいた旧約聖書のギリシア語訳者。エウセビオスやヒエロニムスによればエビオン派の人といわれるが、エピファニオスはユダヤ教に改宗したサマリア人としている。ヘブライ語原典に即した旧約聖書の新しいギリシア語訳を作成し、その訳はオリゲネスの『ヘクサプラ』の内に保存されている。

〔六〕バシレイデスは二世紀のグノーシス派の思想家。一二〇―一四〇年頃にアレクサンドリアで生活した。最高の神から多くの世界が流出し、最低の世界たるこの地上はユダヤ人の神であるデミウルゴス（造物主）に支配されているとした。その道徳説はきわめて禁欲的なもので、結婚をタブーとしていたらしい。その弟子はエジプトや地中海沿岸地方に多くいたが、四世紀には消滅した。

〔七〕新約聖書の登場人物で、イエスの十字架を背負わされた男。マタイ伝第二十七章第三十二節、マルコ伝第十五章第二十一節、ルカ伝第二十三章第二十六節を参照。

〔八〕カルポクラテスは二世紀初頭にアレクサンドリアで活動したグノーシス派の思想家。プラトン主義の影響を強く受けた人で、この世界は堕落した天使が創造したものだとし、世界とその法への徹底した敵視と、神的グノーシスによるそれからの解脱を説いた。このグノーシスはピュタゴラス、プラトン、アリストテレスなども体得していたもので、ユダヤ人イエスが説いたのもそのことであるとしていた。カルポクラテス派は彼の息子で高弟のエピファネスが作ったものとされているが、この派は師の道徳律廃棄論を実践して財産と女性の共有を説き、キリスト教的名称のもとに異教の祭儀を行ない、魔術を実行し、北アフリカのキレナイカでは六世紀頃まで続いたという。

〔九〕カイン派は二世紀の、たぶん一六〇年頃に興ったグノーシス派の一派。造物主である旧約の神を敵視するあまり、兄のアベルを殺したカインを始め、コラ、ダタン、アビラム、ソドムの住民など、旧約で悪者として断罪される人々を、造物主より高い善の原理である「知恵」の子として崇拝し、裏切者のユダをも崇めた。『ユダの福音書』、『聖パウロの昇天』など様々な外典を作っていたことでも知られる。テルトゥリアヌス（一六〇頃―二二二以後）の時代に、この派のクインティラという女性がアフリカで布教をし、その追随者は「クインティラ派」と呼ばれたらしい。

〔一〇〕マルキオン（一七〇頃歿）は二世紀のキリスト教会最大の異端者。黒海沿岸のシノペの生まれ。テルトゥリアヌスその他によると父はキリスト教の司教で、自身は裕福な船主だったが、一三九年頃、『主の福音』（聖パウロが使ったものだという）と呼ぶ独自の福音書を携えてローマへ来、教会に多額の寄進をして、その指導者になろうとしたが、逆に異端者として破門されたため、独自の教会組織を作り、それは瞬く間にローマ帝国全体に拡がった。マルキオンはローマ到着後、シリア出身のグノーシス思想家ケルドン（キリスト教の善の神とユダヤ教の義の神を区別していた）の感化を受け、その思想をさらに推し進めて、義と恵み、律法と福音、ユダヤ教とキリスト教を鋭く対立させ、世界の創造者は下位の神デミウルゴス（造物主、旧約の神）で、上位の神（新約の神）は人類をこの創造者への従属から請け出すために無償の恵みとして一人子キリストを遣わし、キリストは造物主の手下どもにより十字架にかけられたのだとした。そこから彼は、旧約聖書を全面的に斥け、パウロだけを唯一の使徒と認め（他の使徒はユダヤ教へ再転落したとする）、新約聖書の内でもパウロ書簡と、パウロの影響の強いルカ伝福音書（マルキオンのもたらした『主の福音』はルカ伝福音書のヴァリアントだった）しか用いなかった。従来マルキオンはグノーシス派の一人と見られていたが、ハルナックによる再評価以後は、原始教会に支配的だったユダヤ的、律法主義的傾向に対する最も急進的な改革者、パウロ的原理の最も徹底的な唱導者とする見かたが有力なようである。旧約と新約の対立を論じた『対立論』を著わしたが、今では残っておらず、その説はテルトゥリアヌスの『マルキオンを駁す』など正統派からの批判書によって知られるにすぎない。

〔一一〕　聖エイレナイオス（ラテン語ではイレナエウス、フランス語ではイレネ）（一三〇頃—二〇八）。キリスト教の教父。小アジアの生まれ。スミルナの司教ポリュカルポスの弟子で、一五七年頃に布教のためガリアに派遣され、一七八年頃にリヨンの司教となって、当時大きな影響力を持っていたグノーシス諸派と闘った。たぶん殉教したらしい。グノーシス諸派との闘争の中で書かれた『異端反駁』が残っている。

〔一二〕　アロギ（これはラテン語で、ギリシア語ではアロゴイ）派とは、二世紀に小アジアで使徒ヨハネの文書を排斥した異端者に付せられた名称。彼らは御言葉（ロゴス）の神性や聖霊の神性を否定したとされており、ヨハネ伝福音書とヨハネ黙示録を異端者ケリントス（註三を参照）の作とみなしていたという。「アロギ」とは「ロゴスを信ぜぬ者」と「非理性的な者」の両義を持つ蔑称だった。

〔一三〕　ビザンティンのテオドトス、または皮鞣し屋テオドトスは、二世紀の単性論的異端者。ビザンティンの出身で、靴職人ないし革商人だった。イエスはただの人間で、洗礼を受けた時聖霊によってキリストとなったのだという養子説的な論をなしたため、ローマで法王ウィクトル（在位一八九—一九七）によって破門された。正統派の批判者たちの言によると、マルクス・アウレリウス帝（在位一六一—一八〇）時代のキリスト教迫害の際に、テオドトスはビザンティンで投獄され、キリストを否んだために死を免れたが、裏切者として同信徒に指弾されたためこの町にいられなくなり、そこでローマへ逃げたのだが、そこでも前歴が割れて同信徒に非難されたため、弁解として、自分が否んだのは神ではなく、聖霊のはたらきにより処女から生まれはしたものの、本質的には他の人間と同じ一人の人間にすぎないという前記の説を立てたのだという。

〔一四〕　テオドトス派、別名メルキゼデク派というのは、もちろん前註で述べたテオドトスの弟子たちのことだが、その中には、二世紀末—三世紀初頭に活動してローマ法王ゼフィリヌス（在位一九九—二一七）に弾劾された両替人テオドトスという指導者もいた。

〔一五〕　ヴァレンティノス（一六一歿）はグノーシス派最大の理論家。エジプトの出身で、アレクサンドリアで学んだ後、ローマに出てその教えを弘め（一三五年頃から）、のちキプロス島に渡って死んだ。プラトン的な彼岸論、ピュタゴラス的な数理論、東方の混淆主義が一体となった壮大な体系を立て、「プレロマ内界」、「プレロマ外界」、「宇宙界」の三界にわたる一大神劇を展開して見せた。弟子のプトレマイオス、ヘラクレオンらによってその教えは弘められ、聖エイレナイオス、ヒッポリュトス、テルトゥリアヌスら正統派学者による詳細な批判から、その所説を窺い知ることができる。

〔一六〕　バシレイデスが「聖ペテロの通訳グラウキアス」に学んだと称していたという話は、ここで典拠として引かれるアレクサンドリアのクレメンスの『雑録』第七巻第十七章でしか述べられていないことで、この「グラウキアス」についてはそれ以外の情報はない。なお、使徒教父のパピアス（六〇頃—一三〇）がペテロの通訳としているのはマルコ伝福音書の筆者とされるマルコである。

〔一七〕　この「テオダス」についても前註と全く同じで、アレクサンドリアのクレメンスの『雑録』第七巻第十七章に、ウァレンティノス派がウァレンティノスはパウロの弟子の「テオダス」に学んだと称していたと述べられる以外の情報はない。バシレイデスの場合の「グラウキアス」にせよ、ウァレンティノスの場合の「テオダス」にせよ、これらはいずれもグノーシス諸派が使徒との繋がりを主張して自説を権威づけるため持ち出した人物で、クレメンス自身もその話を信用してはいないようだから、この文章の著者のようにそれを事実として受け取るのは軽率であろう。

〔一八〕　ニコラ＝ユーグ・メナール（一五八五―一六四四）。フランスのベネディクト会士で、『バルナバ書簡』の付註版刊行者。パリの生まれ。ベネディクト会サン＝モール派の修道士で、はじめ説教師をしたり、クリュニの僧院で修辞学を教えたりしたが、二十九歳でサン＝ジェルマン＝デ＝プレ僧院に移り、以後は教会史の研究に専念した。非常な学識と記憶力の持ち主で、高く評価された『ベネディクト会殉教者祝日表』（パリ、一六二九年）や、『アテナイとパリの司教たりし単一のディオニュシオス・アレオパギタについて』（パリ、一六四三年）などを残した。彼が作った『バルナバ書簡』の付註版は一六四五年にパリで出版されたが、メナールはすでに一六四四年一月二十一日にパリで世を去っていたから、これは遺作だった。

〔一九〕　著者が考えているのは、むろん、代表的な使徒教父文書である二篇の『クレメンス書簡』の筆者のことである。この二篇の内、コリントのキリスト教徒たちに宛てて書かれた第一書簡は、エイレナイオス以来、第四代のローマ法王だった聖クレメンス（ローマのクレメンス、在位九二頃―一〇一頃）が書いたものとされ、さらに、このクレメンスはパウロの宣教旅行の同伴者であったとか、初代ローマ法王聖ペテロの助手であったとか、ティトゥス・フラウィウス・クレメンスの名でフラウィウス家の皇帝たちに仕えたとかいう伝説も生じたが、この第一書簡が執筆された遅くも九七年頃にクレメンスという名の権威者がキリスト教徒の間にいたことだけが確実とされている。同じくコリントの信徒たちに宛てて書かれたとされる第二書簡は、そもそも手紙ではなく、二世紀の中頃に書かれた説教で、それがローマのクレメンスの手になるものでないことはエウセビオスもヒエロニムスも知っていた。ほかにも、『クレメンス再認書』など、ペテロの活動を主題とする色々な「クレメンス偽書」があるが、いずれも三世紀に作られたものである。

〔二〇〕　ジャン＝バティスト・コトリエ（一六二九―八六）。フランスのギリシア学者、教会史家。ニームの生まれ。非常に早熟な天才で、十二歳の時、マントで開かれた一六四一年のフランス僧族会議で聖書のヘブライ語、ギリシア語本文の註解をして参会者を驚かせたという。ソルボンヌで神学を学んで得業士となり、一六六七年にコルベールにより、デュ・カンジュとともに、王立図書館にあるギリシア語写本の整理と目録作りを任された。一六七六年にはコレージュ・ロワイヤルのギリシア語教授に任命されている。使徒教父文書の刊本で、ここで参照されている『使徒教父』（二折判《フォリオ》二巻、パリ、一六七二年）、『ギリシア教会古記録』（二折判《フォリオ》三巻、パリ、一六七七―八六年）などの大作を残している。

〔二一〕　ティトゥス・フラウィウス・クレメンス、通称アレクサンドリアのクレメンス（一五〇頃―二一一頃）。ギリシア教父。アテナイの生まれで、キリスト教に改宗し、一八〇年頃アレクサンドリアへ赴いて、パンタエヌスの教えを受け、二〇〇年頃その後を継いで教理学校の校長となった。その後、セウェルス帝のキリスト教迫害を避けてカッパドキアへ行き、そこで布教活動を行なった。ヘレニズム文化に開かれた精神を持つ主知主義的な神学者で、『ギリシア人への勧め』（一九〇年頃）、『雑録』（直訳すれば「綴織」）（二〇〇―二〇二年頃）など重要な著作が残っている。

〔一二〕　ユリオス・カッシアノスは、アレクサンドリアのクレメンスの『雑録』第三巻第十三章に「仮現論異端の創始者」として登場する二世紀の著作家で、『節制について、または独身について』というその著作をクレメンスは引用している。仮現論とは、キリストの肉体・人性や受難は単なる見かけであって現実のものではないとする考えかたで、前出のマルキオンなどにもそういう説は見られる。ユリオス・カッシアノスがその説の「創始者」とは考えにくいが、それの指導的な理論家だったことは確かなようである。ただ、この人物についての情報はきわめて乏しく、クレメンスの前記の個所と、それに依拠する聖ヒエロニムスの記述で言及されているのみである。

〔一三〕　アンティオキアの聖イグナティオス（三五頃―一一〇）。使徒教父の一人で、シリアのアンティオキアの二代目の司教。トラヤヌス帝（在位九八―一一七）時代のキリスト教迫害の際、アンティオキア教会の責任者として逮捕され、ローマへ護送された上、闘技場で野獣に食われて殉教した。ローマへ護送される途次、小アジアのスミルナからエフェソス、マグネシア、トラレス（いずれも小アジア）および行先のローマの教会に宛てた四通と、同じく小アジアのトロアスからやはり小アジアのフィラデルフィアとスミルナの教会に宛てた二通、さらに、スミルナの司教ポリュカルポスに宛てた一通と、計七通の手紙を残した。これらの七通は四世紀後半に一書に纏められ、その真正性が長く論議されたが、十九世紀以後は真正とするのが通説となった。ただ、その後加えられた六通と、中世に加えられたラテン語の四通は、いずれも偽書とされている。

〔一四〕　カイサレイア（カエサレア）のエウセビオス（二六〇―三三九）。キリスト教の教父で、「教会史の父」と呼ばれる。三一三年にカイサレイアの司教となり、コンスタンティヌス帝の信認が厚く、三二五年のニカイア公会議では中間派（オリゲネス派）を代表した。三二四年までのキリスト教史である『教会史』（これは邦訳もされている）、三二五年までの世界史である『天地創造以来の年代記』、さらに護教書『福音の備え』、『福音の論証』などがある。

〔一五〕　ソフロニウス・エウセビウス・ヒエロニムス（聖）（三四七―四一九）。キリスト教の教父。ダルマティアの生まれ。三六六年以前に受洗し、修道生活を送りつつ聖書語学を学んで、コンスタンチノープルでナジアンゾスの聖グレゴリオスの教えを受けた後、ローマで法王の秘書を務めた（三八二―三八五年）。三八五年以後はパレスチナへ退き、ベツレヘムで修道院を指導し、学校を開き、ラビたちの協力のもとに聖書の翻訳作業を進め、このラテン語訳が後に「ウルガタ」としてローマ教会公認の正経とされた。ヒエロニムスの著作の内、この文書で参照されているのは主に『教会著作家論』である。

〔一六〕　ヘゲシッポス（一八〇頃歿）はユダヤ人キリスト教徒の著作家。パレスチナか小アジアの生まれ。ヘブライ語、シリア語、ギリシア語に通じていた人らしく、二世紀中頃にローマへ旅立ち、法王アニケトゥス（在位一五四頃―一六五頃）の時代にそこへ着いた。ローマの司教（法王）位の継承リストを作成し、エピファニオスの作った継承リストもそれに拠っているという説もある。ローマから戻った後、グノーシス主義への反対論を盛った全五巻の『回顧録』という書を物したらしいが、今はエウセビオスの『教会史』の内に断片が残っているにすぎない。

〔一七〕　パピアス（六〇頃―一三〇）は使徒教父の一人で、小アジアのヒエラポリスの司教。但し、「ヨハネの弟子で、ポリュカルポスの仲間、初代の人」とエイレナイオスが言う一方で、パピアスは使徒たちを見たことも、その話を直接聴いたこともなく、使徒たちと面識のあった者から教えを受けたにすぎないと著作で自ら述べているとエウセビオスは言い、こういう相反する証言のいずれを信じるべきかは判然としない。『主の言葉の解説』という多くの口伝や物語を含む五巻の書を物したらしいが、エイレナイオスやエウセビオスの著作にある断片的な引用や紹介でその内容が窺えるにすぎない。有名なのはマルコ、マタイ両福音書の起源についての記述（エウセビオスの『教会史』に引用されている）で、マルコはペテロの通訳であり、ペテロから教えられたことを正確に記録した、マタイは主の言葉をヘブライ語で綴り、各人が能力に応じてそれを解釈した、というものである。千年王国主義が強烈な人で、そのためか、「おそろしく知性の乏しい人」とエウセビオスに酷評されている。

〔一八〕　聖ユスティノス、通称「殉教者ユスティノス」（一〇〇頃―一六五頃）。キリスト教の弁証論者。パレスチナのフラウィア・ネアポリスの異教徒の家に生まれ、プラトン主義に造詣が深く、一三〇年頃にキリスト教徒となり、回心後も哲学者の服を着て、エフェソス、後にはローマで教えたが、キュニコス派のクレスケンスとの論争がきっかけで、ローマで六人の弟子とともにキリスト教徒として処刑された。主知主義的な傾向の人で、『ユダヤ人トリュフォンとの対話』と二篇の『弁証論』が残っている。

〔一九〕　バルナバはもちろん新約聖書の登場人物で、パウロの宣教旅行に同行したキプロス島出身のユダヤ人。古くから、このバルナバが書いたとされる手紙形式の神学論文、いわゆる『バルナバ書簡』が伝えられているが、それを聖書に出てくるバルナバのものと考える人は今ではいない。使徒教父文書の一つであるこの『バルナバ書簡』の執筆年代は七〇年と一四〇年の間と推定されている。

〔二〇〕　スミルナのポリュカルポス（七〇頃―一五五頃）。使徒教父の一人で、スミルナの司教だった。ヨハネの教えを受けたとされる人で、一、二世紀の教会でも特に使徒の権威を背負った指導者だった。小アジア時代にもすでにマルキオンと個人的に対決していたらしいが、一五五年頃、復活祭の日付についてローマの司教（法王）アニケトゥスと論争をしにローマへ赴き、そこでグノーシス思想家ウァレンティノスやマルキオン主義者とも論争を交えたらしい。ローマからスミルナへ戻った直後に捕えられ殉教したが、その最期はスミルナの信者たちが書いたとされる『ポリュカルポスの殉教』にくわしい。多くの手紙を書いて宣教を行なったといわれるが、『ピリピ人への手紙』しか今は残っていない。歿年については異説があり、エウセビオスはマルクス・アウレリウス帝（在位一六一―一八〇）の治下としている。

〔二一〕　カプアの聖ウィクトル（五五四歿）。六世紀の聖書学者で、五四一年から死ぬまでカプアの司教を務めた。ノアの箱舟についてや復活祭の日取りについて、主に聖書解釈をめぐる著作を著わしたが、今は僅かな断片しか残っていない。彼はカプアでウルガタの写本を作らせたが、この写本はその後ドイツへ渡り、「フルダ写本」としてフルダに保存されている。

〔二二〕　ジャック・アバディ（一六五四―一七二七）。フランス改革派の牧師、神学者。ベアルン地方ナイの生まれで、ピュイローランス大学、ソーミュール大学、セダン大学で学び、セダン大学で神学博士の学位を取った後、ブランデンブルク選挙侯フリードリヒ・ヴィルヘルムに招かれて、一六八〇年にベルリンのフランス人教会の牧師となった。一六八八年に同選挙侯が死んだあと、同じくプロイセンに亡命していたションベール元帥に請われて、同元帥とともにオランイェ公ヴィレム（ウィリアム）三世のイギリス遠征に参加し、元帥が一六九〇年のボイン河畔の合戦で戦死した後は、ロンドンのサヴォワ教会（フランス人教会）の牧師を務め、一六九九年からはアイルランドのキラルーの教会参事会長をし、そのままロンドンで客死した。キリスト教のすぐれた護教書として十七、八世紀に無数の版を重ねた『キリスト教の真実性を論ず』（ロッテルダム、一六八四年）、その続篇とも言うべき『主イエス・キリストの神性を論ず』（ロッテルダム、一六八九年）、同じく『改革キリスト教の真実性』（ロッテルダム、一七一七年）、高名な道徳論『自己を知る術』（ロッテルダム、一六九二年）、名誉革命を擁護した『イギリス国民の擁護』（ロンドン、一六九二年）や『イギリスの最近の陰謀の歴史』（ロンドン、一六九六年）などの時事的文書、その他説教集等々がある。ここで引かれるのはもちろん『キリスト教の真実性を論ず』で、この本は前記のとおり一六八四年にロッテルダムから二巻本で出版されたのが最初だが、カトリック教徒のセヴィニェ夫人やビュッシ＝ラビュタンからも「あらゆる本の中で最も神的なもの」（セヴィニェ夫人）、「この世で読むべき本はこれ一つ」（ビュッシ＝ラビュタン）とまで絶賛され、十七、八世紀の最も代表的なキリスト教弁証論として各国語に訳された。

〔三三〕 ここで「ロンドンの主教」と呼ばれるのはエドマンド・ギブソン（一六六九―一七四八）のこと。ギブソンはウェストモーランドの生まれ。オクスフォードで学んで、『アングロ＝サクソン年代記』の付註版（一六九二年）やカムデンの『ブリタニア』の翻訳（一六九五年）で名をなし、一六九六年にはランベス宮の図書館長に任命されて文献目録の作成に当たった。一七一〇年にサリーの副主教となり、一七一六―二三年にはリンカンの主教、一七二三―四八年にはロンドンの主教を務めた。当時の国教会の有力者で、教会上層部をハノーヴァー王家と和解させる上で大きな寄与をしたが、また教会法の権威でもあり、『英国教会法典』（一七一三年）は国教会の教会法の集大成として今でも高く評価されている。正統派の神学者として理神論や自由思想に反対し、そのために著わした三篇の『教区民への牧会書簡』（ロンドン、一七二八―三一年）はアブラアム・ルモワーヌ（一七六〇歿）により仏訳され、『無信仰と自由思想に対する予防薬、ロンドンの主教殿の三通の牧会書簡という形で』という題で一七三二年にハーグから出版された。ここで引かれるのもその仏訳版である。

〔三四〕 邦訳、講談社刊『使徒教父文書』、九五―九六ページ、小河陽訳。

〔三五〕 邦訳、同、九八ページ。

〔三六〕 ヘンリ・ドッドウェル（一六四一―一七一一）。イギリスの学者。アイルランドのダブリンの生まれ。ダブリンのトリニティ・カレッジやオクスフォードで学んだ後、一六八八年にオクスフォードの歴史の教授となったが、ウィリアム三世への忠誠宣誓を拒んだため、一六九一年に講壇から逐われ、ロンドンとオクスフォードの中間にある小さな村に引退して、そこで生涯を送った。一六七二年の『二通の手紙――一、カトリック教会で品級の秘蹟と呼ばれるものについて、二、神学研究について』を皮切りに、『キプリアヌス論集』（一六八二年）、『魂の不滅についての手紙』（一七〇二年）など多くの歴史書、神学書を著わし、トゥキュディデス、クセノフォン、キケロなどの書を刊行し、カトリック教徒や非国教徒、魂の不滅をめぐっては理神論者のコリンズなどとも論争した。

〔三七〕 ドッドウェルが一六八九年にオクスフォードで出した『エイレナイオス論集』のこと。

〔三八〕 ハンフリー・ディットン（一六七五―一七一五）。イギリスの数学者。ソールズベリの生まれ。父親の希望で、はじめ非国教派の説教師をしたが、やがて廃業して数学への趣味に没頭した。一七〇五年、ニュートンの『プリンキピア』の基本的諸定理についての解説本を出し、それのお蔭で翌一七〇六年には、ニュートンの推薦により、クライスツ・ホスピタルに新設された数学学校の教授に任命された。一七一四年、ウィリアム・ホイストンと共著で、海上における経度測定の新方法を発表したが、この方法の採用を当局に拒否された悲しみと、スウィフトに諷刺された心痛のために早世したといわれる。ディットンは数学書のほかに、『イエス・キリストの復活に関する論考』（一七一四年）という神学書を著わしており、これはハーグの牧師アルマン・ド・ラ・シャペル（一六七六―一七四六）の手で仏訳され、『イエス・キリストの復活によって証明されたるキリスト教』の題で一七二八年にアムステルダムから出版された。この文書の著者が引いているのは、一七二九年にパリで出版されたそれの仏訳第二版である。同書の第二部第三章は、「新約聖書の歴史書の真正性には合理的な異議を呈しえない」というタイトルだった。

〔三九〕 ウットヴィルの『事実によって証明されたるキリスト教』に反駁したイエズス会士クロード＝ルネ・オンニャン（一六七一―一七四五）のこと。オンニャンは学院で哲学と神学を教えたパリのイエズス会士で、『トレヴー新聞』の編集メンバーだった。ウットヴィルの同書に反論する十八通の手紙からなる『××師からウットヴィル師への手紙。《事実によって証明されたるキリスト教》という本について』と、第十九信と第二十信からなるその続篇を、いずれも一七二二年にパリで出版した。この本は匿名だったため、はじめは、同じく『トレヴー新聞』の編集メンバーだった別のイエズス会士ピエール＝ジュリアン・ルイイェ（一六八一―一七四〇）のものと見られたが、ルイイェはそれを否定して、ピエール＝フランソワ・ギュイヨ・デフォンテーヌ師（一六八五―一七四五）が書いたものだとした。しかし、実際に書いたのはオンニャンで、デフォンテーヌ師は文体に手を入れただけだと今では考えられている。

〔四〇〕 ベネディクト会士の大学者オーギュスタン・カルメ（一六七二―一七五七）が一七四六年に発表した論文「幽鬼・吸血鬼論」で、「今世紀でも、およそ六十年以来、ハンガリー、モラヴィア、シレジア、ポーランドで〔吸血鬼の〕新たなシーンがわれわれの目にふれている」と書いたのは、たぶんこの文書が書かれた後のことだが、そこでも言われるとおり、十七世紀の末以来、ロシアからロレーヌまで、ボヘミアからギリシアまで、中・東欧一帯に吸血鬼にまつわる噂話が疫病のように弘まり、一七三〇―三五年にはそれが頂点に達した。フランスでも、『メルキュール・ガラン』紙がすでに一六九三年に吸血鬼について言及しており、アヴランシュの司教ピエール＝ダニエル・ユエ（一六三〇―一七二一）の『ユエ語録』（一七二二年）、啓蒙思想家ボワイエ・ダルジャンス侯爵の『ユダヤ人の手紙』（一七三六年）、カルメの前掲論文、ニコラ・ラングレ・デュフレノワ（一六七四―一七五五）の『論文集』（一七五一―五二年）と言及例（いずれも吸血鬼の実在を信じている）は続いた。諸外国でも、ドイツのフェルディナント・フォン・シェルツの『死後魔術』（一七〇六年）、イギリスのトマス・バーネットの『死者と復活者の状態を論ず』（一七三一年）、ドイツのヨハン＝クリストフ・ヘーレンベルクの『吸血鬼に関する哲学的・キリスト教的考察』（一七三三年）などが著わされており、幽鬼・吸血鬼は十八世紀前半のはやりのテーマだった。

〔四一〕 フランソワ・ド・パリス、通称「助祭パリス」（一六九〇―一七二七）。フランスのジャンセニスト。パリの生まれ。パリ高等法院評定官の子で、サン＝マグロワール神学校で学んだが、出世を拒否して終生助祭のまま留まり、トラップを始め様々な僧院で禁欲・苦行の生活を送り、最後はパリのフォーブール・サン＝マルソーに引退して、織工をしながら信心に明け暮れ、生前から「聖者」の呼び声が高かった。確信的なジャンセニストで、「ウニゲニトゥス」大勅書に反対する「上訴派」の一人だったが、一七二七年五月一日に世を去った後、フォーブール・サン＝マルセルのサン＝メダール墓地にある彼の墓の上で、病人が奇蹟的に治癒されるという風評が一七二九年初め頃からパリ市中に流れ、ここはたちまちジャンセニストの聖地となった。ここで見られたという病気の治癒は体の異常なひきつけを伴ったため、こういう民衆的ジャンセニスムの信奉者たちは「痙攣派」と呼ばれて、職業的な神学者や、高等法院に多いジャンセニスム支持者からも否認される場合が多かった。教会筋の要請により、当局は一七三二年一月二十七日にサン＝メダール墓地を閉鎖し、以後、この痙攣派運動は個人の私宅に舞台を移して、フランス大革命を経て十九世紀の初頭まで続いた。なお、パリスには、死後に出版された『聖パウロ書簡釈義』（一七三二―三三年）などの著書もある。

〔四二〕 「殉教者ユスティノス」のこと。訳註〔二八〕を参照。

〔四三〕 『使徒法憲』はローマの聖クレメンス（訳註〔一九〕を参照）に帰せられる「クレメンス偽書」の一つ。教会の宗規や祭式に関する種々の規定を纏めたもので、四世紀末か五世紀初頭にシリアで編集されたと考えられている。編集者はキリストの完全な人性を認めないアポリナリオス派ないし半アリオス（アリウス）派の人らしい。紀元四〇〇年頃の宗規や典礼について貴重な情報を与えてくれるが、ゲラシウス教令によって外典に分類された。

〔四四〕 通称「シモン・マゴス（魔術師シモン）」。使徒行伝の第八章に登場する人物。それによると、使徒時代にサマリアで大きな影響力を持っていた魔術師で、聖書の記述に尾鰭を付けた後のキリスト教文書では、魔術師ドシテオスの弟子だったが、その能力は師を凌ぎ、炎の中を無疵で通り抜けたり、空中を飛んだり、あらゆる物に変身したり、石をパンに変えたりしたといわれる。使徒ピリポがサマリアに宣教した時、多くの人とともに自らも洗礼を受けてキリスト教徒となったが、その後、ペテロとヨハネがサマリアへ来て人々に聖霊を与えるのを見て、その能力を金で買いたいとペテロに持ちかけ、ペテロは憤然としてその要求を撥ね付けたという。ここまでは使徒行伝に載っていることだが、その後のキリスト教伝説によると、シモンはペテロが受け取らなかった金でヘレネなる娼婦を買い、福音が及ばぬ地方をへめぐりながら、世界の起源や摂理について使徒たちの教えに反対する自説を説いて回ったが、最後は、二体の悪魔により火の車に乗せられて空中高く上がったところ、ペテロとパウロの祈りが功を奏して地面へ墜落し、墜死して果てたという。悪の充満するこの世界は善なる神が作ったものであるはずはなく、世界を作ったのは下位の霊体である等々、このシモンの説なるものがキリスト教文書で言われ、そこから、シモンをグノーシス主義の始祖に見立てるような考えもあったが、それらはむろん後代（主に四、五世紀以後）の伝説であり、この人物（かりに実在したとしても）について正確なことは何ひとつ分かっていない。

〔四五〕 クレオビオスまたはクレオブロスというのは、前註のシモンと同時代にいたとされる最初期の異端者で、「クレオビオス派」の祖といわれる。ヘゲシッポス（一八〇頃歿、訳註〔一二八〕を参照）が初代の異端者としてシモンの次にその名を挙げており、それに基づいてエウセビオスの『教会史』や『使徒法憲』等々にも登場する。預言者の権威も神の全能も復活も否定し、この世界は天使が創造したものとし、イエス・キリストは処女から生まれたのではないと主張したなどといわれるが、これはもちろん後代の伝説で、その所説についても確かなことは分かっていない。

〔四六〕ローマ法王レオ一世（四〇〇頃―四六一、在位四四〇―四六一）。「大法王」と綽名される人で、ペテロの後継者として「法王」という称号を初めて用いた。トスカナ出身の人で、ケレスティヌス一世の法王時代（四二二―四三二年）にローマの教会の助祭となり、次の法王シクストゥス三世のもとで政治面、教理論争面で活躍し、その後継者となった。フン族の王アッティラのイタリア侵入や、ヴァンダル族の王ゲイセリクスのローマ侵入からローマを救うため努力したことが外交面での大きな功績とされるが、一方では、ローマの司教が他教会に対する首位権を持つと主張して、教会の首長たる法王の権威の確立に努めた。またマニ教、ペラギウス主義、プリスキリアヌス派、エウテュケス派などと闘い、特に対エウテュケス派（単性論者）の問題では、カルケドン公会議（四五一年）でキリストの「神人両性一人格」という複性説を正統教義たらしめた。九十六篇の説教と百七十三通の書簡が残っている。

〔四七〕マニ教はいうまでもなく、ペルシアのマニ（マネス）（二一六―二七七）を開祖とする善悪二元論の宗教。早くから北アフリカ（アウグスティヌスも若い頃マニ教徒だった）、南イタリア、ローマ、ガリア、イスパニア（プリスキリアヌス派）などローマ世界にも流入して、主としてマルキオン派の地盤を受け継いだ。それに対する弾圧も激しく、ディオクレティアヌス帝は二九七年に有名なマニ教禁止令をアフリカ総督ユリアヌスに送って、マニ教文書の焚書と指導的マニ教徒の火刑、一般信者の財産没収を命じた。三八〇年にはテオドシウス帝もマニ教禁止令を出し、三八五年にはマクシムス帝がプリスキリアヌスを火刑に処している。東ローマ帝国のマニ教徒は、五世紀末に皇帝の周囲にも庇護者を得て非常な勢力を持ったが、八四一年、皇后テオドラによる大弾圧で十万を超える死者を出し、百五十年にわたる抵抗の末、東ローマ帝国から追放され、一部はブルガリアへ逃れてボゴミル派を作った。その後、中世にもマニ教迫害は続けられ、一〇一七年にはオルレアンの十人の教会参事会員がマニ教の罪で火刑に処せられている。また、中世のカタリ派、アルビ派がボゴミル派を通じてマニ教に連なるものであったことは更めて言うまでもない。

〔四八〕アウレリウス・アウグスティヌス（三五四―四三〇）。北アフリカのヒッポの司教。あまりにも有名な人物なので、解説は略す。

〔四九〕アウグスティヌスの書簡二百三十七の名宛人で、ガリアのどこかの司教と推定されている。

〔五〇〕プリスキリアヌス派は四世紀から六世紀にかけてスペインに弘まった修道運動者たち。開祖のプリスキリアヌス（三四〇頃―三八五）はスペインの生まれとも、エジプトのメンフィスの生まれともいわれる。富裕な貴族の出で、高い教養と敬虔の念の持ち主だったらしい。エジプト人マルコスがスペインにもたらしたグノーシス主義の影響を受けたらしく、キリスト教に改宗後、修徳的な信徒団に加入して、三七〇年頃からメリダやコルドバの周辺で教会の改革を訴えて回り、後にプリスキリアヌス派と呼ばれる多くの弟子を作った。その思想はキリスト教とマニ教と占星術的汎神論が混合したようなものだったらしい。インスタンティウスとサルウィアヌスという二人の司教もプリスキリアヌスを支持したが、彼らは三八〇年のサラゴサ宗教会議で断罪された。これに対して、二人はプリスキリアヌスをアビラの司教に選任して対抗したが、結局、世俗権力の手により、マニ教と魔術を弘めているという廉でスペインから追放された。三人はそこでイタリアへ行き、ローマ法王ダマスス一世の支持を得ることには失敗したが、皇帝の力でインスタンティウスとプリスキリアヌスは復権して元の地位に返り咲いた（もう一人のサルウィアヌスはすでにローマで死んでいた）。しかし、三八三年にマクシムスが反乱によって帝位に就くと状況は一変し、インスタンティウスは三八四―三八五年のボルドー宗教会議で罷免された。そこで、プリスキリアヌスは皇帝マクシムスに直訴するためトリーアへ赴いたが、逆にマニ教徒として捕縛され、六人の同志とともにトリーアで処刑されて、キリスト教会でその意見故に死刑にされた最初の異端者となった。彼が作った派はその後もスペインで生き続け、四〇〇年のトレド宗教会議や五六三年のブラガ宗教会議で断罪された。

〔五一〕　オスロエネの王アブガロス（アブガル）五世（前四―後五〇）。ウカマ（黒人）という添名がある。エウセビオスの『教会史』第一巻第十三章には、このアブガロスがイエスへ送った手紙と、イエスの返書なるものが収められている。なお、ここで王（roi）と仏訳されている言葉は、エウセビオスのギリシア語原文では「トパルケス」で、地方知事の意味である。

〔五二〕　ニデール作成の批評版では「アブガロス王の手紙」となっているが、一七八七年版の読みに従った。その方が意味上自然だからだが、エウセビオスにはアブガロスからイエスへの手紙と、イエスからアブガロスへの返事と両方収められているから、どちらの読みも厳密に言えば誤りではない。

〔五三〕　ローマ法王ゲラシウス一世（四九六歿、在位四九二―四九六）。アフリカの出身で、前任者フェリクス二世の政策を継承して、コンスタンチノープルの総主教に対する法王の優位や、教権に対する帝権の従属を主張した。マニ教徒、ペラギウス派、アリオス（アリウス）派、ネストリオス派、エウテュケス派などと闘って正統教理の護持に努めた。「ゲラシウス典礼書」の作成と、四九四年にローマで七十人の司教を集めて開いた教会会議で発した、聖書の正典と外典を画定する「ゲラシウス教令」とが彼の功績として最も有名だが、どちらも実際は彼のものではないらしい。

〔五四〕　ルイ＝エリ・デュパン（一六五七―一七一九）。フランスの歴史家。パリの生まれ。僧籍に入り、一六八四年にソルボンヌの神学博士となり、一六八六年から一七〇三年に至るまでコレージュ・ロワイヤルの哲学の教授を務めた。完成版（パリ＝アムステルダム、一六九三―一七一五年）では四折判十九巻に上る『新篇教会著作家文庫』（最初の版は八折判六巻で、パリ、一六八六―九一年）（ここで引かれるのもそれである）を著わして、教会史家として不朽の名を残したが、そこで示されるきわめて自由な判断はボシュエを始めとする正統派の批判を浴びた。ジャンセニストで、「ウニゲニトゥス」大勅書に反対し、カトリック教会とイギリス国教会の合同を計るなど、ソルボンヌ内の問題児だったらしい。『問答形式の要約教会史』（十二折判四巻、パリ、一七一二年）、『始源から現在までの俗史』（十二折判六巻、パリ、一七一四―一六年）、ジャック・バナージュのものを改訂した『イエス・キリストから現在までのユダヤ人史』（十二折判七巻、パリ、一七一〇年）など、ほかにも多くの著作がある。

〔五五〕　メルヒョル・インコファー（一五八五―一六四八）。オーストリア人のイエズス会士。ウィーンの生まれ。一六〇七年にローマでイエズス会に入り、シチリア島のメッシナに派遣されて、そこの学院で長く哲学、数学、道徳神学、スコラ神学を教えた。一六三一年にローマで、『聖母マリアからメッシナの住民たちへの手紙』という外典を註解した『至福なる処女マリアからメッシナの人々への手紙に関する多くの条理と真実らしさに充ちた推測』という二折判《フオリオ》五百ページを超える大著を出版、こんな怪しげな文書の註釈版を出したことで法王庁の検閲聖省によりメッシナからローマに喚問され、弁明のため数カ月ローマに滞在せざるをえなかった。その時は無事メッシナへ戻ったものの、『宦官論』（出版はケルン、一六五三年）が教会音楽家たちに攻撃されたため、メッシナから去ってマチェラータへ移り、さらにミラノへ行ってアンブロジアナ図書館の設立や『ローマ教会殉教者祝日表』の作成に携わりつつ、一六四八年九月二十八日に同市で死んだ。前記のほかにも、『ラテン語聖史』（メッシナ、一六三五年）、『ハンガリー王国教会年代記』（ローマ、一六四四年）など著作が多い。

〔五六〕　キリスト教迫害で有名なローマ皇帝マクシミヌス・ダイア（ガイウス・ガレリウス・ウァレリウス）（三一三歿、在位三一〇―三一三）。ガレリウス帝の甥で、三〇五年に副帝となり、小アジア、シリア、エジプトを治めた。ディオクレティアヌス帝（在位二八四―三〇五）のキリスト教迫害政策を継承して、抵抗する信者を処刑したり鉱山送りにしたりする一方、反キリスト教文書を大量に用いて宣伝と教育に役立てた。異教の祭儀を徹底して行なわせ、神官組織を整備するなどして、ガレリウス帝の寛容令（三一一年）後もキリスト教迫害を続けたが、西方の正帝リキニウスと戦って敗れ、小アジアのタルソスで自殺した。

〔五七〕　復活祭を曜日に関わりなく、ユダヤ暦のニサンの月（三―四月）の十四日に祝うべきだとする派。小アジアを始め東方では古来それが慣行となっていたが、西方では復活祭を日曜に祝うのが通例で、したがって復活祭の日付は年によって移動していた。この問題については東方の教会と西方の教会の間で何度も論争が行なわれ、ローマと西方の慣行を東方にも及ぼそうとするローマ法王ウィクトル一世（在位一八九―一九七）が、それに反対するエフェソスの司教ポリュクラテス（一九〇頃歿）を始め、エルサレム、アレクサンドリアの教会や小アジアの司教たちを破門するなどした。この問題に一応の決着をつけ、西方の慣行で復活祭の日取りを統一したのは三二五年のニカイア公会議で、それを再確認した三三二年のアンティオキア公会議と、特に後者は決議の第一で、ニカイア決定に従わぬ司教・司祭・助祭の罷免と世俗人の破門を決定した。以後、東方の慣行に固執する者は異端者とされ、クアルトデキマニ派（十四日遵守派）と呼ばれて、東方で少なくとも五世紀まで続いた。

〔五八〕　クイントゥス・セプティミウス・フロレンス・テルトゥリアヌス（一六〇頃―二二〇以後）。キリスト教の初期弁証論者。カルタゴの人で、はじめ法律を修めて弁護士となったが、一九四年頃キリスト教に改宗し、教会弁証家として異教徒やグノーシス派との闘争に従事した。その道徳的リゴリズムにより、二〇七年頃からはモンタノス派運動に接近した。『護教論』、『異端者法廷準備書面評定』、『マルキオンを駁す』を始め多くの著作があり、キリスト教ラテン文学の開祖としての役割は大きい。

〔五九〕　ローマ皇帝ティベリウス（ユリウス・カエサル・アウグストゥス）（前四二―後三七、在位一四―三七）。初代ローマ皇帝アウグストゥスの妻リウィアとその先夫との間の子。アウグストゥスの後継者に予定されていた二人の孫が相次いで死んだため、アウグストゥスの養子となって帝位を継いだ。はじめは善政を敷いたが、内紛に倦み、暗殺を恐れて二六年にカプリ島へ引退し、悶々の内に死んだ。人間嫌いで、晩年は狂人に近く、不人気を極めた。

〔六〇〕　トゥールの聖グレゴワール（グレゴリウス・トゥロネンシス）（五三八―五九四）。フランスのキリスト教聖職者、歴史家。今のクレルモン＝フェランの生まれ。ゴールの名家の出で、五六三年に助祭、五七三年にトゥールの司教となり、メロヴィング朝期の教会の重鎮だった。教会の建物・財産の修復、アリオス（アリウス）派やユダヤ人の改宗などに努め、教義書や聖人伝なども書いているが、とりわけ五七五年から執筆した『フランク人史』は五九一年までを扱って、メロヴィング朝期の重要な史料とされている。

〔六一〕　ルイ＝セバスチャン・ル・ナン・ド・ティユモン（一六三七—九八）。フランスの歴史家。パリの生まれ。ポール＝ロワイヤルの「小さな学校」でニコルに学び、ボーヴェの神学校に数年いた後、一六七六年に司祭となり、ポール＝ロワイヤル＝デ＝シャンに住んだが、一六七九年からはティユモンの所領に籠って研究に専念した。ポール＝ロワイヤルの隠者らの著作に早くから協力していたが、かなりの年になってから初めて自著『教会の初代六世紀間に統治せし皇帝の歴史』（十二折判八巻、ブリュッセル、一六九二—九三年）を出し、この本は次の版では『初代六世紀教会史覚書』（四折判十六巻、パリ、一六九三—一七一二年）と改題して大幅に増補された。これはオリジナルなソースによる厳密な批評的歴史書で、現在でもきわめて高く評価されている。

〔六二〕　アントン・ファン・ダーレン（一六三八—一七〇八）。オランダの哲学者、歴史家。ハールレムの生まれ。はじめ商人だったが、学問の道に進み、一時再洗礼派の説教師をした後、医学博士となって、ハールレムの救護院長を務めた。果敢な迷信批判者で、『偶像崇拝と迷信の起源と伸張に関する諸論文』（アムステルダム、一六九六年）などがあるが、とりわけ、異教の神託は悪魔によるものでキリストの誕生によって消滅したという俗説を批判した『異教徒の神託に関する二論文』（アムステルダム、一六八三年）が名高く、これはフォントネルの『神託史』（一六八七年）に翻案された。

〔六三〕　コルネリウス・タキトゥス（五五頃—一一五以後）。ローマ随一の歴史家。大政治家アグリコラの娘と結婚し、法務官、執政官、アジア州の総督などを歴任した。『年代記』、『同時代史』の二つの大著のほか、短篇『アグリコラ伝』、『ゲルマニア』などがある。『年代記』は全十六巻で一四—六六年の間を対象とし、『同時代史』は六九—九六年の間を扱って四巻だけ現存しているが、特にローマ皇帝たちについての筆致はきわめて批判的で、辛口の歴史家の典型とされている。

〔六四〕　聖アンブロシウス（三三四—三九七）。キリスト教のラテン教父。トリーアの生まれ。ローマに出て法律を修め、ミラノの執政官として官途に就いたが、三七四年にまだ受洗前だったにもかかわらず、民衆の熱狂的な声によりアリオス（アリウス）派のアウクセンティウスの後任としてミラノの司教に指名され、一週間で洗礼を受け僧籍に入り、急拵えの司教となった。その後、東方神学を研究してそれを西方教会へ導入し、西方教会の聖歌を革新するなど数々の業績を上げ、アウグスティヌスをキリスト教へ導いたのも彼の説教だった。民衆煽動に絶大な能力を発揮した説教者で、民衆の支持をバックにしてしばしば皇帝とも衝突し、皇帝の命令に実力で抵抗するよう説教壇から民衆を煽り立てたりもした。

〔六五〕　ベーダ（六七三頃—七三五）。イギリスの神学者、歴史家。九世紀以来「尊者ベーダ」と呼ばれる。六八一年頃からジャローの修道院で研究と教育を行ない、スコラ学の先駆者とされている。カエサルから七三一年までの『イギリス教会史』、『殉教者祝日表』などの著書がある。

〔六六〕　テオフュラクトス（一〇七一以後歿）。ビザンティンのキリスト教神学者。コンスタンチノープルの生まれ。プセロスの弟子で、ブルガリアのアクリデスの大主教（ブルガリアの首座大主教）だった。聖書の註解や書簡、東西両教会の和解のために著わした『ラテン教会の誤謬の書』などが残っている。

〔六七〕　オリゲネス（一八五―二五四）。ギリシア教父で、アレクサンドリア学派の代表的神学者。アレクサンドリアの生まれ。同市の教理学校でアレクサンドリアのクレメンスに学び、早くから天才ぶりを発揮して、十八歳で師の後を継ぎ、その学校の校長となった。長老への就任をめぐってアレクサンドリアの司教デメトリオスと対立し、そのため二一五年にアレクサンドリアから去ってパレスチナへ移り、二三〇年頃にはカイサレイア（カエサレア）の司教から司祭に叙品されて、同市に学校を創って教えたが、この叙品にはデメトリオスの許可を取っていなかったため、デメトリオスは教会会議で彼の追放を決め、司祭からの罷免を宣言したりした。二五〇年、デキウス帝によるキリスト教迫害の際に投獄されて激しい拷問を受け、釈放後にテュロスまたはカイサレイアで歿した。アンモニオス・サッカスから学んだプラトン哲学を武器としてキリスト教の信仰内容の組織的な叙述を試み、また『ヘクサプラ』によって聖書の本文批評を開拓したが、御子（キリスト）の従属説、悪霊をも含むすべての魂が終局的には始源の完全性を取り戻して救いに与るという救拯論などが死後に異端視され、四〇〇年のアレクサンドリア公会議における断罪を皮切りに、最終的には五五三年のコンスタンチノープル公会議（第五回世界公会議）により異端として断罪された。

〔六八〕　アンティオキアの聖エウスタティオス（三三七以前歿）。アンティオキア学派の神学者。パンフリアのシデーの生まれ。はじめベレアの司教だったが、三二四年からアンティオキアの司教を務めた。非妥協的な正統主義者で、ニカイア公会議でアリオス（アリウス）派と闘い、オリゲネスの流れを汲むカイサレイアのエウセビオスなどの中間派とも論争したが、逆に彼らからサベリウス主義者として非難され、三二六年にコンスタンティヌス帝に支持されたこの派によりアンティオキアの教会会議で罷免され、トラキアのトラヤノポリスへ追放された。彼の支持者は分派を作り、四八二ないし四八五年まで続いたらしい。キリストにおける神人両性の区別と統一を強調するその説は、後のネストリオス主義に通じるものがあった。

〔六九〕　ニデール作成の批評版でも一七八二年版でも「十七世紀」となっているが、それは誤記で、この発見は一五九五年のことだから、正しくは「十六世紀」である。

〔七〇〕　ローマ法王インノケンティウス十一世（前名ベネデット・オデスカルキ）（一六一一―八九、在位一六七六―八九）。コーモの生まれ。元々は法王庁の行政官で、一六四五年に枢機卿となってから司祭に叙品され（一六五〇年）、一六五一年にノヴァーラの司教、一六五四年に法王インノケンティウス十世の顧問官となって、クレメンス十世の後任として法王に選出された。道徳的な謹厳さで聞こえた人で、反フランス、反イエズス会の立場に立ち、彼の時代に法王庁とフランスとの対立が最も尖鋭化し、その中で、一六八八年に法王がルイ十四世とその大臣たちを教会から破門するなどの事件も起こったが、逆にジャンセニストやプロテスタントからは受けが良く、一六八八年から始まる列強の対仏戦争（アウグスブルク同盟戦争）では反仏大同盟の精神的支柱の観すらあった。ローマの民衆から聖者として崇められた人で、死後間もない一六九一年からその列聖が審議されたが、フランスが執拗に行なう中傷キャンペーンのため、結局十八世紀中葉に法王庁も彼の列聖を断念し、さらに二百年後の一九五六年に法王ピウス十二世がフランスの反対を押し切ってようやく彼を福者の列に入れた。

〔七一〕　この『ユダの福音書』は最近邦訳も出版された。『原典　ユダの福音書』（日経ナショナル・ジオグラフィック社刊、二〇〇六年）である。一九七〇年代後半にエジプトの砂漠でそのパピルス写本が発掘され、多くの曲折の末、刊行に至った経緯を述べた姉妹篇『ユダの福音書を追え』（日経ナショナル・ジオグラフィック社刊、二〇〇六年）とともに参照されたい。

〔七二〕　聖エピファニオス（三一五頃―四〇三）。キリスト教の教父。パレスチナの生まれ。三六七年にキプロス島サラミスの司教となった。三八二年にローマへ旅して聖ヒエロニムスと交わり、聖ヒエロニムスはその後一時サラミスの彼のもとにいた。ついでエルサレムやコンスタンチノープルへ行き、コンスタンチノープルでは聖ヨアンネス・クリュソストモスの失脚に一役買ったが、キプロスへの帰途に海上で遭難して死んだ。アリオス（アリウス）派やオリゲネス派に対する激しい攻撃者として知られ、その『全異端反駁論』（直訳すれば「薬箱」）は古代の異端諸派に関する貴重な資料とされている。

〔七三〕　ジャン＝バティスト・コルベール（一六一九―八三）。言うまでもなく、フランスの大政治家。一六六五年に財務総監となり、ついで宮相、海相も兼ね、事実上の宰相として政治を行なった。

〔七四〕　サベリウス（二六〇頃歿）はリビアのキレナイカの生まれ。法王ゼフィリヌス（在位一九九―二一七）の頃ローマへ行き、クレオメネスに学んだという。神の位格を単一とするモナルキア主義を唱え、その説はローマの助祭カリストゥスにも支持されたらしいが、カリストゥスが法王（カリストゥス一世、在位二一七―二二二）となるに及んで異端として非難され、サベリウスは破門された。その後の生涯についてはほとんど分かっておらず、著作も反駁書に引かれる断片しか残っていない。神は父においては創造者・秩序の与え手として、子においては贖い主として、聖霊においては聖別者としておのれを現わすが、父・子・聖霊は三つの位格ではなく同一位格の三つの様態、現われにすぎないという「様態論」の創始者で、聖エピファニオス（三一五頃―四〇三）の記述によると、この聖人の頃にもメソポタミアやローマでこの説の信奉者は多かったという。

〔七五〕　アペレスは一四五年頃に活動した異端者で、マルキオン（訳註〔一〇〕を参照）の弟子。テルトゥリアヌスによると、はじめローマでマルキオンに師事したが、禁欲的な師に隠れて或る女性と関係し、遂にはアレクサンドリアへ駆け落ちしたが、のちローマへ舞い戻って教えたという。ローマで女預言者フィルメネを識って、その託宣を纏めた『啓示』という書を編み、主に旧約聖書批判からなる全三十八巻の『推論』という大著を物したといわれるが、それらの書はむろん今では残っていない。アペレスの説は師マルキオンの極端な二元論や仮現論を緩和したもので、善なる神は上なる世界と魂の創造者だが、下なる世界は「最高天使」または「第二の神」が創ったもの、さらに、悪と肉体は堕落した「燃えさかる天使」（旧約の神）が創ったものだとした。キリストについても、「善なる神」の子キリストは現実に肉体を持ち、現実に生活も受難もしたが、その肉体は天体から借りて来た物質で作られていたと考えたという。

〔七六〕　エンクラテイス（禁欲者）派は二世紀に発生した異端派で、結婚・肉食・飲酒を禁じたためこの名がある。聖ユスティノスの弟子で、エウセビオスによると一七二年にローマの教会と袂を分かち、郷里のメソポタミアへ戻って一派を作ったタティアノス（一二〇頃生）が開祖だと伝統的に言われるが、その確証はないらしい。小アジアに特に多かった派で、五世紀始め頃には消滅したらしい。

〔七七〕　ニデール作成の批評版でも一七八七年版でも、ここには Senconiens という意味不明の単語が使われており、一七八七年版ではさらに前行の「シモン派」もSenconiensとなっている が、さような名の異端派は存在せず、ここはSimoniens（シモン派）という多くの写本の読みを採用した。「シモン派」はもちろん、訳註〔四四〕で述べた「魔術師シモン」の弟子たちのことで、キリスト教最初の異端派とされている。

〔七八〕　この人名の読みも写本によって異なり、ニデール作成の批評版はLuceiusという読みを採用しているが、写本によってLuccius, Luciusとしているものもある。ここでは、一部の写本に見られて一七八七年版に採用されているLucien（ルキアノス）という読みに従った。理由は、ルキアノスという名の古代の異端者・異説家は現に存在するが、他の人名に該当する異端者の存在を訳者が知らないからにすぎず、オクスフォードにあるというその福音書を実見したからではない。

さて、かりに「ルキアノス」という読みが正しかったとした場合、考えられるルキアノスは二人おり、この文書の著者がどちらのルキアノスを考えていたのか、確定的な結論は下せないが、第二を指す可能性の方が強そうである。

第一は、二世紀の異端者でマルキオン（訳註〔一〇〕を参照）の弟子だったルキアノスである。聖エピファニオスによると、やがてマルキオンと別れて、「ルキアノス派」という別派を作ったという。旧約を排して新訳聖書しか認めず、結婚を禁じ、魂を物質的なものとして霊魂の不滅を否定したとされるが、マルキオンとの理論上の相違は明確には分からない。

もう一人はアンティオキアの聖ルキアノス（二四〇頃―三一二）である。このルキアノスはサモサタの生まれ。神の単一性とキリストの人間性を同時に強調して「様態論」の祖とも「養子説」の祖ともされるアンティオキアの司教（在位二六〇―二七二）サモサタのパウロスの弟子だったと伝統的に言われるが、この点については議論があるらしい。アンティオキアで司祭となり、同市に教会学校を創って教え、アリオス（アリウス）もニコメディアのエウセビオス（後のアリオス派指導者）もそこで学んだ。彼の「御子従属説」がアリオス主義の直接の源となったらしい。ディオクレティアヌス帝によるキリスト教迫害の際、一説ではサベリウス主義者だった同僚の司祭に密告されて逮捕され、ニコメディアで殉教した。すぐれた聖書学者で、誤りの多い聖書のギリシア語本文の改訂を行ない、異物を排除して字義に即した「ルキアノス本文」を作成し、これはシリア、小アジア、コンスタンチノープルなどで聖書の標準的本文として広く用いられたようである。

〔七九〕　ヨハネス・エルンスト・グラーベ（一六六六―一七一一）。イギリス国教会で活動したドイツ人の聖書学者、教父学者。ケーニヒスベルクの生まれ。はじめルター派に属し、一六八五年にケーニヒスベルク大学の私講師となったが、教父の書を読むうちにプロテスタンティズムに疑問を抱き、カトリックへの改宗を考えた。そのため、ブランデンブルク選挙侯に委嘱された三人の神学者に査問され、彼らの意見に従ってベルリンへ行き、そこで敬虔主義指導者シュペーナーに相談したが、結局シュペーナーの勧めによって一六九七年にイギリスへ渡り、英国国教会の聖職に就いた。アレクサンドリア写本に基づく七十人訳テキストの大半を編集したり、ユスティノスの『第一弁証論』やエイレナイオスの『異端反駁』の校訂版を出したりした。本文で言われるこのエイレナイオスの校訂版は、一七〇二年にオクスフォードで出版されている。

〔八〇〕　ゲオルギオス・シュンケロス（八一〇以後歿）。ビザンティンの年代記者。コンスタンチノープルの総主教タラシオス（在位七八四―八〇六）の秘書をしたが、のち修道院に籠って、天地創造からディオクレティアヌス帝（在位二八四—三〇五）までの『年代記』を著わした。

〔八一〕 ゲオルギオス・ケドレノス。十一世紀のビザンティンの年代記者。修道士で、天地創造から一〇五七年までの長い『年代記』を著わし、これは一六四七年にパリでラテン語訳付きの刊本が出た。

〔八二〕 ローマのクレメンス（訳註〔一九〕を参照）のものとされた偽書の一つ。クレメンスが使徒ペテロに付き従って、魔術使シモンを論破するため、この敵を追ってする旅なるものを述べた書で、ペテロとシモンとの何度にもわたる口頭の論争を含み、クレメンスが旅の途中で家族の一部と再会する話も盛り込まれており、『再認書』という標題はそこから来ている。二世紀に書かれたもので、その時代のキリスト教会について貴重な情報を与えてくれる外典とされている。

〔八三〕 ヘルミアス・ソゾメノス（四四三頃歿）。キリスト教の教会史家。ガザの近くのベテルの生まれで、コンスタンチノープルに住み、エウセビオスの『教会史』の続きとして三二四—四三九年の期間を扱った『教会史』を書き、テオドシウス二世に捧げた。

〔八四〕 ルキウス・アンナエウス・セネカ（前五—後六五）。もちろん、ローマの有名なストア哲学者。コルドバの生まれ。ネロ帝の教師、ついで執政官となったが、最後はピソの反逆に加担した廉で同帝に死を命じられ、自殺した。

〔八五〕 「使徒派」はエンクラテイス（禁欲者）派（訳註〔七六〕を参照）の一分枝で、使徒たちの生活を見倣うと称したところからこの名があり、また財産の所有を禁じ、財産を持つのは神に見放された者だと主張したため、「アポタクティコイ（財産放棄者）派」とも呼ばれた。二世紀末にキリキア、パンフュリア一帯に弘まったが、信者の数は多くなく、じきに消滅したといわれる。

〔八六〕 第七回世界公会議だった七八七年の第二ニカイア公会議のことであろう。聖像問題を中心議題とした公会議だった。

〔八七〕 ニデール作成の批評版でも一七八七年版でも「アレクサンドリアのクレメンス」となっているが、明らかに誤りなので訂正した。以下の記述はローマのクレメンスにしか当てはまらない。

〔八八〕 フォティオス（八一五頃—八九一頃）。コンスタンチノープルの総主教。八五八年に東ローマ皇帝ミカエル三世によりその地位に任ぜられたが、ローマ法王ニコラウス一世と争い、東西両教会分裂の端緒を作った。八六三年に法王により破門され、八六七年には逆に法王を破門、同年にミカエル三世の死により総主教の地位を失ったが、八七七年に返り咲き、八八六年に再度破門されてアルメニアへ流された。古典作品二百八十種の抜萃を集めた『図書館』を残したが、今は大半散佚している。

〔八九〕 ティラニウス・ルフィヌス（三四五頃—四一〇）。キリスト教の教会作家。北イタリアのアクイレイア近傍の生まれ。聖ヒエロニムスの友人で、アクイレイアで修道士となり、三七二年頃にエジプトへ行ってテバイスの隠者たちを訪れ、その後アレクサンドリアでディデュモスの弟子となった。アリオス（アリウス）派に迫害されたが、三七八年頃エルサレムに落ち着き、橄欖山の僧院に入って、ギリシア語の多くの文献をラテン語訳した。その後、オリゲネスを擁護して聖ヒエロニムスと対立、そのためパレスチナとローマの間を再三往復したが、結局三九七年に故郷アクイレイアへ帰り、ゴート族の侵入により四〇八年にシチリア島へ逃げて、その地で死んだ。オリゲネスの著作のラテン語訳やオリゲネス擁護論を著わしたほか、エウセビオスの『教会史』もラテン語訳し、さらにその続篇も書いた。

〔九〇〕　アピオンまたはアッピオンは紀元一世紀の文法家、学者。高エジプトのオアシスの生まれ。アレクサンドリアに出て古典註釈家のディデュモスに学び、同市の市民権も得て「アレクサンドリアの人」と称した。その後ローマへ行き、ティベリウス帝、カリグラ帝時代のローマで修辞学を教え、もともとすぐれたホメロス学者で、カリグラ帝の治下でした全ギリシア遍歴の旅の際はホメロスの再来と持て囃されたらしい。大学者ではあったが自慢ばかりする人物で、ティベリウス帝は彼を「世界のシンバル」と呼んだ。その後アレクサンドリアへ戻ったが、三八ないし四〇年頃、同市でギリシア系住民とユダヤ人との紛争が起こった時、ギリシア系住民の陳情団長としてカリグラ帝のもとへ派遣され、アレクサンドリア在住ユダヤ人のスポークスマンだった哲学者フィロンと論戦をした。フラウィウス・ヨセフスの『アピオーンへの反論』はその時のアピオンの主張に反駁したものだった。多作家で、五巻からなるエジプト史を始め多くの著作を物したらしいが、今は残っていない。

〔九一〕　聖アタナシオス（二九六頃―三七三）。ギリシア教父。アリオス（アリウス）と対立したアレクサンドリアの司教アレクサンドロスの助祭としてニカイア公会議に出席し、三位一体説の確立、アリオス（アリウス）派の断罪に大きな貢献をした。三二八年にアレクサンドリアの司教となったが、ニカイア決定を固く擁護したため、三三五―三三七年にはトリーアへ、三三九―三四六年にはローマへ、三五六―三六一年にはエジプトの砂漠へ、さらに三六四年、三六五―三六六年と、前後五回にわたって追放の憂き目に遭った。「正統信仰の父」、「教会の柱石」と呼ばれた。

〔九二〕　バロニウス（チェーザレ・バロニオ）（一五三八―一六〇七）。イタリアのカトリック聖職者、歴史家。オラトリオ会士で、一五九三年にその総会長、ついでローマ法王クレメンス八世の聴罪司祭となり、一五九六年には枢機卿に任命され、一五九七年にはヴァティカン図書館長ともなった。キリスト誕生から一一九八年までを対象とした『教会年代記』（一五八八―一六〇七年）が代表作で、これは長くカトリック側の標準的な教会史とされた。

〔九三〕　ニデール作成の批評版でも一七八七年版でも、この「アブディアス」は書名となっているが、正しくは人名である。このアブディアスは一世紀にいたとされるバビロンの初代司教で、彼が書いたとする『使徒列伝』、別名『使徒闘争史』という外典がある。序文では、自分はキリストの七十二人の弟子の一人で、使徒シモン、使徒ユダに付き従い、彼らによってバビロンの司教に任じられたと言っており、この書もはじめヘブライ語で書かれ、エウトロピオスなる者がそれをギリシア語に訳し、さらに二二一年頃にアフリカヌスなる者がラテン語に訳したのだと称している。しかし、明らかに偽書で、この十巻本はもともとラテン語で書かれたらしい。

〔九四〕　ニデール作成の批評版でも一七八七年版でも、「エウオディオスの著作」が書名となっているが、誤りである。アンティオキアの聖エウオディオス（六四頃歿）は実在した人物で、エウセビオスによるとアンティオキアの初代司教、オリゲネスによると使徒ペテロの後を継いだ第二代司教とされており、いずれにせよアンティオキアのイグナティオスの前任者だったらしい。殉教者、聖人とされている。いくつかの著作の著者といわれるが、確証はない。

〔九五〕　リモージュの聖マルシャル（二五〇頃歿）。ガリアのアキテーヌ地方の使徒。ローマからガリアへ派遣された六人の宣教師の一人で、リモージュの初代司教になったという。

〔九六〕　使徒行伝の登場人物で、十二使徒に仕えた七人の助祭の一人。

〔九七〕 メリトン（一九〇頃歿）も実在の人物で、小アジアのサルディスの司教。マルクス・アウレリウス帝に宛てた護教論を始め、二十点以上の著作を書いたらしいが、「過越について」のほかは断片か題名しか残っていない。グノーシス主義と闘い、テルトゥリアヌスなど後の教父たちに影響を及ぼしたという。イエスが死んだ後の聖母マリアの後半生をその死と昇天に至るまで辿ったと称する、このメリトンが書いたとする偽書（本文で言われる『聖母の死』、十九世紀に作られた仏訳の題名は『神の母たる至聖なる処女の道行きの書』）が残っている。

〔九八〕『シビュラの書』は元来は異教のもので、ローマのカピトリウムに保管されていた韻文の神託預言集。伝説によると、或る老婆がローマ王タルクイニウスにもたらしたものとされ、当初は九巻あったが、王が多額な代金の支払いを拒んだため、その内六巻を老婆が王の面前で焼き払い、三巻だけ残ったという。元老院の決定で、大事の際に限って神意を探るために開かれたが、ギリシアの神々や祭式がローマに導入される一つの契機となった。これらの書は前八三年に焼失したが、その後、小アジアの巫女《シビュラ》たちの預言を材料にして作り直され、アウグストゥス帝のもとでさらに改訂されて、パラティヌス丘のアポロン神殿に安置されたが、五世紀初頭にスティリコによって破棄されたという。

但し、以上はあくまで異教が生んだ元来の『シビュラの書』で、ここで言われるのはそれではなく、異教の巫女《シビュラ》たちがキリストを告知したものとして作られた韻文の神託預言集である。中世の伝説では、巫女《シビュラ》は普通十二人で、救世主イエス・キリストの到来を告げるリビカの預言、聖母のお告げに関するエリトレアの預言、キリストの誕生に関するクマナの預言、馬槽の中の幼児イエスに関するサミアの預言、授乳に関するキエメリアの預言、エジプトへの逃避行に関するエウロパの預言、サタンに対するキリストの勝利に関するペルシカの預言、イエスへの鞭打ちに関するアグリッパの預言、イエスへの平手打ちに関するティブルティナの預言、茨の冠に関するデルフィカの預言、磔刑に関するエレポンティアの預言、復活に関するフリゲアの預言からなっている。異教の巫女《シビュラ》もキリストを告知していたということで、キリスト教の正当化のため古代には多大の権威を付与され、教父たちにも引かれ、コンスタンティヌス帝が有名な演説の中で、キリスト教支持の論拠として巫女《シビュラ》エリトレアの預言の詩句を引用したりもした。もちろん、それを真正の預言と思う者など今ではどこにもおらず、最も早いもので二世紀、遅いもので四―五世紀に約二十人のキリスト教徒が作った偽書と考えられている。近代では、一五四五年にシクストゥス・ディルケンにより全篇が初めて刊行された。

〔九九〕 ローマ皇帝マルクス・アウレリウス・アントニヌス（一二一―一八〇、在位一六一―一八〇）。ストア派の哲学者でもあり、『自省録』を残した。

〔一〇〇〕 この人名は、写本によって Beulchenius, Bentchenius, Bouthenus, Benlihessius などとも書かれているが、原註で引かれるファブリツィウスの『証拠選び』には Benthomius と書かれており、ニデール作成の批評版もその読みを採っているので、ここでもそれに従った。但し、この人物については、ファブリツィウスのこの書に巫女《シビュラ》の擁護論を著わした人として名前だけ挙げられること以外に、付け加えるべき情報を訳者は持たない。

〔一〇一〕 この人名も写本によって異なり、Nehreugius としている写本もあるが、ファブリツィウスの『証拠選び』にある Jo. Christianus Nehringius が正しい。ヨハン・クリスティアン・ネーリンギウス（ネーリング）は『巫女《シビュラ》の書』の独訳版『巫女の神託、または、九巻にのぼる巫女《シビュラ》の預言』（エッセン、一七〇二年）を刊行した人物である。

〔一〇二〕　この人名は、一七八七年版にもニデール作成の批評版にも「フロイド」Floydと書かれており、ほかにFloye, Floyerとする写本もあるが、『シビュラの書』の擁護論を著わしたフロイドなる人物はおらず、内容から見てフロイアーFloyerが正しい。サー・ジョン・フロイアー（一六四九—一七三四）はイギリスの医師。オクスフォードで学び、リッチフィールドで開業して、一六八六年頃にナイトの称号を授けられた。名医と謳われた人らしく、脈拍、冷水浴、喘息などについての著作があるが、ここで言われるのは、彼が『シビュラの書』をギリシア語から英訳し、『巫女《シビュラ》の神託』という題で一七一三年にロンドンから出版したことと、一七一五年に『巫女《シビュラ》の神託の擁護』という書を同じくロンドンから出したことである。

〔一〇三〕　ローマ皇帝ルキウス・ウェルス（一三〇—一六九、在位一六一—一六九）。マルクス・アウレリウス帝と共治した皇帝だが、実質的な権限はなかったらしい。ゲルマニアのマルコマニ族との戦いで戦死した。

〔一〇四〕　ユスティノスの『第一弁証論』（別名『大弁証論』）のこと。献じられた相手はアントニヌス・ピウス帝（在位一三八—一六一）、後のマルクス・アウレリウス帝、それと共治したルキウス・ウェルス帝の三人だった。書かれたのは一五二年の直後、アントニヌス・ピウス帝の時代と推定されている。

〔一〇五〕　アンティオキアの聖テオフィロス（一八〇以後歿）。キリスト教の初代教父。アンティオキアの六代目の司教で、マルクス・アウレリウス帝時代の人。多くの神学書を著わしたが、今は失われた。

〔一〇六〕　ラクタンティウス（本名ルキウス・カエキリウス・フィルミアヌス）（二四〇頃—三二五頃）。キリスト教の弁証論者。北アフリカの生まれ。はじめ異教徒で、ニコメディアの宮廷学者だったが、三〇〇年頃キリスト教に改宗し、三〇三年に公務から離れ、三一七年頃にはコンスタンティヌス帝に招かれて、ガリアでその子クリスプスの教育掛をした。『神学提要』、『神の怒りについて』などの著作を残している。

〔一〇七〕　ローマ皇帝コンスタンティヌス一世（大帝）（二七四頃—三三七、在位三二四—三三七）。三一三年にリキニウス帝と連名でミラノ勅令を発し、キリスト教を公認した。三二五年にニカイア公会議を招集してキリスト論の正統教理を定めたが、自ら洗礼を受けたのは死ぬ直前だった。

〔一〇八〕　各行の先頭の字を縦に読むと人名やキーワードになるような詩のこと。

〔一〇九〕　マルクス・トゥリウス・キケロ（前一〇六—四三）。言うまでもなく、ローマの政治家、弁論家、哲学者。ここではその年代のみが問題だから、生涯についての解説はしない。

〔一一〇〕　三二五年にコンスタンティヌス帝が招集して開かれた第一回の世界公会議。アリオス（アリウス）主義を断罪して、三位一体説を正統教義とした。

〔一一一〕　ガイウス・ユリウス・カエサル（前一〇二—四四）。もちろん、帝政に道を開いたローマの大政治家。

〔一一二〕　ケルソスは二世紀後半の反キリスト教論争家。『真実の話』（一七七—一八〇年頃）でキリスト教を攻撃し、キリスト教をプラトン主義を始めとするギリシア的知恵の歪曲と断じ、福音（キリストの受肉、受難、復活）の非合理性、キリスト教徒の集会の非合法性を主張した。この本自体は残っていないが、オリゲネスが約七十年後にそれに反駁した『ケルソス駁論』によって内容が知られている。ただ、オリゲネス自身もこの論敵について確かなことは何も知っておらず、『ケルソス駁論』の始めの方では、ケルソスがエピクロス派で、ネロ帝またはハドリアヌス帝時代にローマで活動したと考えているが、これは明らかに別人で、同書も終わりの方では、論敵が当時のプラトン主義から大きな影響を受けていたのを認めている。唯一の情報源のオリゲネスがこんな有様なので、ケルソスは出身地も活動した場所も不明であり、オリゲネスが何も知らなかったところから、オリゲネス自身がいたアレクサンドリアの人ではなかったと推定されるにすぎない。職業的な哲学者だったか否か、教師をしていたか否かも断定できないらしい。

〔一一三〕　聖キプリアヌス（カエキリウス・タスキウス）（二〇〇頃―二五八）。ラテン教父。二四六年頃キリスト教に改宗し、二四八年にカルタゴの司教となった。デキウス帝治下のキリスト教迫害では難を避けたが、ウァレリアヌス帝治下の迫害によって殉教した。多くの書簡と書簡形式の論文が残っている。

〔一一四〕　マルクス・ミヌキウス・フェリクス（二五〇頃歿）。キリスト教の初期弁証論者。アフリカの生まれらしいが、ローマで弁護士をし、キケロを模した対話篇『オクタウィウス』（キリスト教徒オクタウィウスと異教徒カエキリウスの対話）によってキリスト教を擁護した。

〔一一五〕「ノレア」は、参照したどの版でもNovie（ノウィア）と書かれているが、Noria（ノレア）が正しいので改めた。ノレアはアダムとエバの第四子で、セツの妹であるとともに妻とされたり、ノアの妻とされたりした。セツ派は前者の説を、ニコライ派やマンダ教は後者の説を取っていたらしい。ニコライ派などによると、ノレアは夫ノアがこの世の支配者アルコーンに仕えたのに対して、超越神バルベロに仕えた者で、箱舟に入るのを夫に拒まれると、三度それを焼き払ったという。この派は『ノレアの書』または『ノレアの考え』という書を持っていたらしい。

〔一一六〕　セツ派はグノーシス派の一派で、アダムとエバの第三子セツに救済論上の重要性を付与し、それの子孫と称したところからその名がある。この派はエイレナイオスにもヒッポリュトスにもエピファニオスにも言及されるが、彼らの記述内容は互いに一致せず、セツ派の実態はよく分からないと現代の専門家も言っている。

〔一一七〕　アグリッパ・カストルはエウセビオスの『教会史』第四巻第七章にバシレイデスへの反駁者として言及される人物。エウセビオスの記述の位置からするとハドリアヌス帝（在位一一七―一三八）時代の人らしく、「当時、非常に有名な作家だった」とエウセビオスは言うが、この人物についてはエウセビオスのこの個所以外にいかなる情報源もない。

〔一一八〕　このバルコフと後出のバルカッバスは、バシレイデスがでっちあげた預言者としてアグリッパ・カストルが挙げているとエウセビオスが言う人物。

〔一一九〕　プロディコスは前五世紀のギリシアのソフィスト。ケオス島の生まれ。プロタゴラスの弟子で、故国の外交使節として何度もアテナイへ行き、同市に学校を開いて非常な名声と富を得たが、最後は不敬の廉で本は発禁となり、彼自身も自殺を命じられたという。雄弁家で、『同義語論』など修辞学関係の色々な著作があったらしく、プラトンの『プロタゴラス』にも登場している。

〔一二〇〕　ゾロアスター（ペルシア読みではスピタマ・ザラトゥシュトラ）（前六六〇頃―五八三頃）。ペルシアの宗教家で、ゾロアスター教の教祖。生地はアゼルバイジャンのレザーイェ付近ともいわれる。伝承によれば、二十歳で隠遁、三十歳の時サバラン山頂で天啓を授けられ、四十二歳の時ヴィシュタースパ王の帰依を受け、その援助により自己の教えを弘めたが、七十七歳の時バルクでトゥラーン王アルジャスブの軍隊に襲われて死んだという。善神アフラマズダと悪神アハリマンを立てるその二元教は、アカイメネス朝からサーサーン朝滅亡までペルシアの国民宗教だった。インド西海岸の拝火教、中国の祆《けん》教もその流れに属する。

〔一二一〕　プロティノス（二〇五―二六九）。ギリシアの哲学者。エジプトのリュコポリスの生まれ。アレクサンドリアで学び、のちローマへ出て自己の学派を形成した。新プラトン派の開祖で、根源的な一者からの万物の流出を説いた。その思想は、弟子のポルフュリオスが後に編纂した『エネアデス』に盛られている。

〔一二二〕　ポルフュリオス（二三四頃―三〇五頃）。ギリシアの哲学者。テュロスの生まれ。ローマでプロティノスに師事し、師の死後は新プラトン派の学校を主宰した。キリスト教を攻撃した『キリスト教徒駁論』は後にテオドシウス二世帝の命令で焼かれ、『アリストテレス範疇論入門』は中世の標準的な論理学教科書となった。プロティノスの『エネアデス』を刊行し、『プロティノス伝』、『ピュタゴラス伝』なども書いている。

〔一二三〕　マルコス派はグノーシス派の一派で、ヴァレンティノス派（訳註〔一五〕を参照）の一分枝。始祖のマルコスはヴァレンティノスの弟子で、師の説に若干の修正を施したというが、その修正点についてはエイレナイオス、フィラストリオス、テオドレトスなど正統派の批判者たちの証言も一致しない。アルファベットのそれぞれの字に特殊な力能を付与するカバラ的傾向や数理神学的な傾向が強かったらしい。魔術をよくし、特にマルコスは聖餐の葡萄酒を血に変える術で支持を集めたという。二世紀に誕生した派だが、ガリア南部のローヌ川流域では四世紀まで多くの信奉者がいたらしい。

〔一二四〕　アルコン派もヴァレンティノス派の一分枝で、「隠者ペトロス」なる者を開祖として一六〇年頃に作られたという。「アルコン派」という名は、世界の創造を神の業《わざ》とせず、神に従属する種々の力（支配者《アルコン》）に帰したことによる。この派は洗礼をも教会の種々の儀式をも否定して、それらは下位のアルコンであるサバオートが作ったものだとしたらしい。また、女性はサタンの制作物であるとし、肉の復活も否定したといわれる。

〔一二五〕　エルカサイ（またはエルケサイ）派は、トラヤヌス帝の治世第三年（一〇一年）にユダヤ人エルカサイが始めた再洗礼運動。エルカサイは、ヨルダン川東岸の各地にいた「洗礼派」というユダヤ人の一派の出身らしい。エルカサイ派は天的なキリストも聖霊も認め（但し、聖霊は女だとしていたらしい）、「偉大な王」と呼ぶメシアをも認めていたが、イエスがそのメシアだと考えていたのか否かは不明だという。また七つの霊力や占星術など、異教的な要素も取り入れているところから見て、その思想はキリスト教、ユダヤ教、異教の混淆だったらしい。彼らは、天から降って来たと称する『エルカサイの書』なるものを持ち、霊力からの解放のため日に何度も水浴びをし、教祖とその一族を崇めて、彼らのために命を捨てることを自らの義務としたという。ウァレンス帝（在位三六四―三七八）の時代にも、この家に属するマルタとマルテナという姉妹がこの派の者に女神のごとく崇められ、信者たちは群をなして二人に付き随っていたと伝えられる。

〔一二六〕　黙示録第二章第六節に「ニコライ宗」として登場する一世紀、小アジアの異端派。偶像に捧げた生贄の肉を食べることと男女の乱交を義務として説いたと伝えられるが、正統派の言うこの悪口が事実かどうかは分からない。エイレナイオスなど西方の教父たちは、使徒行伝に登場する七人の助祭の一人ニコラオをこの派の始祖とし、グノーシス派に近い神学上の見解をそれに帰しているが、助祭ニコラオとニコライ派の繋がりは確証がない。一方、アレクサンドリアのクレメンスなど東方の教父たちは、女性の共有を説いた異端者たちを一般にニコライ派と呼んでいたようで、性的に放縦なキリスト教徒が無差別にニコライ派と呼ばれたという解釈もあるらしい。

〔一二七〕 ヤルダバオトというのは、グノーシス派の救済神話で、可視的世界を創造し支配する造物主（デミウルゴス）に与えられた呼称。旧約聖書の神ヤハウェがそれであるとされ、流産で生まれた出来そこないの神、自分を越える神はないと自惚れる無知蒙昧な神として描かれている。

〔一二八〕 バルベロまたはバルベロンとは、グノーシス派のいくつかの救済神話で、最高神の最初の自己思惟として生成した神的存在。つまり、最高神から第一に発出したもので、「プロノイア」、「最初の人間」、「万物の母体」、「母父」などとも呼ばれる。

〔一二九〕 パウルス・オロシウス（四一八以後歿）。プリスキリアヌス派やペラギウス派と闘った正統派の司祭。今はポルトガルにあるブラガの出身。イベリア半島に弘まるプリスキリアヌス派と闘い、そのために書いた『誤れるプリスキリアヌス派とオリゲネス派に関する忠言書』についてアウグスティヌスの意見を求めるため、四一四年にアフリカへ行った。さらに、パレスチナのヒエロニムスのもとでも学び、四一五年のエルサレム教会会議でペラギウス派と闘ったが、逆にペラギウス派から異端の嫌疑をかけられた。そのため『ペラギウス派に対する弁明書』を著わし、四一六年にはヒッポのアウグスティヌスのもとへ戻って、翌四一七年には全七巻の『異教反駁史』を書いた。

〔一三〇〕 この「レウキウス」なる人物について、正確なことは分からない。この文書の著者がここで拠っているのはル・ナン・ド・ティユモンの『初代六世紀教会史覚書』第二冊四八六ページの記述で、そこで言われるのは大要次のようなことである。三九〇年頃にもまだ有名だったプロクルスの弟子たち（このプロクルス派は次註で述べるモンタノス派の一分枝）はレウキウスなる者から光を受けたと自慢していたこと、バロニウス（一五三八―一六〇七）はこのレウキウスを使徒たちの多くの出鱈目な行伝の有名な著者とみなしていること、レウキウスが作ったそれらの行伝をマニ教徒は受けいれていたと五世紀初頭のエウオディウスが証言していること、である。この記述の中で、プロクルス派が「自慢していた」とあるところから見て、このレウキウスはもともと異端者ではなく、教会内で相当の権威を持った者でなくてはならない。実は、聖エピファニオスの『全異端反駁論』の第二巻第四節第六章に、福音記者聖ヨハネの友人で、ヨハネとともにケリントスやエビオンの徒と闘ったレウキウスなる人物が言及されている。プロクルス派が言うレウキウスはおそらくこの人物のことであろう。そして、この人物の権威にあやかって、レウキウスが書いたとされる種々の行伝が流布したということも考えられないではない。

〔一三一〕 モンタノス派は「フリュギア派」とも呼ばれる、二世紀中葉に発生したキリスト教の一派で、この名称はフリュギアのアルダバンに生まれた始祖モンタノス（一七九以前歿）の名から来る。モンタノスは神秘的な見神家で、クレドには格別なんの変更も加えたわけではないが、恍惚状態の内に聖霊の特殊な啓示を受けたと称し、キリストの顕現と千年王国の到来が近いことを預言して、その日に備えるため極端な禁欲主義を主張した。それは厳しい断食と苛酷な苦行からなるもので、信者の再婚は禁じられ、殉教と独身が持て囃された。また、迫害に屈した者に対しても仮借ない態度が示され、そういう者を受けいれる正統教会の「堕落」が攻撃された。この派には始祖のほかにも多くの預言者や見神家がおり、預言者は司教より上位に置かれていたが、特にマクシミラ、プリスキラという二人の女預言者が名高く、モンタノスは彼女らとともに小アジアを布教して回った。この派の千年王国説では、来るべき千年王国の首都はエルサレムではなくフリュギアのピブザだったという一事も示すとおり、モンタノス派はもともとフリュギア起源のもので、そこから急速に小アジア一帯に拡がり、さらにローマ（プロクルスにより）、ガリアにも影響が及んで、リヨンやヴィエンヌの殉教者にはこの派の者が少なくなかった。さらに、アフリカのカルタゴではテルトゥリアヌスがこの派の擁護者となり、スペインにも同派の勢力は及んだ。二世紀末にこの派は三人の法王によって断罪され、東方では分離教会を作って六世紀まで続いたが、西方では正統教会と分離せず、テルトゥリアヌスの影響力によって一時はきわめて多くの信奉者を得たらしい。三世紀中葉のノウァティアヌスの離教もモンタノス派と同様の精神から出たもので、モンタノス、ノウァティアヌス両派はやがて合体して、西方で六、七世紀まで存続した。

〔一三一〕　コリントスのディオニュシオス（一九〇以前歿）。ローマ法王ソテル（在位一六五頃―一七四頃）の時代のコリントスの司教。エウセビオスの『教会史』が伝えるところでは、キリスト教会内の名望家で、正統信仰の護持と、マルキオンを始めとする異端の排撃のため、スパルタ、アテナイ、ニコメディア、ゴルテュナ、アマストリス、クノッソスの各教会に宛てて計七通の手紙を送り、クリュソフォラという女性信者に宛てた一通の手紙も残したという。法王ソテルへの返書であるローマの教会に宛てた手紙では、クレメンスの第一書簡を初めてローマのクレメンス（第四代法王）のものとした。

〔一三三〕　ヨセフスの『ユダヤ古代誌』第十八巻第三章にあるもの。邦訳では次のようになっている。「さてこのころ、イエースースという賢人――実際に、彼を人と呼ぶことが許されるならば――があらわれた。彼は奇跡を行う者であり、また、喜んで真理をうけいれる人たちの教師でもあった。そして、多くのユダヤ人と少なからざるギリシア人とを帰依させた。彼〔こそ〕はクリストスだったのである。ピラトスは、彼がわれわれの指導者たちによって告発されると、十字架刑の判決を下したが、最初に〔彼を〕愛するようになった者たちは、彼を見すてようとはしなかった。〔すると〕彼は三日目に復活して、彼らの中にその姿を見せた。すでに神の予言者たちは、これらのことや、さらに、彼に関するその他無数の驚嘆すべき事柄を語っていたが、それが実現したのである。なお、彼の名にちなんで、クリスティアノイと呼ばれる族《フロン》は、その後現在にいたるまで、連綿として残っている。」（山本書店刊、新約時代篇四、四三―四六ページ、秦剛平訳）邦訳者もこのくだりを、キリスト教徒が後から加筆したものと考えている。

〔一三四〕　フラウィウス・ヨセフス（三七―一〇〇頃）。ユダヤの歴史家。エルサレムの名門の出で、七〇年にローマへ移り、フラウィウス家の皇帝に仕えた。『ユダヤ戦記』全七巻（七五―七九年）、『ユダヤ古代誌』全二十巻（九三―九四年）はユダヤ史の最重要の史料とされる。

〔一三五〕　アンリ・ド・ヴァロワ（一六〇三―七六）。フランスの歴史家、ラテン学者。パリの生まれ。低ノルマンディ出身の家の出で、イエズス会のヴェルダンの学院、一六一八年からはパリのクレルモン学院で学び、クレルモン学院ではシルモン神父、ペトー神父などの大学者にかわいがられた。一六二二年からはブルジュ大学で世俗法を学び、卒業してパリ高等法院の弁護士となったが、この職業を嫌って七年間に一回も弁論をせず、結局勉強に戻って古代ギリシア゠ラテンの著作家の研究に打ち込み、学者として評判になった。一六三三年以降、パリ高等法院大審部長官のアンリ・ド・メームから二千リーヴルの年金を貰うようになり、一六三六年にはアンミアヌス・マルケリヌスの『歴史』のすぐれた刊本を出し、一六五四年にはマザランにより国王付き修史官に任命されて千二百リーヴルの俸給を貰うようになり、一六五八年からはマザランからも千五百リーヴルの年金を受け、これは遺言によりマザランの死後も続いた。フランス僧族会議の委嘱によって古代教会史のラテン語訳の仕事に取り組んで、まず一六五九年にパリでエウセビオスの『教会史』の、詳細な註を施したラテン語訳を出し、その続篇であるソゾメノス、ソクラテスの『教会史』のラテン語訳も一六六八年に、同じくテオドレトスとエウァグリオスの『教会史』のラテン語訳も一六七三年に出し、それぞれ数篇の論考を付したこのモニュメンタルな翻訳によって全ヨーロッパ的な名声を博した。もともとひどい弱視で、特に右目はほとんど見えなかったという。一六六四年に六十一歳で結婚し、死ぬまでの十一年余のうちに七人の子供を作って世間を驚かせたが、一六七六年五月七日にパリで世を去った。なお、本文に言われるヴァロワによるエウセビオス加筆説への反駁は、エウセビオスの『教会史』のラテン語訳に付された訳註の中にある。

〔一三六〕　ダヴィッド・ブロンデル（一五九〇―一六五五）。十七世紀前半のフランス改革派の牧師、歴史家。シャロンの生まれ。ジュネーヴ大学で神学を学び、一六一四年にウダンの牧師となった。一六一九年、『フランス改革派教会の誠意と真実性についての慎しき声明』によって、リュソンの司教（後の宰相リシュリュー）を始めとするカトリック側の攻撃に応えて大いに文名を上げた。以後多くの著作を物し、一六三一年にあったソーミュール大学の神学教授就任の話は彼が礼拝堂付き牧師をしていたルーシ伯爵が手放したがらなかったため実現しなかったが、一六四四年のイル＝ド＝フランス地方教会会議はブロンデルが研究の便宜のためパリに居住することを特に許した。その後間もなく、死んだヴォシウスの後任としてアムステルダム大学の歴史の教授となり（一六五〇年）、そのまま一六五五年四月六日にアムステルダムで死んだ。教会史と世俗史に関する当代一流の大学者で、『教会における首座に関する歴史論』（ジュネーヴ、一六四一年）、『巫女論』（シャラントン、一六四九年）なども名高いが、特に『レオ四世とベネディクトゥス三世の中間に、女性がローマ法王座を占めしや否やという問題の平易なる解明』（アムステルダム、一六四六年）で、プロテスタントの対ローマ攻撃の有力な材料だった「女法王ヨハンナ」伝説をプロテスタントとして初めて正面から否定し、同信徒から心ない非難を浴びせられた。その学識と批判精神、党派的利益をも犠牲にするその真理愛の故に、ピエール・ベールなども深く尊敬していた先達だった。なお、本文で引かれる文章はブロンデルの『巫女論』からのもので、その一六四九年版二八ページのパラフレーズである。

〔一三七〕　アレクサンドリアのフィロン（前二五頃―後四五頃）。ギリシアのユダヤ人哲学者。アレクサンドリアの上流階級の出で、三九―四〇年にユダヤ人虐殺に抗議するためカリグラ帝のもとへ派遣された。ギリシア哲学に転向するユダヤ教徒たちを引き戻すため、プラトン主義を武器として、聖書とヘレニズムは矛盾しないことを主張し、その説はキリスト教神学の形成にも一定の影響を及ぼした。聖書釈義、ユダヤ教弁証論、純哲学書など、非常に多くの著作が残っている。

〔一三八〕　ローマ皇帝ネロ（クラウディウス・カエサル・アウグストゥス・ゲルマニクス、前名ルキウス・ドミティウス）（三七―六八、在位五四―六八）。ユリウス家の末裔で、母アグリッピナがクラウディウス帝の後妻に入ったため同帝の養子となり、その娘オクタウィアと結婚した。クラウディウスが毒殺されたため若年にしてその後を継ぎ、治世の初期は近衛隊長ブルスや哲学者セネカの助言を受けて善政を敷いたが、しだいに暴政へ傾いて、五九年には母と権力を争ってそれを殺し、死んだブルスや引退したセネカに代って奸臣ティゲリヌスらが寵を得たため、もはや抑える者もいなくなり、同じ年に皇后オクタウィアをも殺して、六二年には愛人ポッパエア・サビナと再婚した。ギリシア文化をこよなく愛した人で、晩年の六七―六八年にもギリシアへ芸術旅行をしているが、六四年七月のローマの大火の際はそれをトロイアの炎上に準《なぞら》えて楽しんで眺めたという。しかし、自分が放火したと疑われたため、ローマのキリスト教徒にその責任を転嫁して迫害し、使徒のペテロもパウロもその時に殉教したと伝えられている。その後も暴政はますます募り、ペトロニウス、ルカヌスなどの文人を殺し、自らの巨像を立て、果ては男性と結婚するなどして国事を顧みなかったため、六八年のガリアの反乱を機に元老院から公敵と宣せられ、ローマ市内の潜伏場所で自決した。

〔一三九〕　タキトゥス『年代記』。邦訳、岩波文庫、下巻、二六九―二七〇ページ、国原吉之助訳。

〔一四〇〕　ガイウス・スウェトニウス・トランクイルス（六九―一四〇頃）。ローマの歴史家。はじめ法律家だったが、友人の小プリニウスの推薦でハドリアヌス帝の秘書となり、やがて帝の寵を失って引退、文筆に専念した。『ローマ皇帝伝』と、『名士伝』の一部が残っている。

〔一四一〕　ガイウス・プリニウス・カエキリウス・セクンドゥス、通称「小プリニウス」（六一―一一四以前）。ローマの政治家、文人。博物学者の大プリニウスの甥で、のち養子となった。トラヤヌス帝の信任を受け、一〇〇年に執政官、一一二年にはビテュニアの総督となった。その『書簡集』は公表を目的としたもので、タキトゥスやスウェトニウス宛のものもあり、ローマの教養人の生活を生きいきと描くすぐれた文学作品とされている。

〔一四二〕　ローマ皇帝マルクス・ウルピウス・トラヤヌス（五二―一一七、在位九八―一一七）。スペイン生まれの人で、東方やゲルマニアで従軍、九一年に執政官に就任し、九七年にはネルウァ帝の養子となって、翌年に同帝が死ぬや即位した。一〇一年からドナウ川を渡ってダキアに遠征、一〇六年には最後的にそれを滅ぼして属州とし、さらに一一三年には東方へ出陣、一一四年にはアルメニアを占領し、さらに南進して低メソポタミアに進出、一一五年にはティグリス川を渡ってパルティア王国の首府クテシフォンを陥れ、ペルシア湾にまで達してローマ帝国に最大の版図を持たせたが、帰途にキリキアで歿した。内政にも意を用いて、救貧制度を拡充し、道路、橋、運河などを建設し、小プリニウスなど有能の士を属州に派遣するなど名君として聞こえた皇帝で、キリスト教徒についても積極的に探し出して迫害するのを禁じた。小プリニウスが彼の称讃演説を書いており、それは今も残っている。

〔一四三〕　スペラトゥス（一八〇歿）。アフリカの殉教者で、北アフリカのスキリウムの教会指導者。一八〇年（今ではこの年代が一般的に採用されている）に男七人、女五人、計十二人のキリスト教徒（名前はスペラトゥス、ナルトザルス、キッティヌス、ウェトゥリウス、フェリクス、アクイリヌス、ラエタンティウス、ヤヌアリア、ゲネロサ、ドナタ、セクンダ、ウェスティア）がカルタゴで逮捕された時の中心人物で、彼らは総督サトゥルニヌスの取調べを受けたが、みな信仰を棄てない旨宣言し、心を入れ替えるため一カ月の猶予を与えるという提案をも拒否して、即刻斬首の刑を言い渡された。スペラトゥスは「神に感謝」と答え、一二人全員が刑に服したという。逮捕された時、彼らは宝物のようにパウロの書簡を持っていたらしい。以上は、『スキリウム人の殉教』というラテン語の短い殉教者行伝が伝えるところである。

〔一四四〕 セヴェンヌ地方はプロテスタントの勢力が非常に強い南フランスの山地。この地方では、一七〇二年六月から「カミザール戦争」と呼ばれるプロテスタント農民のゲリラ戦が起こっていた。政府は討伐のため一万人の大軍を投入し、組織的な抵抗は一七〇四年秋には一応終わったが、余波はその後も一七一〇年頃まで続いた。この蜂起に参加した農民たちの間には、当初から預言、奇蹟などの超常現象、憑依現象が広く見られ、彼らの一部はその後イギリスへ亡命してからもこの習慣を続けて、泰平なイギリス社会にスキャンダルを巻き起こした。

〔一四五〕 訳註〔三九〕を参照。

〔一四六〕 テュアナのアポロニオスは一世紀頃のギリシアの哲学者。新ピュタゴラス派の人で、数々の奇蹟が伝説として伝えられている。

〔一四七〕 ピエール・ジュリューのこと。ピエール・ジュリュー（一六三七―一七一三）はフランスの改革派神学者。一六七四年にセダンのプロテスタント大学の神学教授となり、一六八一年に同校が閉鎖された後はオランダのロッテルダムに亡命、同地のワロン教会（フランス語教会）の牧師と、新設された高等学院の神学の教授を兼ねた。ナント勅令廃止の序曲であるプロテスタント圧迫を論難した『フランス僧族の政策』（一六八一年）、ボシュエの『カトリック教会教理説明』を批判した『改宗予防』（一六八〇年）、マンブールの『カルヴァン派史』に反駁した『カルヴァン派史と法王教史の比較論』（一六八三年）など、一六八〇年代以降、迫害のもとにあるプロテスタント陣営の最大の理論家として、無数の抗議文書やカトリック側との論争書を著わした。ナント勅令廃止後は、非合法下にある故国の同信徒を鼓舞するために、半月刊のパンフレット『バビロン捕囚のもとに呻吟するフランスの信徒に宛てた牧会書簡』（一六八六―八九年）を著わして、ひそかにフランスへ送り込み、特にその一六八九年四月十五日号以下では、圧制に対する人民の抵抗権や革命権を主張して、著者をフランス大革命の原理の先駆者とする見解をも生みだしている。さらに、黙示録の解釈から亡命プロテスタントの勝利の帰国を預言したり、アウグスブルク同盟戦争下ではオランイェ公ヴィレム（イギリス王ウィリアム三世）のためにフランス国内のプロテスタントによる軍事的な諜報網を組織するなど、多面的な活動を展開した。正統的カルヴィニスムの徹底的な擁護者を自任し、自由主義的傾向に対するその非難・攻撃は激烈を極めて、亡命プロテスタント内部に宗教裁判的な空気すら生んだが、とりわけ、セダン時代からの同僚だったピエール・ベールへの迫害は有名で、両者の論争は亡命プロテスタント陣営を二分して長期にわたり続けられた。十八世紀の曙に新思想の脅威から正統信仰を必死に守った護教家として、カトリック陣営のボシュエにも比せられる。なお、本文で紹介されるダマスカスのヨアンネスに関するジュリューの発言は、前掲の『カルヴァン派史と法王教史の比較論』の四折版第一巻、二〇ページにある。

〔一四八〕 ダマスカスの聖ヨアンネス（六七五頃―七四九頃）。シリアのキリスト教神学者。ダマスカスの生まれ。父のセルギウスはキリスト教徒だったが、ダマスカスのサラセン人国王《カリフ》に重用されて、その大臣を務めた。彼自身も国王《カリフ》のヒシャームに重んじられて、その首席顧問官、ダマスカス総督を務めたが、たぶんイスラム教徒の反感の故にやがて失脚し、莫大な財産を手放し、奴隷を解放して、エルサレムの近くのサバスの修道院に引退した（七一六年頃）。その後は宗教家として暮らし、エルサレム屈指の名説教家として「クリュソロアス（金の舌の人）」と綽名され、『学の泉』（ニカイア信経を解説した『正統信仰論』を含む）その他多くの著作を物した。東ローマ皇帝レオ三世イサウリクスの聖像破壊政策に強硬に反対した。東方の教会伝説にあるその手の奇蹟とは次のようなものである。皇帝レオ・イサウリクスは聖像を擁護するヨアンネスを葬り去ろうとして、ダマスカスのサラセン人国王《カリフ》に手紙を送り、ヨアンネスがダマスカスを敵に明け渡そうとしているという偽の情報を伝えた。国王《カリフ》はその手紙を信用して、ヨアンネスを罰するためその手を切り落とした。ヨアンネスは切られたその手を貰い受けて帰宅し、聖母マリアに祈りつつ寝入ったところ、目が覚めるとその手が元どおり腕に付いていた、というのである。この話はカトリック史家ルイ・マンブール（一六一〇—八六）の『聖像破壊派異端史』（一六七四年）に「ダマスカス市にいたすべてのキリスト教徒とサラセン人が目撃証人となった」事実として報じられており、ジュリューは同じマンブールの『カルヴァン派史』（一六八二年）に反駁する『カルヴァン派史と法王教史の比較論』で、マンブールの軽信ぶりを示す例としてこの話を挙げていた。

〔一四九〕ティエリ・リュイナール（一六五七—一七〇九）。フランスのベネディクト会士の歴史家。ランスの生まれ。一六七五年にシャンパーニュ地方オーヴィリエの僧院に入ってベネディクト会士となり、一六八二年頃、同会の大学者ジャン・マビヨンに見いだされてその助手に抜擢され、この師とともに古文書調査の旅をした。一七〇七年十二月にマビヨンが死んだ後もその仕事を続けたが、程なく、一七〇九年九月二十四日に、師の後を追うようにしてパリで死んだ。本当の殉教者は少ないとしたイギリスの学者ドッドウェル（訳註〔三六〕を参照）に反駁するため、伝説的要素を排除した殉教者行伝として出した『真正初代殉教者行伝』（パリ、一六八九年。本文で言われるのもこの本である）を皮切りに、『ヴァンダル人迫害史』（パリ、一六九四年）、マビヨンの『公文書論』を擁護した『パリ教会の擁護』（パリ、一七〇六年）、『ドン・ジャン・マビヨン略伝』（パリ、一七〇九年）などを著わしている。

〔一五〇〕ヘラクレオンは一四五—一八〇年頃に活動したイタリアのグノーシス派教師。ヴァレンティノス（訳註〔一五〕を参照）の弟子で、プトレマイオスと並ぶヴァレンティノス派の指導者だった。ヨハネ伝福音書の最初の註解者とされ、それはオリゲネスのヨハネ伝註解にも引かれている。アレクサンドリアのクレメンスやヒッポリュトスもヘラクレオンに言及しており、本文で言われることの典拠はクレメンスの『雑録』第四巻第九章だが、使徒たちの殉教についてはクレメンスも「ヴァレンティノス学派の最もすぐれた人」と呼ぶヘラクレオンの説に同意している。

〔一五一〕ローマ皇帝ユリアヌス（フラウィウス・クラウディウス）（三三一—三六三、在位三六一—三六三）。キリスト教徒には「背教者」と綽名される。キリスト教を公認したコンスタンティヌス一世の甥で、父も兄弟たちも帝室の内紛で殺され、一人残った異母兄のガルスとともにカッパドキアで育てられた。キリスト教の教育を受けたが、古典の研究と新プラトン派哲学への愛好からしだいに異教へ心を傾けた。三五五年に皇帝コンスタンティウス二世により副帝に任ぜられてガリア、ブリタニアを治め、三五七年にはストラスブール付近の会戦でアラマニ人を破り、さらにフランク人をも討ってライン国境を平定した。コンスタンティウス二世は東方のペルシアに備えるためガリア駐屯軍の大半を東へ転進させようとしたが、軍隊はそれに反抗して三六〇年にパリで彼を皇帝に推戴し、ユリアヌスは首都へ向け進軍したが、コンスタンティウス二世が急死したため三六一年にコンスタンチノープルに無血入城し、皇帝となった。経費の節減、住民の負担の軽減、都市への援助、市会の権限強化など善政に努め、宗教的には異教の神々への敬愛を公然と述べてその神殿を再建したが、キリスト教に対してはそれへの国家援助を打ち切り聖職者の特権を廃止したものの特に迫害はせず、あらゆる宗教に対して寛容政策を取った。三六二年にアンティオキアへ赴き、翌年ペルシア遠征に出発してクテシフォンまで達したが、背後から襲われて重傷を負い、そのまま死んだ。死に臨んで、「ガリラヤ人よ、汝の勝ちだ」という言葉を残したとの伝説がある。知性にきわめて秀でた人で、論文『キリスト教徒駁論』、皇帝たちの悪徳を諷刺した『皇帝たち』とアンティオキア住民の不道徳を槍玉に挙げた『髭嫌い』という二篇の諷刺文、八篇の演説、八十余通の手紙などが残っているが、著作はみなギリシア語だった。

〔一五二〕　タルムードはユダヤ教の律法とその解説の集成。

〔一五三〕　ピュタゴラス（前五八二頃―四九七）。ギリシアの宗教家、数学者、哲学者。サモスの生まれで、南イタリアのクロトンやメタポンティオンで活動した。宗教家としては輪廻転生から解脱するために独特の戒律を守るピュタゴラス教団を興し、数学者としては理論的数学の開拓者で、三平方の定理や音階の数的関係を発見したとされている。philosophos（愛知者＝哲学者）を名乗った最初の人だった。

〔一五四〕　殉教者ユスティノス（訳註〔二八〕を参照）のこと。

〔一五五〕　ミヌキウス・フェリクス（訳註〔一一四〕を参照）の対話篇『オクタウィウス』に登場するキリスト教徒の話者。

〔一五六〕　アレクサンドリア時代に、プトレマイオス朝の政策により、エジプトとギリシアの宗教を融合させるため人為的に創出された神。エジプトのオシリス、ギリシアのゼウス、ハデス、アスクレピオスが一体となったようなもので、病気を治し奇蹟を行なうとされた。

〔一五七〕　キプリアヌスが『デメトリアヌス駁論』という論文で反駁する相手。国家・社会に起こる災厄をキリスト教のせいにしていたことはキプリアヌスのこの反駁文から分かるが、これは二五二年にカルタゴでペストが蔓延した時のことと考えられている。デメトリアヌスの肩書については、ル・ナン・ド・ティユモンはアフリカ総督とするが、アフリカの属州長官《プロコンスル》とする者もおり、両方をともに否定する者もいて判然としない。

〔一五八〕　アルノビウスは四世紀初頭のキリスト教弁証論者。アフリカのヌミディアの人で、ヌミディアのシッカ・ウェネリアで修辞学の教師をしていたが、キリスト教に改宗し、異教神話を激しく攻撃した『異教徒駁論』を著わした。彼に関する確からしい情報は聖ヒエロニムスが伝えるものだけで、それによると、修辞学の教師として彼がアフリカで名声を博したのはディオクレティアヌス帝の時代、つまり二八四年と三〇五年の間だったというが、生歿年も改宗した年も正確には分からない。二九五ないし二九六年にキリスト教徒となり、二九七年頃からその書を書き始め、三一一年以前にそれを完成して、三二六ないし三二七年に死んだ可能性が高いとされている。ラクタンティウスも彼の弟子だったと聖ヒエロニムスは言うが、異教徒時代のことか改宗後のことかは不明である。司祭にまでなったという推測もあるが、キリスト教の教理についての理解がひどく怪しげだったところから、その点を否定する者も多い。

〔一五九〕　ユリウス・フィルミクス・マテルヌスは四世紀の著作家で、シュラクサイの生まれ。『天文書』と『不敬なる宗教の誤謬について』という二作が残っている。前者はたぶんキリスト教に改宗する以前の占星術書だが、後者は改宗後のもので、コンスタンティヌス帝の息子らに捧げられており、異教の祭祀を不道徳で危険なものとして、国権によるそれの禁止を要請している。

〔一六〇〕　ナジアンゾスの聖グレゴリオス（三二九頃―三九〇頃）。東方教会の教会博士。カッパドキアのナジアンゾス近郊アリアンゾスの生まれ。アテナイに遊学し、聖バシレイオスと親交を結んだ。三六一年に司祭、三七四年にナジアンゾスの司教、三七八年にコンスタンチノープルの司教となり、アリオス（アリウス）派の皇帝のもとで消滅した正統派の組織を立て直したが、三八一年のコンスタンチノープル公会議の途中で、政争に明け暮れるその会議に嫌気がさして退任し、アリアンゾスに引退して生を終えた。四十五篇の講話、二百四十四通の手紙、若干の詩篇が残っており、雄弁で聞こえた人だった。

〔一六一〕　エルサレムの聖キュリロス（三一五頃―三八六）。ギリシア教父。三五〇年にエルサレムの司教に就任し、アリオス（アリウス）派と争って三五七、三六〇、三六七年と再三追放されたが、三七八年に司教座に復帰した。三八一年にコンスタンチノープル公会議に参加してニカイア信条を擁護しており、その教理説明は有名である。

〔一六二〕　アレクサンドリアの聖キュリロス（三七六―四四四）。ギリシア教父。前半生は定かでないが、四一二年に自分の小父のテオフィロスの後任としてアレクサンドリアの総主教となり、コンスタンチノープルの総主教ヨアンネス・クリュソストモスを弾劾したり、ノウァティアヌス派、ユダヤ教徒、異教徒に対する反対運動を行なったりした。反アリオス（アリウス）派運動のスローガンだった、マリアは「神の母」という言葉を積極的に主張して、それを非とするネストリオス（ネストリウス）と対立し、ローマ法王ケレスティヌス一世にローマ会議を招集させてネストリオスを弾劾、自らもアレクサンドリアで会議を開いてそれを再確認した上、四三一年のエフェソス公会議に法王代理として臨み、ネストリオスを正式に断罪させた。アレクサンドリアで起こった女流プラトン派哲学者ヒュパティアの虐殺にも責任を免れがたいとされており、正統教理確立への貢献から聖人とはされるものの、攻撃性の極度に強い、不寛容を絵に書いたような人間だった。『ユリアヌス駁論』、『ネストリオス駁論』、聖書の多くの註解などがある。

〔一六三〕　ザアカイ（ザカイオス）という古代キリスト教の人物には、エリコの収税人の長でイエスを家に迎え、キリスト教に改宗したとルカ伝第十九章の伝えるザアカイを始めとして、エルサレムの第四代司教としてエウセビオスの伝えるザカイオス、パレスチナの殉教者ザカイオス、バロニウスによると三二〇年頃エルサレム近傍の山にいた修道士で、祈りは個々人がひっそり行なうものだから教会で集団で行なう祈りは無効であるとし、また叙品されてもいないのに聖器をいじって勝手にミサを上げたといわれる異端者ザカイオス（グノーシス派の一派であるザカイオス派の祖とされる）などがいるが、ここで言われるのはこうした実在の、あるいは実在とされるザアカイ（ザカイオス）ではなく、『キリスト教徒ザカイオスと哲学者アポロニオスの問答』という古代のキリスト教文書に登場する話者のザカイオスである。

〔一六四〕　六世紀以後に書かれたキリスト教文書。登場人物のグレゲンティオスはこの文書でしか知られていないが、東方教会では聖人とされている。一説によるとミラノの生まれで、はじめ隠修士だったが、アレクサンドリアの総主教から多幸アラビアのテファルの教会の指導を任されて、三十年にわたりそこの大主教を務め、またホメリタエ人の王アブラミオスや次の王セルディドスの有力な顧問官を務めて、五五二年ないし五五四年に死んだという。『グレゲンティオスとヘルバノスの議論』または『ユダヤ人ヘルバノスとの議論』または単に『対話』と呼ばれるこの作品は四部からなり、ユダヤ教の立場を主張するヘルバノスとこのグレゲンティオスがアブラミオス王の御前でした四日にわたる討論の記録と銘打っている。議論のハイライトは、蘇って天へ昇ったというイエス・キリストを見せてくれとヘルバノスが迫ったため、グレゲンティオスがイエス・キリストに祈りを捧げ、アブラミオス王やその場にいたキリスト教徒全員が「アメン」と言うや否や、天の扉が開いて、イエス・キリストが緋色の雲に乗って現われ、「見よ、わしこそ汝らの祖先が十字架にかけた者だ」とその場のユダヤ人たちに言ったという個所である。ユダヤ人以外の者にはイエス・キリストが見えたが、ユダヤ人には声は聞こえても姿が見えなかったため、中の一人が洗礼を受けるとたちまちイエス・キリストの姿が見えるようになり、それに倣ってその場のユダヤ人全員が洗礼を受けてキリスト教に改宗したとその文書にはある。もちろんヘルバノスも議論に負けて改宗し、自分のみならず、五百五十万人（!!）の同信徒をもキリスト教に改宗させたという。どう見ても歴史的な信憑性に乏しい東方の聖人物語で、一五八六年にギリシア語からラテン語に訳され、パリで出版された。

〔一六五〕 ジョヴァンニ・ピコ・デッラ・ミランドーラ（一四六三―九四）。イタリアの哲学者、人文学者。ルネサンス期の代表的な新プラトン主義者で、フィレンツェに住んでメディチ家の庇護を受けた。一四八六年にローマで九百箇条の命題を発表したが、法王庁に断罪され、異端として追及されたためフランスへ逃れ、三週間にわたってヴァンセンヌに投獄された。一四八九年頃からフィレンツェの人文主義者グループの中心となり、サヴォナローラとも交わったが、最後は自分の秘書に毒殺された。『人間の尊厳について』（一四八六年）、『占星術駁論』（一四九五年）、未完に終わった『プラトンとアリストテレスの一致について』などがある。ここで言われるのは、一六一二年にストラスブールで出版されたその著『魔女、または、悪魔のたぶらかしに関する対話三篇』のこと。

〔一六六〕 ジャン゠フランソワ・バルテュス（一六六七―一七四三）。フランスのイエズス会士。メッスの生まれ。一六八二年にイエズス会に入り、ディジョンやポン゠タ゠ムッソンの学院で人文学を、ランスの学院で数学を、ストラスブールの学院で聖書を講じた後、一七一七年にローマへ呼ばれて図書検閲官となった。のちフランスへ戻って、シャロン゠シュル゠ソーヌの学院長を務め、一七四三年三月九日にランスで死んだ。『フォントネル氏の《神託史》への答』（ストラスブール、一七〇七年）が名高く、ここで言われるのもその本である。ほかに、『続・《神託史》への答』（ストラスブール、一七〇八年）、『プラトン主義を非難される教父たちの擁護』（パリ、一七一一年）、『異教の道徳・哲学に関する教父たちの判断』（ストラスブール、一七一九年）、『旧・新約聖書の預言の成就によって証明されたるキリスト教』（パリ、一七二八年）、『キリスト教の預言の擁護』（三巻、パリ、一七三七年）などがある。

〔一六七〕 プルタルコス（四六頃―一二〇以後）。ギリシアのモラリスト、歴史家。ボイオティアのカイロネイアの生まれ。裕福な名門の出で、アテナイで学んだ後エジプト、ローマにも旅したが、多くは故郷のカイロネイアに住み、市政にも参画したほか、アテナイの名誉市民やアカイア州の知事にもなった。非常な多作家で、大部の論文集『モラリア』と史書『対比列伝』が残っている。

〔一六八〕 アレクサンドリアのヘシュキオス。ギリシアの辞典編纂者。年代は不明だが、たぶん五世紀の人らしく、アレクサンドリアで活動した。アリスタルコス、アッピアノス、ヘリオドロスなどから集めたギリシア語の辞典を作っており、これには後代の書き加えも夥しく入っているが、ギリシア史、ギリシア哲学、七十人訳聖書などについての貴重な情報に富んでいる。一五四四年にヴェネツィアで初めて活字化された。

〔一六九〕 ルキアノス（一二〇頃―一九五頃）。ギリシアの作家。シリアの人で、小アジア、ギリシア、ローマ、ガリアなどを転々とした後、アテナイに定住し、エジプトの地方官として同地で歿したという。諷刺的な対話八十数篇が残っており、『神々の対話』、『死者の対話』、『悲劇役者ゼウス』などが有名である。

〔一七〇〕 邦訳、岩波文庫『遊女の対話、他三篇』、七七ページ、高津春繁訳。

〔一七一〕 イシドロスは四九〇年頃に活動したギリシアの新プラトン派哲学者。アレクサンドリアの人で、マリノスの後を継いでアテナイのアカデメイアの学頭となった。理論的にはプロクロスのエピゴーネンだったようで、後出のダマスキオスが書いたその伝記の抜萃がフォティオスの内に残っている。

〔一七二〕 ダマスキオス（四五八頃生）。ギリシアの新プラトン派哲学者。シリアのダマスカスの生まれ。アレクサンドリアでイシドロスに、アテナイでマリノスに学んで、五二〇年頃にアカデメイアの最後の学頭となった。五二九年にユスティニアヌス帝によりアカデメイアが閉鎖された後、五三一年にプラトン哲学を再興するためシンプリキオスらとペルシアへ赴いたが、この企ては成功しなかった。師イシドロスの伝記と降神術の報告がフォティオスの内に保存されているほか、多くの断片が残っている。

〔一七三〕 ギ・タシャール（一六五一―一七一二）。フランスのイエズス会宣教師。アングレームの生まれ。一六六八年にイエズス会に入り、一六八〇年に北アメリカへ宣教師として渡り、四年程いた。帰国して、一六八五年にルイ十四世により、他の五人のイエズス会士とともにシャムへ使節として派遣され、シャム王からキリスト教布教の許可を得た。一度ヨーロッパへ帰って、一六八七年には新たに宣教師たちを連れてシャムへ戻り、翌年にはシャム王の使節に通訳として付いてフランスへ戻った。またシャムへ帰ったが、留守中の革命で宣教事業が壊滅したため、一六九〇年に仲間とともにインドのポンディシェリへ移り、一六九三年にはオランダ人によりそこからも追われてベンガルへ行き、その地で疫病のため死んだ。本文で引用される『イエズス会神父たちのシャム旅行』（パリ、一六八六年）、『タシャール神父とイエズス会士たちの第二次シャム旅行』（パリ、一六八九年）などがある。

〔一七四〕 ヒポクラテスは前五世紀後半のギリシアの医学者。コスの人。諸方を旅し、たぶんラリッサで死んだ。アレクサンドリア時代から彼の名で伝わる医書の大集成があり、医学の父と称される。

〔一七五〕 ポセイドニオスは、フォティオスにその断片が保存されているフィロストルギオス（三六八頃―四二五ないし四三三）の『教会史』（三一五―四二五年を対象とする）に登場する人物だが、フィロストルギオスの文章では四世紀の人とも医師とも明記されていない。フィロストルギオスと同時代の人という推定から四世紀の人、また発言の内容から医師と推測されたにすぎないようである。

〔一七六〕 アブラアム・サン＝タンドレ（「ド・サン＝タンドレ」というのは通称らしい）はフランスの医師。国王付き侍医の肩書を持ち、ノルマンディ地方のクタンスで開業していた。この地方の魔女騒ぎに際して、『魔術・妖術・妖術師に関する何人かの友人への手紙。悪魔に通常帰せられる最も驚くべき結果を説明し、往々にしてこれらの知性体はそれにいささかも関与せず、彼らに帰せられることで旧・新約聖書に載っておらず教会の公認も受けないものはことごとく自然現象かでっちあげであることを示す』（パリ、一七二五年）を発表し、魔術・妖術否定論を展開した。この本はかなり評判になったようで、一七二五年中にパリで三つの版が出、同じ年に『学術新聞』でも紹介された。一七三一年にボワシエによる反駁書『妖術・呪術についての書簡集。ド・サン＝タンドレ殿の手紙への答として』（パリ、一七三一年）も出版されている。

〔一七七〕アモロン（アミュロン、アムルス、ハムルスなどとも書かれる）（八五三または八五四歿）は九世紀のリヨンの大司教。はじめ、大司教アゴバール（アゴバルドゥス）の下でリヨンの教会の助祭をし、八四一年にその後任としてリヨンの大司教となった。ヘブライ語をよくした大学者で、西フランク王シャルル二世（禿頭王）にも大いに重んじられた。ユダヤ人排撃論、恩寵と予定に関する手紙、聖遺物に関するラングルの司教テオバルドへの手紙などが残っており、それらは一六六六年にエティエンヌ・バリューズの手によって、アゴバールの著作集に付けて刊行された。

〔一七八〕『ルイ十一世年代記』の別名。この本は十五世紀末に初めて活字にされ、以来何度も再刊されたが、一五五八年のパリ版と一六一一年のパリ版が代表的である。著者は長く、パリ市庁舎の書記ジャン・ド・トロワとされていたが、十九世紀になって『サン＝ドニ大年代記』の焼き直しにすぎないことが分かった。

〔一七九〕フランス王ルイ十一世（一四二三—八三、在位一四六一—八三）。諸侯の同盟に悩まされたが、一四七七年に同盟の盟主であるブルゴーニュ公シャルルが歿するや、封建勢力の削減に努め、絶対主義権力の基礎を据えた。陰険、狡猾という定評がある。

〔一八〇〕ローマ法王パウルス四世（前名ジョヴァンニ＝ピエトロ・カラッファ）（一四七六—一五五九、在位一五五五—五九）。ナポリの名門の出で、一五〇四年にキエティの司教となり、一五二四年にはテアト会を創立した。一五三六年にナポリの大司教、枢機卿となり、一五五五年に法王に選ばれたが、多分に政治性を欠く人で、イギリス問題での厳格な対応から同国の離教を決定的にしたり、宗教裁判を多用したりした。

〔一八一〕ルイ・ギュイヨン・ド・ラ・ノーシュ（一五二七—一六一七）。フランスの医師。ドールの生まれ。イタリア、ドイツ、オランダ、スペインなどを長く旅した後、ユゼルシュに落ち着いて開業し、国王顧問官の位を買った。『雑講』（一六〇三年）、『肉体美と肉体的健康の鏡』（一六一五年）、『健康の宝、または人世の嘘』（一六一六年）などの著作がある。

〔一八二〕フランス王アンリ三世（一五五一—八九、在位一五七四—八九）。ヴァロワ朝最後の王で、宗教戦争下にプロテスタント勢力と結んで「カトリック同盟」派に対抗したため、狂信的なカトリック教徒ジャック・クレマンに暗殺された。

〔一八三〕ピエール・ピグレ（一五三二—一六一三）。フランスの外科医。有名なアンブロワーズ・パレの弟子で、はじめパレに付き随って軍医をし、その後パレの口利きで国王シャルル九世、アンリ三世、アンリ四世の外科侍医を務めた。パレの諸著作を要約した『外科学。医学の他分野との連関において』（一六〇九年）、『外科学の理論化と実際化』（一六一〇年）などがある。

〔一八四〕アンリ三世のこの侍医については不詳。

〔一八五〕レオナルド・ボタロ（フランス読みではボタル）（一五三〇—八七）。イタリア人の医師、解剖学者。イタリアのアスティの生まれ。パヴィア大学で学位を取った後、ネーデルラントを遍歴した末にパリに落ち着き、国王シャルル九世、王弟アランソン公、国王アンリ三世の侍医を務めた。瀉血療法を復活させて万病に用い、解剖学者としては卵円孔（ボタロ孔）を記録したり胎児動脈管（ボタロ脈管）を発見したりした。多くの著書があり、一六六〇年に全集が刊行された。

〔一八六〕『サンシ殿のカトリック風懺悔』はカトリックへの改宗者を攻撃した十六世紀末のプロテスタント作家アグリッパ・ドービニェ（一五五二―一六三〇）の諷刺文で、執筆は一五九九年、初版は一六六〇年らしいが、一六九三年に亡命プロテスタントのジャコブ・ル・デュシャがアムステルダムで豊富な註を付けた版を出し、この版は（また註だけ単独に）以後何回となく再刊された。

〔一八七〕アグリッパ・ドービニェ（一五五二―一六三〇）。フランスのプロテスタント作家。サントンジュ地方の生まれ。宗教戦争下の一五六八年にプロテスタント軍に入り、はじめコンデ親王のもとで戦い、ついでナヴァール王（後のフランス王アンリ四世）の忠臣となった。一五七七年には重傷を負い、一五八五年にはカトリック側に捕えられて死刑を宣告されている。アンリ四世がカトリックに改宗した後は領地に引退したが、一六二〇年には反リュイーヌの陰謀に連座してジュネーヴへ亡命した。詩篇『春』（出版一八七四年）、とりわけ『悲愴曲』（一六一六年）はバロック文学の傑作とされるが、ほかに一五五三―一六〇二年のプロテスタント闘争史とも言うべき『世界史』（一六一九―二六年）や多くの小冊子、政治論などを著わした。

〔一八八〕ガイウス・ペトロニウス（六六歿）。古代ローマの小説家。ネロ帝の寵を得、顧問官として趣味の面で同帝の指南役を務めたが、後に中傷されて同帝から自殺を命じられた。爛熟したローマ風俗を伝える諷刺小説『サテュリコン』を残している。

〔一八九〕邦訳、岩波文庫『サテュリコン』、二一一ページ、国原吉之助訳。

〔一九〇〕同、二一五ページ。

〔一九一〕これは誤記である。「前世紀末」だと十七世紀末のことになるが、その事件は十六世紀末のことだった。

〔一九二〕マルト・ブロシエ（一五七七頃―一六〇九以前）。十六世紀末の有名ないわゆる「悪魔憑き」の女。ロモランタンの貧しい織工の娘とされているが、実際はさほど下層の出ではなかったらしい。しばしば発作（おそらくヒステリーの）を起こし、悪魔に憑かれたとされた。父親は彼女を連れて、クレリ、ノートル＝ダム・デ・ザルディリエ、アンジェ、オルレアンと回り、各地で悪魔祓いを受けさせたあと、最後に首都パリに上った。パリではサント＝ジュヌヴィエーヴ教会の近くに宿を取り、そこには大群衆が押しかけた。パリの司教のゴンディ枢機卿は数人の医者や神学者に彼女の鑑定を求め、鑑定結果はまやかしでも病気でもないというものだった。この騒ぎに、ナント勅令発布後間もない国王アンリ四世は、政情の不安定を恐れて、彼女に対する悪魔祓いをやめさせ、そのための集会を禁じ、シャトレ裁判所の獄に彼女を投じた。彼女は一五九九年五月二十四日のパリ高等法院裁決によって郷里ロモランタンへ連れ戻されたが、国王のこの措置を強硬カトリック派が攻撃したり、彼女をペテン師とする医師マレスコの本が公にされたりした。その後彼女はロモランタンを去り、クレルモンの司教フランソワ・ド・ラ・ロシュフコーのもとに身を寄せたり、国王と高等法院の支配が及ばぬ法王領のアヴィニョンに滞在したりして、最後はローマまで行き、そこでも悪魔祓いを受けた。そして程なく、イタリアのミラノか南仏のミヨーで歿している。

〔一九三〕ジャック＝オーギュスト・ド・トゥー（一五五三―一六一七）。フランスの政治家、歴史家。パリの生まれ。パリ高等法院の首席長官クリストフ・ド・トゥーの子。はじめ聖職者となる予定で、パリのノートル＝ダム教会参事会員で後にシャルトルの司教となる叔父のニコラ・ド・トゥーに預けられた。フランスとイタリアの各地の大学で学んだ後、一五七六年にパリ高等法院の聖職者評定官となり、一五八一年にはプロテスタント指導者との交渉のためボルドーへ派遣されて、そこでモンテーニュを識った。一五八六年に聖職から去って訴願審査官となり、一五八八年には国王アンリ三世により国務顧問官に任命され、プロテスタント側のデュ・プレシ＝モルネらとともに、アンリ三世とナヴァール王（後のフランス王アンリ四世）の提携のため交渉に当たった。アンリ三世暗殺の報をヴェネツィアで聞くや、急ぎ帰国して新王アンリ四世に仕え、シュリとともにその最側近の顧問官として働き、一五九五年にはパリ高等法院の大審部長官となり、一五九八年のナント勅令の起草者の一人でもあった。アンリ四世の死後は、シュリの後を継いで三人の財務総監の一人となった（一六一六年）が、この仕事はあまり好みに合わず、パリ高等法院の首席長官になる夢を絶たれたという失意も加わって、晩年は執筆活動に主として力を注いだ。著作にはラテン語の詩なども多いが、何よりもラテン語の巨大な史書『同時代史』が名高い。これは一五四三年から一六〇七年までのフランス史を書いたもので、一五九一年から執筆を始め、一六〇四年の第一部を皮切りに、一六〇八年の第四部まで順次出版され、最後の部分は死後の一六二〇年に公刊された。全百三十八巻、二折判《フォリオ》五冊となる（一六二〇年版）。著者はカトリック教徒だったが、若き日に経験した聖バルテルミの虐殺を原体験として持つ宗教的寛容論者で、動乱の十六世紀を描く筆致はきわめて公正であり、それ故にこの書は一六〇九年にローマ教会の禁書目録にも入れられたが、現在でもフランス史上最高の史書の一つとされており、十八世紀の一七三四年にはアベ・プレヴォ、デフォンテーヌらの手でフランス語に全訳された（四折判十六巻）。ほかに、同じくラテン語の『自伝』全六巻があり、これは『同時代史』の一六〇九―一四年版、一六二〇年版などに収められた後、一七一一年にはそれだけ別個に『回想録』の題で仏訳され、十九世紀の色々な回想録叢書に収められた。

（一九四）ニデール作成の批評版でも一七八七年版でも「第百三十三巻」となっているが、ド・トゥーの本に従って改めた。正しく「第百二十三巻」としている写本もある。

（一九五）ピエール・ベール（一六四七―一七〇六）。フランスのプロテスタント哲学者。ピレネー山麓の小村カルラの生まれ。ピュイローランスのプロテスタント大学に入ったが、在学中にカトリックへの改宗とプロテスタントへの再改宗を経験、そのため「再転落者《ルラプス》」として違法の存在となったためジュネーヴへ亡命し、ジュネーヴ大学で学んだ。一六七五年にセダンのプロテスタント大学の哲学の教授となったが、一六八一年に同校が強制閉鎖されたためオランダのロッテルダムに亡命し、同市に新設された高等学院の哲学と歴史の教授となった。一六八四―八七年にアムステルダムから月刊の学芸新聞『文芸共和国便り』を出して全欧的な名声を博したが、一六九〇年から、セダン大学以来の同僚（神学教授として）のピエール・ジュリューと亡命プロテスタントの政治路線をめぐって対立し、対仏穏健派の中心人物として、対仏強硬派・イギリス名誉革命支持派を代表するジュリューと激しい論争を行ない、ジュリューの背後にいるオランダのオランイェ派の手によって一六九三年に教壇から逐われ、以後は文筆活動に専念した。世俗道徳は宗教的信仰と関わりなく、したがって無神論者の社会も存立可能であるとした『彗星雑考』（一六八二年）、母国のプロテスタント迫害を論難して良心の自由を説き、宗教的寛容思想の一大古典とされている『〈強いて入らしめよ〉というイエス・キリストの言葉に関する哲学的註解』（一六八六―八七年）が初期の代表作だが、とりわけ、在来の歴史記述の厳密な批評的吟味と大胆な哲学的・神学的議論が一体をなす二折判《フォリオ》四巻の大作『歴史批評辞典』（初版一六九六年）は十八世紀のベストセラーで、啓蒙思想の形成に多大の刺激を与えた。啓蒙思想の最大の先駆者とされる思想家で、啓蒙思想家たちから父と仰がれた人だった。

〔一九六〕 クシィシュトフ・ラジヴィウ（一五八四歿）。当時ポーランド領だったリトアニア有数の名家ラジヴィウ家の出で、ヴィルノ（ヴィルナ、ヴィーリニュス）宮中伯、リトアニア大元帥、リトアニア大法官だったミコワイ（四世）・ラジヴィウ（一五一五―六五）の従兄弟だったともいわれ、彼自身もヴィルノ宮中伯だった。ミコワイ四世がプロテスタンティズムに改宗した時、カトリックの信心の篤いクシィシュトフは家の恥を濯ごうとローマへ行き、ローマ法王に大いに敬意を表したため、法王はその返礼として箱に入った聖遺物を下賜した。その聖遺物はローマからの帰途に紛失してしまい、保管を任された侍従が似たような箱に獣の骨を入れておいたところ、リトアニアに帰った後、この偽物の聖遺物が悪魔に憑かれたとされる者たちから悪魔を追い出すのを見て、クシィシュトフは「悪魔祓い」なるもののペテンに気付いて、それをする修道士たちをもはや信用しなくなり、宗教上の真理はただ聖書の内にのみ求めるべきだと考えて、聖書の勉強に打ち込んだ結果、一五六四年に自らもプロテスタンティズムに改宗したという。この話はベールの『歴史批評辞典』の「ラジヴィウ」（Radziwil）の項、註（E）に載っているが、内容は百パーセント、改革派シャラントン（パリ）教会の牧師シャルル・ドルランクール（一五九五―一六六九）の『ヘッセン地方伯エルンスト公閣下からパリの五人の牧師に宛てられた手紙への返事』（ジユネーヴ、一六六二年）からの引用で成っている。

〔一九七〕 一六三三―三四年のいわゆる「ルーダン事件」のこと。この町にあったウルスラ会の女子修道院で、院長ジャンヌ・デ・ザンジュ教姉を始め九人の修道女が悪魔に憑かれたと称したのが事の始まりだった。この憑依現象が最初に見られたのは一六三二年九月二十一日から二十二日にかけての夜で、十月始めからカプチン会の修道士たちによる悪魔祓いが行なわれ、十月十一日の悪魔祓いで「悪魔」が、この修道院の指導に当たるサント＝クロワ教会の司祭ユルバン・グランディエ（一五九〇―一六三四）が自分を修道女らに送り込んだ張本人だと白状した。しかし、十一月末には悪魔祓いに立ち会った土地の裁判官《バイイ》ギヨーム・ド・スリゼが悪魔憑きの真実性に深刻な疑惑を抱いたこともあり、一六三二年十二月二十四日にはボルドーの大司教アンリ・デスクブローが一旦は、これを事件にしない旨決定した。しかし、一六三三年二月に、ルーダンの悪魔憑きは事実であるとするソルボンヌの博士たちの見解なども出たため、宮廷は一六三三年十一月三十日、ルーダンの城の取壊しを指揮するため一六三一年十一月から現地ルーダンにいた国務顧問官ローバルドモンに事件処理の全権を委ね、グランディエの訴追開始を命じた。十二月九日にグランディエは逮捕され、予審の過程でグランディエが署名した悪魔との契約書が証拠として提出されたり、修道院長の体からアスモデなど三体の悪魔が出て来たり、グランディエと対質させられた修道女たちがヒステリーの発作を起こしたりした挙句、裁判が一六三四年七月八日から始まって、同八月十八日には、ローバルドモンを含む十二人の裁判官により、グランディエは魔術と憑依の罪で火刑を宣告され、刑は即日執行された。このグランディエの焚殺は十七世紀フランスの最も有名な妖術裁判だったが、悪魔憑きに藉口した陰謀という説が当時から根強くあり、学問はあるが聖職者の中の問題児で逮捕歴もあるグランディエを葬るためにカプチン会の修道士たちが悪魔憑きをでっちあげたのだという解釈や、一六二七年にルーダンの靴屋のおかみカトリーヌ・アモンから国王の首席侍従バラダへの手紙と銘打って出版された『母后御用達の靴屋のおかみからド・バラダ氏への手紙』という匿名の政治的諷刺文（リシュリューへの個人攻撃を含む）はグランディエが書いたものだと睨んだリシュリューが、復讐のためローバルドモンを使ってグランディエを焚殺したのだという解釈などもあり、悪魔憑きそのものはまず信じられない今日でも、この冤罪事件の真因については歴史家の間で意見の一致は見られていない。

〔一九八〕　ユルバン・グランディエ（一五九〇—一六三四）。ルーダン事件で火刑にされた犠牲者。サブレの近くのロヴェールの生まれ。ボルドーのイエズス会学院で学んだ後、聖職者となり、ルーダンのサン＝ピエール教会の主任司祭、サント＝クロワ教会参事会員を務めた。この二つの職の兼務や、説教師としての名声、同僚聖職者、特に修道士に対する軽蔑的態度、上流婦人の間での人気、この町に多いプロテスタントに対する寛容な接しかたなどで同僚の反感を買っていたが、彼自身の素行も悪かったらしい。一六二九年十一月に司教の権威を侵害した廉でポワティエで逮捕されたが、この時はボルドーの大司教の判決により無罪となった（一六三一年十一月二十二日）。無罪を克ち取って凱旋将軍のようにルーダンへ帰還したことが、ますます同僚聖職者の敵意を募らせたらしい。翌年から始まる悪魔憑き事件と、それによる彼の火刑については前註を参照されたい。

〔一九九〕　ローバルドモン男爵ジャン・マルタン（一五九〇—一六五三）。ルーダン事件の裁判を指揮した役人。ボルドーの生まれ。ギュイエンヌ州国庫総務の子で、一六〇七年にクトラの近くの城を買って貴族となった。一六一二年に妻の父の後を継いでボルドー高等法院の評定官となり、一六二四年にはローバルドモン男爵と名乗ることを国王に許可された。以後、ボルドー高等法院第一調査部長官（一六二七年）、ギュイエンヌ州租税法院首席長官（一六二九年）と順調に出世して、一六三一年十一月には国務顧問官に任命された。リシュリューの子分で、この宰相の意を受けてルーダン事件の裁判を指揮し、その後もサン＝マール（一六二〇—四二）とド・トゥー（一六〇七—四二）が処刑された反リシュリュー陰謀事件の裁判でも受命判事を務めたが、リシュリューの死後は当然ながら表舞台から去った。政治裁判の道具になった役人で、良心なき裁判官の典型ともされている。

〔二〇〇〕　クロード・キイェ（一六〇二—六一）。フランスの医師、ついでラテン語詩人。シノンの生まれ。はじめ郷里で医師を開業していたが、一六三四年、ルーダンのウルスラ会修道女たちの悪魔憑きを招いた張本人として裁判にかけられた友人ユルバン・グランディエの公判に立ち会ってこの悪魔騒ぎを一笑に付したため、官憲に追及されそうになり、イタリアへ逃亡した。イタリアでは、はじめローマ駐在フランス大使デストレ元帥の秘書をしたが、やがてローマで僧籍に入った。同じくローマ滞在中に、立派な子供を作る方法を述べた四巻の詩『カリパエディア』（一六五五年）をカルヴィディウス・ラエトゥスの偽名で著わした。それは卑猥な描写や占星術の影響なども見られる作品で、中で作者はイタリア人を貶したりマザランを当てこすったりしていたが、マザランはそのためかえってキイェに好意を抱き、彼をパリに呼び寄せて、ブローニュ教区ドゥドーヴィルの僧院長の職禄を与えた。キイェはそこで、一六五六年の第二版ではマザラン非難をマザランへの讃辞に改め、その版をマザラン自身に捧げた。この詩は大当たりを取り、コスタルやメナージュに高く評価されて、一七四九年のモントノー・デグリによる訳を始め、十八、九世紀に数種類の仏訳が出た。ほかに遺稿として、アンリ四世に関するラテン語詩や、ユウェナリスの『諷刺詩』の仏訳などを残したらしい。

〔二〇一〕　この人名はニデール作成の批評版でも一七八七年版でも Lamonardaye（ラモナルデ）とされているが、La Ménardaye

（ラ・メナルデ）が正しい。ジャン＝バティスト・ド・ラ・メナルデ（一六八八―一七五八）はフランスの元オラトリオ会士。亡命プロテスタントのニコラ・オーバン（一六五五―？）が著わしたルーダン事件の顚末記『ルーダンの悪魔、またはウルスラ会修道女らの憑依と同市の主任司祭ユルバン・グランディエの処刑の歴史』（アムステルダム、一六九三年）（一七一六年にアムステルダムから『リシュリュー枢機卿の復讐の残酷な結果、またはルーダンの悪魔……〔以下同じ〕』という題で再刊された）に反駁する対話篇『ルーダンの悪魔、ウルスラ会修道女らの憑依、ユルバン・グランディエの断罪の歴史の検討と批判的議論』（パリ、一七四七年）という八折判五百ページを超える大著を著わした。

〔一〇二〕　バルタザール・ド・モンコニス（一六一一―六五）。フランスの旅行家。リヨンの生まれ。一六二八年にサラマンカへ遊学し、以後イタリア、エジプト、パレスチナ、シリア、ペルシア、コンスタンチノープルなどを旅して、一六四九年に帰国した。その旅行の一つの眼目は古代宗教、ヘルメス信仰やゾロアスター教の痕跡を探ることにあったが、帰国後も神秘学に没頭した。一六六三―六四年には、リュイーヌ公爵の息子の供をしてイギリス、オランダ、ドイツへ行っている。その『旅日記』は一六六六年にリヨンで出版された。なお、彼がルーダンのウルスラ会女子修道院長を訪問したのは、ユルバン・グランディエが処刑されてルーダン事件が終わってから十一年後の一六四五年のことだった。

〔一〇三〕　ルーダンのウルスラ会女子修道院長ジャンヌ・デ・ザンジュ（天使たちのジャンヌ）、本名ジャンヌ・ド・ベルシエ（一六〇二―六五）。サントンジュ地方コーズの城の生まれ。コーズ男爵ルイ・ド・ベルシエの娘で、前出のローバルドモン男爵は母方の親類だった。ルーダンのその修道院がまだポワティエにあった頃そこに入り、一六二三年に正式の修道誓願をし、一六二七年に二十五歳でその院長となった。貴族や上層市民の子女を受けいれて修道院を発展させたが、横暴で気まぐれな女性だったらしい。一六三二年から始まる悪魔憑きの騒ぎでは、取り憑いたとする悪魔の数も七体と、修道女中最多だった。当時三十歳の彼女は、どうやらユルバン・グランディエに恋心を抱いていたようである。グランディエの処刑後も彼女の憑依はやまず、淫猥の悪魔イスカアロンが夜な夜な現われ、お前は妊娠していると彼女に言ったりしたらしい。実際、妊娠の徴候が体に現われ、医者もそうだと言い、彼女は不安のあまり一六三五年一月には自殺を図った。祓魔師もカプチン会士、レコレ会士が次々と悪魔祓いを試みたが効果がなく、次にイエズス会のシュラン神父が担当したが、逆にシュランが悪魔に取り憑かれてしまった。体も衰弱し、これが最期かと思われた頃、一六三六年二月六日に突然奇蹟的に快癒した。夜中に現われた聖ヨセフが香油を五滴かけてくれ、それが病を追い払ったのだと彼女は言った。この話はたちまち評判になり、香油のしみこんだ下着の霊験に与ろうと、妊婦たちが方々からこの修道院に押しかけて、ルーダンは一大巡礼地のようになった。それでも、悪魔はまだ彼女の体に取り憑いていたため、祓魔師のシュラン神父は一六三七年十月十五日に教会堂で悪魔ベヘモに体から出るよう命じ、出たしるしとして彼女の左の手の平に「イエス、マリア、ヨセフ、フランソワ・ド・サル」と書けと言ったところ、実際にその字が彼女の手の平に現われ、ミサに集まった多くの信者はそれを見て驚いた。彼女はシュラン神父に、取り憑いている最後の悪魔はアヌシにある聖フランソワ・ド・サルの墓の前でしか体から出て行かないのでアヌシへ行くと言い出し、一六三八年四月二十六日にルーダンを発った。左手の字と香油のしみこんだ下着を見せて奇蹟を起こして回るこの旅は、行く先々で大群衆に迎えられ、往路も帰路もパリに立ち寄って、サン＝ジェルマン＝

アン＝レーで国王と王妃に拝謁を仰せつかり、多くの大司教・司教の表敬訪問を受けるなど、まさに彼女の栄光の絶頂だった。ルーダンへ戻った彼女は、一六三八年の年末には憑依現象もやんだが、聖痕とされる左の手の平の字は一六六一年七月まで残っていたという。その後も淫猥な幻覚に襲われたりはしたものの、概して平穏な余生を送り、一六六五年一月二十九日に肺炎で世を去った。手稿で残された『自伝』が一八八六年にパリで出版されており、この訳註の記述もそれに依拠している。

〔一〇四〕 コンデ親王ルイ（二世）・ド・ブルボン（一六二一—八六）。「大コンデ」と綽名される。十九歳で三十年戦争に加わり、ロクロワの合戦（一六四三年）を始め多くの戦功を上げた。フロンドの乱では反乱側の旗頭で、一時スペイン軍に投じたが、一六五九年のピレネー和議により帰国し、その後フランドル戦争、オランダ戦争などに参加した。十七世紀のフランス屈指の名将で、文芸保護者としても名高かった。

〔一〇五〕 ジャン＝バティスト・ショードンはエクス高等法院の弁護士、エクス弁護士会長で、次に述べる有名なカディエール＝ジラール事件の裁判でカディエール側の弁護人を務めた人物。この事件について十点近い弁論書や弁駁書をいずれも一七三一年にエクスで出版しており、引かれる言葉は最初の弁論書からである。カディエール＝ジラール事件というのは、南仏の港町トゥーロンの麻屋の娘だったマリ＝カトリーヌ・カディエール（一七〇九—三一以後）が、聴罪司祭に選んだ同市の海事神学校長のイエズス会士ジャン＝バティスト・ジラール神父（一六八〇—一七三三）により、脱自の状態では悪魔の唆しにも身を任すべしという「モリノス主義」的格率によって誘惑され、その結果、同神父に犯されて妊娠し、さらには堕胎させられたと、兄弟のドミニコ会士エティエンヌ＝トマ・カディエール神父、同じく司祭のフランソワ・カディエール、彼女がジラール神父に代って聴罪司祭に選んだトゥーロンの跣足カルメル会小僧院長ニコラ・ド・サン＝ジョゼフ神父と連名でジラール神父を訴え、ジラールの側も名誉毀損で告発者たちを訴え返したものだった。この事件は国務顧問会議の決定によりエクス高等法院大法廷の審理に任され、結局、一七三一年十月十日の裁決により、ジラールは不起訴となって教会裁判所に付託され、カディエール側の四人も同じく不起訴となった。この高等法院の裁決では、十二人の評定官がジラールの無罪を唱え、同じく十二人の評定官が火刑または死刑を求めて、票決はまっぷたつに割れたらしい。ジラールは翌一七三二年二月二十三日のトゥーロン司教座法廷の判決によって最後的に無罪とされ、一方、ウルスラ会女子修道院の地下牢に投獄されていたカディエールはこの裁決により釈放されたものの、高等法院長官の命令によってトゥーロン市から追放され、その後の消息は不明だという。この事件は一世を騒がせたもので、どうやらイエズス会と他の修道会との対立も絡んでいたらしく、イエズス会側は「ジャンセニストによる迫害」と言い、ジラールを「殉教者」に祭り上げたりした。この訴訟の関連文書を集めたものには十二折判六巻本（エクス、一七三一年）、同八巻本（ハーグ、一七三一年）、二折判《フォリオ》三巻本（エクス、一七三一年）、十二折判五巻本（エクス、一七三三年）など何種類もある。十八世紀の有名な匿名の反宗教的ポルノグラフィー『哲人テレーズ。ディラーグ神父とエラディス嬢の物語に資するための覚書』（一七四八年）のヒロイン、エラディスと悪徳聖職者ディラーグはそれぞれこのカディエールとジラールをモデルにしており、名前も二人の本名のアナグラムだった。ミシュレの『魔女』でも、カディエール＝ジラール事件は大きく取り上げられている。

〔一〇六〕 ヌヴェールのイエズス会士デュボワという人物につ

いては、この文書の著者と同様、訳者もつまびらかにしない。

〔二〇七〕　当時サンスの大司教だったランゲ・ド・ジェルジのこと。ジャン＝ジョゼフ・ランゲ・ド・ジェルジ（一六七七―一七五三）はディジョンの生まれ。ディジョン高等法院検事総長の子で、ソルボンヌで学んで神学博士となり、同郷の先輩ボシュエの庇護を受けて、一七一五年にソワソンの司教となり、一七三一年から死ぬまでサンスの大司教を務めた。一七二一年にアカデミー・フランセーズの会員となっている。「ウニゲニトゥス」大勅書をめぐる教会の紛争の中で、この大勅書を擁護してジャンセニストと激しく闘った人で、この論争で著わした多くの教書、司牧書、手紙類はラテン語に訳されて二折判《フォリオ》二巻本に纏められた（サンス、一七五二年）が、この本は高等法院により販売を禁止された。「痙攣派」の「奇蹟」なども当然否定し、激しく攻撃したが、反面、「聖心」崇拝の唱導者マルグリット＝マリ・アラコック（一六四七―九〇）に心酔して、幻視や奇蹟の話に満ち溢れるその伝記（パリ、一七二九年）を書くなど、軽信的な一面もある人だった。本文で引かれる文章は、この伝記の序論にある。

〔二〇八〕　アルノー・ドッサ（一五三六―一六〇四）はフランスのカトリック聖職者。オーシュ近傍の生まれ。一五七四年に司祭となって、一五八〇年にローマへ行き、エステ枢機卿やジョワユーズ枢機卿の秘書をした。その後、フランスの前王アンリ三世の未亡人のエイジェントとして、アンリ四世とローマ法王庁との和解に努め、一五九五年九月にはアンリ四世の赦免を克ち取った。翌一五九六年にレンヌの司教、国務顧問官に任命されたが、フランスには帰らずにそのままローマにおり、法王庁に対してフランスの宮廷の利益を擁護し、ナント勅令を法王庁に受けいれさせたり、アンリ四世とマルグリット・ド・ヴァロワの離婚の許可を得たりした。一五九九年に枢機卿に任命され、翌年にはバユーの司教となったりして、そのままローマで死んだ。一六二四年に『書簡集』（二折判《フォリオ》二巻、パリ）が出版されており、これは一六九八年にも新版（四折判二巻、パリ）が出た。引用はそれの一七一四年版（アムステルダム）からである。

〔二〇九〕　マルケルス・エンピリクス（経験医マルケルス）は四―五世紀のラテンの医師。今のボルドーの出身で、ローマに居を定め、テオドシウス帝（在位三七九―三九五）の大臣兼侍医を務めた。四一〇年頃に彼が著わした『医薬について』は、ガリアの薬草をくわしく叙述した集成として知られている。

〔二一〇〕　列挙されたこれらの名は、ニデール作成の批評版にあるもの（一七八七年版もそれとほぼ一致する）に準拠して、それを仮名書きしただけだが、出典のオリゲネス『ケルソス駁論』第八巻に実際にあるものとは数も綴りも大幅に異なる。ちなみに、批評版にあるものと、著者が準拠したらしい『ケルソス駁論』のラテン語訳、および同書の仏訳にあるそれらの名前を原綴で列挙すれば左のとおりである。批評版では Ehnaccehunna, Ensetsicut, Bin, Eris, Crebin, Romanor, Recanoas、オリゲネスのラテン語訳では Chnoumen, Chnachoumen, Cnat, Sicat, Biou, Erou, Erebiou, Ramanor, Reianor、仏訳では Chnumen, Chnachumen, Cnat, Sicat, Biu, Eru, Erebiu, Ramanor, Rianoor である。筆写の過程で徐々に変化したのであろう。

〔二一一〕　ルキウス・アプレイウス（一二五―一八〇頃）。ラテンの作家。アフリカのマダウロスの生まれ。カルタゴとアテナイで教育を受けた。哲学や魔術を愛し、プラトン哲学に共鳴、さらにオリエントの宗教的秘儀にも通じていた。驢馬の姿になったルキリウスという男が様々な世相に触れる全十一巻の『黄金の驢馬』で、すぐれたコント作家として知られる。魔術師という非難に答えて『弁明』を著わした。

〔一一二〕　この文書の批評版を作成したニデールは、この本は一七二四年にパリで出版されたラテン語の『異端者の洗礼について聖ステファヌスと聖キプリアヌスの間に起こった分裂に関する教義学的論考』であろうと推定している。バルビエによると、この『…教義学的論考』は允許に著者名「ヤコブス（ジャック）・レヴェロニ・デュ・クローゼル」が記載されていたらしいが、この人物については何ひとつ分かっていない。

〔一一三〕　参照したどの版もレオナールとデュ・ヴェール（デュヴェールと表記）を別々の人間としているが、それは誤りで、正しくはレオナール・デュ・ヴェールというただ一人の人物である。著者がこの部分の典拠とするティエールの『迷信論』も、これを単一の人物としている。但し、この人物はイタリア人だから、こうしたフランス読みよりもレオナルド・ヴァイロとイタリア読みにすべきであろう。レオナルド・ヴァイロ（一五四〇頃―一六〇三）は十六世紀イタリアのカトリック聖職者。ベネヴェントの生まれ。一五八七年にポッツォーリの司教となり、終生その地位にあった。説教家として名声を博した人らしいが、今では、一五八三年にパリで出版したラテン語の『魔力論』によって名を残している。この書は同じ一五八三年にジュリアン・ボードンの手で仏訳され、同じくパリで出版されたが、迷信に堕さぬ良識的な魔術論として高く評価されたらしい。

〔一一四〕　アンドレ・デュ・ローランス（一六〇九歿）は十六世紀のフランスの医師。アルルの生まれ。一五八六年から一五九八年までモンペリエ医科大学の教授として非常な名声を博し、そのためパリに呼ばれて国王アンリ四世の侍医、王妃マリ・ド・メディシスの侍医頭を経て、一六〇六年に国王の侍医頭となり、パリにいつつモンペリエ大学の尚書をも務めた。主著『人体解剖誌』（フランクフルト、一五九五年）を始めとして医学関係の多くの著書があり、一六一三年にパリで二折判《フォリオ》の全集が出た。ここで言われるのは、一六〇九年にパリで出版された『瘰癧治癒の奇蹟について』のことである。

〔一一五〕　ローマ皇帝ヴァレンティニアヌス一世（三二一―三七五、在位三六四―三七五）。ニカイアで軍隊に推されて皇帝を宣し、帝国の東半分は弟のヴァレンス帝に統治を委ね、自らは西方を治めた。キリスト教徒だったが、異教に対しても寛容だった。

〔一一六〕　ミヌキウス・フェリクスの対話篇『オクタウィウス』に登場する異教徒の話者。

〔一一七〕　同じく『オクタウィウス』に登場するキリスト教徒の話者。

〔一一八〕　ザームエル・プーフェンドルフ（一六三二―九四）。ドイツの法学者、歴史家。ザクセンの生まれで、一六六一年からハイデルベルク大学で自然法・万民法を教えた。一六七〇年、スエーデンに招かれてルンド大学の教授となり、一六七七年にはスエーデンの王室修史官に任命された。のちドイツへ戻り、ブランデンブルク選挙侯の修史官となった。グロティウスの後を継ぐ大陸自然法理論の代表者で、『自然法・万民法』（一六七二年）、『人間・市民の義務』（一六七三年）は自然法理論の古典とされる。ほかに、神聖ローマ帝国のありかたを鋭く批判した『ドイツ帝国の状態』（一六六七年）や、『今日の欧州主要国家の歴史序論』（一六八二年）などがある。本文で引かれるのは、最後に挙げた書の仏訳（最初の版は十二折判四巻本で、ユトレヒト、一六八七―八八年）の一七二二年版『世界一般政治史序論』（十二折判七巻本、刊行地はアムステルダムと表記するが、実際はフランスのトレヴーだった）からで、その書の第六冊一二四―一二五ページにその文章はある。

〔一一九〕　ミシェル・モーデュイ（一六三四―一七〇九）。フランスのオラトリオ会士。低ノルマンディ地方ヴィールの生まれ。一六四六年にリヨンでオラトリオ会に入り、一六五四年に司祭となった。はじめエッフィア、ジュイイ、ソーミュール、ヴァンドーム、ル・マンなど各地の学院で人文学や哲学を教え、次に農村地帯での伝道に従事したが、最後は学者として新約聖書の研究に打ち込み、一六九六年以降はパリに住んで、一七〇九年一月十九日にパリの僧院で死んだ。『パウロ書簡・使徒書簡摘要』（二巻、パリ、一六九一年）、『福音書摘要』（三巻、パリ、一六九四年）、『使徒行伝摘要』（二巻、パリ、一六九七年）、死後に出版された『黙示録摘要』（二巻、パリ、一七一四年）がその成果で、これらは当時非常に好評で、多くの版を重ねた。ここで引かれるのは、彼の処女作『無神論者、理神論者、新ピュロン派に反対する宗教論』（パリ、一六七七年）で、これも一六七八年、一六九八年、一六九九年、一七一九年と何度も版を重ね、最近でも一九九六年に再刊された。モーデュイはパスカルに心酔した人で、この本でも「賭の論理」などを多用しており、現代にこの本が注目されるのは主にパスカルの『パンセ』との関係からである。

〔二一〇〕　ジャン・ル・クレール（一六五七―一七三六）。アルミニウス派の学者、ジャーナリスト。ジュネーヴの生まれ。ジュネーヴ大学、ソーミュール大学で学び、一時ロンドンで説教師をしたが、一六八三年からは最後的にオランダに定住した。アムステルダムにあったアルミニウス派神学校の教授となって、哲学、文学、ヘブライ語、さらには教会史を教え、一七二八年まで在職した。七十点を超す厖大な著作を残しているが、とりわけ学芸新聞『古今東西文庫』（アムステルダム、一六八六―九三年）、『精撰文庫』（アムステルダム、一七〇三―一三年）、『古今文庫』（アムステルダム、一七一四―二六年）で全欧的な名声を博した。リシャール・シモンに反駁した『《旧約聖書の批評的歴史》に関するオランダの数人の神学者の意見』（アムステルダム、一六八五年）、『オランダの数人の神学者の意見の擁護』（アムステルダム、一六八六年）で聖書批評学の歴史にも大きな足跡を残しており、『リシュリュー枢機卿伝』（アムステルダム、一六九四年）、『キリスト生誕後初代二世紀教会史』（アムステルダム、一七一六年）、『オランダ史』（二折判《フォリオ》三巻、アムステルダム、一七二三―二八年）などの史書や、テオドール・パラーズの筆名で著わした雑纂『パラーズ語録』（初版はアムステルダム、一六九九年、二巻本の第二版はアムステルダム、一七〇一年）、新約聖書の仏訳（アムステルダム、一七〇三年）やキリスト教弁証論『無信仰について』（アムステルダム、一六九六年）などもある。ヴォルテールが『イギリス書簡』で「当代随一の哲学者」と呼んだ人で、ロックの最初の紹介者でもあり、ピエール・ベールの晩年の論争相手だった。

〔二一一〕　訳註〔三九〕を参照。

〔二一二〕　ルイ＝ダニエル・ル・コント（漢名は李明・復初）（一六五五―一七二八）。フランスのイエズス会宣教師。ボルドーの貴族の家に生まれ、一六七一年に十六歳でイエズス会に入った。はじめは教育関係の仕事や説教などに従事し、かたわら数学を勉強したが、一六八五年、フランス王ルイ十四世がシナへ派遣する六人のイエズス会士「数学者」の一人として同国へ出発した。シャムを経てシナへ着き、同国のイエズス会宣教団に加入したのは一六八七年七月末だが、翌一六八八年二月には北京に着き、その後間もなく山西省に派遣されてしばらく布教に従事した後、さらに奥地の陝西省で二年間活動した。しかし、マカオのポルトガル人たちによりフランスからの年金を差し押さえられたため、奥地のフランス人宣教師たちは極度の窮迫に陥り、生活のため任地を離れて海岸部へ出ざるをえなくなり、ル・コントもフランス宣教団長のド・フォントネ（洪若翰）神父とともに広東に移った。ド・フォントネはフランス宣教団の窮状を訴えるため使者としてル・コントをフランスへ戻らせることを決め、結局ル・コントは一六九二年にフランスへ帰着し、一時ローマへ赴いた後、その後もフランスに引き留められて、一六九七年には王孫ブルゴーニュ公妃の聴罪司祭に任命され、二度とシナへは戻らなかった。著作には『シナの現状に関する新篇覚書』（二巻、パリ、一六九六年）や『シナの儀式についての手紙』（パリ、一七〇〇年）などがあるが、それらはシナ人の宗教についてあまりにも寛大すぎるという理由で一七〇〇年にソルボンヌにより断罪され、ローマ法王からも批判された。それに関する激しい賛否の議論は、いわゆる「典礼論争」のピークをなした。なお、ル・コントは天文学者、地理学者、博物学者としてもすぐれた人で、シナへの最初の航海中には日蝕その他を観測し、シナ滞在中も南京から広東までの河川地図を作ったりした。

〔一二三〕　ここに引かれる『オランダ東インド会社から日本皇帝への使節行』は、オランダ語原本からの仏訳版で、一六八〇年にアムステルダムから二折判《フォリオ》で出版され、一七二二年にパリから十二折判二巻本としても出た。この書は『東インド会社遣使録』の名で、当然ながらわが国の洋学史研究者の間では古くから知られたもので、すでに大正十四年に和田萬吉氏により『モンタヌス日本誌』の題で邦訳もされている（英語版からの重訳で、また抄訳ではあるが）。この書と、著者アルノルドゥス・モンタヌスは、ともに、日蘭学会編纂の『洋学史事典』（昭和五十九年、雄松堂出版）に項目が立てられており、門外漢の訳者はこの事典の記述に加えるべき情報を何も持たないから、中村孝志氏の筆になるその二つの項目を全文引き写させていただくことにする。即ち、

「東インド会社遣使録　*Gedenkwaerdige Gesantschappen der Oost-Indische Maatschapy in 't Vereenigde Nederland aan de Kaisaren van Japan.* Amsterdam. 1669. 著者モンタヌス Arnoldus Montanus は日本に来たことはないが、イエズス会士の書翰ならびに出島商館員などの報告類により本書を著したもので、特に家光時代に東インド会社特派使節として来日したフリシウス Andries Frisius および甲必丹ワーヘナール Zacharias Wagenaar をはじめ会社の対日通商開始いらい行われた数回の使節の見聞記を骨子として、日本の風俗、政治、歴史を述べている。本書の叙述は散漫、多くの誤りもあり、学術的にはさして重要さはないにしても、当時ヨーロッパに行われていた世界史的な立場で日本を眺めようとした態度が見られる。オランダ語初版以来、西欧読書界の大歓迎をうけ、つづいて翌七〇年独語、英語、八〇年には仏語版など各国語版が刊行された。和田萬吉『モンタヌス日本誌』（一九二五年東京）はオージルビーの英訳版からの抄訳である。」

「モンタヌス　**Montanus,** Arnoldus　くわしくは Arnoldus Montanus van Bergen（または van den Berg）一六二五頃—一六八三　オランダ人牧師、著作家。ライデンで神学のち哲学を学んだ。初め、五三年スヘリングオウデ、六七年から没年までスホンホーフェンの牧師ならびに同地のラテン学校の校長を勤めた。海将ヨハン・ファン・ハーレンの行実、英・蘭海戦史など十七世紀を中心とするオランダの海事史や、フレデリック・ヘンドリック、ウィレム・ヘンドリックらオラニエ家統領の伝記など歴史書を数多く編纂した。特にその著『東インド会社遣使録』は各国語に訳されて、早い時期に日本の事情を伝えた書として世に喧伝された。」

なお、この訳註の作成に当たっては、井田清子氏から多くの貴重な御教示をいただいた。記して、厚く御礼申し上げるしだいである。

〔一二四〕　モンペリエの司教コルベールのこと。シャルル＝ジ

ヨアシャン・コルベール（一六六七―一七三八）は十七世紀の大政治家コルベールの甥で、パリの生まれ。一六九七年にモンペリエの司教となり、教区に多いプロテスタントの改宗事業に従事した。「ウニゲニトゥス」大勅書をめぐる教会内の紛争では、この大勅書に反対する「上訴派」の中心メンバーの一人で、多くの教書や司牧書によって反対運動を展開し、「痙攣派」に対しても好意的だった。ここに引かれる一七三三年二月一日付の教書の標題「ウニゲニトゥス大勅書の上訴派のために神が行なわれる奇蹟について」が示すとおりである。一七四〇年に四折判三巻の著作集がケルンで出版されている。

〔二一五〕　ピエール・シャロン（一五四一―一六〇三）。フランスの哲学者、カトリック聖職者。パリの生まれ。モンペリエ大学で法学を学び、一五七一年に法学博士となり、一時パリ高等法院の弁護士をしたが、一五七六年に僧籍に入り、アジャン、ボルドー、カオール、コンドンなど各地で説教師として活動し、コンドンでは司教座神学教授、司教総代理を務めた。ボルドー時代にモンテーニュを識って、この友人から深い感化を受け、モンテーニュの思想を系統的に纏めた『知恵について』（ボルドー、一六〇一年）を始め、キリスト教弁証論『三つの真理』（ボルドー、一五九三年）、『キリスト教論集』（パリ、一六〇四年）などを著わした。十七世紀の自由思想家の元祖としてガラス神父らに攻撃された。

〔二一六〕　セネカ『幸福な人生について』、第二章。邦訳、岩波文庫『人生の短さについて、他二篇』、一二四ページ、茂手木元蔵訳。

〔二一七〕　ナント勅令廃止（一六八五年）直後に、ドーフィネ地方を中心とする南フランスのプロテスタントの間で起こったいわゆる「小預言者」運動のこと。一六八八年二月に、ドーフィネ地方クレ近傍に住むイザボー（またはイザベル）・ヴァンサンという十六歳の羊飼いの娘が、眠りながら聖書の言葉を語り、背神の徒の懲罰と改革派教会の再建を預言したのに始まる（彼女は六月に逮捕され、数週間後カトリックへ改宗したといわれる）が、彼女の感化でその地方一帯に多くの若い男女預言者が輩出した。ついで運動はヴィヴァレ地方へ波及し、二十五歳の農夫ガブリエル・アスティエ（一六八九年四月にモンペリエで――または翌年三月にバイで――処刑）の出現を契機として、同地方全体に預言運動が燃え拡がった。その火は、翌一六八九年二月十九日、ラ・サルで開かれた預言集会が軍隊に急襲され、四百人の犠牲者を出す（参加者は天使の保護を確信して、銃弾を浴びても退散を拒んだという）に及んで表面上鎮静したが、以後十年にわたって地下に潜伏した後、一七〇〇年夏に再びヴィヴァレ地方で燃え上がり、さらに南下してセヴェンヌ、低ラングドック地方に及んだ。当初は平和的なものだったこの「小預言者」運動は、一七〇二年春頃から徐々に「聖戦」志向を強めてゆき、この年七月にセヴェンヌ地方で始まるカミザール戦争の直接の導火線となるのである。

〔二一八〕　訳註〔一四四〕を参照。

〔二一九〕　参照したどの版もこの人名をAmulinus（アムリヌス）としているが、Anulinus（アヌリヌス）が正しい。当時のアフリカ属州長官《プロコンスル》だった人。

〔二二〇〕　カエキリアヌス（三四二頃歿）は当時のカルタゴの司教。はじめカルタゴ教会の執事だったが、三一一年に司教メンスリウスが死んだため、その後を継いだ。しかし、その叙品の際、ディオクレティアヌス帝による三〇四年の大迫害の時に棄教したアプトゥンガの司教フェリクスから叙品されたのを理由にこの任命を無効とする者がおり、それらの者が翌三一二年に別の司教マヨリヌスを立てたため、教会の分裂が生じ、分派は後にドナトゥス派となった。三二五年のニカイア公会議に出席したアフリカで唯一の司教だった。

〔一三一〕　ローマ皇帝リキニウス（ウァレリウス・リキニアヌス）（二五〇頃—三二四、在位三〇八—三二四）。東方を治めるガレリウス帝に抜擢されて西方の皇帝となり、三一二年にはコンスタンティヌス一世の妹コンスタンティアと結婚して、同帝との結び付きを強めた。同じ年、コンスタンティヌス一世がマクセンティウス帝を破って西方を統一すると、翌年にマクシミヌス帝を破って東方を統一した。キリスト教問題では三一一年にコンスタンティヌス一世、ガレリウス、マクシミヌスとともに条件付き寛容令を出し、三一三年にはコンスタンティヌス一世との連名で出したミラノ勅令によってそれを完全に公認したが、その後コンスタンティヌス一世と対立したため、三二〇年にはキリスト教迫害を再開した。三二三年にコンスタンティヌス一世と戦って海陸で破られ、翌年引退したが、陰謀の罪を着せられてテッサロニキで絞首刑に処せられた。

〔一三二〕　アパメイアのソパトロスは四世紀前半のギリシアの新プラトン派哲学者。ヤンブリコスの弟子で、その後を継いで新プラトン派の学頭をし、アレクサンドリアで教えた。『摂理論』やいくつかの歴史書を物したらしい。はじめコンスタンティヌス帝の信認が厚く、三三〇年五月十一日のコンスタンチノープル奉献式を主宰したりしたが、その寵遇を嫉妬されたのであろう、魔術を使って風を止めコンスタンチノープルへの食糧補給を妨害したとして訴えられ、斬首の刑に処せられた。彼の刑死は新プラトン主義への迫害の開始を告げるものだった。

〔一三三〕　スイダスは十世紀末に出来たギリシア辞典の編纂者の名前とされていたが、実は辞典そのものの名称らしい。文学史的な一種の百科事典である。

〔一三四〕　ローマ皇帝コンスタンス（フラウィウス・ユリウス）（三二〇—三五〇、在位三三七—三五〇）。コンスタンティヌス一世の末の子で、三三五年から副帝としてアフリカ、イリュリア、イタリアを治め、三三七年に父が死ぬと、兄のコンスタンティヌス二世とともに西方を統治した。やがて兄と対立し、三四〇年にはイタリアに侵入した兄を滅ぼして西方を統一したが、三五〇年にゲルマン人の部下マグネンティウスの反乱によって殺された。若い頃からキリスト教徒で、異教には厳しく、アリオス（アリウス）派に反対してアタナシオスを擁護するなど、正統教会にはしごく好都合な皇帝だった。

〔一三五〕　ローマ皇帝コンスタンティウス二世（フラウィウス・ユリウス）（三一七—三六一、在位三三七—三六一）。コンスタンティヌス一世の第三子で、三二三または三二四年に副帝となり、三三七年に父が死ぬと、その葬儀で一族の男子を大方殺して正帝となり、兄弟たちと帝国を三分して、自らは東方を治めた。ペルシアと戦って勝ち、三五〇年に弟のコンスタンス帝がマグネンティウスの反乱で殺されると、三五三年にこのマグネンティウスを破って、以後は単独の皇帝となった。従弟のユリアヌスに副帝としてガリアを治めさせたが、ユリアヌスが軍隊に推されて皇帝を宣するに及び、それを討つべく兵を進めたが、途中キリキアで病死した。アリオス（アリウス）主義をめぐる教会の紛争を治めるためたびたび宗教会議を開催したが和解に成功せず、彼自身はアリオス派を支持して、アタナシオスを有罪とした。

〔一三六〕　ローマ皇帝ヨウィアヌス（フラウィウス）（三三一—三六四、在位三六三—三六四）。パンノニアの出身で、今のベオグラードの生まれ。ユリアヌス帝の近衛隊長だった。帝の死後、軍隊に推されて皇帝となり、ペルシアと和を講じて東方の領土を放棄したが、コンスタンチノープルへ帰る途中に、在位八カ月にしてガラティアで病死した。ユリアヌスとは違い、熱心なキリスト教徒だった。

〔一二三七〕　ローマ皇帝ヴァレンス（フラウィウス）（三二八頃―三七八、在位三六四―三七八）。はじめユリアヌス帝の部下の軍人だったが、三六四年に兄のヴァレンティニアヌス一世がニカイアで軍に推されて皇帝となったため、その共治者として帝国の東半分を任された。正統カトリック教徒だった兄とは違ってアリオス（アリウス）派の人で、正統派を弾圧した。それも一因となって、ユリアヌスの親類だったプロコピウスの反乱が三六五年に起こり、一時はコンスタンチノープルも奪われたが、翌年フリュギアでそれを破って捕え、斬首した。このプロコピウスを支持した西ゴート族と戦ったが、三六九年に和睦し、次にはアルメニアの支配をめぐってペルシアと戦った。三七六年、民族大移動で西ゴート族が帝国内への移住を求めたため、一時はドナウ川以南への移住を許したが、彼らを冷遇したために憤激した西ゴート族はバルカンからトラキアへ大挙南下し、ヴァレンスはそれを迎え討ったが、三七八年にアドリアノープル（今のエディルネ）の戦いで大敗を喫した。その際に戦死したらしいが、遺体は遂にみつからなかった。

〔一二三八〕　ヴァレンス帝はアリオス（アリウス）派を支持して、正統派を迫害したからである。

〔一二三九〕　キュロスのテオドレトス（三九三頃―四五八頃）。シリアのキリスト教神学者で、アンティオキアの生まれ。アンティオキア付近の修道士から、四二三年にキュロスの司教となった。マルキオン派に対する改宗事業に従事し、ネストリオスの友人としてアレクサンドリアの聖キュリロスを攻撃したため四四九年に追放されたが、二年後に復帰した。『教会史』を始め、護教論、論争書、聖書釈義などを著わしている。

〔一二四〇〕　ローマ皇帝テオドシウス一世（大帝）（三四六―三九五、在位三七九―三九五）。キリスト教を国教にしたローマ皇帝。将軍テオドシウスの子で、スペインの生まれ。軍事に長じ、ヴァレンス帝死後の三七九年に帝国の東部を治める正帝となり、西方帝のグラティアヌスが死んだ時、その後継者として自らも承認していたマクシムス帝をイタリアで捕えて処刑し（三八八年）、マクシムスと対立していたヴァレンティニアヌス二世が三九二年にフランク族に殺されるや、再びイタリアに進軍して三九四年に全帝国の単独支配を回復した。しかし程なく、東方をアルカディウス、西方をホノリウスの二子に委ねて死に、ローマ帝国の東西分割は決定的になった。即位直後の三八〇年にキリスト教に帰依し、それもアリオス（アリウス）派を保護していた前任者のヴァレンス帝とは違って正統のニカイア派で、三九二年にはそれを国教と定め、三九四年にはローマ元老院が行なった異教徒の最後の抵抗を制圧した。

〔一二四一〕　アパメイアの聖マルケロス（三八九歿）。シリアのキリスト教聖職者。キプロス島の出身で、はじめは世俗の司法官だったが、その人徳故にシリアのアパメイアの司教に選ばれた。テオドシウス帝の勅令を実行するため、アウロノスにある異教の神殿の取壊しを行ない、現場でその作業を監督中に、抗議する住民たちに殺された。殉教者、聖人とされており、八月十四日がその祝日である。

〔一二四二〕　ローマ皇帝アルカディウス（三七七―四〇八、在位三九五―四〇八）。テオドシウス一世の子で、父の死後、弟のホノリウスと帝国を二分して、自らは東方を治めた。東西両政府の対立のため、東ローマ帝国は彼に始まるとされている。西ゴート族の侵入、コンスタンチノープルの一時占領など多難な時代だったが、彼自身は政治に無関心で、フランク人の皇后、近衛隊長、宦官などに任せきりにしたため、政治は乱れに乱れたという。

〔二四三〕　東ローマ皇帝テオドシウス二世（四〇一―四五〇、在位四〇八―四五〇）。アルカディウス帝の子で、父の死により幼くして即位し、近衛都督アンテミウスや次には姉のプルケリアに後見され、四二一年に結婚した後は皇后エウドキアが勢力を揮った。政治より学問・芸術に向いた人で、絵画や写本の筆写を好み、「写字生」という異名まで与えられ、コンスタンチノープル大学の整備（四二五年）や「テオドシウス法典」の編修（四三八年）などの文化面での功績により名を残したが、反面、東ゴート族やフン族の侵入に遭って貢納金を払うなど国威の失墜を招いた。神学論争に関してもたえず動揺した人で、とりわけ聖キュリロスとネストリオスの対立には妻と姉の対立も絡んで苦慮したらしく、テオドレトスに調停的な信条を作成させようとして失敗したりした。

〔二四四〕　東ローマ皇帝マルキアヌス（三九六―四五七、在位四五〇―四五七）。トラキア出身の軍人で、テオドシウス二世の死後、その姉プルケリアと結婚して帝位を継いだ。フン族への朝貢を拒んで国境の守備を固め、内政の改革によって国家財政を豊かにするなど、名君と謳われた。教会問題では、四四九年の「エフェソス盗賊会議」を否認してエウテュケス派を弾圧し、四五一年にカルケドン公会議を招集して自らも出席、「カルケドン信条」の制定に大きな寄与をした。

〔二四五〕　東ローマ皇帝レオ一世（四〇一―四七四、在位四五七―四七四）。トラキア出身の軍人で、マルキアヌス帝の死により、ゲルマン人でアリオス（アリウス）派のアスパルの傀儡として皇帝に推戴された。四五一年のカルケドン公会議の決議について賛否を保留したり、アレクサンドリアの総主教で単性論者のティモテオスを懐柔しようとしたりしたために、教会に一時的な混乱を招いた。やがてアスパルとも対立し、これを暗殺したため「屠殺人」と綽名された。アフリカのヴァンダル族を攻撃しようとしたが戦いに敗れ、アフリカへの進出は果たせなかった。

〔二四六〕　クイントゥス・アウレリウス・シンマクス（三四〇頃―四〇二頃）。ローマの政治家。雄弁で聞こえた人で、アフリカの属州長官（三七三年）や、ローマの都督（三八四年）、執政官（三九一年）などを歴任した。異教徒で、全十巻の書簡と演説の断片が残っているが、それらには激しいキリスト教攻撃が溢れており、キリスト教に対する異教徒の抵抗を示す最大の記録の一つとされている。

〔二四七〕　ローマ皇帝ヴァレンティニアヌス二世（フラウィウス）（三七一頃―三九二、在位三七五―三九二）。ヴァレンティニアヌス一世の子で、幼くして異母兄グラティアヌスとともに帝位に即き、母ユスティナの後見のもとに西方を共治した。兄グラティアヌスを殺して帝位に即いたマクシムス帝がイタリアに侵入したため、三八七年にテッサロニキへ逃れて、東方を治めるテオドシウス一世の助けを乞い、やがて、テオドシウスとともにマクシムスを倒してミラノに返り咲いたが、その後、宰相を務めるフランク人の将軍アルボガストの陰謀によってヴィエンヌで殺害された。

〔二四八〕　ローマ皇帝グラティアヌス（フラウィウス・アウグストゥス）（三五九―三八三、在位三七五―三八三）。ヴァレンティニアヌス一世の長子で、父帝が在位中の三六七年に正帝の称号を授けられ、父の死後、異母弟のヴァレンティニアヌス二世と分割統治したが、実権は掌握した。ミラノの司教アンブロシウスの感化を受けた正統キリスト教徒で、父帝の後妻でアリオス（アリウス）派支持者のユスティナ皇太后と対抗し、また脱異教化政策を進めて、ローマ元老院から勝利の女神の祭壇を撤去したりしたが、最後は軍隊の反乱に遭ってリヨンへ逃れ、二十四歳で殺された。

〔二四九〕 マルティン・ルター（一四八三―一五四六）。ドイツの宗教改革者。くわしい説明は不要であろう。

〔二五〇〕 ジャン・カルヴァン（一五〇九―六四）。フランスの宗教改革者。くわしい説明は不要であろう。

〔二五一〕 ストラボン（前六四―後二一以後）。ギリシアの地理学者、歴史家。小アジアのポントスの生まれ。はじめアリストテレス学派だったが、ストア派に転じ、ローマ、エジプト等を旅した。彼が書いたという全四十七巻の史書は残っていないが、全十七巻の『地理書』は現存しており、そこにも多くの伝説、史実が収められている。

〔二五二〕 ウゼーブ・ルノード（一六四八―一七二〇）。フランスの東洋学者、ジャーナリスト。パリの生まれ。フランスにおけるジャーナリズムの生みの親であるテオフラスト・ルノードの孫で、クレルモン学院、ダルクール学院などで学び、一時オラトリオ会へ入ったものの、健康上の理由からじきに辞め、フレソワ小僧院長の職禄を持つ一介の神父《アベ》として一生を送った。ヘブライ語、シリア語を含む多くの東洋語に通じ、ボワロー、ラシーヌ、ラ・ブリュイエールなどの文人や、ボシュエ、アルノー、ニコルなどの神学者と親しく、聖体論争ではアルノーらの『聖体に関するカトリック教会の信仰の永続性をシャラントンの牧師クロード氏の書より守る』（通称『大永続論』）（一六六九―一七一三年）に東方教会関係の多くの資料を翻訳して提供し、同書の第四巻（一七一一年）と第五巻（一七一三年）は自ら執筆した。一六七九年に、死んだ父の後を継いで『ガゼット』紙の主筆となり、約四十年にわたって死ぬまでそれを務め、当代一の情報通として外交面でも様々な裏工作に従事した。一七〇〇年にローマ法王クレメンス十一世が選出された際にも大きな働きをしたようで、この新法王に引き留められて一七〇一年九月までローマに滞在、晩年はベネディクト会のサン゠ジェルマン゠デ゠プレ僧院に籠って、一七二〇年九月一日に同僧院で死んだ。一六八九年にアカデミー・フランセーズの、一六九一年に碑文アカデミーの会員となっている。本文で言われるのは、彼がアラビア語から訳して出版した『九世紀に現地へ行った二人のマホメット教徒旅行者のインド、シナ旅行記』（パリ、一七一八年）のことである。

〔二五三〕 フランソワ・ベルニエ（一六二〇―八八）。フランスの医師、哲学者、旅行家。モンペリエ大学で医学を学んだ後、シリア、エジプトを経てインドのムガール帝国へ行き、アウラングズィーブ王の侍医を務めた。そこで十二年を過ごした後、一六六八年にフランスへ戻り、『ムガール帝国旅行記』（二巻、パリ、一六七〇―七一年）を発表した。哲学的にはガッサンディの解説者として知られ、『ガッサンディ哲学要約』（初版はパリ、一六七四年、完成版は七巻、リヨン、一六八四年）はガッサンディ哲学の普及に貢献した。

〔二五四〕 ジャン゠バティスト・タヴェルニエ（一六〇五―八九）。フランスの旅行家。一六三〇年にコンスタンチノープルへ向け出発し、ペルシアまで行き、一時フランスへ戻った後、再び商人として一六三八―四二年にインドのゴールカンダ王国まで足を延ばし、その後も一六四三―四九年、一六五一―五六年、一六五七―六二年、一六六三―六八年と南アジアの諸国を歴訪、『トルコ宮廷内部の新見聞記』（パリ、一六七五年）、『トルコ、ペルシア、インド諸国の六度旅行記』（二巻、アムステルダム？、一六七八年）などを公にした。一六六九年にはルイ十四世から貴族の位を与えられ、翌年には男爵に叙せられたが、ロシア旅行の途次にモスクワで死んだ。本文で引かれる文章はその『旅行記・論文集』（パリ、一六七九年）から。

〔一五五〕　ジャン・シャルダン（一六四三―一七一三）。フランスの旅行家。パリの生まれ。宝石商として一六六五年にインドへ旅立ち、ペルシアを横断してイスパハンに六年滞在、シャー・アッバース二世の御用商人を務めた。一六七〇年にフランスへ帰り、『ペルシア王スライマーン三世戴冠記』（パリ、一六七一年）を出版したが、プロテスタントのために官途に就けず、同年に再びペルシアへ旅立ち、インドまでまた足を延ばした後、一六七七年に帰国した。その後、フランスでのプロテスタント迫害を避けてイギリスへ渡り、国王チャールズ二世から騎士の称号を与えられ、一六八三年にイギリス・インド会社の派遣員、およびイギリス王の全権使節としてオランダへ行き、最後はロンドン近郊で死んだ。その旅行記ははじめ『ペルシア・東インド旅行日誌』の題で一六八六年にロンドンで出版されたが、それはパリからイスパハンまでの旅行記にすぎず、完全な版は『ペルシアその他東方旅行記』（四折判三巻）の題で一七一一年にアムステルダムから出版された。本文で引かれるのもその本である。

〔一五六〕　ポール・リュカ（一六六四―一七三七）。フランスの旅行家。ルアンの生まれ。金銀細工師の子で、一六八八―九六年に東方へ古物蒐集の旅を行ない、集めた古メダルは国王のコレクションに収められた。一七〇〇―〇三年にも地中海沿岸の各地を訪れ、帰国して『東方旅行記』（二巻、パリ、一七〇四年）を発表、さらに、国王のコレクションのための正式な古物蒐集旅行を願い出て、一七〇四―〇八年に三度目の旅行を行ない、その見聞を『王命によるギリシア、小アジア、マケドニア、アフリカ旅行記』（二巻、パリ、一七一二年）に纏めた。ついで、やはり王命による四度目の旅に出て、『王命により一七一四、一七一五、一七一六、一七一七年にトルコ、アジア、シリア、パレスチナ、高低エジプトにした第三回旅行』（三巻、ルアン、一七一九年。本文で引用されるのもそれである）を発表した。一七二三―二四年にも五度目の旅行をしているが、その旅行記は書かれていない。この旅の後、パリに居を定めて古物・博物標本室を開いたが、それでも旅への情熱はやみがたく、一七三六年にスペインへ旅立ったが、翌年五月十二日にマドリードで死んだ。彼の名で出た三つの旅行記は、彼のノートに基づいて別人が執筆したもので、執筆者は第一の旅行記はボードロ・ド・デールヴァル、第二の旅行記はエティエンヌ・フルモン、第三の旅行記はバニエ師だった。

〔一五七〕　ガスパル・デ・ヴィレラ（一五二六―七二）。ポルトガル人のイエズス会宣教師。エヴォラ教区アヴィシュの生まれ。一五五三年にインドでイエズス会に入り、一五五六年から一五七〇年まで日本で宣教師として活動、一五七〇年の年末に日本から去ってインドへ移り、翌々年にゴアで死んだ。日本から送った十四通ほどの手紙が残っており、それらはドイツ語、スペイン語、フランス語、ラテン語、イタリア語などにも訳された。なお、ここで典拠として挙げられているのは、ポルトガルのイエズス会士マヌエル・ダ・コスタ（一五四〇―一六〇四）の『東洋宣教史』（ポルトガル語の原文では未刊）をマッフェイ神父がラテン語に訳し、『イエズス会が東洋で行ないし事どもの歴史』という題で一五七一年にドイツのディリンゲンから出版したものだった。

〔一五八〕　セクストス・エンペイリコス（一五〇頃―二二〇頃）。ギリシアの哲学者、経験派の医師。たぶんミュティレネの生まれで、アレクサンドリアとアテナイで暮らし、一八〇年頃から懐疑派の指導者だった。従来の懐疑論者の議論を集大成した著作『ピュロン主義概説』、『定言家を駁す』を残しており、古代哲学史の重要な資料とされている。

〔一五九〕　エウセビオスの『教会史』第五巻第十六章に著作の

長い引用が載っている著作家のことだが、何者かはいまだに不明のようである。分かっているのは、その文章が書かれたのは一九三年頃だということにすぎないらしい。

〔二六〇〕 ラファエル・デュ・マン（ル・マンのラファエル）神父、本名ジャック・デュテルトル（一六一二―九四）。フランスのカプチン会士。ル・マンの生まれ。イスパハンに四十年近くいる人とシャルダンは伝えており、一六六〇年頃からペルシア生活をしていたらしい。そのまま、一六九四年四月一日にイスパハンで死んだ。そのペルシア見聞記が『一六六〇年のペルシアの状態』という題で、十九世紀の一八九〇年にパリで出版されている。

〔二六一〕 アンドレーアス・ミュラー（一六三〇―九四）。ドイツの東洋学者。ポメラニアのグライフェンハーゲンの生まれ。ケーニヒスベルクやトレプトフで牧師をした後、イギリスに渡って十年を過ごし、多国語対訳聖書の刊行に協力した。その後ドイツへ戻り、ベルノフの牧師、ベルリンの教会主事などをしたが、最後はシュテッティンに引退して、東洋語の研究に専念した。ヘブライ語、シリア語から、『漢字教程』（ヴィッテンベルク、一六八一年）などシナ語に至るまで、幅広い分野の著作を残している。

〔二六二〕 『タタール人アジズ・ネセフィなる者が著わした、神と人間の認識に関する或るトルコ語写本の抜萃、ラテン語訳付き』（ケルンおよびベルリン、一六六五年）という四折本のこと。

〔二六三〕 次註で述べるフロリモン・ド・レモンのこと。

〔二六四〕 フロリモン・ド・レモン（一五四〇―一六〇一）。フランスの歴史家。アジャンの生まれ。ボルドー、ついでパリで勉学し、文学や法律を修めたが、ラムスやテオドール・ド・ベーズの感化で一時プロテスタントとなった。しかし、一五六六年にランで、悪魔に憑かれたといわれる女が聖体によって悪魔から「解放」されたのを見て、再びカトリックに復帰した。一五七二年にボルドー高等法院の評定官となったが、やがてプロテステント軍の兵士に脅迫されたりしたため、かつての同信徒を激しく攻撃する論争的な歴史書を次々と著わして、当然彼らからも憎まれた。プロテスタントのローマ教会非難に恰好の口実を与えていた「女法王」伝説の虚妄を暴いた『女法王ヨハンナの俗説』（ボルドー、一五八七年）、ローマ法王を反キリストとするプロテスタントの主張に反駁した『反キリスト論』（リヨン、一五九七年）、カトリックの立場からする宗教改革史『当代の異端の誕生・伸張・凋落の歴史』（パリ、一六〇五年）などがあり、それらはいずれもラテン語その他に訳されて、カトリック陣営では国際的に広く読まれた。

〔二六五〕 フランソワ・カトルー（一六五九―一七三七）。フランスのイエズス会士。パリの生まれ。一六七八年にイエズス会に入り、はじめ教育関係の仕事に従事した後、七年間フランスの各地で説教師として活動し、その後は文筆家として暮らした。一七〇一年に創刊された『トレヴー新聞』の創立メンバーの一人で、約十二年にわたって同紙を支え、そこに載せた記事によりすぐれた批評家として名声を博した。本文で挙げられている『再洗礼派史』（パリ、一六九五年）、『ムガール帝国全史』（パリ、一七〇五年）、ルイエ神父と共著の『ローマ史』（二十一巻、パリ、一七三一―三八年）などのほか、ウェルギリウスの仏訳全集（六巻、パリ、一七一六年）を作っている。

〔二六六〕 ムキウス・スカエウォラはローマの伝説的な青年貴族。前五〇七年にエトルリア人の王ポルセナ（ポルセンナ）が、ローマの王位を逐われたタルクイニウス一族の返り咲きを求めてローマを包囲した時、単身ポルセナを殺害するため敵陣に忍び込んだ。しかし計画は失敗し、スカエウォラは誤ってポルセナの秘書を殺しただけで捕われてしまった。彼はポルセナの前に引き出されたが、拷問の脅しにも屈せず、失敗した自分の手を自分で罰するかのように自ら熾火の中へ差し込み、痛がりもせず焼けるに任せた。ポルセナはあまりの勇気に感嘆し、また三百人の青年貴族がポルセナ殺害を誓っているというスカエウォラの言に恐れをなして、早々にローマと和を講じて兵を引き上げたといわれる。但し、この話はあくまでも伝説であって、史実ではないらしい。

〔二六七〕　ポール・リコー（一六二八―一七〇〇）。イギリスの歴史家。ケンブリッジで学んだ後、ヨーロッパ、アフリカ、アジアを旅行し、一六六一年に駐トルコ大使の秘書となって、一六六三年の英土条約の起草の中心となった。ついでスミルナ（イズミル）駐在の領事となって十六年を過ごし、一六八五年にイギリスへ戻って、アイルランド副王の秘書を務めた。名誉革命でその職を失ったが、一七〇〇年にハンザ諸都市へのイギリス駐在員となり、死ぬ直前には再びロンドンへ戻った。長いトルコ滞在の経験から、オスマン帝国について広い知識を持ち、『オスマン帝国の現状』（一六六九年）は名著とされて、仏訳も一六七〇年と一六七七年に二種類出た。ほかに、『一六二三―七七年のトルコ史』（一六八〇年、仏訳一六八三年）、『一六七九―九九年のトルコ史』（一七〇〇年、仏訳一七〇九年）、『ギリシア・アルメニア教会の現状』（一六七九年、仏訳一六九二年）などの著書があり、王立協会の会員だった。

〔二六八〕　この「無神論の殉教者」マホメット・エフェンディは、ピエール・ベールが『彗星雑考』（一六八二年）で取り上げて有名になったが、それがいかなる人物かについては、「私（リコー）」がコンスタンチノープルにいた間、臆面もなく神の存在を否定するような言辞を弄したために処刑された、金満家で東洋の諸学に大変通じたマホメット・エフェンディという男」というリコーの証言のほか、いかなる情報もないようである。

〔二六九〕　ミシェル・ド・モンテーニュ（一五三三―九二）。『随想録』（ボルドー、一五八〇年）の著者。くわしい解説は不要であろう。

〔二七〇〕　邦訳、岩波文庫『エセー』、第一巻、九四―九五ページ、原二郎訳。

〔二七一〕　『迫害者の死について』。

〔二七二〕　ジャン・レジェ（一六一五―七〇）。ピエモンテ（今はイタリア領）のヴァルドー派牧師。ピエモンテ渓谷のヴィラセッカの生まれ。土地の貴族の子で、一六二九年からジュネーヴに遊学し、一六三九年に故郷へ戻ってプラーリおよびロドレットの牧師となった。一六四三年に、絞首刑を宣告されてジュネーヴへ亡命した叔父アントワーヌ・レジェの後任としてサン＝ジョヴァンニの牧師に転任、一六五五年のサヴォイア公によるヴァルドー派虐殺を辛くも逃れてスイスへ行き、ヴァルドー派に対するプロテスタント諸国の国際的支援を訴えた。一六五五年七月のピネローロ和約によって一時サン＝ジョヴァンニの教会へ復帰したが、種々の犯罪の嫌疑をかけられてトリノへ召喚され、出頭を拒否するや、欠席裁判ではじめ追放、ついで絞首刑を宣告された。そこで再びスイスへ亡命し、さらにオランダへ移って、一六六三年からライデンのワロン教会（フランス語教会）の牧師を務め、そのまま同市で死んだ。二折判《フォリオ》二巻の大著『ピエモンテ渓谷の福音主義教会、別名ヴァルドー派教会全史』（一六六九年、フランス語）をライデンから刊行しており、これはクロムウェルの使節としてサヴォイアの宮廷へ赴いたイギリス人サミュエル・モーランド（一六二五―九五）の『ピエモンテ渓谷の福音主義教会史』（ロンドン、一六五八年、英語）から大幅に記述を借用しているが、自ら経験した一六五五―六五年の時期の詳細な年代記的記述や、自らの行動を述べた自伝的記述は独自のもので、ヴァルドー派に関する代表的な史書の一つとされている。一六七〇年にはフラマン語に、一七五〇年にはドイツ語にも訳され、一七九九年にはリヨンで覆刻版も出た。

〔一七三〕 アンティオコス四世エピファネス（前二一五頃―一六三。在位、前一七五―一六三）。ユダヤ教を迫害したセレウコス朝のシリア王。アンティオコス三世の子で、はじめ十数年間ローマで人質として生活して、ヘレニズム文化に触れた。兄のセレウコス四世が殺されたため、帰国して王位に即き、前一七〇年には共同統治者の甥を殺して単独支配を確立した。前一六九―一六八年にはエジプトへ進攻し、帰路にエルサレムを侵略、ヘレニズムによる文化統一を策してエルサレムの神殿にゼウスの祭壇を設けたりしたためユダヤ人の反撥を買い、マカベア戦争の原因を作った。前一六六年に東方への遠征に出発したが、やがて陣中で死んだ。

〔一七四〕 ローマ皇帝ガレリウス（ヴァレリウス・マクシミアヌス）（二五〇頃―三一一、在位三〇五―三一一）。イリュリクムの貧農の出で、二九三年にディオクレティアヌス帝により東方の副帝に任ぜられ、三〇三年には同帝に勧めてキリスト教への大迫害を行なわせたとラクタンティウスなどは言う。三〇五年にディオクレティアヌスが退位すると、コンスタンティウス・クロルスとともに正帝となり、東方を治めた。重病にかかった時の恐ろしい病状はラクタンティウスに描かれているが、死ぬ直前の三一一年四月三十日にはキリスト教への寛容令を発した。キリスト教徒には非常に憎まれた皇帝だが、政治家・軍人としては有能な人だったらしい。

〔一七五〕 フネリック（フネリクス）（四八四歿、在位四七七―四八四）。アフリカのヴァンダル族の王。ゲイセリック（ゲイセリクス）王の長子で、はじめ人質としてローマ皇帝の宮廷におり、四五五年には皇帝ヴァレンティニアヌス三世の娘と結婚した。四七七年に父が死ぬと、その後を継いでヴァンダル人の王となり、反乱を鎮圧したり、マウル人の侵入と戦ったりしたが、アリオス（アリウス）派の信奉者だったため、マニ教などとともに正統キリスト教を弾圧した。

〔一七六〕 第三代ギーズ公爵アンリ（一世）・ド・ロレーヌ（一五五〇―八八）。宗教戦争期のカトリック側指導者。プロテスタントに暗殺された第二代ギーズ公爵フランソワ・ド・ロレーヌの長男で、父の死により一五六三年にギーズ家の当主、カトリック派の総帥となった。一五六九年のジャルナック、モンコントゥールの合戦で名を上げ、一五七二年には手下のモールヴェールを使ってプロテスタント側の指導者コリニ提督の暗殺を図り、それが失敗に終わったことが二日後の聖バルテルミの虐殺の直接的な導火線となったが、虐殺の夜は殺し屋たちを引き連れてまっさきにコリニの宿舎を襲った。その後もカトリック側の総帥として宗教戦争を戦い、一五七五年にドルマンで顔に負傷し、傷痕が残ったことから「切り傷」と綽名されて、カトリック教徒の民衆の間では絶大な人気があった。一五七六年には「カトリック同盟」の指導者となり、自家ロレーヌ公家がシャルルマーニュの血を引くところから、カペ王統を廃して自ら王位に即くことを考え、「同盟」をそのために利用した。とりわけ、一五八四年に王弟アランソン公が死んで、ヴァロワ王朝がアンリ三世で途絶えることが確定的となってからはその計画をほとんど隠そうともせず、ローマ法王の支持とスペインからの財政援助を恃んで国を実質的に支配し、国王アンリ三世とも対抗した。一五八七年にオーノーで、フランスの同信徒への援軍として来たドイツのプロテスタント軍を破った後、王権の奪取を実行に移すため、アンリ三世からパリへ入るのを禁じられたにもかかわらず、禁を冒してパリへ入城、彼を支持するパリ市民も一斉に蜂起して（一五八八年五月十二日の「バリケードの日」）パリを制圧、国王をルーヴル宮殿に包囲したが、ギーズ公爵はそこで国王の身柄を押さえて退位させるという決定的な手を打つ勇気がなく、みすみす国王がブロワへ逃亡するのを許し、国王総名代という肩書だけに甘んじた。ブロワへ逃げたアンリ三世はそこで三部会を招集（一五八八年十月十六日）、それに出席するため出掛けた公爵は国王の家来たちの手で十二月二十三日に誅殺され、その弟で同じく「カトリック同盟」の指導者だったギーズ枢機卿ルイもその翌日に殺された。

〔一七七〕　ギーズ枢機卿またはロレーヌ枢機卿ルイ（二世）・ド・ロレーヌ（一五五五―八八）。第二代ギーズ公爵フランソワ・ド・ロレーヌの三男で、第三代ギーズ公爵アンリの弟。一五七四年に死んだ叔父のロレーヌ枢機卿の後を継いで十九歳でランスの大司教となり、一五七八年には枢機卿となった。兄と並ぶ「カトリック同盟」派の指導者で、国王アンリ三世からは兄に劣らず憎まれていた。一五八八年十月にブロワで開かれた三部会では僧族部会の議長を務め、国王がしたスピーチを公然と批判して、一部のくだりを議事録から削除させたりした。十二月二十三日に兄が殺された時には三部会の議場にいたが、兄の叫び声を聞いて立ち上がろうとしたところを取り押さえられ、屋根裏部屋に監禁された挙句、翌二十四日に自らも殺害された。

〔一七八〕　言うまでもなく、一五七二年八月二十四日（聖バルテルミの祝日）の夜に王命によりパリで行なわれたプロテスタントの大虐殺のこと。国王シャルル九世の妹マルグリット・ド・ヴァロワとプロテスタントのナヴァール王アンリ（後のフランス王アンリ四世）の婚礼（八月十八日）を機に、集まったプロテスタントたちを皆殺しにしようという母后カトリーヌ・ド・メディシスと国王シャルル九世の計画に基づくもので、プロテスタント側は指導者コリニ提督を始め三千人以上が一挙に殺害された。また、この虐殺はその後各地方都市へも波及して、全国的規模でプロテスタントの組織的虐殺が行なわれた。

〔一七九〕　ガスパール・ド・ソー・ド・タヴァンヌ元帥（一五〇五―七三）。宗教戦争期のカトリック側の将軍。ブルゴーニュ地方の旧家の出で、一五二二年に十七歳で国王フランソワ一世の小姓となり、母方のタヴァンヌ姓を名乗った。一五二五年のパヴィアの合戦で国王と同様にスペイン軍の捕虜となったが、やがて身代金なしに解放され、一五二八年までイタリアで、一五三五―三七年にはピエモンテで従軍した。一五四二年にはオルレアン公の名代としてその近衛騎兵隊の指揮を任され、翌年の第二次ルクセンブルク作戦に参加、一五四五年のブローニュの攻囲戦の中で国王の侍従となり、ブロネ（一五四九年）、ピエモンテ（一五五一年）などに転戦した。一五五二年、国王アンリ二世に呼び戻されて陸軍少将となり、一五五三年までロレーヌ作戦、一五五四年にはフランドル作戦に参加、ついでブルゴーニュ州の国王名代、ギーズ公爵の軍の旅団長として一五五七年のブレス防衛戦、一五五八年のカレ攻囲戦に加わった。宗教戦争が始まるとドーフィネ州の国王名代としてプロテスタント軍と戦い、一五六五年にはディジョンの代官となり、一五六七年には六千人のスイス兵を母后カトリーヌ・ド・メディシスにもたらした。第三次宗教戦争下のジャルナック（一五六九年三月十三日）、モンコントゥール（同十月三日）の合戦では、王弟アンジュー公（後のフランス王アンリ三世）を戴いて国王軍の指揮を取り、これらの合戦の大勝はひとえに彼の功績だった。この功により一五七〇年十一月に元帥に叙され、一五七二年にはプロヴァンス総督、レヴァント提督となり、翌一五七三年には改革派の牙城ラ・ロシェルの攻囲に向かったが、途中で病に倒れ、同年六月十九日に死んだ。聖バルテルミの夜、タヴァンヌが皆殺しを叫びつつ、街から街へ民衆をけしかけて回ったのは、歴史の伝える有名な話である。

〔一八〇〕　ピエール・ド・ブルデイユ・ド・ブラントーム（一五四〇頃—一六一四）。フランスの作家。ペリゴール地方の小貴族の出で、軍人・外交官として活動し、宗教戦争ではカトリック側に属して戦った。一五七四年に軍務を退き、アンリ三世の廷臣となったが、王の冷遇に怒って一五八二年に宮廷から去り、郷里に引退した。いずれも死後に刊行されたその作品の内、今では『貴婦人粋之道』（ライデン、一六六六年）のみが一種の軟文学書として読まれるにすぎないが、当時の名士・名将・名婦（フランスおよび他国の）の列伝である『名士・名将伝』、『名婦伝』などからなる『覚書』（ライデン、一六六五年）は夥しい数の同時代人について豊富な情報を伝えており、十七、八世紀には歴史資料として広く用いられた。

〔一八一〕　ミシェル・ド・カステルノー・ド・ラ・モーヴィシエール（一五一八または一五二〇—九二）。フランスの軍人、外交官。トゥレーヌ州ラ・モーヴィシエールの生まれ。はじめ軽騎兵としてピエモンテで従軍したが、ロレーヌ枢機卿に登用されて外交官となり、スコットランドのメアリ・ステュアート女王のもとへ、ついでイングランドのエリザベス女王のもとへフランス大使として遣わされ、さらにドイツ、オランダ、サヴォイア、ローマへも大使として行った。帰国後、アンボワーズの陰謀を最初に見抜いて政府に通報し、宗教戦争ではカトリック側に属して各地に転戦、ルアンの攻囲、ドルーの合戦、オルレアンの攻囲、モーからの撤退、ジャルナックの合戦、モンコントゥールの合戦など、宗教戦争初期の主要なあらゆる合戦に参加した。その後ドイツ、ついで一五七五—八五年の十年間イングランドに大使として派遣され、一五八三—八五年にはメアリ・ステュアートの代理人として彼女の釈放のため尽力したが果たさなかった。カトリック教徒だったが「カトリック同盟」には加わらず、アンリ三世にも、次のアンリ四世にも忠節を尽くした。一五五九年から一五七〇年八月までを対象とした『覚書』を残しており、これは筆者自身が演じた役割や、主要な登場人物たちとの付き合い、党派的ならざる穏やかな筆致などから貴重な史料とされ、特に前後五回にわたるイギリス滞在や、自らもその崇拝者だったエリザベス女王との付き合いなどから、フランス゠イングランド、フランス゠スコットランドの関係については重要な情報を伝えている。この『覚書』は死後の一六二一年に息子の手によりパリで初めて出版されたが、一六五九年にジャン・ル・ラブルールの手による補足、付属資料を付して再刊され（二折判《フォリオ》二巻、パリ）、さらに新たな資料を添えて一七三一年にブリュッセルで二折判《フォリオ》三巻の第三版が出版された。

〔一八二〕　ル・ラブルールのこと。ジャン・ル・ラブルール（一六二三—七五）はフランスの歴史家。モンモランシの生まれ。宮廷の小姓をし、一六四四年にポーランド王に嫁ぐマリ゠ルイズ・ド・ゴンザーグの随員としてポーランドへ行った。その後、帰国して僧籍に入り、ジュヴィニェの僧院長となった。フランス修史官で、『ポーランド王妃旅行記』（パリ、一六四七年）、『ゲブリアン元帥伝』（二折判《フォリオ》、パリ、一六五六年）、夥しい補足・註釈・資料を付したカステルノーの『覚書』の新版（二折判《フォリオ》二巻、パリ、一六五九年）、『フランス王シャルル六世史』の仏訳（二折判《フォリオ》二巻、パリ、一六六三年）などがある。

〔一八三〕　ジョージ・フォックス（一六二四—九一）。イギリスの宗教家で、フレンド派（クエーカー）の創立者。フェニ・ドレイトンの生まれ。織工の子で、自らも靴屋の徒弟だったが、一六四三年に家を出て求道生活に入り、一六四六年に「活けるキリストの内なる光」を体験して、「真理の友」を周囲に集め始めた。一六四八年からは国教会への出席をやめて独自の宣教を行ない、そのため国教会から猛烈に迫害されて、一六四九年にノッティンガムで、一六五〇年にダービでなど幾度も投獄された。それでも屈せず、スコットランド（一六五七年）、アイルランド（一六六九年）、アメリカと西インド諸島（一六七一―七二年）、オランダ（一六七七年、一六八四年）など各地に宣教して、最後はロンドンで死んだ。

〔一八四〕　このアウルス・ポンペイウスは前一〇二年頃のローマの護民官。本文にあるような話がプルタルコスの「マリウス伝」に伝えられている。

〔一八五〕　バタケスは小アジアのガラティア地方ペッシヌスにあるキュベレ神殿の祭司。ローマの執政官マリウスが前一〇二年にテウトネス族と戦った時、戦争はローマ人の勝利に終わるというキュベレ女神の託宣を伝えにローマへ行き、民会でその話をしようとしたのを護民官のアウルス・ポンペイウスに差し止められたという話がプルタルコスの「マリウス伝」に載っている。

〔一八六〕　ポントス王ミトリダテス六世（前一三二頃―六三）。在位、前一二〇―六三。黒海沿岸の全域を征服して、ローマと衝突し、第一次ミトリダテス戦争（前八八―八四年）では小アジアの民衆から解放者として迎えられたが、スラに破られた。第二次ミトリダテス戦争（前八三―八一年）ではローマ軍を破って黒海沿岸を再び占領、第三次ミトリダテス戦争（前七四―六三年）ではルクルス、ついでポンペイウスに敗れて、クリミアへ逃げ、自殺した。共和制末期のローマを最も苦しめた対抗者だった。

〔一八七〕　メノファネスは前一世紀のポントス王ミトリダテス六世旗下の将軍。本文の記述はパウサニアスの『ギリシア記』第三巻第二十三章を典拠にしているが、デロス島掠奪の際、メノファネスの軍が同島にあったアポロンの像を海へ投げ捨て（像は沈まず、波に運ばれてボイアイに流れ着いたという）、メノファネスの非業の最期はこの瀆神の罰だったというパウサニアスの伝える肝腎の状況が脱落している。

〔一八八〕　前一〇五年にキンブリ族がガリアに侵入した時、前年の執政官クイントゥス・セルウィリウス・カエピオがそれを討つため出兵したが、この遠征でローマ軍はトゥールーズの神殿を掠奪し、聖なる池に隠された大量の黄金を奪った。但し、その黄金をローマへ運ぶ輸送隊が途中で襲われて、すべてが失われたという。カエピオはその後、今のオランジュで手痛い敗北を喫し、そのため前一〇三年に有罪を宣告されて全財産を没収され、獄死したとも、スミルナへ亡命して死んだともいう。カエピオのみならず、神殿の黄金を持つ者は一人残らず非業の最期を遂げた、と典拠であるアウルス・ゲリウスの『アッティカの夜』第三巻第九章は伝えている。

〔一八九〕　「トゥールーズの黄金を持つ」とは、不当に財を取得して、そのため不幸に追い回されるという意味の諺。

〔一九〇〕　ラ・ロッシュ＝ラベイユはリムーザン地方の村。第三次宗教戦争中の一五六九年六月二十五日、コリニ提督の指揮するプロテスタント軍はここで、ストロッツィの指揮するカトリック軍の歩兵隊を奇襲して大勝を収め、五百人以上の兵を殺した。

〔一九一〕　モンコントゥールはフランス中西部、ポワティエの北西にある村。同じく第三次宗教戦争中の一五六九年十月三日に、コリニ提督の指揮するプロテスタント軍はここで、王弟アンジュー公の指揮するカトリック軍と戦って大敗を喫した。

〔一九二〕　ジャルナックはフランス西部、コニャックの近くの村。同じく第三次宗教戦争中の一五六九年三月十三日、このジャルナック、正確にはそのやや東のバサックで、アンジュー公の指揮するカトリック軍とコンデ親王、コリニ提督の指揮するプロテスタント軍が激突したが、カトリック側の勝利に終わり、コンデ親王は負傷してカトリック側の捕虜となった後、アンジュー公の親衛隊長モンテスキュー男爵に射殺された。

〔二九三〕 邦訳、岩波文庫『エセー』、第二巻、一〇―一一ページ、原二郎訳。

〔二九四〕 アリストテレス（前三八四―三二二）。解説は不要であろう。

〔二九五〕 キケロ『神々の本性について』の登場人物。作中ではエピクロス主義を代表している。

〔二九六〕 プラトン（前四二七―三四七）。解説は不要であろう。

〔二九七〕 ギリシアの歴史家ヘロドトス（前四八四頃―四二五頃）のものとされた偽書で、作者は不明である。

〔二九八〕 ホメロス（前八〇〇年以前）。解説は不要であろう。

〔二九九〕 プブリウス・ウェルギリウス（前七〇―前一九）。ローマ最大の詩人。解説は不要であろう。

〔三〇〇〕 邦訳、岩波文庫『アエネーイス』、上巻、三〇ページ、泉井久之助訳。

〔三〇一〕 邦訳、教文館刊『キリスト教教父著作集14。テルトゥリアヌス2、護教論』、六八ページ、鈴木一郎訳。

〔三〇二〕 アウグスティヌスの書簡十六（本人からアウグスティヌスへの手紙）と書簡十七（アウグスティヌスから本人への返事）に往復書簡が残っているアウグスティヌスの友人。アフリカのマダウラの人で、異教徒だった。これらの手紙は紀元三九〇年に書かれたと推定されている。

〔三〇三〕 テミスティオス（三一七―三八八頃）。ギリシアの弁論家。パフラゴニアの生まれ。ローマ皇帝コンスタンティウス二世に認められて、三五〇年にコンスタンチノープルの大学に招かれ、のち元老院議員や属州長官なども務め、ユリアヌス帝やテオドシウス一世帝からも寵を受け、異教徒、キリスト教徒の双方から尊敬された。三十五篇の演説（内二十篇は公的なもので、史料として重要である）とアリストテレスの註解が残っている。

〔三〇四〕 キリキアのシンプリキオス（五〇〇頃生）。ギリシアの新プラトン派哲学者。アテナイで教えたが、五二九年に東ローマ皇帝ユスティニアヌス一世の勅令でアテナイの学校が閉鎖されたあと、ペルシアへ渡った。五三三年にアテナイへ戻ったが、教育活動を禁じられたため、もっぱら著作に専念した。プラトンとアリストテレスの調停に努めた人で、アリストテレスとエピクテトスの註解が残っている。

〔三〇五〕 ウァレリウス・マクシムスは前一世紀―後一世紀のローマの歴史家。ティベリウス帝に『著名言行録』を捧げた。これはギリシア・ラテンの歴史家が述べた多くの逸話を集めたもので、古代・中世に非常に読まれた。

〔三〇六〕 タレスは前七―六世紀のギリシアの哲学者。ミレトスの生まれ。ギリシア七賢人の一人で、哲学の祖とされている。水を万物の根源と考え、イオニア自然哲学の出発点をなした。日蝕の予言、ピラミッドの高さや船の距離の測定などをしたとも伝えられている。

〔三〇七〕 ピッタコス（前六五〇頃―五七〇頃）。ギリシア七賢人の一人。レスボス島のミュティレネの政治家で、前六一一年頃に僭主メランコロスを倒し、貴族と平民の争いを調停するため、立法者として法典を作成したという。

〔三〇八〕 ソクラテス（前四七〇―三九九）。解説は不要であろう。

〔三〇九〕 アンモニオス・ヘルミアスは五―六世紀のギリシア

の新プラトン派哲学者。アレクサンドリアの生まれ。四八〇年頃、アテナイでプロクロスに学び、アレクサンドリアで教えた。その講義やアリストテレス註解は弟子のアスクレピオス、シンプリキオス、ダマスキオスなどに大きな影響を及ぼした。数学者、天文学者としても秀でていた。

〔三一〇〕 クセノフォン（前四三〇頃―三五四頃）。ギリシアの軍人、歴史家。アテナイの人で、ソクラテスの弟子。前四〇一年にギリシア人傭兵とともにペルシア王子キュロスの遠征に加わり、キュロスの死後に帰国したが、前三九六年にはスパルタ王アゲシラオス二世に仕え、翌々年コロネイアでアテナイ軍と戦って祖国の敵とされた。前三六九年頃に追放が解け、コリントスで死んだ。『ソクラテスの思い出』、『ソクラテスの弁明』、『饗宴』などソクラテス関係の著作のほか、前四一一―三六二年を対象とした『ギリシア史』や『アナバシス』、『キュロスの教育』などがある。

〔三一一〕 クレアルコスはペルシア王子キュロスに傭われたギリシア人傭兵の総指揮官。スパルタからの亡命者で、最後はペルシア側に謀殺された。本文で引かれるクレアルコスの科白はクセノフォンの『アナバシス』第二巻第五章にあるもので、松平千秋氏の邦訳（筑摩書房刊『アナバシス』、六六ページ）では「この世はどこを向いても万物悉く神々に隷属し、おしなべて神々の支配を受けているからだ」となっている。

〔三一二〕 プロクロス（四一〇―四八五）。ギリシアの新プラトン派哲学者。コンスタンチノープルの生まれ。新プラトン派最後の代表者としてアテナイで教え、キリスト教に反対してギリシア思想を擁護した。『神学原論』、『プラトン神学』のほか、プラトンの対話篇やエウクレイデスの註解がある。

〔三一三〕 ザレウコスは前六五〇年頃のギリシアの立法者。南イタリアのロクリスの人で、この町のためにギリシア世界で最初の法典を作り、それはイタリアやシチリアの他のギリシア人諸都市にもやがて採用された。内容は「目には目を」の規定なども含む厳格なもので、奢侈禁止法もあったという。その法典は失われたが、序文だけはストバイオスやシチリアのディオドロスによって保存された。

〔三一四〕 ヨセフ・ユストゥス・スカリゲル（イタリア読みではジュゼッペ・ジュスト・スカリジェロ）（一五四〇―一六〇九）。イタリア系フランス人の人文学者。高名な人文学者ユリウス・カエサル・スカリゲルの第十子で、アジャンに生まれ、ミュレやテュルネーブに学んだ。一五六二年にプロテスタンティズムに改宗し、その後イギリス、スペイン、イタリアなどを歴訪、聖バルテルミの虐殺（一五七二年）後スイスへ亡命して、一五七二―七四年にはジュネーヴ大学の哲学の教授を務めた。ついでフランスへ戻ったが、一五九三年にユストゥス・リプシウスの後任としてライデン大学の歴史の教授に招かれ、その地で死んだ。当代有数の大学者で、ギリシア語・ラテン語その他に通じ、近代的な本文批評の基礎を築いた。ウァロ、ウェルギリウス、アウソニウスなどの註解や、『年代改訂』（一五八三年）、『年代宝典』（一六〇六年）、新約聖書の註釈などを著わしている。

〔三一五〕 クイントゥス・セクスティウス（またはセスティウス）（前七〇頃生）。ローマの哲学者。新ピュタゴラス学派の人で、息子のクイントゥス・セクスティウス・ニゲルとともに菜食主義的な禁欲を掲げる一派を作ったが、この派は紀元六四年頃に消滅したらしい。セネカなどは彼をストア主義者としており、どうやら多分に折衷的な人だったらしいが、その道徳的な金言集はあまりの清浄さに、後世キリスト教徒の作と間違われたりした。

〔三一六〕 邦訳、岩波文庫『神の国』、第二巻、一七一ページ、服部英次郎訳。

〔三一七〕 邦訳、東海大学出版会刊『セネカ道徳論集』、二三四ページ、茂手木元蔵訳。

〔三一八〕 邦訳、岩波書店刊『アリストテレス全集』、第十六巻、三八五ページ、斉藤忍随・岩田靖夫訳。

〔三一九〕 ルキウス・フラミニヌスは前一九八年のローマ執政官ティトゥス・フラミニヌスの弟。

〔三二〇〕 アルビウス・ティブルス（前四八頃―後一九）。ローマの詩人。ホラティウスやオウィディウスの友人で、政治家ウァレリウス・メッサラ・コルウィヌスの庇護を受けた。愛人のデリアにより詩興を得たが、彼女の不貞により恋を捨てて田舎に隠棲した。牧歌的な田園生活への愛と憧憬を歌っている。

〔三二一〕 エピクテトス（五五頃―一三五頃）。ギリシアのストア派哲学者。フリュギアのヒエラポリスの生まれ。ネロ帝の重臣だった主人に奴隷の身分から解放され、ローマで哲学を教え、八九年にドミティアヌス帝がローマから哲学者を追放した時、ギリシアのニコポリスへ行って死ぬまで講義した。講義の『提要』によって後代に影響を与えた。

〔三二二〕 メナンドロス（前三四二頃―二九一頃）。古代ギリシアの喜劇作家。アテナイの人。エピクロスに哲学を、アレクシスに喜劇作法を学び、百余の作品を書いて、内四篇の断片が残っている。

〔三二三〕 邦訳、東海大学出版会刊『セネカ道徳書簡集』、四五四ページ、茂手木元蔵訳。

〔三二四〕 アウグストゥス帝（在位、前二七―後一四）が制定した姦通禁止法。

〔三二五〕 原註にあるとおり、エンゲルベルト・ケンプファー（日本では通称ケンペル）（一六五一―一七一六）のこと。ドイツの博物学者、医師。各地の大学で博物学と医学を修めた後、スエーデンの使節の随員としてロシアからペルシアへ行き、一六八九年にオランダ東インド会社の医官となってジャワに渡り、さらにシャムを経由して日本へ行き、一六九〇―九二年、元禄三―五年に日本に滞在、その間、商館長の供をして江戸にも二回行った。日本から去った後はアムステルダムへ戻り、ついで郷里レムゴーへ帰ってそこの領主の侍医を務めつつ、『廻国奇観』（一七一二年）や『日本誌』（一七二七年）などを著わした。

〔三二六〕 ピエール＝ダニエル・ユエ（一六三〇―一七二一）。フランスの哲学者、カトリック神学者。カーンの生まれ。プロテスタントからカトリックに改宗した役人の子で、幼時に父母を失い、親類の家で育てられた。カーンにあるイエズス会の学院からカーン大学へ進み、大学では法律を学んで法学博士にまでなったが、その後ギリシア語、ヘブライ語を修得し、十八歳でロンゴスの『ダフニスとクロエ』を訳すなどして、すでにその頃から大学者と謳われた。一六五一年にパリへ出て学者たちと交わり、翌年、プロテスタントの牧師で聖書学者のサミュエル・ボシャールの供をしてスエーデンのクリスティーナ女王の宮廷へ赴いた。帰国後、郷里カーンに自然学のアカデミーを作ったり、『翻訳論』（パリ、一六六一年）、オリゲネスの聖書註解のラテン語訳（ルアン、一六六八年）、『小説の起源』（パリ、一六七〇年）などを出したが、一六七〇年に王太子の教育掛補佐に任ぜられ、一六七四年にはアカデミー・フランセーズに入会した。一六七六年に僧籍に入り、一六八五年にソワソンの司教、一六九二年にアヴランシュの司教に任命されたが、学問研究に専念するため一六九九年に司教を辞任し、イエズス会の僧院に引退した。著作は非常に多いが、比較宗教史的方法をキリスト教弁証論に適用して、フェニキア、エジプト、ペルシアなどの宗教もモーセの教えから派生したと説いた

『福音の論証』（パリ、一六七九年）、『理性と信仰の一致に関するオーネーの諸問題』（カーン、一六九〇年）、『デカルト哲学批判』（パリ、一六八九年）、懐疑論を宗教的弁証に利用した『人間精神の無力に関する哲学論』（アムステルダム、一七二三年）などが重要である。一七二一年一月二十七日にパリで死んだ。

〔三二七〕　一七五六年に碑文アカデミーの会員となるジャン・レヴェック・ド・ビュリニ（一六九二―一七八五）の著作。十二折判二巻本で、副題は『最も有名な異教哲学者と異教民族の神・霊魂・人間の義務に関する見解』といい、一七二四年にハーグから出版された。ここに訳出した『キリスト教弁証論者の批判的検討』のこの第九章は特に、『異教哲学史』からそのまま引き写した記述が多く、この文書全体をレヴェック・ド・ビュリニの作とする説の根拠の一つをなしている。

〔三二八〕　ニカイアのテオファネス三世（一三一五頃―八一頃）。ギリシア正教会の神学者。一三六六年にニカイアの府主教（ラテン教会の大司教に相当）となったが、当時ニカイアはトルコ人の支配下にあったため、この地位は名目的なもので、コンスタンチノープルに居住した。東ローマ皇帝ヨアンネス六世カンタクゼノスに仕え、多くの司牧書、典礼書、教義や論争に関する著作を著わしたが、それらは今でも大部分、写本のまま残されている。

〔三二九〕　エッセネ派はユダヤ教の一セクト。紀元前二世紀頃に生まれたらしく、一世紀末に滅んだ。パレスチナ全域に分布していたが、主たる居住地はエンゲデの上手にあったらしい。厳格な戒律に基づく集団生活を営み、独身と禁欲、財産の共有を遵則としていた。子供を養子にしたか否かについては、ヨセフスの肯定説、フィロンの否定説など、歴史家の証言も一致しない。第二次大戦後クムランで発掘されて大反響を呼んだ「死海文書」も、この派ないしそれに近い宗団のものと考えられている。

〔三三〇〕　ローマ法王グレゴリウス七世（前名ヒルデブラント）（一〇二〇／二五―八五、在位一〇七三―八五）。トスカナの貧しい家の出で、はじめ法王グレゴリウス六世の付人をし、この法王が神聖ローマ皇帝ハインリヒ三世によって追放された時は一緒にケルンへ移った。一〇四九年に法王レオ九世に付いてローマへ戻り、法王庁の財務官を務めて勢力を培った。一〇七三年四月二十二日に、法王選挙令の手続も経ずに民衆の歓呼によって法王に選ばれ、泥縄で司祭、司教に叙階された上、教会の大改革に乗り出して、聖職売買や世俗人による司教の叙任を禁止した。しかし、ミラノの大司教の叙任をめぐって神聖ローマ皇帝ハインリヒ四世と対立、帝国国会は法王の廃位を決定し、法王は逆に皇帝を破門した。皇帝は一度はイタリアへ行って法王の前にひれふした（一〇七七年一月）が、ドイツへ戻るや、対立法王クレメンス三世を立てて再び法王に対抗し、一〇八三年にはローマに兵を進めて、二年にわたり同市を占領した。法王はノルマン人ロベール・ギスカールに救出されて、まずモンテ・カッシーノ、ついでサレルノでノルマン軍に保護されたが、数カ月にして死んだ。

〔三三一〕　ジャン・ド・シロン（一五九六―一六六七）。フランスの文学者。ネラック近傍の生まれ。リシュリュー、ついでマザランに仕え、リシュリュー時代には国務顧問官を、マザランのもとではその秘書を務め、アカデミー・フランセーズの創立時からの会員だった。『二つの真理』（パリ、一六二六年）、『国務大臣』（三部、パリ、一六三一―六一年）、『魂の不滅について』（パリ、一六三四年）などがある。本文で引かれるシロンの文章は『国務大臣』第三部（一六六一年）からのものだが、但し直接の引用ではなく、次に引かれるベールの『田舎の人の質問への答』第四巻第二十一章に引用されているものの孫引きにすぎない。

〔三三二〕　邦訳、法政大学出版局刊『ピエール・ベール著作集』、第八巻、一二二ページ、野沢協訳。

〔三三三〕　ルイ・トマッサンのこと。ルイ・トマッサン（一六一九―九五）はフランスのカトリック神学者。エクスの生まれ。若くしてオラトリオ会に入り、地方の学院で教えた後、一六五四年からパリのサン＝マグロワール神学校で神学と教会史・教会規律を教えた。思想的にはジャンセニスムに近い人で、ジャンセニスムとモリナ主義を調停するため『一般的・個別的和解論集』（パリ、一六六七年）や『恩寵についての覚書』（ルーヴァン、一六六八年）を発表したが、かえってその説を危険視され、教壇から去って僧院へ引退せざるをえなかった。その著『古今の教会規律』（二折判《フォリオ》三巻、パリ、一六七八―八一年）は名著とされており、人文学・哲学・文法・歴史などの研究・教育法も多く著わしている。テオドシウス法典や古代の教父・公会議等によりナント勅令の廃止を正当化した『教会の統一、および、それより離れた者を復帰せしむるためキリスト教徒の君主らが用いし手段を論ず』（二巻、パリ、一六八六―八八年）もあり、本文で言われるのはこの本である。

〔三三四〕　フランス改革派のアランソンの牧師で、ナント勅令廃止後オランダのデルフトの牧師となったエリ・ブノワ（一六四〇―一七二八）の大著で、四折判全五巻、一六九三―九五年にデルフトで出版された。十七世紀のフランス改革派の歴史を詳細に跡づけた史書であるとともに、迫害抗議文の範疇にも入る。

〔三三五〕　この記述は正確でない。前々註で述べたとおり、トマッサンの『教会の統一』自体はエリ・ブノワの『ナント勅令史』より前の一六八六―八八年に出版されたものだから、同書に対抗するため書かれたものではない。ただ、このトマッサンの書は一七〇〇年にパリから『カトリック教会の統一を確立し維持するため古今を通じて用いられた勅令その他の霊的・世俗的手段に関する歴史論』という題で再刊されており、それには、「自称改革派の様々の不穏な文書、とりわけ『ナント勅令史』に答える補遺」と銘打った、同じくオラトリオ会士のシャルル・ボルド（一六三八―一七〇六）の筆になる補遺が付せられていた。

〔三三六〕　オランダの初代統領ヴィレム一世（一五三三―八四、在位一五七九―八四）。オランイェ（オレンジ）公、ナッサウ伯爵。ナッサウのディレンブルクの生まれ。神聖ローマ皇帝カルル五世に仕え、一五五五年にホラント、ゼラント、ユトレヒト三州の総督となった。はじめはカトリック教徒だったが、一五六六年にルター派に改宗、ついでカルヴァン派に移り、オランダの独立を策して一時ドイツへ逃れたが、一五六八年にネーデルラント総督アルバ公爵とその軍を相手に反乱を起こし、一五七八年にはユトレヒト同盟を結成させて、ネーデルラント北部七州の独立を宣し、その初代統領となった。最後はバルタザール・ジェラールという男に暗殺された。

〔三三七〕　ジャック・クレマン（一五六七頃―八九）。フランス王アンリ三世の暗殺者。サンスの近くのソルボンヌ村の生まれ。ドミニコ会の修道士で、素行の悪い人物だったといわれ、アンリ三世を「暴君」と呼び、自分の手でそれを殺すと前々から公言していたため、兵隊のようなその口調に修道会内では「クレマン隊長」と綽名されていたという。また、ブルゴワン僧院長など会内の有力者とも相談して、国王の殺害も私情から発したのでなければ罪にならず、そのために死ねば魂は天国へ行くという保証も得ていたらしい。そこで、国王に重大な秘密を打ち明けたいという名目で、ブリエンヌ伯爵から紹介状と通行証を貰い、当時サン＝クルーにいたアンリ三世に謁見を願い出て、一五八九年八月一日午前七時頃、起きがけの国王に衣裳部屋で目通りし、国王が紹介状を読んでいる隙に、隠し持った短刀でその下腹部を刺した。国王の悲鳴を聞いて、寝室にいた二人の従者が駆け付け、クレマンはその場で殺されたが、刺された国王もその日の夜に息絶えた。クレマンの屍体は裁判にかけられて、八つ裂きの上、火に焼かれ、灰は川に流された。

〔三三八〕　この王についてはは訳註〔一八二〕ですでに述べたが、暗殺の理由を理解していただくため、ややくわしくその伝記を再説しておこう。フランス王アンリ三世（一五五一―八九、在位一五七四―八九）。ヴァロワ朝最後のフランス王。国王アンリ二世と王妃カトリーヌ・ド・メディシスの間の第三子で、はじめアンジュー公と名乗って、一五六六年に国王の総名代となり、一五六九年にはジャルナックやモンコントゥールの合戦でプロテスタント軍を破った。一五七二年八月の聖バルテルミの虐殺でも首謀者の一人だった。翌年ポーランド王に選出されたが、一五七四年五月に兄の国王シャルル九世が死んだため、帰国して即位した。不決断な性格で、対プロテスタント政策でも穏健路線と強硬路線の間を揺れ動き、当初はポリティーク派へ傾いて、一五七六年五月のボーリュー勅令で第五次宗教戦争を終結させ、コリニ提督を始め聖バルテルミの犠牲者たちの名誉回復などをしたが、強硬カトリック派がそれに反撥して、ギーズ公爵を頭とする「カトリック同盟」を作ると、そちらへ乗り換えて、一五七七年には自ら「カトリック同盟」の長たることを宣言し、プロテスタントの権利を大幅に削減するポワティエ勅令（同年十月）を発したりした。アンリ三世には子供がなく、一五八四年に王弟アランソン公が死ぬと、プロテスタント側の指導者だったナヴァール王アンリ（後のフランス王アンリ四世）が王位継承権を持つこととなったが、「カトリック同盟」側はそれに反対して老齢のブルボン枢機卿シャルル（ナヴァール王アンリの叔父で、やがてシャルル十世を名乗る）を推した。アンリ三世はギーズ公爵との接近を一度は試みたものの、一五八八年五月、同公爵が禁を破ってパリに入城し、同月十二日の「バリケードの日」の民衆蜂起により自らも首都からの逃亡を余儀なくされると、遂に同年十二月にブロワでギーズ公爵とその弟のギーズ枢機卿を誅殺し、ブルボン枢機卿を監禁した。そのため「カトリック同盟」派によって廃位を宣告され、逆にナヴァール王と和解（一五八九年四月）して、ともに「カトリック同盟」に当たり、双方の協力のもとにパリを攻囲したが、攻囲戦中の八月一日、サン＝クルーで狂信的な修道士ジャック・クレマンに刺殺された。

〔三三九〕　ジャン・シャテル（一五七五―九四）。フランス王アンリ四世の暗殺未遂者。パリの富裕なラシャ商人の子で、イエズス会の経営するクレルモン学院を出、パリ大学で哲学を学んでいた。異端者の国王を殺すのは神に嘉される行為だという「カトリック同盟」派の主張を盲信した狂信者で、一五九四年十二月二十七日に王宮でアンリ四世を襲ったが、下顎を傷つけ歯を一本折っただけで失敗に終わり、同月二十九日に八つ裂きの刑に処せられた。この事件を契機に、パリ高等法院はイエズス会の追放を決定し、クレルモン学院の教師ギニャール神父がこの犯行を使嗾したとして翌年一月に絞首刑となった。

〔三四〇〕　フランソワ・ラヴァイヤック（一五七八―一六一〇）。フランス王アンリ四世の暗殺者。この王をカトリシスムの敵とする狂信的な説教に動かされて、故郷のアングレームからパリへ出、一六一〇年五月十四日、大道で短刀により王を刺殺し、自らも八つ裂きの刑に処せられた。

〔三四一〕　フランス王アンリ四世（一五五三―一六一〇、在位一五八九―一六一〇）。ナヴァール王アントワーヌ・ド・ブルボンの長子で、父の後を継いで一五六二年にナヴァール王となり、はじめは母のジャンヌ・ダルブレと共治したが、一五七二年に母が死んでからは単独で統治した。母譲りのプロテスタントで、早くからラ・ロシェルで戦陣にあり、一五六九年に叔父の初代コンデ親王が死んだ後はプロテスタント側の指導者として、コリニ提督に補佐されながら宗教戦争を戦った。一五七二年に国王シャルル九世の妹マルグリット・ド・ヴァロワと結婚したが、その婚礼に集まったプロテスタントらが聖バルテルミの虐殺で大量に殺害された。その後もプロテスタント側の頭領として宗教戦争を戦い続け、一五八四年に王弟アランソン公が死んでヴァロワ王朝がアンリ三世を最後に断絶することが確定的となるや、ブルボン家の当主として筆頭の王位継承権者となったが、「異端者」には王位に即く資格なしとする「カトリック同盟」派はかわりに彼の叔父のブルボン枢機卿シャルルを擁立して対抗した。一五八九年にアンリ三世が暗殺されたため、アンリ四世としてフランス王に即位したが、彼を王として認めない「カトリック同盟」派との戦いはその後も続いた。しかし、一五九三年に自らカトリックに改宗して同盟派から反抗の大義名分を奪い、翌年には同盟派の牙城パリに入城、その後徐々に同盟派を帰順させて、最終的には一五九八年四月のナント勅令によって宗教戦争を終結させ、国に宗教的平和を招来させた。しかし、ナント勅令によるプロテスタンティズムの合法化は狂信的な一部カトリック教徒の不満を買い、一六一〇年五月十四日、パリの大道でラヴァイヤックにより刺殺された。妻のマルグリットとは一五九九年に離婚し、翌年にはトスカナ大公の娘マリ・ド・メディシスと再婚していた。「アンリ大王」と綽名され、フランス史上最大の名君とされている。

〔三四二〕　ピエール・ベールのこと。

〔三四三〕　邦訳、法政大学出版局刊『ピエール・ベール著作集』、第二巻、四三ページ、野沢協訳。

〔三四四〕　フランス王ルイ九世（聖王）（一二一四―七〇、在位一二二六―七〇）。フランス王ルイ八世（獅子王）の子で、十二歳で即位し、はじめは母のブランシュ・ド・カスティーユが摂政を務めた。一二三六年から親政を始め、一二四八年には第七回十字軍に参加してエジプトへ遠征、カイロまで進んだが、一二五〇年二月にマンスラーで大敗して捕虜になり、多額の身代金を払って釈放された後はシリアへ退き、目的を達せなかった。母の死の報に接して一二五四年に帰国し、以後は国政に専念して、パリ高等法院の設置、ソルボンヌ神学校の創設、国王金貨の鋳造による経済の安定、救貧施設の充実など様々な業績を上げ、外交面ではスペインとの国境をピレネー山脈とするコルベイユ条約（一二五八年）や、イギリスとのパリ条約（一二五九年。それによりノルマンディ、アンジューその他を得、かわりに南フランスの諸地をイギリスに与えた）を結んで、長年の紛争を解決した。一二七〇年八月一日、かねてからの念願どおり第八回十字軍を企ててエーグ＝モルトから出航しチュニスを目指したが、カルタゴに上陸した直後に疫病（チフスらしい）が軍隊に蔓延し、自らも八月二十五日にそのため死んだ。中世的君主の理想として称えられ、一二九七年にカトリック教会の聖人とされた。

〔三四五〕　ジャン・ド・ジョワンヴィル（一二二五―一三一七）。フランスの年代記者。シャンパーニュの代官で、一二四八年にルイ九世のエジプト遠征に参加し、国王と同様捕虜になった。一二五一年から国王の側近、実質的な顧問官となったが、一二七〇年のチュニス遠征には夢見が悪いとして参加しなかった。『聖ルイ伝』というルイ九世の伝記を書いており、これは一三〇九年に脱稿して、国王ルイ十世に捧げられた。

〔三四六〕　ジャック＝ダヴィ・デュ・ペロン（一五五六―一六一八）。フランスのカトリック神学者、文学者。宗教迫害を避けてジュネーヴへ亡命したプロテスタントの牧師の子で、スイスのベルン州の生まれ。十歳の時まで父親にラテン語と数学を教わり、それから独学で哲学、ギリシア語、ヘブライ語を修得した。その後、家族とともにフランスに帰国し、二十歳前後でカトリックに改宗した。国王アンリ三世の侍講となり、一五九三年に僧籍に入って、アンリ四世によりエヴルーの司教に任ぜられ、さらにローマへ派遣されて、法王庁によるアンリ四世の破門を解除させた（一五九五年）。一六〇〇年にはフォンテヌブロー宮殿で改革派の領袖デュ・プレシ＝モルネと聖体をめぐる有名な口頭討論を行ない、これは衆目の見るところデュ・ペロンの勝ちだった。一六〇四年に枢機卿、一六〇六年にサンスの大司教となり、アンリ四世の死後は摂政会議の一員となった。一六一四年の三部会でした王権神授説に反対する演説は有名である。『デュ・プレシ氏のミサ攻撃書の検討』（二巻、エヴルー、一六一七―一八年）、『イギリス国王陛下の回答への応答』（二折判《フォリオ》、パリ、一六二〇年）、『聖体の秘蹟論』（二折判《フォリオ》、パリ、一六二二年）などの論争書のほか、信仰書や詩なども書いており、『デュ・ペロン語録』（一六六九年、ジュネーヴ版とハーグ版がある）も十七世紀によく読まれた本だった。

〔三四七〕　ウルガタのルカ伝第十四章第二十三節にある言葉。

〔三四八〕　ミカエル・セルヴェトゥス（スペイン読みではミゲル・セルベト）（一五〇九／一一―五三）。スペイン人のキリスト教神学者、医師。アラゴン地方、今のウェスカ州にあるビリャヌエバ・デ・シヘナの生まれとも、ナバラのトゥデラの生まれともされるが、これは裁判の際に彼自身が二様の陳述をしているためである。古くからのキリスト教徒の小貴族の出で、父はモンテアラゴン僧院に公証人として雇われた人だった。幼児期や初期の教育については明らかでないが、一説によるとすでに十四歳にしてラテン語、ギリシア語、ヘブライ語を修得し、哲学、数学、スコラ神学についてもかなりの知識があったという。十四、五歳で、カルル五世の聴罪司祭を務めてプロテスタンティズムにも理解のある有力な聖職者ファン・デ・クインタナに仕えてその秘書となり、この主人とともにスペイン各地を旅行した。エラスムスについての論議に接したのもその頃のことと思われる。ほぼ三年後、クインタナから暇を貰ってトゥールーズで二年間法学を学んだが、おそらくその時期にプロテスタント思想に接し、ヘブライ語やギリシア語の原文で聖書を勉強したらしい。一五三〇年にクインタナのもとへ呼び戻され、一緒にボローニアへ行ってカルル五世の神聖ローマ皇帝戴冠式にも出席したが、そこで目にしたローマ法王庁の虚飾に強い反感を抱いたらしい。その後もクインタナに同行したが、この主人がスペインに帰国するに及んでそれと別れ、自らの思想の故にローマ教会の支配地にいることの危険を感じて、一五三〇年の後半にバーゼルへ移り、そこに約十カ月いて、一時はエコランパディウスの家に寄食した。三位一体、神の本性、人間と神との関係などについて理論的な立場を確立したのもその頃と思われるが、その考えはいくつかの点で再洗礼派の思想とも類似していたため、身の危険を感じて一五三一年五月にストラスブールへ移った。同市はラディカルな改革者たちの溜り場で、セルヴェトゥスも彼らと接触して、同市で最初の著作『三位一体の誤謬』（一五三一年）を書き上げ、ストラスブールでもバーゼルでも刊行不能だったのでハーゲナウで出版した。翌一五三二年には前作への非難に答えるため『三位一体についての対話』を同じ出版社から出したが、トゥールーズでは彼の名が手配書に載り、サラゴーサの宗教裁判所も訴追に動き出したため身を隠さざるをえなくなった。その後数年間の足どりは完全には明らかでないが、パリ、ついでリヨンへ行き、さらにパリへまた戻ったらしい。裁判の席では、パリのカルヴィ学院で学び、それからロンバール学院で数学を教えたと言っている。一五三五年にはリヨンにいて、出版社の校正係としてプトレマイオスの『地理書』の出版に携わり、すぐれた自然学者のサンフォリオン・シャンピエを識って医学の手ほどきを受けるかたわら、プラトンや新プラトン派についても種々教えられたらしい。このシャンピエを擁護するため『レオナルドゥス・フックシウスに対する弁明』（リヨン、一五三六年）を著わしたのもその頃だが、たぶんこのシャンピエの影響で医学への関心を掻き立てられたらしく、一五三七年にはパリへ戻って医学を学び、糖蜜の効能についてシャンピエを批判する本を出したり、ヴェサリウスの同僚として解剖を行ない、ハーヴェーより早く血液循環を発見したり、地理学の講義をして後のヴィエンヌの大司教ピエール・パルミエなどの列席を得たりした。その頃には天文学にも興味を抱き、特に天体が人体に与える影響を考えたため、パリ医科大学からいんちき医者と攻撃されて、反論のため『占星術のための弁明的討論』（パリ、一五三八年）を発表した。その本で自分自身もホロスコープをしたなどと自慢したため、パリ医科大学から占星術の講義や著作発表を禁止され、一五三八年三月にパリ大学に入学したのもそこそこに同市から去った。一五四〇年九月にはモンペリエ医科大学に学生としており、二年後にそこで修士にまでなったらしいが、医学博士の学位をどこで取ったのかは明らかでない。その後、ブルゴーニュ地方のシャルリューに住んで三年間開業医として暮らし、それからヴィエンヌへ移って、土地の大司教パルミエに庇護されながら同市に約十二年いた。その間にプトレマイオスの第二版、サンテス・パグニヌスのラテン語聖書の各種の版、様々な文法書のスペイン語訳などを出し、開業医としては有力者たちを患者に持ち、橋の建設をめぐる討議や交渉に加わるなどして市政にも関与し、一時は大司教の館に住んでヴィエンヌ市の名士だったらしい。同時に、主著の『キリスト教刷新』をひそかに書き続けていて、一五四六―四七年のカルヴァンとの文通の中でその第一稿をカルヴァンに送り、一五五二年九月からヴィエンヌでそれの自費印刷を始め、一五五三年一月に完了した。もちろん、刊行地も出版社名も記さぬ秘密出版で、部数は千部、その内一部はリヨンへ、一部はフランクフルトのブックフェアへ、一部はジュネーヴへ送られた。ジュネーヴの本屋へ送られた内の一冊をカルヴァンの友人ギヨーム・ド・トリが入手し、それを知ったカルヴァンはド・トリに催促して、リヨンにいるカトリック教徒の従兄弟に宛ててセルヴェトゥス告発の手紙を書かせた。リヨンの宗教裁判官マティユ・オリもやがてそのことを知ってヴィエンヌに手紙を送り、セルヴェトゥスの逮捕を命じた。だが、喚問されたセルヴェトゥスはあらかじめ証拠をすべて湮滅し、印刷者も関与を否定したため、ヴィエンヌ当局も起訴できず、セルヴェトゥスはいったん釈放された。だがやがて、ド・トリを介してカルヴァンからあの本の筆者の身許をめぐる決定的な証拠がヴィエンヌに送られて来たため、一五五三年四月四日にセルヴェトゥスは再逮捕された。しかし、やがて彼は脱獄して、四カ月ほど行方が分からなかった。ようやく一五五三年八月十三日、セルヴェトゥスはジュネーヴの教会で礼拝に参加していたところをみつけられ、すぐさま逮捕・投獄された。医師を開業するためナポリへ行こうとしてその旅の途中だったらしく、選《え》りに選ってジュネーヴを経由したのはカルヴァンが抱く自分への嫌悪や異端への憎しみが想像できなかったかららしい。セルヴェトゥスが訴えられたのは一つには三位一体、一つには幼児洗礼をめぐる見解で、これは全くの思想裁判だった。セルヴェトゥスとカルヴァンの間では文書が応酬され、セルヴェトゥスがジュネーヴの市参事会や二百人会に訴えたり、カルヴァンがスイス諸州の意見を求めたりした（返事はみな、異端は処罰すべしというものだった）ため二度の中休みを挟んだ後、一五五三年十月二十七日に火刑の宣告が下り、判決は即日執行された。ヴィエンヌの宗教裁判所の方も、同年十二月二十八日に欠席裁判で火刑の宣告を下し、身代りの人形が火で焼かれた。セルヴェトゥスの死後、『キリスト教刷新』は手写本の形でヨーロッパ各地に流布され、特にポーランド、トランシルヴァニア、ハンガリーなどのユニテリアンに影響を与えて、それはやがてオランダ、イギリスなどにも及んだが、これは主として三位一体否定論という側面からにすぎず、セルヴェトゥスの宗教観の根底にあった一種汎神論的な神秘主義は、彼を追及するカルヴァンらも、彼を先覚者とみなすユニテリアンもほとんど注目することはなかった。思想の根底ではなく、むしろ副次的な（あくまでも、今の目で見ればの話だが）問題のため死に追いやられたという点で、二重に悲劇的な人物だったと言うべきであろう。

〔三四九〕　ジョヴァンニ・ヴァレンティーノ・ジェンティーレ（ゲンティリス）（一五二〇―六六）。イタリア人のキリスト教神学者で反三位一体論者。カラブリアのシリアーノの生まれ。人文主義者フアン・デ・バルデスの影響を受けてプロテスタントとなり、母国のプロテスタント迫害を逃れて一五五六年頃ジュネーヴへ亡命した。この地でビアンドラータやアルチアートと交わって反三位一体論へ傾き、セルヴェトゥスの著作を研究して、カルヴァンと論争を行なった。そのため、一五五八年に逮捕されて加辱刑を加えられ、著書をも自らの手で焼くことを余儀なくされた。程なくジュネーヴから逃亡して、ベルン、リヨン、ドーフィネ地方、サヴォイアなどを放浪した後、ベルンへ舞い戻って投獄され、出獄後、ビアンドラータを頼って一五六三年頃ポーランドへ亡命した。しかし、ポーランド王の異端者追放令によりそこにもいられなくなり、モラヴィアを通ってオーストリアへ移ったが、カルヴァン死去の報に接してスイスへの帰還を志し、ジェクスで反三位一体の講演会を開くことを当局へ申し入れて、逆に逮捕され、ベルンに連行された上、一五六六年九月十日に異端者として斬首の刑に処せられた。使徒たちのように単なる子（キリスト）のためではなく、父なる神のために殉教すると誇らかに語って死んだといわれる。

〔三五〇〕　アリオス（アリウス）（二五〇頃―三三六）は古代キリスト教の異端者。リビアの人。アンティオキアのルキアノスの弟子で、オリゲネスの神学を学んだ。司祭となった後、キリストは神から生まれたが故に神と同一実体でも永遠でもないと主張して、三位一体説を奉じるアレクサンドリアの司教アレクサンドロスと争った。彼の説は三二五年のニカイア公会議で断罪され、彼とその一派はコンスタンティヌス帝によりイルリア地方へ追放された。後に追放を解除されたが、教会との和解の寸前にコンスタンチノープルで急死した。アリオス派の政治的指導者は、すでに三二八年に追放を解除されていたニコメディアのエウセビオス（三四一歿）だったが、彼が進めた戦術は、ニカイア決定を骨抜きにするような信仰定式書を作り、皇帝の権威によってそれへの署名を強制し、署名を拒むニカイア派を叛徒として弾圧するというもので、事実、アリオス派に帰依したコンスタンティウス二世帝（在位三三七―三六一）のもとで正統のニカイア派は迫害され、その指導者アタナシオスも再三追放された。その後も、東方ではヴァレンス帝（在位三六四―三七八）がアリオス派に好意的だったが、西方ではヴァレンティニアヌス一世帝（在位三六四―三七五）の援助により正統派が勝利を収めた。その後、両派の妥協が成立して、法王ダマスス一世が三七七年に作成した信仰定式書に翌年から翌々年にかけて東方の司教たちも署名し、最後に三八一年のコンスタンチノープル公会議でローマ帝国内の論争は正式に終止符を打った。しかし、アリオス主義はゴート族を始めとするいわゆる「蛮族」の内にも移入されていて、これらのゲルマン系諸民族はその後も長くこの説を奉じたが、彼らも徐々に正統信仰に改宗し、最後に残ったランゴバルディ族も七世紀の中葉には正統派に合流した。

もっとも、以上述べたのはあくまでも古代のアリオス（アリウス）派のことで、本文で言われるのはこうした原アリオス（アリウス）派のことではなく、ソッツィーニ派など、十六世紀以後の三位一体反対論者（ユニテリアン）のことで、プロテスタント中のこうした急進分子もしばしば比喩的にアリオス（アリウス）派と呼ばれていた。

〔三五一〕イギリスの下院では、異端と冒瀆を禁圧する法令を作成するための委員会が一六四六年四月以来設けられ、それを積極的に推進する長老派と、反対する独立派やエラストゥス派（国家宗教論者）の間で長期の議論が行なわれたが、結局、一六四八年五月二日に「冒瀆・異端を処罰するための国会上下両院の法令」、通称「厳罰令」（Draconic Ordinance）が可決された。ここで言う「冒瀆・異端」とは反三位一体論をとりわけ念頭に置いたもので、事実、「父は神でない、子は神でない、または聖霊は神でない、またはこれら三者は単一の永遠な神でない、またはキリストは父と対等の神でない」などと「説教、教示、印刷、執筆により主張し発表する者はみな」、自説を誓絶せぬ限り死刑に処すとしていた。もっとも、この法令が規定どおりに実行された形跡はなく、反三位一体論者も投獄はされても死刑にまではならなかった。

〔三五二〕　聖ベルナルドゥス（ベルナール）（一〇九〇—一一五三）。フランスの宗教家。シトーのベネディクト会修道院に入り、一一一五年にクレルヴォーに分院を建て、その院長となった。諸国の君主や貴族に霊的な指導者と崇められて、政治的にも強い影響力を持ち、第二回十字軍も彼の勧めで実現された。キリストとの「霊的婚姻」を説き、「甘蜜博士」と綽名された。

〔三五三〕　フィリプス・ファン・リンボルク（一六三三—一七一二）。オランダの指導的なアルミニウス派神学者。アムステルダムの生まれ。ライデンとユトレヒトで法学を、アムステルダムで神学を修めてアルミニウス派の牧師となり、一六五七年からハウダで牧職に従事した。一六六七年にアムステルダムの牧師に転任、翌年からは同市にあったアルミニウス派神学校の神学教授を兼ねて、死ぬまで四十数年にわたり在職した。ロックの親友でもあり、『キリスト教神学』（一六八六年）、『キリスト教の真実性に関するユダヤ教徒との友好的会談』（一六八三年）、『宗教裁判史』（一六九二年）などがある。本文で言われるのは、この最後の著作である。

〔三五四〕　イギリス王チャールズ二世（一六三〇—八五、在位一六六〇—八五）。ピュリタン革命で処刑されたチャールズ一世の長子で、革命後の王政復古により王位に即いた。

〔三五五〕　一六六二年十二月の勅語や一六七二年五月の勅語による。

〔三五六〕　ローマ法王クレメンス八世（前名イッポリト・アルドブランディーニ）（一五三六—一六〇五、在位一五九二—一六〇五）。フィレンツェの生まれ。パドヴァ大学、ペルージア大学、ボローニア大学で法学を学んで法学博士となり、ローマ法王庁に勤務して一五八五年に枢機卿となり、法王庁の外交官として活躍した後、法王に選出された。学識豊かな人格者で、ベラルミーノ、バロニウス、デュ・ペロンなどのすぐれた人材を枢機卿に取り立て、フランソワ・ド・サルの活動を後援し、貧困者や病人に対する福祉活動にも熱心な人だった。法王庁の外交政策では、従来のスペイン一辺倒を改めてフランスとの接近を図り、当初は「カトリック同盟」を支持したものの、やがてアンリ四世との和協路線に転じて、一五九五年には同王に罪の赦しを与えて和解し、ナント勅令をも受けいれ、一五九八年にはフランス゠スペイン間の平和を実現した。イギリスとの関係改善も図ったが、その国でのカトリシスムの復興には成功しなかった。ウルガタの新版を刊行し（一五九六年）、典礼書を改訂するなどの大きな業績も上げて、一六〇五年三月五日に世を去った。

〔三五七〕　一四一四年十一月五日から一四一八年四月二十二日までドイツの自由都市コンスタンツで開かれた公会議で、第十七回世界公会議とされている。ローマにいたグレゴリウス十二世（イタリアのかなりの部分とドイツの一部を支配）、アヴィニョンにいたベネディクトゥス十三世（カスティーリャ、アラゴン、スコットランドなどを支配）、ナポリ王によりローマから逐われたヨハネス二十三世（フランス、イングランド、ポーランド、ハンガリー、ポルトガル、ドイツやイタリアの一部を支配）という三人の法王（ないし対立法王）が並立するという教会の大分裂を解消し、他方ではウィクリフやフス派の問題を処理するため、神聖ローマ皇帝ジギスムントの強い圧力を受けて、同帝に頼らざるをえなかったヨハネス二十三世が招集した公会議だった。会議はイタリア、フランス、ドイツ、イギリスと民族別の四つの部会に分かれて審議し、その結果を全体会議に持ち寄るという形式で進められ、一四一四年十一月十六日の第一回会議から閉会日の最終会議まで、計四十五回の会議が開かれた。分裂問題については、他の二人が退位するなら自分も退位すると一四一五年三月二日の第二回会議で誓っていたヨハネス二十三世がその会議後、退位を強制されるのを恐れ御者に変装して逃亡した（結局掴まって投獄されたが）ため、五月十四日の第十回会議は彼の廃位を決議し、彼自身もそれを受けいれた。ついで、七月四日の第十四回会議でグレゴリウス十二世の退位が伝えられ、ひとり残ってアラゴン王の支持を失いつつもなお頑強に抵抗したベネディクトゥス十三世も一四一七年七月二十六日の第三十七回会議で廃位を宣された。こうして三人の法王が一掃されたため、公会議は一四一七年十一月八日の第四十一回会議でコロンナ枢機卿を新たにマルティヌス五世として法王に選出し、教会の分裂状態は一応終止符を打った。もう一つの課題だったウィクリフ゠フス派問題では、一四一五年七月六日の第十五回会議でウィクリフの著作から引いた五十八箇条の命題が断罪され、皇帝ジギスムントから通行証を交付されて開会当初からコンスタンツに来ていたフスは、第一回会議と第二回会議の間にヨハネス二十三世の命令により騙し討ち的に逮捕されて、公会議により裁判にかけられ、同じ第十五回会議で火刑を宣告されて、即日刑を執行された。フスの同志プラハのヒエロニュムスも一四一五年五月二十五日の第十一回会議に出頭して逮捕され、一四一六年五月三十日の第二十一回会議で火刑を宣告され、同じく即日火あぶりにされた。

〔三五八〕　ブルジュの聖ギヨーム（ギヨーム・ド・ドンジョン）（十二世紀中葉―一二〇九）。フランスのカトリック聖職者。ヌヴェールの生まれ。ヌヴェール伯爵家の出で、ソワソンの副司教をする小父のピエール・レルミットに育てられた。僧籍に入って、ソワソン、ついでパリの教会参事会員を務めたが、突然引退してリモージュの近くのグラモンの僧院に入り、さらにシトー派のポンティニの僧院へ移った。同僧院の僧院長、サンスの近くのフォンテーヌ゠サン゠ジャン僧院長を歴任し、一一八七年にはサンリスの近くのシャリス僧院長となったが、一二〇〇年にブルジュの大司教アンリ・ド・シュリが死んだ時、後任者の候補とされた三人のシトー派僧院長の間の籤引きで指名され、受諾を渋ったものの、シトー派総会長と法王特使の命令には逆らえなかった。きわめて謹厳な人で、大司教となっても修道士の服装のままで、客人には肉を出しても自らは菜食を貫いたという。教区にいるアルビ派信者を改宗させるのに熱心で、事実多くの者を改宗させ、さらに、南フランスのアルビ派地帯で宣教活動に従事しようとして、一二〇九年の公現祭（一月六日）に大聖堂で別れの説教までしたが、その時すでに熱病にかかっており、旅立つこともできず、四日後の一月十日に他界した。その墓では多くの奇蹟が起こったと伝えられており、一二一八年に法王ホノリウス三世によって聖人の列に入れられた。

〔三五九〕　アルビ派は十二世紀末から南フランス（トゥールーズを中心とするラングドック地方、アルビ一帯）に弘まった宗教運動。カタリ派の一分枝で、マニ教的な二元論に立ち、神の受肉、したがってキリストの神性を否定し、結婚の断罪を含む絶対的な禁欲を唱え、カトリック教会の儀礼を迷信として排撃した。同派は南フランスのブルジョワ層や、さらには庶民の内に強い支持基盤を持ち、トゥールーズ伯爵を始めとする一部の封建領主にも支持されたが、一二〇八年に法王特使が暗殺されたのをきっかけにして正統教会との対立が爆発点に達し、ローマ法王インノケンティウス三世は同年トゥールーズ伯爵を破門してアルビ派討伐の十字軍（いわゆる「アルビジョワ十字軍」）を説かせ、イル＝ド＝フランスの領主シモン・ド・モンフォール（一二一八年のトゥールーズ攻囲戦で戦死）のひきいる十字軍と、アラゴン王（一二一三年のミュレの合戦で戦死）も加わるアルビ派軍との戦いは宗教戦争の域を越えて、異なる文化圏に属する北フランスと南フランスの全面戦争にまで拡大し、前者による後者の圧服を以て終わった。モンセギュールの岩山に立て籠ったアルビ派の信者たちが一年近くの攻囲戦の末に城を明け渡し、二百五人の男女が集団で焼き殺されてこの運動が最後的に壊滅したのは、一二四四年三月十六日のことだった。

〔三六〇〕　イングランド女王メアリ一世（一五一六―五八、在位一五五三―五八）。ヘンリ八世とその最初の妻カサリンとの間の子で、この両親の離婚によって受けた数々の屈辱から、母の思い出と母が奉じたカトリック信仰への愛着を終生持ち続けた。異母弟エドワード六世の治下では迫害されたが、母方の従兄弟に当たる神聖ローマ皇帝でスペイン王のカルル五世の介入によって救われ、一五五三年にこの弟の後を継いでイングランドとアイルランドの女王に即位した。翌年、国民の反対を押し切ってスペインの王太子（後のスペイン王フェリペ二世）と結婚し、その親スペイン政策からスペインとフランスの戦争に巻き込まれ、一五五八年には大陸における最後の領土カレをも失った。夫は一年でスペインに帰ってしまい（一五五五年）、孤独の内に年より早く老い、猜疑心の塊のようになった彼女は、カトリシスムを護持するためにプロテスタント弾圧を強行し、およそ三百人を処刑して「血に飢えたメアリ」と綽名され、極度の不人気の中で死んだ。

〔三六一〕　一六四一年十月に始まるアイルランドの反乱で、カトリック教徒のアイルランド人が行なったとされるイングランド人、スコットランド人入植者（その多くは長老派のプロテスタントだった）の虐殺。数千人の入植者がこの反乱により土地を逐われたのは事実で、その過程で数々の暴力行為が行なわれたことも間違いないが、何千人もの計画的大虐殺というイングランド（プロテスタント）側の宣伝はかなり誇張されたものらしい。いずれにせよ、アルスターで始まったこの反乱は、一六四二年一月にはダブリン、コーク、カリックファーガスなどを除く国土の大半を支配下に収め、反乱者たちは同年十月に「キルケニ同盟」を結成したが、最終的には、一六四九年八月にクロムウェルが一万二千人の軍をひきいてダブリンに上陸するに及んで反乱は終熄に向かい、一六五三年には完全に鎮圧された。この反乱で命を落とした人の数は、付随する疫病などによるものも含めて、約六十万人に上るといわれる。

〔三六二〕　この人名は批評版ではCon à Mahonyと表記されており、一七八七年版ではCassamaoniと表記されており、そのほかにConamaoni, Conamaonieなどと表記する写本もあるらしい。この人物について訳者が調べた限りで最もくわしい情報を与えてくれるゾンマーフォーゲルの『イエズス会書誌』はCornell O'Mahony（コーネル・オーマホニ）としており、『英国人名辞典』はConnor or Constantine O'Mahony（コナーまたはコンスタンタイン・オーマホニ）の項目を立てつつも、Connor, Cornelius, or Constantine Mahony（コナーまたはコーニーリアスまたはコンスタンタイン・マホニ）の項を見よとしている。いずれにせよ、これはアイルランド人のイエズス会士で、コルネリウス・ア・サンクト・パトリティオという僧名でも呼ばれた。一五八四年にアイルランド南部のコーク伯爵領にあるマスケリーで生まれ、司祭となった後、一六二一年三月にイエズス会に入った。いつごろアイルランドから出たのかは不明だが、ともかく長くポルトガルのリスボンに住み、同地の学院で十四年間にわたり道徳神学とスコラ神学を教え、そのまま一六五六年二月二十八日にリスボンで死んだ。彼が歴史に名を残すのはもっぱら、コンスタンティヌス・マルルスという偽名で、刊行地もフランクフルトと偽って、一六四五年にリスボンで出版したラテン語本『アイルランドのカトリック教徒を支持しイングランドの異端者に反対する、アイルランド王国の権利を明示する護教的討論』のためである。この本は、当時進行中のアイルランド反乱を鼓舞激励するために著わされたもので、アイルランドは土着のアイルランド人でカトリックの国王を戴く独立の王国になるべきだとして、イングランド人で異端者の入植者は皆殺しにすべきこと、イングランドの支配に協力するアイルランド人をも全員追放すべきことを主張していた。内容のあまりの激しさに、ポルトガル政府も一六四七年十二月にこの本を禁書にし、一六六六年にダブリンで開かれたアイルランドの全国的なカトリック聖職者会議も全会一致でこの本を焚書にすることを決議した。

〔三六三〕　前註でも述べたとおり、マホニまたはオーマホニの『アイルランド王国の権利を明示する護教的討論』は刊行地をフランクフルトと偽っていたが、実際はポルトガルのリスボンで出版された。

〔三六四〕　「血の春」、「血の復活祭」、「ヴァルドー派の聖バルテルミ」などと呼ばれる一六五五年四月のヴァルドー派プロテスタントの大虐殺のこと。一六五五年一月二十五日、サヴォイアの首相ピアネッツァは、ピエモンテ地方のルセルナ、ルセルネッタ、サン゠ジョヴァンニなど平地の村々に居住するヴァルドー派信徒に対し、同派が唯一寛容に浴しているボッビオ、ヴィッラール、アングローニャ、ローラの山間部村落へ三日以内に移ることを命じ、違反者はカトリックに改宗しない限り死刑に処すとした。この命令により、約二千のヴァルドー派信徒は山間部へ移ったが、こうして同派の全員を狭い峡谷部に集めた上で、サヴォイア政府は四月末に大量の軍隊を投入してヴァルドー派掃蕩作戦を開始した。ピエモンテ人部隊を主力に、アルプスを越えて来たフランス軍六個連隊、亡命アイルランド人一個連隊を含む約一万五千の討伐軍は、各村落に二、三日軍隊を宿泊させるにすぎないと言って住民を油断させ、要所をすべて押さえた上で、四月二十四日（復活祭の前日）、指揮官の合図によって一斉にヴァルドー派住民の皆殺し作戦を開始し、女子供に至るまで住民はみつけしだい殺され、村々は焼き払われた。五千人以上が殺されたこのジェノサイドは数日続き、四月二十九日にピアネッツァはヴァルドー派を完全に掃蕩したとして勝利を宣した。さらに五月十八日には、サヴォイアの首府トリノへ連行されたヴァルドー派の有力者四十人が「異端誓絶」の文書に署名するなどのセレモニーも行なわれ、ヴァルドー派根絶作戦は成功したかに見えた。しかし、生き残って山中へ逃げた少数の信徒たちは、バルテルミ・ジャイエ、ジョジュエ・ジャナヴェルという伝説的な指導者のもとに五月末から反攻に転じ、ゲリラ戦を展開して政府軍を悩ませた。また国際的にも、四月の大虐殺はクロムウェル治下のイギリスを始め全プロテスタント諸国に憤激の嵐を巻き起こしたため、結局、サヴォイア政府はフランス大使アルベール・セルヴィアンの仲介によって八月十八日にピネローロで和約を結び、弾圧を停止せざるをえなかった。

〔三六五〕　デキムス・ユニウス・ユウェナリス（五〇頃―一三〇頃）。ローマの諷刺詩人。アプリアの生まれ。その生涯はよく分からないが、富裕な解放奴隷の子だったらしい。ローマに出て、四十歳の頃まで修辞学を学び、それから諷刺詩を書き始めたといわれる。ドミティアヌス帝が贔屓にする俳優を攻撃したためエジプトに流されたとの説もある。十六篇の諷刺詩が現存し、ローマで最高の諷刺詩人とされている。質朴な古ローマを理想として、当時のローマの頽廃した世相を攻撃し、生々しいまでのリアリズムと言葉の豊かさ、力強さで高く評価されるが、政治的、社会的なはっきりした思想があるわけではない。

〔三六六〕　邦訳、法政大学出版局刊『ピエール・ベール著作集』、第八巻、一二一一―一二一二ページ、野沢協訳。

〔三六七〕　アントワーヌ・ヴィヨン、ジャン・ビトー、エティエンヌ・ド・クラーヴは、一六二四年にパリでアリストテレスに反対するテーゼの提説を差し止められた人物。この三人は、一六二四年八月二十四―二十五両日にアリストテレスの自然学に反対する十四箇条のテーゼをパリのド・ジェルサン館で連名で提説すると予告したが、ソルボンヌによってその提説を禁止され、ソルボンヌの要請を受けたパリ高等法院もテーゼを破棄し彼らをパリから追放するとした上、今後いかなる者も「是認された古代の著作家たち」（具体的にはアリストテレス）に反する説を唱えるのを禁じ、違反者は死刑に処すとした。提説を予定されていたテーゼの一箇条は、「万物は分割不能な原子からなる」という原子論的なものだったという。

〔三六八〕　ジャン・ド・ローノワ（一六〇三―七八）。フランスのカトリック神学者、教会史家。ノルマンディ地方のヴァローニュに近いヴァル＝ド＝シ村の生まれ。クタンスで中等教育を受けた後、パリで哲学、神学を学び、一六三六年にソルボンヌの神学博士、司祭となった。程なくローマへ旅して多くの学者と親交を結び、帰国後はナヴァール学院に所属して、一六四三年には大法官セギエにより四人の王命検閲官の一人に任命された。これはジャンセニストの書籍を取締るためのものだったが、或る本を認可したことを別の神学博士に攻撃されたりして、学院内にも対立が生じたらしく、そのため一六四八年にナヴァール学院から逐われた。聖務日課書の朗誦はいかなる教会法によっても義務づけられていないと教えたということが表向きの理由だったが、実際はジャンセニスムの疑いをかけられたことが真因だったらしい。学院から去ったローノワは、後に枢機卿となるランの司教セザール・デストレのもとに身を寄せ、この庇護者から提供されたランの教会参事会員の地位は再三にわたって辞退したが、自宅に毎月曜日学者たちを集めて勉強会を開き、この会には若き日のボシュエなども参加した。しかし、晩年の一六七六年にこの会も国王の意向によって中止させられ、最後は一六七八年三月十日にパリのデストレ枢機卿の館で世を去った。ジャンセニスムの疑いをかけられはしたものの、思想的にはけっしてジャンセニストではなく、「完全痛悔」説も「不完全痛悔」説も自由に選べるとしたり、「頻繁な聖体拝領」を是としたりしたが、遺作では一六五六年のソルボンヌによるアルノー断罪を不正と断じ、ジャンセニウスの恩寵説は誤りだがその責任はアウグスティヌス自身にあるとした。また一方、ローマ法王の無謬性や、君主を廃位する法王の権限などは認めず、世界公会議を法王よりも上に置くリシェ主義者だった。聖母マリアの身体的被昇天や無原罪懐胎も認めなかった。過剰なまでに批判精神の旺盛な学者で、アリストテレスの著作が十三世紀初頭に禁止されてから、十七世紀に哲学教育の基礎として絶対的権威を付与されるまでの過程を跡づけた『パリ大学におけるアリストテレスの盛衰』（一六五三年。本文で引かれるのもこの本である）や、ナヴァール学院所属の学者たちの文献目録としても貴重な『王立ナヴァール学院史』（二巻、パリ、一六七七年）などの纏まった著作もあるが、二折判《フォリオ》五巻に及ぶ全集（ジュネーヴ、一七三一―三二年）で最大の割合を占めるのは、教会史の個別の問題をめぐる夥しい数の比較的短い論文と、それをめぐる論争文書である。それらの論文は概して、中世以来の聖人伝説や聖遺物伝説、修道会や僧院の特権をめぐる伝承などを厳密な歴史批評によって吟味・検討・批判・否定したもので、とりわけ、パリの初代司教聖ドニが使徒行伝に登場する「アレオパゴスのデオヌシオ」であるとの伝承は九世紀のサン゠ドニ僧院長が言い出したもので、パリの司教の聖ドニは別人であること、ラザロとマクシミヌスとマルタとマグダラのマリアがプロヴァンスに来て、ラザロがマルセイユ、マクシミヌスがエクスのそれぞれ初代司教になったという伝説は偽りであること、カルメル会士のシモン（サイモン）・ストックが見たという聖母マリアの幻も、聖母が彼に与えたとされる、救いを保証するスカプラリオもみな作り話で、それの根拠とされるローマ法王の教書も捏造であることなどを主張したのが有名だが、その他、トゥールの聖ガシアン、アルルの聖トロフィーム、ヴィエンヌの聖クレサン、ナルボンヌの聖ポール・セルジェ、リモージュの聖マルシヤル、トゥールーズの聖サテュルナン、オーヴェルニュの聖オストルモワーヌ、ポワティエの聖ヴィクトラン、コンポステラの聖ジャック（ヤコブ）等々、この学者の犀利な史料批判によって虚構を暴かれた聖人は枚挙に暇がなかった。ローノワは「聖人取りはずし屋」と綽名されて各地の教会に恐れられ、パリの主任司祭たちは自己の聖堂区の守護聖人に攻撃が及ぶのを恐れてローノワに近付くことも憚ったといわれる。「十人の法王が天国に入れたより多くの聖人を天国から出て行かせた」（ヴィニュール・マルヴィル）、「毎年一人ずつ聖人を天国から除いてしまう。しまいには神御自身をも取り除くおそれがある」（ギ・パタン）などとも言われた。現在では全く忘れられた存在だが、カトリック教会の近代化に不可欠な作業を進めた十七世紀の重要な学者の一人だった。

〔三六九〕アルクイヌス（アルクイン）（七三〇／七三五―八〇四）。カロリング・ルネサンスを主導したイギリス人の神学者、教育家。ヨークの生まれ。ヨークの大司教エグベルトゥス（エグバート）が創設したヨーク大聖堂付属学校で学んで、七七八年にそこの校長、図書館長となった。ローマへ派遣され、その帰途にパルマでカルル大帝（シャルルマーニュ）に会ってフランク王国に招聘され、七八一年から同帝に仕えるようになり、アーヘンに宮廷学校を開いて、論理学、神学、数学、天文学などを教え、フランク王国における学問復興の基礎を築いた。七九六年からはトゥールのサン゠マルタン修道院長となり、そこにも付属学校を開設してラバヌス・マウルスなど多くの学者を養成し、この学校を名実ともに学問研究の中心地たらしめた。創世記、詩篇、ヨハネによる福音書、使徒書簡の註解、教父の註解、七自由学科に関する問答形式の教科書の編集などをし、中世における学問・教育の発展に大きな貢献をした。

〔三七〇〕ローマ法王ハドリアヌス六世（前名アドリアーン・フロリスゾーン）（一四五九―一五二三、在位一五二二―二三）。ユトレヒトの生まれ。大工の子で、貧困者の子弟を入れるルーヴァンの無料の学院から、さらにルーヴァン大学で学んで、一四九三年に同大学の神学教授に就任、ルーヴァンの教会参事会長、大学の総長代理にまでなった。一五〇七年、神聖ローマ皇帝マクシミリアン一世によりその孫、後の皇帝カルル五世の教育掛に任ぜられ、ついで駐スペイン大使となり、一五一六年にはスペイン王フェルナンド五世によりトルトサの司教に任命され、アラゴンの異端審問官（一五一七年）を経て、一五一七年に枢機卿となった。一五二〇―二二年にはスペインの摂政をも務めたが、ローマ法王レオ十世の死後、カルル五世の強い後押しとスペインでの実績によりローマ法王に選出された。宗教改革を押し止めること、カルル五世とフランス王フランソワ一世を和解させ、連合してオスマン・トルコに当たらせることがこの法王の政策の大目標で、とりわけ、宗教改革と有効に闘うためにローマ法王庁の改革を急務と考えたが、もともと身分の低いフラマン人出身でローマの民衆とは馴染みがなく、そのため全く不人気で、自らもイタリア人を信用せずフラマン人ばかり重用したため、その改革路線には誰も付いて来ず、失意の内に死んだ。ルターからは「反キリスト」として攻撃されたが、むしろ、個人的には有徳だが著しく政治性に欠ける法王だった。

〔三七一〕ローマ法王レオ十世（前名ジョヴァンニ・デ・メディチ）（一四七五―一五二一、在位一五一三―二一）。宗教改革勃発当時のローマ法王。フィレンツェの支配者ロレンツォ・デ・メディチの第二子で、フィチーノ、ポリツィアーノ、ピコ・デッラ・ミランドーラなどに教育され、一四八八年に十三歳で枢機卿となった。一五〇〇年頃からローマに定住し、一五〇三年に兄ピエトロの死によってメディチ家の実権を握るや、父の路線を継承して美術品の蒐集家、音楽や絵画など芸術の保護者として名を成した。一五一一年に法王軍をひきいてボローニアへ赴いたが、翌年のラヴェンナの合戦に敗れて、一時フランス軍の捕虜となった。一五一三年にローマ法王に選ばれ、一五一六年にはフランス王フランソワ一世と政教条約を結んで和解し、またサン・ピエトロ大聖堂を修復するため免罪符の販売を認可した。ルターの宗教改革が始まっても事の重大性を理解できず、一五二〇年に大勅書を発してルターに破門の警告をし、翌年には実際にそれを破門した。最後のルネサンス法王で、神も魂の不滅も信じていないとプロテスタントからは非難された。

〔三七二〕バルトロメ・デ・ラス・カサス（一四七四―一五六六）。スペインのカトリック聖職者。セビリャの商人の子で、父はコロンブスの二度目の航海に同行したといわれる。サラマンカで法律を修めた後、一五〇二年にキューバのスペイン総督の顧問としてアメリカへ渡り、一五〇六年に司祭となって、サント・ドミンゴ、キューバ、メキシコなどで宣教活動をし、かたわら、西インド諸島での植民政策の残虐な実態にも触れ、ベネズエラのクマラで理想的植民地の建設を企てたが失敗に終わった（一五二〇年）。一五二三年にサント・ドミンゴでドミニコ会に入り、一五四四年にメキシコのチャパの司教に任ぜられたが、インディオへの人道的な扱いを求める努力も植民者たちの反対によって成功せず、結局一五五一年にスペインのバリャドリードへ引退し、以後は世論を喚起するための文筆活動に専念した。一五六六年七月十七日、マドリードの修道院で世を去った。インディオの人間性を擁護し彼らの奴隷化に反対する多くの著作を残しているが、とりわけ、コンキスタドールの残虐な植民方法を糾弾した『インディアスの破壊についての簡潔な報告』(一五五二年)は、著者自身の思想とは無関係に今では反植民地主義の最大の古典と目されて、全世界であまりにも有名である。

〔三七三〕 ゲラルト・ブラント(一六二六—八五)。オランダのアルミニウス派の牧師。アムステルダムの生まれ。ニウコープ、ついでアムステルダムのアルミニウス派教会で牧師を務めた。『ネーデルラント宗教改革史』(四巻、一六七一—一七〇四年)、『バルネフェルト、ホーヘルベーツ、グロティウス裁判史』などがある。

〔三七四〕 ジャン・ド・ラ・プラセット(一六三九—一七一八)。フランス改革派の牧師。ポンタックの生まれ。同地の牧師の子で、モントーバンのプロテスタント大学を一六五七年に卒業して、一六六〇年からオルテス、一六六四年からナイの牧師を務め、説教師としての名声により首都のシャラントン教会からも呼ばれたが、その招聘を辞退した。ナント勅令廃止直前にフランスから出国し、ブランデンブルク選挙侯に招かれてケーニヒスベルクのフランス人教会の牧師となったが、翌一六八六年にデンマーク王妃のたっての希望でコペンハーゲンのフランス人教会の主任牧師となり、二十五年間その地位にあった。一七一一年に高齢のため職を辞し、オルデンブルクに引退したデンマーク王妃のもとで暮らしたが、やがて王妃の用命でオランダへ派遣され、そのままオランダに居ついて、はじめはハーグ、最後はユトレヒトに住んだ。「プロテスタントのニコル」と評されたすぐれた道徳神学者で、『新篇道徳論集』(四巻、アムステルダム、一六九二—九七年。本文で引用されるのもそこからである)、『キリスト教道徳』(アムステルダム、一六九五年)などが特に名高かった。

〔三七五〕 ロバート・バークリ(一六四八—九〇)。イギリスのクエーカー指導者。スコットランドの出身で、アバディーンの近くのゴードンズタウンの生まれ。軍人の家の出で、パリのカトリック系スコットランド人学院で学んだ後、帰国して、一六六七年に父に倣ってフレンド派(クエーカー)に入り、その理論家となった。一六七六年から二年間投獄され、イギリス、ドイツ、オランダなどを布教して歩き、アメリカには渡らなかったが、ウィリアム・ペンのペンシルヴァニア植民にも協力した。『真のキリスト教神学の弁証』(ラテン語、アムステルダム、一六七六年)、その英語版『真のキリスト教の弁証』(一六七八年)、『教理問答と信仰告白』(一六七三年)などはクエーカーの理論書として名高く、各国語に訳された。死後の一六九二年に『勝利する真理』という題の著作集が刊行されている。本文での引用は、一七〇二年にロンドンで出版された『真のキリスト教神学の弁証』の仏訳からである。

〔三七六〕 プラーティナ、本名バルトロメーオ・デ・サッキ(一四二一—八一)。イタリアの歴史家。ピアデナの生まれ。ゴンザーガ枢機卿の庇護を受け、法王パウルス二世の時代に二度投獄されたが、同法王の歿後、一四七五年にヴァティカン図書館長に任命され、死ぬまで在任した。著作では、本文でも念頭に置かれている、十四、五世紀のローマ法王たちの多くの逸話を盛った『法王列伝』(一四七九年)が最も名高く、これはパンヴィニオによる続篇とともにフランス語、ドイツ語、イタリア語などにも訳された。ほかに、一種の保健論である『料理と正当な快楽について』(一四七三年)、『ラテン語花飾り』(一四八〇年)、『マントヴァ市史』(一六七五年)などがある。

〔三七七〕　アントワーヌ・アルノー（一六一二―九四）。フランスのカトリック神学者で、「大アルノー」と綽名されたジャンセニストの総帥。パリの生まれ。一六四一年にソルボンヌの神学博士となったが、すでにサン゠シラン師の影響でジャンセニスムに帰依しており、翌々年、『頻繁なる聖体拝領について』（パリ、一六四三年）を著わして、イエズス会の弛緩した道徳説を攻撃した。一六五六年にソルボンヌを逐われ、以後十二年間、ポール゠ロワイヤルに籠って暮らした。一六七七年、イエズス会との論争を再開し、迫害を避けて一六七九年にベルギーへ亡命、ブリュッセルで客死した。イエズス会との論争のほかにも、プロテスタントとの論争、ニコルとの『ポール゠ロワイヤル論理学』（パリ、一六六二年）の執筆、ランスロとの『ポール゠ロワイヤル文法』（パリ、一六六〇年）の作成、マールブランシュとの哲学論争など多面的な活動をし、全四十三巻の厖大な全集が一七七五―八三年に出版された。

〔三七八〕　ルネ・ラパン（一六二一―八七）。フランスのイエズス会士の文学者。トゥールの生まれ。一六三九年にイエズス会に入り、パリのクレルモン学院で九年間、文学や修辞学の教師をした後、文筆活動に専念した。始めは『牧歌』（パリ、一六五八年）や『庭園』（パリ、一六六五年）などのラテン語詩でテオクリトスの再来と謳われたが、やがて文芸批評や美学理論へ進んで、『当代雄弁考』（パリ、一六七一年）、『アリストテレス詩学考』（パリ、一六七四年）や、ウェルギリウスとホメロス（パリ、一六六七年）、デモステネスとキケロ（パリ、一六七〇年）、プラトンとアリストテレス（パリ、一六七一年）、トゥキュディデスとティトゥス・リウィウス（パリ、一六八一年）など一連の比較論により批評家として名を成し、当時の文芸サロンで非常に持て囃されて、アリストテレスに依拠しつつ「理性」と「作法」と「規則」を説くその理論はシャプランやボワローに次いで古典主義の確立に少なからぬ貢献をした。また、『キリスト教の精神』（パリ、一六七二年）、『キリスト教の完全性』（パリ、一六七三年）、『救いの重要性』（パリ、一六七五年）、『最近数世紀の信仰』（パリ、一六七九年）などの宗教書も著わしているが、その面で最も重要なのは十九世紀に初めて出版された大部の『ジャンセニスム史』（パリ、一八六一年）で、これはそれなりによく資料を集めており、敵対するイエズス会陣営から物された代表的なジャンセニスム史として、今でもなお読むに堪えるものとされている。

〔三七九〕　ルイ・ブルダルー（一六三二―一七〇四）。フランスのイエズス会士の説教師。ブルジュの生まれ。町民階級の出で、十六歳で親許をとび出してパリでイエズス会に入り、一六五〇―五五年にはアミアンやオルレアンで学院の教師をした。一六六〇年に司祭として叙任され、ルアンの学院で道徳や修辞学の教授をした後、一六六六年頃から説教師となり、アミアン、レンヌ、ルアンなどで名声を博して、一六六九年十月にパリへ出た。首都での最初の説教はイエズス会のサン゠ルイ教会でしたものだが、非常に好評だったため、翌一六七〇年の待降節の説教を宮廷で行なうよう命じられ、以後三十五年間、パリの市中と宮廷で最も人気のある説教師として、一六七七年にルアン、一六八六年にモンペリエへ行ったほかは終始首都から離れず、宮廷で誰よりも多く説教を行ない、説教師としての盛名はボシュエをも凌いだ。道徳的には厳格な人で、しかもその教えを身を以て実践したため、パスカルの『プロヴァンシアル』への生きた答などともいわれ、サント゠ブーヴにも「イエズス会士の中で最もジャンセニスト的な人」、「雄弁なニコル」などと評された。「説教師の王で、王の説教師」と当時綽名され、その説教集は十七世紀末から何種類も刊行されて、一八一二年に十六巻の全集が出た。本文で引かれる

『日曜説教集』は、ブルダルーの死後にブルトノー神父が編集・刊行したもので、パリから一七一六年に八折判三巻本で出版されたのが最初だが、ここでは一七二六年版が使われているらしい。引かれる文章は、それの第四巻に収められた「宗教の名誉に対する熱意について」という説教からである。

〔三八〇〕　ジャン・クロワゼ（一六五六—一七三八）。フランスのイエズス会士。マルセイユの生まれ。リヨンで神学を学んだ後、一六七七年にイエズス会に入った。まだ若い頃、マルグリット＝マリ・アラコックを識ってその感化を受け、彼女が始めた聖心崇拝を弘めるため、一六八九年にディジョンで『主イエス・キリストの聖心への信心』を発表、これは一七〇四年にローマ教会の禁書目録に入れられたが、それでも大当たりを取って、その後無数の版を重ねた。一六九〇年に司祭に叙任され、リヨンの学院の修辞学の教授、一六九三年にはアヴィニョンの学院の哲学の教授、ついでマルセイユの学院の神学の教授、一七〇三年にはマルセイユの僧院長に任命された。その後またリヨンに戻って、リヨンの学院の校長や、イエズス会のリヨン管区長を務め、最後は老齢のためアヴィニョンに引退して、一七三八年一月三十一日に同市で死んだ。著作にはほかに、『毎月一日の精神的隠遁』（リヨン、一六九四年）、『道徳の様々な主題に関するキリスト教的考察』（パリ、一七〇七年）、『年間のすべての日のための敬神訓練』（十二巻、リヨン、一七一二—二〇年）、『当代の習俗とイエス・キリストの道徳との比較論』（二巻、リヨン＝パリ、一七二七年）などがある。

〔三八一〕　サン＝ポンス・ド・トミエールの司教ピエール＝ジャン＝フランソワ・ペルサン・ド・モンガイヤール（一六三三—一七一三）のこと。ジャンセニスト的傾向の司教で、一六六五年以来その司教の座にあった。

〔三八二〕　アラスの司教ギ・ド・セーヴ・ド・ロシュシュアール（一六四〇—一七二四）のこと。同じくジャンセニスト的傾向の司教で、一六七〇年から一七二一年までその座にあった。

〔三八三〕　イサク・バルタサール・オロビオ・デ・カストロ（一六一六頃—八七）。スペイン系ユダヤ人の医師、文筆家。迫害を避けるため表向きカトリシスムを告白していたスペインのユダヤ人の家に生まれ、サラマンカ大学を優秀な成績で卒業して、同大学の形而上学と神学の教授となった。その後医学を学び、セビリャ大学の医学の教授を務めたが、ユダヤ教徒という嫌疑のため宗教裁判所に逮捕され、投獄の上、凄じい拷問を受けた。そのため発狂寸前まで行ったらしいが、遂に口を割らず、三年にわたる獄中生活の末釈放された。そこでスペインから出てフランスに行き、トゥールーズ大学の薬学の教授になったが、自己の信仰を偽るのに耐えられず、オランダのアムステルダムへ移って、そこで正式に割礼を受け、医者を開業するかたわら、キリスト教徒との多くの論争を行ない、そのままアムステルダムで死んだ。論争の内で特に有名なのは、アルミニウス派の神学者フィリプス・ファン・リンボルクとのもので、この論争の記録はリンボルクの『キリスト教の真実性に関するユダヤ教徒との友好的会談』（一六八三年）により公にされた。ほかに、コレギアント派のブレーデンブルフとスピノザを同時に批判する『ヤン・ブレーデンブルフの原理に対抗して神的・自然的真理を擁護する哲学的闘い』（一六八四年）や『イスラエルの復讐』（一七七〇年）などがある。

〔三八四〕　リシャール・シモン（一六三八—一七一二）。フランスの聖書批評学者。ディエップの生まれ。一六五九年にオラトリオ会に入り、ヘブライ語をよくし、その知識を駆使して聖書研究に精進、一六七八年にパリで『旧約聖書の批評的歴史』を発表した。これは旧約の諸書に見られる改変の跡や章節の転置、年代的な無理などを文献批判の方法によって明らかにしたもので、とりわけモーセ五書がモーセの筆になるものではないという主張により、ボシュエを始め新旧両教会の著作家から猛烈な非難を受け、発行後程なく禁書となった。彼自身もオラトリオ会から逐われたが、やがて同じ方法を新約聖書に適用して、『新約聖書の原典の批評的歴史』（ロッテルダム、一六八九年）、『新約聖書の訳書の批評的歴史』（ロッテルダム、一六九〇年）、『新約聖書の主要な註解者の批評的歴史』（ロッテルダム、一六九三年）を相次いで出し、一七〇二年にはトレヴーから新約聖書の独自の仏訳を発表した。聖書の批評的研究に道を開いた功績は大きく、スピノザとともに聖書批評学の最大の先駆者とされている。

〔三八五〕『アムステルダムの二つの会堂のラビたちからジュリュー氏への手紙』（アムステルダム、一六八六年）という全四十ページの小冊子で、スペイン語からの訳と偽っていた。その後、リシャール・シモンの『書簡選』（第二版、ロッテルダム、一七〇二—〇五年）の第一巻の内に再録された。

〔三八六〕セレウコス派というのは四世紀の異端派で、セレウコス、ヘルミアスの二人を教祖としていた。神を物体的なものとし、原基的な物質は創造によらぬ永遠の存在だとしていたらしい。彼らの考えは二世紀後半のグノーシス主義者ヘルモゲネスと多くの面で似かよっていたが、彼らはまた、灼熱した鉄を額に押し当て、それを洗礼のかわりにしていたともいう。聖アウグスティヌスその他によって所説を反駁されている。

〔三八七〕ジャック・ソーラン（一六七七—一七三〇）。フランス改革派の牧師。ニームの生まれ。一六八五年のナント勅令廃止で一家がジュネーヴへ亡命したため、ジュネーヴ大学で学んで、一七〇〇年に牧師となった。一七〇一年、ロンドンのフランス人教会の牧師に赴任し、一七〇五年からはハーグのワロン教会の牧師を務めて、死ぬまでその地位にあった。大説教家と謳われ、生前に五巻の説教集（ハーグ、一七〇九—二五年）が、死後の一七四五—五三年にはジュネーヴから十二巻の説教集が刊行されている。本文で引かれる『旧・新約聖書の最も記憶すべき出来事に関する歴史・批評・神学・道徳論集』（アムステルダム＝ハーグ、一七二〇—三九年）は二折判《フォリオ》六巻の大著で、その第一巻は説教を除く彼の最初の著作だった。

〔三八八〕プブリウス・オウィディウス・ナソ（前四三—後一七）。ローマの詩人。スルモの生まれ。ギリシアや小アジアに遊学し、法律家として世に出たが、やがて詩作に転じ、『恋』、『愛の技術』などで艶物作家として名を成した。さらに、神話に題材を取った『転身物語』や遺作となった『行事暦』を書いたが、紀元八年に卑猥な詩と或る不明の罪のためアウグストゥス帝に追放を命じられ、黒海沿岸のトミに流されて、そのまま客死した。

〔三八九〕レヴィ・ベン・ゲルショム（ゲルソニデス、レオ・ヘブラエウス、レオ・ド・バニョル）（一二八八—一三四四）。フランス系ユダヤ人のラビ。南フランスのバニョル＝シュル＝セーズ（ニームの近く）の生まれで、主にオランジュに住み、同市で一三四四年四月二十日に死んだ。マイモニデスの流れを汲む人で、アリストテレス哲学によってユダヤ教を合理的に説明しようとし、キリスト教神学におけるトマス・アクイナスにも比せられるが、その合理主義的傾向は正統派からの批判も浴びた。天文学者、数学者、哲学者、聖書註解者としてすぐれ、天文学ではケプラーの先駆者とされ、スピノザにも影響を与えた。『神の戦い』（トリエント、一五六〇年）など多くの著作があり、無からの創造を否定した人としても知られている。

〔三九〇〕サン＝セール伯爵アンリ・ド・ブーランヴィリエ（一六五八—一七二二）。フランスの思想家。サン＝セールの生まれ。ノルマンディ地方の貴族の出で、はじめ軍人だったが、一六九七年に父が死んだのを契機に軍務を退き、領地の管理のかたわら研究に没頭した。歴史家として最も名高く、『フランスの古き統治の歴史』（三巻、ハーグ＝アムステルダム、一七二七年）、『フランス貴族論』（アムステルダム、一七三二年）などは中世封建制下の貴族に理想を置いて、復古的貴族主義の立場から絶対王制を激しく批判したものだった。反面、当時「無神論者」の代名詞だったスピノザの『エチカ』を仏訳し（刊行は二十世紀になってからだが）、それの反駁を装った解説文（フェヌロンやフランソワ・ラミによる反駁文とともに、『ブノワ・ド・スピノザの誤謬の反駁』という題で一七三一年にブリュッセルで出版）を書いたり、マホメットの伝記（ロンドン＝アムステルダム、一七三〇年）を著わしたり、占星術や神秘学に凝ったりなど、非正統的なあらゆる思想に触手を伸ばし、そのまわりには、多くの地下文書を著わしたらしい初期啓蒙思想家たちが集まった。一七二二年一月二十三日にパリで死んだが、著作はみな死後に刊行されたものだった。なお、本文で引かれる『世界史』は今なお未刊のままに残されている。

〔三九一〕　イサク・ヴォシウス（フォス）（一六一八—八九）。オランダの人文学者で、ゲラルト＝ヨハンネス・ヴォシウスの子。ライデンの生まれ。二十歳《はたち》前から学者として令名高く、一六四一年からイギリス、フランス、イタリアなどを旅して多くの学者と交わり、特にグロティウスにかわいがられた。一六四四年に帰国して、翌々年からホラント州の修史官、アムステルダム図書館長となり、一六四九年から四、五年間はスエーデンのクリスティーナ女王に召し抱えられた。その後イギリス、フランスなどを旅し、一六七〇年からはイギリスに定住して、ウィンザーの教会参事会員となり、ロンドンで死んだ。スキュラクスの『航海記』（刊行一六三九年）を手始めに、ユスティヌス（刊行一六四〇年）、ポンポニウス・メラ（刊行一六五八年）、カトゥルス（刊行一六八四年）などのすぐれた刊本を出しており、さらに『世界の真の齢《よわい》について』（一六五九年）、『自然の光について』（一六六二年）、『ナイルその他の河川の源について』（一六六六年）、『巫女その他の神託について』（一六七九年）、『ポンポニウス・メラ考』（一六八六年）などの著書がある。

〔三九二〕　ニコラ・ラングレ・デュフレノワ（一六七四—一七五五）。フランスの学者。ボーヴェの生まれ。ソルボンヌの神学博士で、はじめは神学畑へ進むつもりだったらしいが、途中から外交畑へ方向転換し、一七〇五年にはリールで、ケルン選挙侯の秘書（ラテン語、フランス語の手紙を担当）をしていた。政治の裏世界と様々な関わりがあったらしく、それが原因で、また後には筆禍により、一七一八年にはバスティーユに、一七二三年にはストラスブールの要塞に、一七二四年にはヴァンセンヌに、さらに一七二五年、一七四三年、一七五〇年、一七五一年と何度も投獄された。何よりも自由を愛する独立不羈の文筆家で、オイゲン公、パッシオネイ枢機卿、国務書記官ル・ブランなど有力者からの庇護の申し出もことわり、筆一本で生活を立てて、一七五五年一月十六日にパリで死んだ。『地理研究方法』（四巻、パリ、一七一六年）、『世界史年表』（パリ、一七二九年）、『小説の用途について』（二巻、アムステルダム、一七三四年）、『歴史原論』（六巻、パリ、一七三六—三九年）、『錬金哲学史』（三巻、パリ、一七四二年）等々、著作は約三十点に上るが、本文で引かれる『歴史研究方法』はその中で今でも最も高く評価されるもので、パリで一七一三年に八折判二巻本で出たのが最初だが、一七二九年には四折判四巻の新版が同じくパリで出、一七三九年にはさらに四折判二巻の補遺が加わり（パリ）、一七七二年の最終版（パリ）は十二折判十五巻となった。

〔三九三〕　ドニ・ペトー（ペタヴィウス）（一五八三―一六五二）。フランスのカトリック神学者、年代学者。オルレアンの生まれ。一六〇五年にイエズス会に入って、ランスの学院（一六〇九年から）やラ・フレーシュの学院（一六一三年から）で修辞学を教えた。一六二一年にパリのクレルモン学院の教義学の教授となり、二十三年間その地位にあった。当代有数の大学者で、プロテスタントのソーメーズやスカリゲルを激しく攻撃した。未完に終わった二折判《フオリオ》五巻の大作『教義神学』（一六四四―五〇年）などの神学書、『年代論』（二折判《フオリオ》二巻、一六二七年）、『年代表』（二折判《フオリオ》一巻、一六二八年）などの年代学関係の著作、『教会論集』（一六四一年）、詩篇の訳解、シュネシオスや聖エピファニオスの刊本などがあり、一六五二年十二月十一日にパリで死んだ。

〔三九四〕　原註に指示されるとおり、プレマール神父のこと。ジョゼフ＝アンリ＝マリ・プレマール（馬若瑟）（一六六六―一七三五）はフランスのイエズス会宣教師。シェルブールの生まれ。一六八三年にイエズス会に入り、シナでの宣教のため、一六九八年三月にブーヴェ神父、パルナン神父らとともにラ・ロシェルから出航、七カ月の航海の末、同年十月に上川へ着いた。シナでは長く江西省の饒州で布教活動をし、建昌、南昌、九江などにもいたが、一七二四年に雍正帝によるキリスト教迫害のため広東へ避難、一七三三年にはさらにマカオへ移って、翌々年にこの町で死んだらしい。当時の宣教師の中でも、シナの文献に最も通じた一人だったという。

〔三九五〕　ジャン＝ドミニク・カッシーニ（一六二五―一七一二）。フランスの天文学者。もとはイタリア人で、ニース伯爵領ペリナルドの生まれ。はじめイタリアで教えていたが、コルベールに招かれてフランスへ来、帰化した。一六六九年に科学アカデミーの会員となり、一六七二年にはパリに新設された天文台の所長に就任し、そのままパリで死んだ。土星の二つの衛星を発見したほか、金星、火星、木星などに関する多くの研究がある。

〔三九六〕　エティエンヌ・スーシエ（一六七一―一七四四）。フランスのイエズス会士。ブルジュの生まれ。一六九〇年にイエズス会に入り、アランソンやパリの学院で人文学を、ブルジュの学院で修辞学を教えた。その後パリへ戻って神学課程を終えた後、イギリスのピアスンの『聖書批評』に対抗するイエズス会側の大作の執筆メンバーとなり、この本は結局完成しなかったが、そのために行なった聖書研究の成果は『聖書の難しい個所と、聖書に関係する諸問題をめぐる批評的論文集』（パリ、一七一五年）、『要約年代記と、ニュートン氏の年代記に反対する五論文と、アウグストゥスの特異なメダルに関する一論文を収める論文集』（パリ、一七二七年）などに結実した。一七二一年に第一版が出た『トレヴー辞典』や『トレヴー新聞』の主要な執筆者の一人で、シナを始め海外に展開するイエズス会宣教師たちとさかんに文通し、それを基にして、『シナの古文献から取ったりインド諸国やシナで新たに行なわれたりした数学的、天文学的、地理学的、年代学的、自然学的観察』（パリ、一七二九年）を出版、これはさらにゴービル神父の『シナ天文学史』を収めた第二冊（パリ、一七三二年）、同じくゴービル神父の『シナ天文学論』を収めた第三冊（パリ、一七三二年）へと続いた。一七四四年一月十四日にパリで歿。彼がシナから受け取った多くの手紙は、パリ天文台の図書館に保存されているらしい。

〔三九七〕　トマス・ブラウン（一六〇五―八二）。理神論の先駆者とされるイギリスの医師、哲学者。ロンドンの生まれ。オクスフォード大学、フランスのモンペリエ大学、イタリアのパドヴァ大学、オランダのライデン大学で医学を学び、ライデン大学で博士号を取った後、一六三四年からヨークシャのアパー・シブデン・ホールで開業、一六三七年にはノリジへ移り、死ぬまでそこに住んだ。代表作『医者の宗教』は一六三五年頃に執筆されたもので、一六四二年に彼の知らないうちに出版され、翌一六四三年に真版が出た後、一六四四年にラテン語訳、一六六五年にフラマン語訳、一六六八年に仏訳が出、全ヨーロッパで広く読まれた。これは宗教上の諸問題を懐疑的に扱った一種の信仰告白書で、自由思想家たちや、またその社会批判は初期のユートピストらに愛読された。ここで引かれるのは、一六四六年に出た彼の『伝染性偽説』を、碑文アカデミーの会員でコレージュ・ロワイヤルの雄弁術の教授だったジャン＝バティスト・スーシェ師（一六八七―一七四六）が『俗説論』の題で仏訳したもので、一七三三年のアムステルダム＝パリ版（二巻）を始めとして、一七三八年版、一七四一年版、一七五三年版、一七七三年版と、十八世紀に多くの版を重ねた。

〔三九八〕 フランソワ・リュック・ド・ブリュージュ（ルカス・ブルゲンシス）（一五四九―一六一九）。フランドルのカトリック神学者、聖書学者。ブリュージュの生まれ。ギリシア語、ヘブライ語、シリア語、カルデア語などをよくし、サン＝トメールの副司教、教会参事会長を務めた。いわゆるルーヴァン版聖書の作成に当たったほか、『聖書付註』（一五八〇―八三年）、『福音書註解』（一六〇六年）、『ウルガタ聖書コンコルダンス』（一六一七年）などがある。

〔三九九〕 フランソワ・ディロワ（一六二〇―九〇）。フランスのカトリック神学者、歴史家。アヴランシュの生まれ。一六六六年にソルボンヌの神学博士となり、アヴランシュの教会参事会員を務めた。一六七二年にはデストレ枢機卿の供をしてローマを訪れている。主著『キリスト教・カトリック教を是とする証拠と予断』（パリ、一六八三年）は四折判五百ページに余る大著で、ほかにメズレの『要約年代記』の増補版（アムステルダム、一七五五年）を作ったりしている。

〔四〇〇〕 オーギュスタン・カルメ（一六七二―一七五七）。フランス（厳密にはロレーヌ）のベネディクト会士の聖書学者、歴史家。今のムーズ県メニル＝ラ＝アーグの生まれ。コメルシの学院からポン＝タ＝ムッソン大学へ進み、一六八九年にトゥール（今のムルト＝エ＝モーゼル県）にあるベネディクト会サン＝ヴァンヌ派のサン＝モーデュイ僧院で修道誓願をした。哲学課程を終えた後、ミュンスターの僧院でヘブライ語を学び、一六九六年に司祭に叙任されてから、一七〇四年までモワヤンムティエの僧院にいて、哲学・神学を講じるかたわら、聖書の研究を続けた。一七〇四年にミュンスターの副僧院長、一七一六年にライ＝サン＝クリストフ小僧院長、一七一八年にナンシーのサン＝レオナール僧院長、翌年にはサン＝ヴァンヌ派の視察官となり、一七二八年にはスノーヌの僧院長に選ばれて、サン＝ヴァンヌ派の会長を務めつつ、生涯の最後の三十年をその地で送り、そのまま同僧院で一七五七年十月二十六日に死んだ。驚異的な量の仕事をしたサン＝ヴァンヌ派の誇る大学者で、『旧・新約全書の字義的註解』（四折判二十三巻、パリ、一七〇七―一六年）、『旧・新約全書に関する論説・論文集』（八折判五巻、パリ、一七一五年）、『旧・新約聖書史』（四折判二巻、パリ、一七一八年）、『イエス・キリストの生涯と奇蹟の歴史』（パリ、一七二〇年）、『聖書辞典』（二折判《フォリオ》四巻、パリ、一七二〇―二一年）、註解付きラテン語・フランス語聖書（四折判十四巻、パリ、一七五〇年）など聖書関係の著作のほか、『ロレーヌ教会・世俗史』（二折判《フォリオ》三巻、ナンシー、一七二八年）、『要約ロレーヌ史』（ナンシー、一七三四年）、『ロレーヌ文庫』（二折判《フォリオ》、ナンシー、一七五一年）、『ロレーヌ記』

（二折判《フオリオ》二巻、ナンシー、一七五六年）などロレーヌ史関係の著作や、『聖俗世界史』（四折判八巻、ストラスブール、一七四七年）、ベネディクト会史に関する著作などがある。

〔四〇一〕　神人同形派（anthropomorphites, antrophiens）というのは、神には人間の形をした体があるとした四世紀のキリスト教セクトで、教祖であるシリアのアウディウス（アウダエウス）の名を取ってアウディウス派とも呼ばれた。アウディウスはメソポタミアの出身で、エデッサ教会の大執事だったらしいが、三二五年頃に教会の世俗化を批判して、厳格主義的な一分派を作り、郊外や砂漠で共住の修道共同体を創設、その運動はシリア、アラビア、メソポタミアに拡がったが、コンスタンティヌス帝によりスキティアに追放されて、以後はゴート人の間でその教えを弘めたらしい。この派については聖エピファニオスや聖アウグスティヌスがその所説を批判している。

〔四〇二〕　これはバベルの塔を見に来た時の神の言葉ではなく、ソドムとゴモラを見に来た時の言葉である。バベルの塔を見に来た時の言葉は、次に挙げられる創世記第十一章第五節にある。

〔四〇三〕　モプスエスティアのテオドロス（三五〇頃―四二八）。シリアのキリスト教神学者。アンティオキアの生まれ。はじめ修辞学者リバニオスのもとで学んだが、学友の聖ヨアンネス・クリュソストモスに勧められて、後にタルソスの司教となるディオドロスが開く修道院学校で勉強し、三八三年頃にアンティオキアで司祭に叙任され、三九二年にはキリキアのモプスエスティアの司教となった。アンティオキア学派の代表的な神学者で、生前はその学識と正統信仰により名声を博したが、死後、聖キュリロスなどからネストリオス派として攻撃され、五五三年の第二回コンスタンチノープル公会議で断罪された。聖書のほぼ全篇にわたる註解を行ない、アレクサンドリア学派の寓喩的解釈を排して、歴史的・文献学的方法による解釈を主張し、その著作は多くシリア語に訳されて、テオドロスはネストリオス派教会で「解釈者」と綽名された。

〔四〇四〕　セバスチャン・カステリヨン（一五一五―六三）。フランスのプロテスタント神学者。リヨン付近のサン＝マルタン＝デュ＝フレーヌの生まれ。リヨンで学んだ後、一五四〇年にストラスブールへ行き、一五四二年にはカルヴァンが設立したジュネーヴの学院の校長になった。一五四四年に牧師になろうとしたが、主として雅歌の神感をめぐる神学上の意見の対立からカルヴァンに逐われ、ジュネーヴからバーゼルへ移って、印刷所の校正係をしながら聖書のラテン語訳や仏訳を行ない、一五五三年にはバーゼル大学のギリシア語の講師となった。セルヴェトゥス処刑の翌年、一五五四年にマルティヌス・ベリウスの筆名で、まずラテン語、ついでフランス語で『異端者論』（マグデブルク）を発表してカルヴァンの処置を攻撃し、異端者に戒告・破門以外の世俗の刑（投獄・追放・死刑など）を科すことを非として、「人を焼き殺すのは教義を擁護することではなく、とりもなおさず人を殺すことである」と主張した。同じことは、宗教戦争の悲惨とその終熄の途を説いた晩年の『悩めるフランスへの勧め』（一五六二年）にも述べられており、彼を十六世紀における宗教的寛容の使徒たらしめている。

〔四〇五〕　ウィリアム・ホウィストン（一六六七―一七五二）。イギリスの数学者、ユニテリアン神学者。レスター地方ノートンの生まれ。ケンブリッジ大学で学んで、一六九六年にノリジの主教の礼拝堂付き司祭となり、一六九八年にはロネストフトの主任司祭に任ぜられた。一六九六年の『新地球理論』をニュートンに評価されて、一七〇三年にはニュートンの後任としてケンブリッジのルーカス数学講座の教授に就任した。数学関係の仕事はその後も『ニュートンの万有算術』（一七〇七年）の刊行や『天文学序説』（一七〇七年）などと続くが、やがて神学論争に深入りして、アリオス（アリウス）主義、三位一体説、イエス・キリストの兄弟姉妹、等々の問題につき様々な異説を唱えるようになり、そのユニテリアン的傾向の故に一七一〇年にケンブリッジ大学から逐われた。果ては、原始キリスト教会を蘇らすため、自分のまわりに十二人の弟子を集め、預言者を自任するまでになったが、晩年の一七四七年までは国教会に留まった。この年、最後的に国教会から離れて一般バプテスト派に移り、五年後の一七五二年八月二十二日に世を去った。神学関係の著作では『聖書の預言の成就』（一七〇八年）や四巻本の大作『蘇る原始キリスト教』（一七一一年）などがあり、ほかにサミュエル・クラークの伝記（一七三〇年）や自らの『回想録』（一七四九年）もある。本文の記述は、ホウィストンの『雅歌は旧約の聖典にあらざることを証明する試論』（一七二三年）を紹介した雑誌『イギリス文芸覚書』第十四巻（一七二三年）の記事を典拠にしたものらしい。

〔四〇六〕　ハンフリー・プリドー（一六四八―一七二四）。イギリスの歴史家。パズトウの生まれ。オクスフォードで学んで僧籍に入り、一六七九年にクライストチャーチ・カレッジのヘブライ語の教授となったが、一六八一年からノリジの教会参事会員としてその地に定住して文筆活動に従事し、一六九一年にオクスフォードのヘブライ語の教授に招かれたが辞退した。『マホメット伝』（一六九七年）、フロルスの刊本、マイモニデスの翻訳、多くの宗教論争書などがあるが、本文で引かれる『ユダヤ人史』が代表作で、これは一七一六―一八年に二巻本で出版された後、フランスの亡命プロテスタントでロッテルダムの牧師をしたジャン＝バティスト・ブリュテル・ド・ラ・リヴィエール（一六六九―一七四二）らにより仏訳され、十二折判五巻本で一七二二年にアムステルダムで刊行され、さらに一七二五年版（五巻、アムステルダム）、一七二六年版（七巻、パリ）、一七二八年版（七巻、アムステルダム）、一七四二年版（六巻、パリ）、一七四四年版（四折判二巻、アムステルダム）と多くの版を重ねた。

〔四〇七〕　ジャン・ル・クレールのこと。訳註〔二一〇〕を参照。

〔四〇八〕　アハシュエロスをアルタクセルクセスのこととするエステル記の記述は誤りで、正しくはクセルクセス一世のこと。ペルシア王クセルクセス（クシャヤールシャ）一世（在位、前四八六―四六五）はダレイオス一世の子。前四八〇年に大軍をひいてギリシアに遠征し、テルモピュライの合戦でスパルタ王レオニダスを敗死させてアッティカを劫掠したが、サラミスの海戦に大敗して帰国、翌年には陸軍がプラタイアイで敗れ、残存の海軍もミュカレで撃滅された。最後は宮廷の陰謀で、親衛隊長アルタバノスに暗殺された。アルタクセルクセス一世（在位、前四六五―四二四）はその子で次の王である。父を暗殺したアルタバノスを殺して王位に即き、アテナイ海軍を破って、エジプト、シリアの反乱も鎮圧したが、前四四七年にキプロス沖でキモンのひきいるアテナイ海軍に敗れ、トラキアなどでの勢力を失った。この王以後、ペルシア帝国は衰退に向かったが、第二回のユダヤ人解放（ネヘミアのエルサレム帰国）は前四四五年、この王の治世第二十年のことだった。

〔四〇九〕　この標題は不正確で、正しくは『真のキリスト教神学の弁明』（ラテン語版）ないし『真のキリスト教の弁明』（英語版）。訳註〔三七五〕を参照。

〔四一〇〕　ベールの原典でも、「私が識り合った或る学識者」（邦訳、法政大学出版局刊『ピエール・ベール著作集』、第六巻、五二一ページ）と言われるだけで、誰のことかは特定されていない。たぶん架空の人物であろう。

〔四一一〕フランシスコ・ヒメネス・デ・シズネロ（一四三六―一五一七）。スペインのカトリック聖職者、政治家。カスティーリャのゴンサレス・ヒメネスの生まれ。サラマンカ大学で学んで、僧籍に入ったが、一四八四年にフランチェスコ会に入会し、一四九二年にカスティーリャ女王イサベル一世の聴罪司祭となり、一四九四年にはフランチェスコ会のカスティーリャ管区長、一四九五年にはトレドの大司教、カスティーリャの大法官に就任、一五〇七年には枢機卿となった。フェルナンド五世の留守中は自ら国事を統轄し、さらにカスティーリャおよびレオンの大審問官として、十一年間に有罪宣告五万、火刑二千五百人を出し、一五一〇年には自ら兵を募ってオラン、トリポリなどを占領した。一五一六年にはフェルナンド五世の遺言により、まだ十六歳の新王カルロス一世（後の神聖ローマ皇帝カルル五世）の摂政となったが、やがて同王と不和になり、トレドへの引退を命じられて、間もなく死んだ。毒殺ともいわれる。

〔四一二〕スタニスラウス・ホシウス（スタニスワフ・ホジーシュ）（一五〇四―七九）。ポーランドのカトリック聖職者。クラクフの生まれ。早熟な人で、クラクフで学んだ後、イタリアのパドヴァ大学、ボローニア大学に遊学し、法学博士となった。一五三五年に帰国してクラクフの司教に仕え、一五四三年に司祭に叙任され、一五四九年にはクルム（ヘウムノ）の司教、一五五一年にはヴァルミヤ（エルムランド）の司教に任ぜられた。説教や著作によってポーランドへのプロテスタンティズムの波及と必死に闘い、一五五八年にはローマ法王パウルス四世に招かれてローマへ行き、トリエント公会議の再開に尽力した。一五六一年には法王ピウス四世によって枢機卿に任命され、最初は辞退したが、結局受けざるをえなかった。対抗改革運動の最も有力な指導者で、一五六四年にはポーランドにイエズス会を導入し、ポーランドがカトリック教会に留まったのは彼の努力に負うところが大きかった。カトリック教徒からは「教会の柱石」、「当代のアウグスティヌス」などと呼ばれたが、プロテスタントは彼を「ポーランド人の神」と言い、カトリック信仰を「ホシウスの信仰」と呼ぶほどだった。晩年は法王グレゴリウス十三世にローマへ呼ばれ、法王庁の内赦院長を務めたが、ローマ北北西のカプラーニカの避暑地で一五七九年八月五日に死んだ。『カトリック・キリスト教信仰告白』（マインツ、一五五七年）など多数の著作があり、その多くはフランス語、イタリア語、ドイツ語、フラマン語、ポーランド語、英語、アルメニア語など各国語に訳された。一五六二年以後何度も著作集が刊行されたが、最良の版は一五八四年のケルン版（二折判《フオリオ》二巻）とされている。

〔四一三〕ローマ法王クレメンス十一世の大勅書「神のおん独り子」のこと。ジャンセニストのパスキエ・ケネル（一六三四―一七一九）が著わした『仏訳新約聖書、各節に道徳的省察を付す』（八折判四巻、パリ、一六九三―九四年）の可否をめぐる国内の司教たちの対立を収拾するため、ルイ十四世は一七一一年以来、ケネル断罪の大勅書の発布を法王に強く要請していた。クレメンス十一世は非常に渋ったが、結局不本意ながら譲歩して、ケネルの書の一六九九年版から引いた百一箇条の命題を断罪するこの「ウニゲニトゥス」大勅書に一七一三年九月八日に署名、十日にそれを公布した。フランス教会では、この大勅書の受けいれを求める「受諾派」と、それに反対する「上訴派」との間に激しい内紛が起こったが、結局、一七三〇年三月二十四日の勅語により、この大勅書はフランスの国法として制定された。

〔四一四〕フルタイトルは『逸話集、または法王制定法〈ウニゲニトゥス〉をめぐる秘録』。一七三三―三四年に出た匿名の三巻本で、刊行地は第一巻には表記されず、第二巻にはユトレヒト、第三巻にはトレヴーとあるが、少なくともトレヴーで出たことは考えられない。一七三四年にはさらに、刊行地フランスと銘打って『逸話集……補遺』が出版されている。「ウニゲニトゥス」問題につき当時数多く刊行されたジャンセニスト文書の一つで、一七三四年にパリ高等法院によって禁書とされた。著者は、一時（一七〇六―〇八年）碑文アカデミーの会員で、『聖ベルナール伝』（一七〇四年）、『砂漠の教父、東西の初期隠者列伝』（一七〇八年）、『聖女テレジア伝』（一七一二年）などの著書があるジョゼフ＝フランソワ・ブルゴワン・ド・ヴィルフォール（一六五二―一七三七）だった。

〔四一五〕アルマン＝ガストン＝マクシミリアン・ド・ロアン（一六七四―一七四九）。フランスのカトリック聖職者。パリの生まれ。ブルターニュに発する名家ロアン家の出で、スービーズ公フランソワ・ド・ロアンの五男。早くから聖職へ進み、若くしてストラスブールの教会参事会員となって、一六九九年にソルボンヌの神学博士となった後、一七〇一年にストラスブールの協働司教に任命された。一七〇四年にストラスブールの正規の司教フュルステンベルクの死去に伴ってその後を継ぎ、一七一二年には枢機卿、宮中司祭長となり、アカデミー・フランセーズの会員に選ばれ、さらに科学アカデミーと碑文アカデミーの名誉会員をも兼ねた。ルイ十四世の晩年と歿後におけるフランス教会の重鎮で、一七一三年の臨時僧族会議では「ウニゲニトゥス」大勅書問題を審議する委員会の委員長を務め、大勅書受けいれを主張する委員会報告を起草したのも彼だった。一七一五年にルイ十四世が死ぬ時は終油の秘蹟を与え、国王と最後に口を利いたのもロアンだったという。一七二二年には摂政会議の一員となり、会議の中でもデュボワ枢機卿に次ぐ次席の位置を占めた。一七四九年七月十九日にパリで歿。堂々たる押し出しの典型的な大貴族聖職者で、大蔵書家としても知られていた。

〔四一六〕ルイ＝アントワーヌ・ド・ノアイユ（一六五一―一七二九）。フランスのカトリック聖職者。リムーザン地方の名家の出で、アンヌ・ド・ノアイユ等族公爵の次男。オーリヤックの近くのテシエールの城で生まれた。デュ・プレシ学院からソルボンヌへ進み、一六七六年に神学博士となった後、一六七九年にカオールの司教、一六八〇年にシャロン＝シュル＝マルヌの司教に任命された。徳高く愛徳に溢れた良き司教として知られた人で、一六九五年に不品行なパリの大司教アルレー・ド・シャンヴァロンが死んだ時、後任には有徳な人物をということで、ルイ十四世はためらうことなくノアイユを任命したという。しかし、このパリの大司教には、性格が弱く、善意の割に意志薄弱という欠点があって、静寂主義の問題でボシュエとフェヌロンが対立した時も、デュ・プレシ学院の同窓だったフェヌロンとボシュエの間を調停しようと当初は試みたものの、最後にはボシュエの力に負けてしまった。一七〇〇年にローマ法王インノケンティウス十二世により枢機卿に任命された。パスキエ・ケネルの仏訳新約聖書に対しても、当初はそれを是としたが、後には前言を撤回し、「ウニゲニトゥス」大勅書への署名も長いこと拒んでいたが、結局一七二八年に署名してしまった。生涯、後退に後退を重ねた人で、その不徹底な態度からどの派も満足させられず、教区内にかえって混乱を招く結果となった。しかし、一七〇九年の酷寒の冬に、自分の銀器を溶かして貧民救済に充てたり、自腹を切って大司教館やバジリカを修復するなど、個人としての徳性は誰しも認めるものだった。一七二九年五月四日にパリで歿した。

〔四一七〕アンリ・ド・ティアール、通称ビッシ枢機卿（一六五七―一七三七）。フランスのカトリック聖職者。軍人として名を馳せたビッシ伯爵クロード・ド・ティアールの三男。一六八五年にソルボンヌの神学博士となり、一六八七年には父親への恩賞としてトゥール（ロレーヌ地方の）の司教に任命されたが、ローマとヴェルサイユの間の対立のため、ローマ法王からの辞令が交付されたのは五年後の一六九二年だった。一七〇三年に始まって一七一〇年まで続いたロレーヌ公レオポルド一世と法王庁との確執のため苦労したが、一七〇四年には死んだボシュエの後任としてモーの司教に就任、マントノン夫人の信頼も得て教会の有力者となり、一七一五年には枢機卿に任命された。同じ年にルイ十四世が死んだため、宮廷での発言力は落ちたが、それでもジャンセニスムに反対する教会内保守派の重鎮として熱心に活動し、パリ高等法院などとも再三対立した。一七三七年七月二十六日に僧院長を務めるパリのサン＝ジェルマン＝デ＝プレ僧院で死んだ。

〔四一八〕　原著のどの版にも「あの諸命題には」とあるが、この部分の典拠である『逸話集』には「あの諸命題の断罪には」とある。意味は逆になるが、前後の繋がりからしても典拠の文章の方が正しそうである。

〔四一九〕　聖バシレイオス（バシリウス）（三三〇頃―三七九）。ギリシア教父。カッパドキアのカイサレイア（カエサレア）の人で、コンスタンチノープルやアテナイで勉強し、ナジアンゾスの聖グレゴリオスや後のユリアヌス帝と識った。受洗して東方の修道院を歴訪した後、三六二年に司祭、三七〇年にはカイサレイアの司教、兼勅任太守となり、アリオス（アリウス）派と闘った。東方教会の修道生活を律するバシリオ会会則の生みの親として知られている。

〔四二〇〕　イザーク・パパン（一六五七―一七〇九）。フランスのプロテスタント、ついでカトリックの神学者。ブロワの生まれ。フランス改革派の有名な神学者で「パジョン主義」の創始者だったクロード・パジョンの甥で、ジュネーヴ大学、ついでソーミュール大学で学んだが、「パジョン主義」断罪の文書への署名を拒んだため牧師となる道を閉ざされ、一時ボルドーにあるイギリス人の商館で働いた。一六八六年にイギリスへ渡って、そこで牧師として叙品され、翌一六八七年にはオランダへ移って、教会内寛容を唱えた『信仰を真の原理に還元し正しき限界内に収む』（ロッテルダム、一六八七年）や、「パジョン主義」を解説してジュリユーを攻撃した『摂理と恩寵に関する神学論集』（表記はフランクフルト、実際はロッテルダム、一六八七年）を出版した。そのためジュリユーによりワロン教会会議（一六八七年九月、ボワ＝ル＝デュックで開催）に告発され、前者の本を断罪されたため、オランダでの牧師就任の道を断たれ、同年十二月にハンブルクへ移った。アルトナのフランス人教会で約半年間説教師を務め、ラ・コンセイエールの推薦で同地の常任牧師になりかかったが、そこにもジュリユーの手が伸びてそれは実現せず、そのためハンブルクを去ってダンツィヒへ赴いたが、そこでも同じ目に遭った。こうして行き場がなくなったため、ダンツィヒからフランスのボシュエに手紙を書いて、カトリックに改宗する意向を伝え、ハンブルク、ロンドン、ドーヴァーを経てフランスのカレに上陸し、牧師としてたちまち逮捕されたが、宮廷からの手紙によってすぐ釈放され、一六九〇年一月十五日、パリのオラトリオ教会でボシュエの手により正式にカトリックに改宗し、以後は郷里のブロワに住んだ。改宗後の著作としては、かつて自らが唱えた寛容原理やプロテスタントの「検討」原理を攻撃した『プロテスタントの寛容と教会の権威』（パリ、一六九二年。本文で引かれる『個人の検討と権威という、宗教問題における対立する二つの道』は、一七一三年にリエージュで出たそれの新版である）があり、ともに改宗した妻の手で、遺作を含む全三巻の作品集が一七二三年にパリで刊行された。

〔四一一〕 ジェレミ・テイラー（一六一三―六七）。イギリス国教会の聖職者。ケンブリッジの生まれ。ゴンヴィル・アンド・キーズ・カレッジで学び、ロードの知遇を得て一六三六年に国王チャールズ一世の宮廷付き牧師となり、一六四三年にはオーヴァストーン大学の総長に任命された。内乱期には一時カーディガン城に幽閉され、一六四五年にはウェイルズに引退した。王政復古とともに、一六六〇年にアイルランドのダウン・アンド・コナーの主教となり、一六六一年にはドロモアの主教に転じて、ダブリン大学の副総長を兼ねつつ、そのまま一六六七年八月十三日に歿した。宗教的寛容を説いた『預言の自由』（一六四七年。本文で引用されるのもこの本である）、決疑論を国教会の道徳神学の内に定着させた『疑う者の導き手』（一六六〇年）などが名高い。ローマ寄りの高教会派に大きな影響を与えた人で、カルヴィニスムに対してはきわめて敵対的だったが、イギリスの宗教家の中でも文学的才能に最も恵まれた人で、その高雅な文章はフランスのボシュエにも比せられた。

〔四一二〕 ピエール・ニコル（一六二五―九五）。フランスのカトリック神学者。シャルトルの生まれ。パリで哲学、神学、ヘブライ語などを修めた後、ポール゠ロワイヤルの隠者たちに加わり、ジャンセニストとなった。はじめ（一六四九―五四年）、ポール゠ロワイヤルの「小さな学校」で教鞭を取っていたが、アントワーヌ・アルノーにその学識を見込まれて彼の補佐役となり、イエズス会士やプロテスタントとの多くの論争書を、アルノーと共著で、または単独で著わした。一六七九年に迫害を避けてアルノーと同様国外へ亡命したが、フランドルを漂泊した末、パリの大司教アルレー・ド・シャンヴァロンと和解して帰国し、一六八三年にパリへ戻った。これはジャンセニスト陣営から裏切りと非難され、以後ニコルはジャンセニスム論争に一切加わらなかった。一世紀にわたって広く読まれた『道徳試論』（四巻、パリ、一六七一―七八年）の著者として今では知られている。本文で引かれる『カルヴァン派を非とする正当なる予断』（パリ、一六七一年）と『自称改革派の離教の罪を証明す』（パリ、一六八四年）は彼の対プロテスタント論争書で、改革派が信仰の最終的根拠とする個々人の「自由な検討」が不可能なことを示し、信仰の根拠は無謬な教会の「権威」しかないことを主張したものだった。

〔四一三〕 ジャン・クロード（一六一九―八七）。フランスの改革派神学者。ラ・ソーヴタの生まれ。プロテスタントの牧師の子で、モントーバンのプロテスタント大学で学んだ後、一六四五年に牧師となり、ラ・トレーヌ（一六四五年から）、サン゠タフリク（一六四六年から）、ニーム（一六五四年から）の各教会で牧職に従事した末、一六六六年にシャラントン（パリ）教会の牧師となった。以後二十年間、しだいに追い詰められてゆくフランス改革派教会の最高指導者として、聖体問題をめぐるアルノーやニコルとの論争、「信仰の分析」問題をめぐるニコルとの論争、ボシュエとの口頭論争など、カトリック側の学者と数々の論争を行ない、またプロテスタント迫害に対する抗議文や多くの説教集を著わした。ナント勅令の廃止（一六八五年十月）に当たっては、王命により二十四時間以内にパリから退去するよう命じられ、オランダのハーグへ亡命、そこの会堂で一六八六年のクリスマスの説教をした後、過労で倒れ、翌年一月十三日に歿した。弾圧に対する雄弁な告発文『フランス王国で残酷にしいたげられているプロテスタントの抗議』（ケルン、一六八六年）は文字どおり彼の絶筆だった。なお、本文で引かれたニコルの『カルヴァン派を非とする正当なる予断』にクロードは『宗教改革の擁護』（ケヴィリ、一六七三年）で反駁しており、同じニコルの『自称改革派の離教の罪を証明す』もクロードの『一六八二年のフランス僧族会議の回状に関する考察』（ハーグ、一六八三年）に反駁したものだったように、信仰の最終的根拠（「信仰の分析」と当時呼ばれた）をめぐる一六七〇―八〇年代の新旧両教会の論争は、主にカトリック側のニコルとプロテスタント側のクロードによって行なわれたが、本文で引かれるクロードの文章はこのニコルとの論争の中でのものではなく、『《クロード氏との会談》と題するモー殿の書への回答』（パリ、一六八三年）からである。これは、オルレアン公妃付きの女官デュラス嬢マリ・ド・デュルフォールの改宗をめぐって一六七八年三月一日に行なわれたクロードとモーの司教ボシュエとの有名な口頭論争に関わるもので、ボシュエによる討論記録『教会問題に関するシャラントンの牧師クロード氏との会談』（パリ、一六八二年）に対抗するクロード側の討論記録だった。

〔四二四〕　ギルバート・バーネット（一六四三―一七一五）。イギリス国教会の聖職者、歴史家。エジンバラの生まれ。グラスゴー大学の神学教授（一六六九―七四年）だったが、国王チャールズ二世の素行を非難したため失脚し、一六八五年にはジェームズ二世の即位とともにオランダへ亡命した。オランダでオランイエ公ヴィレム三世の側近となり、一六八八年の名誉革命で同公がイギリス王（ウィリアム三世）となるや、ソールズベリの主教に任命された（一六八九年）。ウィリアム三世、メアリ二世の助言者で、アン女王の治世まで宮廷に大きな勢力を持っていた。非国教徒への寛容政策の主張者で、説教や宗教論争書などもあるが、『イギリス教会宗教改革史』（三巻、一六七九―一七一四年）と、ホイッグ的色彩の濃厚な『同時代史』（二巻、一七二四―三四年）という二大史書によって、今では主に歴史家として知られている。なお、本文で引かれる『ロチェスター伯爵ジョン・ウィルモットに関する覚書』は、次註に述べるロチェスターの回心の記録である『ロチェスター伯爵ジョンの生と死の数節』（一六八〇年）の仏訳で、一七一六年にアムステルダムで出版されたものだった。

〔四二五〕　第二代ロチェスター伯爵ジョン・ウィルモット（一六四七―八〇）。イギリスの詩人。初代ロチェスター伯爵ヘンリ・ウィルモットの子で、オクスフォードシャのディッチリの生まれ。オクスフォード在学中からすでに詩人として注目されていたが、卒業後フランス、イタリアに旅し、帰国して十八歳でチャールズ二世の宮廷に出た。美男で才気煥発なため、たちまち宮廷の人気者となったが、頽廃した宮廷の空気に染まって放蕩に明け暮れるようになり、また辛辣な諷刺詩で要人たちや国王自身をすら攻撃したため、何度も宮廷から追放された。三十三歳で早世したが、晩年は宗教心が芽生え、死ぬ直前の一六八〇年六月二十五日に、かねて『イギリス教会宗教改革史』の第一巻を読んで感銘を受けていたギルバート・バーネットに手紙を送って、自分の悔い改めを受けてほしいと頼み、バーネットは七月二十日から二十四日まで彼の枕辺で過ごした。ロチェスターが息を引き取ったのは、バーネットが去ってから二日後だった。ロチェスターの詩集は一六八〇年以来何度も出版されたが、最も代表的なのはトンソンが出した一七一四年の版だった。

〔四二六〕　ジャン＝フレデリック・オステルヴァルド（一六六三―一七四七）。スイスの改革派神学者。ヌシャテルの生まれ。チューリヒ大学で神学を修め、さらにフランスのソーミュール大学で学んだ。一六八三年にヌシャテルで牧師となり、説教者として名声を博したが、偏狭な正統主義を批判して実践的な敬虔を重んじたため保守派と対立し、ヌシャテルに自分の教会を持てるようになったのは一六九九年からだった。彼がした聖書の仏訳（ヌシャテル、一七二〇年）は当時スイスで非常に高く評価されたもので、以後多くの版を重ね、ドイツ語に訳され（バーゼル、一七二三年）たりもした。ほかに、本文で引かれる『キリスト教徒の間に今日支配する頽廃の源を論ず』（アムステルダム、一六九九年）、『淫猥反対論』（アムステルダム、一七〇七年）、『聖書の諸書・諸章についての論拠と考察』（ヌシャテル、一七二〇年）、十九世紀前半までスイス、フランスで無数の版を重ねた『学校用聖史・教理問答要約』（ジュネーヴ、一七三一年）などがある。

〔四二七〕　ルドヴィーコ・マラッチ（一六一二―一七〇〇）。イタリアの東洋学者。ルッカの生まれ。「神の母修道会」の修道士で、ヘブライ語、シリア語、カルデア語、アラビア語などを学び、ローマでアラビア語の教授をした後、法王インノケンティウス十一世の聴罪司祭を務めた。四十年間の研究の成果として、一六九八年にパドヴァからコーランの刊本『コーラン全文』を出したほか、本文で引かれる『コーラン反駁序論』（ローマ、一六九一年）、『オスマン軍旗の説明』（一六八三年）などの著書があり、アラビア語聖書（ローマ、一六七一年）の刊行にも大きな役割を果たした。

〔四二八〕　ニコラ・マールブランシュ（一六三八―一七一五）。フランスの哲学者。パリの生まれ。一六六〇年にオラトリオ会に入り、終生修道士として暮らした。一六六四年にデカルトの『人間論』を読んでデカルト思想に傾倒し、それとアウグスティヌス主義との結合を試み、機会原因説をうちたてた。それは、すべての事象の動力因は神であり、神の世界支配は単純・一様な法則によって行なわれ、被造物はただ機会原因としてこの法則を特殊化するにすぎぬとしたもので、デカルト主義のアキレス腱だった心身関係にもこの理論を適用して、「すべてを神において見る」という有名な命題を引き出した。デカルト主義の宗教化であると同時に、特に摂理問題では自然法則にすべてを帰する近代的な見解を打ち出し、十七世紀末のフランスでは「デカルト主義」とはほぼ「マールブランシュ主義」と同義だった。一六九九年に科学アカデミーの名誉会員となり、一七一五年十月十三日にパリで死んだ。主著『真理の探求』（二巻、パリ、一六七四―七五年）を始め、『自然と恩寵を論ず』（アムステルダム、一六八〇年）、『キリスト教的・形而上学的瞑想』（ケルン、一六八三年）、『道徳論』（ケルン、一六八四年）、本文で引かれる『形而上学・宗教対談』（ロッテルダム、一六八八年）などがある。

〔四二九〕　ネストリオス派は、五世紀の異端者ネストリオスの名から来る。ネストリオス（三八一頃―四五一）はモプスエスティアのテオドロスの弟子だったアンティオキア学派の神学者で、四二八年からはコンスタンチノープルの総主教を務め、アリオス（アリウス）派と闘ったが、その説はアレクサンドリアの総主教聖キュリロスらに激しく攻撃され、四三一年のエフェソス公会議で断罪された。その結果罷免され、エジプトに流されて死んだ。彼の説はキリストの神性と人性を鋭く区別するもので、整理すれば、一、キリストには御言葉と人という二つの位格がある、二、この両性の結合は実体的なものではなく、意志的・偶有的なものである、三、したがって聖母マリアは人としてのキリストの母ではあるが神の母ではない、ということに帰着するが、特に最後の点は、当時礼拝用語として広く用いられ反アリオス派の標語ともなっていた「神の母」という言葉を忌避した点でスキャンダル視された。なお、ネストリオス派はしばらくシリアのエデッサに本拠を置いたが、五世紀末にはそれをペルシアのニシビスに移し、インド、バクトリアを経て唐代のシナにも「景教」として流れ込み、今なお中近東に存続している。最近の湾岸戦争当時、イラクの外相がネストリオス派信徒として紹介されていたことも記憶に新しい。

〔四三〇〕　アルミニウス派、正式にはレモンストラント派は、オランダの改革派神学者アルミニウス（ヤコプ・ハルメンセン）（一五六〇―一六〇九）の流れを汲む改革派中のリベラル派。贖罪と恩寵の普遍性、自由意志の役割などを強調して、正統カルヴィニスムと対立した。一六一〇年、この派は自己の主張を纏めた「建議書《レモンストラント》」をオランダ政府に提出したが、改革派正系のゴマルス（フランシス・ホンメル）（一五六三―一六四一）はそれに対抗して「反建議書」を提出、両派の争いはブルジョワ共和派と、貴族・農民層を基盤とするオランイェ派との政治的葛藤と結び付き、オランダ改革派教会を二分して続けられたが、結局、一六一八―一九年のドルドレヒト（ドルト）教会会議でアルミニウス派は断罪され、教会から排除された同派は別個にレモンストラント派教会を作って現在まで続いている。この派の教理は、通常以下のような五条項に要約されている。一、神の選びは予見された信仰に基づく、二、キリストは万人のために死んだ、三、再生は自由意志による協働を要する、四、恩寵は充足的・可抗的である、五、再生した者が罪の世に戻ることもありうる、というものである。

〔四三一〕　エリスのピュロン（前三六〇―二七〇頃）の名から来る。ピュロンはアレクサンドロス大王の東征に随行してインドまで行った古代ギリシアの哲学者で、懐疑派の祖。あらゆる命題について賛否の根拠が等しい重さを持つという確認から、判断停止（エポケー）と、それを通じて得られる不動心（アタラクシア）を説いた。その説は主としてセクストス・エンペイリコスを通じてルネサンス以後に継承され、フランスでもモンテーニュ、シャロン、ラ・モット・ル・ヴァイエ、ユエと続く流れを形成した。この場合、ピュロン主義とは懐疑論と同義だが、時には懐疑論の内でもピュロン系のものをアルケシラオス、カルネアデスなど中期アカデメイアのものと区別して、前者にだけ（その場合、後者は否定的定言論と規定される）適用される場合もある。

〔四三二〕　邦訳、法政大学出版局刊『ピエール・ベール著作集』、第五巻、一二一―一二三ページ、野沢協訳。

〔四三三〕　原註に指示されるとおり、ボシュエのこと。ジャック゠ベニーニュ・ボシュエ（一六二七―一七〇四）はフランスのカトリック聖職者。ディジョンの生まれ。ディジョン高等法院弁護士の子で、十三歳で僧籍に入り、ディジョンのイエズス会学院で学んだ後、パリのナヴァール学院で哲学、神学を修め、一六四八年に神学博士の学位を取って、ラングルで副助祭、一六五二年にメッスで助祭、ついで司祭に叙任された。数々の説教や棺前演説で名説教家と謳われ、一六六九年にコンドンの司教に任命され、翌年には王太子の教育掛、一六七一年にはアカデミー・フランセーズの会員、一六八一年にはモーの司教となり、死ぬまでその職にあった。十七世紀末のフランス・カトリック教会の最高の理論家で、ジャンセニストとは一線を画したが、イエズス会に対しては多分に批判的な立場を取り、またガリカニスムの指導的な理論家でもあった。さらに、プロテスタントとの論争、フェヌロンとの静寂主義論争など、多面的な闘争に明け暮れた。十八世紀以来何種類もの全集が出版され（良い版とされる一八六二―七九年のものは全三十一巻）、二十世紀（一九〇〇―二三年）には全十四巻の書簡集も出た。

〔四三四〕　ブレーズ・パスカル（一六二三―六二）。『パンセ』（一六七〇年）の著者と言う以上の説明は要るまい。

〔四三五〕　クロード・ビュフィエの『真の宗教の最も明らかな証拠の開陳』（パリ、一七三二年）の所説を念頭に置いている。クロード・ビュフィエ（一六六一―一七三七）はフランスのイエズス会士。ポーランドのワルシャワの生まれ。ごく若い頃フランスへ戻り、ルアンのイエズス会学院で学んだ。一六七九年にイエズス会に入り、パリのルイ＝ル＝グラン学院で文法や人文学を教えた。司祭に叙任された後、ルアンの学院で神学を教えたが、『ルアンの大司教猊下に呈する異議』（一六九六年）によってルアンの大司教コルベールと対立し、前言撤回書への署名を拒んだためカンペールへ流された。この件につき弁明するためローマへ行き、四カ月滞在、帰国後はルイ＝ル＝グラン学院に落ち着いて、死ぬまでそこで神学を教えた。一七〇一年に発刊された『トレヴー新聞』の執筆者の一人で、記憶術、文法、地理、歴史など教育のための多くの書や伝記、信仰書なども著わしたが、今では主に哲学者として記憶されている。イエズス会には珍しくデカルト主義を受けいれた人で、フランスにおけるロックの最初の弟子の一人でもあり、『通俗的偏見の検討』（パリ、一七〇四年）、『第一真理論』（パリ、一七二四年）、『誰にも分かる形而上学原論』（パリ、一七二五年）などで折衷主義的な「常識哲学」を説き、スコットランド学派の先駆者とされている。「合理的な哲学を唱えた唯一のイエズス会士」とヴォルテールにも称えられ、その『教程』（二折判《フォリオ》、パリ、一七三二年）は『百科全書』にも大幅に利用された。

〔四三六〕　ロックの著作『キリスト教の合理性』（一六九五年）の仏訳。フランス人の亡命プロテスタント、ピエール・コスト（一六六八―一七四七）の手になるもので、はじめ『キリスト教はいとも合理的なること』という題で一六九六年にアムステルダムから出版され、一七一五年版（二巻、アムステルダム）以後、『合理的キリスト教』と改題された。

〔四三七〕　原著には「フォースター」（Forster）とあるが、「フォスター」（Foster）の誤りなので改めた。また、これについては本文を訂正しなかったが、彼が反駁したのはロックの『キリスト教の合理性』ではなく、理神論者マシュー・ティンダル（一六五六―一七三三）の『天地創造とともに古きキリスト教』（一七三〇年）である。フォスターにはロックへの反駁書はなく、この文書の著者が二つの書を混同していたのであろう。ジェームズ・フォスター（一六九七―一七五三）はイギリスの牧師。エクセタの生まれ。非国教徒の家の出で、エクセタのフリースクールや、ジョウゼフ・ハレットが創設したアカデミーで学び、一七一八年から説教師として活動を始めた。アリオス（アリウス）主義的傾向の持ち主だったため、エクセタの非国教徒の集まりから逐われ、サマセットシャのミルボーン・ポート、アシュウィック、ウェルズの近くのコウルズフォードとウォウキ、ウィルトシャのトゥロウブリッジなどを転々として、ごく少数の信徒たちからなる集まりを主宰し、生活のため、トゥロウブリッジでは手袋職人の家に住み込んで、その手伝いをしたりした。また、ジョン・ゲイルの影響で幼児洗礼の無効を確信するようになり、同じくトゥロウブリッジで四十歳にして再洗礼を受けた。二年間或る金持のチャプランをした後、一七二四年に、ジョン・ゲイルの後任としてバービカンの牧師となり、二十年後の一七四四年にはプリナーズ・ホールの牧師に転じて、一七五三年十一月五日に死んだ。説教師として聞こえた人で、四巻本の『説教集』を出しており、著作としては『基本原理論』（一七二〇年）、ティンダルの『天地創造とともに古きキリスト教』に反駁した『キリスト教の有用性、真実性、卓越性の擁護』（一七三一年）、『自然宗教と社会的美徳の主たる分野に関する論集』（二巻、一七四九―五二年）などがあるが、中でもティンダル反駁書は、三十点にも上るティンダルへの反論の内でも出色のものとして、ティンダル自身にも評価されたという。

〔四三八〕　フランソワ・ド・サリニャック・ド・ラ・モット・フェヌロン（一六五一―一七一五）。フランスのカトリック聖職者。ペリゴールの没落貴族の家に生まれ、一六七五年に司祭となり、ナント勅令廃止（一六八五年）前後にプロテスタントの改宗事業に携わり、一六八九年に王孫ブルゴーニュ公の教育掛に任ぜられた。その前年、神秘家のギュイヨン夫人を識って静寂主義の感化を受け、彼女を擁護してボシュエと論争、『聖人の格率解説』（パリ、一六九七年）を書いたが、この書はルイ十四世の圧力により、一六九九年三月十二日の法王書簡で断罪され、フェヌロンは一六九五年に大司教に任命されていたカンブレへ流され、そのまま生を終えた。ルイ十四世の専制への鋭い批判を含む小説『テレマックの冒険』（パリ、一六九九年）、女子教育論、寓話、『神の存在の証明』（パリ、一七一三年）や本文で引かれる『宗教と形而上学をめぐる様々な主題についての手紙』（パリ、一七一八年）を含む哲学・神学書など多くの著作を著わしており、一七八七―九二年版（四折判九巻、パリ）以後、様々な種類の全集が出た。濃厚な貴族主義的色彩にもかかわらず、十八世紀思想家の多くから彼らの先駆者として深く尊敬された。

〔四三九〕 原著者が用いたと思われる『パンセ』のポール＝ロワイヤル版（パリ、一六七〇年）では第五章「キリスト教の教えることを信じる方が信じないより得であること」、五二―六〇ページ、現代のブランシュヴィック版では断章二三三。有名な「賭の論理」を述べたもので、中心部分は邦訳では次のようになっている。「だが、賭はしなければならない。それは随意なことではない。君はすでに船を乗り出したのだ。いったい君はどちらを取るか。考えてみよう。選ばなければならないからには、どちらが君にとって利益が少ないかを考えてみよう。君が失うかもしれないものは二つ、真と善である。賭けるものは二つ、君の理性と君の意志、つまり君の認識と君の幸福である。そして君の本性が避けようとするものは二つ、誤謬と悲惨である。どうしても選ばなければならないからには、他方を措いて一方を選んだところで、君の理性は別に傷つけられるわけではない。これで一つの点が片づいた。だが、君の幸福はどうなるか？　神は存在するという表の側をとって、その得失を計ってみよう。二つの場合を見積ってみよう。もし君が勝てば、君はすべてを得る。もし君が負けても、君は何も失いはしない。だから、ためらわずに、神は存在するという側に賭けたまえ。」（河出書房新社刊『世界の大思想8』、一一一ページ、松浪信三郎訳）

〔四四〇〕 ジャン・ド・ラ・ブリュイエール（一六四五―九六）。言うまでもなく、『人さまざま』（パリ、一六八八年）で有名なフランスのモラリスト。

ジャン・メリエの遺言書

（ヴォルテールによって出版された要約版）

訳者まえがき

一、本翻訳は、ヴォルテールによって一七六四年に刊行された論文集『理性の福音』L'EVANGILE DE LA RAISON, ouvrage posthume de M. D. M...y. 〔Amsterdam, Marc-Michel Rey, novembre 1764〕に含まれている、『ジャン・メリエの遺言書』TESTAMENT DE JEAN MESLIER. *NOUVELLE ÉDITION*. の全訳である。この論文には「著者略歴」ABREGÉ DE LA VIE DE L'AUTEUR. が付されているが、それは翻訳の対象とされていない。底本には、*Testament de Jean Meslier*, édition critique par Roland Desné dans les *Œuvres complètes de Voltaire*, 56A, Oxford, 2001 を用いた。

二、詳しくは解説を参照していただきたいが、ジャン・メリエ『覚え書』が地下文書として流布し始めてまもなく、その「序文・証明一」から「証明五」までの部分を抜粋した『覚え書』要約版がやはり地下文書として流布した。これはメリエの思想全体を要約したものと言うより、啓示宗教批判・キリスト教批判部分のみを要約した別個のテクストと言ってよい。これをもとにしてヴォルテールが『ジャン・メリエの遺言書』あるいは『ジャン・メリエの見解の要約』なる刊行本を一七六二年から密かに流布させた。前記の批評版を出したロラン・デスネによれば、これらの刊行本は先のテクストにヴォルテールが一七六二年二月、五月、一七六四年十一月という三段階の修正を施し出版された。本翻訳はヴォルテールによる最終的修正を受けた版、デスネの命名に従えば、ER64A なる版を採用したことになる。

三、この抜萃の各部分と、『ジャン・メリエ遺言書』（ジャン・メリエ『覚え書』邦訳、法政大学出版局刊、二〇〇六年）との対応は、当翻訳の末尾に置いた訳註で指示した。

序文

兄弟たる皆さん、私の無私無欲についてはあなたがたも御存じです。卑しい利害のために自分の信念を犠牲にしたりはしません。自分の見解と真っ向から対立する信仰告白をしたのは、決して物欲のためではなく、両親の意向に沿ったまでのことです。なんの危険もなくあなたがたの蒙を開くことができたなら、もっと早くそうしていたでしょう。このように言うことの証人はあなたがた自身です。私は職務に付随している儲けを要求して、その品位を汚したことは一度もありません。

天に誓って申しますが、盲目にされた民衆が祈禱を買おうと敬虔な心で莫大な金を差し出すのに、その単純さを笑いものにしていた手合いは、私のこの上ない軽蔑の対象でもありました。そんな専売はなんとおぞましいものではないですか！　あなたがたの汗と労苦で肥え太る連中が、自分たちの神秘と迷信に対して示す軽蔑を非難するのではありません。彼らの飽くことのない物欲と、人々をそういう盲目状態に止めておこうと腐心し、その上人々の無知を笑いものにするこういう類の者たちの卑劣な楽しみを憎むのです。

彼らは自分たちの安楽さを話題にして笑い合うだけに止めるべきです。単純であるため彼らにそんな快適な生活を提供してくれる人々の盲目的な敬虔さを悪用し、誤謬を増やすようなことは少なくともすべきではありません。兄弟たる皆さん、あなたがたは間違いなく私に対してはふさわしい評価を下しているはずです。あなたがたの労苦に対して示した私の敏感さが、あなたがたのどんな疑いからも私を守ってくれます。幾度も無料で司祭の職務を果たさなかったでしょうか。望むほど頻繁にはまた十分にはあなたがたを援助できないため、私の情愛は幾度も傷つけられなかったでしょうか。私にとっては受け取るより与える方が喜びであるという証拠を、いつも示さなかったでしょうか。あなたがたを頑迷な信心へ誘わぬようにと心がけましたし、私たちのろくでもない教義について話す機会は、できるかぎり少なくしました。確かに司祭としての職責を果たさねばなりませんでしたが、内心では憎むそのような敬虔な嘘を説かざるをえない時、私も自らどれほど苦しまなかったでしょうか。自分の職務に対して、特にあの迷信的なミサと滑稽な秘蹟授与に対して——とりわけ、あなたがたの敬虔さと誠実さを丸ごと魅了するあのような威厳を持ってそれらを行わねばならない時には——私はどれほどの軽蔑を感じなかったでしょうか。あなたがたの信じやすさは、私の心にどれほどの悔恨をかき立てなかったでしょうか。公の場で怒りを爆発させる寸前まで行き、あなたがたの目を開かせようと思ったことが幾度となくありましたが、私の力を上回る恐れが突如として引き止め、死ぬ時まで沈黙を強いたのです〔二〕。

一部の悪弊と誤謬に関して一般にまた個別に考察し、聖堂区民に宛てられた、ジャン・メリエの見解の要約

第一章　人々に宗教を打ち立てさせる動機から引き出される証明一

自派は本当に神の権威に基づいており、他宗教に見られるあらゆる誤謬とペテンから一切免れていると主張しない個別宗派は一つもないのですから、その派の真理を打ち立てると主張する人々は、自派は神が設けたものであると明白で説得力のある証拠と証言によってそれを示さなければなりません。そうでなければ、その宗派が誤謬と詐欺に満ちた人間の発明にすぎないのは確実だとみなすべきでしょう。というのも、限りなく善である全能の神というものが、人間に法や命令を与えようとしたのに、あれほど大勢のペテン師どもの法や命令と比べて、それらにより確実で真正

な真理のしるしを持たせようとしなかったとは信じられないからです。さて、その宗教が本当に神が設けたものであると明白な証拠によって示せる者は、わがキリスト崇拝者たちの中には、どの派の者であれ一人もいません。それが証拠に、あれほど幾世紀も前から彼らはこの問題で異議を唱えあい、自説を守ろうと戦火に訴え血を流し、迫害しあうことまでしているのに、そのような真理の証で他の者たちを説き伏せ、納得させることができた派はいまだ彼らの内に一つもないのです。神が設けたものだという明白確実な根拠や証拠がどれかにあるなら、確かにこんなことにはならないでしょう。というのも、どの宗派に属していようと、見識がある誠実な人は誰も、誤謬や嘘を支持し肩入れするとは主張しませんし、反対に銘々の側で自分は真理を支持すると主張するのですから、あらゆる誤謬を追放し、すべての人間を平和に同じ見解と同じ形態の宗教の下に集める真の方法は、説得力のある真理の証拠と証言を提出することでしょうし、この宗教こそ本当に神が設けたもので、他のどれでもないとそのようにして示すことでしょうから。そうすれば、みなその真理に降参するでしょうし、誰もわざわざその証に対して反駁を企てたりはしないでしょう。また、誤謬とペテンの党派が反証によって即座に打ち負かされないとしても、誰もわざわざそんな派を支持したりはしないでしょう。しかし、そういう証拠はどの宗教にも見られないので、それに乗じてペテン師どもが大胆にありとあらゆる嘘を発明しそれを擁護するのです。

人間の諸々の宗教の虚偽、特にわれわれの宗教の虚偽を、これに劣らぬほど明白に示す別の証明をさらに以下に述べます〔二〕。

第二章　信仰の誤謬から引き出される証明二

誤謬の原理であり、その上人々の間における騒乱と永遠の分裂の忌まわしい源でもあるものをその奥義の基礎とし、その教理と道徳の規則とするどのような宗教も真の宗教ではありえませんし、そんな宗教は神が設けたものでもありえません。さて人間のさまざまな宗教、とりわけカトリック教は、誤謬の原理をその教理と道徳の基礎としています。それゆえ……。私はこの論証の一番目の命題を否定できるとは思いません。あまりにも明白で明瞭ですから、それについて疑うわけにはいきません。キリスト教がその教理と道徳の規則としているのは、彼らが信仰と呼ぶもの、つまりある神の法や啓示、およびある神に対する盲目的なのに確固不動な信心である、という二番目の命題を証明することにしましょう。キリスト教はどうしてもそう仮定せざるをえません。というのも、なんらかの神と神の啓示に対するこういう信心こそが、その宗教が世界中で持っているあらゆる信用と権威を生み出しているからですし、それがなければ人々はその宗教が命じることを少しも尊重しなくなるからです。そのため、信徒にその信仰を堅持するように〔一〕とはっきり勧めない宗教はありません。ですから、キリスト崇拝者たちはみな、そのトリエント公会議〔の教令〕第六総会〔第五総会〕第八章に記されているように、信仰が救いの始めと基礎であり、あらゆる義と聖化の根元であるということを格率とするのです〔四〕。

さて、神の名と権威のもとに提出される一切への盲目的信心が、誤謬と嘘の原理であることは明らかです。その証拠に、宗教の問題で神の名と権威を持ち出そうとしない、また特別に神から霊感を受け遣わされたと自称しないペテン師は一人もいないのが見られます。キリスト崇拝者たちがその教理の基礎とするこの信仰と盲目的信心は、誤謬などの原理であるばかりでなく、人々がそのさまざまな宗教を保持するために起こす騒乱と分裂の忌まわしい源でもあります。そういうもっともらしい名目で、互いに相手に対して行わない悪辣な行為は一つもありません〔五〕。

さて、限りなく善で賢明である全能の神が、自分の意志を人間に知らせるために、そのような手段やそれほど人を欺きがちな方法を用いようとしたとは信じられません。というのも、それは明らかに人々を誤謬に誘い込み、人々に罠を仕掛け、嘘の側に加担させようとすることでしょうから。同様に、和合と平和と善と人々の救いを好むという神が、人々の間に騒乱と永遠の分裂を引き起こすあのように致命的な源を、自分の宗教の基礎として確立したとも信じられません。ですからそのような諸宗教は、真実のものでも神によって設けられたものでもありません〔六〕。

しかし、わがキリスト崇拝者たちが彼らの信憑の根拠と称するものを必ず引き合いに出し、自分たちの信仰と信心はある意味で盲目的だが、それでもやはりあれほど明白で説得力のある真理の証によって支えられているのだから、信仰に就こうとしないのは思慮がないだけでなく、思い上がっているのでありひどく愚かであると、彼らが反論することは私もよく知っています。彼らはたいていその信憑の根拠と称するものを、三、四箇条にまとめています。

一番目の根拠、それを彼らは自分たちの宗教の神聖さなるものから引き出します。自分たちの宗教は悪徳を断罪し徳を実践するように勧めているし、その教理はきわめて純粋で単純であるから、限りなく善で賢明な神の純粋性と神聖性からしか、そのようなものが出てきえないのは明らかだと言うのです。

信憑の二番目の根拠、それを彼らは自分たちの宗教を愛を持って信奉し擁護し、棄教よりはよいと、死やもっとも残酷な責め苦を耐えることまでした人々の生涯に見られる無垢と聖潔から引き出します。あれほどの偉人たちがその信心において騙されるがままであったし、誤謬とペテンを保持するだけのために、人生のあらゆる利得をあきらめ、あれほど残酷な迫害にさえもその身を投じたとは信じられないと言うのです。

彼らがその信憑の三番目の根拠として引き合いに出すのは、あれほど昔から彼らのために下されてきた、またその主張によれば疑いようもない仕方で実現されたという、さまざまな神託と預言です。

さらに、信憑の四番目の根拠として、またすべてのかなめとして引き合いに出されるのは、その宗教のために古今東西でなされた奇蹟の偉大さと数の多さです〔七〕。

しかしこういう虚しい推論一切を反駁し、こういうすべての証の虚偽を知らせるのは簡単です。というのは、一、わがキリスト崇拝者たちがその信憑の根拠なるものから引き出す論拠は、真理と同じく嘘を確立し立証するのにも等しく用いることができるからです。というのも実際どんな偽宗教でも、類似した信憑の根拠によって支えられていると、主張しないものはないのが見られるからです。また、健全な真実の教理を持つと主張しないものも、少なくとも自分たちの流儀であらゆる悪徳を断罪し、あらゆる徳の実践を勧めないものもありません。またその宗教を保持し擁護するために、苛酷な迫害を耐え忍んだ、博学で熱烈な擁護者たちを持たなかったものもありません。またさらに、自分たちのために行われた神異や奇蹟を持っていると主張しないものもありません。

マホメット教徒もインド人たちも異教徒たちも、キリスト教徒と同じようにそういうものを自分たちの宗教のために挙げます。わがキリスト崇拝者たちが彼らの奇蹟と預言を重んじるなら、異教徒のさまざまな宗教にも、そういうものがキリスト教に劣らぬだけ見られます。ですから、そのあらゆる信憑の根拠なるものから引き出せるかもしれない利点は、ありとあらゆる宗教にもほとんど等しく見いだされるものです。

ですから、わがキリスト崇拝者たちがあれほど自分たちの利点をそこから引き出そうとしている信憑の根拠なるものは、あらゆる歴史とあらゆる宗教の実際が示しているように、明らかにすべての宗教に等しく見られるし、したがってそれらは彼らの宗教であろうと他のどんな宗教であろうと、その真理を保証する証拠や証としては使うことができないということになります。この帰結は明白です。〔八〕

二、異教の奇蹟とキリスト教の奇蹟の関係についてある観念を与えるとすれば、たとえば、福音史家がこぞってイエス・キリストの奇蹟について述べ立てることを信じるより、フィロストラトス（ローマ帝政時代のギリシアのソフィスト）が『〔テュアナの〕アポロニオス伝』第八巻で物語ることを信じる方が、より理に適っていると言えないでしょうか。少なくともフィロストラトスは雄弁かつ能弁な男であったこと、セウェルス帝の妃、皇后ユリアの書記官であったこと、また彼がアポロニオス（一世紀頃のギリシアの哲学者、新ピュタゴラス学派の人で、奇蹟を起こせたという。）の生涯と神奇な事蹟を書いたのは、その皇后の要請によるということが知られているからです。このことはまた、そのアポロニオスが並外れた偉業によって名を成した確かなしるしでもあるでしょう。何しろ皇后がその生涯を書物にさせるほど興味を持ったのですから。そんなことは、イエス・キリストについても、その伝記を書いた人々についても決して言えません。というのも、彼らは民衆の屑である無知な人々、哀れな日雇い、漁夫にすぎず、自分が語る出来事を秩序立て一貫して物語る頭すらなく、その話はきわめて稚拙な食い違いさえたびたび起こすのですから。

彼らがその生涯と事績を描いている男について言えば、もし本当に彼らが帰している奇蹟をその男が行ったのなら、間違いなく彼はそのすばらしい事蹟によってきわめて称賛に値する人物となっていたはずですし、みながほめたたえ、神々のために行うように彼のために像を立てたことでしょう。ところがその代わりに、彼は取るに足りぬ男、狂信者……と見なされました。[九]

歴史家ヨセフス（フラウィウス・ヨセフス、一世紀のユダヤ人歴史家）も、彼の民族と宗教のためになされたと伝えられているもっとも偉大な奇蹟について語ったすぐ後で、これらについては各人が好きなように考えてよいと述べ、そういう奇蹟への信用を傷つけその信用を疑わしいものにしてしまっています。これはそういうものを彼自身がそれほど信用していなかったという、まったく確かなしるしでもあります。またそのため、もっとも分別のある人々は、そういう種類の事柄について語っているさまざまな歴史を架空の物語と見なしています。モンテーニュと『〔誤って魔術の嫌疑をかけられたすべての〕偉人たちのための弁明』の著者（ガブリエル・ノーデ、十七世紀フランスの学者的自由思想家）が書いていることを見てください。サントリニ島宣教師報告（フランソワ・リシャール師『イエズス会士のエーゲ海サン・テリニ島居住以来、当地で起ったもっとも驚くべき事柄に関する報告』、一六五七年、のこと。）も読んでください。このすばらしい主題については三章連続で書かれています。

この問題で言えるどんなことによっても、奇蹟なるものは正義と真理のためにも、悪徳と嘘のためにも等しく想像しうることが、われわれにはっきり示されています。[一〇]

わがキリスト崇拝者たちが自ら神の言葉と呼ぶものの証言を挙げ、さらに彼らが崇める者の証言をも挙げて、これを証明しましょう。というのも、神の言葉を収めていると彼らが言う当の書物が、また人となった神として彼らが崇めるキリスト自身とが、偽預言者が存在する、つまり自ら神から遣わされたと称し神の名で語るペテン師どもが存在すると、われわれにはっきり指摘しているばかりか、連中は義人たちもあやうく惑わされるほど偉大で神奇な奇蹟を今後も行うだろう、とさらにはっきり指摘しているからです。『マタイによる福音書』、第二十四章、第五、十一、二十七節〔同章、第四―五、十一、二十四節〕その他を見てください。

その上、こういう奇蹟の行い手と称している連中は、自分たちの奇蹟は信用され、対立する他派の連中が行うものは信用されないことを望み、互いに殺し合うのです。

ゼデキアという、預言者と称するそういう連中の一人は、ある日ミカヤという別の自称預言者に異を唱えられると、彼に平手打ちをくわせこんな面白いことを言いました（二）。「神の霊がどの道から私を離れて行って、おまえに語ったのだ。」さらに『列王紀三〔上〕』、第十八章、第四十節その他も見てください〔一一〕。

しかしそもそも、それらの奇蹟なるものは行われなかったことがはっきりしている以上、それらがどうして真理の証なのでしょうか。というのも、次のことがまず知られなければならないからです。一、そういう物語の最初の著者だと言われている人々が、本当にそうであるかどうか。二、彼らが誠実で信用にたる、賢明で広い知識を持った人々であったどうか、また彼らがあのように有利なことを語ってやる人々に対して、好意的な先入観を持っていなかったかどうか。三、自分が伝える事実のあらゆる付帯状況を十分に検討したかどうか、十分に知っていたかどうか、またまったく忠実に伝えているかどうか。四、そういう偉大な奇蹟一切を伝える書物や古い史書が、他の多くの書物と同じように、時を経る中で改竄され歪められなかったかどうか〔一二〕。

モーセとその民について、タキトゥスやその他多くの著名な歴史家を参照すれば、彼らが盗賊や山賊の群と見なされていたのが分かるでしょう。魔術と占星術が当時はやりの唯一の学問でした。そしてモーセはエジプト人の知恵に通じていたと言いますから、田舎者で無知なヤコブの子らに、彼個人に対する尊敬と愛着の念を吹き込み、自分が与えようと望む規律をその惨めな状況の中で彼らに信奉させるのは、彼にとってむずかしくなかったのです。以上のことは、ユダヤ人とわがキリスト崇拝者たちがわれわれに信じさせようとすることとまったく違っています。他の人々よりむしろ彼らを信ずべきだと、どんな確実な規準によって分かるのでしょうか。そんなことに関して、どんな本当らしい理由もないことは間違いありません。

新約聖書の奇蹟についても、旧約聖書中のものについてと同じく、先の条件を満たせるような確実性はほとんどありませんし、またそのような真実らしささえほとんどありません。

福音書中の事実を伝える歴史書は神聖で聖なる歴史書と見なされ、常に忠実に保存され、そこに含まれているさまざまな真実はまったく損なわれることはなかった、と言っても何の役にも立たないでしょう。というのも、おそらくまさにこういう理由のために、それらの書物は一層疑わしいはずですし、それらから利得を引き出そうとしたり、それらがまだ自分たちに十分好都合なものではないと考えたりする連中は、なおのことそれらを歪めたはずだからです。そういう種類の歴史書を書き写す著作家たちは、その時付け加えたり変えたり、また自分の意図に役立つと思えばどんなことでも削ったりするのが普通です〔一三〕。

これはわがキリスト崇拝者たち自身も否定できないことです。なぜなら、彼らのいわゆる聖書がさまざまな時代に付加や削除や改竄を受けたことを認めた真摯な幾多の人物について語らずとも、彼らの仲間で著名な学者、聖ヒエロニムス（古代教会の重要なラテン教父の一人）が、〔聖書につけた〕その序文の多くの箇所で、これらの書は歪められ改竄されてきたし、彼の時代にも好き勝手に何でも付加したり削除したりするありとあらゆる連中の手に委ねられているので、写本の数だけ異本があると言明しているからです〔一四〕。

パウリヌス（ノラの司教を務めたラテン・キリスト教詩人）に宛てて書かれた彼のさまざまな序文、彼の『ヨシュア記』序文、彼の『ガラテヤ人への手紙』、彼の『ヨブ記』序文、法王ダマスス（ダマスス一世、在位三六六―三八四年）に宛てて書かれた『福音書』序文、パウル〔パウラ〕とエウスタキウム〔エウストキウム〕に宛てて書かれた『詩篇』序文などを見てください〔一五〕。

とりわけ旧約聖書の諸書については、一部は失われ一部は損なわれていた律法の聖なる書とかいうものを、律法の祭司エズラ（前五世紀初めの古代ユダヤの祭司）自身が自ら全体に亘って修正し復元したと証言しています。ついで、ヘブライ文字の数にならって彼はそれらを二十二巻に分かち、また賢者だけに伝えるべき教理からなる多くの別の書物を書きました。エズラが証言し、また学者の聖ヒエロニムスがあれほど多くの箇所で証言しているように、もしそれらの書が一部は失われ一部は損なわれていたなら、それならばそれらが含む内容にはどんな確実性もありませんし、神自身から霊感を受けてそれらを全体に互って修正し復元したとエズラが言ったところで、それについてもどんな確実性もありません。これと同じことを言えないようなペテン師はいません。

アンティオコス（ヘレニズム時代のシリア王）の時代には、見つけられたモーセの律法と預言者の書はことごとく焼かれました。タルムードはユダヤ人たちには神聖で聖なる書と見なされ、神のあらゆる律法を含み、あわせてラビたちのもっとも著名な格言と法令、神と人間の法に関するラビたちの解説、およびヘブライ語に関するその他驚くべき数の秘密や神秘を含むものですが、キリスト教徒たちには妄想と作り話とペテンと不敬がいっぱい詰まった書と見なされます。彼らはクレモーナ市（イタリア・ロンバルディア地方の都市）のある図書館で発見されたそういうタルムード一千二百冊を、宗教裁判所判事の命令により一五五九年ローマでみな焼き捨てさせました。

ユダヤ人たちの有力セクトであったパリサイ派はモーセ五書（旧約聖書巻頭の五書）しか受け入れず、預言書はすべて捨てていましたし、キリスト教徒の間でもマルキオン（二世紀のキリスト教会最大の異端者）とその一派は、モーセの書と預言書を捨て、流行していた別の聖書を導入しました。カルポクラテス（二世紀頃のグノーシス主義者）とその一派も同様で、旧約聖書はすべて捨て、イエス・キリストは他の人間と同じく一人の人間にすぎないと主張していました。マルキオン派と至上派（正しくは、セウェルス派。二世紀のキリスト教異端派）も旧約聖書すべてを悪しきものとして否認し、また四福音書の大部分と聖パウロの書簡も捨てていました。

エビオン派（一世紀のユダヤ人キリスト教の一派）は聖マタイの福音書しか認めず、他の三福音書と聖パウロの書簡は捨てていました。マルキオン派は彼らの教理を立証しようと聖マッテヤの名を冠した福音書を公表しました。純粋使徒派（三世紀のキリスト教異端派）も自分たちの謬説を主張するために別の聖書を導入し、その目的のために聖アンデレと聖トマスのものだと彼らが言ういくつかの行伝を用いました。

マニ教徒（イラン起源の二元論的・グノーシス主義的宗教）たちも彼らの流儀にあった福音書を書き、預言者と使徒たちの書は捨てていました。『年代記』（エウセビオスのものか？）二八七ページ。エッサイ派（正しくは、エルケサイ派。二―三世紀のグノーシス主義的ユダヤ人キリスト教徒の異端派）はある書を天が与えたものだと言いふらし、他の聖書は勝手にばらばらにしていました。オリゲネス（三世紀のギリシア教父）さえその偉大な才能すべてを傾けても、やはり聖書をゆがめ、絶えず場違いな寓意を考え出し、それで預言者と使徒たちが言う意味から逸脱し、教理の主要点のあるものを歪めることさえしてしまったのです。その彼の諸著作すら、今では削られ改竄され、もはや後世の人々が縫い合わせ寄せ集めた断片にすぎません。そこに明らかな誤謬と間違いが見られるのはこうしたわけからです。

アロゴス派（二世紀末の小アジアの異端派）は、聖ヨハネの福音書と黙示録は異端者ケリントス（一世紀のグノーシス主義者）が書いたものであるとして、それを理由にそれらを捨て去りました。近年の異端者（プロテスタントのこと）たちは、ローマ・カトリック教徒たちが神聖で聖なる書と見なす多くの書物、トビト書、ユディト書、エステル記〔への付加〕、バルク書、〔ダニエル書中の〕竈の中の三人の子供の賛美歌とスザンナの話とベル神の偶像の話、ソロモンの知恵〔知恵の書〕、集会の書、第一・第二マカベア書というようなものを外典として捨てています。これらの不確実で疑わしいすべての書に、他の使徒たちが書いたと思われていた幾多の書をさらに付け加えることもできるでしょう。たとえば、聖トマス行伝と彼の巡歴、彼の福音書と黙示録、聖バルトロマイ福音書、聖マッテヤ福音書、聖ヤコブ福音書、聖ペテロ福音書や〔その他の〕使徒たちの福音書、また同じく聖ペテロの武勲と彼の宣教の書、彼の黙示録と審判の書、救い主の幼児物語、その他、ローマ・カトリック教徒によって、さらに法王ゲラシウス（ゲラシウス一世、在位四九二―四九六年）およびローマ法王たちによって外典としてみな捨てられた、同工異曲の多くの書物を付け加えることもできるでしょう。

それらの書に与えると主張される権威について、確実性のどんな基盤もないことを一層立証してくれるのは、その神聖さを主張する当の人々が、次のように告白せざるをえないことです。つまり、もし自分たちの信仰がそれらについて保証を与え、そのように信じることを絶対の義務としないなら、自分たちもそれらの書を確定するのにどんな確信も持てない、と彼らも言うのです。さて、信仰とは誤謬とペテンの原理にすぎませんから、どうしてその信仰つまり盲目的信心が、盲目的信心の基盤である書物それ自体を、確かなものとすることができるのですか。なんと情けない、なんと馬鹿げたことでしょう！

しかし、それらの書物がそれ自体として真理に特有な何かの特徴、たとえば博識と知恵と聖潔、あるいは神のみにふさわしい他の完全性の特徴を何か備えているかどうか、またその中に引かれる奇蹟が、全能な神というものの偉大さと善と義と無限の英知について当然考えられることと一致するかどうかを見てみましょう〔一六〕。

まず、その中にはどんな博識も崇高な思想も、また人間精神の通常の能力を超えたどんな産物もないことが分かるでしょう。反対にその中に見られるのは、まず一つには、架空の物語、たとえば、男のあばらから引き出して女を作る話、地上楽園なるものの話、言葉を話し議論をし、人間より悪賢くさえあった蛇の話、言葉を話し、不当な仕打ちを受けたことで主人を咎める牝ロバの話（『民数記』、第二二章、第二一―三五節）、世界的洪水とあらゆる種類の動物が閉じ込められた箱船の話、言語の混乱と民族の分裂の話などにすぎないでしょう。まともな著作家なら取り合わない、低俗なくだらない主題を扱う、その他大量の虚しい個々の話についてはもう言いませんが。そんなあらゆる物語は、プロメテウスの技とかパンドラの箱とか神々に刃向かった巨人族の戦いとかの人間が発明した話、また古代の詩人たちが当時の人々を楽しませるため発明したその他の似た話に勝るとも劣らない作り話の様相を呈しています。

またその中に見られるもう一つは、大量の法と命令あるいは迷信的な宗教儀式の寄せ集めにすぎません。それらは古い律法の犠牲と清めの儀式に関わるもの、また動物をそれぞれ清浄である、または不浄であると想定する、律法上の区別に関わるものですが、そんな法はもっとも偶像崇拝的な民族のものと比べても、尊重すべき点がないことでは劣りません。

さらにその中に見られるものは、大勢の王や君侯あるいは私人に関する、虚実の入り交じった単なる歴史にすぎません。彼らが善良にあるいは非道に生きたとか、何かの偉業や悪行を、やはりその中で語られるその他のつまらぬ取るに足りない行いともども、行ったとか言うのです。

そのような一切を書くために、偉大な才能や神の啓示を持つ必要などなかったことは明らかです。そんなことは神なるものを称えることではありません。

さらに、それらの書物の中に見られるのは、特別に神から霊感を受けたと自称する、あのように喧伝される預言者たちの言葉と指導と行動にすぎません。彼らの振る舞い方・話し方と夢と錯誤と幻想が見られますが、彼らは賢明な知識のある人々どころか、見神家や狂信者にはるかに似ていたと判断するのは簡単でしょう。

それらの書物のいくつかの中にも、たとえばソロモンに帰せられる『箴言』や『知恵の書』や『集会の書』の中には、たくさんの良い教えや立派な道徳律がありますが〔一七〕、彼らの著作家中もっとも賢明なその同じソロモンは、もっとも信仰薄き者でもあります。彼は霊魂の不滅すら疑い、その著作を終えるに当たって、平穏に自分の勤労を楽しみ、自分の愛するものとともに生きること以外に、良きものはないと言っています。

それに、神から霊感を受けたと言われるそれらの書物よりも、世俗の著作家と呼ばれるクセノフォン（ギリシアの著作家、前四三〇頃―前三五四年頃）、プラトン、キケロ、アントニヌス帝（一六一―一八〇年在位のマルクス・アウレリウス帝）、ユリアヌス帝（三六一―三六三年在位のローマ皇帝）、ウェルギリウスなどの方がどれほど優れているでしょうか。たとえばイソップの『寓話』しかないとしても、この方が福音書に述べられているあの粗雑で低俗なあらゆるたとえより、間違いなくはるかに気がきいているし教訓的だと言えると思います。

しかし、こういう種類の書物が神感に由来することなどまったくありえないとさらに示しているのは、文体が低俗で粗雑であること、また付帯状況を著しく欠く個々の事実の記述にも秩序が見られないことのほかに、その著者たちが互いに一致しているとは少しも見えず、彼らの言うことが多くの事柄で食い違っていることです。彼らは歴史をきちんと起草するだけの〔理性の〕光と自然的才能さえ持っていなかったのです。

彼らの間に見られる食い違いの例をいくつか以下に挙げましょう。福音史家マタイはイエス・キリストをダビデ王の子孫とし、ダビデの息子ソロモンから、少なくとも推定上はイエス・キリストの父であるヨセフまでを挙げます〔一八〕。ルカも同じダビデ王の子孫としましたが、彼はダビデの息子ナタンからヨセフまでを挙げます。

マタイはイエスのことを語りながら、こう言います。ユダヤ人の新しい王が生まれたという噂がエルサレムの町に広がり、彼を崇めようと東方の博士たちが捜しにやって来たので、ヘロデ王はこの新しい王なる者がいずれ自分の王位を奪うのを恐れ、その者が生まれたはずの場所だというベツレヘム周辺全域で、二年前から新たに生まれた子供たちをことごとく殺させたと言うのです。そしてヨセフとイエスの母は、この悪巧みを夢の中で天使から知らされていたためただちにエジプトに逃れ、その後幾年も経てヘロデがついに死ぬまでその地に留まったと言います。

ルカは反対にこう記しています。ヨセフとイエスの母は六週間の間何事もなく彼らの子イエスが生まれた土地に留まり、その子はそこでユダヤの法に則り生後八日目に割礼を受け、そして律法に定められた母親の浄めの時が終わると、彼女と夫ヨセフはその子をエルサレムに連れて行き神殿で神に捧げ見せ、また同時に供物も捧げたが、それも神の法で命じられている通りであったと言います。その後、彼らはガリラヤにある彼らの町ナザレへ戻り、彼らの子イエスはそこで日毎に愛らしさと知恵を増してゆき、その父と母も毎年過ぎ越しの祭りの大祭日にはエルサレムに行ったと言うのです。ですから、ルカはエジプトへの彼らの避難についても、ベツレヘム地方の子供たちに対するヘロデの残虐さについても一言も触れていません。

ヘロデの残虐さについては当時の歴史家たちもまったく語っていませんし、そのヘロデの生涯を描いた歴史家ヨセフス（前出のフラウィウス・ヨセフス）も、他の福音史家たちもまったく言及していないのですから、星に導かれた東方の博士たちの旅や、幼児の虐殺や、エジプトへの避難は、馬鹿げた嘘にすぎないのは明らかです。というのも、その福音史家の言うことが本当であったなら、その王の悪徳を非難したヨセフスが、これほど悪辣な忌まわしい行為を見逃したとは信じられないからです〔一九〕。

イエス・キリストの公的活動期間の長さについては、福音史家の最初の三人が言うことに従えば、つまりルカが言うとおりイエスが三十歳の時〔洗礼者〕ヨハネの洗礼を受け、彼が十二月二十五日に生まれたと仮定するなら、その洗礼から死まではほとんど三カ月に満たないことになります。なぜなら、その洗礼から――ティベリウス帝在位十五年、アンナスとカヤパが大祭司だった年でした――三月に行われる次の最初の過ぎ越しの祭りまではほぼ三カ月しかなかったわけですから。福音史家の最初の三人が言うことに従えば、イエスが十字架にかけられたのは、洗礼後最初の過ぎ越しの祭りの前日のことで、弟子たちとともに初めてエルサレムにやって来た折りのことになります。というのも、イエスの洗礼や旅や奇蹟や説教とその死や受難について彼らが語ることはことごとく、どうしてもイエスが洗礼を受けた年のことだとすべきだからです。なぜなら、その福音史家たちはその後の別の年についてはまったく語っていませんし、イエスの行状に関する彼らの叙述から見て、まさしく彼はそれら一切のことを洗礼後ただちに次から次へと、きわめて短期間の間に行ったと思われるからです。しかもその期間の空白期としては、彼が何をしたのかも分からないイエス変容（復活前のイエスがある山上で姿を変えたこと）前の六日間しか見られません。

以上のことから、洗礼後イエスがおよそ三カ月しか生きなかったらしいと分かります。その三カ月から、洗礼後すぐ荒野で過ごした四十昼夜の六週間を除くなら、彼の公的活動期間は、始めのいくつかの説教からその死までおよそ六週間しかなかったということになるでしょう。ところがヨハネが言うことに従えば、その期間は少なくとも三年三カ月続いたことになります。というのも、この使徒の福音書によると、年に一回しか行われなかったエルサレムの過ぎ越しの祭りに、イエスはその公的活動の間に三、四回も行ったらしいからです。

さて、ヨハネが表明しているように、イエスが洗礼後そこに三、四回行ったのが本当なら、彼がその洗礼後三カ月しか生きず、初めてエルサレムに行ったとき十字架にかけられたというのは誤りです。

福音史家の最初の三人は確かに一つの年のことしか語っていないが、洗礼後に流れ去った他の年々のことをはっきり分かるように書かなかったのだ、と人が言うと仮定しましょう。あるいは、ヨハネは何回かの過ぎ越しの祭りについて語っているように見えるが、ただ一回の祭りのことしか語るつもりはなく、ユダヤ人の過ぎ越しの祭りが近づきイエスがエルサレムへ行った、と何度も繰り返し言うのは先取りして言うにすぎない、したがってこの件について福音史家たちの間には見かけ上の矛盾しかない、と言うと仮定しましょう。それは認めてもよいのです。しかし、その見かけ上の矛盾がどこから出てくるかと言えば、彼らが物語る際には注意すべきであったあらゆる付帯状況とともに、言いたいことをはっきり説明していない、ということからもっぱら出て来ているのは確かです。何れにしてもそれだからこそ、彼らがそうした歴史を書いた時には神感を受けていなかった、という帰結がやはり引き出せるわけです〔二〇〕。

イエス・キリストが洗礼後ただちに行った最初の事柄においても、また別の食い違いが見られます。というのも福音史家の最初の三人はすぐにイエスは聖霊によって荒野に運ばれ、そこで四十昼夜断食し何回も悪魔に試されたと言っているのに、ヨハネが言うことに従えば、イエスは洗礼の二日後にはガリラヤに向けて出発し、そのガリラヤのカナで行われた婚礼で水をブドウ酒に変え最初の奇蹟を行った、つまり彼がいた場所から三十里以上離れたガリラヤに着いて、三日後には婚礼の宴にイエスはいたというのです。

荒野から出た後、イエスが最初に隠棲した土地についても、イエスはガリラヤへ去り、ナザレの町は捨てて〔ガリラヤの〕海辺の町カペナウムに住まったとマタイは言うのに、〔『マタイによる福音書』〕第四章、第十三〔十二―十三〕節、イエスはまずナザレに行き、ついでカペナウムに行ったとルカは言います、〔『ルカによる福音書』〕第四章、第十六、四十一〔三十一〕節。

使徒たちがイエスの供となった時とその仕方についても、彼らは食い違っています。というのも、最初の三人によれば、イエスはガリラヤの海辺を通りかかった時、シモンとその兄弟アンデレに会い、もう少し先ではヤコブとその兄弟ヨハネが父のゼベダイと一緒にいるのに会ったのですが、これに反してヨハネによれば、最初にイエスに同行したのはシモン・ペテロの兄弟アンデレでしたが、彼は洗礼者ヨハネのもう一人の弟子と一緒であり、彼らがその師とともにヨルダンの岸辺にいた時イエスが通りかかったのだからです。

最後の晩餐において、イエス・キリストはわがローマ・キリスト崇拝者たちが言うようなパンとブドウ酒の形色（けいしき、聖別後のパンとブドウ酒の外見を意味するカトリック教会用語）と外観を持つイエスの肉と血という秘蹟を定めた、と福音史家の最初の三人は書いていますが、ヨハネはそんな神秘的な秘蹟には一言も触れていません。その晩餐後イエスは使徒たちの足を洗い、彼らも互いに同じようにするようにとはっきり命じた、とヨハネは語り、イエス・キリストが同じ時に使徒たちに行った長い談話を伝えています、〔『ヨハネによる福音書』〕第十三章、第五節〔第十三章第五節および第十三章第十二節―第十六章第三十三節〕。しかし他の福音史家たちは、この足を洗ったことについてもその時の長い談話についてもまったく語っていません。そうではなく、その晩餐後ただちにイエスは使徒とともにオリーヴ山上に去り、そこで彼は魂を悲しみに委ねついには苦悩に陥りましたが、使徒たちの方は少し離れたところで眠っていた、と他の福音史家たちは証言しています。

イエスが最後の晩餐を行ったという日についても、彼ら自身言うことが食い違っています。というのも、過ぎ越しの祭りの前夜、すなわち、『出エジプト記』、第十二章、第十八節、『レビ記』、第二十五〔二十三〕章、第五節、『民数記』、第二十八章、第十六節にあるように、除酵節あるいは種なしパンの祭りの第一日の夜、イエスは最後の晩餐を行った、と一方で彼らは書いています。ところがもう一方で、イエスはユダヤ人たちによって夜から朝にかけてずっと裁判にかけられ、最後の晩餐を行った日の翌日の昼十二時頃十字架にかけられた、と彼らは言っているのです。さて彼らの言に従えば、イエスが最後の晩餐を行った翌日とは過ぎ越しの祭りの前日ではなかったはずです。ですから、イエスが死んだのが過ぎ越しの祭りの前日の昼十二時頃であるなら、イエスが最後の晩餐を行ったのはその祭りの前夜ではなかったのです。だから明らかな誤りがあるのです。

ガリラヤからイエスに付いて来た女たちについて彼らが伝えることでも、その言うことは食い違っています。というのも、その女たちと――その中にはマグダラのマリア、ヤコブとヨセス〔ヨセフ〕の母マリア、そしてゼベダイの子らの母がいました――イエスを知るすべての者たちは、彼が十字架に吊るされて磔になった時、その成り行きを遠くから見ていたと福音史家の最初の三人は述べていますが、ヨハネはそれと反対に、イエスの母と母の姉妹とマグダラのマリアが使徒ヨハネとともに十字架の傍らに立っていたと語っているからです、〔『ヨハネによる福音書』〕第十九章、第二十五節。矛盾は明らかです。なぜなら、その女たちとその弟子がイエスの近くにいたなら、そうなると彼女たちは他の福音史家たちが言うように遠くにはいなかったのですから。

イエス・キリストが「復活」後に行ったと伝えられている「出現」についても、彼らの言うことは食い違っています。というのも、マタイは二回の出現のこと、すなわちマグダラのマリアおよび同じくマリアという名のもう一人の女に彼が現れた時と、十一人の使徒たちがガリラヤに行き、会いに来るように指示された山の上で彼らがイエスの出現に出会った時のことしか語りません、（『マタイによる福音書』）第二十八章、第十六節〔第九、十六―十七節〕。ところが、マルコは三回の出現について語っているからです。一回目はマグダラのマリアに現れた時、二回目はエマオに行く二人の弟子に現れた時、三回目は十一人の弟子に現れその不信仰を責めた時のことです。ルカはマタイのように最初の二回の出現についてしか語りませんが、福音史家ヨハネは四回の出現について語り、テベリヤの海で漁をしていた七人か八人の弟子に現れた出現を、マルコの三回に付け加えているからです。

さらに、それらの出現の場所についても彼らの言うことは食い違っています。というのも、それはガリラヤのある山の上であるとマタイは言っていますが、マルコは弟子たちが食卓についている時だと言っていますし、またルカは、イエスが弟子たちをエルサレムの外に連れ出し、ベタニヤまで行き、そこで彼らを離れ天に昇った、と言っているからです。さらにヨハネは、それはエルサレム市中の、戸を閉め切った家の中のことで、もう一回の出現はテベリヤの海辺であったと言っているからです。

以上のようにこれらの「出現」の話には多くの矛盾があります。〔一二〕イエスの「昇天」についても彼らの言うことは食い違っています。というのも、ルカとマルコは十一人の使徒の眼前で彼は昇天したと言明しているのに、マタイとヨハネはその「昇天」に一言も触れていないからです。それどころか、イエスは決して天に昇らなかった、とマタイはかなりはっきり証言しています。なぜなら、イエス・キリストが使徒たちに、世の終わりまでいつも彼らとともにいる、留まっていると請け合った、「それゆえに、おまえたちは行ってすべての民に教えよ、そして、私が世の終わりまでいつもおまえたちとともにいると確信せよ」（『マタイによる福音書』、第二十八章、第十九―二十節）とその「出現」の際にイエスが語った、とマタイは言明しているのですから。

ルカ自身もこの問題で自家撞着に陥っています。というのも、イエスが使徒たちの眼前で昇天したのはベタニヤだったと自分の福音書、第二十四章、第五十節〔第五十―五十一節〕では言いながら、ルカが著者だと言われる『使徒行伝』（同書、第一章、第九―十二節）では、それはオリーヴ山上でのことだったと言っているのですから。またその昇天の別の付帯状況についても、彼は自家撞着に陥っています。というのも、イエスが昇天したのは復活の当日ないし復活後の最初の夜であったと自分の福音書（『ルカによる福音書』、第二十四章、第二十九、五十一節）では書いているのに、それは復活後四十日経ってであったと『使徒行伝』（同書、第一章、第三―十二節）では言うからです。これは一致しようがありません。

もしこの使徒たち全員が本当にその師が栄光に包まれて昇天するのを見たのなら、マタイとヨハネも他の使徒たち同様それを見たはずですから、これほど栄光ある、そして師にとってこれほど有利な神秘をどうして彼らは黙殺したのでしょうか。一方で彼らは師の生涯と事績について、これに比べればまったく取るに足りない他のあれほど多くの出来事を伝えているのですから。どうしてマタイはその昇天にはっきりと言及しないのですか。また、イエスが明らかに彼らのもとを離れて天に昇ったにもかかわらず、弟子たちといつもともにいるのはどのようにしてなのかを、どうしてマタイは明確に説明しないのですか。イエスが離れていく人々と、どのような秘密によってともにいられるのかは分かりやすいことではありません。

その他多くの食い違いについては私は言わずにすませます。これらの書が何ら神感によるものではないし、人間的知恵によるものですらないこと、したがってまったく信用に値するものでないことを示すには、私がこれまで語ったことで十分です。〔二二〕

（一）　信仰ヲ堅持セヨ。〔三〕

（二）　『歴代志二〔下〕』、第十八章、第二十三節。

第三章

しかし、この四福音書およびその他類似のいくつかの書物は、やはり福音書と題されたり、また最初のもの同様に他のある使徒たちの名でかつては公にされたりした多くの他の書物より、どのような特権によって神聖で聖なるものと見なされるのですか〔一二三〕。反証された福音書は、ただそう称されているだけで、使徒たちの名を冠していてもそれは誤りだと人が言うなら、最初のものについても同じことが言えます。一方のものが改竄されゆがめられたと仮定するなら、もう一方に関しても同じことが仮定できます。ですから、一方からもう一方を選り分けるためのどんな確かな証拠もないのです。教会がそれに決定を下そうとしたところで、教会が一層信用できるわけでもありません〔一二四〕。

旧約聖書で伝えられるさまざまな奇蹟なるものについて言えば、それらが行われたのは、民族と個人に対する神の不正な憎むべきえこひいきを示すためにすぎませんし、一方の者たちを故意にさまざまな禍で押しつぶし、まったく格別に他の者たちを優遇するためだったらしいのです。族長アブラハムとイサクとヤコブの子孫を神が自分のための民族とし、聖別し、地上のすべての他民族からぬきだし祝福するために、その族長たちに神が行った召命と選びがその証拠です〔一二五〕。

しかし、神はその恩寵と恩恵を絶対的に自由にしうるものであり、それらを好きな者に与えることができるし、そのことについて不平を言い不正だと告発する権利は誰にもない、と人は言うでしょう。そんな理由に根拠はありません。というのも、自然の作り手であり、すべての人間の父である神は、すべてを自分自身の作物として等しく愛するはずですし、したがって、等しくすべての保護者となりすべてに恩恵を与えるものとなるはずですから。なぜなら、存在を与えるものは、幸福に存在するために必要な諸々の結果や帰結も与えなければならないからです。もっとも、わがキリスト崇拝者たちが、自分たちの神はわざわざ惨めなものとするために被造物を作ろうとしたと言うつもりなら別ですが、そんなことを限りなく善である存在について考えるのはふさわしからぬことに違いありません〔一二六〕。

その上、旧約聖書および新約聖書のあらゆる奇蹟なるものが真実なら、神は人々に最大の主要な幸福をではなく、もっともつまらない幸福を与えるように一層の配慮をしたのだと言えるでしょうし、ある者たちの些細な過ちを、別の者たちのきわめて重大な罪より厳しく罰しようとしたのだとも言えるでしょう。さらに、神は人々が少しも困っていない時ほどにはもっとも困っている時に、自分が恩恵を与える者であることを示そうとしなかったとも言えるでしょう。このことは、神が行ったと主張されている奇蹟からも、また実際に行いなどしなかったけれども、仮に神が本当に何か一つ奇蹟を起こしていたなら、他のどれよりもむしろ行うべきであった奇蹟からも簡単に示せることです〔二七〕。たとえば、神は一介の下女を慰め助けるために親切にも天使を遣わした（『創世記』、第十六章、第七節）というのに、罪のない無数の人々が貧窮のために憔悴して死ぬのは放っておいたらしく、今でも放っておくと言うのです。神は惨めな一民族の衣服と靴は奇蹟的に四十年間も保たせようとした（『申命記』、第二十九章、第五節）のに、諸民族の生存にあれほど役に立ち必要であるような、それにもかかわらず昔もまた今でも毎日さまざまな災難で失われる、あれほど多くの財物については、それを自然的に保存しようと配慮などしないと言うのです。なんということでしょう。神は人類の始祖アダムとイブに、彼らを誘惑しそういう手段ですべての人間を破滅させるために、悪魔、サタンあるいは単なる蛇を遣わしたというのですか。そんなことは信じられません。なんということでしょう。神は、神慮による特別な恩寵によって、異教徒であるゲラルの王が他国の女と些細な過ちに落ちないようにしようとした（『創世記』、第二十章、第六節）のに――しかもその過ちはどんな悪い結果も生まなかったでしょう――、アダムとイブが神を傷つけ、不服従の罪に落ちるのを防ごうとはしなかったというのですか。しかもその罪は、わがキリスト崇拝者たちによれば致命的であり、全人類の破滅を引き起こすはずだったのです。そんなことは信じられません〔二八〕。

新約聖書の奇蹟なるものに移りましょう。人が言うところによればそれらの中味は、イエス・キリストとその使徒たちがあらゆる種類の病や不具を神の力によって治したこと、望む時に盲人に視力を、耳が聞こえない者に聴力を、話せない者に言葉を返してやったこと、また足が不自由な者をまっすぐ歩けるようにしたこと、体が麻痺したものを治したこと、悪霊に取り憑かれた体からそれを追い出したこと、死人を生き返らせたことです。

多くのこういう奇蹟が福音書には見られますが、わがキリスト崇拝者の聖人たちが送った驚くべき生涯について彼らが書いた書物にも、さらに一層多くのこういうものが見られます。というのも、その中のほとんど至るところで次のようなことが読めるからです。つまりそれによれば、そういういわゆる福者はさまざまな病と不具を治し、悪霊をほぼ毎度追い払い、しかもイエスの名を唱えるだけ、十字を切るだけでそうしたのです。いわば彼らは自然の諸元素に命令を下しましたし、また神は彼らに特別の計らいをしたので、その死後にさえも神の力は保たれ、こういう神の力は彼らの衣服のごく小さな切れ端にも、その体の影や、彼らが死刑を科せられた際のもっとも不名誉な刑具にさえも伝えられたらしいのです。〔一九〕聖ホノリウス（一月九日を祝日とするポワトゥーの聖ホノリウスのことか？）の靴下は一月六日にある死人を生き返らせたと、また聖ペテロの杖、聖ヤコブの杖、聖ベルナルドゥス（クレルヴォーの聖人）の杖はさまざまな奇蹟を起こしたと語られていますし、聖フランチェスコの縄、聖ホアン・デ・ディオス（スペインの聖人）の杖、聖メラニア（四世紀ローマの婦人、聖人）の帯についても同様のことが言われています。聖グラキリアヌス（祝日八月十二日のトスカーナの聖人か？）については、何を信じるべきか何を説くべきかを神から教えられ、教会を建てるのに邪魔だった山を自分の祈禱の功徳で退かせたと言われていますし、聖アンデレの墓からはありとあらゆる病を治す液体が絶えず流れ出ていたと言われていますし、聖ベネディクトゥスの魂は豪華なマントをまとい赤々と燃える灯明に囲まれて昇天するのが見られたと言われています。聖ドミニクスは神に願って叶えられなかったことは一度もないと言いました。また、聖フランチェスコが燕や白鳥やその他の鳥に命じると彼らは言うことを聞き、魚や兎や野兎もよく彼の手の中や膝の上にやって来たと言われています。聖パウロと聖パンタレオン（四世紀始め頃の殉教者）は首をはねられると血の代わりに乳が吹き出したと言われていますし、福者ピエール・ド・リュクサンブール（十四世紀フランスの枢機卿）はその死後二年の間に、つまり一三八八年と八九年中に、二千四百の奇蹟を行い四十二人の死者が生き返った、しかもその中には以後なされたその他三千以上の奇蹟と、今でも毎日なされている奇蹟は含まれないと言われています。聖カタリナ（四世紀始めのアレクサンドリアの伝説的殉教者）が改宗させた五十人の哲学者はみな燃えさかる火に投げ込まれましたが、その後彼らの死体は少しの損傷もなく、頭髪一本焼けていない姿で見つかりましたし、聖カタリナの死体は死後天使たちによって運び去られ、シナイ山上に埋葬されたと言われています。パドヴァの聖アントニウス（十三世紀始めの有名な説教師）の列聖式の日には、リスボンの町中の鐘がどうしてだか分からないが自然に鳴り出したとか、この聖人がある日海岸で魚を呼んで説教をしようとすると、魚たちは群をなして彼の前に来て頭を水面に出し、その説教を熱心に聞いたとか言われています。〔三〇〕こういう戯言を全部伝えなければならないとしたらきりがなくなるでしょう。こんなに虚しく、こんなにくだらない、こんなに滑稽でさえある主題はありません。それをもとにあの『聖人伝』の著者たちは奇蹟を重ねて喜んでいるのです。ことほどさように彼らはすばらしい嘘の巧みな捏造家なのです。この問題については〔ガブリエル・〕ノーデの見解もその『〔誤って魔術の嫌疑をかけられたすべての〕偉人たちのための弁明』、第二巻、一三頁で見てください。〔三一〕

人がそういう事柄を虚しい嘘と見なすのは、実際理由がないことではありません。そういう一切の奇蹟なるものが、異教の詩人たちの作り話を真似て発明されたにすぎないと見て取るのは簡単だからです。両者の間に見られる一致からそのことは十分明白だと思えます。〔三二〕

第四章　古い奇蹟と新しい奇蹟の一致

『聖人伝』に述べられているようなあらゆる奇蹟を行う力を神が聖人たちに本当に与えた、とわがキリスト崇拝者たちが言うなら、アポロンの大祭司アニオス（アポロンとロイオとの息子）の娘たちが神バッコスから寵愛を受け、望めばどんなものでも小麦やブドウ酒や油などに変える力を授かったのは事実だと、異教徒も同じく言っています。自分を育ててくれたニンフたちに、赤ん坊の頃乳をもらった牝山羊の角をユピテルは与えたが、その角には願いをかけられるとたちどころになんでもたっぷり叶えてくれる特性があったとも言っています。

聖人たちが死人を生き返らせる力を持ち、神の啓示を受けたとわがキリスト崇拝者たちが言うなら、彼らより前に異教徒もこう言っていたのです。メルクリウスの息子アタリデス（正しくはアイタリデス、ディオゲネス・ラエルティオス『ギリシア哲学者列伝』、第八巻、第一章、第四節を参照。）は望みのままに生きたり死んだり生き返ったりする力を父から得ていたし、この世とあの世で起こる一切についての知識も持っていた、またアポロンの息子アスクレピオス（ギリシア神話の医術の神）も死人を生き返らせ、とりわけディアナに請われてテセウスの息子ヒッポリュトスを生き返らせた、またヘラクレスはテッサリア王アドメトスの妻アルケスティスを生き返らせその夫に返した、と言っていたのです。

キリストが男を知らぬ処女から奇蹟により生まれたとわがキリスト崇拝者たちが言うなら、すでに彼らより前に異教徒もこう言っていたのです。ローマの建設者レムスとロムルスはイリア、シルウィアあるいはレア・シルウィアという名のウェスタの巫女（国家のかまどの神を祀る古代ローマの女祭司）から奇蹟により生まれたし、マルス、アルゲス、ウルカヌスその他は女神ユノが男を知らずに生んだし、学問の女神ミネルウァもユピテルの頭の中で生まれ、彼が自分の頭を殴ったおかげでそこから全身武装した姿で出てきたと言っていたのです。

聖人たちが岩から水の泉を湧き出させたとわがキリスト崇拝者たちが言うなら、ミネルウァも自分に捧げられた神殿の返礼として油の泉を湧き出させたと異教徒も同じく言っています。

わがキリスト崇拝者たちが、ロレート（マリア崇拝で著名な巡礼地）やリエス（フランスのラン近郊の村）のノートルダム大聖堂の像のようにわれわれは天から像を奇蹟のおかげで授かった、ランスの聖油入れなるものや、聖イルデフォンスス（スペインのトレド大司教、聖人）が聖母マリアから授かった白い上祭服や、その他似たような贈り物を他にもたくさん天から授かったと自慢するなら、彼らより前に異教徒も、彼らがローマ市を保持するしるしとして天から聖なる楯を授かったと自慢していましたし、その前にトロイア人も彼らのパラディオンあるいはパラスの神像を天から奇蹟のおかげで授かった、その女神を祀るために建てた神殿に像は自らやって来て自分の場所に納まったと自慢していました。

イエス・キリストが栄光に包まれて天に昇るのを使徒たちが見た、多くのいわゆる聖人たちの魂が栄光に包まれて天使たちによって天に運ばれるのが見られた、とわがキリスト崇拝者たちが言うなら、すでに彼らより前にローマの異教徒も、その建設者ロムルスが死後全身栄光に包まれるのが見られたと言っていましたし、トロイア王トロスの息子ガニュメデスはユピテルが酌をさせるために天に運んでいった、ウェヌスの神殿に捧げられたベレニケ（マケドニアのプトレマイオス朝の王プトレマイオス三世の妃）の髪はその後天に運ばれたと言っていました。カシオペイア、アンドロメダについても、シレノスのロバについてさえも彼らは同じことを言っています。

多くの聖人たちの体は死後も奇跡によって腐敗を免れた、長く失われていてどこにあるかも分からなかった多くの聖人たちの体が神の啓示によって発見された、とわがキリスト崇拝者たちが言うなら、異教徒もオレステス（ギリシア神話中の人物、アガメムノンとクリュタイムネストラとの息子）の体について同じことを言い、神託のお告げで発見されたなどと主張しています。

眠れる七兄弟は閉じ込められていた洞窟の中で奇跡のおかげで百七十七年間も眠っていた（デキウス帝から迫害された七兄弟に関するキリスト教説話）とわがキリスト崇拝者たちが言うなら、異教徒も哲学者エピメニデス（ギリシア七賢人の一人）は眠り込んでしまった洞窟で五十七年間も眠っていたと言っています。

多くの聖人たちが首や舌を切られた後もまだ奇跡によって喋ったとわがキリスト崇拝者たちが言うなら、異教徒もガビエヌス（アウグストゥス帝の部下）の首は身体から切り離された後でも長い詩を歌ったと言っています。

聖人のとりなしで行われた奇跡の治癒を示す多くの絵や高価な贈り物で、神殿や教会が飾られていることをわがキリスト崇拝者たちが誇るなら、エピダウロスにあるアスクレピオスの神殿（医神アスクレピオス崇拝の中心はペロポネソスのエピダウロスだった。）にも、この神が行った奇跡による治療と治癒に関する多くの絵が見られます、少なくともかつては見られたのです。

多くの聖人は燃えさかる炎の中でも奇跡のおかげで守られ、体にも衣服にも何の損傷も受けなかったとわがキリスト崇拝者たちが言うなら、異教徒もディアナの神殿の女神官たちは真っ赤におこった炭火の上を裸足で歩いても足に火傷も傷も負わなかったし、また女神フェロニア（ソラクテ山に神殿を持つ女神）やヒルピクス〔ヒルピ族〕（ヒルピ族はソラクテ山で供犠を行う一族）の祭司たちもアポロンを称えて焚かれたかがり火の真っ赤におこった炭火の上を同じように歩いた、と言っていました。

聖クレメンス（法王クレメンス一世）のために天使たちが海底に礼拝堂を建てたなら、バウキスとフィレモンの小さな家は、彼らが神を敬った褒美として奇跡のおかげで壮麗な神殿に変わりました（ギリシア神話の一つで、フィレモンとバウキスは農民夫婦）。

聖ヤコブや聖マウリティウス（ローマ帝政期の伝説的な軍人殉教者）などのような多くの聖人たちが、馬に乗り立派な武具に身を固めて、わがキリスト崇拝者たちの軍隊に幾度も現れ、彼らのために戦ったなら、カストルとポルクス（ギリシア神話から移入されたローマ騎士団の庇護神）も戦闘に幾度も現れ、ローマ人のために敵と戦いました。

イサクの父アブラハムがイサクを生け贄にしようとした時、その身代わりに生け贄として捧げる牡羊が奇蹟のおかげで見つかったなら、女神ウェスタも生け贄として自分に捧げられるメテルス（ルキウス・カエキリウス・メテルス、ローマの大神官、前二四三―前二二一年）の娘メテラの身代わりとするために牝牛を遣わしましたし、同様に、女神ディアナもイフィゲネイア（アガメムノンとクリュタイムネストラの娘）がその生け贄とされるために薪の山の上に載せられた時、身代わりの牝鹿を遣わし、そのおかげでイフィゲネイアは救われました。

聖ヨセフが天使から警告を受けてエジプトに逃れたなら、詩人シモニデス（ギリシアの叙情詩人、前五五六―前四六八年）も奇蹟の警告を受けて幾多の危難を免れました。

モーセがその杖で岩を叩いて泉を湧き出させたなら、馬のペガソスもその足で岩を叩いて同じことをしました。そこから泉が湧き出たのです。

聖ウィンケンティウス・フェレリウス（スペインの大衆的巡回説教者）が、ばらばらにされ、しかもすでに半ば焼け半ば焦げていた死体を生き返らせたなら、フリュギア王タンタロスの息子ペロプスも、神々に食べさせるため父によってばらばらにされていましたが、神々はその手足をみな集め結合し生き返らせました（神々の寵児タンタロスの驕りを描くギリシア神話の一つ）。

多くの十字架像やその他の像が奇蹟により語ったり返答したりしたなら、異教徒も自分たちの神託は神々により語られたし、伺いをたてに来た人々に返答をしたと言っていますし、オルフェウスとポリュクラテス（正しくは、アエトリア人ポリュクリトスの子供）の首は死後神託を下したとも言っています。

福音史家たちが引き合いに出すように、神が天からの声によってイエス・キリストはわが息子であると知らせたなら、ウルカヌスも奇蹟の炎を現して、カイクルス（ローマ近くのプラィネステ市の建設者）が本当にその息子であると示しました。

聖人の幾人かに神が奇蹟によって食を与えたなら、異教徒の詩人たちもトリプトレモス（エレウシスの王ケレオスとメタネイラの子）は奇蹟のおかげでケレスから聖なる乳で育てられ、二匹の龍を付けた車ももらったと言っていますし、またマルスの息子ペネス（正しくはマルスとアエロペの子アエロポス）は死んだ母の腹から引き出されたが、奇蹟のおかげでその乳で育てられたとも言っています。多くの聖人がもっとも残忍な獣の残忍さと野性をも奇蹟により鎮めたなら、オルフェウスもその歌の甘美さと楽器の妙なる調べで獅子や熊や虎を彼のもとに誘い出し、彼らの本性である野性を鎮め、岩や木も彼のもとに引き寄せ、川さえもその歌を聞くために流れを止めたと言われています。

手短に言うとすれば――その他多くの例を伝えることもできますから――最後に、エリコの城壁はラッパの音で崩れ落ちたとわがキリスト崇拝者たちが言うなら、テーバイの城壁はアンフィオン（ゼウスとアンティオペの間に生まれた双子の一人）の楽器の音で建てられたと異教徒も言っています。その調べの甘美さによって、石は自然に組み合ったと詩人たちは言っていますが、これは城壁が崩れ落ちるより、はるかに奇蹟的ではるかに驚くべきことでしょう。

以上のように両方の間に大きな一致が見られるのは確かです。あのような異教の奇蹟なるものを信用するのはまったく馬鹿げたことでしょうから、キリスト教のものを信用するのもそれに劣らずまったく馬鹿げたことなのです。なぜなら、どちらも同じ誤謬の原理に由来するにすぎないのですから。まただからこそ、キリスト教誕生時頃のマニ教徒やアリオス派（三位一体を否定した四世紀の異端）は、聖人への祈願によってなされたそういう奇蹟なるものを嘲笑し、聖人の死後、彼らに祈願しその遺物を崇める人々を非難したのです。〔三三〕

さて今は、神がその子をこの世に送り、その子を人とすることによって、自ら立てたという主要目的に戻りましょう。語られているごとく、それはこの世から罪を取り除き、悪魔とかいうものの業を完全に打ち破ることなどでした。そのようにわがキリスト崇拝者たちは主張しています。また同じく、イエス・キリストは父たる神の意図にしたがって人間への愛のために死ぬことに同意したらしいのですが、これも聖書なるもののすべての中にはっきり記されています。

何ですって！　人間への愛のために死すべき人間になろうとした、しかも彼らをみな救うために血の最後の一滴まで流そうとした全能の神が、自分の力を限って、目の前に連れて来られた幾人かの不具者の肉体的ないくつかの病やいくつかの不具を治すだけに止めようとしたと言うのですか。そして、われわれの魂のあらゆる不具を癒そうと、すなわち、すべての人間を彼らの肉体的病よりも悪いその悪徳と不品行から癒そうと、自分の神聖な善良さを用いようとはしなかったと言うのですか！ そんなことは信じられません。何ですって！ それほど善良な神が、死体を腐乱や腐敗から奇蹟によって守ろうとしたのに、自分が血を流してまで贖いに来た無数の人々の魂、その恩寵によって聖化すべき無数の人々の魂を悪徳と罪による汚染と腐敗から同じように守ろうとはしなかったと言うのですか。何という哀れな矛盾でしょう！〔三四〕

第五章　見神と神の啓示なるものから引き出される、宗教の虚偽についての証明三

わがキリスト崇拝者たちが彼らの宗教の真実性と確実性をその上に基礎づけ確立させる見神と神の啓示なるものに話を進めましょう。

それらについて公正な観念を与えようとすれば、総じてそれらは次のようなものだと言う以上にうまい言い方はないと思います。すなわち、それに似たものを得ていると今誰かが大胆にも自慢し、それを誇ろうとしたら、その人は必ず狂人、狂信者と見なされるでしょう、と。

その見神と神の啓示なるものは以下のようなものでした。

聖書なるものによれば、初めてアブラハムに現れた時、神はこう言いました。「おまえの国を出よ――その時彼はカルデアにいたのですが――、おまえの父の家を去れ、そして私が示す国へ行け」と。そしてアブラハムがそこに行くと神が二度目に現れ、「おまえがいるこの国をすべておまえの子孫に与えよう」と告げ、アブラハムはこのありがたい約束に感謝して神に祭壇を建てた、とその史書、『創世記』、第十二章、第一節〔第七節〕は語っています〔三五〕。

イサクの死後、彼の息子ヤコブが自分にふさわしい妻を探しにある日メソポタミアへ行った時、一日中歩き続け、やって来た道のりに疲れを感じたので、夕暮れ頃休もうと地面に横になり、そこで休息を取ろうといくつかの石に頭を載せ眠り込みました。寝ている間に夢の中で、地面から天の端まで達している一つの梯子を見ましたが、天使たちがその梯子を登り降りし、神自身がその最上段に座ってこう語るのを聞いたように思いました。「私はアブラハムの神、おまえの父イサクの神なる主である。私はおまえたちに、おまえとその子孫とに、おまえが寝ているこの国をすべて与えよう。おまえの子孫は地の塵と同じほど数多くなり、東から西まで、南から北まで広がるだろう。私はおまえがどこに行こうとおまえの守護者であり、おまえを無事にこの地から連れ戻し、私がおまえに約束したことをすべて果たすまで、おまえを見捨てることはない」と。ヤコブはこの夢から覚めると恐れにとらえられて、「なんということだ、神が確かにここにおられるのに、私はそれを知らなかった。ああ、この地は恐ろしい、神の家、天の門に他ならないのだから」と言い、起き上がって石を立て、それに油を注ぎ、そこで彼に起こったことの記念としました。同時に、無事に戻れるなら、彼が持つすべてのものの十分の一を捧げると神に誓いました（『創世記』、第二十八章、第十一―二十二節）。

さらに次のような別の見神も経験しました。彼は義父ラバンの羊飼となり、その報酬に牝羊が生む斑の子羊すべてをもらう約束をしたのですが、彼はある晩夢を見ました。牡羊たちが牝羊たちと番っているのを彼が見ていると、その牝羊たちがみな彼のために斑の子羊を生むという夢でした。こんなすばらしい夢の中に神が現れ、「目を上げて見よ、牡羊どもが牝羊どもと番い、その牡羊が斑であるのを。おまえの義父ラバンがおまえにペテンと不正をはたらくのを私は見たからだ。だから今おまえは立って、この国から出ておまえの国に帰れ」と言いました（一）。彼が家族をみな連れ、義父の所で手に入れたものを持って国に帰る時、その史書によれば、彼は夜中に見知らぬ男と出会い、一晩中、夜が明けるまでその男と戦わなければなりませんでした。その男は彼を打ち負かすことができず、ヤコブにおまえは誰なのかと尋ねたので、ヤコブは自分の名を言いました。「おまえはもうヤコブではなく、イスラエルと呼ばれるだろう。おまえは神と戦っても強かったのだから、まして人間たちと戦えば、一層強いであろうから」〔とその男は言いました〕、『創世記』、第三十二章、第二十五、二十八節〔第二十八節〕。

　そういう見神と神の啓示と称する、最初のものの一端は以上のとおりです。他のものについても、これらと別の判断を下すべきではありません。さて、これほど粗雑な夢やこれほどくだらない妄想の中に、何か神聖なものがあるでしょうか。ある人々が私たちの所にやって来て、今こんな愚にもつかぬことを物語り、それを本当の神の啓示だと信じ込んでいるとしましょう。たとえば同様に、わがフランスにやって来てこの国のもっとも美しいすべての地方を見たある外国人たちが、あるドイツ人たちが、こう言うとしましょう。つまり、彼らの国で神が彼らに現れ、フランスに来るようにと命じ、ラインとローヌ両河から大西洋までのこの国のもっとも美しい土地と領地と地方をことごとく彼らに、彼らとそのすべての子孫に永遠に与える、彼らと永遠の契約を結びその種族を増やし、その子孫を空の星、海の砂粒と同じほど数多いものとする、等々と神が語ったと言うとしましょう。そんな愚にもつかぬ話を誰が笑いものにしないでしょうか。そんな外国人たちを誰が狂人と見なさないでしょうか。彼らをそのように見なし、そんなすばらしい見神や神の啓示すべてを嘲笑しない人などいないのは間違いありません。

　さて、あの偉大な聖なる族長とかいう者たち、アブラハムとイサクとヤコブが受けたと言う神の啓示なるものについて言われている一切のことを、これと別様に判断したり考えたりする理由はまったくありません〔三六〕。

　血を流す生け贄の制度についていえば、聖書が明らかに神によるものとしています。そういう種類の生け贄について、その嫌悪を催させる詳細を語るのは不愉快にすぎるでしょうから、読者には次の箇所を見てもらうことにします。『出エジプト記』、第二十五章、第一〔二〕節、第二十七章、第一節と第二十一〔?〕節、第二十八章、第三〔一—二?〕節、第二十九章、第一節、同章、第二、四、五、六、七、八、九、十、十一〔二—十八〕節〔三七〕。

　しかし、神自身の創造物を、神への生け贄にするという口実のもとに引き裂き、殺し、焼けば神の名誉になる、と信じたとは人間はなんとも愚かで盲目なものではありませんか。そして今でも、どうして次のようなことになるのですか。わがキリスト崇拝者たちが、自分たちの神にその聖なる子を永遠に生け贄として捧げ、その子が恥辱を受け惨めに十字架に吊るされ、そこで息絶えたことを記念しさえすれば、父である神にこの上ない喜びになるなどと信じるほど常軌を逸することに。間違いなくそんなことは、精神の抜きがたい盲目さからしか生じません〔三八〕。

動物の生け贄に関する細々したことはといえば、さまざまな色の衣服、血、臓物、肝臓、餌袋、腎臓、蹄、皮、糞、煙、ねり粉菓子、これこれの量の油やブドウ酒などというものにすぎません。こういったものすべてが捧げられますが、もっとも馬鹿げた魔法の術と変わらぬ哀れな、汚らしい儀式で汚されて捧げられるのです。

もっとも恐ろしいことは、あの忌まわしいユダヤの民の律法が人間を生け贄にすることも命じていたことです。その恐るべき律法を起草した――それが誰であれ――野蛮人は、『レビ記』、第二十七章〔第二十八節〕において、アドナイ（旧約聖書における神の呼称の一つ）と呼ばれるユダヤ人の神に捧げると誓ったら、どんな人間でも容赦なく殺せと命じました。この呪うべき掟にしたがって、エフタは娘を生け贄として殺し（『士師記』、第十一章、第三十―四十節）、サウルは息子を生け贄として殺そうとした（『サムエル記上』、第十四章、第三十九―四十五節）のです。

しかし、私たちが語ったその啓示の虚偽を以下でさらに証明しましょう。その啓示に伴っていた偉大で壮大なさまざまな約束の不履行がそれです。というのも、それらの約束が決して履行されなかったことに疑問の余地はないからです。

その証明は次の主要な三点から成っています。一、彼らの子孫を地上のすべての他民族より数多いものとすること、など。二、彼らの種族から出る民を、地上のすべての民の中でもっとも幸福な、もっとも神聖な、もっとも勝ち誇るものとすること、など。三、そしてまた、神の契約を永遠のものとすること、神が与える国を彼らが永遠に所有すること。さて、この約束がまったく果たされなかったことに疑問の余地はありません。

第一。族長アブラハム、イサク、ヤコブの子孫と見なせる唯一の民、またその中であの約束が果たされるはずだった唯一の民である、ユダヤ民族あるいはイスラエルの民が、数の上で地上の他民族と比較できるほど多くなったことは一度もなく、したがって、海の砂などと比較できるほど数多くなったことなど、なおのことないのは確かです。というのも、彼らがもっとも数多くなり栄えた時でさえ、パレスチナとその周辺の小さな不毛な諸地方を占めていたにすぎないことが知られているからです。そんな所は、地上の至る所に存在する多くの栄えている国の広大な面積に比べればほとんど零に等しいのです。

第二。彼らが授けられるはずだった偉大な祝福に関しても、その約束はまったく実現されませんでした。というのも、彼らが略奪を行った哀れな民族からいくつかの小さな勝利を収めたかもしれませんが、それでもやはり、彼らはたいてい打ち負かされ、屈従させられていましたし、彼らの王国も、彼らの国も、ローマ軍によって亡ぼされたことに変わりはないからです。また今でも私たちが見ているように、その不幸な国民の生き残りは、どこにも支配権も優越権も持たない、地上でもっとも卑しい、もっとも軽蔑すべき民としか見られていません。

第三。さらに、神が彼らと結ぶはずだったあの永遠の契約に関しても、約束は果たされませんでした。なぜなら、今その契約のどんなしるしも見られませんし、いまだかつて見られたことすらないからです。それどころか逆に、神から永遠に享受するようにと約束された、と主張されている小さな国が、幾世紀も前から所有できないままだからです。ですから、その約束なるものがすべてその効果を発揮しなかった以上、このことこそ、そうした約束が虚偽である確かなしるしです。さらに、このことによって、そうした約束を含むいわゆる神聖で聖なる書が、神感によって作られたのではないと明らかに証明されます。ですから、わがキリスト崇拝者たちが、自分たちの宗教の真実性を証明するために、それらを無謬の証として用いると主張しても無駄です。〔三九〕

（一）『創世記』、第二十一章、第十二節〔第十二―十三節〕。

第六章　第一部　旧約聖書について

さらに、わがキリスト崇拝者たちは、預言を信憑の根拠の列に加え、その宗教が真理であることを示す確実な証拠の列に加えます。彼らの主張によれば、預言は啓示や神感の真実性を保証する証なのです。預言者たちは未来の事柄を預言したが、そのように未来の事柄が起こるあれほど前に、確実にそれらを預言できるのは神一人しかいないからだ、と言うのです。

では、その預言者たちとかいうものが何であるのか、彼らをわがキリスト崇拝者たちが主張するほど尊重すべきかどうかを見てみましょう。

そんな人々は妄想家、狂信者にすぎませんでした。彼らは自分の支配的な情念に衝き動かされ、あるいはそのために我を忘れて行動し語っていたのですが、自分が行動し語るのは神の霊によるのだと思い込んでいたのです。さもなければ、そんな人々はペテン師でした。彼らは預言者を真似て、無知な者や単純な者をよりたやすくだますために、自分は神の霊によって行動し語っていると吹聴したのです〔四〇〕。

私はエゼキエルのような男がどう思われるか知りたいと思います。〔『エゼキエル書』〕第三章、第四章で彼はこう言っているのです。神が羊皮紙の巻物を昼食に食べさせた（『エゼキエル書』、第三章、第一—三節）、狂人のごとく縛られるままになっていろと命じた（同書、同章、第二十五節）、右脇〔左脇〕を下にして三百九十日間、左脇〔右脇〕を下にして四十日間寝ていろと命じた（同書、第四章、第四—六節）、パンの上に人の糞を塗って食べろと命じ、次に妥協してそれを牛の糞に変えてくれた（同書、第四章、第十二—十五節）、と。われわれの田舎者の中でもっとも間抜けな人々の間でさえ、こんな馬鹿げた男はどう思われるでしょうか。

さらに、神の名を偽って語ることについて、その預言者たちが互いに投げ合う激しい非難の言葉こそ——投げ合うその非難の言葉さえ神に由来すると彼らは言っていました——預言なるものが虚偽であるという一層大きな証拠でしょう。『エゼキエル書』、第十三章、第一〔三〕節、『ゼパニヤ書』、第三章、第四節、『エレミヤ書』、第二章、第八節〔第二十三章、第九—四十節？〕を見てください〔四一〕。

彼らはみな「偽預言者に気をつけろ」と言います、毒消し売りが「偽の丸薬に気をつけろ」と言うように。

その哀れな連中は、人足でさえしないようなしゃべり方を神にさせます。『エゼキエル書』、第二十三章で、神はこう言います。若いアホラ〔アホリバ〕はロバのような陰茎と馬のような精液を持つ男たちしか愛さなかった（同書、同章、第二節十）、と。こんな馬鹿げた詐欺師どもがどうやって未来を知ったというのですか。彼らユダヤの民のために預言は一つとして実現されなかったのです。

エルサレムの幸運と偉大を告げる預言は数えられないほどあります。征服され捕虜となった一民族が、現実の禍の中で、架空の希望によって自らを慰めるのはごく当然だとも言えるでしょう。ジェームズ王（ジェームズ二世、イングランド王、在位一六八五―一六八八年）が廃位されて一年も経たないうちに、ジェームズ派のアイルランド人は彼のためにたくさんの預言をでっち上げたのですから。

しかし、ユダヤ人になされたこういう約束が実際に真実であったなら、すでにはるか昔から、そして今でもユダヤ民族はもっとも数の多い、強大な、幸福な、勝ち誇った民族であるはずでしょう（四二）。

第二部　新約聖書について

福音書に含まれる預言なるものを今は検討しなければなりません。

まず、マリアの息子イエスの、少なくとも推定上の父、ヨセフとかいう男に一人の天使が夢で現れ、こう言います。「ダビデの子ヨセフよ、心配せずにマリアを妻として迎えるがよい。その胎内に宿っている者は聖霊によるのだから（一）。彼女は男の子を生むが、その名をイエスと名付けよ。その子こそ、おのれの民をその諸々の罪から解放するからだ。」その天使はマリアにも言いました。「恐れるな、おまえは神の寵愛を受けたのだから。私はおまえに告げる。おまえは身籠もり、男の子を生む。その名をイエスと名付けよ。彼は偉大となり、いと高き者の子と呼ばれる。神なる主は、彼にその父ダビデの王座を授け、彼は永遠にヤコブの家を支配し、その支配は終わることがない」、『マタイによる福音書』、第一章、第二十〔二十―二十一〕節、『ルカによる福音書』、第一章、第三〔三十―三十二〕節。

イエスは宣教を始め、語り始めました。「悔い改めよ、天の王国が近づいているのだから」、『マタイによる福音書』、第四章、第十七節。「思い煩うな。何を食べようか、何を飲もうか、何を着ようかと言うな。そういうすべての物がおまえたちに必要だと、おまえたちの天の父は知っているのだから。だから、まず神の王国と神の義を求めよ。そうすれば、そういうすべての物は添えておまえたちに与えられる」、『マタイによる福音書』、第六章、第三十一、三十二、三十三節〔四三〕。

さて、良識を失っていないどのような人にでも今お願いしますが、イエスが王だったことがあるかどうか、弟子たちがあらゆるものを豊かに与えられたかどうか、少し検討してみてください。

イエスは世界を罪から解放するという約束を繰り返します。これほど偽りの預言があるでしょうか。私たちの時代がそのいい証拠ではありませんか〔四四〕。

イエスはおのれの民を救いにきたと言われています。どんなやり方で救うのですか。事物に名称を与えるのは最大部分なのです。たとえば、一ダースか二ダースのスペイン人やフランス人だけではフランス国民にもスペイン国民にもなりません。また、十二万人の軍隊が、より強力な敵軍によって捕虜にされたとします。その軍の隊長が身代金を払って幾人かだけを、たとえば十人か十二人の兵隊や将校だけを貰い受けるなら、それだからといって、彼は自分の軍隊を解放した、購ったとは言わないでしょう〔四五〕。ですから、すべての人間を救うために十字架にかけられ死にに来たのに、あれほど多くの民族が地獄に落とされるままにしておく神とはなんなのですか。なんと情けない、なんとおぞましいことですか！

受け取るには願いさえすればよい、見出すには探しさえすればよい、とイエス・キリストは言っています。キリストの名で人が神に願うことはどんなことでも得られる、芥子種一粒ほどの量の信仰さえあれば、言葉だけで山々をある場所からある場所へ移せる、とも請け合っています。こうした約束が真実だったなら、キリストへの信仰を持つわがキリスト崇拝者たちには不可能なことは何もないと思えます。ところが、正反対のことが起こっています〔四六〕。

マホメットがその信徒に同様の約束をし、キリストがその信徒に行ったと同様、結果を示せないとすれば、人は何を言わないでしょうか。さぞかし叫び立てることでしょう、ああ、詐欺師め！　ああ、ペテン師め！　ああ、そんなペテン師を信じるとは愚かな連中だ！　と。それこそ、このように言うわがキリスト崇拝者たち自身の立場なのです。ずっと昔からそういう立場に立たされているのに、自分たちの盲目さを捨てないのです。反対に、彼らは巧みに自分をだまし、このように主張するありさまです。その約束が実現を見たのはキリスト教の初期においてだ、その当時はキリスト教の真理を不信仰者に納得させるために奇蹟が必要だったが、この宗教が十分に確立されてからは奇蹟はもう必要がなくなったのだ、と。こんな命題の確実性がいったいどこにあるのですか。

その上、その約束をした者は約束に、ある時、ある場所、ある人々に限るという限定は付けず、すべての人に向けて一般的な約束をしたのです。「信じる者たちの信仰には次のようなあらゆる奇蹟が伴う。すなわち、彼らは私の名によって悪霊を追い払い、さまざまな言語を話し、蛇にも触れられる……」（『マルコによる福音書』、第十六章、第十七―十八節）と言っています。

山の移動についても、こうはっきり言っています。誰でも心の中でためらわず、命ずることはすべてなされると信じ、ある山にそこを退き海に入れと言うなら、それは聞き届けられる（『マルコによる福音書』、第十一章、第二十三節）、と。これは完全に一般的な、時、場所、人について限定されていない約束ではありませんか。〔四七〕

誤謬とペテンの宗派一切は面目を失って終わりを遂げる、と言われています。しかし、イエス・キリストが決して悪徳と誤謬に陥らない信徒団体を創始し、確立したともっぱら言うつもりなら、その言葉（『マタイによる福音書』、第十六章、第十八節）は絶対に偽りです。キリスト教の中には誤謬と悪徳に満ちていない宗派も、団体も、教会も一つとしてないからです。とりわけ、すべての派の中でもっとも純粋で神聖であると自称する、ローマ教会というあの一派あるいは団体は、そう自称はしていてもずっと昔から誤謬に陥っています。誤謬の中で生まれた、いや、誤謬の中で宿され形成された、と言った方が良いでしょう。そして今ではさらに、その創始者の意志と見解と教理に反するさまざまな誤謬に陥っています。なぜなら、その教会は彼の意図に反して、彼が是認するユダヤ人の律法を廃止したからです。彼自身は、「律法を打ち倒すためではなく、成就するために」（『マタイによる福音書』、第五章、第十七節）来たと言っていたのですから。また、その教会は異教のさまざまな誤謬と偶像崇拝に陥ったからです。その教会が自分たちのねり粉の神（ミサで用いられる聖体のこと）や、自分たちの聖人や、聖人の像や遺品に捧げる偶像崇拝的な礼拝によって、そのことは見て取れます〔四八〕。

その約束と預言に関し、それを表現されているまま文字どおりに受け取ろうとすることは精神の低俗さである、とわがキリスト崇拝者たちが見なすのは私もよく知っています。彼らは言葉の文字どおりの自然な意味を捨てて、神秘的・霊的と呼ぶ意味を、また寓意的・教訓的と名付ける意味をそれらに与えます。たとえば、約束が与えられたイスラエルとユダの民とは、肉によるイスラエル人ではなく霊によるイスラエル人、すなわち神のイスラエル、選ばれた真の民であるキリスト教徒、と解釈しなければならないそうです。

また、その奴隷の民に約束された捕囚からの解放とは、囚われの一民族の肉体的解放ではなく、彼らの神なる救い主によりなされるはずの、悪魔への隷属からの全人類の霊的解放、と解釈しなければならないそうです。

また、この民に約束された豊かな富と現世のあらゆる幸福とは、豊かな霊的恩寵と解釈しなければならないそうです。さらにまた、エルサレムの町とは、地上のエルサレムではなく、キリスト教会である霊的エルサレムと解釈しなければならないそうです〔四九〕。

しかし、その霊的・寓意的意味は、無関係な架空の意味、解釈者のごまかしにすぎませんから、ある命題にせよ約束にせよ、その真偽を示すのにそのようなものはまったく役立ちえない、と簡単に分かります。寓意的意味をあのようにでっち上げるのは滑稽でもあります。真偽を判定できるのは自然な本当の意味に関してにすぎないからです。たとえば、ある命題であれ約束であれ、それが言い表されている言葉の本来の自然な意味において真であると確認されるなら、人が口実を設け、それにありもしない無関係な意味を与えようとしても、それ自体が偽りになることはないでしょう。同様に、その本来の自然な意味において明らかに偽りであると確認されるものは、人が口実を設け、それにありもしない無関係な意味を与えようとしても、それ自体が真になることはないでしょう〔五〇〕。

新約聖書に付け加えられる旧約聖書のさまざまな預言とは、まったく馬鹿げた子供じみたものと言えます。〔五一〕たとえば、アブラハムには二人の妻がいて、召使の女にすぎないその一人はユダヤ教会を象徴し、正妻であるもう一人はキリスト教会を象徴していたと言い、またそのアブラハムは二人の息子をもうけ、召使の女から生まれたその一人は旧約聖書を象徴し、正妻から生まれたもう一人は新約聖書を象徴していた、とさらにこじつけるのです。こんな滑稽な教理を誰が嘲笑しないでしょうか。(二)〔五二〕

旧約聖書の中にある、密偵への合図のために淫売婦が掲げる赤い布切れ（『ヨシュア記』、第二章、第十八節）が、新約聖書の中で流されるイエス・キリストの血の表象だというのはさらに面白いではないですか。

ユダヤ人のあの古い律法で言われ、行われ、慣行とされたことの一切を寓意的に解釈するこの仕方に従って、有名なドン・キホーテ・デ・ラ・マンチャの演説、行動、冒険の一切を同じように寓意的に解釈しようとするなら、そこにも間違いなく同じだけの奥義と表象を見いだせるでしょう。

しかし、この滑稽な基礎の上にこそキリスト教の全体が基礎づけられ存続しているのです。だからこそ、その古い律法の中でキリスト崇拝者の博士たちが神秘的に説明しようと努めないものはほとんどありません。〔五三〕

かつて行われた預言の中で一番偽りで滑稽なものは、『ルカによる福音書』、第二十一章におけるイエスの預言です。日と月にしるしが現れ、人の子が雲に乗って人々を裁きに来ると預言されています（同書、同章、第二十五―二十七節）。同時代の人々にそう預言したのです。それが起こりましたか、人の子が雲に乗って来ましたか。

（一）モンテーニュはこう言っています。「物語の中には、このように、神々があわれな人間どもを踏みつけにした姦通がどれほどたくさんあることだろう……」、『エセー』、五〇〇頁（邦訳、岩波文庫、第三巻、一七二ページ、原二郎訳）。

（二）「鑑賞ニ招カレタル諸君ハ、ソノ友ナルガユエニ、果タシテオカシサヲ禁ジ得ベキカ」、ホラティウス『詩法』、第五行。

第七章　教理と道徳の誤謬から引き出される証明五

使徒承伝・ローマ・キリスト教は唯一神しか存在しないと教え、それを信じるように義務づけていますが、それと同時に、各々が本当に神である神の三位格が存在するとも教え、信じるように義務づけています。これは明らかに馬鹿げています。というのも、本当に神である三つの位格が存在するなら、それらは三人の神であるのが本当だからです。唯一神しか存在しないと言うのは誤りです。あるいは、唯一神しか存在しないと言うのが正しいなら、神である三つの位格が本当に存在すると言うのは誤りです。同一物に対して、一であり三であるとは、真理として言いえないのですから。

また次のようにも言われます。すなわち、神の位格なるものの第一は父と呼ばれ、これが子と呼ばれる第二の位格を生み、そのはじめの二位格が相俟って、聖霊と呼ばれる第三の位格を生み出した、と。それなのにこうも言われます。すなわち、神の三位格なるものは互いに依存するところはなく、何が先ということさえない、と。これも明らかに馬鹿げています。なぜなら、何の依存関係もなく、あるものが他のものから自己の存在を受け取ることはありえませんし、他のものに存在を与えられるためには、自分自身がどうしても存在していなければならないからです。ですから、神の位格の第二と第三が、自己の存在を第一から受け取ったなら、彼らに存在を与えてくれた、言いかえれば、彼らを産出したというその第一の位格に、第二と第三はその存在においてどうしても依存していなければなりません。また、他の二者に存在を与えたという第一の位格は、その前にどうしても存在していなければなりません。存在しないものは、どんなものに存在を与えることもできませんから。さらに、産出され生み出されたものに始まりがない、と言うのは矛盾し馬鹿げています。さて、第二と第三の位格は産出され生み出された、とわがキリスト崇拝者たちは言います。ですから、それらには始まりがあったのです。そして、第二と第三には始まりがあり、第一の位格は他のどんなものから産出され生み出されたのでもない以上、それには始まりがなかったとするなら、どうしても前後関係があったことになります。

これらの不条理を感じてはいても、しっかりした論拠でそれらをかわせないわがキリスト崇拝者たちは、次のように言うしか手がありません。すなわち、敬虔に人間理性の目を閉ざし、かくも高き奥義に対しては身を低くし、それらを理解しようとせず崇拝しなければならない、と。しかし、彼らが信仰と呼ぶものは前でしっかりと反駁されているのですから、服従しなければならないと彼らが私たちに言う時、それはまさに信じないものを盲目的に信じなければならない、と語るようなものです〔五四〕。

わが神・キリスト崇拝者たちは、多数の神を崇拝した古代異教徒の盲目さを公然と断罪し、異教徒の神々の系譜・誕生・婚姻・子供の出産などをからかっています。それでいて彼らは、はるかに滑稽で馬鹿げた事柄を自分たちが語っていることには気がつきません。

異教徒たちは、男の神だけでなく女の神もおり、それらの男神と女神は結婚し子供を作ると信じましたが、彼らは別に不自然なことを考えていたわけではありません。神々には体も感覚もない、などということにはまだ思い至らなかったからです。神々にも人間のようにそれらがあると信じていたのです。それなら、男の神と女の神がいないはずがあったでしょうか。どちらか一方だけを否定する理由も承認する理由も見つかりません。また、男の神と女の神がいると仮定したら、彼らが普通の仕方で子を生まないはずがあるでしょうか。異教徒の神々がいることが正しいなら、こうした教理にはどう見ても滑稽なところ、馬鹿げたところは何一つありません。

しかし、わがキリスト崇拝者たちの教理には、それよりはるかに滑稽で馬鹿げた点があります。というのも、一にして三、三にして一なる神ということに加えて、この三にして一なる神には体も形も姿もないと彼らは言うからです。自分たちが父と呼んでいるこの三にして一なる神の第一位格が、ただ一人で、彼らが子と呼ぶ第二位格を生み、その子もまったく父とそっくりで、体も形も姿もないと彼らは言うからです。しかし、そうであるなら、第一位格が母ではなく父と呼ばれるのはどうしてでしょうか。第二位格が娘でなく息子と呼ばれるのはどうしてでしょうか。というのも、第一位格が本当に母ではなく父、第二位格が娘でなく息子であるなら、この二つの位格の各々に、一方を母ではなく父にし、もう一方を娘ではなく息子にする何かがどうしてもなければならないからです。さて、両方とも雌ではなく雄だということ以外に、そうさせうるものがどこにありましょう。しかし、それらには体も形も姿もないのですから、どうして雌でなく雄になるのでしょうか。それはは想像できないこと、本来成り立たないことです。彼らはそんなことには委細かまわず、いつでもこう言います。体も形も姿もなく、したがって性の区別もないこの二つの位格は、なおかつ父と息子であり、この両者は相互の愛により自分たちが聖霊と呼ぶ第三の位格を生んだ、しかもこの位格も前二者同様に体も形も姿も持たない、〔五五〕と。何というひどい、訳のわからない話でしょう！

　わがキリスト崇拝者たちは父なる神の能力を限り息子一人しか生ませないわけですが、なぜ彼らは第二、第三の位格には、第一の位格と同じく自分に似た息子を生む能力があるとしたがらないのでしょう。一人の息子を生むその能力が第一の位格が持つ完全性の一つなら、それは第二、第三の位格にはない完全性と能力ということになります。したがって、両者は第一の位格にあるとされる完全性と能力を欠く以上、この三者はどう見ても、お互い同等というわけにはいかなくなります。反対に、息子を生むこの能力は完全性の一つではないと彼らが言うなら、他の二つと同じく第一の位格にもそれを付与すべきではないことになります。この上なく完全な存在には完全性しか付与すべきではないのですから。

　もっとも彼らとて、神の位格を生む能力が完全性でないとは言えないでしょう。また、第一の位格は息子や娘をたくさん生むこともできたがあの息子一人しか生もうとしなかったのだとか、第二、第三の位格も同様に他の位格を生もうとしなかったのだとか彼らが言うなら、その時には次のように問うことができるでしょう。一、彼らはどこからそんなことを知ったのか、と。というのも、これらの神の位格の一つとして、その点に関し意志をはっきり表明したとは、彼らのいわゆる聖書にも載っていないからです。では、わがキリスト崇拝者たちはどのようにしてそうだと知ることができるのですか。ですから、そんなことを言うのは自分たちの観念や自分たちの空疎な想像に従っているにすぎません。

二、次のようにも言えるでしょう。これらの神の位格なるものが子をたくさん生む力があるのに、何もしようとしなかったのなら、その神の力は彼らにあっては実効のないものに留まっていることになる、と。つまりその力は、一つの位格も生みも作りもしなかった第三の位格ではまったく実効がないものでしょうし、他の二つの位格でも、その効果をあれほど小さく制限しようとしたのですから、ほとんど実効のないものでしょう。ですから、多くの子を生み作る能力は、三つの位格においては無為、無用のものに留まっていることになります。神の位格について語るには、これはなんともふさわしくないことでしょう〔五六〕。

死すべき人間に神性を与え、またその人々を死後神々として崇拝した、とわがキリスト崇拝者たちは異教徒を非難し断罪しています。それはもっともです。しかし、その異教徒たちはわがキリスト崇拝者たちが今でも行っていることをしていたにすぎません。彼らは自分たちのキリストに神性を与えているのですから、自らをも断罪すべきことになります。異教徒と同じ過ちを犯し、死すべき人間であった者を崇拝しているのですから。この者は確かに死すべき人間であったからこそ、十字架上で不名誉な死を遂げたのです。

わがキリスト崇拝者たちが次のような口実を設けて反論しても何にもならないでしょう。つまり、われわれのイエス・キリストと異教徒の神々とは大違いだ、われわれのキリストは真の神であるとともに真の人なのだ、それは神が彼の中に本当に受肉し、それにより神の本性が人間の本性に結ばれ神人一体になり、この二つの本性がイエス・キリストの中で真の神と真の人を作ったからだ、こういうことは異教徒の神々においては起こらなかった、と。

しかし、こんな反論の弱点を示すのは簡単なことです。というのも一つには、神々として自分たちが崇拝する人間の中に神性が受肉したと言うことは、キリスト教徒にとってと同様異教徒にも簡単だったのではないでしょうか。もう一つには、神性がイエス・キリストの中に受肉し、神人一体的に人性と合体しようとしたなら、美徳や長所や善行の点で一般の人々から抜きんでていたため男神や女神としてあのように崇拝された、あの偉大な男性たちやすばらしい女性たちの中に、その同じ神性がやはり受肉し神人一体的に人性と合体するつもりはまったくなかったかどうかが、どうしてわがキリスト崇拝者たちに分かるのでしょうか。わがキリスト崇拝者たちが、ああした偉大な人物たちの中に神性が受肉したと信じたくないなら、神性が彼らのイエスの中には受肉したとどうして私たちに信じさせたがるのですか。その証拠がどこにあるのですか。彼らの持つ信仰と信心がそうだというなら、そんなものは異教徒にも等しくあったものです。そこから明らかなのは、両者は等しく誤っているということです。

しかし、異教徒の説よりもキリスト教の説の方にこの点ではもっと滑稽なところがあります。それは、異教徒が普通神性を与えたのは偉人に、技芸や学問の作り手や祖国に有益な美徳で衆に抜きんでた者に限られていたのに、わが神・キリスト崇拝者たちはいったいどのような人物に神性を与えているのかという点です。才能も学問も技術もなく、貧しい両親から生まれた、くだらない、卑しい、軽蔑すべき男にです。彼は、世に出て名声を得ようとしてからは、気違い、誘惑者と見なされるばかりで、軽蔑と嘲笑の的となり、迫害され鞭打たれ、ついには吊るされて命を落としたのです〔五七〕。同じ役割を演じようとし、勇気も巧みさも持ち合わせなかった大方の連中と同じように。

当時は他にもたくさん彼に似たペテン師たちがいて、自分こそ律法で約束された真のメシアであると言っていました。中でもガリラヤのユダ（紀元六年に蜂起したゼロテ党の首領）、チゥドル〔チゥダ〕（ユダヤ総督ファドゥスの時代の魔術師）、バルコン〔バル・コクバ〕（第二次ユダヤ戦争の指導者）その他の連中は、虚しい名目で民衆をだまし蜂起させ、彼らを自分の味方につけようと努めましたが、すべて殺されました〔五八〕。

彼が行った話やいくつかの行動に移りましょう。それらはこの種のものの中でももっとも人目を引く、もっとも奇異なものです。「悔い改めよ、天の王国が近づいたのだから。この福音を信ぜよ」（『マタイによる福音書』、第四章、第十七節、『マルコによる福音書』、第一章、第十五節、）と民衆に語りかけたのです。ガリラヤをくまなくかけめぐり、天の王国の間近い到来とかをこうして説いたのです。その王国到来の気配すらまだ見られたことはないのですから、このことはそんな王国が架空のものにすぎなかったという説明の要らない証拠です。

しかし、彼が他の宣教において、そのすばらしい王国をどのようにほめたたえ描きあげたかを見てみましょう。民衆にこう話したのです。「天の王国は良い種を自分の畑にまいた人に似ている。ところが、人々が眠っている間に彼の敵がきて、良い種の間に毒麦をまいて立ち去った（『マタイによる福音書』、第十三章、第二十四―二十五節）。それは畑に隠してある宝に似ている。人がそれを見つけるとまた隠しておき、喜びのあまり持ち物をみな売り払いその畑を買うのである（同書、同章、第四十四節）。それは良い真珠を探している商人に似ている。高価な真珠一個を見いだすと、行って持ち物をみな売り払いその真珠を買うのである（同書、同章、第四十五―四十六節）。それは海に投げられて、あらゆる種類の魚を囲みいれる網に似ている。それがいっぱいになると漁師が引き上げ、良い魚は一緒に器に入れ悪い魚は外へ捨てるのである（同書、同章、第四十七―四十八節）。それは人が畑にまいた一粒の芥子種に似ている。これほど小さな種はないが、成長すると野菜の中でいちばん大きくなるのである（同書、同章、第三十一―三十二節）、等々。」〔五九〕一体これが神にふさわしい話でしょうか。

彼の行動を仔細に検討するなら、さらに彼について同じ判断を下せるでしょう。というのも、一、一地方中をかけめぐり、ある王国とかの間近い到来を説くこと、二、悪魔によって高い山に運ばれて、そこからこの世のすべての国々を見たと思ったこと、そんなことは妄想家にしか当てはまらないのですから。なぜなら、フランスのあの小さなイヴェト王国（王国の称号を持っていたルアン北西の小さな町）は別にして、地上には一国全部を見渡せるだけの山さえないのは確かだからです。ですから、彼がすべての国々を見たのも、その山や神殿の尖塔に運ばれたのも想像にすぎなかったのです。三、『聖マルコによる福音書』に語られている聾唖者の治癒の場合、彼はその人を一人だけ連れ出し、その両耳に指を差し入れ、それからその舌をつばきで濡らし、天を仰いで大きな溜め息をつき、その人に向かって「エパタ」（『マルコによる福音書』、第七章、第三十四節）と言いました。〔六〇〕要するに、彼について述べられていることをみんな読んで、世の中にこれほど滑稽なことがあるかどうか判断して下さればよいのです。

キリスト崇拝者たちが神に帰しているくだらない事柄の一部を見てきましたが、続けて彼らの奥義についてもいくらか語りましょう。彼らは三位格にして一なる神、あるいは唯一の神にして三なる位格を崇拝し、ねり粉と小麦粉の神（前出、聖体のこと）を作る力、それも好きなだけ作る力さえ自分たちにはあるとしています。というのも、彼らの原理によれば、一定量のブドウ酒を杯に入れ、一定量のねり粉で小さな像を作り、その上でただ四つの言葉を唱えさえすれば、それが何百万個であろうと、その数だけ彼らは神を作ることになるからです。なんという愚かさでしょう！　彼らのキリストの力なるものをいかに用いても、もっとも小さなハエ一匹作れないのに、何千もの神を作ることができると信じているのです。これほど馬鹿げたことを主張するのは、しかも一狂信者の曖昧な言葉というあれほど空疎なものを基盤にして主張するには、奇怪な盲目さにとらわれていなければならないでしょう〔六一〕。

　ねり粉の像を聖別し、神に変える力が司祭たちにはあると称して、そのように像を人に崇拝させようとするのは、ありとあらゆる偶像崇拝に門戸を開け放つことだということが、彼らには、あの盲目となった博士たちには分からないのでしょうか。どんな偶像に仕える祭司でも、そういう資格を持っていると自慢できましたし、今も自慢できるのではないでしょうか〔六二〕。

　それに、彼らには分からないのでしょうか、異教徒が崇拝していた木石などの神々や偶像が虚妄であることを論証する同じ理由が、わが神・キリスト崇拝者たちが崇拝しているねり粉や小麦粉の神々や偶像も虚妄であることを同様に論証している、ということが。彼らが異教徒の神々の虚偽を嘲笑するのは、どのような点においてでしょうか。それらが人間の手によって作られた物にすぎない、言葉も感覚もないただの像にすぎない、という理由からではないでしょうか〔六三〕。では、二十日鼠に食べられるのを恐れて箱の中にしまっておく私たちの神とは、一体なんでしょうか〔六四〕。

　虚しいものだけれどキリスト崇拝者たちが頼みの綱とするのは一体なんでしょうか。彼らの道徳ですか。それはどんな宗教でも実際には同じです。ただ、どんな宗教からも残酷な教義が生まれて、迫害と争乱を教えました。彼らの奇蹟ですか。しかし、自分たちの奇蹟を持たない民族がいますか、そんな作り話を軽蔑しない賢者がいますか。彼らの預言ですか。それらは虚偽だと論証されなかったでしょうか。彼らの習俗ですか。それらは往々にして破廉恥ではありませんか。彼らの宗教が確立したことですか。しかし、この建築物は狂信が始め、策謀が育て、武力が支えてきたことは明らかではないですか。教理ですか。しかし、それこそ馬鹿ばかしさの極みではないですか。

親愛なる友人の皆さん、私はこれほど多くの馬鹿げたことに対して皆さんが十分抵抗できるだけの予防薬を与えたと思っています。皆さんの理性は私の論説よりずっと役に立つでしょうし、願わくば、騙されたと私たちが嘆く必要などなくなればよいのですが！　しかし、こういう恐るべきペテンを打ち立てるために、コンスタンティヌス（キリスト教を公認したローマ皇帝）の時以来人間の血が流されています。ローマ教会、ギリシア教会、プロテスタント教会が、そしてあれほど多くの虚しい論争と、あれほど多くの野心的な偽善者どもが、ヨーロッパとアフリカとアジアを荒廃させました。皆さん、こういう争いで殺された人々の数に、その身分ゆえに子を生まないあの大勢の修道士、修道女の数を加えてみてください。どれほどの被造物が失われているかを考えてください、そうすればキリスト教が人類の半分を失わせたことがお分かりになるでしょう。

私はこの宗派によってあのように汚された神に向かい願うことで終わりにします、どうか私たちを、キリスト教が敵だと言明する自然宗教へと立ち返らせてくださるように、と。神がすべての人間の心の中に置いたあの単純な宗教へと、自分がしてほしいこと以外のどんなことも他人にしてはならないと私たちに教えるあの宗教へと、立ち返らせてくださるように、と。その時、世界は良き市民と、正しい父親と、素直な子供と、優しい友人から成ることでしょう。神は私たちに理性を与えることによってこの宗教を私たちに与えたのです。もはや狂信が理性を乱すことがありませんように！　希望というよりこういう願いを抱いて私は死んでゆくつもりです。

以上が、ジャン・メリエによる二つ折り判の遺言書の正確な概要である。神に許しを乞いながら死んでゆく一司祭の証言がどれほどの重みを持つかを、どうか判断していただきたい。

一七四二年三月十五日

訳註

〔一〕この「序文」の文章全体は、ジャン・メリエ『覚え書』、邦訳『ジャン・メリエ遺言書』（石川光一・三井吉俊訳、法政大学出版局刊、二〇〇六年）の一三―一八ページに対応している。以後この著作については、邦訳、同前書、と略記し、その対応ページを表記する。

〔二〕この「第一章」の文章全体は、邦訳、同前書、の四四―四六ページ。

〔三〕ジャン・メリエ『覚え書』にこれに対応する原註はない。ヴォルテールによる付加であろう。ヴォルテールによる付加の問題については、解説を参照せよ。なお、この原註は『ペテロの第一の手紙』第五章第九節の一部を利用していると思われる。参考のために対応箇所を現行邦訳聖書によって掲げる。「信仰にかたく立って」（日本聖書協会版、一九五五年改訳）。

〔四〕この一段落全体は、邦訳、同前書、四七ページ。

〔五〕この一段落全体は、邦訳、同前書、四九―五〇ページ。

〔六〕この一段落全体は、邦訳、同前書、五〇―五一ページ。

〔七〕「しかし、わがキリスト崇拝者たちが彼らの信憑の根拠と称するものを必ず引き合いに出し……」からここまでの五つの段落は、邦訳、同前書、五一―五二ページ。

〔八〕「しかしこういう虚しい推論一切を反駁し、こういうすべての証の虚偽を知らせるのは簡単です」からここまでの三つの段落は、邦訳、同前書、五三―五五ページ。

〔九〕「一、異教の奇蹟とキリスト教の奇蹟の関係についてある観念を与えるとすれば」からここまでの二つの段落は、邦訳、同前書、五八―五九ページ。

〔一〇〕「歴史家ヨセフスも」からここまでの二つの段落は、邦訳、同前書、六〇―六二ページ。

〔一一〕「わがキリスト崇拝者たちが自ら神の言葉と呼ぶものの証言を挙げ」からここまでの三つの段落は、邦訳、同前書、六三―六四ページ。

〔一二〕この一段落は、邦訳、同前書、六五―六六ページ。

〔一三〕「モーセとその民について、タキトゥスやその他多くの著名な歴史家を」からここまでの三つの段落は、邦訳、同前書、六七―六九ページ。

〔一四〕この一段落は、邦訳、同前書、七一ページ。

〔一五〕この一段落は、邦訳、同前書、七二―七六ページを要約している。なお、本文中の「彼の『ガラテヤ人への手紙』」は誤りと思われる。対応するジャン・メリエの原文では、「彼の『防戦のための序文』」となっており、これを誤読したのであろう。また、〔 〕により「パウル」を「パウラ」、「エウスタキウム」を「エウストキウム」と人名を修正したが、パウラはヒエロニムスを支援したローマ貴族出身の女性、エウストキウムはその娘である。

〔一六〕「とりわけ旧約聖書の諸書については、一部は失われ一部は損なわれていた律法の聖なる書とかいうものを」からここまでの八つの段落は、邦訳、同前書、七六―七九ページ。

〔一七〕「まず、その中にはどんな博識も崇高な思想も、また人間精神の通常の能力を超えたどんな産物もないことが分かるでしょう」からここまでは、邦訳、同前書、八〇―八一ページ。
〔一八〕「たとえばイソップの『寓話』しかないとしても」からここまでは、邦訳、同前書、八一―八二ページ。
〔一九〕「マタイはイエスのことを語りながら、こう言います」からここまでの三つの段落は、邦訳、同前書、八三―八四ページ。
〔二〇〕「イエス・キリストの公的活動期間の長さについては」からここまでの四つの段落は、邦訳、同前書、八四―八七ページ。
〔二一〕「イエス・キリストが洗礼後ただちに行った最初の事柄においても、また別の食い違いが見られます」から、「以上のようにこれらの〈出現〉の話には多くの矛盾があります」というここまでの、八つの段落と上記の一文は、邦訳、同前書、八七―九二ページ。
〔二二〕「イエスの〈昇天〉についても彼らの言うことは食い違っています」からこの「第二章」末までは、邦訳、同前書、九三―九五ページ。
〔二三〕「第三章」冒頭のこの一文は、邦訳、同前書、九五ページ。
〔二四〕「反証された福音書は、ただそう称されているだけで」からここまでの文章は、邦訳、同前書、九六ページ。
〔二五〕この一段落は、邦訳、同前書、九九ページ。
〔二六〕この一段落は、邦訳、同前書、一〇二―一〇三ページ。
〔二七〕「その上、旧約聖書および新約聖書のあらゆる奇蹟なるものが真実なら」からここまでは、邦訳、同前書、一〇五ページ。
〔二八〕「たとえば、神は一介の下女を慰め助けるために親切にも天使を遣わした」からここまでは、邦訳、同前書、一〇八―一〇九ページ。
〔二九〕「新約聖書の奇蹟なるものに移りましょう」からここまでは、邦訳、同前書、一一一ページ。
〔三〇〕「聖ホノリウスの靴下は一月六日にある死人を生き返らせた」からここまでは、邦訳、同前書、一一二―一一四ページ。
〔三一〕「こういう戯言を全部伝えなければならないとしたらきりがなくなるでしょう」からここまでは、邦訳、同前書、一一六ページ。
〔三二〕この一段落は、邦訳、同前書、一一八ページ。
〔三三〕第四章冒頭の『聖人伝』に述べられているようなあらゆる奇蹟を行う力を神が聖人たちに本当に与えた」からここまでは、邦訳、同前書、一一八―一二二ページ。
〔三四〕「さて今は、神がその子をこの世に送り、その子を人とすることによって」からここまでは、邦訳、同前書、一二五―一二七ページ。
〔三五〕第五章の冒頭からここまでは、邦訳、同前書、一三三ページ。
〔三六〕「イサクの死後、彼の息子ヤコブが自分にふさわしい妻を探しに」からここまでは、邦訳、同前書、一三四―一三七ページ。
〔三七〕この一段落は、邦訳、同前書、一三九―一四一ページ。
〔三八〕この一段落は、邦訳、同前書、一四八―一四九ページ。
〔三九〕「しかし、私たちが語ったその啓示の虚偽を以下でさらに証明しましょう」からこの第五章末尾までは、邦訳、同前書、一五九―一六二ページ。
〔四〇〕第六章冒頭からここまでは、邦訳、同前書、一六三―一六四ページ。
〔四一〕「さらに、神の名を偽って語ることについて、その預言者たちが互いに投げ合う激しい非難の言葉こそ」から始まるこの段落は、邦訳、同前書、一六五ページ。

〔四二〕　この一段落は、邦訳、同前書、一九二ページ。
〔四三〕　「福音書に含まれる預言なるものを今は検討しなければなりません」からここまでは、邦訳、同前書、一九三―一九四ページ。
〔四四〕　この一段落は、邦訳、同前書、二〇三ページ。
〔四五〕　「イエスはおのれの民を救いにきたと言われています」からここまでは、邦訳、同前書、二〇七―二〇八ページ。
〔四六〕　「受け取るには願いさえすればよい」から始まるこの一段落は、邦訳、同前書、二一四―二一五ページ。
〔四七〕　「マホメットがその信徒に同様の約束をし」からここまでは、邦訳、同前書、二一七―二一八ページ。
〔四八〕　この一段落は、邦訳、同前書、二二〇ページ。
〔四九〕　「その約束と預言に関し、それを表現されているまま文字どおりに受け取ろうとすることは」からここまでは、邦訳、同前書、二三〇―二三一ページ。
〔五〇〕　この一段落は、邦訳、同前書、二三二―二三三ページ。
〔五一〕　「新約聖書に付け加えられる ajoutées au Nouveau」では意味が不明瞭であり、「新約聖書に合わせられる ajustées au Nouveau」の書き誤りあるいは誤植かも知れない。その場合、この一文に対応する文章はメリエ『覚え書』原文にはないから、写字生、ヴォルテールあるいは植字工による誤りであろう。
〔五二〕　「アブラハムには二人の妻がいて」からここまでは原註をも含めて、邦訳、同前書、二四一ページ。
〔五三〕　「ユダヤ人のあの古い律法で言われ、行われ、慣行とされたことの一切を」からここまでは、邦訳、同前書、二四一ページ。
〔五四〕　「使徒承伝・ローマ・キリスト教は唯一神しか存在しないと教え」から始まる第七章冒頭からここまでは、邦訳、同前書、二六六―二六七ページ。
〔五五〕　「わが神・キリスト崇拝者たちは、多数の神を崇拝した古代異教徒の盲目さを公然と断罪し」からここまでは、邦訳、同前書、二六八―二七〇ページ。
〔五六〕　「なぜ彼らは第二、第三の位格には、第一の位格と同じく自分に似た息子を生む能力があるとしたがらないのでしょう」からここまでは、邦訳、同前書、二七二―二七三ページ。
〔五七〕　「死すべき人間に神性を与え、またその人々を死後神々として崇拝した、とわがキリスト崇拝者たちは異教徒を非難し断罪しています」からここまでは、邦訳、同前書、二七四―二七六ページ。
〔五八〕　「当時は他にもたくさん彼に似たペテン師たちがいて」から始まるこの一段落は、邦訳、同前書、二八〇ページ。メリエによる原註に対応する。
〔五九〕　「彼が行った話やいくつかの行動に移りましょう」からここまでは、邦訳、同前書、二八三―二八四ページ。
〔六〇〕　「彼の行動を仔細に検討するなら」からここまでは、邦訳、同前書、二九〇―二九一ページ。
〔六一〕　「彼らは三位格にして一なる神、あるいは唯一の神にして三なる位格を崇拝し」からここまでは、邦訳、同前書、三〇六―三〇七ページ。
〔六二〕　この一段落は、邦訳、同前書、三〇七ページ。
〔六三〕　「それに、彼らには分からないのでしょうか」からここまでは、邦訳、同前書、三〇九ページ。
〔六四〕　この一文は、邦訳、同前書、三〇〇ページ。

解題

解題目次

『三詐欺師論』

『三詐欺師論』は啓蒙前期の哲学的地下文書の代表的作品である。流布の痕跡から言えば、複数の地下文書写本が残されているようなところには、必ずと言ってよいほどこの作品が見出される。発見された地下文書写本を、数量的に多いものから順に並べた一覧表を作成したジョナサン・アーヴィン・イスラエルによれば[一]、『三詐欺師論』写本は発見数およそ二百で、表の第一位を占めている。発見数が五十三の第三位『宗教の検討』と比べても（第二位は発見された写本数が百五のジャン・ボダン『七人対談』であるが、これは啓蒙前期の哲学的地下文書に含めるべきではないだろう）その数は突出している。モーセ・イエス・マホメットを世界の三大詐欺師と断ずる伝説的な悪書であるから、秘密の読書世界における『三詐欺師論』のこのような「遍在」に必ずしも驚く必要はないかもしれない。私たちがこの作品を哲学的地下文書の代表作の一つと呼ぶのには、このような分布・数量的優位性のほかに、もう一つ理由があるが、それについては最後に一言する。まず、この作品を私たちが『三詐欺師論』と呼び、翻訳の底本として一七六八年の秘密刊行本を選んだ理由について、研究史とからめて少し詳しく述べておかなければならない。

ヨーロッパ各地の図書館などに散在している啓蒙前期の哲学的地下文書の所在調べは、アイラ・オウィン・ウエィドあたりから始まったが[二]、現在標準的所在調査として使われるミゲル・ベニテスのリストによれば[三]、『三詐欺師論 Traité des trois imposteurs』には、『スピノザの精神 L'esprit de Spinoza』、『著名な三詐欺師に関する神学的・道徳的・政治的小論文 Dissertations théologiques, morales et politiques sur les trois fameux imposteurs』、『三詐欺師ニツイテ De tribus impostoribus』などの題名が付けられていることがある。この作品が『三詐欺師論』と『スピノザの精神』という

異質な二つの題名を持つことには偶発的理由があるようだが（この点には後に触れる）、今は地下文書の通例として
この作品の題名にも安定がないことを確認しておきたい。

啓蒙前期に写本として流布した哲学的地下文書は、一七六〇年代以後、その多くが秘密出版の刊行本ともなった。本作品も「訳者まえがき」に示した一七一九年版刊行本（異文提示のために使用）、一七六八年刊行本（翻訳の底本として使用）以後に、十八世紀に限っても数種の出版がなされている[四]。一般的に言って、各地に残された地下文書の写本と、同じ作品の秘密出版書との関係はそう簡単に定められない。一旦ある作品がある特定の写本を元にして刊行本となっても、同じ作品のさまざまな写本は流布し続けたし、また秘密刊行本を元にした写本が新たに流布した可能性もある。要するに、ある作品の著者自筆の原稿が、残されている諸写本の中で特定されるような場合でない限り、一般に写本の方が前で秘密出版の刊行本が後であると想定するわけにはいかない。

また哲学的地下文書の世界にあっては、ある作品の著者が同定され、その自筆原稿が発見されない限り、残された諸写本の系譜を明らかにすることにも多くの困難が伴う。ある作品を入手した写字生が、自分が作成する写本に積極的に手を入れることは多々あったろうし（秘密出版に関わる編集者・出版者も同様である）、同種の地下文書をいくつか混ぜ合わせることもあった。要するに、彼らもまたこの秘密の読書界における無名の著者たちだったのである。不特定多数の「著者」の合作かもしれない、種々の写本と秘密出版の刊行本のうち、どの版をある作品の底本とするかは、私たちが対象としている地下文書の世界の中では個々のケースに応じて考えていくほかはない。

『三詐欺師論』の場合、一七六八年の刊行本以後、作品の結構が安定したことは間違いないようである。先に言及した十八世紀後半における諸刊行本はほとんどその内容を変えていないばかりではなく、思想史的に見るならば一七六八年の刊行本の内容が『三詐欺師論』として後世に影響を与えていく[五]。これが一七六八年の刊行本を私たちが翻訳の定本とした主たる理由と言ってよい。独訳を付した批評版を出したヴィンフリート・シュレーダーがやはり一七六八年刊行本を底本としたのも同じ理由によるだろう。

しかし、一七六八年刊行本と発見された諸写本との関係はどのようになっているのか。あるいは、地下文書の刊行としては異例に早い一七一九年の刊行本とは何か。この本が『三詐欺師論』ではなく『スピノザの精神』と題されているのはなぜか。総じて言えば、一七一九年刊行本『スピノザの精神』と諸写本と一七六八年刊行本『三詐欺師論』との関係はどのようになっているかについて、何か確実なことが言えるだろうか。

フランソワーズ・シャルル－ドベールは、両刊行本も含めて、今見出されている写本七十点ほどの内容構成を調査し、五つの類型をそこに区別した[六]。この分類的記述から『三詐欺師論』の生成過程推測への移行は、すなわち共時的分析から通時的分析を導き出すことは、きわめて慎重に行われなければならない。前段で述べたような一般的な制約があるからである。ただ、『三詐欺師論』の場合には一つの特殊事情が存在する。おのれの新教への信仰のゆえに、一七〇九年にパリからオランダへ亡命し、一七五六年に死んだ博識な出版業者プロスペル・マルシャンが、その著『歴史辞典』（一七五八年に死後出版）に「三詐欺師ニツイテノ書」という項目を残した[七]。ここに『三詐欺師論』生成の過程の一部が記されていた。より具体的には、『歴史辞典』の同項目の註Sに、一七一九年刊行本『スピノザの精神』出版にまつわる経緯を書き残したのである。その報告は、マルシャンの博識と性格から言って一定の信憑性を持つと判断される。

それを要約すると以下のようになる。スピノザの伝記を付した「スピノザの精神」なる写本が四、五十年前から流布していたが、それは八章からなっていた。第一章「神について」、第二章「神を人々に思い描かせたさまざまな理由について」、第三章「宗教という言葉が意味するものについて、いかにしてそれが世界に紛れ込んだのか、また何故あれほど多く多様なものが存在するのか」、第四章「イエス・キリストの政略について」、第五章「その道徳について」、第六章「明白で明証的なさまざまな真理について」、第七章「霊魂について」、第八章「霊体あるいは悪魔について」。どこかのペテン師がこの第三、四、五章をまとめて全体を六章構成にし、同じものを再度人々に売りつけようと「三詐欺師論」とタイトルを変えた。その写本ならマルシャン自身三点確認したことがある。同じ作品の写本を手にいれたドイツ人の医者フェルベル某が、一七二一年、ロッテルダムのドイツ人出版者ミヒェル・ベームをかたって偽りの出版地名フランクフルト・アム・マインを付け、これを『三詐欺師論』として出版させた。しかしそれがこの写本の最初の出版ではなかった。ハーグのフランス人著作家ジャン・ルッセ・ド・ミッシィは、I・L・R・Lという署名で一七一六年、ライデンのある書店から「三詐欺師論」は実在するという論文、『三詐欺師論に関するド・ラ・モノワ氏の論考に対する反論』を出した。伝説の「三詐欺師論」をラテン語から翻訳した、六章からなる写本を実際手元に持っている、というのである。事実、上述の写本を手に入れていたルッセ・ド・ミッシィと、もう一人のハーグのフランス人著作家ジャン・エモンとは、その写本に修正と増補を加え、とりわけヌマ・ポンピリウスの箇所を膨らませ、さらに註を付け、章立てを変え、そのうえピエール・シャロンとガブリエル・ノーデから抜萃をして六章を付加するという作業を行った。そのうえで二人はこれに「はしがき」を付けて、「スピノザの生涯」と合わせ、一七一九年刊行本『ブノワ・ド・スピノザ氏の生涯と精神』を出版させた。これを印刷したのは、やはりハーグに住むフランス人出版者シャルル・ル・ヴィエだった。だがこの刊本は一部一ピストルの値をつけたためわずかしか売ることができず、ル・ヴィエは死に際して残部を焼くように命じた。以後この本は一部五十フローリンまで値を下げた。ル・ヴィエ死後その相続人はマルシャンに三百部を委ねたが、彼は「スピノザの生涯」は別にして、故人の意図に沿いそのすべてを焼き捨てた。元の写本の著者についてマルシャンが知っているのは、彼が見た写本末尾に、著者はハーグに置かれていたブラバントの宮廷で参議をしている「ヴレーズ氏」（後段を参照せよ）だと書かれていたことだけである（マルシャン『歴史辞典』、「三詐欺師ニツイテノ書」の項、註S、第一巻、三二一—三二五ページ）。

マルシャンのこのような記述からの先入主が、調査として独立した客観性を持つべきシャルル＝ドベールの写本・刊行本の分類的分析に影響を与えてしまった。『スピノザの精神』ないしは『三詐欺師論』の種々のバージョンの生成過程を暗に想定したうえでの、分類的記述になってしまったのである。別の二つの作業であるはずのものが混ざり合ってしまった。シャルル＝ドベールの五つの類型を直ちに採用するのを私たちが躊躇した理由である。

まず、現在知られていることと照らし合わせて、マルシャンの記述に一種の切り分けを試みよう。第一に、マルシャンが言及する八章からなる「スピノザの精神」という写本は現在のところ発見されていない。第二に、一七二一年にフランクフルト・アム・マイン（本当はロッテルダム）で出版されたという、六章からなる刊行本『三詐欺師論』も発見されていない。第三に、マルシャンは（八章からなる？）「スピノザの精神」という写本が四、五十年まえから流布していたと言うが、その年代を厳密に指定するのは危険である。マルシャンは辞典のこの項目を書くにあたって、かつての雇い主であり親友でもある、この時はライプツィヒに住むガスパール・フリッチに、項目の草稿を点検してもらうために送った。フリッチは一七一九年刊行本にまつわる経緯では、刊行本廃棄の情報を追加することなどを求めたが、「四、五十年まえから流布」という点に関しては、草稿返送の時点（一七四〇年）で修正を求めなかった。これを根拠に、シャルル‐ドベールはマルシャンが「スピノザの精神」を見かけたのは、一六九〇―一七〇〇年頃、すなわち彼がオランダへ亡命する前のパリでのことだったと想定する〔八〕。しかし、マルシャンもフリッチも、この種の文書には多分に懐疑的で、以下に見るように、それを刊行本にした出版者仲間の名誉については細心の注意を払っている。刊行本の元になった写本をいつ頃から見かけたというような年代に、二人が正確さを期していたかどうかには疑問が残る。

信用に足る証拠が見つからない『歴史辞典』記述の以上の三点とは異なって、マルシャンもフリッチも一七一九年の刊行本については、私信でさえ注意深く言葉を選んだうえでだが、かなり詳細な情報を残している。一七三五年に『スピノザの生涯』だけが新版として出版された際に、フリッチはマルシャンに宛てて次のように書いている。「『スピノザの生涯』は、ファーリー氏所蔵の手稿に基づいてルヴィエ〔シャルル・ル・ヴィエ〕が作った写本を元に、一字一句写し取られています。新しいものとしては、いくつかの註釈と短いはしがきと著作目録しかありません。しかし、『スピノザの精神』は手直しされ、増補されたのです。誰によってかを知ることは許されるでしょうか。ルッセ氏〔ルッセ・ド・ミッシィ〕が『〔三詐欺師論に関するド・ラ・モノワ氏の論考に対する〕反論』の著者であると知っていることで私は満足です。これは、メナージュ語録第四巻のブーィエ法院長に宛てたド・ラ・モノワ氏の『書簡』と『スピノザの生涯』と分かちがたいものです。……くだんの『〔三詐欺師論に関するド・ラ・モノワ氏の論考に対する〕反論』の中で問題となっている架空の翻訳に、『スピノザの精神』と何か共通したものがあったとあなたが思われていることについては、あなたに同意します。ルヴィエ〔ル・ヴィエ〕はそれを一七一一年に写し取りました。この種の書籍は彼の趣味でした。この時以来、彼がルッセ〔ルッセ・ド・ミッシィ〕と交渉を持っていたとするなら、この点に関するすべての疑惑ははっきりします。」（マルシャンへ宛てたフリッチの書簡、一七三七年十一月七日付け、ライデン大学図書館所蔵、プロスペル・マルシャン手稿二）ファーリー氏とは、ロッテルダム在住のクウェイカー派の裕福な商人ベンジャミン・ファーリー（一六三六―一七一四年）のことである。その膨大な蔵書と広い交友は著名であった。ド・ラ・モノワの『書簡』とは、書誌学者ド・ラ・モノワが伝説的な「三詐欺師論」なる文書の存在を否定した書簡である。

フリッチは別のマルシャンへの書簡で、もう少し詳しく一七一九年刊行本の経緯を語っている。「ファーリー氏所蔵のその手稿を私たちの家に持ってきたのは私の兄弟だったことを、おそらくあなたは覚えていらっしゃるでしょう。ルヴィエ〔ル・ヴィエ〕はそれをおおいそぎで写しました。彼が作った写本をまだ私は持っています。私は間違っているかもしれませんが、彼が別の写本を作ったことは知りません。」（マルシャンへ宛てたフリッチの書簡、一七四〇年一月十七日付け、ライデン大学図書館所蔵、プロスペル・マルシャン手稿二）

マルシャンとフリッチの証言をまとめると以下のようになる。ファーリーの蔵書中に「スピノザの生涯」と「スピノザの精神」という写本が存在した。ル・ヴィエは一七一一年にフリッチの家でその写しを作った。雑文書きルッセ・ド・ミッシィとジャン・エモンは写本の章立てを変え、シャロンとノーデからの抜萃を付加して二十一章からなる「スピノザの精神」を作った。この上でルッセ・ド・ミッシィが変名で一七一六年に、「三詐欺師論」の存在を否定するド・ラ・モノワの論考に対して、ラテン語作品からの翻訳である「三詐欺師論」写本を持っているという『反論』を出版する。一七一九年にル・ヴィエが「スピノザの生涯」と二十一章の「スピノザの精神」を合わせた『ブノワ・ド・スピノザ氏の生涯と精神』を出版する。ル・ヴィエ死後、三百部を残されたマルシャンは遺言に従ってこれらを廃棄した。

シャロンとノーデからの抜萃を付加された二十一章の「スピノザの精神」を含む、上述の一七一九年刊行本『ブノワ・ド・スピノザ氏の生涯と精神』は、（私たちが異文作成のために用いた、ベルギー王立図書館所蔵本を含めて）現在四点が各地の図書館で確認されている。細部に関してマルシャンとフリッチの言葉をすべて信じる必要はないが、オランダにおけるこの出版の経緯は証拠だてられていると言える。オランダにおける前記のような秘密出版の世界を重要視するならば、『三詐欺師論』を校訂する際の底本に一七一九年刊行本を用いることもありえよう。ちなみにシルヴィア・ベルチは、マルシャンが見かけた写本に著者と記名されていた「ヴレーズ氏」について、対応する人物をこの環境の中に見つけている。「ヴレーズ氏 Mr. VROESE」を若いオランダ人外交官ヤン・フルーセン Jan VROESEN ではないかと推定するのである。[九]ヤン・フルーセンは、後のロッテルダム市長アドリアーン・フルーセンの息子として、一六七二年ロッテルダムに生まれた。ユトレヒト大学で法学を学んだのち政界にはいり、外交官としてフランスに一七〇一―一七〇二年のあいだ駐在し、一七〇五年ブラバント宮廷の一員となった。一七二五年に没する。なお、フルーセン家はロッテルダムに居を構えていた有力なクウェイカー教徒ベンジャミン・ファーリーとも親交があったようだ。これだけで「スピノザの精神」あるいは「三詐欺師論」の著者を同定するのは拙速と思われるが、ともあれベルチはおのれの『三詐欺師論』批評版の底本として一七一九年刊行本を採用した。[一〇]一七一九年刊行本は確かにかなり早い時期に固定された重要な版であるが、存在していた写本から変異したこともはっきりしている。これが一七一九年刊行本は異文として掲げるのが適当と私たちが判断した理由である。

シャルル・ドベールは前掲書で、先に述べた五つの写本類型を示したうえで、写本から活字に起こした二つのテクストを、一七一九年刊行本と一七六八年刊行本のテクスト以外に提供している。このいずれかを『三詐欺師論』の基本的テクストとして採用できるだろうか、翻訳の底本として用いてよいだろうか。
五つの写本類型とは以下のものである。
一、彼女が一七一二年以前に流布していたと考える、六章構成の「スピノザの精神」あるいは「三詐欺師論」と題された写本群。伝統的にジャン・マクシミリアン・リュカが著者とされる「スピノザの生涯」と文体が似ているため、同じ著者により十七世紀末にすでに原本は存在していたと考えている。またマルシャンの報告を信じ、その原本は八章構成だったと彼女は考える。
二、〈六章構成三詐欺師論の二〉とも呼ぶべき写本群。一の写本群と比べて、モーセの生涯がより詳細になり、マホメットの生涯がより詳細になっている。逆に、マホメットについて神の声を発する井戸の挿話が省かれ、「第五章魂について」でデカルトへの言及が省かれている。
三、一と二の写本群と同じグループだが、縮約版とも呼ぶべき写本群。マホメットの生涯の途中で当然終わり、『著名な三詐欺師に関する神学的・道徳的・政治的小論文 Dissertations théologiques, morales et politiques sur les trois fameux imposteurs』と題されていることが多い。
四、一七一九年刊行本と同じ二十一章構成の、「スピノザの精神」と題された写本群。「スピノザの生涯」を伴う。多くは一七一九年刊行本を元にした写本だが、ドイツ国立ミュンヘン図書館、写本 Gall. 四一五中の「スピノザの生涯と精神」は一七一九年刊行本の原稿だと彼女は考える。
五、「三詐欺師に関する著名な書 Le Fameux livre des trois imposteurs」と題された、変則的な七章構成の写本群。一の「スピノザの精神」の元ともなった原本から、同じく発したと考えられる写本群。ただし、モーセの記述では〈六章構成三詐欺師論の二〉にならい、また独自の付加もある。イエス・キリストの記述でも追加がある。ドイツ国立ミュンヘン図書館、写本 Gall. 四一五中にある「三詐欺師に関する著名な書」には、「ホッフェンドルフ男爵の許可を受け一七一六年にプリンツ・オイゲン所有のオリジナルから写された」と書き込みがある。

シャルル・ドベールはドイツ国立ミュンヘン図書館、写本Gall. 四一五中に、写本類型四の二十一章構成の「スピノザの精神」と、写本類型五の「三詐欺師に関する著名な書」がともに収められているのを確認した。両写本が相互に参照されており、写本類型四対応写本にシャロンやノーデからの抜粋に関する正確な典拠があること、写本類型五対応写本に「一七一六年にプリンツ・オイゲン所有のオリジナルから写された」と書き込まれていることを見出した。これらのことから、彼女はドイツ国立ミュンヘン図書館、写本Gall. 四一五は、一七一九年刊行本生成と「三詐欺師論」写本流布にとって重要な結節点だと考えたらしい。オーストリア・ハプスブルク家の著名な将軍、サヴォイア－カリニャーノ家のオイゲン・フランツ（あるいはプリンツ・オイゲン）は当時、地下文書の収集家としても著名であった。この軍人の蔵書収集を引き受けていたのがホッフェンドルフ男爵である。そこでさらに彼女は、プリンツ・オイゲンの蔵書あるいはホッフェンドルフ男爵の蔵書が、「三詐欺師論」写本流布・諸形態生成の源の一つと考えたらしい。

したがって、オーストリア国立ウィーン図書館に見られる、ホッフェンドルフ男爵所蔵だった写本一〇三三四、すなわち六章構成「スピノザの精神」を含む、写本「スピノザの生涯と精神」のテクストを彼女は公刊した。この「スピノザの精神」は写本類型一に対応するものらしい。ホッフェンドルフ男爵所蔵だった、六章構成「スピノザの精神」を含む写本「スピノザの生涯と精神」が、ドイツ国立ミュンヘン図書館所蔵の二十一章構成「スピノザの精神」を含む写本「スピノザの生涯と精神」を介して、一七一九年刊行本へ結びつくというストーリーをシャルル－ドベールは思い描いたのであろう。

では、彼女が公刊した六章構成「スピノザの精神」のテクストはいつ頃から流布していたのか。前述したものに対応する「スピノザの生涯と精神」が、アンリ・ド・ブーランヴィリエの作品『ブ…ド・スピ…の原理における形而上学についての試論 *Essay de métaphysique dans les principes de B... de Sp...*』と一緒に収められた、〈ブーランヴィリエ文選〉とも呼ぶべき写本群が存在する。ブーランヴィリエの研究者ルネ・シモンによれば、ブーランヴィリエのこの作品『形而上学についての試論』は一七一二年に完成しており、さまざまなその写本には一七一二年と一七一四年という年号が入れられている[11]。シャルル－ドベールは、〈ブーランヴィリエ文選〉の写本群の存在を根拠にして、その一部であるブーランヴィリエ『試論』写本に付けられた「一七一二年（ないし一七一四年）に著者原稿から転写」という書き込みを情報として流用し、同じくこの文選に含まれる六章構成「スピノザの精神」もこの年代から流布したと推定する[12]。しかし、この書き込みはあくまでブーランヴィリエ『試論』写本に関わるものであり、また写本群において常に「スピノザの生涯と精神」とブーランヴィリエ『試論』が一体となっていたわけではないらしいから、この流布年代の推定は十分根拠付けられているとは言えない。

したがって、ホッフェンドルフ男爵所有の写本テクストを、一七一九年刊行本より早い年代から流布していた、刊行本作成の大本にあった六章構成「スピノザの精神」のテクストと認定し、翻訳のための底本として選ぶほどの理由を、シャルル－ドベールの調査結果から見出すことは私たちにはできなかった。そもそも、一七六八年刊行本は、写本類型一に近く、ただモーセの記述では写本類型二の〈六章構成三詐欺師論の二〉の追加を含んでいる、という。そうであるならば、先に述べた思想史上の価値という理由をも加味して、一七六八年刊行本を翻訳の底本に選んでもよいと思われる。

シャルル－ドベールが提供してくれたもう一つのテクストは、これまであまり注目されなかった「三詐欺師に関する著名な書」である。本来ならば、ドイツ国立ミュンヘン図書館、写本Gall. 四一五中にある写本を提供すべきであろうが、あまりに誤写が多いため、同類型に属するクラクフのヤゲェウォ大学図書館所蔵、写本六二一九を活字に起こした。クラクフのこの写本も、彼女はプリンツ・オイゲンの蔵書から発したと想定しているようだが、それは推定にすぎないだろう。この変則的な七章構成のテクストを通して、マルシャンが報告している八章構成の「原本」をシャルル・ドベールは想定したいのかもしれない。しかし、それも想像の域を出ないことである。ともあれ、このテクストを私たちの異文提示に用いるべきだという理由は見つからない。オランダにおける先に見た秘密出版の世界はきわめて興味深いものだから、異文提示としてはその環境において固定された一七一九年刊行本を用いる方が思想史的には有益だと私たちは判断する。

結局は資料を徹底的に調査できない一翻訳者の言い訳になったが、『三詐欺師論』翻訳の底本として私たちが一七六八年の秘密刊行本を選び、異文提示に一七一九年の秘密刊行本を選んだ理由を一応は示せたと思う。最後に、この作品を啓蒙前期の哲学的地下文書の代表作の一つと私たちが判断する理由について簡単に述べておこう。ヴィンフリート・シュレーダー（一九九二年出版）、シルヴィア・ベルチ（一九九四年出版）、フランソワーズ・シャルル゠ドベール（一九九九年出版）の校訂版を含めて、一九九〇年七月にライデンで開催されたセミナーの記録（一九九六年出版）[一三]、さらにはこの作品の存在が大きな執筆動機ともなったらしいマーガレット・ジェイコブ（一九八一年出版）とジョナサン・イスラエル（二〇〇一年出版）の二著作[一四]を考えると、この小さな作品が啓蒙思想の研究者たちになんと多くの紙数を費やさせたことかと思う。ここでは研究上の細かい点を検討する余裕もないので、感想的な表現を用いさせてもらうならば、『三詐欺師論』が彼らの関心を引き続けたのはその「粗雑さ」と「胡散臭さ」と「過激さ」のせいであったように思う。

「粗雑さ」とは何か。ピエール・ベール研究者ピエール・レタが序文を付けて、一七七七年刊行の秘密出版本をリプリントしたものを[一五]、翻訳者が二十数年前にはじめて読んだとき驚いたのは、その内容の多くをどこかで読んだ気がしたことだった。個々の典拠は先の三つの校訂本が細かく突き止めてくれたし、私たちも訳註で可能な限り示しておいた。それら典拠とはスピノザの『神学政治論』・『エチカ』であり、ホッブズの『リヴァイアサン』であり、ジュリオ・チェーザレ・ヴァニーニの『自然の驚くべき秘密について』（一六一六年）であり、ラ・モット・ル・ヴァイエ『異教徒の美徳について』（一六四二年）であり、ギヨーム・ラミの『解剖学談話』（一六七五年）などである。一七一九年刊行本の時点で考えても、『三詐欺師論』は『エチカ』の一部を初めて仏訳したものだとか、『リヴァイアサン』の一部をフランス語圏に早い時期に紹介したものだとか、この小作品は学者的自由思想を啓蒙思想へと結びつける環であるとか、さまざまな議論がある。それぞれに検証すべき課題であるが、一方では『三詐欺師論』はごく少数の典拠の一部を切り取り、異質なものをつぎはぎした粗雑な構成物だとも言える。唯物論が語られると言っても、『エチカ』の精神と延長が平行する世界観と、『解剖学談話』から採られた火のような粒子による現象界の説明とは相容れようがない。実定宗教に関する『神学政治論』の理解の仕方と、ヴァニーニから切り取られた実定宗教に対する皮肉なコメントとは容易に両立するものではない。だが、この作品はそのようなことには少しも拘泥しないのである。

「胡散臭さ」とは何か。マルシャンによれば、一七一九年刊行本は最後には値を下げ、一部五十フローリンで売られたという。ベールの『歴史批評辞典』二折判全四巻でさえ、六十フローリン、当時のカルヴァン派牧師の年収は五百—六百フローリンだった(二六)。このような作品はホッフェンドルフ男爵や、大貴族プリンツ・オイゲンにしてようやく買えるような禁制品だったのである。何からこの商品は作られたのか。手ぢかにある、話題となっていた素材からである。『神学政治論』も『リヴァイアサン』もほんの少し前、オランダで禁書となったものではないか。ヴァニーニは一六一九年という昔に無神論者として焼かれたが、ベールの手によってスピノザとともに「有徳な無神論者」として復活していたではないか。ペーター・フリードリヒ・アルペ『ナポリ人ユリウス・カエサル・ヴァニヌス弁護』(ロッテルダム、一七一二年)、ダビッド・デュラン『リュシリオ・ヴァニーニの生涯と見解』(ロッテルダム、一七一七年)という本まで出ていた。「『三詐欺師論』という本については、私がそれぞれ異なるいくつもの写本を目にした『ソロモンの鎖骨』のようなものです。それは信じやすい連中を引っかけるために、ペテン師がそれぞれかってにいじりまわせる素材なのです。」(マルシャンへ宛てたフリッチの書簡、一七三七年十一月七日付け、ライデン大学所蔵、プロスペル・マルシャン手稿二)『三詐欺師論』を作った人々もまた詐欺師だった。だが、彼らはなにゆえに詐欺師となったのか。

『三詐欺師論』の「過激さ」とは何か。この作品は人間の改善性を称賛し、啓蒙を民衆のレベルまで広げている、という議論もあるようだ。「正しき理性こそ人間が付き従うべき唯一の光だというのが本当なら、民衆も人々が信じ込まそうとするほど推論する力がなくはないのなら、民衆を教え導こうとする人々は、彼らの誤った推論を正し、その偏見を打破するように努めるべきである。そうすれば、彼らの目も少しずつ開かれ、神はけっして普通想像するようなものではないという真理を、彼らの精神が獲得するさまが見られるだろう。」（本書六ページ）だが本当にそうだろうか。この著者（たち）は民衆に共感など持ってはいない。「愚か者の数は限りがないので、イエス・キリストはどこでも家来を見つけた。しかし、極貧だったことが出世の決定的な障害となっていたので、パリサイ人たちはあるときは彼を讃美し、あるときは彼の大胆さをねたみ、下層民にありがちな不安定な気分のままに彼をおとしめたり持ち上げたりした。」（本書三〇ページ）民衆を目覚めさせることも本気で考えてはいない。「だからこそ、あんなにしょっちゅう賢者を激しく攻撃して、自分の王国からそれを排除し、そこには精神の貧しい者、単純な者、馬鹿な者しか入れなかったに相違ない。理性的な精神の持ち主は、愚かな連中と争ってもしかたがないと自ら慰めるべきである。」（本書三三ページ）

彼（ら）に分かっているのはただ、どこまでも力を求める政治権力というものの本性である。「モーセの法を覆すつもりなどないと彼〔キリスト〕は明言したが、罰せられずにそうするにはまだ力が弱すぎるとたぶん思っていた時のことである。もっと有名になると、その法をほぼ全面的に覆したからだ。権力がまだ十分確立していないうちは臣民の特権を保証するといつも約束しながら、後には約束を守ることなど気にもかけないあの君主たちの真似をしたのである。」（本書三一ページ）またよく分かっているのは、政治権力に寄り添っていく聖職者の腐敗堕落した姿だけである。「しかし、そんな口を叩く者が、説教壇で出まかせを言い、正しい理性と真の徳とは何かを唯一知っている人々を弾劾すれば民衆教育のため与えられる金をまともに稼いだと思うような連中なのは分かりきったことだ。」（本書三六ページ）この単純な認識を、「過激さ」ではなく「粗暴さ」と言い換えてもよい。だが、啓蒙前期の哲学的地下文書の中には、政治権力の本質とそれに癒着した教会権力の欺瞞を、このように粗暴に語る文書もあったのである。この「粗暴さ」を表すものとして、私たちは『三詐欺師論』が哲学的地下文書の代表作の一つだと考える。

『スピノザの精神、三詐欺師モーセ・イエス・マホメット論』（*L'esprit de Spinoza, Traité des trois imposteurs, Moïse, Jésus, Mahomet*, Paris, Max Milot, mars 2001）という、男の顔の一部を醜くクローズアップした写真を表紙とした、奇妙な本が手元にある。出版者マックス・ミロなる人物が序文を付した一七一九年刊行本の普及版である。ミロは序文で（彼は一七一九年を常に一七一二年と書き間違える！）、一九九九年にフランスで『三詐欺師論』が刊行（シャルル＝ドベールの校訂本のことであろう）されたとき、国内新聞の目利きの誰一人として取り上げようとしなかった、これに関する論争も大学人の小さなサークルを越えることがなかったと嘆く。だから広範な人々が接しられるように、「宗教戦争がもはやそう名乗らずに、それでもその犠牲者たちを作る時代に」これを出版する、と書いて彼はその粗末な序文を終える。それほどの販路を持ったとも思えぬこの小冊子は、それでも私に、ベルギー王立図書館でかつて手に取った、片手に乗るほど小さな一七一九年刊行本を思い出させた。

〔一〕 Israel, Jonathan Irvine, *Radical Enlightenment, Philosophy and the Making of Modernity 1650–1750*, Oxford, Oxford U. P., 2001, p. 690.

〔二〕 Wade, Ira Owen, *The clandestine organization and diffusion of philosophic ideas in France from 1700 to 1750*, Princeton, Princeton University Press, 1938.

〔三〕 Benítez, Miguel, *La face cachée des Lumières: recherches sur les manuscrits philosophiques clandestins de l'âge classique*, Oxford, Voltaire Foundation, 1996, p. 51.

〔四〕 Benítez, Miguel, *ibid.*, p. 91; 拙著、『知られざる奇書の世界』、丸善ブックス、一九九六年、二七四—二七五ページ、第三章の註（1）および註（2）。

〔五〕 Anonymus, *Traktat über die drei Betrüger*, Französisch-Deutsch, Hamburg, Felix Meiner, 1992 を参照せよ。「訳者まえがき」に示した校訂本の一つである。

〔六〕 Charles-Daubert, Françoise, *Le ‹‹Traité des trois imposteurs›› et ‹‹L'Esprit de Spinoza››, Philosophie clandestine entre 1678 et 1768*, Oxford, Voltaire Foundation, 1999.「訳者まえがき」に示した校訂本の一つである。

〔七〕 Marchand, Prosper, *Dictionnaire historique ou memoires critiques et littéraires*, La Haye, Chez Pierre de Hondt, 1758, l'article de "Impostoribus (Liber de tribus)"; t. I, p. 312–329. ただし、論文集 *Heterodoxy, Spinozism, and Free Thought in Early-Eignteenth-Century Europe, Studies on the Traité des trois imposteurs*, ed. by S. Berti, F. Charles-Daubert and R. H. Popkin, Dordrecht, Kluwer, 1996 の Appendix, p. 477–524 にもテクストは採録されている。

〔八〕 Charles-Daubert, Françoise, *Le ‹‹Traité des trois imposteurs›› et ‹‹L'Esprit de Spinoza››, Philosophie clandestine entre*

1678 et 1768, Oxford, Voltaire Foundation, 1999, p. 45.

〔九〕 Berti, Silvia, 'Jan Vroesen, autore del Traité des trois imposteurs', *Rivista storica italiana*, 2, 1991, pp. 528–543.

〔一〇〕 *Trattato dei tre impostori, La vita e lo spirito del Signor Benedetto de Spinoza*, A cura di Silvia Berti, Prefazione di Richard H. Popkin, Torino, Guilio Einaudi, 1994.「訳者まえがき」に示した校訂本の一つである。

〔一一〕 Simon, Renée, *Henry de Boulainviller, Œuvres Philosophiques*, La Haye, Martinus Nijhoff, 1973, t.I, p. xi.

〔一二〕 Charles-Daubert, Françoise, *Le ‹‹Traité des trois imposteurs› et ‹‹L'Esprit de Spinoza››, Philosophie clandestine entre 1678 et 1768*, Oxford, Voltaire Foundation, 1999, p. 107–108; id., '*L'Esprit de Spinoza et les Traité des trois imposteure*: rappel des différentes familles et de leurs principales caractéristiques', in *Heterodoxy, Spinozism, and Free Thought in Early-Eignteenth-Century Europe, Studies on the Traité des trois imposteurs*, ed. by S. Berti, F. Charles-Daubert and R. H. Popkin, Dordrecht, Kluwer, 1996, p. 138.

〔一三〕 *Heterodoxy, Spinozism, and Free Thought in Early-Eignteenth-Century Europe, Studies on the Traité des trois imposteurs*, Dordrecht, Kluwer, 1996.

〔一四〕 Jacob, Margaret C., *The Radical Enlightenment: Pantheists, Freemasons and Republicans*, London, George Allen & Unwin, 1981; Israel, Jonathan I., *Radical Enlightenment, Philosophy and the Making of Modernity 1650–1750*, Oxford, Oxford U. P., 2001; 同書仏訳、Paris, Éditions Amsterdam, 2005.

〔一五〕 *Traité des trois imposteurs, 1777*, présenté par P. Rétat, Saint-Etienne, 1973.

〔一六〕 拙論「地下の水脈へ——ヨーロッパ意識の危機と地下文書」、『思想』平成十四年七月号（岩波書店）、二〇〇二年、三七ページ。

（三井吉俊）

『トラシュブロスからレウキッペへの手紙』

『トラシュブロスからレウキッペへの手紙』（以下『手紙』と略記）の発見されている写本の数は一九三八年のウェイドでは九〔一〕、最近のベニテスの調査では十九を数える〔二〕。写本はフランス各地に分散し、さらにフィレンツェやペテルブルグまで広がっており、各地で広範な読者を獲得していたことを示している。『手紙』は摂政期の終わり、ルイ十五世の統治の初期、一七二〇年代に書かれたものと推測される。〔三〕『手紙』の著者は、本書でも示されるギリシア、カルデア、中国、インドなどの古代文明への浩瀚な知識、また死後の『フレレ著作集』に本書が収められていることなどから、碑文・文芸アカデミーの終身書記を務めたニコラ・フレレ（一六六八―一七四九）と目される。

『手紙』は本書（一七八六年版刊本）に見られるように、「出版社からのお知らせ」では著者がフレレであることを明示し、「フランス語版訳者から寄せられた手紙の一部」では英訳本が古代の作品からの翻訳であると述べるにとどめ、「英国人翻訳者による序文」では、著者はキリスト教暦二世紀のシリアの出身とされている。またこの手紙の受取人は、「わが愛しきレウキッペよ」との書き出しが示しているように、女性とされているが、本文中の「ローマの真ん中で育ちながら、あなたは帝国の辺境へ流されて、世界の都が提供していたどんな娯楽も人付き合いも得られない場所においでです」との言葉から推測されるように、明示されてはいないがパリ近郊の修道院にいたフレレの妹が想定されていたと思われる。写本には本文だけのものもあり、こうした韜晦は主として刊本に見られるものである。しかし多くの刊本がフレレの死後に出版されたことを考えると、こうした手法はある種の文学的虚構ないしは修辞と受け取ることができよう。

なおトラシュブロスは紀元前五―四世紀、古代ギリシア、アテナイが敗北したペロポネソス戦争（紀元前四三一年―同四〇四年）後にアテナイに樹立された寡頭政治打倒に活躍した、アテナイの政治家、軍人、またフランス語名〈Leucippe〉は通常男性名で、トラシュブロスとほぼ同時期の原子論の創始者、ミレトス生まれといわれるレウキッポスを指し、本文中でも原子論に言及していることから、筆者もそのことを念頭に置いてこの『手紙』を書いているものと思われる。

さて『手紙』の第一の特徴は、筆者による「手紙」の受け手への細やかな心配りにあると言えよう。筆者はレウキッペの「辛さ」を絶えず気遣い、さまざまな宗教の弊害をていねいに解き明かしながら、理性を働かせるようにレウキッペに呼びかけている。そのためであろう、筆者は信心を頭から否定するようなことはしない。本書の冒頭で、筆者は「信心は衷心からのもので持続的であるなら、あらゆる情念のうちで確かにもっとも甘美でもっとも望ましいものでしょう」(一四五ページ)と言い、「ですからわたしは、愛情のこもった誠実で持続的な信心をする人の意見を叩くことは、どんな場合でもしないつもりでおります」(同前)と明言している。もちろん筆者は、「けれども、間歇的な信心の一時的な発作を起こすだけの人、信心が陰気な情念で、そのため人間たちにいつでも腹を立てている存在と神をみなしているような人の場合」はこれを批判の対象とせざるを得ないことを付け加えることを忘れない。しかし信心を十把一絡げにして批判することはしないこうした語り口と筆者の柔軟な姿勢が、『手紙』をあまたの地下文書のなかでも異質なものとしている。

『手紙』の第二の特徴は、その宗教批判の体系性である。第一章の終わりで筆者は、本書の主題についてこう述べている。「ですから、まず始めに、迷信の源は何か、宗教とは一般に何かを探りましょう。その点で人間たちがどういう異なる体系に分かれたか、またそれぞれが依拠した信憑性の根拠は何かを紹介しましょう。その上で、わたしたちの知識とは何か、真実で確かな知識と、虚偽であったり証明されていなかったりする他の知識をどのように区別するかを検討しましょう。そして最後に、神の本性とわたしたちの魂の本性について、宗教一般について確かな知識が何を教えてくれるかを調べることにしましょう」(一五二ページ)。

本書ではこれに従って、神々の崇拝の起源(2)、世界にあるさまざまな宗教について(3)、宗教を信仰する愚かしさについて(4)、信憑性の根拠について(5)、人間の知識の起源について(6)、宗教上の事柄に関する誤謬の源について(7)、宗教理論の検討(8)、自由意志批判(9)、万人に共通の法について(10)、人間社会の起源について(11)、宗教の立法者の権威について(12)、普遍的原因について(13)、霊魂不死説の批判(14)というように宗教の全般的批判が展開されている。

著者によれば、宗教は神の本性をめぐって二つの体系に分かれる。第一はエジプト人、インド人、ギリシア人そして西洋の大部分の民族が信奉する多神教であり、第二はカルデア人、ユダヤ人、ペルシア人そして東洋のいくつかの民族が信奉する一神教である。第一のグループの特徴は、複数の神々が統治する点にあるが、それらの神々の間には上下関係があり、またそれら神々すべての上に「運命とも必然とも自然とも呼ばれる、盲目ではあっても万事を律する力が存在」(一五六ページ)し、神々もそれに従うという。これに加えてエジプトやインドでは、雄牛アピスに変身するオシリス神のように神々が人間や動物の体をして人間たちと言葉を交わしに来るとされる。神々が一時的に人間の身体をまとうということが理解できなかったギリシア人は、神々に「もっぱら人間の姿だけを与えた」(一五九ページ)ので、ギリシアの神々は人間並みの傷病を負うことになった。

第二の体系は、バビロニアのカルデア人、ユダヤ人、ペルシア人たちのもので「普遍的な第一原因」以外の神は認めず、その命令は「手先や執行者」によって実行されるとする。ユダヤ人はこれを「ダイモン、知性体、精霊」と名付け、また至高存在をただ「存在するもの」と呼んだが、カルデア人はこれを「純粋な光」のなかに住み、力ある精霊たちは太陽や月などの天体に住んで、石や金属に住む下位の精霊に働きかけることから、カルデア人の占星術や魔術が生まれたという。

メディア人やペルシア人は知性体を善悪の二種類に分け、これらの相互の争いから個々の存在が形作られるとした。これらの存在は二つの原理が混ざり合っているため、すべてのものは「光と闇、物質と精神、徳と悪徳、快感と苦痛」が混ざり合っているという。しかしゾロアスターによれば、こうした考えは誤りであり、「愛、結合、正義」を意味する太陽神であるミトラを原理として認めるべきだとされる。

著者はこれが互いに相異なる「宗教的宗派の全部」(一六四ページ)だという。そしてそれ以外の宗派はこれらの体系から取ってきた意見の寄せ集めであるという。キリスト教にしても——筆者は『手紙』を西暦二世紀頃のものとしているので、キリスト教をユダヤ教から分かれた新たな集団、「キリスト教徒」としてしか本書では示していない——ユダヤ教の中から作られ、ユダヤ教と同じく至高存在を認め、それにエジプト人やインド人やカルデア人の教義を加えたに過ぎないとする。

これらのさまざまな体系は、筆者によれば「純粋で普遍的なあの理性の光の上に教義と祭事が立てられているものは一つとして」（一六五ページ）ない。あるものは第一存在を知識も知性も欠いた盲目的な原因とし、ものごとがうまくいけばこの神のおかげとし、悪いことが起こればこの神を移り気だと罵り、あるものは至高存在を近づきがたいものと考え、またあるものは力ある神々さえも物質的な身体をまとい、傷つくことも不幸になることもあるとする。さらにはその祭事や勤行もそれぞれの宗派ごとに大きく異なり、神に捧げる生け贄も一致するところはない。その品行について言えばギリシアの神々でなんらかの犯罪で手を汚さなかった者は一人もないほどで、エジプト人やユダヤ人やキリスト教徒は多少品行に気を配っているが、その教義や儀式を遵守しなければ徳の実践も無用だと考えており、とくにキリスト教徒は、人類の保存に不可欠な「性的な快感」を犯罪視し、その正当な行使さえも断罪するのである。

こうした宗派は、著者によれば、どれも「自然の理性、本当の理性の光に基づくにしてはあまりにも馬鹿げていて、あまりにも互いに対立」（一六九ページ）している。しかし各派が自派の側に真理があると主張しているのであるから、著者はそれぞれの主張の「信憑性の根拠」を尋ねようとする。ギリシア人の宗教（神話）のついては、どのような啓示も用いず、その「宗教は万事、雑然とした伝承に基づいていて、その起源は謎に包まれているばかりか、相矛盾する事柄に溢れています」（一七〇―一七一ページ）とする。ギリシア人の宗教はエジプト人のそれに端を発するものだが、エジプト人の宗教は、人の姿をした至高存在について諸説があり、しかもそれを記録したヒエログリフを読める者もおらず、その宗教の正当性を証明することができなくなっている。

著者はこの後インド人の宗教、「あらゆる宗教のうちでも、これはもっとも理にかなったもの」（一七五ページ）とされるペルシア人の宗教、カルデア人の宗教を検討した後で、ユダヤ人とキリスト教徒の宗教を取りあげる。筆者はキリスト教徒の宗教はユダヤ人の書物の真実性を前提にしているので両者を区別すべきではないとして、まず旧約聖書を検討する。いわゆるモーセ五書には世界の起源とモーセの時代までの歴史が記されているが、多くの点でカルデア人の伝承と一致する。唯一、創造神を想定する点で異なるが、その神については何の説明もなく、しかも多くの記述がモーセ以降に付け加えられたものであることはユダヤ人自身も認めているという。

キリスト教徒の宗教については、彼らは旧約聖書を引き継ぐとしているが、その記述からすればキリストが救世主である証拠はなく、またキリストが行ったといわれる奇跡も、この時代のローマの歴史家たちが一言も触れていないのはおかしいと退ける。そして新約聖書は「子供じみた話や馬鹿げた話」が満ちあふれ、「わたしたちの理性が服従すべき何らかの特徴を帯びた本は一冊もありません」という。

こうしてあらゆる宗教を検討して、そのいずれもがただ自派への強固な確信を述べるに過ぎないことが明らかになる。筆者はそれゆえ、宗教の証拠を検討し、宗教に是非の軍配を下す「理性」の訴えて、問題を根本から検討しようとする。

本書はここで、これまでの前半の宗教の歴史的な比較・検討から離れて、後半の理論的・哲学的議論に移ってゆく。しかし本書の第一の特徴に従って、筆者は細かな哲学的定義や諸流派の見解に立ち入ることはしない。たとえば意識と知覚の本性についての議論も煩瑣になることを避けるため「英国人の翻訳者」を登場させて原稿の欠落があったかに装っている。

著者によれば、「生まれた時にわたしたちに備わっているのは、認識する素質、つまり、他の諸存在がわたしたちに作用する時にそれから受け取る印象を感受しそれと認める素質」（一八五ページ）である。そしてこの印象とは、「知識、観念、知覚ないし統覚」とよばれるものである。したがってデカルト流の「生得観念」は「経験にも理性にも等しく反する」ものとして否定される。ロックの『人間知性論』は一七〇〇年以降コストによってフランス語に訳出されていたので、筆者はロック流の認識論を知っていたのであろう。筆者はこのように生得観念説を否定して感覚論的な認識論を展開する。すなわち、「わたしたちは、事物についての個別的な観念を獲得し、ついで、さまざまな知覚を比較することによって、これらの対象に関する一般的、普遍的観念を形づくります」（一八五―一八六ページ）と筆者はいう。そして事物についての個別的観念を持ち、やがて一般的・普遍的観念を形成するのである。さらにその観念には対象が顕在的な場合とそうでない場合があり、後者の観念は「記憶」と呼ばれる。

こうした諸観念にはすべて快不快の意識が伴う。わたくしは快感を与える対象には引きつけられ、不快感をあたえる対象は遠ざけようとする。快苦の意識がそのまま幸不幸の意識となってわたくしの人生を導く。年齢が進むにつれ、未知の対象と既知の対象を、あるいはその対象の有益性や有害性を、またそれがもたらす快感や苦痛などを比較検討する能力が発達するが、著者はこの能力こそが「理性」を形作るという。このような形で理性を、すなわちすべての感官を働かせるならば、わたしたちは最高度の確実さ、「幾何学的な確実さ」にさえ到達することができるという。なぜならそうした確実さを持つどのような知識も結局は「感官の証言」に基づくからである。

こうした感覚論を基礎に、著者は本書の第三の特徴である唯物論へと移行する。わたしたちの誤謬の最大の源は、精神内部の知覚の対象が固有の実在を持ち、わたしたちとは離れて実在すると想像することにある。筆者はここで「対象的」と「実在的」の二つの区別を導入してこの誤謬を避ける方法を提案する。たとえば白い物体が存在して「白さ」の観念が作られる場合、白い物体がどこにもないことはあり得るとしても、どんな物体もなしに「白さ」の観念があるとは言えない。このように知覚の対象の間に区別を設けることが重要であって、対象が実在しない知覚を著者は「対象的（objectives）または空想的」と名付け、それを対象が固有の実在を有する「実在的、または排他的」と名付ける知覚と厳密に区別する。「対象的な実在」は、「ただわたしたちの精神のなかにのみ存在するような実在」しか持っていないのである。そして著者は、「この二種類の区別、したがってそれに伴う二種類の実在を混同しないことは限りなく重要なことです」（一九四ページ）という。筆者はこの「区別」を認識のさまざまな領域に適用し、「神」と呼ばれる「分離された諸特性の不当な結合」が最大の誤謬だという。そして宗教体系を支持する哲学者たちは「神」をもろもろの結果の普遍的原因とするが、筆者は「どんな体系でも、そこまで遡るべき最終原因は、運命と呼ばれようと、必然と呼ばれようと、自然と呼ばれようと、普遍的原因と呼ばれようと、最高神と呼ばれようと、いつでも個々の存在と混同されている」（二〇四ページ）からに過ぎないという。

著者は本書冒頭ですでに「わが国の詩人たちが描く運命のような神が、わたしたちの外に存在すると誰が言ったのでしょうか」（一四七ページ）と述べて、神観念が対象的なものでしかないことを暗示しているが、この姿勢は本書では一貫したものと言えよう。筆者はその体系を次のように語る。「それにわたしは、なにか体系を立てたいと思ったら、次のように言う方を好むでしょう。すなわち、存在するものはみな必然的に存在する、常に存在してきたし、常に存在するはずで存在しないことはできない、その外見上のさまざまな変化は、ただわたしたちとの関係で、わたしたちに触れる諸存在が与える印象との関係でそうであるに過ぎない、わたしたちがそれを見るさまざまな面に応じて、それがある変様から他の変様に移るとか、いろいろな特性を得るとか失うとかわたしたちは言うが、しかし、それが持つ実在する力ないし実在は増減できないので常に同じであるだけでなく、それらの特性のうちに見られると思われる変化も、わたしたちがそれを見る観点に応じて形や色が変わる対象の変化以上の現実性は持たない。以上が、こうした主題についてなんらかの見解を取らなければならないとしたら、わたしがとりたいと思う立場です」（二〇六ページ）。

筆者はそれに加えて「ですがその際にも、確信を持って決定するに足るだけの理由はどこにも見あたりませんから、わたしは人間の打ち克ちがたい無知を誠実に告白する方を常に好むでしょう」という。一見懐疑主義ともとれるこうした立場表明は、しかしながら懐疑主義とは無縁なものである。わたしたちの認識が感官を介して客観的実在についての認識を獲得するものであれば、当然感官が及ばない実在領域が存在する。筆者の表明は第一にそうした認識論に支えられていると言えよう。「ドグマなき唯物論」あるいは「方法的懐疑」と評される由縁である。〔四〕第二にそうした表明は神観念、「普遍的原因」の非実在性を論破する何の妨げにもなっていない。筆者は先の表明に続けて、「普遍的な原因が実在することはあり得ないこと、彼らの言う神はわたしたちの想像力が作り出す幽霊か幻に他ならず、わたしたち自身と区別されたいかなる実在性もなく、せいぜい夢の対象のようにわたしたちの精神のなかに存在するにすぎない」（二〇六ページ）という。

この後筆者は「自由意志」の問題、また万人に共通の法の問題に議論を移し、さらに人間社会の起源に論を進める。筆者は、「人間が社会で暮らす際、快感を好み苦痛を避けるというこの法だけで人間を導くには十分なことは容易に納得できます」（二一六ページ）と述べて、快苦原理が社会の構成原理であるという。人間は本来臆病なものなので、相手が自分に害を及ぼすのを避けるために互いに「相互迎合」を行うようになる。つまり、「人間が単に非社交的臆病に生まれついているだけだったら、一人ひとりはまわりの人すべてに恐れを抱きますから、その人たちから好かれるようにして、相手が自分に害を及ぼすのを防ごうとするでしょう。抵抗するには自分が弱すぎると感じるからです。人間が互いにするこの相互的迎合から、やがて、互いに助け合い苦痛を軽減させ合い快感を与え合おうとする相互の心がまえに基づく個別の結びつきや社会が形成されるでしょう」（二一八ページ）。筆者は「どう猛で意地が悪い」ものがやがて専制国家を作るとしているが、社会問題は筆者にはそれほどの現実感はない。むしろそこに見られるのは、十八世紀前半の地下文書に共通のエリート主義である。筆者は人間は「臆病」だというがそれはそのまま「臆病で迷信的な下層民」（二四一ページ）批判に通ずる。

すでに述べてきたように、本書の真骨頂は、きわめて体系的な唯物論に基づく、博識な宗教批判の展開である。筆者はその批判を総括して、次のように言う。「わたしたちにとって重要なことは、この亡霊が吹き込む恐怖から自分を解放することです。そのためには、ただ思い切ってこの亡霊の方に足を踏み出し、そこまで入り込み、それを検討し調べてみることしかありません。そうすれば、この神がただの幻想でしかなく、わたしたちが人から与えられ、また自分でも形づくれる神の観念にはいかなる実在性もなく、そこからは道理にかなったどんな帰結も引き出せず、ましてや、何であれ何かの宗教の基礎としてそうした観念を役立てることなどできないことが分かるでしょう」（二二九―二三〇ページ）。言うまでもなく批判の主対象はキリスト教であるが、筆者はさまざまな宗教をとりあげることでこれを相対化して、その批判を展開する。本書の時代設定が紀元二世紀ごろとされているため、煩瑣な神学的議論に入ることなく、筆者は離在的な「普遍的原因」に批判の的を絞ることで宗教批判の核心に迫っている。こうした体系的な宗教批判は、この時期メリエの『覚え書』にしかなく、その意味でも貴重なものである。

〔一〕 Ira O. Wade, *The clandestine organization and diffusion of philosophical ideas in France from 1700 to 1750*, Princeton University Presse, 1938, p. 16.

〔二〕 Miguel Benítez, *La Face cahcée des Lumières*, Voltaire Foundation, 1996, pp. 39–40.

〔三〕 ウェイドによれば、一七五五年の刊本では『手紙』の執筆年は一七二二年とされているという。Wade, *op. cit.*, p. 187.

〔四〕 Miguel Benitez, *op.cit.*, pp. 341–342.

（石川光一）

『生死一如』

翻訳の底本と『生死一如』全訳の理由

本訳は哲学的地下文書『生死一如』の全訳である。翻訳に当たっては、オリヴィエ・ブロックの校訂による *Parité de la vie et de la mort*, La *Réponse* du medecin Gaultier, textes rassemblés, presentés et commentés par O. Bloch, Paris, Universitas, et Oxford, Voltaire Foundation, 1993 を用い、必要に応じて、その校訂本の元になった刊本が収録されている *Pièces philosophiques*, s.l.n.d.（ただし、一七七〇年頃出版されたと思われる）も参照した。後者は「十八世紀フランス自由思想コレクション」の一冊として名古屋大学中央図書館に所蔵されている。このコレクションは十八世紀に出版された地下文学の古典を多数収める世界的にも稀有なものであることを付記しておく。「付属資料」『回答』については部分訳であり、この翻訳についても同じブロックの校訂本を底本とした。こちらについては一七一四年の刊本の所在がこれまでに全部で五部知られている。パリのフランス国立図書館に一部、出版地とされるニオールに程近いポワチエの市立図書館に二部、ニオール市立図書館に一部で、ドゥー・セーヴル古文書館に一部ある。最初のもののマイクロフィルム版がフランス国立図書館のデジタル図書館であるGallica（http://gallica.bnf.fr/）から現在ダウンロード可能であり、適宜その版も参照した。このような稀覯本のマイクロ版がインターネットで無料で簡単にダウンロードできるなど、筆者が一九八〇年代に地下文書の古典を読み始めた当初には思いも寄らなかった。Gallicaが充実することで、十八世紀フランス思想の研究において、パリ在住の研究者と日本在住の研究者の地域格差は、少しずつだが確かに縮まっていると言えよう。

『生死一如』が『回答』に依拠し、それを再編した地下写本として流布していたこと、また、『回答』の著者がニオールの医師アブラーム・ゴーチエ（一六五〇頃―一七二〇）であることは疑い得ない。本訳で原典とも言うべき『回答』ではなく『生死一如』を全訳し、『回答』を「付属資料」としたのは、後者が十八世紀の思想界にほとんど知られておらず、その思想が『生死一如』や『新懐疑論哲学』（後述）という写本で流布したからである。したがって、地下文書が十八世紀フランス思想にいかなる影響を及ぼしたかを考えるためには、まず『生死一如』の内容を知る必要があると言える。そしてその上で、二十世紀後半に再発見されたその原典と目される『回答』を『生死一如』と比較することができるように翻訳するのが適切であると、われわれは判断した。部分訳にしたのは、（一）全体の構成からして両者に共通するところが非常に多く全訳には及ばないこと、（二）本訳はあくまでも十八世紀フランスの地下文書の総合的な翻訳を目指す書物の一部をなしており、『生死一如』の典拠研究ではないこと、などからである。部分訳したのは『回答』全体の三分の一ほどである。部分訳とは言っても、解剖学や生理学に関わる項を全体から抜粋し、その項については全訳となっている。とりわけこうした自然学に関わる部分を採録し全訳したのは、（一）そこに解剖学的生理学的観察・実験に基づく医師アブラーム・ゴーチエの創発論的とも言える唯物論的哲学が開陳されているからである。しかも、（二）『生死一如』においてはその部分がかなり抄録されて唯物論的内容が薄められ、懐疑論的方向に編集されているからである。この改編がいったい何を意味するのかは、『生死一如』や『新懐疑論哲学』が誰によって編集されたかも定かではないので、確実なことは何も言えない。変に筆者が仮定的なことを述べて読者を誘導するのではなく、むしろ読者に『生死一如』と比較できるような形で『回答』の訳をそのまま提示することで、読者自身にこの改編について検討していただきたいと筆者は考えている。しかも、こうした改編は地下写本の流布の過程で頻繁に起きたと想定されるのに、多くの場合それが秘密裡になされたため、地下文書らしく改編の実際を知ることができないのに対し、『回答』の『生死一如』への改編――もちろんその間に未知の複数の写本が介在しての改編だが――は、その実際を具体的に知ることができる稀有な事例なだけに、なおさら変な先入観なしに読者にその現場に立ち会ってもらいたいと筆者は希望している。

哲学的地下文書中における『生死一如』

はっきり言って、一九九〇年以前の哲学的地下文書研究において、『生死一如』の存在感は薄かった。もちろん哲学的地下文書の定義が研究者によって若干異なるので、実はその扱う範囲もずれることになるのだが、文書のリストを掲げた著名な研究者たちはみな一様に『生死一如』をリストに挙げながら、その研究にあまりページを割いていない。最初にリストを作ったウェイド（I. O. Wade, *The Candestine Organization and Diffusion of Philosophic Ideas in France from 1700 to 1750*, London, Princeton U. P., 1938）、日本人として困難な地下写本研究を先駆的に行い明確な定義に基づくリストを作成した赤木（赤木昭三『フランス近代の反宗教思想』岩波書店、一九九三年）、現時点でのもっとも浩瀚なリストを提示したベニテス（Miguel Benitez, *La Face cachée des Lumières. Recherches sur les manuscrits philosophiques clandestins de l'âge classique*, Paris, Universitas, et Oxford, Voltaire Foundation, 1996）しかりである。本巻に収録された他の地下文書については、『物質的霊魂』と『キリスト教弁証論者の批判的検討』を除くと、『三詐欺師論』、『トラシュブロスからレウキッペへの手紙』、『宗教の検討』、『キリスト教分析』、『ジャン・メリエ遺言書』を、これらの総合的研究は一様に重視しているが、『生死一如』はまさにそれと対照的に軽視されている。例外的に、ウェイドのリストを補完したばかりか、ゴーチエの『回答』を再発見し、それが『新懐疑論哲学』と『生死一如』の典拠であることを見出したスピンク（J. S. Spink, *French Free Thought from Gassendi to Voltaire*, London, University of London the Athlone Press, 1960）が、『回答』と『生死一如』にページを割いているのが目立つ程度であった。

実際、写本の数も『生死一如』が一つ（Ms Mazarine 1192）、『新懐疑論哲学』が一つ（Ms Arsenal 2239）しか確認されていない。およそ二百もの写本が確認されている『三詐欺師論』、数十もの写本がある『トラシュブロスからレウキッペへの手紙』、『宗教の検討』などと比べて、十八世紀における影響力も事実弱かったと言わざるを得ない。その『生死一如』がここに選ばれて邦訳される栄誉を得たのは、イエローム・ヴェルクロイス、とりわけオリヴィエ・ブロックが『回答』とその著者ゴーチエについて詳しい調査を行い、その実像を紹介するとともに、『回答』に表明された唯物論に創発論的とも形容すべき現代性を発見したことによる。それは、ラ・メトリ、ディドロ、ドルバックらに代表されるいわゆるフランス唯物論――といっても彼らも一枚岩ではなくそれぞれ異なる唯物論を展開したのだが――とは明らかに異質なものであった。そこで次に、その内容、意義、歴史的位置づけ、著者ゴーチエの生涯などを、本訳の底本となった批評版の校訂者ブロック自身の「解説」とわれわれ独自の調査によりながら、簡単に紹介することに進もう。

『回答』の創発論的唯物論とその意義

まず「創発」を、この概念を前面に出して初めて体系的な生命思想の歴史を展開したT・S・ホールに従って定義しておこう。それは「高次の生命形態で組織構造がますます複雑になると、そのことが、組織構造化の低い段階では不可能だった新しい生命の様態、新しい機能あるいは行動の出現（創発）を許すという意味」である（T・S・ホール『生命と物質』上、長野敬訳、平凡社、一九九〇年、二五ページ）。この創発をキーワードにした創発論的生命観が、分子生物学に対抗して二十世紀後半に展開され、現在でもなお影響力をもつ。この非常に現代的な生命観はいつどのようにして現れ、科学的生命観の中心に躍り出たのか。それを解明するのがホールのねらいだった。こうして、デカルトの機械論に代わってボイルやフックの初期の創発論的生命観が注目され、従来機械論的とされてきた十八世紀の生命観――ブールハーヴェ、ハラー、ラ・メトリらのそれ――にも、創発論的――言い換えれば微視から巨視までの組織構造連関を問う視点からの――再検討がなされることになった。しかし、そこにはもちろんゴーチエは登場せず、彼と同時代にやはり創発論的見方に着目したトーランドやコリンズにもページが割かれてはいない。ただいずれにせよ、十七世紀に創発論的生命観が登場し、それが十八世紀にも影響を与えたことは、ホールの著作から明確に読みとることができる。

それでは、『回答』の生命観はこのような思想史の展開の中でいかなる位置を占めるのであろうか。それに答える前に、『回答』の創発論を簡単に紹介しておきたい。それは例えば次のようなテーゼのうちに明確に表現されている。

自然がそこで示すのは、動物が形成される元である原湿には感覚がないこと、感覚はやはり感覚をもたぬ無数の原因によって生み出されること、原湿は初めに不完全な構成物を作るが、それのもつ諸部分は柔らかすぎて互いにつながりも関係もないため、やはり感覚する性質をもたないことである。しかしながら、諸部分のこの最初の構成物が安定性と完成度をさらに獲得し、繊維や膜や管が互いにつながり、相互の間に必要な交流、照応、関係ができると、この組織は感覚し運動できるようになる。(『回答』第三十一項)

このようにゴーチエは、感覚や意識を、霊魂や原湿といった前成の実体によるはたらきとしても説明せず――その意味でゴーチエは当時主流だった胚種の前成説に与しない――、また、身体という機械(歯車・滑車装置)の単純なはたらきとも考えない。そうではなくて、(一)原湿それ自体が原湿ではない物質(質料)がつながり合って構造を生み出すことで創発する、(二)それらがさらに別の構成物と関係し合うことで複雑な組織(胚種など)が出来上がり、それが感覚や意識を創発する、と徹底して後成説的に考えるのだ。そこにはより高次の組織・構造が新たな機能を創発するというホールの定義を地で行くような創発論的生命観が見事に吐露されている。

これは現代の生命科学とりわけ脳科学におけるこころの捉え方に生かされている非常に現代的な見方である。こころのはたらきは、一個のニューロンのはたらきによって還元主義的にも説明できないし、ニューロンの単なる集合のはたらきによって機械論的にも説明できない。それは、構造・システムをもった一連のニューロン群が、自らの構造と他の構造との関係を通じて新たに創発する高次のはたらきなのである。そのはたらきは低次の構造やシステムから直接予見できないので、偶発的なものとイメージされやすいが、高次の構造や関係によって合理的に説明可能であり、けっして非合理なものではない。デカルトの影響を受け機械論的還元主義的生命観が強力になっていった十八世紀初頭に、それを否定し現代の脳科学や生命科学の見方に通じる創発論的生命観が、ゴーチエによって展開されたことを、まずは確認しておきたい。

その歴史的重要性は、ゴーチエの数十年後に唯物論者として独自の生命観を展開したあのディドロですら、このような創発論的、構造的関係的生命観に立ち切ることができず、感性を結局は「物質の一般的特質」(『ダランベールの夢』(『ディドロ著作集』第一巻『哲学Ⅰ』杉捷夫訳、法政大学出版局、一九七六年、二〇五ページ))としてしまったことからもよくわかる。結局ディドロにとっては石ですら「生命のない感性」(同上、一九八ページ)を有するのであり、熱と運動によって「能動的な感性」へと移行しうるのだ。そこでは構造的関係的見方が十分に生かされていない。感性を物質の特質ではなく「組織の産物」(同上、二〇五ページ)とする可能性があることを、ディドロは否定していないにも拘わらず、そうなのである。

創発論的、構造的関係的物質観の系譜

それではゴーチエは、彼以前の時代の創発論者ボイルやフックなどとどのような関係に立つのであろうか。『回答』には彼らの名前は登場しない。批判の対象としてデカルトやマールブランシュその他のデカルト主義者は登場する。

後述するように、このニオールのなぞの医師については伝記的事実がほとんどわかっていない。したがって、ボイルやフックを読んだのか、彼らから影響を受けたのか、不明である。ただ、ゴーチエの創発論と通底する次のような興味深い議論がボイルにあることは指摘するに価する。それは主として『形相と質の起源』（一六六六年）で展開されている。例えば、ボイルは白サンザシの台木に梨の枝を接ぎ木した場合に、なぜ同じサンザシの樹液が、一方ではサンザシの実に、他方では梨の実に転成するかを次のように説明する。

この樹液はすでに根元に存在していて、上方へ向かう通路中で、人々がよく言っているような自然の意図によって、台木にふさわしい果実を産出するように決定されていたとしても［中略］、その木が本来産出するのとは全く異なる性質の果実を作り出すように変化・変質することを強いられるのである。［中略］樹液そのものは（たいてい）感覚にも十分均質に見える水のようなほとんど無味の液体である［中略］。それなのに、この樹液は、異なった性質の蓄によって、異なった果実に変えられるばかりか、同一果実内の変性された樹液さえも、構造の相違によって、非常に異なった、時には正反対の、諸質を現わすようにさせられるのである。（『科学の名著第Ⅱ期8　ボイル　形相と質の起源』赤平清蔵訳、朝日出版社、一九八九年、一二〇―一二一ページ）

このように、樹液はボイルにとって普遍物質（質料）粒子からなる複合体であり、その構造が変わることによってさまざまな植物構成物質に転成すると見なされている。この引用文をゴーチエからの引用文と比較してみよう。

庭や野に雨が降ると、水は、いかに単純なものとはいえ、植物を到るところで再び青々とさせ、植物に見られる無限に多様な種へとほどなく変化する。というのも、水は植物の樹液に成り変わるので、同時に植物も成長させ、そこに種々異なる部分を生み出すからだ。そのことは、水を満たしたビンの中にある種の植物を入れ、それが中で根、茎、葉を出し、花を開かせるのを見れば、得心がいこう。また、水はいかに単純なものであろうと、ただそれだけが、植物の樹液に変化した上で、植物の諸部分、栄養、成長、力を作り出すことも、かまどで乾燥させた土の中に種をまき、それに水をかければ納得できよう。（『回答』第十五項）

ボイルは水と樹液をほぼ同一視し、ゴーチエは水と樹液を区別した上で前者が後者に変わるとする点が異なるが、樹液が構造を変化させることで、植物の部分や質に転成して植物を生長させるとする点で、両者が共通していることは明らかである。

そこには実体的形相を徹底して否定し、形相や質を、質料と質料の内部にある構造や構造同士の関係によって説明しようとする構造的関係的物質観・質観を認めることができる。実際ボイルには、次のような物質の階層性の議論があった。あらゆる物質とその質は次のような質料的物質の階層構造の帰結なのだ。

普遍物質（universal matter）→ミニマ・ナトゥラリア（最小粒子）→第一次集塊（primary cluster、構造と質をもった粒子）→第二次集塊→第三次集塊→（『形相と質の起源』五四ページ以下参照）

最後の第三次集塊辺りがわれわれが通常目にする物体に相当する。したがって、そうした物体は諸構造の構造であり、構造同士が複雑に関係し合った結果として、さまざまな性質を現わすことになる。つまり、ボイルの物質理論の眼目は、形相を排除し、構造と関係とをもつ質料だけから、従来形相や質と解釈されてきたものを説明することにある。それは徹底した質料（物質）主義（matérialisme）と言っていいだろう。いわゆる唯心論や観念論に対立する唯物論に先行して、このような質料主義が登場していた。この見方はこれまでの哲学思想史であまり注目されることはなかったが、そこから構造的関係的物質観や創発論が生じたことを考えると、この質料主義に着目しないわけにはいかない。しかも、この機械論的物質観は、デカルトのような延長還元型の機械論とは異なり、構造や関係を重視する点で、要素還元主義をとらないより高度な全体論的機械論であり、創発論との関係からも再評価されるべき豊かな内容を有している。

同じ質料主義をゴーチエにも発見できるのだろうか。彼にはボイルのような包括的な物質観はない。その代わりを果たしているのが懐疑論あるいは不可知論である。彼にとって質は、ボイルのように構造と関係の産物ではなく、そもそも「対象のうちにはない」（『生死一如』第二項より、付属資料『回答』ではこの項に対応する邦訳は省略）ものである。だからといって、何も存在せず何もわからないのではない。単一体としての質料（物質）はあくまでも存在するのだ。ゴーチエにとっても反駁すべきは、「一般的でかつ質料（物質）と区別されるものとして実体的形相が存在する」（『生死一如』第三十八項より）という誤った主張である。つまり、存在するのはただ、単一体という質料（物質）から構成される物体と、それらの「色々な部分の配置、組成、関係」（同上）だけなのだ。形相や質が無に帰しかねない点でゴーチエはボイルと異なるが、形相や質の正体を質料の「配置、組成、関係」とする点で、ゴーチエもボイルと類似した質料主義に立っていると言えよう。しかも、先の『回答』第十五、三十一項からの引用が示すように、この質料主義は植物や動物を認識する哲学としても貫徹されている。

ところで、この質料主義は唯物論なのだろうか。もちろんボイルの場合は質料主義は唯物論になっていない。彼は敬虔なキリスト教徒であり、人間の実体的形相である理性的霊魂について、それを質料（物質）で説明するという信仰に反する立場はとれなかった。しかし、彼の質料主義は、哲学的には霊魂を含むあらゆる形相を排除し、動植物のあらゆる機能や性質を含めてすべてを、構造と関係を自ら構成する質料から説明する点で、唯物論的志向を潜在させていた。事実、ボイルに続く世代のイギリスの自由思想家たちが、彼の質料主義を大胆に唯物論的方向へと推し進めている。トーランドとコリンズである。トーランドは一七〇二年頃ピエール・ベール『歴史批評辞典』項目「ディカイアルコス」に反論して次のように述べた。

ディカイアルコスの言わんとしたのは、生命のある物体が生命のない物体と違うのは、その諸部分が一定の形と配列を持つことにすぎないということ［中略］。犬を構成する諸部分はひとつの機械を作るように配列されているが、石の粒子の配列はそうではない。（『ピエール・ベール著作集』第三巻『歴史批評辞典I　A—D』野沢協訳、法政大学出版局、一九八二年、八八九—八九〇ページ、項目「ディカイアルコス」の註Lより）

ここからトーランドは、ディカイアルコスに藉口しながら、ボイル流の質料主義的物質観を展開し、石の粒子とは異なる配列を人体諸器官がもつという構造的理由だけから、人間が思考できる可能性を示唆した。それが唯物論につながることは言うまでもない。かたやコリンズは、一七〇七から八年にかけてクラークと論争し、物質が高次の構造において、低次の段階ではもたなかった性質（思考など）をもつようになることを主張した。「物質体系が、その構成部分——それを全体と無関係に別個に見れば——のどこにもない諸性質を帯びることは、目さえあれば、あらゆるところに見出せる」（Art. COLLINS In: *Encyclopédie Methodique. Philosophie ancienne et moderne*, par M. Naigeon, Paris, 1791–1793, 3 vol., I, p. 796）。これが、ボイルの構造的関係的物質観・質観を継承しながら、彼が慎重に霊魂に帰した思考までも、物質の構造によって説明する唯物論的議論であることはいうまでもない。

　このように論を進めてくると、一七一四年の『回答』とそこで展開されたゴーチエの思想を、ボイルの物質観を継承し、その後に続いた二人の自由思想家によるその唯物論的転回の影響下に形成されたものと考えたくなる。だが、事態はそんなに単純ではない。既に述べたように『回答』にはボイルもフックも登場しないが、同様にトーランドもコリンズも登場しないのだ。それでも、密かな借用などがあるかも知れないが、今のところ明示的には誰もその証拠を見出し得ていない。実際、ボイルが化学的事例をふんだんに提示するのに対し、ゴーチエは動物の発生についての事例が中心で化学的組成や構造については何も語っていない。卵から雛鳥が形成される発生の観察事例は確かにボイルも用いているが（『形相と質の起源』、一一二ページ以下）、彼の場合それは多数の事例の中の一つにすぎず、ゴーチエのように中心事例となっていない。また、両者の記述内容に対応関係もない。さらに、中心的概念としてゴーチエは「樹液」や「原湿」を用いるが、ボイルには前者はあっても後者はなく、その代わりに「形成力」や「種子的原基」が用いられている。トーランド、コリンズとゴーチエの関係についても、明示的な証拠がなく、利用する事例や構造を示す中心的概念が異なっており、事態はボイルとゴーチエの場合と同様である。

　ゴーチエの実際の交遊や記述内容の類似からわかる影響関係として、ブロックはパリの外科医兼ジャーナリストのニコラ・ド・ブレニ（一六五二―一七二二）の影響と医師ギヨーム・ラミ（一六四四―八二）の影響を重視している。前者はデカルト、ガッサンディ、ラミなどの「新科学」に通じた有能な男で、パリで外科学や薬学の講義などをすると同時に、多くの雑誌を編集・出版していた。若い頃にゴーチエは、ブレニの編集する雑誌の執筆に関わっている。ラミの方は『感覚的霊魂の機能の力学的・物理的説明』（一六七七年）という著作を著しており、そこで身体諸部分の機能を諸部分の数、構造、位置の帰結として捉える構造的生命観を展開している。その意味で創発論に近いところにラミはいた。それ以外にも、マールブランシュ、ハーヴェイ、P・ベール、ハルツスケルなどをゴーチエは知っており、同時代の科学的哲学的動向に通じていたことは確かである。ただゴーチエの創発論について、ブロックもその意義を強調しながら、それが何に由来するのかは、その「解説」から明瞭に見えてこない。

十八世紀生命観への影響

『回答』が生物を創発論的に見直す方向へと生物研究を誘うのに、他の著作ともども多少とも貢献したことは確かであろう。さらに、地下文書の『世界形成論』（本叢書第二巻に所収予定）の成立にも影響を与えている。だが、ゴーチエの創発論が哲学や科学の分野で全体としてどれほどの影響力をもったかは、今のところ定かではない。ブールハーヴェやハラーはもちろん、思想的に近いはずのフランス唯物論者であるラ・メトリ、ディドロ、ドルバックなどに対する明示的な影響すら、どの研究者も見出しえていないからである。また、十八世紀後半にはモンペリエの医学者を中心に生気論という新たな生命観が提起され影響力をもつが、それとの直接的影響関係もわかってはいない。ただ言えることは、機械論者に分類されるブールハーヴェやハラーも、唯物論者のラ・メトリやディドロも、生気論者のボルドゥやメニュレも、微視から巨視までの組織構造連関、したがって、神経系、呼吸系、循環系、消化系などの組織構造や相互連関を総合的に扱う方向へと向かっていることである。ゴーチエの生命観もまた生物研究をそのような方向へと誘うように提起されている。その意味で、それが十八世紀の総合的全体論的——すべてが全体論的とは言えないが——生物研究や生命観を陰で準備したとは言えるだろう。

ただ、その関係はおそらく直接的ではない。というのも、ゴーチエが自らの生命観を提示する際に用いる主要な概念である「樹液」、「原湿」といった用語は、生命の実体的形相を表すスコラ的な用語として盛期十八世紀になると使われなくなってしまうからである。それほどデカルトによって開かれた医学機械論の影響力は大きく、そのためスコラ的目的論的生命観が一旦は否定され、非目的論的、分析総合的――その意味で機械論的――に、生物が要素の複雑な組合せとして捉え直されることになった。上述の十八世紀の論者たちの構造的関係的生命観は、生命のこうした機械論的換骨奪胎を経た後に形成されていくのだ。ただその際、組織化によって新しい機能や性質を次々と創発させる「諸構造の構造」として生命を捉える生命観が、平板な機械論から総合的な生命観への展開に力を貸したことは想像できる。そのような視角を多くの医学機械論者が見失っていたからである。いずれにせよ『回答』さらには『生死一如』、『新懐疑論哲学』が十八世紀フランスの生命思想や物質観にいかなる影響を与えたかは開かれた問いである。

ゴーチエの生涯

次に年表風にゴーチエの生涯を簡単に紹介しておこう。

一六五〇年頃　プロテスタントの家系の貴金属商の息子としてニオールで誕生。当時のニオールは繊維産業が盛んな商都として繁栄しており、カルヴィニストの影響が強かった。

一六八二年以前　医学博士号を取得。ただし、医学をどこで学んだかは不明。

一六八四年初頭　アムステルダムで、パリの外科医ブレニに協力して『メルキュール・サヴァン』誌（ベール『文芸共和国便り』の先行誌、一月号と二月号で終了）発行。なぜ編集担当をブレニからベールに代え、雑誌名も『文芸共和国便り』に変えて雑誌を継続したのか、理由はよくわからない。いずれにせよ、ゴーチエはアムステルダムで共同執筆者的役割を果たしていた。例えば、ドン・フランソワ・ラミ『形而上学の省察』の書評を執筆しており、それが後に『回答』にも利用されることになる（『生死一如』第三十三項参照）。それ以外にも「…からM・D・Bへの手紙」（M・D・Bはド・ブレニ氏の意か）を執筆し、「物質は感じることができる」と主張するなど、『回答』の著者らしい片鱗を見せている。このように、ゴーチエは医者ならびにジャーナリストとして、アムステルダムでブレニやベールらとともにプロテスタント的知のネットワークの一環を形成しており、その関心は既に「新科学」や自由思想にも及んでいた。

一六八五年　ナントの勅令廃止。九月十日　生地ニオールでカトリックに改宗。ただし、改宗といっても既にゴーチエの信仰心は薄く、実質的には不可知論や無神論が彼の立場であった。その後死ぬまでゴーチエはニオールを離れなかった。同じ頃、やはりプロテスタントの家系のジャケット・フレニョーと結婚。子供は四人いたようだが、成人したのは二人だけである。

一六九九年　「新改宗者」に対する素行調査報告書で、「アブラーム・ゴーチエ、医師、医師会広報役員、十一歳と九歳の男子あり。たいそう裕福な家庭。ゴーチエはときどき礼拝に行くが、妻は全然行かない」と報告されている。

一七一四年　『回答』（知られている唯一の著書）を出版。

一七二〇年　死亡。

『回答』から『新懐疑論哲学』、『生死一如』へ

最後に地下文書『新懐疑論哲学』と『生死一如』が『回答』からいかにして成立したかについて、簡単に触れたい。『回答』は出版許可を受けてニオールのジャン・エリ書店から出版されている。ジャン・エリはゴーチエの宿敵とも言える篤信のカトリック教徒で、なぜ彼の著作がそこから刊行されたのか、なぜ検閲を通ったのかはなぞである。この著作はその後忘れ去られたが、一部でその自由思想的内容が関心を引き、刊本から写本が作られたと想定される。そうした写本から『新懐疑論哲学』系の複数の写本群が成立したと思われ、アルスナル図書館所蔵の写本はその一つと想定される。さらにそこから、その内容を縮約するような方向で『生死一如』系の写本群が作られ、マザラン図書館所蔵のものはその一つと考えられる。そして、最後に一七七〇年頃 *Pièces philosophiques* の中の一冊として、ここ

に訳出した『生死一如』が刊行されるに到った。この当時、ドルバックなどの周辺から多くの地下文書が匿名、偽名で出版されているが、この著作もそうした一群の反宗教文書の一つと言える。内容的には、『新懐疑論哲学』と写本の『生死一如』の両方から抜粋しており、両者の中間的な作品となっている。

刊本から写本、写本から刊本という往復運動は現代ではちょっと考えづらいが、十八世紀においては本の発行部数は少なく写字生の人件費は安かったので、刊本から写本を作ることもけっして稀ではなかった。そして、一旦写本が作られるとそれが何度も異同を伴って手写され、種々の写本を生み出していくことになる。そのような流布の形態を通じて、ゴーチエ『回答』は無名の『生死一如』となったわけである。地下文書には、手稿であれ刊本であれ、原典がわかっているものは稀である。『生死一如』は原典が明らかな数少ない著作であり、それが有する原典との異同によって、写本を通じた地下での思想の流布について、われわれに多くのことを教えている。と同時に、多くのなぞを提起してもいる。多くの読者がそうしたなぞに関心を抱き、そこに隠された思想史のドラマの解読へと向かってもらいたい。『生死一如』と『回答』の本訳がそのような探求への誘いとなれれば、訳者にはこの上ない喜びである。

なお末尾ながら、本邦訳と解題がこれまでに数度にわたって筆者が受領してきた科学研究費補助金による成果の一部であることを、感謝とともに記しておく。

（寺田元一）

『物質的霊魂』

『物質的霊魂』はなんとも奇妙なテクストである。およそ物を書く人間ならば、製作物になんらかの形で自己の個性が投影されることを意図せぬ者はないはずで、他者に見られぬ独創性が製作物の価値と目されることも、他者からの剽窃が許しがたい行為として非難されることもそこから来る。こうした中で、全篇これ他者の文章の借用・盗用（原則として無断の）からなるテクストを、どう見ても意図的に作り上げたとしか思えぬこの文書の書き手のような存在は、まさに異例中の異例と言ってよい。もちろん、ピエール・ベール（一六四七―一七〇六）の『歴史批評辞典』（一六九六年）をはじめ、いわゆる「編集本」（compilation）が数多く生産され広く読まれていた当時として、他者の文章の借用自体が珍しかったわけでも、悪徳とされていたわけでもないし、それは基本的には現代でも同じであろう。しかし、さような借用が一般に許容され、その旨ことわった上でならもはや誰はばかることもない辞典など各種の編纂書の場合と、このテクストのような一貫した思想書の場合とでは話はおのずから別である。それなりに高度の哲学的内容を持つまとまった論考でありながら、校訂版を作成したアラン・ニデール氏がいみじくも指摘したとおり、その実「真に自前の文章はおそらく一行もない」（校訂版旧版一一ページ、新版一三ページ）、ほとんど無差別とも言えるほどあちこちから無断借用した先人の文章の単なる寄せ集め、つぎはぎにすぎないようなテクストは当時としても珍しかった。いささか皮肉な言いかたをすれば、およそ「独創」なるものを終始徹底的に排除して、ことさら独自性皆無のつぎはぎ細工を意図的に製作したことにこそ、この文書の作り手の独自性、独創性があったと言っても過言ではない。また、オラトリオ会の敬虔な修道士で、全体的に見ればデカルト主義の二元論を唯心論的方向に組み替えたと言えるマールブランシュ（一六三八―一七一五）の文章と、ガッサンディ派と言うよりもむしろ原エピクロス主義者と言うべき、唯物論的傾きの強いギヨーム・ラミ（一六四四―八二）の文章、さらには、極付きのピュロン主義者（懐疑論者）と目されていたピエール・ベール（一六四七―一七〇六）の文章といった、思想的立場が本質的に相容れぬ先人たちの発言を、時には同じパラグラフの内で、いずれも出所を示さずに、すべてをおのれの言葉として連続して並べ、しかもさしたる不自然を感じさせることもなく、この奇妙な寄せ集めに自らが与える一定の方向性を持たせたこの作り手のアクロバティックな手並はそれなりに見事なものだった。いずれにせよ、『物質的霊魂』がさようなテクストであるならば、その作り手は「著者」と言うよりむしろ「編者」と言った方がよかろう。校訂版を作成したニデール氏がこのテクストを「作品」とは呼ばず「資料文書」と呼んだ所以もそこにあったと思われる。だが、さような感想はあくまでも、このテクストがただ一人の手で、それも一度に書かれた時に初めて言えることであって、この肝腎な点も実のところ定かではない。『物質的霊魂』がそれぞれ借用文を持ち寄った複数の人間によって集団的に編まれた可能性も、筆写を重ねる中で内容が次々と新たに加えられ膨張していった可能性も完全になしとはしない。このテクストは十八世紀前半に作成された代表的な反宗教地下文書の一つとして、ウェイドこのかた研究家たちの注目を集めているにもかかわらず、所在が現在確認されるそれの写本は僅かに二つ、しかも全篇にわたる写本はその内一方のみという判断材料の決定的な乏しさが禍して、それについては最も基本的な点すらいまだ明らかにされていないというのが実状である。

そうだとすれば、この文書の作成に当たって先人の文章のただの寄せ集め、つぎはぎという特異な手法が用いられた動機や意図を穿鑿することも、実際上ほとんど意味をなさないだろう。作り手がかりに一人であったとして、自前の言葉を語るのを彼がこれほどまでに避けたのはおのれの能力への自信のなさや気おくれから来るのか、発言を問題にされ最悪の場合訴追など受ける危険に備えて、敬虔な教会作家を含む他者の権威の蔭に隠れられるよう、あらかじめ逃げ場を用意したのか、正統的なキリスト教的著作家をはじめ数々の典拠から好みの発言を掻き集めて無信仰の体系の内に組み入れるという、なかば諷刺的な意図を蔵した危険な遊びに耽っていたのか、徹底して没個性的な無信仰の「教科書」ないし「教理問答」を作るという教育的意図が根底にあったのか等々、考えれば様々な説明が可能であろうが、なんと言おうとみな憶測にすぎない。この文書の校訂版を二度にわたって作成した〔一〕アラン・ニデール氏は、一九六九年に出したその最初の版では作者を文法学者のセザール・シェノー・デュマルセ（一六七六―一七五六）と推定して、デメゾン法院長夫妻が息子を宗教なしで育てるため無信仰者の家庭教師を付けようとしてデュマルセに白羽の矢を立てたというサン゠シモンの記述を手掛りに、こうした無信仰教育のためあの文法学者が『物質的霊魂』を教科書として編んだ可能性が高いとした。面白い話ではあるが、所詮、話の面白さの域を出るものではなく、当のニデール氏も一九八〇年（二）以後は、デュマルセ作者説もろとも、かような説明を全面的に放棄してしまった。

動機はともかく、事実は疑いを容れない。ニデール氏はそれらの校訂版で、『物質的霊魂』の一つ一つの文章の典拠を明らかにすることを目指しており、いずれの版でも左の偶数ページには『物質的霊魂』の文章を、右の奇数ページには突き止められた典拠の文章を対比的に掲げて、借用が一目で分るようにしている。校訂版の新版（二〇〇三年）では旧版（一九六九年）より確定された典拠の量も大幅に増加しており、大凡の目分量だが、新版では『物質的霊魂』の文章のほぼ九十五パーセントについて、それがどこから借用されたかが明らかにされている。この文書には原註など一つも付けられておらず、ウェルギリウス、プリニウス、モンテーニュなど一部の古典と各種の旅行記、理論的著作ではマールブランシュ（一六三八―一七一五）の『真理の探求』（一六七四―七五年）だけを例外として、本文中で出典が指示されることは全くないから、典拠を確定するためニデール氏とその協力者たちが払った努力は並大抵ではなかったと察せられる。氏の作成した校訂版に依拠するわれわれとしては、何を措いてもまず、氏の御苦労に深甚なる感謝の意を表さねばならない。

こうして明らかにされたそれらの典拠は、十八世紀前半の地下反宗教思想がいかなるものを糧としていたかを究明する上できわめて貴重な資料となっている。『物質的霊魂』の主題は標題も示すとおり「魂」の問題であるから、その典拠もむろん無信仰、自由思想のあらゆる側面を網羅するものではないが、限られた分野とはいえ、かほどの密度で典拠が確定された意義は絶大だった。それはもちろん、自前の言葉をけっして語らず、他者から借用した文章の単なる寄せ集めを作るという、この文書の編者が用いた独自の手法があったればこそである。ただし、この文書一つから当時の地下反宗教思想の全体を推し量るという不当な一般化はくれぐれも慎まねばならない。

では、『物質的霊魂』の一人または複数の編者が用いたその典拠とはどのようなものだったのか。ラテン語の原典

ではなく、一七〇八年に刊行されたジャック＝パラン・デ・クテュール男爵（一七〇二歿）による仏訳を用いたらしいルクレティウスの『事物の本性について』や、獣の魂を論じる際には当然欠かせぬモンテーニュの「レーモン・スボン弁護」（『随想録』第二巻第十二章）などの「定番」とも言うべき古典を除き、十七世紀以後の著作に限って主要な典拠を通覧しておこう。

まず、最も頻繁に用いられるのはピエール・ベール（一六四七―一七〇六）の著作で、歴史的知の宝庫とされた『歴史批評辞典』（一六九六年）の中の「ロラリウス」の項をはじめとして「ディカイアルコス」、「ペレイラ」、「ゼンネルト」等々の項が、『辞典』以外では『彗星雑考』（一六八二年）、『続・彗星雑考』（一七〇四年）、『田舎の人の質問への答』（一七〇三―〇七年）などが典拠として使用される。ベールの『辞典』とほぼ同様の使われかたをするのは、ジャン・レヴェック・ド・ビュリニ（一六九二―一七八五）の『異教哲学史』（一七二四年）である。

哲学的な著作では、まずエピクロス＝ガッサンディ派のものを挙げれば、ガッサンディ（一五九二―一六五五）の弟子フランソワ・ベルニエ（一六二〇―八八）が著わした『ガッサンディ哲学要約』（第一版一六七四年、完成版一六七八年）、原エピクロス主義者と言うべきギヨーム・ラミ（一六四四―八二）の『解剖学談話』（一六七五年）がさかんに用いられる。デカルト派ではルイ・ド・ラ・フォルジュ（一六三二―六六）の『人間精神論』（一六六六年）、アントワーヌ・ディイ（一六七六歿）の『獣の魂について』（一六七六年）、そしてとりわけニコラ・マールブランシュ（一六三八―一七一五）の『真理の探求』（一六七四―七五年）が最も多く用いられており、特に『物質的霊魂』第四章の最後の部分は『真理の探求』のあちこちから借用した文章の寄せ集めの感が強い。思想家ではほかに、これもデカルト主義者と言ってよいフォントネル（一六五七―一七五七）の『新篇死者の対話』（一六八三年）や『科学アカデミー史』（一六九九―一七四〇年）、ジャンセニスト神学者ピエール・ニコル（一六二五―九五）の『道徳試論』（一六七一―一七一四年）などが使われている。

こうした思想的著作のほかに、人間以外の動物にも理性や判断力があるのを示す典型的な実例（シャムやセイロン

の象、バタヴィアの蟻、カナダのビーバー等々）を蒐集するため、フランソワ＝ティモレオン・ド・ショワジ師（一六四四―一七二四）の『シャム旅行日記』（一六八七年）、ラ・オンタン男爵ルイ＝アルマン・ド・ロン・ダルス（一六六六―一七一五）の『北アメリカ覚書』（一七〇三年）、フランソワ・ルガ（一六三八―一七三五）の『東インドの二つの無人島におけるフランソワ・ルガとその仲間たちの旅と冒険』（一七〇八年）、ヨハン＝ヤーコプ・ショイヒツァー（一六七二―一七三三）の『アルプス第三次旅行記』（一七〇八年）、ジャンフランチェスコ・ジェメリ・カレリ（一六五一頃―一七二五頃）の『世界周航』（一六九九―一七〇〇年、仏訳版一七一九年）や、さらにはジャン＝バティスト・モルヴァン・ド・ベルガルド（一六四八―一七三四）の旅行記集成『旅行全史』（一七〇七年）などが利用されており、なぜか、これらの旅行記に限っては本文中で典拠として指示されている。

ほかに、前出のピエール・ベールやジャック・ベルナール（一六五八―一七一八）が編集した『文芸共和国便り』（ベールが編集したものは一六八四―八七年、ベルナールが編集したものは一六九九―一七一〇年、一七一六―一八年）、アンリ・バナージュ・ド・ボーヴァル（一六五六―一七一〇）の『学芸著作史』（一六八七―一七〇九年）、ジャン・ル・クレール（一六五七―一七三六）の『古今東西文庫』（一六八六―九三年）や『精撰文庫』（一七〇三―一三年）といった当時広く読まれた学芸新聞の記事がさかんに利用されるが、それはロック（一六三二―一七〇四）の『人間知性論』（一六九〇年）や、イエズス会士ガブリエル・ダニエル（一六四九―一七二八）のデカルト派反駁書『獣の認識に関し、逍遙学派の或る人が《デカルト世界旅行記》の著者に呈した新たな異議』（一六九三年）の主張を、直接に原典からではなく、それらの新聞に掲載された抜萃を通じて間接的に利用するためだった。ロックの『人間知性論』はピエール・コスト（一六六八―一七四七）による仏訳が一七〇〇年に刊行されていたが、『物質的霊魂』で借用された訳文はこの仏訳版とではなく、『文芸共和国便り』の一六九九年十月号に載った抜萃と一致することが確認されている。ロックの利用が、一定の仕方で組織された物質に思考能力を付与することも神の全能の力を以てすれば可能であろうとして、ベールやヴォルテール（一六九四―一七七八）をはじめフランスの思想家たちの間でも多大

の論議を巻き起こした「思考する物質」という仮説をめぐるものだったことも、『物質的霊魂』の主題からして当然だった。

さらに、この文書が典拠として利用したものの内には、こういう素姓の知れた作品のほかに、モンフォーコン・ド・ヴィラール師（一六三五―七三）が著わした『ガバリス伯爵』（一六七〇年）の続篇と称する作者不明の『助ける精霊と仇敵の地の精《グノーム》』（一七一八年）という秘教的作品（精霊論）もあれば、さらには、『宗教論序文』や『真理探求試論』と題するいずれも当時未刊の反宗教地下文書もあった。特に『真理探求試論』は、その第二章「魂について」が『物質的霊魂』第四章の末尾から第五章のほぼ全体にかけてほとんどまるまる引き写されていた（ただし、『物質的霊魂』にも『真理探求試論』の第二章にも或る共通の祖先があって、両者がともにそれを引き写したところから二つの文書の間の一致が生じた可能性もなしとはしない）ことが、セルジオ・ランドゥッチの手でこの地下文書の校訂版が刊行されている〔三〕今は、誰でも容易に確かめられよう。

こうして明らかにされた典拠の内には、内容や当時浴していた令名からして用いられて当然と考えられるものもあれば、いささか意外の感を与えるものもある。たとえばピエール・ベールの『歴史批評辞典』などは、啓蒙思想の最大の「武器庫」となったという同書の歴史的位置づけからして、『物質的霊魂』の主要な典拠の一つに挙げられるのもごく自然なことであろう。また、「先駆者」としての知名度はベールよりはるかに劣るが、ギヨーム・ラミの『解剖学談話』などは、十八世紀前半の最も代表的な反宗教地下文書の『三詐欺師論』でもその所説が大幅に利用されるなど、この時期の地下反宗教思想を一般的に培った重要な源泉《ソース》の一つと目されるから、『物質的霊魂』の一人または複数の編者がこの書を存分に活用したことも十分にうなずかれよう。しかし、『物質的霊魂』という標題自体が雄弁に物語るように、精神と物質、思考と延長のデカルト的二元論を打破することを最大の狙いの一つとしたに相違ないこのテクストが、たとえばラ・フォルジュ、たとえばマールブランシュといった本来「敵」たるべき極付きのデカルト主義者の著作をあれほど大幅に利用したことはどのように解すればよいのか。この問いに答を出すためには、何よりもまず、その利用の実態を仔細に検討せねばならない。

まず、これはデカルト派の言説に限らず一般的に言えることだが、およそ個々の主張をそれを導き出した論争的意図と切り離して用いれば、当の主張者の狙いとは全く異なる利用法も常に可能なことである。たとえばデカルト派の場合、彼らの主敵は言うまでもなく「逍遙学派」の名で呼ばれた旧来のアリストテレス＝スコラ学派で、「霊魂」問題に話を限れば、彼らの攻撃の主たる標的は、「質料」（物質）の内から生じる「実体的形相」としての「動物的霊魂」という、物質と精神との中間とも言うべき位置を占める曖昧な存在だった。かような鵺《ぬえ》的存在を消去して、「思考」に一元化された精神と「延長」に一元化された物質との截然たる二元論を樹立するため、彼らはあえて常識に背を向け、獣には認識もなければ判断もなく、その行動は自動人形（ロボット）のそれと異ならぬとする「動物機械論」を唱えたのだが、多くの面で獣の行動と人間の行動の間に見られる類似性は誰しも常識的に認めざるをえないだけに、獣の行動のこうした純機械的な説明が、スコラ的な「実体的形相」の消去という説明者の論争的な意図とは無関係に、人間の行動の同じく純機械的な説明へと容易に延長しうるものだったこともいたしかたなかった。この「動物機械論」は一見して分る常識との齟齬ゆえに、本来の敵たる「逍遙学派」はもとより、ガッサンディ派や広く自由思想家たちからも反対され嘲笑されたが、その際、特に「逍遙学派」の論争家が好んで衝いたのもまさにその点で、「動物的霊魂」を消去するデカルト派の論法がひいては人間の非物質的な霊魂をも消去する背神的な結果を招くということがたえず攻撃の的となり、「動物機械論」から「人間機械論」への拡大・延長の道筋が、スコラ哲学擁護という論戦上の必要から、これら反デカルト主義的論争家によって意図的に強調された。「逍遙学派」の立場に立つイエズス会士ダニエルが有名な『デカルト世界旅行記』（一六九〇年）やその続篇の『獣の認識に関し、逍遙学派の或る人が《デカルト世界旅行記》の著者に呈した新たな異議』（一六九三年）でしたこともそれである。またそうであるなら、「逍遙学派」とデカルト派の論争をおそらく皮肉な笑みを浮かべつつ見ていた『物質的霊魂』の編者または編者たちが、「動物的霊魂」を消去するデカルト派の論理に賛同しつつ、しかも人間の非物質的な霊魂をも同時に消去するために、「逍遙学派」の論争家が一種の帰謬法として用いた論争用の論理を前向きの肯定的な論理として活用することも、つまりは、スコラ哲学を乗り越えるためにデカルト主義を利用し、同時にデカルト主義をも乗り越えるためにスコラ学派の主張に依拠することもけっして難しい作業ではなかった。こうした論法はピエール・ベールなども得意としたものだが、ヘイスティングズ、ローゼンフィールド、キルキネン〔四〕らによってつとに研究されている「獣の魂」問題の思想史を考えれば、このテクストの編者または編者たちがこの論法を駆使したことも十分に納得できる。

次に、こうした一般論から離れて、特殊に、『物質的霊魂』で典拠とされるデカルト派の言説の利用形態を見ることにしよう。ニデール氏とその協力者たちの努力によって、『物質的霊魂』のほぼすべての文章につき、それぞれの典拠が明らかにされている今、それに基づいてラ・フォルジュ、ディイ、マールブランシュなどの文章とそれに依拠したこの地下文書の文章とを個別具体的に照合してみれば、この利用にはいくつかの目立った特徴があることが分る。第一は、典拠とされるこれらデカルト派哲学者の文章が本人の意図とは関わりなくきわめて恣意的・選択的に利用されたことである。たとえばこの文書の第二章には、「知性的実体というのは相互に破壊し合う用語である。人間が動物であるかぎり、また、事故以外に物体と対立するものはないかぎり、人間全体が物体なのである」という文章があるけれども、これは、「知性的実体というのは相互に破壊し合う用語であり、人間が動物であるかぎり、また、事故以外に物体と対立するものはないかぎり、人間全体が物体なのだとホッブズ氏は無数の個所で言っている」というラ・フォルジュの文章から「とホッブズ氏は……」以下を削ったものだし、つづいてラ・フォルジュは「この人（ホッブズ）はこう論じている」という句を呼び水として『リヴァイアサン』（一六五一年）からの長い引用をしているが、『物質的霊魂』ではこの導入句が省略され、『リヴァイアサン』の言葉が編者自身の言葉として、先の文章の末尾の「人間全体が物体なのである」に後続している。言うまでもなく、ラ・フォルジュがホッブズ（一五八八―一六七九）を引くのはあくまでも論敵の主張を紹介するためで、それに対する反論が当然後段にあるのだが、この肝腎の部分が『物質的霊魂』では全く黙殺されている。その他、デカルト派の著者たちがガッサンディ派や自由思想家の所説を反論用に紹介した部分を、この地下文書がそれだけに限って選択的に利用したケースも多い。さらに、自然のはたらきの物理的法則性から各種の事象を説明するデカルト派、とりわけマールブランシュの機械論的主張を大幅に活用しながらも、マールブランシュにあってはかような機械論をそれこそが裏打ちし成り立たせていた機会原因論、つまり、動力因として法則的にはたらくのはあくまでも神のみであり、被造物は単に神が法則的にはたらくための機会を提供するにすぎないという強度に唯心論的な主張を黙殺するか、または滑稽なたわごととして一笑に付すかしていることも、典拠の所説の選択的な利用を示す際立った例と言えよう。

それと並んで第二に注目されるのは、ニデール氏が「外挿」(extrapolation)という数学用語で呼んだ、典拠の原理の拡大適用である。たとえば、マールブランシュは動物精気が脳の繊維に刻んだ痕跡によって記憶や習慣を説明したが、『物質的霊魂』の一人または複数の編者はこのデカルト派の所説に依拠して、人間の知的・情動的生活の一切を同じ原理によって説明した。「観念」とはそもそも脳に刻まれたこの痕跡の謂であり、「思考」とはそれらの痕跡を辿って動物精気が流れる運動のこと、「判断」とは複数の痕跡が連続的に辿られることで生じる観念相互の比較のこと、「情念」は心臓の熱の様々な度合に依存し、動物精気が適量に導管へ流れ込めば「快感」が生じ、その導管の許容量を超えて流れ込めば「苦痛」が生じる、等々というふうに。この文書によれば、思考する主体は非物質的な「精神」ではなく、微細な物質粒子であるこの動物精気そのもので、また、脳に刻まれる痕跡(観念)はそもそも感覚器官への刺激によってしか生じないから、この唯物論的心理学は徹底した感覚論に基づいている。

同様の「外挿」は道徳論にも見られた。マールブランシュは感覚的快楽をそれ自体善(むろん、相対的に劣る善ではあるが)とすることで、アントワーヌ・アルノー(一六一二―九四)らからエピクロス主義への傾斜を非難されたが、この地下文書はマールブランシュを利用しつつ、あの哲学者が踏み出した一歩をさらに推し進めて、快苦こそ善悪の誤りない指標であり、感覚と情念に従うことこそ幸福への真の道であるとする快楽主義的道徳観を大胆に導き出した。先に見た選択的利用が典拠の趣旨とは無関係に、しばしばそれを裏切って行なわれたのに対し、この「外挿」は典拠の所説の拡大・延長からなるものだったが、いずれにせよ、こういう二種類の操作によって、二元論的、さらには唯心論的なデカルト派の言説の或る部分が、意外にも、唯物論的一元論の体系の内へ巧みに組み入れられる結果となった。こうした経過は、転換期における思想の流れの複雑さを示す好個の実例と言ってよい。

　それにしても、この地下文書で利用された典拠の数はさして多くはなかった。この文書は、編者または編者たちが典拠の内で読んでいて、かねてノートを取るか下線を引くかしておいた文章をその後寄せ集め貼り合わせて作成したものと推定されるから、この編者または編者たちはさほど学殖豊かな多読家ではなかったと見える。マールブランシュをあれほど利用したにもかかわらず、典拠として用いたマールブランシュの著作が『真理の探求』一点に限られたこと、ダニエルはともかく、「思考する物質」の仮説を出したものとして重要なロックの言葉を、原典またはすでに出ていたその仏訳版から直接に引くのではなく、学芸新聞に掲載されたそれの抜萃、紹介記事から間接的に引くというお手軽な方法に甘んじたことなども、編者の学殖や知的厳密さを判断する際、有利な材料となるものではない。もっとも、この文書では典拠の文章の借用が原則として常に無断で行なわれ、ロックの文章もロックの文章として用いられたわけではないから、典拠の数が多くなくとも、借用の仕方がよし安易で不正確でも、それは一向さしつかえないと、編者は初めから開き直っていたのかもしれない。

　突き止められたこの文書の諸種の典拠を通覧して、まず目につくのは、ベルニエの『ガッサンディ哲学要約』はあってもガッサンディ（一五九二―一六五五）のものはなく、このガッサンディに限らず、ラ・モット・ル・ヴァイエ（一五八八―一六七二）、ガブリエル・ノーデ（一六〇〇―五三）等々、十七世紀前半の自由思想家たちが全く利用されていないことである。同じく、十七世紀末からすでに「無神論者」の代名詞とされていたスピノザ（一六三二―七七）もここには一度として登場せず、イギリスの理神論者たちも参照された形跡はない。とりわけ後者の場合、ほかならぬこの「霊魂」問題で、「思考する物質」というロックの仮説に対するピエール・ベールの反論にジョン・トーランド（一六七〇—一七二二）が手紙で反駁していたし、同じくロックの弟子のアントニー・コリンズ（一六七六—一七二九）がやはり「霊魂」問題で国教会の神学者サミュエル・クラーク（一六七五—一七二九）と論争しており、トーランドのその手紙がベールの手により発表されたのは『歴史批評辞典』第二版（一七〇一年）（「ディカイアルコス」の項、註L）の内でだし、コリンズの論争文が出版されたのは一七〇七、〇八年のことだったから、この地下文書の編者がイギリス思想の動向に通じていたら、少なくともそれに強い関心を抱いていたら、利用できる材料は実際よりはるかに多かったに相違ない。ただし、先行思想や同時代の思想の利用がこれほど限定的なのは、あくまでもこの文書に固有のことで、その一例のみから当時の地下反宗教思想の全体を占うことはむろんできない。

ともあれ、ベルニエ、ラ・フォルジュ、マールブランシュ、間接にはホッブズやロックの所説などを存分に利用して自己の体系を組み立てた編者とはいえ、その体系の肉付けではなく骨格を作るのに用いた典拠は、公刊された書物に限定すればギヨーム・ラミの『解剖学談話』、当時未刊の地下文書をも含めれば、同じラミの理論に依拠していたらしく、「霊魂」問題を扱うそれの第二章を『物質的霊魂』の第四、第五章にほぼ全文にわたって引き写された作者不明の『真理探求試論』（または、『物質的霊魂』と『真理探求試論』第二章とがともにそこから発していたなんらかの共通の祖先）を加えた二点に実際上は限られていた。体系の「骨格」とは、要約すれば、人間の魂も獣の魂も基本的に同一のもので、人間と獣の間に見る能力の差は身体器官の種による相違から来るにすぎない、人間と獣に共通するこの魂は、実は、血液とともに体内を循環する微細な物質粒子である動物精気にほかならない、極微の火であるこれらの動物精気は太陽を源として全宇宙に瀰漫しており、呼吸や食物摂取によってたえず外界から体内へ取り入れられ、個体が死ねばたちまち外界へ飛散して自然の内に帰るから、人間の魂は非物質的なものでも不滅でもない——というものである。それはギヨーム・ラミの所説を基本的な土台としつつ、宗教との正面切った対決を避けるためラミが当然それに付していた各種の消音装置を地下文書ゆえもはや不要として取りはずし、ラミの主張を言うなれば「本音」に引き戻し純化した理論だった。こうしたラミの所説の唯物論的利用は、『真理探求試論』にもすでに見られたものである。

　またラミと同じく、この地下文書の編者または編者たちも神の存在をそれ自体としては否定していなかったから、宗教的には有神論者であり、せいぜい或る種の理神論者と言ってよかった。しかし、肝腎なのは全体的な世界観のありかたであって、最高存在を認めるか認めないか、理神論者か無神論者かはさして重要な問題ではないし、一般的に無神論者が理神論者より勝っていたわけでもない。

　この文書の編者が単数か複数かさえ明らかでない現状では、その個人名を確定することなどまず不可能と言ってよい。それでも、著者同定の試みは昔から様々な形で行なわれてきた。反宗教地下文書について初めて綜合的な研究を著わしたウェイド〔五〕が、同じく代表的な地下文書である『世界に関する古代人の意見』や『魂の本性に関する古代人の意見』の作者と推定されておりドルバック（一七二三—八九）の『自然の体系』（一七七〇年）もそれの遺作と偽って刊行されたジャン゠バティスト・ド・ミラボー（一六七五—一七六〇）を『物質的霊魂』の著者と考えたのもその一つである。この文書の校訂版を二度にわたって刊行したアラン・ニデール氏が、前述のとおり、最初の版（一九六九年）では文法学者のセザール・シェノー・デュマルセ（一六七六—一七五六）を『物質的霊魂』の著者または編者としたのも同じである。もっとも、一九八〇年以後、同氏はかような著者同定を全面的に放棄して、かわりに、『快感の理論』（一七四七年）の著者ルイ゠ジャン・レヴェック・ド・プイイ（一六九一—一七五〇）とその弟で『異教哲学史』（一七二四年）を著わしたジャン・レヴェック・ド・ビュリニ（一六九二—一七八五）の兄弟、そして彼らと親しかった『知られざる者の傑作』（一七一四年）の著者テミズール・ド・サン゠ティアサント（一六八四—一七四六）などのグループがこの地下文書の作成と配布に決定的な役割を演じたという新たな説を唱え、二度目の校訂版（二〇〇三年）の解題でもこれをそのまま踏襲した。次々と変化するこうした著者同定はいずれも推測の域を出ず、決定的な証拠が挙げられているわけではない。ニデール氏自身も、自前の文章が何もないこのようなテクストは本来誰でも編めるもので、誰が編んだかの議論はいつまでも決着がつかず、議論すること自体にほとんど意味がないという冷めた感想をもらしている。訳者個人としては、すでに述べたとおりこの文書に見る編者の学殖がいささかお寒いところからして、それを編んだのはミラボー、デュマルセ、レヴェック兄弟、テミズール・ド・サン＝ティアサントのような名の通った職業的文筆家ではなく、むしろ非職業的な名もなき人物または人物たちではないかという疑いを拭いきれない。

このテクストが編まれた年代は、スピンク〔六〕によると十八世紀の最初の十年間とされるが、これはいささか早すぎるようである。確定されたこの文書の典拠の内、年代的に最も遅いものは一七二四年に出版されたレヴェック・ド・ビュリニの『異教哲学史』だから、この文書がその年以後に編まれたことは間違いない。また、同じく反宗教地下文書の論集『新しき思想の自由』の中の「魂の本性に関する哲学者たちの意見」は明らかに『物質的霊魂』を下敷にしていたと考えられるが、一般的には一七四三年の刊行とされるこの論集には一七三七年八月と刊行の時期を記した本もあることから、『物質的霊魂』はそれ以前に編まれたものと想定されている。つまり、一七二四年と一七三七年の間というのが、この文書の大凡の作成時期と推定される。ただ、これはあくまで今残っている形態のものが最後的に成立した時期であって、この文書が一七二四年以前から時間をかけて徐々に作成された可能性も排除されない。

『物質的霊魂』は現在、手書きの写本が二つだけ残っている。パリのアルスナル図書館にある写本二二三九と、同じくパリのマザラン図書館にある写本一一八九で、前者の標題は『物質的霊魂、または、霊魂の不滅を主張する古今の哲学者や新たな博士らの誤った原理に関する新体系』、後者の標題は『死すべき霊魂、または、霊魂の不滅の支持者がする反論への答。《蘇ったテオフラストス》と題する写本の翻訳』（十八世紀）とある。この二つの内、マザラン図書館所蔵のものにはアルスナル図書館所蔵のものの最後の二章しかなく、アルスナル図書館の写本の方がはるかに完全なので、校訂版を作成したニデール氏ももっぱらそれに準拠して、最後の二章についてはマザラン図書館の写本の読みを必要に応じ異文として掲げるに止めた。邦訳に当たっては、むろんその校訂版を底本とした。なお、再三指摘するように、ニデール氏による校訂版は一九六九年の旧版と二〇〇三年の新版と二度にわたって刊行されたが、人名表記の正確さ、典拠の確定などあらゆる面で新版が旧版より格段に勝っているから、この邦訳も新版に従い、旧版も随時参照した。

マザラン図書館所蔵写本の副題にこの文書が『蘇ったテオフラストス』の翻訳とあるのは明らかに韜晦である。『蘇ったテオフラストス』というラテン語の反宗教地下文書はたしかに実在するが、これは十七世紀中葉に書かれたものだから、ベール、マールブランシュ、ロック等々に依拠した『物質的（または死すべき）霊魂』がその翻訳であろうはずはなかった。

〔一〕 L'Ame materielle（ouvrage anonyme）. Edition critique avec une introduction et des notes par Alain Niderst（Publications de l'Université de Rouen, 1969）. L'Ame materielle（ouvrage anonyme）. Deuxième édition, revue et complétée avec une introduction et des notes établie par Alain Niderst（Honoré Champion, 2003）.

〔二〕 Alain Niderst, L'*Examen critique des apologistes de la Religion Chrétienne*, l'es frères Lévesque et l'eur groupe, dans Olivier Bloch, éd., Le Matérialisme du XVIIIe siècle et la littérature clandestine（Actes de la Table ronde des 6 et 7 juin 1980）（Vrin, 1982）.

〔三〕 «*Essais sur la recherche de la vérité*（manoscrito clandestino）»（*Studi settecenteschi* 6, Napoli, Bibliopolis, 1984）. フランスでは、Philosophes sans Dieu.Textes athées clandestins du XVIIIe siècle réunis par Gianluca Mori et Alain Mothu（Honoré Champion, 2005）に再録。

〔四〕 Hester Hastings, Man and beast in French thought of the 18th Century（Baltimore, 1936）. Leonora Cohen Rosenfield, From beast-machine to man-machine. Animal soul in French letters from Descartes to La Mettrie（Oxford, 1940）. Heikki Kirkinen, Les Origines de la conception moderne de l'homme-machine. Le Problème de l'âme en France à la fin du règne de Louis XIV（1670–1715）（Helsinki, 1960）.

〔五〕 Ira O. Wade, The Clandestine organization and diffusion of philosophic ideas in France from 1700 to 1750（Princeton, 1938）.

〔六〕 J. S. Spink, French Free-thought from Gassendi to Voltaire（London, 1960）.

（野沢　協）

『キリスト教分析』

ここに訳出した地下文書『キリスト教分析』の底本として、訳者が用いた刊本は、表題が *La Religion chrétienne analysée*（厳密には「分析されたキリスト教」と訳される）となっていて、本論考の表紙には作者のイニシャルだけがC・F・C・D・Tと記されており、出版地がパリで、出版年が一七六七年となっている。年代から言って、ドルバックがこの地下文書の刊行に携わったことはまちがいないと思われる。本論考は、作者のイニシャルから、ルアン図書館所蔵の写本（一七四九年の日付を持つ）を下敷きにしていると推測される。この図書館には、同じ題名の、もうひとつの写本があるが、それは、本文のみで、註記がいっさいない。この写本の作者は、地下文書の作者に擬せられることが多い東洋学者のフレレとなっている。

『キリスト教分析』は、いくつかの類似した題名を持つ、いずれも似通った内容の写本・刊本群を構成している。このうち、『キリスト教の分析』*Analyse de la religion chrétienne* と題する論考は、一七九七年刊行の『デュマルセ著作集』第七巻に収録されていることから、『キリスト教分析』の作者は、デュマルセとも考えられる。かつてスピノザの後代への影響を広範囲に調査したP・ヴェルニエールは、作者をデュマルセと同定し、それが編纂されたのは一七二二年――『キリスト教分析』という写本群の一部はウットヴィルが同年に刊行した『事実によって証明されたるキリスト教』に対する反論として位置づけられる――から一七四八年のあいだと推定した。

フランスのアンシアン・レジーム期において、一般に、瀆神的内容の反宗教的文献は、手書きの原本とその写本という形で、ひそかに販売されたり、好事家のあいだで回し読みされたりした。弾圧や投獄を恐れていた批判的思想の持ち主たちは、反宗教的著作を流布させる場合には、みずからの匿名性を確保しようとした。しかし、こうした制約があるにもかかわらず、今日では、作品の内容を分析することによって、或る程度、作品が成立した時期を推測することができるし、文芸市場でのさまざまな反響から、作者を推定することもできる。

一見して、『キリスト教分析』の記述で、もっとも新しい時点を示唆するのは、本文末尾に挿入された原註（a）である。そこでは、「今日、われわれの目の前で起こっている事柄を、あらゆる宗教とあらゆる国とあらゆる世紀に起こったらしい事柄に当てはめてみることにしよう。そして、殉教者と奇蹟は、いかなる宗教に対しても有利な証拠をいっさい提供しない、と結論づけよう。というのも、どのような宗教にも殉教者と奇蹟は等しく存在するからである」（六一三ページ）と、比較宗教論的見地から、キリスト教の奇蹟の効力を否定する文章のしめくくりに、ディドロの著作とされる『哲学断想』への参照指示がなされている。しかも、それが本文の末尾に註記として置かれているということは、『キリスト教分析』という地下文書が、ここに訳出した形では、少なくとも、一七四〇年代後半以降に完成されたものでなければならない、ということを示している。なぜなら、『哲学断想』は、一七四六年以降に流布した地下文書だからである。

ところで、ディドロは、「一七四六年の復活祭」のわずか三日間で理神論的思索のこの書き付けを仕上げたと言われるが、そのように即興的に『哲学断想』を仕上げることができた背景には、ディドロがシャフツベリーの理神論的諸著作を読んで、その宗教観に共鳴したこと以外に、彼がこの随想を書き付けるに当たって、当時、ひそかに流布していた反宗教的文献を参照したことを指摘しておかなければならない。

というのも、『哲学断想』が書き付けられたとされる年の一年前に、『哲学断想』にも、『キリスト教分析』にも、影響を与えたと思われる『宗教の検討』（本書に収録）と題する反宗教的地下文書が出回っていたからであり、また、デュマルセの作といわれる『キリスト教の分析』を『哲学断想』が実際に参照していたからである。つまり、ディドロは反宗教的文献の地下ネットワークとなんらかのかかわりを持っていたのではないか、ということである。それゆえ、ひとつの地下文書を、それに先行する他のおびただしい地下文書から切り離して、反宗教的論考の独自性を評価することは難しいのである。このような地下文書をめぐるいくつかの前提は、地下文書の流布状況を把握することの重要性を物語っている。

I・O・ウェイド以来、研究者は、フランスを中心としてヨーロッパ各地の図書館を調査することによって、地下文書の流布状況を明らかにする努力を重ねてきた。これらの調査から推測される『キリスト教分析』の成立時期も、『哲学断想』に関連してすでに指摘しておいた年代と符合している。

冊数はさほど多くないが、『宗教の検討』と同じくらい広範に流布していた『キリスト教分析』は、フランスでは、パリの国立図書館、マザラン古文書館をはじめ、フェカン、エクス、オルレアン、ルアン、モンティヴィリエ、グルノーブル、トロワ、モンペリエなどの図書館に保管されていた。それぞれは、次のような発行年を持っている。フェカンは一七五四年、オルレアンは一七四八年、一七四九年、一七五七年、ルアンは一七四九年、マザランは一七四九年、モンティヴィリエは一七四八年、一七四九年、グルノーブルは一七五九年であり、一七四八年よりも前に刊行された『キリスト教分析』は、見当たらない。このことから、『キリスト教分析』の発行年は一七四八年以降ではないかと考えられるのである。

『キリスト教分析』の編纂時期についても、或る程度、推定することができる。本文の註記(四六)では、痙攣派を生み出したパリスの奇蹟にふれて、次のような指摘がある。

「福者フランソワ・ド・パリスの取りなしによるとされる奇蹟ほど、真正かつ規則どおりに確かめられた奇蹟は、かつてなかった。と同時に、これらの奇蹟について証言をしたいくたの証人たちの先入見を私は知っている。彼らの心がまっすぐなことも知っている。これらのいわゆる奇蹟は多数にのぼり、一言で言えば、奇蹟が普通証明されるような仕方で、高等法院評定官のカレ・ド・モンジュロンによって証明されている。」(六六三ページ)

ここで引き合いに出されている「高等法院評定官のカレ・ド・モンジュロンによる証明」とは、『パリスの奇蹟の真実性』と題された書物における証明のことで、これが刊行された年は一七三七年である。この註記からは、本論考の編纂が一七三七年以降であると想像できるが、しかし、本文の末尾に置かれた註記なので、本体ができあがって以降、付け加えられた可能性も捨てきれない。

ところが、編纂時期の推定に役だつ重要な指摘がルアン所蔵の別の写本の「まえがき」にある。問題の「まえがき」には、「一七三九年ケルン刊行のウルガタ・バイブルの翻訳」を使ったと記されている。これは、本文の記述全体にかかわる指摘であるから、この指摘が信用できるとすれば、本論考の執筆は、一七三九年以降である可能性が高いと推測される。

さらに、ウェイドは、写本同士の照合から、本論考の編纂は、一七三二年から一七四二年のあいだで、「おそらくは一七四二年に、より近い」時期としている。それを補強する証拠として、彼は、本文の「地上の大部分にはびこる偶像崇拝については、われわれは、まさに啓蒙の世紀に生きているがゆえに、一見して、その愚かしさのすべてがわかってしまうほどである」（五六九ページ。一七四〇年刊行の『必須論文雑纂』では一四七ページ）というくだりを挙げている。この「啓蒙の世紀」とは、もちろん作者の意識の問題であるから、時期を特定するのは難しいが、やはり一七五〇年代に近づけば近づくほど、時代思潮はこの表現にふさわしくなると考えられる。

先にも述べたように、十八世紀に流布したほとんどの反宗教的地下文書は、互いに密接なつながりを持ち、相互に参照・引用しあっているばかりでなく、それらは、先行する世紀の宗教批判の書物から、論点と批判の論法を借用してきている。また、地下文書のなかには、参照する文献から文章そのものを借りてきて、それらを並べなおしているだけの作品まで存在する。それゆえ、作品の作者と言っても、著作権がとかく議論される今日のような厳密なものではなく、むしろ反宗教的地下文書の場合は、引用・参照は当たり前で、作者は、先行する諸著作で、自作を補強する編集者をも兼ねていると考えた方がよい。

『キリスト教分析』の場合は、作者不詳であるだけに、こうしたケースに、よく当てはまり、作者の独創性をそれほど大きく評価することはできない、と考えなければならない。その点で、本論考の作者が参照しているのは、なによりもまず、合理主義的聖書批判を前世紀に展開したスピノザの『神学・政治論』――実際にはこれも検閲を恐れた匿名出版物――である。

スピノザの聖書批評の影響は、本論考の冒頭から読み取ることができる。『キリスト教分析』の作者がモーセ五書を中心とする旧約聖書の批判的検討を行なおうとして、「律法の書をひもといた」とき、目についたのが「エズラ記の最初の巻には、捕囚から帰ってきたイスラエル人の総数について、目を疑うような計算まちがい」(五七五ページ)があることだった。

「エズラ記では、帰還者が四万二三六〇人に及ぶとしている。それぞれの合計を個々に足し算してみると、せいぜい二万九八一八人にしかならないのである。このような指摘には、重要性がほとんどないように見えても、それらは、これらの神聖な書物が他の歴史書のなかでお目にかかるのと同じ誤謬にさらされていること、また、それゆえに、書物の著者が神感を受けて書いたのではなかったこと、あるいは、書かれたのち、それらが改変を受けたことを、反論しようもないほど明白に証明しているのである。」

『キリスト教分析』の作者が旧約聖書批判において、まずエズラに注目した点は、スピノザが聖書批評の方法論を確立したうえで(『神学・政治論』第七章)、個別的に聖書の事例批判を展開する『神学・政治論』第八章における彼の批判的考察から示唆を受けたと考えられる。スピノザは、「聖書を解釈する方法は、自然を解釈する方法と異ならない」(『神学・政治論』第七章)として、聖書を自然科学的方法で分析し、批判することを聖書解釈の「真の方法」として位置づけていたから、ことのほか計算まちがいや数字の根拠については、ゆるがせにできないと考えていた。

この点で、スピノザは、『神学・政治論』第八章で、イブン・エズラの聖書編纂方法を問題にするのである。なぜこのような明白な「計算まちがい」が聖書に残されたのか? スピノザによれば、イブン・エズラは、モーセ五書の編纂に不可欠な資料収集の水準にとどまったために、彼の聖書編纂では、資料相互の矛盾がそのままになっている、というのである。これは、裏返すと、モーセ五書が後代の編纂——しかし、加工は施されてはいない——になる通常の歴史文書であることを証明していることになる。スピノザは、この論理を徹底し、エズラの聖書編纂方法は、モーセ五書がモーセの作ではない可能性を示唆していると考えた。スピノザ自身は、エズラから示唆を受けたことを次のように明言している。

「モーセ五書について、ほとんどすべての人がモーセをモーセ五書の著者であると信じていた。パリサイ人のごときは、これを頑強に主張し、少しでもこれと反対の意見を持つ者は異端者と見なした。イブン・エズラ——彼は捉われざる精神と相当の学殖の持ち主であり、私の知る限りこの先入見に着目した最初の人である——は、このような事情のためにあえて自分の意見をあからさまに説明することはせず、きわめて不分明な表現でこれを暗示したにとどまる。私は、ここで遠慮なく彼の言葉を解明し、事の真相をはっきり示そうと思う。」(『神学・政治論』第八章、以下、邦訳参照、畠中尚志訳、岩波文庫)

スピノザは、このように、エズラを高く評価したうえで、当時はユダヤ教信者の先入見がはびこっていたために、彼が断定し、明言できなかったことを、いま明らかにするとして、エズラの中命記註釈を引き、「彼は、モーセ五書を書いたのはモーセではなくて、モーセよりもずっとあとの時代の人であること、モーセ自身の書いた書はこれとは別なものであることを暗示しかつ証明している」と述べ、あとの方では、「モーセがモーセ五書の著者であるという主張はなんら根拠がないものである」とまで断じている。さらに、エズラの聖書編纂の姿勢について、スピノザは、「エズラはいろいろな作者が書いた物語をたんに寄せ集めただけであり、また時にはこれをたんに書き写しただけである」として、旧約聖書の諸巻から神聖性と真正性を剝ぎ取っている。このことは、旧約聖書の諸巻から描き出される、多少とも矛盾した、キリスト教の神観・教義にも重大な疑義を唱えることに通じていたことは、言うまでもない。

『キリスト教分析』の作者は、スピノザの聖書批評の方法を受け入れるばかりでなく、それを新しい幅広い分野に適用している。すなわち、聖書の七十人訳とウルガタとの矛盾の指摘から始まり、旧約・新約聖書に記述されているさまざまな預言や奇蹟や神異に対する批判、その系譜学のでたらめさの指摘、キリスト教の教義を確立するための諸公会議同士の解釈における矛盾や教父をはじめとするキリスト教布教者たち相互の解釈の矛盾の指摘、歴代法王のスキャンダルの暴露、変転する正統と異端との果てしない論争の紹介を経て、聖書正典と外典の問題性の指摘、奇妙としか言いようのない種々様々な福音書の存在の暴露、共観福音書と呼ばれる新約聖書のイエス伝相互のくいちがいの摘出にいたる聖書批評の広範囲な領域がそれである。

このように、本論考が聖書のみならずキリスト教の歴史にまでおよぶ広い分野において、スピノザの聖書批評の原則を適用したのは、まさに本論考の作者の狙いが、眼前に疑うことが許されないものとして存在する既成宗教のキリスト教そのものを相対化し、分析と批判の刃でキリスト教を脱神秘化しようとするところにあったからである。キリスト教が虚偽にもとづいて成立した迷信の一種と弾劾する文言に、作者のこうした意図をはっきりと読み取ることができる。

「これらの考察に、前段で報告した新旧約聖書は信用できないことの証明を付け加えれば、この壮大な構築物が数人の無知な偽善者の作品にすぎないことがわれわれにはわかるだろう。これらの人びとは、他の宗教の創立者たちと同様に、軽信を悪用して、民衆を恥ずべき迷信に陥れたのである。」(五九八ページ)

はなはだ疑わしい聖書の記述にもとづいて作られたキリスト教に対するこの激しい批判の論調は、本論考の作者が前世紀のスピノザの聖書批評の方法論を採用しながら、その適用領域を啓蒙の世紀にふさわしく拡大することによって、既成のキリスト教そのものの「真実性を事実によって」(ウットヴィル)打ち壊す目的を持っていたことの証左だと言えよう。

さらに、スピノザの聖書批評の方法論が持つもうひとつの特徴は、今日から見ると、歴史研究の常識にもなっていることだが、その徹底した聖書準拠主義にある。つまり、聖書の歴史的記述の真偽を「聖書のみから証明」しようとする姿勢である。本論考も、聖書検討の最初から、スピノザのこの方法論を採用している。

「私が持っている唯一の方法は、この書物をそれ自身と比較し、さまざまな章句を全体として対照し、そこにまったく矛盾が見られないのかどうか、調べることであり、外見上、不可能に思われたり、いんちきであることが証明されたりした事実がないかどうか、さらには、往古の歴史家に通常ありがちな初歩的ミスがないかどうか、を調べることである。」（五七二ページ）

スピノザも、「原文が不正な手によって改竄されることがなかったかどうか、いろいろな誤謬がはいりこまなかったかどうか、それが十分練達な、信用の置ける人びとによって訂正されたかどうかを知ることが重要である」（『神学・政治論』第七章）と、厳密な文献考証を聖書批評にあたっての原則としている。

しかし、聖書批評において、聖書そのものを根拠とすることになると、当然のことながら、このような厳密な文献考証とヘブライ民族の歴史に関する科学的研究が必要となるほかに、聖書の基本言語である「ヘブライ語に関して深い知識を要する」（『神学・政治論』第七章）ことになる。それをスピノザは、「聖書の諸巻の著者たちが平常使っていた言語の本性または諸特性を包含しなければならない」と定義している。この原則にもとづいて、スピノザは、ヘブライ語文法解説書を書くまでにいたる、徹底したヘブライ語の言語学的研究を、聖書批評に先だって、やり終えていたのである。その水準が並外れたものであったからこそ、本論考の作者も、註記（六）において、「ヘブライ語で神の霊」をどのように表現していたかを論じるにあたって、『神学・政治論』を明示的に援用するのである。

ところで、スピノザによれば、古代ヘブライ語は「実に多数の曖昧性を産み出す諸原因を持つ」言語だった。ヘブライ語が多義性を産み出す原因としてスピノザが挙げているのが、「ヘブライ人たちが母音文字を持たなかったことであり、彼らが文章を区切らなかったこと」である。同じヘブライ語の言語学的欠点の指摘は、『キリスト教分析』にも現われる。聖書の新旧を問わず、預言の本質を批判しようとして、本論考の最後の方で、ふたたび聖書を取りあげて、作者は、ヘブライ語の曖昧さを指摘する。聖書の記述を正確に解釈しようとしても、伝承と習慣によるしかないのである。ただし、この点を批判するのにそれほど「ヘブライ語に関する深い知識を要」しない。スピノザがすでにヘブライ語に関するその透徹した知識で、聖書批評をやってくれていたからである。
「旧約聖書のすべての巻に広がっている、なんぴとたりとも反論しようのない疑わしさ、不正確さという原理からはじめることにしよう。ヘブライ語は、かつては母音抜きで書かれていて、そこには子音しかなかった。読んだり発音したりするために、母音をどう付けるべきか教えたのは、伝承と習慣だった。このことは全く真実で、現に、バイブルの古い写本も点なしで、すなわち母音なしで書かれているし、いくたの印刷本も同じである。ユダヤ教徒がいまでも彼らのシナゴーグで用いている版本がその証人である。これらの書物が書かれたときの意味とわれわれが読んでいるときの意味とのあいだに、このことがいかに多くの相違と異同を産み出しかねないかは、容易に想像がつく。ユダヤ教徒はそこから、いくつものくだりでわれわれと相違しており、おまえたちがその意味を損なってしまった、その意味を変えてしまった、と声高にわれわれを非難している。しかし、私は、ヘブライ語に関する完璧な知識を要求するこの種の議論を用いるつもりはまったくない。おまけに、キリスト教が非常に大きな利益を引き出すといわれるこれらの預言のいんちきさまたは偽造をあばくには、ヘブライ語に関する完璧な知識に頼る必要はない。」（六〇四―六〇五ページ）
本論考の作者は「私は、ヘブライ語に関する完璧な知識を要求するこの種の議論を用いるつもりはまったくない」などと言っているが、おそらくこれは、不正確な発言で、本当のところは、作者は、ヘブライ語がそれほど得意ではなかったようである。それが次の文言に現われている。そして、これは、本論考の作者がスピノザの『神学・政治論』を仏訳で読んでいた証拠にもなっている。作者は、思わず次のように本音を洩らしている。
「バイブルの最初の五巻から始めよう。これらの巻がモーセのものではないことは、論証されている。第一に、そこには、モーセの人生の終わりと彼の死後、イスラエルに起こったことが見いだされる。第二に、そこでは、モーセについては、しばしば三人称で語られている。彼に対する賞賛は、いくつかの箇所に見られる。最後に、創世記では、王がイスラエルの子供たちを支配する以前には、エドムでは、律法が支配していた、と言われている。このことは、明らかに、この本がイスラエルの諸王の時代に書かれたことを示している。

簡潔さを心がけたために、もっと多数の証拠を報告するのは、やめておいた。しかし、これらの証拠を見れば、この作品がモーセの時代よりもはるかにあとであることは、一目瞭然となる。もし、もっと委曲を尽くした詳細を望むのであれば、『ユダヤ人の迷信的儀式について』という本を隅から隅まで読むだけでよい。そうすれば、満足のいく豊富な証拠がそこに見いだされよう。ヨシュア記も同じケースにあてはまる。そこには、同じ偽造の証拠が含まれている。士師記もサムエル記の上下二巻も、あるいは、列王紀の二巻も、その名をとってきた作者が書いたものではほぼない。私の主張がただしいことを示す証拠は、いま引用したばかりの書物のなかで、あまりにも明白に示されているために、ここで、もっと詳細にもう一度はいる必要はないくらいである。作者は、ユダヤ人で、したがって、ヘブライ語を知り尽くしていた。この作者は、特殊な訓練を経なかった人間には、及びもつかないような無数の難問を書物のなかで解明している。」（五七八—五七九ページ）

ここで作者が参照している『［古今の］ユダヤ人の迷信的儀式について』という論説は、スピノザの『神学・政治論』の仏訳題名である。『神学・政治論』は、一六七八年に異なる三つの題名で仏訳された。『ユダヤ人の迷信的儀式について』（アムステルダム）は、そのうちのひとつで、十二折判で出版された。

F・ヴェイユが行なったアルスナルとサント・ジュヌヴィエーヴ両図書館の調査で、一七二五年以降、これらの仏訳は、フランスに流布していたことが明らかとなった。この地下文献は、とくに一七五五年以降、大いに売りさばかれたらしい。その点から見ると、本論考の作者は、五〇年代以前に写本ないし刊本を見ていた可能性があるところから、おそらく地下文書のネットワークに相当深く関係していた人物であると考えられる。

おまけに、引用したくだりは、旧約聖書の最初の五書をモーセみずからが書いたとするモーセ作者説を否定しているが、その際に用いた論拠は、スピノザの『神学・政治論』第八章で用いられていたそれと合致する。スピノザは、四つの根拠を挙げて、モーセ作者説したがって聖書神感説を否定しているのである。彼は言う。「第一に、この五書の著者は、モーセについて三人称で語っている」ことからも、第二に、モーセの死と墓について申命記が言及していることからも、第三に「若干の土地がモーセの生きていた時代の名前ではなく、そのずっとあとになってからの名前で呼ばれていること」からも、「第四に、物語が時折、モーセの生きていた時代のあとにまで及んでいること」からも、モーセ五書をモーセ自身が書いたとする説は否定される、とスピノザは断定する。

一方、本論考の作者は、スピノザが挙げた四つの理由のうち、第三の理由を省いている。第三の理由は、第二の理由、または第四の理由と同趣旨であり、しかも、作者は、ここでは委曲を尽くして詳細を説明しようとは思っていないので、この理由は省いたのであろう。

スピノザが第四の理由について述べるときに、彼は、創世記三十六章三十一節のエドム人についての記述がモーセの死後の記述であることを証明することによって、モーセ作者説の土台を最終的に掘り崩している。

スピノザは言う。創世記の同箇所には「『イスラエルの人々を治める王がまだいなかった時代に、エドム地方を治めていた王たちは次のとおりである』とある。疑いもなくここで著者はダビデがエドム人を打ち破ってエドムに代官を置いた前にエドム人が持っていた王たちの名前を挙げているのである。」だから、創世記はモーセの死後に編纂されたことになるのである。本論考の作者が同じエドムを例にとりあげ、モーセの死後に起きたエドムの統治について、モーセが書いたとされる創世記が言及しているのは、明らかな矛盾であると主張していることは、こうした『神学・政治論』第八章の記述に則したものであることはまちがいない。

本論考は、スピノザからの直接的影響のほかに、その最初の段落において、すでに挙げた『宗教の検討』を引用しているし、本文の註記においては、『蘇ったテオフラストス』や『新約聖書の批判的検討』といったその他の地下文書からの引用が認められる。また、訳註においても指摘しておいたように、ピエール・ベールの浩瀚な『歴史批評辞典』への参照とそこからの引用も明らかである。いずれにせよ、本論考は、ウェイドが明らかにしたように、単独の作者が独創的に著した書物ではなく、地下文書の通例として、原本があって、写字者の手を経るあいだに、徐々にあちこちの地下文書や先行文献からの引用で、註記が豊富になり、そこに「証明」が付け加えられていき、現在の形となったというように結論づけることができるのである。

では、本論考の原本の作者はどのような人物だろうか。同時代のヴォルテールは、本論考の作者をデュマルセとしているが、デュマルセ讃を書いたダランベール――彼は『キリスト教分析』を知っていた――がこの著作に言及していないうえに、別の証言によれば、本論考の作者は一七五一年頃には死んでいる――デュマルセの没年は一七五六年である――ことになっているので、デュマルセ作者説には、いささか疑問が残る。作者の没年を勘案すると、フレレ説も有力だが、いずれの場合にも写本に記されている作者らしき人物のアルファベット略記が該当しないという難点がある。

こうしたことから、『キリスト教分析』の作者は、スピノザの『神学・政治論』の強い影響のもとに、フレレあるいはデュマルセなどの著作とされる多くの地下文書のネットワークの結び目にいた人物であると想像される。しかも、作者は、カルメ神父の膨大な聖書註解やオノレ・ド・サント゠マリ神父、リシャール・シモン神父の聖書釈義に言及するとともに、新プラトン派の哲学やリベルタンのラ・モット・ル・ヴァイエ、デカルト主義者のメルセンヌ神父やマールブランシュ、経験論者のロックの哲学的著作、さらにバナージュ、ル・クレール、ボシャール、ユエ、デュパン、ル・ヴァソール、ランファン、ブウール神父、ルイ・フェラン、サン゠レアル師、アバディ、またドイツの碩学ファブリツィウス、同じくマタイ福音書研究で有名なオレアリウス、おまけにイギリスの主教ジョン・ジュエル、オランダのグロティウス、スペインのイエズス会士リバデネイラの著作など、新教・旧教を問わず、キリスト教論争に関連した内外の諸著作、古代キリスト教教父たちの諸著作、ヨセフスなどの古代ユダヤ人のエピソードや彼らの歴史に関する諸著作、ストラボンやタキトゥスやティトゥス・リウィウスからフィロストラトスなどを経て、ロランにいたるギリシア゠ローマの習俗・文化に関する歴史著作を、広範囲に、しかも全欧規模で――ほぼ手当たり次第に――参照しているところから、古今の哲学にも、神学にも、聖書・教会および古代の歴史にも、相当程度通じていた世紀きっての教養人ではないかと推測される。そのうえ、この教養人は、海外の学界動向にも気を配っていたし、ヴォルテールの『習俗論』刊行のニュースなど最新の情報にも強かった。結局は、これだけの仕事をひとりでこなすことが無理だとすれば、本論考の作者は、写本の過程で複数存在したということになろう。そのせいで、註記のノンブルも乱れていたり、同じ趣旨の聖書検討があちこちで繰り返されたりしているのであろう。

最後に指摘しておかなければならないのは、この『キリスト教分析』という論考は、既成の反宗教的文献を参照して仕上げられただけではなく、反対に、この論考が原本となって、地下文書のいくつかを産み出したということである。『キリスト教分析』の最も大がかりな「拡張版」は、『創世記の検討』、『新約聖書の検討』、『キリスト教分析の諸証明』からなる写本群として結実した。これらは、トロワの図書館に存在しているが、これを作ったのはヴォルテールの恋人とされるシャトレ夫人だと言われている。そうだとすると、シャトレ夫人は一七四九年に死んでいるから、この写本群は、『キリスト教分析』の完成後、数年のうちに仕上げられていたことになる。そのうえ、それらはカレ・ド・モンジュロンの例の書物に言及しているから、『キリスト教分析』と同時並行で、一七三七年から数年のうちに、編纂されたと考えられる。その意味では、『キリスト教分析』をも含めて、キリスト教の聖書・教義・奇蹟・預言などの諸論点に関して、すでに一七四〇年代前期には、聖書批判にもとづく、ひとつの大きなキリスト教批判思想とその伝播のネットワークが形成されていたと言えよう。

いずれにせよ、地下文書のネットワークの結び目にいた本論考の作者は、おそらく、ヴォルテール――彼自身が知っていたかどうかは別にして――の周辺にいた人物であろう（本文最後の訳註参照）。というのも、『キリスト教分析』の作者もたじろいだ創世記からヨハネ黙示録に至るバイブルの批判的評釈の仕事が持つ「ばかでかさ」（ウェイド）に、ヴォルテールを庇護したシャトレ夫人は少しもたじろぐことなく、短期間で膨大な写本の仕事をこなしたと思われるからである。

（大津真作）

『キリスト教弁証論者の批判的検討』

『キリスト教弁証論者の批判的検討』は、十七世紀中葉から十八世紀前半にかけて著わされたフランスの反宗教的地下文書の中でも広く普及したものの一つだった。

この文書の手書きの写本は、現在、各地の図書館に七点ないし八点所在を確認されている。パリに四点（国立図書館、アルスナル図書館、マザラン図書館、ソルボンヌ図書館に各一点）、シャロン゠シュル゠マルヌ図書館に二点、エク゠サン゠プロヴァンスのメジャーヌ図書館に一点であるが、ウェイドが一九三八年に刊行した古典的な地下文書研究書の中で言及しているルアン市立図書館所蔵の写本は今ではみつからないという。もっとも、この七点ないし八点も標題は一定せず、国立図書館、ソルボンヌ図書館のものとシャロン゠シュル゠マルヌ図書館の一点は刊本と同じ『キリスト教弁証論者の批判的検討』という標題だが、シャロン゠シュル゠マルヌ図書館のもう一点は『キリスト教のさらけ出し、またはキリスト教を証明するために用いられる論拠についての批判的考察』、アルスナル図書館のものは『キリスト教の成り立ち、またはキリスト教を証明するために用いられる論拠についての批判的考察』、マザラン図書館のものは『キリスト教の批判的歴史、またはキリスト教の検討』、メジャーヌ図書館のものは『キリスト教を擁護する人たちへの心からなる忠告、または信仰弁証論者の批判的検討、またはキリスト教を証明するために用いられる論拠についての批判的考察』という別の標題を掲げており、ウェイドがルアン市立図書館で見たという写本の標題は、上記のいくつかの写本でも副題として掲げられた『キリスト教を証明するために用いられる論拠についての批判的考察』であったらしい。

所在を確認されている写本七、八点という数は、現存写本の多い順にフランス産のこの種の文書を序列化した場合、上から十数番目に位置している。序列一位を占める『三詐欺師論』の約二百点は言うまでもなく、二位に来る『宗教の検討』の五十五点などとくらべてもそれははるかに少ないが、こうした地下文書の大半がせいぜい二、三点しか写本の所在を確認されていない現状では、七ないし八という数はそれでも多い方である。しかも、この文書は写本で読まれたのみならず、刊本でも多くの版を重ねた。追って述べるように、『キリスト教弁証論者の批判的検討』は碑文アカデミーの常任書記ニコラ・フレレ（一六八八―一七四九）の遺作として一七六六年に刊行されたが、バルビエによるとその後、一七六七年版と一七七五年版があるという。この版の列挙が網羅的なものでない証拠に、今回の翻訳に当たって訳者が座右に置いた古い刊本の一つは「ロンドン、一七八七年」と表記したもので、バルビエのこのリストには洩れている。さらに、この文書は一七七五年以降、同じくフレレの遺作としてたぶん一七六八年に出版されていた『トラシュブロスからレウキッペへの手紙』などとともに、フレレの全集や哲学作品集にも収められたが、こうした全集や作品集もそれ自体少なからぬ版を重ねた。一七七五年のロンドン版全集（全四巻）、一七七六年のロンドン版哲学作品集（一巻）、一七八七年のロンドン版作品集（全五巻）、一七九二年のパリ版作品集（全四巻）、一七九九年のパリ版全集（全二十巻）等々である。こうして、写本と各種の刊本を合わせれば、とりわけ一七七〇年代以降、『キリスト教弁証論者の批判的検討』は数ある反宗教的地下文書の中でも最も代表的な、読者の目に触れる機会も最も多いものの一つであったに相違ない。

これはけっして虚名ではなく、この文書は内容的にもこうした地位にふさわしいものだった。十八世紀後半の代表的なキリスト教護教論者で、ルソーやドルバックへの反駁書を著わし、後に『方法的百科全書』（一七八二―一八三二年）の「神学」の部（全三巻、一七八八―九〇年）を執筆するニコラ＝シルヴェストル・ベルジエ師（一七一八―九〇）が、『キリスト教弁証論者の批判的検討』が最初に刊行された翌年に、さっそくそれに反論する『キリスト教の証拠の確実性、または《キリスト教弁証論者の批判的検討》への反駁』（全二巻、パリ、一七六七年）を公にしたことも、彼がこの文書をいかに重視したかを物語っていた。この文書は「二十年以上前から書斎の闇の中に隠れていた」とベルジエが同書の序文で述べているところを見ると、彼はどうやらこの文書の写本をかねてから知っていて、その内容も、彼の立場からすればその「危険性」も熟知していたため、いよいよそれが公刊されたと知るや、時を移さずこの反駁書を公にしたのであろう。「今日これほど夥しくある反キリスト教書全部の内でも、これほど読者を惑わす力のあるものは一つもない」という同じ序文の言葉は、ベルジエがこの文書に下した或る意味での「高い」評価を物語っていた。正と負の違いはあれ、これはヴォルテールがこの文書に下した「これは、こういう問題について今まで書かれた最良の本です」（一七六六年六月二十二日付のダルジャンタル伯爵夫妻への手紙）、「この本を読んで、ペテン師どもへの憤激に駆られないことはありえません」（一七六六年六月十四日付のポール＝クロード・ムルトゥーへの手紙）という評価と基本的に同じものだった。

標題も示すとおり、この文書は古代以来キリスト教の真実性を証し立てるとされてきた種々の論拠に批判的な検討を加え、それらをことごとく否定したものである。言うまでもなく、キリスト教弁証論はこの宗教が唯一無二の「真の宗教」であるのを示す様々な「証拠」があるとしてきた。福音書が真正なものであること、イエス・キリストの到来によって旧約の預言が成就したこと、イエス・キリストと使徒たちが多くの奇蹟を行なったこと、イエス・キリストは悪魔を祓い、以来現在に至るまで教会には悪魔祓いの伝統があること、信仰のため命を捨てた夥しい数の殉教者がいたこと、キリスト教が世界に道徳上の改善をもたらしたこと、わずか三、四世紀でローマ帝国を席捲するなど、キリスト教が武力によらず急速に伝播・拡大したこと、今では圧倒的に多数の者がこの宗教を奉じており、キリスト教は「万人の一致」によって支えられること、等々であり、果ては、キリスト教を信じることと信ぜぬことで得るものと失うものとを比較考量すれば信じる方が得であり安全であるという、古くはアルノビウス、近くはパスカルやミシェル・モーデュイ（一六四四―一七〇九）が使った「賭の論理」などもその一つとされた。こうした論拠に対置される この文書の主張は本書各章の標題に要約して述べられているから、それを辿るだけでもおのずと反論の内容は把握されよう。いわく、福音書の真正性はきわめて疑わしく、しかも初代キリスト教には夥しい数の福音書があったから、現在正典とされる四福音書のみを特権化し、他をことごとく外典・偽典とする理由はないこと、いわく、奇蹟も悪魔祓いも殉教者もキリスト教だけに特有のものではなく、しかも、近時の多くの実例も示すとおり、奇蹟や悪魔祓いには欺瞞が付きものであること、いわく、キリスト教が道徳の改善をもたらしたというのは全く事実に反すること、いわく、キリスト教がローマ帝国を席捲したのはキリスト教徒のローマ皇帝たちが強権的に異教を禁圧したからにすぎないこと、いわく、多数を占めるのは常に無知蒙昧な民衆であるから、かような者の一致した意見より少数の賢者、「哲学者」の判断をこそ重視すべきこと、等々である。

こういう主張自体は格別珍しいものではなく、この種の文書としてはむしろ「定番」に属する。『キリスト教弁証論者の批判的検討』がヴォルテールからはこの関係のものとして「最良の本」と評され、護教論者のベルジエからは「読者を最も惑わせやすいもの」と評された所以は、或る意味では陳腐なこうした主張そのものではなく、それらの主張を立証する手続きにあったと思われる。たしかに、はじめ写本で、次には刊本で流布した多くの反宗教的地下文書の中でも、その立論がかほどの学殖（文献的知識）、かほどの読書量に支えられ、「博引旁証」という言葉がこれほどふさわしいものはなかった。ギリシア゠ローマの哲学者や歴史家、各種の聖書外典、使徒教父から聖アウグスティヌス、聖ヒエロニムスにまで至る教父文献、近現代の神学書・護教書・宗教論争書（宗派のいかんを問わぬ）、同じく近現代の哲学書・歴史書、宣教師の現地報告を含む諸種の旅行記等々、この文書に引かれる文献は文字どおり凄じいほどの量に上っており、これほどまでによく調べた本は分野のいかんを問わずめったに見られないほどだった。引かれる文献の内にはたしかに、ギリシア゠ローマ思想についてはジャン・レヴェック・ド・ビュリニ（一六九二―一七八五）の『異教哲学史』（一七二四年）、古代キリスト教史についてはセバスティアン・ル・ナン・ド・ティユモン（一六三七―九八）の『初代六世紀教会史覚書』（一六九三―一七一二年）、「宗教的寛容」の問題についてはピエール・ベール（一六四七―一七〇六）の諸作など、著者が記述の枠組み、時には下敷として大幅に依拠したものもあったが、無断に借用・盗用した少数の源泉《ソース》の文章をただ単につなぎ合わせて、書き手の知的装備の劣悪さを結果的に露呈するという、この種の文書にえてして見られる欠陥はこの本と全く無縁だった。『キリスト教弁証論者の批判的検討』は前述のとおり碑文アカデミーの常任書記ニコラ・フレレの作として公刊され、その後フレレの全集や作品集にも収録されたが、実際にフレレがそれを書いたか書かなかったかは別として、少なくとも内容的には、歴史家・年代学者として令名高く同アカデミーの華と謳われたフレレの名を辱しめるものではなかった。というよりは、もともとさような内容のものであったればこそ、よし偽装であれ、この大学者の名を掲げることがはじめて可能だったのであろう。

作品そのものを知るには本文を直接お読みいただくのにまさる方法はないから、それについてのいたずらな紹介はやめ、以下の解題ではもっぱら、本文からは得られぬ情報をいくつか提供するに止めたい。

一、写本について

すでに述べたとおり、『キリスト教弁証論者の批判的検討』の手書き写本は、今は行方が知れぬルアン市立図書館のものを除いて、パリに四点、シャロン゠シュル゠マルヌに二点、エク゠サン゠プロヴァンスに一点と計七点所在を確認されているが、この文書の批評版を作成するためそれらの写本を精査したアラン・ニデール氏によると、この七点の写本はエク゠サン゠プロヴァンスのもの、アルスナル図書館のもの、シャロン゠シュル゠マルヌの一点、計三点からなる第一のグループと、国立図書館のもの、ソルボンヌ図書館のもの、マザラン図書館のもの、それにシャロン゠シュル゠マルヌのもう一点、計四点からなる第二のグループとに分かれ、第一グループは第二グループより内容的に古く、中でもエク゠サン゠プロヴァンスの写本はそれ自体の制作年代を別として、内容的には最も古い形を留めているという。この写本では「第一章」、「第二章」……のかわりに「第一の忠告」、「第二の忠告」……という語が用いられ、各「忠告」はさらに「一、二……」と番号をふったいくつかの節に区分され、全体として講義録風の構成になっているとのことである。一方、内容的により新しい第二グループの写本では、第一グループの写本にあった多くのくだりが削除され、記述もより簡明で読みやすくなり、全体として結構は刊本のそれに近いが、とりわけマザラン図書館の写本ではその傾向が著しいといわれる。ニデール氏がする各写本の細かい紹介はいちいち転記しないけれども、この文書は最初いささかごたごたした講義録風のものだったのが、筆写の過程でしだいに贅肉を落とされ、文章もエレガントで読みやすくなり、それとともに語調も圭角を殺がれてゆき、かように手を入れられたものが最終的に刊本となったと考えられるという。

なお、写本の標題が刊本と同じ『キリスト教弁証論者の批判的検討』なのはいずれも第二グループに属する三点のみで、他の四点はそれぞれ別の標題を掲げていることは前述のとおりである。エク゠サン゠プロヴァンスの写本が「第一の忠告」、「第二の忠告」……としているのが、この写本の掲げる三つの標題の第一が『キリスト教を擁護する人たちへの心からなる忠告』だったためなのは言うまでもない。

二、刊本について

これもすでに再三述べたことだが、『キリスト教弁証論者の批判的検討』がニコラ・フレレ（一六八八―一七四九）の遺作として初めて活字にされたのは一七六六年だった。この文書の出版に相当程度関与していたらしいヴォルテールは、すでに前年秋から、それの刊行を心待ちしていることを多くの手紙で述べており、一七六六年六月二日付のエティエンヌ゠ノエル・ダミラヴィルへの手紙でも依然として、刊本がオランダから届くのを待っていると書いていたが、どうやら、この手紙をしたためてから程なく、刷り上がったこの本を入手したらしい。六月十日頃に書いたガブリエル・クラメールへの手紙に「碑文アカデミー常任書記の故フレレ氏のものとされる新刊本が出ました。誤植だらけです」とあるのはそれを見た上でのことに相違ないからである。

この本の扉には「一七六六年」と刊行年が表記されていたが、刊行地は記されておらず、その点は今でも問題として残されている。出版に関与したらしいヴォルテールの証言も、この点についてはまちまちだった。刊本がオランダから届くのを待っているという一七六六年六月二日付の手紙はすでに見たが、二年半後の一七六八年十二月二十日付のヴィルヴィエル侯爵への手紙に「この二年来、迷信をやっつける六十冊以上の本がオランダで印刷されましたあるその「六十冊以上」の内に、この種のものでは「最良の本」と自らも言う『キリスト教弁証論者の批判的検討』も含めていたと考えるのは自然であろうし、とりわけ、この文章の直前に、「フレレの名で出た本の著者が何者かはまだ誰も知りません」という言葉でこの文書への言及がある以上、ヴォルテールがそれを含めていなかったとは考えにくい。だが一方、一七六六年六月二十六日付のニコラ゠クロード・ティリオへの手紙に、「フレレの名で出た新刊書」について「これは傑作で、ドイツではすでに知られているはずです」とあるのは、この書がドイツで出版されたと匂わせたものだったし、同じティリオに宛てた同年七月三十一日付の手紙ではさらにはっきり、「これはかなり厚い八折本で、数カ月前にドイツで印刷されました」と断定されていた。このドイツ説をヴォルテール一流の韜晦と考えるか否かによって、刊行地の推定も異なってくる。

ともあれ、『キリスト教弁証論者の批判的検討』が一七六六年六月以前、おそらくは五月にオランダないしドイツで初めて出版されたことは間違いない。前述のとおり、この本はその後何度も再刊され、さらにフレレの全集や作品集にも収められたが、それらの刊本のテクストは基本的に一七六六年の最初の版を踏襲しており、つまり、最初の版の刊行直後にヴォルテールが言ったとおり「誤植だらけ」のものだった。今回の翻訳に当たり古い版のいくつかを座右に置いた訳者もそれを実地に確認できたが、これらの刊本に見る引用の不備、固有名詞の誤記などは文字どおり数知れない。

三、執筆年代について

手書きの写本の形で当初流布したこの種の文書の場合、筆写の過程で次々と加筆された可能性も、また逆に、最初あったくだりがその過程で削除された可能性もあるから、ここで言う「執筆年代」とはあくまでも、写本なり刊本なりで現在残る形でのテクストが最終的に成立した年代、言い換えれば、まま何年、何十年に亙ったかもしれぬ現存テクストの作成過程の下限を意味するものにすぎない。用語の意味をこのように限定するなら、『キリスト教弁証論者の批判的検討』の執筆年代は、テクスト自体に内在する証拠から十分な確度を以て推定できる。

内在する証拠とは、パリのサン゠メダール墓地にあるジャンセニストの助祭フランソワ・ド・パリス（一六九〇―一七二七）の墓の上で、痙攣を伴う病者・不具者の奇蹟的な治癒が起こるとして大評判になり、この墓地に群衆が殺到して、あまりの騒ぎに墓地が強制閉鎖されるに至った（一七三二年）いわゆる「痙攣派」騒動への言及がこの文書の第六章にあり、その中で、モンペリエの司教シャルル゠ジョアシャン・コルベール（一六六七―一七三八）が一七三三年二月一日に発したこの騒動についての教書が引かれていることである。この証拠は動かしがたく、『キリスト教弁証論者の批判的検討』の現存テクストが一七三三年以後に作成されたことを余すところなく立証している。痙攣派に言及するこのくだりが、万が一、筆写の過程で新たに書き加えられたもので、それ以外の部分は一七三三年以前に作成されていたとしても、そのくだりを含む現存テクストの総体がこの加筆を待って初めて成立したことに変わりはないからである。エク゠サン゠プロヴァンスのメジャーヌ図書館に所蔵されるこの文書の写本の余白には、その写本を作ったらしい大学副総長ピエール゠ジャック・セフェール師（一七一〇頃―八一。蔵書家としても書誌学者としても聞こえた人だった）の筆で、「本書は一七三三年以後に作られた。第六章九四ページでパリス氏のことを語っているからである」と記されているらしいが、それもこの内在的証拠に着目したものだった。そして、セフェール師がするこの年代推定は、後に十九世紀初頭のアントワーヌ゠アレクサンドル・バルビエ（一七六五―一八二五）が『匿名・偽名著作辞典』（一八二二年）でした執筆年代の上限一七二四年、下限一七三二ないし三三年という推定とも基本的に合致していた。ただ、先に用語の意味を限定したようなこの文書の執筆年代が一七三三年以後であるのは確実だとしても、この文書の批評版を作成したニデール氏がするようにそれを一七三三年そのものと画定することができるか否かは別問題であろう。率直に言って、ニデール氏の年代画定は誤りだった。

というのも、執筆年代の決定に関わる証拠でテクストに内在するもの、少なくとも内在すべきだったものが、実はもう一つあったからである。この文書の第五章では、十七世紀前半、リシュリュー時代のフランスを騒がせたルーダンのウルスラ会修道女たちの「悪魔憑き」事件のことが語られているが、この事件に関する或るエピソードについて、「とても面白い話だが、ルーダン事件の歴史を書いたラモナルデはそれを落としている」（本書七四六ページ）とこの文書の著者は言っていた。この引用は、批評版にある文章をそのまま日本語化したものである。しかし、ルーダン事件の歴史を書いたラモナルデなどという人物はどこにもおらず、批評版を作成したニデール氏は訂正はおろか、この個所に註すら付けていないが、この「ラモナルデ」（Lamonardaye）というのは実は、元オラトリオ会士で『ルーダンの悪魔、ウルスラ会修道女らの憑依、ユルバン・グランディエの断罪の歴史の検討と批判的議論』という八折判五百ページに余る大著を書いたジャン＝バティスト・ド・ラ・メナルデ（La Ménardaye）（一六八八—一七五八）の名が筆写を重ねる中で誤記されたものにすぎない（この邦訳では「ラ・メナルデ」と訂正しておいた）。さて、ラ・メナルデがあの大著をパリで出版したのは一七四七年のことだから、それの記述内容を批判した『キリスト教弁証論者の批判的検討』のこのくだりが書かれたのは、筆者が出版前からラ・メナルデの本の内容を知っていたのでないかぎり、常識的には一七四七年以後としか考えられない。「ラモナルデ」という人名の調査を怠ったニデール氏は、そのため本来ならテクストに内在したはずのこの証拠を見落とし、結果として、この文書の執筆年代を一七四七年以後とせず、一七三三年に画定するというミスを犯したのであろう。「批評版」の名に恥じる、怠慢ゆえのミスとしか言いようがない。

ニデール氏によるこの文書の批評版が出たのは二〇〇一年のことだが、その後も日々進歩した地下文書の研究によって、今ではこの文書の執筆年代を一七三五年頃とするのが通説らしい。だが、実際はそれより十年以上遅い一七四七年以後なのではあるまいか。もちろん、これはあくまで執筆年代の下限で、この文書のすべての部分が一七四七年以後に書かれたことを意味するものでは毛頭ない。

四、作者について

すでに繰り返し述べたとおり、一七六六年に出版された『キリスト教弁証論者の批判的検討』の最初の刊本には著者としてニコラ・フレレ（一六八八―一七四九）の名が扉に表記されており、それは以後の刊本でも同じだったが、フレレが実際にそれを書いたと考える人は当時も今もまずいなかった。ヴォルテールがいみじくも言ったとおり、「死人は中傷など意に介さない」（一七六八年二月五日付のベルナール＝ジョゼフ・ソーランへの手紙）から、宗教的に危険な文書を公刊に際して物故者の遺作と偽るのは当時広く見られた慣行だった。ドルバック（一七二三―八九）の主著『自然の体系』（一七七〇年）が十年前に世を去ったジャン＝バティスト・ド・ミラボー（一六七五―一七六〇）の作と偽って出版されたことなどがその種の偽装の最も著名な例と言えようが、とりわけニコラ・フレレは碑文アカデミーの常任書記を務めた大学者で、その著とされる文書を権威づけるのにきわめてふさわしかったところから、反宗教的地下文書のいわば「身許引受人」として死後の十八世紀後半に最も利用された人物だった。『モイザード』、『トラシュブロスからレウキッペへの手紙』、『新約聖書の批判的検討』、『キリスト教分析』、『ソフィーへの手紙』、『ウージェニーへの手紙』など、『キリスト教弁証論者の批判的検討』以外にも当時フレレの作として公刊された反宗教文書は夥しい数に上っていた。それらの内、『トラシュブロスからレウキッペへの手紙』だけは事実フレレの作とするのが現在でも定説のようだが、『キリスト教弁証論者の批判的検討』をフレレのものと考える研究家はどこにもいない。

またそもそも、この文書の出版に深く関与していたらしく、作者が何者かも当然知っていたと考えられるヴォルテールが、「これは傑作」、「この種のものでは最良の本」などとこの文書を絶讃しながらも、それを指すのに多くは「フレレのものとされる本」、「フレレの名で出た本」というような言いかたをし、まま「フレレの本」と言うことはあっても、それはけっして「フレレが書いた本」を意味したとは思われないから、「フレレ著」というのが単なる偽装にすぎないことを当のヴォルテール自身が誰よりも知悉していたに相違ない。この点は程度の差はあれ、他の局外者たちも同じであった。最初の刊本が出てから数カ月後の一七六六年九月十六日に、アヴィニョンで発行される『アヴィニョン通信』（Courrier d'Avignon）紙にこの書の書評が掲載されたが、そこでも同書は「故フレレ氏の遺作、または少なくとも同氏のものとされる本」と呼ばれていたし、メジャーヌ図書館所蔵写本の余白にある前記セフェール師の註記（そこではベルジエ師が書いたこの文書への反駁書が言及されているから、註記がなされたのは一七六七年以後のことで、最初の刊本が出た後だった）にも、「これはド・サン゠ティアサント氏のものとされている」とあり、フレレの名は「またフレレ氏のものともされている」と最後に付け足しとして登場するにすぎない。サン゠ティアサントについては、後段で触れる予定である。

反対に、刊本の扉だけを根拠にしたフレレ著者説を明確に否定する証言も少なからずあった。前述のとおりヴォルテールは時にこの書を「フレレの本」と呼んではいたが、同じ時期に一方では「或る若い軍人が作者だと主張されています」（一七六六年六月十四日付のポール゠クロード・ムルトゥーへの手紙）、「近衛連隊の某隊長のものと言われています」（一七六六年六月十三日付のダランベールへの手紙）、「この本が言われるように近衛連隊の某隊長のものなら、その隊長は間違いなくヨーロッパ切っての学識豊かな将校で、同時に最良の推論家です」（一七六六年六月十三日付のエティエンヌ゠ノエル・ダミラヴィルへの手紙）などとも言っていた。噂話の紹介という形でされたこれらの発言は、どうやら韜晦と考えた方がよさそうで、ヴォルテールはこの書が誰の手になるものか知っていたがゆえに、作者に迫害が及ぶのを回避するため、ことさらこの種の「目くらまし」的発言をしたのだと推測することすら可能であろうが、少なくともダランベールに宛てた一七六八年十二月三十一日付の手紙で「フレレのものとされる本の作者が誰なのか私は知悉していますが、その人への信義を不可侵のものとして守ります」と言っているのは、ニデール氏も考えるとおり本心を吐露したものとみなしてよかろう。とすれば、この手紙を書いた当時、その文書の作者はいまだ存命していたはずだから、ヴォルテールが知っていたというその作者は約二十年前に物故したフレレとは全く別人だったことになる。

さらに直截な発言が求められるなら、やや時代は降るが、ラ・アルプ（一七三九―一八〇三）が『文学講義』（一七九九―一八〇五年）の中の「十八世紀の哲学」で述べる言葉を引くべきであろう。「十八世紀の哲学」の最後に置かれた「断片」の「ブーランジェについて」には、次のようなくだりがあったからである。「『キリスト教暴露』〔ドルバック作、一七六一年〕が彼〔ブーランジェ〕のものでなかったのは、『自然の体系』〔ドルバック作、一七七〇年〕がタッソの翻訳者でアカデミー・フランセーズの書記だったミラボーのものでなく、『キリスト教弁証論者の検討』がフレレのものでなかったのと同じだった。フレレもブーランジェ以上に宗教的な人ではなかったけれども。この最後の作品（『検討』）の著者は、私がこれを書いている今もまだ存命だから、名前を言うわけにはいかない。その人を同書の著者と知る人が少ないだけにそうである。」「十八世紀の哲学」が書かれたのは一七九七年から九九年にかけてで、断片「ブーランジェについて」も一読して明らかなとおりフランス大革命後に執筆されたものだから、「これを書いている今」というのも一七九七―九九年のことに相違なく、したがって、ラ・アルプが考えるこの文書の著者は一七九七―九九年にはまだ存命だったことになる。

ニデール氏はこのラ・アルプの発言を、「〔私は〕その人への信義を不可侵のものとして守ります」という前掲のヴォルテールの言葉とともに、この文書の作者をジャン・レヴェック・ド・ビュリニ（一六九二―一七八五）とする根拠として用いているが、これは、ラ・アルプの発言がヴォルテールのそれと同じく最初の刊本が出た一七六六年前後にされたと誤解した（それは、バルビエに引用されるこの発言の最後の部分しか読まず、ラ・アルプの原典で発言の全体を確認しなかったせいであろう。これもまた、怠慢ゆえの恥かしいミスだった）ことから来るらしいなんともひどい誤りで、この発言は実際には一七九七―九九年のものだから、すでに十数年前に世を去っていたレヴェック・

ド・ビュリニに当てはまるはずがなかった。

ラ・アルプのこの発言は、実はレヴェック・ド・ビュリニではなく、アンドレ・モルレ師（一七二七―一八一九）を念頭に置いたものだったらしい。モルレであれば、たしかに一七九七―九九年には存命だった。追って述べるとおり、『キリスト教弁証論者の批判的検討』の作者をレヴェック・ド・ビュリニと同定するのは十九世紀初頭の大書誌学者アントワーヌ＝アレクサンドル・バルビエ（一七六五―一八二五）が『匿名・偽名著作辞典』（一八二二年）で初めてしたことで、以来現在に至るまで、この説はバルビエの挙げる証拠ともども研究家たちに継承されているが、バルビエ以前にはモルレ著者説がかなり有力だったらしい。バルビエはあの『辞典』の『キリスト教弁証論者の批判的検討』の項で、ラ・アルプがあの発言でモルレのことを言わんとしたのは「周知のこと」とした上で、「ほかの点では尊敬すべき多くの人がその説に与した」と述べており、事実、その長い項の全体がモルレ著者説を覆すためのものだったことは一読して明らかだった。この説がいつ頃から生じたのかは不明で、ラ・アルプのあの発言がこの説が流布した結果だったのか原因だったのかも定かでないが、いずれにせよ、アンドレ・モルレは重農学派に近い「哲学者」で、『異端審問官マニュアル要約』（一七六二年）を著わすなど、キリスト教、とりわけその不寛容な精神に対してきわめて批判的な人だったから、こうした反宗教文書の著者と目されやすかったことは間違いない。さらに、このモルレ著者説にはいくつかの具体的な理由があった。

まず一般的な理由として挙げられたのは、『キリスト教弁証論者の批判的検討』の著者は作品自体が示すとおり神学と教会史に関する驚くほどの学殖の持ち主だったから、これは単なる世俗人ではなく、それらの学問の専門教育を受けた聖職者身分の人に相違ないということで、その意味では、ソルボンヌ（パリ神学大学）に学んで神学博士の学位を持つモルレ師は作者とするに恰好な存在だった。さらに特殊な理由としては、ヴォルテールがこの書の最初の刊本を受け取った一七六六年六月にモルレがフェルネのヴォルテールのもとを訪れており、この時期のヴォルテールの書簡にはあの文書のこととモルレのことがしばしば同じ手紙の中で交錯するかのように述べられていたこと、さらに、ヴォルテールが当のモルレに宛てた一七六八年一月二十二日付の手紙で、数日前に読んだというベルジエ師の『キリスト教の証拠の確実性、または《キリスト教弁証論者の批判的検討》への反駁』（一七六七年）を酷評した上、「ちゃんとした武器で闘って、無知な者しか騙せないこういう護教論の弱さを見せつけるのは、もっぱら貴方〔または貴方がた〕のお仕事です」と述べていたことがあった。だが、バルビエによれば、特殊にモルレを著者とする根拠とはならぬ第一の一般的理由は別としても、一七六六年六月前後に書かれたヴォルテールの様々な手紙の中であの文書のことモルレのことが話題として交錯するのは、あの文書の刊本を受け取ったのとモルレの訪問とがほぼ同時期だったという偶然の一致によるにすぎず、あの文書の著者同定とは全く無関係なことだったし、モルレに宛てたヴォルテールの手紙に見る明らかなお世辞も、せいぜい、あの文書と同種のものを書いてほしいという願望を表明したものにすぎなかった。「モルレの作品は数多いが、文体にせよ内容にせよ『批判的検討』と関係があるものは一つもない」とバルビエは言い切った。

同じくこの項でバルビエが語るところによれば、モルレが死ぬ数年前、バルビエは直接モルレに会ってあの文書のことを問い質したが、モルレは自分が著者であることを言下に否定し、実際にあれを書いていたなら否認はしないだろうと語ったといわれる。またそもそも、『キリスト教弁証論者の批判的検討』は刊行こそ一七六六年だが、実際は写本の形でそれよりはるか前から流布しており、前述のとおり執筆されたのは今の通説では一七三五年頃、実際はたぶん一七四七年以後と推定されるが、一七二七年生まれのモルレは一七三五年にはいまだ八歳、一七四七年でも二十歳にすぎなかったから、モルレ著者説は年代的に成り立ちようがなかったのである。

バルビエ以来『キリスト教弁証論者の批判的検討』の作者と通常目されるジャン・レヴェック・ド・ビュリニ（一六九二―一七八五）は、ランスに生まれた人で、古代語・歴史・哲学・神学などの万般に通じ、『キリスト教弁証論者の批判的検討』でも古代哲学関係の主たる典拠となっている『異教哲学史、または神と魂と人間の義務に関する最も著名な異教哲学者、異教諸民族の見解』（全二巻、ハーグ、一七二四年）、その第二版『異教神学〔副題は第一版と同じ〕』（全二巻、パリ、一七五四年）、『シチリア全史』（全二巻、ハーグ、一七四五年）、『コンスタンチノープル帝国変動史』（全三巻、パリ、一七五〇年）、『グロティウス伝』（全二巻、パリ、一七五二年）、『エラスムス伝』（全二巻、パリ、一七五七年）、『ボシュエ氏伝』（ブリュッセル＝パリ、一七六一年）、『デュ・ペロン枢機卿伝』（パリ、一七六八年）などの単行本のほか、会員だった碑文アカデミーの紀要に載せた三、四十篇の研究論文がある、知る人ぞ知る大学者だった。碑文アカデミーといえば、『キリスト教弁証論者の批判的検討』の刊本に著者として表記されたニコラ・フレレ（一六八八―一七四九）も同アカデミーの人だったが、レヴェック・ド・ビュリニがこのアカデミーの会員となったのは一七五六年で、フレレが死んだ後だったから、この二人は同じ時期に同じアカデミーの同僚だったわけではない。

バルビエはあの辞典の『キリスト教弁証論者の批判的検討』の項の中で、レヴェック・ド・ビュリニが死んだ後に碑文アカデミーの当時の常任書記だったボン＝ジョゼフ・ダシエ男爵（一七四二―一八三三）が書いた追悼文『レヴェック・ド・ビュリニ氏讃』（はじめ同アカデミーの紀要に掲載され、その後、一七八七年にランスで出版された）の長い一節を引用して、面白い逸話を紹介している。レヴェック・ド・ビュリニは処女作『法王の権威を論ず』（全四巻、ハーグ、一七二〇年）を書き上げると、それを印刷させるべくオランダへ行って、すでにこの地へ亡命していた友人テミズール・ド・サン＝ティアサントとともにしばらく過ごしたが、そこでも各地の図書館へ通ったり学者たちのもとを訪れたりして熱心に研究を続けた。この国ではとりわけ、世界的に有名な二人のプロテスタント神学者、アルミニウス派のジャン・ル・クレール（一六五七―一七三六）と改革派のジャック・バナージュ（一六五三―一七二三）のもとへ足しげく通ったが、レヴェック・ド・ビュリニはまだ二十代ながら聖書・教父・公会議・神学等々をめぐる驚異的な学識の持ち主で、座談の席でもそうした話題を好んだため、滞在していたハーグでは、これは変装したカトリック聖職者だとか、果ては、イギリスの王位を狙うジェームズ・フランシス・エドワード・ステュアート

（一六八八—一七六六。名誉革命で廃位されてフランスへ亡命したイギリス王ジェームズ二世の長男で、フランスではジェームズ三世と呼ばれていた）の密偵だとかいう噂が立って、フランスの駐オランダ大使がその誤解を解くのに苦労した——というのである。バルビエがわざわざこのエピソードを紹介したのは、レヴェック・ド・ビュリニは世俗人とはいえ神学や教会史について聖職者そこのけの学識があったのを示して、『キリスト教弁証論者の批判的検討』は内容的に聖職者でなくては書けぬというモルレ著者説の一般的土台を崩すのが目的だったことは想像に難くない。だが、これはまだ著者同定の一般的な背景にすぎない。

バルビエがレヴェック・ド・ビュリニを著者と考えた具体的な根拠は、この文書のテクストに内在するものとテクスト外のものとに大別されるが、彼が決定的とみなしたのは前者で、後者はそれを側面から支えるものとされていた。内在的な証拠とは何よりも、この文書の第九章「人間は福音以前より啓発されたか」が全体として『異教神学』第二十—二十九章の要約にすぎないことで、バルビエはその章の二個所の文章と、それに対応する『異教神学』の文章とを左右に並置してそのことを例示していた。特に第二の例で、文中に引かれるアリストテレスの発言の出典を指示する際に二つの作品とも同じ誤りを犯していたことが強調された。たしかに、『キリスト教弁証論者の批判的検討』の第九章が『異教哲学史』またはその第二版『異教神学』を下敷にしていたことは両者を読みくらべれば誰の目にも明らかで、バルビエの指摘は事実に関する限り正しかった。

また、『異教神学』の序文には、この書は自分（レヴェック・ド・ビュリニ。第一版の『異教哲学史』は匿名だったが、第二版の『異教神学』は著者名を掲げていた）が若い頃、ギリシア゠ラテンの作家や主な旅行記、総じて評判になった種々の書物を読んだ際に取った読書ノートの一部をまとめたものだと記されており、使った版を指示するためにそういう本の目録も掲げられていたが、そこで挙がった著作と同じものが『キリスト教弁証論者の批判的検討』でも典拠として用いられていたことがレヴェック・ド・ビュリニ著者説の一つの根拠とされていた。「二つの作品は同じ作者のものとする方が、『異教哲学〔史〕』の刊行後四十年して、たまたまビュリニと同じ見かたをし同じ作品を読んだ人間がいたとするよりもずっと納得しやすい」というのがバルビエの結論だった。そこから彼が推定したのは、若い頃取った読書ノートの一部を『異教哲学史』の材料として用いた後、レヴェック・ド・ビュリニが「余りのノート」を使って『キリスト教弁証論者の批判的検討』を書いたということで、この文書の執筆年代の上限を彼が一七二四年としたのも、一七二四年が『異教哲学史』刊行の年だったからである。

こうした内在的な証拠と並んで、テクスト外の証拠がいくつか挙げられているが、それらは簡単に箇条書きで示そう。

1、ベルジエ師が『キリスト教弁証論者の批判的検討』に反駁する『キリスト教の証拠の確実性』（一七六七年）を発表した時、レヴェック・ド・ビュリニがそれへの応答を書いて、原稿をドルバック（一七二三―八九）に渡し、ジャック゠アンドレ・ネジョン（一七三八―一八一〇）がそれを『哲学論集』（全三巻、ロンドン、一七七〇年）に収めて公にしたこと、

2、ルソーが思いを寄せたので有名なウドト伯爵夫人（一七三〇―一八一三）が、『キリスト教弁証論者の批判的検討』はレヴェック・ド・ビュリニの作だと断定し、レヴェック・ド・ビュリニ自身が私にそう打ち明けたからだと言ったのを聞いた旨、「或る文人・学者」が一八〇七年三月十三日付の手紙でバルビエに教えてくれたこと、

3、「ランスに居住する或る文人」が、『キリスト教弁証論者の批判的検討』の原稿は今もランスのビュリニ家に存在すると同じくバルビエに告げたこと、である。

この文書の批評版を作成したニデール氏も、作者をレヴェック・ド・ビュリニと推定する根拠として、前述のテクスト内在的な証拠と並んでこの外在的な証拠の2と3を使っており、また、「フレレのものとされる本の作者が誰なのか私は知悉していますが、その人への信義を不可侵のものとして守ります」というヴォルテールの手紙の言葉（これももともとバルビエから取ったものだった）についても、ヴォルテールはレヴェック・ド・ビュリニの友人で彼に好意を抱いていたから、この言葉はレヴェック・ド・ビュリニに十分当てはまるとした。なお、このヴォルテールの

発言と並んで、ラ・アルプが「十八世紀の哲学」でした発言をニデール氏がレヴェック・ド・ビュリニ著者説の根拠とするのがひどい誤りであることは先述のとおりである。

さらに、これだけは十九世紀後半のものでバルビエの時代にはなかった新たな証拠をニデール氏は挙げている。それはランス・アカデミー会員ジャン＝ヴァンサン・ジュネ師の証言だった。ジュネ師は「J・レヴェック・ド・ビュリニに関する歴史研究」という論文を同アカデミーの紀要（一八八一年）に載せた人だが、同じ紀要のそれより早い号（一八七八―七九年）に発表した「ランスの某家」という論文で、ランスのレヴェック家に伝わる文書の中に「一七三三年九月十一日」と擱筆の日付を入れた『宗教の真実性について』という手書きの論文があるのをみつけたこと、また、レヴェック・ド・ビュリニの兄で同じく碑文アカデミーの会員だった『快感の理論』（ジュネーヴ、一七四七年）の著者ルイ＝ジャン・レヴェック・ド・プイイ（一六九一―一七五〇）の孫の言によると、『キリスト教弁証論者の批判的検討』はこの『宗教の真実性について』のいくつかの項目からなるにすぎないらしいことを報告していた。この『宗教の真実性について』が先の3で言われた『キリスト教弁証論者の批判的検討』の「原稿」なるものと同じかどうかは今では確かめようがない。ただ、『異教神学』の序文で言うようにレヴェック・ド・ビュリニが若い頃多くの読書ノートを取ったというのも、実は単独でした作業ではなく、兄のレヴェック・ド・プイイ、弟で外交官になったジェラール・レヴェック・ド・シャンポー、友人のテミズール・ド・サン＝ティアサントなどとした共同の作業で、彼らはその時二折判《フオリオ》十二巻にも上る厖大な手稿を作成し、レヴェック・ド・ビュリニがその後公刊した著作もみなそれらの材料を基にしたものだったといわれるから、偽名で出した『キリスト教弁証論者の批判的検討』もやはりそれらの手稿、とりわけその一部だったかもしれぬ『宗教の真実性について』を母胎としていたということも考えられないではない。

以上に述べた内在的・外在的な種々の理由は、相集まればレヴェック・ド・ビュリニがあの文書の作者だったとする一定の心証を形成するが、個別に見ればそれらの証拠はいずれも決定的なものとは言い難い。あの文書の第九章が

『異教哲学史』を下敷にしていたことは間違いないが、しかし、同じ文書の古代キリスト教を扱った部分がル・ナン・ド・ティユモン（一六三七―九八）の『初代六世紀教会史覚書』（一六九三―一七一二年）を同様の下敷にしていたことも確かであって、著作の或る部分が先行する或る作品を下敷にしていたことから、二つの作品を同じ作者のものとすることが必ずしもできないことは言うまでもない。とりわけ、先行作品からの借用・盗用が常態化していた反宗教的地下文書などについては、記述や文章の一致だけから作者を同定することがそもそも全く不可能であるということを最初から踏まえておかねばならないだろう。また、二つの作品で同じ典拠が用いられたことも、特定の主題については特定の典拠を用いるということが多くの場合慣例となっていた以上、二つの作品の著者が同一人であることを証明するものとはならない。ネジョンが刊行した『哲学論集』の第二巻に「神学博士ベルジエ氏著『キリスト教の証拠の確実性』と題する書についての手紙」というベルジエ師への匿名の反駁文が収められており、バルビエが『匿名・偽名著作辞典』の『哲学論集』の項でこの「手紙」をレヴェック・ド・ビュリニの作と推定していたのは事実だが、この推定はあくまでも、『キリスト教弁証論者の批判的検討』がレヴェック・ド・ビュリニのものだという前提に立ってのものだった。しかも、この「手紙」には『キリスト教弁証論者の批判的検討』の作者が書いたと窺わせるような文句は一つもなく、逆に、「『キリスト教弁証論者の検討』の著者は何年も前に死んで、もう自分で自分を守ることはできない」からそのかわりに書く、という言葉が冒頭にあるほどだった。この発言は韜晦でなければ、フレレのことを言ったものと思われる。そもそも、ヴォルテールも一七六八年に「キリスト教を擁護するに際してのベルジエ氏への理に適った忠告」という一文を草しているから、ベルジエに反駁したことだけで『キリスト教弁証論者の批判的検討』の著者だったとするわけにはいかない。さらに、レヴェック・ド・ビュリニがあの文書の作者であることをウドト伯爵夫人に告白したという外在的証拠の2も、これは伝聞のそのまた伝聞だから証拠としての価値は低い。外在的証拠の3にあるあの文書の原稿なるものも、ジュネ師がみつけたという『宗教の真実性について』という手稿も、その後再発見されておらず、少なくとも発表された形跡はないから、それについて確たることは何も言えない。

しかし、もともと匿名文書の著者同定というのは絶対的な確実性になど所詮到達できるものではなく、得られるのはせいぜい高度の蓋然性にすぎないから、内在的・外在的なこれだけの証拠があればそれで良しとすべきものなのかもしれない。ニデール氏がこの文書の批評版の標題に「ジャン・レヴェック・ド・ビュリニのものとされうる（attribuable à）」としているのが、通常使われる「のものとされる（attribué à）」という表現より肯定的な含みが多いのか少ないのかは実のところ定かでないが、いずれにせよ、この文書がレヴェック・ド・ビュリニの作だという確証はないにしろ、その蓋然性が相当程度に高いことを示したものには相違あるまい。

フレレやモルレやレヴェック・ド・ビュリニと並んで、この文書の作者と目された者にはもう一人、前出のテミズール・ド・サン＝ティアサント、本名イヤサント・コルドニエ（一六八四―一七四六）がいた。「テミズール騎士」と呼ばれた元軍人で、何度も版を重ねた『知られざる者の傑作』（一七一四年）その他多くの著作を著わした文芸批評家であり、スエーデン、オランダ、イギリスなどを放浪して、イギリスでは王立協会《ロイヤル・ソサイエティ》の会員となり、オランダのブレダの近くで他界した人物である。

このテミズール・ド・サン＝ティアサント著者説を証示するのは、すでに述べたとおりエク＝サン＝プロヴァンスのメジャーヌ図書館にあるこの文書の写本の余白に、この写本を作ったらしいセフェール師のものと思しき筆蹟で、「これはド・サン＝ティアサント氏のものとされている。氏が言うには、これはボシュエ氏の妻だった自分の母の家でみつけたもので、母はそれをボシュエ氏から貰ったらしく、ド・サン＝ティアサント氏がそれを整理したのだという。〇〇年に死んだ××氏が持つ写本に、私はそういう註記をみつけた。……この書はまたフレレ氏のものともされている」と記されていたことである。文中の「〇〇年」、「××氏」は字が抹消されており、ニデール氏はそれを「一七五四年に死んだコクレ氏」と復元すべきだとしている。コクレ氏とは、『痛風礼讃』（一七二七年）、『無礼讃』（一七三〇年）、『イカサマの勝利』（一七三〇年）など多くの道化た作品を書いたルイ・コクレ（一六七六―一七五四）のことである。

また、パリのマザラン図書館に所蔵される或る手書き文書集の内に『キリスト教をそれ自身の原理によって叩く』という反宗教文書が収められており、この論考は『キリスト教弁証論者の検討』を書いたド・サン゠ティアサント氏のもの」と余白に註記されていたことも、テミズール・ド・サン゠ティアサント著者説が一定の拡がりを持っていたことを示している。

たしかに、テミズール・ド・サン゠ティアサントは十八世紀前半の代表的な反宗教的地下文書の一つである『マールブランシュ神父に呈する宗教についての異議』（今は小説家ロベール・シャール〔一六五九―一七二一？〕のものとする説が有力である）の作者と時に目されるなど、この世界ではかなり名の通った自由思想家だったし、また、十七世紀のフランス・カトリック教会の重鎮だったモーの司教ジャック゠ベニーニュ・ボシュエ（一六二七―一七〇四）の「隠し子」（この司教とド・モーレオン嬢との秘密結婚から生まれた子）としばしば自称していたから、もともとはボシュエが所持していたものでこの高僧から内縁の妻に譲られた或る反宗教文書の写本を骨組として、二人の隠し子だったテミズール・ド・サン゠ティアサントが『キリスト教弁証論者の批判的検討』を書いた可能性も絶無とは言えない。

ただ、はじめボシュエが所持していたというその反宗教文書は、ボシュエが死んだ一七〇四年以前、おそらくは十七世紀に書かれたものだったはずだが、それでは、『異教哲学史』（一七二四年）や『初代六世紀教会史覚書』（一六九三―一七一二年）に大幅に依拠して、一七三〇年代の「痙攣派」騒動にまで言及する『キリスト教弁証論者の批判的検討』の内容とあまりにも矛盾している。また、この放浪作家はフレレより早く、すでに一七四六年に世を去っていたから、テミズール・ド・サン゠ティアサント著者説は一七六八年当時に作者が存命だったとするヴォルテールの証言とも齟齬する。またそもそも、ヴォルテールはレヴェック・ド・ビュリニには好意を持っていたものの、テミズール・ド・サン゠ティアサントとは一七三〇年以来敵対関係にあったから、「その人への信義を不可侵のものとして守ります」とダランベールへの手紙に書いた「その人」がテミズール・ド・サン゠ティアサントだったとは考えにくい。「信義を守る」どころか、一七六八年一月から四月までの数通の手紙でヴォルテールは、『マールブランシュ神父に呈する宗教についての異議』の縮約版『軍人哲学者』（一七六七年）をテミズール・ド・サン゠ティアサントに帰すことすらしていたのである。

以上のことから、テミズール・ド・サン゠ティアサント著者説はレヴェック・ド・ビュリニ著者説より確度はだいぶ落ちるようだが、それでも、互いに友人同士だったレヴェック兄弟、テミズール・ド・サン゠ティアサントたちが、かつての共同研究の成果である厖大な手稿、とりわけ『宗教の真実性について』を基にして『キリスト教弁証論者の批判的検討』を合作したこともありうるとニデール氏は考えているらしい。だが、この合作説では、テミズール・ド・サン゠ティアサント著者説の要《かなめ》をなす「ボシュエが所持していた反宗教文書」はどこかへ行ってしまう。また、この合作説に蓋然性があるなら、レヴェック・ド・ビュリニが『キリスト教弁証論者の批判的検討』を書いたことを友人として知っていたテミズール・ド・サン゠ティアサントがレヴェック・ド・ビュリニに迫害が及ぶのを防ぐため、ことさら「目くらまし」に、あの文書は父のボシュエが持っていた写本を自分が整理したものだという「でたらめ」を言いふらしたと考えることにも同程度の蓋然性はあるであろう（さような説を訳者は積極的に主張するわけではもちろんないが）。

五、『宗教の検討について』の問題

なお、『キリスト教弁証論者の批判的検討』とは別に、古くから存在を知られていた『宗教の検討について』という反宗教的地下文書があり、それの第一項から第七項までと第八項とは『キリスト教弁証論者の批判的検討』の第十二章および第十三章と基本的に同じものである。その点に気付いていたウェイドは、『キリスト教弁証論者の批判的検討』の作者が以前からあった『宗教の検討について』のテクストを利用したのだと考えた。このウェイド説を採用する研究家はその後もいたが、ニデール氏は一九八〇年六月の或るコロックでの口頭発表「『キリスト教弁証論者の批判的検討』、レヴェック兄弟とそのグループ」（オリヴィエ・ブロック編『十八世紀唯物論と地下文学』〔一九八二年〕に収録）でこの説に疑問を呈し、二つの文書の前後関係を逆転させて、『キリスト教弁証論者の批判的検討』の最後の二章がその後『宗教の検討について』という題の別個の地下文書とされたと考えることも不合理ではないとした。しかし、セルジオ・ランドゥッチ氏によって『宗教の検討について』の批評版が刊行された一九九六年以後は、『キリスト教弁証論者の批判的検討』も『宗教の検討について』も、やはりフレレのものとされた『奇蹟についての研究』と同じく、共通の大きなオリジナル文書から異なる仕方で派生したという、ランドゥッチ氏がその批評版の「まえがき」で述べる見解にニデール氏も乗り換えたようであり、二〇〇一年に出版された『キリスト教弁証論者の批判的検討』の批評版の「まえがき」でもその説を踏襲している。

ランドゥッチ氏による『宗教の検討について』の批評版も著者名としては「ジャン・レヴェック・ド・ビュリニのものとされうる」としており、ニデール氏による『キリスト教弁証論者の批判的検討』の批評版が著者名として同じ言いかたをしているのはランドゥッチ氏の表現を借用したものだった。『キリスト教弁証論者の批判的検討』も『宗教の検討について』も或る共通のオリジナル文書から派生したものだとしたら、そのオリジナル文書とは、レヴェック家に伝わる文書類の中にかつてジュネ師が発見したという『宗教の真実性について』という写本であったのかもしれないが、この写本がその後再発見されていない以上、所詮は憶測の域を出ない。

六、ヴォルテールの関与について

著者の同定に関連してもう一つ問題になるのは、この文書へのヴォルテールの関与である。前述のように、一七六五年の秋以来ヴォルテールがこの文書の刊行を一日千秋の思いで待っていたことは多くの手紙に見るとおりだが、この種の反宗教文書の刊行にしばしば関わっていたヴォルテールが、「こういう問題について今まで書かれた最良の本」として出版直後の多数の手紙で絶讃したこの文書の刊行にも当然深く関与していたと考えるのはごく自然なことであろう。

同時代の人々もそう考えていたらしく、先にも挙げた『アヴィニョン通信』紙が次のように述べていたのは明らかにヴォルテールを念頭に置いてのものだった。「政府の叱責に値するもの、また間違いなく政府が叱責するものは、いつの時代にも増して近時さかんに印刷される危険文書である。ほかにも多いが、たとえば『キリスト教弁証論者の批判的検討』という題の本だ。これは八折判三百ページ近い一巻本で出た新刊書だが、写本の形で文人たちにはすでに知られていたものである。その人たちほど開明的でなく、もっと騙しやすい他の読者を得させるため、こんな本を印刷に付した軽率な手に禍あれ！」（一七六六年九月十六日号）もっとも同紙は、ヴォルテールが同年八月十五日付のダルジャンタル伯爵夫妻への手紙で、「私は言われるようなことをしておりません。もっと若くて体力があったら、それも十分可能でしょうが」と自らの関与を否定したことも知っており、この言葉をわざわざ引いてヴォルテール関与説を打ち消して見せたが、「この人の否定することが常に虚偽というわけではなく、肯定することが常に真実というわけではないのは周知のとおりだが、それでも、ここでこの人の書くことを信用しよう」、「有名なド・ヴォルテール氏が何をしうるか、しえないかは、氏自身から以上によく誰から知りえようか」などと皮肉な口調で述べていたのは、この打ち消しがおよそ形式的なものにすぎなかったことを示していた。

たしかに、『キリスト教弁証論者の批判的検討』の内容とヴォルテールの考えとの共通点は文字どおり枚挙にいとまがないほどだった。『キリスト教弁証論者の批判的検討』はその第一、第二章で夥しい数の外典・偽典福音書を挙げて、今それのみが正典とされる四福音書の権威を相対化したが、ヴォルテールもそれに呼応するかのようにやがて「古代福音書集成」を発表したし、『キリスト教弁証論者の批判的検討』のヒーローの一人であるローマ皇帝ユリアヌスのキリスト教攻撃演説も、ダルジャンス侯爵（一七〇四―七一）がしたそれの仏訳をヴォルテールは後に「ユリアヌス帝のキリスト教徒攻撃演説」として刊行した。さらに、ベルジエ師が『キリスト教弁証論者の批判的検討』に反駁する『キリスト教の証拠の確実性』（一七六七年）を発表するや、ヴォルテールは翌一七六八年に「キリスト教を擁護するに際してのベルジエ氏への理に適った忠告」を書いて『キリスト教弁証論者の批判的検討』を擁護すらした。ニデール氏も批評版の「まえがき」の中で、「この論考〔『キリスト教弁証論者の批判的検討』のこと〕には、聖書についてもキリスト教についても狂信のおぞましさについても、ヴォルテールの思想と一致しない文句は一つもない。……これはヴォルテールが考えること、書いたこと、これから書くことが残らず見られる本である。そこには同じ文句、同じ例がほとんど一字一句そのまま登場する。しかもこの本を、ヴォルテールは貶す者に対して支持している。この作品への一切の関与をヴォルテールに拒むことは不可能に思われる」と述べた。これは、ヴォルテールがあらかじめこの文書の原稿を読み、もしかするとそれに自ら手を加え、たぶんオランダの出版社に原稿を送って、それを活字にするよう勧めたというのも十分ありうることとして示唆したものであろう。

このように刊行当初からあったヴォルテール関与説が正しいか否か、正しいとしたらその関与がどの程度のものだったかは、いまだに未解決の問題である。それに明確な答を出すことは訳者の能力をはるかに越えるので、ここではただ、それが問題として存することを指摘するだけに止めておこう。

＊

翻訳に当たっては、もちろん、ニデール氏が二〇〇一年に作成したこの文書の以下の批評版を底本にした。Examen critique des apologistes de la religion chrétienne, Attribuable à Jean Lévesque de Burigny. Édition critique par Alain Niderst. Paris, Honoré Champion, 2001. ただ、ニデール氏は現在残る七つの写本の照合はしているものの、行なった作業は事実上それだけで、無数にある誤記・誤植の訂正などはほとんどしていないから、氏が作成した版の「批評版」としてのレヴェルは低い。

また、かねてから手許にあった以下の古版も座右に置いて、たえず参照した。Examen critique des apologistes de la religion chrétienne. Par M. Freret, Secretaire perpétuel de l'Académie Royale des Inscriptions et Belles-Lettres. A Londres, M. DCC. LXXXVII.

フレレの『全集』(Œuvres complètes de M. Fréret, Londres, 1775)や『哲学作品集』(Œuvres philosophiques de M. Fréret, Londres, 1776)に収められたテクストも随時参考にした。

この解説に盛られた各種の情報も、多くは批評版に付せられたニデール氏の「まえがき」から得られたもので、細かなミスの指摘は別として、この翻訳はあらゆる面でニデール氏の仕事に負うている。深く感謝したい。

(野沢　協)

『ジャン・メリエの遺言書』(ヴォルテールによって出版された要約版)

ここに翻訳した『ジャン・メリエの遺言書』あるいは『ジャン・メリエの見解の要約』なる地下文書は、ジャン・メリエの作品である『覚え書』(邦訳名『ジャン・メリエ遺言書』、法政大学出版局刊、二〇〇六年)という地下文書とは別のものである。

ジャン・メリエ作『覚え書』が地下文書として写本の形で流布し始めてまもなく、その「序文・証明一」から「証明五」までの部分を抜萃し、理神論的結論を付加した『覚え書』要約版がやはり写本により地下文書として流布した。要約写本の作成者は知られていない。これはメリエの思想全体を要約したものと言うより、メリエによる政治・経済体制批判を無視し、その啓示宗教・キリスト教批判部分のみを抜萃し、無神論者ジャン・メリエを「理神論者」と変形した、思想的に見て別個のテクストと言ってよい。これにヴォルテールが若干の編集を施して、『ジャン・メリエの遺言書』あるいは『ジャン・メリエの見解の要約』なる刊行本を秘密出版し一七六二年から大々的に流布させた。ヴォルテール財団版『ヴォルテール全集』第五六A巻（*Œuvres complètes de Voltaire*, 56A, Oxford, 2001）において、当該作品のヴォルテール版刊行諸本校訂版を出したロラン・デスネによれば、この刊行版はヴォルテールによって一七六二年二月、五月、一七六四年十一月という三段階の修正を受けている。本翻訳の底本としては、ヴォルテールによる修正の最終段階を示す版を採用した。本作品の『ジャン・メリエの遺言書』という題名に、（　）を付して「ヴォルテールによって出版された要約版」という副題を付けたのはこうした経緯によるが、より詳しくは以下の記述を見ていただきたい。

地下文書『ジャン・メリエの遺言書』あるいは『ジャン・メリエの見解の要約』について、その写本の流布およびヴォルテールによる（秘密出版）刊行本で知られていることを、主として前記校訂版におけるデスネによる序文に依拠して整理しておこう。

ジャン・メリエ『覚え書』（その完全な題名は、『エトレ……およびバレ……の主…司…、J……M……による、人々の指導と統治に関わる一部の誤謬と悪弊についての思索と見解の覚え書。世のすべての神々とすべての宗教の虚偽と虚妄を示す、明瞭なる論証が見られるもの。同人の死後、その聖堂区民に宛てられ、彼らとそのすべての同胞に真理の証言として役立たしめんとす。ソレハ、ソノ人達ト、異邦人達トノ前デ、証言スルタメデアル〔カタカナ表記はラテン語であることを示す――筆者註〕。』である）についてはすでに邦訳書もあり、この作品の写本流布の詳細については、その解説を参照していただけばよい。ここに翻訳した本作品の出発点としてのみ、ジャン・メリエ『覚え書』の全体写本に簡単に触れよう。フランス国立パリ図書館フランス語原稿・写本蔵書部に、それぞれ蔵書番号Fonds français 一九四五八（三一一葉からなる）、Fonds français 一九四五九（三三三葉からなる）、Fonds français 一九四六〇（三五八葉からなる）を付された『覚え書』全体写本三部が収められている。筆跡鑑定により、この三部の写本がメリエの自筆であると認定された。アルデンヌの小村エトレピニーの主任司祭ジャン・メリエ（一六六四―一七二九年）が、聖堂区民および心ある人々に宛てて、トリエント公会議体制下の宗教体制（および宗教体制一般）と絶対主義王制下の政治・経済体制（および宗教権力と政治権力が一体化した支配体制一般）の総体を批判する原稿を残したことは確からしい。その書が破壊されることを恐れたメリエが自筆写本を残したこと、上記の三写本がその自筆写本であることも同様に確からしい。メリエ死後から一七三〇年代の早い時期に、この三写本はフランス国璽尚書ショーヴランの蔵書に入り、一七五五年にサン・ジェルマン・デ・プレ修道院に寄贈され、最終的にフランス国立パリ図書館に収められたと考えられる。地下文書写本のメリエ『覚え書』について言及した、一七三五年十一月付け（ヴォルテール発信、この書簡については解説末尾で触れる）、一七三七年七月付けの手紙[一]が発見されているから、一七二九年から一七三〇年代前半の時期に、おそらくは自筆の三写本のいずれかから写字生によってメリエ『覚え書』全体写本が作成された[二]と一応考えられる。流布した全体写本は蔵書番号一九四五八から作成されたとロラン・デスネは推定しているが、他のメリエ自筆写本・原稿が発見される可能性もあるから断定するのはまだ早いだろう。

さて、『覚え書』要約写本の元になりうるような全体写本（欠損があるものもある）が、すなわち「序文・証明一」から「証明五」までの抜萃が可能なメリエ『覚え書』の写本が、九点発見されている。この九点はいずれも「序文・証明一から証明八・結論まで」あるいは「序文・証明一から証明七まで」を含んでいるからである。「証明七と証明八」を含みその他の証明を含まないメリエ『覚え書』の写本が二点発見されているが、ここではこれらは問題になりえない。

したがって、ここで扱う要約版の作品は、おそらく上記のメリエ自筆写本三点あるいはこれらの写本九点（他のメリエ自筆写本・原稿あるいは他の全体写本がこれから発見される可能性もある）を元にして、一七二九年から一七三〇年代前半の時期あるいはそれ以降にまず要約写本として作成されたであろう、と現時点では推定される。

「序文・証明一」から「証明五」までの抜萃に、理神論的結論を加えたタイプの要約写本は四点が発見されている。

メジャヌ図書館（エクス・アン・プロヴァンス）の写本五八一、オルレアン市立図書館の写本一一一五、フランス国立アルスナル図書館（パリ）の写本二五五九、レオン・サンネル個人所蔵の写本、である。〔三〕

その標題は、要約版であることを明示せず、『ジャン・メリエの思索と見解の覚え書』（メジャヌ図書館の写本、アルスナル図書館の写本による）などとなっている。章立ては、「証明一」から「証明五」に対応する五章となっている。写本作成の年代は明示されていない。〔四〕これらの手書き写本作品は、メリエ『覚え書』の「序文・証明一から証明五」までの原文からその三十パーセントほどを抜萃したものであるが、個々の抜萃文にはほとんど手が加えられていない。デスネによれば、四つの要約写本には、理神論的結論という付加部分のほかに、共通した付け加え箇所が十個数えられる。その他、共通しない付け加え箇所が、メジャヌ図書館の写本には一個、レオン・サンネル個人所蔵写本には四個見られる。

以上、四点発見されている『覚え書』要約写本を、ここで第一段階『覚え書』要約写本と名付けておこう。なぜなら、これをより縮減した第二段階『覚え書』要約写本が同時に流布していたからである。このタイプに属する写本が、現在六点確認されている。

リヨン・イエズス会神学部図書館の写本 Rés. 一五一二一、県立シャルルヴィル・メジエール古文書館の写本Ⅰの八、フランス国立アルスナル図書館の写本二五五八、ランス市立図書館（カーネギー図書館）の写本六五三、同図書館写本のディアンクール・コレクションの追加二五四、ユマニスム図書館（セレスタ）の写本二一六〔の七〕、である。

これらは相互に細かい異同はあってもみな同じ編集から発していると思われる。みな五章構成を踏襲し（アルスナル図書館の写本二五五八には、はじめの三章しかない）、みな標題は要約版であることを明示して、たとえば『メリエ氏の思索と見解の要約』（県立シャルルヴィル・メジエール古文書館の写本による）などとなっている。この第二段階『覚え書』要約写本群において「序文」から「証明五」までの削除された部分は、第一段階『覚え書』要約写本群と同じであり、また同じ理神論的結論が用いられていることから見て、第二段階『覚え書』要約写本は、全体写本を参照せず、第一段階『覚え書』要約写本から編集されたと見てよいようである。すなわち、第二段階『覚え書』要約写本は、第一段階『覚え書』要約写本の論理構成を変えずに、文章のさらなる抜萃や要約などによりその分量を縮減したものである。

ところで、第一段階『覚え書』要約写本のあるものにも、第二段階『覚え書』要約写本のあるものにも、またヴォルテールが出版した『覚え書』要約版にも、「著者略歴」というメリエに関する簡単な伝記が付されている。すなわち、第一段階要約写本ではレオン・サンネル個人所蔵の写本に、第二段階要約写本ではリヨン・イエズス会神学部図書館の写本を除く他の写本すべてにこの伝記が付されている。ヴォルテールは彼の書簡などから見る限り、メリエに関する情報をすべてこの「著者略歴」から得ているように思われる。また、ヴォルテールの刊行本に付けられた「著者略歴」は、誤記まで含めて『覚え書』要約版に付されている「著者略歴」そのままである。したがって、彼が秘密刊行本に付した「著者略歴」は、おそらくは第一段階要約写本の付属物（レオン・サンネル個人所蔵の写本に付けられていたもののような）あるいは第二段階要約写本の付属物に由来するであろう。

では、ヴォルテールは『覚え書』要約版刊行本の本文を作成するにあたっては、第一段階要約写本と第二段階要約写本をどのように利用したのであろうか。まず、彼は基本的には第一段階要約写本を元にして抜萃・編集を行ったようである。ヴォルテールの刊行本のテクストは、第一段階要約写本のテクストの三十八パーセントに縮減されている（メリエの証明一から五までのテクストと比較すればその十パーセントにすぎない）。分量配分における編集の特徴としては、証明二に対応する第二章が全体の半分を占めることが挙げられるが、そのためヴォルテールはこの第二章を三分割し、全体を七章とした〔五〕。編集の出発点としたもとの五章分割の仕方については、第一段階要約写本に倣っているが、章の標題については第二段階要約写本に倣っている。したがって、ヴォルテールが第二段階要約写本も見ていたことは確からしい。彼が編集にあたって改めてメリエ『覚え書』全体写本を参照した形跡は見当たらない。

ヴォルテールは第一段階要約写本を元に抜萃・編集する際、この要約写本を複数見ていたようである。一七六二年の秘密刊行本第一版・第二版（これらについては解説末尾に述べる）編集時に、先に述べた四つの要約写本に共通している、第一段階要約写本作成者によるメリエ原文への付け加え箇所十個のうち八個を、ヴォルテールは刊行本用に残している。しかし、残さなかった第一段階要約写本作成者による付け加え部分も、またメジャヌ図書館の写本やレオン・サンネル個人所蔵写本だけに見られる付け加え部分も、ヴォルテールは他の自作品や自分用メモのために用いている。ヴォルテールが編集作業を行った要約写本は現在発見されていないけれども、以上のことから見て、一七六二年の秘密刊行本を編集する際、彼が複数の当該写本を参照していた可能性が高いのである。

ヴォルテールによる刊行本第一版以後、第一段階要約写本・第二段階要約写本の文章にヴォルテール自身が付け加えたと思われる箇所を、以下に列挙しておこう。

一、「第二章」の註、「信仰ヲ堅持セヨ。」（本書九四六ページ）。

二、「第六章　第一部」の第六段落、「彼らはみな〈偽預言者に気をつけろ〉と言います、毒消し売りが〈偽の丸薬に気をつけろ〉と言うように。」（本書九六〇ページ）。

三、「第六章　第一部」の第七段落、「その哀れな連中は、人足でさえしないようなしゃべり方を神にさせます。『エゼキエル書』、第二十三章で、神はこう言います。若いアホラ〔アホリバ〕はロバのような陰茎と馬のような精液を持つ男たちしか愛さなかった、と。こんな馬鹿げた詐欺師どもがどうやって未来を知ったというのですか。彼らユダヤの民のために預言は一つとして実現されなかったのです。」（本書九六〇―九六一ページ）。

四、「第六章　第二部」の第七段落末尾、「ですから、すべての人間を救うために十字架にかけられ死にに来たのに、あれほど多くの民族が地獄に落とされるままにしておく神とはなんなのですか。なんと情けない、なんとおぞましいことですか！」（本書九六二ページ）。

五、「第六章　第二部」の最後の段落、「かつて行われた預言の中で一番偽りで滑稽なものは、『ルカによる福音書』、第二十一章におけるイエスの預言です。日と月にしるしが現れ、人の子が雲に乗って人々を裁きに来ると預言されています。同時代の人々にそう預言したのです。それが起こりましたか、人の子が雲に乗って来ましたか。」（本書九六五ページ）。

六、「第七章」の第六段落末尾、「何というひどい、訳のわからない話でしょう！」（本書九六八ページ）。

七、本作品末尾、「以上が、ジャン・メリエによる二つ折り判の遺言書の正確な概要である。神に許しをこいながら死んでゆく一司祭の証言がどれほどの重みを持つかを、どうか判断していただきたい。　一七四二年三月十五日」（本書九七三ページ）。

八、本書で翻訳したヴォルテールの最終的修正版では消えてしまったが、要約写本の文章にヴォルテール自身が一旦付け加えをした箇所をもう一つ指摘しておこう。一七六二年の第一版における付け加えである。第一版では「序文」からの抜萃は採用されず、その代わりに第一章（証明一に対応）は三段落からなっていた。一七六二年の第二版では「序文」からの抜萃が採用され、引き換えに第一章の第一段落が落とされ二段落構成となった。本書で見られるとおり、最終的修正版もこれを踏襲した。以下に一七六二年の第一版で採用されていた第一章の第一段落を訳出しておく〔六〕。その中の傍点を付した文が、要約写本の文章にはない、ヴォルテール自身の書き加えと思われる部分である。

「純然たる人間の法と制度を、神の法と制度だと思わせようとするのが、悪弊とペテンであることは明白、明瞭です。さて、世界のさまざまな宗教すべてが、神が私たちの心の中に置いたものを除いて、純然たる人間による発明にすぎないこと、また最初に発明した連中が神の名と権威を用いたのは、確立しようとする法と命令をそれで一層簡単に受け入れさせるためにすぎなかったこと、これは間違いありません。少なくとも、大部分の宗教についてはこれが真実だと、どうしても認めなければなりません。さもなければ、大部分の宗教が本当に神の制度だと認めなければなりませんが、そんなことはとても言えますまい。というのも、そういうさまざまな宗教はことごとく互いに対立し合い、断罪し合ってさえいる以上、みながみな真ではありえないこと、したがって神という同じ真の原理にみながみな由来することなどありえないこと、これは明らかだからです。まただからこそ、わがローマ・キリスト崇拝者たちとしてはどうしても、真の宗教は、自分たちのものがそれだと主張する一つしかありえない、また、主は一つ、信仰は一つ、洗礼は一つ、神は一つであり、教会も彼らがその外に救いはないと主張する使徒承伝・ローマ・カトリック教会一つである、と認めるほかないのです〔七〕。」

上に見てきたとおり、ヴォルテールの秘密刊行本は、メリエ『覚え書』における政治的言辞の希薄化、無神論の理神論への転換という、第一段階要約写本・第二段階要約写本〔八〕の立場の上に成立していると言えるだろう。しかし、上記の項目八で見た一七六二年における第一版と第二版でのヴォルテールの編集作業を見ると、この脱政治化・理神論化の傾向は彼によって一層推し進められたとも言えそうである。第一版では第一段階要約写本の抜萃文にさらなる理神論的色彩を加えたが、ヴォルテールはそれで満足せず、第二版では当該段落に見られるリベルタン系譜の「立法者による宗教の政治的利用」の記述を恐れたためか、この段落を完全に抹消したからである。

この判断は大筋において誤ってはいないだろうが、細部において不明な点がないわけではない。たとえば、メリエ『覚え書』における「序文」を、第一段階要約写本と第二段階要約写本はそれぞれどのように要約していたのか、諸写本を直接に参照していない私たちは正確には知らない。「序文」をどのように要約するかは、脱政治化という点に関しては微妙な問題を提出する。メリエ『覚え書』の「序文・証明一から証明五」の要約であり、「理神論的結論」をいずれも備える、第一段階要約写本、第二段階要約写本、ヴォルテールにより出版された要約版刊行本という三つの要約版においては、メリエを理神論者に書き換えるのは容易であろう。しかし、宗教を利用した王侯貴族の支配に対するメリエの批判を三つの要約版がどのように処理するかはまた別の問題である。メリエが宗教と政治の癒着を、すなわち「不法の奥義」を扱う「証明六」、「結論」、「上訴文」などは確かに三つの要約版の対象から外れているが、メリエの「序文」原文にもこの問題に関わる記述はやはり見られるのである。これを三つの要約版はそれぞれどのように処理したのか。多くの王侯貴族に自分の刊行本を頒布しようとしたヴォルテールが、「破廉恥な」聖職者たちと王侯貴族を切り離し、王侯貴族を啓蒙するという戦略に沿って、メリエの「序文」からも、また「証明一」からさえも、メリエ司祭の政治的批判を上に見たように徹底的に削除したことは当然である。しかし、第一段階要約写本と第二段階要約写本における「序文」の要約は、種々のヴァリアントも含めて、細部においてはどのようになっていたのだろうか。必ずしも消費者として王侯貴族のみを想定しているのではない、手書き写本の世界ではどのようになっていたのかをできれば正確に知りたいと思う。

ここでは興味深い一例を報告することしかできない。メリエ『覚え書』の「序文」の中に、以下のような有名な記述がある。「それに関連して思い出すのは、学問もなく勉強もしていませんが、ここで私が非難するこうしたあらゆる忌まわしい悪弊や圧制について、健全な判断を下すだけの良識にはどうやら欠けていないある人がその昔にしていた願いのことです。その願いからしても、その考えの言い表し方からしても、その人はかなり先まで見抜いていて、私が今言ったあの忌まわしい不法の奥義をかなり深くまで洞察しているように見えました。それの張本人や幇助する者が誰であるのかよく分かっていたからです。地上のお偉方はみな、貴族もみな、司祭たちのはらわたでしばり首にされるといい、というのがその人の願いでした。この表現はきっと無骨で粗野で不愉快だと思われるでしょうが、率直で素直であることは認めざるをえません。短い言葉ですが意味深長です。ああいう連中がどういう目にあうべきかをわずか数語で十分言い表しているのですから。」（邦訳、法政大学出版局、一二―一三ページ）ヴォルテールは一七六一年にある手紙の中で次のように書く。「最後のジャンセニストのはらわたで最後のジェズュイットをしばり首にしたいという誠実で慎ましい提案が、事態をなんらかの収拾へと導けるのではないでしょうか〔九〕」（一七六一年五月十一日付けエルヴェシウス宛書簡）。類似の表現はこれだけでなく同年の彼の手紙にいくつも見られること、翌年には『覚え書』要約版を秘密出版することを考え合わせると、ヴォルテールは『覚え書』全体写本あるいは何らかの要約写本によって、あるいは友人の話によって、メリエの上記の表現を知ってこれをヴォルテール流に変形したのではないかと思われる。しかし、ヴォルテールが関係したすべての秘密刊行本の「序文」の中にこの表現は見られない。

ところが、ヴォルテールがおそらく関係しなかった、後年に出版された『必要な集成、理性の福音を付す』（一七六八年、フランス国立図書館所蔵本、蔵書番号D^2 10510）中に見られる『ジャン・メリエの遺言書』（この版については解説末尾で触れる）には、あの著名な言葉が「序文」中に見られるのである。「それに関連して思い出すのは、勉強もしていませんが多くの良識を備えていたある人の願いのことです。〈暴君はみな、司祭たちのはらわたでしばり首にされるといい〉と言ったのです。[一〇]」ロラン・デスネが示唆しているように[一一]、ヴォルテールによる秘密刊行本には見られないこのような増補は、第二段階要約写本の県立シャルルヴィル・メジエール古文書館の写本Iの八などに類した写本から来たものなのであろうか。残念ながら写本調査をしていない私たちには分からない。

　最後に一つ言い訳をしておかなければならない。「理神論者ジャン・メリエの遺言書」として流布していた『ジャン・メリエの見解の要約』なる地下文書を対象とした翻訳は、本来ならば第一段階要約写本あるいは第二段階要約写本のいずれかを底本として、可能な限りヴァリアントを示したうえでその翻訳を提供すべきものであろう。当翻訳の底本に、校訂版があるヴォルテールによる刊行版を用いたのは、私たちに写本調査の準備がなかったからである。

　ただ、次のことだけは指摘しておこう。この『ジャン・メリエの見解の要約』は、ヴォルテールの秘密刊行本化によって一七六〇年代以降の思想史に大きな影響を与えた。周知のように、ヴォルテールは一七六二年から少なくとも二年間にわたり、自らの反教権闘争のキャンペーンにこの地下文書を組み込み大々的に宣伝し流布させた。ヴォルテールがメリエの名前を知ったのは二十七年前にさかのぼる。「あなたがおっしゃっているその村の司祭とは一体どんな人物ですか。……なんですって、司祭で、フランス人で、ロックのような哲学者だとでもいうのですか。その写本をお送り願えませんか。[一二]」前に触れた、パリのニコラ‐クロード・チリオへ宛てた一七三五年十一月三十日付けの書簡である。また彼は『ジャン・メリエの見解の要約』秘密刊行本化に際して、一七六二年二月八日付けの手紙（エチエンヌ‐ノエル・ダミラヴィル宛て）で、メリエにまつわる地下文書のことを一貫して知っていたかのように書いている。「わが同志よ、私に注文してくだされぱすぐ『メリエ』が一冊お手元に届きます。どうやら事情をご存知ないようですね。十五年から二十年前にはこの著作の写本はルイ金貨八枚で売られていたのです。四折判のきわめて厚いものでした。パリには百部以上あります。事情は同志チリオがよくご存知です。要約を作ったのが誰かは分かりませんが、それは丸ごとオリジナルから一語一語抜き出されています。メリエ司祭を見た人はもっとたくさんいます。パリでこの小作品の新版を出すことは大変有益でしょう。三日か四日で簡単に出せます。〔一三〕」だが、ヴォルテールが実際にどのように『メリエ』を知り、読み、どのように秘密刊行本を作ったかは必ずしも明らかではない。地下文書が話題の対象であり、秘密出版が企画されているのであり、またヴォルテールは用心深い、韜晦の達人である。その情報が部分的であり多分に曖昧であるのは当然のことであろう〔一四〕。

ロラン・デスネは現在見つかっている『ジャン・メリエの見解の要約』あるいは『ジャン・メリエの遺言書』の諸刊行本を調査して、ヴォルテールによる秘密刊行本第一版は、一七六二年二月に、ジュネーヴのクラメール兄弟あるいはグラセにより印刷されて配布されたと考えている。この版にはタイトル・ページはなく、次のような標題が与えられている。

　著者略歴
一部の悪弊と誤謬に関して一般にまた個別に考察し、聖堂区民に宛てられた、ジャン・メリエの見解の要約。

オリジナル版、一七六二年

一七六二年二月四日にヴォルテールがダミラヴィルに宛てて、「『司祭の見解』を別々の郵便で三部送りました〔一五〕」と書いているのが、この第一版配布に関する最初の情報である。デスネはこの版をE62G1と命名している。

ヴォルテールは一七六二年五月に、以前にも報告したような修正を加え、また訂正をして第二版をクラメール兄弟に出版させた。これにもタイトル・ページはないが、標題は次のように変えられた。

ジャン・メリエの遺言書。新版。著者略歴。
一部の悪弊と誤謬に関して一般にまた個別に考察し、聖堂区民に宛てられた、ジャン・メリエの見解の要約。
第二版

デスネはこの版をE62G2と命名している。第二版でヴォルテールがこの秘密刊行本に『遺言書』という題名を与えたのには、キャンペーンを張る戦術家としてのセンスが働いているのだろう。ヴォルテールが刊行本第一版以後、第一段階要約写本・第二段階要約写本の文章に彼自身が付け加えたと思われる個所の七を思い出そう。彼は秘密刊行本の末尾に、「神に許しを乞いながら死んでゆく一司祭の証言がどれほどの重みを持つかを、どうか判断していただきたい」と付け加えた。この末尾と題名『遺言書』を連動させてこの作品を読むなら、カトリック教会の司祭として生前に人々を欺いていたことを、メリエが死に際して悔い、神と人々に向かい理神論の信仰を告白する、という強烈な印象を読者が持つことになる。生前は神を否定していても、死に際して教会へと戻っていく偽りの無神論者、リベルタンの姿との対比も、巧妙な戦術家ヴォルテールはおそらく意図していたことだろう。事実、このときから「死に際して神に許しを乞う理神論者メリエ」という観念が、思想史上でジャン・メリエという著作家に強固にまとわり続けることになる。

ヴォルテールは一七六二年には二十六通の書簡で、一七六三年には十四通で、一七六四年には十通で、名宛人に『ジャン・メリエの遺言書』送付を告げたり、それを読み配布したりすることを勧める。ダミラヴィルがパリにおける配布のエージェント、グリムがドイツやヨーロッパ全土への配布のエージェントだったようである。一七六四年からはヴォルテールは集成『理性の福音』の中に『ジャン・メリエの遺言書』を含めて配布し始めた。しかし、このような配布の仕方は当初から考慮されていたらしい。すなわち、ヴォルテールが配布しようとする『ジャン・メリエの遺言書』のような仮綴じ本は、それぞれ単体としても配布できるし、『理性の福音』のような集成の中にいくつかを集めて配布できるようにもしていたらしい。このような危険な文書を流布させるための方策の一つであろう。このような事情の下では、残されている刊行本の書誌的調査は困難を伴うであろうが、ヴォルテールが一七六四年十一月に、最終的な修正を施して『ジャン・メリエの遺言書』をアムステルダムのマルク・ミシェル・レ書店から出版し、集成『理性の福音』に含めたことは確からしい。デスネはこの版を、ER64Aと命名している。私たちが翻訳の底本とした

版である。集成のタイトル・ページは、

理性の福音、D・M…y 氏の遺作

となっており、この作品の標題は以下のようになっている。

ジャン・メリエの遺言書。新版。著者略歴。

ただし、集成のタイトルは他に二つ付けられており、一つは偽のタイトル、一つは「ヴォルテール氏の著作の完全なるコレクション」なるタイトルが付けられていた。ヴォルテールの名を冠するというマルク・ミシェル・レが犯した不注意は重大であった。この集成が『哲学辞典』とともに、オランダ諸国連合法廷で一七六四年十二月十四日に焚書の刑を宣告され、ヴォルテールは危地に立たされる。ヴォルテールは断固としてこの集成に関わったことを否認する。

さて、『ジャン・メリエの遺言書』あるいは『ジャン・メリエの見解の要約』秘密刊行本のその他の歴史は、ヴォルテール研究史あるいはジャン・メリエ研究史に属すものであろうから、ここでは二、三の註記をして、この作品に関する解題を終えることにしよう。刊行本『ジャン・メリエの遺言書』は、かなり広い販路を持ったようである。たとえば、ヴォルテールによる出版のE62G1、E62G2、ER64Aを除いて、一七六二年から一七六八年にかけて、ヴォルテール版を元にした再版が六版知られている。以前に触れた一七六八年刊行の『必要な集成、理性の福音を付す』は、マルク・ミシェル・レがヴォルテールとは無関係に出版したものらしい。デスネはこれに含まれる刊行本『ジャン・メリエの遺言書』をRN68と命名している。デスネは刊行本『ジャン・メリエの見解の要約』第一版E62G1との大きな異同があるものとして、E62G2、ER64A、そしてこのRN68の三つの版を挙げている。本作品をもっぱらヴォルテールによる編集作品と見るならば、それらの異同を示すべきだろうが、私たちの翻訳では本作品とメリエ原文との異同のみを示すこととし、対応する邦訳書のページを訳註で指示した。なお、秘密読書世界の常として、ヴォルテール出版の『ジャン・メリエの遺言書』もふたたび手書き写本となって、地下文書の世界に還流していったことは言うまでもない。

唯物論、無神論、社会体制批判という当時としては異例に属する思索を行った、地下に埋もれた思想家ジャン・メリエの自筆写本が見つかったこと、またこの作品を改作した理神論的要約版をヴォルテールという強力なプロパガンディストが徹底的に利用したこと、この二つの事件が揃ったために、メリエ『覚え書』と『ジャン・メリエの見解の要約』という二つの地下文書作品とその関係は、地下文書・秘密出版における複雑な思想的戦いの現場を一部ながら垣間見させてくれると言える。最後に一つお断りをしておく。この作品『ジャン・メリエの遺言書』の本文は、石川光一・三井吉俊の共訳であるが、訳註および当解題は三井個人によるものである。

〔一〕『ジャン・メリエ遺言書』、法政大学出版局刊、二〇〇六年、三井吉俊による解説、一二四一ページ参照。なお、同ページに見られる、一七三七年七月付けの手紙の所有者・地下文書収集家名はトマ・ピションと修正し、発見した研究者名はジュヌヴィエーヴ・アルティガス－ムナンと修正させていただきたい。

〔二〕*Œuvres complètes de Voltaire*, 56A, Oxford, 2001, p. 13.

〔三〕もう一点、ユマニスム図書館（セレスタ）の写本二一六（の三）があるが、デスネは前掲校訂版の序文で、この写本はかなり変異があるものなので、考察に加えないとしている。

〔四〕オルレアン市立図書館の写本一一一五は、他に四作品を含む集成の内に見られる。この写本そのものに写本作成の年代は書き込まれていないが、集成中の他三作品には一七五七年という写本作成の年が書き込まれている。

〔五〕ヴォルテールが刊行した秘密刊行本では、よほど急いで編集したのか、第二章を三分割したにもかかわらず、第二章という小見出しを二回繰り返してしまっている。すなわち、第一、二、二、三、四、五、六章という表記となっている。当翻訳本文では、デスネ校訂本にならって、第一、二、三、四、五、六、七章という修正した表記を用いた。

〔六〕この部分に対するメリエ『覚え書』原文の対応箇所は、邦訳、法政大学出版局刊では二五ページである。

〔七〕*Œuvres complètes de Voltaire*, 56A, Oxford, 2001, Appendice I, p. 163.

〔八〕なお、抜萃の仕方から判断して、メリエ『覚え書』自筆写本あるいは全体写本などから発した、これまでの要約写本とは別系統と思われる要約写本も二点見つかっている。一つはルアン市立図書館の写本六五九である。これは一七四九年筆写と記されたある別の写本に加えられているもので、「序文」はなく、五つの「証明」に分けられているが章に題名はなく、理神論的結論を持ち、「著者略歴」が添えられている。分量としては、ヴォルテールの刊行本の三分の一程度である。もう一つは、一九八一年にクラヴルィユ古書店が所蔵していた要約写本である。これは一七四〇年末頃作成されたらしく、八つの「証明」を十二章立てで要約している。

〔九〕Voltaire, *Correspondance*, Gallimard ‹La Pléiade›, Paris, t. 1, p. 381.

〔一〇〕 *Œuvres complètes de Voltaire*, 56A, Oxford, 2001, Appendice II, p. 169–170.
〔一一〕 *Ibid.*, p. 48–49; p. 70–72.
〔一二〕 Voltaire, *Correspondance*, Gallimard ‹La Pléiade›, Paris, t. 1, p. 662.
〔一三〕 Voltaire, *Correspondance*, Gallimard ‹La Pléiade›, t. 6, p. 793.
〔一四〕 *Cf.* Geneviève Artigas-Menant, *Du secret des clandestins à la propaganda voltairienne*, Paris, Honoré Champion, 2001, p. 308.
〔一五〕 Voltaire, *Correspondance*, Gallimard ‹La Pléade›, t. 6, p. 785.

（三井吉俊）

『宗教の検討』

『宗教の検討』は、十八世紀を通じ最も広く読まれた反キリスト教的地下文書の一つである。八折本にすればおよそ百五十ページ足らずの小品ながら、フランス国内外で大きな反響を呼んだ。「キリスト教は理性の墓場である」（本書第十章）と書かれたこの作品を、大作家たちも読んだ。ルソーの文庫には、ルソー自身の筆跡で「反駁すべし」と表紙に書かれた写本が一部見つかる。ヴォルテールの蔵書にも、賛意と反発が交互に入り交じった、丹念な自筆の書き込みが残された写本がある。レッシングはドイツで刊行された印刷本を手に入れ、これを愛読してやまなかったという。この文書の手書き写本の現存数は五十五点に上り、今は失われたものも多いから、作られた写本の総数は百点をはるかに超えると推定されている。その圧倒的な多さからだけ見ても、本巻所収の『スピノザの精神／三詐欺師論』とならび、地下文書の世界を代表する作品であると言って過言ではない。

I・O・ウェイドは本書を指して、十八世紀前半の哲学的地下文書における「最も明晰な理神論の表現」であると述べた[一]。キリスト教批判の集成としてのその論旨の明快さ、文体の簡潔さ、そして地下文書としては比較的に全体のバランスのとれた構成は、ウェイドの評言における「明晰」という形容を裏づけるものである。世紀を通じてこの作品が大いに読まれた理由もまずはその点に存する。コンパクトなサイズに、時代の欲するキリスト教批判の本質が凝縮したかたちで示され、時代のひとつの規範の役割さえ果たしたと言えるであろう。

1 権威原理と検討原理——英国寛容論との接点

著者の方法的立場は、本書の表題、および本書第一章から第二章にかけての導入部に表現されている「検討 examen」という概念に端的に集約されると考えられる。「各人が自己の宗教を検討することは私たちに許されるべきだし、必要ですらある」(第一章第一節)と著者は冒頭に述べ、その理由を次のように記す。「検討も加えず、自分がその中に生まれたという理由から、また自分に対して何かの権威を持っていた人がそう言ったという理由から或る宗教を真実と信じる場合、私たちがその宗教を信じるのは予断にすぎない」(同第四節)。

近代宗教思想の文脈に照らして言えば、「検討」は、この冒頭に等しく挙げられた「権威 autorité」の対概念として、プロテスタンティズムの信仰論の伝統の中で特殊な意味を担わされた語である。ある教義の解釈が神意に適うかどうか決定する根拠は、ローマ教会が代表する伝承と権威に求めるべしとするカトリック側に対して、信徒の個の内面における「検討」にこそ求められるべきであるとプロテスタントは主張した。教会という外部の権威に信仰の根拠を求める「権威原理」のような第三者を通じてではなく、個人の良心のなかで直接に神の言葉だけに拠りつつ行われる自己の信仰の検討に根拠をおく「検討原理」がそこで要請されたのである。

このように見ると『宗教の検討』冒頭の問題設定自体、プロテスタンティズムの「検討原理」と論理的に連続すると推定される。むろん、キリスト教の根本原理まで批判の対象として脅かされていく『宗教の検討』の言説が、信仰論の伝統にあるプロテスタントの「検討原理」と本質的に異なる意図を内包していることは言うまでもない——プロテスタンティズムも一枚岩ではないにしても。だがそれにも拘わらず、両者ともに、神と信仰者である個＝私を媒介する第三項としての「権威」のア・プリオリな正統性を疑い、これを却けるという意味において、同型的構造があると考えられるからである。

右のようなプロテスタンティズム的信仰論との接点として、英国国教会の聖職者エドワード・シング『紳士の宗教 *Gentlemen's Religion*』(一六九三年。仏訳、アムステルダム、一六九九年。本文訳註〔二〕を参照)がある。シングはアイルランド啓蒙の第一世代とみなされ、王政復古後の英国の合理的キリスト教神学の新潮流に属した一人であったが、同書がこの作品の成立において関与的な役割を果たしていることが近年初めて発見された。

シングの基本的立場は、王政復古後に登場した英国国教会のリベラル派である広教主義(latitudinarianism)を映す。これは宗教上の教義を非国教徒にも受けいれやすい簡素なものにし、二次的な教義や儀式はできるだけ緩やかにすることで、非国教徒に対し包摂的で寛容な姿勢を示す新たな合理神学の潮流であった。政治的にも宗教的にも穏健で中道的であり、霊的熱狂主義にもローマ・カトリック教会にも等しく距離を取り、合理的な明証性を尊んだ。実際のシングの議論にも、広教主義のこうした宗教上の合理主義と、イデオロギーとしての包摂主義ははっきり現われている。シングはそこで自分の基本的立場を以下の五点にまとめている。シングの議論を要約して述べる。一、まず、キリスト教は理性と知性を持つ者すべて、すなわち情念や臆見、一時的な利害にとらわれることなく、真摯にこれを考量する人のために創設されたことを、万人に知られる真理として認めること。(全般的にシングに対するロックの影響は一貫して顕著だが、神の生得観念はそれにも拘わらず存在すると主張する点でロックと大きな隔たりがある)。二、この理性と知性は格別な幅をもつ必要はなく、平凡なもので十分なこと。三、イエスと使徒の意図とは人をして秘義に通じせしめることではなく、良き調和の取れた生を送らしめることであること。四、神とその属性、神の掟は、啓示に先立つ理性によってすでに部分的には証されうること。五、教義及び福音の戒律の必要な部分は、聖書のあちこちから偶然に取られた文句などではなく、聖書全体および個々の書の目的と意図に適うものとして考えられねばならないこと。以上の原則をもとに、各人がそれぞれの仕方で、教義に理性的な検討を加えねばならない、と著者は述べ

る。〔二〕

このようにシングは、啓示に対する理性の相対的自律性の保証、一部の教徒だけでなく万人に開かれた包摂的真理としての宗教、市民社会からの離反ではなく、それとの調和を目指す宗教道徳の確立、聖書の合理的・体系的理解の重要性を唱える。こうした開明派シングの議論は、教会の「権威」を限定する一方で、信徒の自由な検討の領域を絶対的に拡大し、良心か教会か、個か制度かという二者択一の中で国内のキリスト教徒を分裂させてきた従来の対立図式を大幅に緩和しようとする。シングの立場を典型的に表わす文章を二つ抄録しておく。「個人の知解した教義は、国家の権威はいざ知らず、教会の権威を必ずや打ち砕くであろう、なぜなら個人がいったん各自の良心に従って行動し始めれば、神の法の管轄者と自認する教会にも、この個人の行動の善悪を判定することは不可能となるからである、という反駁には何と答えるべきか。教会には神から直接授かった権威があり、キリスト教の法に従わぬ者に教え、説得し、必要に応じて破門する権威が教会には確実にある。しかしその権威はこの一点のみに限られる〔三〕」。「各自の教義は時に人々をテロや殺人に走らせるが故に国家や市民社会を破壊するという反駁にはどう答えるか。この犯罪が実際に各自の良心に基づいて行われたかどうかは、統治者には結局のところ知りえぬ以上、彼らの法に従って思うがままに裁けばよい。だが神の法に照らした個々の教義の正誤の審判は統治者の権能を越えている以上、統治者にできるのはそこまでである〔四〕」。

個人の検討の自由が、教会や為政者からの原則的な不干渉の保証とともに成立するというこの図式には、ロック『寛容についての書簡』(一六八九年)の同時代の直接的な反響を看取しうる。このような信仰と精神的活動の自由の保証という理念は、宗教的合理論の立場から行われる歴史に対する理性、伝承に対する合理的論証への価値付与に新たに実質的な内容を与えるものとなっている。この点において、シングは英国の宗教的合理主義——そこにはロックや、ニュートンを始めとする王立協会の新科学主義が、またジョン・トーランドの理神論がそれぞれの差異と多様性を抱えながら帰属していた——と、『宗教の検討』の著者がその圏内に属していた大陸の宗教思想の伝統との触媒の機能を積極的に果たしたと考えられる。

2 『宗教の検討』と大陸合理論的伝統——普遍的合意論批判

政治的には絶対王政を敷き、宗教的には一六八五年の「ナントの勅令」廃止後「カトリック一色のフランス（La France toute catholique）」（ピエール・ベール）となったフランスを始めとする大陸では、しかし、議論はおのずと異なる様相を取らざるをえない。それはシングの論議を随所で利用するに際して、『宗教の検討』の著者がなお選択的であったことの理由でもあろう。問題は単にキリスト教教義に親和的か否かの差異にとどまらず、権威への不服従の論理における両者の力点の置き方の違いに関わってくる。

人間の媒介による神意の恣意的改竄、歪曲の可能性を示唆するとき、シングが力点を置くのは、各人の判断の行使は判断する各人の主体に最終的に委ねられるべしということである。シングは書く。弟子たちによるイエスの奇蹟の証言の重さは確実である。だがはるか時代の経ったいま、誰を信用すべきか。カトリック教会ではない。よしんば真理を保持しているとして、人間による壊敗がある可能性があるから。カトリック教会の伝承でもない。伝承の過程でさまざまな改変を蒙る可能性があるから。聖書の解釈に疑念の余地がある場合、カトリック教会に解釈を仰ぐべしというのではない。他の書物と同様に、各個人が自らのしかたで解釈を進めるべきである〔五〕。

それに対して『宗教の検討』の著者は次のように言う。「闇のようなもの、つまり私たちが理解できないものに私たちの同意を求める権利が一切ないことは確かである」（第二章第十一節）。ここでもやはり、権威への不服従が承認されているにも拘わらず、その承認が要請される手続きはシングとはやや異なっている。『宗教の検討』の著者は、為政者や教会からの強制力を最小限にとどめ、個人の良心と精神活動の自由は最大限に確保されるべしというシング（そしてロック）の自由主義的論証形式を取らない。これに替えて著者は、全員一致原理（unanimité）に照らして権威に何らかの欠落ないし破綻が認められる場合、あるいはこの全員一致原理が何らかの理由で確証されえない場合、

「私たちの同意を求める権利が一切ない」（引用強調者）、権威への不服従は許容されて然るべきであるとする論理を提出する。世界の宗教の多様性・相対性への言及が作中にしばしば見られながら、これらの言及がキリスト教の従来の全員一致原理の破綻を指示する記号以上の機能を担わされることはないのも、逆に右のような著者の関心の働き方の一貫性を示していると考えられる。聖書が改竄や損傷を受け、人為により神意の壊敗が行われる可能性が問題視される場合、聖書、預言、教父らの権威が言語の多義性と曖昧さを理由に却けられる場合、さらに民衆的想像力の加熱が初期キリスト教の発生を可能にしたと主張される場合も、共通して見られるのは、全員一致原理の頓挫により生じた「多数（multitude）」がもたらす混乱の記述にほかならない。「単一に帰着しない多数は混乱である」（パスカル『パンセ』断章B八七一、L六〇四）。

　概括的に見ていくなら、このような著者の議論の射程は、政治哲学的には大陸的伝統であるボシュエの「普遍的同意（consentement universel）」概念に対する同時代の自然法的批判に結びつき、宗教哲学的には神の実在の認識におけるキリスト教合理論の変遷と結びつくもので、こうした観点は多くの地下文書の著者に共通していたと解される。ジャン・エラールは当時の思潮の傾向を次のように整理している。十七世紀以来、神の実在に関する意識は万人の生得的な所与であるという論証は流布していたが、十七世紀終わり頃には既にいくつかの異論も現れていた。そのひとつが、ピエール・ベールに代表される、先入観ないし無批判的な伝統に立脚した社会的・文化的誤謬に対する合理主義的批判である。万人が生得観念として神の観念を刻印されているのでないとしたら、いったいいかにして、自然的諸観念と社会的偏見とを区別しうるというのだろうか。私がする神の直観は自然が私に与えたものか、それとも偏見や教育が私に刷り込んだものなのか〔六〕。

　ジャン・エラールはこれを批判的合理主義による自然宗教的概念に基づく普遍的合意論批判〔七〕と呼んだが、『宗教の検討』の著者も第一義的にはこの流れに属する立場を取ろうとする者にほかならない。この立場にあってもし懐疑論を超えようとするなら、第一に、ボシュエの論理とは異なる形で神の普遍性がいずこかに確保されねばならないであろうし、第二に、自然的観念と社会的偏見との境界が厳密に測定され直さなければならない。これらの条件を同時に満たすことが、著者が自己に課した本書の課題であった。(この意味で『宗教の検討』の著者は、少なくともその意図から見る限り、モンテーニュやラ・モット・ル・ヴァイエのような懐疑主義的傾向には与しない)。この課題は、前者についてはフランス合理主義的キリスト教神学の系譜を援用した、理性と合理的論証に基づく全員一致原理の再構築として、後者については啓示宗教、ことにキリスト教批判として本書に結実するものと思われる。以下ではまず前者を取り上げよう。

著者が全員一致原理の根本に据えるのは何か。次のような理性の原理である。「しっかりした判断を形成するためにすべきあらゆる用心をした上でなら、私たちが理性によって信じるものが偽りだということはありえまい」(第一章第四節)。理性が人を誤謬に導く可能性への怖れ、被造物たる人間理性の有限性への不安は、ここではほとんど見られない。理性は「万人の内で全く一様な光明」(第二章第四節)である。理性に対するこの信頼は、人間理性と神が透明で無媒介な連続性のうちにあるという認識に支えられている。「理性は神からたえず発する光」(同第五節)という文句が繰り返され、「神でさえ理性という道を通してしか私たちに働きかけない」(同)と述べられる。ゆえに「信仰は理性を前提」(同)とせねばならない。「神は無謬だと明かしてくれる理性が私たちに啓示を確信させねばならず、その上で初めて理性は盲目的に信じるべきである」(同)。

このような立場を取るに際して、著者は絶対王政期にフランス宗教哲学を二分した論争から少なからぬ発想と語彙を借りている。神は理性と合理的論証を通して証明可能である、とする立場は、十六世紀から十七世紀にかけての宗教思想において、とりわけアリストテレス哲学に替わってデカルト主義が登場して以来、すでに大きな勢力であった。それを批判したのが、パスカルを代表とする同時期のキリスト教護教論であったことはよく知られている。新たな独断論と彼らの目に映じたデカルト的合理主義に対抗した彼らは、神をユダヤ民族とキリスト教徒の歴史に位置づけ直し、奇蹟、預言、啓示の証言としての聖書という超自然的な事実や現象を、キリスト教の本来性の証明の具体的な根拠とした。パスカルが述べたのは、原罪以後、神は人間にとって「隠れたる神」となったということだった。有限な人間理性にその叡知を窺うことはできない。われわれの理性はつねに現象の不安定によって欺かれる。理性は服従しなければばならない。被造物には幾重にも阻まれた神の意志を知ろうとするなら、その表現である聖書の譬喩の読解を通じ、自然の領域を超えた奇蹟や預言の証言の解読を通じて進まねばならない。

こうした態度の対蹠点に位置するのが、デカルトの合理主義哲学や、マールブランシュの合理主義的キリスト教哲学の系譜に棹さす陣営であった。その中には、デカルトの思想を地下思想の土壌でさらに展開したフォントネルのような自由思想家も含まれよう。デカルトやマールブランシュ自身が、神の意志は合理的に論証可能であるなどと述べたわけではもちろんない。しかし、理性という精神的能力の卓越性と普遍性を唱え（デカルト）、人間理性と神との同質性を主張した（マールブランシュ）彼らが、超自然的な歴史や証言の代わりに、理性と合理的推論を土台とする新たな神学の礎を築いたとみなされるのはたやすかった。十七世紀リベルタンの流れを濃厚に引き継ぐフォントネルに見られるように、こうした思想的立場が突き詰められていけば、やがて啓示宗教を成立させている奇蹟や預言の信憑性、そして神の言葉の棄損なき伝承とされる聖書そのものへの原理的な批判が生まれてくる。

これはロックやニュートンを中心に英国ですでに進められていた十七世紀後半から世紀末にかけてのキリスト教神学の新展開に現われていた傾向でもあった。ロックは『人間知性論』において、環境と教育により世界的に神の観念が多様であることから神の生得観念を否定し、理性を否定するような宗教的熱狂や奇蹟に疑念を付し、道徳の問題は「自然的恩寵」すなわち合理的証明によって論証可能であるとした。ニュートンは三位一体の教義に疑念を付し、聖書の改竄の可能性について触れた。ともにトーランドの理神論を強く批判したが、意図とは別に、トーランド流の理神論の形成を助けたのは、彼ら二人が引き起こした科学革命である。

デカルトやマールブランシュ、フォントネルの名やその文章は、本書においても随所に掲げられている。その筆頭は、マールブランシュである。「検討と注意は真理を明かしてくれるよう私たちが神にする自然の祈り」（第一章第三節）、「人間が教えてくれるものはみなわれわれの理性で検査される」（第一章第五節）、「私たちを欺くことのできぬ神」（第二章第十二節）と、その合理主義的キリスト教神学の主著『真理の探求』からの言葉が、冒頭以来繰り返し援用される。著者は「神が自らの真理を人間の伝承に依存させるはずはない」（第二章第四節）と主張するが、その根拠は「人間を経由して私たちに届くものは、どれも誤謬のおそれがある」（同）からである。ここには、人間は感覚と想像力のせいで本性上誤謬から逃れられないというマールブランシュの感覚および想像力批判（それは『真理の探求』第一巻・第二巻の主題だった）が色濃く影を落としているだろう。だが「すべてを神の内に見る」というキリスト教合理哲学者の体系が、真に著者を感化したかどうかは、あくまでも留保を付けて考えるべきである。マールブランシュにおける生得観念説への批判も見つかるからである（第九章第五節）。

　デカルトの名は、第二章の最後に一度だけしか登場しない（第二章第十二節）。理神論の立場からこの哲学者の信仰理性分離論が批判され、宗教問題についても学問と同じく合理的な論証手続きを求めるべし、と唱えられるにとどまっている。それに対してフォントネルの援用は目立たないが、これら三人の哲学者の中で最も多い。典拠は主に『神託史』から採られ、ほとんどの場合、名も挙げられずに引用されている。『神託史』は、ユダヤ教やキリスト教以外の古代宗教、異教に扱う対象が限定されているものの、古代の宗教的感情の根源に民衆の迷信と想像力の放埒を求めた作品である。キリスト教が人間たちの情念や想像力――「思索も検討もできない民衆の同情心と信じやすさ」（第五章第四節）――から生まれ、「殉教の原因は加熱した想像力である」（第六章第三節）とする本書の立場は、発想において同質である。

　興味深いのは、本書とパスカルとの関係である。ある研究者は、『宗教の検討』の少なからぬ箇所に、一切その名は挙げられていないものの、パスカルの『パンセ』を意識し、これに反駁するかのように見える議論がふんだんに見いだせると指摘している〔八〕。事実、冒頭で現世の短さと死後の永遠性を対比させ、宗教（キリスト教）の検討の必要性を説く文章（第一章第一節）は、同様の対比をキリスト教の証明へ読者を誘うために用いる『パンセ』断章Ｂ一九五、

L四三二（二八）と対比できるだろう。怒りや残酷、移り気や復讐心といった情念に満ちた神の像の拒絶（第二章第六―八節、第三章第七節、同第十節）、「神は寓喩的には振る舞わない」（第七章第五節）を始めとする象徴、聖書の譬喩的解釈への批判（第三章第六節、第六章第一節、第七章第八節）、なかんずく原罪概念の明確な拒絶（第八章第六―十一節）など、確かにパスカル的な議論への逐語的な反論と読める部分が少なくない。「隠れたる神」の中核となる原罪の概念について、パスカルは次のように言った。「神は隠れている神である。人間の本性の堕落以来、神は人間を盲目のうちに棄て置いた」（『パンセ』断章B二四二、L七八一）。『宗教の検討』の著者は書く。「人間は壊敗しているわけではない。そうだと主張するのは、作り手の限りない叡智と力を攻撃せずにはできないことだ。人間は本性からしてそうあるがままのものである。本性とは神が設けた秩序で、したがってこの秩序は悪しきものではありえない」（第八章第八節）。パスカルが原罪以後神を喪った人間の邪欲の根源と位置づける「自己愛（amour-propre）」は、第十章「キリスト教は市民社会に必要ではなく、それを破壊する傾向がある」において、罪から復権させられる。「キリスト教は私たちを現在の幸福からあまりに引き離してしまう。私たちの知らぬ未来の幸福にすべてを関係づけよという。しかし、市民社会の幸福のためにはこの世で幸福にならなければならない」（第十章 ヴォルテールは、ここに見られるのとほぼ同型の論理を『哲学書簡』「パスカル氏の『パンセ』について」（一七三四）で用いている。

3　キリスト教批判の諸相

マリ＝エレーヌ・コトニによれば、十八世紀前半の哲学的地下文書における聖書批判の主題は一般にきわめて多岐にわたり、おおよそ以下の十種類ほどに分類できるという。（一）普遍的形式をもたぬ啓示の拒絶、（二）聖書の明晰な意味の探求、（三）歴史的事実との食い違い、（四）聖典伝承批判、（五）宗教の比較史的研究、（六）奇蹟批判、（七）預言批判、（八）聖書記述の矛盾、（九）聖書記述における誤謬、（十）キリスト教道徳批判。これらにさらに、

（十一）キリスト教の創立者たちの脱＝聖化と人間化、も含めることができよう〔九〕。

本書のキリスト教批判は、コトニによる分類のほぼ全体を漏れなく含む。取り上げられる対象も、聖書（第三章）、イエス・キリスト（第四章）、教会と公会議（第五章）、教父と殉教者（第六章）、預言と預言者（第七章）、三位一体と原罪（第八章）、そしてキリスト教道徳（第九章―第十一章）と網羅的である。

ただ、個々の主題や対象の批判の掘り下げ方を見れば、著者がスピノザやリシャール・シモン、ル・クレールらの拓いた本格的な厚みのある聖書批評学の伝統の中に直接に身を置いたことのある人物であるとは想定しづらい。[illegible]される聖書の章句はすべてウルガタ訳であり、彼自身がヘブライ語を理解できた形跡も直接的にはない（第[illegible]につい―五節）。聖書記述における矛盾や不備、歴史的事実との齟齬、書写段階での誤謬の混入の可能性の指摘[illegible]先行文献ても、聖書から採取された具体的事例が僅少なわけではないものの、多くは同時代の護教論や哲学書[illegible]れるような記述に見つかる。著者による広い文献渉猟の努力の跡は認められるにせよ、釈義上の独自性が真に認め[illegible]はむしろ稀であろう。

もっとも、自然的観念と社会的偏見を区別し、「信仰を人間の悪意がでっち上げた作り[illegible]と見分け」（第二章第一節）て、真に「神が語ったか否か」（第一章第九節）を明らかにすることが著者の目的[illegible]ある限り、その意図は十分に達せられているということは可能である。本書で組織的に行われているプロパガンダは、聖典や聖人、教会など、広範囲にまたがる主題や対象の一つ一つについて、それが理性という全員一致原理の試験にいかに耐ええないか端的に示すことだった。キリスト教が普遍的・一般的な価値の保有者ではなく、特殊的・局所的な価値しか、せいぜい言っても多数者による力の論理しか持ち得ぬことを、同時代の読者の目にありありと突きつけることが企図された。

こうしたプロパガンダ戦略において、著者の批判の矛先が顕著に向かう場が三点ある。第一に挙げるべき譬喩の言語、文彩批判についてはパスカルとの関連で先ほど指摘した。繰り返しは避けるが、「私たちの誤謬や論過はあらかた、言葉の真の意味を確定するより先にその言葉に基づいて論を立てることから来る」（第一章第九節）、「言葉は何も意味しなければ空気の振動にすぎないし、鸚鵡にも物は言わせられる。言葉に支えられるだけで真実な観念に支えられないものは考慮に値しない」（第八章第四節）というロック流の経験主義的言語観が、明らかに文彩や譬喩への斥力として機能している点については重ねて強調しておきたい。「聖書の言葉が寓喩と神秘ばかりなのはどうしてか」（第三章第六節）、「神の行動は狂乱によるのでも興奮によるのでも文彩によるのでもない。重ねて言うが、納得させようと思ったら預言は明瞭・単純でなくてはならない」（第七章第十節）。そこで顕著なのは、民衆、古代ないし東洋という特殊的条件にある想像力とキリスト教が同一視されて一緒に貶められる見方である。「寓喩は民衆に好まれるもの」（第六章第一節）、「預言はみなしごく晦渋なこと、そこでは何もかもアジア的な熱狂やカルデア人の神秘の匂いがする」（第七章第四節）。

第二に、想像力批判が挙げられる。イエスや聖パウロを始め、教父から法王、それを奉じる教徒に至り、傲慢や熱狂、無知や恐怖といった情念と想像力に囚われた人間の姿が再現される。「殉教の原因は加熱した想像力である」（第六章第三節）。「思索も検討もできない民衆の同情心と信じやすさ」（第五章第四節）。神までがそこでは人間の弱さに引き寄せて示される。「キリスト教はいつでも神を一人の人間のように示す」（第二章第六節）。教会も、これら誤謬に満ちた「人間の結社にほかなら」（第五章第一節）ない。寓喩と一義性、想像力と理性の間に設定されたこうした位階序列が、聖書や奇蹟、殉教者や預言者、法王や教会組織など、キリスト教の根幹をなす教義やそれを支える諸制度を批判し、その矛盾や問題点を指摘する本書の論理の中核をなす。

最後に、こうした一連の議論は、キリスト教が理性発達以前の歴史の特殊な段階にあるという指摘にとどまらず、キリスト教は人間が理性を媒介にした普遍の段階まで達するのを阻害する積極的な障壁となったとする根本的な批判に至る。すなわち、「キリスト教は神について偽りの観念を私たちに与える」（第九章）だけではない。それは市民社会に「不必要」であり、原理的にこれを「破壊」する傾向があるとまで唱えられる（第十章）。キリスト教と人間が、ここでは明確に拮抗しあう二つの政治的力の対立として把握されているのである。

4 キリスト教道徳批判と理神論的神への帰依

宗教的道徳、神の道徳についてはどうか。本書の最終部には、この点について一見矛盾する二つの見解が述べられていることをまず指摘しておきたい。第一の見解は第八章に表明されたもので、機械論的道徳観による自由意志概念の否定と、楽観主義的世界観に立つ原罪概念の放擲がなされる。ロックの経験論やスピノザの決定論、ライプニッツの楽観論の折衷によってキリスト教の根本教義を転覆させようと企図する議論で、十八世紀フランスの理神論における典型的な論証の一つである。後年のラ・メトリやディドロ、ドルバックらの無神論への接近が、最も見られる箇所である。

第二の見解は最終章に展開される。この章ではまず、神の存在の目的論（ないし設計論）的証明、および宇宙論的証明の双方が読者に初めて端的に提示される。次に神の無限の叡知と慈愛、力・義、神への服従と果たすべき義務が説かれる。最後は疑念 Doute を抱くことの正当性を説き、「創造者」、「最高支配者」としての神への呼びかけをもって全体が閉じられる。

両者を通覧すると著者の立場に一貫性が欠けているように見えるが、しかし果たしてそうだろうか。著者の中で、啓示宗教であるキリスト教と自然宗教＝理神論とに存在論的区別が設けられていることを考えれば、むしろ見るべきは、社会的偏見と自然的観念との峻別、多数者の論理の拒否、全員一致原理の貫徹への希求といった、検討原理の出発点で著者が掲げた一連の論理が、著者によって最後まで完遂された事実を示していることではないか。主権者たる神への臣民＝人間の全員一致の同意が可能となる地平はいかに実現しうるか。それを妨げる多数者たちへの不服従の戦いはいかに実践されるのか。本書が差し出した根本的な二つの問いは、確かに啓蒙の世紀の到来を準備したといえるのではないか。

ここに訳出した『宗教の検討』は、イタリアの思想史家モリによる批評校訂版、César Chesneau Du Marsais, *Exa-*

men de la religion ou Doutes sur la religion dont on cherche l'éclaircissement de bonne foi, introduction et édition critique par Gianluca Mori, Voltaire Foundation, Oxford, 1998. を底本としている。

ウェイドの研究以来、二系統の異本が知られる。すなわち（一）十一章からなる写本（写本α群）、（二）十五章からなる写本（β群）である。章構成を別とすれば基本的に十一章版も十五章版も内容そのものに大きな異動はない。ただしβ群はα群よりもやや長く、またα群には見あたらない「奇蹟」という章が挿入されている。同章はフォントネルの『神託史』からの長い引用である。十八世紀を通じて多く読まれていたのは主にα群の系統で、現存するこの文書の写本五十五点の内、四十四点はα群に属する。この翻訳に使用した批評校訂版はα群、β群の双方を活字に起こしているが、基本的に同じテクストを二重に訳すのは無意味なので、ここではα群のテクストのみを訳出した。

執筆年代についてはこれまでも多くの説が出たが、批評校訂版の校訂者モリは、典拠調査により新たに複数の新典拠を発見、これをもとに執筆時期を一七〇五年頃と考えている。なおα版とβ版のいずれが先行するかは即断できないとしている。現段階ではこのモリの仮説の蓋然性が最も高い。写本の流通時期はこれに遅れ、一七二〇—三〇年代に始まる。当初、写本の多くはフランス国内各地で筆写されたが、その後国外にも広がった。また、一七四五年に最初の印刷本が刊行されて以来、十八世紀で最後のフランス語版が出た一七九二年に至るまで、およそ二十種の印刷本が主に国外で刊行されており、世紀後半にはさらにドイツ語訳も数種刊行された。

写本にせよ印刷本にせよ、題名は一定せず、特に写本では種々雑多だった。写本の題名で『宗教の検討』以外に多いのは、『聖書によって証明された真の宗教、ギルバート・バーネットの英語から訳す』と『心から解明を求める宗教の検討、ド・サン＝テヴルモン氏のものとされる』の二つで、ほかに『あらゆる宗教の祭祀に反対する論考、心から解明を求める宗教についての疑念』、『理神論、または、検討しおのが蒙を啓こうとする誠実な人の疑念』等々がある。印刷本の場合、一七四五年に出た最初の刊本には、まず『宗教の検討』という標題が掲げられ、続いて扉が二つあって、第一の扉には『聖書によって証明された真の宗教、ギルバート・バーネットの英語から訳す。ロンドン、

G・クック書店、一七四五年』、第二の扉には『心から解明を求める宗教の検討、ド・サン＝テヴルモン氏のものとされる。トレヴー、イエズス会の神父たちの負担による、一七四五年』と記されていた。この最初の刊本はアムステルダムのH・W・レーナー書店から出たと推定されており、以後の刊本も多くはそれに準拠していたが、一七八八年以降、この文書がフリードリヒ大王の遺作集に収められた際には、題名も『宗教についての考え』となっていた。なお、英国国教会の重鎮だったソールズベリの主教ギルバート・バーネットがかような文書を著わしたことも、トレヴーのイエズス会士たちがそれを本にしたこともともにありえなかったから、二重の扉の内容は半ばふざけた偽装だった。また、この文書の執筆年代を一七〇五年頃とすれば、すでに一七〇三年に死んでいたサン＝テヴルモンがそれを書いたはずはなかったし、フリードリヒ大王に至っては、一七〇五年にはまだ生まれてもいなかったのである。

『宗教の検討』の著者については、十八世紀以来数多くの文人、自由思想家の名が取りざたされてきた。最も有力なのは、すでに十八世紀にもヴォルテールが唱えて、ダランベールやグリムもそれに倣い、現代版の校訂者モリもそれを踏襲している、百科全書派の文法学者デュマルセを著者とみなす説である。以下、紙幅の都合上、彼の略歴だけ記しておこう。

セザール・シェノー・デュマルセ（一六七六―一七五六）文法学者、思想家。マルセイユ生まれ。困窮のなか、マルセイユのオラトリオ会の学院で人文主義的な古典教育を受ける。一七〇一年、法曹家の道を志し、パリ大学法学部に学ぶ。その後結婚、〇四年、高等法院弁護士資格を取得。しかし、〇五年、人間関係のもつれから職を辞し、妻とも離別した後、デメゾン法院長家の家庭教師となる。その家を離れるまでの十二年間に、『ガリカン教会教理説明、ローマの宮廷の主張との関係で』（執筆一七一五年前後）、『パラヴィチーニ枢機卿の《トリエント公会議史》から引いたローマの宮廷の肉的政治』（パリ、一七一九年）など、ガリカニスムの色濃い論争的書物、イエズス会士バルテユス神父のフォントネル批判（一七〇七‐〇八年）に対する反駁書『《神託史》批判に応ず』（執筆年代不詳、未公刊）を執筆。また反キリスト教的有徳者として哲学者（フィロゾーフ）を描き、フランス啓蒙思想の理想的知識人像を活写した匿名論文「哲学者」の著者ともされ、同論文は一七一六年頃に執筆されたと言われる。その後もジョン・ロー家を始め家庭教師先を転々と移りながら生活した。それまでの言語教育の成果を『ラテン語学習のための体系的方法の解明』（パリ、一七二二年）や『比喩論』（パリ、一七三〇年）などの著作にまとめて刊行し、初めて成功をおさめた。だが、貧困生活は老年期に至っても相変わらず続いた。七十歳を過ぎ、請われて『百科全書』パリ版に文法項目を中心におよそ百五十項目を寄稿。寄稿は特に最初の三巻（一七五一－五三年）に集中している。ディドロやダランベールはデュマルセの文法項目に称賛を惜しまず、『百科全書』第七巻（一七五七年）冒頭には、ダランベールによる長文の追悼文が掲げられたが、これは異例の扱いであった。『一般文法論』（パリ、一七六七年）、『論理学』および『文法原理』（いずれもパリ、一七六七年）。

一七〇五年というのは、デュマルセの生涯でも決定的な年だった。彼は当時二十九歳前後、前年正月からしていた弁護士をやめ、稀代の悪妻だったという妻とも別れて、家庭教師として暮らしはじめたのがこの年であり、『宗教の検討』のような危険文書の執筆はこういう「断絶の時期」にこそふさわしかったと校訂批評版の作成者モリは言う。また、「デュマルセは『検討』の頃には、合理論と経験論の間で、理神論と無神論の間で、紳士の道徳と功利主義の間でまだ選択をしていなかった。テクストの内にどうしても現われざるをえない様々なアポリアは、それによって容易に説明できる」（八〇ページ）とも。

ただ、この文書の著者とオランダにいる亡命プロテスタントとの関係の可能性を指摘する研究者もおり、著者同定の問題はまだ完全には決着していないと考えるのが無難であろう。

〔一〕 Ira O. Wade, *The Clandestine Organization and Diffusion of Philosophic Ideas in France from 1700 to 1750*, Princeton, 1938, New York, Octagon Books, 1967, p. 163.

〔二〕 Edward Synge, *La religion d'un honneste homme qui n'est pas théologien de profession*, [trad. fr. de la 1ère éd. intégrale: The gentleman's religion, London, 1698], 2 tomes en I vol. Amsterdam, P. Brunel, 1699, t. I, pp. 99–112.

〔三〕 *Ibid.*, pp. 91–94.

〔四〕 *Ibid*., pp. 85–91.

〔五〕 *Ibid*., pp. 29–57.

〔六〕 Jean Ehrard, *L'idée de nature en France dans la première moitié du XVIIIe siècle*, Armand Collin, 1963, p. 403.

〔七〕 *Ibid*.

〔八〕 Anthony McKenna, «Les *Pensées* de Pascal dans les manuscrits clandestins du XVIIIe siècle», in Olivier Bloch, ed., *Le matérialisme du XVIIIe siècle et la littérature clandestine*, Actes de la table ronde des 6 et 7 juin 1980, Paris, Vrin, 1982, p. 138.

〔九〕 Marie-Helene Cotoni, *L'Exégèse du Nouveau Testament dans la philosophie française du dix-huitième siècle*, Oxford, The Voltaire Foundation, 1984, pp. 129 et suiv.

（逸見龍生）

監訳者あとがき

遠い昔のことで、もはや記憶も定かでないが、当時大学院生だった数人の若い人たちと語らって、フランス十八世紀の反宗教的地下文書の定期的な輪読会を私が始めたのは、七十年安保の嵐が去って大学が良くも悪しくも静かさを取り戻した一九七〇年代半ば頃ではなかったかと思う。十八世紀後半における啓蒙思想の全面的開花に先立って、すでにこの世紀の前半から、夥しい数にのぼる多くは匿名の反宗教文書が手書き写本の形で広く流布し、出版統制の及ばぬ地下の世界でひそかに新思想の準備をしていたことは、ランソン（一九〇七―一〇年）やウェイド（一九三八年）の古典的な研究によって概括的にはかなり古くから知られていたし、それについて私もかねがね一定の知識を持ってはいた。また、フランスをはじめ西欧諸国の古書市場で十八世紀本を入手することもまだかなり容易で、売り値も今よりはるかに安かった一九五〇年代、六〇年代に、それらの文書の十八世紀刊行本（手書き写本を主に十八世紀後半に活字化したもの）を或る程度集めてもいたから、お互いの勉強のためそれらをまとめて読む機会を持ちたいというのが、この輪読会を発足させたそもそもの動機だった。折よく、十八世紀中には出版されなかった『物質的霊魂』や、完全な刊本がなかった『マールブランシュ神父に呈する宗教についての異議』がそれぞれ一九六九年と一九七〇年にフランスとベルギーで出版されたことも、このまとめ読みを促す大きな刺激となった。輪読会で最初に読んだのも、たしか、この『……宗教についての異議』のマザラン図書館所蔵写本をロラン・モルティエ氏が活字に起こした初の完全版だったと記憶している。以後、輪読会は春、夏の休暇中を除き原則として月一回、年間十回程度の割で行なわれたが、さいわい、読む材料に不足することはなかった。

あれから三十数年たった。発足当時の大学院生たちも、今は、定年もさほど遠くない初老の学者となり、学界やそれぞれの大学で枢要な地位を占めているらしい。もちろん、当初からのメンバーではなく、後から加わった者も多いし、また逆に、就職、進路変更等々の事情で途中から去って行った者もいる。延べ人数は十数人というところであろうか。「大学院生」と言ったのは、私が当時奉職していた、今はない某公立大学でのことだったが、その大学のむさくるしい大部屋の研究室で当初開いていた輪読会は、発足後十数年で私がその大学を去って某私立大学へ移ってからはそこの個人研究室に会場を移し、その大学をも私が定年で退いてからは私の自宅へ再度場を変えて、今も細々と続いている。大阪、名古屋、新潟など遠隔地に住む者もいるため、毎月の集まりは盛況と言うに程遠いが、それでもこの三十数年、よほどの事情がないかぎり輪読会を途切らせたことはなかった。おかげで、十八世紀の反宗教的地下文書の内でも主要なものはことごとく読了でき、地下文書をまとめて読むという当初の目論見はようやく一応のところまで達成できた。読んだ文書の数はざっと三、四十篇になるであろう。もちろんこの数は、その種の文書の総数からすれば微々たるものだが、フランスのみならずヨーロッパ各地の図書館に眠る地下文書の手書き写本には所詮手が届かず、読むためにはそれらが刊本として上梓されるのを待つほかない私たちとしてはいたしかたなかった。

当初、輪読会はもっぱらお互いの勉強のためで、それらの文書を日本語に移すことなどみな考えもしなかったが、発足後二十年以上たつ一九九〇年代後半から、ぽつぽつそれの邦訳の話が出るようになった。その最大の原因は、一九九〇年代に入ってこうした地下文書の研究が欧米の十八世紀学者の間でにわかにブームとなり、手書き写本の校合に基づくそれの校訂・批評版が続々と出版されるようになったことである。マーガレット・ジェイコブ（一九八一年）、ジョナサン・イスラエル（二〇〇一年）などアングロ・サクソン系の学者たちにより「急進啓蒙」（Radical Enlightenment, Lumières radicales）という新たな概念が提唱されて欧米の十八世紀学者の間に多大の反響を呼び起こし、フランス十八世紀前半の反宗教的地下文書がこの「急進啓蒙」の有力な一翼として脚光を浴びたりしたことが、このブームを促進する要因としてはたらいたことも想像に難くない。前述のとおり、私たちが輪読の対象としたのは初期には主に、一七六〇―七〇年代に出版されたものが多いこれらの文書の印刷本だったが、本書の凡例でもすでに触れたように、こうした十八世紀の印刷本は概ねきわめて質の悪いもので、誤記・誤植やテクストの欠損が山のようにあり、単に通読するだけでも難渋するほどだったから、正確に文意をつかんだ上でしかできぬ翻訳など到底考えるべくもなかった。この致命的な障害は、校訂・批評版の出現により、それぞれの文書の一応（あくまでも）信用できるテクストが提供されたことで或る程度取り除かれた。いささか粗製濫造の観がある最近の「批評版」の批評レヴェルの低さを批判するのは容易だが、それでも、かような版があるのと無いのとでは大違いであり、概して不完全なものとはいえ校訂・批評版が次々と刊行されたおかげで、地下文書の邦訳もようやく具体的に考えることが可能となった。

また、フランス十八世紀の反宗教的地下文書の内でも最も重要なものの一つであるジャン・メリエの『覚え書』の邦訳作業が、いわばこの輪読会の副産物として、会のメンバーである石川光一・三井吉俊両氏の手で着々と進められていたことも、こうした地下文書の全体的な翻訳・紹介への展望を開いてくれた。石川、三井両氏によるメリエの邦訳は、十数年にわたる作業の末、『ジャン・メリエ遺言書』と題して法政大学出版局から二〇〇六年二月に出版され、日本翻訳文化賞を授与されるなど大方の好評を博したが、メリエの邦訳に続くより大規模な企画として「啓蒙の地下文書」二十点弱を一斉にまとめて訳出するという難事業に対しても、版元の法政大学出版局の皆さんは快く同意してくださった。今のような学術的出版の「冬の時代」に、こういう大がかりな刊行事業がわが国で可能となったことに驚き且つ喜びながら、私たちが収録作品の選定や翻訳作業の分担などを協議した上で、それぞれ分担作品の訳出にとりかかったのは二〇〇四年一月頃からだったと記憶している。

こうした反宗教的地下文書の全体的な翻訳・紹介がフランス啓蒙思想に対するわが国での理解の幅を多少とも拡げる一助となれば仕合わせである。それらの文書が体現していたのは、一七六〇年代以後に片やヴォルテールら、片やドルバック・チームなどが表舞台で（つまり、印刷本というメディアを使って）華々しく行なった「反宗教闘争」の、世紀前半における地下潜行形態であり、いわば、フランス啓蒙思想の最も攻撃的な側面の初発態である（それらの文書が手書き写本の形で流布した後、かなりのものが一七六〇年代以後に活字化されたのも、どうやらヴォルテールやドルバックらの勧奨と協力によるものらしく、彼らが行なう思想闘争の一鐶としてだった)。啓蒙思想家らにとって「迷信」と「宗教」はほぼ同義で、「哲学者《フィロゾーフ》」とは何よりもキリスト教信仰の軛から脱却した者を指したという一事からも明らかなとおり、啓蒙思想がまず第一に、思想のみならず社会生活の万般にわたる「脱宗教化」を目指したものであった以上、これらの「危険文書」がするような正面切った宗教批判も、或る意味で、啓蒙思想の最も本質的で不可欠な一面をなすものだった。多くは一七六〇年代に入るまでそれがひそかに流布される手書き写本という表現形式しか持てなかったのも、近代的な「思想の自由」など存在せず、支配的宗教に異を唱える者は当然の報いとして死を覚悟せざるをえなかったという当時の思想統制・出版統制の結果であるにすぎない。主要な地下文書の筆者、もしくはそう目された人々の名前を一覧しただけでも、「反宗教闘争」のこの初発態の持つ重要性がおのずと理解されるはずである。なぜなら、生前名もなき田舎司祭だったジャン・メリエ(一六六四—一七二九。『覚え書』)や、これも田舎司祭と言ってよいピエール・キュッペ(一六六四—一七四八。『万人に開かれた天国』)などは筆者としてはむしろ例外で、それらの文書の作者に擬せられた人々は、歴史家としても反絶対主義的な政治理論家としても名高いブーランヴィリエ伯爵(一六五八—一七二二。『ヒポクラテスからダマゲトスへの手紙』など)、碑文アカデミーの常任書記でこの学者アカデミーの花形だったニコラ・フレレ(一六八八—一七四九。『トラシュブロスからレウキッペへの手紙』など)、同じく碑文アカデミーの会員で『異教哲学史』(一七二四年)を書いたレヴェック・ド・ビュリニ(一六九二—一七八五。『キリスト教弁証論者の批判的検討』など)、すぐれた文法学者で『百科全書』にもその関係の項目を執筆したデュマルセ(一六七六—一七五六。『宗教の検討』など)、科学アカデミーやアカデミー・フランセーズの会員で、古代エジプトを舞台にした哲学小説『セトス』(一七三一年)で大当たりを取ったジャン・テラソン師(一六七〇—一七五〇。『被造無限論』)、トルクアト・タッソの仏訳者でアカデミー・フランセーズの常任書記を務めたジャン＝バティスト・ド・ミラボー(一六七五—一七六〇。『世界に関する古代人の意見』、『魂の本性に関する古代人の意見』など)、小説家として近年非常に注目されているロベール・シャール(一六五九—一七二一?『マールブランシュ神父に呈する宗教についての異議』）など、合法的な場でも活躍した当代一流の知識人が多かったからである。それぞれの文書の著者推定が十分確実なものではないとしても、全体としては、ほぼこのような人々によって「初期啓蒙」の宗教批判が担われていたと考えてもおそらくは大過なかろう。こうした人々の思想的営為がわが国でいまだほとんど知られていないのも、この国における啓蒙思想研究家の極端な層の薄さからしていたしかたないことで、それを嘆くことすらむしろ贅沢と言えようが、肝腎のフランス本国においてすら、最近二十年ほどの「地下文書ブーム」にもかかわらず、啓蒙思想のこうした攻撃的側面が一般的にはいまだ正しく位置づけられていないかに見えるのはいささか残念なことである。たしかに、啓蒙思想を国民的な文化遺産として定着させるためには、読む者の嫌悪と反撥を招きかねぬ思想のこうした圭角を可能なかぎり削《そ》ぎ落とし、たとえばモーセ、キリスト、マホメットを人類を欺いた三大詐欺師として糾弾する（『三詐欺師論』）というような、今の世ではあらずもがなとしか思えぬ（それは、信教の自由と政教分離を当然の前提として、宗教的信仰が個々人の単なる「私事」の域にまで後退している自由主義諸国の現代社会でこそ言えることで、宗教が国家の最重要な「公事」として、社会を全体的に規制する鉄の箍《たが》としてあった当時にまでその判断を及ぼすのは、幼稚な年代錯誤《アナクロニスム》にすぎない）やたらと攻撃的な言辞に周到な消音装置を付す必要があることも分からぬではないが、しかしまた、このような配慮の結果、多分に偽善的な形で「お上品」に色上げされた啓蒙思想のイメージが思想の実態から乖離して、最悪の場合は単なる平板な「ブルジョワ的常識」に堕し、思想の生《なま》の息吹きを感じられなくするという弊害をも伴っている。はじめから合法出版物として発足し、允許取り消し後もそのスタンスを崩さなかった『百科全書』などからはなかなかに窺い知れぬ啓蒙思想の別の荒くれた側面を、これらの「危険文書」から読み取っていただければ、訳者たちの目的も半ば以上達せられる。

思想と社会生活全般の「脱宗教化」を目指す既成宗教批判というのがここに紹介する文書群の共通の眼目だったとはいえ、それに取り組む多くは匿名の筆者たちの思想的立場は意外なほど広い範囲にわたって分布していた。彼らの少なからぬ部分は、神の存在を認めつつも啓示宗教を否定する様々なニュアンスの理神論者だったが、中には神の存在をも否認する、これも様々なニュアンスの無神論者もおり、また例外的には、『万人に開かれた天国』を書いたピエール・キュッペのように、トリエント公会議決定に立脚しつつも、神の「選び」を否定した万人救済論によるキリスト教教理の根本的な刷新を企てるような者もいた。理神論的文書の読者層、無神論的文書の読者層、刷新キリスト教的文書の読者層などがそれぞれ別個に存在して、地下文書の読者といってもそれ自体多層的だった可能性もないではないが、それよりはむしろ、こうした文書を筆写し流布させた者たちが、既成宗教への攻撃に役立つものならなんでも無差別に利用するというしごく実用主義的な見地から行動したと考える方が現実に近いであろう。また、キリスト教の「不合理性」と社会にとっての「有害性」を衝くという点では、理神論者がする攻撃と無神論者がする攻撃との間に有効性で差があるわけではなかったから、究極的に神の存在を認めるか認めぬかという問題がその際さして重視されなかったのもうなずける。事実、無神論者メリエの手書き写本が理神論者ヴォルテールが出版した要約版（当然ながら、特殊無神論的な部分や社会批判的な部分は削除されたが）の形で広く流布したり、また逆に、理神論的な内容で或る意味ではきわめて宗教性の強い地下文書『マールブランシュ神父に呈する宗教についての異議』が無神論者ネジョンの作った要約版（当然ながら、特殊理神論的な部分は削除されたが）『軍人哲学者』という形で原本以上に普及するなど、思想的立場の相違を超えた実用主義的な相互利用もしばしば見られた。私たちもこうした当事者たちの意思を尊重して、刷新キリスト教、様々なニュアンスの理神論、様々なニュアンスの無神論という筆者たちの雑多な思想的立場の間でイデオロギー的な選別をし、そこにいたずらな価値序列を設け、議会の議場での座席配置よろしく、個々の文書やその筆者たちを「右」から「左」へ並べて見せるというような愚は犯さなかったつもりである。

なお、訳出に際しては、各訳者の作った原訳に監修者として私が細かく赤を入れ、その指摘を参考にしつつ各訳者の責任において完成稿を作成するという手順を踏んだ。訳文についてはしたがって、各訳者と、監修に当たった私とが共同で責任を負うものとする。

最後に、大きな売れ行きなどはじめから見込めぬこのように地味な書物の刊行を快くお引き受けくださった法政大学出版局の皆さんに、訳者たちを代表して、心から感謝の意を表したい。とりわけ、編集者としてこれが最後のお仕事になるという、この書を担当された編集部の藤田信行氏にはあつくお礼申し上げねばならない。筆者個人の場合、藤田氏との仕事上のお付き合いは『ピエール・ベール著作集』第一巻（一九七八年刊行）以来、実に三十数年の長きにわたり、その間一貫して、同氏は筆者の仕事のかけがえのないパートナーとして、終始適切に指揮棒《タクト》を振ってくださった。この書の作成の過程でも、一部の原稿の大幅な遅れなど、翻訳者陣の内部態勢上の不備から、担当編集者の藤田氏には最後まで余計な御苦労をおかけしてしまったことを、監修に当たった者としてたいへん心苦しく思っている。衷心からのお詫びと感謝の言葉を捧げ、現役を退かれたあとも同氏の末長い御壮健・御多幸をお祈りするしだいである。

（野沢　協）

啓蒙の地下文書 I

2008年10月10日　　　初版第1刷発行

監訳者　野沢　協
訳　者　三井吉俊／石川光一／寺田元一
　　　　逸見龍生／大津真作
発行所　財団法人　法政大学出版局
〒102-0073 東京都千代田区九段北3-2-7
電話03(5214)5540／振替00160-6-95814
製版・印刷　三和印刷
製本　鈴木製本所

Printed in Japan

ISBN 978-4-588-15053-1

監訳者

野沢　協（のざわ きょう）
1930年生まれ．東京都立大学教授，駒沢大学教授を務める．主な訳書：『ピエール・ベール著作集　全8巻・補巻1』，アザール『ヨーロッパ精神の危機』，リシュタンベルジェ『十八世紀社会主義』，『ドン・デシャン哲学著作集　全1巻』（上記は法政大学出版局），ほか．

訳者

三井吉俊（みつい よしとし）
1950年生まれ．千葉大学文学部教授．フランス18世紀思想史専攻．著書：『知られざる奇書の世界』（丸善ブックス）．訳書：『ジャン・メリエ遺言書』（共訳，法政大学出版局），ほか．

石川光一（いしかわ こういち）
1948年生まれ．日本大学教授．18世紀フランス思想専攻．訳書：『ジャン・メリエ遺言書』（共訳），トドロフ『啓蒙の精神』（上記は法政大学出版局），ほか．

寺田元一（てらだ もといち）
1954年生まれ．名古屋市立大学人間文化研究科教授．18世紀フランス思想専攻．著書：『「編集知」の世紀──一八世紀フランスにおける「市民的公共圏」と『百科全書』』（日本評論社），ほか．

逸見龍生（へんみ たつお）
1964年生まれ．新潟大学人文学部准教授．18世紀フランス文学専攻．

大津真作（おおつ しんさく）
1945年生まれ．甲南大学教授．西欧社会思想史専攻．訳書：モラン『方法（全5巻）』，モスコヴィッシ『自然の人間的歴史　上・下』（上記は法政大学出版局），フュレ『フランス革命を考える』（岩波書店），ほか．